嘉华大桥主桥

嘉华工程——华村立交及主桥

嘉华大桥夜景

嘉华隧道进口

嘉华隧道出口变断面

嘉华工程——黄沙溪立交

嘉华隧道出口

Shandi Chengshi Tedaxing Qiaosui Jianshe Tansuo yu Shijian
Chongqing Jiahua Gongcheng

山地城市特大型桥隧建设探索与实践

——重庆嘉华工程

王庆瑜　主编

人民交通出版社
China Communications Press

内 容 提 要

重庆嘉华工程是重庆市主城区"四纵线"快速路上的关键工程,由1座特大桥、1座特长隧道和3座大型互通立交组成。本书是对重庆嘉华工程的全面总结,共分5篇:建设管理篇,包括建设管理概述、现场控制与管理、技术管理、造价管理、财务管理、征地及拆迁管理、工程档案管理;设计篇,包括嘉华大桥工程设计概述、道路工程、主航道连续刚构桥、立交桥梁工程、嘉华隧道、挡护工程、排水工程、电气工程、综合管网工程、环境和景观设计;施工篇,包括施工组织及管理、主桥、隧道工程、立交工程;监理与监控篇,包括监理、监控;科研及试验篇,包括超大跨径预应力混凝土连续刚构桥设计与施工技术研究、城市大跨度隧道修建关键技术研究及示范工程、城市大型立交关键技术研究、主桥箱梁高性能混凝土应用研究、OGFC排水路面研究。

本书可供桥梁工程建设管理、设计、施工、监理及科研人员使用,也可供高等院校相关专业师生学习参考。

图书在版编目(CIP)数据

山地城市特大型桥隧建设探索与实践:重庆嘉华工程/王庆瑜主编.—北京:人民交通出版社,2008.9

ISBN 978-7-114-07192-8

Ⅰ.山… Ⅱ.王… Ⅲ.①山地—城市—桥梁工程②山地—城市—隧道工程 Ⅳ.U44 U45

中国版本图书馆CIP数据核字(2008)第076845号

书　　名:**山地城市特大型桥隧建设探索与实践——重庆嘉华工程**
著 作 者:王庆瑜
责任编辑:卢仲贤　刘永超
出版发行:人民交通出版社
地　　址:(100011)北京市朝阳区安定门外外馆斜街3号
网　　址:http://www.ccpress.com.cn
销售电话:(010)59757969,59757973
总 经 销:北京中交盛世书刊有限公司
经　　销:各地新华书店
印　　刷:北京牛山世兴印刷厂
开　　本:880×1230　1/16
印　　张:33.25
插　　页:2
字　　数:1053千
版　　次:2008年9月第1版
印　　次:2008年9月第1次印刷
书　　号:ISBN 978-7-114-07192-8
定　　价:110.00元
(如有印刷、装订质量问题的图书由本社负责调换)

《山地城市特大型桥隧建设探索与实践——重庆嘉华工程》

编　委　会

《山地城市特大型桥隧建设探索与实践——重庆嘉华工程》

各篇编写人员

第一篇

许　瑞　曾　辉　叶大华　崔　征　赵雪梅　吴　巧

第二篇

陈翰新　李盛涛　朱自力　杨　斌　汪　勇　方亚非　孙　巍
戴建国　李新明　文　瑜　周　峥　李永君　乔玉英　胡泽立
李胜海　葛　俊　白　静　罗　睿　陈近民　袁慧玉　陈　军
周　琳　李洞明　张晓帆　曲慧明　孙新敏　孙明志　谢　玮
吴明生　杨海平　谢圣纲　范　佳　戴德玉　周安宁　周　科
张　晶　邹德义

第三篇

张开聪　胡大东　郑　策　冯云强　张　恒　黄基富　周　熙
杨子华　赵禹峰　刘广超　李世强　赵成才　邓浩宇　张列东
秦　冬　刘　丰　吴山东　马润祥　龙　程　全　群　彭　翔
汪定春　周　杨　陈晓鸿　何顺江

第四篇

陈山冰　赵光华　彭　勇　周栩松　牟方润　沈水林　庞　霞
张兴亮　陈　谅　姜德义　任　松　刘　春　郑彦奎　杨长辉
叶健雄　谭盐宾　陈　科

第五篇

陈翰新　朱自力　章曾焕　臧　瑜　陈山冰　汪　勇　文　瑜
周　峥　乔玉英　陶能迁　杨长辉　赵光华　谭盐宾　叶健雄
陈　科　方亚非　孙　巍　戴建国　李永君

序

重庆嘉华工程是重庆路桥股份有限公司以BOT模式投资建设的重庆市重点工程，总投资约22亿元人民币，由一座双向8车道、主跨252m特大型预应力混凝土连续刚构桥梁，三座大型互通式立交，一座双向6车道、单洞最大宽度达20.7m的特大型城市隧道组成，为典型的山地城市特大型桥梁隧道系统工程。该工程由重庆市设计院、上海市政工程设计研究总院设计，中铁八局集团第一工程有限公司施工，重庆市建科院监理公司监理，重庆市勘测院勘察，上海市政工程设计研究总院、重庆市设计院、重庆大学监控监测。工程于2004年12月29日开工建设，于2007年6月16日竣工通车，历时29个月零19天，比计划工期提前半年零11天顺利建成，其工程建设质量得到有关部门和重庆市建设工程质量协会的一致好评。嘉华大桥以其独特的桥墩形式，高品质的混凝土以及主跨仅4mm误差的高精度合龙，被设计单位作为大跨度梁式桥中的典范推荐给由交通部牵头，建设部、铁道部参加编撰的《面向创新的中国现代桥梁》一书收录。

重庆嘉华工程所以能优质、高效建成，是重庆市委、市政府及市、区各部门及社会各界大力支持的结果。在整个工程建设过程中，由于业主与设计、施工、监理、监控、监测、试验等参建各单位密切合作，以建设精品工程为目标，严格遵从规范要求，严格把握工艺标准，确保了工程的高质量和高效率，充分体现了集体的智慧和力量，是尊重科学、高度协作的成果。为了认真总结嘉华大桥工程建设经验，业主及参建单位联合编纂了本书，以飨读者。由于参编人员时间及水平所限，有不足之处，敬请斧正。

重庆路桥股份有限公司总经理　**王庆瑜**

序

前　言

重庆嘉华工程是重庆市城市总体规划中预留的南北快速干道(第四纵线)的一期工程,是联系重庆主城区南北主发展轴的重要纽带。它的建成,不仅可以缓解目前过江交通瓶颈问题,还可以解决干道之间的网络联系,对于整个主城区的道路系统,有着极为重要的作用。

该工程主要由“一桥一隧三立交”组成,北起李家坪立交,经北引道跨越嘉陵江,再经华村立交、穿嘉华隧道、止于黄沙溪立交,与菜袁路相连,全长4.35km。其中,正桥(含引桥)全长约1 000m,双向8车道,在同类型桥梁中,其桥面宽度居亚洲第一,大桥主跨达252m,桥墩为薄壁空心单墩,为国内大跨径连续刚构桥首创;嘉华隧道全长1 435m,道路等级为城市快速路,设计行车速度80km/h,采用上、下行分离式双洞双向6车道,出口端黄沙溪段为双向8车道,最大断面220m^2,最大宽度为21m,居同类型城市隧道之首。

工程建设者们自觉地贯彻“依托科技、坚持标准,严格管理、持续改进,保护环境、关爱生命,诚信经营、奉献精品”的方针,从一开始就提出了创国家级优质工程和全线创优良工程的奋斗目标。制订了创优质量管理手册、质量控制标准和质量处罚细则,通过一系列措施的实施,确保工程质量。

在整个建设过程中紧密依靠科学技术,针对工程难题组织科技攻关,开展了超大跨径预应力混凝土连续刚构桥设计与施工技术研究,城市大跨度隧道修建关键技术研究,城市大型立交关键技术研究,高性能混凝土研究,大体积混凝土施工技术研究,菱形挂篮设计技术研究,0号块施工技术研究,挂篮悬臂施工技术研究,连续刚构线形及应力监控技术、合龙段施工技术研究,斜拉万能杆件梁式栈桥技术、无支架塔吊翻模施工技术、长预应力管道(252m)混凝土真空压浆技术研究,隧道进口端滑坡段掘进施工技术、隧道加宽段施工技术、隧道施工监控量测应用、超前地质预报在嘉华隧道的应用研究等科研开发工作,提高了工程质量。

重庆嘉华工程于2007年6月16日竣工通车,经质检部门评定,达到预期质量指标。

本书对重庆嘉华工程建设管理、设计、施工技术等诸方面的理论与实践进行了较为系统的总结,以期对类似工程的建设提供一些有益的参考。

编　者

2007年10月

目　录

第三篇　施　工　篇

第四篇　监理与监控篇

第五篇　科研及试验篇

绪 论

嘉华大桥工程是重庆市主城区“四纵线”快速路上的关键工程，规划的“四纵线”快速路北起渝武高速公路余家湾立交（现北环立交），经柏树堡立交、大庆村立交、鸿恩寺隧道、李家坪立交、嘉华大桥、华村立交、嘉华隧道、黄沙溪立交、鹅公岩立交，跨直港大道和杨九路，南至青龙嘴立交与“五联络”相接，线路全长约12km。2004年2月按照该线路走向完成了嘉华大桥的可行性研究报告和相关的报告，同年8月23日经重庆市发改委批准。根据2005～2020年重庆市主城区总体规划，确定了“五横六纵一环七联络”的快速路网布局，嘉华大桥工程为南北向的“四纵线”快速路的组成部分。嘉华大桥工程一期工程北起江北区李家坪立交，经北引道、嘉华大桥、华村立交、嘉华隧道止于黄沙溪立交，全长4.35km，总投资22.136亿元人民币。工程于2004年12月29日开工建设，于2007年6月11日通过综合验收，2007年6月16日举行竣工通车典礼。

一、工程建设背景

世纪之交，党中央、国务院作出了实施西部大开发的战略决策，这对加速西部地区经济发展，促进西部地区的政治、社会稳定和民族团结，具有十分重要的意义。在我国实施社会主义现代化过程中，必将产生深远影响。中央指出，加快基础设施建设实施西部大开发战略的总体部署，西部地区近期交通建设要以公路建设为重点，全面加强铁路、机场、天然气管道干线建设，扩大西部与东部、西南与西北的运输通道，实现通江达海，形成综合运输体系，并促进西部地区与周边国家的联系和交流。

基础设施建设是西部开发的切入点，是西部开发的形象工程。基础设施是构筑西部开发起飞的跑道，是吸引国内外投资和经济开发的基本条件。基础设施建设投资大，对经济的拉动作用大，有利于扩大内需，有利于经济长期增长，也对相关产业有很大的带动作用。

重庆是中国西部特大城市，经济基础较雄厚，发展潜力巨大，在推进工业化、城市化、现代化和西部大开发的过程中，经济社会各方面对交通有着持续增长的需求。

重庆市地处长江黄金水道上游，又居承东启西的战略区位，且面临三峡库区各种生产要素的重新调整组合和经济社会发展的重大任务，抓住西部大开发的历史机遇，加快建设综合交通运输体系，构筑经济起飞的跑道，是重庆市发展面临的一项重大战略任务。

按照把重庆建成长江上游经济中心的要求，市政府提出的目标任务是夯实基础、良性循环、再上台阶和协调发展。即夯实全面建设小康社会、建设长江上游经济中心和基本框架的坚实基础；实现全市国民经济整体步入良性循环；总体经济实力、城市综合服务功能、人民生活水平再上新的台阶；物质文明、政治文明和精神文明建设协调发展。其中，夯实基础中，交通基础建设是重中之重，市政府提出的“8小时重庆”计划在2003年年底已实现，“半小时主城”计划2003年也开始提速。从2003～2010年，重庆将投资944亿元加快交通基础设施建设，初步建成长江上游的交通枢纽。到2010年，重庆公路建设要实现“两个2 000km”目标，即高速公路形成“两条环线、八条射线”的高速公路体系，通车总里程达到2 000km。地方路网全面完成“8小时重庆”和县际公路及出口公路建设，新增高等级公路2 000km以上。

二、工程建设必要性

（一）经济发展的需要

按照市政府的目标任务，重庆要保持国民经济持续健康发展，力争实现GDP年均增长10%以上，超过全国的平均水平;人均 GDP 突破 1 万元人民币,按照现汇率折算超过 1 200 美元;经济总量在 2000 年基础上、地方财政收入在 2002 年基础上翻一番,到 2007 年分别到达 3 200 亿元和突破 300 亿元;工程所在的都市发达经济圈要保持与我国东部地区的平均发展水平。要实现这一目标,交通基础设施是关键环节。其通畅与否,直接关系到区域经济的发展和人民生活质量。

(二) 城市建设发展的需要

在市委二届三次全委会上,取得了城镇化阶段性目标,坚持以基础设施为前提,科学规划,注重建设,加强管理,完善城镇功能,努力把重庆建设成为一中心、多组团、城镇群集化的现代化大都市。加快推进城镇化的 3 个阶段:即到 2005 年,全市城镇化率达到 50%,赶上全国平均水平;到 2010 年城镇化率保持 50%,接近全国先进地区水平;到 2020 年,城镇化率达到 65% 左右,进入全国先进行列。

嘉华大桥工程由北到南贯穿了主城的渝北区、江北区、渝中区、九龙坡区、巴南区 5 大区,影响面积 3 952. 73km^2,直接受益人达 344. 24 万人,占主城区总人口的 75%。其建成后,将加快沿线的土地开发利用,促进城市化的健康发展。通过道路建设,能够综合整治沿线的环境,改造脏、乱、差的片区,实现老城区"退二进三"战略,扩大城市面积,提升城市形象。

(三) 实现"半小时主城"目标的需要

随着经济的发展和城市化进程的加快,汽车的增长量呈现高增长状态,2003 年 1 ~ 3 月份,机动车增长率已达到了 11%。由此而来的是城市交通需求的迅速扩大,而道路设施的供给不足造成车辆拥堵。为解决交通基础设施滞后的现状,市政府在 2001 年提出了"半小时主城"的交通建设规划,并把其作为市政府为民办实事的八大民心工程之一,其工作重点之一就是要加大路网建设力度,以适应不断增长的交通需求。工程穿过了主城中心的 5 大区,与多条城市主干道相连,其中包括目前交通量最大的菜袁路。其建成后,一方面增加了过江车道数,可以改善过江交通的瓶颈状况;另一方面把主城内东西方向的主干道完全沟通,形成了完整的东西南北"十字"骨架,两端又与内环高速路相连,整条路与主干道均采用全立交形式,使路网结构形成整体,充分发挥道路的功能,共同满足交通的需求,才能实现"半小时主城"的目标。

三、工 程 规 模

嘉华大桥一期工程由一座特大桥、一座长隧道和三座大型互通立交组成,立交中又以华村立交规模最大。

嘉华大桥正桥:位于渝中区华村画家之村与江北区许家湾之间,其南北引道工程分别位于渝中区和江北区,是《重庆市城市总体规划》中的越江桥位之一,也是联系重庆市南北主发展轴上的纽带。它的建设不仅具有交通功能,同时也将是嘉陵江沿岸的标志性景观之一。嘉华大桥为预应力混凝土连续刚构桥,桥长 528m,双向 8 车道,全桥宽 17. 8m × 2 = 35. 6m。两个主桥墩均设置在河道内,主跨 252m,北侧边墩上岸,边孔跨越北滨路。南侧边墩也设置在河道内,南侧接华村立交。南北边孔孔径为 138m,对称布置。主桥横坡 2%,纵坡 1. 9%。

嘉华隧道:位于渝中区大坪,为双洞布置,左洞长 1 434. 253m,右洞长 1 434. 627m,总长2 868. 88m,双向 6 车道。单洞净宽 12. 75m,采用三心圆断面,为曲墙半圆拱。洞身结构按新奥法原理进行设计,为复合式衬砌结构。隧道出口加宽段为特大跨度隧道,隧道最大开挖宽度达 21. 1m,最大开挖高度达 13. 2m(含仰拱),最大开挖面积为 229. 4m^2(含仰拱)

李家坪立交:位于江北区李家坪,是设计主线与城市主干道观苗路交叉点。为十字交叉,采用蝶形互通式立交形式,交通功能完善,景观效果良好,立交特点是主流方向通过定向匝道行驶,同时为了带动土地开发和更好地服务于城市,立交北端主线还布置了辅道与相邻路网连接。

华村立交:位于渝中区华村地段,是设计主线与嘉陵路(渝涪路)和嘉陵江滨江路 3 条路相交的交叉口,再加上有两条匝道与山顶的高九路相通,形成设计主线与 3 条主干道相交叉的特大型交通转换枢纽。而且 4 条相交道路高差巨大,高九路高程约为 293m,滨江路高程约为 194m,相差约 100m,一共采

用了3组匝道将4条道路相接，是一期工程中规模最大，连接路口最多的立交桥，同时也是最具重庆山城特色的特大型立交工程。

黄沙溪立交：位于渝中区和九龙坡区交汇的黄沙溪，是设计主线与城市主干道菜袁路的交叉点，为十字交叉口。工程范围内改造段菜袁路为K0+000~K0+615.755，既有菜袁路为双向4车道(为城市Ⅰ级主干道)，为了今后全线拓宽，立交桥实施时将菜袁路立交范围部分拓宽为双向6车道，跨线桥段为双向8车道。工程地形及环境条件复杂的影响挡护工程形式多样，种类繁多，共有挡墙60余个。

其他分项工程：包括北引道、排水工程、照明工程、综合管网、绿化景观工程、配套的公交停车和人行过街设施等。

四、工程效益

(一) 社会效益

按照重庆总体规划，主城区快速路网布局按纵、横、射、环的方式，工程正处于主城南北中轴线上，也称为南北快速干道，其从环线高速上桥立交始，经陈家坪、谢家湾、鹅公岩大桥、四公里立交至环线高速向家坡立交的东西快速干道一同构成重庆主城区的大“十字”交通主骨架，其在城市路网中极为重要。工程建成后将极大地改善主城区南北(纵)向交通联系，使主城南北中心区域的交通出行获得最为快捷的交通走廊。

工程的中心环节是嘉华大桥，由北向南跨越嘉陵江，从目前的交通调查和对将来的预测，主城过江交通是交通瓶颈。新建的嘉华大桥预计为双向8车道，其通行能力相当于两座石门大桥，与嘉陵江牛角沱两座桥相当。其桥位正好介于两者之间，可见工程建成后将有效地进行交通分流，从而提高整个路网结构的服务水平，其在城市路网中的重要地位不可替代；可以有效地缓冲石门大桥、嘉陵江大桥沿线的交通拥挤，极大地降低全社会的出行成本，缩短出行时间，从而节省社会资源，因而有着巨大的社会效益和经济效益。

(二) 经济效益

该工程国民经济投资内部收益率为16%，大于社会折现率；投资的经济净现值为181 437万元。该工程的实施，不但可以较大改善重庆城市的交通，而且可以促进重庆城市经济的发展，增加新的就业机会。

(三) 环境景观效益

重庆嘉华大桥工程，实际上是以道路工程为依托，对主城中心南北方位的城市建设与改造，以期达到在道路交通、土地开发、利用城市发展合理布局、给水排水电力电信网络、污染综合防治、环境景观建设等方面的建设得到进一步的改善，以确保城市经济和建设的可持续发展。本工程全面实施完成后，对建设区域的环境质量将会有明显的改善，经济效益、社会效益、环境效益都会十分明显。

1. 工程对地质环境的改善

确保建筑场地及工程结构物的稳定安全，就要消除地质环境中的不良因素。工程实施后，路基填方路段和挖方边坡工程都要求达到确保路基稳定性及道路长期安全运行的要求，因此必要对沿线的地质病害路段进行彻底整治。因此工程实施后地质环境将得到彻底改善。

2. 工程对沿线环境景观的改善

工程经过的渝北区和江北区，大部分为待开发地区，呈现城市边缘形态，脏、乱、差现象严重，表现为乱搭乱建、污水横流、垃圾随意堆放。工程经过的渝中区黄沙溪段，沿大黄路分布着一些老、旧居民区，房屋破旧，生活环境较差，与城市发展极不协调。沿线类似情况较多，工程建成后，宽阔的道路本身就形成一道城市风景线，又是城市景观轴线，根据市政府的要求，道路建设需配套城市景观，对沿线的土地加以重新整治，加上交通带动的房地产开发和景观带的改造，将彻底改善沿线的景观，使之与现代化的城市发展同步。

3. 工程提高城市环境质量

沿线地段统一规划建设，改变了现有杂乱无章的建筑物布局状态，形成建筑分区明确，高低层次清晰，道路整洁，交通畅通，绿化配套完备，给市民创造一个高品质的城市生活环境。沿线开发用地严格按照城市规划控制，以发展商业经济为主，建筑物主要用于商业和居住，不会产生有毒有害气体及设备运转的噪声干扰，不会对环境造成新的危害。

4. 工程对水污染的防治

该工程的修建，将推动建设区域内排水系统总体规划的实施和完善，结合主城排水系统排水工程沿线将阻截污染水体，引入污水处理厂，减少对嘉陵江水体的污染，提高生态环境质量。建设区域排水将系统实行雨水和污水分流，设置独立的雨水管网，杜绝了雨水遍流及携带地面污物、垃圾冲入江中造成的污染。设置独立的生活污水、工业废水的排水系统，通过专门的管网系统和主城排水干管将污水送入污水处理厂，杜绝了地段的污染物流入嘉陵江中，对减轻江水污染、改善江水水质有重大作用。

综上所述，工程的修建对建设区域的环境保护起着良好的积极的影响，带来明显的环境效益。

第一篇

建设管理篇

第一章　建设管理概述

第一节　指导思想和管理理念

自工程建设协议签署开始，项目业主就确立了"优质、高效"建设好嘉华大桥、创建精品工程的指导思想，明确把做好"监督、协调、服务"作为工程建设管理的基本方针，始终以"崇尚科学、求真务实"的态度对待工程中面临的各种问题，在施工过程中，严格把好"安全、质量、进度"3个环节，遵循"精简、高效、节约"的原则设置管理机构进行工程管理。

根据本工程采用BOT模式的特点及工程的规模，为了减少管理层次，提高决策效率，公司采用了"工程建设指挥部"的模式设置工程管理机构，工程项目实行指挥长负责制，由公司总经理直接兼任工程建设指挥部的指挥长，同时由分管财务的副总经理和分管工程的副总经理分别兼任副指挥长，公司总工程师兼任工程总工程师，下设的几个部门负责人也都由公司相关职能部门负责人兼任。指挥部按精简、高效的原则，配备了数量不多但较为精干的人员。

公司根据嘉华大桥工程的特点，为了加强对该工程项目的有效管理，制订了《重庆路桥股份有限公司嘉华大桥工程项目管理大纲》、《重庆嘉华大桥工程建设质量监督管理实施细则》以及指挥部办公室会议、文函等一系列管理制度、工作制度，明确了工程指挥部的职责、任务、相关责任人、工作流程等，为该工程建设管理提供了规范的运作模式和有力的制度保证。

为了创建精品工程，公司明确提出了"获三峡杯优质结构工程奖、巴渝杯优质工程奖、重庆市市政工程金杯奖；争创中国建筑工程鲁班奖、中国市政工程金杯奖"的质量目标。

第二节　管理机构及职能

根据嘉华大桥工程的特点，工程采用建设指挥部组织形式进行该工程项目的建设管理。成立了重庆路桥股份有限公司嘉华大桥建设指挥部（以下简称指挥部）。指挥部设办公室、技术经济办公室、动迁办公室3个部门（图1-1-1）。

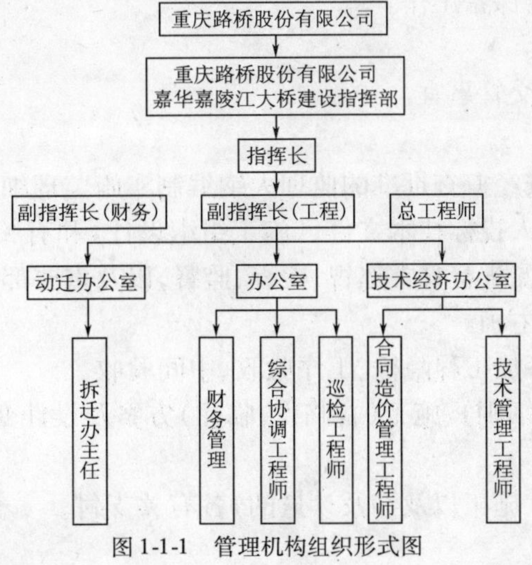

图1-1-1　管理机构组织形式图

指挥部设指挥长1人,副指挥长2人,总工程师1人。

一、指挥部职能职责

指挥部的职能是代表重庆路桥(业主)对嘉华大桥 BOT 投资建设的过程实施管理,按照设计、施工及监理、监控等合同对各相关单位及人员实施监督、协调和服务。

具体职责有以下16项:

(1) 按照工程建设程序,组织办理工程建设前期的相关手续。

(2) 组织开展工程勘察、测量、初步设计及施工图设计工作,负责初步设计及施工图设计报审以及勘测、设计费用结算工作。

(3) 委托、协调建设范围内的征地、房屋拆迁、管线搬迁,督促有资质的单位按期完成征地、房屋拆迁和管线搬迁等工作。

(4) 配合重庆市城市建设投资公司委托中介机构审核初步设计概算工作。

(5) 组织工程监理、施工招标工作。

(6) 根据施工合同,对承包人的施工行为进行监督、管理,并做好相应的协调、服务工作。

(7) 根据监理合同,对监理方进行监督和管理。

(8) 根据设计合同,对设计方进行协调和管理。

(9) 编制建设计划,并监督实施。

(10) 编制资金计划,协调资金到位并按程序拨付。

(11) 审查承包人、监理单位的工程报表。

(12) 审核、审批各设计变更、工程变更。

(13) 做好与有关部门、单位(含专业管网单位)的协调工作。

(14) 配合跟踪审计单位做好跟踪审计工作。

(15) 监督、协助并参与施工方、监理方完成工程验收(隐检及中间交验)。

(16) 组织工程竣工交验,办理相关备案手续。

二、指挥部所属各部门职能职责划分

(一) 办公室职责

1. 综合管理

(1) 根据批准的项目建设计划,组织编制指挥部工作实施计划、工程资金使用计划,按照公司要求汇总、上报相关统计报表。

(2) 负责综合协调、督办、检查、反馈各部门工作。

(3) 负责指挥部文档、机要保密工作。

(4) 负责指挥部印章管理。

(5) 负责协调工程建设中交管事宜。

2. 工程管理

(1) 督促、检查监理单位按经审查批准的监理大纲编制实施监理细则及其执行。

(2) 按照设计文件及承包人投标技术文件、《施工组织设计》和有关专项施工方案,组织对监理、施工单位质量、安全、进度实施情况进行日常巡视、检查、监督,以及重要部位或工序的旁站,对不规范监理及施工行为发出业主指令或业主函。

(3) 协调、联系有关人员参加工程隐检、工序验收、中间验收。

(4) 参与监理(规划、实施细则)、施工(含临设、临建)方案及设计变更的会商。

(5) 复核工程量月报。

(6) 汇签工程(设计、监理、施工以及涉及计量的)各有关支付。

3. 财务管理

4. 完成领导交办的其他工作

（二）技术经济办公室职责

1. 合同及造价管理

（1）严格执行公司与各方签订的合同。

（2）根据合同管理要求，定期、不定期地对有关各方执行合同的情况进行检查。

（3）根据工程量清单及计量规则，负责计量的审核，组织办理项目中间计量、支付、交工支付及竣工结算。

（4）严格按程序进行变更管理。

2. 技术管理

（1）负责项目勘察、设计的技术、进度与质量管理，以及设计文件的送审工作。

（2）组织现场交桩及技术交底工作，负责工程变更管理。

（3）负责中间及分项工程完工计量的审核，组织办理项目中间计量、支付、交工支付及竣工结算。

（4）参加隐蔽工程验收，负责督促联测及其成果的审定。

（5）负责项目合同管理工作。

（6）负责工程方案的审核工作。

（7）组织单位工程交工验收、竣工验收。

（8）负责试验管理工作。

（9）负责组织对工程质量、安全、进度的月度检查、评估。

（10）完成领导交办的其他工作。

（三）动迁办职责

（1）负责项目征地、城镇（房屋）拆迁、管线搬迁组织、协调及委托工作。

（2）办理工程征地、城镇（房屋）拆迁及管线搬迁的相关手续。

（3）负责工程“三通一平”。

（4）负责用水、用电的保障工作和临时抢险工作。

（5）负责相关拆迁方案（包括管网）的审定。

（6）完成领导交办的其他工作。

根据各部门职能职责，还详细规定了参与大桥建设管理的相关人员的岗位职责，明确界定了各类人员的责任分工，为指挥部部门、人员各尽其责，各司其职，有条不紊地做好工程建设管理打下了基础。

第二章 现场控制与管理

第一节 组织管理

一、机构设置

机构设置见图1-2-1。

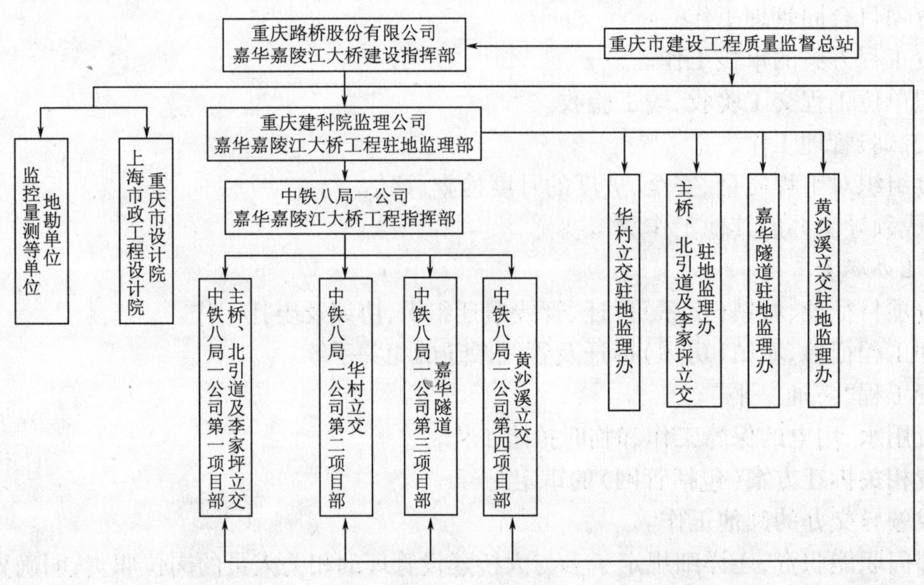

图1-2-1 机构设置

二、质量目标

(1) 确保单位、分部、工序工程合格率100%。

(2) 获得三峡杯优质结构工程奖、巴渝杯优质工程奖和重庆市市政工程金杯奖。

(3) 争创中国建筑工程鲁班奖和中国市政工程金杯奖。

本工程参建各方从一开始就达成创精品的共识，严格管理程序，杜绝建设工程中常见的质量通病，对出现的质量问题绝不放过，坚决拆除。本项目严格按照国家相关标准规范实施，要求参建者们遵守合同、守信用，确保工程高质量完成；对违反合同约定情况，严格执行合同违约条款。

三、制度保证

为实现以上目标，指挥部编制了《嘉华大桥工程管理大纲》、《嘉华大桥工程技术管理办法》、《嘉华大桥工程质量管理办法》和《嘉华大桥工程项目创优建设计划及强制条文》，以保证本项目在完全受控状态下有序实施。

为了提高工作效率、加快施工进度，对会议也进行了规范。要求对召开的施工例会、专家论证会、专

题会及其他工作会议形成制度并加以规范。会议尽可能提前提交提案，开会必须主题明确。

四、管 理 宗 旨

业主指挥部根据设计、施工及监理等合同对设计单位、监理单位及承包人等实施监督、协调和服务。对设计，特别是监理和施工单位的工作程序及工作行为进行监督、检查；对工程中需解决的房屋拆迁、管线搬迁和“三通一平”工作及时落实，加强设计管理，及时协调建设、施工中相关部门和单位关系，协调参建各方工作联系等，并对协调工作均实行问责制，要求限时完成，最大可能保证施工的正常、有序进行。

五、方案、措施先行

(1) 监理单位根据监理规范和本工程情况制订嘉华大桥工程《监理规划》，编制《监理实施细则》，统一监理、施工用表，规范各种检查、报验程序、报验内容和报验时限，有序控制施工。

(2) 承包人编制施工组织设计、重要部位及专项施工方案、实施性施工网络计划，以及质量、进度、安全施工管理办法，落实责任。

(3) 重要部位及关键工序(工艺)专项施工方案论证与会审，是本工程得以顺利、有序实施的重要保证。

本工程的各项重大技术方案、措施均由业主指挥部指挥长主持进行了专家论证和会议评审。特别重要的措施甚至进行了反复试验、数次论证，从而确保万无一失。

第二节　管理与实施

(1) 为了更好地服务于工程，更好地加强现场日常质量、进度管理，特别是夜间、节假日，业主指挥部除派出各单位工程现场代表外，还特别设立了工程巡检小组，将现场管理工作定位于巡视、检查和监督，检查、监督工作主要面向监理工程师、施工承包人及其各项目经理部，框图见图1-2-2。

(2) 为了保证工程建设、施工的实际效果，业主指挥部根据本工程实际情况，分析、排列出6个单位工程重要部位、关键工序(工艺)业主的质量控制点(必检点)，参加各质量控制点的隐蔽验收及中间检查、中间验收，并对重要部位的施工进行全过程旁站。

业主的旁站是工程质量得以保证的有效手段，对监理和承包人现场质量管理是一种监督与检查。工程建设过程中，业主对重要部位、关键工序(工艺)(表1-2-1)实行了旁站制，并取得了极好的效果。

嘉华大桥工程主要质量控制点一览表　　　　表1-2-1

主桥质量控制点	盖梁、支座垫石及其高程控制
桩基开挖及终孔指标控制、桩基水下混凝土浇筑	预应力张拉、压浆
承台大体积混凝土	支座、伸缩缝及其安装
薄壁空心柔性高墩轴线控制、墩身混凝土	**隧道质量控制点**
箱梁高程、桥轴线	开挖断面、初衬、二衬
箱梁混凝土浇筑前、后场检查	系统锚杆
混凝土保湿养护	防水板、止水带
主桥质量控制点	**挡墙及高边坡质量控制点**
预应力张拉、压浆	挡墙地基承载力、嵌岩深度
边、中跨合龙段施工	墙背回填
支座、伸缩缝及其安装	锚索桩终孔指标控制、锚索预应力张拉
立交质量控制点	**其他质量控制点**
桩基开挖及终孔指标控制、桩基水下混凝土浇筑	道路路堤填筑压实度、路基顶面精平、弯沉值
承台、墩身混凝土及其养护	道路结构层压实度、平整度、弯沉值、高程
墩身、箱梁施工支架系统	

(3) 督促监理、施工单位进行经常性技术交底，让参加工程施工的具体操作人员了解设计要求，熟悉操作要领。会同监理、施工项目部技术负责人对操作人员进行应知应会现场考核，保证方案得以认真实施。

(4) 特别加强对进场原(辅)材料、成品、半成品的抽检。要求水泥、钢材必须使用行业中生产规模大、企业管理严谨的产品。对其他大宗材料，如混凝土用砂、石，要求相对固定质量上乘的品种及产地，不得随意更换，以保证混凝土的品质。

(5) 为了保证工程建设进度，本工程实行施工日、周、月报制。特别是日报，要求承包人每天填报当日施工完成情况和次日计划，并要求监理检查落实，业主进行抽查。由于采取了连续、合理、科学的进度管理措施，本工程最终提前6个月建成通车。

(6) 每2个月召开一次业主、设计、监理、承包人参加的“四方”工作会，解决建设、施工中存在的协调、设计、施工问题，不断提高质量意识，不断加强和完善管理工作，注重管理细节，进一步提高工作效率，提高工程质量、加快工程进度。

(7) 特别重要部位施工，均成立有业主、设计、监理、监控、施工等组成的临时指挥协调小组(图1-2-3)，从施工准备、设计配合、监理检查、材料供应、监控辅助、水电使用和后勤保障等方面层层落实、层层把关，保证实施的顺利和万无一失。

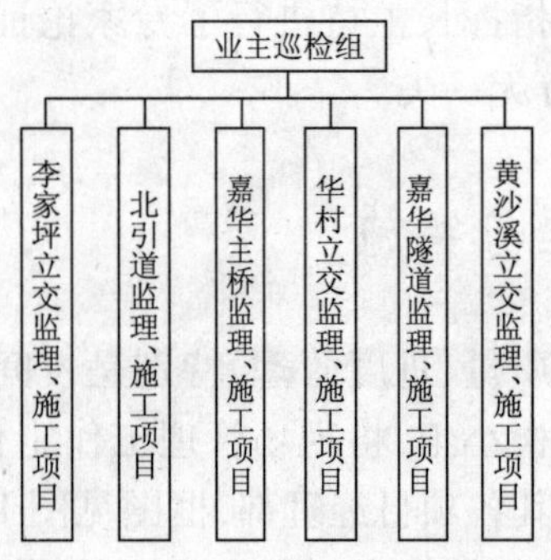

图1-2-2 业主巡检组巡视、检查框图

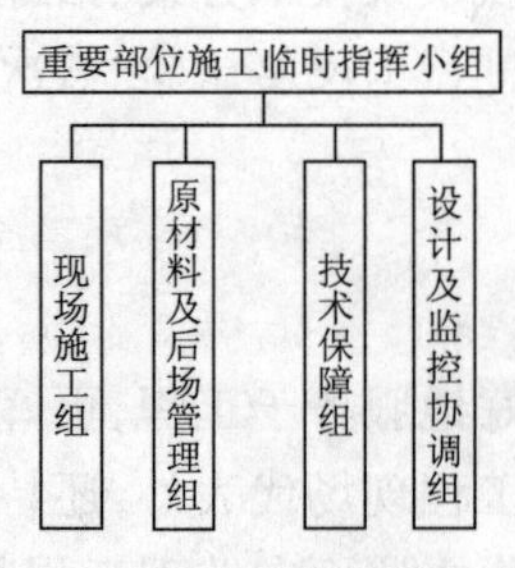

图1-2-3 重要部位施工管理组织框图

现场施工组：负责现场调度、指挥、协调，及时将前场的施工情况报告领导小组。

原材料及后场管理组：负责施工配合比、施工用各种原材料、混凝土混合料拌制的检查、监控。

技术保障组：负责方案的完善，提供施工时各项工作的技术要求。

设计及监控协调组：负责设计意图和监控数据落实情况的检查及相关监控数据的及时监测与提供，指导施工。

(8) 混凝土浇筑是一个不可逆的施工工艺，其原材料的选择、使用，混凝土混合料的拌和、运输，温度以及入模坍落度控制，都是不能疏忽的。对于施工的全过程，业主、监理、承包人每次均派专人进行前、后仓检查，对混凝土输送车、输送泵(管)进行完好和到位情况检查，特别是混凝土拌和厂，对混凝土施工全程驻守，计量、配合比、出厂温度定时、不定时抽检。混凝土混合料运送到现场，如发现流动性、和易性、坍落度、温度不能满足设计及规范要求，登记好车牌号并立即退回拌和厂，不予使用。

混凝土施工作业管理框图见图1-2-4。

(9) 墩身施工模板、箱梁施工挂篮、隧道混凝土衬砌台车制作及预拼装，经验收合格后方可运至施工现场使用。

(10) 除例行巡视、检查外，施工过程中还采取不定期、不定时的突击检查。对发出整改要求的由总监办检查、认可。

业主对监理行为、监理管理和施工单位施工行为、施工程序、施工方案执行情况进行监督、检查，发现问题及时通报监理，并通过监理督促施工单位限时整改。

(11) 坚持质量标准、设计要求、规范要求是业主监督管理的重点，对设计单位坚持质量标准和监理

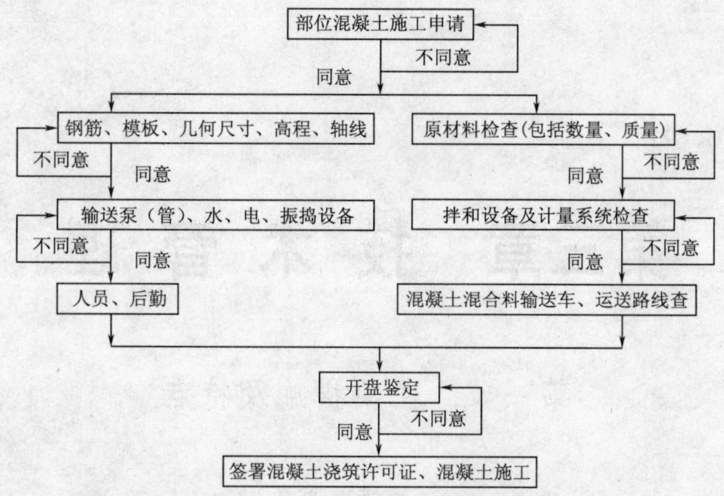

图 1-2-4　混凝土施工作业管理框图

单位坚持规范的行为给予坚决支持，对施工单位因施工方便，有可能降低质量标准的行为坚决制止，并会议通报批评，杜绝质量隐患。图 1-2-5 为工程质量管理流程图。

（12）业主指挥部现场主要负责人每天定时不定时对包括业主现场代表、总监、各驻地高监、各专业监理工程师、监理员、施工项目经理、项目副经理、项目总工程师及施工项目领工员（工班长）在内的主要管理人员到位情况和工作情况进行暗访，从而保证各项工作人员落实，工作有序。

（13）每月进行一次监理、施工单位工作和质量、进度、安全、文明施工评价，并通报评价情况。对不规范、不到位、履约欠佳的进行通报。

（14）对每一新开项目或单项作业，均实行示范段（试验段）制。即在方案成立、施工条件具备的情况下，严格按照设计要求和施工方案组织试验性实施，形成施工示范，为全面铺开的相同作业工艺、相同施工结构、相同检测方法打下基础。要求后续施工的同类作业只能比示范段优，否则将面临返工，从而确保工程质量和安全。单项施工示范流程图见图 1-2-6。

由于采取了一系列经证明行之有效的管理措施和手段，业主指挥部既精简了机构，又提高了工作效率，同时还加强了对设计、监理、施工的管理力度，工程经过近 30 个月的紧张、有序施工，于 2007 年 6 月 11 日通过了有市级有关部门、质监站和相关单位参加的竣工验收，并获得一致好评。

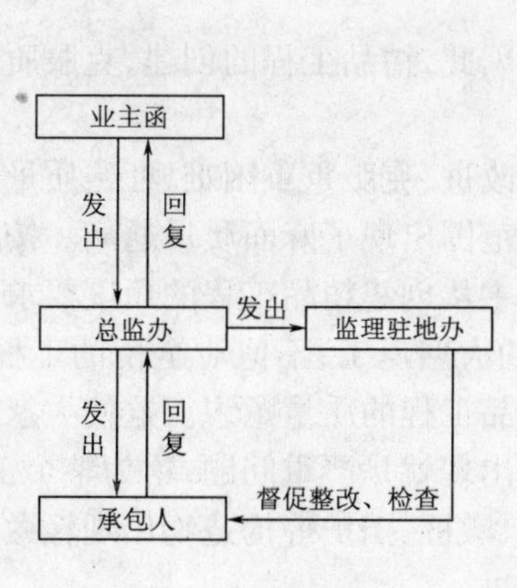

图 1-2-5　工程质量管理流程图

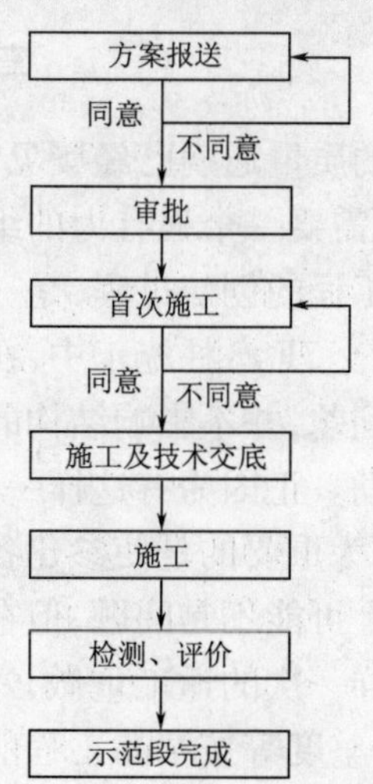

图 1-2-6　单项施工示范段管理流程图

第三章 技术管理

第一节 主要措施及特点

一、高标准要求

业主的高标准要求,不仅体现在对工程施工质量的高标准要求上,还体现在对设计、勘察、施工、监理、监控、监测工作质量的高标准要求上。业主除了严格监督施工质量之外,还要求设计、勘察、监理、监控、监测必须提高各自的工作质量。做到恪尽职守,提供优质服务,不允许出现工作上的失误。

二、严格要求、严格监控全桥的工程质量

在工程建设初期,业主编制了嘉华大桥工程管理大纲,明确了大桥各单位工程各关键部位或重要工序的质量控制点。对于质量控制点,不仅要求监理工程师进行施工旁站,而且要求设计、勘察、监控、监测的全力配合,必须服务到现场。业主现场代表也必须进行现场的检查和监督。

业主的从严管理,不仅仅体现在对工程施工质量的从严监控上,还体现在对设计、勘察、监控、监测的工作质量的从严监控上。例如,设计、勘察的现场服务是否及时周到,监理现场旁站是否到位,监控、监测是否及时跟进,及时反馈信息等。

嘉华大桥工程建设的全过程,能够始终处于受控状态,这与参建各方的管理工作是分不开的,更与业主的严格要求和监控分不开。

三、抓创建、克服质量通病

由于其他工程的质量通病已经屡见不鲜,积重难返。因此,精品工程的创建,克服质量通病,需要一个强有力的业主,更需要一个强有力的组织和决策。

嘉华大桥精品工程的创建过程,是一个施工工艺不断改进、克服重重困难、杜绝质量通病的过程。

例如:在华村立交7F墩柱施工中,在墩柱底部的局部范围出现了麻面质量通病。按照惯例,这是一个轻微的质量缺陷问题,并不影响结构的正常使用。但业主从创建精品工程的角度要求返工,此举引起参建各方很强的震动。正因为有这样一次一般质量通病的大型返工,不但对全桥的工程建设质量起到了一个警示作用,更为重要的是使参建各方树立了一个精品工程的质量意识。这使大家明白,一般的质量通病在其他工程上可能不是问题,但在嘉华大桥工程中出现就是严重问题,这为整个工程树立了一个标准。正因为有这样一次的返工重做,才会有对大桥箱梁、墩桩、挡护等构造物出现轻微错台及路沿石、栏杆线形、伸缩缝平整度等按精品工程的质量要求不断改进。

又如:在主桥的中跨合龙过程中,在已经保证合龙精度在1cm以内,完全满足设计和规范要求的情况下,业主认为有条件也应该创造更高的合龙精度,坚持解开已经锁定的约束,重新对梁进行顶压和调整,最后使大桥的两悬臂(126m)的水平高程误差控制到了5mm以内,创造了国内大跨径钢筋混凝土桥施工的最高水平。

第二节 技术控制的重点

一、混凝土的收缩

为达到设计要求的0.02%混凝土收缩率的要求,解决混凝土施工阶段出现裂缝的问题,尽可能减少混凝土徐变给桥梁带来的不利影响,嘉华大桥业主组织课题组,对新型外加剂GNA抗裂微膨胀剂的抗裂性能及可操作性进行了深入仔细的研究。在多种室内养护条件试验的基础上,专门进行了施工现场条件下的模拟养护试验。其结论是:只要做到14d湿水养护,混凝土的收缩值很小,完全可以避免出现因混凝土养护不当引起的开裂等负面效应。最终,由业主决策,在嘉华大桥工程上全面采用了此种微膨胀剂。经过工程竣工验收检查,嘉华大桥全桥未出现一条肉眼可见的混凝土裂缝。GNA抗裂微膨胀剂的使用大大提高了混凝土的抗裂和耐老化的功能,从而提高了桥梁结构的安全性和使用寿命。

二、高强度高性能混凝土的研制与施工

嘉华大桥主桥的桥墩和梁部均为C55混凝土。由于其施工工期长,在施工期面临40~45℃高温,0℃低温。60m的高扬程和252m超长距离混凝土泵送等是施工技术难题。为了保证桥梁结构的耐久性,设计对混凝土的技术参数提出了很高的质量要求。这包括:最大氯离子含量低于0.06%;最大碱含量低于1.8kg/m^3;混凝土坍落度小于16~18cm;高温施工期混凝土的入模温度控制在30℃以下;低温施工期混凝土的内外温度不得超过25℃;混凝土的收缩率控制在2×10^{-4}以下等。为了解决高强度高性能的施工技术难题。课题组从混凝土的冬季、夏季和常温条件下的配合比、拌和、运输、施工和养护等各个环节进行反复讨论,提出了细部施工方案,交专家进行技术论证。采取了夏季高温施工期加冰块降温,冬季低温施工期加热水养护升温和14d不间断喷淋养生等技术措施,使大桥的高强度高性能混凝土的各项技术质量指标均达到了设计和施工技术规范的要求。

三、主桥3号桥墩基础围堰施工

嘉华大桥3号墩处在离江边约120m的深水中,平均水深2.5~5m。

围堰施工的防洪和江中桩基渗水的防排问题是其技术难点。经课题组反复研究,决定采用砂卵石加黏土隔离层的环岛围堰方案。围堰的高程系根据近5年来4~5月份的水文资料(最高洪水位为166m左右)决定,确定为167m,分二期施工。先施工至164m,在洪水来临前再直接筑到167m。在施工中采用信息化管理,与嘉陵江上游水文站(北碚水文站)取得联系,每天进行水文拍报,密切监视水文情况,有效指导施工。同时,成立了抗洪领导小组,编制了抗洪预案,准备了抗洪抢险突击队及必要的抗洪物资。在桩基工程的施工中,根据国家气象台关于珠江三角洲汛期已经提前,长江嘉陵江的汛期可能提前的报道,业主及时调整和压缩了原基础工程的施工工期。由于科学决策,周密组织,赶工有力,顺利实现了大桥的水下基础工程和墩身工程的度洪,使大桥基础和墩身工程的施工未受到汛期的任何影响,为大桥的提前竣工赢得了宝贵的时间。

四、主桥大体积混凝土承台浇筑

嘉华大桥主桥2号、3号墩混凝土圬工量4 427.3m^3,钢筋369.4t,属大体积混凝土。课题组对大体积混凝土施工常见的温度裂缝的成因进行分析后,采取了以下措施。

1. 优化混凝土配合比,降低水化热

水泥在水化过程中要释放出大量水化热,由于混凝土的传热性能差,热量聚集在结构内不易散发,从而形成混凝土较大的内外温差。为此,在混凝土的试配上尽可能减少水泥用量,选用低水化热的普硅水泥,并渗入15%的粉煤灰,以降低水化热。

2. 降低混凝土的入模温度

(1) 注意施工期的温度变化,选择较低温度时段进行混凝土浇筑。

(2) 混凝土采用分层(每层厚度0.5m)浇筑,利用层面进行散热,以降低混凝土温度。

3. 埋设冷却管进行散热

用ϕ25mm的黑铁皮管作为冷却管的进出水管、利用江水(冷水)进行循环散热。

4. 加强混凝土表面的保温保湿养护

由于承台施工是在1~2月份,温度较低。在混凝土表面的表层覆盖两层麻袋再覆盖两层非透水性塑料布,用热水进行保温保湿养护。

5. 预埋测温元件用测温仪控制混凝土内外温差

在承台混凝土的各层预埋了6套测温元件,用测温仪严格将混凝土的内外温差控制在25℃以内。

通过以上措施,实现了大体积混凝土施工的温度控制,避免了承台施工的温差应力裂缝。

五、0号块部施工

嘉华大桥主桥0号节段长12m,半幅桥宽17.8m,圬工量848.35m^3,为三向预应力结构。0号节段为全桥施工技术最为复杂、最容易出现质量问题的部位。经课题组讨论,在嘉华大桥0号节段的施工上采取了以下几条有针对性的技术措施。

1. 严格控制0号节段的分层浇筑时间

0号块分三层三次进行浇筑:第一次浇筑至进人洞上口倒水处,浇筑厚度为3.7m;第二次浇筑至顶板以下5m,浇筑厚度为6m;第三次浇筑余下部分。分层浇筑时间严格控制在7d内完成。以缩短上下层混凝土的施工时间间隔,避免因分层浇筑时间过长而引起新老混凝土的收缩裂缝问题。

2. 注意三向预应力的张拉顺序

三向预应力索的张拉顺序和张拉时的混凝土强度值由设计严格规定,施工不得随意改变。

3. 严格控制C55高强高性能混凝土的施工质量

(1) 根据设计技术质量要求,结合工程施工工艺和现场浇筑条件,提前进行混凝土强度、形变模量、收缩率等的试配,提出不同浇筑温度条件下的最佳配合比。

(2) 加强混凝土产出过程的质量控制,保证混凝土的产出质量满足设计要求。夏季高温施工,用冰水等降温方法控制入模温度在30℃以内,入模坍落度为18cm,入模初凝时间为12~16h。

(3) 采取措施,保证混凝土的浇筑质量,做到不漏振、不过振。

(4) 在墩梁之间、梁的混凝土各层之间、腹板和隔板的接缝处各设置应力筋和防裂网片钢筋,以防止混凝土裂缝的产生。

(5) 采取有效的保湿养护措施,确保混凝土14d的保湿养护。

实践证明,以上有针对性的措施是行之有效的,确保了大桥的0号块节段混凝土未出现常见的裂缝。

六、合龙段施工

合龙段施工是连续刚构桥施工实现体系转换的重要环节,合龙段施工必须满足受力状态的设计要求和保证梁体线形,控制合龙段的施工误差。

嘉华大桥合龙段为1号、4号墩现浇边跨合龙和2号、3号墩之间中跨合龙。合龙顺序为先边跨、后中跨。边跨、中跨合龙利用主桁架的挂篮模板平台施工。中跨合龙段采用压重水箱及顶梁工艺调整体两端的高程及内部应力状态,并设置劲性骨架锁定梁体来完成。

影响大桥线形和合龙精度的因素是多方面的,诸如:温度作用、结构自重、有效预应力等。课题组对这些影响因素进行了分析,采取了以下有针对性的措施,包括:建立温度场、控制梁体温度变形、选择最佳温度时段进行锁定合龙;采用同步卸载的水箱压重方案,保证合龙段梁体挠度变形控制在设计值以

内;以及顶梁(为调整大桥成桥后的内力及线形状态)达到设计值后,用劲性骨架进行锁定,再施工预应力混凝土等。

通过这些技术措施的实施,确保了大桥的成桥线形和合龙精度。

嘉华大桥工程是山地城市桥隧工程建设的一次重要的理论与实践的结合。由于其工程规模宏大,投资模式的变化,在业主技术管理方面仍值得继续探索。

第四章　造价管理

第一节　投资渠道与工程造价

工程初期拟以BT方式建设,后经重庆市政府批准,工程改以BOT方式建设,由重庆路桥股份有限公司作为项目业主(以下简称业主)全额投资建设,特许经营期为竣工验收通车起算27年,回报方式为计价基数的10%/年,由重庆市财政拨付。资本金的35%由业主自筹,其余部分为银行中长期贷款,2004年9月17日,业主与重庆市城市建设投资公司签订了BOT合同,合同的主要内容有:

(1) 计价基数的确定。概算中"建筑安装工程费用"下浮6%,其他费用不作调整,按初设概算审定数额计取。

(2) 本项目自建成通车之日起27年内,项目业主对本项目进行经营管理并拥有本项目经营的收益权。

(3) 项目业主负责本项目在经营期间内的检查、维护、大修、管理和安全保卫工作,并保证该项目处于健康运行状态。

(4) 自通车之日起,每年按"计价基数"的10%向项目业主支付经营收入。与常规的"建设—运营—移交"方式不同的是,投资方并未以通过特许经营权在经营期内自主经营的方式获取利润,归根结底,是一个政府投资项目,因此,项目仍需经过政府的审查、审计程序。

2006年6月,经重庆市发改委批准概算为22.136亿元,费用由第一类费用:工程费用9.67亿元,第二类费用:工程其他费用9.995亿元(其中征地拆迁及管网搬迁费9.0033亿元),预备费1.18亿元,以及建设期贷款利息1.291亿元组成,第一、二类费用组成见表1-4-1、表1-4-2。

第一类费用:工程费用　　表1-4-1

序号	项目名称	概算金额(万元)	序号	项目名称	概算金额(万元)
一	工程费用	96 700.00	7	排水管网工程	2 108.56
1	李家坪立交	8 614.77	8	交通工程	811.30
2	主线及北引道	4 355.13	9	管理用房	540.00
3	主桥	17 747.04	10	景观工程	2 494.82
4	华村立交	20 074.04	11	大桥桥涵标	74.42
5	嘉华隧道	23 892.05	12	三通一平	2 543.52
6	黄沙溪立交	13 703.69	13	其他工程费用	1235

第二类费用　　表1-4-2

序号	项目名称	概算金额(万元)	序号	项目名称	概算金额(万元)
二	工程其他费用	99 950.00	(2)	管线搬迁还建费	3 455
1	征地拆迁及管线搬迁费	90 033	2	树木移栽及赔偿费	800
(1)	征地拆迁费	85 778	3	建设单位管理费	877.00

续上表

序号	项目名称	概算金额（万元）	序号	项目名称	概算金额（万元）
4	勘察费	927.71	14	监控费	606.00
5	设计费	2 213.75	15	概、预、结、决算审查费	524.00
6	监理费	1 058.74	16	工程保险费	185.54
7	招投标业务费	120.00	17	其他费用	1 870.00
8	综合服务费	259.76	（1）	前期工作费	610
9	交通组织费	400.00	（2）	施工图审查费	132.83
10	航道管理费	235.00	（3）	科研考察费	620.64
11	工程质量监督费	189.50	（4）	审计费	180
12	试验费	350.00	（5）	竣工图编制费	177.10
13	健康检测费	100.00	（6）	综合验收费	150

第二节　工程概算与招标

一、招标过程简述

2004年9月底，因城市交通的需要，同时考虑到重庆汛期，水下工程无法作业的特点，重庆市政府决定年底开工，以便在2005年完成主桥基础及常年洪水位以下部分施工，确保全线在2007年年底竣工通车。而此时，项目的6个单位工程中仅主桥完成了初步设计，为保证实现市政府的既定目标，业主决定以主桥招标专用图纸，按工程量清单的方式进行国内公开招标。为选择优秀的承包人同时规避投标人高价中标的风险，招标文件中作出了两项规定：第一，明确提出，如获得主桥承包权，且在主桥工程质量、进度、安全均让业主满意的情况下，中标人将获得剩余全部工程的承包权；第二、设置了限制性条款，即，除出现重大设计变更及不可抗力情况外，结算造价不得突破批准概算的90.5%。如此，大大降低了业主的技术经济风险。

二、工程技术特点

1. 技术管理难度大

如前所述，本工程是集道路、特大型桥梁、隧道、立交以及配套管网、电气照明、消防、绿化、景观、装饰等附属工程为一体的大型综合性市政基础设施项目，主线长度约4 350m，跨越重庆市主城江北区及渝中区，工程所在地为山区城市，人员密集。对技术管理而言，要求业主具备较全面的工程技术经验；对结构、边坡的边界处理亦极为复杂，稍有不慎，轻则居民干扰，影响社会的安定团结，重则对周边建（构）筑物产生安全威胁甚至造成公众安全事故，因此，要求业主技术管理需要一定的全面性及前瞻性。

2. 技术协调难度大

工程自开工起，即处在“边设计，边施工”的状态下，设计工作不能对施工进度造成不利影响，如何通过设计控制达到将工程投资控制在一个合理范围内，妥善处理设计、施工、监理三者之间的关系，是对业主技术协调能力的考验。

3. 技术控制难度大

2004年10月1日起，桥梁设计开始使用《公路桥涵设计通用规范》（JTG D60—2004）、《公路钢筋混凝土及预应力混凝土桥涵设计规范》（JTG D62—2004），在行业规范中，首次将设计基准期明确规定为100年，并列为强制性条文，在施工过程中，《公路路基施工技术规范》（JTG F10—2006）也开始实施。

如何保证桥梁满足设计的耐久性要求，如何保证路基施工满足新规范的密实度要求，而仍能将造价控制在可接受的范围内，对业主的质量、造价控制能力提出了挑战。

三、概算编制与审批

本工程概算由上海市政工程设计研究总院及重庆市设计院编制，由重庆市发改委与重庆市城市建设投资公司联合委托重庆新城建设造价事务所有限责任公司进行审查。

概算编制主要使用了两套定额，在主桥部分使用交通部《公路工程概算定额》、《交通部公路工程预算定额》(交工发[1992]65号)、《公路基本建设工程概、预算编制办法》(交公路发[1996]612号)及其配套文件；因概算编制时，重庆市无概算定额，在立交、道路、隧道等部分使用《重庆市市政工程预算定额》(渝建发[1999]68号)、《重庆市建设工程费用定额》(渝建发[1999]98号)及其配套文件；其余附属工程则按各相关专业定额编制；材料价格，主桥执行《重庆市市政工程预算定额》2005年第7、8、9期平均价格，其余执行《重庆市市政工程预算定额》2005年第12期价格，不足部分参照市场价格执行；送审概算为26.48亿元。

因本工程投资估算为19.85亿元，审查单位为将概算控制在10%幅度范围内，对送审概算的审查极为严格。首先，重庆市城市建设投资公司委托重庆市交通科研研究院对初步设计文件进行评估。在初步设计概算审查过程中，审查单位不是按概算编制、审查依据进行审查，而是以能否降低概算造价对施工图进行审查。一方面，由于审查时工程已开始施工，只要能降低造价，基础工程则按施工图纸、施工方案、施工现场的实际情况进行审查，某种程度上，已达到施工图预算，甚至完工结算的深度。如，初步设计中，主桥水下基础施工是按筑道、机械钻孔、水下灌注桩基础混凝土进行的，而实施时，根据实际情况，采用了围堰、人工挖孔桩、灌注普通混凝土桩基础的方法，概算审查即按围堰、人工挖孔桩、灌注普通混凝土桩基础确定，但并未增加抽水的水泵台班数量；在华村立交工程，设计单位根据勘察单位的建议，将临近嘉陵江一侧的桩基础，设计为钻孔桩基础，实施时，因无法提供泥浆池等场地，施工单位采用人工成孔方式作业，最大孔深近40m，处理了淤泥、流沙、有毒气体等不良条件，加强了护壁，审查时，按一般人工挖孔桩处理，对投入的措施、不良地质条件均不予认可。另一方面，按施工图或实际情况，会造成概算价格提高时，则坚持按初步设计进行，主桥初步设计通过审查时，新规范尚未实施，施工图设计则按新规范设计，概算审查对前后的变化，如钢筋、钢绞线的增加，因混凝土耐久性标准提高而产生的水泥品种变化(普通硅酸盐水泥变为低碱水泥)、高效外加剂的使用，混凝土特殊养护措施等均不予认可；对重庆市建委强制性要求的"ϕ16mm以上主筋，必须使用机械连接"的规定，以初步设计图纸未明确及无相关定额为由，不予执行，对现场客观存在的土石方运距为11～16km的实际情况，坚持将运距调整为1～3km。凡此种种，给工程造价控制带来了极大的困难。

第三节　工程技术经济管理与控制

一、工程技术经济管理体系

为确保项目的顺利进行，业主采用了指挥部形式对项目进行管理，由公司总经理亲任指挥长，指挥部下辖：指挥部办公室——负责日常事务、往来文函、对外协调等行政性事务管理，同时负责现场质量、进度、安全管理；征地拆迁办公室——负责征地、拆迁、临时用水、电、场地、管线迁改事项；技术经济办公室——负责现场计量、质量、安全监督、试验管理、设计院、地勘等技术部门协调、技术档案管理。技术方案审批、设计变更管理、计量的最终确认则由公司技术经济部负责。业主项目管理的中心思想是"监督、协调、服务"，在处理设计、监理、施工三者关系上，采用了"首先支持设计，其次支持监理，对承包人基本不支持的方式"，确保按图施工，保证施工质量，避免随意变更的情况发生；同时，充分发挥设计、监理人员作为咨询工程师的作用。此套管理体系从技术层面，凝聚各方力量，按基本建设法律、法规落实

各方责任，避免在施工管理过程中业主经常犯的越俎代庖的错误，同时充分借用咨询工程师的力量，以弥补自身技术的不足；从经济层面，则强调集中管理，明确责任，杜绝传统模式中技术与经济相互推诿的现象发生。对监理工程师在计量方面，采取半授权的方式，以控制监理工程师的计量权。实践证明，该管理体系是行之有效的。

二、工程量清单的编制

根据上述情况，结合工程的实际情况，重庆路桥股份有限公司技术经济部编制了工程量清单及配套规则。工程量清单共分 10 个章节：01 表，措施项目；02 表，李家坪立交；03 表，主线及北引道；04 表，主桥；05 表，华村立交；06 表，隧道；07 表，黄沙溪立交；08 表，交通工程；09 表，绿化、景观、装饰及其他；10 表，零星工作。编制主要思想有：

（1）参照了对概算审查过程中明显不合理的项目重新进行核定。

（2）对建设部《建设工程工程量清单计价规范》未完全套用，主要是考虑到此规范的适用性问题。

（3）章节划分注意现场计量的可操作性。

（4）淡化措施、桥梁支架、损耗等不易控制的问题，将其尽可能地纳入综合单价内。

（5）鉴于土石方工程量较大，采用了 3 种费用即开挖（含 1km 内运输）、增运每公里价格、规费综合组成土石方价格的做法，力求做到实事求是。

三、主要技术经济指标

见表 1-4-3。

主要技术经济指标　　表 1-4-3

序　号	项目名称	造价指标元（万元）/m²（m 或 km）	土石方含量	钢　材	混凝土
一	高架桥				
1	李家坪立交	5 076.00 元/m^2		340.29kg/m^2	2.25m^3/m^2
2	北引道	5 048.00 元/m^2		384.98kg/m^2	2.69m^3/m^2
3	华村立交	6 449.00 元/m^2		344.40kg/m^2	1.73m^3/m^2
4	黄沙溪立交	5 909.00 元/m^2		289.77kg/m^2	1.95m^3/m^2
二	主桥	11 930.00 万元/km		619.70kg/m^2	3.39m^3/m^2
三	隧道	89 668.00 元/m	232.76m^3/m	3 858.48kg/m	68.34m^3/m
四	道路	4 132.02 万元/km	49 886.50m^3/km		

第五章 财务管理

嘉华大桥工程于2004年12月29日开工建设,2007年6月16日建成通车,在两年半的建设期中,虽然成熟的经营理论尚未成形,但实践过程中的一些经验仍值得我们总结。

一、融资

嘉华大桥工程BOT项目经济效益可行性研究报告是由中国国际工程咨询公司出具的,业主在此基础上又编制了一套项目《财务计划书》。根据项目计划工期及进度,在《财务计划书》的基础上稳妥地制订融资方案。鉴于BOT项目具有投资规模大、资金需求多且使用期限长、技术要求高、收益稳定的特点,因此,在制订融资方案时必须首先吃透项目的情况,全面掌握项目的特点,了解有关政策后再与金融机构接触,权衡利弊,制订切实可行的融资方案,切不可一知半解,盲目与金融机构谈融资,以防陷入被动。

其次,要积极稳妥地选择金融机构。项目资本金的筹措落实后,就可以开展其余建设资金的筹集工作。金融机构的选择主要应根据项目的大小,选择相适应的金融机构合作,一是应当与已经建立了长期的良好合作伙伴关系的银行合作,避免临时找合作伙伴,增加融资难度和成本。再是要根据项目额度大小,选择具备实力的银行。

第三,要多方调查研究,实事求是地确定融资方案。一般情况下,融资有独家贷款、联合贷款、银团贷款3种模式。

(1) 独家贷款,即由一家金融机构提供贷款。独家贷款的优点是融资方案审批比较容易,相对节省时间。缺点是风险比较集中,一旦合作银行资金遇到困难,项目运作会受到影响。

(2) 联合贷款,即项目公司分别向几家银行单独贷款。优点是风险相对分散,缺点是项目公司分别要与几家银行商谈,由几家银行分别单独上报其上级审批,报批时间长;且政府授予项目的特许经营权只有一个,在担保和质押上需要协调解决,增加了难度。

(3) 银团贷款,即由几家银行组成银团,其中一家为牵头银行,占比例略大,其他银行分别占一定比例。优点是项目公司只与牵头银行谈判,一旦达成协议,牵头银行的融资方案审批通过,其他银行则会比较顺利通过,利率相对较低,风险相对分散,不至于因某一家银行资金困难影响项目融资。缺点是银团之间需要协调,会增加一些费用。

鉴于中国工商银行在银行业得天独厚的实力,业主在本次融资中采用的是第一种独家贷款的模式。在落实项目资本金的前提下,取得了工商银行提供的14.3亿元的项目贷款(概算总投资22亿元×65%),同时还争取到了工商银行对项目建设期间实行信用贷款的政策,项目进入经营期后则由信用转为用政府授予的经营权质押担保。

在融资过程中,业主总结出几个值得注意的问题:

(1) 与银行签订项目借款合同或协议时,应尽量争取银行对贷款利率下浮的优惠,一般情况下,银行对市基础设施重点项目的贷款利率,可争取到在基准利率上下浮10%的优惠。

(2) 在与金融机构签订借款合同或协议时,一定要设置允许提前归还贷款的条件,同时还要明确约定提前还款不存在任何提前还款补偿金,这样可避免在漫长的贷款期内,项目贷款银行独家垄断的行

为。若遇贷款利率上调,公司可另寻低成本资金来置换项目贷款,这样既能达到降低财务费用的目的,还可规避贷款利率变化的风险。

(3) 提款时间要详细测算。在满足施工要求的情况下,应尽量按照工程进度安排使用贷款资金,以避免因资金闲置而导致额外的财务费用,同时还应充分发挥资金的效能,有时可以做一些承兑汇票式的理财业务。

二、投资控制

投资控制措施的力度和效果,将直接影响到项目建设的成本和建设质量,也直接影响到项目的投资效益。然而,在项目的建设与营运活动中,不同时期如:设计阶段、招标阶段、实施阶段、营运阶段,其控制的重点与控制手段都不同,但无论在哪一阶段,其控制投资的目标是一致的,要达到投资控制效果,应着手于以下几个方面的工作。

(1) 加强初步设计和施工图设计及其优化工作。初步设计是投资控制的源头和关键,加强优化意识提高设计质量,从线形布置到构造物,从结构方案选择到细部设计,采用新技术、新结构、新工艺、新材料达到高质量的优化设计成果。

(2) 加强前期策划及招标工作。制订项目建设总体构思、总体规划,编制详细的项目实施策划书,运用科学的管理方法,组织实施项目目标计划,将项目目标计划一一分解。前期策划工作的质量将对项目建设的成功与否起关键作用。

(3) 加强施工阶段的设计变更管理。在项目建设施工过程中,由于地形、地貌、地质、衔接工程的实际误差等,设计变更是不可避免的,而设计变更往往是增加项目建设投资的主要因素,因此在项目建设施工过程中一定要从以下两个方面对设计变更进行管理:

① 制订好设计变更的审批程序,列入程序化管理。

② 在技术和经济方面必须充分分析、比较,选择技术可靠、经济合理的技术方案和措施。为此,投资方、设计方、监理方都必须深入现场调查研究,不能草草听从施工单位汇报就作出设计变更的决定。

(4) 征地、拆迁费用控制。征地、拆迁是一项涉及面广、群众利益尖锐、政策性强、社会影响面大的艰巨任务,它是项目实施顺利进行的基础和前提。征地拆迁工作必须做到两不误:一是能按时取得土地使用权,二是能将其费用控制在预期目标内。

(5) 合同管理及结算控制。合同管理是项目投资过程控制的关键环节,从合同条款的制订、实施、过程控制到工程决算都十分重要。

(6) 建设工期与建设质量控制。做好建设工期及建设质量的控制工作,主要在于组织管理、协调管理和程序管理的落实,选择好监理队伍与管理好监理队伍是落实业主管理意图和目标的关键。

① 建设工期也是投资控制的重要因素之一,工期短既可以避免因市场物价上涨而带来的造价增加,又可减少建造期的其他成本,同时,按时完成建设或提前完成建设对营运的收益会带来更大的效益。

② 建设质量也是投资控制的重要因素之一,建设质量不仅对工程建设期间的投入产生影响,而且对建后营运期维修成本产生巨大的影响。

(7) 施工安全控制。项目公司应从思想认识、管理理念上认识到安全施工对项目的投资控制也是十分重要的工作,出了安全事故对社会和企业形象影响是一方面,直接的经济损失使工程成本加大,停工、返工又使工程蒙受损失。因此应明确安全管理目标和管理制度,建立安全管理体系,落实责任制;与施工单位签订施工承包合同时要明确施工单位的安全责任;从源头做起,抓好设计质量和工艺设计质量,加强项目实施重大技术方案和施工方案的审批、监控工作,加强监理工作力度等。

总之,投资控制是一个全过程的控制活动,一切措施、控制手段都是建立在落实的基础上。建立一个高素质的项目管理机构及人员队伍;健全一个高标准、高效的工作制度和工作机制十分重要。

三、财务核算与管理

1. 本项目的主要特点

(1) 收费经营属于特许经营。

(2) 以盈利为目的。

(3) 投资效益具有滞后性。

(4) 主营业务收入是车辆通行费收入,且一般均为现金收入。

(5) 通行费收入不是通过收费站收取形成的,而是由政府授权代理人——城投公司,从路桥年票总收入中以固定支付方式形成的。

(6) 持续经营受到特许经营权时限的制约和影响。

2. 应注意的问题

因为上述特点,也就意味着 BOT 项目在财务管理和会计核算上有着不同于一般状态的特殊要求,主要应注意以下几个方面的问题。

(1) 我国企业的资本金制度一般采取实收资本金制度,而 BOT 项目的注册资金在符合《中华人民共和国公司法》规定的同时,还需满足国家规定的固定资产投资项目的注册资金“不得低于总投资的35%”的要求。这既是国务院于 1996 年 8 月 22 日以国发[1996]35 号文发布的《国务院关于固定资产投资项目试行资本金制度的通知》中的明确规定,也是交通部近年来对 BOT 项目法定资本金的基本要求。因此,在进行项目融资前,首先就要落实好项目资本金问题。

(2) 与一般项目相比,BOT 项目流动资产构成具有以下 3 个特点:

① BOT 项目的车辆通行费收入基本上是现金收入,这一特点决定了 BOT 项目流动资产中一般没有应收账款。

② 车辆通行费收入属于劳务收入范畴,BOT 项目持有存货的主要目的不是为了生产实务产品或者直接用于销售,而是为了满足公路或桥梁养护的需要,使 BOT 项目能够为用户提供符合要求、令人满意的道路通行条件。

③ BOT 项目除了没有应收账款,其他应收款所占比例也较少。

由于上述特点的存在,在 BOT 项目的流动资产管理中,存货管理和应收账款及其他应收款管理不再是流动资产管理的重点,加强对现金的管理,合理有效的使用现金,提高资金的利用效率,使其为企业带来经济效益才是 BOT 项目流动资产管理的重点。

(3) 一般而言,企业的无形资产一般为商标权、专有技术等,而 BOT 项目在无形资产上的管理特色主要体现在对路桥收费经营权的管理上,BOT 项目通过投资建设有偿取得的是已建成收费路桥一定期限的收费权,应当作为企业的无形资产来核算管理。根据相关法律、法规,BOT 项目所拥有的,只是有期限的路桥收费权。所以,投资建造的路桥项目应当作为公司的无形资产而不是固定资产入账。无形资产管理的另一个问题是收费权的摊销。按照现行《企业会计准则》第三十六条的规定,无形资产从开始使用之日起,在有效使用期限内平均摊入管理费用。但路桥收费权与一般的无形资产不同,它属于经营性资产,而且是有严格的合同约定期限的,因此其摊销也应该按照特许合同约定的经营期限进行,其摊销额计入当期主营业务成本中。

(4) 目前最适合 BOT 项目的财务评价指标有:流动比率、速动比率、资产负债率、资本收益率、营业收入利润率、成本费用利润率、净资产收益率、总资产报酬率、资本保值增值率。

(5) BOT 项目建设期利息应按照《借款费用准则》的规定予以资本化,在“在建工程”科目中核算,工程竣工结算后转为无形资产。

(6)“在建工程”科目项下明细科目的设置,应与概算中工程费用明细一致,这样有利于及时掌握和分析概算执行情况,以达到对总投资的控制,同时对以后顺利编制竣工决算也有着十分重要的关系。

(7) 建立台账对工程费用进行管理。鉴于嘉华大桥系重庆市主城区道路和桥梁,除投资巨大外,所

涉工程费项目也很多。因此,重庆路桥计划财务部除了按相关财务制度对工程进行财务核算和管理外,还建立台账对工程费用进行管理,这样有利于时时掌握工程各种费用的开支及合同执行情况,可避免工程费用的重复支付。

四、风 险 防 范

1. 项目的可行性

业主成功实现以 BOT 模式投资建设嘉华大桥最重要因素之一是项目可行,尤其是在经营回报上可行。由于该项目 35% 系资本金投入,因此收益回报和贷款本息的偿还,完全依赖于项目建成后的运营收益,项目本身能否产生预期足够的收益,是立项时所要考虑的首要问题。在项目初期,初步可行性研究是由政府或其指定机构完成,业主在介入项目前,就可行性研究作了多方面验证,同时还对财务指标进行了认真、细致的测算,以保证项目在不同方案下的财务和经济均是可行的,因此在项目可行性研究时也需要论证项目的财务可行性,以保证未来经营期收益的实现。

2. 争取政府最大限度支持

政府在 BOT 项目中的影响,贯穿于确定项目、招标、特许经营权协议的签订、法律法规的制订、税收、外汇政策的调整、政治风险的避免等多方面,BOT 项目的成败在很大程度上取决于政府的支持程度,政府在 BOT 项目中起着关键作用。

BOT 项目往往前期投资巨大,投资回收期长,未知风险多。本次重庆路桥 BOT 模式投资建设嘉华大桥,得到了市政府在征地、拆迁等方面的大力支持,是工期能得以控制的前提。为了规避经营风险和市场竞争风险,业主在与市政府授权代理人——重庆市城市建设投资公司(以下简称:城投公司)签订 BOT 协议时,获得与政府平等谈判的机会,争取到了项目建成后以固定回报方式实现其收益的政策,使项目收益与公众利益和政府利益之间达成平衡。

3. 合理搭配融资结构

BOT 项目投资巨大、回收期长这一特点,导致了项目融资额相应巨大,所融资金的期限也相应较长,因此,在项目融资的同时,一定要注意融资结构的合理搭配,若是上市公司应采取以多种方式在二级市场上募集资金与银行贷款、ABS 资产支持证券化、发行公司债券、发行信托计划、发行理财产品等方式相结合的办法来为项目筹集资金,以分散经营期的还款压力和有效地控制融资成本。

近几十年来,不论是在发达国家还是在发展中国家,BOT 受到普遍的青睐,并被当作一种各国通用的模式广泛地用于大型项目,特别是在基础设施领域,我国也在环境、能源、交通等领域试点推行 BOT 项目,吸引有实力的国内企业及外资企业投资到 BOT 项目中,取得了较好的投资效益,也积累了一些宝贵的经验。随着 BOT 投资所涉及的经济、法律环境的逐步完善,相信企业也必将在 BOT 项目领域赢得更多的经济效益与社会效益。

第六章　征地及拆迁管理

嘉华大桥工程动迁工作作为一个子系统,处于基础地位。动迁能否在施工前和施工中当好开路先锋,扫清施工的外部障碍,为施工创造良好的外部环境,具有相当关键的作用。动迁顺,则工程顺;动迁阻,则工程缓。对于主城区的工程项目,若动迁工作能基本按施工要求的时间计划完成,则工程如期完成就有了保证。

动迁按其工作职责主要由城市拆迁、农村征地、三通一平、城市综合管网拆迁还建4项工作构成,而城市拆迁、农村征地、城市综合管网拆迁还建则构成动迁工作的主体,占动迁工作80%的工作量。

第一节　动迁工作的内容及范围

一、城市拆迁

所谓城市拆迁,就是因项目建设需要,由取得房屋拆迁许可证的单位,依照房屋拆迁评估和房屋拆迁行政主管部门审批的拆迁计划、补偿、安置方案,在项目建设规划红线内的城市规划国有土地上,对被拆迁人的城市房屋及附属物进行拆迁安置补偿。

嘉华大桥是市政设施建设,属政府的公益行为,其拆迁性质与房屋开发商的商业拆迁行为有本质区别。

二、农村征地

所谓农村征地,就是国家为了公共利益需要,依照法律规定的权限和程序,对农民集体所有土地权的征收,并对征收土地和单位、个人的房屋及其他不动产,按政府规定的补偿标准,对征收的土地、安置、地上附着物和青苗损失等予以补偿。征地按法定程序批准后,由政府予以公告并组织实施。

农村征地补偿标准与城市拆迁补偿标准不同,一般农村征地补偿都远低于城市拆迁。

三、城市综合管网拆迁还建

所谓城市综合管网拆迁还建,就是根据施工需要,对施工范围内涉及到影响施工的各类地上、地下城市综合管网采取拆除、临时迁改、保护或还建等措施,满足不同施工阶段需要。

城市综合管网主要指自来水、电力、天然气、有线电视、电信、联通、移动、网通、警通、国防通信等管网产权单位自行管理的城市公共管网。市政设施是指路灯、人行道、下水道、人行天桥、垃圾站、厕所、堡坎、绿化花台、行道树等由市政设施相关管理单位管理的设施。

本项目城市拆迁、农村征地、城市综合管网拆迁有以下特点。

1. 量大

城市拆迁房屋约17万m^2,拆迁居民住宅1 000多户,非住宅160多家。农村征收土地上农村房屋有20多万平方米,农民数百户,各类大小企业几十家。城市综合管网拆迁,根据调查摸底,李家坪立交、华村立交、黄沙溪立交是管网迁改集中区域,涉及迁改的电力线有约20组;天然气、自来水、通信等不同

规格的管线迁改数千米。

2. 面广

城市拆迁区域包括重庆江北区建新西路、渝中区华村、李子坝正街、化龙桥正街、化上村、李子坝坡、李子坝三村、四村和黄沙溪 3 大片区。农村征地区域涉及江北区观音桥街道大坪村、大水井社、黄桷树社,花园村桥沟社及渝中区化龙桥社、天登堡社等,近 400 亩土地。跨重庆江北、渝中、九龙坡 3 个行政区。

3. 征地拆迁区域情况特殊复杂

城市拆迁区域为老工业区,破产、特困的中小企业多,低保户、下岗职工等弱势群体多。拆迁户或是无力搬迁过渡,或是对拆迁补偿期望高。征地区域在城乡结合部。农民早已不靠种植农作物为生,搭建大量简易民房出租。农民房屋租赁者人员结构复杂。租赁房中有不少生产假冒伪劣产品的小作坊,治安和环境卫生极差。

4. 城市综合管网拆迁类别多

城市管网拆迁涉及自来水、电力、天然气、有线电视、电信、联通、移动、网通、警通、国防通信等 10 大类。市政设施拆除也几乎包括全部。

5. 管网拆迁的部分地下管线年代久远,陈旧老化

管网产权单位都没有管网资料,给管网拆除增加了危险性和施工难度。

6. 拆迁涉及复杂的历史遗留问题

黄沙溪立交施工涉及拆除新东福花园住宅小区部分附属设施,将引发开发商遗留下的诸多复杂问题。

第二节　管 理 思 路

一、指 导 思 想

指挥部对工作目标的定位是监督、协调、服务。在指挥部各部门工作职责中,动迁工作主要落实在服务,即将城市拆迁、农村征地、城市综合管网拆迁等各项具体工作贯穿于动迁工作的始终。根据服务的指导思想,拆迁管理也要在工作中体现指挥部的 3 项工作目标定位,即:监督好城市拆迁、农村征地等具体实施单位的规范运作,监督好资金的使用;协调好市区政府及各职能部门和各管网产权单位的关系,创造良好外部环境;围绕工作目标,为征地、拆迁实施单位,为管网施工协作单位,为工程建设施工单位服好务。

二、管理思路和办法

1. 城市拆迁

根据项目特点和所跨行政区域,我们采取的方针是:分别委托拆迁,据实结算。

按此思路,渝中区华村、黄沙溪片区拆迁摸底,拆迁代办委托重庆市公房管理处、渝中区土地整治拆迁办公室、渝中区城市建设拆迁工程处。由渝中区政府区领导、区政府有关部门负责人、工作人员组成的渝中区化龙桥片区开发建设指挥部,组织、协调拆迁和实施对拆迁代办单位的监管,江北区的拆迁摸底委托江北区城市房屋拆迁工程管理办公室。拆迁代办委托重庆诚信房屋拆迁工程有限公司,由业主和出资方重庆城投公司共同监管。嘉华大桥渝中区的城市拆迁安置补偿标准,市政府明确参照化龙桥瑞安集团拆迁补偿标准,江北区的城市拆迁参照江北城拆迁开发补偿标准实施。

具体管理办法主要有:

(1) 政府机构和业主对拆迁代办单位实施共同监管制。

(2) 拆迁业主、审计监督制。拆迁中如个案讨论、非住宅拆迁洽商补偿等重点过程、环节,业主、审

计参加。

(3) 基本原则事先确认制。在实施拆迁前，先确定违章、装修等特殊情况处理原则、权限、认定方式。

(4) 拆迁资金重点监管制。拆迁资金由业主立专项账户或政府监管部门指定银行。住宅拆迁资金支付情况重点监管审查。非住宅拆迁补偿费由业主直接支付，或由政府监管方支付。

(5) 重难点问题各方会审确定制。如：住宅拆迁个案讨论，非住宅拆迁补偿洽商，由业主、出资方、审计、政府监管部门、拆迁代办单位共同讨论确定。

2. 农村征地

农村征地采取的是按征地面积单价包干。根据工程施工区域，江北区270多亩农地由江北区国土局组织实施。渝中区约80亩农地，由渝中区国土局组织实施。

具体管理办法有：

(1) 在实施征地前对工程征地范围内的房屋、农户、附着物等基本情况作了初步调查摸底。

(2) 在签征地包干协议时，请出资方共同商议确定包干单价。

(3) 全程跟踪征地进程，掌握国土局、征地办、社队、村民动态。协调好市、区政府及相关部门的关系，协助、督促征地工作进度，配合解决征地工作中的困难。

(4) 同征地部门经常交流施工进度，沟通重点区域交地时限。

(5) 交地记录双方签字确认，交地手续及时完善。

(6) 政府专业国土勘测部门实地勘界，出具实际征用地面积勘界报告书，作为征地费结算依据。

3. 城市综合管网拆迁还建

根据管网施工的特点，采取的是由各管网产权方确定管网拆迁施工单位的形式。此种方式对平衡内外利益关系，提高工作效率有极大的益处，也避免了管网产权方内部多家施工单位如何选择的矛盾。

管网拆迁还建的结算方式上，根据各管网产权单位的特点和行业规范等，对天然气、自来水、电力、通信管线等分别采取了协商包干价，协商计量单价据实结算，定额单价据实结算等不同结算方式。

对管网的临时拆迁由业主直接委托实施。管网的还建、新增部分由我们委托工程施工单位总承包，再由工程施工单位委托各管网产权单位指定的施工队伍，我们负责其中的合同、单价监管，工作协调配合，监理负责计量监督。

具体管理办法有：

(1) 管网拆迁申报分级审批制。施工单位提出迁改申请后，监理、业主、审计现场查勘确认事实，有无必要迁改。管网迁改原则是：能保护就不迁改，能一次迁改到位就不搞二次。

(2) 管网拆迁方案会审制。由动迁、工程、技经、监理、管网产权单位各方讨论出最优迁改方案。

(3) 审计过程介入监督制。审计在确认管网拆迁事实及拆迁合同谈判过程中参加，实施监督。

(4) 管网迁改完成验收移交制。迁改完成后，由管网产权方、施工方验收完善手续，明确各自责任再移交，避免出现问题，责任不明，互相推诿。

(5) 业主从迁改申报、查勘、方案审查、编制设计到安装、验收、移交全过程跟踪督促参加。

(6) 管网走廊土建施工统一委托工程施工单位实施，管网产权方检查验收后负责安装，业主协调好各管网安装施工与工程施工的工序衔接，相互协作配合。

(7) 协调好管网产权部门在管网割接碰口时间与工程施工计划的同步相容。

三、工 作 成 果

经过艰苦而有成效的工作，城市拆迁、农村征地、城市综合管网拆迁还建等全部工作，基本按照施工计划要求完成交地及迁改拆除，满足了施工需要。动迁工作完成情况分述如下。

1. 城市拆迁

共拆迁房屋167 727.27m^2，其中，住宅41 540.97m^2，1 011户。非住宅126 186.3m^2，158户。城市

拆迁自2005年3月第一次交地，到2006年9月最后一次大规模交地，完全满足了嘉华大桥各子项目、正桥、华村立交、北引道、嘉华隧道两端、黄沙溪立交等施工进度计划的需要。

2．农村征地

农村征地自2005年12月第一次交地，到2006年10月完成全部交地，共征农地约350亩，拆除房屋约23万m^2，完全满足了正桥南北岸、嘉华隧道南北端洞口、北引道、李家坪立交、黄沙溪立交施工进度计划的需要。

3．城市综合管网拆迁还建

完成各类高低压电力线拆迁还建约12km；完成各规格管径自来水管迁改还建约2.4km；完成各规格管径天然气管迁改还建约2.1km；完成电信、联通、移动、网通、有线电视、警通、国防通信等线路拆迁还建保护约15km；完成630kV·A变压器11台，500kV·A变压器6台安装；完成临时接水电工作及ϕ50水表8只、ϕ80水表1只的安装；拆除路灯72组。此外，完成行道树400余株，灌木5 000余株，花台绿地等2 000余m^2的移栽、砍伐、拆除；1 300多m^2人防工程的拆除；办理31 830m^2人行道、车行道等市政设施挖掘、占道相关手续；完成公交站台两个及人行天桥、垃圾站、厕所、大型广告牌的拆除等。

动迁工作在一年多时间里，完成了全部城市拆迁、农村征地、城市综合管网拆迁，当好了施工的开路先锋，为施工创造了良好外部环境，为嘉华大桥工程提前半年通车奠定了基础。

四、经 验 体 会

1．政府重视、保驾护航

嘉华大桥的建设得到市政府高度重视，政府要求各区对重点工程的建设要加强协作配合服务。为此，江北区政府成立了以分管区长挂帅，政府办公室、国土、房管、市政委等各职能部门领导组成的嘉华大桥、朝天门大桥建设领导小组办公室；渝中区政府也明确了由分管区长挂帅，房管、国土、信访办、法院、街道办事处等部门领导和干部组建的化龙桥片区开发建设指挥部，专职负责协调嘉华大桥的征地拆迁工作；九龙坡区政府也明确了由分管区长牵头，区重点建设办公室负责协调的机构。市重点建设办公室更是在分管副市长的直接指导下，对工程建设全过程进行了“保姆式”全程贴心、细致协调服务。市委书记、市长、分管副市长、市建委主任等都先后关心视察大桥建设进程。特别是在嘉华大桥列入庆直辖10周年献礼重点工程后，各级政府更加大了支持协调力度。市重点办在工程进入最关键时期，对我们存在的问题和施工进度更是要求每日必报。很多棘手的困难通过政府的协调得以解决。没有政府的重视和协调服务，嘉华大桥动迁工作是不可能做好的。

2．抓龙头、带全局

动迁4项工作职责千头万绪，地跨3个行政区，配合单位涉及市、区政府及各职能部门；管网迁改涉及水电气等相对独立的管网单位；各被拆迁单位涉及市、区主管部门；城镇拆迁10多万m^2的拆迁量更涉及千家万户拆迁户的利益；农村征地除涉及农民的切身利益外，还有众多租赁企业的搬迁；在征地拆迁遇到阻力时，还涉及公安局、法院、街道办事处、信访办的协调支持配合。

面对众多需要协调的政府部门和如此大的协调量，重庆路桥股份有限公司（以下简称重庆路桥）作为BOT模式实施建设的企业，要号令“三军”，显然存在角度和起点低的不利局面。但是，政府工程理当政府出面为工作切入点，以本工程列入庆直辖献礼重点工程为契机，紧紧依靠政府，高屋建瓴，抓纲举目，来引导和带动各个系统围绕动迁工作目标互动配合。市级政府主要依靠市重点建设办公室；区级政府主要依靠渝中区化龙桥拆迁指挥部，江北区“二桥办”，九龙坡区重点办。

通过市政府这条主线来辐射和协调市政府各职能部门及所辖拆迁单位的主管局、各管网产权单位主管部门；通过区级政府这条主线来协调区国土局、房管局、各街道办事处及征地拆迁所在村社、街道、村民、居民、企业。这样抓住龙头，嘉华大桥动迁工作所涉及的房管局、国土局、征地办、建委、经委、教委、农业局、公安局、信访办、园林局、市政委、电信局、市政设施局以及市供电局所辖城区供电局、杨家坪供电局、江北供电局，水务集团所辖自来水公司、渝中区水厂、九龙坡区水厂、江北中法供水公司，燃气集团所辖管道维护公司,交管局所辖各交警支队,国资委所辖城建集团等各子系统都围绕工程积极响应互动,工作从上到下得到贯彻执行,层层推进。

3. 衔接早、沟通勤

衔接早既是对别人的尊重,也为对方留够充裕的准备时间,有问题能及时反映,协调解决。由于重庆路桥在嘉华大桥的可行性研究阶段就介入对项目涉及的征地拆迁范围曾作了基础调查摸底,在工程的前期准备时,就同征地拆迁主管部门、政府职能部门和要涉及的单位作了衔接和情况介绍。在项目实施征地拆迁时,同相关部门已基本形成了工作默契和双方认同的工作流程、基本原则,工作起来效率高。同样,在实施管网施工半年多前,通过市重点办召集,邀请红线内涉及的管网产权单位,向他们介绍嘉华大桥建设情况,提交红线图,对施工区域内需拆迁的管网作现状调查。请设计方介绍新改建管网的设计标准、走向等,征求管网单位意见,对反馈意见及时调整修改。在正式实施管网迁改时,已同各管网单位的领导、经办部门人员相当熟悉,对工作流程及该做什么准备做到了心中有数,实施迁改时达到了工作的默契配合。

动迁围绕工程服务的主要工作就是协调。协调的过程就是沟通的过程。通过同政府部门的多沟通、勤沟通及善于沟通,达到了政府相关部门更重视我们的要求,将工作重心、重点向我们倾斜,为我们解决问题的目的。在对征地拆迁代办单位实施监管时,与他们多沟通、能实事求是地看待对方反映的问题,积极寻求协助解决的办法和措施,在力所能及又不违背原则的情况下给予协助配合。如资金拨付及时、解围救难。征地过程中,由于农民单家独户拆房慢,影响交地,我们及时与国土局、征地办沟通,由施工单位出动机械拆房加快进度,提高交地效率,减少阻力。与征地拆迁代办单位的勤沟通起到了协助解决困难的作用。

我们还经常同管网产权单位主管部门、安装施工单位负责人沟通。通报工程施工进展情况,交流管网施工配合中的细节问题,使他们从领导到具体实施部门,都对工程全局及本部门在局部配合中的位置、重要性、完成时限、要求做到了心中有数。勤沟通使协作配合更默契。

对重要的事情、重大合同签约、特殊情况的处理,及时向出资方重庆城投公司沟通。对协作配合中的困难,及时地与市重点办、渝中区化龙桥拆迁指挥部、江北"二桥办"联系,反复沟通磋商,及时地沟通使问题及时反馈,困难得到解决,提高了工作效率。

经常请审计所参加到动迁工作中,在参与的过程中,增加了相互的了解。沟通使彼此间减少了误解,也使他们也看到了我们对政府投资负责的态度。

早衔接、勤沟通体现了动迁工作服务勤。

4. 计划超前、服务靠前

根据工程要求,动迁工作中充分发挥主动性、超前性,加强工作的预见性、计划性。如正桥南岸3号墩施工前,预先计划好借重庆博森电器厂厂区道路作施工进场通道;华村立交施工中,当某局部施工区域暂时无法交地时,早已有了在博森电器厂先借部分场地搭建临设和堆放材料预案;正桥北岸施工进场,无任何场地,早就计划好借重庆天原化工厂下河公路,占用部分北滨路车行道,以及先在北滨路高架桥下搭临时设施堆放材料;对江北李家坪立交、华村立交、黄沙溪立交多次出现的天然气、电力线等临时迁改,在管网产权单位尚未查勘确定设计方案时,就充分发挥我们熟悉现场,熟悉项目的优势,同技术部门一起讨论制订出了较为可行的迁改方案。主动积极的态度,有针对性的迁改方案,多次得到管网单位的采纳认可。

当情况发生变化时,则实事求是,不拘于计划,积极想办法应对解决问题。北桥头施工时,当原计划大水井社进场道路不能满足施工需要时,又及时协调江北区政府的相关管理部门,在新建还未移交验收的兴竹路开口建便道;当隧道黄沙溪端洞口施工因新东福花园拆迁问题尚未解决时,又及时地衔接应对,开始同城区供电局研究,如何解决长距离隧道施工,增加变压器和高压线进洞的技术难题。

工作的主动性还体现在服务阵地靠前。在签订征地、拆迁、管网迁改等协议后,除一般的督促检查外,还自觉主动地追踪委托的具体实施进展情况,存在什么问题,积极协助解决或协调相关部门帮助解

决困难，工作完全不分彼此。如拆迁代办单位在与被拆迁单位白猫（重庆）日化有限公司、重庆油脂化学厂的拆迁补偿协商中遇到困难，主动联系市政府五处、重点办出面协调；在与重庆中南橡胶厂、重庆市政二公司、中石油黄沙溪加油站的拆迁补偿洽商时，将情况反馈到出资方重庆城投公司，通过多次磋商来缩小双方的差距；在与重庆62中学、重庆兽医站、重庆市政沥青厂的拆迁补偿洽商时，又通过渝中区化龙桥指挥部、市重点办，协调被拆迁单位主管局来共同协商解决问题。农村征地时，我们深入到要征地的村社和村民中，去了解村民对征地的想法，征地工作进展的动态，有些情况的了解深度我们比国土局更清楚。在征地过程中，当有些问题征地部门不便于出面解决时，业主从中协调，达到租赁户自觉搬迁的目的。

管网迁改时，对工作环节的跟踪督促，我们都是从提出迁改申请，现场查勘，管网单位出设计迁改方案，双方审预算签合同，安装迁改施工，直到验收移交等每个环节步步跟踪。对人的跟踪督促，从报件厅的申报开始，每个流程环节的经办人员、部门负责人、总经理、局长再到安装实施的工人，层层跟踪。

在施工最紧张的抢工阶段，李家坪立交、华村立交、黄沙溪立交都面临各供电局要在一个月内数次停电迁改电力线路，由于市供电局对各区供电局有每月停电次数的考核指标，当他们对电力迁改时限要求表示有困难时，又同市重点办一道协调市供电局解决此问题。

如果说工程现场管理加强了监理的旁站监督，保证了工程质量的优良，那么动迁跟踪服务的方式，超前靠前的服务则进一步提高了动迁工作的高效率。

5. 完善制度、规范程序

在动迁的工作实践中对规则程序和制度的建立，一是事先建立，二是在实践中逐渐加以规范和完善。如在办理城镇拆迁手续前，就同政府监管部门、出资方、拆迁代办单位一道，讨论确定了拆迁办理过程中各自的权限，对违章面积的认定、装修补偿标准的几个层次、批准的权限等都作了具体可量化的规定，在什么标准赔偿额度内，由谁来确定或是共同确定都非常明确。对非住宅等企事业单位的拆迁补偿，凡涉及到重大、重要的和较特殊的合同，我们都是请出资方重庆城投公司共同洽谈、合同会签。对住宅拆迁中的特殊个案，也制订了专门处置审批表，在政府监管部门、出资方重庆城投公司、业主、拆迁代办单位共同会审讨论的基础上，在处置表上签署意见。对拆迁资金进行重点监管，制订了完备的拆迁资金监管制。拆迁资金采取由业主或政府监管方渝中区化龙桥拆迁指挥部指定银行，立拆迁资金专项账户进行监管，业主根据拆迁代办单位每周报的拆迁进度表，核查拆迁资金的支付情况，业主又根据审核的拆迁款支付情况拨付款，或政府监管方审核拆迁代办单位拆迁资金的需求后监管支付。

对水电的安装、水电管网等临时迁改，也确定了施工单位申报，监理、业主、施工、审计所现场查勘确认，监理、业主分级审核审批制。对迁改方案，施工、监理、业主副总、总工、技经、动迁各方会审制。管网迁改后，由管网产权单位、管网施工单位、监理、业主各方签字验收制。水电管网安装后，管网施工方、工程施工方、监理、业主各方验收移交制。农村征地，每次交地有业主和国土局双方签字认可的交地面积、地域的交地记录。在完成全部交地时，还有土地管理部门国土勘测站，在现场实地勘界确认的交地面积勘界报告书。在市政设施挖掘损坏赔偿时，都有政府职能部门批准确定的赔偿标准，做到了付款依据齐全。

制度和程序的规范虽然有时感觉有些烦琐，但实际是压缩了管理漏洞的空间，避免了事后再来写“回忆录”、补手续的不准确，实际是为资料归档、结算审查项目打好基础，过程的慢成就了今后结算的快和清。

完善的制度，规范的程序，体现了动迁标准和规范化服务。

6. 过程监督、良性循环

动迁资金几乎占项目投资的一半，政府加强资金的使用监管控制是规范建设市场的必然。嘉华大桥在实施建设的过程中，政府就委托了审计机构进场进行过程监督。参建各单位并未将监督与被监督看成对立关系，而是将他们看作合作伙伴，正像施工必须有监理，会计与出纳要分离，业主和审计所只是各自职责不同而已。过程中的监督与提醒，约束与纠正，使政府投资的每笔资金都做到有依据，经得起

检查和历史的检验。同时,有了第三方的监督和参与,他们对动迁过程中事实的认同也更客观和有说服力。这样,动迁与现场审计的关系从被动接受监督,变成了邀请审计所参加动迁过程的主动接受监督。在这种互动过程中,一些不规范的做法、惯例得到了纠正,可能存在的制度上的管理漏洞也得到了完善,一些有可能影响今后顺利结算的想法也得到了提醒。像水电安装各方签字验收移交制,是根据审计的意见增加的应留有书面记载的管理环节。

观念的转变,认识的提高,使我们在项目部的施工例会,政府组织的征地拆迁协调督促会,同企事业被拆迁单位的拆迁补偿洽谈以及各种会议的商谈,都尽可能地请审计所参加。在施工中发生的水电气事故抢险,水电气等各类管网要发生的迁改,从现场查勘确认事实,到同管网产权方洽谈迁改预算合同,都请审计所的人员参与。在拆除人防工程、垃圾站、厕所等市政设施时,也请他们去拍照留依据,了解事情的经过。这样,虽然审计事务所在现场没有对征地拆迁、管网迁改、三通一平等费用支出的具体额度进行审计,但请其参与动迁工作,已经起到了确认事实,思想上认同资金的支付有根据的作用。

在处理与出资方重庆城投公司的关系时,也是主动接受监督,对重要的事实认定,合同洽谈,也是多与其沟通,请他们参加。这种对政府投资负责的态度,既体现了对监督者——审计所、出资方的尊重,也为今后结算时提高效率打下了良好基础。同样,审计所在参与动迁工作的一些环节和过程中,也消除了一些误解和偏见,更加理解动迁工作的难度。监督与被监督成了共同促进制度完善,规范建设市场的良性互动循环。

主动加强与监督者的沟通,请其参加到动迁过程中也是对我们动迁服务质量最好的检查。

嘉华大桥工程历时两年半,提前半年顺利竣工通车,是与市、区政府、相关职能部门、相关单位、管网产权单位、广大拆迁户的大力支持、积极配合分不开的,是各参建单位、人员共同努力的结果,也是对业主优秀管理水平的认同。

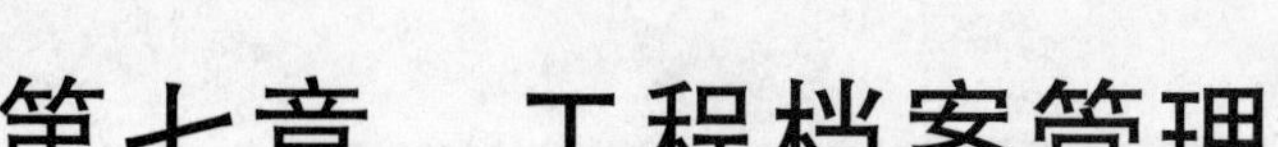

第七章　工程档案管理

第一节　档案管理制度

为了加强嘉华大桥工程档案管理，重庆路桥股份有限公司专门制订了《重庆嘉华大桥工程档案管理办法》，对该工程的档案管理实行规范化、制度化、责任化。

其管理办法的主要内容是：根据《建设工程文件归档整理规范》及市建委印发的《建设工程文件归档内容一览表》的要求，明确了工程档案归档的具体范围、类别；落实了档案资料收集整理的责任部门及责任人；对工程建设档案的过程管理、借阅、竣工验收、移交存档等都作出了明确的规定。

为了确保对工程档案的有效管理，公司还成立了工程竣工档案资料编制工作领导小组，负责对工程建设档案工作的领导。为了确保工程建设档案的质量，公司与重庆市城建档案馆签订了《嘉华大桥工程档案管理合同》，规定每逢双月的 5 日前由市城建档案馆对工程相关各单位的档案资料的收集、整理情况进行一次检查，并在业主召集，并有施工、监理等有关各方参加的建设工地例会上，通报工程建设档案的收集整理进度、存在的问题等情况，同时提出下一步的要求和目标，便于及时整改和纠正，明确改进和努力的方向。根据公司与市城建档案管签订的档案管理合同，市城建档案馆还派了专人到公司专门负责参与工程档案的收集、整理和检查、督促工作。公司对工程档案的收集、整理情况还实行了旬报制度，使有关各方都能及时了解工程档案的收集、整理进度、质量等情况。

第二节　档案管理主要特点

嘉华大桥工程档案管理的主要特点：一是让重庆市城建档案馆的档案管理专家直接参与整个工程档案的收集、整理过程，在过程中进行指导和监督，对工程档案收集、整理过程中存在的问题及时进行整改和纠正。这样，不仅对工程档案的管理发挥了监督和促进作用，而且还确保了工程档案的质量和收集、整理、归档的进度。二是把建设部门对工程建设档案管理的规范和要求与企业自身管理制度及管理实际密切结合。三是把工程档案管理工作与工程进度、工程例会结合起来，提高了工程技术人员对工程档案管理工作重要性的认识，增强了工程技术人员收集工程档案的自觉性。

由于业主及各参建单位高度重视工程档案管理，措施得力，在重庆市城建档案馆组织的 6 个单位工程档案验收中，所有单位工程档案都达到了优良标准。

第二篇

设计篇

第一章　嘉华大桥工程设计概述

第一节　工程概述

嘉华大桥一期工程由一座特大桥、一座长隧道和三座大型互通立交组成，立交中又以华村立交规模最大，见图2-1-1。

嘉华大桥主桥：采用三跨连续刚构形式，桥墩为单肢空心墩，主跨252m，全长528m，双向8车道上行下行结构分离布置，全桥宽37.6m。主桥桥位布置于渝中区华村画家村与江北区许家巷之间，桥轴线通过A、B、C三个方案比较后确定以A方案作为实施桥轴线；桥跨布置和通航净空根据通航论证报告和航道部门审查意见确定，即满足国家天然河道III级，考虑不同水位情况下的安全航道需要，同时考虑中心港区的发展要求，桥型方案根据可研报告10个方案中选出3个优选方案，经专家评审后报市政府常务会批准，采用预应力混凝土连续刚构桥型；桥宽和车道布置根据交通流量预测结果经市规划局专门会议审查，采用双向8车道布置，以满足远景交通量需求。

嘉华隧道：位于渝中区大坪，为双洞布置，左洞长1 434.253m，右洞长1 434.627m，总长2 868.88m。双向6车道。单洞净宽12.75m，采用三心圆断面，为曲墙半圆拱。洞身结构按新奥法原理进行设计，为复合式衬砌结构。

李家坪立交：位于江北区李家坪，是设计主线与城市主干道观苗路交叉点。为十字交叉，采用蝶形互通式立交形式，交通功能完善，景观效果良好，立交特点是主流方向通过定向匝道行驶，同时为了带动土地开发和更好地服务于城市，立交北端主线还布置了辅道与相邻路网连接。

华村立交：位于渝中区华村地段，是设计主线与嘉陵路和嘉陵江滨江路三条路相交的交叉口，再加上有两条匝道与山顶的高九路相通，形成设计主线与三条主干道相交叉的特大型交通转换枢纽。而且四条相交道路高差巨大，高九路高程约为293m，滨江路高程约为194m，相差约100m，一共采用了三组匝道将四条道路相接（其中有两条匝道由于地形条件限制采用隧道方案），是一期工程中规模最大，连接路口最多的立交，同时也是最具重庆山城特色的特大型立交工程。

黄沙溪立交：位于渝中区和九龙坡区交汇的黄沙溪，是设计主线与城市主干道菜袁路的交叉点，为十字交叉口。立交受到复杂地形条件和周边用地的限制，设计形式独特，考虑到交通量较小，立交舍去了由北向西方向的左转，对已建黄杨大道的桥梁加以利用，该立交是一期工程中用地条件最苛刻，变更设计最多的分项工程。

其他分项工程：包括北引道、排水工程、照明工程、综合管网、绿化景观工程、配套的公交停车和人行过街设施等。

第二节　设计规范

一、国家标准

（1）《道路工程制图标准》（GBJ 50162—92）

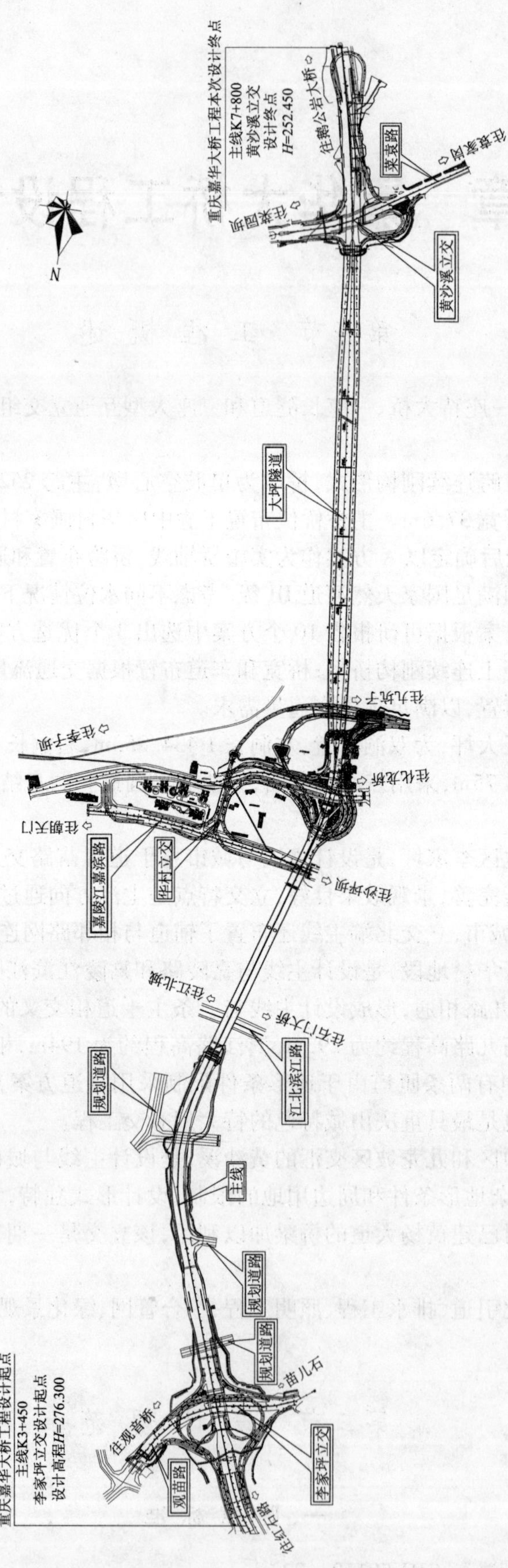

图 2-1-1 嘉华大桥工程总平面布置图

(2)《道路交通标志和标线》(GB 5768—1999)
(3)《混凝土结构设计规范》(GB 50010—2002)
(4)《建筑工程抗震设防分类标准》(GB 50223—2004)
(5)《建筑边坡支护技术规范》(GB 50330—2002)
(6)《锚杆喷射混凝土支护技术规范》(GB 50082-6—2001)
(7)《建筑边坡工程技术规范》(GB 50330—2002)
(8)《10kV 及以下变电所设计规范》(GB 50053—94)
(9)《低压配电设计规范》(GB 50052-4—95)
(10)《供配电系统设计规范》(GB 50052—95)
(11)《建筑物防雷设计规范》(GB 50057—94)
(12)《地下工程防水技术规范》(GBJ 108—87)
(13)《室外排水设计规范》(GB 50101—2005)
(14)《给水排水工程构造物结构设计规范》(GB 50069—2002)
(15)《给水排水工程管道结构设计规范》(GB 50332—2002)
(16)《给水排水管道工程施工及验收规范》(GB 50268—97)

二、交通部规范

(1)《工程建设标准强制性条文(公路工程部分)》(建标[2002]99 号)
(2)《公路工程技术标准》(JTG B01—2003)
(3)《公路土工试验规程》(JTJ 051—93)
(4)《公路路线设计规范》(JTJ 011—94)
(5)《公路路基设计规范》(JTG D30—2004)
(6)《公路沥青路面设计规范》(JTJ 014—97)
(7)《公路沥青路面施工技术规范》(JTG F40—2004)
(8)《公路工程名词术语》(JTJ 002—87)
(9)《公路自然区划标准》(JTJ 003—86)
(10)《公路勘测规范》(JTJ 061—99)
(11)《公路工程地质勘察规范》(JTJ 064—98)
(12)《公路桥位勘测设计规范》(JTJ 062—91)
(13)《公路水泥混凝土路面设计规范》(JTG D40—2003)
(14)《公路排水设计技术规范》(JTJ 018—96)
(15)《公路桥涵设计通用规范》(JTG D60—2004)
(16)《公路钢筋混凝土及预应力混凝土桥涵设计规范》(JTG D62—2004)
(17)《公路圬工桥涵设计规范》(JTG D61—2005)
(18)《公路桥涵地基与基础设计规范》(JTJ 022-4-85)
(19)《公路工程抗震设计规范》(JTJ 004—89)
(20)《公路桥梁抗风设计规范》(JTG/T D60-01—2004)
(21)《公路工程基本建设项目设计文件编制办法》(交公路发[1995]1036 号)
(22)《公路环境保护设计规范》(JTJ/T 006—98)
(23)《高速公路交通安全设施设计及施工技术规范》(JTJ 074—94)
(24)《公路基本建设工程概算、预算编制办法》(交公路发[1996]612 号)
(25)《公路工程概算定额》、《公路工程预算定额》(交工发[1992]65 号)
(26)《公路桥涵施工技术规范》(JTJ 041—2000)

(27)《公路工程质量检验评定标准》(JTG F80—2004)

(28)《公路工程岩石试验规程》(JTG E41—2005)

(29)《公路工程基桩动测技术规程》(JTG/T F81-01—2004)

(30)《公路隧道通风照明设计规范》(JTJ 026.1—1999)

(31)《公路隧道设计规范》(JTG D70—2004)

(32)《公路隧道施工技术规范》(JTJ 042—94)

(33)《高速公路交通安全设施设计及施工技术规范》(JTJ 074—94)

三、建设部规范

(1)《城市道路设计规范》(CJJ 37—90)

(2)《市政公用工程设计文件编制深度规定》(2004 年 3 月)

(3)《城市桥梁设计准则》(CJJ 11—93)

(4)《城市道路照明设计标准》(CJJ 45—2006)

(5)《城市桥梁设计荷载标准》(CJJ 77—98)

(6)《城市人行天桥与人行地道技术规范》(CJJ 69—95)

(7)《市政桥梁工程质量检验评定标准》(CJJ 2—90)

(8)《城市道路绿化规划与设计规范》(GJJ 75—97)

四、地 方 规 范

(1)《重庆市建筑地基基础设计规范》(DB 50/5001—1997)

(2)《重庆市市政工程预算定额》(1999 年)

(3)《重庆市建设工程费用定额》(1999 年)

第三节　主要设计技术标准和参数

一、主要设计技术标准

(1) 道路等级:城市快速路。

(2) 设计车速:80km/h。

(3) 设计荷载:嘉华大桥正桥采用公路—I 级,并用城—A 级荷载标准验算;引道及立交采用城—A 级;人群荷载为 3.0kN/m^2。

(4) 地震荷载:地震基本烈度 6 度,重要性系数 1.7。

(5) 航道标准:三级航道,通航净空高度 10m。通航要求主航道大于 180m,辅航道要求大于 80m。

(6) 水位:最高通航水位取用淤积 100 年后发生 20 年一遇最高水位 195.93m。95% 保证率设计最低通航水位 160.12m(黄海高程)。

(7) 设计风速:最大风速 26.7m/s。

(8) 设计基准年限:100 年。

(9) 设计车道:嘉华大桥双向 8 车道,北引道(K3 +950 ~ K4 +787)双向 8 车道,其余路段双向 6 车道。

(10) 主线道路技术标准与设计指标见表 2-1-1。

主线道路技术标准与设计指标　表 2-1-1

参　　数	规范技术标准	采用的设计指标
道路等级	快速路	快速路

续上表

参　　数		规范技术标准	采用的设计指标
计算行车速度(km/h)		80	80
最小平曲线半径(m)		250	400
缓和曲线最小长度(m)		70	70
平曲线最小长度(m)		140	275.816
圆曲线最小长度(m)		70	135.716
竖曲线最小半径(m)	凸曲线	3 000	4 500
	凹曲线	1 800	2 350
最大纵坡(%)		5	4.9
坡段最小长度(m)		290	305
竖曲线最小长度(m)		70	110
停车视距(m)		110	110
交通量设计年限(年)		20	20
沥青混凝土路面设计年限(年)		15	15
路面设计标准轴载		BZZ-100	BZZ 100
桥梁净空(m)		5	5
隧道净空(m)		5	5

(11)李家坪立交技术标准与设计指标表2-1-2。

李家坪立交技术标准与设计指标　　表2-1-2

项目名称		观苗路		匝道	
		技术标准	设计指标	技术标准	设计指标
道路等级		城市主干道	城市主干道		
计算行车速度(km/h)		40	40	30	30
最小圆曲线半径(m)		100	260	35	37
最小停车视距(m)		60	70	30	30
最小缓和曲线长度(m)		45	60	25	35
最大纵坡(%)		7	4.9	5	6
最小竖曲线半径(m)	凹曲线	700	2 350	250	500
	凸曲线	900	3 000	250	530

(12)华村立交技术标准与设计指标见表2-1-3。

华村立交技术标准与设计指标　　表2-1-3

项目名称	渝中区嘉陵江滨江路(牛滴路)		嘉陵路		定向匝道		嘉陵路下穿匝道	
	技术标准	设计指标	技术标准	设计指标	技术标准	设计指标	技术标准	设计指标
道路等级	城市主干道	城市主干道	城市次干道	城市次干道	—	—	—	—
计算行车速度(km/h)	60	60	40	40	30	30	25	25
最小圆曲线半径(m)	600	1 000	70	120	40	50	25	25
最小停车视距(m)	70	70	40	40	30	30	20	20

续上表

项 目 名 称		渝中区嘉陵江滨江路(牛滴路)		嘉 陵 路		定 向 匝 道		嘉陵路下穿匝道	
		技术标准	设计指标	技术标准	设计指标	技术标准	设计指标	技术标准	设计指标
最小缓和曲线长度(m)		50	—	35	35	25	35	—	—
最大纵坡(%)		7	3	8	2.65	5	5.99	5	5.8
最小竖曲线半径(m)	凹曲线	1 000	3 500	450	4 600	250	440	170	450
	凸曲线	1 200	4 500	400	2 000	250	510	150	600

(13) 黄沙溪立交技术标准与设计指标见表2-1-4。

黄沙溪立交技术标准与设计指标　　表2-1-4

项 目 名 称		菜 袁 路		匝 道	
		技术标准	设计指标	技术标准	设计指标
道路等级		城市主干道	城市主干道		
计算行车速度(km/h)		40	40	25	25
最小平曲线半径(m)		100	350	30	30
缓和曲线最小长度(m)		45	50	25	25
竖曲线最小半径(m)	凸曲线	900	6 000	150	250
	凹曲线	700	4 000	170	350
最大纵坡(%)		7	5	5	7
停车视距(m)		60	60	25	25

二、设计主要参数

(一) 基础主要参数

桩基进入弱风化砂质泥岩,单轴饱和抗压强度>10MPa。

(二) 荷载组合与应力控制

1. 持久状况承载力极限状态

1) 基本组合

1.1×[1.2×恒+1.0×收缩徐变+0.5×沉降+1.4×汽+0.8×1.4max(人、温、制动)]

1.1×[1.2×恒+1.0×收缩徐变+0.5×沉降+1.4×汽+0.8×1.1×风]

其余组合参见规范,设计时根据单项效应值选择最不利组合。

2) 偶然组合

恒+活(汽+人)+收缩徐变+沉降+船撞

恒+收缩徐变+沉降+地震

2. 持久状况正常使用时

短期效应组合:恒+0.7汽(不计冲击)+人+预+收缩徐变+0.8温差+升降温+制动+沉降+0.75风。

应力控制:上部构造纵向按全预应力构件设计(抗裂验算)。

短期效应组合:$\sigma_{st}-0.80\sigma_{pc}\leqslant 0$。

横向桥面板按A类构件设计(抗裂验算)。

基本组合:$\sigma_{st}-\sigma_{pc}\leqslant 0$。

附加组合:$\sigma_{st}-\sigma_{pc}\leqslant 1.5\text{MPa}$。

裂缝宽度:横向腹板及底板按钢筋混凝土构件设计。

短期效应组合并考虑长期效应影响，I 类环境。

腹板：0.20mm。

底板：0.20mm。

挠度验算（短期效应组合并考虑长期效应影响）：

$$\Delta \leqslant L/600$$

预拱度计算：按荷载短期效应组合计算的长期挠度与预应力长期反拱值之差计算。

3. 持久状况的应力计算（按标准值组合）

恒＋汽＋人＋预＋收缩徐变＋温差＋升降温＋制动＋沉降＋风

主梁混凝土最大正应力：$\leqslant 0.5f_{ck}$（17.7MPa）。

混凝土最大主应力：$\leqslant 0.6f_{ck}$（21.3MPa）。

钢绞线最大拉应力：$\leqslant 0.65f_{pk}$（1209MPa）。

4. 短暂状况的应力计算（按标准值组合）

荷载组合与施工时荷载组合相同。

主梁混凝土最小正应力组合 I：$\leqslant 0.7 \times 0.75f_{tk}$（−1.43MPa）。

混凝土最大正应力组合 I：$\leqslant 0.7 \times 0.75f_{ck}$（18.6MPa）。

三、主要材料

1. 混凝土

箱梁 C55、主墩 C55、边墩 C40、承台 C30、挖孔灌注桩 C30 混凝土。

2. 钢筋

R235 钢筋、HRB335 钢筋。

3. 预应力体系

采用符合 GB/T 5224—1995 低松弛钢绞线，标准强度 R_{by} = 1 860MPa，弹性模量 $E_y = 1.95 \times 105$MPa，公称直径 15.24mm，公称面积 140mm²。

第二章 道路工程

第一节 概 述

嘉华大桥工程设计起点为李家坪(里程为可研线路的K3+450),设计终点为黄沙溪(里程为K7+800),全长4.35km,根据工程特点划分为李家坪立交、北引道、嘉华大桥、华村立交、嘉华隧道、黄沙溪立交6个子项目。

第二节 主线设计

一、平面设计

主线设计起点为李家坪,主线上跨观苗路,与观苗路相交而设置李家坪立交,在K3+925处下穿规划道路,经过重庆金派五金制品有限公司,在K4+539处跨越规划道路,在K4+787处与主桥相接,跨越江北滨江路,主桥跨越嘉陵江后在华村与嘉陵江滨江路、嘉陵路相交,设置华村立交,之后修建隧道穿越大坪,在黄沙溪与菜袁路相交,设黄沙溪立交,终点与黄杨大道相接。本工程设计起点里程为可行性研究线路的K3+450,终点里程为K7+800,全长4.35km,全线共设平曲线3处,最小平曲线半径500m。

李家坪立交、华村立交和黄沙溪立交均作了立交方案比选。

重庆嘉华大桥工程是一个城市道路的系统工程,在可行性研究及初步设计阶段,对线路和原有的路网关系、规划控制范围、立交用地与周边的规划限制条件、地形地物以及征地、房屋拆迁、管线迁改等工作均做了大量细致的工作,合理地确定了道路中线。

道路路幅宽度根据交通量预测按规范要求宽度实施,立交主线和隧道两端因立交匝道的分流作用均采用双向6车道,而北引道和主桥采用双向8车道。

二、主线竖向高程设计

线路纵断面根据现状地形条件、相交道路的性质,并考虑嘉华大桥,同时结合立交接线来确定道路纵断面高程。

纵断面设计时考虑的主要因素:观苗路高程;许家村山顶高压铁塔基础高程;通航净空确定的嘉华大桥桥面高程和拟建渝中区嘉陵江滨江路与现有嘉陵路的高程;出嘉华隧道后主线下穿菜袁路的高程和在黄沙溪立交中已建成的一条匝道的高程。

主线竖向高程设计时重点考虑嘉华大桥桥面高程和华村立交接线的可行性。在满足通航要求的前提下对嘉华大桥(可研确定)的纵坡和高程进行了优化调整。调整后嘉华大桥通航段桥面最低高程为223m,既满足通航净空的要求,又降低了大桥的工程造价;同时嘉华隧道纵坡也随之进行了调整。

全线共设变坡点6个,最大纵坡4.9%,最小纵坡0.3%,最小坡长305m,凸形竖曲线最小半径4 500m,凹形竖曲线最小半径2 350m,竖曲线最小长度110m。嘉华大桥纵坡1.9%,嘉华隧道纵坡3.0%。

三、主线横断面设计

按照规划要求，道路路幅宽度为54m，双向6车道，中央分隔带3m，两侧各12.25m的车行道（根据规范计算行车速度大于40km/h，大小车混行时每条车道宽为3.75m）。两侧对称设置8.25m宽的绿化带和5m宽的人行道。根据交通量预测到2025年李家坪立交到华村立交段交通量将达到12 692pcu/h，需采用双向8车道才能提供较好的服务水平，利用该段车行道两侧各8.25m宽的绿化带中的3.75m改为车行道，将路段加宽为8车道，以满足交通量增长的要求。

道路中央分隔带3m，两侧各16m的车行道（根据规范计算行车速度大于40km/h，大小车混行时每条车道宽为3.75m）。两侧对称设置5m宽的人行道。

嘉华大桥桥面路幅宽度为37.6m。路幅分配如下：1.8m（人行道）+15.5m（车行道）+0.5m（防撞栏杆）+2.0m（分隔带）+0.5m（防撞栏杆）+15.5m（车行道）+1.8m（人行道）=37.6m。如图2-2-1所示。

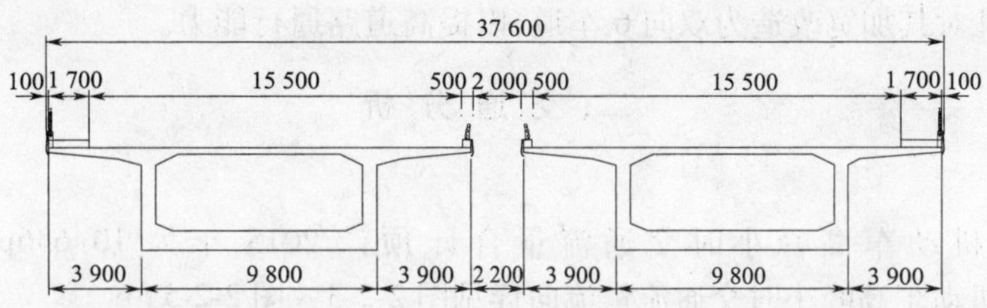

图2-2-1　嘉华大桥横断面图（尺寸单位：mm）

嘉华隧道单洞标准横断面宽度为14.09m。路幅分配如下：0.92m（检修道）+12.25m（车行道）+0.92m（检修道）=14.09m。如图2-2-2所示。

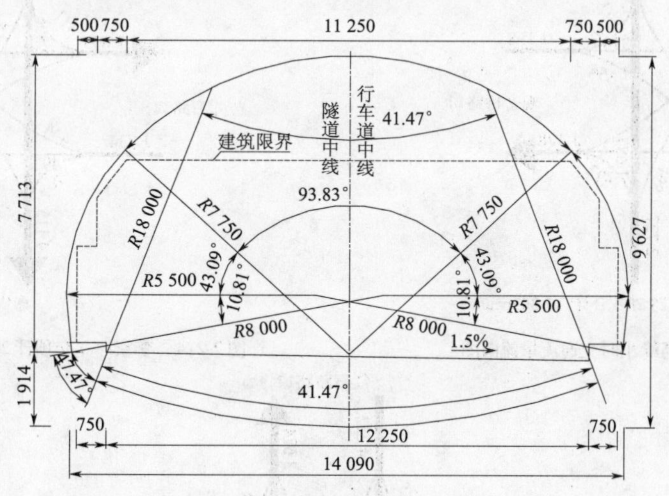

图2-2-2　嘉华隧道单洞标准横断面图（尺寸单位：mm）

四、公交及人行系统

全线在北引道K4+060处设置港湾式公交停靠站，长度为60m，宽度为7m。在李家坪立交中的观苗路往观音桥方向设置一对画线式停车站，长55m；在华村立交中的嘉陵路李子坝加油站附近设置一对画线式公交停车站，长60m；在黄沙溪立交中的菜袁路上往菜园坝方向设置一对画线式公交停车站，长60m。人行道面层采用250mm×250mm×80mm青石板铺砌，并采用红色砂岩石板镶砌，其下设2cm厚的水泥砂浆找平层，垫层为10cm厚灰渣垫层。

根据规划设计要求，结合地理位置，周边环境以及城市形象设计，在满足功能的条件下，在道路节点设置人行天桥、人行地道。

在K4+160、K4+663处分别设置一座人行过街天桥。在李家坪立交、华村立交、黄沙溪立交处分别设置人行过街系统，方便行人过街，实现人车分流。

第三节 李家坪立交

一、工程概况

李家坪立交位于重庆市江北区李家坪，是设计主线与观苗路的交汇点，立交向北接鸿恩寺隧道至大石坝，南接嘉华大桥至华村立交。东至苗儿石，西连观音桥商圈。立交范围内地形起伏大，观苗路北侧地形高程普遍在280m左右，观苗路南侧地形高程普遍在290m左右，而观苗路在与设计主线相交段路面高程在258m左右，整个地势为南北两侧高中间低的峡谷地形，观苗路东西向穿越沟谷。立交周边用地条件复杂，北边为屠宰场用地，西边为重庆油脂化工厂，东边为重庆香皂厂。现状观苗路路幅宽度较窄（仅8m），本次设计对其加宽改造为双向6车道，以提高道路通行能力。

二、交通分析

1. 交通量预测

李家坪交叉口机动车高峰小时交通流量合计预计2015年为10 636pcu/h，2025年高达12 692pcu/h。各年机动车高峰小时交通流量流向详见图2-2-3～图2-2-5。

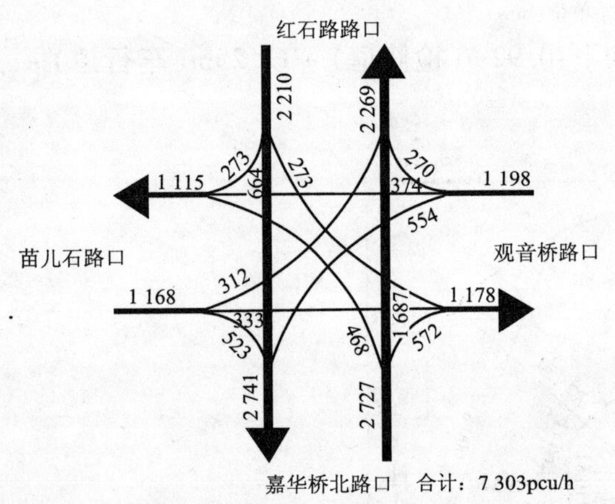

图2-2-3 李家坪立交2005年高峰小时交通流量流向图

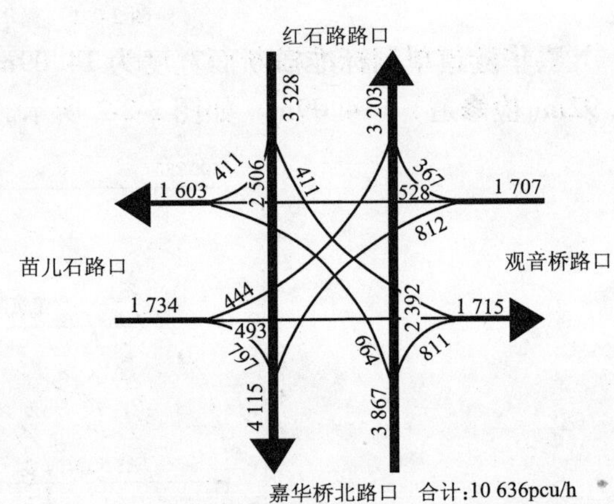

图2-2-4 李家坪立交预计2015年高峰小时交通流量流向图

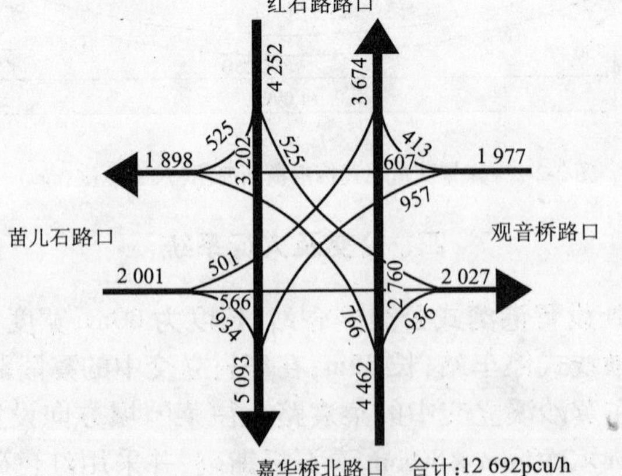

图2-2-5 李家坪立交2025年预计高峰小时交通流量流向图

2. 交通量分析

交通量分析见表2-2-1。

2025 年预计机动车流向分析表　　表 2-2-1

进口/出口	东	西	北	南
东	—	4.78%	3.25%	7.54%
西	4.46%	—	3.95%	7.36%
北	4.14%	4.14%	—	25.23%
南	7.37%	6.03%	21.75%	—

从表 2-2-1 可以看出：主线直行流量占总流量的相对密度较大，达到 46.98%，东西向及其他方向的转向流量累加占总流量的相对密度较小，所以南北直行流量为本交叉口的主要交通流方向。其他方向的交通流量中，除了嘉华大桥北桥头到观苗路和观苗路到嘉华大桥北桥头这 4 个方向的左右转交通流量略大一些之外，其余各个方向的交通流量较平均。

三、总 体 构 思

立交所处地势陡峭而狭窄，而观苗路沿山谷地带呈东西走向，主线上跨观苗路。从路网结构来看，该节点是江北观音桥商贸中心区与设计主线的唯一接口，其地理位置的重要性显而易见，因此，从充分发挥路网交通功能的角度考虑，从推动江北商圈经济更好发展的角度出发，该立交定位为全互通立交。

结合立交周边地形、地势条件来看，立交的南面为一地势较高的山地，比观苗路现状路面高出将近 35m，北面为一坡地，比观苗路现状路面高出约 20m，因此，从土石方开挖工程量方面考虑，立交匝道尽量布置在观苗路北侧，立交选型为蝶式立交，如图 2-2-6 所示。

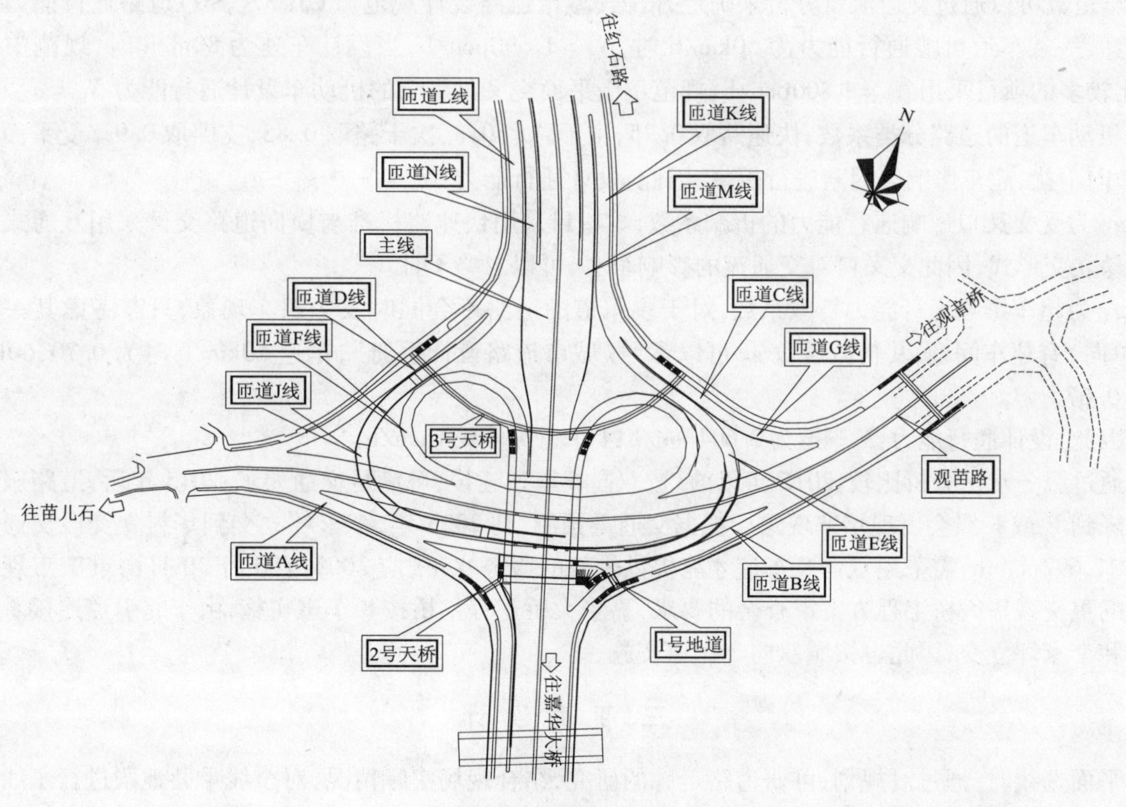

图 2-2-6　立交选型及布置

四、方 案 设 计

根据立交周围现状地形地貌及周边用地条件，整个立交的平面布置北重南轻，这样充分结合现状地形条件，节省了土石方工程量。为了避免红石路往观音桥方向的左转车流与苗儿石往红石路方向的左转车流产生交织，将苗儿石往红石路方向的左转匝道没有直接从观苗路主线分流，而是在苗儿石往嘉华大桥右转匝道上进行分流，这样减少了车辆之间的交织，提高了整个立交的通行能力。由于观苗路东侧高西侧低，从观音桥往苗儿石方向道路呈下坡，所以，由苗儿石往红石路方向的左转匝道采用下穿道穿越观苗路，由红石路往观音桥方向的左转匝道采用高架桥跨越观苗路，立交匝道的布设充分利用现有道路条件。由于设计主线上跨桥桥面宽达49m，而观苗路的纵坡在该段为3%的较大坡度，这样就造成上跨桥一边的净高为5m，而另一边为6.5m，针对这一特点，将红石路往观音桥方向的左转匝道设计终点布置在跨线下，这样减小了匝道的纵坡，确保了行车安全。

第四节　北引道工程

一、工 程 概 况

北引道是重庆嘉华大桥工程的重要组成部分，设计起点为李家坪 K3 +950，经过重庆金派五金制品有限公司，在 K4 +539 处跨越规划道路，终点 K4 +787 处与主桥相接，全线共设两座人行天桥，一处桥下人行过街通道，一对港湾式公交停车港。

二、道路交通分析

在北引道的设计中，车道数的确定是关键，这关系到道路的投资费用、建成后的通行情况等。

车道数可以通过交通流量分析来确定，依据《城市道路设计规范》(CJJ 37—90)道路通行能力分析及推算，一条车道可能通行能力为50km/h 时，N_p = 1 690pcu/h，当设计车速为 80m/h 时，规范中无规定，比较多的项目采用 N_p =1 800pcu/h，规范不受平面交叉口影响的机动车设计通行能力 $N_m = a_c \cdot Np$。a_c 为机动车道的道路分类系数，快速路取0.75，主干路取0.8，次干路取0.85，支路取0.9。受平面交叉口、横向干扰，超车影响等因素进行折减，因此，设计通行能力：$N_e = N_m \cdot g_1 \cdot g_2$。

g_1 为受交叉口影响通行能力的折减系数，本项目采用快速路标准与横向道路交叉采用互通式立交或简易立交形式，因此交叉口对交通流的影响很小，可以忽略不计。

g_2 为超车影响通行能力折减系数，对于多车道的道路不会同时发生超车现象，只需考虑其一条车道(单向)有超车问题，其折减系数 g_2 可以参照《城市道路设计手册》，车速 50km/h 时为0.70，60km/h 时为0.67。

因此，设计通行能力：3 车道为3 604pcu/h；4 车道为4 954pcu/h。

通过服务水平分析比较，2015 年以前，按双向6 车道建设，可满足交通要求；2015 年后，道路服务水平下降到 E 或 F 级会出现堵塞现象。根据交通量预测，到 2025 年，李家坪立交到华村立交段交通量将达到12 692pcu/h，需采用双向8 车道才能提供较好的服务水平，应 2003 年6 月30 日由重庆市规划局主持的重庆嘉华大桥工程方案审查会的要求，嘉华大桥工程主桥按8 车道实施，由于北引道连接着嘉华大桥和李家坪立交，因此也按照双向8 车道实施。

三、平 面 设 计

平面选线时，通过对规划、可研道路走廊的研究，结合现场实际情况，对全线重要地段进行了线路比较(大水井段 K4 +200 ~ K4 +700)，最终确定了北引道的线路方案。比较路段描述如下。

大水井段 K4 +200 ~ K4 +700，根据规划和预可研线路走向，道路均与高压铁塔在平面上存在冲突，从而带来高压铁塔拆迁的问题，本次设计在预可研线路东侧选择了一条同时避开左、右侧高压铁塔的线路。

北引道设计起点为李家坪设计终点 K3 +950，终点为 K4 +787 处与主桥相接，长837m，双向8 车道，设计路基宽度44m。全线设1 处平曲线，平曲线半径600m，缓和曲线长度180m。

四、纵断面设计

线路纵断面在设计时，依据现状地形、地貌、相交道路，并考虑嘉华大桥，同时结合立交接线来确定道路纵断面高程。本段纵断面设计时考虑的主要因素有：观苗路高程；许家村山顶高压铁塔基础高程；通航净空确定的嘉华大桥桥面高程。

结合李家坪立交终点纵断面设计和嘉华大桥设计纵坡进行北引道纵断面设计，北引道曲线共设两个变坡点，凸形竖曲线半径 4 500m，凹形竖曲线半径 6 000m，道路最大纵坡 4%，最小纵坡 0.5%。

五、横断面设计

本次实施路幅总宽为 44m，根据交通量预测到 2025 年，李家坪到华村立交段（主桥及北引道段）交通量预测为 12 692pcu/h，需采用双向 8 车道才能提供较好的服务水平，因此设计采用双向 8 车道。远期路幅宽度按 54m 红线控制。

中央分隔带 2m，两侧各 16m 的车行道（根据规范计算行车速度大于 40km/h，大小车混行时每条车道宽为 3.75m）。两侧对称设置 2m 宽的绿化带和 3m 宽的人行道。其路幅分配如下：

5m（人行道）+16m（车行道）+2m（中央绿化带）+16m（车行道）+5m（人行道）=44m

六、公交及人行系统

1. 公交系统

在北引道 K4 +060 处设置一对港湾式公交停车港，宽 7m，车行道和公交停车港间设 2m 宽硬质隔离带，长 60m。

2. 人行系统

北引道范围内为了做到人车分流，共布设了两座人行天桥，一座桥下人行通道，1 号人行天桥位于 K4 +160，2 号人行天桥位于 K4 +600，桥下人行通道位于 K4 +790。

3. 小结

本设计结合交通流量流向预测分析，采用双向 8 车道，保证了主线的交通需求，同时路线方案在符合总体规划和技术标准的前提下，尽可能地避让建筑物，减少了拆迁量，节约了工程费用。北引道连接着李家坪立交和嘉华大桥，是嘉华大桥工程的重要组成部分，建成后对于整个南北干线的道路系统，起到了极为重要的作用。

第五节　华村立交工程

一、工 程 概 况

华村立交位于“四纵线”快速路中部（K5 +340 ~ K5 +788），是由“四纵线”快速路、嘉滨路、嘉陵路和高九路连接道组成的枢纽工程。立交北临嘉陵江，南靠佛图关，西为香港瑞安集团开发用地（化龙桥片区），东为造纸研究所、嘉韵山水房地产项目、李子坝加油站、重庆市六十二中等单位。由于相交道路技术等级较高，根据交通分析，结合该地区发展趋势，有必要设置一座服务水平较高的立交。华村立交相交道路最大高差 46m，立交形式为 4 层部分互通组合式立交，占地面积 66 931m^2。

二、设计交通量

（一）交通量预测

华村交叉口机动车高峰小时交通流量合计 2005 年为 8 287pcu/h，2015 年预计为 11 874pcu/h，2025 年预计高达 13 926pcu/h。各年机动车高峰小时交通流量流向详见图 2-2-7。

（二）交通量分析

1. 定性分析

（1）根据重庆市总体规划，“四纵线”快速路、嘉滨路皆为交通性主干道，即主流方向。

（2）从路网骨架上看，该工程建成后将极大程度地为过江通道分流。今后从主城中部片区来往南北片区的车辆可通过嘉滨路、高九路进入南北干道。因此从嘉滨路、高九路上下嘉华大桥的流向为次主流方向。

由于嘉滨路、嘉陵路走向平行，两条道路间有多种转换方式，因此本立交范围内嘉滨路与嘉陵路的交通转换为次要流向。从路网来看，从高九路通过华村立交往黄沙溪立交方向绕行距离较长，并可通过大坪地区路网系统进行转换，因此也为次要方向。

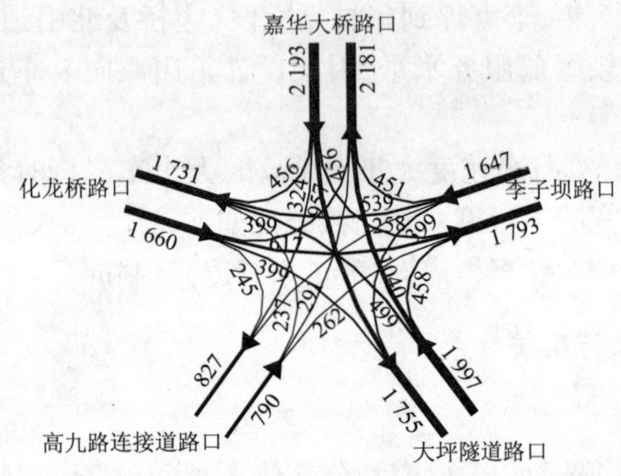

华村立交2005年高峰小时交通流量流向图 合计：8 287pcu/h

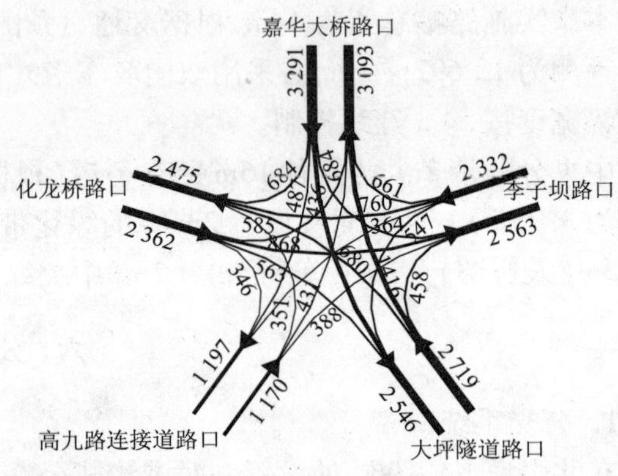

华村立交2015年高峰小时交通流量流向图 合计：11 874pcu/h

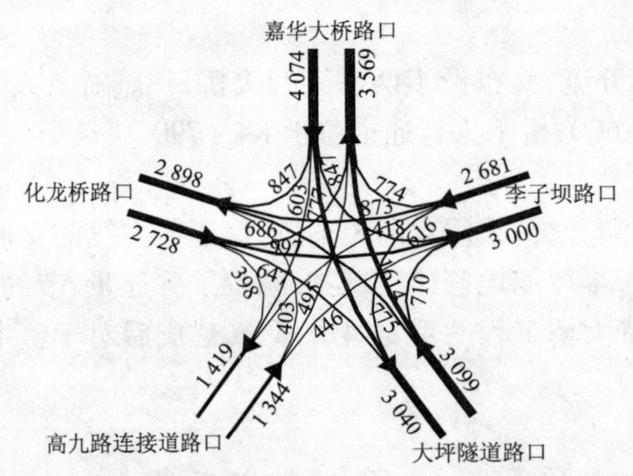

华村立交2025年高峰小时交通流量流向图 合计：13 926pcu/h

图 2-2-7 各年机动车高峰小时交通流量流向图

2. 定量分析

见表 2-2-2。

2025 年预计机动车流向分析表

表 2-2-2

进口/出口	牛角沱	嘉华大桥	沙坪坝	高九路连接道	嘉华隧道
牛角沱	—	5.56%	6.27%	3.00%	4.42%
嘉华大桥	6.08%	—	6.08%	4.33%	12.76%
沙坪坝	7.16%	4.93%	—	2.86%	4.65%
高九路连接道	3.20%	3.55%	2.89%	—	—
嘉华隧道	5.10%	11.60%	5.57%	—	—

从表 2-2-2 可以看出：直行流量中，南北向占总流量的 24.36%，东西向占 13.43%。所以南北向、东

西向直行为交叉口的主流方向。2025 年各转向流量占总流量的相对密度达 62.21%，但较为均匀，且流量中等，其中嘉华大桥往牛角沱和沙坪坝的流量稍多。定量分析与定性分析基本吻合，从而确定本节点的主次流向。

三、总 体 构 思

（1）立交形式首先取决于相交道路的性质、任务和远景交通量等。结合片区规划，嘉滨路建成后将承担下半城的过境交通，技术等级为城市主干道；而待化龙桥片区开发完成后，嘉陵路将成为一条生活性次干道。因此立交设计应优先考虑将“四纵线”快速路与嘉滨路相连，而嘉陵路与嘉滨路可通过路网转换进出华村立交。根据交通流量流向预测分析，高九路通过华村立交往黄沙溪立交为次要流向。由于接线困难，工程代价较高，因此方案设计均未设置这个方向的匝道，按部分互通立交设计更为合理。

（2）立交形式应与所在地的自然环境条件相适应，力求合理利用地形，与环境相协调。本工程场地北低南高，北侧为嘉陵江Ⅰ级阶台地，地形平坦；南侧多成陡坡、峭壁，并发现多处变形现象，佛图关公园植被良好。因此立交设计应减少开挖南侧山体，以免破坏生态环境或诱发地质灾害。

（3）立交形式应兼顾周边单位和规划条件，力求减少拆迁和对周边单位的影响。立交西侧为香港瑞安集团开发用地（化龙桥片区），一个未来国际化的片区；东侧为造纸研究所、嘉韵山水房地产项目、李子坝加油站、重庆市六十二中等单位，以上项目均为本次设计的制约条件。因此立交设计在满足交通功能的前提下，应结合规划红线，减少穿越上述单位，不易刻意追求平、立面造型。

四、方 案 比 选

第一方案：4 层部分互通组合式立交，见图 2-2-8。其特点是通行能力较高，行车条件舒适且导向性好，与规划红线结合较好，但占地面积较大。

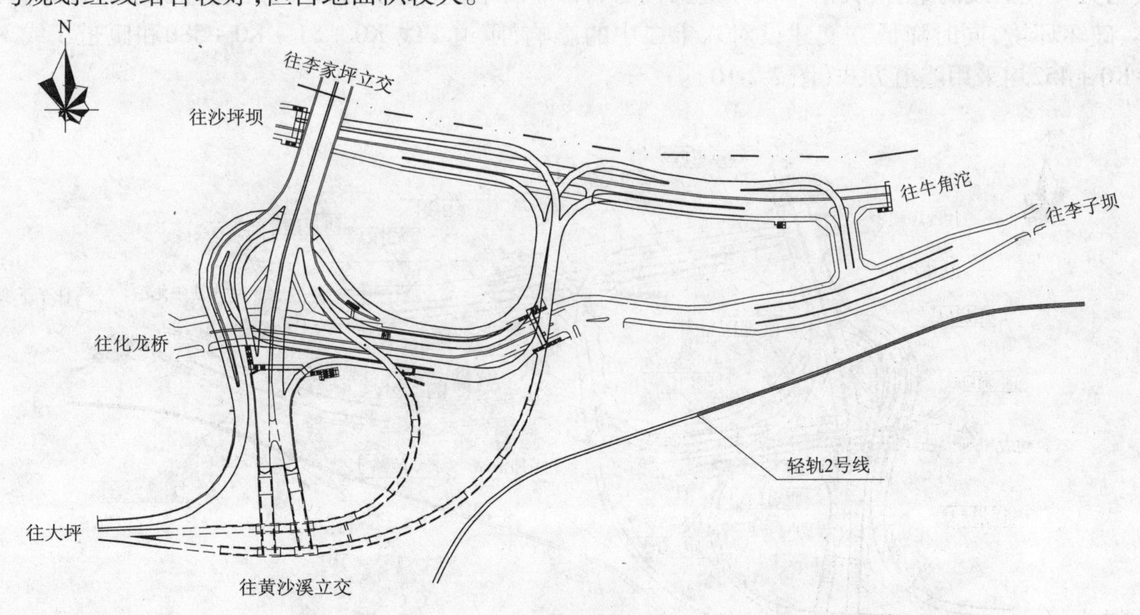

图 2-2-8　第一方案布置图

第二方案：4 层部分互通螺旋形立交，见图 2-2-9。其特点是造型美观，结构紧凑，占地面积较小，对周边单位影响较小，但通行能力一般，行车条件和导向性较差，与规划红线存在一定冲突。

在规划部门组织的方案设计评审会中，领导、专家一致认为第一方案最优，其通行能力较高、线形流畅、技术指标合理。虽然占地面积较大，但结合周边地块性质，应适当考虑一定超前性，因而作为推荐方案。

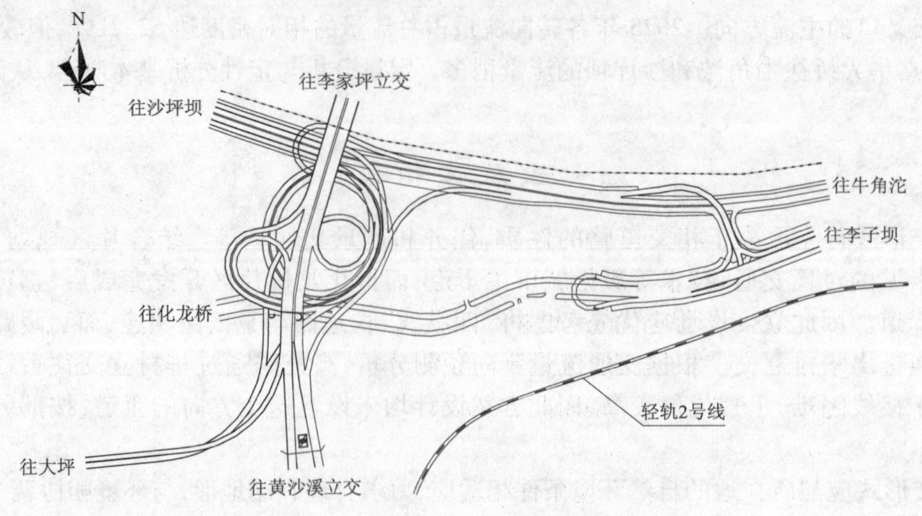

图 2-2-9　第二方案布置图

五、立 交 设 计

(一) 平面设计

由于高九路连接道、“四纵线”快速路、嘉陵路与嘉滨路高差分别是46m、33m、14m，为了克服高差完成交通转换，立交分别采用3部分匝道连接4条道路。第一部分是连接“四纵线”快速路与嘉滨路的4条定向匝道；第二部分是连接“四纵线”快速路与高九路连接道的两条定向匝道；第三部分是连接嘉滨路与嘉陵路的两条定向匝道。因嘉滨路技术等级高于嘉陵路，故设计先将“四纵线”快速路通过定向匝道与嘉滨路相连，再通过嘉滨路与嘉陵路相连，从而完成交通转换。匝道设计结合地形与用地条件采用直线与大半径曲线的组合，灵活布设在道路两旁，体现“形随意动”的设计理念。为了避免大面积开挖山体、破坏环境，同时降低立交建设对六十二中的影响，匝道 I 线 K0 + 81 ~ K0 + 580 和匝道 J 线 K0 + 80 ~ K0 + 452 均采用隧道方式(图 2-2-10)。

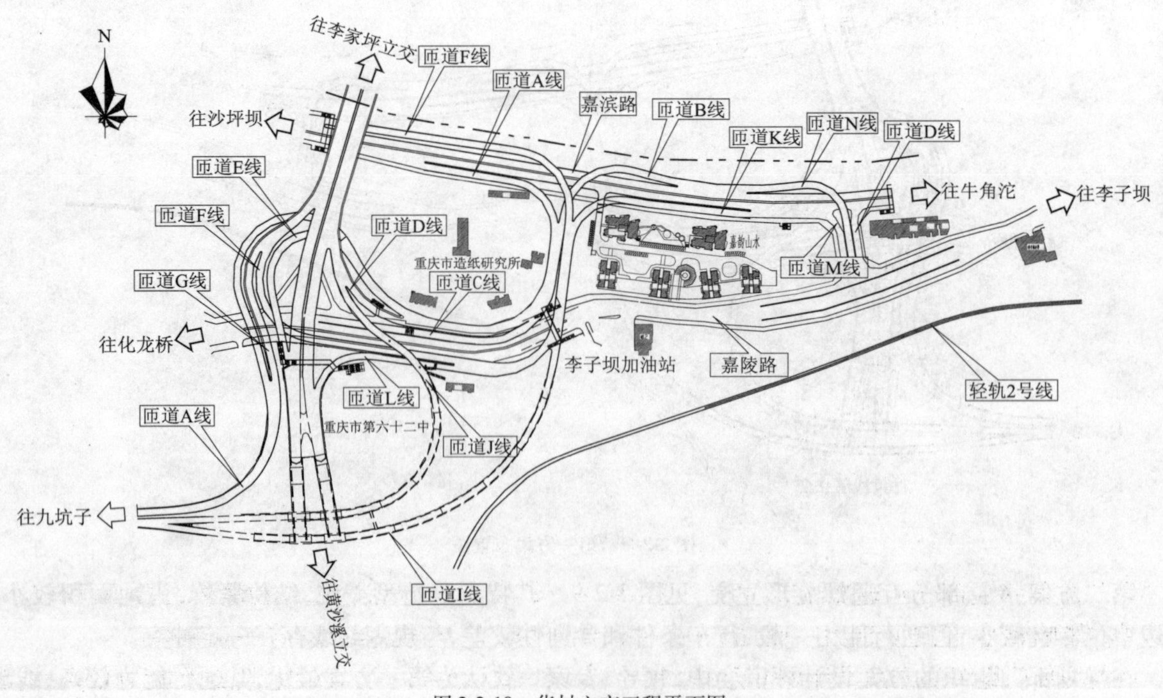

图 2-2-10　华村立交工程平面图

(二) 纵断面设计

由于本工程最大接线高差近46m，使得纵断面设计较为困难。“四纵线”快速路纵坡根据大桥与隧

道接线确定,其中嘉华大桥为 1.9% 下坡,嘉华隧道为 3% 上坡,纵断面设计,在华村立交采用了 R = 3 000m的凹曲线。嘉陵路属于道路改扩建工程,纵断面设计基本参照原地面高程,局部路段为确保道路净空有所降低。立交匝道最大纵坡出现在嘉滨路从牛角沱上行进入华村立交的匝道 B 线,考虑到匝道 B 线为单向匝道,并处于上坡路段,适当加大纵坡对交通安全不会产生影响,因此采用了 6.5% 的纵坡,其余匝道最大纵坡均控制在 6% 以内。

(三) 横断面设计

根据道路等级、交通量和交通组织方式确定道路横断面形式和各组成部分宽度,具体如下。

"四纵线"快速路在引桥部分为双向 8 车道,标准路幅宽度 37.6m。

1.8m(人行道) + 15.5m(车行道) + 3m(中央分隔带) + 15.5m(车行道) + 1.8m(人行道) = 37.6m

嘉陵路按规划拓宽为双向 4 车道,标准路幅宽度为 32m。

8m(人行道) + 16m(车行道) + 8m(人行道) = 32m

嘉滨路双向 4 车道,标准路幅宽度为 29m。

5m(人行道) + 8.5m(车行道) + 2m(中央分隔带) + 8.5m(车行道) + 5m(人行道) = 29m

根据规划部门审查意见,单向单车道匝道车行道净宽由方案的 7m 拓宽为 8m,总宽 9m。

单向双车道匝道:净宽 8.5m,总宽 9.5m。

单向 3 车道匝道:净宽 12m,总宽 13m。

道路侧向净宽不小于 0.75m,匝道侧向净宽不小于 0.5m。

(四) 端部设计

在匝道与主线相接的道口尽量保证出入顺适、安全,线形与主线协调一致,主线与匝道间能相互通视,方便辨认,主线出入口均设置在车行道右侧。为方便车辆减速,匝道出口尽量设置在主线上坡路段。为利于重型车加速,匝道入口尽量设置在主线下坡路段。匝道路口净距、交织距离均满足设计规范。

六、公交及人行系统

嘉华大桥与嘉华隧道均设置检修道,检修人员可以通过华村立交的 1、2、3、4、5 号梯踏步进入大桥与隧道进行检修。结合嘉陵路周边单位情况,在李子坝加油站、造纸研究所大门之间交错设置两个公交停车港,同时结合停车港设置一座人行过街地道。嘉华大桥上的行人可通过匝道 D、G 线外侧的人行道下至嘉陵路,再通过嘉陵路与嘉滨路之间的人行道通往亲水空间。

第六节　黄沙溪立交工程

一、工 程 概 况

黄沙溪立交位于"四纵线"快速路(主城快速路系统中的"四纵线")与菜袁路的相交处,为一四路交叉路口,其北往嘉华大桥,南往鹅公岩大桥西桥头立交,东往黄沙溪隧道,西往袁家岗,是"四纵线"快速路的控制性工程之一。其中"四纵线"快速路为城市快速干道,双向 6 车道,规划宽度为 54m,菜袁路现为双向 4 车道,立交实施时将拓宽为双向 6 车道,立交东西长 580m,南北宽 680m。拟建的黄沙溪立交作为重庆市南北和东西干道的节点,对于解决道路系统之间的网络联系起着重要的作用。

黄沙溪立交为两层异型全互通立交,立交占地约为 103 200m^2(图 2-2-11)。

二、交 通 分 析

(一) 交通量预测

黄沙溪交叉口机动车高峰小时交通流量合计 2005 年为 8 536pcu/h,2025 年预计为 13 115pcu/h。

图 2-2-11　黄沙溪立交工程造型及布置

各年机动车高峰小时交通流量流向详见图 2-2-12。

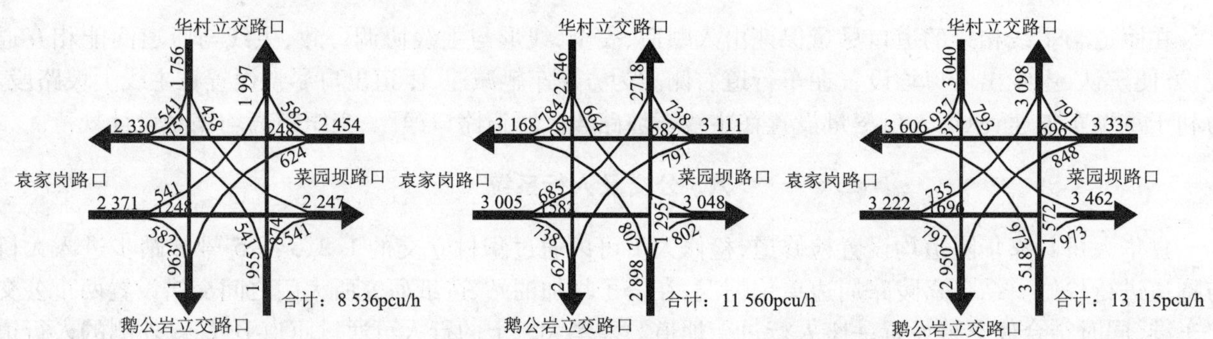

黄沙溪立交2005年高峰小时交通流量流向图　黄沙溪立交2015年高峰小时交通流量流向图　黄沙溪立交2025年高峰小时交通流量流向图

图 2-2-12　各年机动车高峰小时交通流量图

（二）交通量定量分析

1. 机动车的流向分析表

立交交叉口 2025 年预计机动车流向流量占总流量百分比情况详见表 2-2-3。

2. 从直行流量分析

东西干道直行流量占总流量的相对密度较大，为 25.34%，南北向为 23.57%。4 个方向的直行流量累加占总流量的 48.91%。所以直行流量为本交叉口的主要流向。

2025 年预计机动车流向分析表　　表 2-2-3

进口/出口	东	西	北	南
东	—	12.67%	5.91%	5.91%
西	12.67%	—	5.49%	5.49%
北	6.20%	7.23%	—	10.43%
南	7.42%	7.42%	13.14%	—

3. 从转向流量分析

从表 2-2-3 中可以看出，2025 年本交叉口转向流量中各转向流量南向西占总流量的比例为 7.42%，南向东为 7.42%，北向东为 6.20%，北向西为 7.23%，其他方向较为均匀且流量中等，布置立交形式时，

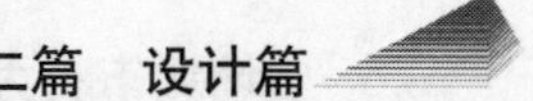

可根据路网规划及特点、地形、地物及控制建筑物等因素综合考虑。

三、总 体 构 思

黄沙溪立交所处位置地形十分复杂，立交北面紧靠嘉华隧道洞口，地势较高，且时尚置业小区已在毗邻嘉华隧道出口的顶部修建了高层建筑。西南600m处袁家岗立交，东面紧邻黄沙溪隧道洞口，南面地势较低，新东福花园和渝中花园位于立交Ⅱ、Ⅲ象限内，严重制约着立交匝道的布线。

由于重庆作为典型的山地城市独特的地形条件，以及市区现状道路、高层建筑等对立交用地条件的制约，在充分利用现有条件，满足设计规范相关要求，尽量提高立交的交通功能，保证行车安全，节约工程费用的同时，对道路沿线小区和商业门面的出入口、公交系统、人行系统以及市政管网的改造等都应该作细致的处理。在多次优化调整之后，实施方案为一异型全互通立交。

结合规划，主线下穿莱袁路为第一层，莱袁路为第二层，4个右转车流直接采用定向匝道解决。莱袁路至鹅公岩方向的左转车流采用环形匝道解决，袁家岗至嘉华大桥和嘉华大桥至莱园坝的左转车流通过设置在南北干道K7+780处的高架回头匝道解决。鹅公岩至袁家岗方向的左转车流可通过远期鹅公岩立交直接转换，故在黄沙溪立交中没有考虑此方向的左转车流转换，节省了工程造价，目前该方向车流则通过在黄沙溪隧道西侧掉头实现，该掉头处需要实行交通管制，在车行高峰时段必须封闭。

四、方 案 设 计

(一) 平面设计

黄沙溪立交所在地周边建筑及各项公共设施已经形成，由于拆迁困难，立交用地受到很大的限制。方案根据新东福花园、渝中花园及渝中加油站建筑物对立交的制约，在立交东、北向用地狭窄的不利因素影响下，尽量结合地形，遵照少拆迁的原则，进行立交的选形及匝道的布线。

为提高立交的线形标准，增加行车安全性，同时节约工程费用，设计作了大量细致的研究，采取了合理的处理方式，部分内容如下。

(1) 为启动大杨石组团的开发建设，2000年动工修建的黄杨大道(袁家岗至大黄路)现已竣工通车，本次设计利用黄杨大道作为黄沙溪立交的一个右转匝道(袁家岗至鹅公岩)。主线在K7+700~K7+840段与黄杨大道高程接顺，袁家岗方向的车流可右转通过黄杨大道汇入主线往李家沱大桥方向，也可直接通往大黄路。袁家岗往嘉华大桥的左转车流也可通过黄杨大道和匝道E线的组合得到解决。

(2) 设计取消现在大黄路与莱袁路的不规范道路接口，使匝道B线起点往东侧移动，增大了B线长度，从而匝道B线下坡段纵坡为3.5%，使其满足规范要求，也确保了进入嘉华隧道主流交通的安全。方案中匝道C线K0+260至终点段与莱袁路并行布设，从而增大C线有效拉坡长度，尽量将纵坡减缓，最终为6.5%。在满足匝道D线布线需要的同时，匝道C线K0+140~K0+320段平面尽量向东南侧移动，以减少立交占地面积和其西北方向的开挖量，也减小了对煤田宾馆建筑及其北侧现状高层房屋的影响。

(3) 由于一些历史原因，工程用地和新东福花园用地矛盾较大，方案中根据立交周边地块的面积大小和使用性质、特点，对新东福小区游泳池、网球场和管理用房等进行还建。同时在道路和小区运动场之间采取安全、有效的隔离措施，如防撞护栏、隔音墙和围墙等。

(4) 方案中加宽了嘉华隧道出口段宽度，在洞口设置受限的条件下，提供匝道足够的停车视距，确保行车安全。

(5) 充分考虑人行公交要求，合理设置公交站台和人行过街系统；对原有的配套设施如加油站等进行还建，结合周边建筑进行设计，保证了小区、酒店等建筑出入口与道路的衔接，完善了道路的服务功能。

(二) 纵断面设计

线路纵断面根据现状地形条件、相交道路的性质，并考虑嘉华大桥，同时结合立交接线来确定道路纵断面高程。主线立交段最大纵坡为3.1%，菜袁路纵坡现状基本不变，最大纵坡为5%。匝道C线（因必须避让时尚置业小区高层建筑，影响匝道C线平面布线）和匝道G线（为加大匝道D线进入主线车流和主线进入匝道G线车流的交织距离，将G线起点尽量向南侧移动，减短了匝道G线长度）最大纵坡为6.5%，其余匝道最大纵坡均控制在6%以内。

（三）横断面设计

黄沙溪立交段主线标准路幅宽度分配如下：

3.0m（人行道）+2.0m（绿化带）+12.25m（车行道）+3.0m（中央分隔带）+12.25m（车行道）+2.0（绿化带）+3.0m（人行道）=37.5m

菜袁路其标准路幅分配如下：

4.0m（人行道）+12.0m（车行道）+2.0m（中央分隔带）+12.0m（车行道）+4.0m（人行道）=34m

匝道路幅分配如下：

匝道A线标准路幅分配为：0.5m（侧向净宽）+0.5m（路缘带）+7.5m（车行道）+0.5m（路缘带）+3.0m（人行道）=12m

匝道B、C线标准路幅分配为：0.5m（侧向净宽）+0.5m（路缘带）+7.0m（车行道）+0.5m（路缘带）+3.0m（人行道）=11.5m

匝道D线标准路幅分配为：0.5m（侧向净宽）+0.5m（路缘带）+7.0m（车行道）+0.5m（路缘带）+0.5m（侧向净宽）=9.0m

匝道E线标准路幅分配为：0.5m（侧向净宽）+0.5m（路缘带）+11.0m（车行道）+0.5m（路缘带）+0.5m（侧向净宽）=13.0m

匝道F线标准路幅分配为：0.5m（侧向净宽）+0.5m（路缘带）+11.0m（车行道）+0.5m（路缘带）+3.0m（人行道）=15.5m

匝道G线标准路幅分配为：0.5m（防撞栏杆）+0.5m（路缘带）+7.0m（车行道）+0.5m（路缘带）+0.5m（防撞栏杆）=9.0m

根据规范要求，在小半径弯道内侧进行加宽。

（四）人行公交系统

结合立交实际情况，在菜袁路上设置3个画线式公交停车港，停车港长40~60m，宽3.72~5.4m。遵循以人为本的原则，人行组织有两种形式：在车流较多及路面较宽的路段，采用人行地道或天桥的形式组织行人过街；在车流较少或路面较窄的路段采用斑马线组织行人过街。

第七节　高填方路段路基防护

一、工程概况

北引道K4+560~K4+700段修筑于斜坡之上，根据设计方案，本段道路左侧为填方边坡，右侧为挖方边坡，为防止路基放坡侵占规划道路红线，确保填方边坡稳定，在填方边坡坡脚设置重力式路堤挡土墙，平均高度4m。同时为减少沉降和控制不均匀沉降，防止路面断裂，在填方路段和填挖交界处铺设土工格栅作为补强手段。

二、高填方路段路基防护设计

重庆嘉华大桥工程北引道设计起点为李家坪立交设计终点K3+950，经过重庆金派五金制品有限公司，在K4+539处跨越规划道路，终点K4+787处与主桥相接，全长837m，双向8车道，设计路基宽度44m。

北引道K4+560~K4+700段路堤边坡示意如图2-2-13所示。

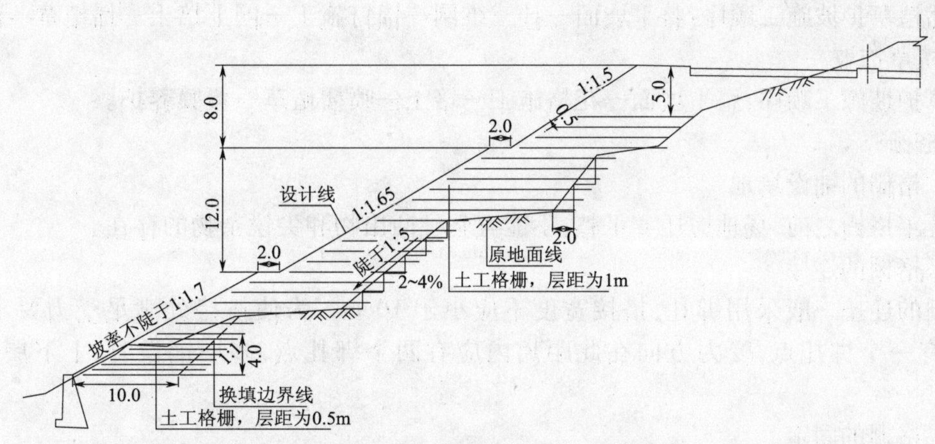

图 2-2-13 北引道 K4 + 560 ~ K4 + 700 段路堤边坡示意图(尺寸单位:m)

K4 + 560 ~ K4 + 700 段路堤修筑于斜坡之上,表层的填筑土最大厚度 14.40m,局部残存亚黏土,下伏基岩以砂质泥岩为主夹砂岩。由于坡面上局部残存亚黏土,加之坡面较陡,使亚黏土层与填土之间形成一个易滑面,路堤在填筑过程中或填筑后易整体或部分沿此易滑面滑动,造成路堤破坏。而且根据设计方案本段道路左侧为填方边坡,右侧为挖方边坡,由于天然土基与路基填料的特性差异,在路基填筑后常发生沉降,并集中地反映在路基横向填挖分界处,最终导致路面开裂甚至断裂破坏。

根据地勘报告,边坡土体整体处于基本稳定 ~ 欠稳定状态,为了保证路基稳定,防止路基不均匀沉降,采取措施如下:

(1) 清除斜坡地表亚黏土,分层碾压、夯实回填,填方边坡坡脚设置低挡土墙。通过计算,挡土墙长约 80m,平均高 4m,基础持力层应满足承载力要求。

(2) 填方路段当填土边坡高度小于 8m,边坡采用 1:1.5,大于 8m 小于 20m 时,采用 1:1.65,20m 以下以坡率不陡于 1:1.7 放坡,分级处设 2.0m 宽平台。填方高度 $H<4$m 的路段,直接喷播植草防护;边坡高度 $4\text{m}<H\leqslant 8$m 的路段,挂黑色三维网喷播植草;当边坡高度 $H>8$m 时,超出 8m 范围边坡防护采用花格植草护坡。

(3) 对抛填路段的松软路基,4m 深度范围内用砂卵石换填,并间隔 0.5m 铺设一层土工格栅。

(4) 当地表横坡陡于 1:5 时,将地表挖成宽度不小于 2m 的土质台阶,并在填挖交界处和填方区间隔 1.0m 铺设一层土工格栅。

(5) 土工格栅伸入原状土中 2m,原状土的压实度(重型)不小于 90%。

(6) 土工格栅技术指标见表 2-2-4。

土工格栅技术指标 表 2-2-4

序 号	项 目	技 术 指 标
1	极限抗拉强度 ≥	30kN/m
2	极限伸长率 ≤	10
3	2% 变形抗拉强度 ≥	13kN/m
4	5% 变形抗拉强度 ≥	21kN/m
5	幅宽 ≥	1.5m

三、施 工 要 点

1. 喷播植草护坡

喷播植草护坡施工顺序:整平坡面—培土—喷播植草—覆膜养护。

2. 三维喷播植草护坡

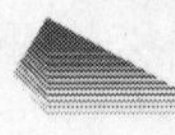

三维喷播植草护坡施工顺序:整平坡面—挂三维网—锚钉施工—网上培土—播植草—覆膜养护。

3. 花格植草护坡

花格植草护坡施工顺序:整平坡面—花格施工—培土—喷播植草—覆膜养护。

4. 土工格栅

(1) 土工格栅的铺设场地

在铺设土工格栅之前,场地应压实平整,不能有坚硬凸出物和尖锐杂物的存在。

(2) 土工格栅的连接

土工格栅的连接一般采用绑扎,搭接宽度不应小于10cm。为使搭接处满足受力要求,一般每隔10~15cm应有一个绑扎点;受力方向在此距离内应有两个绑扎点,多层铺设时,上下层搭接应错缝布置。

(3) 土工格栅的固定

土工格栅铺设应平整,不能有褶皱,尽量张紧,然后用U形插钉固定。

(4) 土工格栅的填盖时间

土工格栅铺设好后,应及时用土料填盖,一般不超过两天,如果紫外线照射较弱,可适当延长覆盖时间。

(5) 土工格栅的填料

填料应按设计要求选取。实践证明,除冻结土、沼泽土、生活垃圾、白垩土和硅藻土外,均可用作填土。但砾类土和砂类土力学性能稳定,受含水率影响很小,宜优先选用,粒径不得大于15cm,并注意填料级配,以保证压实质量。

(6) 填料的摊铺和压实

当土工格栅铺设好后,在两端摊铺填料,将土工格栅固定,再向中部推进。碾压的顺序是先两侧后中间。碾压时压轮不能直接与土工格栅接触,压实的加筋体一般不允许车辆在上面行驶,以免筋材错位。分层压实厚度为20~30cm。碾压密实度应达到工程要求。

第八节　OGFC高黏度改性沥青排水性路面的应用

一、OGFC路面的特点

重庆地区属于亚热带湿润气候,具有冬暖春早、雨量充沛、夜雨多、空气湿度大、云雾多、日照偏少等特点。尤其是夏季气温高,持续时间长这对道路的高温性能有着较高的要求。其次,重庆市是一个典型的山城城市,地形起伏较大,道路纵坡较陡,这对道路的抗滑性能也提出更高要求。在重庆市已建成的城市道路中,由于雨天路表的水没有及时排除,使路面抗滑能力不足,加之道路纵坡较大,导致道路行车安全隐患较大。因此,在路面设计中应考虑这些因素,从高温稳定性、路面排水、雨天路面抗滑性能、降噪等方面综合考虑,在本工程采用OGFC排水路面作为主线的路面结构形式是比较适宜的,因为OGFC具有其他路面所没有的优点。

OGFC路面面层采用大空隙开级配的沥青混合料,设计空隙率一般为15%~25%,形成一种多空隙、嵌挤型的空间骨架结构,因此能够迅速排除路表积水,有效减少雨天行车产生的水雾、溅水,降低行车反光量;而且其表面粗糙,摩擦系数大,能够提高雨天行车安全性;同时还是一种低噪声的环保型路面。

中、下沥青面层采用密实级配沥青混凝土,并在排水性沥青面层与中面层之间设置防水黏层,同时在路肩下设置纵向侧沟和横向排水管,使渗入到排水功能层的水能横向排除到路面结构以外,OGFC路面结构示意图见图2-2-14,具体来说,OGFC路面有以下特点。

1. 良好的排水功能

OGFC路面的排水功能主要有横向排水功能和路面内部的储水功能。OGFC路面具有的连通空隙能使雨水快速下渗并排除到路面边缘以外；同时，路面结构内部的大空隙也能够储存一部分来不及排走的雨水，因此雨水在路表的停滞时间很短，路面基本无水膜产生。即使长时间的降雨使空隙接近饱和，路面上的雨水也能够在汽车经过的瞬间通过空隙排出轮胎与路面的接触区域，使得车辆与轮胎之间的水压可以通过连通空隙大大消散，仍然能够确保不发生滑水，有效减少了高速行驶车辆产生“漂滑”的可能性。

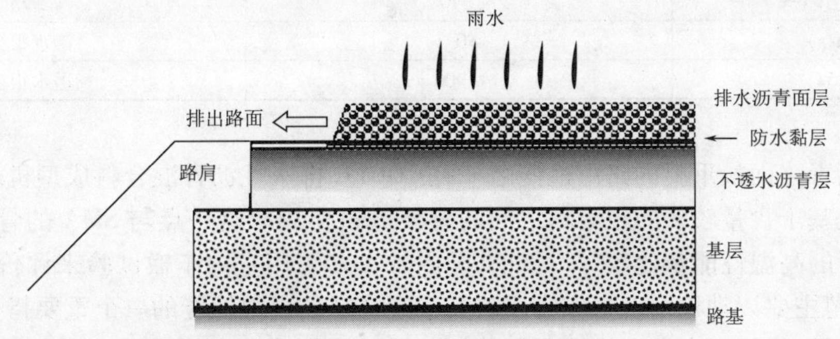

图 2-2-14　OGFC 路面结构示意图

2. 粗糙的表面特性

OGFC 路面表面粗糙，构造深度大，抗滑性能好，排水能力强，能够有效减低雨天行车产生的水雾、水溅等，减低雨天行车反光量，改善能见度，车辆行驶视线好，减少驾驶员的驾驶疲劳，大大提高了车辆的行驶安全性。日本调查发现，普通路面的高速公路雨天事故率是晴天事故率的 9 倍，采用 OGFC 路面后雨天事故可减少 80% 左右。

3. 良好的路面性能

OGFC 路面因其特有的开级配大空隙结构，可以使轮胎—路面接触噪声有较大的的消散空间，降低空气压缩比，因此 OGFC 路面是一种低噪声路面。奥地利有关研究表明，OGFC 路面与水泥混凝土路面相比降低噪声约 6 ~ 7dB；日本研究表明，与普通密级配沥青混凝土路面相比，OGFC 路面通常可以降低噪声 3 ~ 5dB，相当于使交通量减半或将噪声源的相互距离拉大一倍，或与装设 1.5m 的隔音墙有同等的效果，这也符合目前提倡的高速公路建设环保化的要求。

二、OGFC 路面与重庆市常用的 SMA 沥青玛蹄脂碎石路面的比较

目前，重庆地区经常使用的路面结构是 4cm 厚改性沥青玛蹄脂碎石上面层，SMA13 + 5cm 厚改性沥青混凝土中面层，AC – 16I + 6cm 厚沥青混凝土 AC – 251 下面层。在嘉华大桥工程中主线全线（主桥除外）路面结构中的上面层为 4cm 厚的高黏度改性沥青排水路面 OGFC13，以下为橡胶沥青防水黏结层（橡胶沥青 2 ~ 2.5kg/m^2 + 碎石 12 ~ 14kg/m^2）、5cm 厚改性沥青混凝土中面层 AC – 16I 和 6cm 厚沥青混凝土 AC – 25I 下面层。表 2-2-5 中列出了规范对 SMA 和 OGFC 混合料的技术要求。

混合料路用性能分别包括高温稳定性、水稳定性能、抗滑性能与透水性能、耐久性性能。下面将重庆地区常用的 SMA13 路面和 OGFC13 路面的各项路用性能进行详细比较。

OGFC13 与 SMA13 沥青混合料技术指标要求　　表 2-2-5

试 验 项 目	技 术 要 求	
沥青混合料	OGFC13	SMA13
空隙率（%）	18 ~ 25	3 ~ 4
析漏损失（%）	<0.3	<0.1
标准飞散损失（%）	≤20	≤15
马歇尔稳定度（kN）	≥3.5	≥6.0

续上表

试 验 项 目	技 术 要 求	
流值(0.1mm)	20~40	20~50
残留马歇尔稳定度(%)	≥80	≥80
动稳定度次(mm)	≥3 000	≥3 000
冻融劈裂残留稳定度(%)	≥70	≥75
透水系数(cm/s)	≥0.1	渗水很少
透水量(mL/15s)	≥900	透水很少

1. 高温性能

高温稳定性是沥青路面最重要的路用性能之一,由 OGFC 排水性沥青混合料成型机理可知,其较强的高温稳定性主要是基于含量较多的粗集料之间的骨架嵌挤作用。这一点与 SMA 的骨架嵌挤密实型级配相似,因此,两者的高温性能都比较好。目前,国内外大多采用室内车辙试验来评价沥青混合料的高温稳定性,我国规范主要以动稳定度来作为反映沥青混合料的高温性能的一个重要指标。

根据车辙试验结果,采用了高黏度改性沥青配制的 OGFC 混合料的动稳定度可达 5 000 次/mm 以上,远远超过了技术指标中大于 3 000 次/mm 的要求。而 SMA13 沥青玛蹄脂碎石如果采用 SBS 改性剂的话,其动稳定度为 3 000~4 000 次/mm,由此可见,与 SMA13 改性沥青玛蹄脂碎石混合料相比,OGFC13高黏度沥青混合料抵抗高温车辙变形的性能具有一定的优势。

2. 水稳定性能

排水性沥青路面具有大空隙构造,在使用过程中必然要经受水的侵蚀,同时其空隙内部因排水作用也会经常处于湿润状态,在车辆荷载产生的动水压力和真空抽吸冲刷的反复作用下,沥青薄膜将从矿料表面剥离,造成混合料松散、剥落。因此,其抗水损坏性能力的好坏对路面长期使用寿命来说是至关重要的,在表 2-2-5 中所列的浸水条件下的马歇尔试验、冻融劈裂试验作为检验混合料的水稳定性能的几个重要指标。

SMA13 的空隙率较小,是一种不渗水的沥青混合料,具有较好的水稳定性能。而对 OGFC13 沥青混合料来说,一般要求使用的沥青对集料有更加耐久的裹附力、高的黏附性、较强的抗剥落性、抗水损害性能与防飞散性能,因此宜选用高黏度的改性沥青。

所谓高黏度改性沥青是指 60℃时的动力黏度大于 20 000Pa·s 的沥青。高黏度改性沥青不仅是在沥青的黏度方面有了极大地提高,同时也满足了即使长时间与水接触也不会被剥离的高抗剥落性,并使混合料颗粒之间的黏结性也得到改善。

在采用高黏度改性沥青后,OGFC13 水稳定性能有了极大提高,基本能达到与 SMA13 沥青混合料相当的水平。

3. 低温性能

对沥青混凝土路面来说,要想在低温条件下使混合料获得良好的路用性能,就必须有较高的强度和较大的变形能力,但这二者对于材料来说,不可能同时增大,这就说明不能采用单一指标来评价沥青混合料的技术性能,因此寻找一种反应强度和变形的综合技术参数是必要的。目前,我国规范是采用 -10℃的低温条件下进行弯曲试验来检验沥青混合料的低温抗裂性能。

与 SMA13 改性沥青混合料相比,OGFC13 高黏度改性沥青排水性沥青混合料在 -10℃时破坏强度相差不大,但弯曲劲度模量明显较大,破坏应变较小,说明大空隙的排水性沥青混合料的抗开裂能力要比密级配沥青混合料差,这也反映了排水性沥青混合料强度不高的特点,在进行路面结构设计时对此应予以重视。但是对于重庆这种冬暖春早、冬季气温不是很低的地区,混合料低温性能可以作为一个参考,但不是路面结构设计中决定性的因素。

4. 抗滑性能

根据试验结果,OGFC13 排水性沥青混合料的构造深度较大,TD(mm)均在 2.0 以上,这说明排水性沥青路面宏观表面特性好，抗滑能力强；由于排水性沥青混合料油膜较厚，因此其摩擦系数与 SMA13 沥青混合料相比并无明显区别，但随着使用时间的延长，排水路面的抗滑优越性将会越来越明显。实践表明，排水路面即使在长时间使用过程中仍能保持较大的构造深度和良好的摩擦性能，这也正是排水性沥青混合料的优点之一。

由于 SMA13 空隙率较小，在晴天的时候，它的抗滑性能和 OGFC 相差不大，但是在雨雾天气下，由于路表面是不渗水的，因此，在路面容易形成一层水膜，这就大大降低了路面与轮胎的接触，导致抗滑性能的迅速降低，而 OGFC13 可以通过混合料内部的开口空隙将表面水快速排除到路面以外，路面不会留有积水，不致产生溅水和水雾，因此，OGFC13 路面即使在雨雾天气下也能保持较好的抗滑性能，从晴天和雨雾天气综合来比较混合料的抗滑性能来看，OGFC13 表现出更好的抗滑性能。

5. 耐久性能

沥青路面的耐久性能是指在自然气候因素及频繁行车作用下，路面自身特有的使用性能保持时间长短的能力。保持时间长，耐久性高；反之，耐久性差。OGFC13 排水性路面其耐久性比 SMA13 路面要低，主要表现为：OGFC 路面在使用一定时间后，空隙会由于灰尘、污物堵塞而减少，排水、吸音效果降低，产生老化、剥落的现象会较早，由于这些问题使得 OGFC 路面的使用品质下降。

但是这一缺点可以在选料、设计、养护方面采取专门措施，在某种程度上可消除或弥补这些不足。采用了高黏度改性沥青后，可增加沥青薄膜的厚度，延缓沥青的老化，而且也可改善沥青与矿料之间的黏结力，而在道路养护中，通过高压注水吸出法等清洁路面的措施，可以消除孔隙的堵塞，保持路面排水、吸音等功能。

6. 其他性能

除了以上路用性能之外，OGFC13 路面还具有 SMA13 所不具有的其他功能。例如，在降噪性、排水性、交通安全性方面，OGFC 路面都大大优于 SMA 路面。

三、OGFC 在嘉华大桥工程中的应用

在嘉华大桥工程中主线路面结构中的上面层为 4cm 厚的高黏度改性沥青排水路面 OGFC13，以下为橡胶沥青防水黏结层（橡胶沥青 2 ~ 2.5kg/m^2 + 碎石 12 ~ 14kg/m^2）、5cm 厚改性沥青混凝土中面层 AC－16I 和 6cm 厚沥青混凝土 AC－25I 下面层，见图 2-2-15。

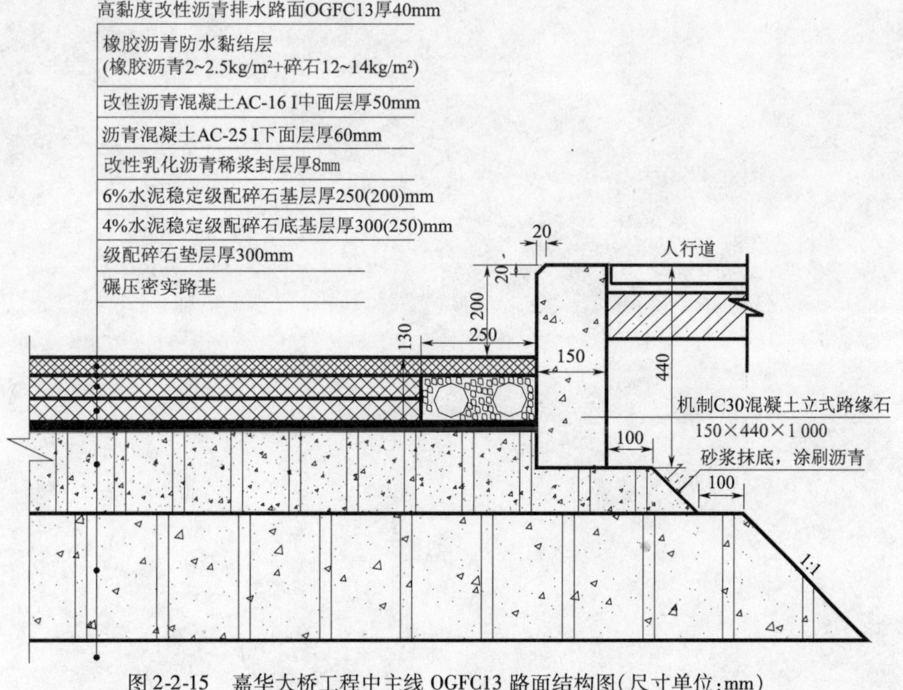

图 2-2-15 嘉华大桥工程中主线 OGFC13 路面结构图（尺寸单位：mm）

在设置了 OGFC 排水路面以后,为了使渗入路面的水能尽快排出,在道路两侧靠近路缘石的位置做 250mm 宽,厚 110mm 的碎石排水层,并在排水层底部设 2 根纵向透水软管,道路每 30m 设置一个雨水口,雨水口通过排水管和雨水检查井相连。这样,OGFC13 排水路面与排水碎石层、雨水口、雨水检查井就组成一个排水系统,将路表的水迅速排出路外。在雨水天气下,落到路表面的雨水通过 OGFC13 路面的大空隙迅速进入路面,从而使路面不会留有积水,不致产生溅水和水雾,保证路面在下雨天的抗滑性能。由于 OGFC13 面层之下为橡胶沥青防水黏结层,进入上面层的雨水不能进入中面层和下面层,只有通过道路横坡渗入道路两侧的碎石排水层中,再沿着纵向的排水软管进入到雨水口中,最后流入雨水井,从而保证雨水的排出。

第三章 主航道连续刚构桥

第一节 概 述

跨越嘉陵江的嘉华大桥,位于渝中区华村画家之村与江北区许家湾之间,其南北引道工程分别位于渝中区和江北区,是《重庆市城市总体规划》中的越江桥位之一,也是联系重庆市南北主发展轴上的纽带。它的建设不仅具有交通功能,同时也将是嘉陵江沿岸的标志性景观之一,如图2-3-1所示。

嘉华大桥为预应力混凝土连续刚构桥,桥长528m,双向8车道,全桥宽17.8×2=35.6m。两个主桥墩均设置在河道内,主跨252m,北侧边墩上岸,边孔跨越北滨路。南侧边墩也设置在河道内,南侧接华村立交。南北边孔孔径为138m,对称布置。主桥横坡2%,纵坡1.9%。

嘉华大桥设计遵循适用、先进、经济、安全、耐用、新颖、美观和可实施性的综合原则,结合桥位处的水文、地形、地貌及人文景观,致力于构筑一座融交通、观赏于一体的城市桥梁,为重庆增添又一道新的人文景观,为山水城市重庆增添光彩。

图2-3-1 嘉华大桥全景

第二节 工程场地自然条件

一、地形地貌

桥址区为嘉陵江河谷,嘉陵江由西向东流,河谷走向较平直,呈壮年期河谷地貌,河谷形态呈不对称U形,地面高程170~220m,两岸漫滩狭窄,Ⅰ级阶地地势平坦,但后期剥蚀严重而呈不连续分布,地面高程192~196m,两岸坡角10°~40°。Ⅰ级阶地阶面较平坦,主要分布于南岸华村地区,沿河流走向呈长条形分布,宽约30m,坡度角约3°~5°;河漫滩在南岸一侧宽约70m,倾向嘉陵江,坡度角3°~10°,漫滩与阶地间的阶坡高度约6m，坡角约15°～20°。Ⅰ级阶地前缘的建筑物年限已达数十年，虽历经洪水，但主体结构依然保持稳定。

二、气象、水文

多年平均气温18.3℃，月平均最高气温在8月为28.5℃，月平均最低气温在1月为7.3℃，极端最高气温42.2℃(1951.8.1)，极端最低气温－1.8℃(1975.2.15)。多年平均降水量1 082.6mm左右，降雨多集中在5～9月。

桥位区为长江中上游干流水系(图2-3-2～图2-3-4)，以鹅岭—电视塔一线为长江与嘉陵江的分水岭，东部为长江水系，西部为嘉陵江水系。

图2-3-2　嘉华大桥桥位

图2-3-3　嘉华大桥北岸

图2-3-4　嘉华大桥南岸

桥位区所在嘉陵江化龙桥断面各频率水位为：5年一遇洪水位185.83m(黄海高程)，10年一遇洪水位188.23m，20年一遇洪水位190.13m，50年一遇洪水位192.43m，100年一遇洪水位194.23m，多年平均最枯水位为161.00m左右，常年洪水位为188.23m。7～9月为最高洪水期，洪水时最大表面流速为5m/s，枯水时表面流速为1～2m/s。

根据长江委长江上游水文水资源勘测局2000年6月提交的《重庆市轻轨较新线一期工程——水文分析成果》，嘉陵江牛角沱段在三峡水库运行100年后的百年一遇洪水位为197.90m。三峡水库建成后，库区洪水期将低水位运行，一般保持在145m左右。因此，大桥所在河段在三峡水库建成后一般仍接近天然河道特征，河道基本维持现状。

1995年重庆市大桥管理处对嘉陵江大桥2、3号主墩进行了水下电视及水下物探，结果显示，墩基的局部冲刷很小，墩周基岩最大冲刷深度仅0.36m，由于该桥已建成营运达30年，故属正常，基础仍很稳固。本桥主墩如嵌入基岩中，则冲刷问题不会涉及本桥安全。

三、工 程 地 质

桥址区沿线地表主要分布有第四系的人工填筑土、冲积层卵石土、残坡积层的亚黏土，以及下伏侏罗系中统上沙溪庙组的泥岩夹砂岩组成，见图2-3-5。

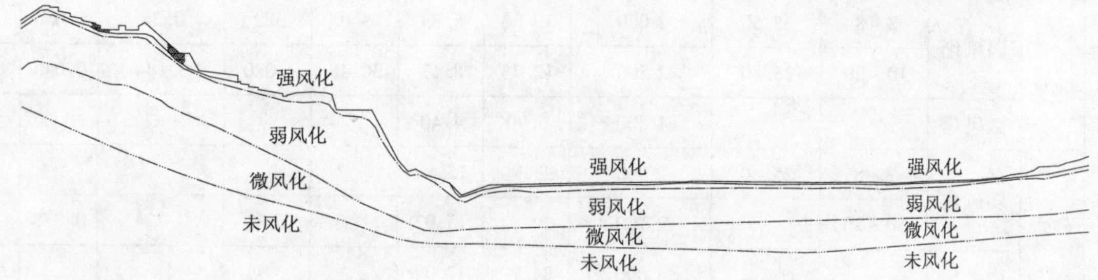

图2-3-5　地质断面示意图

填筑土堆填时间15年左右，厚度一般为0.5～3.5m。北岸桥墩附近厚度3.84～22.50m。冲积层卵石土主要由砂岩、灰岩、花岗岩等组成，厚度0.70～4.05m。残坡积层亚黏土主要分布于北岸的坡顶及斜坡之处，厚度0.00～1.24m。

侏罗系中统上沙溪庙组为一套强氧化环境下的河湖相碎屑岩建造，由泥岩夹砂岩组成。通过钻探揭露以及结合声波测井，对桥址区风化带作出了如下的划分。

（1）强风化带。岩芯破碎，多呈碎块状，质软，强度低，锤击声脆，用手可折断岩芯碎块。

（2）弱风化带。岩芯较破碎～较完整，多呈柱状，节长10～80cm，质较硬，强度较高，锤击声脆，裂隙较发育。

（3）微风化带。岩芯较完整～完整，多呈柱状，质较硬，强度较高，锤击声脆，裂隙不发育。

（4）未风化带。岩芯为完整，质硬，强度高，裂隙不发育。

四、水 文 地 质

桥址区属河谷地貌，河谷呈U字形，北岸岸坡0号桥台、①桥墩位置无地下水，水文地质条件简单。②、③、④桥墩位于河槽地段，含水层主要为强风化，弱风化基岩的基岩裂隙水，属潜水类型。

水位与江水一致，说明地表水与地下水连贯性好。故水文地质条件较复杂。

地表水、地下水对混凝土既无结晶类腐蚀，也无分解类腐蚀。砂岩层的透水率大于泥岩层的透水率，对同一种岩层，岩层的透水率随深度的增加而减小。下伏基岩透水性差，赋水量小。

五、地　　震

重庆市主城区无大断裂构造和构造破碎带。桥址区的抗震设防烈度为6度。属可进行建设的一般场地。岩土物理力学参数见表2-3-1。

岩土物理力学参数表　　表2-3-1

墩(台)号	岩土名称	取样深度(m)	天然重度(kN/m³)	地基容许承载力[σ_0](kPa)	抗压强度		抗剪强度		压缩模量 $\times10^4 D$ (MPa)	泊松比	基底摩擦系数
					R_a (MPa)	R_b (MPa)	φ(°)	c (kPa)			
	填筑土		18.00	100							0.25

续上表

墩(台)号	岩土名称		取样深度(m)	天然重度(kN/m³)	地基容许承载力[σ_0](kPa)	抗压强度 R_a(MPa)	抗压强度 R_b(MPa)	抗剪强度 φ(°)	抗剪强度 c(kPa)	压缩模量 $\times 10^4 D$(MPa)	泊松比	基底摩擦系数
0桥台	亚黏土			20.00	200							0.25
	卵石			23.00	300							0.30
	泥岩	强风化		25.00	350							0.35
	泥岩	弱风化		25.30	2 500	13.15	8.42					0.40
①桥墩	泥岩	弱风化	2~8	25.50	2 000	10.86	6.89	29.05	382	0.24	0.056	0.40
			10~20	25.80	2 500	12.73	8.17	30.48	1 020	0.184	0.046	0.40
		微风化			1 500	6.90	4.40					
	砂岩	弱风化	2~8	25.40	2 900	23.90	15.80					0.50
			10~20		2 700	20.88	13.97			0.224	0.018	
		微风化			3 000	24.79	17.09					
②桥墩	泥岩	弱风化	5~8	26.00	2 700	19.02	12.58	29.73	640	0.176	0.062	0.40
			10~20		2 700	20.88	13.79			0.288	0.058	0.40
		微风化			2 300	12.40	7.69					
	砂岩	弱风化	5~8	25.80	3 000	34.20	24.50	33.84	1 420			0.50
			10~20	25.20	3 000	28.59	19.96	32.88	1 380	0.256	0.042	0.50
		微风化			4 000	40.70	29.90					
③桥墩	泥岩	弱风化	3~8	25.90	2 500	14.23	9.20	30.04	580			
			15~20		2 700	18.25	12.04			0.28	0.066	0.40
		微风化			2 700	20.50	12.40					
	砂岩	弱风化	3~8	24.90	3 000	26.64	18.58	31.76	780	0.312	0.03	0.50
			15~20		4 000	40.80	28.90			0.224	0.02	0.50
④桥墩	泥岩	弱风化	3~8	25.70	2 700	18.73	12.38	29.92	840	0.312	0.054	0.40
			15~20		2 700	19.04	12.91			0.088	0.07	0.40
		微风化			2 700	17.05	11.60					
	砂岩	弱风化	3~8		4 000	56.90	42.90	33.44	2 760	0.608	0.026	0.50
			15~20									
		微风化			4 000	46.10	35.50					

注：R_a——岩石天然单轴极限抗压强度；

R_b——岩石饱和单轴极限抗压强度。

六、沿线水系、河流及航道概况

为长江中上游干流水系，以鹅岭—电视塔一线为长江与嘉陵江的分水岭，东部为长江水系，西部为嘉陵江水系。线路范围内除嘉陵江外，无其他溪、河，地表水系不发育。

根据河床断面结合水文资料推算，在枯水期桥位处江面宽约400m，洪水期江面宽约700m。

大桥通航等级可按国家天然河道Ⅲ级标准设计。考虑到桥位处位于重庆中心港区，通航宽度应适当留有富余。

七、现况道路、管线、建筑物及周边环境

大桥两岸有数条滨江道路，道路沿线埋有大量地下管线，南北两岸均有一定数量的建筑物。工程沿线地区为城市人工生态系统。

北岸沿线地区为交通干线和商业建筑物，南岸沿线地区分布一定的山地，植被覆盖率较高，无野生动物，显示城市生态特征。

沿线无大的工业污染源，沿线空气质量一般，交通噪声明显。

第三节　桥型方案前期论证简述

一、桥位的选定

桥位的选择关系到桥梁本身的工程技术可行性、社会使用效益的长久性、经济的相对合理性以及工程安全可靠性。

桥位选择时综合考虑了如下因素：

(1) 以尽可能顺捷的途径跨越嘉陵江，实现南北快速干道贯通，形成快速路系统主骨架。

(2) 与城市总体规划相衔接，根据重庆市城市总体规划，华村嘉陵江大桥是规划南北快速干道上的一座跨江特大桥，也是城市总体规划中主城区规划建设的16座跨江桥梁之一，受线路走向及规划走廊的限制而具有唯一性。

(3) 重庆市规划部门和港务管理部门对其水、陆域的利用已有规划，桥位选择要尽量避免减少与其干扰。

(4) 充分利用有利河势、水文、地质、地形等自然条件，减小建桥对嘉陵江水利、航运的影响。

(5) 满足工程方案技术实施的可行性和经济的合理性。

(6) 桥位选择要符合可持续发展。

根据现场踏勘及相关资料，嘉华大桥河段航道顺直，岸线较为规则，通航条件较好，桥位较为理想。但受上游弯道水流的影响，洪水期北岸流速较大，洪水时最大流速为5m/s，对跨径布置有一定的要求。航道标准为三级航道，通航净空高度10m，主航道宽大于180m，辅航道宽大于80m。最高通航水位采用淤积100年后发生20年一遇最高水位195.93m(黄海高程)。

本桥位规划部门已有控制走廊，沿线现有楼房层数不高，拆迁量小，容易实施。

二、桥轴线的比选

为更好地结合城市总体规划，在满足建桥的基本条件的前提下，在选用桥位的基础上，对桥轴线进行了深入的优化比选，根据工程方案设计过程中的桥轴线方案，提出了A、B、C三个桥轴线进行比选。

1. 桥轴线A

桥轴线A在预可推荐桥轴线基础上，通过调整北岸线路，将北岸平曲线转点后退74.5m，南岸桥头平曲线半径由600m调整为500m而形成的桥轴线。

选择桥轴线A主要考虑：

(1) 桥轴线A为预可研推荐的轴线，是经过较为深入的论证而推荐的轴线。

(2) 该轴线与嘉陵江中轴线垂直，桥梁的跨径在满足通航的前提下尽量做到最小。

(3) 避免拆迁北岸11万V高压过江铁塔。

(4) 南岸采用高架桥形式，避免拆迁重庆中南橡胶厂车间。

(5) 在许家湾至李家坪一带为半挖半填段，土石方大致平衡，与环境协调较好。

(6) 桥头两端设平曲线，线形顺捷，过往车辆在桥头弯道上能一览大桥雄姿，景观效果好。

但存在如下问题：

(1) 南岸跨越四川美协，影响美协的使用功能，需搬迁。

(2) 平曲线在华村立交范围内，匝道布置受到一定影响。

2. 桥轴线 B

在桥轴线 A 的基础上，逆时针旋转 2°，选择桥轴线 B 主要考虑：

(1) 少占用北岸规划用地。

(2) 避免拆迁重庆中南橡胶厂车间。

(3) 桥轴线与水流夹角小于 5°。

(4) 桥头两端接线相对顺捷。

(5) 南岸隧道洞口接线顺直，景观效果较好。

但存在如下问题：

(1) 南岸跨越四川美协，影响美协的使用功能，需搬迁。

(2) 北岸离过江 11 万 V 高压铁塔太近，需进行搬迁后方能进行边坡开挖。

3. 桥轴线 C

桥轴线 C 在桥轴线 B 的基础上向下游平移 50m，并逆时针旋转 3.5°而成。

选择桥轴线 C 主要考虑：

(1) 避免拆迁四川美协。

(2) 桥头两端接线更趋顺直。

(3) 华村立交的布置更加容易。

存在问题：

(1) 南岸地处冲沟，基岩埋置深，同时需对冲沟进行整治，以确保安全，工程量大。

(2) 北岸占用规划已发红线的用地。

(3) 北岸离过江 11 万 V 高压铁塔太近，需进行搬迁后方能进行边坡开挖。

(4) 与水流夹角大于 5°。

经综合比较并征求规划部门意见，考虑线路走向、大桥使用功能及城市景观，桥轴线 A 被采纳。

三、大桥建筑景观总体构思

人类幸福生活中的欢乐和身心健康在很大程度上取决于我们生活环境的美学素质。美学属于哲学、生理学和心理学的范畴，对美学特征的判断，很大程度上取决于感觉，而这种感觉又源自于我们灵敏的感受和潜意识。

由于具有特殊的视觉优势，跨江大桥总是那么迷人，桥梁外观的美感取决于设计本身的美学品质、与四周环境的协调、结构自身的科学合理性、结构选型的尺度和视觉吸引力，以及给观众的印象程度等。而使用因素，行驶的稳定感、安全感和舒适感以及从桥上驶过时的喜悦程度，体现桥梁美学的内在品质和设计质量，同时也涵盖了技术的先进性、创新性，结构质量的安全度、耐久性，施工难易，造价的合理性等因素。在对桥梁方案进行美学分析时，应遵循一些设计准则。

(1) 功能的满足。桥梁必须满足其使用功能，质量和美必须统一起来，质量居第一优先的地位。

(2) 比例尺度。和谐的比例是桥梁美的重要特征，其梁体尺寸和跨度的关系，上部结构和下部结构之间的关系，在实体与空白之间，在封闭面和开敞面之间，在阳光与阴影所引起的明暗之间，都将传达均衡和和谐的效果。

(3) 形式与韵律。韵律感和形式美是桥梁美的重要元素，重复出现的几何图形，构成连续符号不断再现，会强化人的视觉并产生音乐感。新颖的造型，独特的形式，将给人以强烈的印象和视觉冲击。

(4) 设计结合自然。大桥和天地相融合，是设计师追求的最高境界，根据桥位的周边环境，制订出

与环境景观、城市风貌相协调的方案,是桥梁美的重要原则。

(5) 色彩与材质。色彩与表面质地的选择也是塑造桥梁美的重要环节,是最终实现桥梁与环境共生,给人最良好视觉感受的重要手段。一种和谐的、质朴简洁的色彩,总是给人带来愉悦的视觉感。

四、桥型方案初次比选

在满足通航条件下进行的前期论证中,可选的适用桥型几乎包括了梁式、拱桥、斜拉桥、悬索桥所有桥型。本着适用、先进、经济、安全、耐用、新颖、美观和可实施性的综合原则,同时充分考虑了重庆两江上现有桥梁桥型状况,构思了如下 10 个桥型方案:

(1) 120m + 200m + 200m + 120m 三塔(四跨)单索面矮塔斜拉桥。

(2) 150m + 252m + 150m 双塔(三跨)单索面矮塔斜拉桥。

(3) 130m + 200m + 200m + 130m 预应力混凝土连续刚构桥。

(4) 150m + 252m + 150m 三跨单索面钢结构下承式拱桥。

(5) 150m + 252m + 150m 预应力混凝土连续刚构桥。

(6) 120m + 200m + 200m + 120m 四跨单索面钢结构下承式拱桥。

(7) 200m + 200m 独塔(两跨)单索面矮塔斜拉桥。

(8) 200m + 200m 两跨自锚式悬索桥。

(9) 160m + 400m + 160m 双塔单索面斜拉桥。

(10) 400m 单跨钢箱梁悬索桥。

经初步比选,上述各桥型方案均能满足功能要求,其外形又各具特色。根据经济性、新颖性、美观性、施工难易度及与立交设计方案的匹配性等因素综合考虑,遴选出三塔单索面矮塔斜拉桥、双塔单索面矮塔斜拉桥、预应力混凝土连续刚构桥及单索面钢结构下承式拱桥 4 个主桥方案作进一步比选(表 2-3-2)。

四种桥型方案综合比较表 表 2-3-2

桥型结构		三塔单索面矮塔斜拉桥	双塔单索面矮塔斜拉桥	预应力混凝土连续刚构桥	单索面钢结构下承式系杆拱桥
跨径布置(m)		120 + 2 × 200 + 120	150 + 252 + 150	130 + 2 × 200 + 130	150 + 252 + 150
结构性能	刚度	好	最好	好	较好
	抗风、抗震	满足要求	满足要求	满足要求	满足要求
设计条件	设计经验	成熟	成熟	成熟	成熟
	设计技术水平	国外已有 275m	国内已有 132m	国内已有 270m	国内已有 180m
施工条件	施工方法	悬臂施工	悬臂施工	悬臂施工	索道吊装
	施工难易程度	成熟	成熟	成熟	较复杂
	施工期间对航道的影响	基本无影响	基本无影响	基本无影响	有影响
运营养护工作量		较小	较小	小	较大
建筑造型		简洁、新颖、美观,重庆地区无		简洁、美观	新颖、美观,重庆地区无
投资估算	金额(万元)	252 498.75	250 072.94	241 786.04	280 472.78
	全桥造价比	1.044	1.034	1.000	1.160

五、桥型方案二次比选

从满足功能要求分析,上述 4 个桥型方案均是适用的。

根据我国目前的设计水平及建设能力，上述4个桥型方案均是可行的。同时通过科学设计，精心施工和养护，各方案的安全性、耐久性也是能够得到充分保证的。

从造价和施工难易程度分析，连续刚构桥型方案最经济，造价为241 786.04万元，双塔矮塔斜拉桥次之，造价为250 072.94万元，三塔矮塔斜拉桥造价252 498.75万元，钢结构下承式系杆拱桥造价为280 472.78万元，而前3个桥型的施工工艺更为成熟些。

从新颖、美观性分析，这4个方案各具特色，只是嘉陵江上现已有4座连续刚构桥（马鞍石大桥、高家花园大桥、黄花园大桥、牛角沱复线桥），若嘉华大桥再采用连续刚构桥，显得雷同化。大都市的桥位也是一种不可再生的资源，雷同的桥型选择对桥位资源的利用显得不够充分。而三塔矮塔斜拉桥、双塔矮塔斜拉桥和单索面钢结构下承式拱桥在重庆两江上尚无同样桥型，若选择其中之一，必将丰富重庆市的桥型品种，可以成为一个地域标志，为有桥都美誉的重庆市增添一道美丽的风景线。

综合桥位处的地形、地貌、地质、水文及通航技术要求等基本条件，同时充分考虑设计方案的技术可行性、经济合理性、大桥的景观性与环境的整体协调性、工程实施的可行性，并充分听取了各方面的见解，二次比选对嘉华大桥桥型方案的推荐意见是：

在航道宽大于180m通航条件下，综合考虑三塔预应力混凝土矮塔斜拉桥作为第一方案；在大于250m主跨条件下，推荐双塔预应力混凝土矮塔斜拉桥作为第一方案。从纯经济角度考虑，预应力混凝土连续刚构桥作为第一备选方案。

主管部门最终论证的意见为：采用主跨250m的预应力混凝土连续刚构桥作为推荐方案。

第四节　国内外预应力混凝土连续刚构的现状

一、概　述

预应力混凝土桥自1937年在德国问世以来，在西欧德国法国、比利时等国发展较早，到20世纪60年代，世界上各工业化强国随着高强混凝土与高强钢材的普及，预应力混凝土桥得到广泛推广。据1974年统计资料：大跨度250m以下的预应力混凝土桥已占桥梁总数的60%。其中，英国占52%，苏联占70%，德国占80%，美国占27%。世界各国大力发展预应力混凝土桥是由于其刚度大、运营条件好、跨越能力较大、耐久性好、养护工作量少、造价比钢桥低等优点。目前，国外跨度最大的预应力钢筋混凝土连续刚构桥是1998年建成的挪威Austevoll的Stolmasundet桥，主跨跨径达301m，该桥采用了轻质混凝土。国内跨度最大的预应力钢筋混凝土连续刚构桥是1997年在广东建成的虎门大桥，最大跨径达270m。

我国预应力混凝土桥从1956年开始，经过近10年的缓慢发展，其设计理论与施工技术逐步成熟。1966年第一次采用悬拼法施工的T形刚构桥——石棉桥建成通车。1966年开始设计的广西柳州大桥为一座单跨跨径达124m的预应力混凝土T形刚构桥，是我国最早利用挂篮进行逐段悬臂施工的大型桥梁。该桥在施工前进行了大量科学试验，如混凝土徐变系数值测定、24根ϕ5mm高强钢丝锚固体系——F式锚具试验、挂篮的形式选择与荷载试验、长大预应力束的穿束试验、预应力损失的测定——摩阻损失与锚具损失、挂篮施工中控制混凝土出现初始裂缝的技术措施等。翔实的试验资料为设计与施工提供了充分的技术保证，如设计中较精确的选择一系列参数，确保永存预应力的正确性，这对任何预应力结构是至关重要的。该桥于1968年建成通车。2003年5月柳州市市政养护处对全桥进行全面科学检测，全桥未发现裂缝，混凝土碳化深度仅为2～3mm，荷载试验结果证实，全桥呈弹性状态，实测应力与计算结果基本吻合。该桥通过35年的运营证明，只要设计与施工质量良好，预应力混凝土桥的耐久性是有保证的。

二、预应力混凝土刚构桥的发展

桥梁中最简单的形式是简支梁，但它的跨越能力不大，就其结构性质而言，最大弯距截面发现在跨

中，最小弯矩截面出现在支点，要抵抗梁的自重弯矩就要加大截面，要加大截面就势必引起自重的增加，如此恶性循环下去，以致造成截面材料的绝大部分都用来抵偿因其自身的重量而引起的内力，从而跨径受到限制。这就告诉我们，要想增大跨度，必须合理地选择结构，使得最大弯矩截面处，结构梁高的增加所产生的自重弯矩是最小的。在简支梁中最大弯矩出现在跨中，梁高增加后，自重弯矩增加很大，而悬臂梁的最大弯矩出现在根部，根部梁高增加引起的自重弯矩增加值较小，这便是大跨径预应力混凝土桥梁结构形式采用T形刚构桥的原因之一。

但问题还远远不止于此，仅有较好的结构形式还不能完全解决大跨径的问题，因为支点负弯矩过大带来了桥面裂缝，从而影响结构寿命，同时如何解决满堂支架施工上的困难也是极其重要的一个方面。预应力混凝土结构的发展，解决了第一个问题，随后20世纪50年代中期，在西欧出现了预应力混凝土桥的悬臂施工法，顺利地解决了第二个问题，从此大跨径预应力混凝土T形刚构桥就发展起来了。

随着高速交通的迅速发展，要求行车平顺舒适，多伸缩缝的T形刚构不能很好满足要求。悬臂施工时，梁墩可临时固结，合龙后梁墩处改设支座，转换体系而成连续梁。连续梁除两端外其他无伸缩缝，有利于行车，但需梁墩临时固结和转换体系，同时需设大吨位盆式支座，费用高，养护工作量大。于是连续刚构应运而生，近年来得到较快的发展。其结构特点是梁体连续、墩梁固结，既保持了连续梁无伸缩缝、行车平顺的优点，又保持了T形刚构不设支座、不需转换体系的优点，方便施工，且有很大的顺桥向抗弯刚度和横向抗扭刚度，能满足特大跨径桥梁的受力要求。国内外一些大跨径的连续刚构桥，详见表2-3-3。

国内外大跨径连续刚构桥

表2-3-3

序号	桥名	国家	建成年	跨径(m)	边跨/中跨	截面
1	门道(Gateway)桥	澳大利亚	1985	145+260+145	0.558	单室箱
2	Schottwien桥	奥地利	1989	250		
3	Doutor河桥	葡萄牙	1990	250		
4	Skye桥	英国	1995	250		
5	黄石长江大桥	中国	1995	162.5+3×245+162.5	0.663	单室箱
6	虎门大桥辅航道桥	中国	1997	150+270+150	0.556	单室箱
7	江津长江大桥	中国	1997	140+240+140	0.583	双室箱
8	重庆高家花园大桥	中国	1997	140+240+140	0.583	
9	重庆黄花园大桥	中国	1999	137+3×250+137	0.548	单室箱
10	贵州六广河大桥	中国	2000	145.1+240+145.1	0.604	单室箱
11	泸州长江二桥	中国	2001	145+252+54.8		双室箱
12	云南元江大桥	中国	2003	58+182+265+194+70		双室箱
13	重庆嘉华大桥	中国	2007	138+252+138	0.548	单室箱
14	重庆鱼洞大桥	中国	在建	145+2×260+145	0.558	双室箱

注：本表中不包含轻质混凝土桥及钢—混凝土组合梁桥，这类桥梁的跨径可进一步增加，如挪威的Stolma桥（轻质混凝土桥、主跨301m），重庆长江大桥复线桥（钢—混凝土组合梁桥、主跨330m）。

预应力混凝土刚构桥的快速发展，特别是从20世纪60年代在我国发展以来的40年中，可以看出预应力混凝土刚构桥的跨径从几十米发展到270m，这是预应力技术不断创新的丰硕成果。大跨度预应力混凝土刚构桥的发展首先与当代世界各国经济发展有关，如高速公路的快速发展，河流通航要求的提高，从而对桥梁的使用荷载、跨度和使用性能等提出更高的要求。而工程材料的改进、预应力技术的发展与普及、设计方法与施工技术的不断发展等促进了刚构桥的发展，归纳起来有以下几个原因。

（1）建筑材料的发展与改进；

(2) 施工方法的改进;

(3) 结构体系的发展;

(4) 横截面设计的改进;

(5) 设计理论和计算方面的改进。

在预应力混凝土连续刚构桥建设技术不断发展的今天,设计与施工人员亦要牢记失败的沉痛教训。1996 年 7 月 26 日在距菲列宾以东 2 500km 的岛国——帕劳共和国发生了一起桥梁倒塌事故,当时在桥上通行的车辆掉入大海中,造成 2 人死亡,4 人受伤。该桥为 Koror-Babelthuap 桥,主桥跨径 240. 8m,桥宽 9m,为中间设铰的预应力混凝土连续刚构桥。1978 年由前联邦德国一家建筑公司施工完成。在建成不久,跨中挠度不断增大,到 1990 年挠度达 1. 2m。该桥在施工时就埋有隐患,使用了未经冲洗的海砂(氯离子含量对钢材腐蚀性最大),水泥质量不好,再加上施工中技术人员不断更换。在事故发生前,由瑞士一家预应力建筑公司用体外预应力束对该桥进行了加固处理,但这并没有阻止该桥倒塌的命运。这个实例告诉人们,大跨径桥梁一定要精心设计、精心施工。在发现存在质量问题以后,在没有找到真正的原因之前,不要盲目加固。否则会助长盲目乐观,而真正的隐患还未消除。

应该说我国的大跨径连续刚构桥的设计及施工已达到国际一流水平。但同时也要看到,国内一些已竣工通车运营的类似桥梁较多均出现了腹板裂缝、桥面顶板横向裂缝以及主梁过度下挠等诸多病害,影响了桥梁正常运营,更影响桥梁的使用年限。个别桥梁还进行了加固处理。这些问题日益引起人们的重视。

第五节　关键技术问题及设计优化的思路

一、关键技术问题

针对预应力混凝土连续刚构桥的特点,以及目前国内较多的大跨度预应力混凝土连续刚构桥和连续梁桥存在一些有待改善优化的问题。本桥设计中需要考虑并重点强调的是“为努力克服国内同类桥存在的结构裂缝及梁体结构下挠问题,在设计理论、技术措施、施工方法上采用多种对策进行有效控制”。

(1) 精细化的结构计算分析,有关设计参数的确定等。

(2) 采用高性能混凝土,同时采用了混凝土的耐久性设计,对各类参数提出了科学系统的要求。施工时采用混凝土自动喷淋养护系统,确保混凝土的高品质性能。

预应力混凝土桥梁结构要求高强度混凝土。过去一般常用 C40 混凝土。目前国内外已开始广泛采用 C50、C60 混凝土,甚至 C80 混凝土。同时,减水剂和早强剂的大量推广使悬臂施工在确保质量的前提下加快施工速度。

高性能混凝土概念的提出至今已有 10 多年时间,它是伴随着高强混凝土而问世的。1993 年美国混凝土协会定义高性能混凝土的性质,它需要满足特定性能和匀质性要求,其“高性能”包括:易浇捣而不离析,长期力学性能良好,强度高,异常坚硬,高体积稳定性或严酷环境中使用寿命长久(如海上建筑结构中必须使用)。和高强度一样,各国对高性能混凝土的要求也有所不同,但新拌混凝土的工作性、硬化混凝土的强度和耐久性,这三项是高性能混凝土的基本要素。高性能混凝土在配合比上的特点是低用水量(水胶比低于 0. 4,并且单方混凝土用水量低于 180kg 以下),较低的水泥用量,并以化学外加剂与粉煤灰等掺和料作为水泥、砂石等基本组成成分。由此形成的混凝土具有孔隙少、致密的微观结构,抗渗性能优良。高性能混凝土在硬化过程中体积稳定,水化热低、温升低、冷却时温度收缩小,干燥收缩也小,故硬化后不易产生裂缝。

(3) 根据大跨径连续刚构的受力特点,进行全方位的构造优化,完善结构性能。

① 柔性墩的优化;

② 主梁构造的优化；

③ 预应力筋布置的优化，尤其是腹板斜筋的布置及竖向预应力筋的可靠性分析。

(4) 为应对可能出现的不可预见的下挠等现象，箱梁内预留体外预应力系统。

(5) 进行严格的建设管理、严密的施工监控，通过参数敏感分析技术、合理的预拱度设置、关键参数的识别修正、合龙前对顶等措施，确保成桥线形和内力状态符合设计要求。

(6) 优化挂篮施工工艺，对挂篮的传力系统、锚固系统、行走系统作了多项改进，使施工临时荷载对永久性结构的影响降到最低。

二、优化设计内容

优化设计的主要内容有：

(1) 柔性墩。

(2) 主梁构造。

(3) 预应力筋布置。

(4) 混凝土的耐久性。

三、技 术 要 点

技术要点如下：

(1) 箱形断面有效宽度。

(2) 箱形断面大悬臂梁。

(3) 箱梁的构造。

① 箱形断面的横向比较；

② 梁高的方案比较；

③ 底板、腹板厚度变化；

④ 腹板厚。

(4) 合理的结构布置及参数选择，精细化的计算分析。

(5) 预应力筋的布置。

(6) 竖向预应力筋。

(7) 预拱度的设置。

(8) 柔性墩的设计。

(9) 桩基的设计。

(10) 零号块的设计与施工工艺。

(11) 边跨合龙段设计与施工工艺。

(12) 中跨合龙段设计与施工工艺。

第六节　桥梁总体布置

一、连续刚构桥跨径的确定

根据表2-3-4可以看出，边、主跨跨径比值在0.55~0.60之间，为便于施工、节省造价，在满足结构性能及边墩支座不出现负反力的前提下尽量缩短边跨长度。

如第三节所述，主跨基本跨径已确定。为使桥梁结构更加合理，在通航条件许可的情况下，对主跨252m、边跨在130~150m之间进行比选(图2-3-6~图2-3-9)。

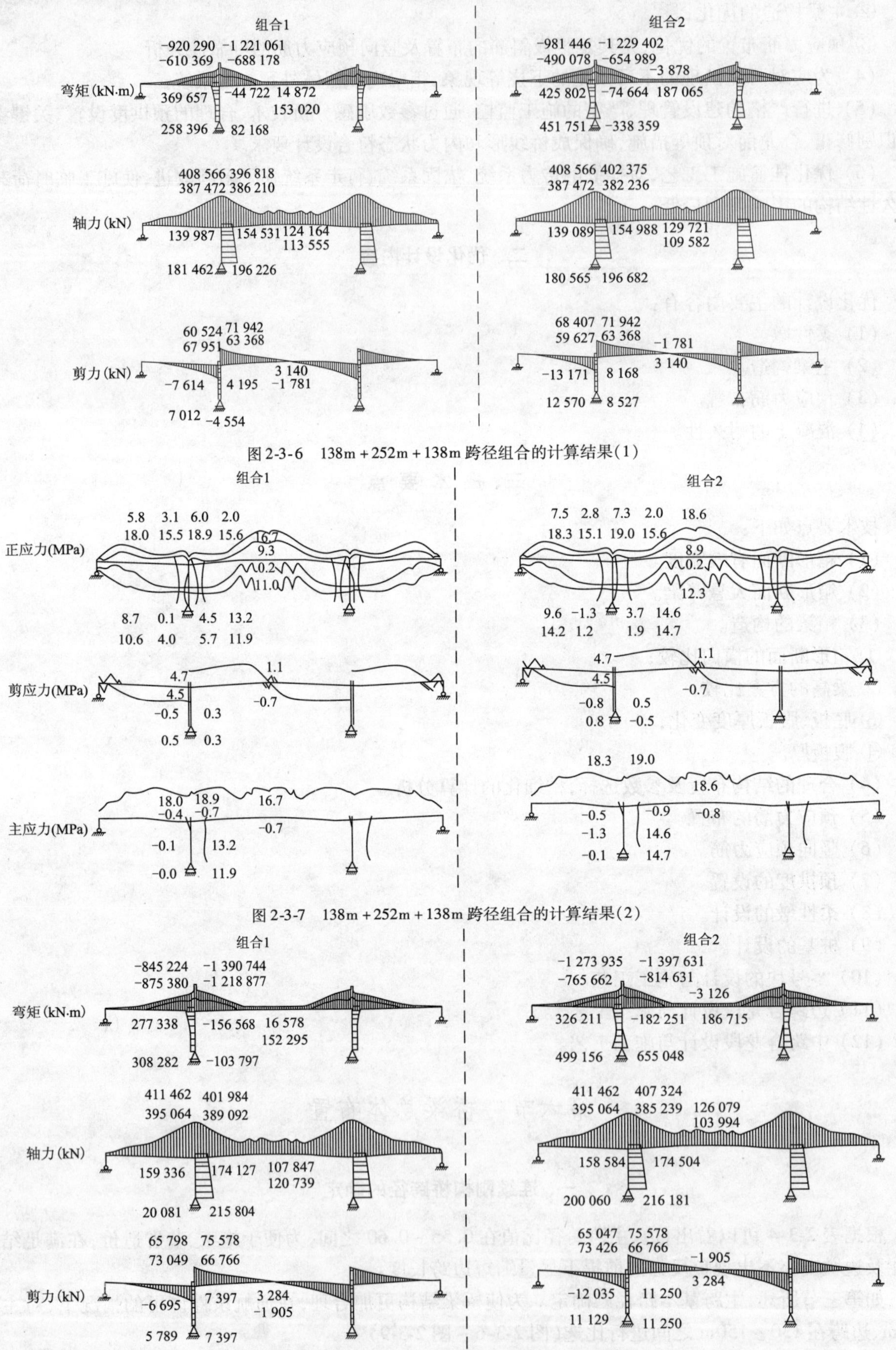

图 2-3-6 138m + 252m + 138m 跨径组合的计算结果(1)

图 2-3-7 138m + 252m + 138m 跨径组合的计算结果(2)

图 2-3-8 150m + 252m + 150m 跨径组合的计算结果(1)

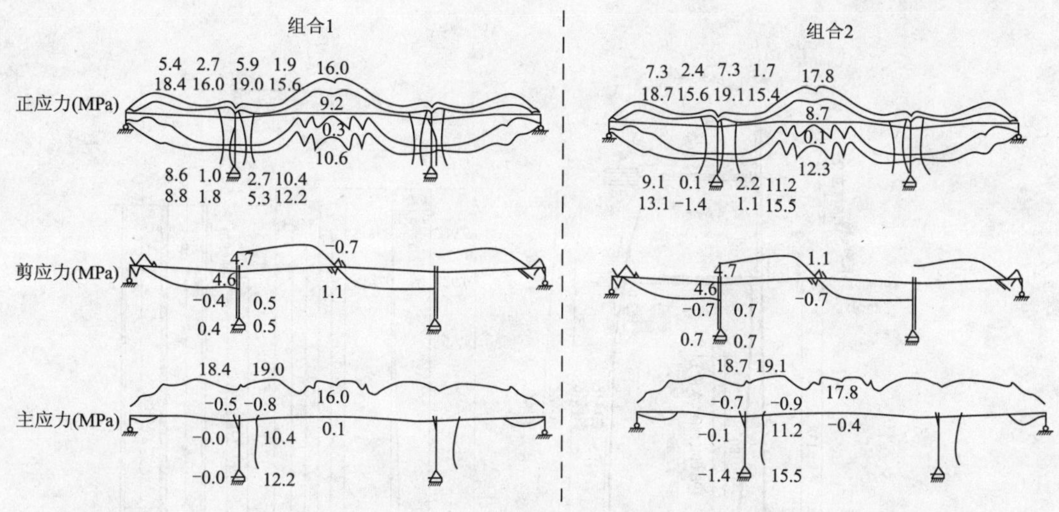

图 2-3-9 150m + 252m + 150m 跨径组合的计算结果(2)

从计算结果可以看出，两种方案均满足设计要求。结果选用 138m + 252m + 138m 的跨径组合，以减小边跨现浇段长度，方便施工。

二、桥梁总体布置

嘉华大桥为预应力混凝土连续刚构桥，桥长 528m，双向 8 车道，全桥宽 17.8 × 2 = 35.6m；两个主桥墩均设置在河道内，主跨 252m，北侧边墩上岸，边孔跨越北滨路，南侧边墩也设置在河道内，南侧接华村立交。南北边孔孔径为 138m，对称布置。主桥横坡 2%，纵坡 1.9%。

桥梁横断面中央设分隔带，构成双幅桥面。桥梁宽度为 0.3m 防护栏 + 1m 人行道 + 15m 机动车道 + 0.5m 防护栏 + 2m 中央分隔带 + 0.5m 防护栏 + 15m 机动车道 + 1m 人行道 + 0.3m 防护栏，全桥总宽为 35.6m。横坡 2%。详见图 2-3-10、图 2-3-11。

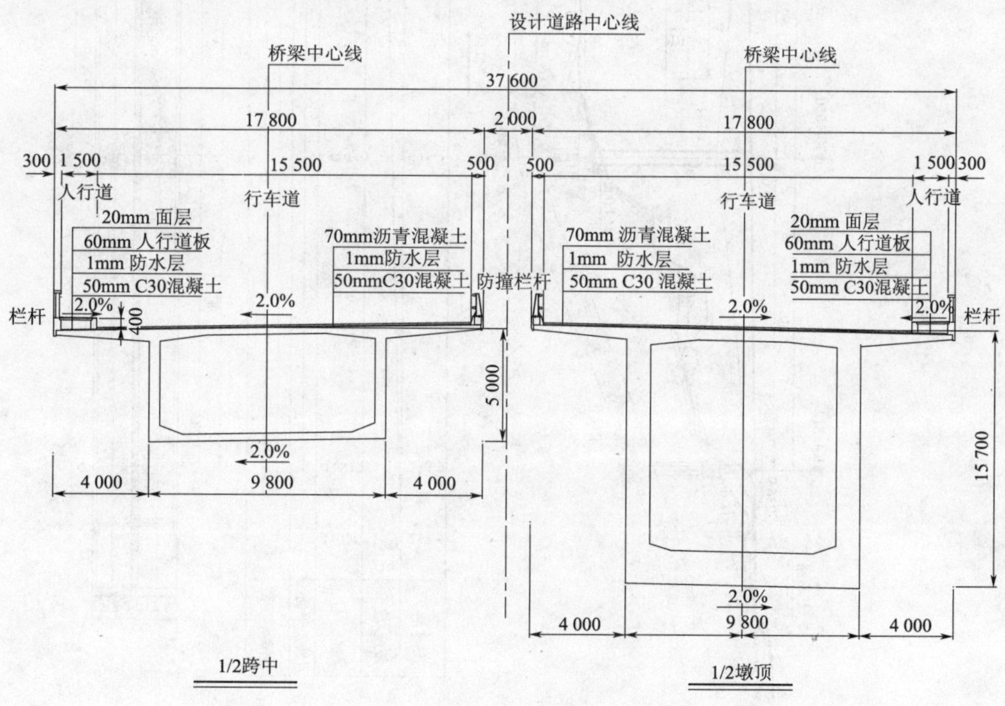

图 2-3-10 主梁横断面图(尺寸单位:mm)

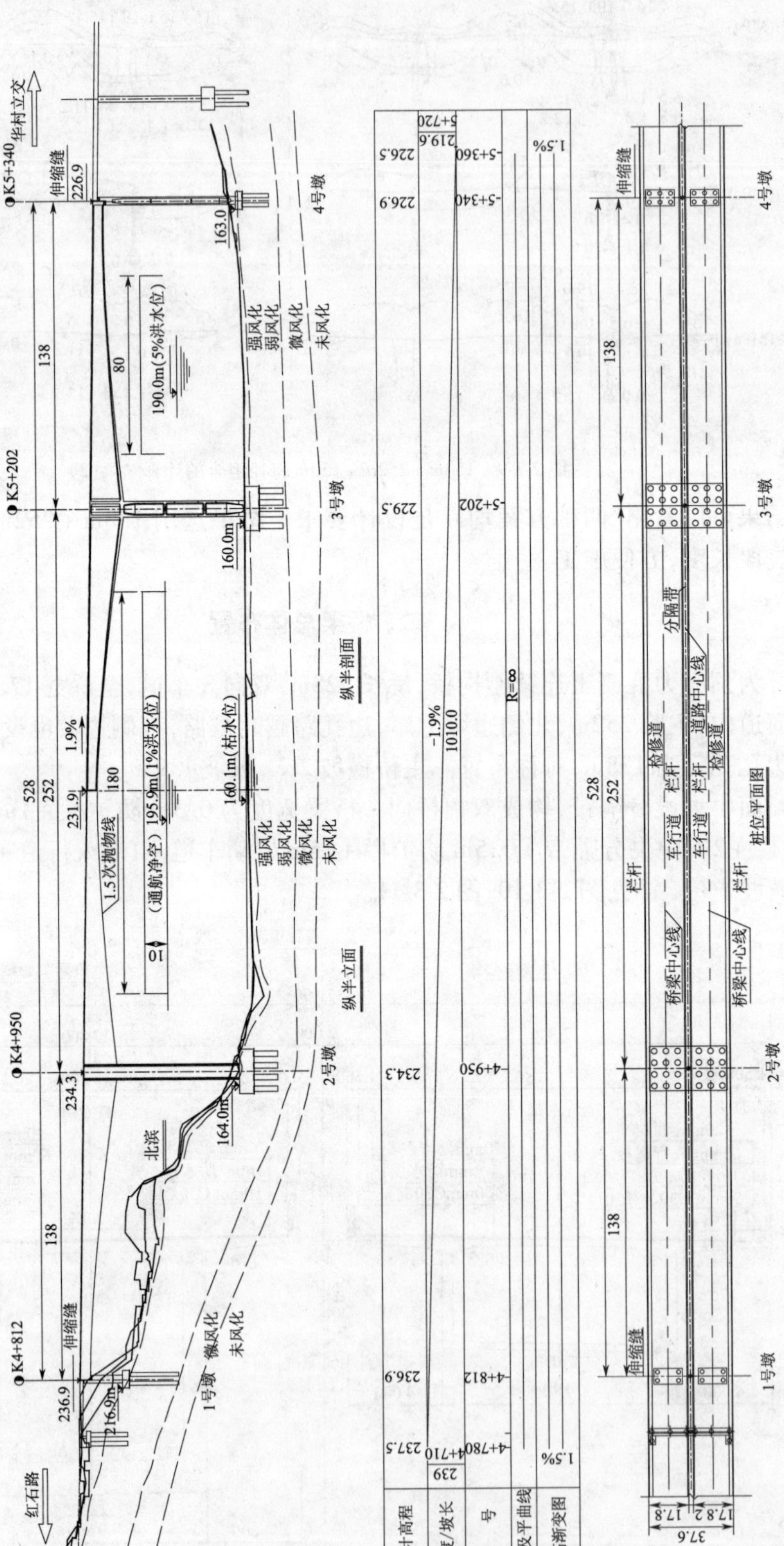

图 2-3-11 总体布置图(尺寸单位:m)

（一）主梁结构形式的确定

设计针对主梁结构材料作了以下几个方案的比较：

（1）轻质混凝土的应用。

（2）跨中段采用钢箱梁或钢—混凝土叠合梁结构。

（3）采用传统的混凝土箱梁。

轻质混凝土虽然在国外已经得到了广泛的应用，但在国内因为材料质量和施工质量等诸方面因素，在桥梁结构上的应用技术还不够成熟。所以方案(1)未采用。

方案(2)若在跨中段采用钢箱梁，则其上的沥青铺装依然是个技术难题；若采用钢—混凝土叠合结构，减少的质量是有限的(以50m计算，约减少1 000t左右)，对下部结构的优化没有实质性的改变。同时，钢箱梁或钢—混凝土叠合梁的养护量大，而且在跨中段，不很方便。

方案(3)在国内已有成熟的经验。经综合比较，方案(3)更为合理。

（二）柔性墩形式的确定

连续刚构墩柱与梁体的相对刚度决定两者的弯矩分配，且梁体的收缩、徐变及温度应力与刚构墩柱的线性抗推刚度直接相关，因此，根据桥墩与主梁刚度比选用合理的桥墩形式和尺寸是设计优先考虑的问题。

墩的抗推刚度小，混凝土收缩徐变、预应力二次力和温度内力就小。一般连续刚构适用于高墩的场合；如果墩身不够高，也可设计成柔性的桩基，使墩具有较小的抗推刚度。在墩身的布置上，一般采用双壁墩身，其抗推刚度仅为墩身绕自身形心轴抗推刚度之和，而不是绕桥墩中心线的抗推刚度，因而较小。双壁墩也可减小梁的负弯矩峰值，而且又有较大的抗弯刚度，除墩身绕自身形心轴的抗弯刚度之和外，还有更大的双壁形成的抗弯刚度，可以保持桥面的平整。双壁墩身一般为箱形截面，近来有往单室箱方向发展的趋势。在跨径小于120m，双壁墩身可为工字形截面，或矩形截面。

在一定条件下(如墩身特别高，有一定厚度)，桥墩也可采用独立墩身。跨径228.6m的美国Houston运河桥，就采用了刚性墩，是比较少有的连续刚构墩身形式。国内的南昆铁路清水河大桥也采用了独墩连续刚构桥，可供参考。

嘉华大桥桥墩设计结合地形地貌，考虑到桥墩较高(约60m)的有利条件，对墩柱形式进行方案比较(表2-3-4)，即单排薄壁墩方案与双排柔性薄墩方案(图2-3-12、图2-3-13)。

墩柱形式方案比较　　表2-3-4

桥墩形式	主　跨	边　跨	墩身宽度(顺桥向)	备　注
单排墩	252m	150m	墩宽8m，厚0.8m	
	252m	138m	墩宽8m，厚0.8m	
			墩宽6.5m，厚0.8m	推荐方案
			墩宽6.0m，厚0.8m	
双排墩	252m	150m	厚度为2.5m，两薄壁墩中距为8m	
	252m	138m		

结合第三节跨径组合，经初步比选，单排墩选用138m + 252m + 138m跨径组合，墩宽6.5m，墩厚0.8m。双排墩选用138m + 252m + 138m跨径组合，墩厚为2.5m，两薄壁墩中距为8m。

经综合考虑，两方案均具有性能优良、可操作性强的特点，且造价工期接近。

但采用单墩方案与双壁墩方案相比，优点在于：

（1）墩顶偏心距远小于双壁墩；改善了墩身控制截面的受力条件，避免了墩顶密集的钢筋。

（2）在抗船只或漂流物撞击和稳定方面，单墩更为有利。

（3）单墩的局部稳定性更好。

（4）单墩施工模板用量小，无需临时支撑，施工简便。

（5）本桥桥址位于嘉陵江河谷，局部风力较大，单墩矩形空心截面抗扭能力强，有利于抵抗风力，确

保悬臂施工,尤其是最大悬臂时的施工安全。

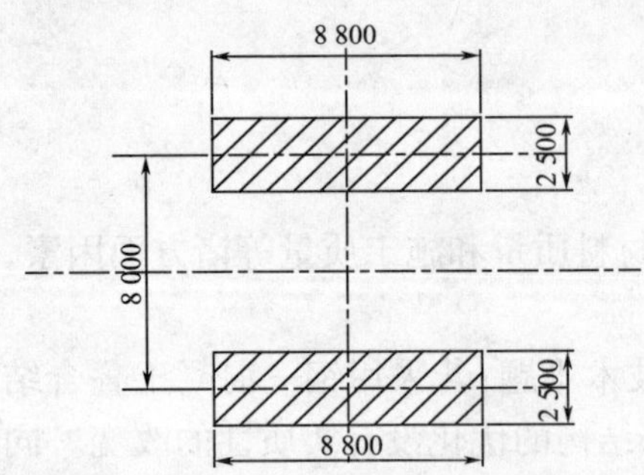

图 2-3-12 方案一(双排墩)(尺寸单位:mm)

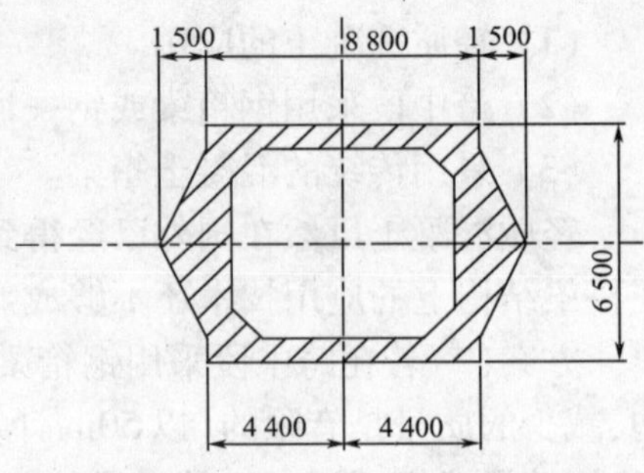

图 2-3-13 方案二(单墩)(尺寸单位:mm)

(6)造型与尺寸比例协调、简洁。

虽然温度变化的影响,单墩梁体根部弯矩比双壁墩大,但考虑到单墩纵向宽度 6.5m,弯矩峰值折减近 10%,可认为无论单墩还是双壁墩,相应梁体实际弯矩相差不大。同时,由于桥墩较高,单墩墩身外观虽显粗大,但其力学性能仍表现为较柔,如单墩温度变化产生的内力,虽然其绝对值较双壁墩大,但其所占全部内力的相对密度仍较小(计算结果见图 2-3-14 ~图 2-3-17)。

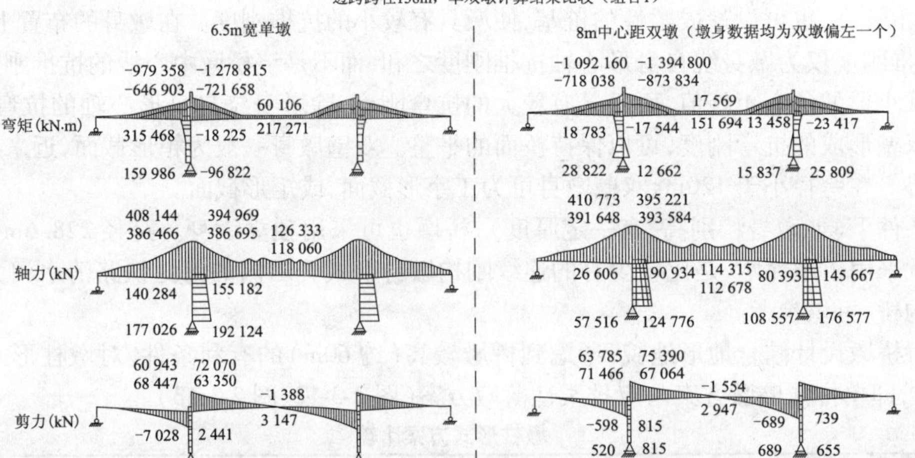

图 2-3-14 单排墩与双排墩比较的计算结果(1)

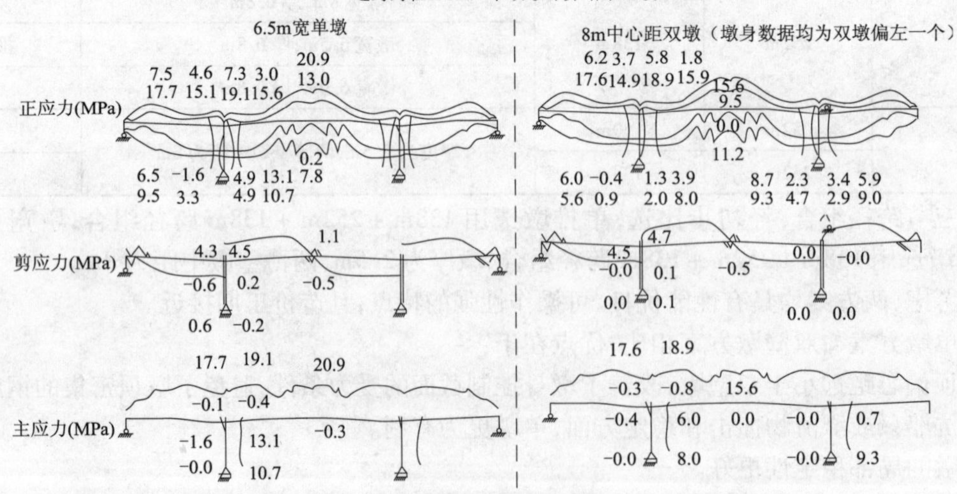

图 2-3-15 单排墩与双排墩比较的计算结果(2)

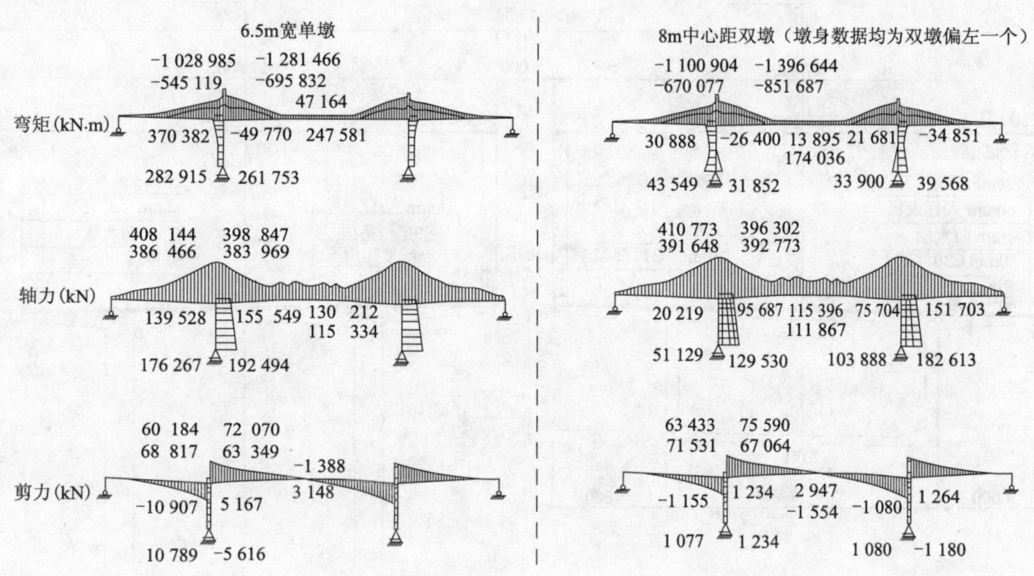

图 2-3-16 单排墩与双排墩比较的计算结果(3)

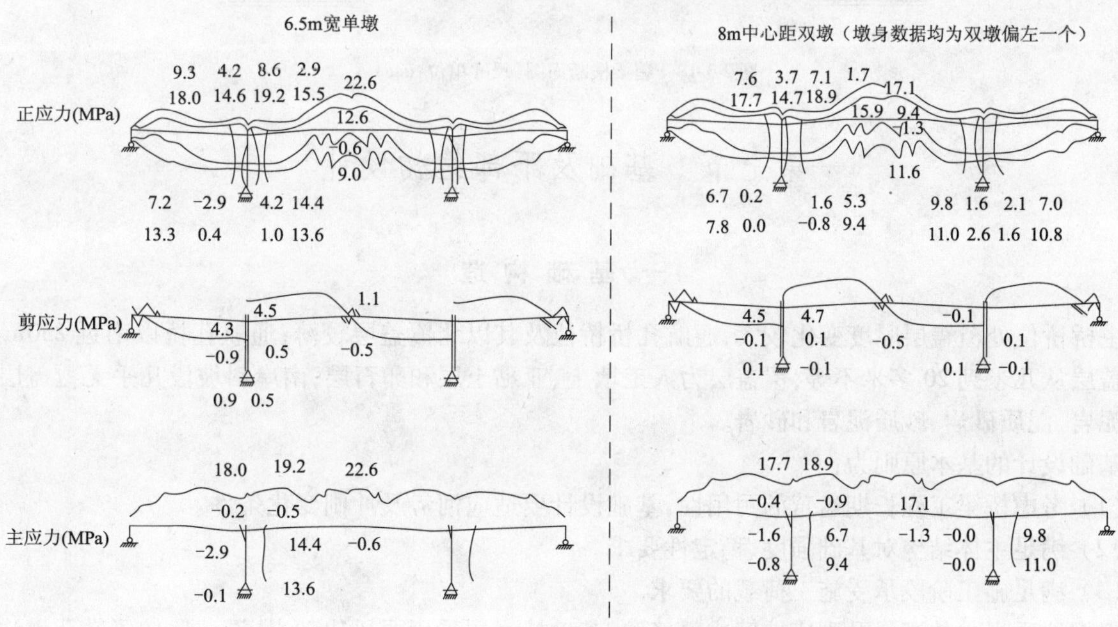

图 2-3-17 单排墩与双排墩比较的计算结果(4)

由计算结果可见，单墩的应力水平完全在规范允许范围之内。另外，箱形薄壁单墩的造型简洁，与连续刚构桥的整体风格协调一致。单墩形式使嘉华大桥避免了与嘉陵江上已有连续刚构桥梁的雷同感。综上所述，设计采用单薄壁墩方案。

(三) 梁高的选择

根据相关统计资料，连续刚构桥悬臂根部高度一般在1/20～1/16附近。由于新规范运用对梁高起着决定性的影响，为改善结构性能，在符合总体布置的基础上，本桥在墩顶处梁高为15.7m(1/16)、跨中处梁高为5.0m(1/50)(图2-3-18)。

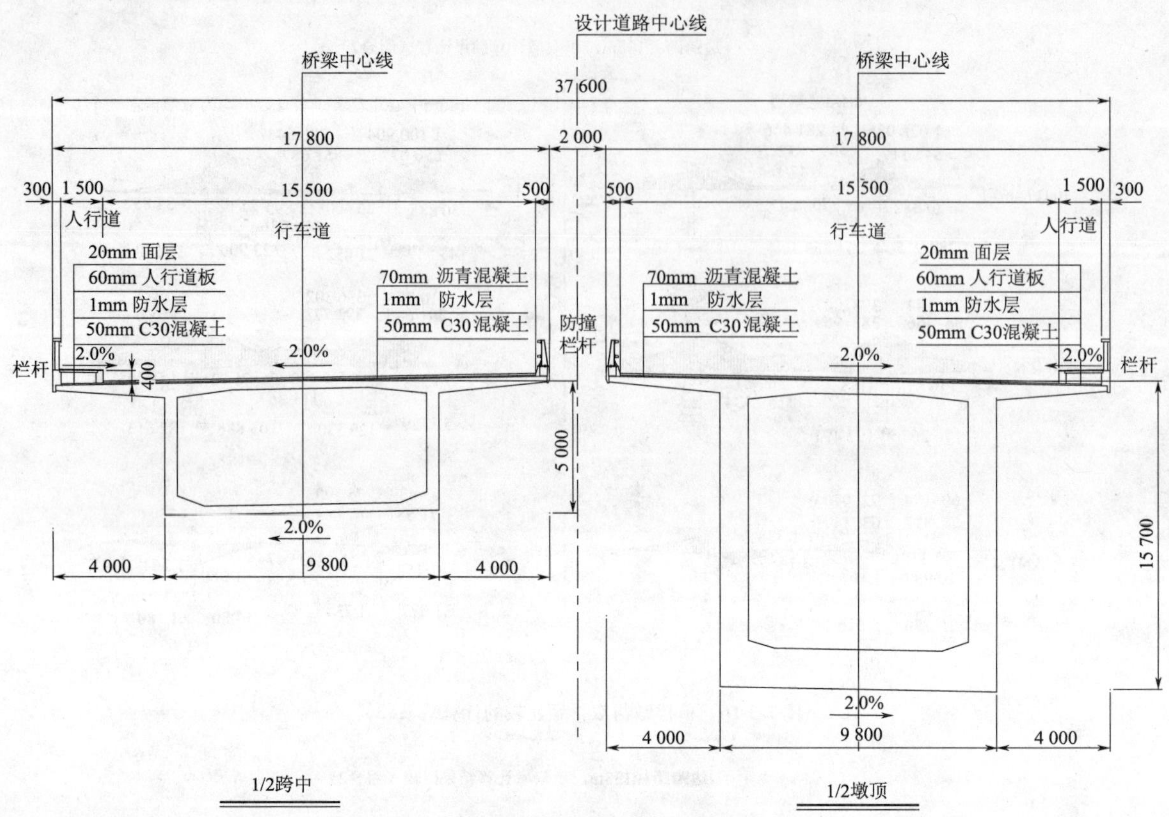

图 2-3-18　箱梁横断面图(尺寸单位:mm)

第七节　基础及下部结构设计

一、基 础 构 造

主桥桥位处覆盖层厚度变化较大,通航孔桥桥位及其以北覆盖层较薄;通航孔桥以南近 250m 范围内覆盖层从几米到 20 多米不等,覆盖层为人工填土、亚黏土层和卵石层;南岸斜坡段几乎无覆盖层。基岩为泥岩、泥质砂岩、砂质泥岩和砂岩。

基础设计的基本原则为:

(1) 考虑桥梁工程长期运营的耐用性,基础设计要适应河势及冲刷变化条件。

(2) 满足主体结构对基础强度、稳定性要求。

(3) 满足施工阶段承受施工荷载的要求。

根据地质报告的资料及重庆地区成熟经验,基础持力层采用弱风化砂岩,设计比较了钻孔灌注桩基础和扩大基础两种形式。扩大基础由于埋深较深,开挖及围护工程量巨大,在技术经济比较中不占优势。

钻(挖)孔灌注桩是国内外桥梁基础中经常采用的形式,应用范围也越来越广泛,积累了许多成功经验。近年来,随着国内施工技术、工艺与设备的不断改进与提高,钻孔灌注桩的桩径、长度及单桩极限承载力得到了很大提高。很多大桥的工程桩径达 3.0m 以上,最大单桩极限承载力达 60MN 以上。

在比较了直径 1.8m、2.5m 和 3.0m 的挖孔灌注桩基础后,综合考虑施工工期、地质条件和经济效益等因素,主墩基础采用 24 根直径 2.5m 的挖孔桩基,上下行主墩承台形成整体,承台平面尺寸 34.4m ×

19.8m,厚6.5m。南侧边墩基础采用12根直径1.8m的钻孔桩基,上下行承台分离,承台平面尺寸12.6m×7.2m。设计以持力层为弱风化基岩。承台埋入河床以下。经验算,基础能承受船撞(三级航道,顺桥向650kN,横桥向800kN)及洪水压力(流速5m/s)等荷载作用。

桥墩基础构造见图2-3-19和图2-3-20。

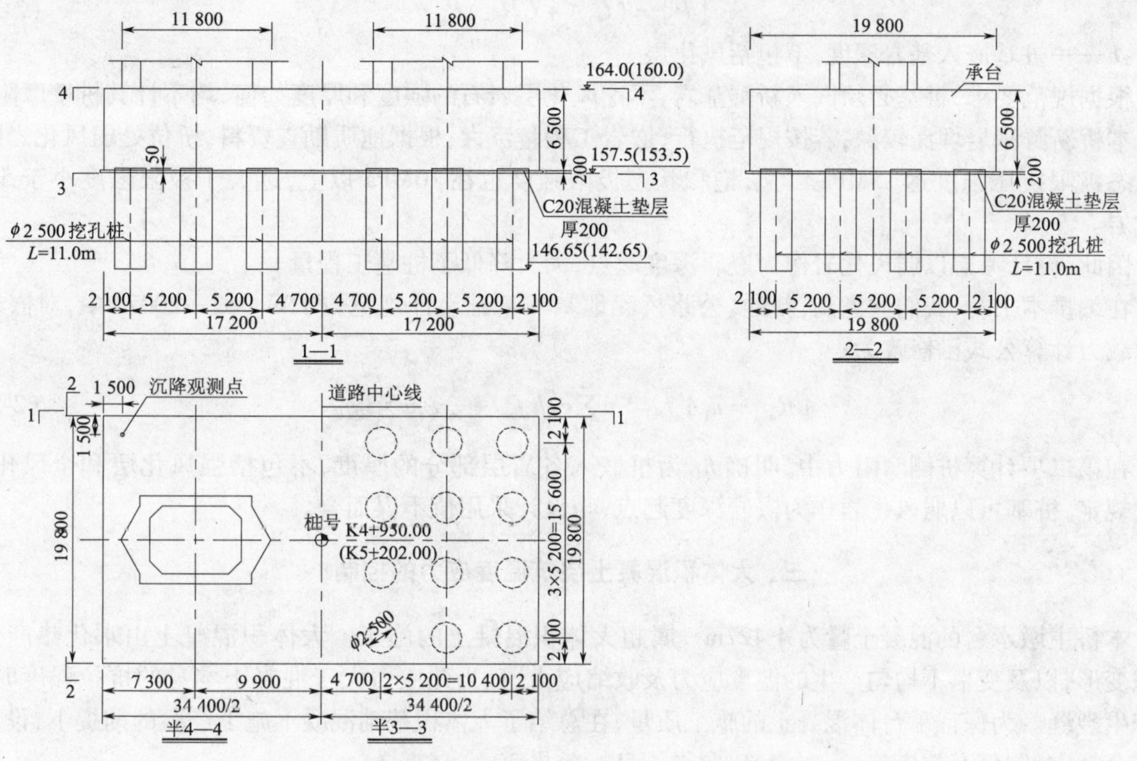

图2-3-19 主墩基础构造图(尺寸单位:mm)

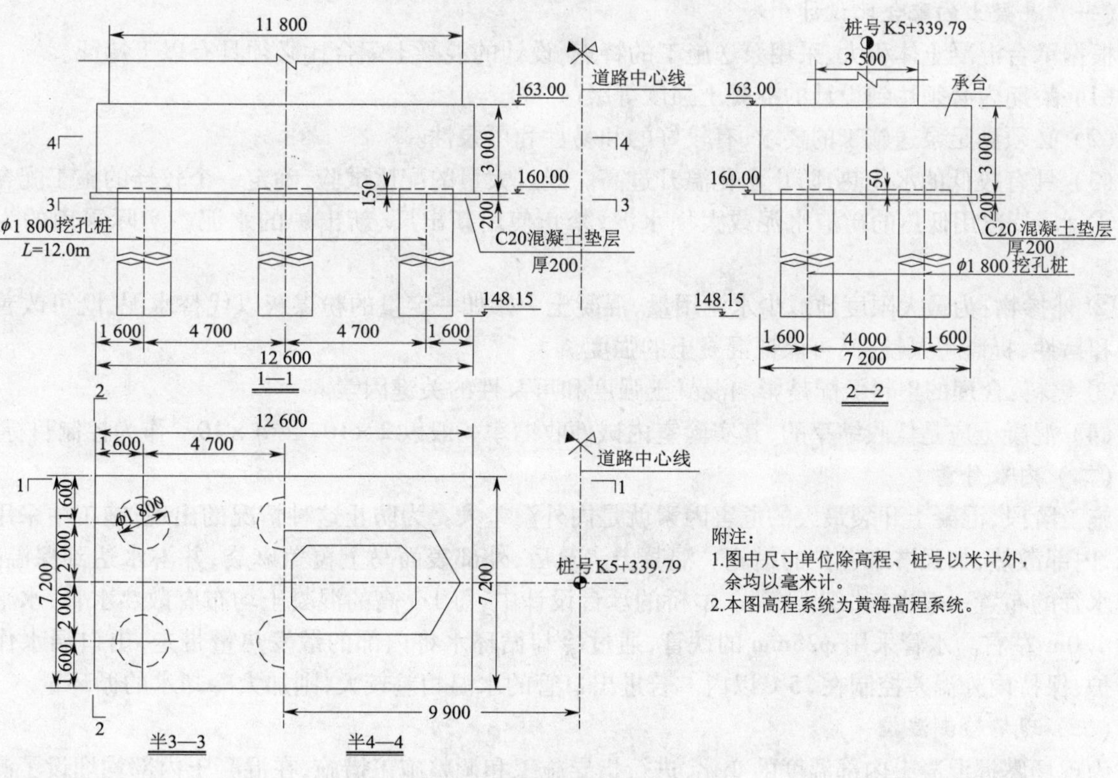

图2-3-20 边墩基础构造图

二、嵌岩桩承载力计算的探讨

现行《公路桥涵地基与基础设计规范》(JTJ 024—85)中规定,支承在基岩上或嵌入基岩的钻(挖)孔桩、沉桩和管桩的单桩轴向受压容许承载力,可按下式计算:

$$[P]=(C_1A+C_2U_h)R_a \tag{2-3-1}$$

式中:h——桩基嵌入基岩深度,不包括风化层。

根据规范要求,桩基必须嵌入新鲜基岩,不论风化层岩石的强度和厚度如何,均不计其桩壁摩阻力。

本桥新鲜基岩埋深较深,若按规范执行,嵌岩工程量巨大;根据地质勘查资料,桥位处弱风化岩的天然状态极限抗压强度达15MPa以上,饱和状态极限强度也在10MPa以上,远大于极限强度小于5MPa的软岩。

因此,设计考虑以弱风化岩作为嵌岩深度起点,大大降低了桩基工程量。

在编撰本书时,我们注意到,新的《公路桥涵地基与基础设计规范》(JTG D63—2007)中,对嵌岩桩的承载力计算公式已修改为:

$$[R_a]=c_1A_pf_{rki}+u\sum_{i=1}^{m}c_{2i}h_if_{rki}+\frac{1}{2}\xi_su\sum_{i=1}^{n}l_iq_{ik} \tag{2-3-2}$$

在第二项计算桩侧摩阻力中,明确 h_i 为桩嵌入各岩层部分的厚度,不包括强风化层和全风化层。按此规定,桩基可以弱风化岩作为嵌岩深度起点,与设计采用值不谋而合。

三、大体积混凝土浇筑温度应力的控制

本桥主墩承台的混凝土量为4 427m^3,属超大体积混凝土的施工。大体积混凝土由水化热产生的体积变形,以及变形不均匀产生的温度应力及收缩应力,且当此应力大于混凝土本身的抗拉强度时,就会产生裂缝。为保证承台体混凝土的施工质量,在总结了大体积基础混凝土施工经验的前提下,设计施工综合考虑,制订有效措施,一次浇筑,取得了良好效果。

(一)混凝土的配合比设计

根据承台混凝土体积大、采用泵送施工的特点,设计的混凝土配合比必须具有以下特征。

(1)龄期内必须达到设计的混凝土强度等级(C30)。

(2)必须满足泵送施工的要求,有较好的和易性和可泵性。

(3)具有较低的水化热,防止水化温升过高。经过大量的配比试验,确定一个较佳的施工配合比。

① 水泥:选用低热的矿渣水泥或大坝水泥,禁止使用新出厂、新出炉的水泥。实际采用的为矿渣水泥。

② 外掺物:为最大限度地减少水泥用量,混凝土中掺加一定量的粉煤灰以代替水泥,既可改善混凝土的和易性,提高可泵性,又可保证混凝土的强度。

③ 集料:合理的集料级配是影响混凝土强度和可泵性的关键因素。

(4)混凝土应是低收缩率的,其实验室内试件收缩率一般以2×10^{-4}~4×10^{-4}作为控制目标。

(二)内散外蓄

施工阶段,混凝土开裂最大的危害因素就是内外温差大。为防止这种情况的出现,施工中采用外部保温,内部散热,加强淋水养护的措施。混凝土浇筑后,外部表面马上覆盖麻袋,并淋水达到保温效果。冷却水管的布置一般也应“细而密”。本桥的承台设计中,每1m高的混凝土均布有散热水管,水平间距也为1.0m左右。水管采用ϕ25mm的铁管,通过冷却循环水将内部的散发热量带走,出口温水作为淋水养护,保持内外温差控制在25℃以内。若进出口管的水温相差较大,则加大冷却水的循环量。

(三)现场检测温控

为现场掌握混凝土内部温度的变化,进行指导施工和调整施工措施,在混凝土内部均埋设了测温元件,进行了全过程的测温控制。

在2号墩承台浇筑过程中，温度监控显示，承台内部最高温度超过50℃，冷却管出水口温度也较高。分析认为，冷却管在承台体内单向行走路线太长。因此，在3号墩承台冷却管布设时，增加了冷却水管的进出水口，达到了更好的效果。

四、桥墩构造

（一）构造比较

桥墩构造的优化着重于墩柱尺寸的比较。

在确定薄壁单墩构造时，对桥墩尺寸作了比较，即顺桥向外包尺寸为8m、6.5m、6m厚桥墩（表2-3-5和图2-3-21）。

桥墩尺寸比较　　表2-3-5

桥墩厚	8m	6.5m	6m
恒载+预应力	*M*	*M*	*M*
主梁（墩顶）（kN·m）	1 229 402	1 281 466	1 383 003
主梁（跨中）（kN·m）	187 065	197 581	202 795
桥墩（kN·m）	451 751	282 915	254 835

以上3种方案结构强度和刚度均满足设计要求，但6.5m厚桥墩综合性能较好。最终采用7.0m厚的薄壁单墩方案是为了满足施工阶段的结构强度和刚度的要求。

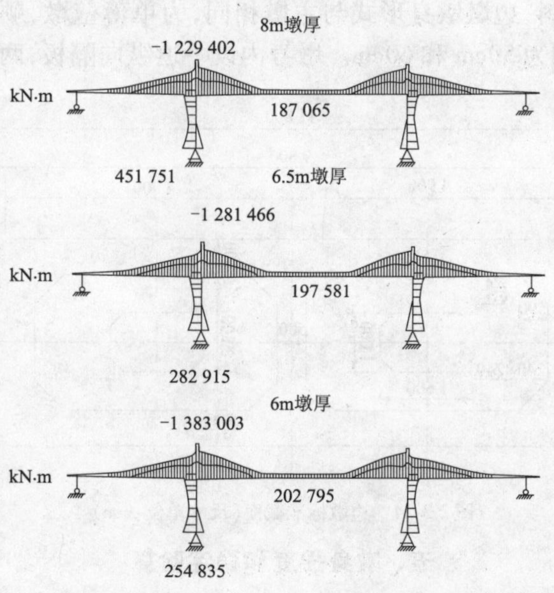

图2-3-21　薄壁单墩计算结果

（二）桥墩构造

主桥桥墩构造见图2-3-22。

主墩采用C55混凝土材料。顺桥向宽度7.0m，横桥向（不包括分水尖）宽9.8m，壁厚分别为80cm和100cm。上下游设分水尖（防撞及导流构造）与桥墩相结合成整体，墩壁四周设泄水孔以保持内外水压力的平衡。墩身内设隔板，墩底设圆弧倒角。桥墩墩身截面顺水流方向采用流线形分水尖，以利水流，同时减小水流对桥墩的作用力，有利于桥墩混凝土的耐久性。另外，分水尖的设置，易使撞击船舶或漂流物改变方向，从而减小撞击作用。经验算，桥墩能够承受船舶的局部撞击作用。

主墩与承台的连接部通常是设计与施工的关键部位，由于承台的约束作用以及截面及材料的突变，往往在墩底部位容易产生裂缝。因此，设计除了对混凝土的收缩率等提出详细要求外，在墩底采用过渡圆滑的弧形断面与承台相连(图 2-3-23),有效地克服了这一问题。墩底首段浇筑时,施工单位在混凝土中埋设了冷却管,根据出水温度判断,水化热温度不高,随后就取消了冷却管的设置。

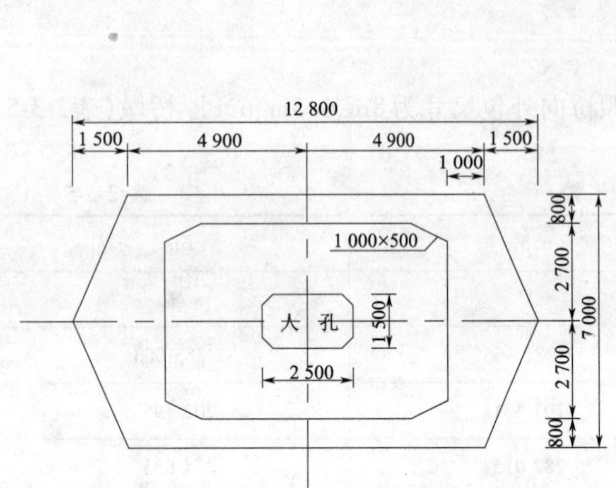

图 2-3-22 主墩标准截面(尺寸单位:mm)

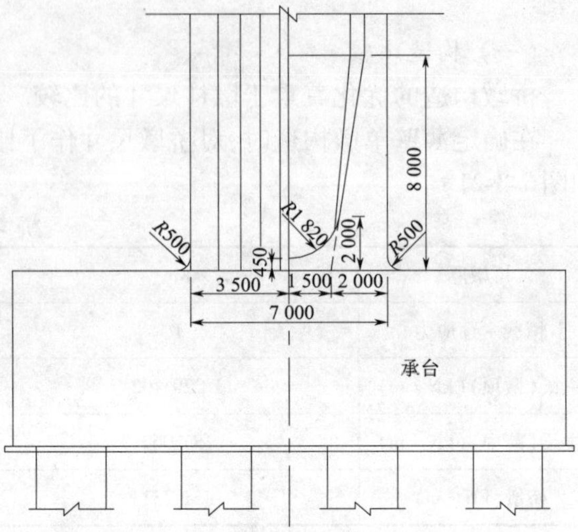

图 2-3-23 主墩墩底连接形式(尺寸单位:mm)

边墩采用 C40 混凝土材料,边墩墩身形式与主墩相同,为单薄壁墩,顺桥向宽 3. 5m,横桥向(不包括分水尖)宽 9. 8m,壁厚分别为 50cm 和 60cm。墩身内设一道纵向隔板,两道横隔板(图 2-3-24)。

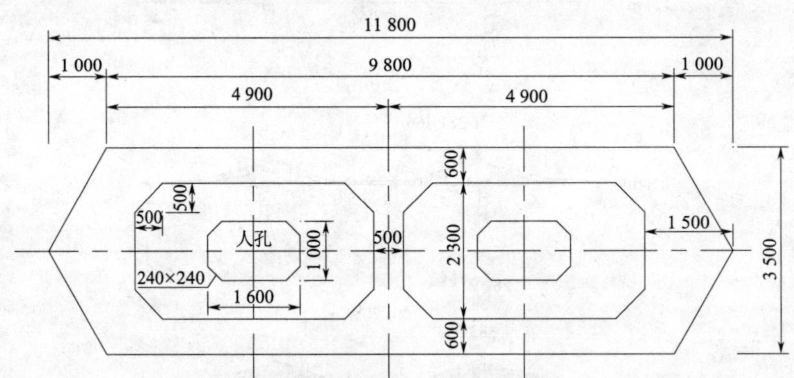

图 2-3-24 边墩标准截面(尺寸单位:mm)

五、墩身强度和稳定验算

由于采用悬臂浇筑的施工方法,最大悬臂长度达 125m,保证最大悬臂浇筑状态下的稳定性是桥梁施工安全的重要环节。为此,设计中对最大悬臂状态下各种可能出现的工况进行了静力稳定性分析。

(一) 荷载计算

1. 恒载

已浇节段(4% 不均匀性);

浇筑节段(相差半个节段);

挂篮(含挂篮自重、模板重量及其他辅助设备重量)设计控制值≤1 200kN;

施工荷载(300kN 不平衡性)。

2. 风荷载

风荷载计算简图见图 2-3-25、图 2-3-26。

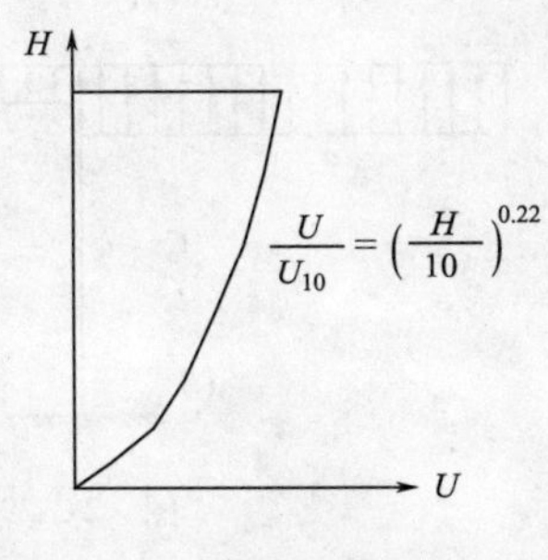

图 2-3-25

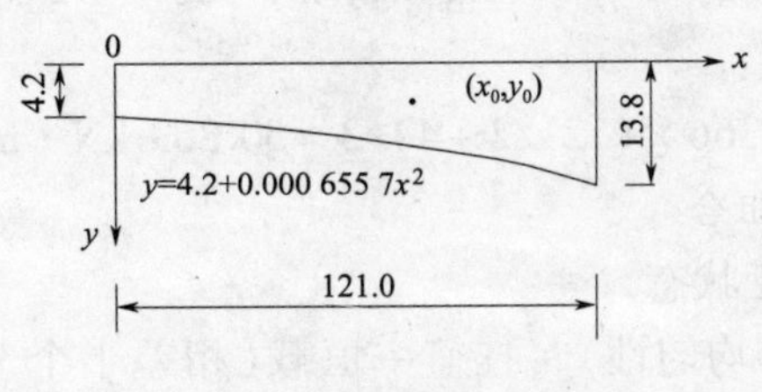

图 2-3-26

桥址处 10m 高度 10min 平均最大风速为 26.7m/s，换算到 70m 高度处为：

$$U_{70}=U_{10}\times(70/10)^{0.22}=41\ \text{m/s}$$

由于纵桥向迎风面积较小，纵桥向风荷载不控制设计，可以忽略，仅计算横桥向风荷载。

迎风面积如图 2-3-26 所示，迎风面积为：

$$A=\int_0^{121}(4.2+0.000\ 655\ 7x^2)\,\mathrm{d}x=895.4$$

形心位置为：

$$x_0=121-\int_0^{121}(4.2+0.000\ 655\ 7x^2)\,x\mathrm{d}x\div A=47.42$$

$$y_0=(4.2\times121\times4.2\div2+\int_0^{121}0.000\ 655\ 7x^2(4.2+0.000\ 655\ 7x^2\div2)\,\mathrm{d}x)\div A=4.257$$

根据《公路钢筋混凝土及预应力混凝土桥涵设计规范》，横桥向风压：

$$K_1=1,K_2=1.3,K_3=1.42,K_4=1$$

$$W_0=U_{70}^2/1.6=41^2/1.6=1\ 051\ \text{N/m}^2$$

$$W=K_1\cdot K_2\cdot K_3\cdot K_4\cdot W_0=1\ 940\ \text{N/m}^2$$

由于最大悬臂状态延续时间较短，且必要时施工时间可适当调整，作为施工阶段的荷载，不平衡风荷载情况按一侧为设计风载的 100%，另一侧为 50%，其出现的机率已非常小，采用这种风荷载组合控制结构设计是安全的。同时，考虑两幅桥的影响，横向风力取一幅桥的 1.5 倍（图 2-3-27、图 2-3-28）。

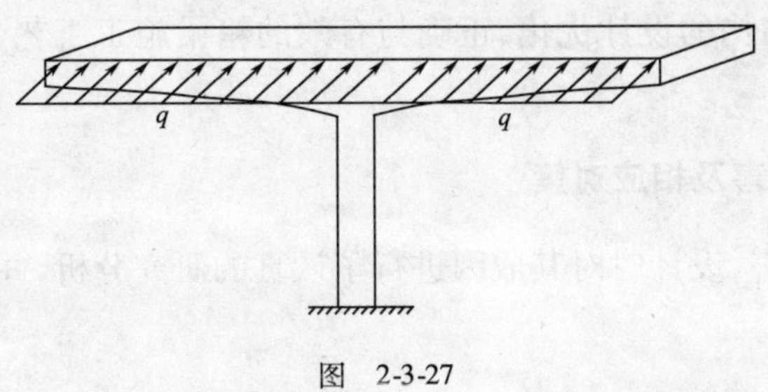

图 2-3-27

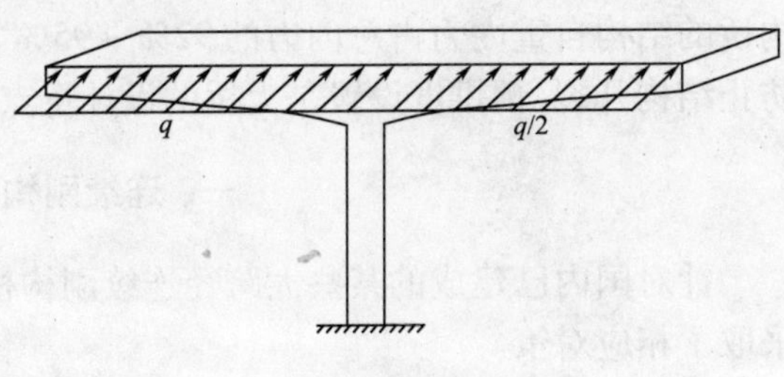

图 2-3-28

$$Q_h=895.4\times1.5\times1.5\times1\ 940/1\ 000=3\ 908\ \text{kN}$$

墩顶处横桥向弯矩：

$$M_h=3\ 908\times(13.8-4.257)=37\ 294\ \text{kN}\cdot\text{m}$$

扭矩：

$$T=895.4\times(1-0.5)\times1.5\times1\ 940\times(47.42+4)/1\ 000=66\ 990\ \text{kN}\cdot\text{m}$$

纵桥向弯矩（图 2-3-29）：

升力系数取 0.4：

$A=16.8\times121=2\,032.8\ \text{m}^2$

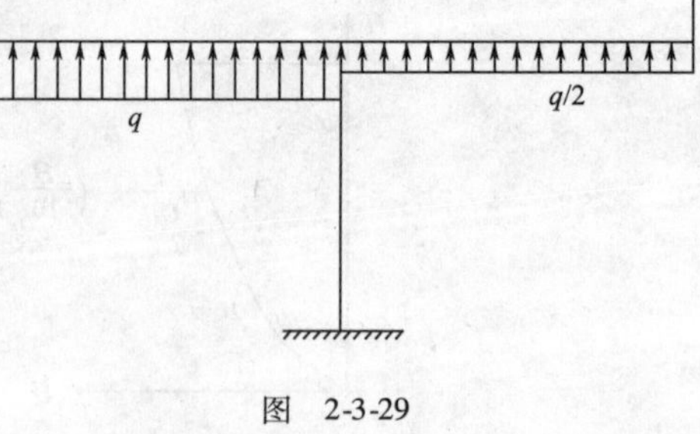

图 2-3-29

升力：

$N=-2\,032.8\times1\,940\times1.5\times0.4/1\,000=-2\,366\ \text{kN}$

纵桥向弯矩：

$M_z=2\,366\times(121/2+4)/3=50\,869\ \text{kN}\cdot\text{m}$

（二）荷载组合

1. 正常施工状态

恒载(4%不均匀性)+挂篮+恒载(相差半个节段)+施工荷载(30×10^4 kN 不平衡性)

2. 大风状态(最大悬臂时)

恒载(4%不均匀性)+挂篮+横向风载(计入横向风载产生的竖向风力,顺桥向风载不控制)

（三）墩身强度验算

荷载组合：

$M=207\,459\ \text{kN}\cdot\text{m}$, $N=165\,000\ \text{kN}$

考虑 $P\cdot\Delta$ 效应(8%)：$M=224\,055\ \text{kN}\cdot\text{m}$

经验算,桥梁满足强度和稳定的要求。

（四）墩身稳定验算

墩身稳定的计算图式,应为上端自由、下端固定,用欧拉公式计算临界力：

$$N_{cr}=\frac{\pi^2EI}{I_0^2}\tag{2-3-3}$$

式中：$E=3.3\times10^4$ MPa

$I=130.80\ \text{m}^4$

$I_0=56.7\times2.0=113.4$ m

$N_{cr}=3\,312\,801$ kN

合龙前的 $N=159\,000$kN,安全系数 $K=20.8$,不存在墩身整体失稳问题。

第八节 上部结构设计

大跨度连续刚构桥国内和重庆市已建成多座,有成熟和成功的经验可借鉴。250m 大跨径混凝土刚构桥的结构自重内力占总内力的92%～95%,所以上部结构的设计优化、正确与有效的箱梁施工工艺、防止结构开裂、预拱度设置是大桥的设计重点。

一、连续刚构桥的常见病害及相应对策

针对国内已建成的某些大跨径连续刚构桥的常见病害,设计时对其成因进行了认真的研究分析,并采取了相应对策。

（一）主桥跨中下挠

(1) 混凝土收缩徐变因素。根据已建成通车的同等规模桥的有关资料,可以认为,由于混凝土收缩徐变所引起桥面正常下挠可达8～12cm,中跨过度下挠现象的发生不能排除混凝土收缩徐变过大等因素。因此,在对混凝土的配方提出具体参数的同时,对混凝土的试验亦提出了相应要求。

(2) 后期预应力钢材的锈蚀。由于不正确的压浆工艺和潮湿空气的侵蚀等原因,使箱梁内预应力钢绞线发生严重锈蚀,从而导致桥梁承载力的降低和挠度的加大。因此,严格控制压浆密实度(采取真空压浆法)、确保钢束管道混凝土整体性是关键,同时重视封锚工艺。

(3) 预应力摩阻损失过大。设计对施工过程中的摩阻损失测试提出了相应标准和要求。

(4) 主拉应力产生的大量裂缝，降低了截面刚度，自重作用下挠度会随着裂缝的增多而加大。这是挠度增加的重要原因。设计结合纵向、横向的受力特点，对正应力、剪应力（腹板厚度）进行了全面的计算分析，对布束的合理性进行充分的探讨和研究。

(5) 设置体外束。

(6) 结合合龙时的温度，边跨合龙段采取顶升措施，中跨合龙段采取对顶措施。

（二）腹板斜裂缝

根据结构的受力特点，引起斜裂缝的原因主要是主拉应力超过了混凝土的容许值。从而将引起腹板开裂。随着腹板开裂，应力重新分配，使得已出现的裂缝又继续发展，致使腹板出现比较严重的开裂现象。

(1) 在设计中通过合理布束减小预应力盲区。保持足够正应力储备，减小剪应力（选择腹板厚度），以减小主拉应力。

(2) 塑料波纹管道的摩阻系数为$\mu \leqslant 0.17$、$k \leqslant 0.0015$，并根据施工过程中的实际摩阻损失进行修正。对于竖向预应力筋，尤其是短筋，由于精轧螺纹钢筋的长期有效应力难以控制，设计考虑精轧螺纹钢筋有效系数取0.5，并且在满足设计、构造与施工条件的前提下，对部分梁高较大的节段采用钢绞线。

(3) 设置体外束。

(4) 腹板配筋要兼顾横向抗弯及纵向抗剪的要求，以及设置纵向腹板预应力弯束等合理布束。

（三）底板底面纵向裂缝

底板纵向裂缝可能出现在悬臂浇筑和合龙段，在横向计算配筋时，充分考虑各种施工荷载，防止开裂。

(1) 悬臂浇筑。悬臂浇筑时出现纵向裂缝主要和挂篮的传力锚固系统有关，把底板后锚点提高置于顶板处，可有效改善底板的受力性能。

(2) 合龙段。合龙段出现纵向裂缝主要是与预应力的径向力有关，通过设置横隔板、合理布束（纵向钢束位置尽可能靠近腹板）及底板加强箍筋的方式解决。

（四）合龙段顶板纵向裂缝

顶板纵向裂缝主要是与横向宽桥混凝土的收缩（受两端节段混凝土的约束）、横向预应力的分布宽度有关，设计在合龙段局部增加预应力筋，同时，对混凝土的强度及预应力张拉作了部分调整。

(1) 控制混凝土初凝时间在4~6h内，终凝时间10h以内。

(2) 对12h、24h、48h和72h的强度进行试验，24h强度达到40%，48h强度达到60%，72h强度达到80%，试块养护条件与施工时环境条件相当。

(3) 3d强度达到设计强度80%后，及时张拉部分纵向预应力钢束。

（五）0号块裂缝

0号块裂缝主要出现在墩顶横隔板、腹板、施工缝处及人孔处，特别是横隔板（图2-3-30）。

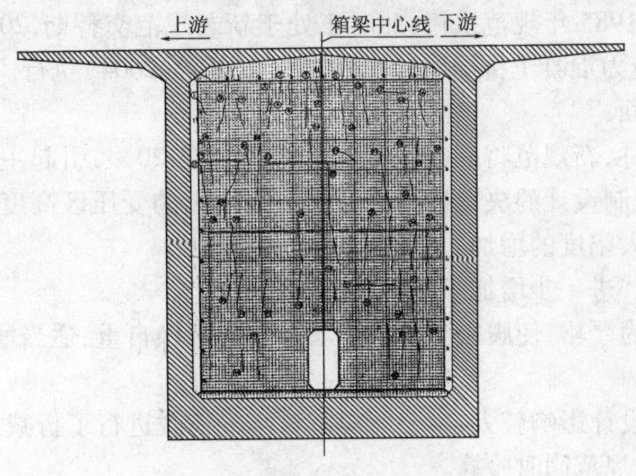

图2-3-30 0号块裂缝

采用的主要对策如下：

(1) 混凝土采用如加冰水等有效方法控制入模温度。

(2) 尽量减少分段之间的浇筑时间差，控制在5～7d之内。减少其温度差及收缩差，避免混凝土开裂。

(3) 分缝处采取加强措施。

(4) 性能良好的混凝土级配与合理的养护措施。

(5) 布置横、竖向预应力钢束，确定合理的张拉顺序。

(6) 人孔设计成椭圆形，减小应力集中。

0号块难以一次成型，在高度上分次浇筑的合理施工缝位置及构造。

二、上 部 构 造

采用主跨为138m+252m+138m的预应力混凝土连续箱形刚构。上部构造为变截面单箱单室，垂直腹板。单箱顶宽17.8m，底宽9.8m，翼缘板长4m，箱梁根部梁高15.5m，为主跨的1/16.3，跨中处梁高5m，为主跨的1/50，梁底按1.5次幂曲线变化。腹板变厚度45cm（跨中）～100cm（支点），主梁0号梁段各断面尺寸适当增大。底板变厚度32cm（跨中）～110cm（支点），顶板箱室内厚度30cm，悬臂端厚20cm，根部厚55cm。设支点横隔梁，0号段墩顶处横隔梁厚度为100cm，梁端横隔梁厚度为150cm。中跨跨中设横向隔板40cm。零号块长度12m，悬臂施工梁段划分为3m、3.5m和4m三种，中跨合龙段长度2m。悬臂浇筑最大浇筑重量350×10^4kN。箱梁采用C55混凝土。箱梁顶面设2%单向横坡，腹板上设通气孔。

箱梁采用三向预应力体系。纵、横向预应力钢束采用ϕ15.24mm高强度低松弛钢绞线，标准强度R_{yb}=1 860MPa，预应力锚具纵向束采用15－9(12,15,17)型群锚体系，横向束采用15BM－3型扁锚，预应力管道采用PE波纹管，真空压浆工艺。纵向预应力钢束采用平、竖弯相结合的方式布置，横向预应力钢束布置于顶板上缘，束距为50cm，两端张拉。竖向预应力采用直径32mm精轧螺纹钢筋（f_{pk}=785MPa）和ϕ^s15.24mm高强度低松弛钢绞线。以直线形式布置于腹板，预应力间距一般为50cm，双排布置，下端预埋，上端张拉。

0号块受力复杂，在横隔板及腹板处布置横、竖向预应力钢束。在底板与桥墩转角处设置圆弧倒角。在中孔合龙段布置抗剪预应力，中间用连接器连接，梁端设置托梁安装伸缩缝。

为避免出现不可预测的下挠等现象，箱梁内预留体外预应力孔和锚垫块。

总体构造见图2-3-31和图2-3-32。

三、新老规范的对比

嘉华大桥初步设计按1985年规范执行，此时正处于新老规范交替期，2004年10月起，施工图设计按《公路钢筋混凝土及预应力混凝土桥涵设计规范》(JTG D62—2004)执行。新老规范对于嘉华大桥设计最大的区别有以下几方面：

(1) 对于全预应力构件，新规范将混凝土的预压应力储备20%，引起主梁拉、压应力计算值增加，使主梁拉、压应力均成为控制设计的决定性因素；同时，混凝土的受压区高度亦成为控制设计的重要因素。这直接导致梁高有较大幅度的增加。

(2) 温度作用的调整。进一步增加了混凝土的压应力。

(3) 剪应力限制得较为严格，使腹板厚度明显增加。为减轻自重，适当增加梁高是改善结构性能的最佳途径。

(4) 车辆荷载对横向设计影响较大，由于新规范对车辆荷载进行了折减，部分截面的应力控制没有老规范严格，有必要结合老规范同时验算。

(5) 按新规范设计，工程量相对于老规范增加10%～15%。

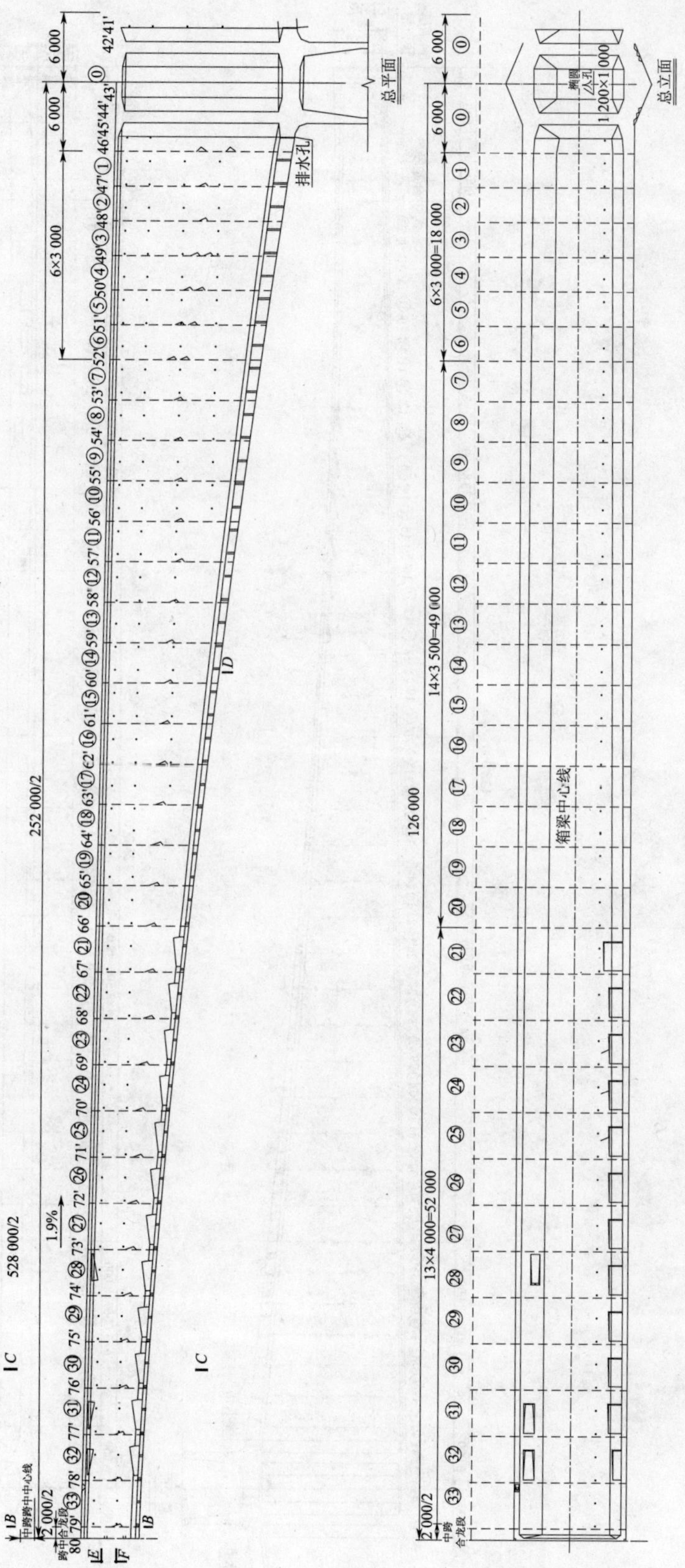

图 2-3-31　总体构造图(一)(尺寸单位:mm)

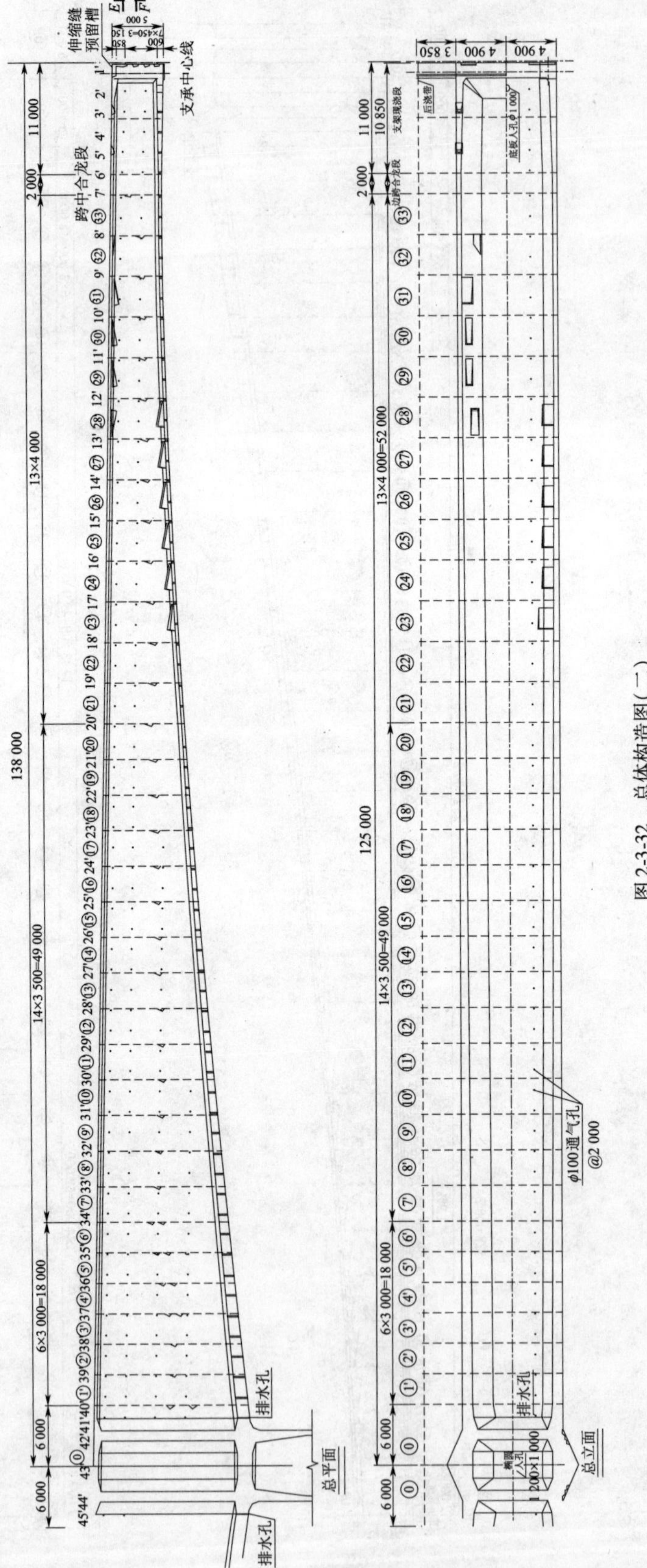

图 2-3-32 总体构造图(二)

四、箱梁构造的优化

本桥的结构自重内力占总内力的92%～95%，设计对箱形断面的方案进行了充分的比较（包括梁高、顶底腹板厚、底板宽）。连续刚构桥在国内外主要已建成桥梁的截面尺寸见表2-3-6。

国内外主要连续刚构或连续梁截面尺寸　　表2-3-6

桥　名	主跨跨径(m)	跨中梁高(m)	梁高/跨径	根部梁高(m)	梁高/跨径	顶板厚	腹板厚	底板厚	备　注
						跨中/支点(cm)			
RaWt Sundet（挪威）	36+202+298+125	3.51	$\frac{1}{85}$	14.50	$\frac{1}{20.5}$	28	20/40	36/120	
Gate Wag（澳大利亚）	145+260+145	5.20	$\frac{1}{50}$	15.68	$\frac{1}{16.6}$	25	65/75	30/180	
Mooney（澳大利亚）	130+220+130	4.25	$\frac{1}{51.8}$	12.50	$\frac{1}{17.6}$		55/55	30/138	
虎门大桥辅通航孔（中国）	150+270+150	5.0	$\frac{1}{54}$	14.80	$\frac{1}{18.2}$	25	40/60	32/130	1997年通车
重庆黄花园桥（中国）	137+3×250+137	4.3	$\frac{1}{58.1}$	13.80	$\frac{1}{18.1}$	25	40/70	28/150	
马鞍石嘉陵江桥（中国）	146+3×250+146	4.2	$\frac{1}{59.5}$	13.70	$\frac{1}{18.2}$	25	40/60	32/150	
黄石长江大桥（中国）	162.5+3×245+162.5	4.10	$\frac{1}{59.8}$	13.00	$\frac{1}{18.8}$	25	50/80	32/135	
江津长江大桥	140+240+140	4.20	$\frac{1}{57.1}$	13.50	$\frac{1}{17.8}$	25	50/80	32/120	
南澳跨海桥（中国）	122+221+122	3.0	$\frac{1}{73.3}$	11.0	$\frac{1}{20.1}$	25.0	40/60	32/110	
华南大桥（中国）	110+190+110	3.0	$\frac{1}{63.3}$	9.5	$\frac{1}{20}$	28	35/55	32/100	
洛溪大桥（中国）	65+125+180+110	3.0	$\frac{1}{60}$	10.0	$\frac{1}{18}$	25～50	50/70	32/120	1988年通车
泸州长江大桥（中国）	150+252+150	4.0	$\frac{1}{63.0}$	14.0	$\frac{1}{18}$				
都汶路岷江桥（中国）	125+220+125	4.0	$\frac{1}{55.0}$	13.5	$\frac{1}{16.3}$				
宜水路金沙港桥	140+249+140	4.2	$\frac{1}{59.3}$	15.0	$\frac{1}{16.6}$				
海沧大桥西航道桥（中国）	78+140+78+2×42	2.50	$\frac{1}{56.0}$	7.50	$\frac{1}{18.67}$	28	50/65	32/85	
东明黄河公路桥（中国）	75+7×120+75	2.60	$\frac{1}{46.2}$	6.50	$\frac{1}{18.5}$	25	40/55	25/80	1993年通车
三门峡黄河大桥（中国）	105+4×160+105	3.0	$\frac{1}{53.1}$	8.0	$\frac{1}{20}$	25	40/65	25/100	1992年建成通车
济南黄河二桥（中国）	65+165+210+165+65	3.5	$\frac{1}{60}$	10.5	$\frac{1}{20}$	28～90	40/120	32/120	
南京长江第二大桥北汊主桥	90+3×165+90	3.0	$\frac{1}{55.0}$	8.80	$\frac{1}{18.8}$	28/40	40/70	30/110	
南充清泉寺嘉陵江桥	63+2×110+63	2.0	$\frac{1}{55.0}$	6.50	$\frac{1}{16.9}$	20	50/50	28/60	2001年建成通车
湖北宜城大桥	55+4×100+55	2.6	$\frac{1}{38.5}$	5.0	$\frac{1}{20}$	25	30/40	20/55	1990年通车
广东德庆西江桥	82+2×128+82	2.80	$\frac{1}{45.7}$	7.0	$\frac{1}{18.3}$	25.8/50	50/90	30/120	
福建乌龙江二桥	60+3×110+60	2.50	$\frac{1}{44}$	6.00	$\frac{1}{18.3}$	25	35/50	25/45	

（一）箱梁横截面的形式与选择

箱梁横截面的形式（图2-3-33）是根据桥宽和施工考虑来确定的。对中小跨径桥梁而言，当桥宽在12m以内时一般采用单箱单室，桥宽在12～17m时用单箱双室，桥宽在17～22m时可采用2个单箱或将两单箱联合。当桥宽继续扩大到30m左右时用2个单箱双室或3个单箱。

但在设计大跨径预应力混凝土箱梁桥时首先应考虑减轻它的自重，促使横截面构造的轻型化，从而获得更为经济合理的设计。箱梁横截面设计中，截面的形式与自重有着密切的关系。某桥初步设计中，曾对同样跨径、桥宽的两种箱梁横截面作了比较，结论是单箱单室截面比单箱双室截面可减少自重约10%。尤其重要的是，下部结构桥墩和基础可以缩窄，节约了大量的工程费用。目前箱梁的发展正逐渐趋向大箱配大悬臂板形式，以取得更为经济的横截面形式。

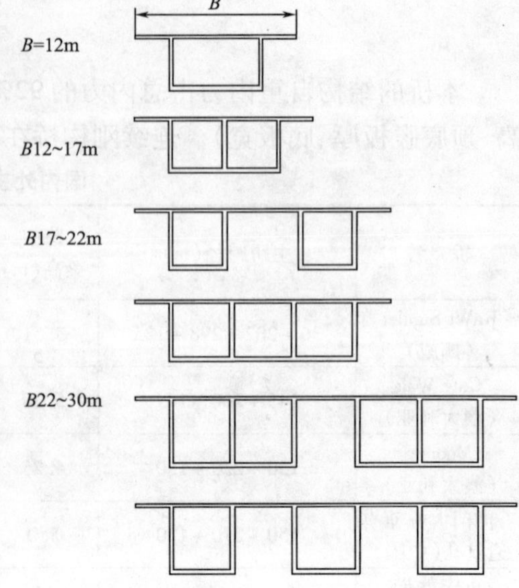

图2-3-33　横断面形式

图2-3-34是斯旺（R. ASwann）的一个统计资料，从图中可以看出，A区域单箱单室占大多数。边界线表示桥宽约为18m（嘉华大桥单幅桥宽17.8m），即桥宽18m以内单箱单室可以满足受力要求，而且横截面设计是比较经济的。B区域内单箱二室和双箱单室占多数，即桥宽在18～26m范围内可用单箱二室或双箱单室。C区域双箱双室占多数，即桥宽超过26m时适用。D区域为二只单箱。

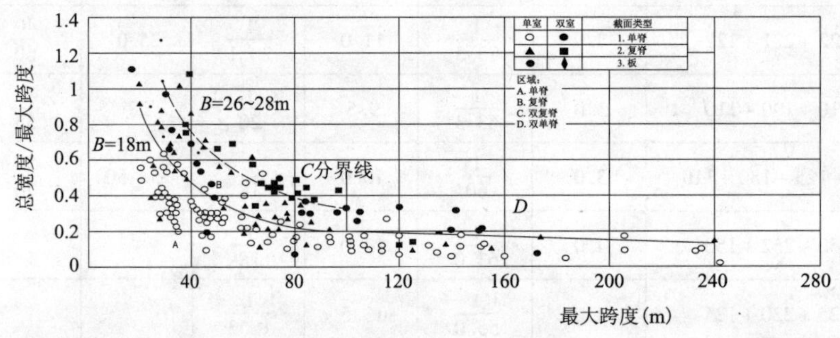

图2-3-34　基本截面类型采用情况

嘉华大桥采用上下双幅桥，单幅宽17.8m，全宽35.6m，其优点如下。

（1）采用上下双幅桥，单幅宽17.8m，可以采用单箱单室断面；而采用整桥，全宽35m，需采用双箱室截面，边墩需设置3个支座，受力性能欠佳。

（2）上下双幅桥采用单箱单室断面，下部结构桥墩和基础可以缩窄，更为经济。

（3）采用上下双幅桥，挂篮的数量要增加一倍，但挂篮的承重量相对较小，可以采用较长的节段，施工块、模板简单。

（二）梁高的比较

连续刚构桥悬臂根部高度一般在1/20～1/16附近。设计时对梁高分别为13.8m、14.5m、15m、15.5m进行了比较。考虑到下列因素，本桥在墩顶处梁高为15.5m（1/16）、跨中处梁高为5.0m（1/50）。

新规范对相关条款作了调整，对于大跨径全预应力连续刚构而言，影响较大的是将混凝土的预压应力降低20%，以及温度作用增加。这直接导致了墩顶压应力和受压区高度的增加，小于15m的梁高将使底板厚度增加明显。

梁高取15.5m，并不增加梁体自重，因为梁高增加以后可以减小腹板的厚度，只要保持剪应力在规范允许范围内。

预应力束截面积较为经济，便于布束，使结构性能更合理。表2-3-7、表2-3-8为两种截面高度的技术比较。

根部截面基本参数 表 2-3-7

截面高度(m)	15.5	13.8
腹板厚(m)	1	1.134
$A(m^2)$	45.688	45.688
$I_x(m^4)$	794.2	775.79
$Y_s(m)$	8.21	7.271
$Y_x(m)$	7.29	6.529
$W_s(m^3)$	96.74	106.70
$W_x(m^3)$	108.94	118.82

根部截面应力对比 表 2-3-8

截面高度(m)	$H=15.5$	$H=13.8$	$H=13.8$ 预应力增加 10%
恒载弯矩(kN·m)	-3.692×10^6	-3.692×10^6	-3.69×10^6
预应力 N_p(kN)	4.694×10^5	4.694×10^5	5.163×10^5
预应力偏心 e(m)	7.239	6.300	6.300
上缘应力(MPa)	7.2	3.4	7.2
下缘应力(MPa)	13.0	16.5	15.0

当梁高减小时,如果预应力设置相同,则上缘压应力储备减小;通过增加预应力数量,可以提高上缘压应力储备,但是其下缘压应力可能过高。因此适当增加梁高可以节约预应力,底板的重量也可以降低。梁高为 15.5m 时,应力均能控制在合理的范围内。

梁高的增加不影响桥面高程和总体布置。

已建成连续刚构桥的梁高变化大多采用二次抛物线。经过计算,跨中及根部截面应力比较容易满足,而 $L/8\sim L/4$ 截面底板压应力偏大。因此,为了使梁高变化段应力曲线更加平顺,梁底曲线采用 1.5 次抛物线。

(三) 箱梁横向设计

横向按框架模型计算,腹板处一端铰结、一端滑动,计算模型见图 2-3-35。

1. 底板宽度(悬臂板长度)

对于桥面板为预应力结构的单箱单室断面,底板与顶宽度比一般在 0.5~0.6 之间。嘉华大桥的底板宽度应在 8.9~10.7m 之间。公式 $c/b=0.24-0.00048L_{max}+0.0058b$ 是用来确定翼板长度 c 的,c 值与桥宽、跨径有关。·表示跨径 240m 以内的这类截面结构的桥符合上式的规律(见图 2-3-36),按上式算得的结果偏差值 S 为 13%。以嘉华大桥为例:$c/b=0.22$,底板与顶宽度比在 0.56 左右。

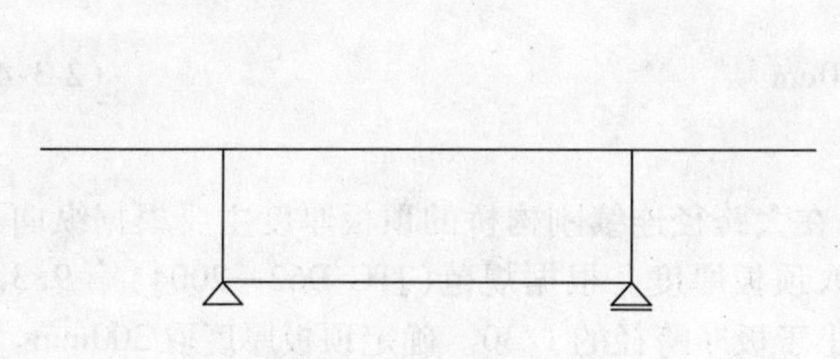

图 2-3-35 横向计算模型

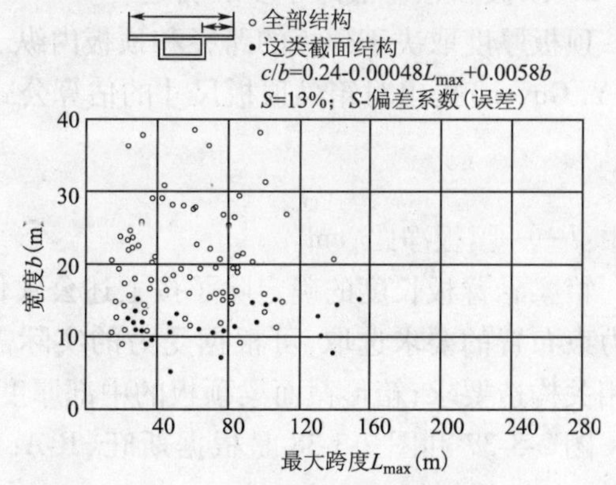

图 2-3-36

为此对底板宽度 8.8m 与 9.8m(底板与顶宽度比 0.5 与 0.55),即悬臂长 4.0~4.5m 之间进行方案比较(表 2-3-9)。以减小自重为原则,采取最合理的截面构造。

方案比较　　表 2-3-9

比较项目	方案一	方案二
底板宽度	9.8m	8.8m
断面图	17 800; 4 000, 450, 8 900, 450, 4 000; 200; 550; 300; 550; 320; 9 800	17 800; 4 500, 450, 7 900, 450, 4 500; 200; 600; 280; 600; 320; 8 800
顶板内力图	M(kN·m); 恒+活 M_{max}, M_{min}; −255.2, −219.4, −125.0, −106.9, −63.7, −81.1, −14.1, −3.3, −26.9, −7.9, 42.3, 54.4; 腹板两侧弯矩均衡	M(kN·m); 恒+活 M_{max}, M_{min}; −277.3, −197.3, −147.1, −122.5, −79.3, −58.9, −42.5, −29.7, −3.3, −23.5, 26.7, 54.4; 悬臂侧弯矩偏大
预应力图	150, 2 100, 3 700, 2 200, 1 200, 2 200, 3 700; 90; 165; R5 000	150, 2 100, 3 700, 2 200, 1 200, 2 200, 3 700, 2 100, 150; 90; 135; R5 000; 预应力次内力影响较大,箱内中间点钢束位置位于断面形心上方
混凝土方量比较	1.00	0.99
评价	方案一结构内力分布与预应力布置较为合理。虽然方案二底板宽度较小,但由于截面受压区高度控制,并没有使混凝土方量明显减小	
推荐底板宽度	○	

2. 顶板和悬臂根部厚度的确定

顶板厚度取决于顶板的跨径和顶板内纵、横向管道的布置,锚头所占的最小尺寸和施工水平。居里翁(Y. Guyon)提出对箱梁顶板尺寸的估算公式:

$$\frac{l}{36}+10\text{cm} \tag{2-3-4}$$

式中:l——腹板净距,cm。

箱梁悬臂板长度的确定除了按上述公式估算外,在大跨径连续刚构桥的顶板厚度主要根据纵向预应力束布置的要求选取,可根据受力的实际需要选取顶板厚度。根据规范(JTG D62—2004)第 9.3.3 条相关构造要求,箱形截面梁顶板的中部厚度,不应小于板净跨径的 1/30。确定顶板厚度取 300mm。

图 2-3-37 和图 2-3-38 是根据斯旺(R-A. Swann)对一些桥的统计资料,作为设计顶板和悬臂板时参考。

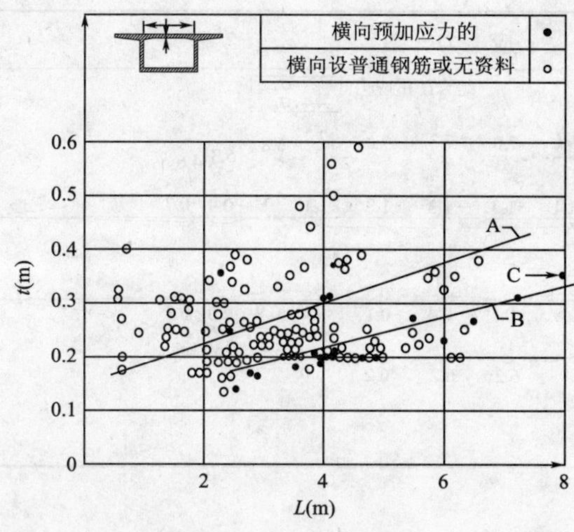

图 2-3-37　车道板厚度设计参考图
A-横向设普通钢筋；B-横向预加应力；C-在 $L=11.8$m 处

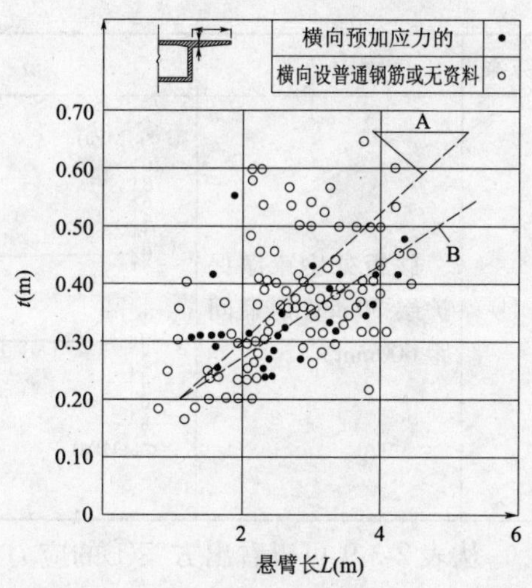

图 2-3-38　悬臂板横断面设计
A-横向设加筋；B-横向预加应力

3．顶板横向钢束布置

根据规范相关构造要求，顶板厚度取 300mm。为使横向受力更为合理，设计对横向钢束布置作了多方案比较，见表 2-3-10。

顶板钢束布置比较　　表 2-3-10

方案	钢束布置	应力图
①	腹板处钢束中心距混凝土上缘 90mm，位于纵向钢筋下方，钢束间距 500mm	组合II正应力 σ_{max} σ_{min} $\sigma_上$(MPa)：4.7 5.6 6.7 8.6 8.3 8.5 8.3 8.6 6.7 5.6 4.7；−0.6 −0.7 −0.9 −0.8 −0.7 −0.8 −0.7 −0.8 −0.9 −0.7 −0.6；0 $\sigma_下$(MPa)：0.2 0.4 0.0 −0.6 −0.3 −0.5 −0.3 −0.6 0.0 0.4 0.2；0；4.1 3.3 5.0 6.9 6.7 6.8 6.7 6.9 5.0 3.3 4.1
②	腹板处钢束中心距混凝土上缘 82mm，位于纵向钢筋下方，钢束间距 500mm	组合II 正应力 σ_{max} σ_{min} $\sigma_上$(MPa)：4.8 5.6 6.8 8.8 8.2 8.3 8.2 8.8 6.8 5.6 4.8；−0.4 −0.7 −0.8 −0.6 −0.8 −1.0 −0.8 −0.6 −0.8 −0.7 −0.4；0 $\sigma_下$(MPa)：0.1 0.3 −0.2 −0.9 −0.2 −0.3 −0.2 −0.9 −0.2 0.3 0.1；0；4.0 3.3 4.9 6.6 6.8 7.0 6.8 6.6 4.9 3.3 4.0
③	腹板处钢束中心距混凝土上缘 58mm，位于纵向钢筋（置于横向钢筋上方）下方，钢束间距 550mm	组合II 正应力 σ_{max} σ_{min} $\sigma_上$(MPa)：4.8 5.4 6.7 7.5 6.2 6.1 6.2 7.5 6.7 5.4 4.8；−0.5 −0.8 0.2 −0.4 −1.1 −1.2 −1.1 −0.4 0.2 −0.8 −0.5；0 $\sigma_下$(MPa)：−0.2 0.2 −0.4 −0.1 1.2 1.3 1.2 −0.1 −0.4 0.2 −0.2；0；3.7 3.1 3.5 5.9 6.5 6.5 6.5 5.9 3.5 3.1 3.7

续上表

方案	钢束布置	应力图
④	腹板处钢束净保护层 30mm，钢束间距 600mm	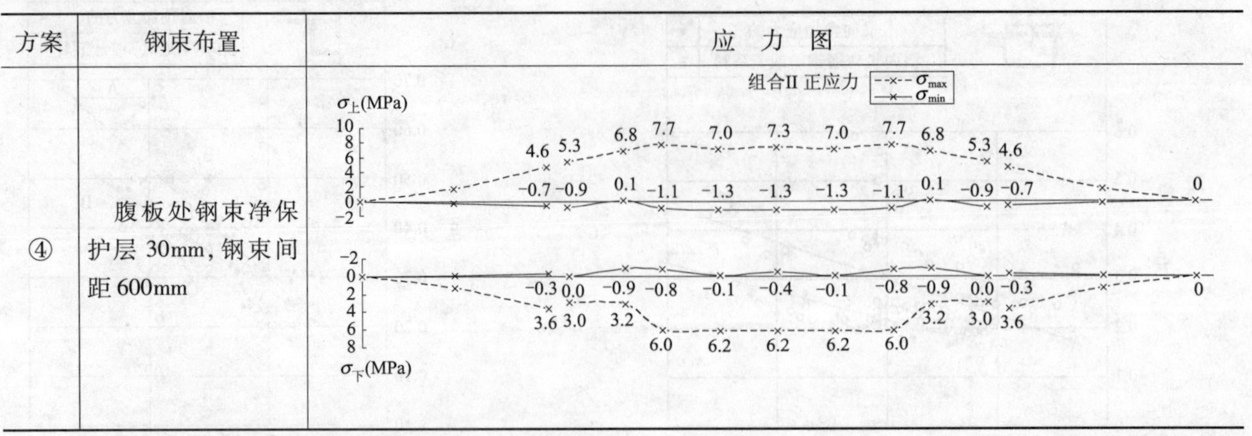

从表 2-3-9 可以看出方案①的应力状态最好。

4. 箱形断面大悬臂梁在车辆荷载作用下的内力分析

根据悬臂长度结合空间分析合理确定汽车荷载的有效分布宽度及应力，同时局部荷载取公路—I级与城 A 的较大值。

模型的建立，采用梁段 20～29，城 A 级标准车辆的两个重轴布置在 7 号断面附近，在梁段 20 端部固结。

工况 1：防撞栏杆侧布置一辆城 A 标准重车，结构模型和荷载布置见图 2-3-39。

计算后所得的横向正应力分布见图 2-3-40，其最不利断面的桥面板内横向正应力分布见图 2-3-41 和图 2-3-42。最大横向应力为 2MPa。

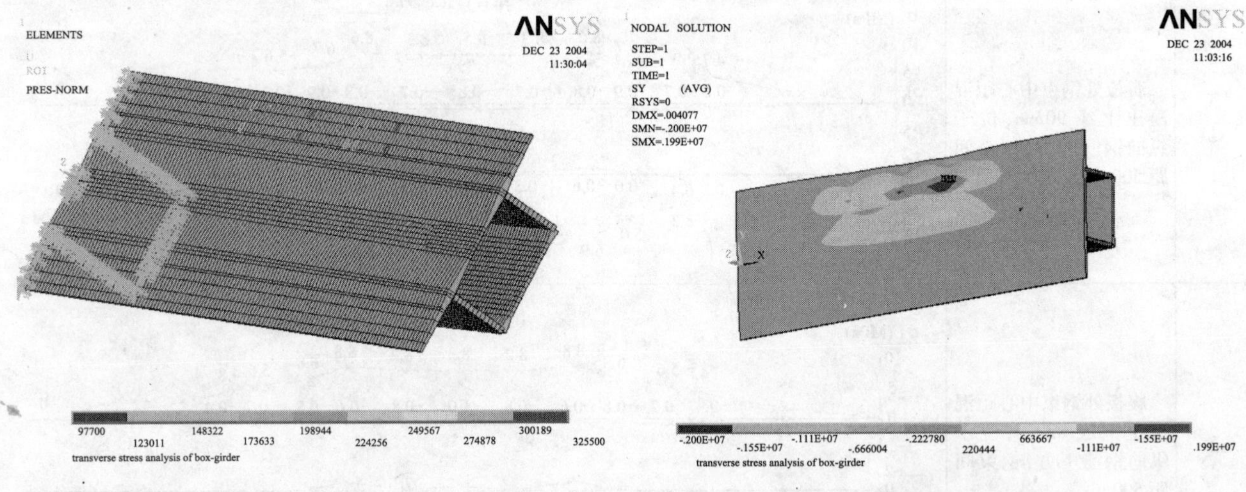

图 2-3-39　防撞栏杆侧布载的计算模型图　　图 2-3-40　横向正应力分布图

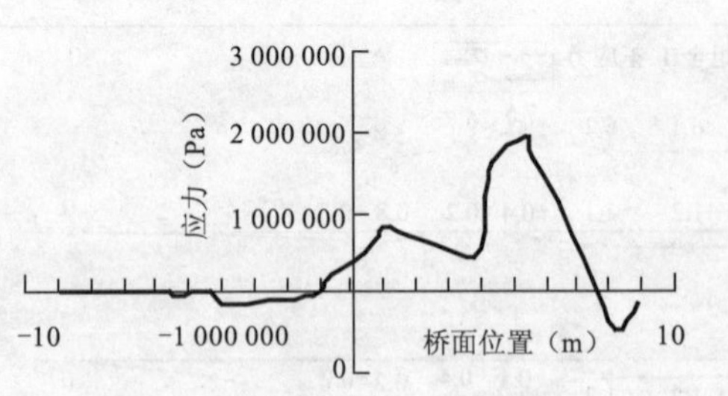

图 2-3-41　最不利截面桥面板顶部横向正应力分布图

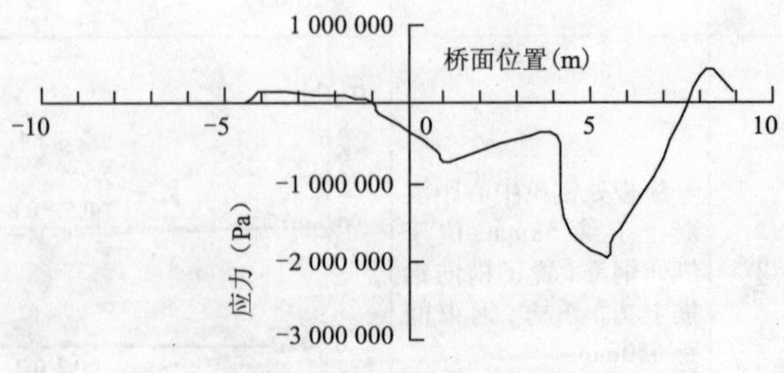

图 2-3-42　最不利截面桥面板底部横向正应力分布图

工况2:左右各布置一辆车。横向应力分布图见图2-3-43和图2-3-44,其最不利断面的桥面板内横向正应力分布见图2-3-45和图2-3-46。最大横向应力为2MPa。

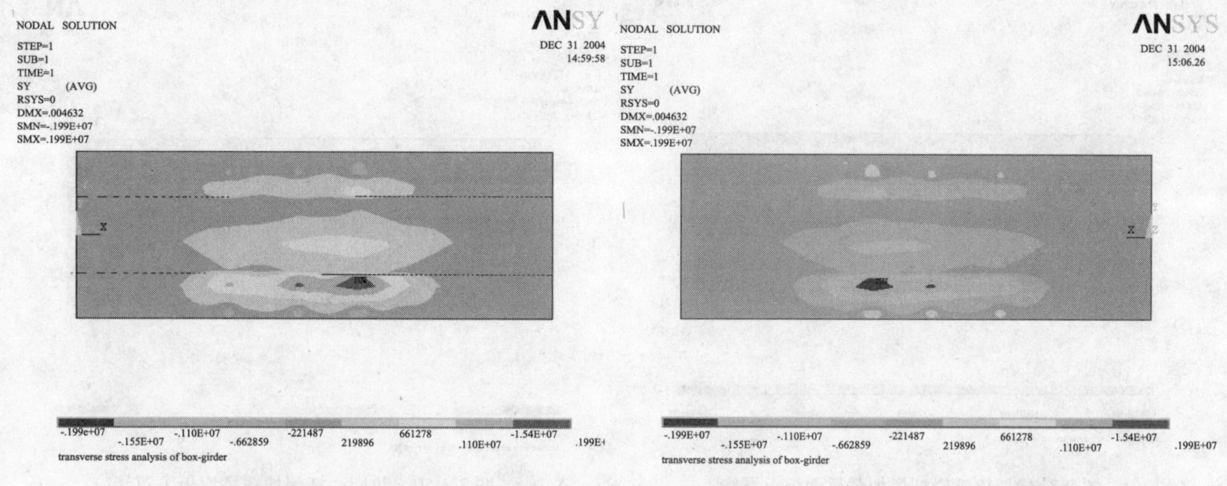

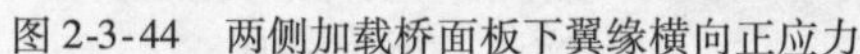

图2-3-43　两侧加载桥面板上翼缘横向正应力　　图2-3-44　两侧加载桥面板下翼缘横向正应力

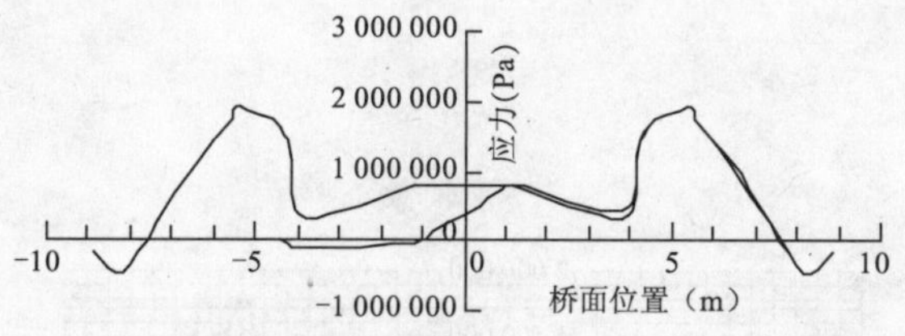

图2-3-45　两侧都布置车辆时最不利截面桥面板顶部横向正应力分布图

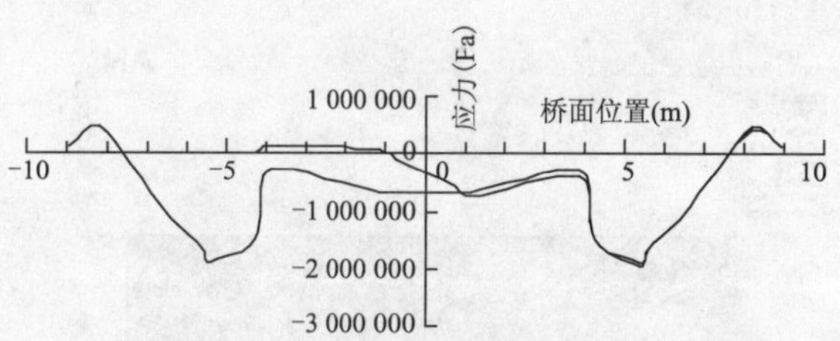

图2-3-46　两侧都布置车辆时最不利截面桥面板底部横向正应力分布图

3种工况的顶板上缘横向应力对比:

由于主梁两侧人行道板和防撞栏杆的横向宽度不同,故主梁两侧的车辆布置并不对称,因此对人行道板宽度=1.8m,和防撞栏杆宽度=0.5m的情况分别加载,其结果见图2-3-47~图2-3-51。

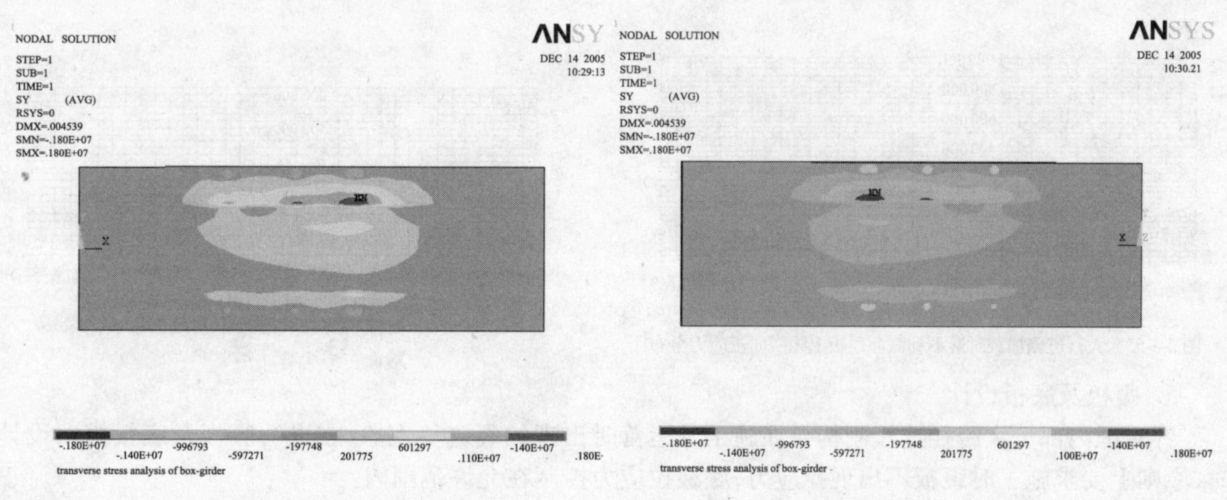

图2-3-47　两侧加载桥面板上翼缘横向正应力分布图　　图2-3-48　两侧加载桥面板下翼缘横向正应力分布图

对于在两侧加载、人行道板侧加载和防撞栏杆侧加载这3种工况下,最不利截面顶板上缘的横向正应力分布图见图2-3-52~图2-3-54。车辆位于防撞栏杆侧时,最大应力为1.8MPa,而位于人行栏杆侧时,最大应力为0.85MPa。

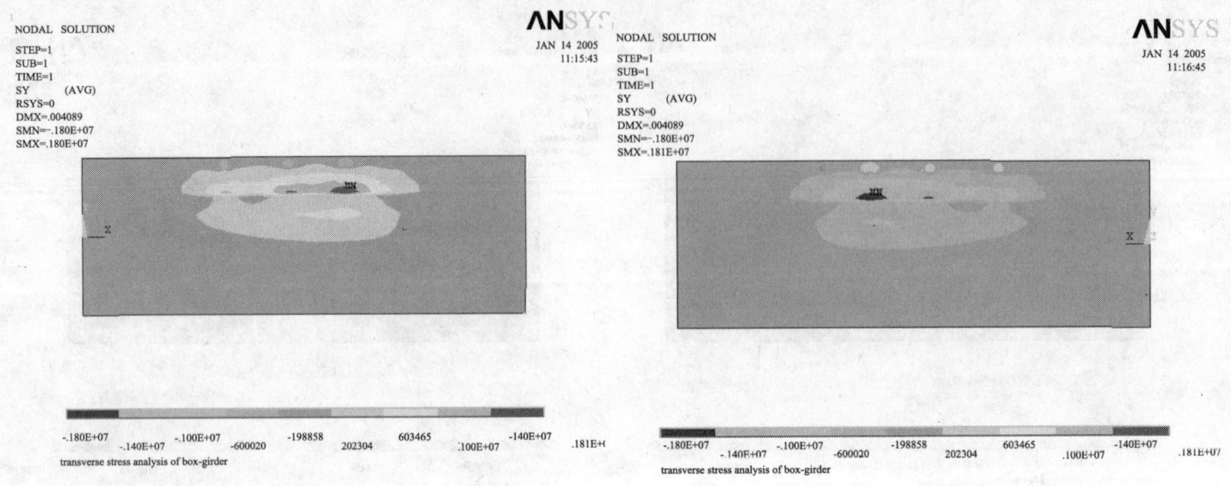

图2-3-49 防撞栏杆侧加载桥面板上翼缘横向正应力分布图

图2-3-50 防撞栏杆侧加载桥面板下翼缘横向正应力分布图

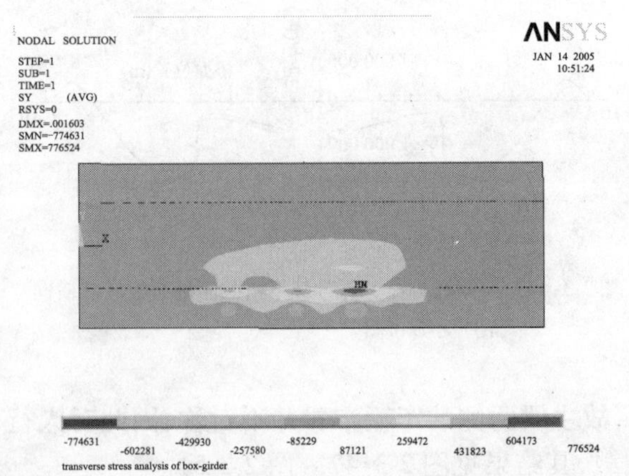

图2-3-51 人行道板侧加载桥面板上翼缘横向正应力分布图

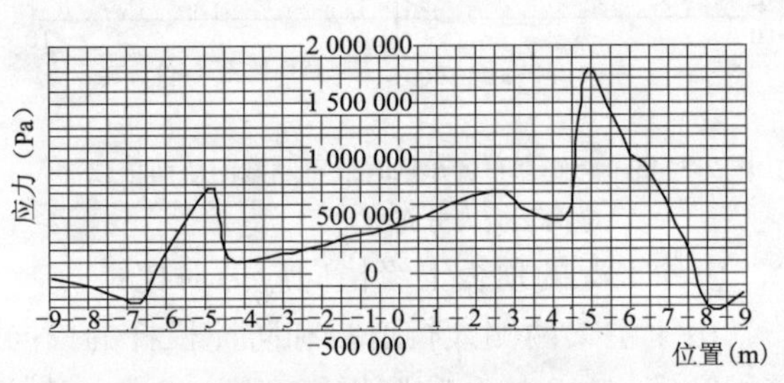

图2-3-52 两侧加载时最不利截面顶板上缘横向正应力分布图

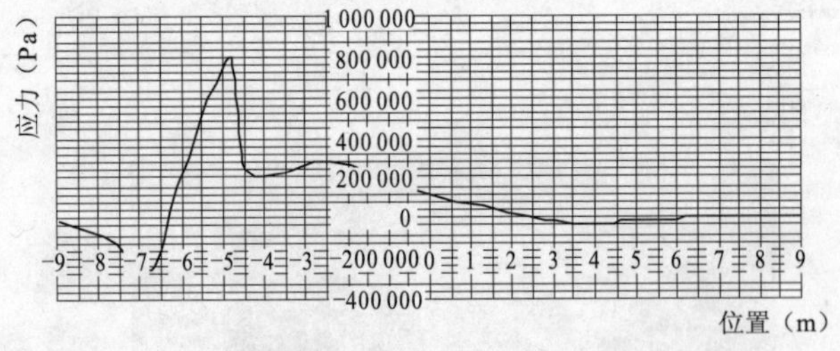

图2-3-53 人行道侧加载时最不利截面顶板上缘横向正应力分布图

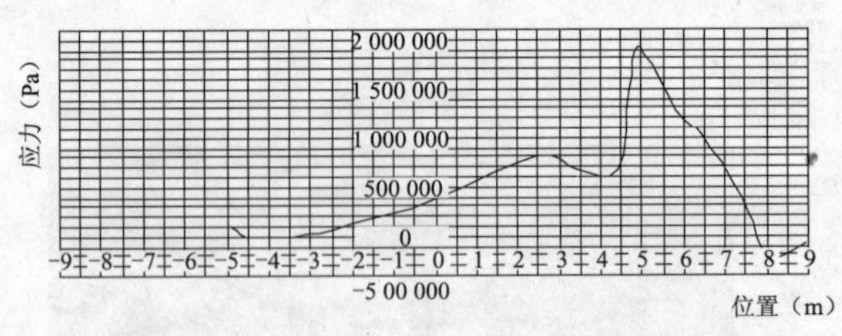

图2-3-54 防撞栏侧加载时最不利截面顶板上缘横向正应力分布图

5. 腹板及底板设计

针对国内部分大跨径连续刚构桥在施工及运营时出现的裂缝等现象,在进行腹板及底板横向设计时,原则上要求施工时腹板不出现拉应力,底板拉应力控制在允许范围内。

底板除承受自身荷载外,还受一定的施工荷载。用悬臂施工法施工箱梁时,底板还承受挂篮底模梁后吊点的压力,设计时应考虑该力对底板和腹板的作用。

根据施工单位提供的挂篮布置图2-3-55,后锚杆均设置于底板上,由此增加了底板及腹板的负荷,

计算结果见表 2-3-11。

由于施工期间后锚杆引起的内力占腹板及底板内力的 75% ~85%,且受混凝土早期收缩徐变的影响,易出现裂缝。因此,改进挂篮的传力系统可改善结构受力性能,避免裂缝的出现。

腹板和底板荷载计算结果 表 2-3-11

施工验算		腹板上侧	腹板下侧	腹板根部	底板根部	底板承托	底板中间
H=5 000	M(kN·m)	18.0	−208.0	−229.0	−191.0	−2.4	106.2
	$\sigma_{内}$(MPa)	0.5	−6.2(−3.5)	−4.0	−3.0	−0.1	3.1
	$\sigma_{外}$(MPa)	−0.5	6.2	4.0	3.0	0.1	−3.1
H=7 947	M(kN·m)	22.0	−291.0	−307.0	−225.0	7.0	115.0
	$\sigma_{内}$(MPa)	0.3	−4.4(−2.4)	−3.2	−3.5	0.4	6.7
	$\sigma_{外}$(MPa)	−0.3	4.4	3.2	3.5	−0.4	−6.7
H=12 300	M(kN·m)	16.0	−284.0	−295.0	−80.6	258.0	428.0
	$\sigma_{内}$(MPa)	0.1	−2.1(−0.1)	−1.7	−0.4	2.0	3.3
	$\sigma_{外}$(MPa)	−0.1	2.1	1.7	0.4	−2.0	−3.3
H=15 500	M(kN·m)	13.0	−255.0	−262.0	47.6	441.0	616.0
	$\sigma_{内}$(MPa)	0.1	−1.5(0.5)	−1.0	0.2	2.2	3.1
	$\sigma_{外}$(MPa)	−0.1	1.5	1.0	−0.2	−2.2	−3.1

注:()内为计入竖向预应力的值。

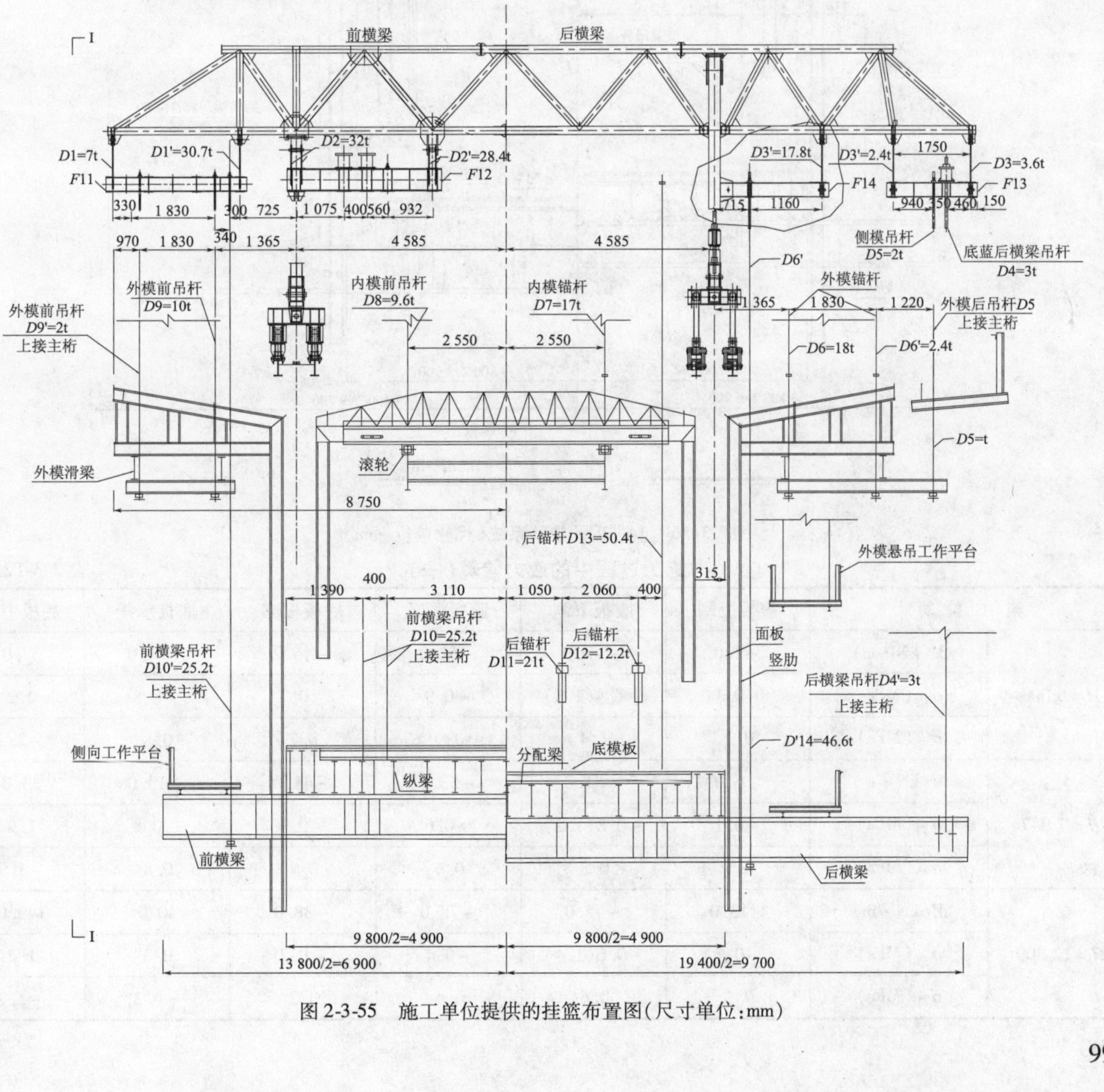

图 2-3-55 施工单位提供的挂篮布置图(尺寸单位:mm)

为减小挂篮对结构的影响，防止裂缝的产生，经充分验算，对挂篮的传力系统作了部分改进(图2-3-56)，后锚杆均锚于顶板上。

挂篮系统改进后，施工过程中的应力验算结果如表2-3-12和表2-3-13。

可以看出腹板未出现拉应力，底板拉应力控制在2MPa左右。有效避免了裂缝的产生，对提高成桥后的结构性能发挥重要作用。

顶板由于横向预应力的作用，在施工期间无拉应力出现。

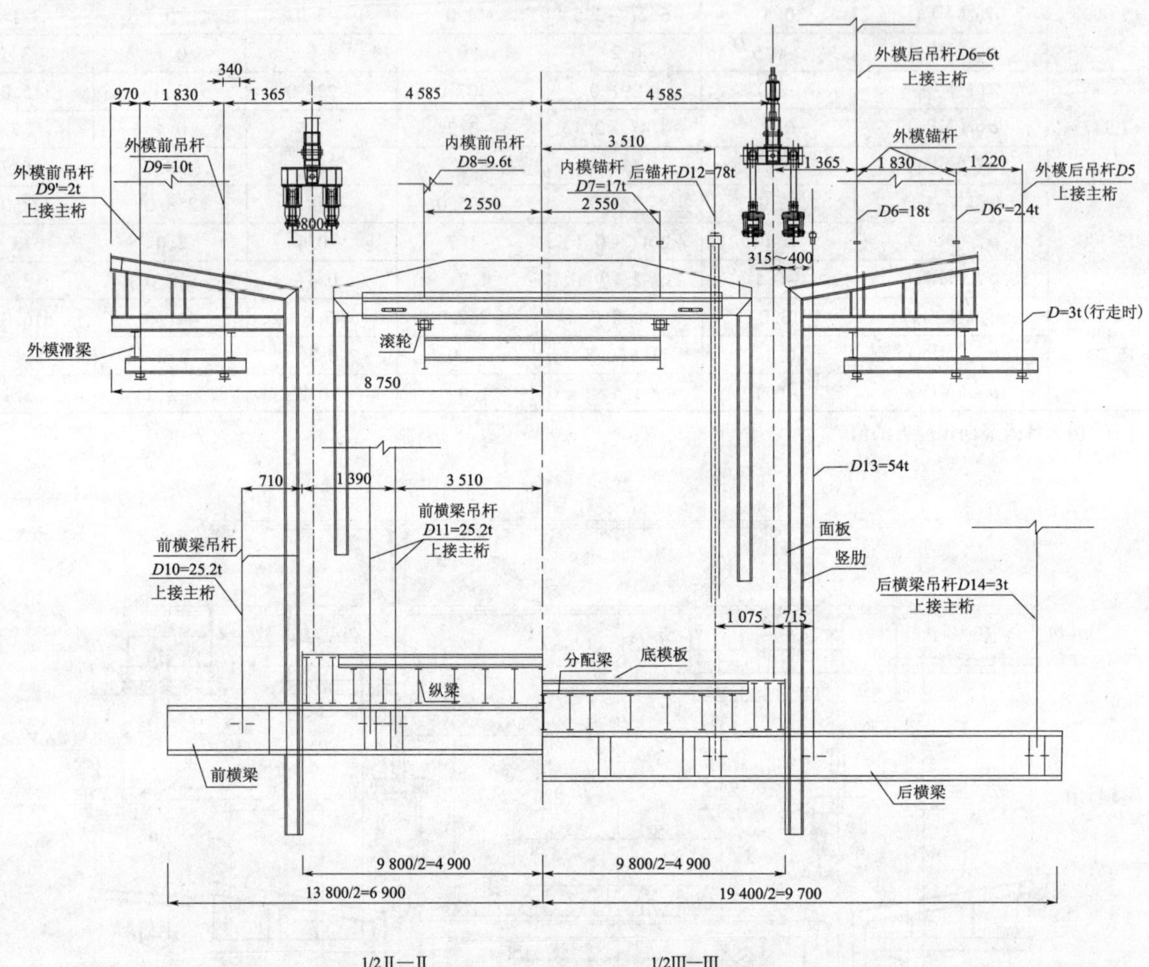

图2-3-56 改进后的挂篮系统(尺寸单位:mm)

施工过程中的应力验算(一) 表2-3-12

施工验算		腹板上侧	腹板下侧	腹板根部	底板根部	底板承托	底板中间
$H=5\ 000$	M(kN·m)	-2.0	-48.0	-52.0	-46.0	-14.0	37.0
	$\sigma_{内}$(MPa)	-0.1	-1.4(1.3)	-0.9	-0.7	-0.8	2.2
	$\sigma_{外}$(MPa)	0.1	1.4	0.9	0.7	0.8	-2.2
$H=7\ 947$	M(kN·m)	-6.0	-51.0	-53.0	-43.0	-13.0	33.0
	$\sigma_{内}$(MPa)	-0.1	-0.8(1.2)	-0.6	-0.7	-0.8	1.9
	$\sigma_{外}$(MPa)	0.1	0.8	0.6	0.7	0.8	-1.9
$H=12\ 300$	M(kN·m)	-13.0	-75.0	-78.0	-38.0	40.0	149.0
	$\sigma_{内}$(MPa)	-0.1	-0.6(1.4)	-0.4	-0.2	0.3	1.2
	$\sigma_{外}$(MPa)	0.1	0.6	0.4	0.2	-0.3	-1.2

续上表

施 工 验 算		腹板上侧	腹板下侧	腹板根部	底板根部	底板承托	底板中间
$H=15\ 500$	M(kN·m)	-16.0	-66.0	-67.0	-10.0	83.0	208.0
	$\sigma_{内}$(MPa)	-0.1	-0.4(1.6)	-0.3	0.0	0.4	1.0
	$\sigma_{外}$(MPa)	0.1	0.4	0.3	0.0	-0.4	-1.0

注:( )内数值为计入竖向预应力的值。

施工过程中的应力验算(二)　　表 2-3-13

施 工 验 算			a	b	c	d	e	f
$H=15\ 500$	一期恒载+预应力	$\sigma_{上}$(MPa)	4.0	3.7	4.5	3.0	1.6	1.0
		$\sigma_{下}$(MPa)	-0.5	-0.2	0.3	3.5	4.9	5.5
	挂篮	$\sigma_{上}$(MPa)	-2.4	-3.5	0.4	1.2	1.2	1.2
		$\sigma_{下}$(MPa)	2.4	3.5	-0.4	-1.2	-1.2	-1.2
	合计	$\sigma_{上}$(MPa)	1.6	0.2	4.9	4.2	2.8	2.2
		$\sigma_{下}$(MPa)	1.9	3.3	-0.1	2.3	3.7	4.3
$H=7\ 947$	一期恒载+预应力	$\sigma_{上}$(MPa)	4.0	3.6	4.5	3.6	2.0	1.2
		$\sigma_{下}$(MPa)	-0.5	0.0	0.4	2.9	4.4	5.3
	挂篮	$\sigma_{上}$(MPa)	-1.5	-3.2	0.0	1.2	1.2	1.2
		$\sigma_{下}$(MPa)	1.5	3.2	0.0	-1.2	-1.2	-1.2
	合计	$\sigma_{上}$(MPa)	2.5	0.4	4.5	4.8	3.2	2.4
		$\sigma_{下}$(MPa)	1.0	3.2	0.4	1.7	3.2	4.1

挂篮支点下可密铺短垫木或混凝土块,将挂篮支点反力直接传到腹板,从而减轻了顶板的施工荷载。

成桥后,腹板及底板横向受力不仅受到顶板传力的影响,而且受到底板纵向钢束张拉引起的弧压力的作用(表 2-3-14)。尤其是跨中断面位置,弧压力的影响占主导作用。

成桥后腹板及底板受力　　表 2-3-14

荷载＼部位		腹板上侧		腹板下侧		腹板根部		底板根部		底板承托		底板中间	
恒 1	M(kN·m)	-2.0		-48.0		-52.0		-46.0		-14.0		37.0	
恒 2	M(kN·m)	-43.0		0.0		5.0		-3.0		0.0		3.0	
恒	M(kN·m)	-45.0		-48.0		-47.0		-49.0		-14.0		40.0	
		汽车	人群	汽车	人群	汽车	人群	汽车	人群	汽车	人群	汽车	人群
活 max	M(kN·m)	109.0	0.0	15.0	1.0	13.0	2.0	20.0	2.0	16.0	1.0	5.0	0.0
活 min	M(kN·m)	-91.0	-4.0	-22.0	0.0	-17.0	0.0	-17.0	-1.0	-14.0	-1.0	-6.0	0.0
恒+活	M_{max}(kN·m)	64.0		-32.0		-32.0		-27.0		3.0		45.0	
	M_{min}(kN·m)	-140.0		-70.0		-64.0		-67.0		-29.0		34.0	
预应力	M(kN·m)	20.0		3.0		1.0		0.3		0.3		0.3	
	N(kN)	0.0		0.0		0.0		-6		-6		-6	
弧压力	M(kN·m)	-5.0		-148.0		-163.0		-143.0		-45.0		115.0	
温差		升温	降温	升温	降温	升温	降温	升温	降温	升温	降温	升温	降温
	M(kN·m)	-31	15	-3	1.6	0	-0.4	1	-0.4	1	-0.4	1	-0.4
组合Ⅰ	M_{max}(kN·m)	64.0		-32.0		-32.0		-27.0		3.0		160.0	
	M_{min}(kN·m)	-145.0		-218.0		-227.0		-210.0		-74.0		34.0	
组合Ⅱ	M_{max}(kN·m)	79.0		-30.4		-32.0		-26.0		4.0		161.0	
	M_{min}(kN·m)	-176.0		-221.0		-227.4		-210.4		-74.4		33.6	

从表 2-3-14 可以看出,在腹板及底板的控制截面处,弧压力产生的作用已达到 70%。

6. 箱形横截面普通钢筋的配置

箱梁横截面的配筋包括设计和施工两部分。设计需考虑恒载、活载、温度升降等作用所产生的内力及所需的配筋。但必须满足规范中钢筋混凝土截面的最小含筋率。根据国内一些桥的计算,作用于箱梁横截面的荷载以恒载、活载、温度骤降为控制设计荷载。在顶板配置有横向预应力的情况下、顶板和腹板交接处为控制设计断面,腹板内需配置一定数量的钢筋。顶板在未施加横向预应力前尚应考虑板自重和施工荷载对顶板的作用。

当箱梁采用悬臂浇筑法施工时,作用于箱梁底板上临时荷载使底板和腹板局部受力较大,因此需加强该处腹板内侧和底板上缘角隅处的配筋,详见图 2-3-57、图 2-3-58。

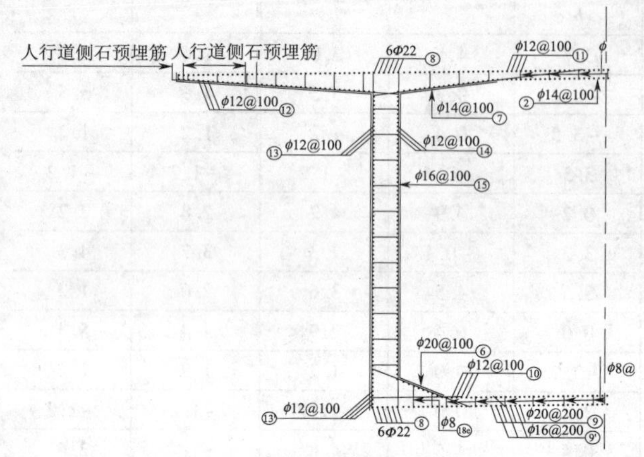

图 2-3-57　跨中左 1/2 断面配筋图

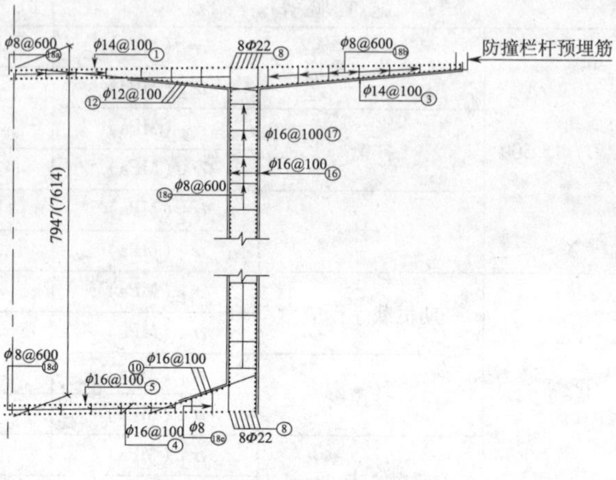

图 2-3-58　墩顶右 1/2 断面配筋图

(四) 底板厚度的确定

底板除承受自身荷载外,还受一定的施工荷载。在横向设计时已考虑对底板和腹板的作用。详见本节四(三)箱梁横向设计。

1. 箱梁根部底板厚度

在连续刚构中,底板厚度随箱梁负弯矩的增大而逐渐加厚直至墩顶,以适应受压要求。底板除需符合运营阶段的受压要求外,在破坏阶段还宜使中和轴保持在底板以内,并有适当的富余。图 2-3-59 为墩顶底板厚度与跨度的关系,图 2-3-60 为跨中底板厚度出现的频率。

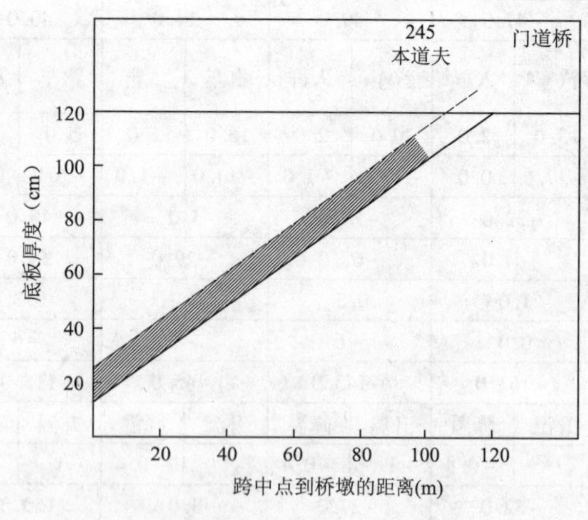

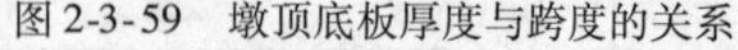
图 2-3-59　墩顶底板厚度与跨度的关系

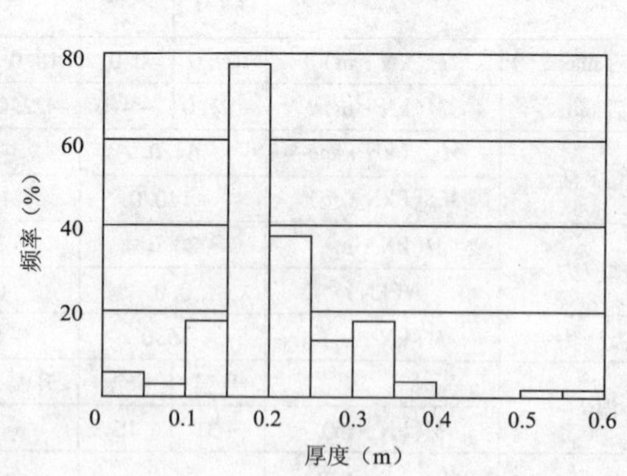

图 2-3-60　跨中底板厚度出现的频率

2. 箱梁悬臂端底板厚度

大跨径连续箱梁因跨中正弯矩要求底板内需配置一定数量的钢束和钢筋,跨中底板厚度一般为 25 ~ 35cm。根据规范(JTG D62—2004)第 9.3.3 条相关构造要求,箱形截面梁底板的中部厚度,不应小于板净跨径的 1/30,确定底板厚度取 320mm。

由图 2-3-61 可以得出这些桥在墩顶底板的面积。

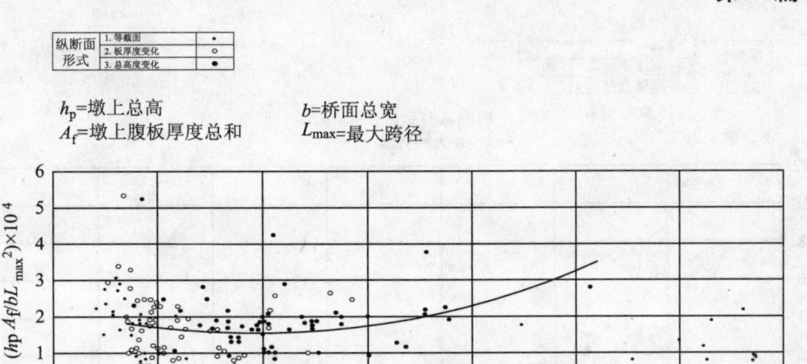

图 2-3-61 墩上底板参数

(五)腹板厚度的确定

腹板厚度取决于结构的受力、构造、施工 3 个方面。从受力而言,悬臂箱梁根部附近剪力较大,需要一定的腹板厚度,而这部分的自重对悬臂根部所产生的弯矩是不大的,而远离悬臂根部的那部分自重却对悬臂根部产生很大的弯距,因此,设计上应尽可能减轻该部分的腹板重量。随着腹板的减薄,板内剪应力增大,为此,腹板内设置竖向预应力筋以提高腹板抗剪能力,即降低主拉应力。

从构造要求而言,悬臂箱梁根部附近腹板高而薄,如采用整体浇筑施工法施工,腹板需一定的构造厚度,以适应混凝土的浇捣。而悬臂端附近腹板低矮,只要满足钢筋和管道的布置即可,因此可以薄些。

箱梁腹板如采用箱梁内滑模施工法,则腹板的厚度在满足结构受力和管道钢筋布置的条件下有可能进一步减薄,这对减轻箱梁自重是十分有利的。

关于腹板厚度的估算,居里翁(y. Guyon)对箱梁腹板高度不超过 6m 时采用下式估算,可供设计参考。

$$t=\frac{h}{36}+5\text{cm}+\text{管道尺寸} \tag{2-3-5}$$

式中:t——腹板厚度,cm;

h——腹板高度,cm。

在连续刚构桥中,由于产生正负弯矩,预应力筋和预应力束大部分布置在腹板中,因此,它们的腹板都较厚,一般为 35 ~ 40cm,或更厚一些。

以下是一些桥的统计资料。图 2-3-62 是箱梁墩顶处腹板的厚度,图 2-3-63 是箱梁跨中处腹板的厚度。

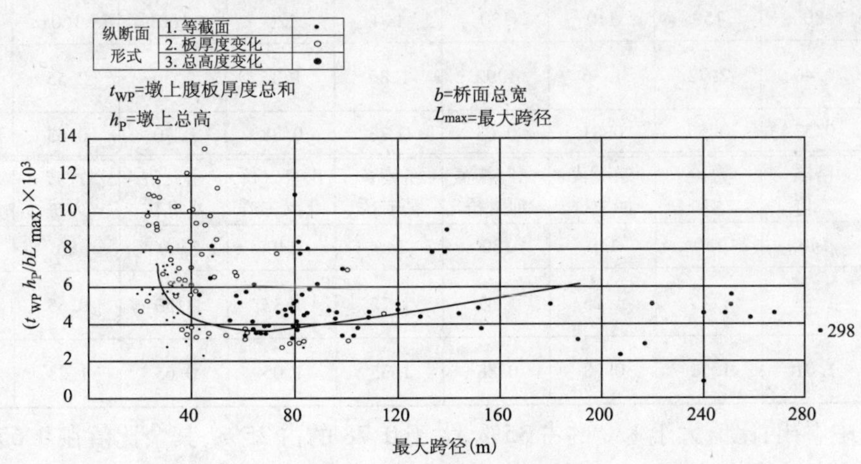

图 2-3-62 墩顶腹板厚度参数

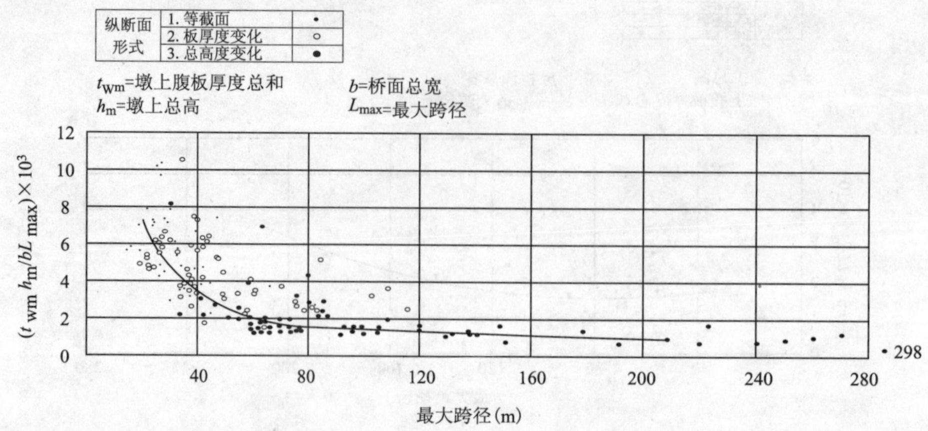

图 2-3-63　跨中腹板厚度参数

在支点处腹板厚度为满足剪应力与主拉应力要求时，可参照下式选用。

$$t = 0.02B(1 + 0.02l)$$

式中：t——腹板总厚度，m；

B——桥面总宽度，m；

l——主跨跨度，m。

腹板厚度与梁高的关系，主要考虑腹板是否会产生翘曲的问题，根据英国麦德威桥（Medway）的模型试验资料与建造后的实践证明，当腹板厚度与梁高之比为 1∶50 时，并未发现翘曲问题（该桥腹板厚度仅为 22.5cm），故在设计时，腹板最小厚度可参考上述比例（钢束下弯时应考虑管道对腹板的削弱）。

我国《公路钢筋混凝土及预应力混凝土桥涵设计规范》（JTG D62—2004）规定：T 形、I 形或箱形截面梁的腹板厚度不应小于 140mm；其上下承托之间的腹板高度，当腹板内设有预应力筋时，不应大于腹板厚度的 20 倍，当腹板内不设预应力筋时，不应大于腹板厚度的 15 倍。当腹板宽度有变化时，其过渡段长度不宜小于 12 倍腹板宽度差。

由于已建连续刚构桥中已发现主拉应力引起的斜裂缝，个别桥梁甚为严重。为此，设计时对腹板厚度的选择十分慎重。根据对悬臂根部腹板厚度经验公式的计算值与实际采用值比较见表 2-3-15。

连续刚构或连续梁桥悬臂根部腹板厚度比较表　　表 2-3-15

桥名 / 腹板厚	Raft-Sundet	GateWay	Mooney	虎门大桥	黄花圆大桥	马鞍石嘉陵江桥	黄石长江大桥	江津长江大桥	南澳跨海大桥	华南大桥
悬臂根部(cm)	80	150	110	120	140	120	160	160	120	110
经验公式值(m) $0.02B(1+0.02l)$	1.40	2.72	1.36	1.92	1.80	1.36	2.30	2.55	1.85	1.70
实际值/公式值	0.57	0.55	0.81	0.63	0.78	0.88	0.70	0.63	0.65	0.65
桥名 / 腹板厚	洛溪大桥	海沧大桥	崇明黄河大桥	三门峡黄河大桥	济南黄河二桥	南京二桥北汊主桥	南充清水寺桥	宜城大桥	广东德庆西江大桥	嘉华大桥
悬臂根部(cm)	140	130	110	130	240	140	100	80	180	200
经验公式值(m) $0.02B(1+0.02l)$	1.38	1.17	1.25	1.47	1.78	1.33	1.53	0.65	0.89	2.15
实际值/公式值	1.01	1.11	0.88	0.88	1.35	1.05	0.65	1.23	2.02	0.93

从表 2-3-15 中看出，比值大于 1.0 的占 35%，大于 0.78 的占 25%，其余比值在 0.65 附近。比值较小的门道桥的剪应力计算值达 6MPa，该值远超出我国《公路钢筋混凝土及预应力混凝土桥涵设计规范》规定的剪应力上限值 $0.51\sqrt{f_{cuk}}$。若混凝土为 C55，剪应力的上限值为 3.78MPa。悬臂根部是负弯

矩与剪力最大区域,亦是上缘拉应力与剪应力最大区域。而剪应力的大小直接与腹板厚度有关。当然,腹板厚度加大会增加自重引起的剪力,如果腹板厚度加厚时从根部向跨中适减,增加的自重与全截面相比较并不是很大,总体上还是降低剪应力的计算值。同时腹板加厚后有利于弯束的布置。比较表中数据还可看出,有不少连续刚构桥的悬臂根部腹板厚度比较小,存在主拉应力偏大的危险性。因此,在确定腹板厚度时,设计综合各方面的因素,如跨度、梁高、桥宽,压应力储备值,各种参数变化对内力的影响,竖向预应力的有效性,强大预应力束张拉时在锚头附近应力分布状况,横截面内力分析后在腹板上的内力或应力组合等,悬臂根部腹板厚取值1.0m。

虽然嘉华大桥腹板的实际值略小于经验公式值,但通过适当的增加梁高,保证了混凝土的抗剪面积,加强了截面的抗剪性能。

（六）加腋方式

在顶板、腹板、底板相连部位用加腋相连接。加腋的作用有如下几个方面:

(1) 提高抗扭刚度,减少扭转剪应力在角隅处的应力集中。

(2) 减少桥面板的跨中恒、活载弯矩。

(3) 方便钢束的布置。

(4) 提高腹板抗弯刚度,降低横截面畸变影响。

加腋方式:

加腋有竖加腋和水平加腋两种。在顶板和腹板交接处如设置竖向加腋,则可加大腹板的刚度,对腹板受力有利,使腹板剪应力控制截面下移,错开了横向弯曲应力高峰,并利于竖弯束的布置,但使预应力索的合力位置降低。反之,水平加腋对纵向束布置有利,加大了预应力合力偏心,但对腹板受力和弯束布置不利。柳州大桥、重庆长江大桥均采用1:3的水平加腋方式,日本滨名大桥为竖向加腋,目前一些横截面的资料也有采用二者结合的方式。本桥根据截面形式、结构分析及钢束布置,确定顶板采用1:8的水平加腋方式,底板采用1:2.4的水平加腋方式。

（七）横隔梁的设置

设置横隔梁可以增加腹板和顶板的横向抗挠刚度,防止横截面的畸变。根据大跨径连续箱梁空间分析计算结果说明,由于箱梁自重大,活载在偏心情况下引起的扭矩是比较小的,因此作用不大。横隔梁对施工带来干扰,不利加快工程的进度,在一般大跨径桥中避免在桥中设置。特大跨径时亦不宜多设,一般仅在墩上和悬臂中部设置。墩上横隔梁的厚度一般与墩壁等厚度,为60~100cm。中间和其他范围为16~30cm。重庆长江大桥主跨跨径174m,悬臂长69.5m,仅在悬臂中间设横隔梁一个,板厚28cm;138m边跨不设横隔梁。日本的浦户大桥主跨230m,设5个横隔梁,梁间距约38m。滨名、彦岛大桥横隔梁间距各为29m、30m,西德的本道夫(Bendorf)桥横隔梁间距为35m。

本桥仅在墩顶及中跨跨中设置横隔梁,厚度分别为2×1.00m(主墩顶)、1.50m(边墩顶)、0.40m(中跨跨中)。

特别要指出,由于连续刚构桥或连续梁桥的跨中沿底板横向与纵向布置了大量正弯矩预应力束,在预应力束张拉以后产生较大的径向力,有几座桥在施工时即出现底板撕裂与沿腹板的底板上产生纵向裂缝。在施工过程中不得不增加防崩钢筋与中横隔梁。为此在连续刚构桥的设计中应设中横隔梁,底板的厚度与横向配筋均应承担该径向力的作用。

墩顶横隔板的人孔部位布置横向预应力束。门道桥即有此预应力钢束。东明黄河大桥第一个0号块横隔板曾出现较明显的裂缝,后在横隔板内增设12束5根ϕ15.24钢绞线的预应力束,并在人孔周围1m范围内加设10cm×10cm钢筋网后,裂缝基本消除。

五、箱形断面有效宽度

根据《公路钢筋混凝土及预应力混凝土桥涵设计规范》(JTG D62—2004)进行计算,大桥箱形断面有效宽度为全宽。同时,参考部分国外规范,对大桥箱形断面有效宽度进行了比较,见表2-3-16。

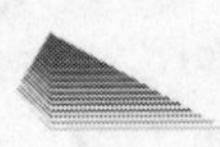

几种规范的有效宽度比较(尺寸单位:mm) 表2-3-16

位置		边跨跨中	中跨跨中	墩顶
箱梁断面				
有效断面	公路规范 JTJ 023—85			
		上缘有效宽度 0.66B	上缘有效宽度 0.66B	全宽有效
	公路规范 JTG D62—2004			
		$I_i=0.8\times138=110.4$	$I_i=0.6\times252=151.2$	$I_i=0.6\times252=151.3$
		$b_1/I_i=4.5/110.4=0.041<0.05$	$b_1/I_i=4.5/151.2=0.030<0.05$	$b_1/I_i=4.5/151.2=0.030<0.05$
		$b_2/I_i=3.95/110.4=0.036<0.05$	$b_2/I_i=3.95/151.2=0.027<0.05$	$b_2/I_i=3.95/151.2=0.027<0.05$
		$b_m/b=1$,全宽有效	$b_m/b=1$,全宽有效	$b_m/b=1$,全宽有效
	美国公路规范(AASHTO)			
		$I_i=0.8\times138=110.4$	$I_i=0.6\times252=151.2$	$I_i=0.6\times252=151.3$
		$b_1/I_i=4.5/110.4=0.041<0.05$	$b_1/I_i=4.5/151.2=0.030<0.05$	$b_1/I_i=4.5/151.2=0.030<0.05$
		$b_2/I_i=3.95/110.4=0.036<0.05$	$b_2/I_i=3.95/151.2=0.027<0.05$	$b_2/I_i=3.95/151.2=0.027<0.05$
		$b_m/b=1$,全宽有效	$b_m/b=1$,全宽有效	$b_m/b=1$,全宽有效
	英国规范(BS5400)			
		$b_1/L=4.725/0.9\times138=0.038$, $0.85\psi=0.84$	$b_1/L=4.725/252=0.019$, $0.85\psi=0.84$	$0.85(\psi_1+\psi_2)/2=0.71$
		$b_2/L=4.175/0.9\times138=0.033$, $\psi=0.99$	$b_2/L=4.175/252=0.016$, $\psi=0.99$	$(\psi_1+\psi_2)/2=0.855$
	德国规范(DIN1075)			
		计算同(AASHTO)全宽有效	计算同(AASHTO)全宽有效	计算同(AASHTO)全宽有效
	日本规范			
		全宽有效	全宽有效	全宽有效

从表 2-3-16 看出，针对嘉华大桥的结构形式，我国 04 新公路规范、美国、德国及日本规范的结论一致，有效宽度均为全宽。英国规范的结果在 0.84 ~ 1.00 全宽范围。我国 85 老公路规范对箱形断面没有明确规定，若参照 T 梁，有效宽度在 0.66 ~ 1.00 全宽范围。

六、结构设计要点

（1）建立合理的计算模型，考虑纵坡的影响。

（2）在布设弯起束时考虑预应力扩散角度的影响，防止弯起索间因预应力空白区而引起的裂缝。

（3）建立合理的空间计算模型，重点分析翼缘有效分布宽度、0 号块应力、锚下局部应力及应力扩散、墩顶及墩底应力分布、弯扭偶合及畸变效应等。

七、日照温差应力

混凝土箱梁在日照作用下，向阳面的温度变化较大，背阳面的温度变化很小，由于混凝土材料的热传导性能差，结构内部大部分区域仍处于原来的温度状态，从而在箱梁中形成了较大的温度梯度。温差作用产生的变形，受到箱梁截面的纵横向纤维约束或超静定结构体系多余约束的制约时，就会产生很大的温差应力。理论分析及实验研究表明：在大跨预应力混凝土箱梁桥特别是超静定结构体系中，温差应力可以达到甚至超过活载产生的应力，已被认为是预应力混凝土桥梁结构产生裂缝的主要原因之一。

随着桥梁跨径的不断增加，温度效应对桥梁结构的危害也越来越大，我国 1985 年版的《公路钢筋混凝土及预应力混凝土桥涵设计规范》（JTJ 023—85）给出了 T 形截面梁的日照温差分布图，已经不能满足箱形梁温度应力计算的要求，新的《公路钢筋混凝土及预应力混凝土桥涵设计规范》（JTG D62—2004）对此作了较大的调整。

（一）各国规范对温度梯度的规定

图 2-3-64、表 2-3-17 分别列出了国内外几种规范对温度梯度的规定。

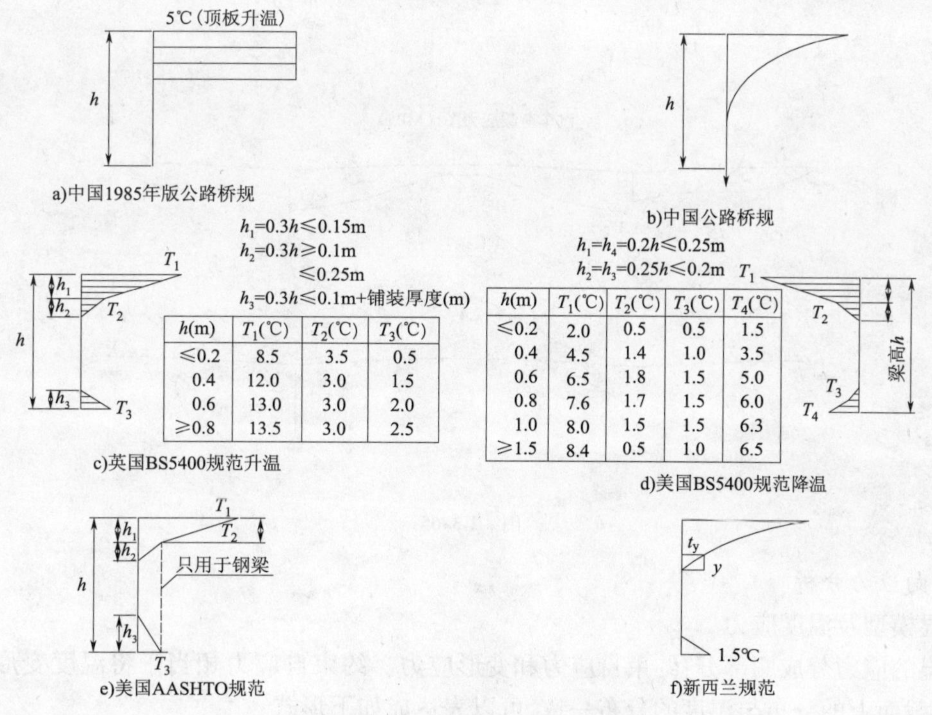

h(m)	T_1(℃)	T_2(℃)	T_3(℃)
≤0.2	8.5	3.5	0.5
0.4	12.0	3.0	1.5
0.6	13.0	3.0	2.0
≥0.8	13.5	3.0	2.5

h(m)	T_1(℃)	T_2(℃)	T_3(℃)	T_4(℃)
≤0.2	2.0	0.5	0.5	1.5
0.4	4.5	1.4	1.0	3.5
0.6	6.5	1.8	1.5	5.0
0.8	7.6	1.7	1.5	6.0
1.0	8.0	1.5	1.5	6.3
≥1.5	8.4	0.5	1.0	6.5

图 2-3-64　各国规范对温度梯度的规定

各国规范对特征值 T 的规定　　表 2-3-17

国　名	规范简称	特征 T 取值	备　注
中国公路桥规	JTJ 023—85	5℃	
中国公路桥规	JTG D62—2004	14～20℃	
		7～10℃	降温
中国铁路桥规	TB 10002.3—99	20℃	
		10℃	降温
英国	BS 5400	13.5℃	
		8.4℃	降温
美国	AASHTO	T_1 = 20℃	
		T_2 = 6.7℃	降温
新西兰		32℃	

(二) 纵向温度效应(图 2-3-65)

由分析可以得出,温度效应在主梁引起的应力均接近甚至超过了活载作用时的最大应力,有的部位甚至数倍于活载作用的最大应力。

连续刚构桥由日照温差引起的应力是桥梁设计中的一个重要因素,主跨度 252m 的三跨连续刚构桥在降温条件下,在桥墩处上缘出现了接近 2MPa 的拉应力,远大于 85 规范的温差效应。设计时需加大压应力储备来满足此应力,以确保结构安全。

温差应力图(MPa)

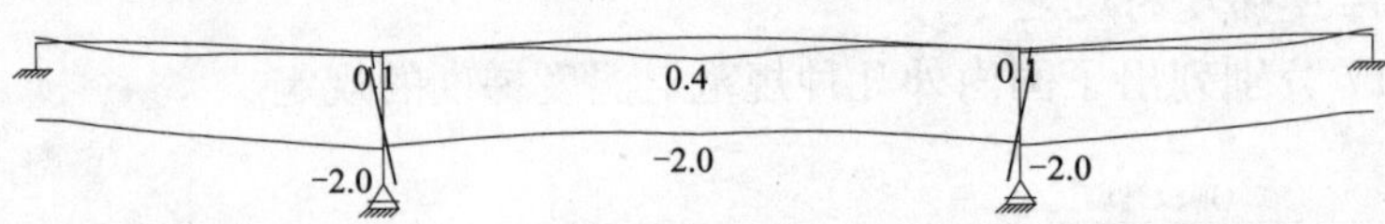

汽车荷载应力图(MPa)

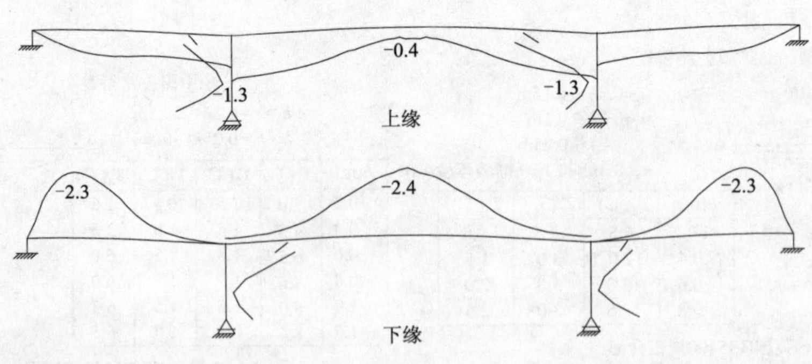

图 2-3-65

(三) 横向应力分析

桥面升温模型及温度应力

桥面升温的应力分成两部分:约束自应力和变形应力。约束自应力相当于将温度变形完全约束产生的应力,在截面上的分布与温度的分布一致,可以表达成如下形式:

$$\sigma_{t0} = -E_c \cdot \alpha \cdot \Delta t$$

式中：σ_{t0}——约束自应力（拉应力为正）；

E_c——混凝土弹性模量，取值 3.3×10^4MPa；

α——混凝土的温度变形系数，取值 1.2×10^{-5}；

Δt——温度增量。

桥面温度15℃，桥面以下0.1m处温度为5.5℃，桥面以下0.4m以下温度为0℃，梯度分布及对应的约束自应力如图2-3-66所示。

变形应力与外部的约束条件有关，如果截面是完全约束的，则不存在变形，因此也没有变形应力，温度应力只有约束自应力一项；如果截面是完全自由的，则截面将产生整体变形，产生自由变形应力，如简支条件下的箱梁；对超静定结构，变形应力与整体结构的变形协调有关，由于多余约束导致温度次内力的产生。一般情况下，约束自应力的数值比变形应力大得多。

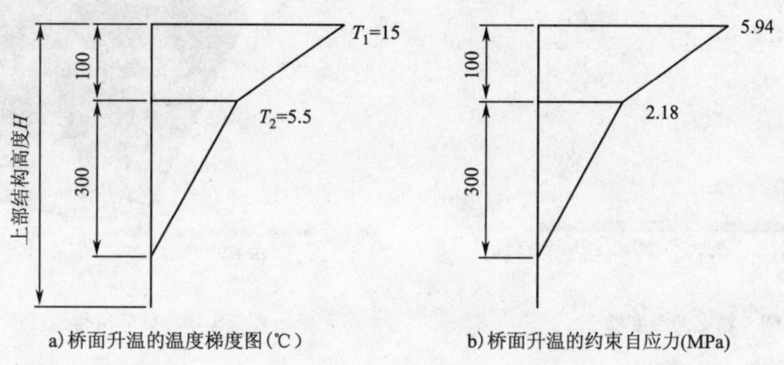

图2-3-66　桥面升温的温度梯度及约束自应力图

1. 两种计算模型的温度应力比较

对于实桥的梁高5m的截面，如图2-3-67和图2-3-68所示，为了分析截面上的温度应力分布，假定梁段处于自由状态，下面采用两种方法计算：梁模型和空间有限元模型。

对于梁单元，处于自由状态的变形应力可以根据如下方式计算：

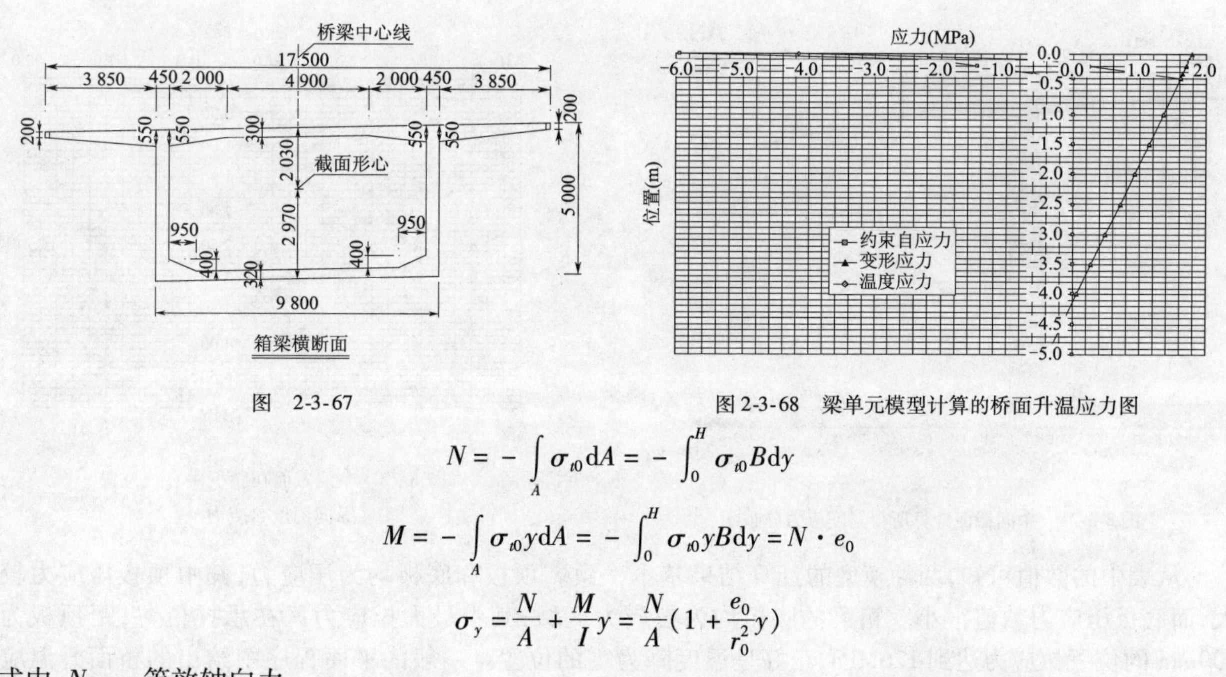

图　2-3-67

图2-3-68　梁单元模型计算的桥面升温应力图

$$N=-\int_A\sigma_{t0}\mathrm{d}A=-\int_0^H\sigma_{t0}B\mathrm{d}y$$

$$M=-\int_A\sigma_{t0}y\mathrm{d}A=-\int_0^H\sigma_{t0}yB\mathrm{d}y=N\cdot e_0$$

$$\sigma_y=\frac{N}{A}+\frac{M}{I}y=\frac{N}{A}\left(1+\frac{e_0}{r_0^2}y\right)$$

式中：N——等效轴向力；

M——等效弯矩；

B——截面宽度；

$A=13.786\text{m}^2$；

$I=56.186\text{m}^4$。

通过积分得到：$N=12\ 569\text{kN}$，$M=24\ 170\text{kN}\cdot\text{m}$。

ANSYS 实体单元模型的温度分布如图 2-3-69 和图 2-3-70 所示。表 2-3-18 为两种模型温度应力的比较。

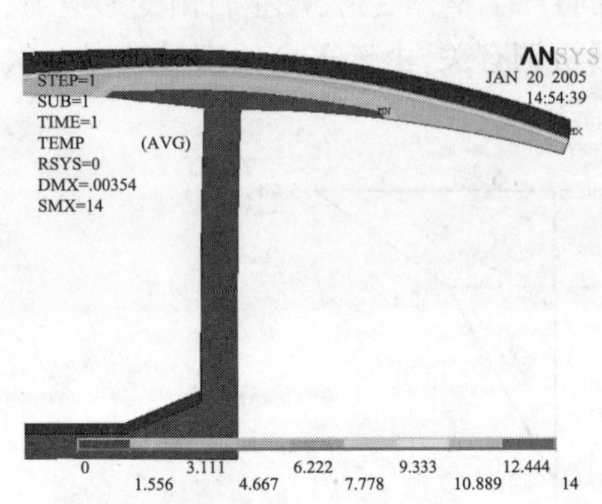

图 2-3-69 稳定的温度场

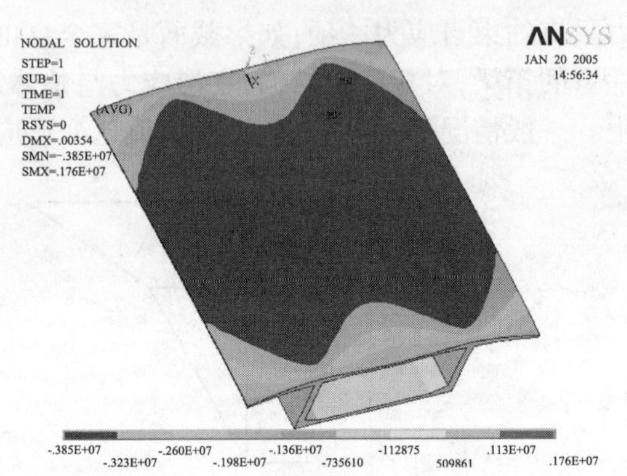

图 2-3-70 计算所得温度应力分布图

两种模型温度应力的比较 表 2-3-18

应　　力	箱梁顶应力(MPa)	箱梁底应力(MPa)	最大拉应力(MPa)
梁模型	-4.15	-0.37	1.61
空间有限元模型	-3.63	-0.38	1.64

沿着梁高在腹板中心线位置纵向温度自应力分布图见图 2-3-71 和图 2-3-72。

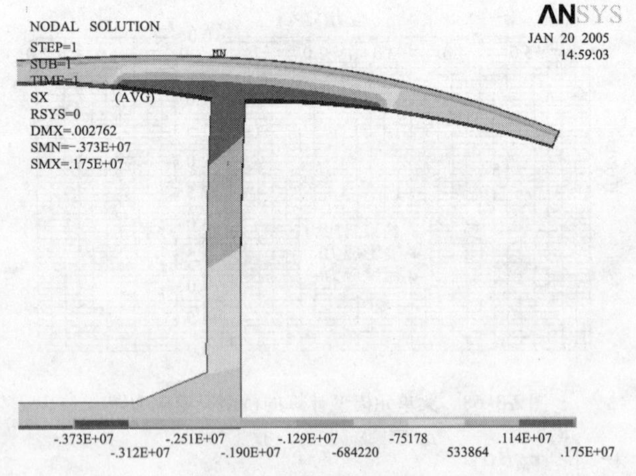

图 2-3-71 中间截面计算所得温度应力分布图

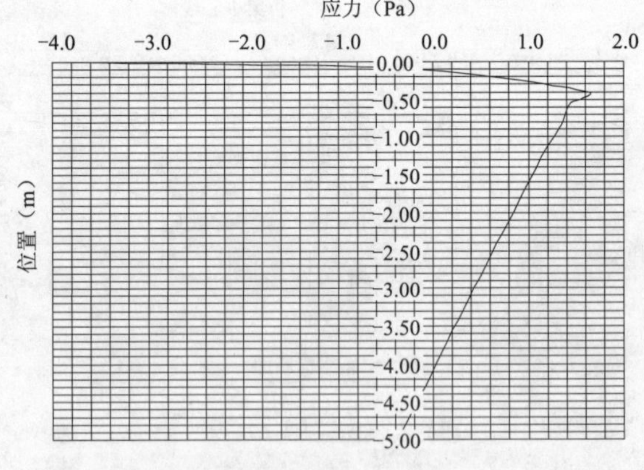

图 2-3-72 中间截面在腹板中心线位置纵向温度自应力

从表中的数值可知，两种模型的计算结果基本一致。顶板和底板均为压应力，其中顶板压应力较大，而底板压应力数值很小。箱梁的腹板均为拉应力区域，其中最大拉应力区在承托位置，距顶板为 400mm 的位置拉应力达到 1.6MPa，正好是温度降为零的位置。一般的平面程序中给出的桥面升温应力往往只有上下缘的结果，这是不足以表达箱梁的温度应力的，这样忽视了对结构抗裂影响最大的拉应

力区域。

2．截面修改后的温度应力

由于承托和腹板交接附近位置拉应力比较大,故考虑增加承托尺寸,计算结果如图2-3-73所示。

沿着梁高在腹板中心线位置主梁内的纵向温度应力分布见图2-3-74。从计算结果来看,增大承托对截面的应力影响甚微。

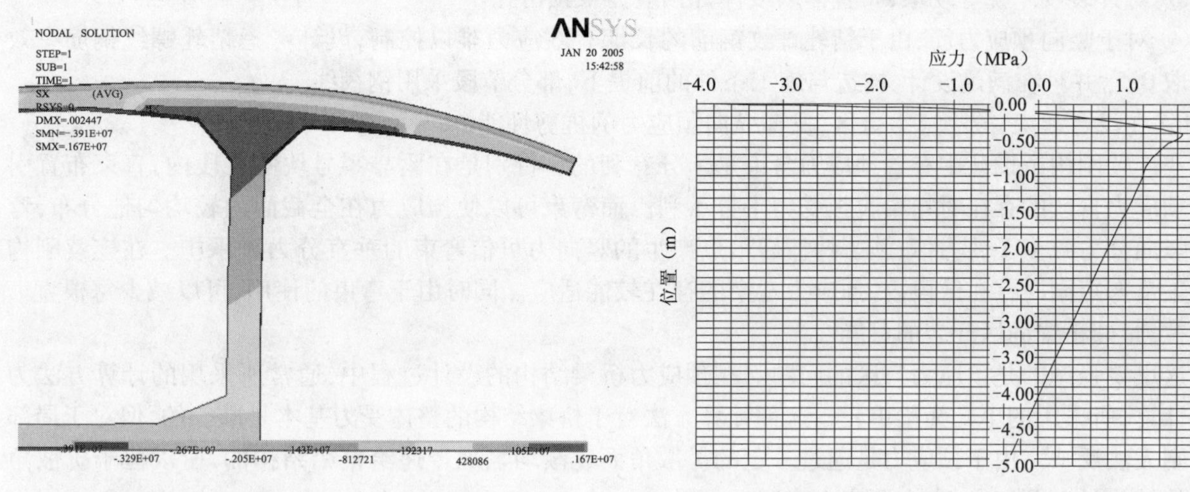

图2-3-73 增大承托后中间截面计算所得温度应力分布图

图2-3-74 增大承托后中间截面在腹板中心线位置纵向温度自应力

3．不同截面的桥面升温应力比较

选取不同梁高的典型截面,比较在自由状态下由于桥面升温的应力差别(表2-3-19),采用梁模型进行计算。约束自应力的分布是相同的。由于桥面板是相同的,因此计算变形应力时的等效轴向力相同,$N=12\ 569$kN,弯矩的不同是由于偏心距 e_0 的差别引起的。

不同高度截面桥面升温应力比较 表2-3-19

截面高(m)	A(m^2)	I(m^4)	$Y_{下}$(m)	e_0(m)	弯矩(kN·m)	上缘应力(MPa)	下缘应力(MPa)	最大拉应力(MPa)
5	13.786	56.186	2.97	1.923	24 170	-4.15	-0.37	1.61
9.9	25.817	363.97	5.15	4.643	58 359	-4.69	-0.34	1.18
14.8	43.629	1 237.92	7.02	7.673	96 444	-5.05	-0.26	0.86

从表2-3-18结果可知,随着截面高度的增加,拉应力相应减小,顶板压应力有小幅增加。

4．小结

上述分析表明:

(1)由于桥面升温在腹板内产生较大的拉应力,其数值不容忽视。

(2)截面高度增大时,拉应力相应减小,顶板压应力有小幅增加。

(3)超静定结构中,由于变形应力部分有一定的变化,会引起各截面上的应力发生变化,但不会改变上述结论。

八、预应力筋的布置

(1) 预应力筋的布置主要考虑以下几方面:

① 以纵向预应力和竖向预应力的合理布置,控制主拉应力,减薄腹板。

② 顶板直束与底板直束锚固区位置。

在逐段浇筑的连续刚构桥中，纵向预应力索尽量靠近腹板布置，减小顶底板尺寸和钢束的平弯长度，同时减小底板的横向内力。顶底板束通过S形平弯与略微竖弯以后紧靠腹板中心线的腹板与加劲腋中。

底板直束是正弯矩束，均在合龙以后张拉，大多锚固在齿板上，齿板的位置宜将直束通过S形平弯后靠近腹板处，且尽可能离开现浇接缝处。

③ 对开裂及下挠等现象，布置体内或体外预应力束预留孔。

④ 对于竖向预应力筋，由于精轧螺纹钢筋的长期有效应力难以控制，设计考虑精轧螺纹钢筋有效系数取0.5，并且在满足设计、构造与施工条件的前提下，部分节段采用钢绞线。

⑤ 在设弯起束，减小应力盲区，发挥纵向预应力的抗剪性能。

在连续刚构桥设计中布置预应力弯束是十分有利的。特别是在紧靠零号块的几段内，直束布置引起的预应力盲区的存在对箱梁腹板受力十分不利。而弯束可以使预应力在全截面内较均匀地分布，弯束的竖向分力减少了剪力值，施工挂篮后吊点产生的竖向力可借弯束的垂直分力来承担。在连续刚构桥的正负弯矩同时存在区段内，预应力弯束的存在较能适应。同时由于弯束的使用，可以减少每根直束的张拉力，减小锚固区开裂的可能性。

这里要强调的是预应力盲区的问题。在预应力桥梁结构的设计过程中，通常所采用的计算方法为整体计算，所采用的单元为梁单元。这种计算方法对于桥梁结构的整体受力基本是准确的，但对于局部应力则无法反映。由于预应力是通过一定的扩散角而逐渐均匀地传递给整个结构的，所以位于扩散角之外的结构没有预加力，存在预应力盲区。

预应力盲区普遍存在是导致部分桥梁腹板出现大量的斜剪裂缝的重要原因之一。在过去的十几年，我国大跨径连续刚构桥发展很快，跨径在不断增大，截面高度也相应增大。由于大吨位的预应力锚固体系的应用，连续刚构桥的布束规律也发生了变化，由传统的腹板下弯布束形式改为直线形布束方法(图2-3-75～图2-3-77)。直线形布束方法有着施工方便、摩阻损失小的优点，但由于存在较大的预应力盲区(主要位于截面形心下方)，这种布束方法存在不足。

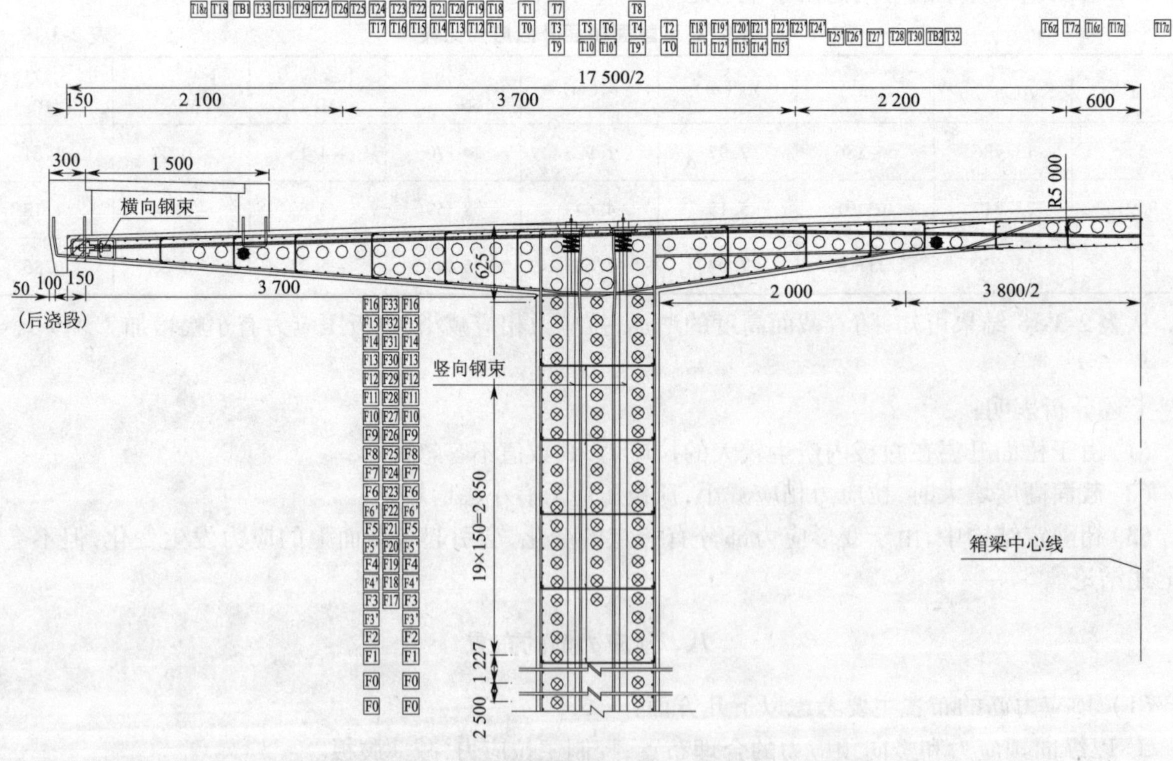

图2-3-75　预应力钢束布置(一)(尺寸单位:mm)

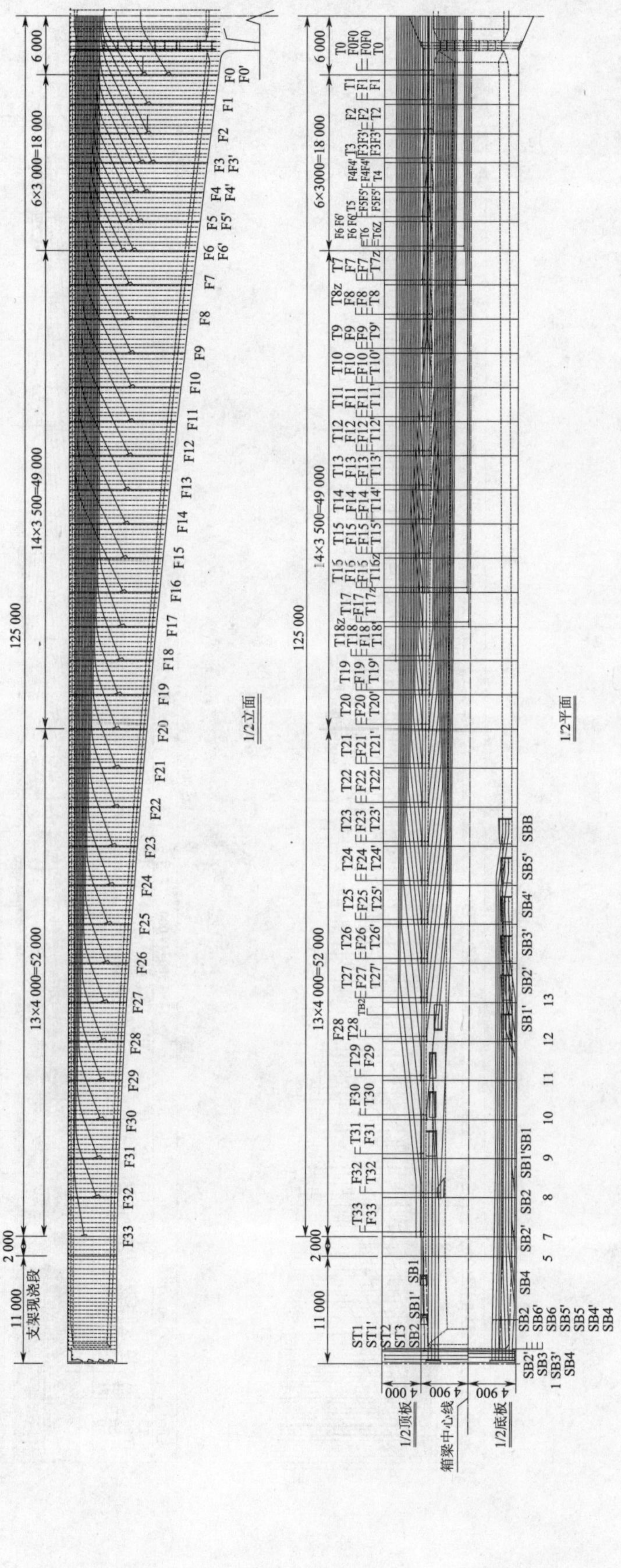

图 2-3-76 预应力钢束布置(二)(尺寸单位:mm)

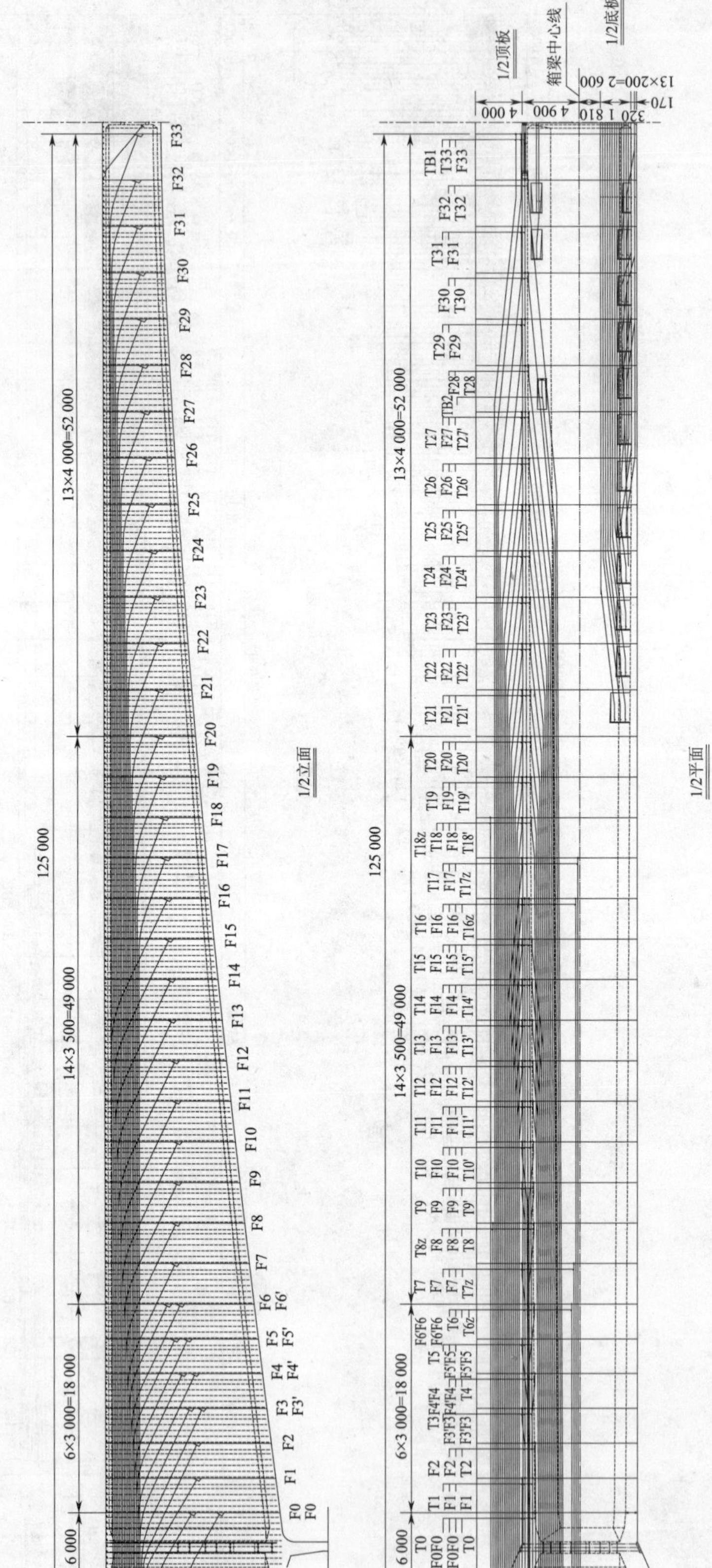

图 2-3-77　预应力钢束布置(三)(尺寸单位:mm)

预应力是通过一定的扩散角而逐渐被均匀地传递给整个结构，如采用直线形布束方法，在截面的下缘存在应力盲区。应力盲区将随着截面高度的增加而增大。当采用挂篮悬臂法施工时，大多数情况下，挂篮的上锚点和下锚点布置在预应力束锚固端附近，如图2-3-77所示。这种布置方式将在箱梁腹板内产生局部拉应力。由于挂篮的下锚点位于应力盲区内，当所产生的拉应力超过混凝土的允许值时，就会产生裂缝。因此，在挂篮锚固系统的设计中，已将后锚杆的位置调整到顶板上。同时，在中墩顶附近也就是截面较高处，设置下弯束，确保1号~5号节段施工缝处下弯束不少于6根，6~14号节段施工缝处下弯束不少于4根，15~33号节段施工缝处下弯束不少于2根，如图2-3-78~图2-3-81所示。这样既可以增加截面的下缘正应力，也可减小应力盲区，同时还可以提供一定的预剪力。

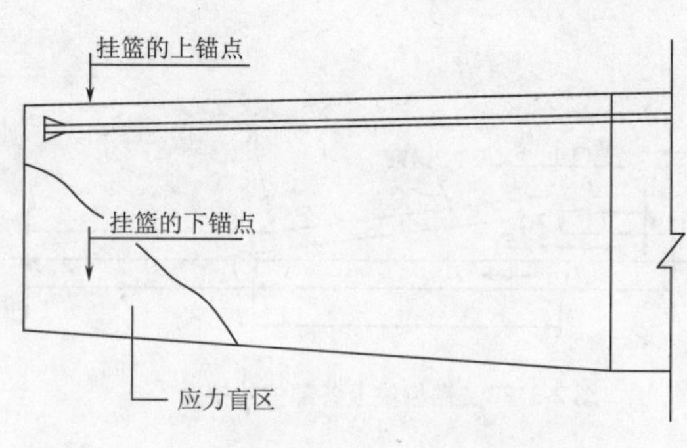

图2-3-78 预应力盲区

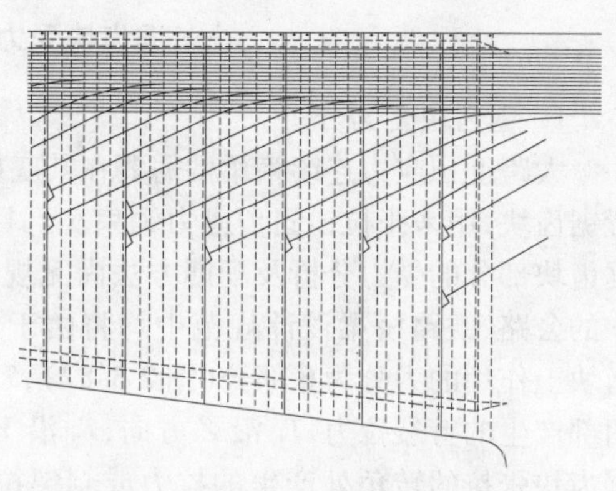
图2-3-79 1~5号节段下弯束

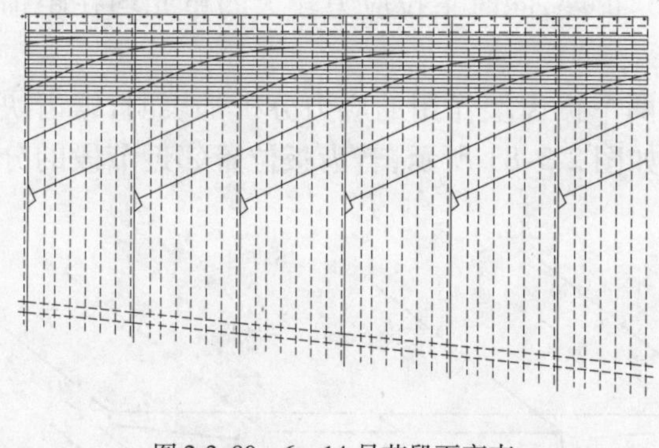
图2-3-80 6~14号节段下弯束

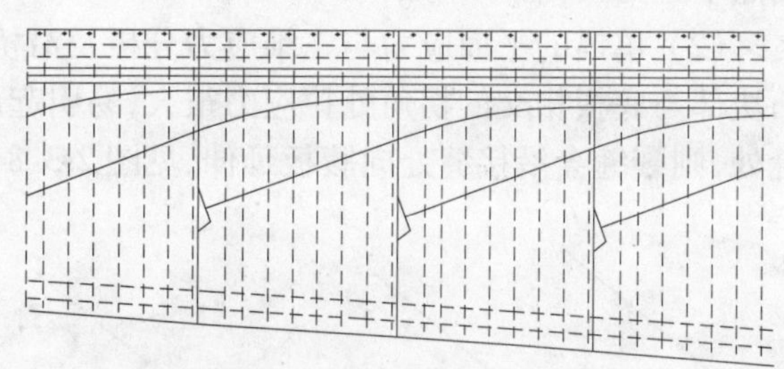
图2-3-81 15~33号节段下弯束

⑥ 锚具的使用。

自从澳大利亚门道桥采用每束预应力为31根ϕ12.7mm钢绞线以后，1988年，我国广东洛溪桥亦采用31根ϕ12.8mm钢绞线预应力束，每束张拉力4 278kN。在济南黄河二桥的顶板束为22根ϕ15.24mm，采用OVM15-22型锚具，每束张拉力为4 125kN，底板束为OVM15-19型锚具，每束张拉力3 562kN，锚于齿板上。三门峡黄河桥顶板束采用27根ϕ15.24mm钢绞线，每束张拉力4 864kN。在有些桥梁中更有每束张拉力达5 300kN的预应力束。大型锚具使用成为一种潮流。门道桥在使用中仍出现了在底翼缘由锚具引起腹板斜倒角裂缝以及悬臂板部分锚具的类似开裂问题，后用加强箍筋方法解决了此类裂缝。这说明在使用大型锚具时若处理不当会出现混凝土开裂。对锚头的局部应力以及建成后由于混凝土的徐变可能产生的锚后牵制应力等问题的研究与试验资料甚少。实际上现在连续刚构桥中每束预应束的张拉力已接近大型斜拉桥每束斜拉索的张拉力，而斜拉索锚头附近出现混凝土裂缝的情况时有发生。因此，使用大型锚具应取慎重态度。实际上现在已建成连续刚构桥中，有些截面在一个腹板中仅布置一根直束。如果将预应力束总面积的30%~40%布置成弯束，一部分放在腹板中，布束是完全可能的。

（2）根据1993年在汉城召开的第四届东亚及太平洋地区结构和施工会议中关于“预应力混凝土箱梁桥局部锚固应力”一文中的主要论点。

① 部分钢束下弯锚固降低了开裂荷载。

② 锚固区的闭合筋、螺旋筋与结构筋对开裂荷载的增加十分有限，只有在裂缝出现以后对控制裂缝是有效的。

大型锚具的使用为大跨径连续刚构桥的发展提供了布束的条件，但是使用多大张拉力比较合适是可以进一步探讨的。在嘉华大桥的布束中，只要布束可能，尽量减少每束预应力束的张拉力。预应力锚具纵向束采用15－9(12,15,17)型群锚体系。

九、锯齿块受力分析与预应力弯曲束径向力分析

1．锯齿块受力分析

大跨度预应力连续箱梁常需要在其底（顶）板上设置锯齿块，用来张拉锚固预应力钢束。到目前为止，对锯齿块部分的受力分析及配筋方法尚无规范可循。日本的公路、铁路桥梁设计规范中均将由于预应力在锯齿块上作用的力分为6部分（图2-3-82），T_1、T_2是构件内部产生的劈裂拉力，T_1沿Z方向，T_2沿Y方向；T_3是锯齿块张拉的转角处产生的拉力或剥裂拉力；T_4是锚后拉力；T_5是锯齿块张拉端的弯曲拉力；T_6是预应力钢束弯曲区段产生的拉力。

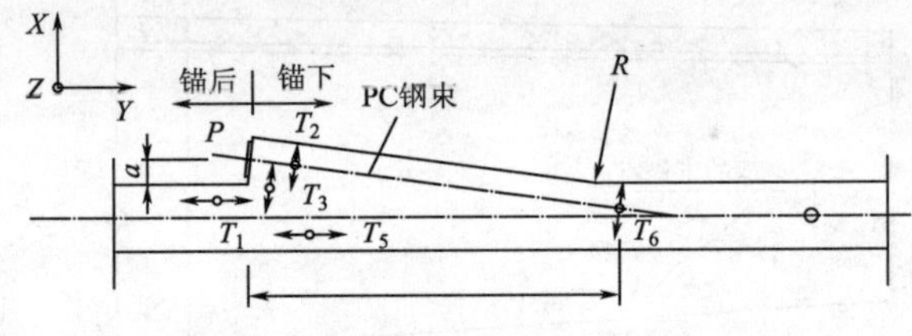

图2-3-82　锯齿块上各部位的拉力

根据相关资料分析可得到如下主要结果：

（1）锯齿块凸起部主要单元的应力在锚下向四周按45°扩展，同时主拉应力较大的单元均在距锚固点不远处（即锚下单元）。

（2）单锚的平面应力与三维应力分析及沿桥长方向有两个锯齿块作用的应力分析都表明，锯齿块凸块部与底板相交的拐角处拉应力很大，易引起底板裂缝，如图2-3-83所示，若齿板位置邻近节段的分缝处，则裂缝会沿接缝处向腹板延伸，见图2-3-84。

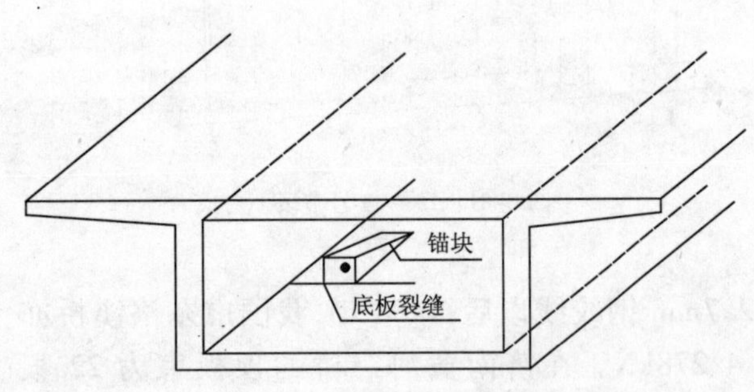

图2-3-83　锚后应力使底板开裂

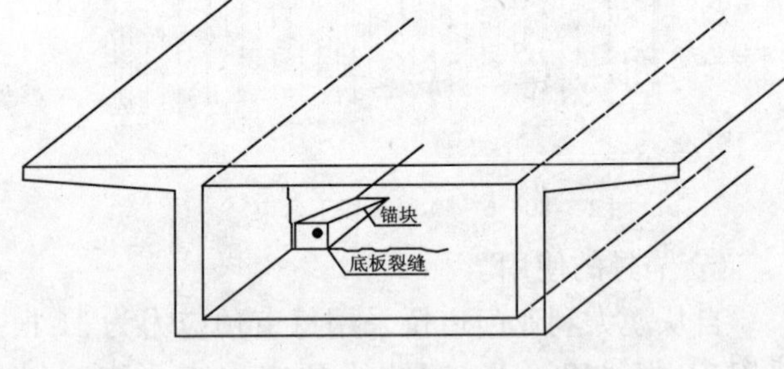

图2-3-84　锚后裂缝延伸至腹板

（3）锚固点的后部底板（锚后）主拉应力很大。

（4）前后锯齿块间底板的单元应力：当底板较厚、锚间距较大时，前后锚张拉应力相互间有一定的影响。反之，当底板较薄、连锚间间距较大时，连锚间则没什么影响。

为此，在设计中采用的对策是：

（1）先张拉后锚，减小前锚锚后底板单元将出现的拉应力。

（2）尽可能地把连锚间的间距布置得大一些，以免相互干扰。即后锚的应力全部由锯齿块本身承受，没有传递到邻锚间的底板上。

（3）由于齿板锚后出现较大拉应力，截面处留有足够的压应力储备。

（4）齿板位置应离接缝较远处。

2. 预应力弯束径向力分析

在实际工程中发现，少部分预应力连续箱梁在合龙后，当张拉位于曲线底板上的正弯矩束，在中跨跨中出现混凝土撕裂，或在底板与腹板交界处产生沿桥轴向的纵向裂缝。产生这些裂缝的原因是多方面的，但径向力的作用是一个重要原因。

径向力计算值的计算如下：

设在图 2-3-85 坐标系下连续刚构桥底板正应力钢束竖向线形的方程为：

$$y = a \cdot x^{b} \tag{2-3-6}$$

于是：

$$y' = abx^{b-1} \tag{2-3-7}$$

$$y'' = ab(b-1)x^{b-2} \tag{2-3-8}$$

图中原点 O 为中跨跨中箱梁底板中心点，x 为水平方向，y 为竖直方向，a、b 为力筋形状系数，$q_1 \cdots q_n$ 为力筋产生的径向力，T 为力筋的张力。取某一短梁段 dL 为分析对象，则可以认为预应力束筋曲线为如图 2-3-86 所示的圆弧线，则：

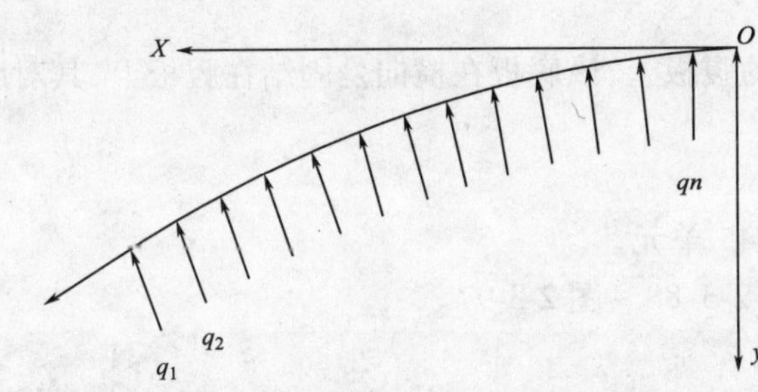

图 2-3-85 力筋径向力分析示意图

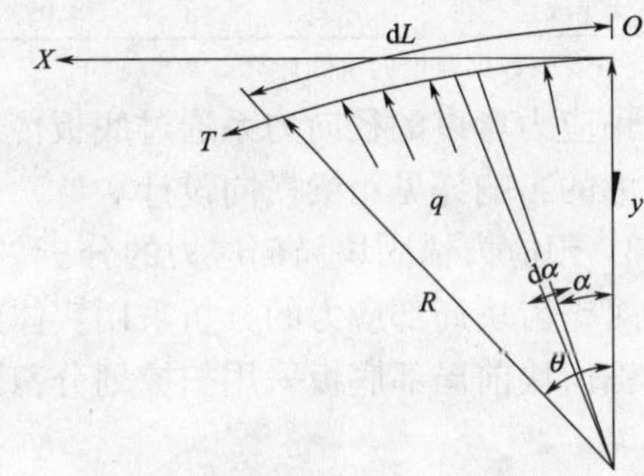

图 2-3-86 微段力筋径向力分析示意

$$\sum F_{y} = 0$$

$$T \cdot \sin\theta = R \cdot q \cdot \sin\theta$$

于是：

$$q = \frac{T}{R} \tag{2-3-9}$$

$$\text{为曲率半径}, \frac{1}{R} = \frac{|y''|}{(1 + y'^{2})^{3/2}} \tag{2-3-10}$$

将式(2-3-7)、式(2-3-8)代入式(2-3-10)有

$$\frac{1}{R} = \frac{ab(b-1)x^{b-2}}{[1 + a^{2}b^{2}x^{2(b-1)}]^{3/2}} \tag{2-3-11}$$

对于每一节段箱梁底板，布置在底板内的预应力束张拉后，设计考虑以下两方面：

(1) 预应力束筋径向力必须由底板的箍筋来承受。如果底板内箍筋应力不超限，则底板上下层钢筋网不会被撕开；反之，底板就会被撕开，出现预应力筋上层钢筋网及混凝土完好而下层向下崩出的现象。

(2) 在预应力束筋径向及活载作用下，底板整体下挠出现纵向裂缝，严重的造成底板混凝土崩出。在跨中截面增设横隔板，增强该截面的局部刚度，对抑制底板裂缝的开展十分有效。

如图 2-3-87 所示，对于任一梁段(如 $c_1 \sim c_2$ 段)，径向力引起的底板箍筋应力为：

$$\sigma_{g} = \frac{\int_{c_1}^{c_2} q\mathrm{d}x}{A_{g}} \tag{2-3-12}$$

其中：$A_{g} = K \cdot A_{o}$，$K = K_{t} \cdot K_{b}$

式中：σ_{g}——底板箍筋应力；

A_{g}——底板预应力影响范围内箍筋总面积；

A_o——单根箍筋面积；

K——$c_1 \sim c_2$ 范围内箍筋的总数；

K_t——纵向 $c_1 \sim c_2$ 范围内箍筋的总排数；

K_b——横向预应力筋影响范围内单排箍筋数。

从上述计算可知，设计时除整体计算外，必须进行局部受力分析。预应力弯束引起的径向力是不可忽视的，表 2-3-20 仅是计算了防崩箍筋的应力。

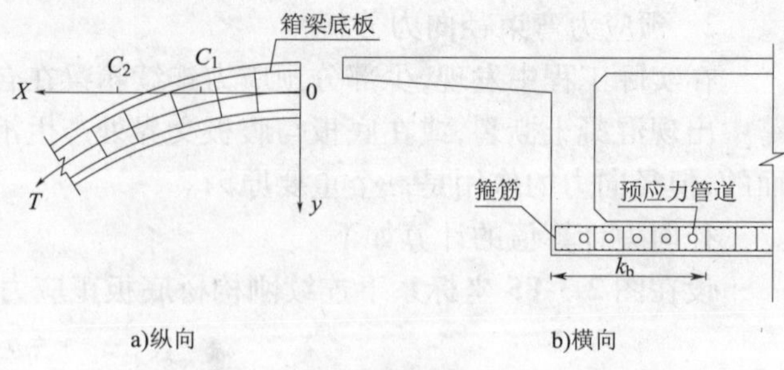

图 2-3-87　箍筋布置示意图

中跨箱梁底板箍筋计算结果　　表 2-3-20

梁段号	节段长(m)	预应力管道横向范围(m)	预应力径向力(kN)	箍筋根数	箍筋应力(MPa)	备注
合龙段	2	3.09	255	30	110	安全

注：表中数据取横向单侧计算。

预应力弯束的径向力系通过底板传递到相梁两侧的腹板上，该底板在横向是固结在腹板上，其对底板受力的影响详见箱梁横向设计。

3. 预应力锚固块局部应力的分析

对锯齿块局部应力的分析采用实体建模，采用 solid45 单元。

锯齿块前局部底板采用扫掠划分，其应力分布见图 2-3-88 ~ 图 2-3-97。

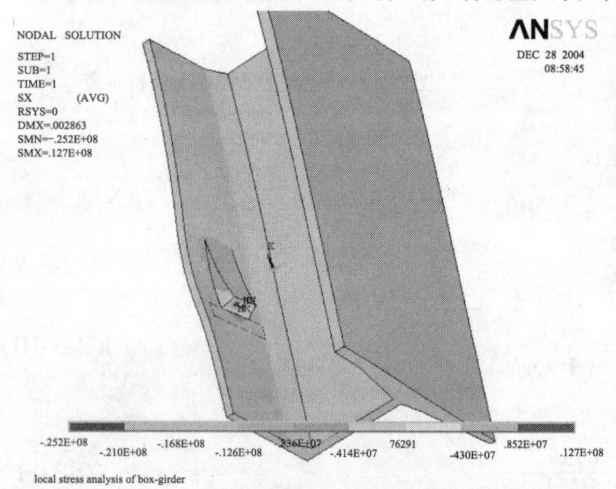

图 2-3-88　轴向正应力分布图

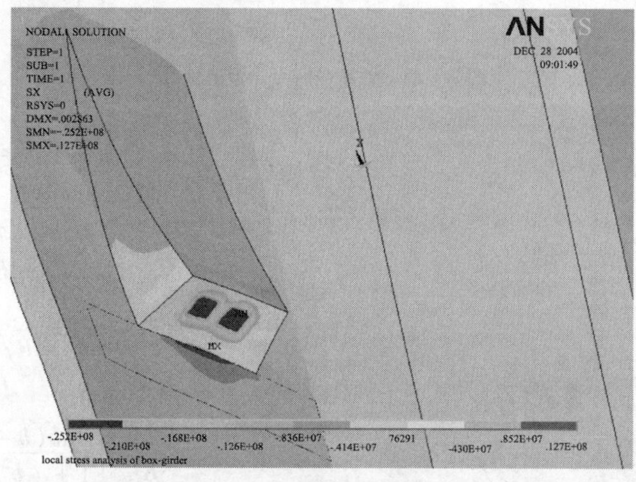

图 2-3-89　轴向正应力分布图

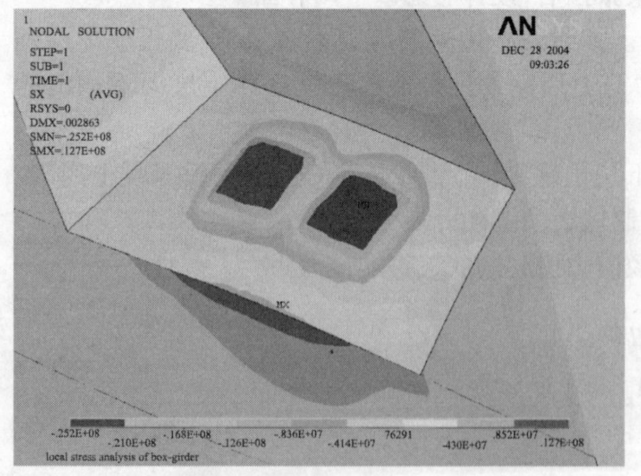

图 2-3-90　轴向正应力分布图

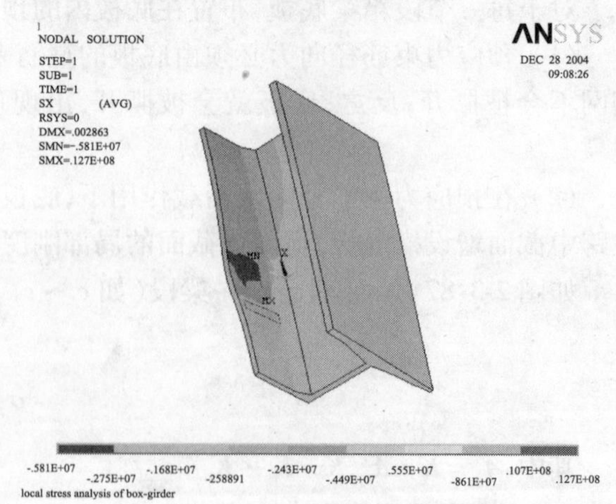

图 2-3-91　轴向正应力分布图

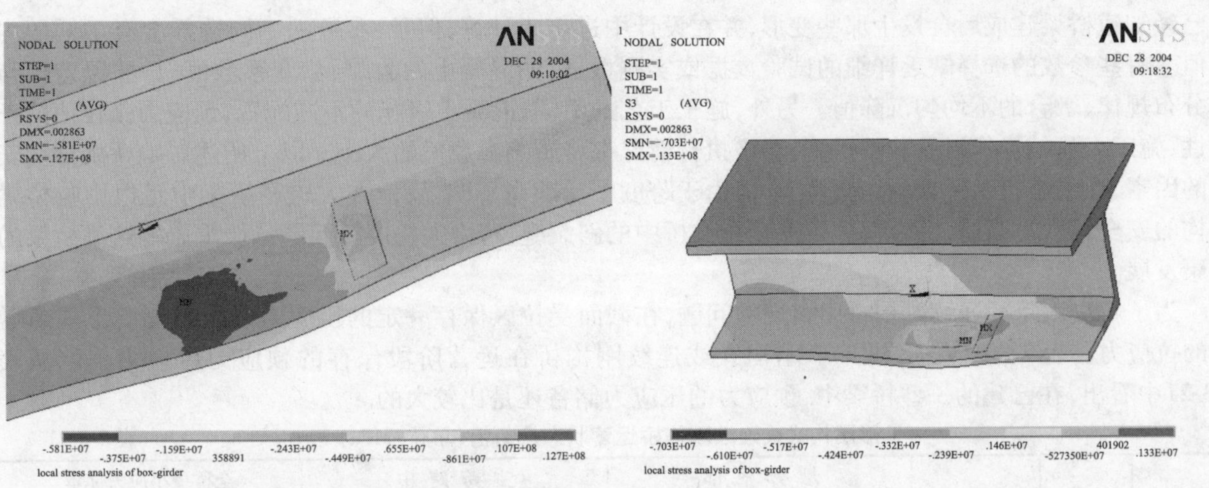

图 2-3-92　轴向正应力分布图　　　图 2-3-93　主压应力分布图

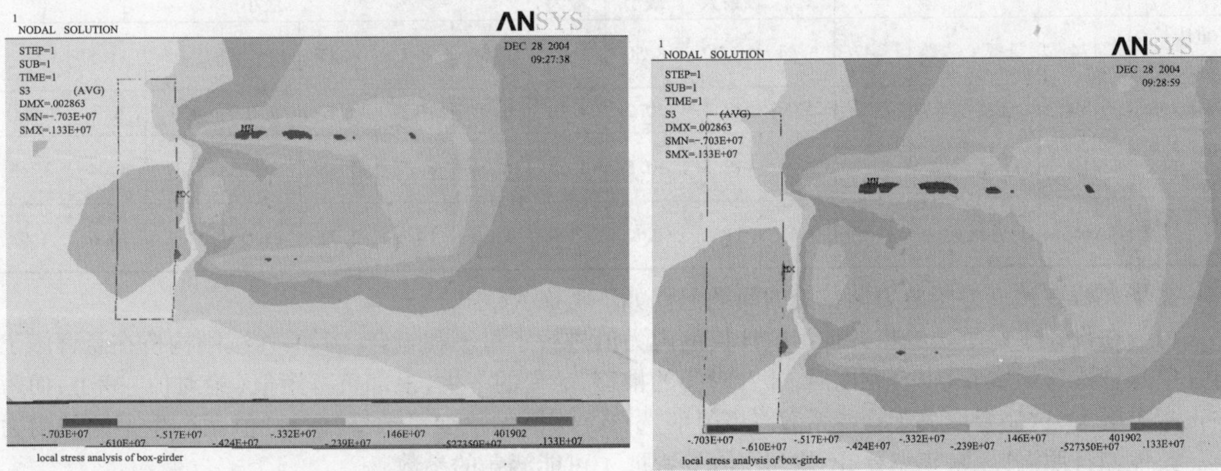

图 2-3-94　主压应力分布图　　　图 2-3-95　主压应力分布图

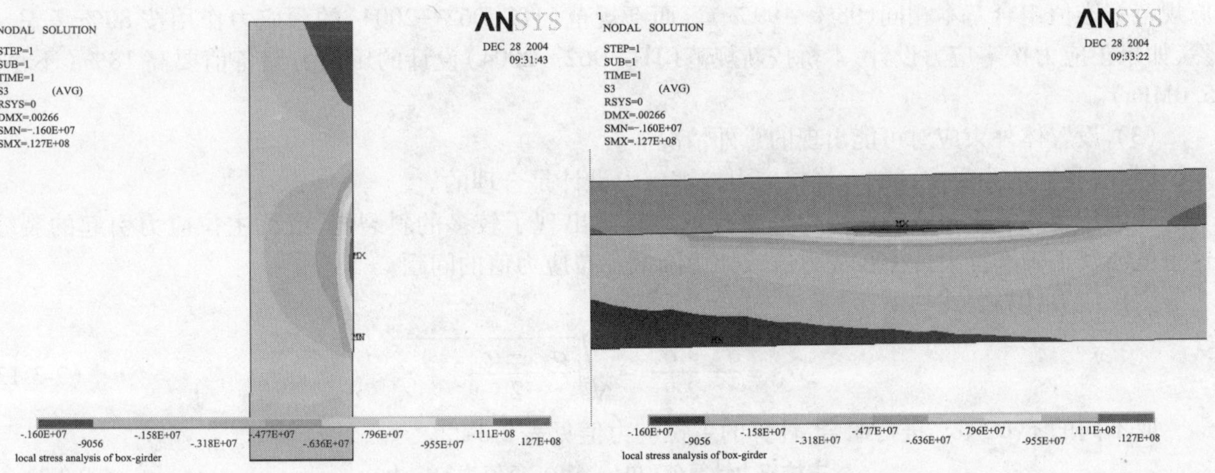

图 2-3-96　虚线部分（即锯齿块前底板内）轴向应力分布图　　　图 2-3-97　虚线部分（即锯齿块前底板内）轴向应力分布图

十、连续刚构桥的压应力储备

《公路钢筋混凝土及预应力混凝土桥涵设计规范》（JTG D62—2004）对预应力桥梁结构受拉区的允许拉应力有明确规定。为什么要在连续刚构桥设计时提出压应力储备呢？众所周知，连续刚构桥是超静定结构，任何变形都能产生新增加的内力，而且这些内力有时会远远超出活载内力数倍。虽然设计人员已经知道桥梁建成后会发生那些变形，并在设计中进行了计算，但是，参数的不同选择会有不同的内力值。有些参数的选择缺乏详细的试验数据或实测数据，如混凝土的收缩、徐变系数值、日照温差值与其分布规律、墩台的不均匀沉降值。另外，施工工艺的不同，混凝土级配的不同配置，预应力张拉值的正确性，施工人员的操作以及养护措施、严格执行情况都将影响参数值的大小。以上所述影响桥梁结构安全的因素，在中小跨径桥梁中亦会发生，但由于跨度小反映尚不明显，但在大跨径桥梁中足以影响桥梁结构的安全运营。当前，已经发生在连续刚构桥中的斜裂缝，跨中大挠度等问题已严重影响这类桥梁的健康发展。

为了解决大跨径连续刚构桥中出现的问题，在截面受拉区保存一定的压应力以防不测变形或新增加的拉应力。表 2-3-21 是已建 T 形刚构式或连续刚构桥在运营阶段保存的预应力压应力值。从表 2-3-21中看出，在已建的一些桥梁中，预应力的压应力储备还是比较大的。

T 形刚构式或连续刚构桥运营状态应力值(单位:MPa)　　表 2-3-21

桥　名	主跨跨径(m)	结构形式	悬臂根部				主跨跨中				全桥最小应力储备			
			上　缘		下　缘		上　缘		下　缘		上　缘		下　缘	
			最大	最小	最大	最小	最大	最小						
重庆长江一桥	174	悬臂＋吊梁	5.47	3.44	7.22	8.50	2.65	1.65	8.1	6.47		1.65	11.5	
洛溪大桥	180	连续刚构	7.60	5.5	12.2	10.2	8.10	6.90	10.2	8.6	7.0	4.9	6.9	3.9①
济南黄河二桥②	210	连续刚构＋连续梁	12.1	10.4	13.2	10.5	8.58	6.08	8.22	4.45	6.11	3.87	8.04	3.84
南京长江二桥③	165	连续梁	7.01	3.82	11.7	8.8	18.8	11.6	14.6	2.77	21.0	14.1	13.6	1.9

嘉华大桥在预应力压应力储备值的问题上作如下考虑：

(1) 在设计中是否已经将各种参数计算的内力值进行了最不利组合，例如：连续刚构桥在悬臂施工时是单悬臂梁弯矩，当跨中合龙以后，随着时间的推移，徐变的产生，根部负弯矩值(绝对值)减小，而跨中正弯矩增大，这完全取决于徐变系数终极值的选择。不同的徐变系数 $\varphi(t_u、t_0)$ 值就产生不同的内力值。其他如日照温差、常年温差、不均匀沉降等都取了可能涵盖的参数。

(2) 本桥的结构自重内力占总内力的92% ~95%，新规范(JTG D62—2004)荷载短期效应组合与原规范标准值组合基本相同(98% ~99%)。而新规范(JTG D62—2004)的预应力作用按 80% 考虑，显然，如果正应力按零应力设计，本桥按新规范(JTG D62—2004)设计的压应力储备值要高 18%(不小于 5.0MPa)。

(3) 设置体外束应对可能出现的意外情况。

因此，我们认为受拉区的允许拉应力按零应力设计是合理的。

我国已建连续梁桥或连续刚构桥中有一些桥梁出现了较多的斜裂缝，或称主拉应力引起的裂缝。这里就涉及正确选择允许主拉应力值或如何降低主拉应力值的问题。

主拉应力计算公式如下：

$$\sigma_{tp}=\frac{\sigma_{cx}+\sigma_{cy}}{2}-\sqrt{\left[\frac{\sigma_{cx}-\sigma_{cy}}{2}\right]+\tau^{2}} \tag{2-3-13}$$

取不同的 τ、σ_{cx}、σ_{cy} 进行组合，计算的主拉应力值见表 2-3-22。

主拉应力计算值(单位:MPa，负值为拉应力)　　表 2-3-22

σ_{cx}	σ_{cy} \ τ \ σ_{tp}	τ = 2.50	3.00	3.50	4.00
0	0	−2.50	−3.00	−3.50	−4.00
0	1.0	−2.05	−2.54	−3.04	−3.53
	2.0	−1.69	−2.16	−2.64	−3.12

续上表

σ_{cx}	σ_{cy}	τ 2.50	3.00	3.50	4.00
1.0	1.0	-1.50	-2.00	-2.50	-3.00
	2.0	-1.19	-1.66	-2.14	-2.62
2.0	1.0	-1.19	-1.66	-2.14	-2.62
	2.0	-0.50	-1.00	-1.50	-3.00
3.0	1.0	-1.20	-1.60	-2.03	-2.47
	2.0	-0.04	-0.54	-1.04	-1.53
4.0	1.0	-0.42	-0.85	-1.30	-1.77
	2.0	0.31	-0.16	-0.64	-1.12
5.0	1.0	-0.20	-0.60	-1.03	-1.47
	2.0	-0.08	0.15	-0.30	-0.77

我国新桥规(JTG D62—2004)规定全预应力现场浇筑构件的容许主拉应力在 C55 混凝土时为 1.10MPa,如果要以此应力控制设计,在剪应力为 2.5～3.0MPa,同时在竖向预应力值保证为 1.0MPa 时,纵向压应力储备要求 3.0～4.0MPa。由于计算主拉应力时预应力效应按 100% 计,本桥实际压应力储备已在 5.0MPa 以上。

十一、体外束的设置

由于大跨度混凝土梁的收缩和徐变的影响,主跨跨中下挠必然产生;主梁跨中产生较大的正弯矩,底板压应力减小,顶板压应力增加,墩顶的情况正好相反。设置体外索的目的,是保证结构在建成时和经过一定时间后的应力处于合理的范围,在刚成桥时,跨中底板和墩顶顶板最大压应力应满足规范要求;在经过足够时间的收缩徐变后,跨中底板和墩顶最小压应力应满足规范要求,跨中顶板最大压应力满足规范要求。体外束布置见图 2-3-98,控制截面组合力见表 2-3-23。

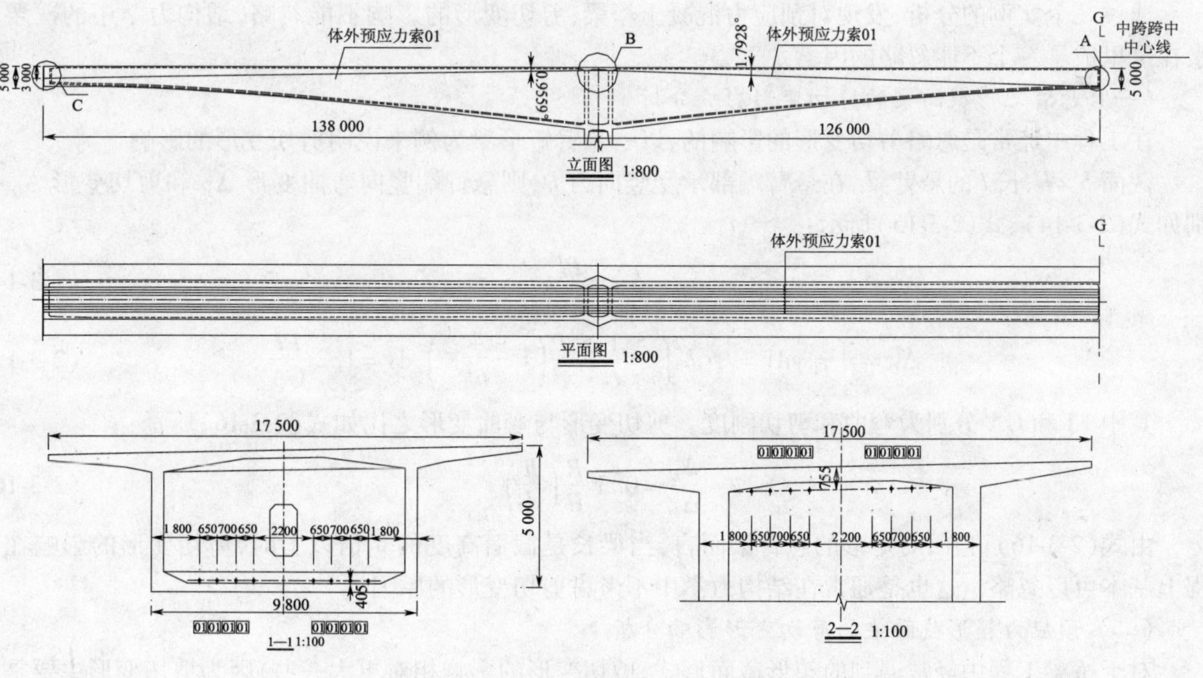

图 2-3-98 体外束布置(尺寸单位:mm)

控制截面组合力(MPa)　　表 2-3-23

应　　力	0 号块顶板	0 号块底版	跨中顶板	跨中底板
成桥短期组合最小应力	1.70	14.20	4.80	5.60
成桥标准组合最大应力	15.10	14.80	14.20	13.50
徐变后短期组合最小应力	0.10	14.40	5.70	1.20
徐变后标准组合最大应力	13.50	15.00	15.10	9.10
徐变应力增量	−1.6	0.2	0.9	−4.4

从表 2-3-23 中数据可知,最大组合压应力和最小组合压应力满足要求。徐变造成跨中底板的应力降低最多,墩顶压应力也有较大的减小。徐变后跨中竖向位移 120mm。

为了保证桥梁的长期使用性能,在增加实际费用不多的情况下预留一定的调整余地,在异常情况下仍有可调整的余地,因此预留体外预应力转向管道并预埋锚垫板,总共 8 根 15ϕ15.24 预应力束。表 2-3-24为控制截面组合应力增量。

控制截面组合应力增量(MPa)　　表 2-3-24

应 力 增 量	0 号块顶板	0 号块底板	跨中顶板	跨中底板
徐变应力增量	−1.6	0.2	0.9	−4.4
体外束张拉应力增量	1.2	−0.2	0.0	3.1

体外索张拉产生应力增量(表2-3-24)比较明显,对跨中底板和墩顶顶板而言,可以恢复70% ~75% 的压应力损失;对位移的影响较小,跨中只有 25mm 的上抬。

十二、剪切变形对预应力结构变形的影响

对小跨径结构而言,变形问题也没有成为决定性的因素。对大跨度的连续梁和连续刚构而言,结构施工过程中的位移控制变得很重要,成桥后结构的徐变变形量计算也是困扰工程设计人员的重要问题。因此如何提高大跨度预应力结构的变形计算精度是很有意义的。

目前桥梁设计中采用的平面计算程序,大多假定构件的长细比足够大,从而忽略剪切变形的影响。对于预应力混凝土箱梁结构,上述假定在一定程度上过于粗糙。由于箱梁截面腹板较薄,剪应力水平较高,相对预应力结构的弯曲变形是不可忽略的。

通过几个实例的分析,发现对预应力混凝土箱梁,剪切变形的影响不能忽略,结构力学中的次要因素在这里成了一个不能忽略的因素。

(一) 悬臂矩形截面梁的剪切变形影响分析

在工程中经常是忽略剪切变形的影响的,以一悬臂矩形梁为例来说明剪切变形的影响。

截面 $b\times h$、长 l 的悬臂梁,在悬臂端部承受竖向力 P,则悬臂端竖向弯曲变形 Δ_M 和剪切变形 Δ_Q 分别如式(2-3-14)、式(2-3-15)所示:

$$\Delta_M=\frac{Pl^3}{3\mathrm{EI}} \tag{2-3-14}$$

$$\Delta_Q=\int_V\tau_0\gamma\mathrm{d}V=l\cdot b\int_{-h/2}^{h/2}\frac{1.5^2P}{G\cdot A^2}\left(1-\frac{4}{h^2}y^2\right)^2\mathrm{d}y=1.2\,\frac{Pl}{\mathrm{GA}} \tag{2-3-15}$$

其中 EI 和 GA 分别为弯曲和剪切刚度。剪切变形与弯曲变形之比如式(2-3-16)所示:

$$\frac{\Delta_Q}{\Delta_M}=0.3\,\frac{E}{G}\left(\frac{h}{l}\right)^2 \tag{2-3-16}$$

由式(2-3-16)可知,对矩形的悬臂梁而言,当梁长是截面高度的 4 倍以上时,剪切变形的影响在工程上基本可以忽略。这也是通常在结构力学中不考虑剪切变形的原因。

(二) 预应力箱形截面梁的剪切变形影响分析

对于桥梁工程中经常遇到的箱形截面形式,剪切变形的影响相对更大一些,因为剪切变形主要是由腹板产生的,其抵抗变形的能力相对矩形截面要小。

对于预应力结构，由于结构变形包括荷载和预应力两种作用的结果。荷载产生的弯曲变形被预应力抵消大部分，而剪切变形并没有受到预应力的影响，因此剪切变形在总变形中的比例增大，不可以再忽略。下面以一个简化的箱形截面悬臂梁模型来说明上述问题。

桥面宽15m，挑臂3.5m，梁高5m，底板厚0.6m，顶板厚0.35m，腹板厚0.5m，梁长50m。腹板面积$A_b=4.05m^2$，截面面积$A=14.1m^2$，截面惯性矩$I_0=57.1m^4$，形心距顶板的距离$y_0=2.347m$。混凝土弹性模量取$E_c=4\times10^4MPa$，剪切模量取$G_c=1.6\times10^4MPa$。只考虑自重，$r=2.5t/m^3$，最大剪力为$Q_0=17\ 625kN$，最大弯矩为$M_0=440\ 626kN\cdot m$。假定预应力作用在顶板的中心，沿纵向为线性递减的线荷载，最大预应力$N_p=137\ 953kN$，弯矩$M_p=299\ 634kN\cdot m$。结构根部上缘压应力为4MPa，下缘压应力为17.9MPa。

悬臂端的弯曲变形Δ_M和剪切变形Δ_Q可以通过内力积分得到如下所示：

$$\Delta_Q=\int_{-l/2}^{l/2}\frac{Q_g\cdot Q_1}{G_c\cdot A_b}dl=\frac{l}{G_c\cdot A_b}\frac{Q_0}{2}=6.8mm$$

$$\Delta_M=\int_{-l/2}^{l/2}\frac{M_g\cdot M_1}{E_c\cdot I_0}dl+\int_{-l/2}^{l/2}\frac{M_p\cdot M_1}{E_c\cdot I_0}dl=\frac{l^2}{E_c\cdot I_0}\left(\frac{M_0}{4}-\frac{M_p}{4}\right)=120.6-82=38.6mm$$

其中弯曲位移包括两部分，即自重下的弯曲位移Δ_{Mg}和预应力下的弯曲位移Δ_{Mp}，其数值分别为：

$$\Delta_{Mg}=120.6mm\qquad \Delta_{Mp}=-82mm$$

其中预应力产生的位移是往上的，它抵消了大部分的自重位移。剪切位移占弯曲位移的比例和占自重弯曲位移的比例分别为：

$$\frac{\Delta_Q}{\Delta_M}=17.6\%\qquad \frac{\Delta_Q}{\Delta_{Mg}}=5.6\%$$

在该例中，梁长是梁高的10倍，但剪切变形仍占自重弯曲变形的5.6%。因为箱形截面中由于腹板面积较小，剪切变形的影响比矩形截面有较大的提高。而对于预应力混凝土梁，由于预应力抵消了大部分的弯曲变形，剪切变形影响更加突出。本例中剪切变形已经占弯曲变形的17.6%，如果忽略是不合理的，这在结构变形计算中需要引起注意。由于剪切徐变相应增加了结构的徐变变形，因此在结构预拱度设置时有必要考虑剪切的影响。

由于以上分析采用了Euler-Bulluli梁模型进行剪切变形的分析，在理论上并不完善。因此对上述模型采用了三维实体有限元模型和ANSYS程序中的Beam188（Timoshenko梁）模型考虑剪切变形的影响，计算结果如表2-3-25所示。

三种模型的位移比较　　表2-3-25

荷载工况	自重荷载下位移（mm）	悬臂端集中力 $Q=9\ 000kN$ 下位移（mm）
Euler-Bulluli梁	120.6+6.8=127.4	199.0+8.4=207.4
相对实体模型误差	1.2%	1.2%
Timoshenko梁模型	129.2	211
三维实体单元模型	129.0	210

由表2-3-25的结果可以看出，对于工程中常规的箱梁结构，采用Euler-Bulluli梁来计算是有足够精度的，但必须用近似公式计入剪切变形的影响。

（三）预应力混凝土箱梁结构剪切变形对徐变位移的影响

对上述的悬臂梁而言，假定剪切徐变与轴向徐变的规律一致，则剪切产生的徐变变形占弯曲徐变变形的比例也约为17.6%。

重庆嘉华大桥成桥状态的内力和应力如图2-3-99所示，通过积分的方法可以得出在该组内力下的各点位移。为得到中跨跨中的变形，可以在该点施加单位竖直向下的集中力，求出在单位力下的内力，然后与成桥状态的内力积分，从而分别得到该点的弯曲、轴力和剪力产生的竖向位移。各种内力下的徐变变形可以近似认为与取用一个统一的徐变系数得到，也就是与相应内力产生的弹性位移具有相同的比例关系。

通过以上方法可以得到：由轴力和弯曲产生的中跨跨中徐变位移为116mm，而由剪切产生的徐变

位移为 31mm,后者占前者的 26.6%。

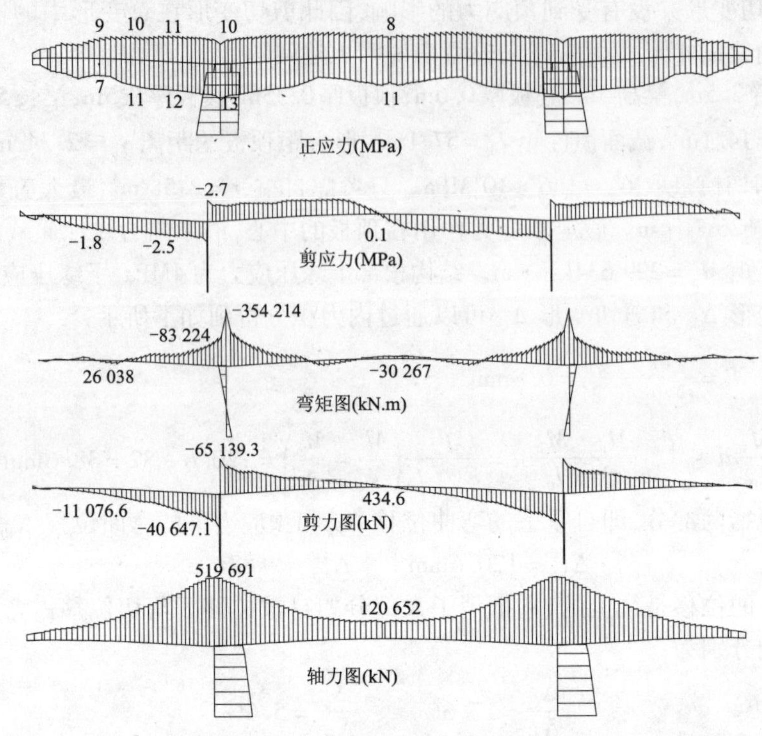

图 2-3-99 嘉华大桥成桥恒载内力和应力图

大桥腹板的厚度较大,控制了剪应力在 3.5MPa 以内。如果结构的腹板较薄,剪切应变的影响将更大。

(四) 结论

对大跨度预应力混凝土箱梁结构,剪切变形是不能忽略的,由于剪切变形可能增加 20%~30% 的位移。

对于成桥后的徐变分析,剪切变形也是不能忽略的,增加 30% 左右的徐变变形是有可能的。箱梁的腹板厚度不应过小,否则剪切应力增加将影响剪切变形。

预应力箱梁结构的计算采用 Timoshenko 梁模型或近似计算方法计入剪切变形的影响。

十三、墩、梁连结处(0 号块)的设计

(一) 0 号块构造

连续刚构桥的墩梁连结处的构造见图 2-3-100。横隔板的厚度为 $t=1.0$m。

墩梁连结处产生的横向应力,可采用下述方法计算。

(1) 把主梁各板件上的轴力和剪力作用于墩梁连结处,计算其断面力。

(2) 作用于腹板上的剪力的一部分传递给横隔板,用深梁或其他计算方法,可算出横隔板的水平方向应力,如图 2-3-101 所示。

(3) 作用于底板的轴力差值,通过腹板传递,用深梁或其他方法可算出底板桥轴直角方向的应力,如图 2-3-102 所示。

墩顶横隔板与腹板的预应力筋可根据内力计算结果配置,配置方式如图 2-3-103 所示。

(二) 0 号节段浇筑关键技术

0 号节段混凝土板厚大,竖向高度大,需要分层浇筑。同时,施工期为夏季,对混凝土浇筑不利。上下层浇筑的温差,混凝土的收缩是造成开裂的主要原因,为了克服以往工程中 0 号节段裂缝较多的问题,采取了一系列的相关对策。

1. 混凝土入模温度控制

根据 0 号段夏季施工的特点,混凝土采用加冰水等有效方法控制入模温度,确保入模温度不高于

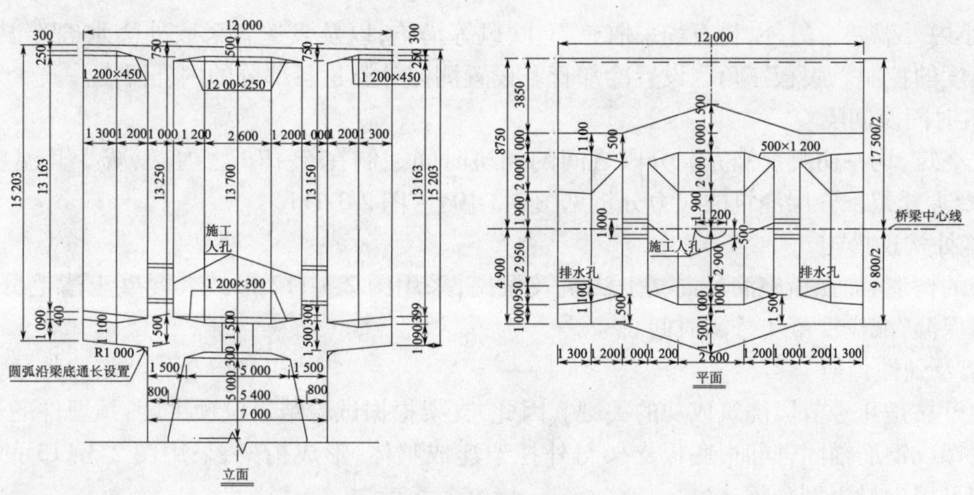

图 2-3-100 墩梁连结处的构造(尺寸单位:mm)

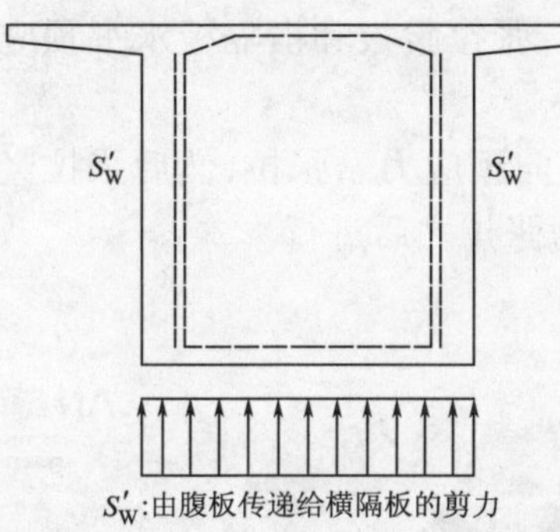

S'_W:由腹板传递给横隔板的剪力

图 2-3-101 腹板产生的应力

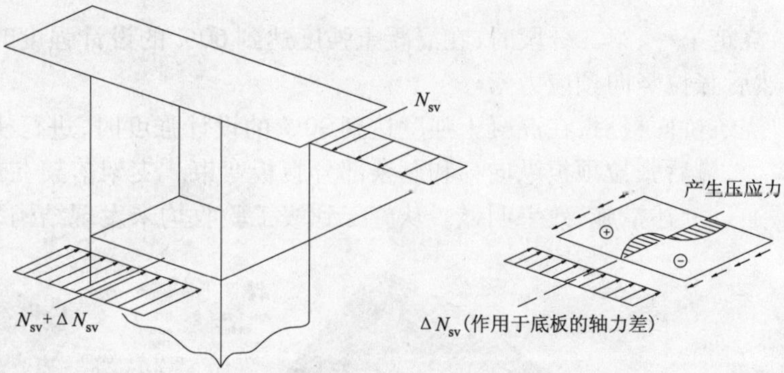

N_{sv}

$N_{sv}+\Delta N_{sv}$

产生压应力

ΔN_{sv}(作用于底板的轴力差)

图 2-3-102 底板产生的应力

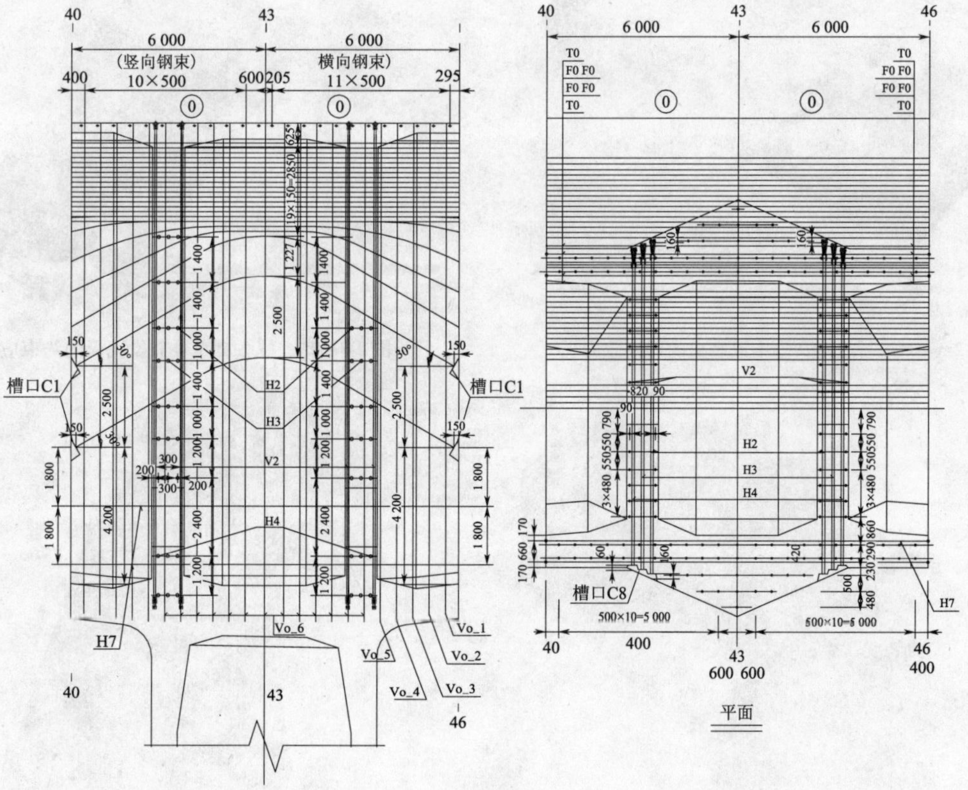

图 2-3-103 墩顶横隔板与腹板的预应力筋布置(尺寸单位:mm)

30℃,以减小内外温差。另外,料石场采取遮阳、吹风等措施,以及泵送管采取外浇水等降温措施,也有利于入模温度的控制。腹板三角区设置冷却管。设置测温计测量各部分的内外温度。

2. 浇筑时间及间隔

分 3 次浇筑,均在初凝前浇完。分段之间的浇筑时间控制在 5 ~ 7d 之内,以减少其温度差及收缩差,避免混凝土开裂。分层浇筑的应力分析见图 2-3-104 ~ 图 2-3-111。

3. 分缝处构造措施

分缝处的构造、加强措施满足混凝土浇筑及振捣,采用图 2-3-112 形式。混凝土凿毛分块进行,凿完立即覆盖保温,减少混凝土外露时间。

4. 托架及劲性骨架

支架的可靠是 0 号节段浇筑成功的关键。因此,支架根据试验结果设预拱度,预埋件的受拉节点采用 4 根精轧螺纹钢筋锚固;同时,底板支架与外托架连成整体,形成桁架,采用图 2-3-113 的构造形式。劲性骨架均采用少量小型角钢。

5. 预应力张拉

浇筑第一、第二分段时,在混凝土强度达到 60% 的设计强度时,进行张拉腹板和横隔板水平预应力索,然后张拉竖向预应力索。

浇筑桥面板后,在混凝土强度达到 90% 的设计强度时,进行桥面横向预应力索张拉,然后张拉竖向预应力,最后张拉顶板纵向束和剩余部分腹板弯束。支架落架在预应力张拉之后进行。

通过上述措施,效果明显。从施工到竣工验收均未发现结构裂缝。

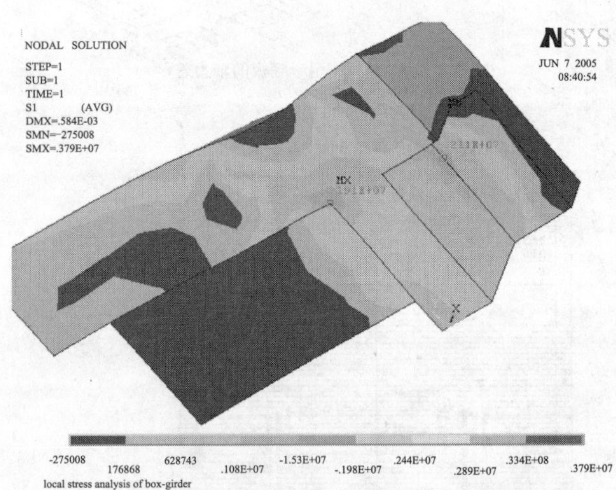

图 2-3-104 桥墩对 0 号节段底板的约束应力

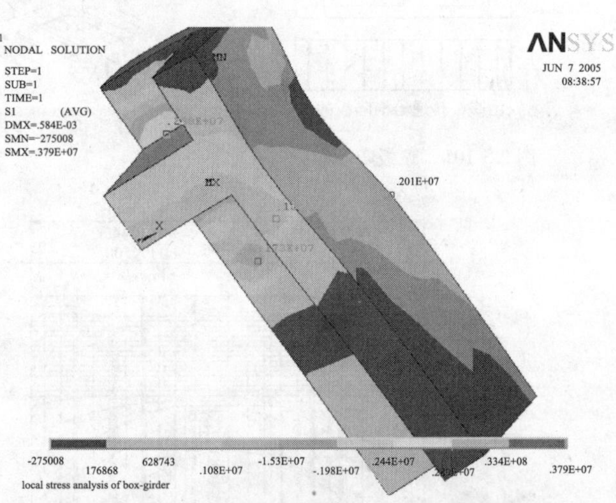

图 2-3-105 桥墩对 0 号节段底板的约束应力

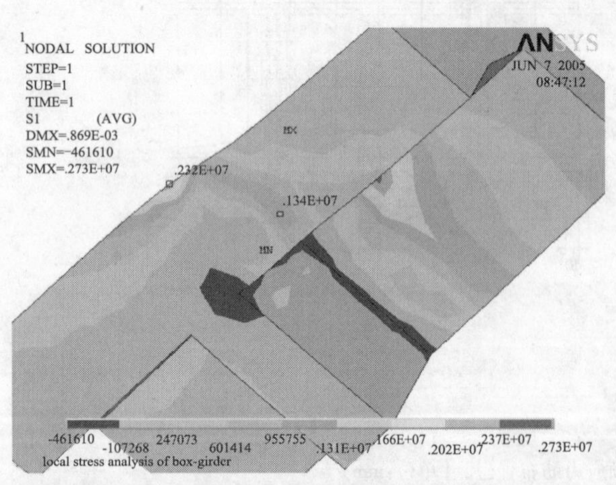

图 2-3-106 底板对第二次浇筑混凝土的约束应力

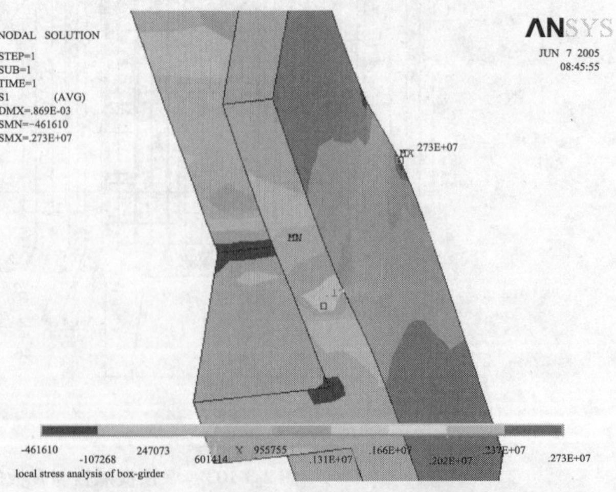

图 2-3-107 底板对第二次浇筑混凝土的约束应力

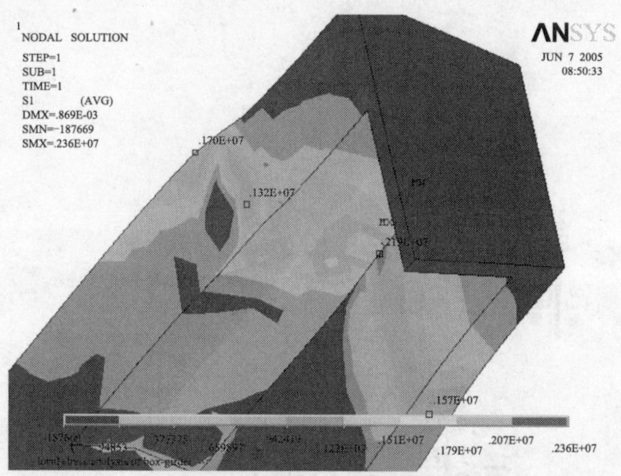

图 2-3-108 顶板施工时的约束应力

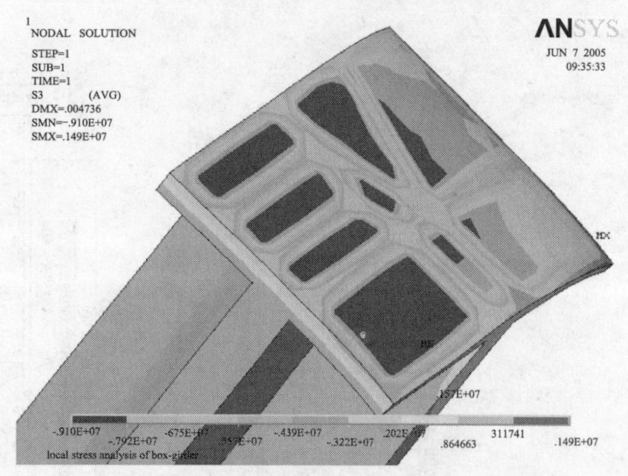

图 2-3-109 顶板升温 25℃第三主应力图

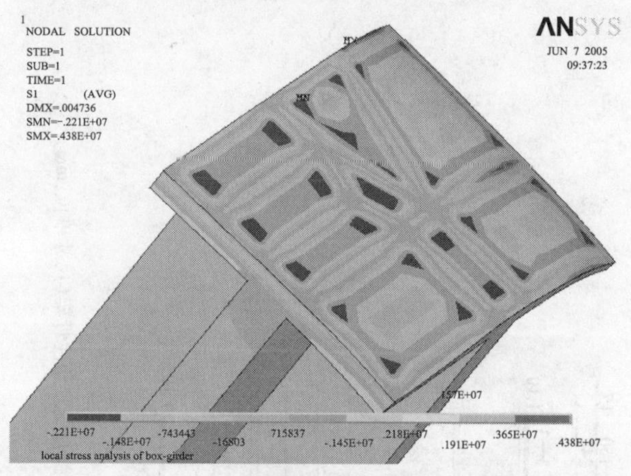

图 2-3-110 顶板升温 25℃第一主应力图

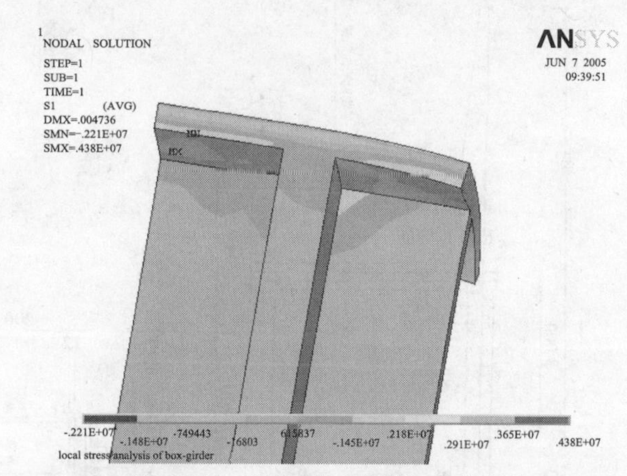

图 2-3-111 顶板升温 25℃第一主应力图

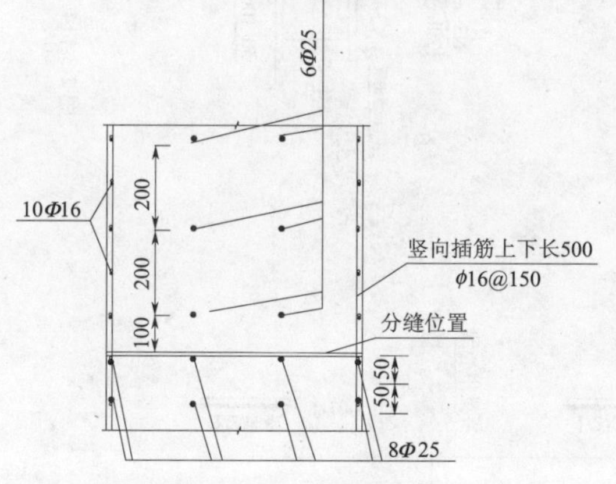

图 2-3-112 分缝位置加强钢筋布置示意图(尺寸单位:mm)

墩与第一段之间
第一段之间与第二段之间
第二段之间与第三段之间

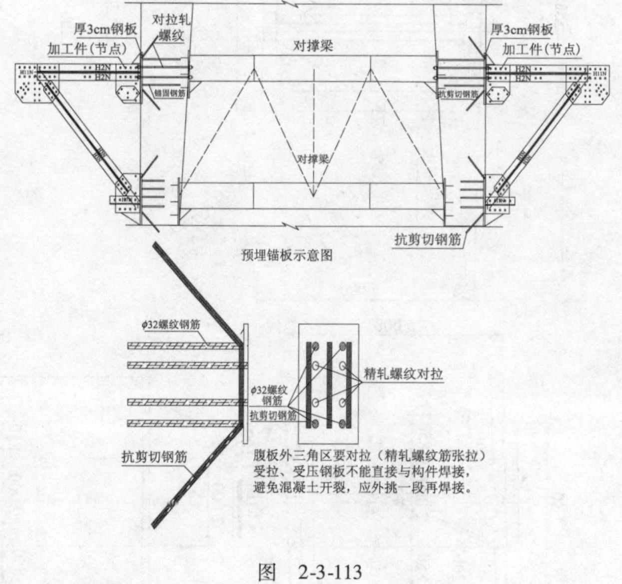

图 2-3-113

十四、合龙段关键技术

(一) 合龙段劲性骨架构造

合龙段劲性骨架构造见图 2-3-114、图 2-3-115。

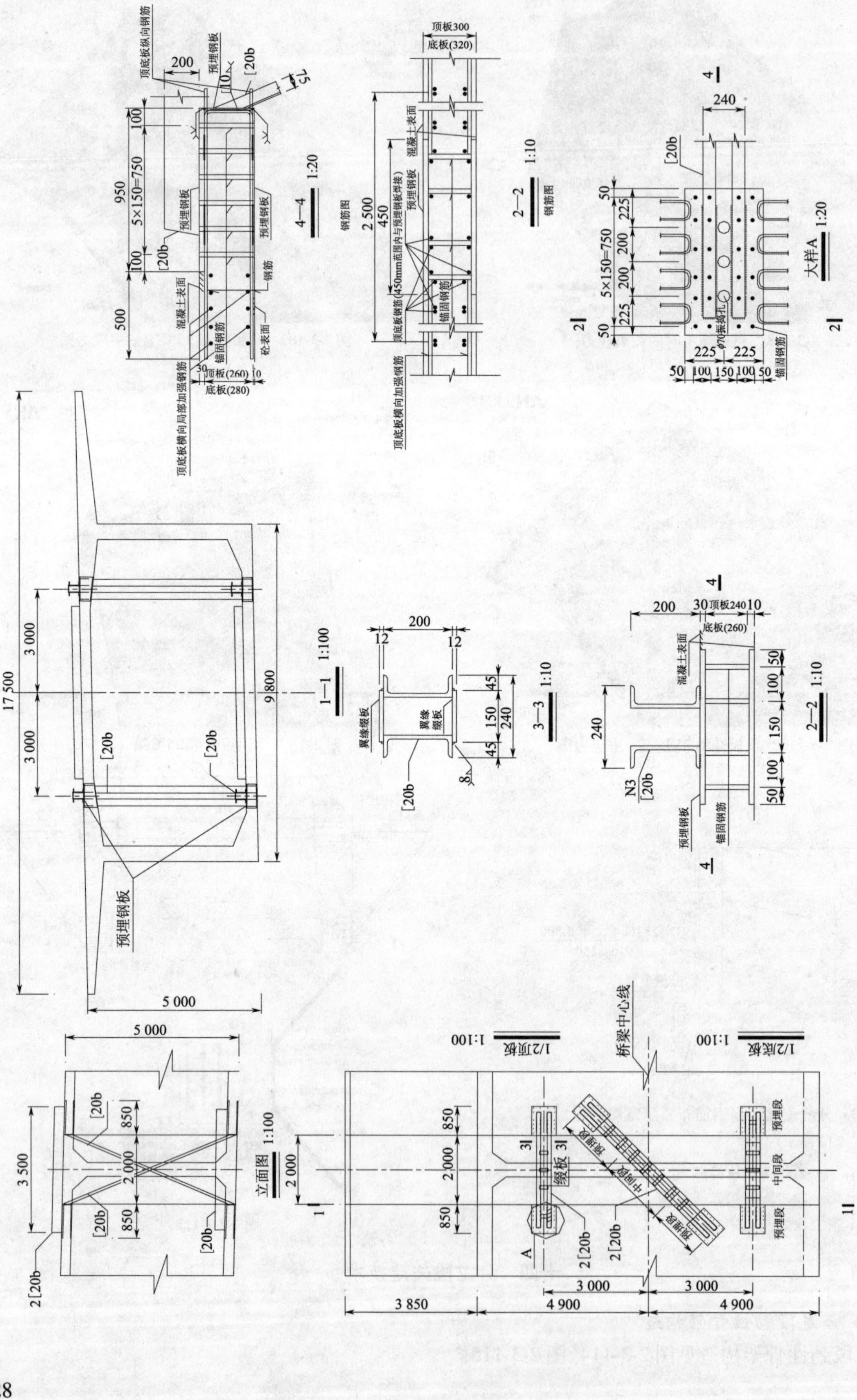

图 2-3-114　边跨合龙段劲性骨架(尺寸单位:mm)

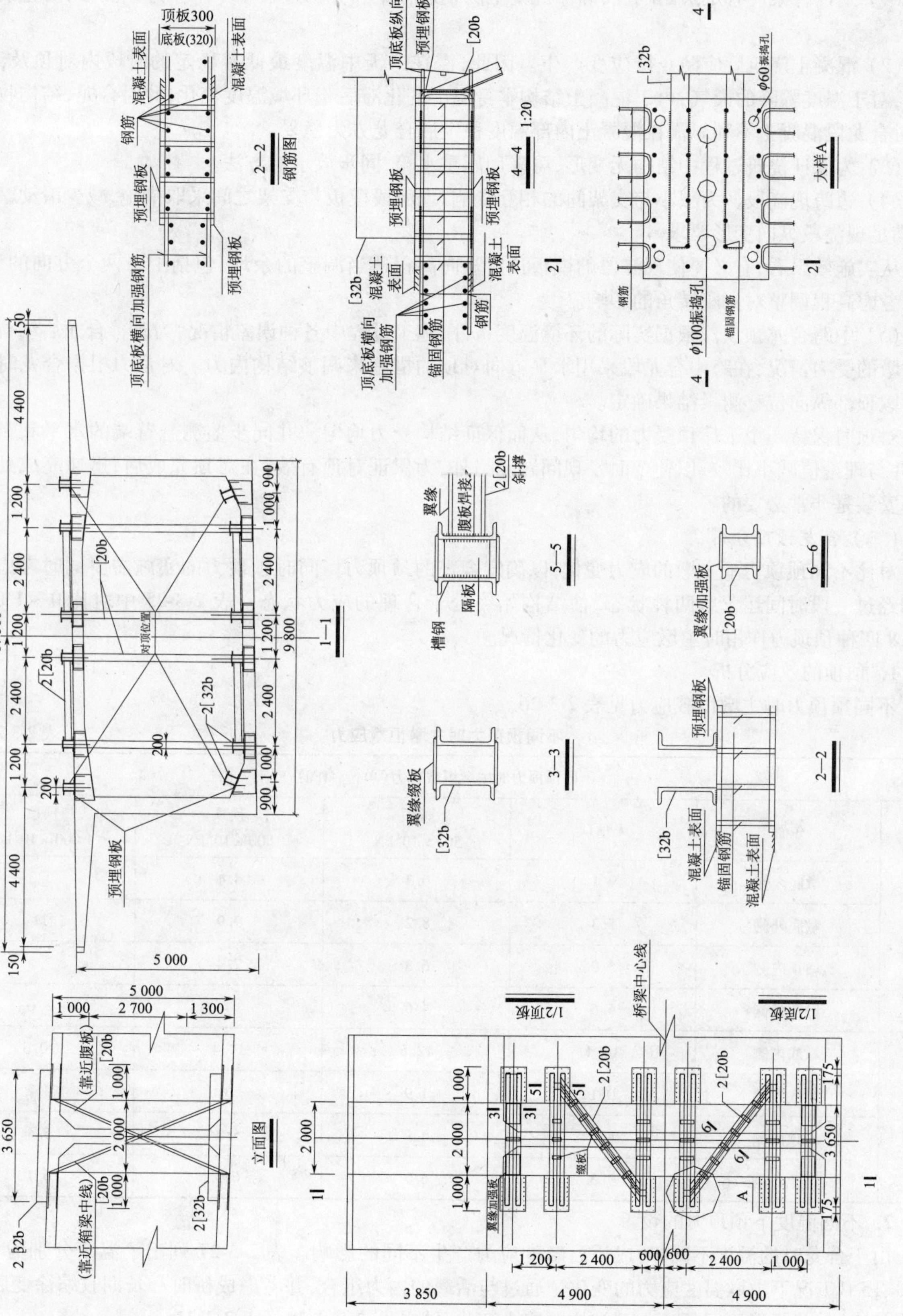

图 2-3-115 中跨合龙段劲性骨架(尺寸单位:mm)

（二）合龙段技术要点

为保证全桥合龙的顺利进行，对边跨现浇段、主跨合龙段的关键技术作了详细的分析。

（1）劲性骨架应有足够的刚度，确保混凝土浇筑过程中和养护过程中不产生过大变形，防止混凝土开裂。

（2）混凝土浇筑后应防止拉应变产生。因此，需在一天中温度最低且稳定的时段内对顶及浇筑。另外，对于温度骤降的天气，由于混凝土结构本身温度变化滞后于环境温度变化，此时合龙，结构收缩明显，对合龙段混凝土不利。需在混凝土内部温度稳定后合龙方为稳妥。

（3）为保证浇筑过程中结构无变形，可采用压重水箱、同步放水的方法。

（4）边跨现浇段。为减小与支架间的相互影响，现浇段模板与支架之间采取措施，减少滑动摩擦系数，满足现浇段纵向变形要求。

从实施效果看，有必要使现浇段的模板预留竖向高程适当调整的余地，包括上下两个方向的调整，同时考虑高程调整对支座转角的影响。

（5）中跨合龙预顶。根据实际的环境温度条件、施工过程中各种误差情况，为改善合龙后结构特别是主墩的受力情况，在跨中合龙段采用水平方向对顶的措施来调整结构内力。对顶力根据合龙时温度和桥墩顶部纵向位移测量结果确定。

对顶时保持4个千斤顶受力的均匀，从而保证结构受力均匀。并同步监测悬臂端的水平和竖向位移，并与理论值减小比较，以便及时发现问题。另外，为保证对顶有效，在对顶完成后，迅速完成劲性骨架的安装是非常必要的。

（三）合龙预顶分析

对比不同预顶力下主墩的应力变化，以确定合理的预顶力。同时预顶力的实施需要同时考虑成桥时和经过一段时间运营后两种状态，使结构始终处于合理的应力状态。表2-3-25中对比0～1 000×10^4kN四种预顶力作用时主墩应力的变化情况。

1. 预顶的效应分析

不同预顶力时主墩恒载应力见表2-3-26。

不同预顶力时主墩恒载应力 表2-3-26

不同预顶力时主墩恒载应力（单位：MPa）					
	位置	无预顶	预顶 500×10^4kN	预顶 800×10^4kN	预顶 1 000×10^4kN
二期恒载完成	墩底内侧	9.1	6.2	4.4	3.3
	墩底外侧	5.3	8.2	9.9	11
	墩顶内侧	5.9	6.8	7.4	7.8
	墩顶外侧	5.6	4.6	4	3.6
徐变后	墩底内侧	14.4	12.5	11.4	10.6
	墩底外侧	0.1	1.9	3	3.7
	墩顶内侧	4.3	4.9	5.2	5.4
	墩顶外侧	7.3	6.7	6.3	6.1

2. 不同温度下预顶力的设置

由于合龙时的温度不同，对成桥后温度应力产生不同的影响。表2-3-27列出了温度分别为25℃、20℃、15℃工况下主墩温度应力的变化。通过与活载的内力组合，并考虑成桥时和长期收缩徐变后结构内力的不同，分析了不同预顶力下结构的应力变化，结果见表2-3-28～表2-3-31。

主墩在温度作用下的应力　表 2-3-27

位 置	温度基准 25℃		温度基准 20℃		温度基准 15℃	
	整体温度（-30/25℃）		整体温度（-25/30℃）		整体温度（-20/35℃）	
墩底内侧	5.2	-4.3	4.3	-5.2	3.4	-6.1
墩底外侧	4.3	-5.2	5.1	-4.3	6.1	-3.4
墩顶内侧	1.5	-1.8	1.8	-1.5	2.1	-1.2
墩顶外侧	1.8	-1.5	1.5	-1.8	1.2	-2.1

主墩在活载作用下的应力　表 2-3-28

位 置	没有折减的活载		组合时按 0.7 折减	
	（+）	（-）	（+）	（-）
墩底内侧	0.9	-1.4	0.6	-1.0
墩底外侧	1.7	-0.8	1.2	-0.6
墩顶内侧	2.4	-1.2	1.7	-0.8
墩顶外侧	1.4	-2.1	1.0	-1.5

3. 结论

分析上述计算数据，得出如下主要结论：

（1）表中数值为徐变系数为 1.0 的计算结果，当预顶力在（500～800）×10^4kN 之间，成桥时及徐变完成后主墩受力均处于合理范围，采用 600×10^4kN。

对桥墩而言，从应力看，预顶有效率约 50%；从轴力看，预顶有效率约 40%。

不同预顶力时主墩恒载应力（一）　表 2-3-29

基准温度为 25℃时主墩组合应力（单位：MPa）

	位置	无预顶		预顶 500×10^4kN		预顶 800×10^4kN		预顶 1 000×10^4kN	
二期恒载完成	墩底内侧	14.9	3.8	12.0	0.9	10.2	-0.9	9.1	-2.0
	墩底外侧	10.8	-0.5	13.7	2.4	15.4	4.1	16.5	5.2
	墩顶内侧	9.1	3.3	10.0	4.2	10.6	4.8	11.0	5.2
	墩顶外侧	8.4	2.6	7.4	1.6	6.8	1.0	6.4	0.6
徐变后	墩底内侧	20.2	9.1	18.3	7.2	17.2	6.1	16.4	5.3
	墩底外侧	5.6	-5.7	7.4	-3.9	8.5	-2.8	9.2	-2.1
	墩顶内侧	7.5	1.7	8.1	2.3	8.4	2.6	8.6	2.8
	墩顶外侧	10.1	4.3	9.5	3.7	9.1	3.3	8.9	3.1

工况：恒+活+温度。

不同预顶力时主墩恒载应力（二）　表 2-3-30

基准温度为 20℃时主墩组合应力（单位：MPa）

	位置	无预顶		预顶 500×10^4kN		预顶 800×10^4kN		预顶 1 000×10^4kN	
二期恒载完成	墩底内侧	14.0	2.9	11.1	0.0	9.3	-1.8	8.2	-2.9
	墩底外侧	11.6	0.4	14.5	3.3	16.2	5.0	17.3	6.1
	墩顶内侧	9.4	3.6	10.3	4.5	10.9	5.1	11.3	5.5
	墩顶外侧	8.1	2.3	7.1	1.3	6.5	0.7	6.1	0.3
徐变后	墩底内侧	19.3	8.2	17.4	6.3	16.3	5.2	15.5	4.4
	墩底外侧	6.4	-4.8	8.2	-3.0	9.3	-1.9	10.0	-1.2
	墩顶内侧	7.8	2.0	8.4	2.6	8.7	2.9	8.9	3.1
	墩顶外侧	9.8	4.0	9.2	3.4	8.8	3.0	8.6	2.8

工况：恒+活+温度。

不同预顶力时主墩恒载应力(三) 表 2-3-31

基准温度为 15℃时主墩组合应力(单位:MPa)

	位置	无预顶		预顶 500×10⁴kN		预顶 800×10⁴kN		预顶 1 000×10⁴kN	
二期恒载完成	墩底内侧	13.1	2.0	10.2	-0.9	8.4	-2.7	7.3	-3.8
	墩底外侧	12.6	1.3	15.5	4.2	17.2	5.9	18.3	7.0
	墩顶内侧	9.7	3.9	10.6	4.8	11.2	5.4	11.6	5.8
	墩顶外侧	7.8	2.0	6.8	1.0	6.2	0.4	5.8	0.0
徐变后	墩底内侧	18.4	7.3	16.5	5.4	15.4	4.3	14.6	3.5
	墩底外侧	7.4	-3.9	9.2	-2.1	10.3	-1.0	11.0	-0.3
	墩顶内侧	8.1	2.3	8.7	2.9	9.0	3.2	9.2	3.4
	墩顶外侧	9.5	3.7	8.9	3.1	8.5	2.7	8.3	2.5

工况:恒+活+温度

(2) 从应力看,温度增加 1℃,相当预顶 47×10^4kN,但从轴力看,温度增加 1℃,相当预顶56×10^4kN。

4. 实际合龙前的预顶及效应

见表 2-3-32 和表 2-3-33。

上游预顶过程中的实测结果 表 2-3-32

时 间	预顶力	悬臂端相对水平位移(mm)		悬臂端竖向位移(mm)		墩顶纵向位移(mm)		环境温度	箱内温度
4 月 3 日凌晨	(10^4kN)	顶板	底板	2 号墩	3 号墩	2 号墩	3 号墩	(℃)	(℃)
1:15	0	0	0	0	0	0	0	11.5	16.5
2:30	200	15	12.5	20	13	—	—	11	—
3:00	360	31	27	32	25	13.1	12.5	11	—
3:45	500	44	41.5	47	40	—	—	11	15.8
4:15	600	53	51.5	—	—	—	—	10	—
4:30	672	59	54.5	62	54	27	30.3	9	—

下游预顶过程中的实测结果 表 2-3-33

时 间	预顶力	悬臂端相对水平位移(mm)		悬臂端竖向位移(mm)		墩顶纵向位移(mm)		环境温度	箱内温度
4 月 5 日凌晨	(10^4kN)	顶板	底板	2 号墩	3 号墩	2 号墩	3 号墩	(℃)	(℃)
0:00	0	0	0	0	0	0	0	12.4	16
1:00	200	18	14.5	22	15	2.4	1.5	12.2	—
2:00	360	35	33	—	—			11.2	—
2:30	500	52	44	—	—	21.4	11.7	11.2	15
3:15	600	59	54.5	—	—			10.8	14.8
3:30	636	63	59	72	60	28.3	17.5	10	—

根据表 2-3-32、表 2-3-33 看出,实际预顶效果与理论计算基本一致。

十五、成桥预拱度分析计算与设置

预拱度计算应分析各参数对结构内力和变形的影响,主要包括梁自身静载、预应力钢绞线的有效预应力、管道摩擦系数和偏差系数、材料的弹性模量 E、混凝土的收缩与徐变变形的性能等。

(一) 单项分析比较

选用参数见表 2-3-34。

选 用 参 数 表　　表 2-3-34

工况号	1	2	3	4	5	6
截面模量	0.95	0.95	0.95	0.95	0.95	0.95
自重系数	1.04	1.06	1.04	1.04	1.04	1.04
预应力系数	1	1	1	1	1.02	1
徐变系数	1.25	1.25	1.5	1.25	1.25	1.25
收缩系数	1.25	1.25	1.5	1.25	1.25	1.25
弹模系数	1.2	1.2	1.2	1.2	1.2	1.3
μ	0.17	0.17	0.17	0.2	0.17	0.17
κ	0.001 5	0.001 5	0.001 5	0.00 2	0.001 5	0.001 5

根据上表 6 种情况选用相关参数进行分析比较，结果见表 2-3-35。

主要位移结果表(mm)　　表 2-3-35

工况号	1	2	3	4	5	6
成桥后中跨最大挠度	-115	-120	-139	-122	-109	-109
成桥后边跨最大上拱	28	27	34	27	29	27

(二) 位移包络分析比较

选用参数见表 2-3-36。

选 用 参 数 表　　表 2-3-36

工况号	1. 中间状态	2. 最大位移状态	3. 最小位移状态
截面模量	1.0	0.95	1.05
自重系数	1.04	1.06	1.02
预应力系数	1	0.98	1.02
徐变系数	1.25	1.5	1.0
收缩系数	1.25	1.5	1.0
弹模系数	1.2	1.0	1.3
μ	0.17	0.2	0.13
κ	0.001 5	0.002	0.001

根据单项分析的结果，将各种参数组合成 3 种状态进行计算，结果见表 2-3-37。

主要位移结果表(mm)　　表 2-3-37

工况号	1	2	3
成桥后中跨最大挠度	-115	-183	-73
成桥后边跨最大上拱	28	33	23

(三) 成桥预拱度设置

主跨跨中下挠已相当普遍地存在，某些桥下挠最大达 30m 以上。因此，设置预拱度有必要增大，在对成桥线形景观影响不大时，宁大勿小。有的桥梁跨径 140~150m，预拱度已接近 1/1 000，成桥后徐变到 30 年间徐变，根据新规范计算，中跨跨中下挠 92mm，边跨跨中上拱 25mm，墩顶下降 11mm。

根据目前国内同类工程的实际情况，上述徐变位移偏小。当然本工程由于受到新规范抗裂要求的影响，墩顶预留压应力较以往工程增加较多，这对减小徐变位移有一定作用。

嘉华大桥主跨 252m，预拱度设置可小于 1/1 000。252m/900 = 0.28m，因此 300mm 左右的预拱度是可接受的。同时对成桥线形景观影响不大。

根据成桥后徐变曲线的形状，采用如下方式设置预拱度：

中跨跨中上拱 300mm，边跨跨中下拱 20mm，墩顶上拱 15mm，且边跨至墩边以及墩顶至跨中按分段三次曲线变化，具体方程描述如下：

$$y=\begin{cases}-10+\dfrac{10}{69^2}(x+69)^2+\dfrac{15}{138}(138+x)+\dfrac{x}{138^2}(138+x)^2\cdots\cdots x\in[-138,0)\\300-\dfrac{285}{125^2}(x-125)^2-\dfrac{2.5x}{125^2}(x-125)^2\cdots\cdots\cdots\cdots\cdots\cdots\cdots\cdots\cdots\cdots x\in[0,125)\end{cases}\quad(2\text{-}3\text{-}17)$$

其中 x 单位为 m，y 单位为 mm。

成桥后理想设定高程见图 2-3-116。

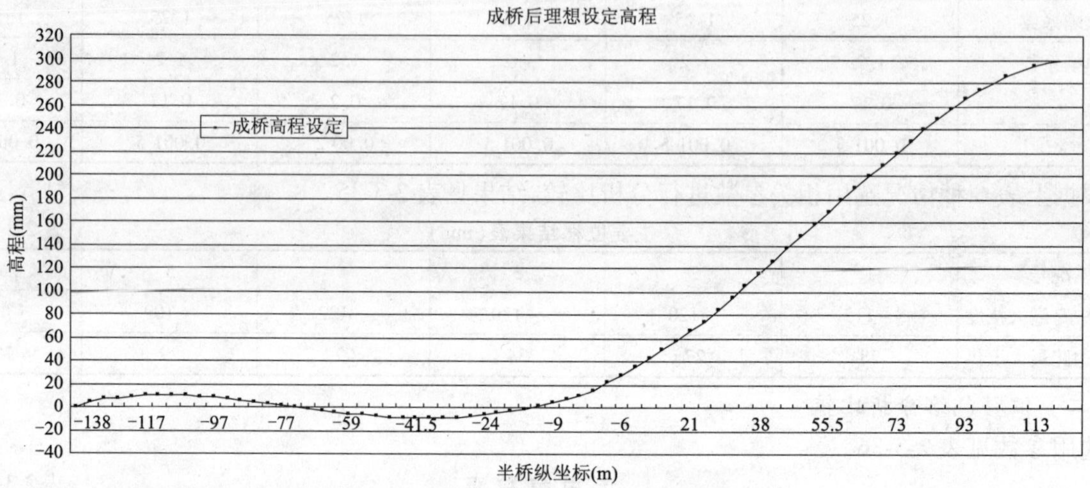

图 2-3-116 成桥后理想设定高程

第九节 结构计算

一、计算模型

计算模型见图 2-3-117。

图 2-3-117 计算模型

二、荷载计算

(1) 结构重力。

一期恒载：结构自重 $\gamma=26\text{kN/m}^3$。

二期恒载：包括桥面铺装、人行道、栏杆和管线等。

(2) 预加应力：考虑相应阶段的预应力损失。

(3) 收缩徐变影响力：$\phi_\infty=2.0\sim3.0$，$\varepsilon_\infty=4.0\times10^{-4}$。

(4) 基础变位影响力：差异沉降按 1cm 考虑。

(5) 汽车荷载：公路 I 级，局部计算用城市 A 级验算。

(6) 人群荷载：3kN/m^2。

(7) 汽车制动力：按规范取用。

(8) 温度影响力：按桥面板局部升温 0～12℃计，整体升温 30℃，降温 25℃。

(9) 支座摩阻力：摩阻系数 $\mu = 0.05$。

(10) 地震力：反应谱法。

(11) 船撞力：横桥向 800kN，顺桥向 650kN。

(12) 风荷载：按规范计算（最大风速为 26.7m/s）。

(13) 洪水压力：按规范计算（最大流速 5m/s）。

三、静力分析结果

（一）成桥运营结构验算

为了验证预应力混凝土连续刚构结构各部分尺寸和预应力钢束布置的合理性，设计过程中分别对结构恒载、活载（公路—I 级、超 20 级、局部荷载城 A 和人行道人群荷载）、箱梁上下缘温差、桥墩不均匀沉降、混凝土收缩徐变等工况进行了计算分析，按规范规定进行组合，组合后箱梁上下缘正应力和腹板范围内的主应力包络图等如图 2-3-118 ~ 图 2-3-120 所示。

抗裂验算：桥上车道荷载和人群荷载加载时，连续梁中跨跨中最大挠度为向下 160mm，向上 48mm，δ/L 分别为 1/1 575 和 1/5 250。

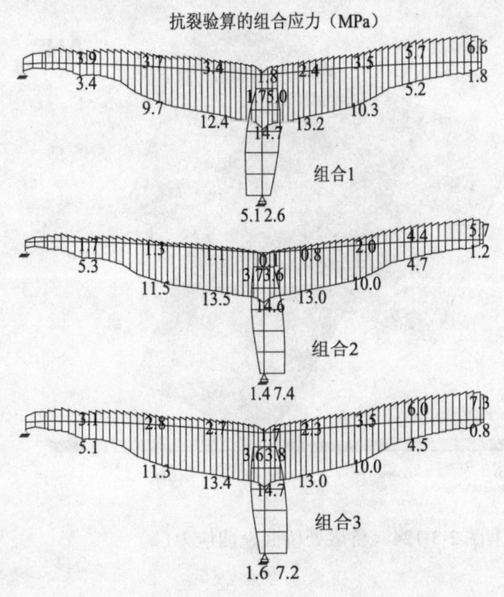

图 2-3-118 正常使用状态的正应力验算

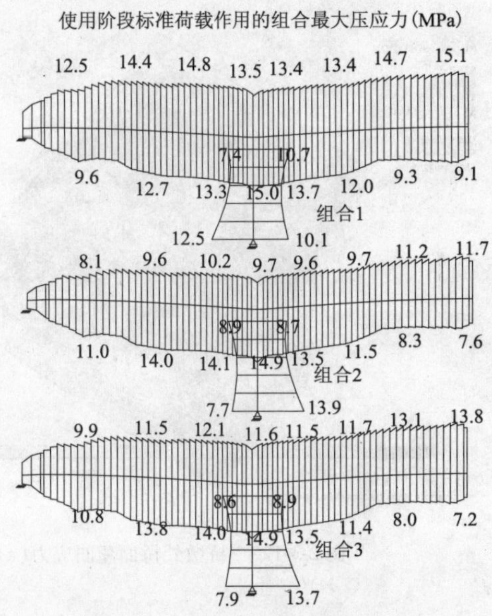

图 2-3-119 正常使用状态的主应力验算

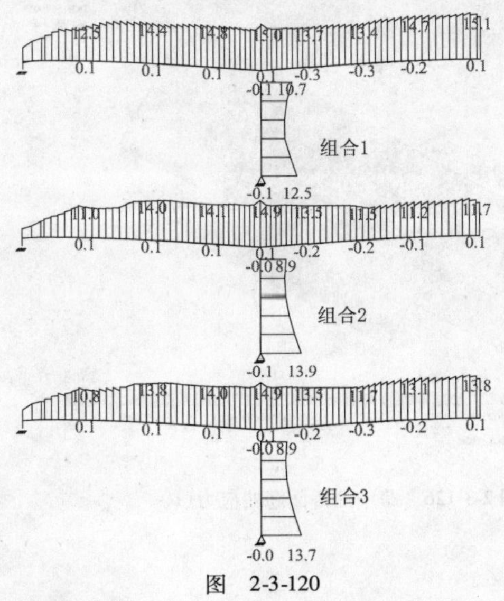

图 2-3-120

经结构验算，静力结构性能优良，结构强度、刚度和稳定性均满足设计要求。

（二）空间分析

偏载作用下的翘曲应力计算：以桥墩轴线为 x 轴 0 点建立了从边跨支点到中跨跨中半座桥的模型，在边跨支点处约束竖向自由度，在中跨跨中处约束纵桥向自由度，在墩梁交接处固结。按照公路—I 级车道单侧布载，分别将线荷载和集中荷载产生的最不利扭矩等效成线荷载和集中荷载施加在桥面上，等效集中荷载施加在距支点和跨中 1/4 跨径处，等效线荷载满跨布置，见图 2-3-121 和图 2-3-122。计算出的扭转翘曲应力见图2-3-123 ~ 图 2-3-126。

在桥墩附近梁段中最大的桥面翘曲应力为 0.211MPa，跨中附近最大的桥面翘曲应力为 −0.188MPa，其中 7m、0m、−7m、−125m（跨中）处桥面板翘曲应力见图 2-3-127 ~ 图 2-3-130。

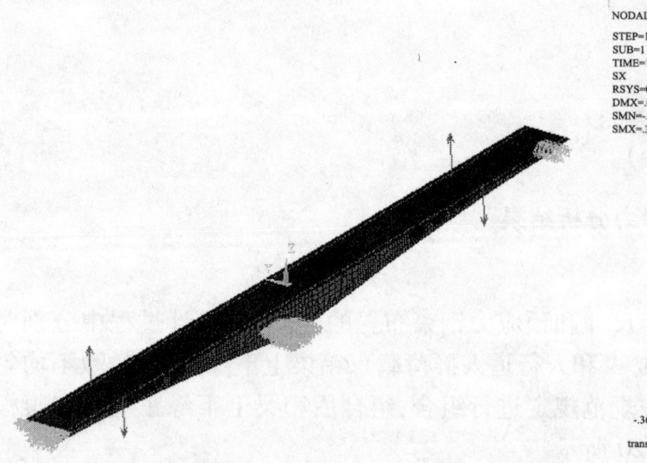

图 2-3-121　计算模型及荷载布置图

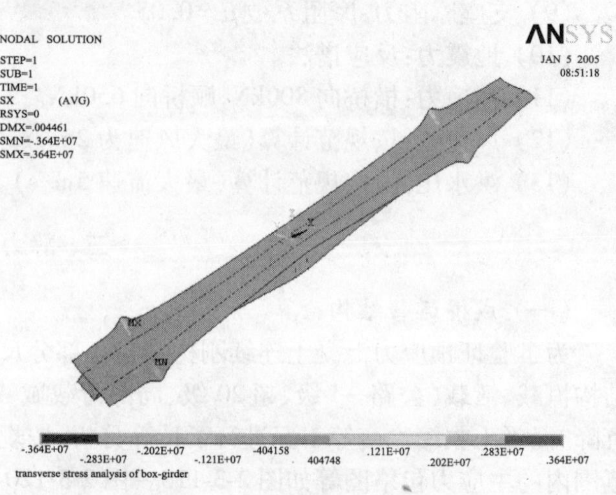

图 2-3-122　扭转畸变正应力分布图

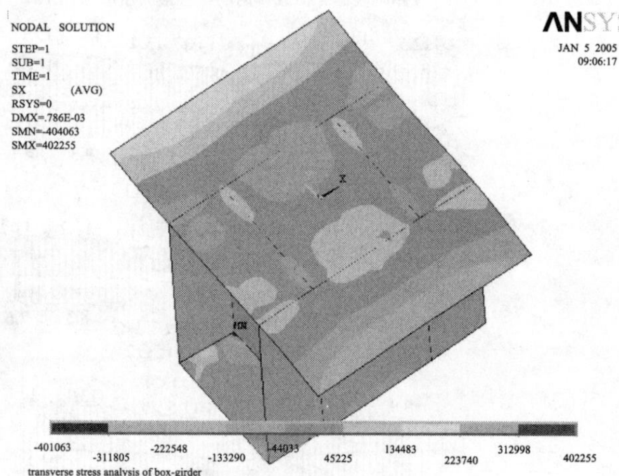

图 2-3-123　桥墩处桥面翘曲应力(a)

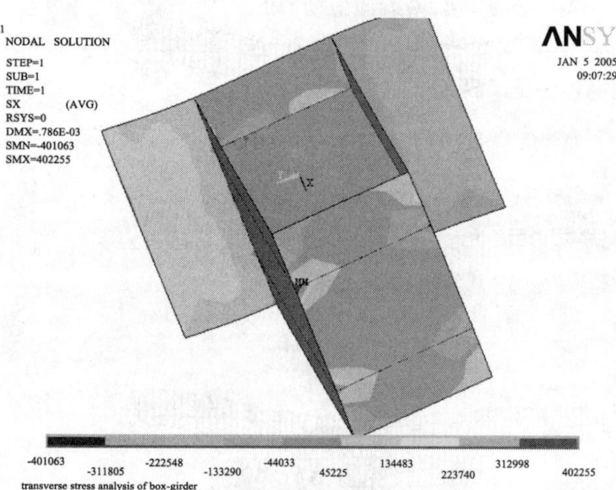

图 2-3-124　桥墩处桥面翘曲应力(b)

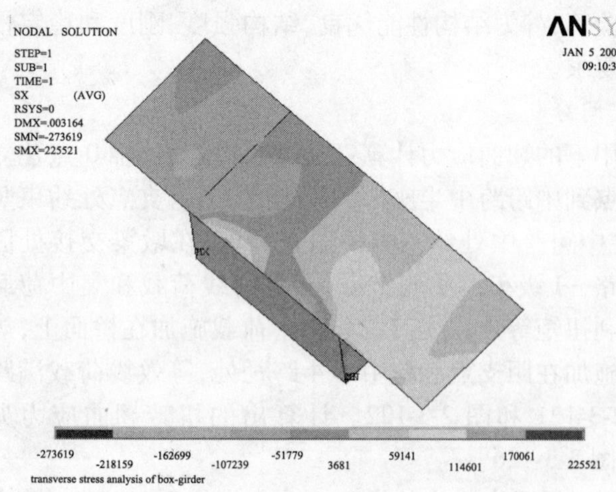

图 2-3-125　跨中处桥面翘曲应力(a)

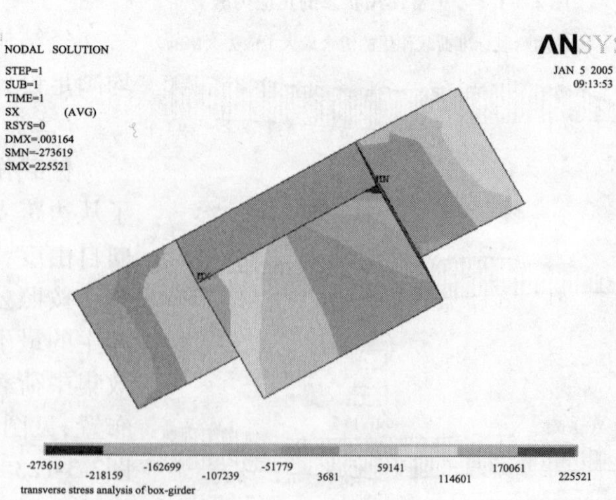

图 2-3-126　跨中处桥面翘曲应力(b)

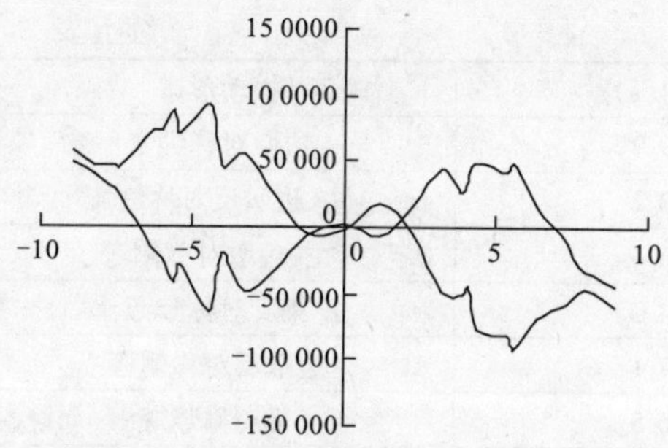

图 2-3-127　7m 处桥面板翘曲应力

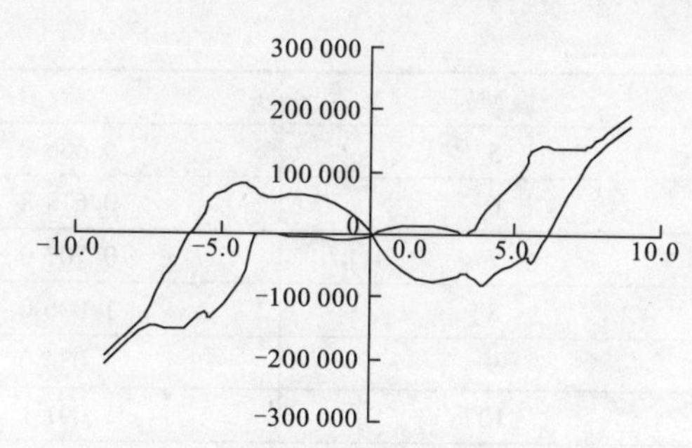

图 2-3-128　0m 处桥面板翘曲应力

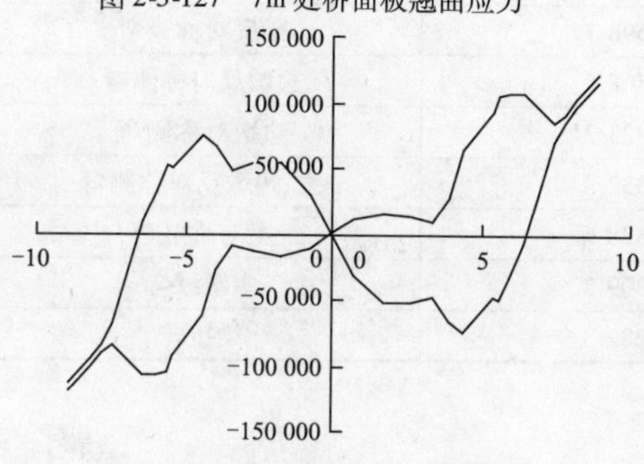

图 2-3-129　-7m 处桥面板翘曲应力

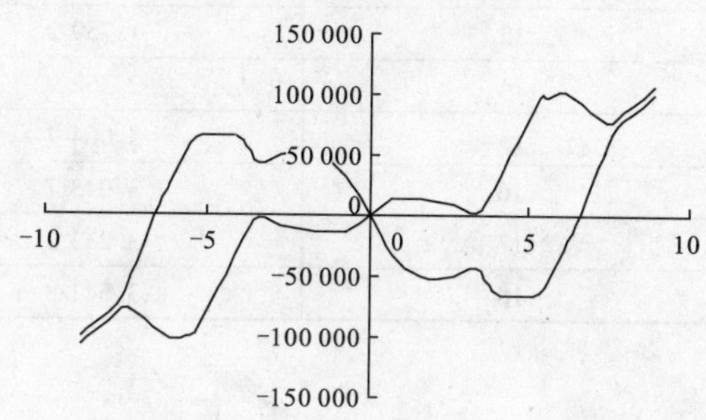

图 2-3-130　-125m 处桥面板翘曲应力

四、抗风动力分析

（一）荷载组合

成桥状态抗风稳定性计算：恒载 + 预 + 收缩徐变 + 沉降 + 风载。

最大双悬臂状态抗风稳定性计算：恒载 + 预 + 挂篮 + 风载。

（二）动力特性

1. 动力分析计算模型

计算模型见图 2-3-131。

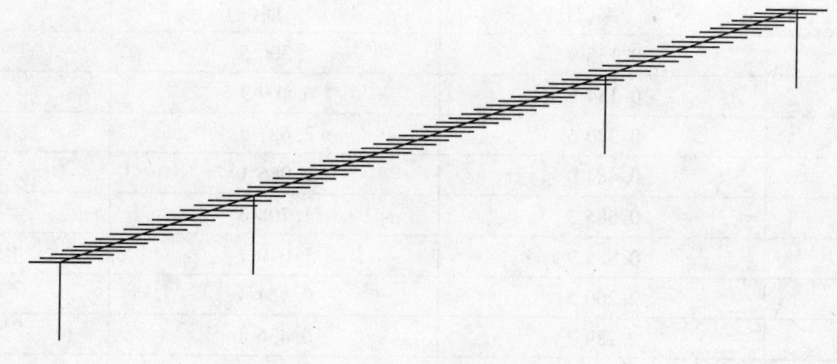

图 2-3-131　计算模型

动力分析中着重研究竖弯、横弯和扭转振型，其对抗风抗震分析非常重要。

2. 动力分析结果

见表 2-3-38 ~ 表 2-3-39 和图 2-3-132 ~ 图 2-3-133。

动力分析结果表（成桥状态）　　表 2-3-38

振型号	频　率（Hz）	周　期（s）	振动形态
1	0.470 6	2.125 2	主墩横摆
2	0.509 4	1.963 1	梁对称竖弯
3	0.518 6	1.928 4	主墩纵弯
4	0.666 7	1.499 9	边墩反对称纵弯

续上表

振型号	频　率(Hz)	周　期(s)	振动形态
5	0.666 7	1.499 9	边墩对称纵弯
6	0.678 8	1.473 2	主、边墩反对称侧弯
7	0.707 0	1.414 4	主、边墩对称侧弯
8	1.006 0	0.994 0	梁反对称竖弯
9	1.034 0	0.967 1	边墩反对称侧弯
10	1.091 1	0.916 5	梁对称竖弯
11	1.398 0	0.715 3	墩对称侧弯
12	1.431 2	0.698 7	梁反对称竖弯
13	1.759 2	0.568 5	边墩反对称侧弯
14	2.362 9	0.423 2	边墩对称侧弯
15	3.004 7	0.332 8	主、边墩反对称侧弯
16	3.043 7	0.328 6	梁对称竖弯
17	3.233 2	0.309 3	主墩纵弯
18	3.541 8	0.282 3	梁扭转

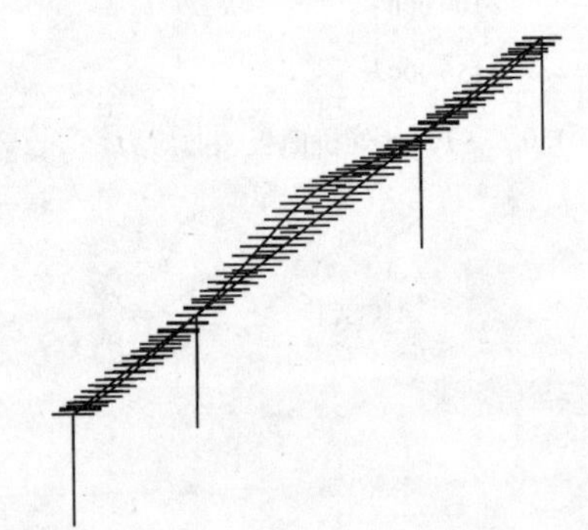

图 2-3-132　主梁一阶竖弯振型图

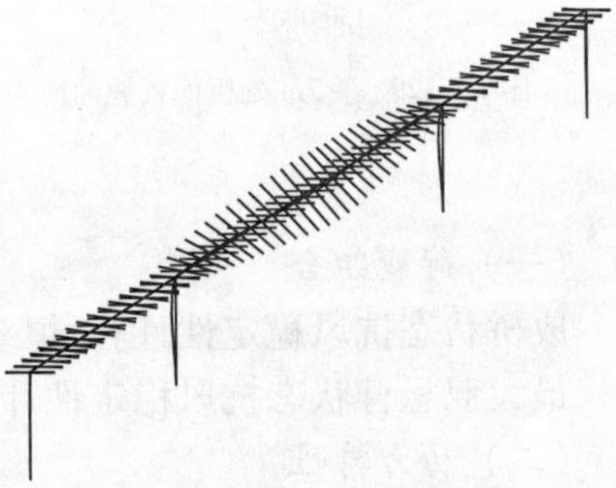

图 2-3-133　主梁扭转振型图

动力分析结果表(最大悬臂状态)　表 2-3-39

振型号	频　率(Hz)	周　期(s)	振动形态
1	0.136 9	7.306 6	主墩纵摆
2	0.154 6	6.469 9	梁平面横摆
3	0.380 6	2.627 5	主墩横摆
4	0.484 0	2.066 1	主梁对称竖弯
5	0.585 3	1.708 6	主墩纵弯 + 梁竖弯
6	0.989 9	1.010 1	主墩横摆 + 梁平摆
7	2.200 5	0.454 4	梁反对称平弯
8	2.289 2	0.436 8	梁反对称竖弯
9	2.931 7	0.341 1	梁对称竖弯
10	3.000 0	0.333 1	梁扭转

(三) 成桥状态抗风稳定性分析

根据有关资料,桥位处 10m 高风速 $V_{10}=30.0\text{m/s}$。根据动力分析结果,参照《公路桥梁抗风设计规范》(JTG/T D60-01—2004),对照国内外规范作了颤振风速分析,计算结果满足颤振检验风速的要求。

按《公路桥梁抗风设计规范》(JTG/T D60-01—2004)计算:

颤振临界风速 = 704.6m/s;

颤振检验风速 = 88.1m/s。

(四) 最大双悬臂状态抗风稳定性分析

根据动力分析结果,参照《公路桥梁抗风设计规范》(JTG/T D60-01—2004),对照国内外规范作了颤振风速分析,计算结果满足颤振检验风速的要求。图 2-3-134 为主梁一阶竖弯振型图,图 2-3-135 为主梁扭转振型图。

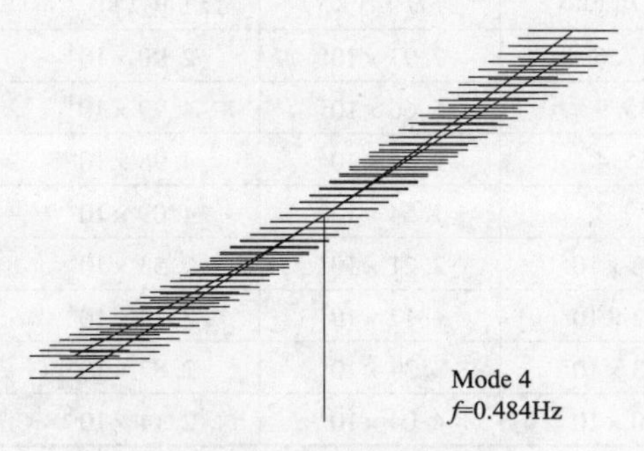

图 2-3-134　主梁一阶竖弯振型图

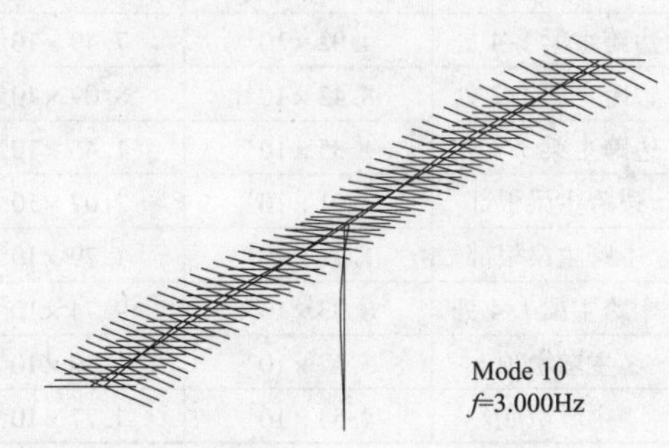

图 2-3-135　主梁扭转振型图

按《公路桥梁抗风设计规范》(JTG/T D60-01—2004)计算:

颤振临界风速 = 580.4m/s;

颤振检验风速 = 91.11m/s。

动力分析表明,结构具有良好的抗风振动力性能。

五、桥梁抗震分析

(一) 模型的建立

采用有限元建立模型,主梁桥墩采用梁单元,考虑到地基条件采用墩底固结,在边墩处采用滑动支座,建立的计算模型见图 2-3-136,图 2-3-137 为二类场地放大系数图。

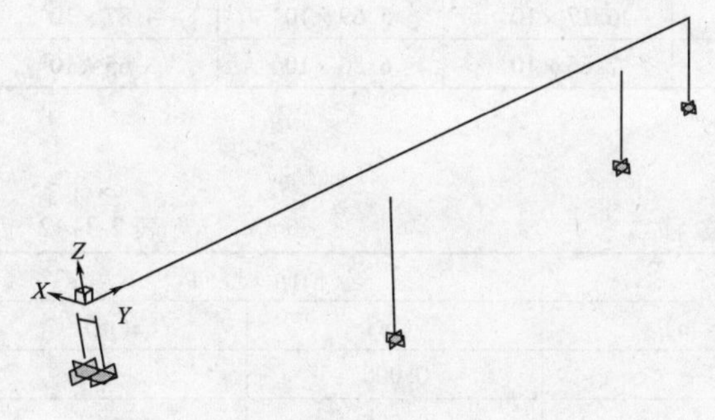

图 2-3-136　计算模型

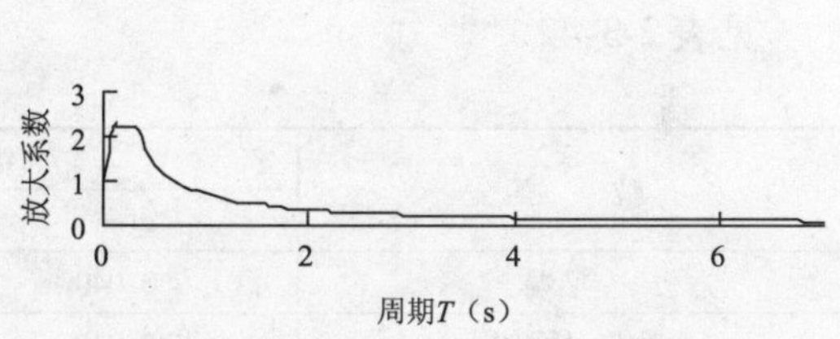

图 2-3-137　二类场地放大系数图

(二) 动力特性

同上节。

(三) 地震动的输入

根据场地地质条件,地震动的输入偏安全地采用二类场地,根据《公路工程抗震设计规范》(JTJ 004—89)第 4.2.3 条,放大系数见地震设防烈度采用 7 度,水平地震系数 K_h 根据《公路工程抗震设计规范》(JTJ 004—89)第 1.0.8 条采用 0.1,竖向地震系数 k_V 取 $K_h/2$,即 0.05。水平向和竖向采用相同的放大系数。采用两种地震动输入方式:(1)纵向 + 竖向;(2)横向 + 竖向,取前 300 阶,按 CQC 法进行组合,方向组合采用 SRSS 法。

(四) 桥梁构件的抗震性能

1. 关键构件部位的弹性地震力

见表2-3-40。

关键构件部位的弹性地震力　　表2-3-40

位　置	纵向+竖向			横向+竖向		
	轴力 P_1(kN)	剪力 V_2(kN)	弯矩 M_3(kN·m)	轴力 P_1(kN)	剪力 V_3(kN)	弯矩 M_2(kN·m)
边跨主梁1/4处	4.02×10^2	7.49×10^2	2.97×10^4	17.6	7.93×10^2	2.90×10^4
边跨主梁1/2处	8.42×10^2	8.09×10^2	4.66×10^4	35.9	5.66×10^2	4.99×10^4
边跨主梁3/4处	1.35×10^3	1.46×10^3	5.49×10^4	55.4	9.14×10^2	4.96×10^4
边跨主梁根部	2.01×10^3	2.07×10^3	8.47×10^4	79.3	1.54×10^3	4.09×10^4
中跨主梁根部	1.91×10^3	1.79×10^3	9.46×10^4	4.48×10^2	2.21×10^3	7.53×10^4
中跨主梁1/4处	8.33×10^2	9.74×10^2	4.76×10^4	4.62×10^2	1.17×10^3	3.14×10^4
主墩墩顶	3.67×10^3	4.30×10^3	9.11×10^4	3.63×10^3	3.34×10^3	2.87×10^4
主墩墩底	4.53×10^3	4.77×10^3	1.55×10^5	4.50×10^3	4.04×10^3	2.14×10^5

注:对于桥墩1方向为竖向,2方向为纵桥向,3方向为横桥向;对于主梁1方向纵桥向,2方向为竖向,3方向为横桥向。

地震设计力 $F=C_z\times C_i\times F_E$,$C_z$ 为综合影响系数,偏安全地取为1;C_i 为重要性修正系数,《公路工程抗震设计规范》(JTJ 004—89)第1.0.4条规定采用1.7;F_E 为弹性地震力。关键构件部位的设计地震力见表2-3-41。

关键构件部位的设计地震力　　表2-3-41

位　置	纵向+竖向			横向+竖向		
	轴力 P_1(kN)	剪力 V_2(kN)	弯矩 M_3(kN·m)	轴力 P_1(kN)	剪力 V_3(kN)	弯矩 M_2(kN·m)
边跨主梁1/4处	6.84×10^2	1.27×10^3	5.05×10^4	29.9	1.35×10^3	4.93×10^4
边跨主梁1/2处	1.43×10^3	1.37×10^3	7.91×10^4	61.0	9.63×10^2	8.48×10^4
边跨主梁3/4处	2.29×10^3	2.48×10^3	9.33×10^4	94.2	1.55×10^3	8.43×10^4
边跨主梁根部	3.41×10^3	3.53×10^3	1.44×10^5	135×10^2	2.62×10^3	6.95×10^4
中跨主梁根部	3.25×10^3	3.04×10^3	1.61×10^5	7.62×10^2	3.75×10^3	1.28×10^5
中跨主梁1/4处	1.42×10^3	1.66×10^3	8.10×10^4	7.85×10^2	1.99×10^3	5.35×10^4
主墩墩顶	6.24×10^3	7.32×10^3	1.55×10^5	6.17×10^3	5.69×10^3	4.87×10^4
主墩墩底	7.70×10^3	8.11×10^3	2.64×10^5	7.65×10^3	6.86×10^3	3.65×10^5

2. 关键部位位移

见表2-3-42。

关 键 部 位 位 移　　表2-3-42

位　置	纵向+竖向		横向+竖向	
	x(m)	z(m)	y(m)	z(m)
左梁端	0.040	—	0.006	—
主墩处主梁	0.040	—	0.035	—
主墩顶	0.035	—	0.029	—
右边墩顶	0.046	—	0.017	—
左边墩顶	0.014	—	0.006	—
右梁端	0.040	—	0.018	—
跨中	0.040	0.015	0.070	0.015

动力分析表明,结构具有良好的抗地震动力性能。

第十节　细部结构设计

一、铺　装

桥面铺装为5cm防水混凝土加1mm防水层和7cm中粒式沥青混凝土防滑面层。

二、伸　缩　缝

主桥采用伸缩量为560mm 的大位移伸缩装置。

1. 梁端伸缩量计算

(1) 温度变化引起的伸缩量

温度伸缩量计算，关键是确定最高和最低的有效温度值。已有研究结果表明：桥梁的日平均温度接近于日平均气温。预应力混凝土可以按照当地月平均最高和最低温度确定结构的最高和最低温度。《公路桥涵设计通用规范》(JTG D60—2004) 规定，温热地区混凝土结构有效最高温度34℃，最低有效温度 -3℃。

安装温度存在一定的不确定性，根据安装季节和重庆的气候情况，安装温度在10～25℃。

一端的伸缩考虑结构长度为主桥的一半和一孔引桥，总长304m。

伸长量 $\Delta_{lt}+ = 1\times30^4\times10^3\times10^{-5}\times(34-10) = 73$mm

收缩量 $\Delta_{lt}- = 1\times30^4\times10^3\times10^{-5}\times(25+3) = 85$mm

(2) 收缩、徐变产生的梁端位移

混凝土收缩是从伸缩缝安装时开始计算的，由于混凝土主梁的浇注时间比较长，其收缩量可以通过程序来计算，也可近似用一个平均的混凝土龄期计算，如半年。经计算，混凝土长期收缩量约85mm。

同样可以计算混凝土徐变的收缩量为86mm。

其他如制动力产生的位移在本工程中均很小，可以忽略。

2. 总伸缩量的确定

在计算伸缩缝的伸缩量时尚应留有一定余量，最终选择如下：

纵向正常使用条件下伸缩总量560mm，即伸长380mm、缩短180mm。

标准缝宽200mm，温度每增加1℃，缝宽减小3mm。

横向正常使用条件下伸缩总量20mm，即伸长10mm、缩短10mm。

3. 梁端旋转角的计算

根据活载、温度变化等最不利的荷载组合计算，梁端转角量为：

$\varphi = \pm0.01$rad(立面转角)；$\varphi = \pm0.015$rad(平面转角)。

三、支　座

边墩处均采用使用寿命长、无须更换的QZ型球形钢支座，每个主桥边墩设置两个QZ12500型球形钢支座。边墩与梁间设置横向限位挡块。

支座安装时，根据预测合龙时的温度设置预偏量。

四、栏　　杆

桥梁中心线一侧采用钢筋混凝土防撞护栏，人行道一侧采用造型美观、与环境协调的防护栏杆。

第十一节　混凝土的耐久性设计

一、混凝土耐久性设计的主要内容

嘉华大桥在混凝土耐久性设计时，主要考虑以下几方面。

(1) 耐久性混凝土的选用。提出混凝土原材料选用(水泥品种与等级、掺和料种类、集料品种与质量要求等)、混凝土配合比的主要参数(最大水胶比、最大水泥用量、最小胶凝材料用量等)要求，根据需要提出混凝土的碱含量等具体指标，使混凝土具有良好的抗侵入性、体积稳定性和抗裂性。

（2）与结构耐久性有关的结构构造措施与裂缝控制措施。

（3）为结构使用过程中的监测、维修或部件更换，设置必要的通道和空间。

（4）加强与施工耐久性有关的施工质量要求。应用高性能混凝土可使结构的耐久性得到很大提高，但由高性能混凝土建成高性能混凝土结构还需要依靠精细施工来实现。国内外经验表明，混凝土对环境作用的抗力不够只是一个方面，施工质量差则是混凝土结构耐久性不良的主要原因之一。挪威的工程经验表明，做好工程结构的施工，海洋严酷环境下的混凝土结构耐久性比陆上混凝土要好，其原因是增加了保护层厚度、应用了优质混凝土、具有良好的质量保证体系和严格的质量控制措施，从而保证了高性能混凝土的质量，得以建成高性能的混凝土结构。

可以认为，影响混凝土耐久性的最重要因素是混凝土本身的质量。提高密实度而减少混凝土的渗透性可以减缓侵蚀性物质侵入混凝土内部的速度。因而，提高混凝土耐久性的根本途径是确保混凝土本身的密实性、钢筋的混凝土保护层厚度以及混凝土的养护方法（包括温度和湿度控制与养护期限）等质量控制与质量保证措施。

（5）结构使用阶段的定期维护与检测。

二、混凝土原材料和配合比

（一）配合比

大桥主墩和主梁采用C55的高性能混凝土。为减小混凝土收缩，防止收缩裂缝，对梁部混凝土收缩率控制在2×10^{-4}以下，微膨胀混凝土（补偿混凝土）膨胀率为2×10^{-4}。

为保证泵送混凝土的可操作性，泵送混凝土的坍落度<12～18cm。为控制混凝土坍落度损失，提高混凝土的致密性和抗渗性，其最大水胶比<0.4。另外，最小胶凝材料>350kg/m^3，最大胶凝材料<500kg/m^3。

同时，对高性能混凝土进行模拟现场环境条件下的梁段现场浇筑工艺试验，检验高性能混凝土的施工可操作性及实际性能指标，改进高性能混凝土级配设计与施工工艺等。

（二）水泥

为保证混凝土品质的稳定，全桥采用同一牌号的水泥，水泥品种为低碱硅酸盐水泥。

为了控制早期水化反应及混凝土早期强度的过快发展，控制水泥中C3A含量不超过8%，水泥细度（比表面积）不超过350m^2/kg，游离氧化钙不超过1.5%。

氯离子含量是影响混凝土耐久性的重要因素，其含量过高，导致钢筋锈蚀速度加快。因此，控制最大氯离子含量为0.06%。

（三）碱含量

碱—集料反应，是集料中的活性矿物与混凝土中的碱性溶液之间的化学反应。由于这种反应，混凝土内部局部发生体积膨胀，使混凝土产生裂纹，严重时会造成混凝土的毁坏。

1. 碱—集料反应必需的3个条件

（1）混凝土中碱含量超标。

（2）碱活性集料。

（3）潮湿有水。

2. 防止碱—集料反应的主要方法

从材料角度入手，使用非活性集料。

3. 从碱活性考虑，集料可分为4类

（1）完全没有碱活性，检测膨胀率0.02以下。

（2）存在潜在碱活性，检测膨胀率0.02～0.06。

（3）有可能发生碱—集料反应，检测膨胀率0.06～0.1。

（4）发生严重碱—集料反应，检测膨胀率大于0.1。

因此,集料只能用第一、二类集料,我国绝大多数地区集料的检测膨胀率在0.02左右。

使用低碱水泥。低碱水泥碱含量控制在0.6%左右。

掺入矿物掺和料。使用低碱水泥,同时控制胶凝水泥材料用量,并掺入矿物掺和料,混凝土总的含碱量一般能控制在1.8kg/m^3。

严格控制早强剂的使用。早强剂对碱含量影响很大,用好早强剂并提高养护措施,以保证混凝土的早期强度。

提高混凝土的密实性。提高混凝土的密实性,可减小水气的渗入。

配方实例(C55)见表2-3-43。

配 方 实 例　　表2-3-43

配比编号	水胶比	水泥	粉煤灰	矿渣粉	砂	石	碱水剂	碱含量
A	0.33	200	140	140	707	1 050	4.8	1.80
B	0.32	280	104	154	786	1 430	0.9	1.74
C	0.32	250	50	200	609	1 131	1.2	1.70
D	0.35	135	315		645	1 147	1.0	1.03

由于大桥采用低碱水泥,混凝土总的含碱量(包括所有原材料)控制在1.8kg/m^{3}以内,同时使用非碱活性集料,有效地避免了碱—集料反应的问题。

(四)掺和料和外加剂

为保证混凝土高品质,大桥所采用的矿物掺和料品质稳定、来料均匀、来源稳定、牌号统一,均有相应的检验证明和生产厂家出具的产品检验合格证书。

另外,大桥所采用的混凝土掺加剂是经过有关部门检验并附有检验合格证明的产品,其质量应符合现行《混凝土外加剂》(GB 8076)的规定,添加外加剂均通过混凝土配合比试验确定,以保证混凝土具有良好的抗离析性能,保持其均匀性。

(五)集料

采用的集料质地均匀坚固,粒形和级配良好、吸水率低、空隙率小。

同时,粗集料抗压强度应大于混凝土强度的2倍,压碎性指标<7%,空隙率<40%,最大粒径<2.5cm,含泥量低于0.5%,针状、片状颗粒含量<5%。

另外,细集料含泥量低于1%,均采用粗砂或中粗砂(如简阳砂等)。

(六)保护层垫块

混凝土保护层垫块的强度、密实度和耐久性均高于构件本体混凝土。绑扎垫块的铁丝头按标准操作,有效避免保护层垫块成为钢筋腐蚀通道。垫块数量保证所有钢筋的保护层均满足设计要求。

(七)结构构造

(1)箱梁表面设置可靠的防水层。

(2)适当加密箱梁钢筋间距,采用100mm×100mm的钢筋间距,防止表面裂缝的产生。

(3)三向预应力均采用塑料波纹管和真空压浆技术,增加管道的密封性和水泥浆密实性,保证预应力束防护的可靠。

(4)设置体外预应力,应对不可预见的主梁下挠。

第十二节　环境和景观设计

一、环 境 保 护

生态环境是人类赖以生存的基础,重视和保护环境,实现可持续发展的战略已是21世纪的主题,而且环境保护也是我国长期坚持的一项基本国策。本项目在初设中特别强调工程建设的环境保护问题,避免因公路建设导致的环境污染,保护生态平衡。在外业勘察中,注重环境景观资料的收集,严格执行"预防为主、防治结合、全面规划、合理布局、综合治理"的环境保护方针,结合景观设计,创造出有价值的景观艺术品,提升环境品质,因此要协调好与景观的各项环节,使该项目建设在社会、生态、水、空气、声等环境要素方面得到更有效的协调和保护,所提出的环保措施将促进重庆市域内外的社会、经济、环境效益的同步发展。

1. 施工期的环保措施

(1) 生态环境:采取防治措施和恢复措施,包括耕地保护和补偿、植被恢复。

(2) 声环境:施工管理是防治和缓解噪声影响的主要途径。

(3) 水环境:采取严格管理和工程措施,保护道路跨越河涌的水质及水源保护区。

(4) 环境空气:在未铺装路面、粉状建材堆场采取洒水抑尘等措施,对沥青和灰土搅拌站位置提出卫生防护要求。

2. 营运期的环保措施

(1) 声环境:拟对超标严重的敏感点和居民点采取安装声屏障等降噪措施。

(2) 水环境:路段两侧设置防撞栏、防落网及桥梁径流收集,路面径流采用管道、边沟收集等措施。

二、景 观 设 计

在景观设计中要体现的生态功能方面,主要是结合道路沿线绿化美化及水土保持来发挥道路的环境生态作用,使本项目建设成为一道靓丽的风景线。

在景观设计中要体现的景观形象功能方面,本项目嘉华大桥为138m + 252m + 138m 预应力混凝土连续刚构桥,跨径居该桥型国内外前列。结构新颖,整体形象简洁大方,在建筑形象设计上,着重体现连续梁的节奏韵律感之美和梁身的曲线美。塑造稳重大方的主桥形象,在构件的细部处理上,讲究协调、韵律、比例。强调结构构件本身的形体美和构图美。桥身的颜色以白色为主导色,体现朴素自然的建筑艺术风貌。我们对桥墩结合景观设计进行了深入研究,力求构筑一座融交通、观赏于一体的城市桥梁,为重庆增添又一道新的人文景观,为山水城市重庆增添光彩。

第十三节 桥梁施工注意事项

一、主桥施工方案概述

连续刚构施工是全桥工期的控制工程,要在一年半内完成242个梁段的灌注施工,技术难度较大,尤其是在不影响通航的情况下要把混凝土、钢筋、预应力筋运至4个T构上。况且连续刚构悬臂施工中又要经过酸雨天气等很多不利因素,必须制订切实可行的施工方案,采取相应的组织和技术措施,4个T构同时施工。在确保质量和安全的情况下,缩短连续刚构的施工周期。

嘉陵江江面开阔,三峡水库正常蓄水前枯水期水深一般较浅,约小于3m,船只较少,可以采取搭栈桥的施工方法。施工中可保留主通航孔,对江中船只通航不会有影响。

由于枯水期桥墩处水深较浅,根据已建桥梁的成熟经验,选择筑岛大开挖方案,变水上施工为陆上施工。桩基础均采用挖孔灌注桩。

主墩采用翻模法进行施工。主桥连续梁采用对称挂篮悬臂浇筑法施工。0号段长度12m,在主墩承台上搭设扇形支架现浇;1号~29号段利用挂篮悬臂施工,每段长度3~5m;边跨现浇段在支架上浇筑,最后利用吊支架施工2m长合龙段。施工合龙顺序是,首先边跨合龙形成单悬臂结构,然后中跨合龙形成三跨连续刚构。为抓紧工期,上、下行两幅桥同时平行对称施工,全桥共需8副挂篮。

二、关键技术问题

（一）节段长度与挂篮

设计挂篮首先要决定箱梁悬臂浇筑的分段长度，悬臂梁沿梁长的分段取决于设备和施工条件。每个节段长，节段的数量就少，施工速度就比较快，但每次浇筑混凝土的数量就多，挂篮及其设备数量就需要相应增多。反之，每个节段短，挂篮的承重要求小，可避免过于庞大的挂篮设备，但节段数量多，挂篮周转次数多，总的施工周期加大。我国连续刚构桥的节段长度一般为2～5m。

因此，根据当地施工单位施工能力状况，并考虑允许上部结构施工的周期，同时减小悬臂端由挂篮自重引起的挠度，确定主墩T构每侧有33个节段，节段长为3m、3.5m、4m，最重节段3 500 kN。挂篮总重量（含挂篮自重、模板重量及其他辅助设备重量）设计控制值为1 400kN（0.4倍节段重量），挂篮具有足够的强度、刚度和稳定性。为避免底板中出现裂缝的常见弊病，底板上不设吊点。挂篮前、后支承中心点均与箱梁肋板对中，并直接传力至肋板（未通过翼板传力）。

（二）材料工艺

1. 预应力体系

所采用锚具均符合国家标准GB/T 14370—93中的I类要求的群锚体系，并符合真空压浆工艺要求。

预埋预应力钢束管道采用塑料波纹管，并保证预应力位置正确。预应力管道未出现漏浆现象。

（1）塑料波纹管安装定位

塑料波纹管在安装前，按设计的管道坐标进行放样，设置定位钢筋，波纹管在定位钢筋上固定。定位钢筋网每隔0.5m间距设置一道，钢筋网均与主梁钢筋点焊。

塑料波纹管插入锚座喇叭口的长度不小于3cm，塑料管与锚座连接处使用防水胶带缠紧密封；对锚座表面上的压浆孔及连接螺孔，亦应使用黄油、海绵等材料填充，以防止浇筑混凝土时水泥渗入管道内。

在混凝土浇筑前，为了确保塑料波纹管成形质量，在每根塑料波纹管内安装临时辅助成形的硬质塑料管。

（2）竖向预应力孔道安装

竖向预应力管道采取与预应力筋（1号～20号采用ϕ^j15.24－4圆形锚，21号～33号块采取ϕ32冷拉Ⅳ级精轧螺纹钢），锚具、排气管等组装好后整体安装，每间隔0.5m设置一道定位U形箍筋，U形定位箍筋与梁体结构钢筋焊接，以确保其定位准确牢靠，如图2-3-138所示。

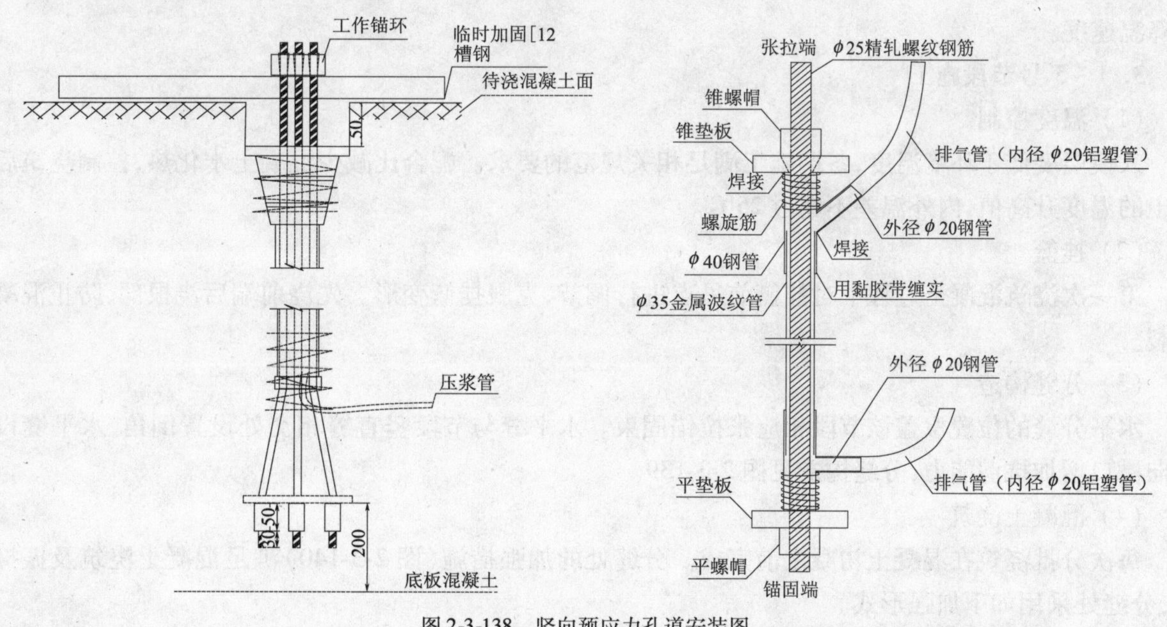

图2-3-138　竖向预应力孔道安装图

在现场对每批锚具的夹片均进行100%外观检查,对10%的夹片进行表面硬度检验,检验硬度的位置在夹片的侧面或按在小头端面测试。当每批检验夹片中硬度发现有不合格时,则对该批夹片按50%抽查检验。若再发现不合格时,则进行100%逐片检查,以确保工程质量。锚具夹片硬度HRC为58~64。

2. 混凝土

详见混凝土的耐久性设计。

(三) 施工工艺

1. 预应力体系

(1) 钢绞线张拉控应力为$0.78f_{pk}$,应考虑锚圈口损失的影响,保证锚下控制应力$>0.75f_{pk}$。

(2) 当混凝土强度和弹性模量达到90%时张拉钢束,并且确保混凝土有7d的龄期(混凝土试块与梁在同等条件下养护)。

(3) 预应力钢束张拉工艺:0→初应力($0.1\sigma_k$)→控制应力($1.0\sigma_k$)→持荷3min→锚固。

(4) 张拉时千斤顶吨位与张拉引伸量实行双控,并以张拉吨位为主。施工伸长量与设计值的误差控制在±6%。

由于竖向精轧螺纹钢筋较短,采用专用的千斤顶,并在张拉达吨位后拧紧螺母致使油压下降,同时采用二次张拉保证预应力的可靠。

2. 混凝土浇筑和养护

(1) 悬臂浇筑段混凝土每节段箱梁制作3组混凝土标准试块,以检查3d、7d、28d的混凝土强度。合龙段制作5组混凝土标准试块,以检查龄期3d、7d、28d的混凝土强度。试块均采用与梁体相同的混凝土以及相同的浇筑方法和养护条件。

(2) 养护及拆模时间:每次浇筑混凝土初凝后,立即开始养护。没有模板的暴露表面采用浇水或覆盖湿麻袋、湿棉毡等进行养护。模板接缝处保证不失水,养护时间不小于7d。

(3) 在养护期间,根据混凝土温度和气温的差别和变化,及时采取措施,控制混凝土温度以及升温和降温速率。混凝土入模温度视气温而定,在炎热气候下不高于气温30℃,负温下不低于12℃。混凝土养护过程中加强温度监控,混凝土入模后内部最高不超过70℃,内部与表层之间温差不超过20℃,新浇混凝土与临近已硬化混凝土之间不大于20℃,淋注于混凝土表面的养护水不低于表面温度15℃,混凝土降温速度不大于3℃/d。当大气温度低于混凝土表面温度20℃时,混凝土表面采取保温措施以降低降温速度。

3. 1~5号节段施工

(1) 温度控制

入模温度低于环境温度,冬期施工满足相关规范的要求。配合比减少混凝土水化热,控制浇筑后混凝土的温度升高值,内外温差不超过25℃。

(2) 挂篮

第一次浇筑混凝土过程中对挂篮前吊点进行调节,克服挂篮变形。先浇前端后浇根部,防止混凝土开裂。

(3) 分缝构造

水平分缝的位置覆盖该节段相应张拉锚固束。水平缝与节段竖直缝相交处设置倒角,水平缝设置双向槽口增加抗剪能力,分缝构造见图2-3-139。

(4) 混凝土浇筑

每次分批浇筑在混凝土初凝之前完成。分缝处的加强措施(图2-3-140)满足混凝土浇筑及振捣要求,分缝处采用如下加强形式。

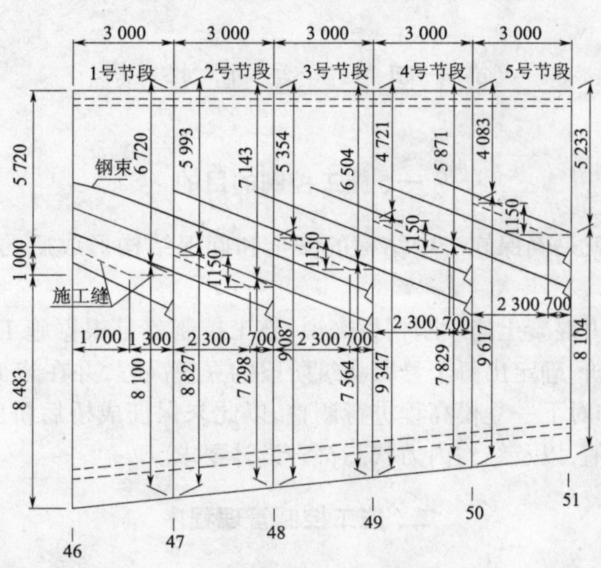

图 2-3-139 分缝构造(尺寸单位:mm)

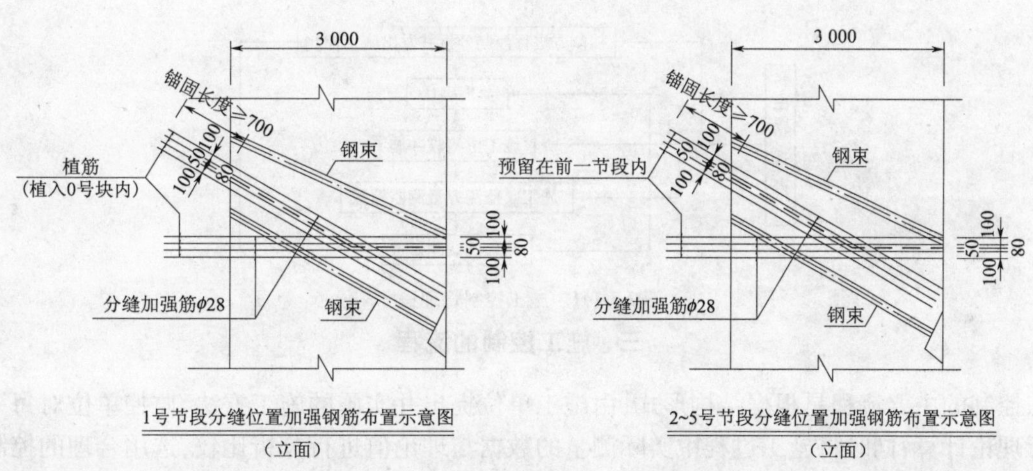

图 2-3-140 分缝加强措施(尺寸单位:mm)

分缝处混凝土凿毛分块进行,此时不拆侧模,凿完立即覆盖保温,减少混凝土外露时间;同时,尽量减少分段之间的浇筑时间差,控制在 3 ~5d 之内,以减少其温度差及收缩差,避免混凝土开裂,并在下节混凝土强度达到设计强度的 60% 后浇上层混凝土。

在第二部分混凝土浇筑时,挂篮前吊点根据混凝土浇筑的进度分 3 级进行顶升(每浇筑第二部分混凝土方量 1/3 前顶升一次,每次顶升力略大于第二次浇筑混凝土重量的 1/3),进行局部内力调整,防止根部开裂。总顶升力略大于第二次浇筑混凝土的重量。

4. 合龙段施工

混凝土配合比:合龙段混凝土采用超强微膨胀混凝土(收缩率 0. 000 2)。控制混凝土初凝时间在 4 ~6h内,终凝时间 10h 以内。对 12h、24h、48h、72h 的强度进行试验,24h 强度达到 40% ,48h 强度达到 60% ,72h 强度达到 80% ,试块养护条件与施工时环境条件相当。

预应力张拉:3d 强度达到设计强度 80% 后及时张拉部分纵向预应力钢束。

5. 中跨合龙预顶的要点

见第六节。

第十四节　施 工 控 制

一、施工控制的目的

桥梁施工控制的目的就是确保施工中结构的安全和确保结构形成后的外形和内力状态符合设计要求。

对于悬臂施工的预应力混凝土连续刚构桥来说,施工控制就是根据施工监测所得的结构参数真实值进行施工阶段的仿真分析,确定出每个悬臂浇筑阶段的立模高程,并在施工过程中根据施工监测的成果对误差进行分析、预测和对下一立模高程进行调整,以此来保证成桥后桥面线形、合龙段两悬臂端高程的相对偏差不大于规定值,以及结构内力状态符合设计要求。

二、施工控制管理程序

施工控制是一个涉及控制、设计、施工、监控、监理等多单位协作与配合的系统工程,是实现设计目标的必要措施,必须通过有效的管理,确保施工控制程序正常运作。各单位在施工控制中的职责如图 2-3-141 所示。

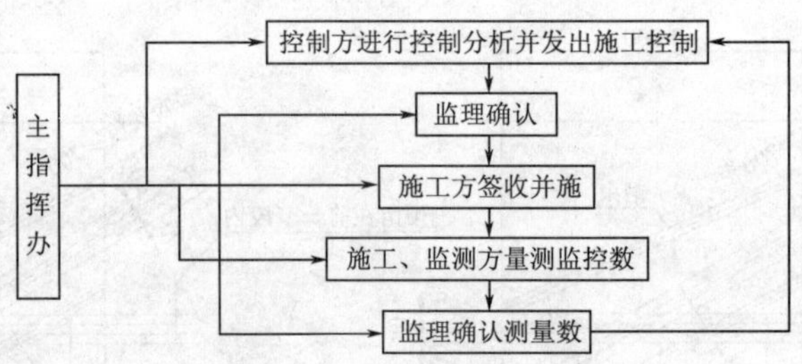

图 2-3-141　施工控制管理程序

三、施工控制的流程

施工控制的主要流程是根据结构形式,由施工单位提出并实施的施工方法,监控单位对每一个施工工况进行理论计算;同时将施工过程中实际测量的数据与理论值进行分析比较,选用合理的控制方法在施工中加以控制、调整,其控制框图如图 2-3-142 所示。

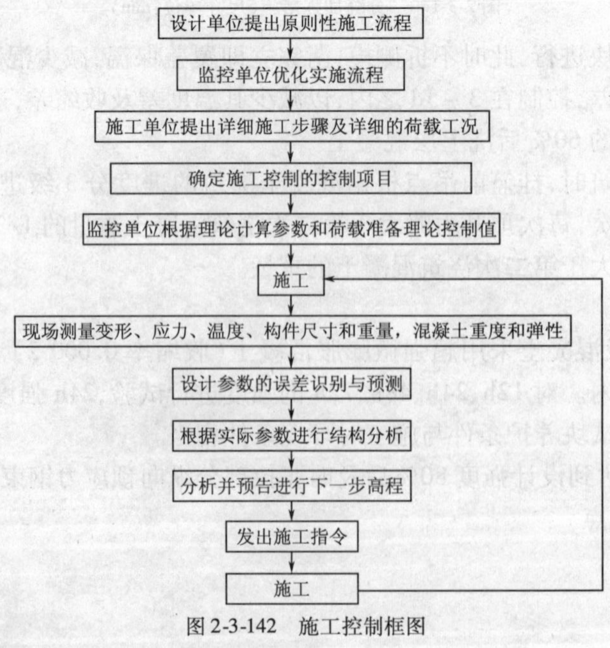

图 2-3-142　施工控制框图

四、施工控制计算步骤的划分

施工阶段可分成5个大的步骤:0号、主墩施工,悬臂浇筑1~33号节段,边跨合龙施工,中跨合龙施工,桥面系施工。主要的施工过程见表2-3-44。各步骤施工具有不同的施工特点,施工控制需要与之配合,达到最佳效果。

施工阶段内容表　　表2-3-44

0	主墩浇筑,支架现浇0号块,张拉顶板T0束、腹板F0束
1~33	依次悬臂浇筑1~33号块,依次张拉顶板T1~33束、腹板F1~33束
34	边跨支架现浇段施工,安装边跨合龙段刚性联结,浇筑边跨合龙段,从长束到短束顺序张拉边跨顶、底板预应力束,边跨合龙
35	中跨水平预顶,安装中跨合龙段刚性联结,浇筑中跨合龙段,按从长束到短束顺序张拉中跨顶、底板预应力束,中跨合龙
36	拆除中跨合龙段挂篮,桥面系施工
37	运营阶段

大跨径预应力连续刚构桥的施工采用分阶段逐步完成的悬臂施工方法时,结构的最终形成必须经历一系列的施工过程,对施工过程中每个阶段进行详细的变形计算和受力分析,是桥梁施工控制最基本的内容之一。为了达到施工控制的目的,必须首先通过计算来确定桥梁结构施工过程中每个阶段在受力和变形的理想状态,以此为依据来控制施工过程中每个阶段的结构行为,使其最终成桥线形和受力状态满足受力要求。

悬臂浇筑方法是一个节段对应三个计算步骤:挂篮前移、浇筑混凝土、张拉预应力索。计算工况见表2-3-45。

计算工况表　　表2-3-45

工况号	施工内容
1	主墩浇筑,支架现浇0号块
2	张拉顶板T0束、腹板F0束
3	拼挂篮
$3\times i+1$	依次悬臂浇筑i号块,$i=1-33$
$3\times i+2$	依次张拉顶板T_i束、腹板T_i束,$i=1-33$
$3\times i+3$	前移挂篮,$i=1-33$,第33节段时改吊支架
102	边跨支架现浇段施工,安装边跨合龙段刚性联结,浇筑边跨合龙段
103	从长束到短束顺序张拉边跨顶、底板预应力束,边跨合龙
104	中跨水平预顶
105	安装中跨合龙段刚性联结,浇筑中跨合龙段
106	按从长束到短束顺序张拉中跨顶、底板预应力束,中跨合龙
107	拆除中跨合龙段挂篮,桥面系施工
108	运营阶段收缩、徐变

五、主要监测项目

(一)主梁应力监测

在大桥上部结构的控制截面布置应力测点,以观察在施工过程中这些截面的应力变化与应力分布情况。然后把结果及时反馈给设计人员,和计算结果相验证,在计入误差和变量调整后由设计人员分析以后每阶段乃至竣工后结构的实际状态,同时可以根据当前施工阶段向前计算至竣工,预告今后施工可能出现的状态并预报下一阶段当前一安装构件或即将安装的构件是否出现不满足强度要求的状态,以确定是否在本施工阶段对可调变量实施调整。

主梁在悬臂施工状态下最不利受力部位主梁的根部,为防止箱梁顶板或腹板开裂,选择主梁0号块、根部、四分点、八分点及跨中断面作为应变、应力测试截面。全桥共44个测试断面。主梁合龙前后的应力观测应特别注意。

0 号块、主梁根部、四分点、八分点及跨中断面横断面上的应力测试点布置如图 2-3-143 所示，由此可以监测纵向应力在横断面上的分布情况（图 2-3-144），并可以进行剪力滞的影响分析。

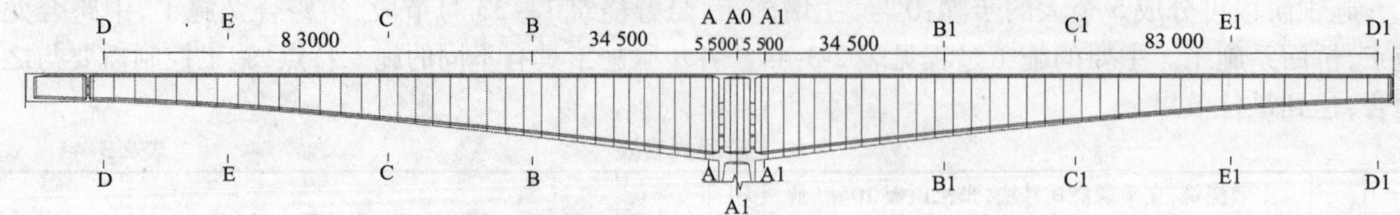

图 2-3-143　应力测试断面布置

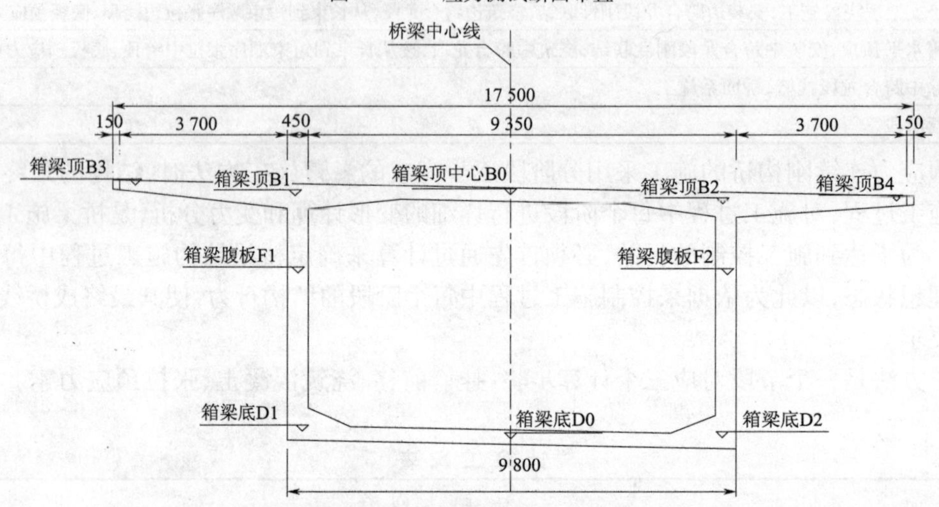

图 2-3-144　纵向、剪切应力观测点横断面布置图（尺寸单位：mm）

上述截面腹板的上 1/3 位置布置斜向 40°的应变计以测试腹板主拉应力。

（二）主梁挠度监测

挠度观测资料是控制成桥线形最主要的依据。根据以往的经验，在每个施工段的断面上布置 7 个高程观测点，这样不仅可以测量箱梁的挠度，同时可以观察箱梁是否发生扭转变形。在施工过程中，对每一截面需进行立模、混凝土浇筑前、混凝土浇筑后、预应力张拉前、预应力张拉后的高程观测，以便观察各点的挠度和箱梁曲线的变化历程，保证箱梁悬臂端的合龙精度和桥面线形。为了尽量减少温度的影响，挠度的观测安排在早晨太阳出来之前进行。以这些观测数据为依据，进行有效的施工控制。

（三）温度监测

温度是影响主梁挠度的最主要的因素之一，温度变化包括日温度变化和季节温度变化两部分，日温度变化比较复杂，尤其是日照作用，季节温差对主梁的挠度影响比较简单，其变化是均匀的。因此为了摸清箱梁截面内外温差和温度在截面上的分布情况，在梁体上布置温度观测点进行观测，以获得准确的温度变化规律。

六、施工监测方案及监控测量

施工监控方案原则上利用现有施工测量网进行，具体测量方案待测量方制订，包括环境温度和结构温度场的测定、结构位移测定、关键部位应力测定等。

（一）施工量测时机

为避开日照温度差对变形所造成的影响，施工量测时，变形高程的量测在凌晨 0:00 ~6:00 之间进行。

为了计入四季及昼夜温度变化的影响，在施工量测时应记录气象、温度等环境条件。主要包括混凝土桥面板的上缘、下翼等结构温度和大气环境温度测定等。

（二）施工实测值误差

高程测量误差为 ±5mm；

相邻节段高差 2mm；

平面测量误差为 ±5mm。

七、立模高程的确定

立模高程 H 是该段混凝土浇筑前的模板高度，它由以下几个部分组成。

Δ_1——模板定位之后到成桥状态所有工况产生的位移总和；

Δ_0——成桥时的预拱度；

H_0——理论状态的高程；

δ——挂篮由于混凝土浇筑产生的自身挠度（可根据试验数据得到）；

$$H = H_0 + \Delta_1 + \Delta_0 + \delta \tag{2-3-18}$$

结构上任意点在某一工况下的高程 H_i 可以由下式得到：

$$H_i = H_0 + \Delta_1 + \Delta_0 - \Delta_i \tag{2-3-19}$$

式中：Δ_i——模板定位之后到目前状态所有工况产生的位移总和。

八、施工监控灵敏度分析

（一）影响参数

施工控制计算应分析各参数对结构内力和变形的影响，主要包括梁自身静载、预应力钢绞线的有效预应力、管道摩擦系数和偏差系数、材料的弹性模量 E、混凝土的收缩与徐变变形的性能等。

（二）单项分析比较

选用参数表及主要位移结果见表 2-3-46、表 2-3-47。

表 2-3-46

选用参数表

工况号	1	2	3	4	5	6
截面模量	0.95	0.95	0.95	0.95	0.95	0.95
自重系数	1.04	1.06	1.04	1.04	1.04	1.04
预应力系数	1	1	1	1	1.02	1
徐变系数	1.25	1.25	1.5	1.25	1.25	1.25
收缩系数	1.25	1.25	1.5	1.25	1.25	1.25
弹模系数	1.2	1.2	1.2	1.2	1.2	1.3
μ	0.17	0.17	0.17	0.2	0.17	0.17
κ	0.001 5	0.001 5	0.001 5	0.002	0.001 5	0.001 5

根据上表 6 种情况选用相关参数进行分析比较。

表 2-3-47

主要位移结果表（mm）

工况号	1	2	3	4	5	6
施工中边跨最大位移	−109	−114	−116	−115	−105	−100
施工中中跨最大位移	−112	−118	−122	−119	−107	−103
成桥后中跨最大挠度	−115	−120	−139	−122	−109	−109
成桥后边跨最大上拱	28	27	34	27	29	27

（三）位移包络

见表 2-3-48 ~ 表 2-3-49。

表 2-3-48

选用参数表

工况号	1. 中间状态	2. 最大位移状态	3. 最小位移状态
截面模量	1.0	0.95	1.05
自重系数	1.04	1.06	1.02

续上表

工况号	1. 中间状态	2. 最大位移状态	3. 最小位移状态
预应力系数	1	0.98	1.02
徐变系数	1.25	1.5	1.0
收缩系数	1.25	1.5	1.0
弹模系数	1.2	1.0	1.3
μ	0.17	0.2	0.13
κ	0.001 5	0.00 2	0.00 1

根据单项分析的结果,将各种参数组合成3种状态进行计算。

主要位移结果表(mm)

表2-3-49

工况号	1	2	3
施工中边跨最大位移	-103	-159	-73
施工中中跨最大位移	-110	-171	-74
成桥后中跨最大挠度	-115	-183	-73
成桥后边跨最大上拱	28	33	23

九、锯齿块不平衡对大悬臂施工的影响

由于边跨和中跨合龙段的底板和顶板预应力束布置是不对称的,导致边跨和中跨的锯齿块也不对称,其重量统计如表2-3-50所示,总的不平衡力为32t。由于大悬臂施工过程中的结构位移对不平衡荷载比较敏感,因此有必要对其影响进行分析。

首先,应考虑该项不平衡力对结构安全的影响。由于不平衡力的存在,对施工过程中的不平衡荷载的限制应加强。经验算,桥墩对150t的不平衡荷载有承受能力,因此32t的不平衡荷载对结构的安全是没有问题的,主要是在混凝土浇筑的过程应加强不对称施工的监控。实际的施工过程可以不要求完全平衡锯齿块的重量,在悬臂施工结束后,在进行模板改装、荷载调整时,通过增加边跨重量来保证桥墩在边跨合龙前达到平衡。根据桥墩平衡的原则,边跨在合龙前压重28t。

齿块在施工过程中逐步增加,其差也依次增加,对悬臂端的位移影响如表2-3-51所示。在进行预拱度设置时应考虑该项位移的影响。

由于锯齿块不平衡重量造成的总位移差最大为35mm,通过适当修正成桥目标高程,最后立模高程的变化量最大为7mm,见图2-3-145~图2-3-147。

锯齿块重量不对称统计表

表2-3-50

计算步	中跨					边跨					中跨边跨锚块重量差(kN)
	节段	节点	底板(kN)	顶板(kN)	合计(kN)	节段	节点	底板(kN)	顶板(kN)	合计(kN)	
65	21号	62	34	0	34	21号	16	0	0	0	34
68	22号	63	50	0	50	22号	15	0	0	0	50
71	23号	64	50	0	50	23号	14	46	0	46	4
74	24号	65	50	0	50	24号	13	36	0	36	14
77	25号	66	50	0	50	25号	12	36	0	36	14
80	26号	67	50	0	50	26号	11	36	0	36	14
83	27号	68	50	0	50	27号	10	36	0	36	14
86	28号	69	50	26	76	28号	9	36	26	62	14
89	29号	70	50	0	50	29号	8	0	18	18	32
92	30号	71	50	0	50	30号	7	0	18	18	32
95	31号	72	50	26	76	31号	6	0	34	34	42
98	32号	73	34	26	60	32号	5	0	4	4	56

施工阶段悬臂端部的竖向位移(mm) 表 2-3-51

节 段	Step	中 跨				边 跨			
		节点	加齿块	无齿块	位移差	节点	加齿块	无齿块	位移差
21 号	65	62	−9.6	−8.0	−1.6	16	−6.5	−8.0	1.5
22 号	68	63	−11.9	−9.2	−2.7	15	−6.8	−9.2	2.4
23 号	71	64	−11.2	−10.7	−0.5	14	−10.7	−10.7	0.0
24 号	74	65	−13.5	−12.3	−1.2	13	−11.7	−12.3	0.6
25 号	77	66	−15.4	−14.1	−1.3	12	−13.5	−14.1	0.6
26 号	80	67	−17.6	−16.1	−1.5	11	−15.5	−16.1	0.6
27 号	83	68	−20.1	−18.4	−1.7	10	−17.8	−18.4	0.6
28 号	86	69	−23.3	−21.0	−2.3	9	−20.8	−21.0	0.2
29 号	89	70	−27.8	−24.1	−3.7	8	−21.6	−24.1	2.5
30 号	92	71	−31.9	−27.9	−4.0	7	−25.2	−27.9	2.7
31 号	95	72	−38.2	−32.2	−6.0	6	−28.7	−32.2	3.5
32 号	98	73	−45.2	−37.0	−8.2	5	−30.5	−37.0	6.5

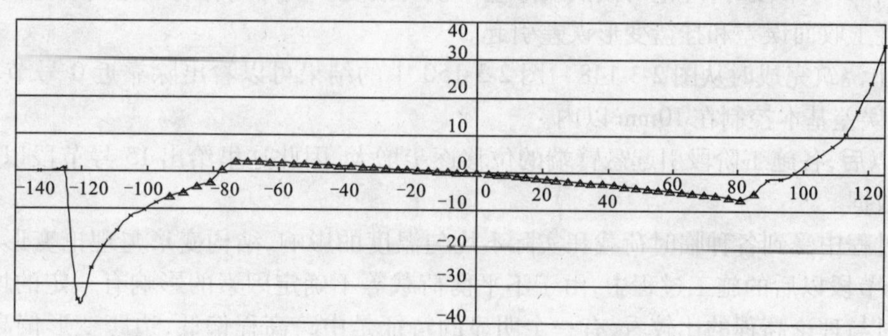

图 2-3-145 考虑锯齿块不平衡总位移变化量(mm)

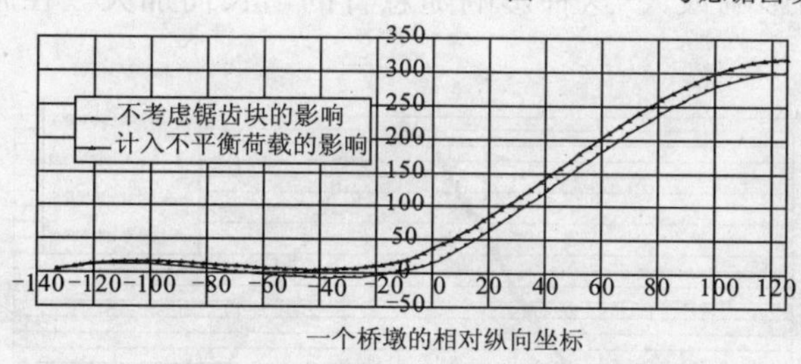

图 2-3-146 考虑锯齿块不平衡成桥拱度对比(mm)

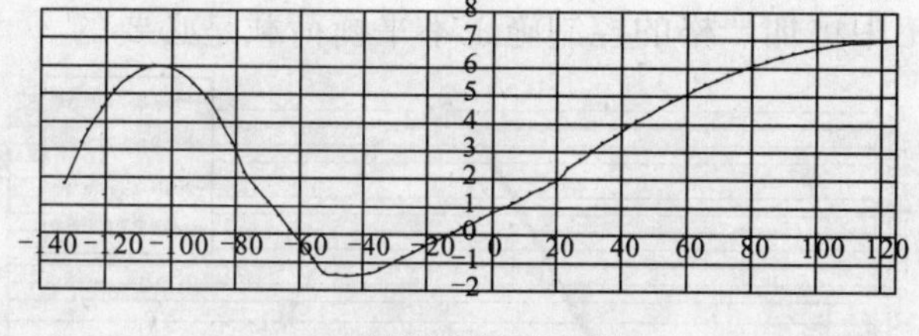

图 2-3-147 考虑锯齿块不平衡预拱度变化量(mm)

十、边跨合龙后与最大悬臂状态时温度荷载对位移的影响分析

边跨合龙后,由于增加了边支座,悬臂端的位移随荷载的变化规律有明显的变化。对两种结构状态进行对比,其计算结果如表 2-3-52 所示。

边跨合龙前后荷载位移的对比 表 2-3-52

	工况 1:悬臂端加载 100kN	工况 2:挂篮荷载,左右各 470kN
简 图	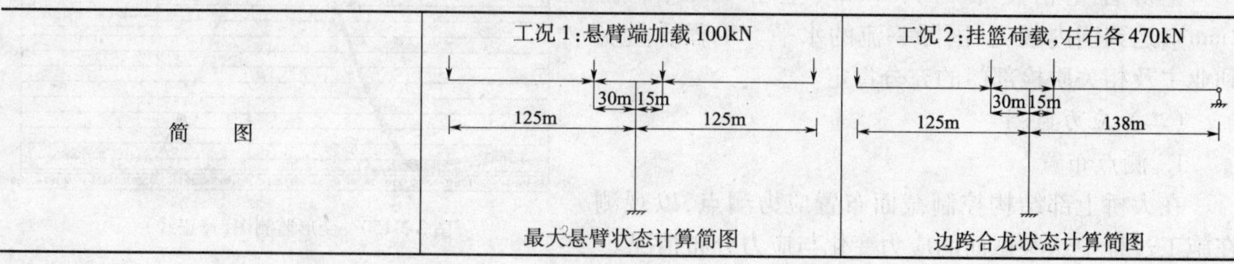 最大悬臂状态计算简图	边跨合龙状态计算简图

续上表

工　况	悬臂端竖向位移(mm)	
整体升温 10℃	6.9	11
桥面降温 6℃	11	20
桥墩温差 6℃	8.4	2.4
工况 1:最大悬臂端加载 100kN	-14.2/11.3	-4
工况 2:470kN 挂篮回退位置不对称	-7.6	-2.5

由表中结果可知:整体升温和桥面降温两种工况作用时,由于边跨不能自由变形,悬臂端的位移增大,接近最大悬臂状态的 2 倍;桥墩温差、一端悬臂加载、不对称挂篮荷载 3 种工况的情况相反,由于边支座的作用,悬臂端的竖向位移减小,只有最大悬臂状态的 1/3 左右。

十一、施工控制成果

(一) 变形监测分析

15 号节段以前,每一个施工步(包括混凝土浇筑、张拉和挂篮移动)在悬臂端产生的变形量很小,均在 5mm 以内;由于张拉引起的位移是向上的,而混凝土浇筑引起的位移是向下的,两者在数值上基本相等。因此施工到 15 号节段时,理论的预拱线形基本没有改变。实际高程与理论高程之间的差别主要是施工过程中混凝土收面误差和挂篮变形误差引起。

15 号混凝土浇筑完成时从图 2-3-148 ~ 图 2-3-150 中的结果可以看出除靠近 0 号节段的个别位置外,实际高程的误差基本控制在 10mm 以内。

15 号节段以后,各施工阶段引起悬臂端的位移逐步增大,因此这里给出 15 号节段以后各施工步的变形监测统计数据。

由于施工过程中受到各种临时荷载和实际不均匀温度的影响,结构变形与理论变形之间的误差在 ±20mm。20 号节段以后的施工过程中,由于不平衡荷载等不确定因素的影响有一定的增加。从 25 号节段施工完成时与理论高程的比较看,有一个明显的特征是中跨高程偏低,边跨变形偏高,其中以上游 2 号墩的高程误差最明显。

施工测量时存在的不平衡荷载对结构的变形观测影响最大,这种影响随悬臂的增长而加大。在施工中更加严格的控制施工不平衡荷载是必要的。

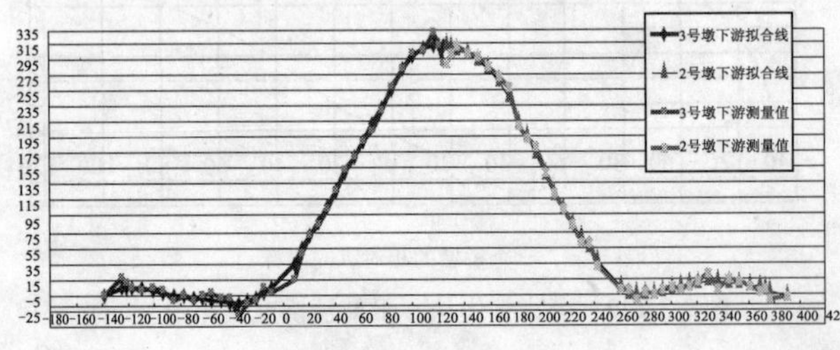

图 2-3-148　变形监测图(上游)

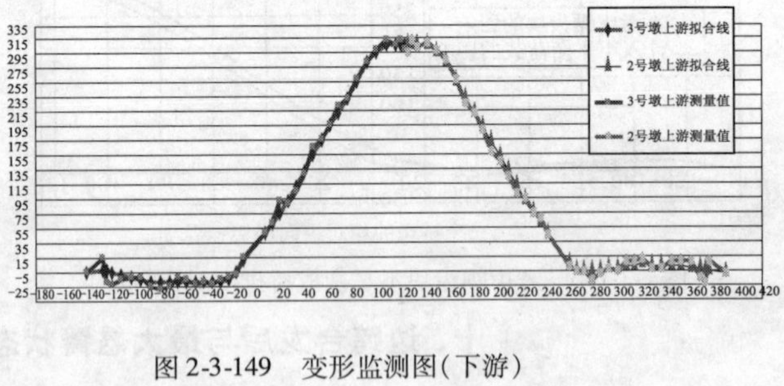

图 2-3-149　变形监测图(下游)

合龙时,实测线形高程与设计监控目标线形高程最大误差为 ±20mm,平均误差 5mm。

全桥合龙精度平均为 4mm(上游 6mm、下游 2mm),达到国内领先、国际一流的水平。工程质量受到业主及相关质检部门的充分肯定。

(二) 应力监测

1. 测点布置

在大桥上部结构控制截面布置应力测点,以观测在施工过程中这些截面的应力变化与应力分布情况。

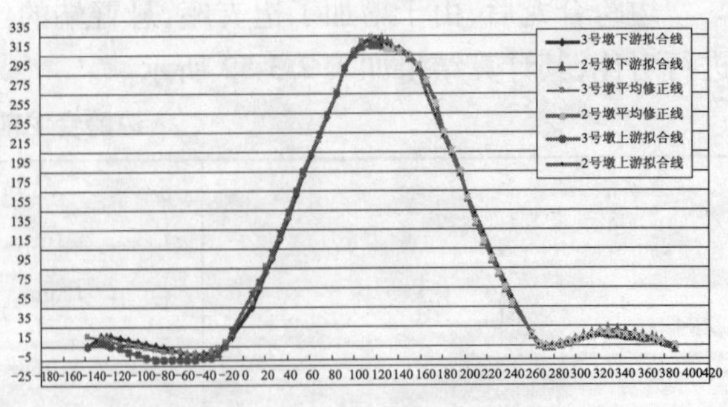

图 2-3-150　变形监测图(修正线)

此次量测选择在2号主墩上上游桩主梁A—A、A1—A1、B—B、B1—B1、C—C、C1—C1作为应变、应力测试截面，应力测试点布置如图2-3-143所示，应变计算原理如图2-3-151所示。

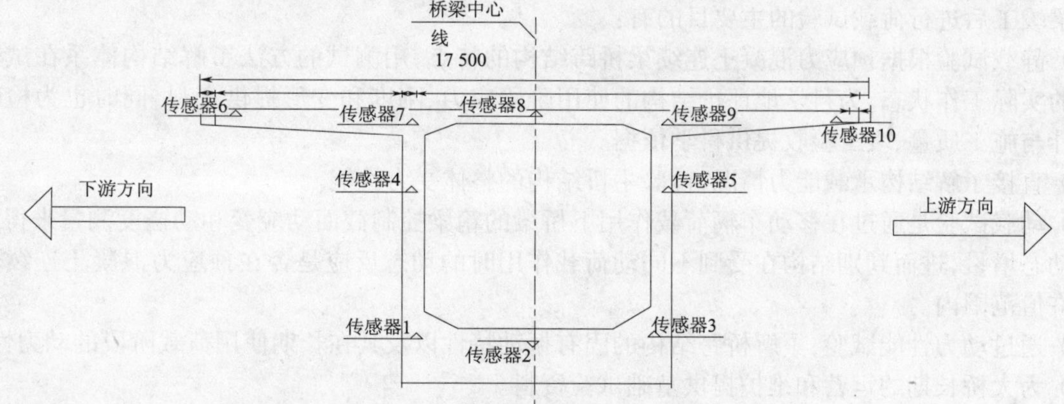

图2-3-151　应变计算原理

AA-1、AA-2、AA-3、A1A1-1、A1A1-2、A1A1-3传感器的测量计算公式：

$$P = K(F_i - F_0) + B \tag{2-3-20}$$

式中：P——应变，με；

K——修正系数 με/F；

F_i——当前测量频率模数 F；

F_0——初始测量频率模数 F；

B——温度补偿系数，με。

f_a、f_b 传感器的测量计算公式：

$$P = K(F_i - F_0) + b(T_i - T_0) \tag{2-3-21}$$

式中：b——温度补偿系数，με/℃；

T_i——初始测量温度，℃；

T_0——当前测量温度，℃；

P、K、F_i、F_0 含义同上。

2. 截面应变监测

长期累计应变中包含混凝土自身由于收缩、徐变产生的应变，不能完全代表混凝土应力作用下的应变，因此应变的分析主要以增量分析为主。

（三）监控总结

施工监控自2005年6月～2007年6月历时2年。整个监控工作完全满足设计文件的要求；符合设计和施工规范的要求；符合质量验收规范的要求。

监控理论分析方面，通过仔细研究结构的各种参数，并及时进行修正，针对各种参数变化的情况进行敏感性分析，建立合理的控制理论数据。根据成桥后徐变位移并结合国内外已建成的类似桥梁的实际情况，选取合理成桥的预拱度曲线。

实际监测过程中，建立了严格的测量制度，保证测量时间各种工况的明确，并通过施工与监测数据的互校保证施工数据的准确。

监测结果表明：整个施工过程中高程的误差控制在2cm以内，中跨合龙时的两个悬臂端的高差最大9mm，平均5mm，上下游相对高差控制在2cm以内。达到国内领先、国际一流的水平。

第十五节　加载试验

桥跨结构具有足够的强度和刚度，满足设计的公路—Ⅰ级及人群荷载等级的要求。

一、试 验 目 的

桥梁竣工后进行荷载试验的主要目的有：

(1) 静载试验根据预应力混凝土连续梁桥跨结构的特点，用测试的方法了解结构体系在试验荷载作用下的实际工作状态，为科学地评价结构的使用阶段应力、刚度和变形提供资料，同时也为检验桥梁结构设计与施工质量、竣工验收提供科学依据。

(2) 直接了解结构承载能力情况，检验主桥结构的整体受力性能。

(3) 动载试验是通过在移动车辆荷载作用下桥梁的箱梁控制截面动应变和动挠度测量来得到结构实际的动态增量，进而判别结构在受到不同动荷载作用时的动态反应是否在预应力混凝土连续箱梁的一般容许值范围内。

(4) 通过动力性能试验，了解桥跨结构的固有振动特性以及其在长期使用荷载阶段的动力性能。

(5) 为大桥长期的运营和维护提供基础试验资料。

二、试 验 依 据

(1) 设计与施工的技术资料。

(2)《公路桥涵设计通用规范》(JTG D60—2004)。

(3)《公路钢筋混凝土及预应力混凝土桥梁设计规范》(JTG D62—2004)。

(4)《大跨径混凝土桥梁的试验方法》(YC4－4/1982)。

(5)《公路工程技术标准》(JTG B01—2003)。

(6)《公路工程可靠度设计统一标准》(GB/T 50283—1999)。

(7)《公路桥涵地基与基础设计规范》(JTJ 024—85)。

(8)《公路工程质量检验评定标准》(JTG F80—2004)。

三、试 验 内 容

(一) 静载试验

(1) 各试验加载截面(A—A～E—E)的应力测试：

① 边跨跨中(附近)最大正弯矩截面(A—A)加载试验；

② 主跨内支点(附近)最大负弯矩截面(B—B)加载试验；

③ 主跨 $L/4$ 正弯矩截面(C—C)加载试验；

④ 主跨跨中最大正弯矩截面(D—D)加载试验；

⑤ 连续刚构桥墩身最大弯矩截面(E—E)加载试验。

(2) 试验荷载作用下加载跨及相邻跨梁体竖向挠度及支座竖向位移，梁端转角。

(二) 动载试验

(1) 脉动试验，用于测定桥跨结构固有振动特性，包括1～3阶频率、振型和阻尼比。

(2) 无障碍行车试验，主要用于测定边跨、主跨 $L/2$ 跨处桥面铺装层完好时，车辆荷载作用下桥跨结构的动载响应和冲击系数。

(3) 有障碍行车试验，模拟在桥面铺装局部损伤的情况下，桥跨结构在通行车辆荷载作用下的动载响应和冲击系数。

(4) 制动试验，用一辆满载试验车以30km/h的速度通过桥跨结构，在制动试验截面前3m处进行制动，测试桥梁结构在汽车制动力下的振动响应。制动试验截面为：边跨跨中截面(A—A)，主跨跨中截面(D—D)。制动行车分别以上行、下行的方式进行制动试验。

四、试 验 荷 载

(一) 静载试验

静力试验荷载确定原则：

本次静力试验荷载采用载重汽车（重约330kN）充当，就某一检验项目而言，所需车辆荷载的数量将根据设计控制荷载产生的该检验项目（内力和位移等）的最不利效应值，以满足下式所定原则等效换算而得：

$$0.8 \leqslant \eta = \frac{S_{\text{state}}}{(1+\mu)S} \leqslant 1.1 \tag{2-3-22}$$

式中：η——静力试验荷载效率；

S_{state}——试验荷载作用下检验项目计算效应值；

S——设计控制荷载作用下检验项目的最不利计算效应值；

μ——规范规定的冲击系数。

（二）动载试验

自振测试采用脉动法（环境激励）进行测试。

动载试验针对一边跨跨中附近截面（A—A）、主跨跨中截面（D—D）和一墩墩底截面（E—E）进行。动载加载形式分为行车试验及制动试验，用一辆汽车作为加载荷载，行车车速5km/h、10km/h、20km/h～70km/h，有障碍行车车速为5km/h、10km/h、15km/h～30km/h；制动车速为30km/h。本桥采用一辆重330kN的双后轴汽车激振。

五、试验方法

（一）静载试验

（1）应力测试，采用在试验截面粘贴混凝土应变片测试混凝土应变/应力，并通过不同位置补偿点实现对环境、温度等因素的补偿；应变片采用数字应变仪自动采集存储。

（2）梁体的竖向挠曲变形，在桥面上沿桥轴线及上下游边缘线利用上下游桥跨分别用水准仪进行测量。

（3）梁体纵向位移，采用安装百分表测量梁端的纵向位移并推算转角位移。

（4）温度测量，采用红外温度测试仪测量梁体及墩的表面温度及环境温度。

（二）动载试验

1. 脉动试验

在桥面无任何交通荷载以及桥梁附近无规则振源的情况下，测定桥跨结构由于桥址处风荷载、地脉动、水流等随机荷载激振而引起的桥跨结构微幅振动响应。脉动试验主要测定桥跨结构下列固有模态频率、振型和临界阻尼比。

2. 无障碍行车试验

在桥面无任何障碍的情况下，用1辆重载汽车（自重330kN）沿试验跨桥面中轴线，以10km/h、20km/h、30km/h、40km/h、…、70km/h的速度往返通过桥跨结构，测定桥跨结构在运行车辆荷载作用下的动力响应。

3. 有障碍行车试验

有障碍行车试验方法与无障碍行车试验基本相同。不同的是，需在桥跨结构北边跨跨中附近截面（A—A）及中跨跨中截面（C—C）处的桥面上分别设置跳车木（其横断面为底宽30cm，矢高7.5cm的三角形木板），模拟桥面铺装局部损伤状态，以测定桥跨结构在桥面不良状态时运行车辆荷载作用下的动力响应。

4. 制动试验

制动试验过程中，用一辆满载试验车（自重330kN）以速度30km/h通过桥跨结构，在到达制动试验截面前3m处进行制动，测试桥梁结构在汽车制动力下的振动响应。

制动试验截面为：边跨跨中截面（A—A），主跨跨中截面（D—D）。制动行车试验分别按上行、下行的方式进行。

5. 桥梁结构振型测定

结构振型测定方法为：将结构划分成若干段，选择某一分界点作为参考点，在参考点和各分界点分别布设测振传感器（拾振器），用放大特性相同的多路放大器和记录特性相同的多路记录仪，同时测记各测点的振动响应信号。

6. 结构冲击系数

利用动应力曲线推算梁体在车辆荷载作用下的冲击系数。

六、试验结果

（一）静载试验结论

经过荷载效率系数为0.567～0.999的静载试验后，结论如下：

（1）试验过程中结构未发生其他异常情况。

（2）结构应力和挠度重复性良好，卸载后无明显残余变形及应变，结构处于弹性受力状态。

（3）嘉华大桥主桥在试验荷载作用下，其中上游桥的应力结构校验系数介于0.58～0.99之间，下游桥介于0.48～0.94之间，均小于试验方法建议的1.05的限值；表明实测应力值与计算值吻合良好，桥梁结构的梁体与墩具有良好的强度。

（4）试验荷载作用下，梁体受力的偏载系数介于1.043～1.226之间，说明梁体受力有一定的偏载效应，但并不显著，表明箱梁的抗扭性能良好。

（5）在试验荷载作用下，上游桥的挠度结构效验系数介于0.462～0.944之间，下游桥的介于0.507～0.843之间，均小于试验方法建议的1.05的限值，说明桥跨结构具有良好的刚度。

（6）在试验荷载作用下，梁端转角基本小于理论计算结果。

（二）动载试验结论

通过对连续刚构主桥进行动载试验，得到如下结论：

（1）上游桥跨结构竖向频率$f_1=0.7813\text{Hz}$，$f_2=0.392\text{Hz}$；横向频率$f_1=0.5371\text{Hz}$，$f_2=0.708\text{Hz}$；下游桥跨结构竖向频率$f_1=0.806\text{Hz}$，$f_2=1.416\text{Hz}$；横向频率$f_1=0.5371\text{Hz}$，$f_2=0.708\text{Hz}$；实测自振频率值与计算结果两者相符良好，说明桥跨结构的实际整体刚度与设计状态相符较好。从实测频率及其与同类型桥梁的频率值相比可知，桥跨结构的动力特性较好，具有足够的竖向和横向刚度。

（2）实测的振型曲线基本能够反应结构的振动形状，实测振型曲线与理论计算振型相符较好。

（3）上、下游桥的行车冲击系数介于1.04～1.91之间，跳车冲击系数介于1.04～3.14之间，制动冲击系数介于1.05～1.12之间。梁体截面的应变绝对量值很小，表明结构刚度较大，激振荷载对结构的冲击力并不显著。跳车作用下的冲击系数较行车时显著增大，说明当桥面破损时，冲击作用将显著增强。

（4）在行车、跳车以及行车制动作用下，桥面铺装工作良好，无损伤等现象出现。

综上所述，桥跨结构具有足够的强度和刚度，满足设计的公路—1级及人群的荷载等级要求。

第四章 立交桥梁工程

第一节 华村立交

一、自然及地质条件

(一) 工程地质及地震情况

场地地貌受地质构造和岩性明显控制,为构造剥蚀丘陵与山区河谷地貌。

经地面调查和钻探揭露,场地出露地层为侏罗系中统上沙溪庙组陆相沉积岩层和第四系全新统松散土层。表层主要为第四系崩坡积层、冲积层和因人类工程活动堆填的填筑土层。下伏基岩为侏罗系中统沙溪庙组陆相沉积岩层,主要岩性可划分为砂岩、砂质泥岩等,相变现象发育,顶部风化强烈,强风化层厚度一般为0.5~1.5m。

立交工程场地内地下水可分为潜水和上层滞水两类。

工程场地的抗震设防烈度为6度。场地设计基本地震动峰值加速度0.05g,地震动反应谱特征周期为0.35s。根据《建筑抗震设计规范》(GB 50011—2001),场地为可以建设的一般抗震地段。

(二) 工程地质分区

拟建华村立交场地南北宽约500m,东西向长约950m,场地南北的北部嘉陵江阶地区与南部浮图关斜坡区在地形、地貌特征、地层、不良地质现象发育状况及地下水等工程地质水文地质条件存在明显差异。根据地形、地貌的差异,结合土的成因类型、地下水性质及其对工程的影响,将场地划分为3个工程地质分区。

I区:位于场地北部。本区地形平缓开阔,地下水为潜水。未见不良地质现象。

II区:位于为浮图关斜坡下部与嘉陵江阶地后缘,地形起伏较大。本区地下水为上层滞水。

III区:位于化龙上村以南地段,为浮图关斜坡中下部,地形起伏较大。地下水为上层滞水,不良地质现象为滑坡。

(三) 场地工程地质评价

本立交场地工程地质条件复杂,在工程建设及建成后的主要工程地质问题有:地下洞室及洞室地基、土体变形与施工滑坡、人工边坡、地下水与涌砂等。

因此,在工程地质I区采用钻孔灌注桩,且冲(钻)孔灌注桩基础施工时应采取措施保持桩孔内的水压。对于II、III区建议采用人工挖孔桩,孔内地下水可采用水泵抽排。

二、结构布置

(一) 结构总体布置

华村立交(图2-4-1)在整个工程中与其他立交比较,具有以下特点:

规模大——桥梁面积达49 012m^2。

地形复杂——工程建设范围内有地下洞室及洞室地基、土体变形与施工滑坡、高切坡、地下水与涌砂等不良地质现象。

结构形式多——立交除桥梁结构外,受地形条件限制,I、J 匝道采用平行于山脊的隧道方案。立交尚设置数量众多的桩板式挡土墙、锚杆边坡支护以及抗滑桩等挡护结构。

结构难度大——华村立交桥梁结构涉及简支、连续等结构体系,几乎涵盖了弯、坡、斜、异型等各类桥梁的设计。

华村立交涉及桥梁、隧道结构、路基支挡、边坡防护、滑坡治理、人行天桥、管网通廊等众多构筑物。

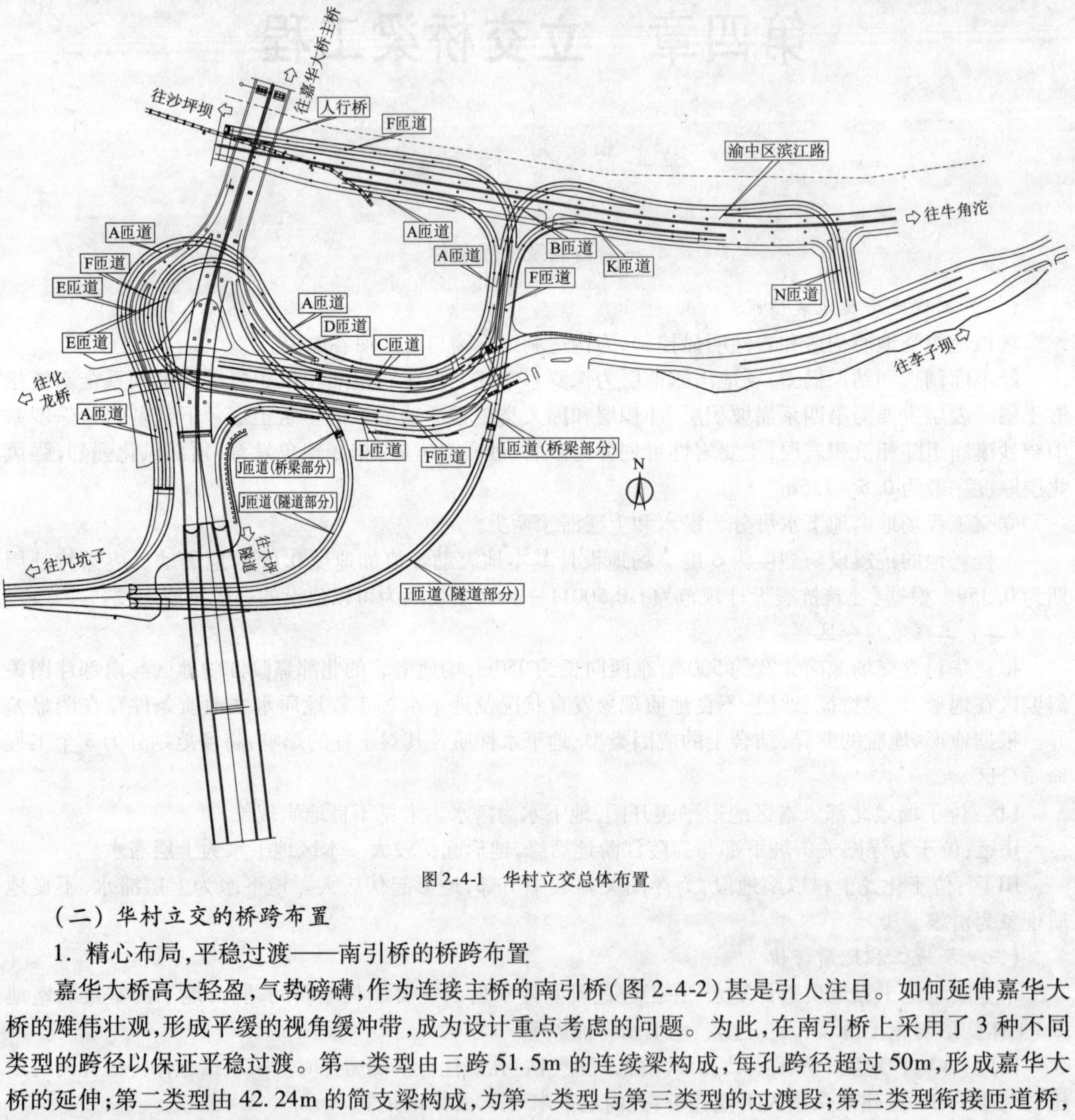

图 2-4-1　华村立交总体布置

(二) 华村立交的桥跨布置

1. 精心布局,平稳过渡——南引桥的桥跨布置

嘉华大桥高大轻盈,气势磅礴,作为连接主桥的南引桥(图 2-4-2)甚是引人注目。如何延伸嘉华大桥的雄伟壮观,形成平缓的视角缓冲带,成为设计重点考虑的问题。为此,在南引桥上采用了 3 种不同类型的跨径以保证平稳过渡。第一类型由三跨 51.5m 的连续梁构成,每孔跨径超过 50m,形成嘉华大桥的延伸;第二类型由 42.24m 的简支梁构成,为第一类型与第三类型的过渡段;第三类型衔接匝道桥,由 30 ~ 35m 的连续梁构成。

2. 独立布置,受力合理——异形段桥梁的桥跨布置

华村立交桥梁转弯半径小(其最小半径为 30.0m)、坡度大(最大坡度为 5.9%),同时道路线形复杂,由此产生大量的异形结构(异形结构面积占整个桥梁面积的 40% 多),为了保证结构受力合理,使复杂的受力行为对规则的结构影响较小,设计考虑异形部分独立,以此进行结构的分跨和分联。

经过仔细的分析,通过合理设置伸缩缝,将 A 匝道 5a ~ 7a、10a ~ 12a、14a ~ 16a;D 匝道 2d ~ 4d;F 匝道 0f ~ 3f、13f ~ 15f、15f ~ 17f、20f ~ 22f 等异形结构独立出来,受力明确。

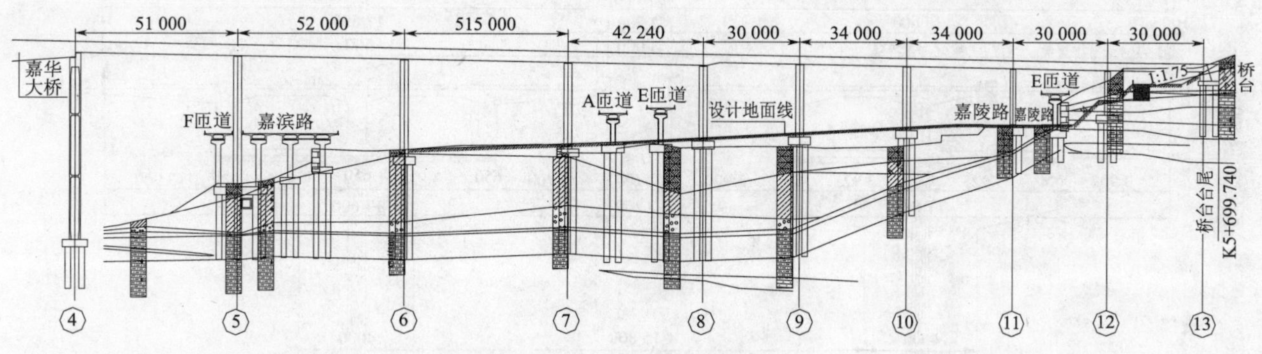

图 2-4-2　南引桥立面布置(尺寸单位:mm)

3. 线性布置,注重景观——规则段桥梁的桥跨布置

华村立交规模大,结构复杂,设置的桥墩多达 100 个。

如此多的桥墩纵横交错,分布于立交桥的各个点上。如果在布置上不进行排序将会使桥墩处于紧密、无序、零乱的状态,这不但会造成立交桥的空透感不强,而且会影响到立交桥的视觉美感。

经设计比较,结合工程经济性、技术先进性、施工合理性等多方面的要求,本工程桥梁结构采用预应力混凝土连续梁作为上部结构方案,以 30 ~ 35m 作为主要跨度进行桥跨布置;相互平行及相互靠近的匝道在横桥向方向,其桥墩尽量保证在一条线上,避免两者间参差不齐,互相堵塞。A 匝道与 F 匝道、E 匝道与 G 匝道等均如此。

4. 合理避让,保存现状——布跨中对现有构筑物的保护

华村立交建设地下管线纵横交错,十分复杂,其中有的管线至今仍发挥重要的作用。在新建的过程中同时也要注意对已建构筑物的保护。尤其对于主城排污干管,不得影响其结构安全及正常功能的发挥。

工程前期阶段,设计部门及地勘部门对华村立交建设范围内的已建永久性构筑物作了详细的、全面的调查。对管线的走向、高程均收集了详细的资料,并在工程设计中采用如下措施。

位于 E 匝道、D 匝道下的排水沟,其断面 3.0m × 3.0m,在不影响桥墩整体布局的情况下,设计采用了桩承台骑跨的方式。

对于 B 干管,横贯南引桥的高架部分,设计采用桩承台骑跨的方式;对于 A、F 匝道下的隧道部分,采用桥墩避让的方式,以避免桩基施工对隧道结构的干扰。

(三) 挡护结构布置

为减少拆迁以及保护已建的构筑物,全线设置了多处挡护工程。挡护结构的设置根据不同地质情况以及边界条件等实际情况,因地制宜地选择合理的结构形式,以达到最佳综合效益。

本工程的挡护工程主要包括:1 号、2 号、3 号、5 号桩板式挡土墙;4 号抗滑桩;11 号锚杆边坡支护以及悬臂式(扶壁式)挡土墙等。

三、上部结构分析与设计

(一) 一般构造

华村立交工程中,桥梁上部结构均采用预应力混凝土箱梁,根据桥梁跨径、宽度,兼顾上下部结构的协调美观及经济性,选定了合理的箱形截面形式。对于连接主桥的南引桥起始段跨径较大的连续梁(单孔超过 50m)及简支梁段(跨径 42.24m),选定了 2.5m 高、17.6m 宽单箱双室截面,箱梁翼缘宽 3.9m,如图 2-4-3 所示。南引桥其他桥段及匝道桥跨径相对较小(不超过 35m),采用 1.7m 高、2.5m 宽翼缘的单箱双室及单箱单室截面,如图 2-4-4 和图 2-4-5 所示。

在南引桥主线桥与匝道桥相接的过渡段,为了适应桥面宽度和主梁箱室宽度的变化,箱梁悬臂板跨度也由 3.9m 渐变至 2.5m。

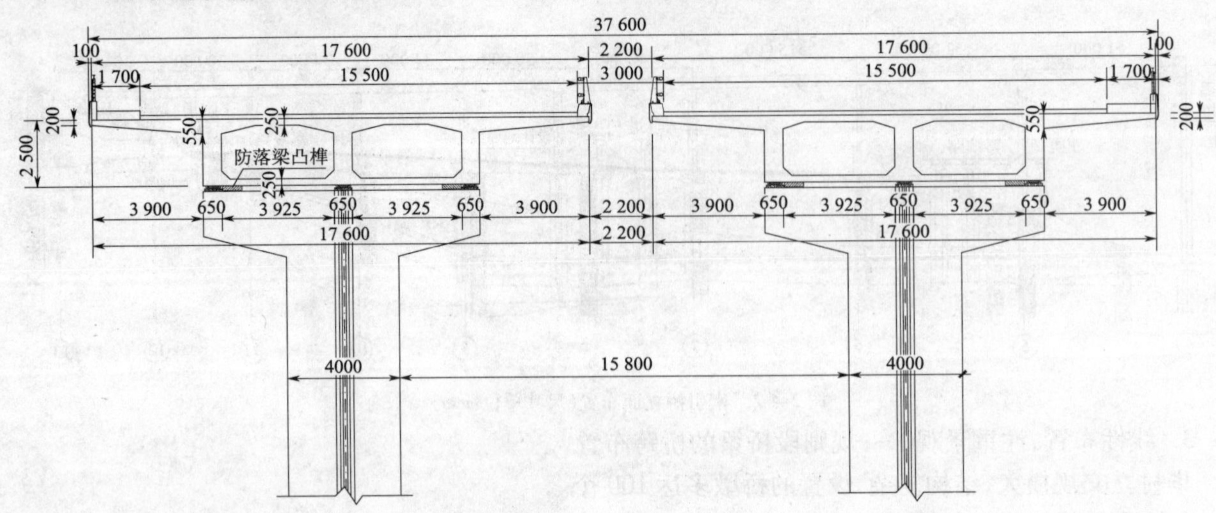

图 2-4-3　南引桥 4 ~ 7 轴断面（尺寸单位：mm）

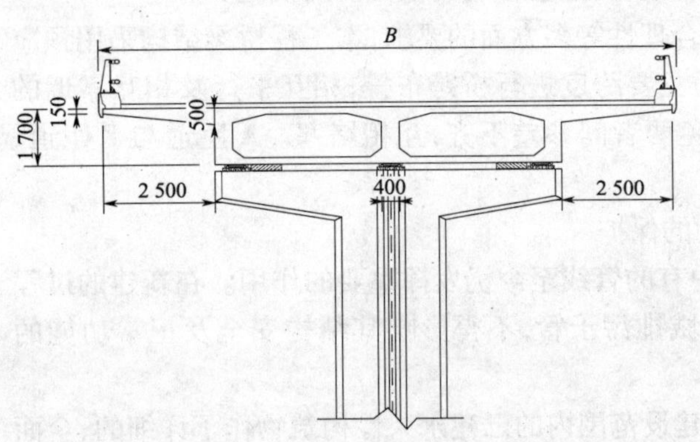

图 2-4-4　单箱双室截面（尺寸单位：mm）

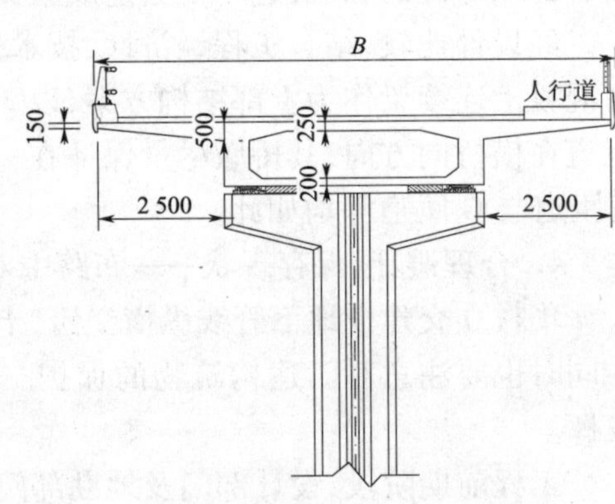

图 2-4-5　单箱单室截面（尺寸单位：mm）

（二）预应力钢束的布置

桥梁上部结构在纵向及横向均配置了预应力钢束。纵向预应力钢束的设置主要有以下两个特点。

（1）箱梁端头分缝处预应力钢束采用梁顶张拉，有效解决了箱梁端部张拉空间不足的问题。如图 2-4-6 所示，N1、N2 钢束梁顶张拉，N3 钢束左端锚于梁内，右端张拉。以往工程预应力钢束由于采用端部张拉，需预留较宽的张拉槽口，从而出现张拉预应力筋后，槽口钢筋恢复困难、相邻两联桥梁不能同时施工等问题，因此对梁端部预应力张拉设计进行优化，简化施工操作，加快了施工进度。

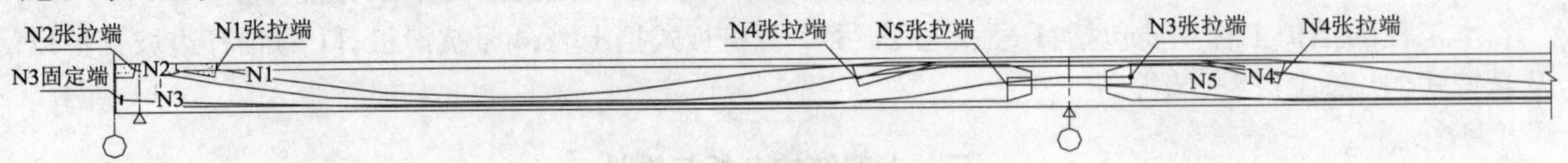

图 2-4-6　纵向预应力配束

（2）局部墩顶处箱梁内配置了预应力短束。为了减小墩顶处箱梁顶部的拉应力，在该处设置预应力短束，避免由于片面加大通长束而导致预应力筋的浪费。

横向预应力钢束主要设置在横隔梁处；另外，南引桥段起始段 4 ~ 7 轴上部结构采用 3.9m 宽的大悬臂，为了避免箱梁悬臂端及顶板拉应力过大引起开裂，该段箱梁顶板处亦设置了横向预应力筋。

（三）上部主体结构的分析计算

1. 计算参数

箱梁采用 C50 混凝土、GB/T 5222 -4—2003 标准 270 级钢绞线，标准强度 1 860MPa，锚下张拉控制应力 1 339MPa，弹性模量 1.95×10^5MPa。管道摩阻系数 0.17，局部偏差系数 0.001 5。车辆荷载城—A

级。均匀温度作用按结构整体升温20℃及结构整体降温15℃来考虑。梯度温度作用,依据JTG D60—2004规范执行。

2. 计算模型

对于宽跨比较小的直桥和弯桥,采用单梁法建模,即是将整联桥梁视为一根单梁,离散成线状单元;在宽跨比较大的桥段以及桥面变宽段桥梁,设计采用空间梁格法建模计算,空间梁格法对于宽桥来说,能够准确地把握结构的总体性能,概念清晰,受力明确。而对于箱梁的局部受力分析,则采用更加精确的实体有限元模型进行计算分析。

3. 荷载组合

结构分析考虑的荷载组合主要有如下几种。

(1) 持久状况承载力极限状态

持久状况承载力极限状态主要是对结构进行承载力和稳定性验算,设计时主要考虑以下几种组合类型。

基本组合:

① 1.2恒+1.0收缩徐变+0.5沉降+1.4汽车+0.8×1.4×max(人群、温度、制动);

② 1.2恒+1.0收缩徐变+0.5沉降+1.4汽车+0.8×1.1×风荷载;

③ 1.2恒+1.0收缩徐变+0.5沉降+1.4汽车+0.8×1.4×(离心力+0.7制动)。

偶然组合:

恒载+活载(汽车+人群)+收缩徐变+沉降;

恒载+收缩徐变+沉降+地震。

(2) 持久状况正常使用极限状态

持久状况正常使用极限状态包括短期效应组合、长期效应组合,主要是对构件的抗裂、裂缝宽度和挠度进行验算。

短期效应组合:恒载+0.7汽车(不计冲击)+人群+预加力+预应力次效应+收缩徐变+0.8温度梯度+升降温+制动+沉降+0.75风荷载。

长期效应组合:恒载+0.4汽车(不计冲击)+0.4人群+预加力+预应力次效应+收缩徐变+0.8温度梯度+升降温+制动+沉降+0.75风荷载。

(3) 持久状况应力计算(按照标准组合计)

组合:恒载+汽车+人群+预加力+预应力次效应+收缩徐变+温度梯度+升降温+制动+沉降+风荷载。

(4) 短暂状况应力计算(按照标准组合计)

即为施工时的荷载组合。

4. 计算结果及应力控制

桥梁上部结构均按部分预应力A类构件计算,在荷载短期效应组合下控制截面的正截面受拉边缘可以出现拉应力。

计算时主要控制以下几个指标。

(1) 承载能力极限状态强度验算

构件正截面的承载力验算按照《公路钢筋混凝土及预应力混凝土桥涵设计规范》(JTG D62—2004)的规定进行,本工程构件承载力设计值与荷载(作用)效应组合设计值的比值一般控制在1.2左右。

(2) 正常使用极限状态应力验算

① 法向压应力

在荷载的标准组合下:$\sigma_{kc}+\sigma_{pt}\leqslant 0.5f_{ck}=0.5\times 32.4=16.2\text{MPa}$

② 法向拉应力(抗裂性)

在荷载的长期效应组合下:$\sigma_{lt}-\sigma_{pc}\leqslant 0$

在荷载短期效应组合下：$\sigma_{st}-\sigma_{pc}\leqslant 0.7f_{tk}=0.7\times(-2.65)=-1.86\text{MPa}$

③ 主压应力

在荷载的标准组合下：$\sigma_{cp}\leqslant 0.6f_{ck}=0.6\times 32.4=19.44\text{MPa}$

④ 主拉应力

在荷载的短期效应组合下：$\sigma_{tp}\leqslant 0.5f_{tk}=0.5\times 2.65=1.33\text{MPa}$

正常使用极限状态下，上部结构控制截面各项最不利应力分别为：法向压应力 14.2MPa；法向拉应力在荷载短期效应组合下 1.0MPa；主压应力 15.2MPa；主拉应力 0.8MPa。

（四）华村立交弯梁桥设计的关键技术

近年来，随着我国高等级公路的发展和城市交通立体化建设的需要，弯梁桥结构得到了广泛应用。传统的“以直代弯”的桥梁结构形式已经不能满足现代桥梁的美观性和经济性。早在 20 世纪 30 年代，人们就已经对弯梁桥的有关问题进行了理论分析和研究，直到 70 年代末和 80 年代，国内外修建了大量的弯梁桥。相对于直线梁桥，弯梁桥的结构受力比较复杂。特别是小半径曲线梁桥，其主梁除了承受弯矩和剪力外，还有较大扭矩作用。据调查，国内外已建的弯梁桥在施工及使用过程中，出现了连续梁曲线内侧端支座脱空、曲线梁体向曲线外侧径向整体侧移、箱梁腹板迸裂等现象，这些现象的出现将危及桥梁的安全及正常使用。产生问题的原因是多方面的，但总的来说属于在探索和设计过程中认识不足和尚未认识的失误，因此小半径弯梁桥的设计越来越引起人们的重视。以下结合华村立交中的弯梁桥设计，对设计中一些关键技术问题进行探讨。

1. 主梁截面的选取

由于曲线梁桥在垂直荷载作用下，同时产生弯矩和扭矩，相互耦合，致使在通常条件下，曲线梁的挠曲变形比相同跨径的直梁要大。因此要求主梁截面必须具有强大的抗弯和抗扭刚度，箱梁截面在这个方面体现了其独特的优越性。箱形截面主要有以下几种形式：单箱单室、单箱双室、双箱单室、单箱多室及双箱多室等。城市立交匝道桥的桥宽一般较小，单箱单室截面在匝道桥中比较常用。在立交宽桥中，为适应基础在横桥向发生的不均匀沉降，一般在横断面上将其分成两个独立的箱梁，即作成分离式的两座平行桥梁。弯箱梁横断面细部尺寸的拟定是很重要的，如：箱梁底板厚度，在支点负弯矩区段，箱梁底板在承受负弯矩时必须提供足够的抗压承载力；箱梁顶板厚度，顶板在正弯矩区段受压，负弯矩区段受拉，并且顶板是行车道板直接承受车辆荷载的结构，受力比较复杂，因此顶板厚度的选取需谨慎；翼缘宽度：在曲线梁桥中，箱梁翼缘宽度的选取要综合考虑箱梁截面的抗扭刚度、悬臂板的受力性能及上下部结构的协调美观等。华村立交桥梁工程中南引桥段采用 2.5m 高、17.6m 宽单箱双室截面，箱梁翼缘宽 3.9m，顶板厚 250mm，底板厚 250mm；南引桥其他桥段及匝道桥段采用 1.7m 梁高、翼缘宽 2.5m 的单箱双室及单箱单室截面，顶板厚 250mm，底板厚 200mm。

2. 计算方法的采用

对曲率半径较小的连续弯梁桥进行分析计算，目前主要有以下几种方法。

（1）单梁法。将主梁模拟成单根曲梁，其计算方法类似于直梁桥，但是要考虑内力在横截面上的横向分布。此方法将弯梁离散成梁单元或曲杆单元来计算，从而得到各个截面的内力和位移，其结果不能反映出挠度沿梁宽方向的分布。图 2-4-7 为华村立交 E 匝道 0e ~ 4e 联桥的计算模型。该桥跨径 31.8m + 31.8m + 31.8m + 31.8m，全桥桥宽等宽为 8.8m，设计采用单梁法建模计算。

（2）梁格法。该法将弯桥模拟成由弯主梁和横梁组成的弯格子梁桥。其实质是用一个等效的梁格来代替弯梁桥的上部结构，可得到挠度沿梁宽方向的分布值，也可得到应力沿梁宽方向的分布，这些结果对于施工控制或科研方面的研究无疑是非常宝贵的数据。而对于结构设计来说，结构的配筋是直接通过结构内力计算得出的，而此方法的计算结果没有截面总的各项内力值，如果从应力结果中推算出截面内力，工作量将非常大。该方法计算工作量较小，也能准确地模拟实际结构，且计算结果为梁格截面的内力，方便结构设计配筋。图 2-4-8 为华村立交 F 匝道 15f ~ 17f 联桥的计算模型。该桥跨径 28.490m + 28.491m，桥宽由 16.357m 渐变为 9.536m，设计采用梁格法建模计算。

图 2-4-7 单梁法计算模型

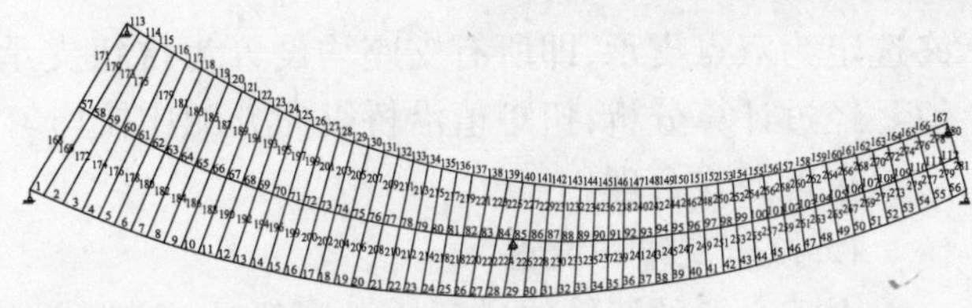

图 2-4-8 梁格法计算模型

(3) 板、实体单元混合的方法。此方法建模与实际模型最接近,不需要计算横截面的形心、剪力中心、翼板有效宽度,截面的畸变、翘曲自动考虑;但是计算结果输出的是梁横截面上若干点的应力,不能直接用于强度计算。

在华村立交工程中,曲线弯梁桥的计算主要采用了单梁法和梁格法两种计算方法。由于立交桥中的曲线弯梁结构大多数用于匝道桥,桥宽较窄,因此对于等截面的小半径弯梁桥采用单梁法的计算模型,这种简化计算方法力学概念清晰,计算简单。而对于变截面弯梁桥及桥面较宽的弯梁桥,若采用单梁法计算,则在横向分布问题上有很大局限性,因此对于变截面及宽弯桥,设计采用了梁格法进行计算。

3. 支承形式的选取

曲线梁桥的抗扭支承多由两个或两个以上的横桥向的板式或盆式支座组成。

曲线梁桥的不同支承方式,对其上部结构扭矩影响非常大,根据其结构受力特点一般采用的支承方式为:

(1) 在曲线梁桥两端的桥台或分联处采用两点或多点支承的支座,即设置抗扭支座,这种支承方式可有效地提高主梁的横向抗扭性能,保证其横向稳定性。

(2) 在曲线梁桥的中墩支承处可采用的支承形式很多,应根据其平面曲率、跨径、墩柱截面和墩柱高度及预应力钢束作用力的不同来合理地选用支承方式。经常采用的支承方式有:

① 采用单柱式点铰支承。如图 2-4-9 所示。这种支座可根据其受力需要固定或放开某方向的水平约束,但是这种支座对主梁的扭转没有约束,这时主梁在横向和纵向可自由扭转。弯梁桥上部结构传来的扭矩是不会通过这些点铰支承传到基础去的,而一般都是由桥的两端通过设置抗扭支承的桥台来传递扭矩的,所以中支点的作用只是起到减小弯曲长度的作用。为了调整梁内扭矩沿桥纵向的分布,可在中支墩的点铰支承处,给以一定的横向预偏心(图 2-4-10),从而人为地控制沿梁长方向梁内的扭矩峰值。而中墩点铰预偏心的方法,只是起到内力重分配的效果,并不能起到抵消扭矩的作用。

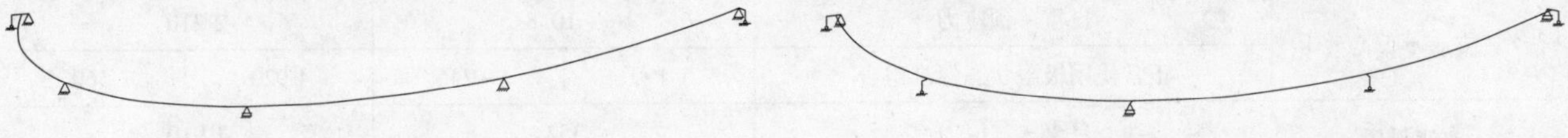

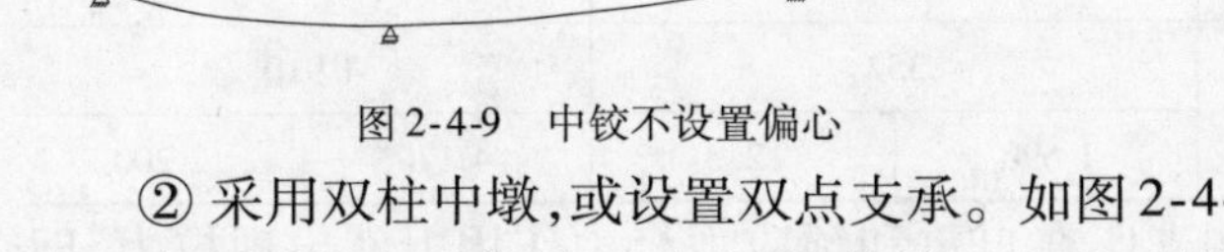

图 2-4-9 中铰不设置偏心

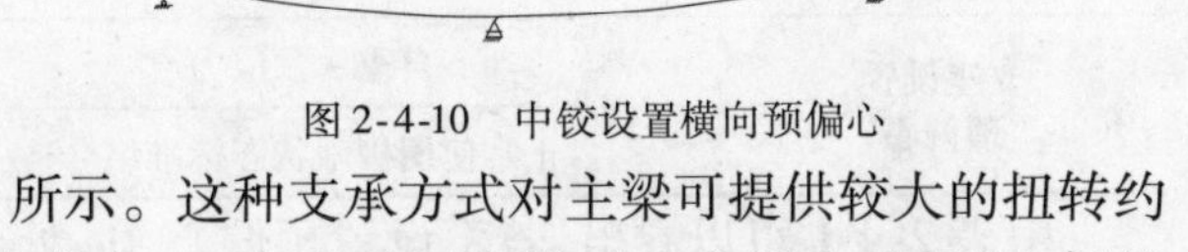

图 2-4-10 中铰设置横向预偏心

② 采用双柱中墩,或设置双点支承。如图 2-4-11 所示。这种支承方式对主梁可提供较大的扭转约束。在主梁的自重作用下,扭矩值较单点支承时的值小得多,双点支承可有效减小主梁自重扭矩;但是双点支承时,预应力作用下,扭矩值较单点支承的值增大很多,而且扭矩分布规律也发生了变化,说明双点支承增大了主梁预应力所产生的扭矩,而自重与预应力荷载的合成扭矩则因桥而异。

(3) 采用独柱墩顶与梁固结的方式,如图 2-4-12 所示。墩柱可承担一部分主梁扭矩,对主梁的扭转变形有一定约束。

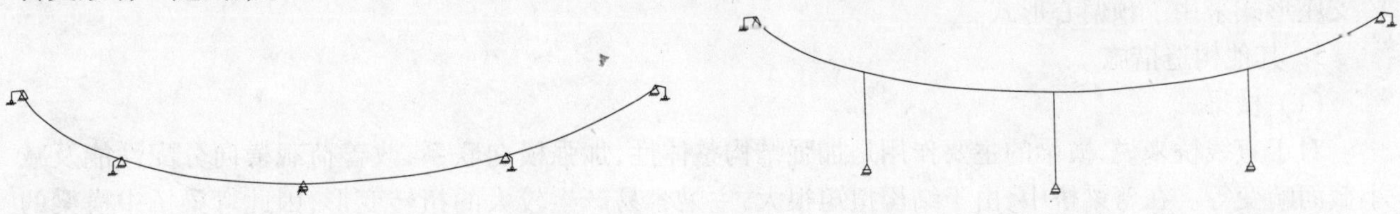

图 2-4-11 双点支承

图 2-4-12 墩梁固结

综合比较了以上几种支承形式对主梁扭矩分配的影响,华村立交的弯梁桥的下部结构支承形式最终选定为双点支承，即所有支座均设置为抗扭支承，这种抗扭支承的设置大大减少了主梁内的扭矩总值。经过计算分析，扭矩值沿桥纵向分配比较均匀，在各个控制截面的扭矩峰值也比较接近，说明该种支承布置方式合理。

4. 拉压支座的设置

由于主梁的扭转传递到桥梁端部时，会造成端部各支座横向受力分布严重不均，甚至使支座出现负反力，尤其是中间设独柱式单支点的曲线连续梁，上部结构的扭矩不能通过中间单支点支承传至基础，而只能由曲线桥两端设置的抗扭支承来传递，因此必然造成曲线桥两端抗扭支承处产生过大的扭矩，从而造成曲线梁端部内侧支座脱空。所以在必要时需对多跨桥梁中间墩设置两支点的抗扭支承，或者将中墩点铰支承向曲线外侧方向预设一定偏心值，就可以调整曲线梁桥的梁体扭矩分布，有效地降低两端抗扭支承的扭矩值。

由于公路桥涵结构的设计基准期是100年，而桥梁支座的使用寿命则远远小于100年，因此在桥梁使用工程中，不可避免地要更换支座。拉力支座不论在施工操作上，还是在维护及更换支座方面都存在着一定的复杂性，因此在设计时，对拉压支座的选取是很慎重的。在华村立交的设计中，对拉压支座的选取基本上采取了以下几点原则。

（1）通过调整结构下部支承形式及预应力钢束布置形式，有效地减小主梁传递到梁端的扭矩，尽量调整到在组合状态下支座不产生负反力，尽量不采用拉力支座。设计时也可将端横梁向曲线外弧侧作出一定长度，以便将端部外侧支座外偏，避免内外两支座反力相差悬殊。

（2）如果按照上述原则调整支承形式，仍然不能避免梁端支座产生负反力时，则考虑采用拉力支座。但是仍需遵循：在恒载扭矩和预应力引起扭矩的合力扭矩作用下，支座不允许出现拉力，且有一定的压力储备。

以华村立交E匝道0e~4e联桥为例，列表2-4-1比较支座设置预偏心和不设置偏心两种不同的支承情况下，梁端分缝处0e处内外侧支座的支反力。

华村立交E匝道支座反力 表2-4-1

支承情况	荷载组合类型	0e轴处支座			
		内弧侧（kN）		外弧侧（kN）	
		竖向最大	竖向最小	竖向最大	竖向最小
支座不偏心	自重+预应力	-10.8		2 210	
	正常使用极限状态标准组合	1 190	-746	4 920	2 560
支座设置预偏心	自重+预应力	352		1 910	
	正常使用极限状态标准组合	1 690	12.3	4 170	2 200

由表2-4-1可以看出，若不设置预偏心，0e处内侧支座在自重和预应力合力作用下就出现拉力，即在施工阶段就已经出现脱空。在考虑了活载后的正常使用极限状态标准组合下，内侧支座竖向最小支反力-746kN，表明支座在最不利状态下将产生拉力，若不改变支承条件，则必须设置拉力支座。而设置了预偏心后，0e处内侧支座在正常使用极限状态标准组合下，均未出现拉力，且在施工阶段的自重和预应力合力作用下，内侧支座存在着352kN的压力储备，这就为以后支座的更换提供了方便，因此该联桥支座形式采用了预偏心形式。

5. 其他构造措施

（1）横梁

对于直线桥来说，横梁的主要作用是加强结构整体性，加强横向联系，改善荷载横向分配性能及减小截面畸变等。在弯梁桥中，由于结构扭矩很大，主梁容易产生较大的扭转变形，因此弯梁桥中横梁的作用比直梁桥更为重要。因此在华村立交弯梁桥中，每联桥除了设置端横梁和中横梁外，跨内均设置横隔板以增加上部结构的横向联系。直线段窄桥一般每跨设置一道横隔梁，对弯桥及直线宽桥或变宽桥每跨设置两道横隔梁。图 2-4-13 为华村立交 E 匝道桥 0e ~4e 联桥的横梁布置示意。

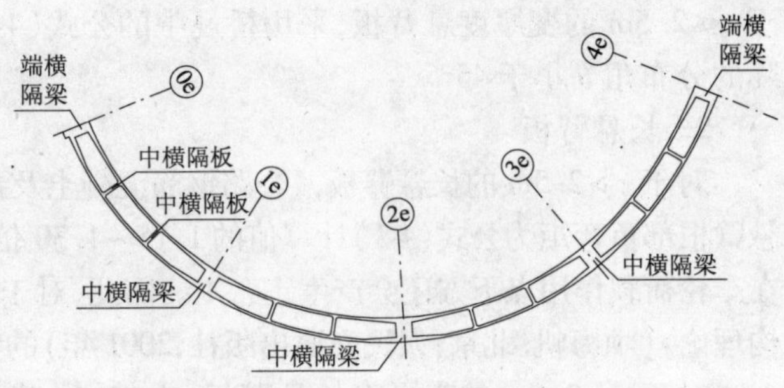

图 2-4-13　0e ~4e 弯梁桥横梁布置示意图

（2）防崩钢筋

由于箱梁腹板内预应力钢束的平面线形基本上与桥梁线形吻合，因此弯梁桥的预应力钢束将对主梁内侧产生径向压力，如不采取防崩裂措施，可能会将箱梁腹板混凝土崩裂，国外甚至发生过预应力筋自梁体内崩出从而导致结构破坏的情况。因此华村立交弯梁桥在设计时很重视防崩钢筋的设置，对圆弧内、外侧预应力钢束分别设置防崩钢筋，以防崩裂，具体布置如图 2-4-14 所示。

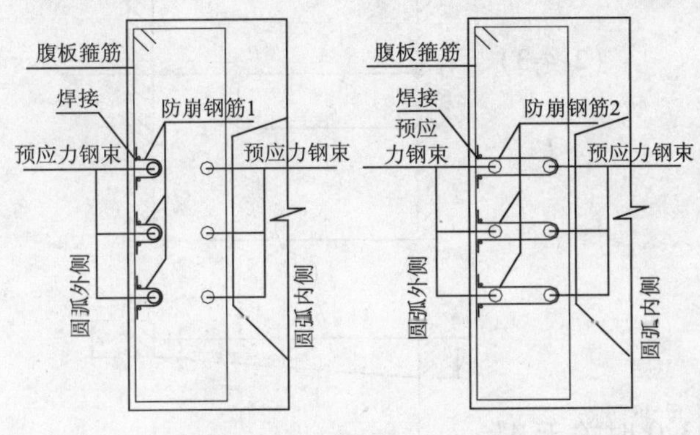

图 2-4-14　侧向防崩钢筋构造

（3）防止径向位移的构造措施

为了有效地控制曲线梁体的径向位移，避免主梁沿曲线外侧径向整体侧移或侧翻，一般对于较高桥墩的独柱支承曲线梁桥，采用墩梁固结的办法。对于设置抗扭支座的弯梁桥，则需在墩顶或桥台上设置限位挡块来限制曲线梁桥的梁体径向位移。

（五）变厚度悬臂行车道板的分析与设计

华村立交南引桥 4 ~7 轴悬臂板长 3.9m；南引桥 7 ~13 轴及 A、C、D、E、F、L 匝道桥悬臂板长为 2.5m。

1．短悬臂板

悬臂行车道板的计算与设计通常基于以下 2 条假定：

① 假定 T 形梁或箱梁的梁肋刚度远大于悬臂行车道板的刚度，所以悬臂行车道板的根部可视为嵌固。

② 在活载作用下的悬臂行车道板可以按照横向受弯的梁计算，并利用“荷载有效分布宽度”的概念来确定板的计算宽度。

基于上述假定，我国的《公路钢筋混凝土及预应力混凝土桥涵设计规范》（JTG D62—2004）第4.1.5条规定：当车轮着地尺寸外缘到腹板外边缘的距离 $c \leqslant 2.5\text{m}$ 时，垂直于悬臂板跨径方向的车轮荷载分布宽度可按下式计算：

$$a=(a_1+2h)+2c \tag{2-4-1}$$

式中：a——垂直于悬臂跨径方向的车轮荷载分布宽度；

a_1——垂直于悬臂跨径方向的车轮着地尺寸；

c——车轮着地尺寸外缘通过铺装层 45°分布线的外边线至腹板外边缘的距离；

h——铺装层厚度。

应该指出，《公路钢筋混凝土及预应力混凝土桥涵设计规范》（JTG D62—2004）的悬臂板计算公式(4-1)，是根据无限长等厚度弹性薄板的理论分析得到的，当跨度为 l 的悬臂板端作用集中力 P 时，在荷载中心对应的悬臂板根部最大负弯矩为 $m_{x\min} \approx -0.465P$，此时荷载引起的总弯矩为 $M_0=-Pl$。因此，按最大负弯矩值换算得到的有效工作宽度为：

$$a=\frac{M_0}{m_{x\min}}=\frac{-Pl}{-0.465P}=2.15l \tag{2-4-2}$$

由此可见，等厚度的悬臂板的有效工作宽度接近于 2 倍悬臂长度，亦即荷载可近似地按分布角 $\theta=45°$向悬臂板根部分布。

然而，在实际工程中，很少采用等厚度的悬臂板，通常都是悬臂根部较厚而端部较薄。因此，即便对

于 $c \leq 2.5\text{m}$ 的变厚度悬臂板，采用桥规中的公式(4-1)进行设计也可能偏于不安全。已有研究表明，实际的分布角 θ 小于 45°。

2. 长悬臂板

对于 $c > 2.5\text{m}$ 的长悬臂板，《公路钢筋混凝土及预应力混凝土桥涵设计规范》(JTG D62—2004)指出：悬臂根部负弯矩为公式(4-1)计算值的 1.15~1.30 倍，因此再采用公式(4-1)计算是偏于不安全的；另外，在车轮荷载作用点下方还会产生正弯矩。因此，对于 $c > 2.5\text{m}$ 的长悬臂板，该规范建议参阅《高等桥梁结构理论》(项海帆. 北京：人民交通出版社，2001 年)的计算方法。图 2-4-15 所示为悬壁板计算模型。

对于 $c > 2.5\text{m}$ 的变厚度长悬臂板，文献[1]建议采用贝达巴赫(BaiderBahkt)公式计算设计。加拿大贝达巴赫曾对带边梁变厚度的长悬臂板进行梁排分析，得到单位板宽的弯矩为：

$$m_x = \frac{-PA''}{\pi}\left[\frac{1}{ch\left(\dfrac{A''y}{\xi - x}\right)}\right] \tag{2-4-3}$$

式中：m_x——点(x, y)处单位板宽的弯矩；

ξ——荷载作用点到悬臂根部的距离；

P——集中力值；

a_0——悬臂板跨度；

t_1、t_2——悬臂板端部和根部的厚度；

A''——t_2/t_1、x/a_0 及 ξ/a_0 的函数。

《高等桥梁结构理论》给出了当 $t_2/t_1 = 1.0, 2.0, 3.0$ 时关于 A'' 的计算表格。

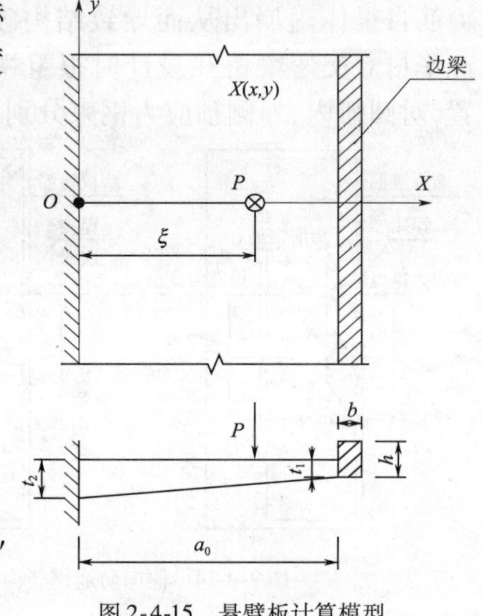

图 2-4-15 悬臂板计算模型

由 BaiderBahkt 公式可以看出，变厚度长悬臂板的根部弯矩与荷载 P 的大小及作用位置、悬臂端部厚度 t_1、悬臂根部厚度 t_2 有关。但是，在工程实践中，悬臂板的根部和端部厚度之比 t_2/t_1 并不仅仅等于 1.0、2.0 和 3.0，有时还会出现 $t_2/t_1 > 3.0$ 的情况，这使得 BaiderBahkt 公式的运用具有相当的局限性。

3. 变厚度悬臂板计算的有限单元法

综上所述，采用规范公式(4-1)计算变厚度悬臂板有可能产生偏危险的结果，而 BaiderBahkt 公式对于悬臂板的根部和端部厚度之比 $t_2/t_1 > 3.0$ 的情况又有相当的局限性，显然，有必要寻找一种可靠有效的方法来指导变厚度悬臂板的设计。

有限单元法是一种有力的分析工具，广泛应用于各工程领域分析各种简单或复杂的结构。它可以较全面地考虑结构复杂的几何构型、材料特性、真实的连接和支承条件、各种各样的非线性因素及不同的加载路径。在合理建立力学模型和网格划分的前提下，它能提供结构分析完满的解答。在华村立交悬臂板的设计过程中，采用了基于壳单元模型的悬臂板有限元分析，来指导并进行设计。

华村立交悬臂板的有限元分析采用通用有限元软件 ANSYS 进行；利用 4 节点 24 自由度的 shell63 三维壳单元模拟桥面板并进行网格划分，它能够同时考虑桥面的弯曲和膜效应；分析时仍然假定悬臂板的根部为嵌固端。图 2-4-16 即为 40m 长、跨度为 3.9m 的华村立交悬臂板壳单元模型。由图 2-4-16 可见，该模型能较圆满地考虑悬臂板变厚度的特性。

为了验证有限单元法计算的正确性，首先计算了等厚度悬臂板的情况，并与等厚度弹性薄板的理论解作对比。图 2-4-17 即为 40m 长、跨度 3.9m、厚度为 0.4m 的等厚度混凝土悬臂板(泊松比 $\nu = 0.167$)，在悬臂端作用 100kN 集中力的有限元模型。图 2-4-18 为其变形图及弯矩 m_x 分布。

由图 2-4-18 可见，该等厚度悬臂板的根部最大负弯矩 $m_{x\min} \approx -47.506\text{kN}\cdot\text{m}$，该值与等厚度弹性薄板端部承受集中力 P 的理论解 $m_{x\min} \approx -0.465P = 46.5\text{kN}\cdot\text{m}$ 的误差仅为 2%，表明采用的有限元分析模型和方法是正确可靠的。

接着，分析了华村立交南引桥左幅桥跨度为3.9m的悬臂板端部作用100kN集中力时的内力状态，其端部和根部尺寸分别为 $t_1=0.2\text{m}$ 及 $t_2=0.55\text{m}$，$t_2/t_1=2.75$。图2-4-19为其变形图及弯矩 m_x 分布。

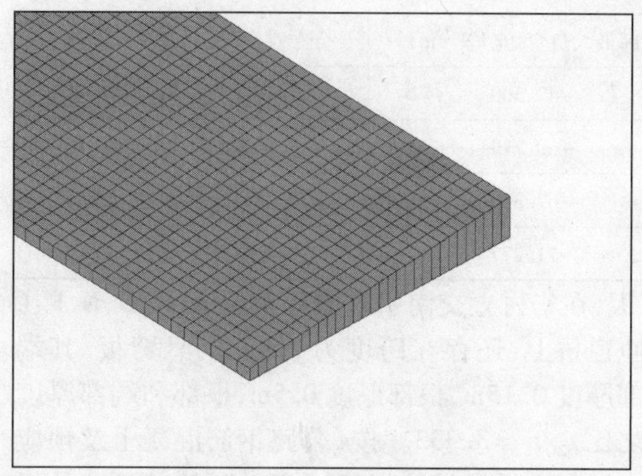

图2-4-16 悬臂板壳单元模型

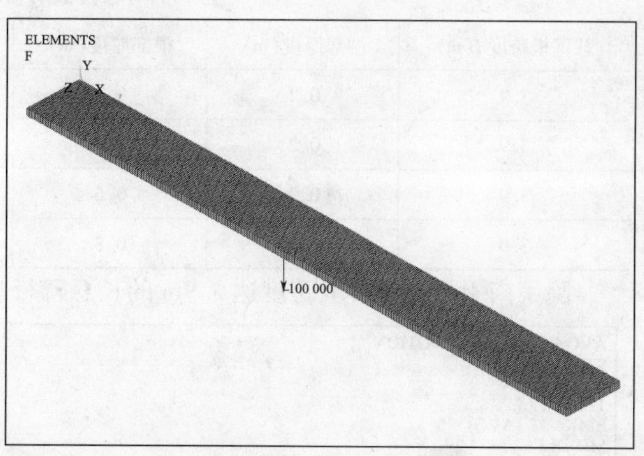

图2-4-17 等厚度悬臂板端部承受集中力

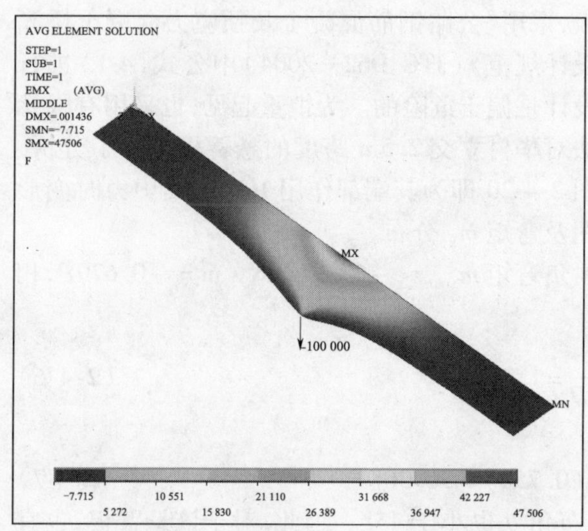

图2-4-18 等厚度悬臂板端部承受集中力的变形和弯矩分布

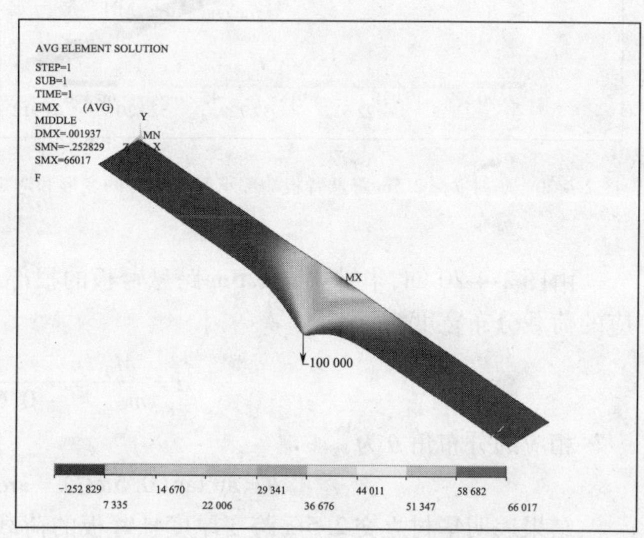

图2-4-19 华村立交3.9m跨悬臂板端部承受集中力的变形和弯矩分布

由图2-4-19知，华村立交3.9m跨悬臂板根部最大负弯矩 $m_{x\min}\approx-66.017\text{kN}\cdot\text{m}=-0.660P$，相应的荷载分布宽度为：

$$a=\frac{M_0}{m_{x\min}}=\frac{-Pl}{-0.660P}=1.515l \tag{2-4-4}$$

相应的分布角 θ 为：

$$\theta=\arctan(0.5a/l)=\arctan(0.758)=37.15^\circ \tag{2-4-5}$$

结果表明华村立交3.9m跨变厚度悬臂板的荷载分布角 θ 远小于45°。

由此可见，对于相同跨度的悬臂板（跨度均为3.9m），变厚度悬臂板比等厚度悬臂板的荷载分布宽度小得多。为了进一步探索这一问题的规律性，用上述有限元方法计算了跨度均为3.9m、悬臂端厚度均为0.2m，而悬臂根部厚度分别为0.2m、0.4m、0.6m及0.8m的4种混凝土悬臂板在端部承受100kN集中荷载的内力状态，结果列于表2-4-2。

由表2-4-2可见，变厚度悬臂板的分布角 θ 并不是一个常数，而随根部和端部厚度之比 t_2/t_1 而变化。对于相同跨度的变厚度悬臂板，比值 t_2/t_1 越大，则荷载分布宽度越小。而从根部最大负弯矩来看，$t_2/t_1=4.0$ 的变厚度悬臂板的最大负弯矩比同样跨度的等厚度悬臂板增大了 50.1%。

不同悬臂板的荷载有效分布宽度　　表 2-4-2

悬臂板跨度 l(m)	端部厚度(m)	根部厚度(m)	根部最大负弯矩(kN·m)	分布宽度(m)	分布角(°)
3.9	0.2	0.2	-47.500	2.105l	46.47
3.9	0.2	0.4	-60.719	1.647l	39.47
3.9	0.2	0.6	-67.340	1.485l	36.59
3.9	0.2	0.8	-71.277	1.403l	35.05

除了南引桥左幅桥上跨度达 3.9m 的长悬臂行车道板，在华村立交南引桥右幅桥及 A、C、D、E、F、L 匝道桥上，还存在跨度为 2.5m 的悬臂板，其端部厚度 0.15m，根部厚度 0.5m，根部和端部厚度之比 $t_2/t_1=3.333$。按《公路钢筋混凝土及预应力混凝土桥涵设计规范》(JTG D62—2004)的规定，跨度 2.5m 的悬臂行车道板处于长、短悬臂板的分界点上。然而前已指出，对于变厚度悬臂板，采用《公路钢筋混凝土及预应力混凝土桥涵设计规范》(JTG D62—2004)中公式(4-1)进行设计是偏于危险的。为慎重起见，也采用有限元法对华村立交 2.5m 跨度的悬臂板进行了分析，图 2-4-20 即为其端部作用 100kN 集中力时变形图及弯矩 m_x 分布。

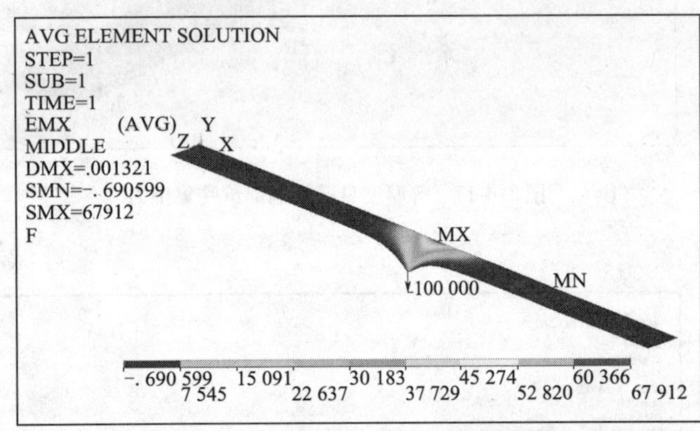

图 2-4-20　华村立交 2.5m 跨悬臂板端部承受集中力的变形和弯矩分布

由图 2-4-20 知，华村立交 2.5m 跨悬臂板的根部最大负弯矩 $m_{x\min}\approx-67.912\text{kN}\cdot\text{m}=-0.679P$，相应的荷载分布宽度为：

$$a=\frac{M_0}{m_{x\min}}=\frac{-Pl}{-0.679P}=1.472l \tag{2-4-6}$$

相应的分布角 θ 为：

$$\theta=\arctan(0.5a/l)=\arctan(0.758)=36.36° \tag{2-4-7}$$

结果表明华村立交 2.5m 跨变厚度悬臂板的荷载分布角 θ 也小于 45°。因此，对于该悬臂板，也宜采用有限元法进行分析和设计。

4. 华村立交悬臂板承受城—A 级汽车荷载的分析

华村立交桥梁的设计活载为城—A 级汽车荷载。根据《城市桥梁设计荷载规范》(CJJ 77—98)第 4.1.3.1 条，华村立交的悬臂板应采用 5 轴式货车加载。另外，根据《公路桥涵设计通用规范》(JTG D60—2004)第 4.1.7 和 4.3.2 条的规定，悬臂板按正常使用极限状态验算时不计冲击；按承载能力极限状态验算时取 1.3 的冲击系数。

图 2-4-21 为华村立交南引桥左幅桥的桥面布置图，其中铺装层厚度为 0.16m。根据该图，可对 3.9m 的悬臂板进行 5 轴式货车加载，如图 2-4-22 所示。显然，左悬臂受力状态最不利。据此，在华村立交 3.9m 悬臂板的有限元模型上(左悬臂)施加城—A 级车轮荷载，加载时考虑了铺装层的扩散作用，计算模型如图 2-4-23 所示。

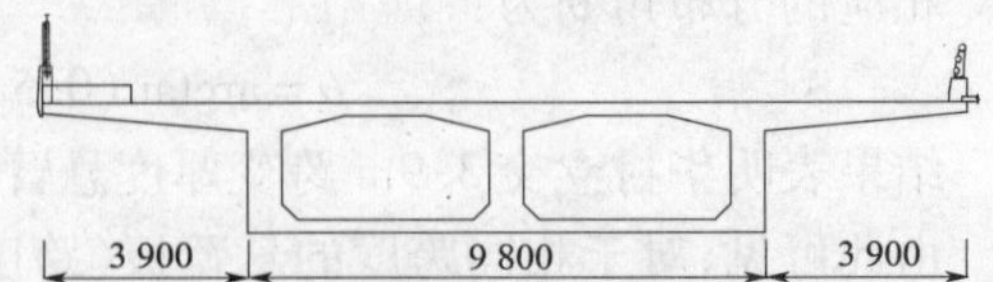

图 2-4-21　南引桥左幅桥的桥面布置(尺寸单位：mm)

图 2-4-24 为华村立交 3.9m 跨悬臂板在城—A 级车辆荷载作用下的变形和沿跨径方向的弯矩 m_x 的分布；图 2-4-25 为其垂直于跨径方向的弯矩 m_y 的分布；图中内力均为标准值，且未乘以冲击系数。

由图可见，3.9m 跨度悬臂板沿跨径方向的最大负弯矩出现在 70kN + 70kN 车轮作用中点对应的悬臂根部，大小为 $m_{x\min} \approx -90.234\text{kN}\cdot\text{m}$；另外，在垂直于跨径的方向还将出现正弯矩 m_y，且最大正弯矩出现在 100kN 车轮作用点的正下方，大小为 $m_{y\min} \approx 15.114\text{kN}\cdot\text{m}$；悬臂板最大正弯矩约为悬臂根部最大负弯矩的 16.7%。

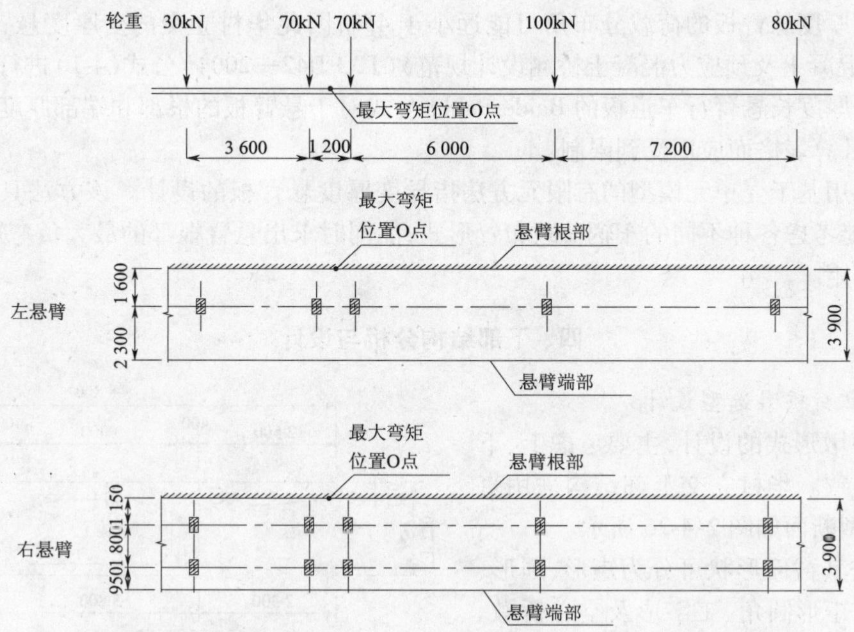

图 2-4-22 华村立交 3.9m 跨悬臂板城—A 级车辆荷载布置(尺寸单位:mm)

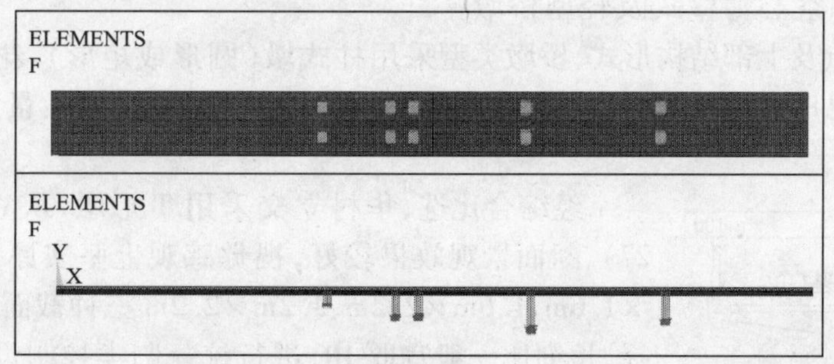

图 2-4-23 华村立交 3.9m 跨悬臂板承受城—A 级车辆荷载的有限元模型

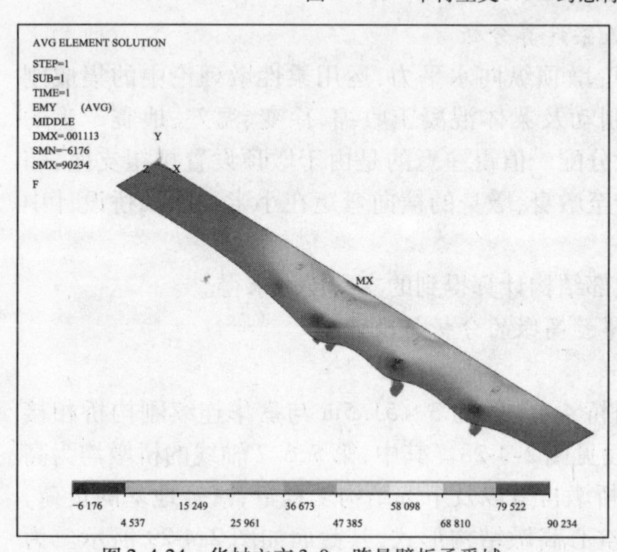

图 2-4-24 华村立交 3.9m 跨悬臂板承受城—A 级车辆荷载的弯矩 m_x 的分布

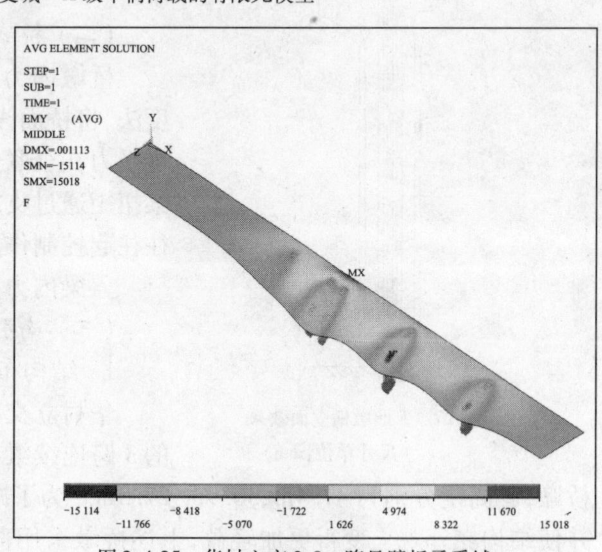

图 2-4-25 华村立交 3.9m 跨悬臂板承受城—A 级车辆荷载的弯矩 m_y 的分布

类似地，可以对华村立交南引桥右幅桥及 A、C、D、E、F、L 匝道桥跨度为 2.5m 的悬臂板进行有限元分析，不再赘述。

5. 小结

综上所述，可以得到以下结论：

（1）鉴于变厚度悬臂板的荷载分布角可能远小于 45°，因此华村立交的变厚度悬臂行车道板不宜再采用《公路钢混凝土及预应力混凝土桥涵设计规范》(JTG D42—2004)公式(4-1)进行设计。

（2）计算变厚度长悬臂行车道板的 BaiderBahkt 公式对于悬臂板的根部和端部厚度之比 $t_2/t_1>3.0$ 的情况，因缺乏计算表格而应用受到限制。

（3）推荐采用基于壳单元模型的有限元方法指导变厚度悬臂板的设计。该方法具有准确可靠、快捷直观的特点；能考虑各种不同的车辆荷载布置形式；能同时求出悬臂根部的最大负弯矩和车轮作用点下方的最大正弯矩。

四、下部结构分析与设计

（一）华村立交桥墩选型设计

华村立交桥墩形式的设计，主要考虑上、下部结构的协调一致。华村立交上部结构采用直腹板箱梁，其典型断面如图 2-4-26 所示。

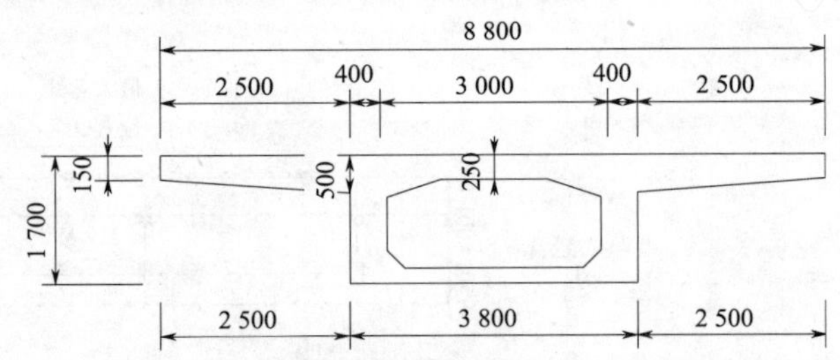

图 2-4-26　直腹板箱梁标准断面(尺寸单位：mm)

桥墩类型按其截面形状可分为矩形、圆形、圆端形、尖端形，矩形圆角、工字形及空心桥墩。按其构造可分为重力式、桩（柱）式、柔性排架桩式、钢筋混凝土薄壁和空心薄壁式及轻型桥墩等。根据城市立交特点及上部结构形式，桥墩类型采用柱式墩（圆形或矩形）、花瓶式桥墩及 T 形墩较合适。上述 3 种桥墩已广泛应用于城市立交和高架桥，施工工艺成熟，且有大量定型模板可以利用，施工费用较低。

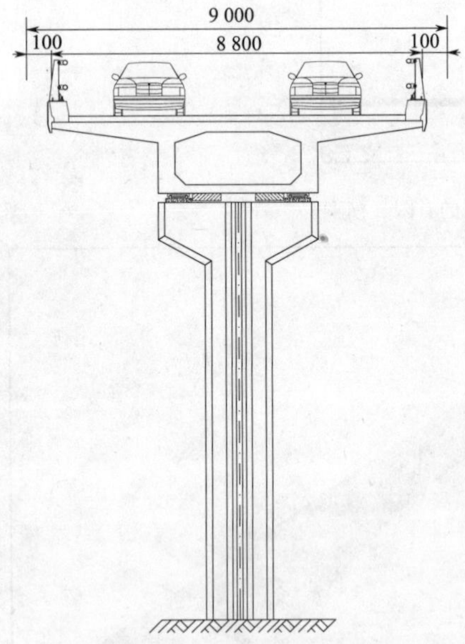

图 2-4-27　T 形墩横立面效果
(尺寸单位：mm)

经综合比选，华村立交采用 T 形墩，从立面效果分析（图 2-4-27），断面景观效果较好，视觉感观上坚实厚重。设计采用了 1.6m ×1.6m、1.6m×2.2m、2.2m×2.2m 三种截面尺寸，断面根据高度选择，长细比一般宜取 10，进行统一归类控制设计，避免浪费，提高效率。

（二）桥墩及盖梁计算分析

桥墩内力计算：墩顶纵向水平力，运用柔性墩理论中的集成刚度法，将桥面汽车制动及梁体混凝土收缩、徐变、温差、地震产生的水平力在全联进行分配。值得注意的是由于墩顶设置抗扭支座，箱梁扭矩通过支座传至墩身，墩身的横向弯矩在小半径曲线桥设计中往往起控制作用。

盖梁内力由上部结构计算得到的支座反力求得。

（三）南引桥薄壁高墩的分析与设计

1. 结构布置

华村立交南引桥 4～7 轴为 3×51.5m 与嘉华连续刚构桥相接的 3 跨连续梁，立面见图 2-4-28。其中，第 5、6、7 轴线的桥墩均为高桥墩，其高度分别为 41.4m、30.9m、27.3m。为了减小桥墩自重以及下部结构工程量，减轻地基的负荷，并使结构在外观上变得更加轻盈，上述桥墩采用薄壁空心高墩结构形式，其截面如图 2-4-29 所示。为了保证墩壁的稳定性和方便施工，在薄壁高墩内部按适当间距设置了横隔板。

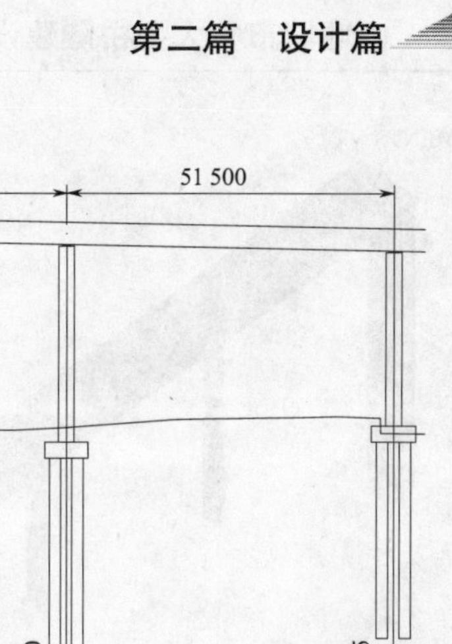

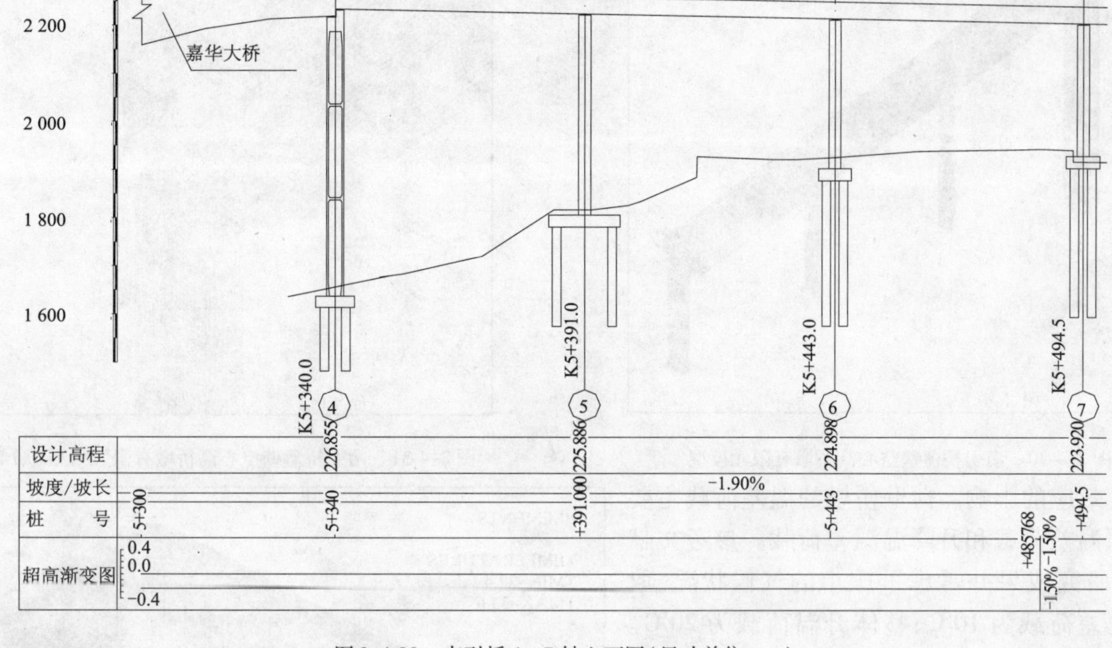

图 2-4-28　南引桥 4 ~ 7 轴立面图(尺寸单位:mm)

2. 设计要点

薄壁空心高桥墩属于细长柔性杆件,其较为显著的几何非线性力学特征,是设计中应重视的因素。另外,在日照作用下,钢筋混凝土桥墩向阳壁的表面温度因太阳光辐射而急剧升高,背阳面温度随着气温变化而缓慢变化,两者之间产生较大温差,从而在结构内部产生相当大的温度力[3]。特别对于重庆地区,夏季气候酷热,日照时间长,使得温度效应成为薄壁高墩设计必须考虑的因素。

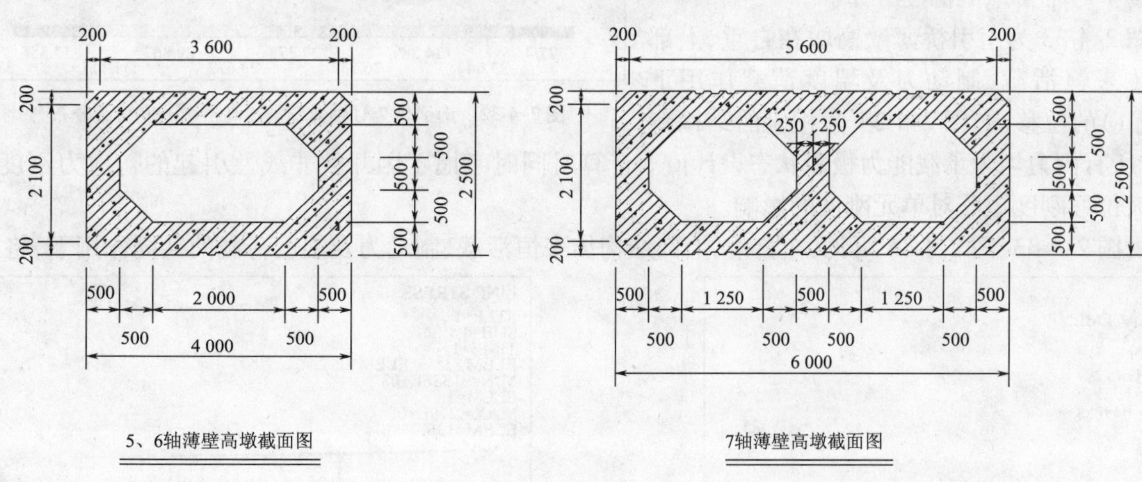

图 2-4-29　南引桥薄壁空心高桥墩截面图(尺寸单位:mm)

3. 薄壁高墩的有限元分析

薄壁高墩的计算分析,除要考虑桥墩本身所受荷载,如自重、上部结构传来的恒活载、温度效应及风荷载外,还要考虑上部结构和基础对其的约束作用,即应上部、下部结构同时参与计算。

为准确把握南引桥薄壁空心高桥墩的受力特性,建立了相应的有限元模型进行结构分析。有限元分析采用通用有限元软件 ANSYS 进行。以 BEAM188 空间梁单元模拟箱梁及薄壁高墩,并进行了足够精细的单元划分。图 2-4-30 和图 2-4-31 即为南引桥 4 ~ 7 轴薄壁高墩的计算模型。

在有限元分析时,主要的荷载包括墩自重、上部结构传来的恒活载以及制动力等;此外还重点考虑

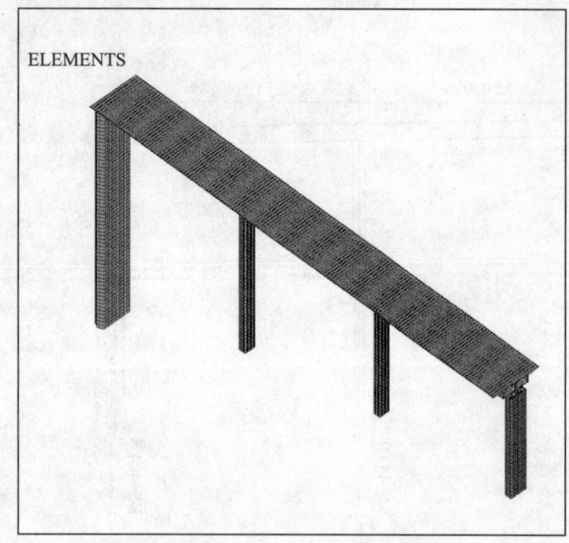

图 2-4-30　南引桥薄壁空心高桥墩有限元模型

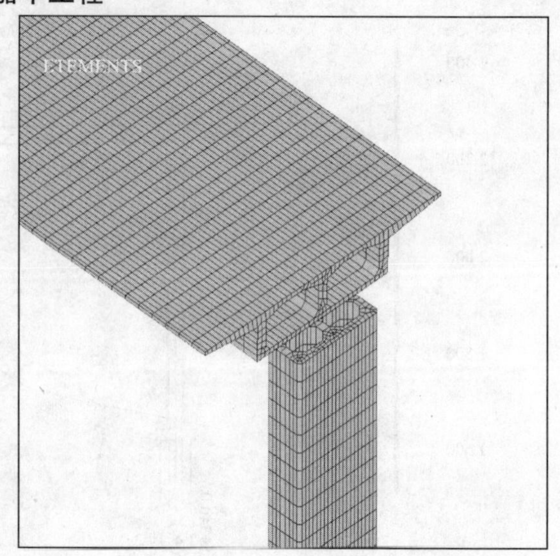

图 2-4-31　南引桥薄壁空心高桥墩有限元模型(局部)

了温度效应的影响。薄壁桥墩的温差荷载主要是日照温差荷载和升降温温差荷载。参考文献[1]的研究成果并考虑重庆市的气候状况,取日照温差荷载为 10℃,整体升温荷载为 20℃。根据《公路桥涵设计通用规范》(JTG D60—2004)第 4.1.6 条的规定,按照承载能力极限状态设计时,温度荷载应乘以 1.4 的分项系数及 0.8 的组合系数。则温度荷载的设计值分别为:日照温差 11.2℃及整体升温 22.4℃。图 2-4-32 为 7 号轴桥墩的温度分布。

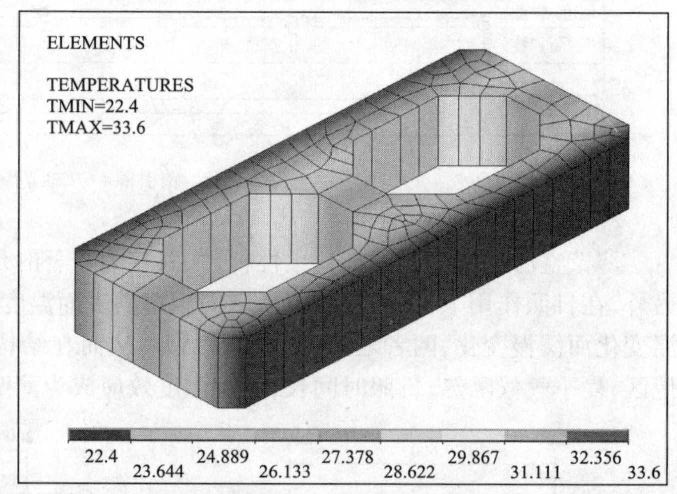

图 2-4-32　南引桥 7 号轴薄壁空心高桥墩温度荷载分布

图 2-4-33 为南引桥薄壁高墩在自重、上部结构传来恒活载、制动力及温度荷载作用下(工况 1)的位移图,图 2-4-34 为相应的结构弯矩图,所有内力均为承载能力极限状态设计值。计算时同时考虑了因几何非线性引起的初应力刚度矩阵和大位移刚度矩阵对单元刚度的影响。

由图 2-4-33、图 2-4-34 可见,在自重、上部结构传来恒活载、制动力及温度荷载的共同作用下,将在

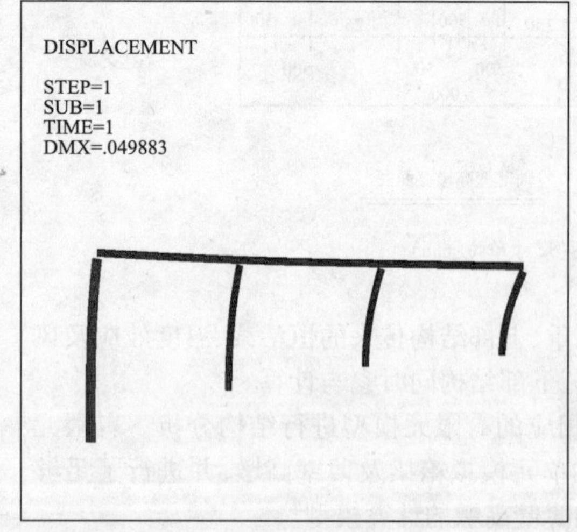

图 2-4-33　南引桥薄壁空心高桥墩位移图(工况 1)

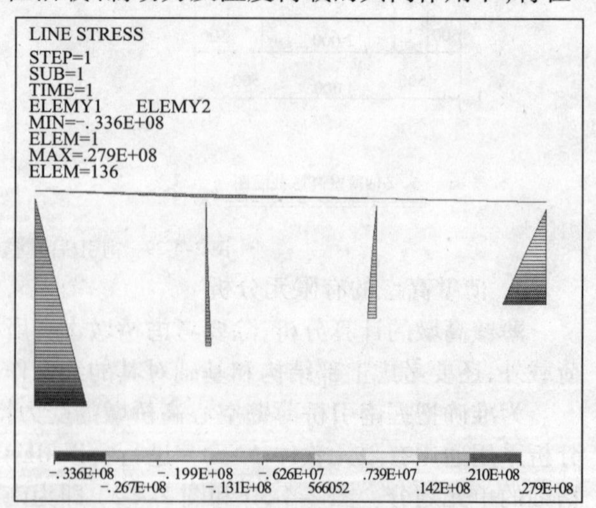

图 2-4-34　南引桥薄壁空心高桥墩弯矩图(工况 1)

墩顶引起近 5.0cm 的水平位移,并在 7 号轴墩底引起 27 900kN · m 的强大弯矩,从而使该工况成为华村立交南引桥薄壁高墩设计的控制工况。

4. 薄壁高墩几何非线性的影响

在工况 1 的上述计算过程中,全面地考虑了薄壁高墩的几何非线性特性。计算表明,若不考虑几何非线性,对于薄壁高墩的设计将导致偏危险的结果。

图 2-4-35、图 2-4-36 为不考虑几何非线性时,工况 1 的位移和弯矩图。由图可见,不考虑几何非线性时,薄壁高墩墩顶水平位移减小为 4.7cm;而 7 号轴墩底弯矩更降为 25 900kN · m。因此,不考虑几何非线性,将使薄壁高墩墩底弯矩被低估约 7.2% 而偏于危险。

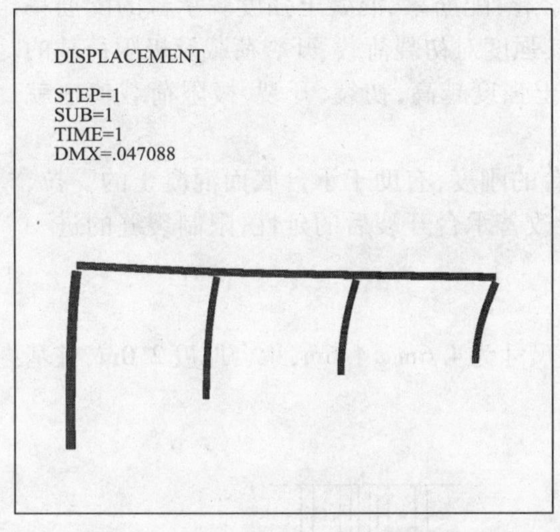

图 2-4-35 南引桥薄壁空心高桥墩位移图
(工况 1,不考虑几何非线性)

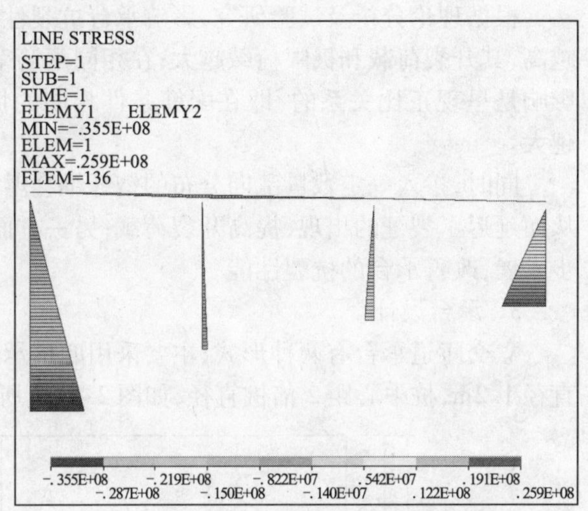

图 2-4-36 南引桥薄壁空心高桥墩弯矩图
(工况 1,不考虑几何非线性)

5. 小结

通过分析发现,有日照温差荷载和整体升温荷载参与组合的荷载工况将成为华村立交薄壁高墩设计时的控制工况之一;而忽略高柔桥墩的几何非线性特性,有可能导致偏于危险的设计结果。

(四) 华村立交桥墩基础设计

1. 概况

根据地勘报告,华村立交范围内的覆土层较厚,一般情况下在 20m 左右,最厚处可达 40m。立交靠近嘉陵江边,易受洪水的影响,基础的内力大,采用四桩承台基础有以下优点:

(1) 抗弯刚度和抗推刚度较大,从而提高下部结构的刚度和稳定性,减小墩顶在温度力、洪水压力、制动力、收缩徐变等水平力作用下的位移。

(2) 设计采用下伏基岩作为桩基持力层,立交桥墩较高,根据计算分析,四桩承台可节省一定工程量。

2. 四桩承台的计算原理及性能分析

桩基承台是将桩基础和桥墩连接为整体并将桥梁上部荷载传递给桩基的重要构件。承台受力复杂,影响因素很多,在工程设计中采用何种计算模式对计算结果影响很大,并直接影响结构的安全使用。目前国内外采用的计算方法有:我国桥梁设计规范采用“桁架法或深梁法”,美国和前苏联采用“以板梁理论为基础的受弯构件计算方法”,英国和加拿大采用“桁架(拉压杆)力学模型”等。独柱式四桩承台作为城市桥梁广泛采用的承台结构形式,其特点是承台所受墩柱作用荷载大。桩间距和桩柱间距小的特点,其受载破坏模式与常用桩基承台的计算方法存在一定的差异。目前,独柱式四桩承台的破坏模式尚没有确定的力学模型,如何确定其力学模型一直困扰着设计人员,致使在设计过程中只能采用最保守的计算模式,以确保设计的安全性,在一定程度上存在材料浪费的问题,同时承台开裂后,钢筋混凝土结构的耐久性是影响其使用寿命的关键，特别是埋于地下的混凝土结构受地下水和腐蚀性物质的侵蚀，混凝土材料退化、钢筋锈蚀问题将进一步加剧混凝土裂缝的扩展。因此，提高混凝土结构的抗裂性能对改善承台使用性能、延长结构的使用寿命具有重要作用。

承台混凝土开裂及裂缝扩展规律是：裂缝率先出现在弯矩最大的承台底面中间边缘处，随着荷载的增加，裂缝沿承台底面向承台中心扩展，并在承台底面相邻两桩间形成通缝，两条横向裂缝交汇于承台底面中心点，同时，裂缝沿承台侧面向上扩展，直至承台顶面，造成承台破坏，达到极限荷载。承台破坏模式是典型的弯曲破坏形式。因此针对此独柱式四桩承台的破坏模式，应以弯曲破坏的力学模式为主进行设计计算。

根据理论分析及试验研究，影响承台抗裂性能的主要因素有：配筋率、混凝土强度。承台的配筋率越高，其开裂荷载和极限荷载越大；在相同配筋率的情况下，其强度对初裂荷载、开裂荷载及极限荷载的影响是呈现正比关系的，即在配筋条件相同的情况下，混凝土强度越高，初裂、开裂、极限荷载值也就越大。

同时，掺入一定数量乱向分布的钢纤维会增加开裂前承台的刚度，有助于承台底面混凝土的受拉，从而延迟了裂缝的出现，提高开裂荷载；另一方面钢纤维也会改善承台开裂后的延性，限制裂缝的进一步发展，改善承台的抗裂性能。

3. 承台设计

立交匝道承台有两种形式，主要采用四桩承台形式，平面尺寸为4.6m×4.6m，承台厚度2.0m，桩基直径1.2m，桩中心距2倍桩直径，如图2-4-37所示。

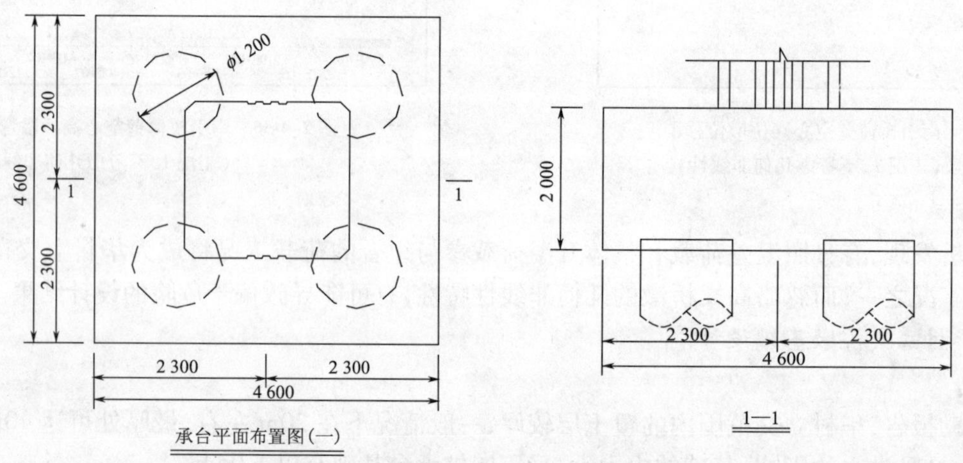

图2-4-37　匝道四桩承台构造图(尺寸单位:mm)

对于局部较矮桥墩，采用两桩承台形式，承台厚度取2.5m，桩基直径1.5m，如图2-4-38示。

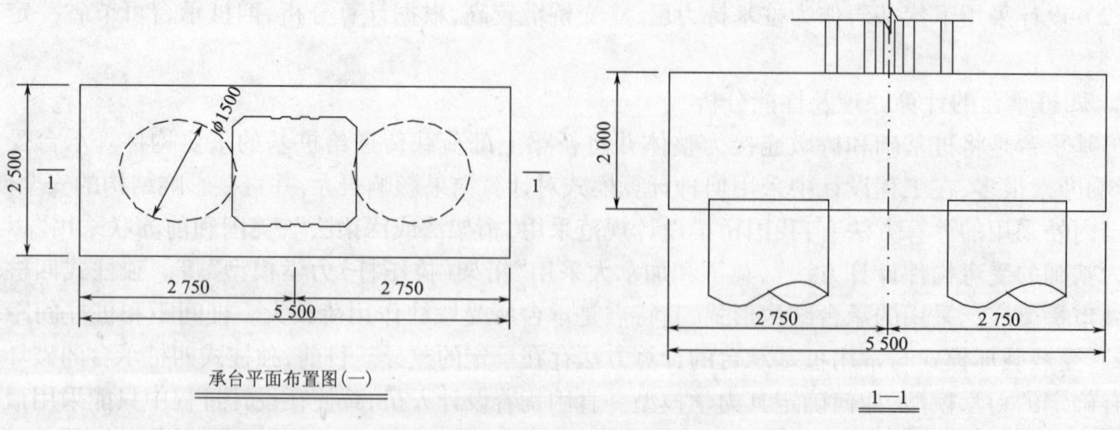

图2-4-38　匝道两桩承台构造图(尺寸单位:mm)

对主线部分，由于跨度大，桥墩传来的内力较大，采用四桩承台形式，平面尺寸为7.8m×7.8m，承台厚度3m，桩基直径1.8m，桩中心距2倍桩直径，如图2-4-39所示。

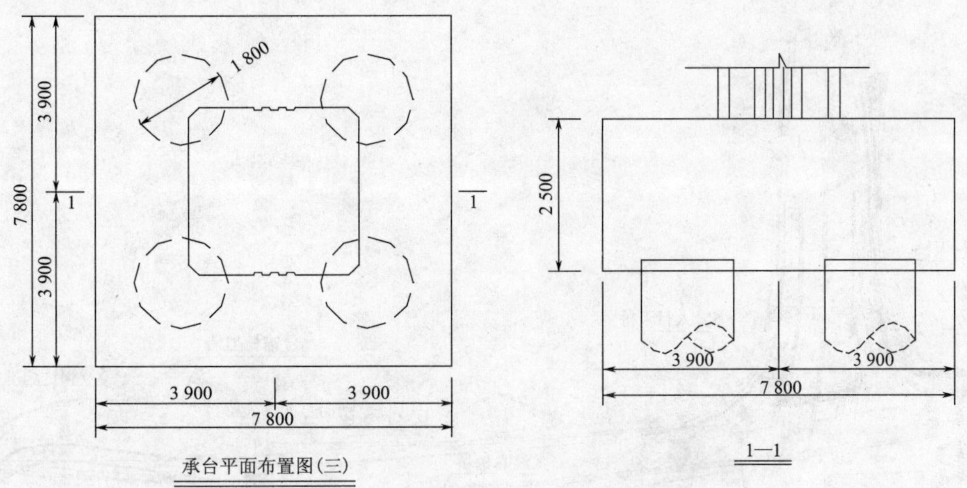

图2-4-39 主线四桩承台构造图(尺寸单位:mm)

第二节 黄沙溪立交

一、工程场地自然及地质条件

场地地貌受构造和岩性明显控制，为构造剥蚀丘陵地貌。位于斜坡中下部和底部，地面高程220～270m，地貌形态呈缓坡～陡坡～峭壁相间状，砂岩抗风化，多成陡坡～峭壁，经地面调查和钻探揭露，本场地出露地层为侏罗系中统上沙溪庙组上段沉积岩层和第四系全新统松散土层。场地内地下水主要为上层滞水和基岩风化裂隙水，主要赋存于原始地貌谷心地带的覆土层和风化带岩层中。化龙桥向斜东翼，岩层产状250°左右，倾角为8°～11°，根据区域地质资料，地应力条件简单，应力水平极低。全线岩、土可挖性分级如下。

(1) 松土：沿线表层的填筑土、亚黏土。填筑土主要由砂泥岩碎块石、黏性土等组成，碎块石含量25%～40%，粒径40～300mm，稍密～中密，稍湿。部分填筑土以砖块、黏性土、炭渣、炉灰等组成，局部表层为生活垃圾，碎石含量10%～20%，粒径5～20mm，结构松散～稍密，稍湿。亚黏土呈软塑状。

(2) 硬土：全线的基岩强风化带。岩石风化强烈，呈碎块状，质软，部分呈土状或土夹石状。

(3) 软石：弱风化的砂质泥岩、砂岩。层状、块状结构，裂隙不发育，岩石单轴极限饱和抗压强度为4.1～20.8MPa。

(4) 次坚石：弱风化的砂岩。层状、块状结构，裂隙不发育，岩石单轴极限饱和抗压强度为13.1～34.7MPa。根据地勘报告，拟建立交场地无滑坡、地面塌陷、采空等不良地质现象。场地现状稳定。

二、概　　述

(一) 结构平面布置

本立交范围内结构工程包括桥梁、人行天桥、挡护工程。结构总体布置见图2-4-40。

设计中利用黄杨大道作为黄沙溪立交的一个右转匝道(袁家岗至鹅公岩)。主线在K7+700～K7+840段与黄杨大道高程接顺，袁家岗方向的车流可右转通过黄杨大道汇入主线往李家沱大桥方向，也可直接通往大黄路。袁家岗往嘉华大桥的左转车流也可通过黄杨大道和匝道E线的组合得到解决。

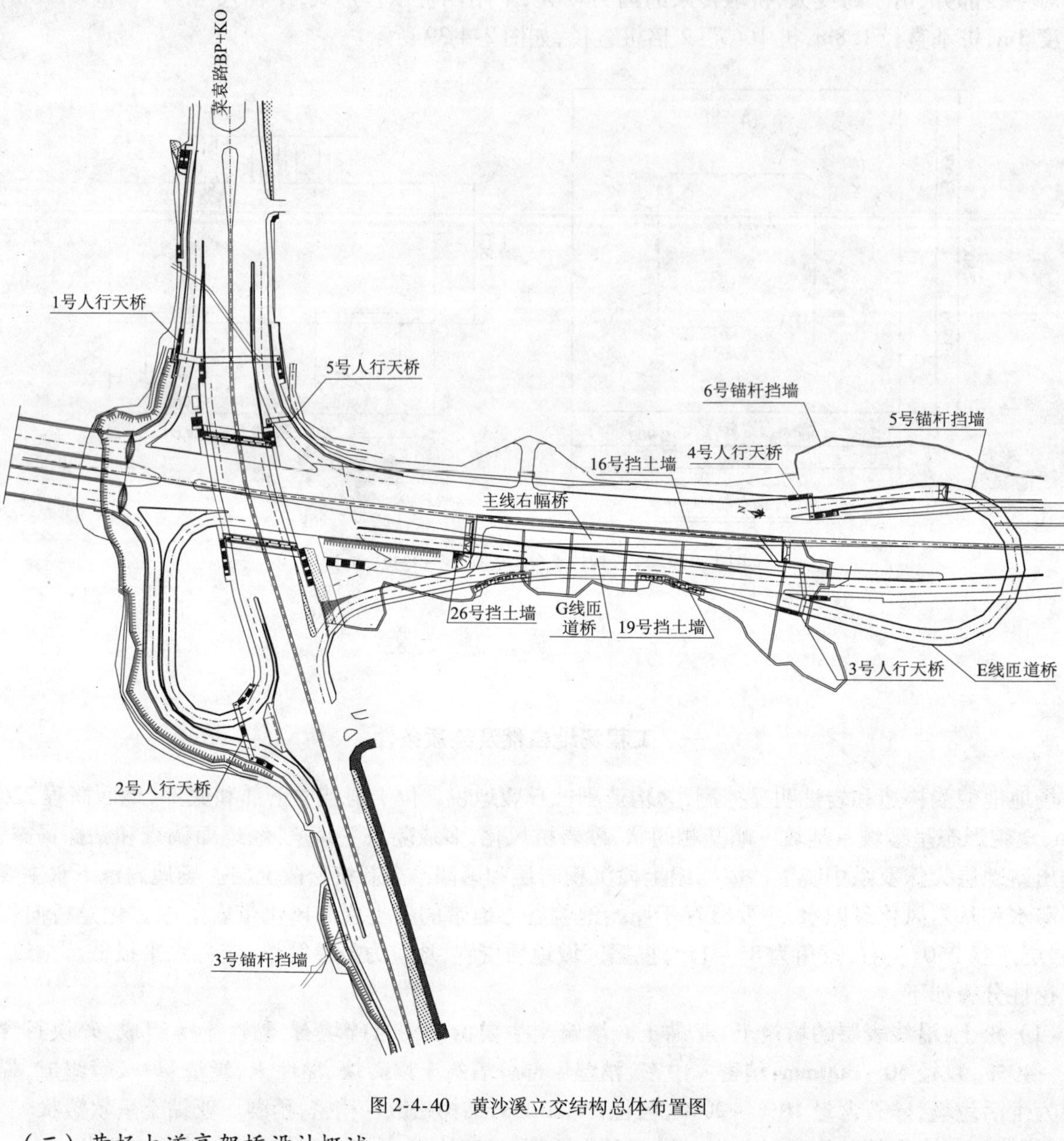

图2-4-40　黄沙溪立交结构总体布置图

（二）黄杨大道高架桥设计概述

黄杨大道高架桥已于2002年建成通车，上部结构采用预应力混凝土连续箱梁桥，为便于桥跨结构布置，高架桥与莱袁路和渝中加油站连接采用钢筋混凝土简支“斜T”梁桥，跨径14.5m，梁高1m。高架桥主体结构共五联桥，桥梁面积7867m^2，跨径布置如下。

K0+060~K0+410段：(25.773+35+28)m+(30+2×35+30)m+(30+2×35+30)m，预应力等截面连续箱梁，共三联。

K0+445~K0+710段：(30+2×35+30)m+(30+2×35+30)m，预应力等截面连续箱梁，共两联。

K0+060~K0+410段预应力箱梁为单箱双室，梁高1.7m，箱梁顶宽一般为11.5m，底宽7.5m，翼缘宽度2.0m。仅1号~2号墩段由于道路宽度变化需加宽至16.218m，采用增加箱室调整，保持悬臂翼缘板均为2.0m，以求外形美观。K0+445~K0+710段，箱梁顶宽14m，底宽8.5m，梁高1.7m，翼缘板悬臂长为2.5m和3.0m(靠人行道一侧)，亦采用单箱双室。箱梁在墩顶和跨中均设横隔梁(板)。箱梁纵向和墩顶横隔梁均施加预应力。由于高架桥段以沟谷为主，地势为北、南两端高，中间低，东高西低，最高地面高程为 270m(菜袁路人行道),最低地面高程为 217m,最大相对高差达 54m。下部桥墩采用 ϕ2 200 圆柱式墩身,除联与联相接处采用双柱外,其余均为单柱支承。与菜袁路相接处采用桩柱式桥台,以减少对原路基的破坏且便于与原有道路路基相连。其余桥台均为重力式桥台。已建黄杨大道高架桥平面及立面布置见图 2-4-41、图 2-4-42。

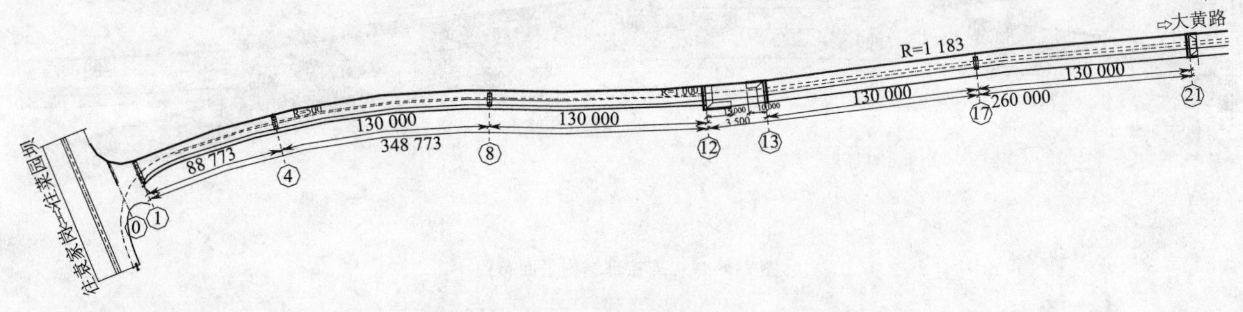

图 2-4-41　已建黄杨大道高架桥平面布置

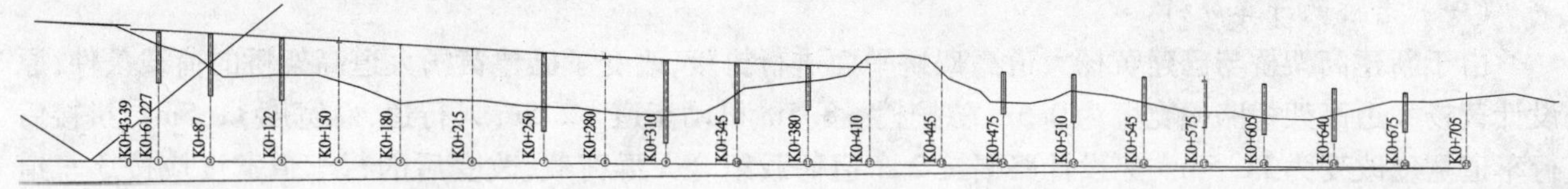

图 2-4-42　已建黄杨大道高架桥立面布置

(三) 黄沙溪立交结构设计

立交设计利用原建黄杨大道架空桥,在原桥外侧新建高架桥匝道 G 线、匝道 E 线与原桥交汇,满足道路布线的要求。该方案造价经济、施工方便、节约工期。同时考虑新建桥梁与老桥外观上协调一致。新建高架桥上部结构同样采用直腹板箱梁,下部桥墩在拟定墩身结构时,着重考虑新旧桥梁景观的整体美观性。已建黄杨大道桥梁采用圆柱式墩,为与之相协调,设计采用圆柱式墩身。桥墩布置尽量在横向上与已建桥墩对齐。新建黄沙溪立交结构布置见图 2-4-43。

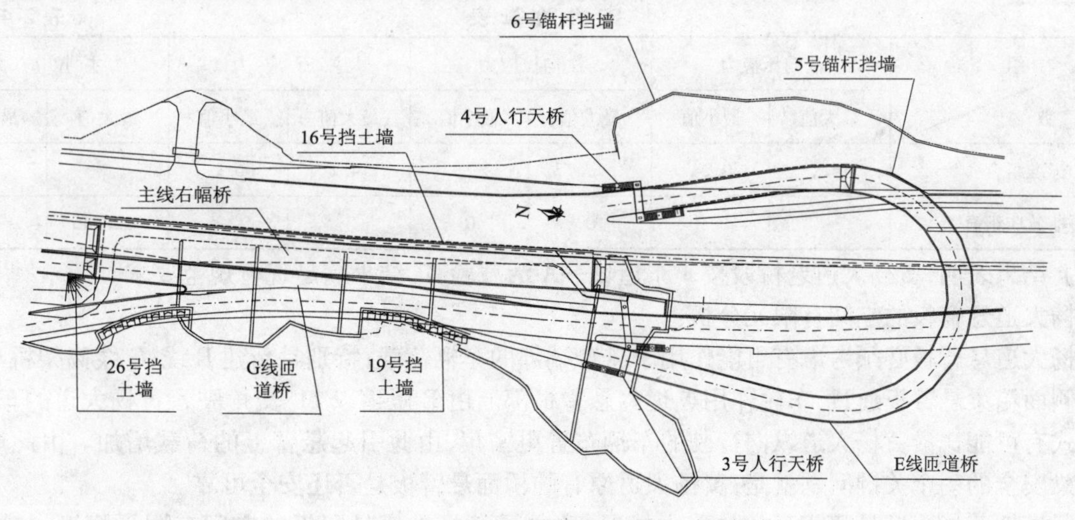

图 2-4-43　黄沙溪立交结构布置图

(四) E、G 匝道与黄杨大道连接部位的结构方案比选

道路总体布置新建匝道 E 线、匝道 G 线在黄杨大道两侧拼接,与黄杨大道在高程上接顺。设计考虑拆除该段范围内黄杨大道高架桥、重建新桥方案。该方案优点是结构体系受力明确,行车舒适平稳;缺点是造价较高、造成了投资的浪费且工期较长,拆桥重建期间需中断黄杨新城与外界联系的唯一通道,社会影响较大。

为克服上述缺点，采用两侧拼接异型桥梁作为推荐方案。为保证行车舒适性及结构耐久性，新建桥梁与黄杨大道之间采用164.5m长的型钢伸缩缝连接。连接部结构平面布置见图2-4-44。

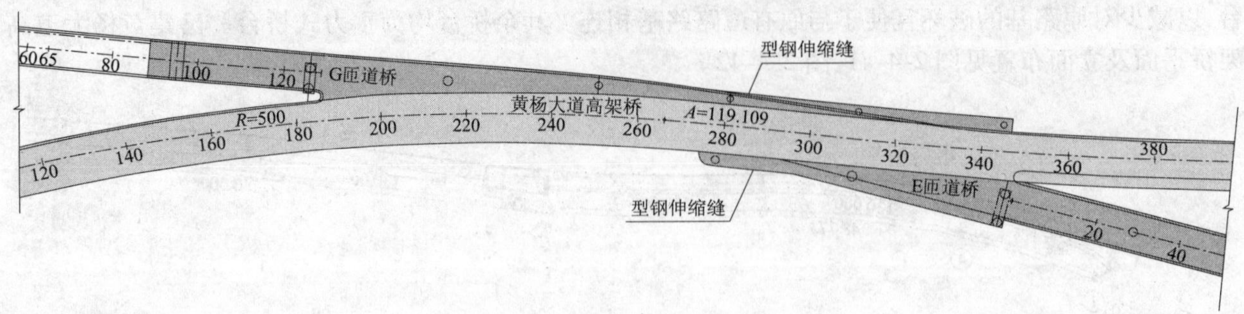

图2-4-44　连接部结构平面布置

三、上部结构设计

(一) 老桥的计算分析

由于新建高架桥与已建黄杨大道高架桥平面进行拼接，改变了已建黄杨大道高架桥的荷载条件，原设计黄杨大道高架桥路幅宽度为0.5m防护栏+8.5m机动车道+2.5m人行道，总宽度11.5m。拼接后行车道宽度改变为11.5m。原设计路幅按2车道荷载组合人群荷载，改变后的行车道宽度应按3车道设计。因此有必要根据现行规范、现有荷载条件对老桥进行验算。

原老桥跨径30m+35m+35m+30m，按3车道活载计算结果如下。

(1) 承载能力验算示意见图2-4-45。

图2-4-45　弯矩包络及结构抗力示意图

(2)应力验算见表2-4-3。

应力验算表　　表2-4-3

组合 / 值数	法向压应力		法向拉应力		主压应力		主拉应力	
	最大值	最小值	最大值	最小值	最大值	最小值	最大值	最小值
标准组合	14.1	0.24			14.2	6.1		
短期效应组合			0	0			-0.745	-0.01

(3) 结果表明，黄杨大道老桥段按3车道城—A活载验算，结果满足现行规范要求。

黄杨大道悬臂板的空间有限元分析：

黄杨大道悬臂板必须考虑有可能作用于悬臂端部的车辆荷载；特别是新建E线、G线高架桥车辆均从老桥侧面箱梁悬臂板通过，车轮作用点远离悬臂根部。由E匝道以11°交角驶入黄杨大道的车辆，其排列形式有可能比沿黄杨大道纵向行驶的车辆布置更密集，由此引起悬臂上的荷载增加。由此产生的有关桥梁安全的一个关键问题就是：黄杨大道原有的桥面悬臂板是否还安全可靠。

为了模拟黄杨大道悬臂板真实的受力情况，建立了黄杨大道悬臂板的空间有限元模型，如图2-4-46所示，模型为无限长行车道板，悬臂板跨度为2m，端部尺寸0.15m，根部尺寸0.5m。

由于车辆荷载由侧向驶入，考虑一种极端情况，即2车道的车辆荷载垂直驶入黄杨大道悬臂板，且车轮荷载作用于悬臂端部。根据《城市桥梁设计荷载规范》(CJJ 77—98)布车，车轮间距为1.8m+1.3m+1.8m，轮重为100kN+100kN+100kN+100kN。车辆布置已考虑了车轮着地尺寸和铺装层的扩散作用，如图2-4-47所示。

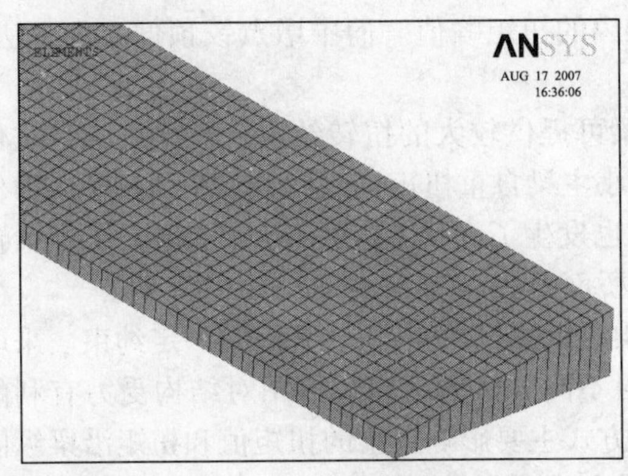

图 2-4-46　黄杨大道悬臂板的空间有限元模型

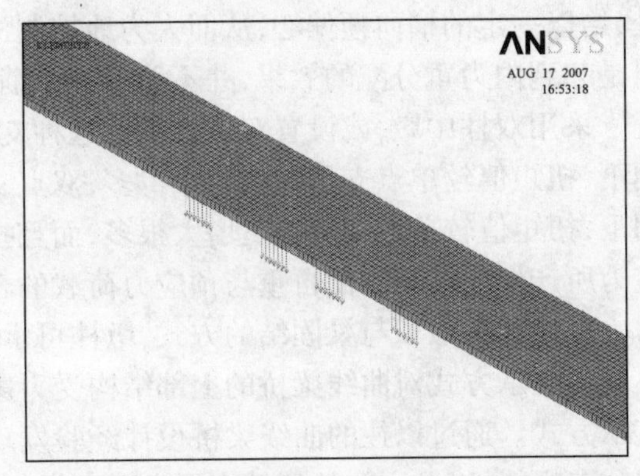

图 2-4-47　黄杨大道悬臂板车轮荷载布置

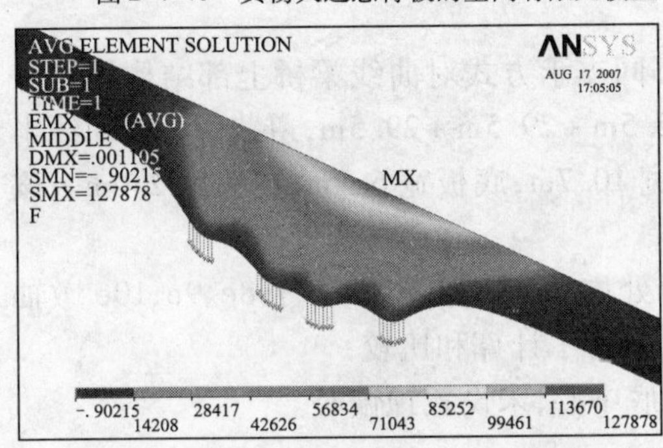

图 2-4-48　黄杨大道悬臂板最不利活载内力

计算结果如图 2-4-48 所示，在车辆荷载（标准值）作用下的悬臂根部最大弯矩为 127.878kN・m。经验算，黄杨大道悬臂板满足承载能力极限状态和正常使用极限状态的要求。

（二）曲线连续梁桥的支承布置对上部结构扭矩的影响

1. 引言

近年来随着中国城市立交建设的迅速发展，曲线梁桥结构得到了广泛的应用。曲线连续梁桥相对于直线连续梁桥结构有其自身的受力复杂性，由于主梁的平面弯曲使得下部结构墩柱的支承点不在同一条直线上，从而造成曲线梁桥的受力状态与直桥有着很大差别，构成了其独有的受力特点。对直桥而言，在主梁自重作用、预应力钢束作用下，由于荷载是对称的，对主梁并不产生扭矩和扭转变形。但是在曲线梁桥中，由于自重和预应力荷载作用所产生的扭矩和扭转变形是不容忽视的，预应力钢束径向力产生的扭转作用也相当大。城市立交中，曲线梁桥大部分应用于立交的匝道桥，匝道有别于主干道，其宽度比较窄，一般匝道多为 1 ~ 2 车道。宽度为 6 ~ 11m。而且城市中立交往往受到占地面积的限制，所以匝道桥多为小半径的曲线梁桥，平曲线最小半径可在 30m 左右。在满足匝道宽度的前提下，上部结构截面的选取比直线梁桥多出结构抗扭这一项特殊要求，箱梁截面在这方面就体现了其优越性。为满足箱梁截面抗扭功能，一般有以下几点措施：

（1）减小翼缘宽度，增大箱室。

（2）加大梁高和腹板厚度。

而在箱梁截面宽度受限的基础上，这两点措施则不能更有效地改善上部结构的抗扭功能，而通过改变曲线箱梁桥的支承布置，有效地改变上部结构扭矩的分布，使上部结构达到扭矩均衡的目的。

2. 曲线连续箱梁的不同支承形式对上部结构扭矩影响

目前，曲线梁桥的抗扭支承多由两个或两个以上的横桥向的板式或盆式支座组成。

曲线梁桥的不同支承方式，对其上部结构扭矩影响非常大，根据其结构受力特点一般采用的支承方式为：

（1）在曲线梁桥两端的桥台或分联处采用两点或多点支承的支座，即设置抗扭支座，这种支承方式可有效地提高主梁的横向抗扭性能，保证其横向稳定性。

（2）在曲线梁桥的中墩支承处可采用的支承形式很多，应根据其平面曲率、跨径、墩柱截面和墩柱高度及预应力钢束作用力的不同来合理地选用支承方式。经常采用的支承方式如下。

采用单柱式点铰支承。这种支座可根据其受力需要固定或放开某方向的水平约束，但是这种支座对主梁的扭转没有约束，这时主梁在横向和纵向可自由扭转。弯梁桥上部结构传来的扭矩是不会通过这些点铰支承传到基础上的，而一般都是由桥的两端通过设置抗扭支承的桥台来传递扭矩的，所以中支点的作用只是起到减小弯曲长度的作用。为了调整梁内扭矩沿桥纵向的分布，可在中支墩的点铰支承处，给以一定的横向预偏心，从而人为地控制沿梁长方向梁内的扭矩峰值。而中墩点铰预偏心的方法，只是起到内力重分配的效果，并不能起到抵消扭矩的作用。

采用双柱中墩，或设置双点支承。这种支承方式对主梁可提供较大的扭转约束。在主梁的自重作用下，扭矩值较单点支承时的值小得多，双点支承可有效减小主梁自重扭矩；但是双点支承时，预应力作用下，扭矩值较单点支承的值增大很多，而且扭矩分布规律也发生了变化，说明双点支承增大了主梁预应力所产生的扭矩。而自重与预应力荷载的合成扭矩则因桥而异。

采用独柱墩顶与梁固结的方式，墩柱可承担一部分主梁扭矩，对主梁的扭转变形有一定约束。采取不同的支承方式对曲线梁桥的上部结构受力影响很大，针对不同的桥梁结构应选用对结构受力有利的支承方式。通过以往的曲线梁桥设计经验发现不同的支承方式主要影响主梁的扭矩值和扭矩沿梁纵向的分布规律，以及主梁的扭转变形。下面举例说明不同支承方式对曲线梁桥的扭矩影响。

3. E 匝道支承布置与抗扭分析

以黄沙溪 E 匝道 7e ~ 11e 联桥作为工程实例，具体阐述不同支承方式对曲线梁桥上部结构扭矩分配的影响。该联匝道桥为四跨连续曲线梁桥，跨径 29.5m + 36.5m + 29.5m + 29.5m，道路中心线曲线半径 46.5m，梁高 1.7m，断面形式采用单箱双室箱梁，箱梁顶板宽 10.7m，底板宽 6.7m，翼缘宽 2.0m。该匝道桥的桥梁平面图及上部箱梁平面图如图 2-4-49 所示。

该联桥在进行施工图设计时，左端盖梁分联处及右端桥台处均设置抗扭支座，对于 8e、9e、10e 墩轴处的支承形式，设计人员则按照以下 4 种不同的支承形式分别进行了计算和比较：

（1）中墩 8e、9e、10e 处均采用单个支座，支座位置在箱梁底中心，未设置预偏心。

（2）中墩 8e、9e、10e 处均采用单个支座，设置预偏心 250mm。

（3）中墩 8e、9e 处墩梁固结，且桥墩中心线相对于箱梁底中心位置外偏 250mm，10e 处采用单个支座，设置预偏心 250mm。

（4）中墩 8e、9e、10e 处设置抗扭支座。

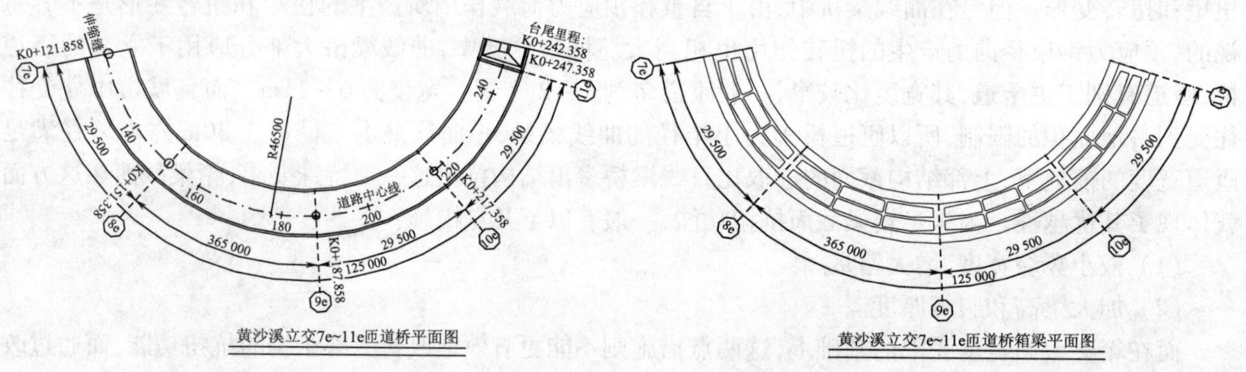

图 2-4-49　E 匝道结构平面图（尺寸单位：mm）

设计采用同济大学桥梁工程系编写的《桥梁博士》V3.1.0 进行计算。4 种不同支承形式的扭矩包络图见图 2-4-50 ~ 图 2-4-53。

从扭矩包络图上不难看出，在 8e、9e、10e 设置单个支座的截面附近，上部箱梁的扭矩值较小，而大部分扭矩传递到左端盖梁和右端桥台处。

（1）中墩设单支座，不偏心（图 2-4-50）。

（2）中墩设单支座，预偏心 250mm（图 2-4-51）。

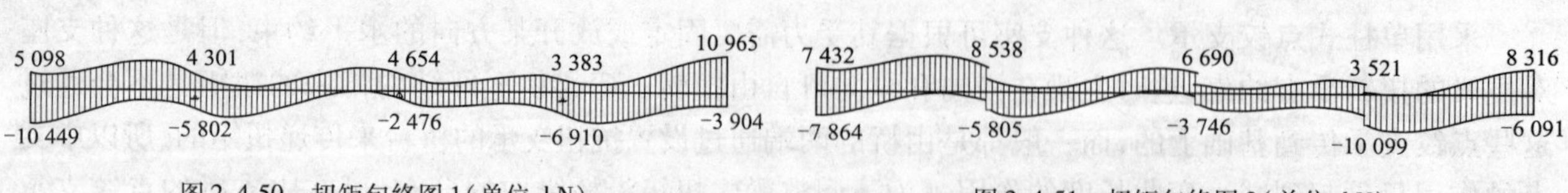

图 2-4-50　扭矩包络图 1（单位：kN）

图 2-4-51　扭矩包络图 2（单位：kN）

支座设置偏心后,扭矩包络图在中间支点处发生了错位移动,使得全桥的扭矩沿桥梁纵向重新分配,而且趋于均匀。左端盖梁分缝处及右端桥台处的扭矩峰值大大削减。

(3) 8e、9e 墩固结,10e 设单支座,都偏心 250mm(图 2-4-52)。

此种支承方式是设计采用的支承形式。由于主梁上部结构较窄,且曲线半径很小,在上部结构自重、汽车偏载、尤其在预应力钢束径向力的作用下,主梁横向扭矩和扭转变形很大,因此采用独柱墩,并对较高的 8e、9e 轴处桥墩采用墩梁固结的结构形式,用以抵抗部分上部结构的扭矩及扭转变形,由此增加了整联桥的整体横向稳定性。而对于较矮的 10e 轴墩处则采用具有较弱抗扭能力的单点支承的方式,这样可有效降低墩柱的弯矩和减小主梁的横向扭转变形,这两种支承方式的横向位置均进行了偏心调整。从扭矩包络图可以看出,此种支承方式扭矩沿桥纵向分配比较均匀,各控制截面的扭矩也相对比较接近。而且和单铰支承相比较,设置两个固结墩则能更有效的减小主梁的横向扭转变形。综合考虑以上几点原因,设计采用了此种支承形式。

(4) 中墩设置抗扭支座(图 2-4-53)。

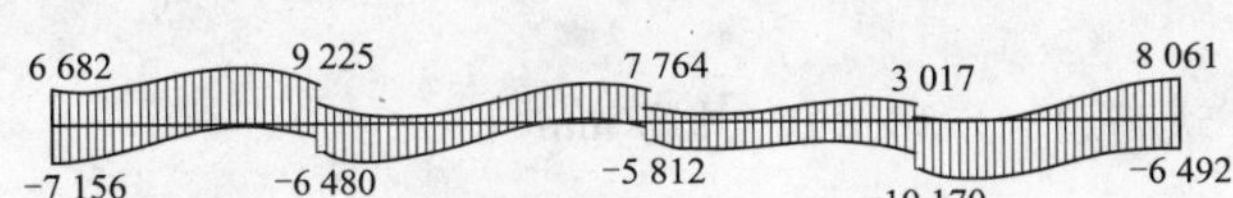

图 2-4-52 扭矩包络图 3(单位:kN)

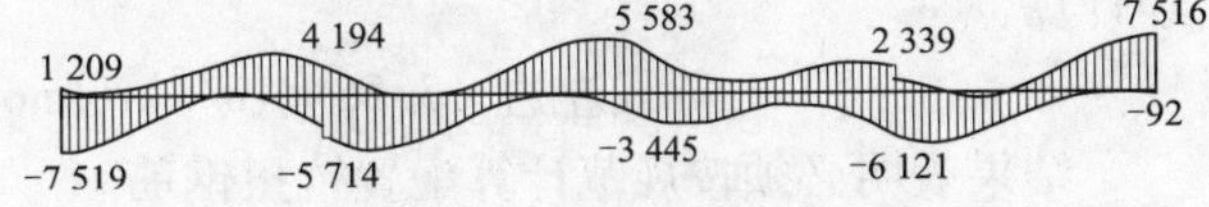

图 2-4-53 扭矩包络图 4(单位:kN)

在中墩设置抗扭支承,可以有效地抵抗上部传来的扭矩,结构主梁扭矩总和减小。抗扭支座的设置实际上对上部箱梁的扭矩起到了很大的约束作用。箱梁扭矩重新分配后,各控制截面的扭矩亦比较均匀,而且控制扭矩相对较小。但是从桥梁美观角度来说,本联匝道桥桥宽较窄,曲率也很小,如果在中墩处设置盖梁或者宽墩来放置双支座势必会影响桥梁的整体美感,降低了桥下的通透性。而且从经济性考虑,与独墩固结形式相比较,设计最终采用了独墩固结形式。

根据扭矩内力包络图结果,设计按照《公路钢筋混凝土及预应力混凝土桥涵设计规范》(JTG D62—2004)对不利截面进行了截面抗剪扭验算,并与《混凝土结构设计规范》(GB 50010—2002)计算结果进行了比较。

① 按照 JTG D62—2004 规范的验算

a. 箱形截面受扭构件的截面受扭塑性抵抗矩,应按下列公式计算:

以 8e 左侧 6.25m 处为控制截面验算剪扭。计算时应满足 $h \geqslant b$,否则 h 与 b 应互换。

$$W_t = \frac{b^2}{6}(3h-b) - \frac{(b-t_1-t'_1)^2}{6}[3(h-2t_2)-(b-t_1-t'_1)] \tag{2-4-8}$$

式中:h——箱梁底板宽度,$h = 6\ 700\text{mm}$;

b——箱梁梁高,$b = 1\ 700\text{mm}$;

t_2——箱梁腹板宽度,$t_2 = 750\text{mm}$;

t'_1——箱梁顶板厚度,$t'_1 = 250\text{mm}$;

t_1——箱梁底板厚度,$t_1 = 200\text{mm}$。

则箱形截面箱体受扭塑性抵抗矩为:

$$W_t = 5.13 \times 10^9\ \text{mm}^3$$

b. 矩形和箱形截面承受弯、剪、扭的构件,其截面应符合下列公式要求:

$$\frac{\gamma_0 V_d}{bh_0} + \frac{\gamma_0 T_d}{W_t} \leqslant 0.51 \times 10^{-3}\sqrt{f_{\text{cu,k}}}(\text{kN/mm}^2) \tag{2-4-9}$$

式中:γ_0——桥梁结构的重要性系数,$\gamma_0 = 1$;

$f_{\text{cu,k}}$——边长为 150mm 的混凝土立方体抗压强度标准值,$f_{\text{cu,k}} = 50\text{MPa}$;

V_d——剪力组合设计值(最大扭矩对应),$V_d = 3\ 500\text{kN}$;

T_d——扭矩组合设计值，$T_d = 1.10 \times 10^7 \mathrm{kN \cdot mm}$；

b——箱形截面腹板总宽度，$b = 1\,500\mathrm{mm}$；

h_0——箱形截面的有效高度，$h_0 = 1\,650\mathrm{mm}$；

W_t——截面受扭塑性抵抗矩，$W_t = 5.13 \times 10^9 \mathrm{mm}^3$。

经计算：

$$\text{等式左边} = 3.56 \times 10^{-3} \mathrm{kN/mm^2}，\text{等式右边} = 3.61 \times 10^{-3} \mathrm{kN/mm^2}$$

c. 矩形和箱形截面承受弯、剪、扭的构件，当截面符合下列条件时，可不进行构件的抗扭承载力计算，仅需配置构造钢筋。

$$\frac{\gamma_0 V_d}{b h_0} + \frac{\gamma_0 T_d}{W_t} \leqslant 0.50 \times 10^{-3} \alpha_2 f_{td} (\mathrm{kN/mm^2}) \tag{2-4-10}$$

式中：α_2——预应力提高系数，$\alpha_2 = 1.25$。

f_{td}——混凝土轴心抗拉强度设计值，$f_{\mathrm{td}} = 1.83\mathrm{MPa}$；

其余符号含义同前。

经计算：

$$\text{等式左边} = 3.56 \times 10^{-3} \mathrm{kN/mm^2}，\text{等式右边} = 1.14 \times 10^{-3} \mathrm{kN/mm^2}$$

结果表明必须按规范计算配置抗扭钢筋。

d. 矩形和箱形截面剪扭构件，其抗剪扭承载力应按下列公式计算：

$$\gamma_0 V_{\mathrm{d}} \leqslant \alpha_1 \alpha_2 \alpha_3 \frac{(10 - 2\beta_{\mathrm{t}})}{20} b h_0 \sqrt{(2 + 0.6\mathrm{P}) \sqrt{f_{\mathrm{cu,k}}} \rho_{sv} f_{sv}} (\mathrm{N}) \tag{2-4-11}$$

$$\gamma_0 T_d \leqslant \beta_t \left(0.35 \beta_a f_{td} + 0.05 \frac{N_{p0}}{A_0}\right) W_t + 1.2 \sqrt{\xi} \frac{f_{sv} A_{sv1} A_{cor}}{S_v} (\mathrm{N \cdot mm}) \tag{2-4-12}$$

式中：γ_0——桥梁结构的重要性系数，$\gamma_0 = 1$；

α_1——异号弯矩影响系数，计算简支梁和连续梁近边支点梁段的抗剪承载力时，$\alpha_1 = 1.0$，计算连续梁和悬臂梁近中支点梁段的抗剪承载力时 $\alpha_1 = 0.9$；

α_2——预应力提高系数，$\alpha_2 = 1$；

α_3——受压翼缘的影响系数，$\alpha_3 = 1.1$；

f_{sd}——纵向钢筋的抗拉强度设计值，$f_{sd} = 280\mathrm{MPa}$；

A_{st}——沿截面周边对称布置的全部普通纵向钢筋截面面积，$A_{st} = 65\,824\mathrm{mm}^2$；

f_{sv}——箍筋的抗拉强度设计值，$f_{sv} = 280\mathrm{MPa}$；

A_{sv1}——箍筋的单肢截面面积，$A_{sv1} = 314.2\mathrm{mm}^2$；

S_v——纯扭计算中箍筋的间距，$S_v = 100\mathrm{mm}$；

f_{td}——混凝土轴心抗拉强度设计值，$f_{td} = 1.83\mathrm{MPa}$；

b_{cor}——核芯面积的短边边长，$b_{\mathrm{cor}} = 1\,600\mathrm{mm}$；

h_{cor}——核芯面积的长边边长，$h_{\mathrm{cor}} = 6\,600\mathrm{mm}$；

A_{cor}——由箍筋内表面包围的截面核芯面积，$A_{\mathrm{cor}} = b_{\mathrm{cor}}.h_{\mathrm{cor}} = 10\,560\,000\mathrm{mm}^2$；

U_{cor}——截面核芯面积的周长，$U_{\mathrm{cor}} = 2(b_{\mathrm{cor}} + h_{\mathrm{cor}}) = 16\,400\mathrm{mm}$；

ξ——纯扭构件纵向钢筋与箍筋的配筋强度比，ξ；

$$\xi = \frac{f_{sd} A_{st} S_v}{f_{sv} A_{sv1} U_{\mathrm{cor}}} = 1.28$$

当 $\xi > 1.7$ 时，取 $\xi = 1.7$

$f_{\mathrm{cu,k}}$——边长为 150mm 的混凝土立方体抗压强度标准值，$f_{\mathrm{cu,k}} = 50\mathrm{MPa}$；

N_{p0}——混凝土法向预应力等于零时预应力的合力，kN；

A_0——构件的换算截面面积 A_0，mm^2；

V_d——剪力组合设计值，$V_d=2\ 263\text{kN}$；

T_d——扭矩组合设计值，$T_d=1.53\times10^7\text{kN}\cdot\text{mm}$；

b——箱形截面腹板总宽度，$b=1\ 500\text{mm}$；

h_0——箱形截面的有效高度，$h_0=1\ 650\text{mm}$；

W_t——截面受扭塑性抵抗矩，$W_t=5.13\times10^9\text{mm}^3$；

β_t——β_t 剪扭构件混凝土抗扭承载力降低系数，$\beta_t=1$；

当 $\beta_t<0.5$ 时，$\beta_t=0.5$

$$\beta_t=\frac{1.5}{1+\dfrac{0.5V_dW_t}{T_dbh_0}}=1.3$$

当 $\beta_t>1.0$ 时，$\beta_t=1.0$

β_a——箱形截面有效壁厚折减系数，$\beta_a=1$，当 $0.1b\leqslant t_2\leqslant0.25b$ 或 $0.1h\leqslant t_1\leqslant0.25h$ 时，取 $\beta_a=4t_2/b$ 或 $\beta_a=4t_1/h$ 两者较小值；当 $t_2>0.25b$ 和 $t_1>0.25h$ 时，取 $\beta_a=1.0$；

P——P 斜截面内纵向受拉钢筋的配筋百分率，$P=1.55$；

A_p——纵向受拉预应力截面积，$A_p=32\ 526\text{mm}^2$；

A_{pb}——预应力弯起钢筋的截面积，$A_{pb}=0$；

A_s——纵向受拉普通钢筋截面面积，$A_s=5\ 890.8\text{mm}^2$；

ρ_{sv}——ρ_{sv} 斜截面内箍筋配筋率，$\rho_{sv}=0.010\ 35$；

S_v——箍筋的间距，$S_v=100\text{mm}$；

A_{sv}——同一截面的箍筋各肢总截面面积，$A_{sv}=1\ 552.4\text{mm}^2$；

$$\rho_{sv}=\frac{A_{sv}}{S_vb}=0.010\ 35$$

经过计算：

式(2-4-11)等式右边 = 7 595.9kN；

式(2-4-12)等式右边 = 1.26×10^5kN。

②按照 GB 50010—2002 规范的验算

a. 箱形截面受扭构件的截面受扭塑性抵抗矩，应按下列公式计算：

以 8e 左侧 6.25m 处为控制截面验算剪扭，计算时应满足 $h\geqslant b$，否则 h 与 b 应互换。

$$W_t=\frac{b^2}{6}(3h-b)-\frac{(b-t_1-t_1')^2}{6}[3(h-2t_2)-(b-t_1-t_1')] \tag{2-4-13}$$

式中：h——箱梁底板宽度，$h=6\ 700\text{mm}$；

b——箱梁梁高，$b=1\ 700\text{mm}$；

t_2——箱梁腹板宽度，$t_2=750\text{mm}$；

t_1'——箱梁顶板厚度，$t_1'=250\text{mm}$；

t_1——箱梁底板厚度，$t_1=200\text{mm}$；

则箱形截面箱体受扭塑性抵抗矩为：

$$W_t=5.13\times10^9\text{mm}^3$$

b. 箱形截面承受剪、扭的构件，其截面应符合下列公式要求：

GB 50010—2002 要求

$$\frac{V_d}{bh_0}+\frac{T_d}{0.8W_t}\leqslant0.25\beta_cf_c(\text{kN/mm}^2) \tag{2-4-14}$$

式中：f_{td}——混凝土轴心抗拉强度设计值，$f_{td}=1.83\text{MPa}$；

V——剪力组合设计值（最大扭矩对应），$V=3\ 500\text{kN}$；

T——扭矩组合设计值，$T = 1.10 \times 10^7 \text{kN} \cdot \text{mm}$；

b——箱形截面腹板总宽度，$b = 1\ 500\text{mm}$；

h_0——箱形截面的有效高度，$h_0 = 16\ 500\text{mm}$

W_t——截面受扭塑性抵抗矩 $W_t = 5.13 \times 10^9 \text{mm}^3$。

经计算：

$$\text{等式左边} = 4.10 \times 10^{-3} \text{kN/mm}^3, \text{等式右边} = 5.60 \times 10^{-3} \text{kN/mm}^3$$

c.箱形截面剪扭构件，其抗剪扭承载力应按下列公式计算：

$$V \leqslant 0.7(1.5 - \beta_t) f_t b h_0 + 1.25 f_{yv} \frac{A_{sv}}{s} h_0 \tag{2-4-15}$$

$$T \leqslant 0.35 \alpha_h \beta_t f_t W_t + 1.2\sqrt{\xi} \frac{f_{yv} A_{st1} A_{\text{cor}}}{s} \tag{2-4-16}$$

式中：f_y——纵向钢筋的抗拉强度设计值，$f_y = 280\text{MPa}$；

A_{st1}——沿截面周边对称布置的全部普通纵向钢筋截面面积，$A_{st1} = 65\ 824\text{mm}^2$；

f_{sv}——箍筋的抗拉强度设计值，$f_{sv} = 280\text{MPa}$；

A_{sv1}——箍筋的单肢截面面积，$A_{sv1} = 314.2\text{mm}^2$；

A_{sv}——同一箍筋的截面面积总和，$A_{sv} = 1\ 307\text{mm}^2$；

s——纯扭计算中箍筋的间距 $s = 100\text{mm}$；

f_t——混凝土轴心抗拉强度设计值，$f_t = 1.83\text{MPa}$；

b_{cor}——核芯面积的短边边长 $b_{\text{cor}} = 1\ 600\text{mm}$

h_{cor}——核芯面积的长边边长，$h_{\text{cor}} = 6\ 600\text{mm}$；

A_{cor}——由箍筋内表面包围的截面核芯面积，$A_{\text{cor}} = b_{\text{cor}} \cdot h_{\text{cor}} = 10\ 560\ 000\text{mm}^2$；

U_{cor}——截面核芯面积的周长，$U_{\text{cor}} = 2(b_{\text{cor}} + h_{\text{cor}}) = 16\ 400\text{mm}$；

ξ——纯扭构件纵向钢筋与箍筋的配筋强度比

$$\xi = \frac{f_y A_{st1} s}{f_{sv} A_{st1} U_{\text{cor}}} = 12.8$$

当 $\xi > 1.7$ 时，取 $\xi = 1.7$；

V——剪力组合设计值，$V = 3\ 500\text{kN}$；

T——扭矩组合设计值，$T = 1.10 \times 10^7 \text{kN} \cdot \text{mm}$；

b——箱形截面腹板总宽度，$b = 1\ 500\text{mm}$；

h_0——箱形截面的有效高度，$h_0 = 1\ 650\text{mm}$；

W_t——截面受扭塑性抵抗矩，$W_t = 5.13 \times 10^9 \text{mm}^3$；

β_t——剪扭构件混凝土抗扭承载力降低系数，$\beta_t = 1$；

当 $\beta_t < 0.5$ 时，$\beta_t = 0.5$

$$\beta_t = \frac{1.5}{1 + \dfrac{0.5 V W_t}{T b h_0}} = 1.13$$

当 $\beta_t > 1.0$ 时，$\beta_t = 1.0$

α_h——α_h 箱形截面有效壁厚折减系数，$\alpha_h = 1$；

经计算：

式(2-4-15)等式右边 = 9 133.2kN，式(2-4-16)等式右边 = $1.59 \times 10^7 \text{kN} \cdot \text{m}$

通过以上 JTG D62—2004 规范和 GB 50010—2002 规范的计算结果可以看出，JTG D62—2004 规范对剪扭构件的抗剪扭截面要求比 GB 50010—2002 规范更趋于保守，而且对抗剪和抗扭强度验算也相对于 GB 50010—2002 规范要求更加严格。

4．结论

总结以往的曲线梁桥设计经验，将曲线连续箱梁桥的支承形式对上部结构扭矩的影响大致归纳如下：

（1）采用双点支承时，在主梁的自重作用下，扭矩值较单点支承时的值小得多，双点支承可有效减小主梁自重扭矩；但是双点支承时，预应力作用下，扭矩值较单点支承的值增大很多，而且扭矩分布规律也发生了变化，说明双点支承增大了主梁预应力所产生的扭矩。而自重与预应力荷载的合成扭矩则因桥而异。

（2）在单柱式点铰支承的曲线连续梁桥中，上部结构传来的扭矩是不会通过这些点铰支承传到基础上的，而一般都是由桥的两端通过设置抗扭支承的桥台来传递扭矩的，所以中支点的作用只是起到减小弯曲长度的作用。为了调整梁内扭矩沿桥纵向的分布，可在中支墩的点铰支承处，给以一定的横向预偏心，从而人为地控制沿梁长方向梁内的扭矩峰值。而中墩点铰预偏心的方法，只是起到内力重分配的效果，并不能起到抵消扭矩的作用。

（3）在中墩独柱墩梁固结的曲线连续梁桥中，虽然墩柱可承担一部分主梁扭矩，对主梁的扭转变形有一定约束，但是为了调整梁内扭矩沿桥纵向的分布、控制扭矩峰值，也应适当地考虑将固结墩在桥梁横向设置一定的预偏心。但是预偏值要恰当，如果设置过大，反而会使扭矩沿箱梁纵向分布更不均匀，而导致适得其反。

另外，曲线连续箱梁桥下部支承形式的选取并不是一概而论的，设计人员应根据工程实际情况综合考虑结构的受力特点、结构的安全性、桥梁的美观性及经济性等，确定最合理的支承形式。

（三）梁格法在黄沙溪曲线梁桥设计中的应用

梁格分析法是曲线梁上部结构比较有效和常用的一种空间分析方法，它具有基本概念清晰，易于理解和使用，计算费用较省，应用范围较广等特点。梁格法的实质是用一个等效梁格来代替弯梁桥的上部结构，分析此平面梁格就可得到弯梁桥的变形与内力状态。

1．结构概述

黄沙溪立交 E 匝道 7e ~ 11e 联桥为四跨连续曲线梁桥，跨径 29.5m + 36.5m + 29.5m + 29.5m，道路中心线曲线半径 46.5m，梁高 1.7m，断面形式采用单箱双室箱梁，箱梁顶板宽 10.7m，底板宽 6.7m，翼缘宽 2.0m。该匝道桥的平面布置及标准横断面见图 2-4-54、图 2-4-55。

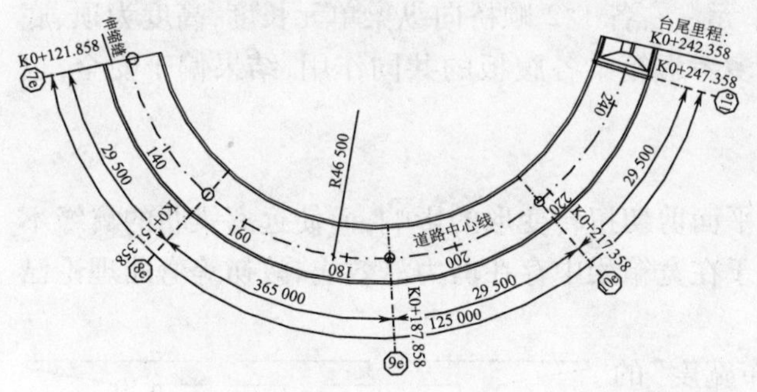

图 2-4-54　E 匝道 7e ~ 11e 联桥平面图（尺寸单位：mm）

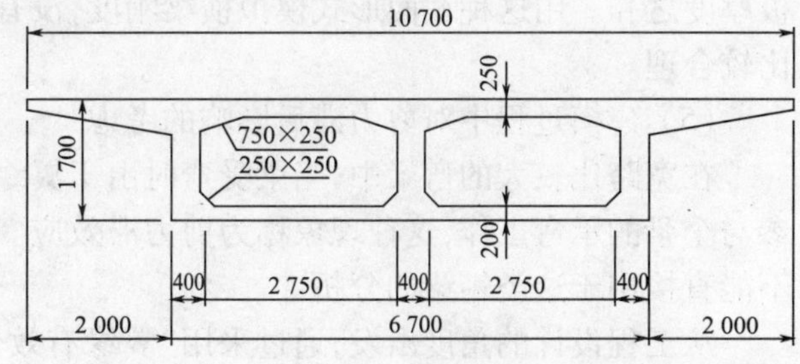

图 2-4-55　E 匝道 7e ~ 11e 联桥标准横断面（尺寸单位：mm）

2．设计参数的取值

（1）材料参数

上部梁体均为 C50 混凝土，重度 26kN/m^3，弹性模量 3.45 × 10^4。预应力材料采用 GB/T 5222 - 4—2003 标准 270 级钢绞线，其公称直径 15.2（7Φ5）mm，标准强度 f_{pk} = 1 860MPa，锚下张拉控制应力 σ_{con} = 1 339MPa，弹性模量 $E_p = 1.95 \times 10^5$MPa。波纹管与钢束之间的管道摩阻系数为 0.17，管道偏差系数 0.001 5，锚具变形与钢束回缩 6mm。

（2）设计荷载

汽车荷载：城—A 级。

温度荷载:均匀温度作用按结构整体升温20℃及结构整体降温15℃来考虑。日照温差按《公路钢筋混凝土及预应力混凝土桥涵设计规范》(JTG D62—2004)规定的温度场计算。

混凝土的收缩应变和徐变系数按《公路钢筋混凝土及预应力混凝土桥涵设计规范》(JTG D62)的规定计算。

3. 计算模式

(1) 基本假设

大量的文献[1-2]研究和计算结果表明:翘曲作用对弯距、剪力的影响很小,而对扭矩的影响较大。对于控制截面的设计而言,翘曲作用对于混凝土曲线梁桥各种内力的影响均不很大,忽略翘曲影响一般能满足工程设计要求;采用曲杆梁格法比用直杆梁格法在精度上的改善并不显著;鉴于以上分析,在建模的过程采用了不考虑翘曲作用的直杆梁格法,能满足设计的要求。

(2) 模型建立

梁格法分析中,如何划分网格及计算每根构件的截面常数十分重要,它直接关系到结构原型与比拟梁格间的"等效"程度及最终的计算精度。

(3) 网格划分

建模过程中遵循如下原则:

① 梁格的纵梁与原结构腹板的中心线相重合,沿弧向布置,这样可使腹板剪力直接由所在位置的梁格构件的剪力来代表。

② 验算截面、截面变化处都作为单元的节点,其余3m、4m划分一个单元,以保证具有足够的精度。

③ 为了设置支座预偏心的方便,增加一个虚拟中梁(无重量、无抗弯、扭特性),来虚拟中梁与实际边纵梁间的横梁单元,按支座偏移值一分为二个单元,在新增节点处加支座,真实模拟实际结构的情况。

④ 横向各单元的截面形心应与原整体截面的形心在同一直线上。但这需要进行试算,建模中采用了简化,每一个纵向主梁的横截面都采用了中到中的划分,径向设置。

(4) 纵横向刚度模拟

实际弯桥与比拟梁格之间的等效关系,主要表现在梁格各构件的刚度计算上。梁格法计算的关键在于纵梁,横梁刚度的模拟计算正确与否,直接影响结果的精度。

前面已经提到纵梁的划分,它们的刚度已随横断面的划分形式确定了,即为三个τ、I断面的抗弯刚度;横向刚度采用如下的计算模式,横梁宽度为横梁单元左右各1/2顺桥向纵梁单元长度,高度为顶、底板厚度之和。用这种截面形式模拟横梁刚度,没有过多考虑箱梁各腹板的共同作用,结果偏于安全,也比较合理。

(5) 建模过程中对剪力滞后影响的考虑

在宽跨比较大的弯梁中,当梁受弯时由于翼缘的平面剪切扭转变形的影响,而使远离梁肋的翼缘不参与全梁的承弯工作,这种现象称为剪力滞效应。由于在宽箱梁中存在剪力滞效应,故初等弯曲理论已不能直接用于这类箱梁的分析。

从工程设计的角度出发,通过采用"翼缘有效分布宽度"的方法进行处理。曲线箱梁桥内外侧剪力滞效应是不相同的,随着半径的减小,外侧剪力滞系数增大,内侧剪力滞系数减小。在计算中考虑曲率对有效宽度的影响,经计算内腹板左翼板有效宽度是原宽度的0.786,右翼板有效宽度是原宽度的0.842,外腹板左翼板有效宽度是原宽度的0.842,右翼板有效宽度是原宽度的0.816。纵梁的横向划分如图2-4-56所示。

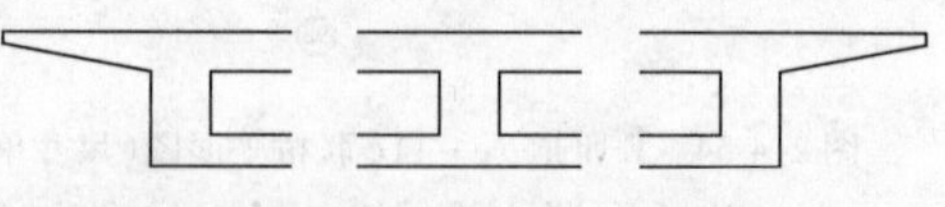

图2-4-56 纵梁的横向划分图

4. 内力组合及计算结果

本结构按A类预应力构件进行设计,计算结果如下。

(1) 承载能力极限状态内力计算结果

按规范JTG D60—2004第4.1.6条规定,承载能力极限状态内力示意见图2-4-57。

根据结构内力，采用 VLM12-5-13 一种型号钢绞线，锚下张拉控制力分别为 2 419.573kN，为了减少预应力二次力，全桥只设置了腹板连续通长束，没有设置产生二次力较大的短束。另外，在墩顶处受力需要设置短束，为了方便施工，墩顶短束向下弯进箱室，在箱室内做齿块锚固。纵向通长束合理布置只在锚固端平弯，锚固点大都集中在腹板内，使得预应力以较短的传力路线分布于全截面，不需设置复杂的齿板。根据《公路钢筋混凝土及预应力混凝土桥涵设计规范》(JTG D62—2004)5.1.5 条的规定，进行构件正截面的承载力验算，结构抗力示意见图 2-4-58。

图 2-4-57 承载能力极限状态内力示意图

图 2-4-58 弯矩包络及结构抗力示意图

(2) 应力结算结果

① 法向压应力

依据《公路钢筋混凝土及预应力混凝土桥涵设计规范》(JTG D62)7.1.5 条的规定，A 类预应力混凝土构件，在荷载的标准组合下：

$\sigma_{kc}+\sigma_{pt}\leqslant 0.5f_{ck}=0.5\times 32.4=16.2\text{MPa}$

经验算，标准组合下，箱梁截面上下缘法向应力最大值为 13.2MPa，最小 2.5MPa，混凝土正截面法向压应力满足规范要求。

② 法向拉应力(抗裂性)

依据《公路钢筋混凝土及预应力混凝土桥涵设计规范》(JTG D62)6.3.1 条的规定，A 类预应力混凝土构件，在荷载的长期效应组合下：

$$\sigma_{lt}-\sigma_{pt}\leqslant 0$$

在荷载短期效应组合下：

$$\sigma_{st}-\sigma_{pc}\leqslant 0.7f_{tk}=0.7\times(-2.65)=-1.86\text{MPa}$$

经验算，标准组合下，箱梁截面上下缘法向应力最大值为 4.5MPa，最小 -1.1MPa，正截面抗裂满足规范要求。

③ 主压应力

依据《公路钢筋混凝土及预应力混凝土桥涵设计规范》(JTG D62)7.1.6 条的规定，A 类预应力混凝土构件，在荷载的标准组合下：

$$\sigma_{cp}\leqslant 0.6f_{ck}=0.6\times 32.4=19.44\text{MPa}$$

经计算，箱梁截面上下缘主压应力最大值为 11.5MPa，最小 6.7MPa，构件主压应力满足规范要求。

④ 主拉应力

依据《公路钢筋混凝土及预应力混凝土桥涵设计规范》(JTG D62)6.3.1 条的规定，A 类预应力混凝土构件，在荷载的短期效应组合下(现场浇筑构件)：

$$\sigma_{tp}\leqslant 0.5f_{tk}=0.5\times 2.65=1.33\text{MPa}$$

经计算，箱梁截面上下缘主拉应力最大值为 -0.01MPa，最小 -0.8MPa，构件主拉应力满足规范要求。

第三节 桥面系及附属工程设计

一、桥 面 铺 装

桥面铺装采用 16cm 等厚，由 8cm 厚 C40 钢筋混凝土找平层和 8cm 厚 SMA 改性沥青玛蹄脂碎石混合料组成。钢筋混凝土找平层另掺钢纤维，钢纤维含量 55kg/m³，在整浇层与沥青混凝土间设桥面溶剂型黏结剂柔性防水层。为防止桥面沥青摊铺施工对防水层的破坏,要求基层应清理干净并保持干燥,其性能应满足交通行业标准《路桥用水性沥青基防水涂料》(JT/T 532-5—2004)各项技术要求,溶剂型黏结剂防水层的黏结强度大于1.0MPa。

二、桥 面 排 水

在桥墩附近设置桥面雨水口,根据重庆地区暴雨强度及汇水面积设计布置,能满足排水要求。雨水口采用铸铁雨水篦,角钢托架围护。落水管采用ϕ150PVC管,接入地下排水系统。

三、栏 杆

(一) 车行道防撞护栏

在桥梁车行道侧设置防撞护栏(图2-4-59)。人行道内侧亦设置车辆防撞栏杆,栏杆构造如图2-4-60所示。

防撞栏杆基座均采用钢筋混凝土结构,并通过在基座内预埋螺栓及钢板,将上部钢结构护栏牢固地焊接在基座上。该结构属于一种半刚性护栏,一方面,它具有足够的力学强度及刚度抵挡车辆的冲撞;另一方面,当发生碰撞时,栏杆发生变形消耗能量,保护驾乘人员免受伤害或减轻伤害程度。同时,兼顾了与周围景观的协调性,使得驾驶人员的视觉保持连续性,确保了行驶的舒适感和安全感。

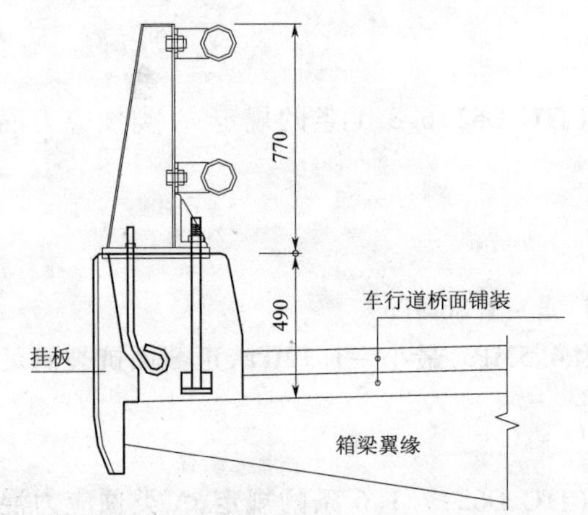

图2-4-59 车行道防撞栏杆(尺寸单位:mm)

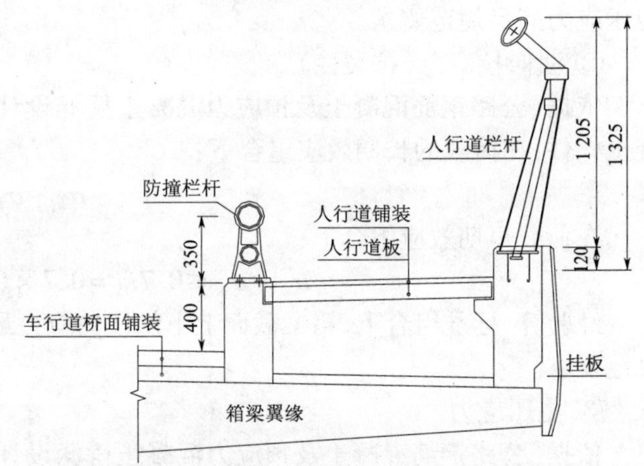

图2-4-60 人行道内侧防撞栏杆(尺寸单位:mm)

(二) 人行道栏杆

人行道栏杆的设计不仅要考虑承受行人的活载力,其美观效果如何,对一座桥梁,尤其是城市桥梁的外观来说,至关重要。一幅好的栏杆作品,既能起到美化桥梁空间和周围环境的作用,又能丰富人们的生活,陶冶人的情操,给人以美的感受。本着受力合理和外形美观这两点原则,设计采用钢结构栏杆,断面构造如图2-4-60所示。栏杆立柱间距3m,采用变截面方钢管,扶手采用180mm×90mm椭圆形钢管,整体造型美观大方,充分体现了现代栏杆的流畅美。

四、人行天桥——动力特性分析与设计

(一) 概述

嘉华大桥工程中共设置了9座人行天桥,多设置在人流较密处及车站附近,尽量减小行人的绕行距离,提高人行天桥的利用率。

在结构选型上,采用了外观轻盈,曲线流畅的全焊式钢箱梁结构。针对钢结构天桥的动力特性做了相应的优化,以改善天桥的动力特性。以下选取比较具有代表性的李家坪1号人行天桥作为工程实例来具体阐述钢结构人行天桥的动力特性分析与设计。

李家坪1号人行天桥位于观苗路K0+31.750处,天桥呈H形布置,共4个梯道。梯道宽2.5m。上部结构为1.25m+18.75m+18.75m+1.25m全焊接式钢箱连续梁,横断面布置:0.1m(栏杆)+3.8m(人行道)+0.1m(栏杆)。钢箱梁高0.75m,斜腹板单箱单室截面,钢材除顶板、底板及腹板采用Q345B钢板外其余均采用Q235B钢板,腹板厚度12mm,顶板宽4m,底板宽1.6m,顶、底板厚度均为14mm。主梁内隔2m设置一道横隔板,按规范要求设置纵向加劲肋。钢梯道梁采用0.3m(高)×0.6m(宽)全焊式箱形截面,腹板厚度12mm,顶、底板厚度均为14mm。下部结构为人工挖孔桩基础钢筋混凝土Y形桥墩。梯道与钢箱梁固结。

设计荷载为:自重;人群:4.2kN/m^2;铺装:10kN/m;栏杆及广告荷载:3kN/m。体系温差:-1℃~39℃。荷载组合:由于活载只有人群荷载,所以本桥设计中只考虑如下两种组合。

组合I:自重+二期恒载+人群;

组合II:自重+二期恒载+人群+温度力。

(二)结构竖向自振频率的计算

由于结构的振动频率越高,激发其振动所需的能量就越大,所以高频振动相对于低频的振动形式就越不容易出现。因此,对实际工程较为重要的通常只是结构前几个较低的自振频率,尤其是与第一振型对应的第一固有频率即基频,它表示每秒钟内结构的振动次数。对于均布质量的等截面梁可以通过动力弹性平衡方程直接积分求解竖向自振频率。但对于质量分布不均匀的变截面梁就十分困难。这时,就适用于采用能量法、集中质量法、等值梁法等近似方法,这几种方法的计算理论、计算公式虽然不同,但均能有效求解。本桥设计中先按理论公式简化计算,采用集中质量法求解主梁的竖向自振频率,即把主梁分为两段,将每段的质量集中在该段的两端(图2-4-61),使主梁简化为两自由度结构,然后按两自由度结构的频率计算公式(2-4-17)求解。

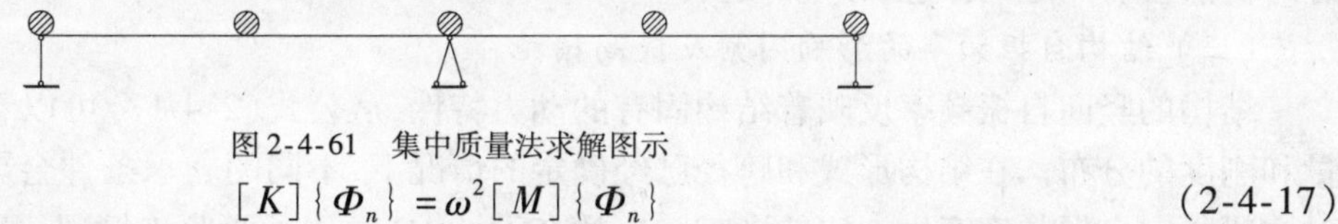

图2-4-61 集中质量法求解图示

$$[K]\{\Phi_n\}=\omega^2[M]\{\Phi_n\} \tag{2-4-17}$$

式中:$[K]$——结构的刚度矩阵;

$\{\Phi_n\}$——振型向量;

ω^2——振型的特征值;

$[M]$——结构的质量矩阵。

采用集中质量法求解时,必须注意根据结构的振动形式,选择集中质量的位置,即将质量集中在振幅较大的位置,这样才能保证计算所得频率值较为准确。例如:对两跨连续梁结构,其振动形式是反对称的,且跨中振幅最大,因此将质量集中在跨径中点。通过以上计算,得出本桥主梁竖向自振频率为3.1Hz。

由于理论公式并不能考虑两端梯道固结对自振频率的影响,仅为理论计算,故本桥设计还采用大型通用有限元程序进一步计算,以期得到更符合实际更真实的计算结果。计算模型如图2-4-62所示。

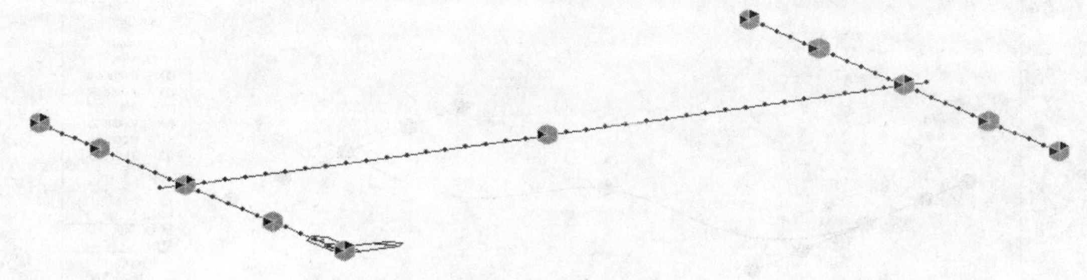

图2-4-62 计算模型

由计算结果得前5阶自振频率如表2-4-4所示。

前5阶自振频率计算结果　　表2-4-4

特征值分析				
模态号	圆频率 rad/s	频率 转/s	周期 s	容许误差
1	21.173	3.371	0.297	0.00
2	42.867	6.823	0.147	0.00
3	109.375	17.408	0.057	0.00
4	138.202	21.996	0.045	0.00
5	185.448	29.515	0.034	1.25×10^{-11}

第一阶振型模态如图2-4-63所示。

由计算结果得出由于本桥主梁与梯道固结,其端部的约束状况比较复杂,其动力特性与一般的两跨等跨径连续梁动力特性不太一致,其一阶竖向振型并不是反对称振型,而是对称振型,且一阶自振频率较理论公式计算结果大,为3.371Hz。

通过以上计算表明,本桥动力特性满足《城市人行天桥与人行地道技术规范》(CJJ 69—95)规定的人行天桥上部结构竖向自振频率不应小于3Hz的要求。通过研究表明人行走的频率为1.8~2.5Hz。工程上为了使结构不至与干扰力的频率接近,以避免产生共振现象。一般使结构的基频至少较干扰力大30%~40%,并尽可能地远离干扰力的频率范围。由于人的行走频率是一定的,要想避免共振的产生,只有尽可能地提高结构的竖向自振频率。通过以往的工程实践表明,基频在3.5Hz以下时,行人通过时仍然会有一定的振感,影响舒适度。

(三)结构自振频率的影响因素及提高措施

结构的竖向自振频率反映着结构固有的动力特性,从公式(2-4-17)可以看出,它只取决于自身的质量和刚度的分布。在结构形式和跨径已经确定的情况下,不同的支承条件会影响结构刚度的分布,从而对主梁竖向自振频率产生一定的影响。本桥在设计中,对比了两跨连续梁,两个边支点固结、中支点不固结,中支点固结、边支点不固结3种支承条件对结构的影响。其中,采用后两者时计算结果表明都能显著地提高结构的刚度,从而明显提高结构的自振频率。但当主梁两个边支点固结、中支点不固结时,虽然结构刚度大大提高,但此时,由于温度力无法释放,造成桥墩承受非常大的弯矩。而当中支点固结、边支点不固结时,固结墩及其基础在人群单跨加载的工况下受力还是比较大。需要采取加大截面及加强配筋等措施才能满足要求。同时由于固结墩自身柔度的影响,主梁刚度的提高还是有限的,所以竖向基频的提高也非常有限,并且固结墩的柱端构造比较复杂。由于采用固结墩后,通过研究发现,在汽车靠近主墩通过时,地面受到激振。由于主墩与钢箱梁固结,主墩墩顶对汽车地面激振有一定的放大作用,诱发主梁产生振动,所以设计时还是采用了两跨连续梁的支承形式。

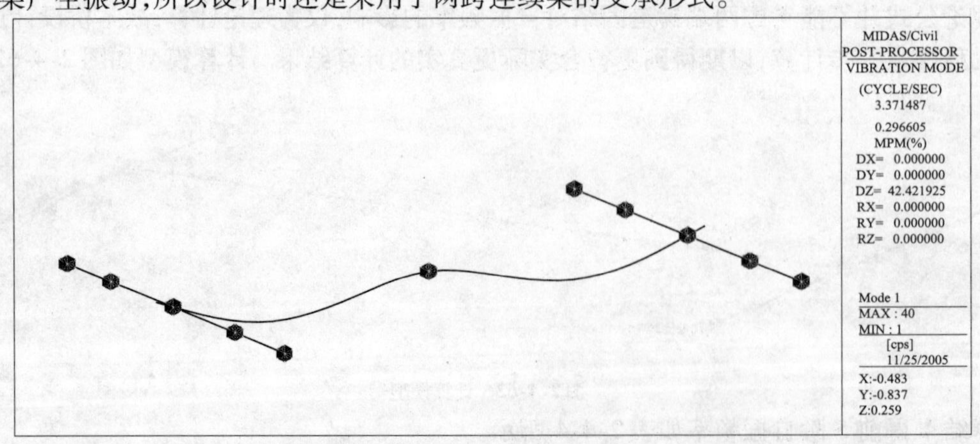

图2-4-63　一阶振型模态图

直接增加刚度、减小质量也是提高频率的方法。但对于钢箱连续梁结构，通过增加钢板厚度所提高的结构刚度与结构质量的相应增加几乎是等比的，效果并不明显，同时增加了工程造价及焊接的施工难度。此外加大梁高、减小钢板厚度可以提高箱梁刚度，以满足舒适性的要求。在本次设计中，考虑降箱梁的梁高增加到0.95m（即 $L/20$），截面计算模型如图2-4-64所示。

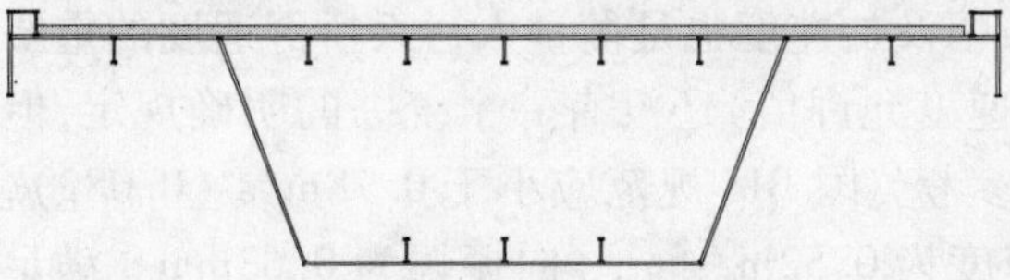

图2-4-64　截面计算模型

根据计算结果，截面抗弯惯性矩较梁高0.75m时增加了1.35倍，按0.95m梁高计算本桥的动力特性，结果如表2-4-5所示。

前5阶自振频率计算结果　　表2-4-5

特征值分析				
模态号	圆频率 rad/s	频率 转/s	周期 s	容许误差
1	31.914	5.079	0.197	1.00×10^{-3}
2	49.807	7.927	0.126	1.00×10^{-3}
3	127.083	20.226	0.049	1.00×10^{-3}
4	160.577	25.557	0.039	1.00×10^{-3}
5	185.448	29.515	0.034	1.00×10^{-3}

由计算结果表明增加梁高提高了自振频率，但由此增加了Q235B钢材1.38t。梁高与跨径的比值达到了 $L/20$，使结构看起来笨重，失去了钢结构桥梁轻盈的外观，影响桥梁景观，腹板计算高度的增大也带来腹板局部稳定的问题。

除了上述几种方式以外，还可以采用在钢箱梁上设置刚性铺装层的方法来提高主梁刚度，以达到提高自振频率的目的。本桥采用了在桥面设置5cm的C40钢筋混凝土刚性铺装层，具体构造见图2-4-65。

截面计算模型如图2-4-66所示，截面计算采用叠合梁模型计算，根据计算结果，截面抗弯惯性矩较不设置刚性铺装层大1.3倍，按此截面特性重新计算本桥的动力特性，结果见表2-4-6。

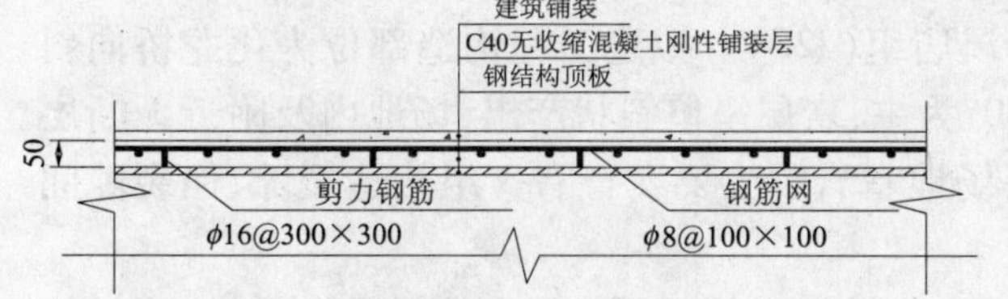

图2-4-65　刚性铺装层构造图（尺寸单位：mm）

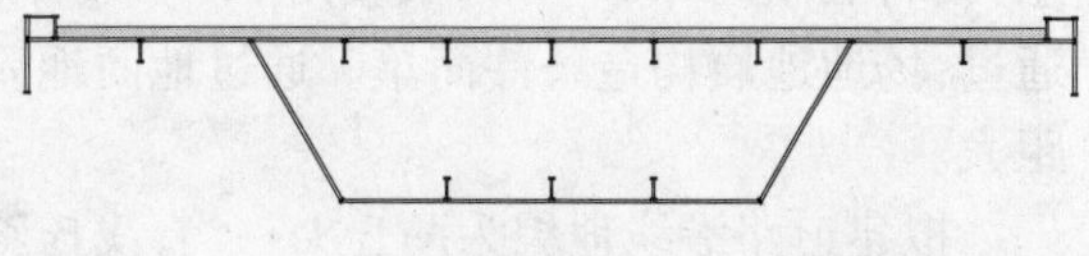

图2-4-66　截面计算模型

前5阶自振频率计算结果　　表2-4-6

特征值分析				
模态号	圆频率 rad/s	频率 Hz	周期 s	容许误差
1	30.088	4.789	0.209	0.00
2	46.959	7.474	0.134	0.00
3	119.815	19.069	0.052	0.00
4	151.393	24.095	0.042	0.00
5	185.448	29.515	0.034	2.80×10^{-10}

由计算结果表明，设置刚性铺装层虽然会在一定程度上增加质量，但是也提高了刚度，对基频的提

高效果比较明显，同时通过模拟人步行的时程分析结果表明，本桥在设置刚性铺装层后桥面的竖向振动的振幅和加速度也得到了明显改善。而桥面竖向振动的振幅及加速度也是衡量人行天桥舒适度的重要指标。虽然目前国内现行有关规范对桥梁舒适度指标(加速度允许值)还没有一个统一的明确规定，但按照业界一般概念，竖向振动不应超过$0.98m/s^2$(0.1g)，参考英国BIS规范应小于$0.78m/s^2$(0.08g)，而通过计算表明，本桥在增设刚性铺装层后竖向振动加速度为$0.52m/s^2$。竖向振幅为0.63mm。满足桥梁舒适度指标。采用这种方法材料用量增加了混凝土：$7.8m^3$；钢筋：468kg。

但是在设计应该注意刚性铺装层的厚度也不能过大，因为过厚的铺装会增加过多的质量，从而影响桥梁的动力特性，起到相反的效果。所以必须通过计算确定刚性铺装层的厚度。

(四) 小结

从以上对李家坪1号人行天桥的设计过程及对其的动力特性分析中，可以得到，结构的自振频率只取决于自身的质量和刚度的分布。为提高结构自振频率的几种工程措施在结构受力的合理性、工程造价及桥梁景观等方面作了比较。通过比较，其中在桥面增设刚性铺装层这种措施可以有效地提高结构基频的同时，通过剪力钢筋的设置，可以使铺装与钢板结合更紧密，共同受力，且施工方便，桥面铺装耐久性提高，也不会带来明显的造价增加。但需值得注意的是在设置刚性铺装层时混凝土强度等级应不小于C30，且需通过计算设置。设计就采用了此种构造措施来改善桥梁的动力特性，实践表明效果明显。

第四节　李家坪立交

一、工程场地自然及地质条件

拟建工程项目位于江北区观音村桥沟社、大坪村黄桷树社，建新西路横穿立交场地，交通极为便利。

立交和道路地貌属构造剥蚀浅丘地貌，总体特征为两丘夹一沟，K3+740一带原为冲沟，K3+970~K4+160和K4+320~K4+480为丘间斜坡地带。道路沿线总体北高南低，地形波状起伏，地面高程从310m—258m—298m—260m—276m—253m—274m—240m。冲沟和丘间斜坡地带人类活动较多，回填深度较大，现已填平。通过地质测绘分析和钻探揭露拟建工程沿线地层有：第四系全新统的人工填筑土层(Q4me)和残坡积土层(Q4el+dl)，侏罗系中统上沙溪庙组(J2S)。拟建工程构造部位为化龙桥向斜东翼，岩层倾向210°~250°，倾角10°~14°，以倾向220°为主，岩层呈单斜状产出，场地内及附近无断层通过，场地地质构造条件简单。通过地面地质调查，在场地基岩中主要发育有3组构造裂隙，但裂隙间距大。

拟建道路沿线地貌为两丘夹一沟，浅丘斜坡段地下水为赋存于第四系松散层中的孔隙水，主要补给源为大气降水，因斜坡储水条件差，本次勘察于多个钻孔中进行了抽水试验或恢复水位观测。根据试验及观测成果揭示大部分地段无地下水。仅在立交场地中部K3+730~K3+770段低洼的沟谷地段存在季节性上层滞水。因此立交场地中部K3+730~K3+770段低洼的沟谷地段的上层滞水季节性非常明显，雨季地下水量大，旱季地下水贫乏。地下水对混凝土结构物无腐蚀性。

拟建立交场地无滑坡、地面塌陷、采空等不良地质现象，场地现状稳定。

根据《建筑抗震设计规范》(GB 50011—2001)及《中国地震动峰值加速度区划图(1/400万)》(GB 18306—2001)，拟建场地地震抗震设防烈度为6度，其场地地震动峰值加速度0.05g。

二、结构设计要点

李家坪立交位于重庆市江北区李家坪，是南北干道与建新西路的交汇点，李家坪立交北至大石坝，南接嘉华大桥，西至苗儿石，东连观音桥。立交所处地势陡峭而狭窄，而建新西路沿山谷地带呈东西走向，南北干道在立交南侧穿越一座小山，存在高于20m的切坡。

（一）设计范围

李家坪立交桥结构包括主线跨线桥、J线匝道桥、G线匝道车行地通道桥、1～3号人行过街天桥、1号人行地通道。

主线跨线桥：位于主线上，起点里程K3+715.113，终点里程K3+767.613，全长72.5m，全宽49.5m，分为左右两幅桥，左幅桥宽21.99m，右幅桥宽27.49m。

J线匝道桥：起点里程K0+136.141，终点里程K0+316.141，全长180m，全宽9.0m。

车行地道：位于G匝道上，起点里程K0+210.0，终点里程K0+311。382，全长101.382m，全宽10.6m。

人行天桥：立交范围内设置有两座人行天桥，分别位于A匝道里程K0+224.1、观苗路里程K0+010处。1号人行天桥全长17.6m，2号人行天桥全长49.5m。

人行地道：本工程人行地道位于B匝道里程K0+080处，地道长8.69m，地道全宽4.8m，具体布置见图2-4-67。

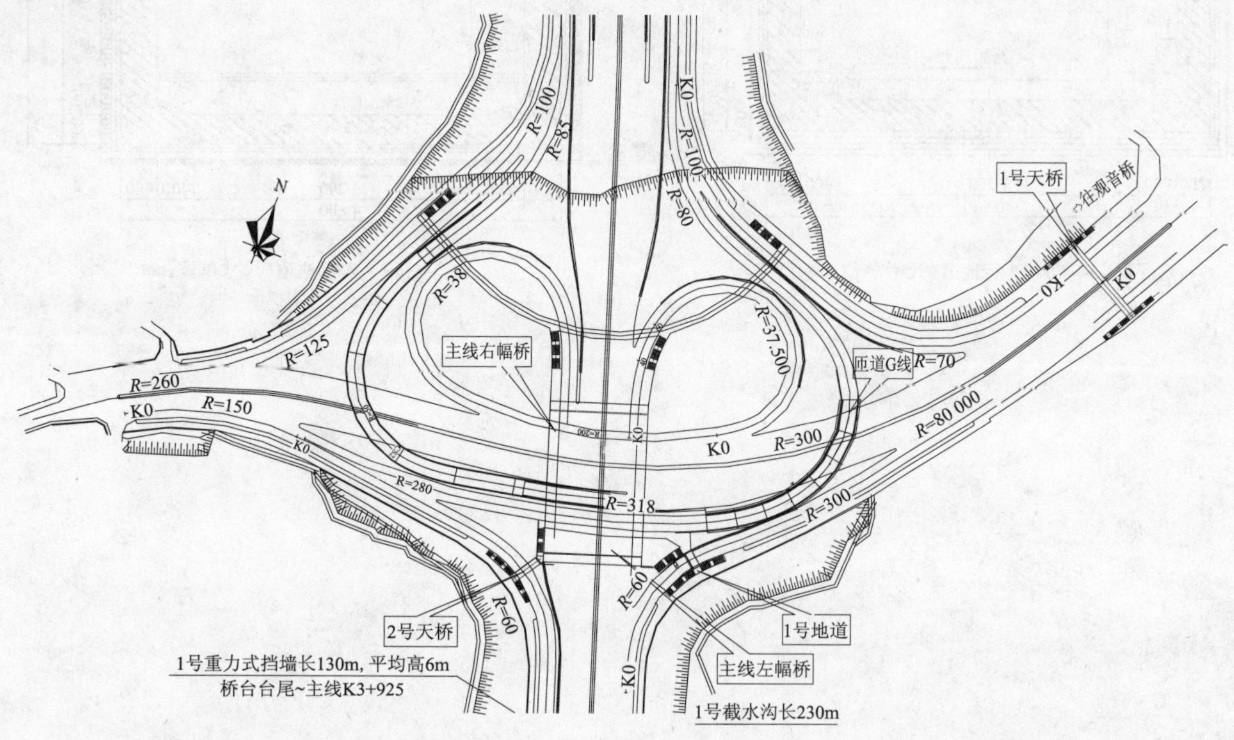

图2-4-67　李家坪立交总体布置

（二）桥型布置及跨径的划分

跨径布置以跨越观苗路为控制点，采用等截面预应力混凝土连续箱梁桥，具体桥跨布置如下。

主线左幅桥：27.007m+23.51m+21.983m共一联桥，桥长62.5m。

主线右幅桥：25.296m+23.61m+23.593m共一联桥，桥长62.5m。

J线匝道桥：(30×2)m+(30×2)m+(25×2)m共三联桥，桥长170m。

箱梁一般构造：

主线左幅桥：桥宽21.89m，采用单箱四室断面；箱梁梁高1.5m，翼缘悬臂长度2.5m，箱梁顶板厚0.25m，底板厚0.2m，腹板厚0.40m，为增强支点处抗剪能力，支点附近渐变为0.8m。

主线右幅桥：桥宽27.39m，采用双箱双室断面；双箱之间采用钢性桥面板及横梁连接，箱梁梁高1.5m，翼缘悬臂长度2.5m，箱梁顶板厚0.25m，底板厚0.2m，腹板厚0.40m，为增强支点处抗剪能力，支点附近渐变为0.8m。

J线匝道桥：桥宽8.8m，用单箱单室断面，梁高1.7m，翼缘悬臂长度2.5m，箱梁顶板厚0.25m，底板

厚0.2m，腹板厚0.40m，为增强支点处抗剪能力，支点附近渐变为0.8m。

（三）车行地道（人行地道）

根据道路设计及《城市道路设计规范》（CJJ 37—90）要求，车行地道内最小净空高度为4.5m，最小净空宽度为8m。人行地道内最小净空高度为2.5m，最小净空宽度为4.0m。

车行地道采用全封闭钢筋混凝土结构。人行地道采用“门”式框架结构。车行地道一般构造为顶板厚0.8m，侧墙及底板均厚0.8m，具体断面见图2-4-68；人行地道一般构造为顶板厚0.4m，侧墙及底板均厚0.4m，具体断面见图2-4-69。

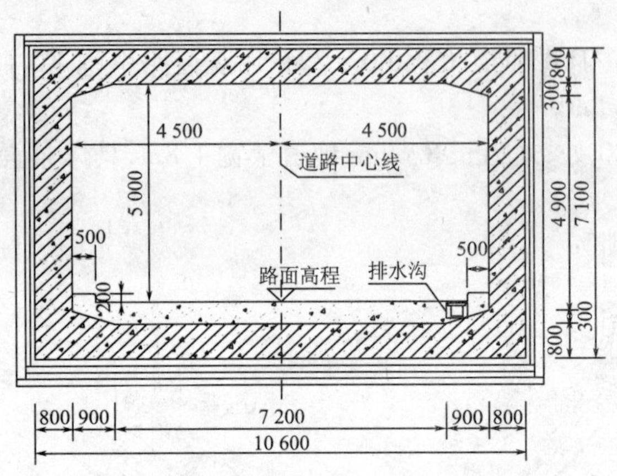

图2-4-68　车行地道（尺寸单位：mm）

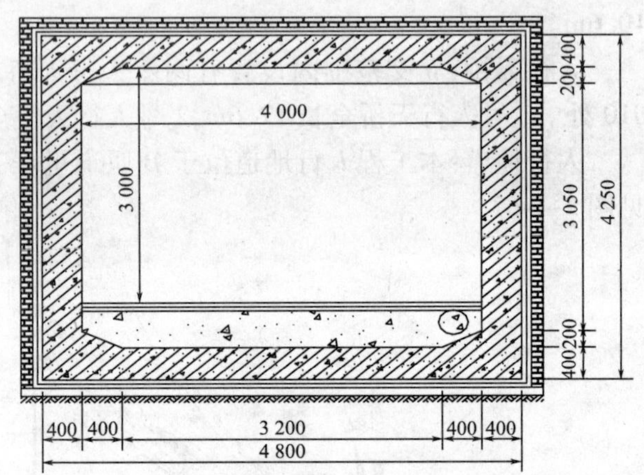

图2-4-69　人行地道（尺寸单位：mm）

第五章　嘉华隧道

第一节　工程地质条件

一、地 形 地 貌

嘉华隧道场地受嘉陵江和长江干流切割,形成坪状分水岭地貌;两侧多砂岩陡崖,中间坪状地区人为改造活动剧烈;海拔 229 ~ 349m,相对高差达 120m;主体坪状山体海拔 320 ~ 349m,坪内高差仅 30m 左右。该山体为单斜山,北高南低,拟建隧道洞顶岩层厚度为 50 ~ 110m。

二、水　　文

该地区为长江与嘉陵江的分水岭,南部为长江水系,北部为嘉陵江水系。测区范围内海拔较高,不受长江和嘉陵江洪水影响,无其他溪、河,地表水系不发育。

三、地层及岩性

本工程沿线出露地层为侏罗系中统上沙溪庙组上段沉积岩层和第四系全新统松散土层。沿线表层主要为第四系残坡积亚黏土和因人类工程活动堆填的人工填土,厚约 0 ~ 12. 5m;下伏基岩为侏罗系中统沙溪庙组上段陆相沉积岩层,主要岩性可划分为砂岩和砂质泥岩,相变现象发育,多呈透镜体状产出。

四、地 质 构 造

调查区位于化龙桥向斜东翼并靠近向斜轴部,隧道走向与向斜走向大致相同,沿线无区域性断层通过,根据地质调查及钻探分析,沿线岩层中构造裂隙不发育。岩层走向北北东 ~ 南南西,倾角一般为 8° ~ 11°。根据区域地质资料,地应力条件简单,应力水平极低。

五、地 下 水

嘉华隧道通过地区为长江与嘉陵江间坪状分水岭,地表水系不发育,地表市政排水设施完备,地表水补给量小,地下水贫乏,水文地质条件简单。

地下水水质良好,为 $HCO_3 - Ca \cdot Na$ 型水,强烈侵蚀性。

六、不良地质与特殊性岩土

场地区域构造作用较轻,未见断层、危岩、地面塌陷、岩溶、滑坡等不良地质现象。

七、地 面 建 筑

隧道穿越地段为城市繁华地区,地表建筑主要为 3 ~ 18 层的民用建筑,对拟建隧道无影响。在建的时尚园 3 号楼位于主线里程 K6 +950 右洞正上方,楼高 90m,楼层 29/ -1F,地坪高程 311. 00m,采用桩基础,桩底高程 295. 00m,是目前隧道通过地区地面建筑最高,基础埋置最深的建筑。拟建嘉华隧道 K6 +950 洞底高程 253. 5m,按洞高 7m 计算,洞顶高 260. 5m,考虑洞顶超挖 2m,距桩底 32. 5m。通过对时尚园小区

3号楼与规划隧道洞室地基稳定性作出专门的论证，结论为隧道施工后，上部建筑和隧道之间的相互影响非常小，从基础下沉量、基础倾斜度、岩体塑性屈服区看，上部建筑和隧道均是稳定的，满足工程要求。该报告计算采用洞顶预计高程270.0m，顶板高度25m，而勘察中洞顶设计高程已降至260.5m，顶板厚度由25m增至32.5m，与论证报告中采用条件相比安全性大大提高。嘉华隧道重要地面建筑见表2-5-1。

嘉华隧道地面重要建筑一览表

表2-5-1

建筑编号	建筑位置	建筑层数	地坪高程	基础形式	隧道顶板厚度(m)	备注
1	K6+200左洞正上方	19/-1	329.5	桩基	85	地下室按4m考虑
2	K6+650右洞正上方	30/-2	340	桩基	87	地下室按8m考虑
3	K6+950右洞正上方	29/-2	311	桩基	57	

八、地 下 洞 室

嘉华隧道段范围内地下洞室见表2-5-2。

嘉华隧道地下洞室一览表

表2-5-2

序号	建筑名称	里　程	顶板高程(m)	底板高程(m)	高度(m)	宽度(m)	洞室与隧道的关系	
							深度(m)	平面关系
1	拟建I匝道	K5+847~K5+856	239.59	232.59	7	9	2.3	正交
2	拟建J匝道	K5+867.3~K5+876	238.67	231.67	7	9	0.9	正交
3	轻轨嘉华隧道	K6+200~K6+245	304.38	294.58	9.8	20	54	斜交
4	襄渝铁路隧道	K6+295~K6+303	213.5	206.1	7.4	6.1	37	斜交
5	人防洞室	K6+740~K6+760	328	325	3	2.4	78	斜交

轻轨隧道与嘉华隧道在平面上斜交于K6+200~K6+245，该轻轨隧道采用新奥法施工，二次衬砌为钢筋混凝土，洞宽20.0m，洞高9.8m，距本隧道顶约54m，对本工程无影响。

襄渝铁路隧道与本隧道在平面上斜交于K6+295~K6+303，洞跨6.1~6.2m，洞高7.4m，洞顶高程213.85~213.87m，距本隧道底约37m，该隧道已投入营运数十年，现状稳定，根据重庆地区经验，本隧道的建设不会影响铁路隧道的稳定性。

拟建的高九路连接道J和I匝道隧道分别于嘉华隧道上方通过，需进行充分论证。另外，右洞K6+740~K6+760上方有人防洞室横穿，高程325~328m，距本隧道顶约78m，对本工程无影响。

第二节　隧道结构总体设计

隧道总体设计时，根据地形、地质条件，主要考虑路线走向、两端接线、建筑红线、周边重大建筑物布置及规划、隧道营运安全、环境保护等制约因素，遵循“早出洞、晚进洞”的原则，不大挖大刷，确保边坡及仰坡稳定。

根据道路设计，嘉华隧道为独立双洞单向行车各3车道隧道(出口处渐变成4车道)，道路里程线位于直线上，呈南北走向，起于K5+788m，止于K7+222m。左右洞标准段中距48.75m，左洞长1 434.253m，右洞长1 434.627m，总长2 868.88m。

嘉华隧道进口段为便于与华村立交的连接，隧道左右线中距由28.71m逐渐过渡为正常段的48.75m，单洞净宽渐变段长247.5m。隧道出口段为便于与黄沙溪立交相接，左右线中距由48.75m渐变至21.25m，渐变段长254m。

由于受黄沙溪立交接线影响，时尚园建筑红线制约，在初设阶段对隧道出口段的间距及洞门位置作了比选，确定隧道出口里程为K7+215m，进口位置与可研方案一致，里程为K5+788m。

隧道纵坡服从道路的总体设计，采用3.0%。进口高程222m，出口高程262m，进出口高差40m。

一、嘉华隧道平面、立面布置

嘉华隧道入口接嘉华大桥，隧道出口接黄沙溪立交，具体平面布置及立面布置图如图2-5-1和图2-5-2所示。

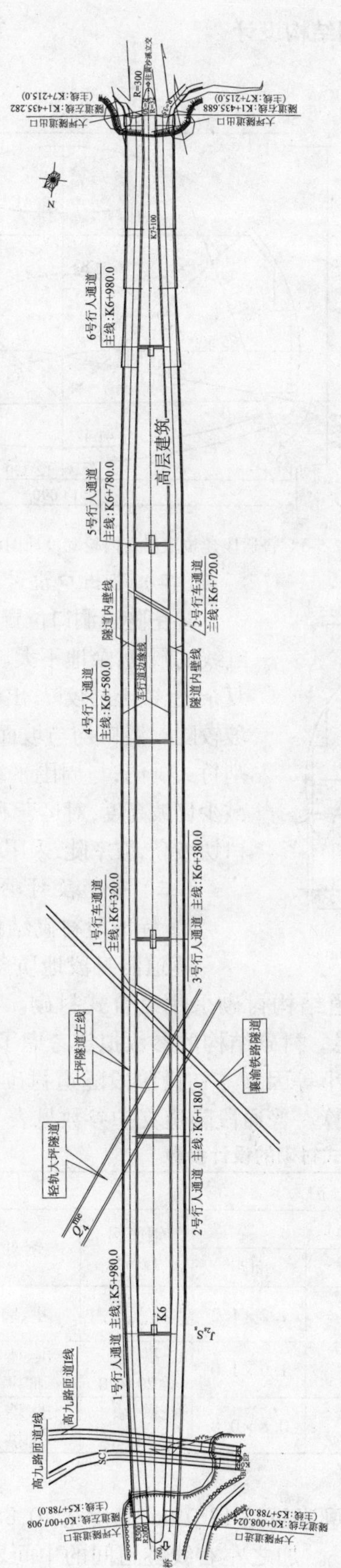

图 2-5-1 嘉华隧道平面布置图

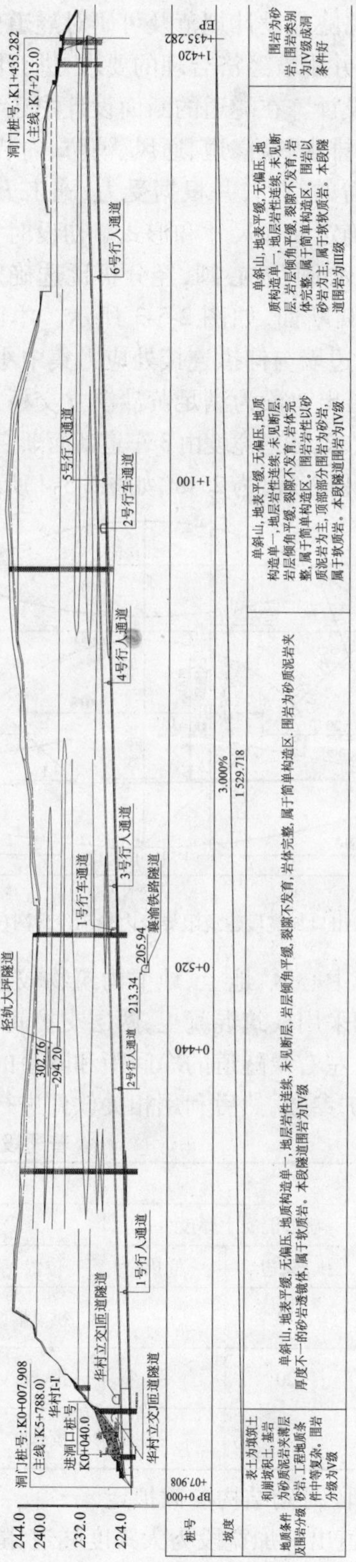

图 2-5-2 嘉华隧道立面布置

二、主洞结构设计

（一）断面内轮廓设计

根据公路隧道设计规范及可研对隧道建筑限界的批复，并本着经济合理的要求，进行隧道净空断面的设计。在隧道的断面设计中还考虑了洞内路面、排水、检修道、通风、消防、内装、监控等设施所需的空间，并根据受力、施工方法、断面利用率确定断面尺寸和形式。初设时比较了单心圆、三心圆、五心圆，经分析比选确定采用拱部三心圆断面，如图2-5-3所示。本断面利用率较高，边墙与仰拱连接处应力集中小。

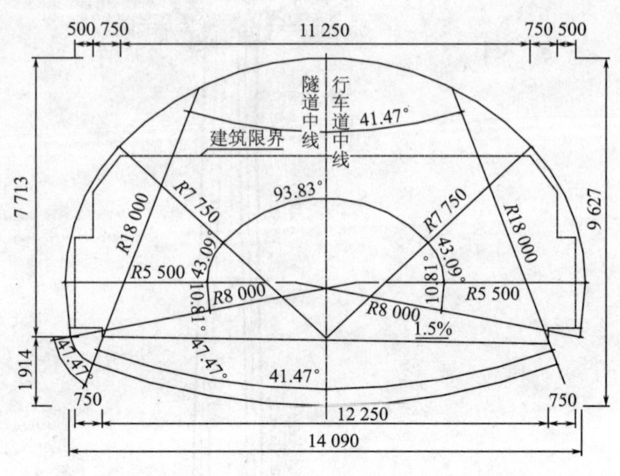

图2-5-3　普通段建筑限界及内轮廓设计图（有仰拱）（尺寸单位：mm）

嘉华隧道出口段为满足黄沙溪立交桥B、C匝道布置的要求，隧道宽度由3车道断面渐变至4车道断面，变化段长度为254m，如图2-5-4所示。

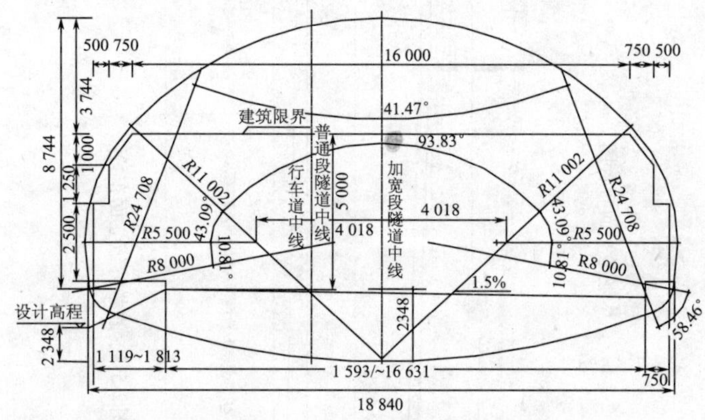

图2-5-4　出口加宽段建筑限界及内轮廓设计图（尺寸单位：mm）

（二）进出口设计

嘉华隧道洞口位置选择受立交工程、建筑红线的限制，余地不大。进洞口地质条件中等复杂，上覆土层较厚，出洞口岩层厚实，边坡、仰坡较陡。洞口均与坡面正交。进口洞门采用削竹式洞门，与周围平缓的地形结合较好，可减少切坡高度，对运营和环境保护有利。出洞口切坡高，坡率陡，采用端墙式洞门。

（三）普通段衬砌设计

1. 标准段衬砌结构参数拟定

隧道洞身段地质条件较好，但由于断面大，位于城市中心区，地上、地下构筑物较多，故隧道结构衬砌采用复合式衬砌。初期支护采用喷锚支护，二次初砌采用模筑混凝土，两层支护间设防水层。衬砌结构的参数拟定考虑了围岩级别、埋深、地表和地下建筑、左右线隧道的净间距和隧道的跨度大小等因素。初设阶段隧道衬砌结构设计采用工程类比法拟定支护参数，然后利用相关软件进行分析计算。普通段隧道支护参数见表2-5-3。

普通段隧道复合式衬砌的设计参数　　表2-5-3

围岩级别	初期支护							二次衬砌厚度（cm）	
	喷射混凝土厚度（cm）		锚杆（m）			钢筋网（cm）	钢架	拱、墙混凝土	仰拱混凝土
	拱部、边墙	仰拱	位置	长度	间距				
Ⅲ	12	—	拱、墙	3.5	1.2×1.2	局部设置	拱、墙	C45，钢筋混凝土	C45，钢筋混凝土
Ⅳ	20	—	拱、墙	4.0	1.0×1.0	拱、墙@20×20	拱、墙、仰拱	C50，钢筋混凝土	C50，钢筋混凝土
Ⅴ	25	—	拱、墙	4.0	0.8×0.8	拱、墙@20×20	拱、墙、仰拱	C60，钢筋混凝土	C60，钢筋混凝土

2. 加宽段衬砌结构参数拟定

嘉华隧道出口加宽段为大跨度隧道，隧道内轮廓净宽达18.79m，高度达10.882m（含仰拱），最大开挖面积为167.04m^2，这是本隧道最显著的特点之一。加之左右线隧道间的中间岩柱厚度较小，因此如何达到设计参数合理、安全、可靠，这就成了该隧道设计的关键。隧道衬砌结构参数的选取采用了工程类比与数值分析相结合的方法，即在目前国内已建3车道隧道经验的基础上，并参考国内外相关资料，结合内轮廓断面形式、施工工序、开挖方法等综合因素进行支护参数的选取。由于单洞4车道超大断面结构隧道在国内公路隧道建设上不多见，参数的选取考虑采用喷射纤维混凝土、预应力锚杆、H形钢架等新型支护手段。隧道衬砌支护参数见表2-5-4。

加宽段隧道复合式衬砌的设计参数　　表2-5-4

初期支护							二次衬砌厚度(cm)	
喷射混凝土厚度(cm)		锚杆(m)			钢筋网(cm)	钢架	拱、墙混凝土	仰拱混凝土
拱部、边墙	仰拱	位置	长度	间距				
30	—	拱、墙	5.5	0.4×0.8	拱、墙@20×20	拱、墙、仰拱	C75，钢筋混凝土	C75，钢筋混凝土

第三节　立体交叉段设计及关键技术

一、立体交叉概述

嘉华隧道K5+850~K5+880段与华村立交I、J线匝道隧道构成立体交叉(见图2-5-5~图2-5-7)，由于受接线高程限制，两隧道二次衬砌的最小净距仅90cm。

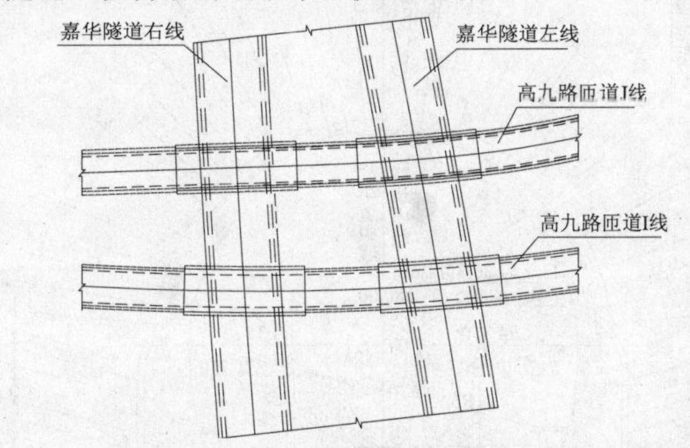

图2-5-5　嘉华隧道与高九路隧道平面交叉情况

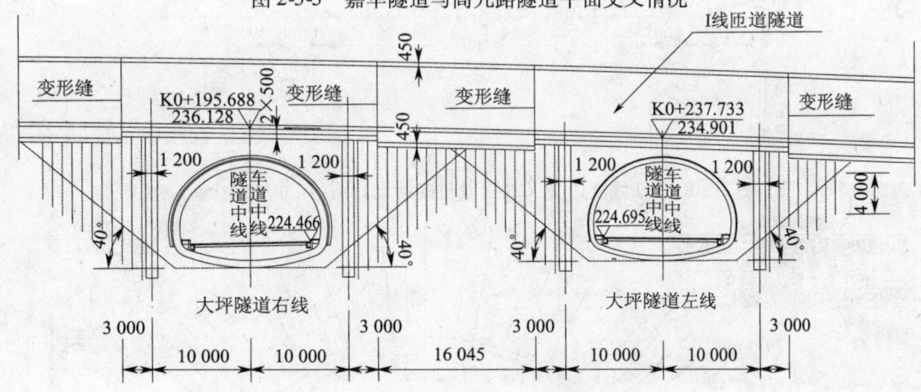

图2-5-6　I线匝道与嘉华隧道立交立面图(尺寸单位:mm)

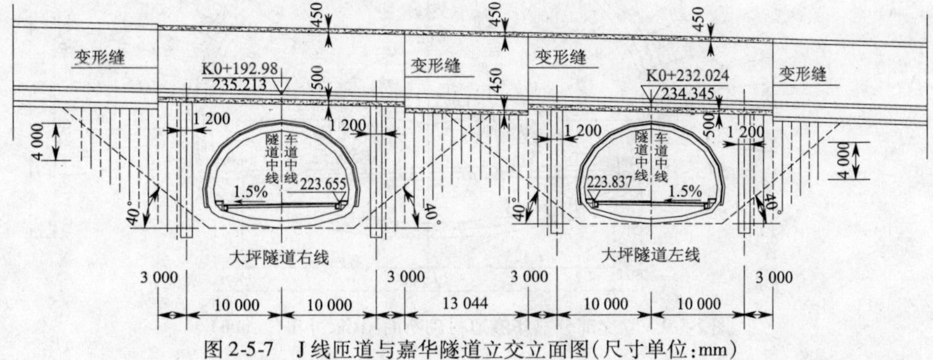

图2-5-7　J线匝道与嘉华隧道立交立面图(尺寸单位:mm)

二、结构设计特点

后建的华村立交I、J隧道对既有的嘉华隧道的影响主要是通过扰动周围的岩体，使周围的岩体应力应变发生新的变化，从而影响嘉华隧道的应力应变状态。隧道开挖时，支配隧道动态变化的特别重要因素是隧道开挖顺序、支护的施工时间、支护参数、由开挖面推进引起地层应力的变化等。隧道开挖面向前推进时，由开挖面引起的支护能力随之减弱，隧道就发生变形，相应地将出现非稳定状态区。当近距离的相邻两隧道之间的应力变化较大的区域连成一体时，就会出现较大的松弛范围，两隧道之间的岩体将处于不稳定状态，两隧道衬砌内力也将会发生变化。

为保证I、J匝道施工及后期运营对下部的嘉华隧道衬砌不产生破坏，针对交叉段I、J匝道衬砌采取了特殊设计：隧道衬砌边墙以下采用整体板梁的结构形式横穿嘉华隧道，并且在加强梁两侧各设了两根直径为1.2m的桩，从而加强了交叉的整体刚度，减小了上部衬砌结构对下部嘉华隧道衬砌结构产生不均匀的作用，具体断面形式如图2-5-8所示。

嘉华隧道围岩衬砌形式如图2-5-9所示。

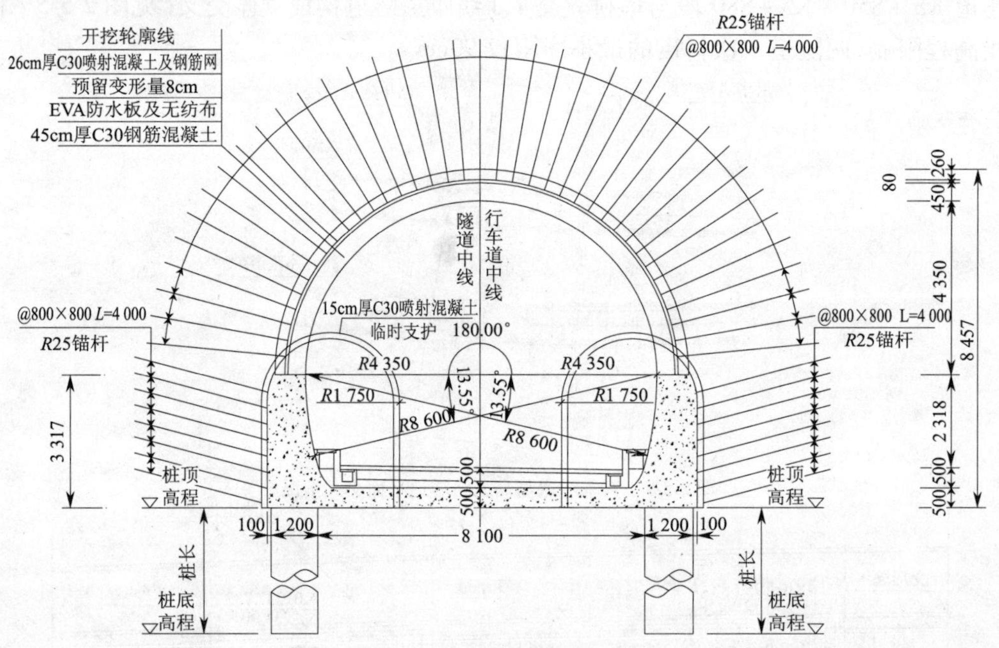

图2-5-8 I、J线匝道交叉加强段衬砌断设计图(尺寸单位:mm)

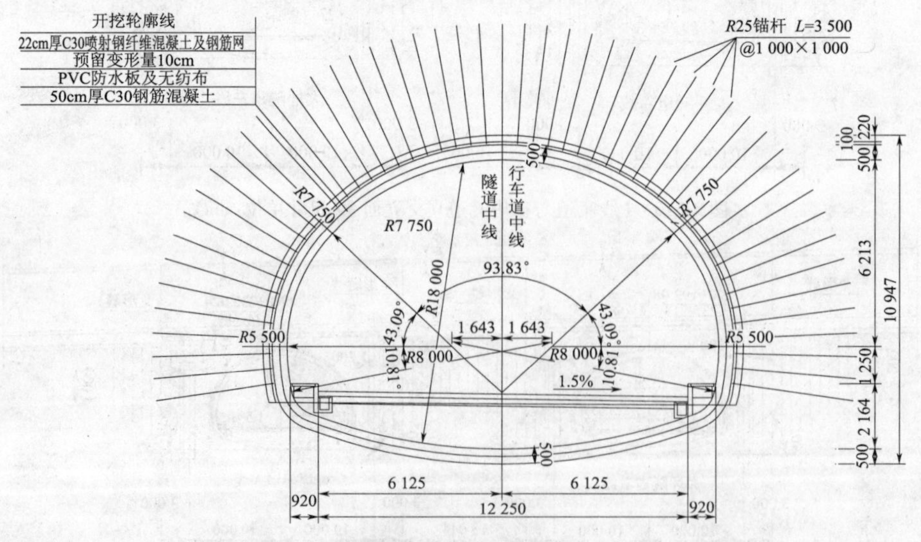

图2-5-9 立交部分嘉华隧道衬砌断面图(尺寸单位:mm)

三、三维数值模拟分析

（一）计算模型

针对嘉华隧道与华村立交 I、J 隧道交叉段开挖进行三维弹塑性分析，由于 I 线匝道隧道与嘉华隧道右洞交叉的间距最小（小于 1m），故计算模型取该立体交叉段的实际尺寸，模型的尺寸为 26 × 37.4 × 40（最大埋深）。

计算模型前、后边界为 X 方向约束，左、右边界为 Y 方向约束，底部边界为 Z 方向约束，顶部边界为自由面，计算模型见图 2-5-10。

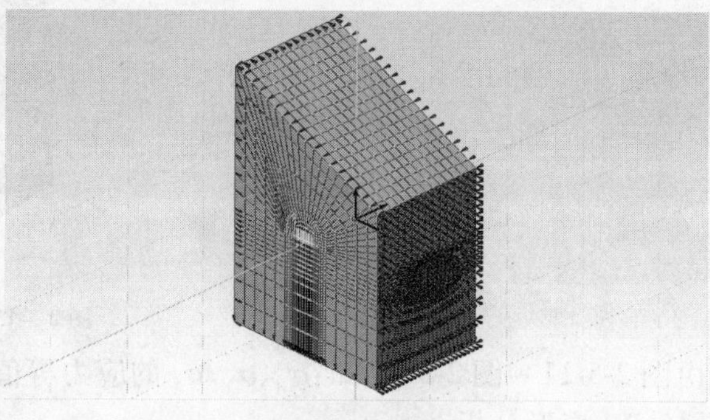

图 2-5-10　计算模型

计算物理力学参数见表 2-5-5，屈服准则采用 Drucker-Prager 准则，所有分析均由 MIDAS/GTS 软件完成，施工工序见表 2-5-6。

有限元计算的物理力学参数　　表 2-5-5

介　质	弹性模量 E(GPa)	泊松比 μ	重度 γ(kN/m^3)	黏聚力 c(MPa)	摩擦角 φ(°)
Ⅳ类围岩	22.75	0.32	22.0	0.5	30
C30 模筑混凝土	31	0.15	25	2.5	53.8
C30 喷射混凝土	25	0.15	22	2.5	53.8
ϕ25 锚杆	200	D = 2.5cm			

注：在本次有限元计算中，隧道结构的有限元计算采用隧道与地层共同作用的受力模式，模拟分析各种施工顺序对地层和隧道结构的受力与变形的影响。

模型模拟开挖过程一览表　　表 2-5-6

阶　段	模拟施工工序
第一阶段	模拟原始地应力
第二阶段	模拟嘉华隧道全断面开挖，并施做初期支护，应力释放 70.0%
第三阶段	模拟嘉华隧道二次衬砌施做，应力再释放 30.0%
第四阶段	模拟 I 匝道隧道上台阶开挖，应力释放 50.0%
第五阶段	模拟 I 匝道隧道上台阶施做初期支护，应力释放 50.0%
第六阶段	模拟 I 匝道隧道下台阶开挖，应力释放 40.0%
第七阶段	模拟 I 匝道隧道下台阶施做初期支护，应力释放 45.0%
第八阶段	模拟 I 匝道隧道二次衬砌施做，应力释放 15.0%

（二）结果及分析

1. 模型评价

见图 2-5-11 ~ 图 2-5-13。

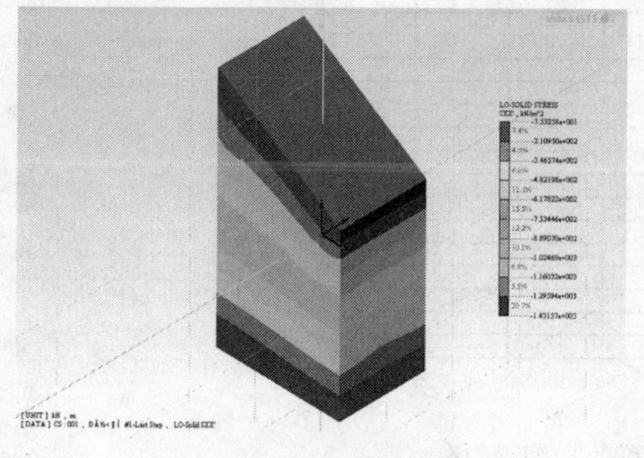

图 2-5-11　σ_x（第一阶段）

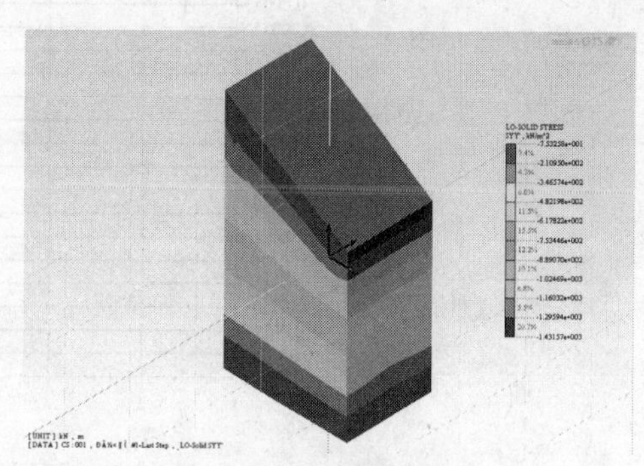

图 2-5-12　σ_y（第一阶段）

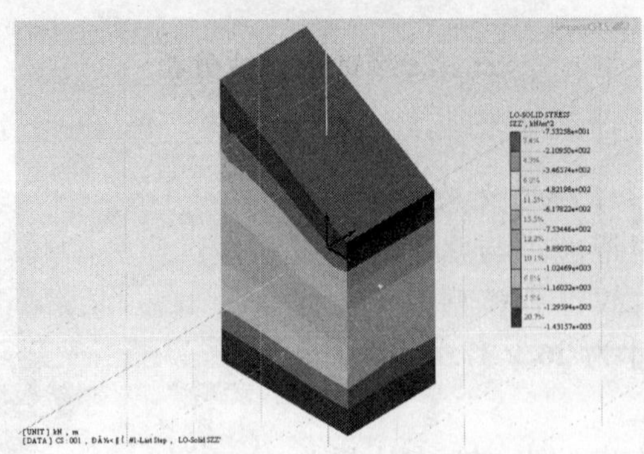

图 2-5-13　σ_z（第一阶段）

由图 2-5-11 ~ 图 2-5-13 知：σ_x、σ_y、σ_z 的应力等值线基本平行，模型划分较合理。

2. 变形分析

见图 2-5-14 ~ 图 2-5-18。

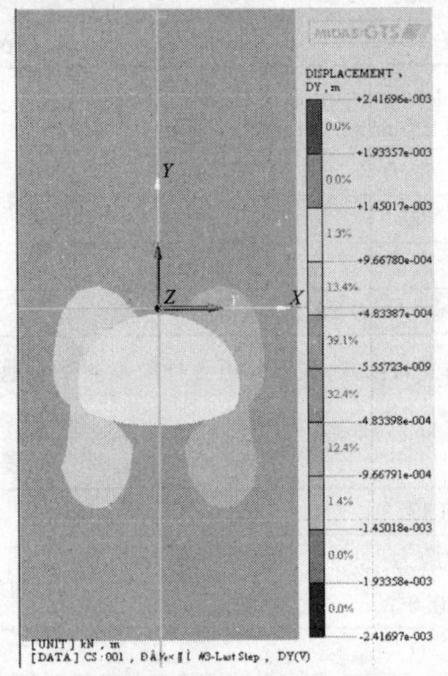

图 2-5-14　Y 方向位移（第三阶段）

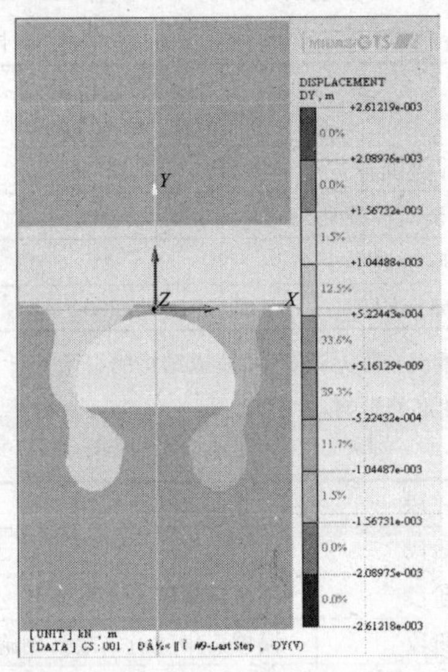

图 2-5-15　Y 方向位移（第八阶段）

由 Y 方向位移图（图 2-5-14 ~ 图 2-5-16）可知：嘉华隧道开挖，隧道周边最大水平位移出现在隧道曲边墙的中部，上部隧道开挖对嘉华隧道周边位移有一定的影响，并且随着开挖位移逐渐增大，但影响幅度不大。

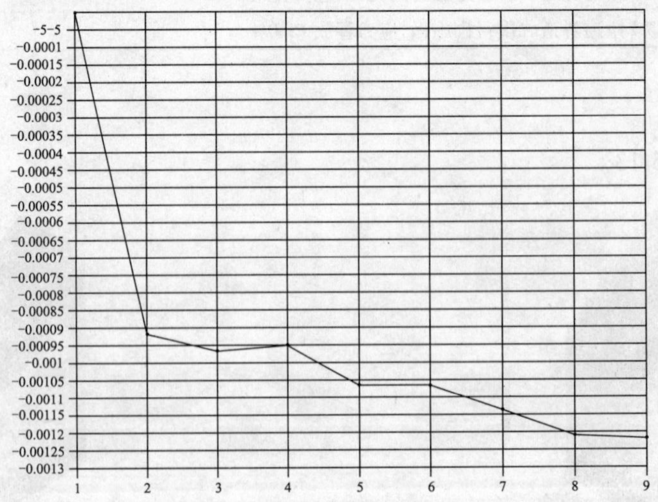

图 2-5-16　不同施工阶段的边墙 C 点 Y 方向位移

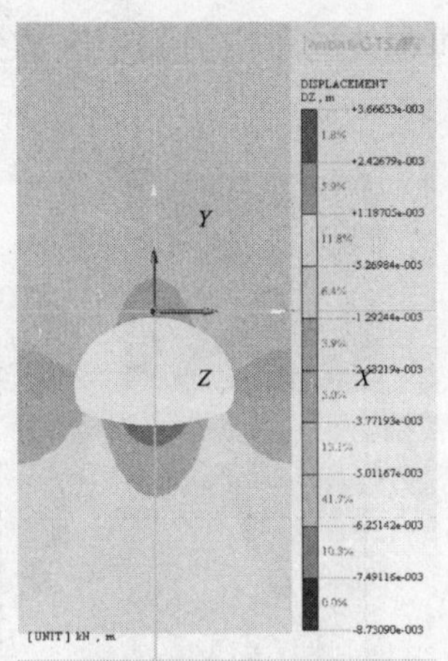

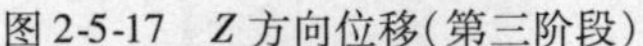

图 2-5-17 Z 方向位移(第三阶段)

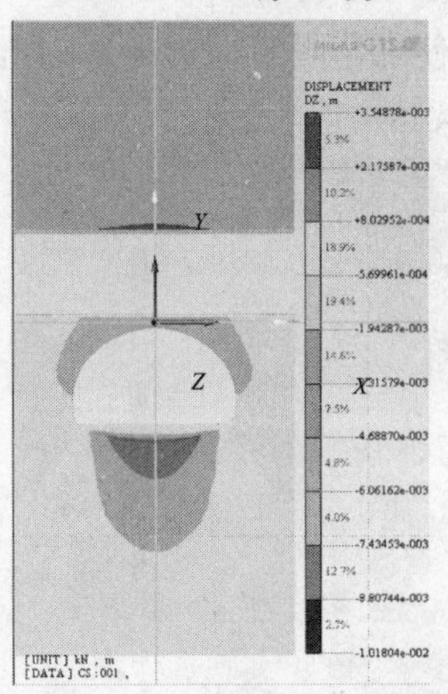

图 2-5-18 Z 方向位移(第八阶段)

由 Z 方向位移图(图 2-5-17 ~ 图 2-5-19)可知:嘉华隧道开挖,隧道周边最大垂直位移出现在拱顶,上部隧道开挖使竖向位移有向上移动的趋势,分析原因为上部隧道开挖使嘉华隧道拱顶的围岩压力减小。

3. 主应力场分析

见图 2-5-19 ~ 图 2-5-23。

由 σ_1 图(图 2-5-20 和图 2-5-21)知:嘉华隧道开挖,隧道周围未出现拉应力,上部开挖使嘉华隧道拱部的 σ_1 增大,有出现拉应力的趋势。

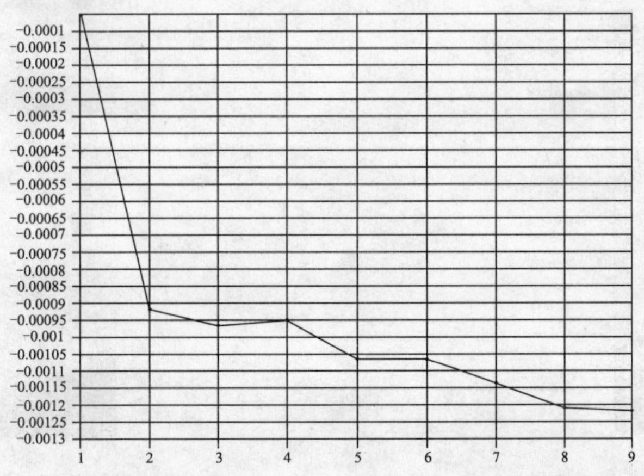

图 2-5-19 不同施工阶段的拱顶 A 点 Z 方向位移

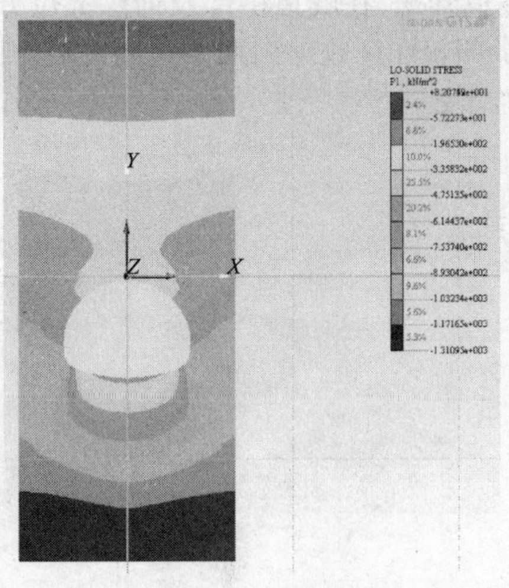

图 2-5-20 σ_1(第三阶段)

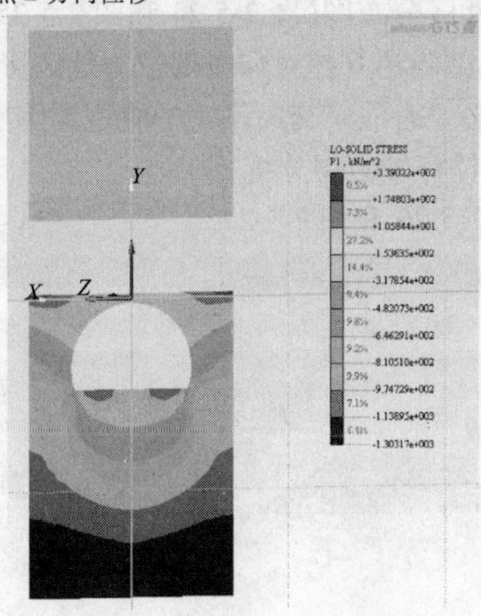

图 2-5-21 σ_1(第八阶段)

由 σ_3 图(图 2-5-22 和图 2-5-23)知:嘉华隧道开挖,使隧道仰拱两侧的隅角处出现压应力集中区,

上部隧道开挖使嘉华隧道周边围岩的压应力减小，仰拱两侧的隅角处的压应力集中区消失，周边围岩有出现拉应力的趋势。

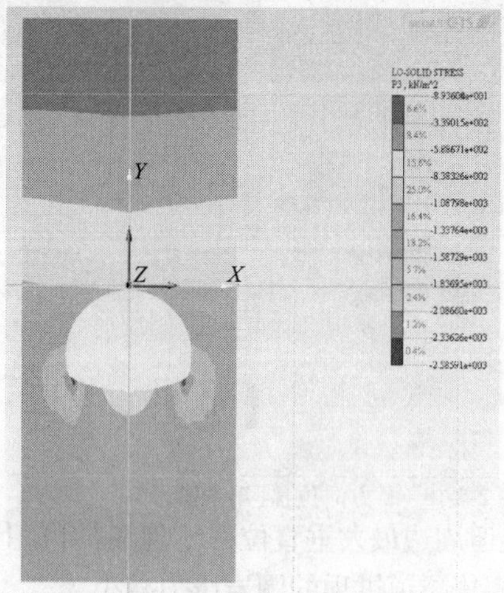

图 2-5-22　σ_3（第三阶段）

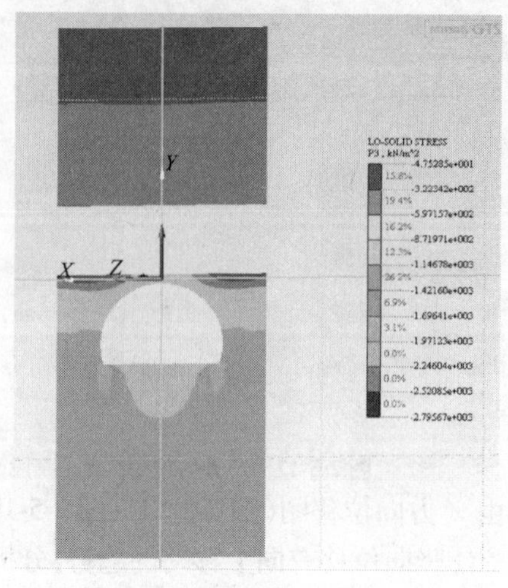

图 2-5-23　σ_3（第八阶段）

4．塑性区分析

见图 2-5-24 和图 2-5-25。

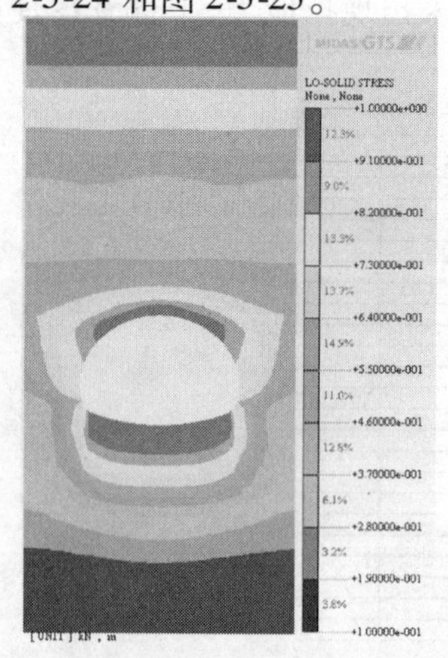

图 2-5-24　塑性区分布（第三阶段）

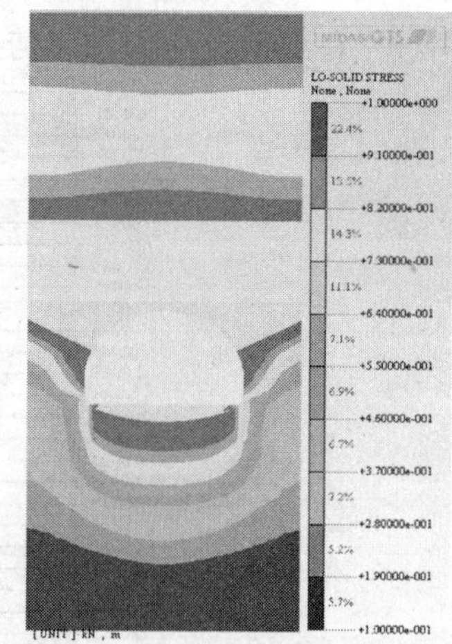

图 2-5-25　塑性区分布（第八阶段）

由塑性区分布图（图 2-5-24 和图 2-5-25）可知：嘉华隧道开挖，在隧道拱部及仰拱部位分布一定的塑性区，上部隧道开挖对仰拱部位塑性区影响不大，但使拱部塑性区收缩向两侧边墙发展。因此，上部隧道开挖必要时应对交叉段嘉华隧道周围围岩进行注浆加固处理。

5．边锚杆轴力图分析

见图 2-5-26 和图 2-5-27。

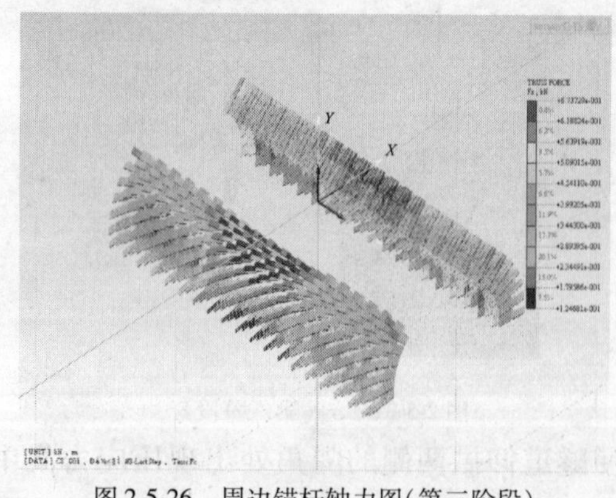

图 2-5-26　周边锚杆轴力图（第三阶段）

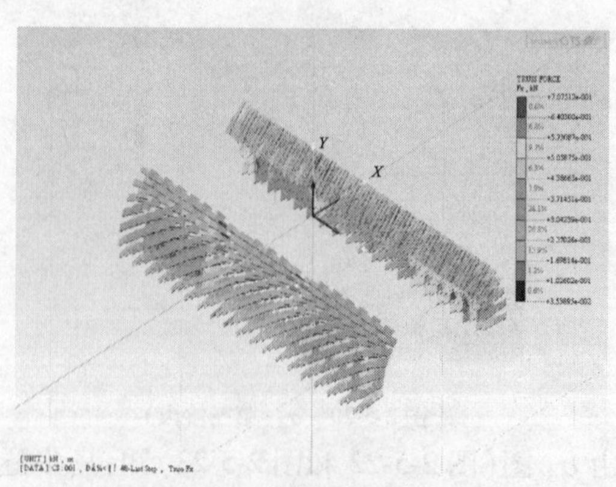

图 2-5-27　周边锚杆轴力图（第八阶段）

由嘉华隧道周边锚杆轴力图(图2-5-26和图2-5-27)知:嘉华隧道开挖,最大锚杆轴力为0.6kN,上部隧道开挖使下部隧道锚杆轴力有增大的趋势,最大锚杆轴力为0.7kN。根据位移趋势知隧道拱部的竖向位移有向上移动趋势,边墙有进一步向隧道内收缩的趋势。因此,周边锚杆轴力有增大的趋势。

根据变形、应力、塑性区以及周边锚杆轴力变化趋势可以得到以下结论:

(1) 交叉段上部I匝道隧道开挖使底部嘉华隧道衬砌结构周围的围岩压力减小,但竖向围岩压力减小的趋势远远大于侧压力减小趋势。

(2) 上部隧道开挖对仰拱部位塑性区影响不大,但使拱部塑性区收缩向两侧边墙发展。因此,上部隧道开挖必要时应对交叉段嘉华隧道周围围岩进行注浆加固处理。

四、嘉华隧道二次衬砌安全度评价

(一) 安全度简述

隧道规范规定:对衬砌内力分析后,都要进行安全度检验。本设计针对交叉段设计的Ⅳ类围岩衬砌,按极限状态法对该二次衬砌的安全度进行了计算。

所谓结构功能的极限状态即:“整个结构或结构的一部分超过某一特定状态就不能满足设计规定的某一功能要求,此特定状态应为该功能的极限状态”。为了应用统计数学工具,极限状态用相应的功能函数来描述。对该功能有影响的基本变量视为随机变量。设有 n 个随机变量,结构的功能函数为:

$$Z = g(X_1, X_2, X_3, \cdots, X_n) \tag{2-5-1}$$

式1中 $X_i(i=1,2,3\cdots,n)$ 为基本变量,系指结构上的各种作用或作用效应、材料性能、几何参数等。

当:$Z>0$ 时,结构处于可靠状态;

$Z=0$ 时,结构达到极限状态;

$Z<0$ 时,结构处于失效状态。

为了便于运算经常把诸多基本变量演化为两个基本变量。一个是作用效应 S(由结构上的作用引起的各种内力、变形、位移等);另一个是结构抗力 R(结构抵抗破坏或变形的能力,如极限强度、极限内力、刚度以及抗滑力等),则工程按极限状态设计应符合:

$$Z = g(S,R) = R - S \geqslant 0 \tag{2-5-2}$$

进一步演化为:

$$a = \frac{R}{S} \geqslant 1 \tag{2-5-3}$$

a 为结构的安全系数,且 $a>1$ 说明结构处于可靠状态。

在直角坐标中,结构工作状态如图2-5-28所示。

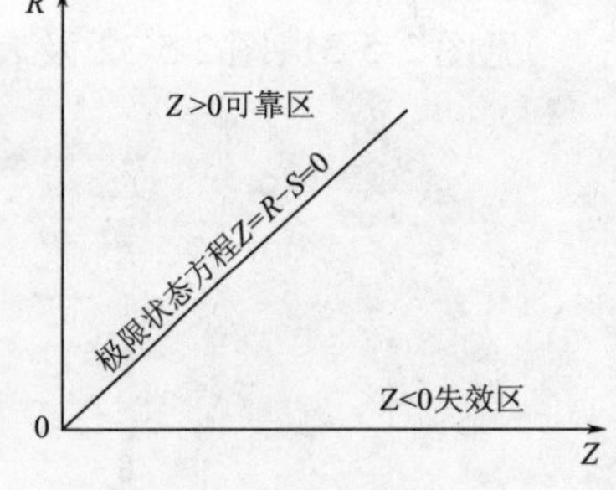

图2-5-28　结构工作状态图

(二) 安全度计算公式

按“荷载—结构”模型分析衬砌内力,考虑围岩的松动压力及弹性抗力,衬砌结构是偏心受压构件,根据隧道规范知:

当受压构件 $x>0.55h_0$ 时为小偏心,系抗压强度控制承载能力,按下式计算安全系数即可:

$$a = \frac{0.5R_a bh_0^2 + R_g A'_g(h_0 - a')}{KN_e} \geqslant 1 \tag{2-5-4}$$

式中:K——允许安全系数,本设计 $K=2.0$。

当受压构件 $x \leqslant 0.55h_0$ 时为大偏心,系抗拉强度控制承载能力,按下式计算安全系数即可:

$$a = \frac{R_g A_g(h_0 - a')}{KN_{e'}} \geqslant 1 \tag{2-5-5}$$

式中:K——允许安全系数,本设计 $K=2.4$。

(三) 计算模型

由三维数值模拟结果知:交叉段上部 I 匝道隧道开挖使底部嘉华隧道衬砌结构周围的围岩压力减

小，但竖向围岩压力减小的趋势远远大于侧压力减小趋势。

为了对该二次衬砌的安全性进行分析，按“荷载—结构”模型分析衬砌进行内力计算。衬砌周围的围岩压力取最不利工况，竖向围岩压力为0，侧压力不变为47.1kN，计算模型如图2-5-29所示。

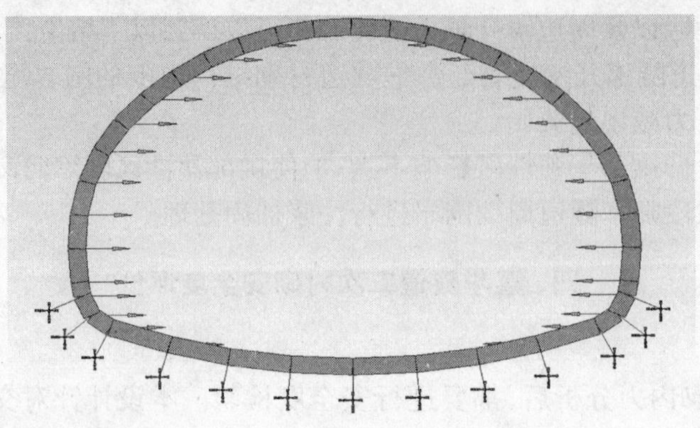

图2-5-29　计算模型

隧道二次衬砌控制点见图2-5-30。

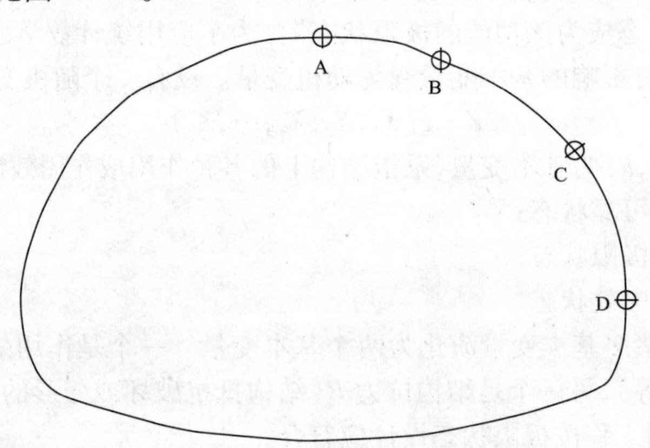

图2-5-30　二次衬砌控制点示意图

（四）计算结果及分析

见图2-5-31、图2-5-32及表2-5-7～表2-5-9。

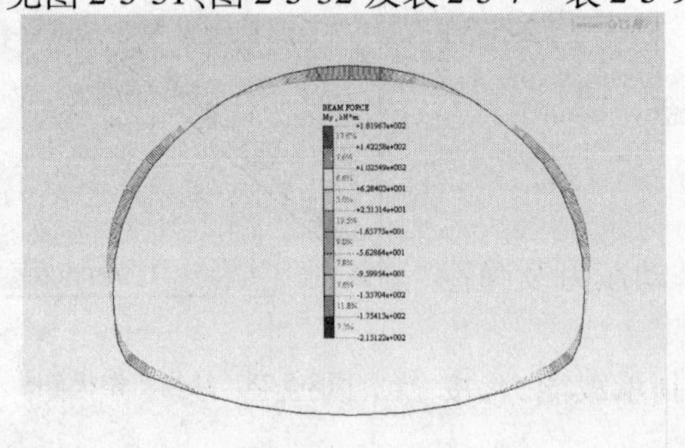

图2-5-31　弯矩图

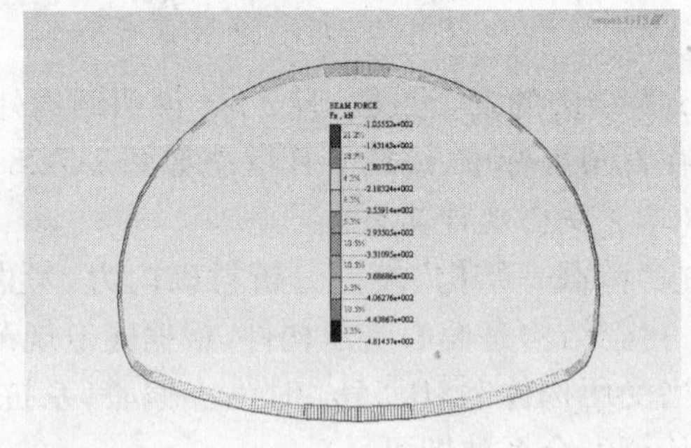

图2-5-32　力图

嘉华隧道二次衬砌控制点内力表　　表2-5-7

二次衬砌内力	拱顶A点	拱腰B点	拱脚C点	边墙D点
轴力(10kN)	－411.73	－266.15	－128.64	－157.5
弯矩(10kN·m)	－195.65	－3.32	181.97	－31.17

嘉华隧道二次衬砌各控制点安全系数表　　表2-5-8

二次衬各控制点	拱顶A点	拱腰B点	拱脚C点	边墙D点
a	1.41	23.10	1.03	16.08

由表2-5-8可知，隧道二次衬砌各控制点都是安全的。

嘉华隧道二次衬砌各控制点裂缝计算表　　表 2-5-9

二次衬各控制点	拱顶 A 点	拱腰 B 点	拱脚 C 点	边墙 D 点
裂缝(mm)	0.011	0.033	0.17	0.039

由表 2-5-9 知,隧道二次衬砌各控制点裂缝均小于规范限值 0.2mm。

本设计的嘉华隧道Ⅳ级围岩衬砌在上述工况下是安全的。由于本文计算的工况是考虑极不利情况的隧道开挖,因此嘉华隧道Ⅳ级围岩二次衬砌是安全可靠的。

五、设 计 总 结

嘉华隧道与华村立交 I、J 隧道成立体相交,两相交隧道距离近,相互影响大,通过三维分析知,本设计交叉部分的衬砌结构是安全可靠的,上部隧道采用双侧壁导坑分部开挖较合理。但隧道间的相互影响会因间距、两个隧道的相对高度的位置关系、隧道断面的大小、施工方法(特别是开挖方式)、地形和地质条件(底层的软硬、埋深等)、隧道的衬砌和结构的健全度(施工质量)等因素的不同而变化,上部隧道开挖时应做好监控量测工作,以保证嘉华隧道衬砌结构的安全。

由于立体交叉隧道修建关键技术在我国还处于研究阶段,因而对隧道设计者也带来一定的难度,主要还存在以下一些问题:

(1) 在建华村立交 I、J 隧道开挖对嘉华隧道围岩稳定性的影响,爆破开挖冲击波对嘉华隧道二次衬砌结构有很大的影响。因而需要控制爆破总装药量和单段装药量。

(2) 如何控制好开挖对既有隧道的影响,在建隧道的选用较好的开挖方式能够减小对围岩以及既有隧道的影响。

(3) 已建隧道开挖修建对围岩的干扰使围岩应力重新分布,在建隧道对围岩的干扰使围岩又重新分布,从而导致围岩三次、四次……应力重分布。如何解决既减少对围岩应力重分布的次数又减少对隧道开挖的扰动之间的矛盾,仍待进一步的研究探讨。

第四节　围岩力学参数及稳定性分析

一、嘉华隧道砂岩力学参数实验

由上面地质勘探资料可知,嘉华隧道穿越地段包括砂岩和砂质泥岩两种地质。为了进一步了解现有设计对隧道围岩稳定性的支护情况,所以本文对围岩(砂岩段)进行了力学试验。

(一) 大坪砂岩单轴实验

对现场岩石取样,并加工一组试件,试件尺寸分别为:$\phi48.72\times99.04$、$\phi49.02\times100.88$、$\phi49.12\times100.92$。利用 MTS 岩石力学试验机对岩石试件进行简单加载,采用位移加载控制在 0.1mm/d。通过实验得出相关数据,表 2-5-10 列出试件 1 部分应力、应变及相关数据。

试件 1 部分数据表　　表 2-5-10

时　间 (s)	位　移 (mm)	加载力 (kN)	轴向应变 (mm/mm)	横向应变 (mm/mm)	体积应变 (mm/mm)	应　力 (mm/mm)
59.381 51	0.015 010	1.209 563	0.000 0353	−0.000 003	0.000 0293	0.000 649
81.999 68	0.062 021	5.243 948	0.000 192	−0.000 012	0.000 168	0.002 813
111.116 9	0.101 950	10.266 74	0.000 391	−0.000 026	0.000 339	0.005 507
132.126 8	0.136 364	15.288 68	0.000 601	−0.000 043	0.000 515	0.008 201
147.688 6	0.166 028	20.306 14	0.000 801	−0.000 059	0.000 683	0.010 892

续上表

时　间 (s)	位　移 (mm)	加载力 (kN)	轴向应变 (mm/mm)	横向应变 (mm/mm)	体积应变 (mm/mm)	应　力 (mm/mm)
165.262 7	0.198 047	25.332 63	0.001 005	-0.000081	0.000 844	0.013 589
185.021 2	0.227 604	30.344 63	0.001 203	-0.000 10	0.001 002	0.016 277
201.241 4	0.252 789	35.388 42	0.001 391	-0.000 12	0.001 145	0.018 983
215.246 9	0.276 923	40.409 91	0.001 575	-0.000 15	0.001 274	0.021 676
228.680 8	0.302 542	45.450 01	0.001 758	-0.000 18	0.001 403	0.024 380
243.530 9	0.327 958	50.474 03	0.001 935	-0.000 21	0.001 511	0.027 075
258.614	0.350 270	55.495 73	0.002 106	-0.000 25	0.001 60	0.029 768
273.403	0.375 369	60.517 49	0.002 276	-0.000 30	0.001 683	0.032 462
285.955 6	0.395 716	65.542 45	0.002 440	-0.000 34	0.001 752	0.035 158
312.702 5	0.441 040	75.596 37	0.002 777	-0.000 45	0.001 876	0.040 551
326.266 8	0.463 022	80.651 91	0.002 941	-0.000 51	0.001 913	0.043 262
340.048	0.487 972	85.664 67	0.003 130	-0.000 59	0.001 945	0.045 951
353.874 5	0.509 463	90.683 73	0.003 303	-0.000 67	0.001 955	0.048 644
379.612	0.552 252	94.610 52	0.003 675	-0.001 42	0.000 834	0.050 750
380.907 7	0.559 431	83.038 39	0.003 678	-0.002 77	-0.001 86	0.044 542
381.000 7	0.560 630	77.956 44	0.003 615	-0.003 41	-0.003 20	0.041 816
383.314 9	0.565 765	72.936 20	0.003 483	-0.004 04	-0.004 61	0.039 124
385.607 1	0.571 694	67.892 20	0.003 759	-0.005 08	-0.006 39	0.036 418
386.830 6	0.576 035	62.769 95	0.004 098	-0.005 88	-0.007 65	0.033 670
386.847 4	0.578 255	42.835 90	0.004 697	-0.006 68	-0.008 66	0.022 978
386.849	0.578 853	40.835 05	0.005 619	-0.007 70	-0.009 79	0.021 904
386.854 5	0.580 619	39.276 26	0.005 982	-0.008 26	-0.010 53	0.021 068

从图 2-5-33 中可以得知:试件在弹性阶段应力应变成线形关系,当试件达到屈服点时,应力骤然降低,而应变增大,裂纹出现,当轴向力继续加载,试件产生破坏。试验应力应变曲线服从岩石破坏的一般规律,从而说明试验的有效性。一组试件试验所得其他数据如表 2-5-11 所示。

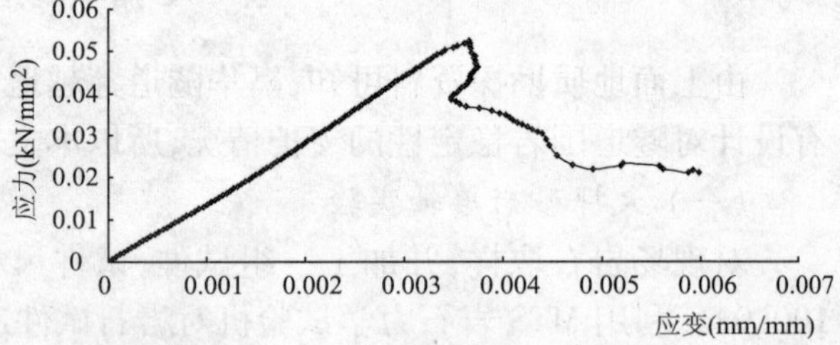

图 2-5-33　轴应力应变曲线图

试验数据及其平均值　　表 2-5-11

岩石参数	重度(kN/m³)	$[\sigma_1]_{max}$(kN/mm²)	弹性模量 E(kN/mm²)	F_{max}(kN)	泊松比 μ
(1)	25.293	0.052 41	15.226 97	97.699 22	0.197 556
(2)	25.301	0.052 30	15.786 86	8.631 65	0.205 442
(3)	25.312	0.054 94	15.205 65	103.695	0.227 201
平均值	25.302	0.053 22	15.406 57	100.008 6	0.210 067

(二)大坪砂岩三轴实验

从上面岩石单轴实验只能得到部分力学参数,所以仍然需要对砂岩进行三轴实验。岩石的三轴力学试验可以根据具体情况加载不同的围压,充分地反映出具体情况。三轴力学试验应考虑到在实际隧道工程爆破当中对岩石的一个破坏过程，并且又要充分考虑到砂岩力学特性。

为了充分反映出大坪砂岩力学特性，加载不同围压 $\sigma_2=\sigma_3=1\text{MPa}$、5MPa、10MPa、20MPa、40MPa 的 5 种情况，分别就 5 种情况加工一组试件，每组由 3 个试件组成。

在隧道掘进过程当中是通过爆破对岩石的破碎进而推进施工进度，爆破过程是在爆心周围的一个冲击波之后以爆轰波向周围传播，如图 2-5-34 所示。

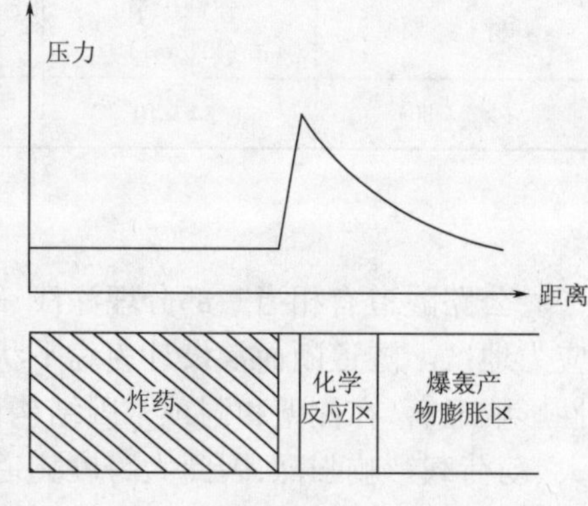

图 2-5-34　波传播示意图

从图 2-5-34 可以看出，距离炸药越近，压力越大，在炸药化学反应区内爆轰压力骤升，随着距离逐渐增大，爆轰压力在传播过程当中受到的岩石阻力慢慢减小。

但是岩石在多次扰动过程当中，对岩石破坏起作用的也只有距离该岩石最近的几次爆破，而且某一爆破爆轰波经过之后瞬时减小为零，下一次爆破又产生爆轰波，经过后又减小为零，直到最后一次爆破对岩石的冲击作用导致岩石破坏，所以加载路径近似认为是岩石破碎前的 3 次扰动的影响。根据以上单轴力学试验得知，平均加载力为 100.008 6kN，所以加载路径示意图如图 2-5-35 所示。

将以上 5 组试件在不同围压及以上加载路径下进行岩石力学试验，处理实验所得数据，图 2-5-36 为围压 $\sigma_2=\sigma_3=1\text{MPa}$ 情况下的多个循环应力应变关系曲线图。

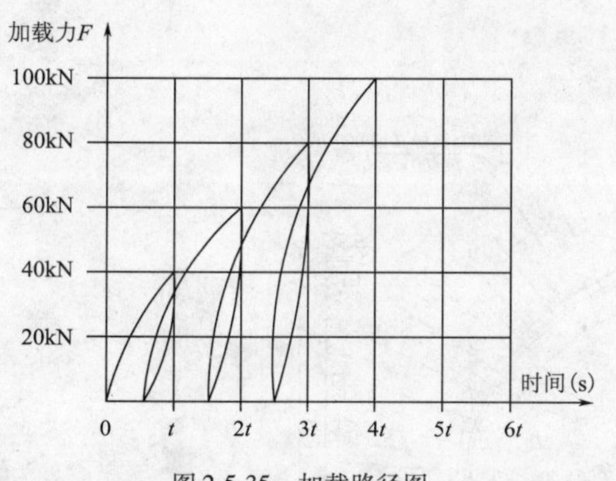

图 2-5-35　加载路径图

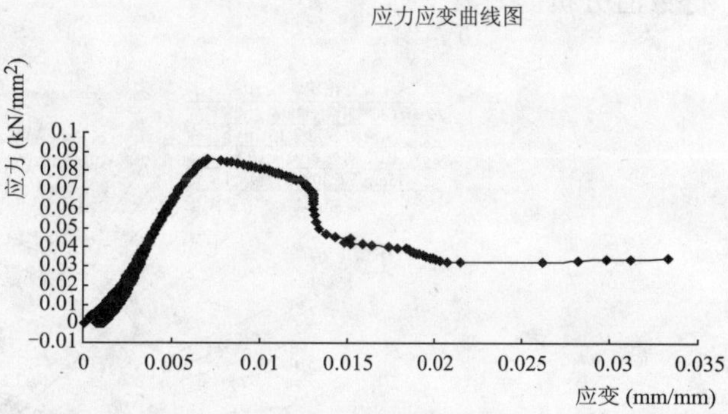

应力应变曲线图

应力 (kN/mm²)

应变 (mm/mm)

图 2-5-36　$\sigma_2=\sigma_3=1\text{MPa}$ 应力应变曲线

从应力应变曲线图上可以看出应力在多次循环过程当中，应变变化非常小，也就是说岩石在前面多次扰动对岩石的影响微弱，说明仍处于岩石的弹性阶段。图 2-5-37 为岩石在不同围压下最后一个循环的应力应变曲线图。

分析每组数据的 σ_{max} 和围压，画出 σ-τ 曲线(图 2-5-38)，得出内聚力为 4.47MPa，内摩擦角为 34°。

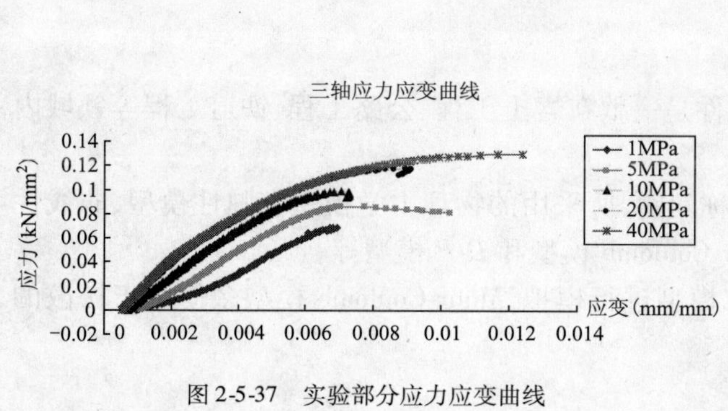

图 2-5-37　实验部分应力应变曲线

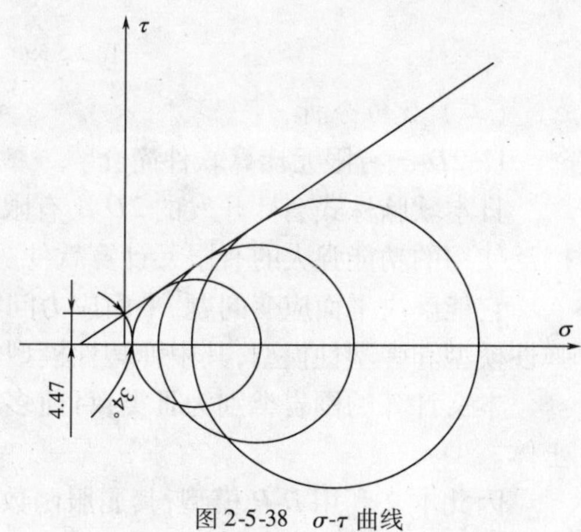

图 2-5-38　σ-τ 曲线

（三）小结

通过以上单轴和三轴试验可得嘉华隧道砂岩有关参数如表2-5-12所示。

试 验 数 据　　表2-5-12

材　　料	弹性模量（kN/m^2）	泊松比	内聚力（kN/m^2）	相对密度（kN/m^3）	内摩擦角（°）
砂岩（Ⅲ）	1.54×10^7	0.21	4.47×10^3	25.302	34

二、嘉华隧道围岩稳定性分析

公路隧道有相当一部分埋深浅、跨度大、净距小、围岩处于松动卸荷带、构造应力释放充分，属于低应力地区。隧道断面常设计为扁平状形，开挖后围岩应力呈明显的不均匀分布，岩体结构面对围岩稳定性影响显著，在侧壁和洞顶常因结构面应力集中引起围岩的变形破坏。并且由于设计车速快、车流量大、动荷载影响强烈，因此大跨度隧道对围岩有着极高的要求，不仅不允许围岩有崩落、掉块和底板隆起现象，而且对围岩变形也有极为严格的限制。本章通过对嘉华隧道的数值及现场监测分析隧道围岩稳定性。

（一）嘉华隧道开挖围岩稳定性分析

嘉华隧道从进口段开始设计为净宽12.25m，设计断面衬砌如图2-5-39所示，由于以上对嘉华隧道砂岩段进行了力学参数分析，所以为了能够正确分析嘉华隧道围岩稳定性，所以只对砂岩所处的地段进行数值分析。

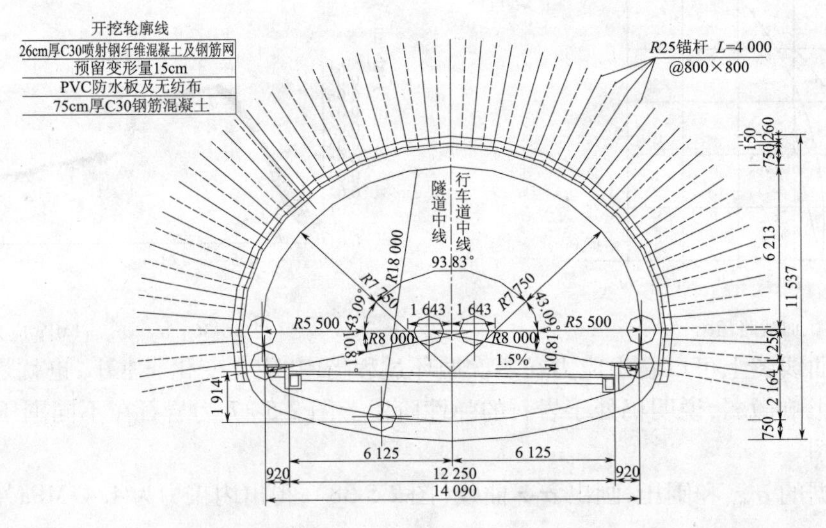

图2-5-39　隧道围岩衬砌断面图（尺寸单位：mm）

（二）数值分析

1. $2D\text{-}\sigma$ 有限元计算软件简介

日本软脑株式会社开发的 $2D\text{-}\sigma$ 有限元计算软件是一款在岩土工程、公路工程、铁道工程等领域内广泛使用的功能强大的有限元计算软件。

它能解决平面应变问题、平面应力问题和轴对称问题，所采用的物理力学模型有弹性模型、非线性弹性模型和弹塑性模型，其中弹塑性模型包括 Mohr-Coulomb 模型和 *D-P* 模型等。

本文计算的围岩类别为Ⅲ类，目前多采用 *D-P* 模型进行模拟，Mohr-Coulomb 模型多使用于松散的土体。

因此本文利用 *D-P* 模型，其屈服函数为：

$$F(I_1,\sqrt{J_2})=\sqrt{J_2}-\alpha I_1-k=0 \tag{2-5-6}$$

式中 α 和 k 为 *D-P* 模型材料参数，按平面应变条件下的应力和塑性变形条件得出 α 和 k 与 Mohu-Coulomb 模型的常数 c 和 φ 之间的关系为：

$$\left.\begin{aligned}\alpha&=\frac{\sin\varphi}{\sqrt{3}\sqrt{3+\sin^2\varphi}}\\ k&=\frac{\sqrt{3}c\cos\varphi}{\sqrt{3+\sin^2\varphi}}\end{aligned}\right\} \tag{2-5-7}$$

D-P 模型特点：

（1）式中说明了 *D-P* 模型反映了 I_1 和 J_2 对屈服或破坏的影响，同时考虑了平均应力或体应变能及偏应力第二不变量或形状变化能的能量屈服准则。

（2）*D-P* 模型属于能量屈服与破坏准则，考虑了中主应力 σ_1 对屈服与破坏的影响；屈服面光滑没有棱角，有利于塑性应变增量方向的确定和计算。

（3）与 mises 模型不同，*D-P* 模型则考虑了静水压力对屈服与破坏的影响，特别适用于岩土材料的本构模型使用。

2*D*-σ 能采用不同的本构方程和单元插值函数来模拟岩土体实体结构、锚杆、梁和不连续面等；对于岩土体实体单元，其分析单元有等参单元和常应变三角形、四边形单元。在本文计算中，采用八节点等参单元，形成单元刚度矩阵及计算面力、体力的等效荷载向量都使用高斯数值积分，其高斯点位置如图 2-5-40 所示。对于一维杆单元，应力应变的关系为线弹性，其关系式是 $\sigma=E\varepsilon$。

2*D*-σ 软件分析的基本流程如图 2-5-41 所示。

从前后处理及成果的可视化来看，2*D*-σ 包括前处理器、分析器和后处理器。前处理器可自动将用户输入的工学数据转换成分析用的有限元数据。2*D*-σ 的分析器将对前处理器的输出数据进行分析，并输出有限元的分析结果。2*D*-σ 的后处理器则用于将分析器的分析结果转换成直观的且具有工学意义的结果。通过使用 2*D*-σ，只需将设计图、材料常数、荷载、边界条件等参数以及填土、挖掘、支护等与施工工艺相关的数据直接输入前处理器，就容易从后处理器获得变形图、等值线图、应力分布曲线、数值表等易于理解的直观结果。

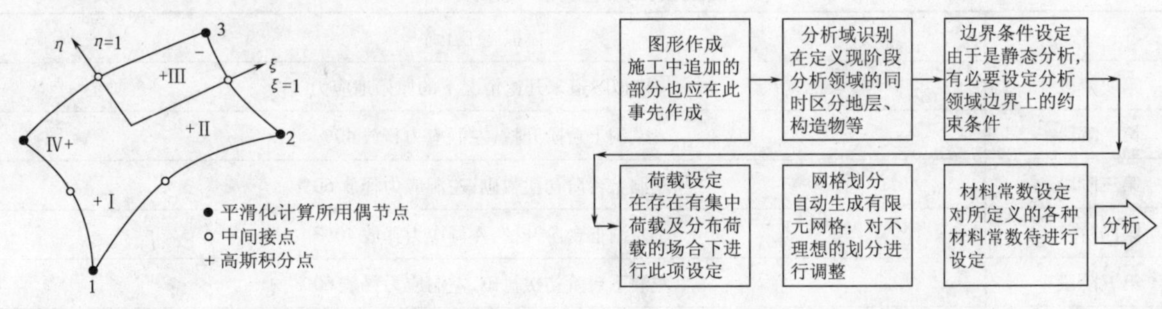

图 2-5-40 节点等参单元　　　　图 2-5-41 2*D*-σ 软件分析流程

2. 模型建立

将嘉华隧道未加宽带的情况（左线 K6 + 895）进行数值模拟，建模过程中考虑到与监控量测对比，所以选择断面为监控量测断面，模型的高度为隧道所处的埋深（78 ~ 103m），为了减小边界效应，设置隧道边缘至模型边缘为隧道宽度的 2 倍（115m），隧道低部至模型边缘设置为隧道高度的 2 倍。隧道高度与宽度为设计系统支护图相同，锚杆设置如上衬砌断面图所示。

（1）边界条件

左右为 x 方向位移约束，模型下侧为全位移约束。图 2-5-42 为原始模型图，图 2-5-43 为原始模型网格图。控制条件：模型上方为自由边界。

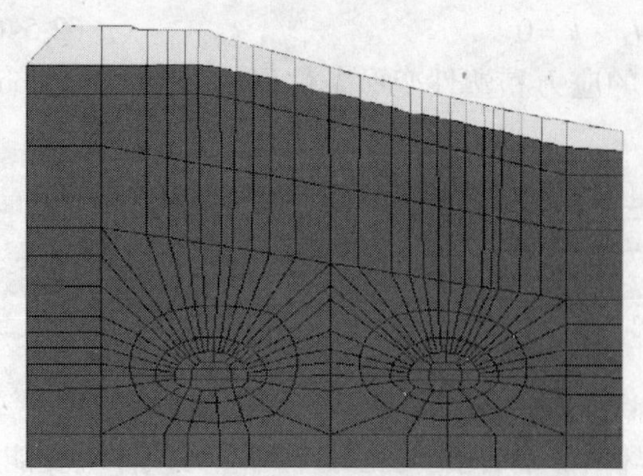

图 2-5-42　原始模型图

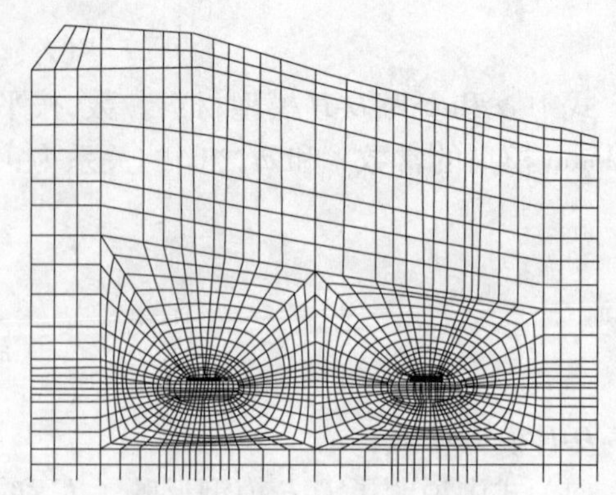

图 2-5-43　原始模型网格图

有限元计算模型中的材料属性详见表 2-5-13。

材料属性　　表 2-5-13

材　料	弹性模量(kN/m^2)	泊松比	内聚力(kN/m^2)	相对密度(KN/m^3)	内摩擦角(°)
亚黏土	4.71×10^4	0.32	28.7	26.66	10.8
砂岩(Ⅲ)*	1.39×10^7	0.24	3.13×10^3	25.302	37.8
C30 混凝土	3.1×10^7	0.167	8×10^3	25	20

注：* 为上节实验数据经过相关资料、文献进行折减后所得。

(2) 模拟思路

模型建立完毕，利用弹塑性 Drucker-Prager 屈服准则，Drucker-Prager 屈服条件考虑了围压(静岩压力)对屈服特性的影响，并能反映剪切引起膨胀(扩容)的性质。

计算过程为：左洞先开挖，然后右洞开挖，若同时开挖则相互之间影响比较大，在实际工程中一般尽量避免左右洞同时开挖；又根据嘉华隧道实际施工工况，所以计算阶段设置如表 2-5-14 所示。由于本文研究隧道开挖稳定性，并且在新奥法施工过程当中，二次衬砌是在隧道稳定之后进行，所以暂不考虑二次衬砌对围岩的支护作用。

模型模拟开挖过程一览表　　表 2-5-14

阶　段	模拟施工工序
第一阶段	模拟隧道未开挖情况下的原始地应力
第二阶段	左洞上台阶开挖，左洞应力释放 40%
第三阶段	左洞上台阶初次衬砌，左洞应力释放 60%
第四阶段	左洞下台阶开挖，左洞应力释放 40%
第五阶段	左洞下台阶初次衬砌，左洞应力释放 60%
第六阶段	左洞仰拱开挖与浇筑，左洞应力释放 100%
第七阶段	右洞上台阶开挖，右洞应力释放 40%
第八阶段	右洞上台阶初次衬砌，右洞应力释放 60%
第九阶段	右洞下台阶开挖，右洞应力释放 40%
第十阶段	右洞下台阶初次衬砌，右洞应力释放 60%
第十一阶段	右洞仰拱开挖与浇筑，右洞应力释放 100%

(3) 数值分析

① 数值模拟位移结果

为了分析数值模拟中的位移变化情况，从模拟结果变化来看，隧道拱顶变化最大，并且拱顶同样是隧道破坏最严重处，所以应从隧道拱顶下沉分析隧道开挖的变化。从拱顶上选取隧道A、B、C、D点分析，分析位置点如图2-5-44所示。

位移变化简化分为4步分析，分别为左洞上台阶开挖并支护完、左洞下台阶开挖并支护完、右洞上台阶开挖并支护完、右洞下台阶开挖并支护完，其数据列于表2-5-15。

分析上表数据可得：下台阶开挖对拱顶位移下沉量增加16%，右洞开挖对左洞同样造成一定的影响，右洞上台阶开挖对左洞拱顶位移下沉量增加10%，右洞开挖对左洞拱顶下沉量改变比较小约2.5%。

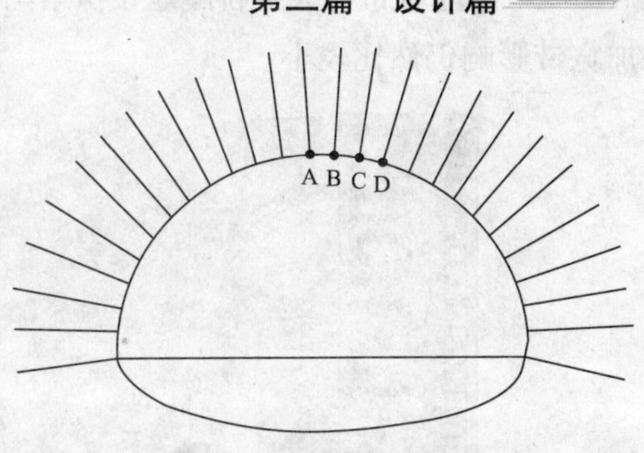

图2-5-44 拱顶下沉分析图

各位置点在不同开挖步骤位移值 表2-5-15

位置点	左洞上台阶开挖(m)	左洞下台阶开挖(m)	右洞上台阶开挖(m)	右洞下台阶开挖(m)
位置A	0.008 7	0.010 12	0.011 13	0.011 41
位置B	0.008 87	0.010 26	0.011 32	0.011 6
位置C	0.008 79	0.010 18	0.011 27	0.011 56
位置D	0.008 47	0.009 86	0.010 99	0.011 28

通过监控资料得到，拱顶下沉收敛数据表（表2-5-16）与数据处理变化曲线图（图2-5-45及图2-5-46）所示。

拱顶下沉部分数据表 表2-5-16

累计时间(d)	当日拱顶下沉量(mm)	累计拱顶下沉量(mm)	当日拱顶下沉速率(mm/d)	累计拱顶下沉速率(mm/d)
0.00	0.00	0.00	0.00	0.00
62.19	0.01	10.98	0.00	0.18

从拱顶下沉量曲线图可知，曲线在下台阶开挖时有明显的曲折点，是由于下台阶开挖对上台阶的影响导致下沉量增大。由于数值分析无法比较拱顶下沉速率，所以只能对下沉量进行对比分析，数值分析结果为拱顶下沉值11.4cm，监控量测结果为10.98cm，考虑除去现场监测点埋设的及时性，两者结果可以认为相当，进一步说明岩石实验参数、模型建立的合理性，从而可对应力结果及其他进行分析。

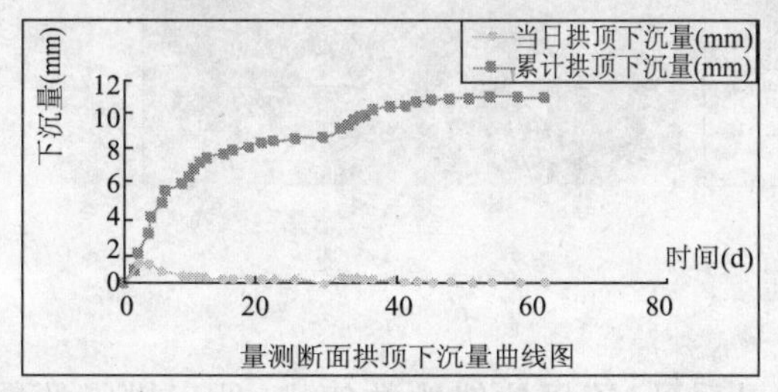

图2-5-45 下沉量曲线图

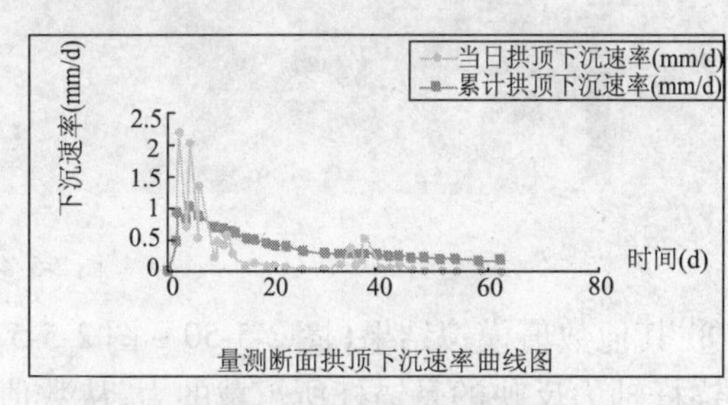

图2-5-46 沉速率曲线图

② 数值模拟应力结果

见图2-5-47～图2-5-49。

图2-5-47～图2-5-49中图形左侧为左洞开挖并初期支护之后的应力图形，右侧为两洞均开挖完成并初期支护完成的应力图形。分析以上应力图可知：最大应力都出现在隧道开挖周围拱腰与拱脚处，其原因为开挖导致的应力集中。右洞开挖破坏了围岩原始应力状态，导致围岩应力重新分布，在隧道围岩周围产生塑性变化，右洞开挖对左洞造成一定的影响，最大值增加5%左右，但对于间距为30.6m的不

加宽带影响仍然比较小。

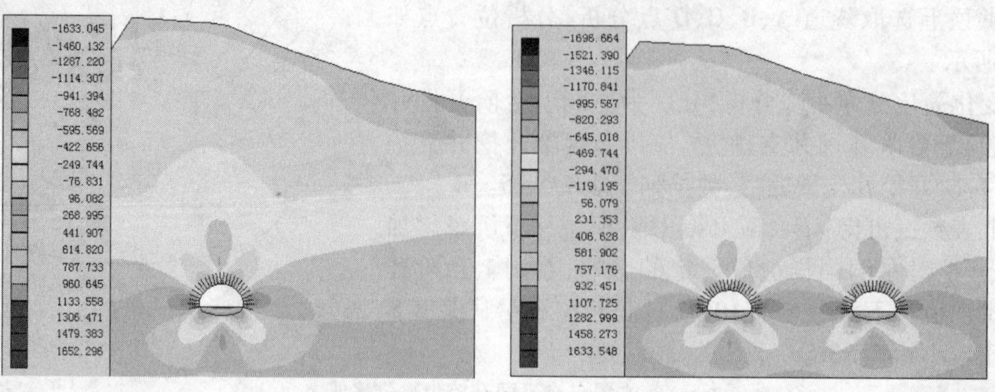

图 2-5-47　应力图形(一)

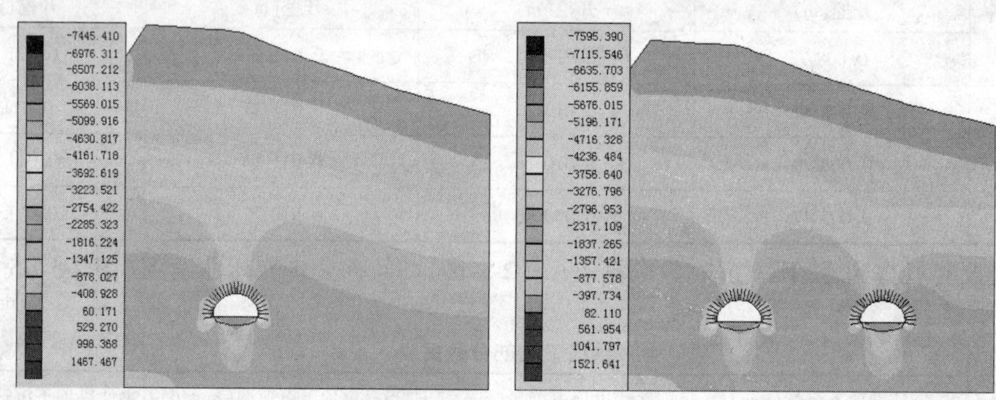

图 2-5-48　应力图形(二)

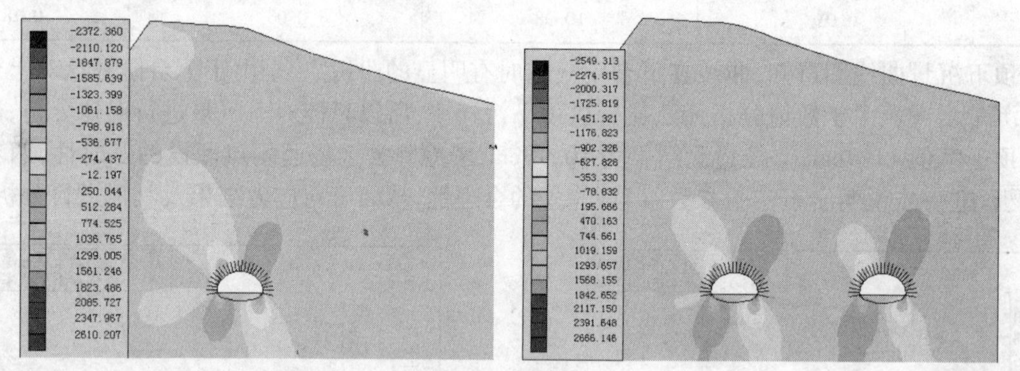

图 2-5-49　应力图形(三)

③ 其他数值模拟结果(图 2-5-50 ~ 图 2-5-52)

锚杆轴力反映的是锚杆所承载的力,从数值模拟的结果看到,锚尾比锚头数值小,处于拱脚的数值为负,表现为压应力。右洞开挖对左洞锚杆轴力同样能够造成一定的影响,拱顶锚杆轴力变小,拱脚处变大。

在 2*D*-σ 数值模拟过程中,将工字钢化为梁单元来处理,为了能够进一步与现场监控量测进行分析,在梁中找出埋设传感器位置点。

数值模拟结果分析可得,处于拱顶处 3 号位置的轴力为正,处于拉伸状态,位于边墙位置的 1、5 轴力为负,表现为压缩状态,位于 2、4 号位置的轴力为负,同样表现为压缩状态,但数值较小,如表 2-5-17 所列。

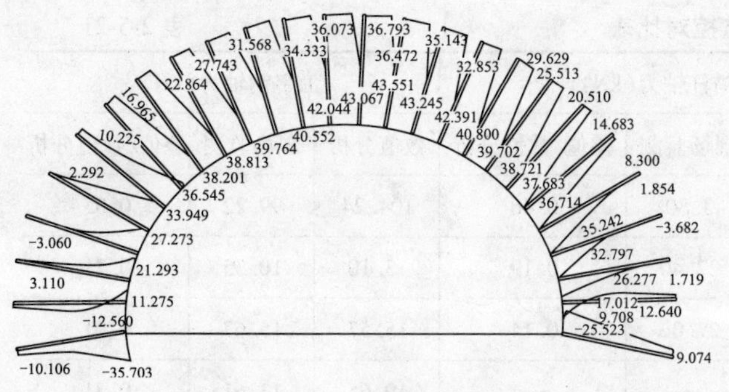

图 2-5-50 挖完锚杆轴力图

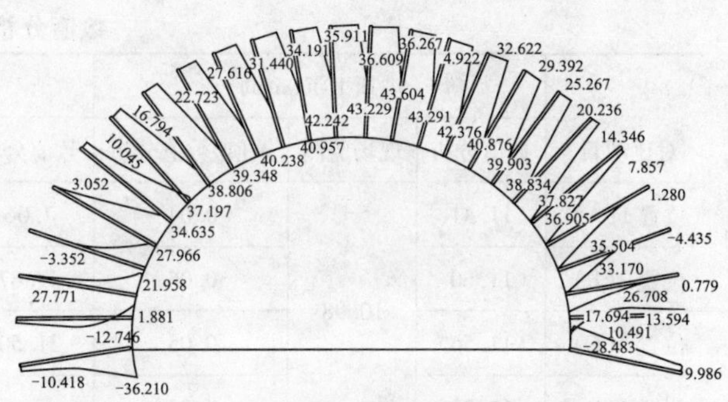

图 2-5-51 开挖完左洞锚杆轴力图

梁单元轴力变化数据表 表 2-5-17

位置点	左洞上台阶开挖(kN)	左洞下台阶开挖(kN)	右洞上台阶开挖(kN)	右洞下台阶开挖(kN)
位置 1	-127.957 6	-99.477 9	103.387 2	-104.240 5
位置 2	-6.920 9	-10.215 3	-12.857 1	-13.104 1
位置 3	22.296 0	16.610 3	15.402 7	15.574 0
位置 4	-15.703 2	-19.077 7	-19.600 9	-19.645 9
位置 5	-136.065 8	-108.902 4	-110.349 4	-111.262 3

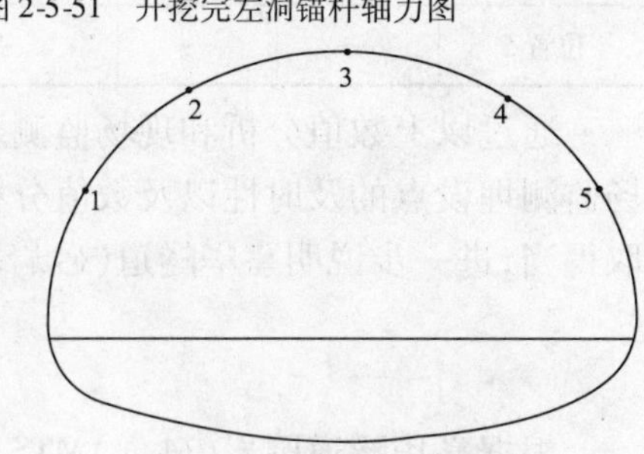

图 2-5-52 单元分析点

通过监测方的监控资料得出该位置的典型断面的相关数据如下。

a. 锚杆轴力

在锚杆轴力计埋设过程当中位置 3 号损坏,导致 3 号无法进行监测。其他位置监测数据见表 2-5-18,数据变化曲线如图 2-5-53 所示。

锚杆轴力部分数据处理表 表 2-5-18

累计时间(d)	位置 1(kN)	位置 2(kN)	位置 4(kN)	位置 5(kN)
0.00	0.00	0.00	0.00	0.00
62.19	3.802 767	22.404 97	27.060 5	8.840 502

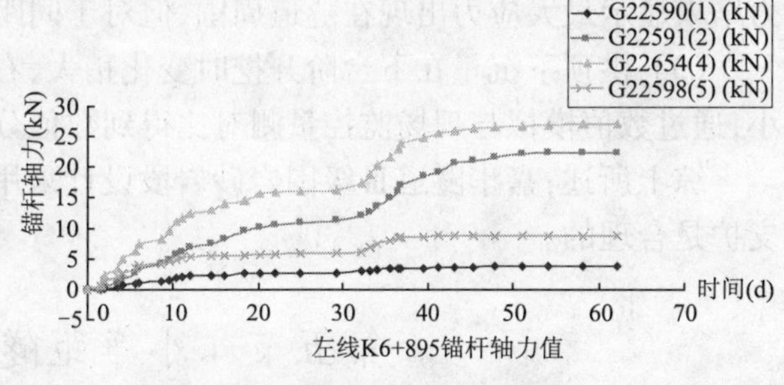

图 2-5-53 锚杆轴力曲线图

b. 围岩压力

围岩压力监测数据见表 2-5-19,数据变化曲线如图 2-5-54 所示。

c. 工字钢应力应变

工字钢应力应变监测数据见表 2-5-20,数据变化曲线如图 2-5-55 所示,数值分析与监控对比见表 2-5-21。

围岩压力数据表 表 2-5-19

累计时间(d)	位置 1(MPa)	位置 2(MPa)	位置 3(MPa)	位置 4(MPa)	位置 5(MPa)
0.00	0.00	0.00	0.00	0.00	0.00
62.19	0.041 741	0.104 894	0.463 543	0.116 642	0.051 01

工字钢轴力数据表 表 2-5-20

累计时间(d)	位置 1(kN)	位置 2(kN)	位置 3(kN)	位置 4(kN)	位置 5(kN)
0.00	0.00	0.00	0.00	0.00	0.00
62.19	-99.215 7	-10.351 2	15.667 1	-13.611 2	-89.111 4

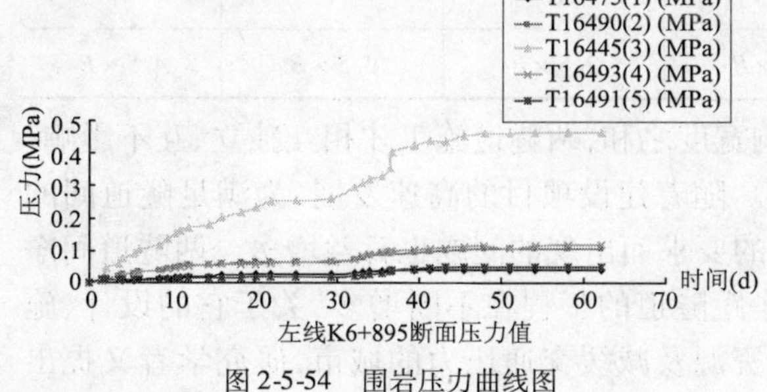

图 2-5-54 围岩压力曲线图

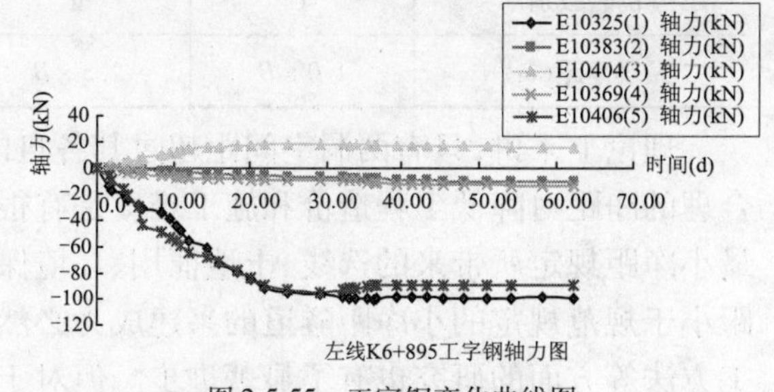

图 2-5-55 工字钢变化曲线图

数值分析与监控对比表　　表 2-5-21

对比项目	拱顶下沉(mm)			锚杆轴力(kN)			工字钢轴力(kN)		
	数值分析	现场监测	差值/数值分析	数值分析	现场监测	差值/数值分析	数值分析	现场监测	差值/数值分析
位置1(A)	11.41	10.98	0.04	7.06	3.80	0.46	104.24	99.22	0.05
位置2(B)	11.60		0.06	27.67	22.40	0.19	13.10	10.35	0.21
位置3(C)	11.56		0.05	31.50	27.06	0.14	15.57	15.67	0.01
位置4(D)	11.28		0.03	—	—	—	19.65	13.61	0.31
位置5	—	—	—	9.19	8.84	0.04	111.26	89.11	0.20

通过以上数值分析和现场监测数据对比可知,数值分析中数据均要比现场监测数据稍大,考虑到现场监测埋设点的及时性以及数值分析的全面性,可以认为两者的结果相当。从而说明初期支护参数选取得当,进一步说明嘉华隧道(砂岩段)初期支护设计参数合理。

三、结　论

根据嘉华隧道围岩(砂岩)MTS岩石单轴与三轴力学试验得到岩石的基本参数,并与现场监控量测对比分析得到以下几点结论:

(1) 本实验所得围岩力学参数基本符合嘉华隧道(砂岩段)实际围岩特性。

(2) 利用实验数据对嘉华隧道进行数值分析与现场监测,对嘉华隧道围岩稳定性进行数值分析,应力结果显示最大应力出现在隧道周围,但对于间距为30.6m的两洞相互影响比较小。

(3) 拱顶下沉量在下台阶开挖时变化稍大,右洞上下台阶开挖对左洞拱顶下沉影响分别为都比较小,通过数值模拟与现场监控量测对比得到数值分析的准确性。

综上所述:嘉华隧道Ⅲ级围岩砂岩段设计采用I16工字钢、R25L3 500@1 000×1 000锚杆进行初期支护是合理的。

第五节　小净距隧道中央岩柱力学分析

一、概　述

小净距隧道是近几年来衍生出的一种新的结构形式,双洞的中央岩柱宽度介于分离式和连拱式隧道之间,隧道间距一般小于1.5倍的隧道开挖断面。其特点是比分离式隧道占地少,比连拱式隧道造价较低,造型美观;但施工难度大,技术含量高。

我国《公路隧道设计规范》(JTG D70—2004)规定,两相邻隧道最小净距视围岩级别、断面尺寸、施工方法、爆破振动影响等因素确定,一般情况下可按表2-5-22选用。

分离式独立洞间的最小净距　　表 2-5-22

围岩级别	Ⅰ	Ⅱ	Ⅲ	Ⅳ	Ⅴ	Ⅵ
最小净距(m)	$1.0\times B$	$1.5\times B$	$2.0\times B$	$2.5\times B$	$3.5\times B$	$4.5\times B$

理论上来讲,只有两洞室间距超过其各自的扰动影响宽度之和,两隧道施工才相互独立、互不影响,合理的净距对降低工程造价和施工难度是有很大作用的。随着建设项目的高速发展,为满足隧道间的最小净距规定所带来的选线、土地征用、环境保护等多方的要求而出现的问题也日益增多。两隧道间净距小于规范规定的小净距隧道的兴建成为必然,采用小净距隧道的工程在不断增多,关于它的设计、施工方法等方面的研究也有了显著进步。但对于为了节约资源及减缓交通压力的城市,研究学者又提出

了最小净距的参考值，如表 2-5-23 所示。

城市双线隧道最小净距参考值　　表 2-5-23

围岩级别	Ⅰ	Ⅱ	Ⅲ	Ⅳ	Ⅴ	Ⅵ
最小净距（m）	0.5B	0.5B	(0.5～1.0)B	(1.0～1.5)B	(1.5～2.0)B	>2.0B

充分利用围岩整体的自承能力的新奥法的应用，使隧道建造产生了跳跃性的发展。新奥法具有开挖造成的松动及下沉小、周围地层扰动小、开挖面易控制、安全度高、施工进度快、人工控制能力大、适应性强等很多优点，但要求工序流程快、配合好，才能达到较好的效果。支护结构的及时施工、钻爆技术的控制等都关乎围岩的稳定、施工的安全。对于小净距隧道来说，由于两隧道间距小，两洞室的围岩压力及施工影响相互叠加。由结构分析可以得出，施工中二次应力场在中夹岩处叠加，出现严重的应力集中；除中夹岩以外的围岩也由于左、右洞二次应力的叠加，其受力比相同围岩条件下普通双洞隧道要严峻一些，是结构需要加固的次要部分。所以，小净距施工中要遵循"管超前、严注浆、短进尺、弱爆破、强支护、早封闭、勤量测、速反馈"的施工原则，以保证施工的顺利进行。施工过程中应以锚喷支护为主要支护手段，进行及时的支护，控制围岩的变形和松弛，使围岩成为支护体系的组成部分，并通过对围岩和支护的量测、监控的方法和原则来指导施工并编制本指导性施工组织设计。

表 2-5-24 为小净距大跨度隧道常用施工方法。

小净距大跨度隧道常用施工方法　　表 2-5-24

开挖方法	注解	
双洞台阶法	图形	① ② ③ ④
	备注	此类施工方法适合于稳定性比较好的Ⅰ～Ⅲ类围岩，爆破对围岩稳定性影响小，此种方法应用比较多
长台阶与短台阶组合法	图形	① ② ③ ④ ⑤
	备注	此类施工方法适合于稳定性较好的Ⅱ～Ⅲ类围岩，后施工隧道为了减小对先施工影响所以采用多台阶开挖，减少对先开挖隧道的影响
台阶与 CD 法组合法	图形	① ② ③ ⑤ ④ ⑥
	备注	此类施工方法适合于稳定性中等的Ⅲ～Ⅳ类围岩，为了减小对中间夹柱与先施工隧道，后施工隧道采用了 CRD 法
双洞 CD 法	图形	③ ① ④ ② ⑤ ⑦ ⑥ ⑧
	备注	此类施工方法适合于稳定性较差的Ⅳ～Ⅴ类围岩，为了减小对围岩稳定性的影响，先后施工隧道都采用 CRD 法

续上表

开挖方法	注解	
双洞侧导坑超前法	图形	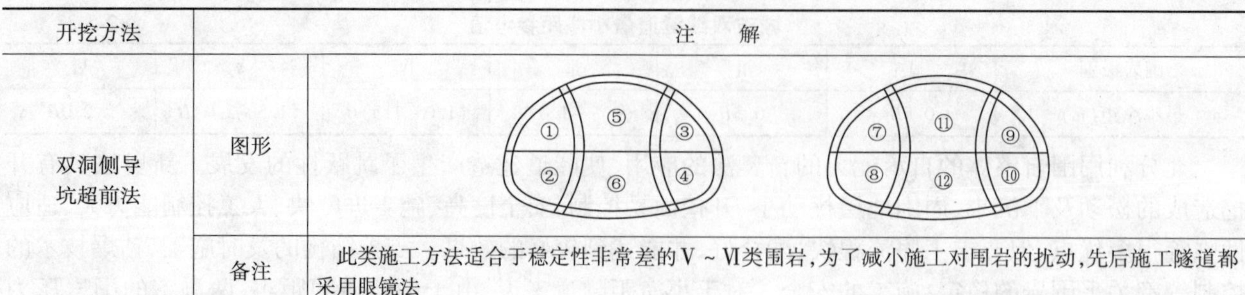
	备注	此类施工方法适合于稳定性非常差的Ⅴ~Ⅵ类围岩，为了减小施工对围岩的扰动，先后施工隧道都采用眼镜法

以上几种常用的施工方法应根据具体围岩、埋深、双洞隧道中线距离而定，先施工隧道应积累施工经验对后施工隧道进行指导，以及提出比较合理的施工方案，嘉华隧道洞身段采用了双洞台阶法施工。

嘉华隧道设计的净距情况列于表2-5-25。

嘉华隧道设计的净距表 表2-5-25

隧道里程	K0+000~K0+198.44	K0+198.44~K1+178.08	K1+178.08~K1+277.36	K1+277.36~K1+369.27	K1+369.27~K1+415.00	K1+415.00~K1+435.621
中间间距单位(m)	12.2~28.30	28.30	28.3~19.18	19.18~7.10	7.10~5.86	5~4.8

根据以上《公路隧道设计规范》和城市隧道最小净距参考要求，并将围岩情况列于表2-5-26。

隧道临界间距表 表2-5-26

隧道里程	K0+000~K0+078.277	K0+78.277~K1+120.187	K1+120.187~K1+388.826	K1+388.826~K1+435.621
围岩级别	Ⅴ	Ⅳ	Ⅲ	Ⅳ
临界间距	$3.5\times B$	$2.5\times B$	$2.0\times B$	$2.5B\times B$
城市要求	$(1.5\sim2.0)B$	$(1.0\sim1.5)B$	$(0.5\sim1.0)B$	$(1.0\sim1.5)B$

嘉华隧道设计左右线与隧道设计净宽列于表2-5-27。

嘉华隧道设计净宽一览表 表2-5-27

隧道左线里程	K0+007.910~K1+175.0	K1+175.0~K1+305.0	K1+305.0~K1+365.0	K1+365.0~K1+415.0
隧道右线里程	K0+008.026~K1+235.0	K1+235.0~K1+295.0	K1+295.0~K1+325.0	K1+325.0~K1+415.0
设计净宽(m)	13.75	15.1	17.5	18.5

通过《公路隧道设计规范》整理分析可得到表2-5-28所列小净距情况，为了使隧道进出口与道路相衔接，因此小净距隧道出现在隧道入口与出口部位，在隧道中间仍然为分离式隧道形式。

嘉华隧道净距类型表(一) 表2-5-28

隧道里程	K0+000~K1+120.187	K1+120.187~K1+175.0	K1+175.0~K1+435.621
净距类型	小净距隧道	分离式隧道	小净距隧道

通过城市建议参考值整理分析可得到小净距情况参考值比《公路隧道设计规范》要求值均小。按照城市小净距参考值可以得到表2-5-29所示的隧道净距类型。

嘉华隧道净距类型表(二) 表2-5-29

隧道里程	K0+000~K0+143.79	K0+143.79~K1+299.69	K1+299.69~K1+435.621
净距类型	小净距隧道	分离式隧道	小净距隧道

通过以上两种隧道最小净距标准得出的结果可以看出，嘉华隧道在入口和出口两段均属于小净距隧道，考虑到隧道断面与间距对隧道开挖的影响，因此对隧道设计者和施工提出了一定要求。

二、小净距隧道中央岩柱力学分析

(一) 中央岩柱的力学特性分析

1. Ⅴ级围岩

(1) 无支护条件中央岩柱的力学分析

① 对于普通Ⅴ级围岩段,如果不加支护在双洞隧道上台阶开挖时,由于围岩松动圈的相互影响,在中央岩柱出现一个蝴蝶形塑性区,安全系数在0.8~1.0之间。当在中央岩柱出现蝶形塑性区时,会使中央岩柱的围岩处于极不稳定的状态,这一力特点与普通隧道有很大不同。

② 当围岩岩体抗拉强度偏低时,两隧道拱顶拉裂区大,中央岩柱的塑性区亦大。

③ 通过分析可知,若中央岩柱的厚度在2~3m时,塑性区贯通,若厚度大于4m时,则塑性区范围明显减小;开挖时若先开挖岩体较差的一侧隧道,中央岩柱的力学形态比先开挖较好侧隧道要好。

(2) 加固处理后中央岩柱的力学分析

在围岩进行预加固的前提下,采用一定的支护和开挖方法,经分析后得到:

① 看出Ⅴ级围岩段中央岩柱虽然还出现塑性区(图2-5-56),但塑性区的范围大为减小,安全系数在0.8~1.0之间;

② 由于围岩已经过加固支护结构未出现破坏,说明对于Ⅴ级围岩经过合理的加固和采用一定的施工方案是可以保证围岩稳定和初期支护安全的。

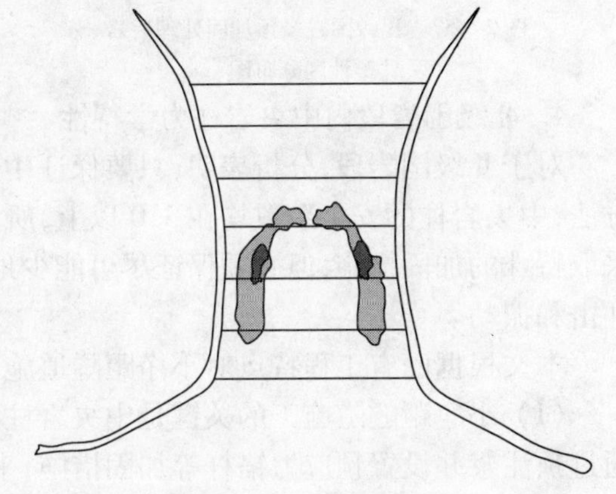

图2-5-56 Ⅴ级围岩经预加固处理后岩柱塑性区分布图

总结以上的分析结论,对Ⅴ级围岩段内中央岩柱的分析可以明确如下几点:

① 采用锚喷支护构筑方法,实现初期支护为主要受力结构;

② 通过支护手段加固岩体的抗拉强度是保护岩体自承能力的关键,尤其是加强隧道拱顶上方岩体的抗拉强度,避免出现拱顶拉裂区出现并发展致使中央岩柱区出现拉裂现象;

③ 对中央岩柱预加固以增加对其水平方向的侧向约束,增大围岩的抗拉强度,是增大两隧道中央岩柱支撑能力、防止在竖向荷载作用下破坏的有效方法;

④ 如果中央岩柱净厚度大于4m,可以增加中央岩柱的可靠度,也方便采取有效的预加固措施。

2. Ⅳ级围岩段内中央岩柱力学特性

(1) 无支护条件中央岩柱的力学特性

对于普通Ⅳ级围岩段,结构分析的结果同Ⅴ级围岩段有相似之处,只不过中央岩柱的塑性区比Ⅴ级围岩段的有所减小,没有出现如同Ⅴ级围岩段的贯通蝶形塑性区,说明Ⅳ级围岩段对中央岩的预加固和采用合理的施工方法也是必需的。

(2) 加固处理后中央岩柱的力学特性

在围岩进行预加固的前提下,采用一定的支护和开挖方法,经分析后得到:

① Ⅳ级围岩段中央岩柱几乎不出现塑性区,如图2-5-57所示;

② 由于围岩经过加固支护结构未出现破坏,说明对于Ⅳ级围岩经过合理的加固和采用一定的施工方案是完全可以保证围岩稳定和初期支护安全的;

③ 结构分析中同时对Ⅳ级围岩深埋段进行结构分析,得出深埋对中央岩的影响不像Ⅱ类围岩埋深时对中央岩柱的影响那么大。

3. Ⅲ级围岩段内中央岩柱力学特性

对于Ⅲ级围岩段,结构分析表明在净距不小于4m的情况下,采用全断面施工方法一般不出现塑性区,但中央岩柱的安全系数一般只有1.5~2.0,只相当其他部位的1/3~1/2。说明对于Ⅲ级围岩中央岩柱的安全系数只比临界安全系数略高,如果施工中不注意对中央岩的保护,不做好控制爆破和光面爆破同样可能出现围岩失稳现象。图2-5-58为Ⅲ级围岩中央岩柱应力分布区域示意图。

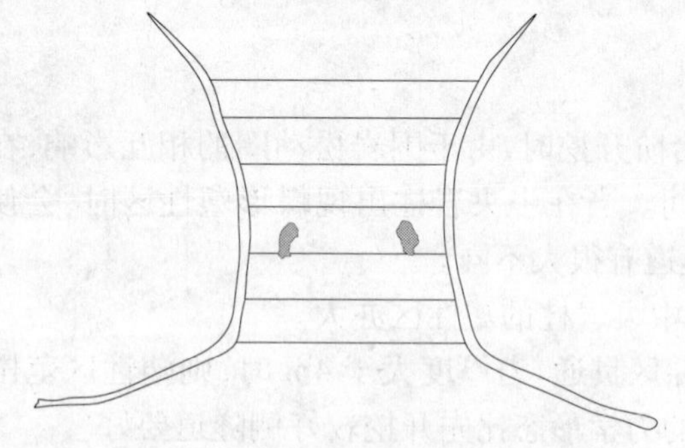

图2-5-57 Ⅳ级围岩经预加固处理后岩柱塑性区分布图

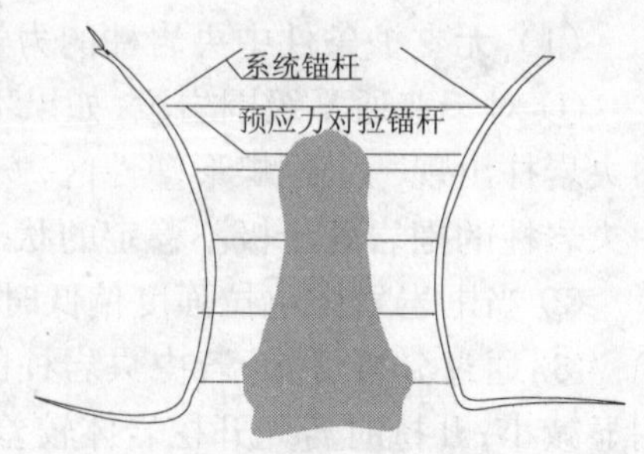

图2-5-58 Ⅲ级围岩中央岩柱应力分布区域示意图

4. Ⅱ级围岩段内中央岩柱力学特性

对于Ⅱ级围岩段,分析表明,只要保证中央岩柱有足够厚度(>4m)的情况下,采用双洞全断面施工方法,中央岩柱的安全系数均在3.0以上,所以在Ⅱ级围岩段内双洞全断面施工时也不需要对中央岩柱采取特殊的加固措施,但必须保证尽可能少地对中央岩柱的扰动,特别是应该严格控制爆破对其产生的冲击和振动。

本文根据已有工程特点对小净距隧道施工方面的问题进行了总结。

(1)小净距隧道施工的关键是中央岩柱的加固,直接关系到隧道施工的成败。对于软弱围岩,必须通过预注浆并设置预应力锚杆等加固措施,来确保中央岩柱的稳定。

(2)小净距隧道爆破作业施工,必须采用预裂爆破和光面爆破技术,以减少爆破振动对隧道结构和中央岩柱的扰动。

(3)合理安排和控制两隧道之间的开挖、支护的间隔距离及开挖顺序,减少由于净距小而引起的隧道围岩变形,以保证隧道结构的安全。

(4)监控量测工作必不可少。

(5)二次衬砌只是安全储备和满足规范外观观感质量的要求。如果不考虑观感要求,则建议:

① 类似的工程,在能够保证光面爆破、初期支护质量的前提下,二次衬砌可以减薄厚度;

② 在进行山区隧道设计时,在能够满足防排水要求的前提下,可以只设初期支护,有利于大幅度降低工程造价。

(二)结论

综上隧道小净距隧道的中央岩柱具有以下力学特性:

(1)隧道净距、围岩类别、隧道埋深是影响浅埋小净距隧道的围岩稳定性和受力的重要因素,随着隧道净距的减小、围岩类别的降低和隧道埋深的增加,小净距隧道的稳定性都呈恶化趋势。

(2)拉应力一般不是构成埋深较大的低类别围岩净距隧道破坏的主要因素,只有在高类别围岩和超浅埋隧道,拉应力才起决定作用。

(3)小净距隧道塑性区主要分布在中壁处,可见中壁在隧道开挖后极容易在竖向荷载作用下发生剪切破坏。

(4)隧道中壁在开挖以后时常承受偏压荷载,这将进一步恶化中壁的受力状态和稳定性。

(5)隧道支护结构对隧道稳定性起着极其重要的作用。

① 初期支护的作用是重要的,施加初期支护对边墙的侧移有很好的约束作用,它改变了中壁的受力状态,使中壁在开挖过程中不因左右洞室的开挖而处于两向或单向受力状态,因此,它能有效地防止中壁因为开挖洞室时产生的应力集中而破坏。同时,它对洞室周边的塑性区的发展也有较大的抑制作

用。但是如果初期支护不封闭,其横向刚度不能很好地发挥作用,其结构受力也偏向不均匀,不能很好的发挥材料本身的性能,还容易发生局部的破坏。因此,在净距隧道中应更多地考虑使用封闭的初期支护。

② 仅仅依赖于初期支护对于小净距隧道往往是不够的,对中壁进行加固是十分重要的,正如分析所见,对于不同的围岩类别,应采用不同的加固方法。

a. 对于低类别围岩因首先考虑注浆加固,然后配合使用对拉锚杆。但是由于注浆提高围岩类别的效果离散性较大,在施工过程中,应时刻注意检测加固后的围岩是否能满足要求。

b. 对于整体性好的较高类别围岩,由于注浆对围岩参数改变不是很大,可以考虑使用对拉锚杆或对拉预应力锚杆,特别是对拉预应力锚杆,应考虑分次张拉,以避免预应力的损失;小净距隧道两隧道掌子面间的距离不应过小,因为过小隧道的开挖,初始变形量和"本施工步"完成时的拱顶变形量均有增大的趋势,对于隧道施工过程的稳定性是不利的。但是过大显然也是不合理的,正如前面提到的,随着掌子面距离的增加,水平荷载的峰值和中壁形成瞬间的水平荷载一般要出现累积增大的现象,而且中壁的塑性区和掌子面的稳定性也会随距离的加大而减小,因此,我们认为在小净距隧道施工中控制两隧道掌子面距离是重要的,可以控制在相距 $0.5D \sim 2D$ 的范围里。

三、小净距隧道中央岩柱加固

小净距隧道的结构形式充分发挥了围岩的自承能力,比较符合新奥法的设计思想。中央岩柱的加固是小净距隧道设计中的关键步骤和设计理念的精髓。中央岩柱在小净距隧道双拱结构中部,起着极其重要的支撑作用,在结构计算中,中央岩柱是压应力相对集中的区域,这充分表明中央岩柱的稳定直接控制着小净距隧道设计的成败。一方面,在洞口浅埋段以及岩体破碎、节理裂隙发育的情况下,中央岩柱的承压能力能否达到设计要求;另一方面,小净距隧道施工过程中二次应力场在中央岩柱叠加,极有可能出现应力集中现象,从而设计时应着重考虑对中央岩柱进行加固。

由于本设计的小净距隧道位于嘉华隧道的进出口段,控制了整个嘉华隧道的施工进程,因此该段隧道施工的成败影响整个嘉华隧道工程乃至整个嘉华大桥工程的施工工期。减少对岩柱的破坏,加固中间岩柱是小净距隧道建造成功的关键。在软弱围岩地段必须进行中夹岩柱的加固,对岩性较好的Ⅰ级以上围岩仅需对岩石破碎带部位进行加固。加固方法主要包括对岩柱的注浆加固及水平拉杆加固措施。

鉴于此,本设计根据现有地勘资料提出了以下加固方案。

1. 中夹岩柱注浆

为防止洞口刷坡时坍塌,两隧道之间的中夹岩柱坡口处原地面土体应暂时保留,以支挡坡面。洞口临时防护完成后,挖除中夹岩柱坡口土体,立即沿隧道轴向对中夹岩柱正面打入小导管,注浆加固中夹岩柱坡面。当注浆达到强度后进行后行洞开挖,对开挖面及时喷射 5 ~ 10m 厚的混凝土以封闭岩面,施作初期支护。向前掘进 5m 后对中夹岩柱改为水平斜向前方 45°小导管注浆。

2. 中夹岩柱预应力对拉锚杆

中夹岩柱对拉锚杆可采用 $\phi25$ 的螺纹钢筋,先对钢筋进行预应力张拉。锚杆一端固定,另一端张拉固定端和张拉端沿纵向间隔一排布置,在同一截面上间隔进行张拉,以避免产生局部压应力集中现象。

3. 超前支护

由于小净距隧道两隧道间距小,施工难度大,在洞口浅埋地段及软弱围岩地段可采用超前长管棚注浆、超前小导管注浆及超前锚杆等超前支护措施,可有效保证洞口安全及软弱段的顺利通过。

(1) 长管棚注浆超前支护

管棚是将钢管安插在已钻好的孔中,沿隧道开挖轮廓外排列成钢管棚,管内注浆,并与型钢钢架组合成预支护系统。其特点是循环进尺长,刚度大,适用较松散的不稳定地层,其作用机理是,将工作面前方开挖应力释放能量传至稳定体中，以达到控制开挖沉降的目的，并能提高支护和围岩的承载能力。其刚度大，可穿透工作面滑动土体破裂面，将管棚承受的部分地层荷载有效地传递到封闭的初期支护或衬砌结构上，起到了纵向梁的超前支护作用。超前管棚的长度要根据地质情况加以确定，当需要搭接时应保证大于3m 的搭接长度。较为普遍采用的是 ϕ108mm 的无缝钢管。

(2) 小导管注浆超前支护

小导管注浆支护是沿着隧道纵向在拱上部或横向拱脚处在轮廓开挖线外一定范围内密排的注浆管，在打入的过程中要倾斜一定的角度（拱部向上倾斜 5° ~ 20°，边墙向下 10° ~ 20°），水平搭接大于1m。其作用机理是：通过带孔眼的导管将各种不同的浆液注入，渗透至地层的有效范围内，以达到改变地层参数，提高地层自身承载能力的目的；同时小导管也同管棚一样起到了纵向梁的超前支护作用，但其刚度相对要小。

(3) 超前锚杆

超前锚杆一般适用于浅埋段的松散破碎地层，其布置形式类似于超前小导管注浆，分为拱部超前锚杆和边墙超前锚杆，拱部超前锚杆用以支托拱上部临空的围岩，起插板作用。边墙超前锚杆将起拱线附近岩体所承受的较大拱部荷载传递至深部围岩，从而提高围岩稳定性。

根据现场开挖及监控情况反映，周边围岩变形收敛未出现异常，中央岩柱较完整，基本保证了隧道后期开挖的安全。

四、嘉华隧道中夹岩柱间距分析

嘉华隧道中夹岩柱间距分析是通过分析中夹岩柱破坏接近度来确定隧道的理想间距。

破坏接近度表达形式为：

$$\eta = f(\sigma)/K(\tau) = 1$$

将弹性应力分析所得出的应力值代入上式后可直接求出 η 值。因为 η 是表示接近破坏程度的量值，所以称为破坏接近度。

$\eta < 1$，未破坏（屈服曲面内部）；

$\eta \geqslant 1$，已破坏（屈服曲面上部或屈服面外部）。

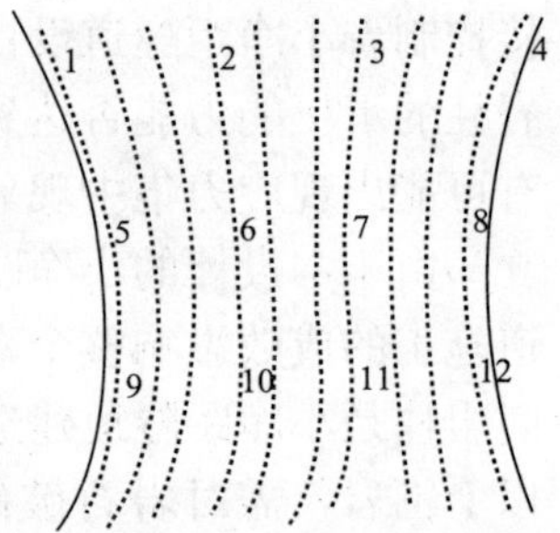

图 2-5-59　中夹岩柱分析点

通过以上公式可以确定隧道中夹岩柱节点的破坏接近度。由于嘉华隧道出口为了与其他公路相衔接，设计时必须考虑到隧道间距问题，以下仍利用数值分析方法分别以 3m、5m、7m、9m、11m 支护与不支护两类情况分析各加宽带中夹岩柱情况，支护方式一致。由于间距比较小，所以重新选取分析点如图 2-5-59 所示，取 12 个分析点，分别布置于中夹岩柱的边缘与等距离的另外两点。

1. 加宽带(A)

加宽带(A)间距变化中夹岩柱分析点破坏接近度数值见表 2-5-30、图 2-5-60 及图 2-5-61。

加宽带(A)间距变化中夹岩柱分析点破坏接近度数值　　表 2-5-30

位置点	3m 间距		5m 间距		7m 间距		9m 间距		11m 间距	
	毛洞	支护	毛洞	支护	毛洞	支护	毛洞	支护	毛洞	支护
位置 1	1.000	0.905	0.911	0.835	0.797	0.659	0.584	0.565	0.493	0.478
位置 2	0.789	0.745	0.676	0.647	0.492	0.461	0.405	0.39	0.347	0.34
位置 3	0.785	0.737	0.674	0.643	0.496	0.457	0.406	0.391	0.339	0.33
位置 4	0.981	0.874	0.887	0.735	0.768	0.617	0.567	0.546	0.478	0.461
位置 5	1.000	0.914	1.000	0.993	0.854	0.842	0.65	0.65	0.555	0.549
位置 6	0.865	0.825	0.68	0.62	0.454	0.401	0.326	0.293	0.25	0.226

续上表

位置点	3m 间距		5m 间距		7m 间距		9m 间距		11m 间距	
	毛洞	支护	毛洞	支护	毛洞	支护	毛洞	支护	毛洞	支护
位置 7	0.862	0.82	0.676	0.617	0.458	0.402	0.327	0.293	0.243	0.222
位置 8	1.000	0.923	1.000	0.955	0.835	0.823	0.638	0.641	0.546	0.538
位置 9	1.000	1.000	1.000	1.000	1.000	0.793	0.758	0.63	0.559	0.499
位置 10	0.839	0.658	0.612	0.499	0.416	0.375	0.287	0.3	0.234	0.251
位置 11	0.841	0.672	0.618	0.506	0.423	0.378	0.287	0.296	0.227	0.238
位置 12	1.000	1.000	1.000	1.000	0.861	0.845	0.655	0.601	0.561	0.512

注：由于破坏接近度 $\eta \geqslant 1$ 围岩已破坏，在计算结果中当 $\eta \geqslant 1$ 均已 1 计。

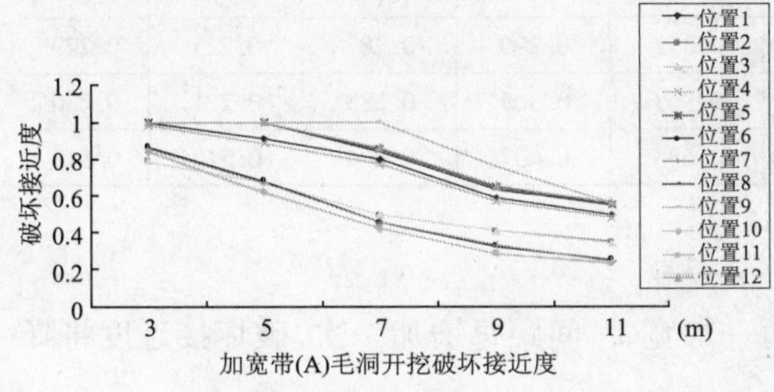

图 2-5-60 加宽带（A）毛洞开挖破坏接近度

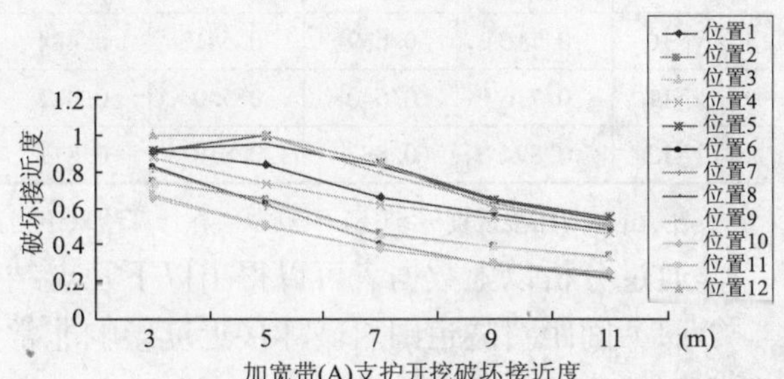

图 2-5-61 加宽带（A）支护破坏接近度

2. 加宽带（B）

加宽带（B）间距变化中夹岩柱分析点破坏接近度数值见表 2-5-31。

加宽带（B）间距变化中夹岩柱分析点破坏接近度数值 表 2-5-31

位置点	3m 间距		5m 间距		7m 间距		9m 间距		11m 间距	
	毛洞	支护	毛洞	支护	毛洞	支护	毛洞	支护	毛洞	支护
位置 1	0.928	0.914	0.902	0.863	0.722	0.701	0.62	0.6	0.524	0.503
位置 2	0.758	0.755	0.672	0.661	0.572	0.556	0.386	0.373	0.314	0.305
位置 3	0.740	0.739	0.664	0.65	0.555	0.538	0.367	0.348	0.313	0.304
位置 4	0.883	0.869	0.825	0.776	0.804	0.779	0.567	0.54	0.496	0.474
位置 5	1.000	1.000	1.000	0.925	0.934	0.875	0.802	0.633	0.553	0.546
位置 6	0.868	0.831	0.699	0.662	0.558	0.512	0.361	0.342	0.244	0.229
位置 7	0.832	0.787	0.676	0.639	0.533	0.486	0.33	0.303	0.243	0.227
位置 8	1.000	1.000	1.000	0.946	0.904	0.896	0.651	0.653	0.541	0.534
位置 9	1.000	1.000	1.000	1.000	1.000	0.912	0.679	0.683	0.555	0.538
位置 10	0.897	0.810	0.669	0.589	0.538	0.49	0.349	0.329	0.252	0.276
位置 11	0.881	0.792	0.657	0.589	0.512	0.47	0.317	0.299	0.25	0.271
位置 12	1.000	1.000	1.000	0.994	0.834	0.815	0.668	0.665	0.554	0.54

注：由于破坏接近度 $\eta \geqslant 1$ 围岩已破坏，在计算结果中当 $\eta \geqslant 1$ 均已 1 计。

3. 加宽带（C）

加宽带（C）间距变化中夹岩柱分析点破坏接近度数值见表 2-5-32。

加宽带(C)间距变化中夹岩柱分析点破坏接近度数值　　表 2-5-32

位置点	3m 间距		5m 间距		7m 间距		9m 间距		11m 间距	
	毛洞	支护	毛洞	支护	毛洞	支护	毛洞	支护	毛洞	支护
位置1	0.834	0.782	0.741	0.709	0.636	0.608	0.547	0.503	0.483	0.478
位置2	0.650	0.623	0.534	0.526	0.409	0.398	0.319	0.321	0.258	0.249
位置3	0.650	0.615	0.535	0.532	0.419	0.410	0.328	0.311	0.254	0.245
位置4	0.835	0.789	0.743	0.707	0.638	0.613	0.553	0.507	0.485	0.482
位置5	1.000	0.881	0.822	0.808	0.699	0.719	0.599	0.599	0.504	0.513
位置6	0.742	0.720	0.565	0.521	0.399	0.360	0.298	0.287	0.226	0.210
位置7	0.743	0.721	0.565	0.524	0.413	0.372	0.312	0.276	0.220	0.205
位置8	1.000	1.000	1.000	0.823	0.720	0.700	0.605	0.607	0.506	0.516
位置9	0.894	0.878	0.819	0.800	0.701	0.692	0.602	0.601	0.510	0.513
位置10	0.716	0.639	0.541	0.484	0.382	0.352	0.290	0.287	0.225	0.229
位置11	0.716	0.640	0.540	0.487	0.397	0.363	0.305	0.283	0.221	0.230
位置12	0.894	0.882	0.818	0.811	0.701	0.688	0.607	0.604	0.510	0.513

注:由于破坏接近度 $\eta \geq 1$ 围岩已破坏,在计算结果中当 $\eta \geq 1$ 均已 1 计。

通过分析以上数据表可以得出以下几点结论:

(1) 间距对隧道围岩破坏接近度影响非常大,对于每一加宽带,间距每增加一次,破坏接近度将降低20% ~50%。

(2) 埋深同样影响隧道中夹岩柱破坏接近度,加宽带(A)、(B)埋深大于加宽带(C),对于相同间距,加宽带(C)破坏接近度数值要偏小。

(3) 支护能够降低中夹岩柱围岩破坏接近度,不同位置破坏接近度降低不同。在间距比较小的情况下,必须采取加强措施。

(4) 通过以上分析对于加宽带(A)、(B)无支护情况中夹岩柱间距应大于 7m,支护情况下间距应大于 5m。对于加宽带(C)无支护情况下中夹岩柱应大于 5m,支护情况下应大于 3m。

第六节　大跨度隧道开挖工序设计

(一) 进口段隧道开挖方式

嘉华隧道进口段洞顶建筑物比较多,并且隧道应该遵循"早进洞、晚出洞"的原则,对于隧道进口受到地形、地质条件的影响,并且嘉华隧道还受到隧道顶民用建筑限制,所以嘉华隧道采用单侧导坑开挖,如图 2-5-62 所示。

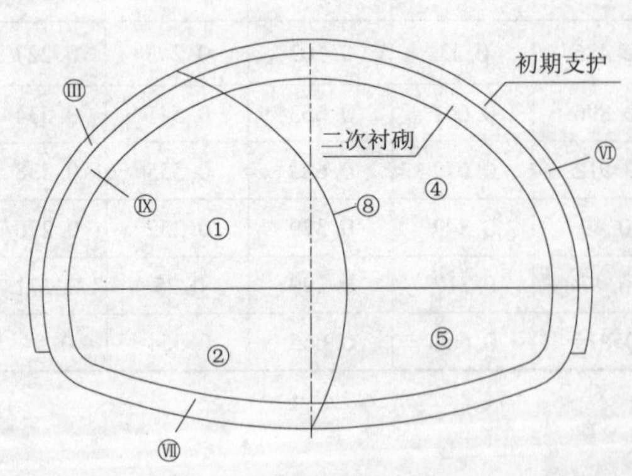

说明:
1. 本图尺寸均以毫米计。
2. 本施工法适用于Ⅴ级围岩地段。
3. 施工主要步骤:
①先行导坑上部开挖;
②先行导坑下部开挖;
Ⅲ先行导坑锚喷支护钢架支撑等,设置中壁墙临时支撑(含锚喷钢架);
④后行导坑上部开挖;
⑤后行导坑下部开挖;
Ⅵ后行导坑锚喷支护钢架支撑;
Ⅶ仰拱二次衬砌混凝土浇筑;
⑧拆除中壁墙;
Ⅸ完成上述工序后,根据监控量测结果确定进行边墙、拱部二次模注混凝土的浇筑。
4. 图中锚杆未示出。
5. 施工注意事项:
①导坑施工是隧道施工中重要的一个环节,必须十分重视保护围岩,尽量减少对围岩的扰动。
②隧道中线左、右两侧导坑应以3~5m长为一段交替开挖前进。两主洞掌子面宜保持30m的距离。

图 2-5-62　嘉华隧道洞口段开挖示意图

（二）洞身段开挖方式

充分考虑各种开挖方式的优缺点并结合以上多种开挖方式对隧道稳定性的分析影响，上下台阶开挖比其他开挖方式将减少对周边围岩的影响，所以当嘉华隧道进入洞身段时，围岩均为Ⅲ、Ⅳ类围岩，两隧道中线距离均到达一定距离，并且两隧道采用前后洞的开挖方式，所以隧道采用了台阶法开挖，开挖方式如图 2-5-63 所示。

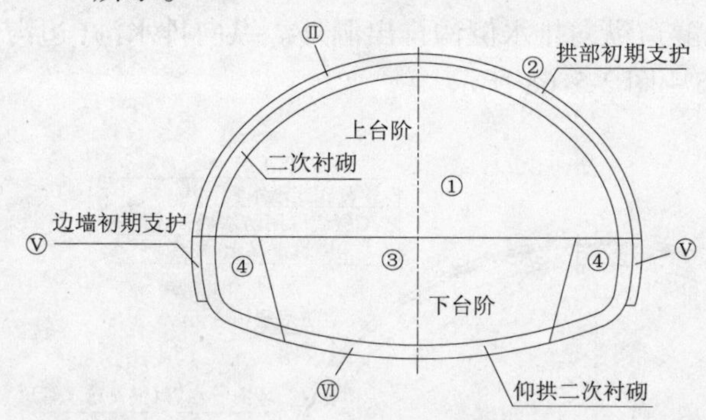

说明：
1. 本图尺寸均以毫米计。
2. 本施工法适用于Ⅳ级围岩地段。
3. 施工主要步骤：
①开挖上台阶；
②上台阶拱部初期支护；
③下台阶中央部开挖；
④下台阶边墙部开挖；
Ⅴ下半断面边墙初期支护；
Ⅵ仰拱二次衬砌混凝土浇筑；
Ⅶ完成上述工序后，根据监控量测结果确定进行边墙、拱部二次模注混凝土的浇筑。
4. 图中锚杆未示出。

图 2-5-63　台阶法开挖方式

由于隧道洞身段埋深均较大，通过监测数据显示当控制爆破参数时，监测数据均到达《爆破安全规程》关于土窑洞、土坯房、毛石房屋的振动速度不得超过 1.0cm/s、砖混结构建（构）筑物的振动速度不得超过 2.0～3.0cm/s 的规定。

（三）加宽度开挖方式

考虑到隧道断面较大，若仍然采用单侧壁导坑开挖、台阶法开挖将对隧道围岩影响大。隧道临空面增加较为严重，所以在加宽段采用双侧壁导坑开挖，开挖工序如图 2-5-64 所示。

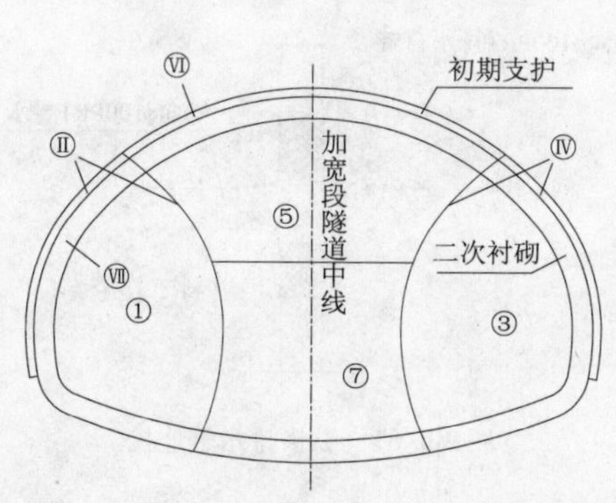

说明：
1. 本图为隧道出口大断面Ⅳ级围岩地段施工方案，采用双侧壁导坑法。
2. 侧壁导坑施工中采用钢架、锚杆、超前锚杆、钢筋网、喷射混凝土等临时支护。
3. 施工工序：
①左侧导坑开挖；
Ⅱ左侧初期支护，设置临时壁墙支撑；
③右侧导坑开挖；
Ⅳ右侧初期支护，设置临时壁墙支撑；
⑤拱部及核心土第一次开挖；
Ⅵ拱部初期支护；
⑦核心土第二次开挖；
Ⅷ仰拱混凝土灌筑及隧底填充；
⑨拆除临时壁墙；
4. 完成上述施工后，立即进行拱墙部二次衬砌模注混凝土施工。
5. 施工注意事项：
①导坑施工是隧道施工中重要的一个环节，必须十分重视保护围岩，尽量减少对围岩的扰动。
②隧道中红左、右两侧坑应以3~5m长为一段交替开挖前进，严禁同时开挖. 两主洞掌子面宜保持45m的距离。
③喷射混凝土应紧随开挖掌子面施作。第榀钢架分拱、墙两次架成，钢架的拱脚或底脚不得置于虚碴上。
④侧导坑施工中应按监控量测设计要求，埋设洞内观测点，实施监控量测，并及时反馈信息以指导施工和修改设计。
6. 圈中锚杆未示出。

图 2-5-64　嘉华隧道加宽度开挖示意图

嘉华隧道在不同位置采用不同的工序设计，整个隧道施工开挖过程当中，均未出现隧道灾害，说明隧道开挖设计合理。

第七节　隧道防排水设计

一、嘉华隧道防排水设计

隧道防排水设计原则上采取以防为主，防、排结合原则。隧道洞身防水是在二次衬砌与初期支护之间铺设 PVC 高强度合成树脂防水板及无纺布，无纺布设置在防水板与喷射混凝土之间。二次衬砌作成自防水混凝土结构。全隧道二次衬砌施工缝采用背贴式 PVC 止水带，沉降缝设 E 形橡胶止水带及背贴

式 PVC 止水带。隧道排水是在衬砌外缘防水层与喷射混凝土之间设纵环向盲沟。纵向盲沟采用 ϕ100mmPRT 打孔波纹管,设在边墙底部,沿隧道两侧,全隧道贯通,环向盲沟采用弹簧软式透水盲管,沿隧道纵向每 10m 一道,在遇有地下水较大的富水区段或局部渗水较大形成径流区段,应在衬背无纺布排水层与喷射混凝土之间加设环向盲沟,位置与数量根据实际情况确定。环向盲沟下伸到边墙脚与纵向盲沟相连,衬砌背后的地下水通过环向盲沟、无纺布汇集到纵向盲管后,通过横向 ϕ100PRT 双壁波纹管,沿隧道纵向间距 5m 一道,将地下水引入隧道纵向排水侧沟排出洞外。纵向排水沟(边沟)于洞内两侧布置。嘉华隧道防排水结构详见图 2-5-65 ~ 图 2-5-68 所示。

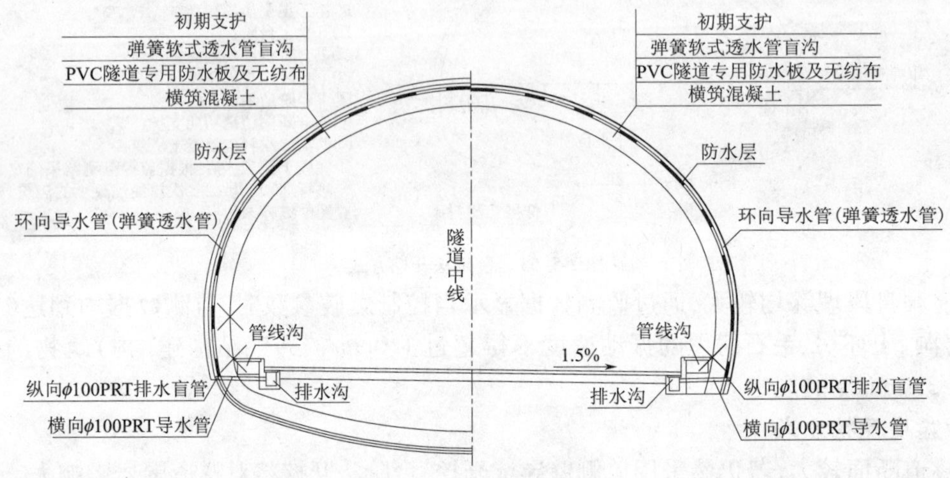

图 2-5-65 嘉华隧道防排水

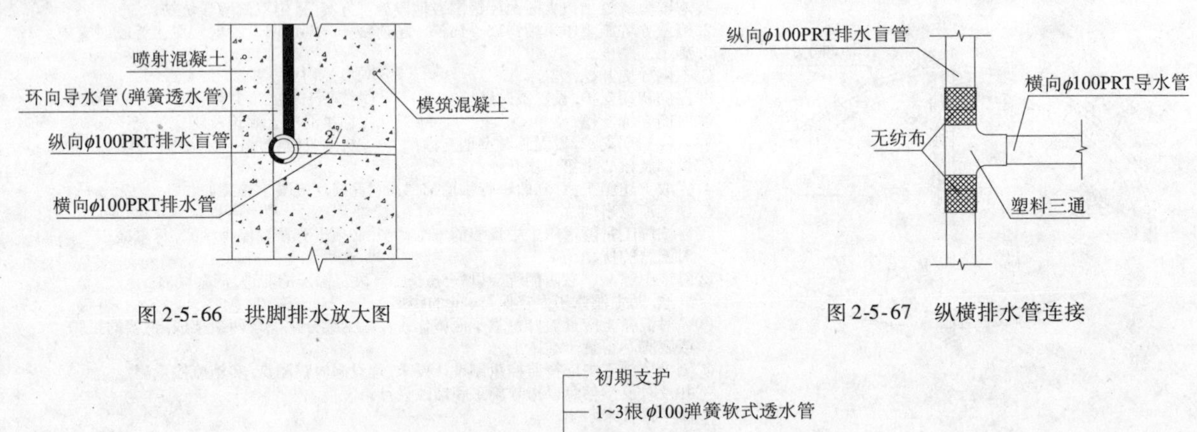

图 2-5-66 拱脚排水放大图

图 2-5-67 纵横排水管连接

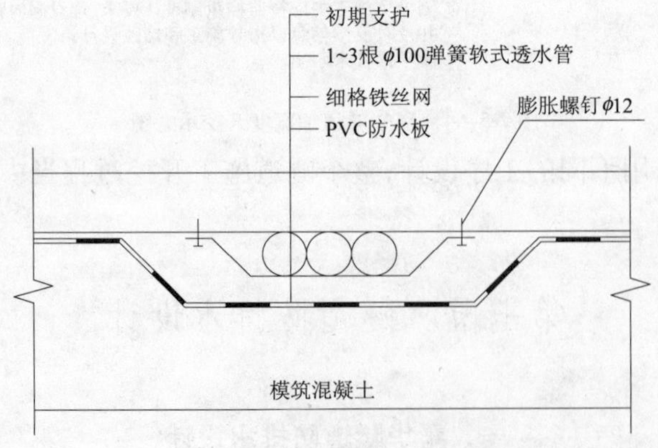

图 2-5-68 弹簧软式透水管盲沟

初次衬砌与二次衬砌之间设置防水板,防水板采用 PVC(Ⅱ型)厚度 1.2mm,其技术指标见表 2-5-33 所列(国标 GB 12952 - 2003)。

防水板 PVC 技术指标表　　　　表 2-5-33

序号	指标名称		Ⅱ　型		
1	拉伸强度(MPa)		≥12.0		
2	断裂伸长率(%)		≥250		
3	热处理尺寸变化率(%)		≤2.0		
4	低温弯折性		-25℃无裂纹		
5	抗渗透性		不渗水		
6	抗穿孔性		不透水		
7	剪切状态下的黏合性		σ_{sa}≥3.0N/mm 或在接缝外断裂		
8	热老化处理 80±2℃,168h	外观质量	无气泡、不黏结、无孔洞		
		拉伸强度相对变化率(%)	±20		
		断裂伸长率相对变化率(%)	±20		
		低温弯折性	-20℃无裂纹		
9	耐化学腐蚀	拉伸强度相对变化率(%)	±20		
		断裂伸长率相对变化率(%)	±20		
		低温弯折性	-20℃无裂纹		
10	人工气候加速老化	溶液名称	5% H_2SO_4	$Ca(OH)_2$	10% NaCl
		拉伸强度相对变化率(%)	±20	±20	±20
		断裂伸长率相对变化率(%)	±20	±20	±20
		低温弯折性	-20℃无裂纹		

PVC 防水板具有抗渗透性、抗穿孔性、耐化学腐蚀等特点,因此隧道能够有效地降低隧道火灾的危害。

嘉华隧道变形缝处理方法如下。

(1) 安装橡胶止水带

在上一环钢筋混凝土衬砌立模时,通过铁丝或钢筋将橡胶止水带一半固定在正确的位置,并保证止水带平展,再将衬砌端头板安装牢固,防止漏浆,灌筑混凝土。下一环衬砌混凝土灌注前,也用同样方法将剩余的一半止水带固定牢固,位置准确。每一环变形缝止水带分两次安置,仰拱和拱墙各一次,先施工仰拱,所以仰拱衬砌的止水带两端应留有一定长度,以便与拱墙衬砌的止水带连接。连接搭接长度不小于 20cm,连接时止水带的凸出部位应适当错开。采用树脂胶黏结,并从两侧用钢片夹紧,以保证黏结牢固、密贴,黏结完后拆掉钢片。

(2) 安装遇水膨胀止水条

上一环混凝土衬砌拆模后,清理混凝土基面,在隧道二次模筑衬砌断面最里侧(靠围岩侧)安置遇水膨胀止水条,并用树脂胶粘贴固定,然后浇筑下一环混凝土。止水条的接头采用对接法黏结,黏合面切成 45°斜面。

(3) 铺设浸油木板

将浸油木板铺设在止水带两侧的伸缩缝空隙中,填充满整个伸缩缝,伸缩缝宽度 20mm,并固定牢固,再灌注新一环混凝土。

二、其他防水措施

考虑到微量水通过衬砌渗透到隧道内表面,在隧道边墙部位结合装饰设计采用板材装饰留排水夹层。装饰板下加设厚 60mm、高 150mm 砖踢脚,与二次衬砌之间的空隙作为隧道微量渗漏水二次收集槽,间距一定距离排入纵向排水沟,具体设计见图 2-5-69。

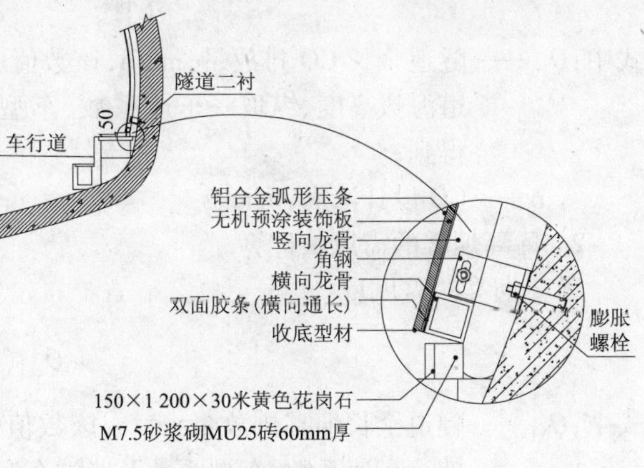

图 2-5-69　隧道防水二次收集设计图

第八节　嘉华隧道通风系统设计

一、通风方式的初步确定

嘉华隧道长 $L=1\ 434\text{m}$,交通量 $N=3\ 600$ 辆/h,根据《公路隧道通风照明设计规范》(JTJ 026.1—1999)对隧道通风的要求:对单向交通隧道,当符合 $L\cdot N\geqslant 2\times 10^6$ 时,宜设置机械通风。

隧道机械通风目前有:纵向通风、半横向通风、全横向通风3种基本方式,以及在3种基本方式基础上的多种组合方式。

纵向通风方式的基本特征是,通风风流沿隧道纵向流动。纵向通风对隧道活塞风的利用情况较好,通常适用于长度在2 500m以下的隧道。其中,由射流风机组成的纵向通风方式,由于其工程造价低、技术实施难度小,是我国短隧道中采用最多的方式。

半横向通风方式分送风半横向式和排风半横向式两种。基本特征是,由隧道通风道送风或排风,并且由洞口沿隧道纵向排风或抽风。半横向通风方式通常适用于3 000m左右的隧道,需要设置专门的送风道或排风道,虽然排烟方便,但工程造价、营运管理费用也较高。

全横向通风方式的特点是,在隧道内分别设有送排风风道,通风风流在隧道内做横向流动。全横向通风不受隧道长度限制,但对于活塞风的利用情况不好,工程造价很高,实施难度大,营运管理费用也很高,目前在短隧道中应用较少。

本工程在选择通风方式上,考虑到嘉华隧道位于城市中心区,车流量大,是江北至大坪及莱园路的重要通道,对于环境保护、突发事件的通风控制及平时的维护管理等方面的要求都比较高。参考国内外同类型城市隧道通风方式及重庆主城区黄花园隧道的通风及运营管理经验,设计在嘉华隧道采用由射流风机组成的纵向通风方式。该方式能够达到隧道的通风风速要求,对环境影响小,突发事件时通风控制方便,工程造价费用相对较低,系统维护管理也比较便利。

二、隧道通风计算

(一)隧道需风量计算

《公路隧道通风照明设计规范》对稀释汽车尾排中CO、烟雾和异味的需风量计算作出了具体规定。

1. 稀释CO的需风量计算

稀释CO的需风量:

$$Q_{\text{req}}(\text{co})=\frac{Q_{\text{co}}}{\delta}\cdot\frac{p_o}{p}\cdot\frac{T}{T_0}\times 10^6 \tag{2-5-8}$$

式中:Q_{co}——隧道全长CO排放量,m^3/h,该数值通过基于CO排放基础上的车况系数、车密度系数、隧道海拔高度、纵坡—车速系数、车型系数、车类别系数及相应车型的设计交通量等计算得到;

δ——CO设计浓度,ppm。

2. 稀释烟雾的需风量计算

稀释烟雾的需风量:

$$Q_{\text{req}}(\text{VI})=\frac{Q_{\text{VI}}}{K} \tag{2-5-9}$$

式中:Q_{VI}——隧道全长烟雾排放量 m^2/s,该数值通过基于烟雾排放基础上的车况系数、海拔高度、纵坡—车速系数、车型系数及柴油车车型类别数等计算得到;

K——基于设计行车速度的烟雾设计浓度,m^{-1}。

3. 稀释空气中异味的需风量

嘉华隧道作为城市隧道，根据《公路隧道通风照明设计规范》，其换气频率不宜低于5次/h；同时，采用纵向通风的隧道，换气风速不应低于2.5m/s。

4. 需风量计算结论

上述需风量计算方法中，稀释汽车尾排CO和烟雾是以道路状况和交通流量为基础进行计算的，计算中各参数按照嘉华隧道具体车流量和车速进行取值。稀释空气中异味的需风量是以换气次数和换气风速为基础进行计算的，计算参数为隧道的体积及长度。

实际计算过程中，值得注意的是，嘉华隧道的设计车速为80km/h。考虑到嘉华隧道为城市隧道，位于中心城区，车流量大，当出现预测交通量大于隧道通过能力或由于隧道外部立交交通拥阻而导致隧道内积压车辆较多以致车辆行驶缓慢的情况时，以设计车速作为计算依据就不能够反应隧道内尾排的真实状况，因此，设计在计算时，按照车速为80km/h ~ 车速≤10km/h（堵车）之间的不同车速进行计算，取不同车速条件下3种计算方法算出的需风量的最大值带入下一步计算。

（二）隧道交通通风力计算

隧道通风系统设计的根本原则是：风机及交通通风力提供的风压和风量必须满足需风量的要求。

1. 自然风阻力

通风计算中，自然通风力 Δp_m 作为阻力考虑。

自然风阻力主要描述隧道本身几何特性，由自然风作用引起的洞内风速、隧道入口损失系数、隧道壁面摩阻损失系数、空气密度、隧道断面当量直径及隧道净空断面面积确定。

2. 交通通风力

嘉华隧道为单向交通隧道，设计中交通通风力 Δp_t 作为推力考虑。

交通通风力主要反应隧道内车辆交通状况，单向隧道中，由车辆数、车辆工况车速、汽车等效阻抗面积及隧道设计风速确定。

3. 通风阻抗力

通风阻抗力 Δp_r，描述隧道设计风速和隧道几何特征的关系。

4. 射流风机选型计算

隧道内压力平衡应满足：

$$\Delta p_r + \Delta p_m = \Delta p_t + \sum \Delta p_j$$

即：

$$\sum \Delta p_j = \Delta p_r + \Delta p_m - \Delta p_t$$

式中：$\sum \Delta p_j$——射流风机群所提供的总升压力。

单台射流风机升压力为：

$$\Delta p_j = \rho \cdot v_j^2 \cdot \frac{A_j}{A_r} \cdot \left(1 - \frac{V_r}{V_j}\right) \cdot \eta \tag{2-5-10}$$

v_j——射流风机的出口风速，m/s；

A_j——射流风机的出口面积，m^2；

η——射流风机位置摩阻损失折减系数。

上述计算过程中，有关风机的出口风速 v_j 和出口面积 A_j 都是所选风机的参数；摩阻损失折减系数 η 的选择与风机的出口直径及安装高度有关。因此，必须选定风机型号后，才能进行下一步计算。

设计根据国内相同类型城市隧道的工程经验，选择SDS(T)No. 8A、SDS(T)No. 9A和SDS(T)No. 10A三种型号的风机进行试算，分别计算其风机升压力 Δp_j。

风机台数：

$$i = \frac{\Delta p_r + \Delta p_m - \Delta p_t}{\Delta p_j} \tag{2-5-11}$$

计算风机台数的参数关系如表2-5-34所示。

计算风机台数的参数关系 表 2-5-34

设计车速 v_t	Δp_r	Δp_m	Δp_t	$\Sigma\Delta p_j$	Δp_j	所需射流风机台数 i
m/s	N/m^2	N/m^2	N/ m^2	N/ m^2	N/ m^2	$\Sigma\Delta p_j/\Delta p_j$

可以看出，在不同的道路服务水平下，设计车速不同；射流风机的型号不同，射流风机的升压力不同；两者都直接影响了计算结果。设计在计算过程中，充分考虑了各种相关因素，对不同的车速条件得到的射流风机群的总升压力进行试算，然后再计算不同型号的风机所需的台数，以便下一步布置设计。

5. 射流风机的布置

根据《公路隧道通风照明设计规范》，口径小于 1 000mm 的射流风机间距宜小于 120m，以产生较好的升压效果；且在距洞口约 200m 范围以内，汽车带进隧道的新鲜空气量足够，在该段落内不宜布置射流风机。

从经济性考虑，风机距配电房距离越远，电压降越大，所需电缆直径越大，材料费用越高。在嘉华隧道内，风机应急电源采用 EPS，风机的变频器在距离过大时信号衰减厉害，将影响风机的启动。

从控制方面考虑，如每段风机控制太多，则同时启动的启动电流太大，如果每段风机控制太少，营运时控制不便，根据工程经验，宜按 2 ~4 台一组进行控制。

嘉华隧道长约 1 434m，结合上述计算得到的风机台数和布置原则，隧道的风机最终选择 24 台 SDS(T) No. 9A 型射流风机，每 2 台为一组，在行车方向进口处离洞口 200m 处开始安装第一组(2 台)，然后纵向方向每隔 120m 安装一组，共 3 组 6 台；在行车方向出口处离洞口 200m 处开始安装第一组(2 台)，然后纵向方向每隔 120m 安装一组，共 3 组 6 台。两洞布置相同，共 12 组 24 台。洞内安装 CO 浓度探测器，当 CO 浓度大于 250ppm 时，启动风机进行通风。

6. 风机布置复核

确定风机布置之后，还需对所选的系统重新进行复核，以保证所选风机系统提供的总升压力能够满足设定车速下的风量需求。

7. 火灾时的通风

《建筑设计防火规范》(GB 50012 -6—2006)中规定，长度在 $500 < L \leqslant 1\ 500$m 之间可通行危险化学品等机动车辆的隧道，为三类隧道，三类隧道应设置机械排烟系统。

《公路隧道通风照明设计规范》(JTJ 026. 1—1999)中规定，长度大于 1 500m，且交通量较大的隧道应考虑排烟措施。

本工程隧道长约 1 434m，根据规范要求进行了排烟系统设计。

《公路隧道通风照明设计规范》中要求，隧道风机火灾时的排烟风速按 2 ~3m/s 取值。上述设计射流风机纵向通风系统提供的隧道设计风速大于排烟风速要求，因此满足隧道火灾时的排烟要求。

火灾时，可通过风机的风向逆转来实现排烟，风机的正、反转控制视火灾发生的具体位置而定，以尽量缩短烟雾在隧道中的行程。

三、嘉华隧道通风系统小结

嘉华隧道为规模较大的城市隧道，其通风设计有其自身的特殊性。隧道采用的通风方式由隧道计算需风量确定。本工程在规范规定的隧道需风量计算基础上，结合其作为主城区隧道的营运特点，选择了能满足车辆正常行驶以及车辆略有拥阻时的隧道需风量。

第六章 挡 护 工 程

第一节 悬臂式挡墙和桩板式挡墙

为了减少拆迁以及保护已建的构筑物,本工程全线设置众多挡护工程。挡护结构的设置根据不同地质情况以及边界条件等实际情况,因地制宜地选择合理的挡护结构,以达到最佳项目建设综合效益。

本工程的挡护工程主要有以下几种类型。

(1)悬臂式挡墙:黄沙溪立交16号挡墙。

(2)桩板式挡墙:华村立交4号、5号挡墙,黄沙溪立交9号、19号挡墙。

(3)锚杆边坡:华村立交11号锚杆边坡,黄沙溪立交3号、5号、6号锚杆边坡。

一、悬臂式挡墙

悬臂式挡土墙是一种轻型支挡建筑物。它依靠墙身自重和墙底板以上填筑土体及上部荷载的重力位置挡土墙的稳定,其主要特点是厚度小,自重轻,挡土高度较高,而且经济指标也比较好,适用于地基承载力较低的填方地段。

在黄沙溪立交主线K7+444.713~K7+635.636道路左半幅与右半幅之间布置为16号路堤钢筋混凝土悬臂式挡土墙,挡土墙墙高6m,全长191m,每10m设置一道沉降缝,缝宽20mm,采用沥青麻丝填塞。泄水孔采用ϕ30PVC管,间距@2.0×2.0m,梅花形布置,挡墙标准横断面如图2-6-1所示。

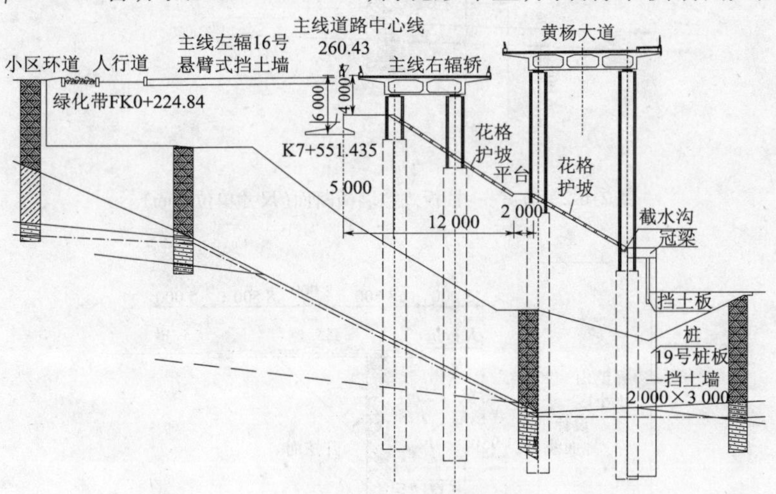

图2-6-1 黄沙溪立交16号悬臂式挡墙横断面图

二、桩板式挡墙

桩板式挡土墙是由锚固桩发展而来的,当路基边坡采用悬臂式锚固桩支挡时,存在桩间支挡类型选择的问题,桩间挂板或搭板就形成了挡板墙。桩板式挡墙可用于一般地区、浸水地区和地震区的路堑和

路堤支挡,也可用于滑坡等特殊路基的支挡。

本工程采用的桩板式挡土墙主要有:华村立交嘉陵路左侧5号桩板式挡墙;华村立交主线左侧4号桩板式挡墙;黄沙溪立交19号桩板式挡墙,现分述如下。

(一) 华村立交5号桩板式挡墙

1. 地质描述

嘉陵路里程K0+400~K0+550段:一般路基段,为现有道路拓宽,路面有0~1.2m的挖方。位于佛图关山前崩坡积带上,崩坡积层厚7.3~20.2m,基岩面平缓,填筑土层厚度1.5~5.7m。嘉陵路里程K0+480~K0+620段左侧为在建嘉韵山水小区,其施工开挖边坡长144m,坡角50°~72°。其中K0+480~K0+540为土质边坡,坡高10m,开挖后未作支护处理,据现场施工监理介绍,已有多次滑塌发生;临近嘉陵路路面也有不连贯、宽度1~5mm的裂缝出现。故该段边坡处于不稳定状态。墙址为嘉韵山水小区施工边坡,该段为条石挡墙或砂质泥岩边坡,该边坡未支护,处于不稳定状态。该边坡为土质边坡,设计挡墙高度10~12m,墙体紧挨小区建筑。由于已建的化龙桥片区拆迁安置房与道路人行道边间距仅为3m,化龙桥片区拆迁安置房建筑地坪高程约192m,与道路高差达16m。地质条件较差,多为崩积土层,拆迁安置房修建时的临时挡护结构现已开裂。

2. 桩板式挡土墙与桩基托梁挡土墙方案比较

根据上述地质描述及现场实际情况,设计拟采用两种方案对该边坡进行支护:方案一为桩板式挡土墙;方案二为桩基托梁挡土墙。两方案横断面如图2-6-2及图2-6-3所示。

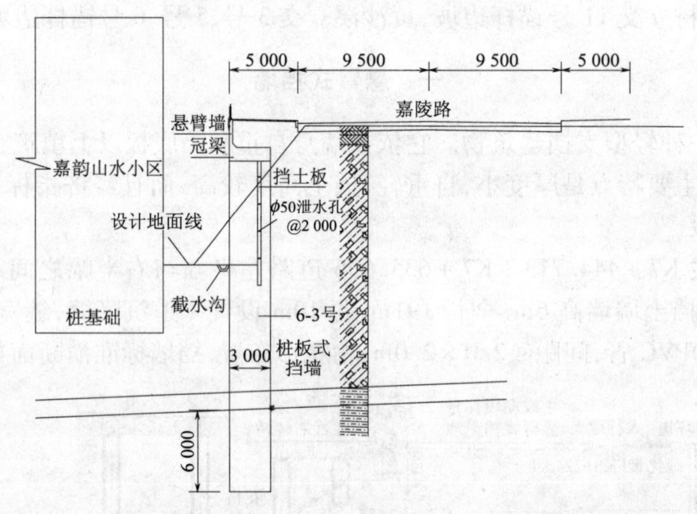

图2-6-2 方案一:桩板式挡墙横断面(尺寸单位:mm)

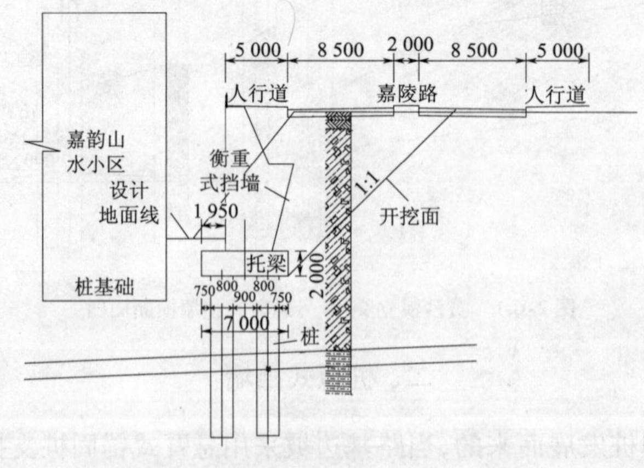

图2-6-3 方案二:桩基托梁挡墙横断面(尺寸单位:mm)

根据计算结果，两种支护形式的结构尺寸如下。

(1)桩板式挡墙：桩基2m×3m，桩中心距5m，桩间设置0.25m拱形挡土板，挡土板深入桩外侧土层下0.5～1m，桩间上部设置1m×3m通长冠梁，为保证管网在人行道下的通行空间，冠梁顶设置1.5m高，0.25m厚悬挑板。挡墙平面尺寸见图2-6-4。

(2)桩基托梁式挡墙：桩基ϕ1.8m，桩中心距3.7m×5.6m，每6根桩顶设置托梁，托梁顶设置衡重式挡土墙，挡墙高11.6m。托梁埋入外侧土层下0.5～1m。挡墙断面尺寸见图2-6-5。

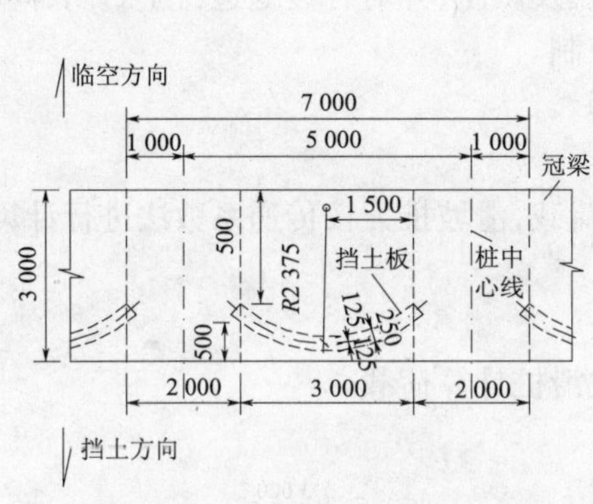

图2-6-4　挡墙平面尺寸(尺寸单位:mm)

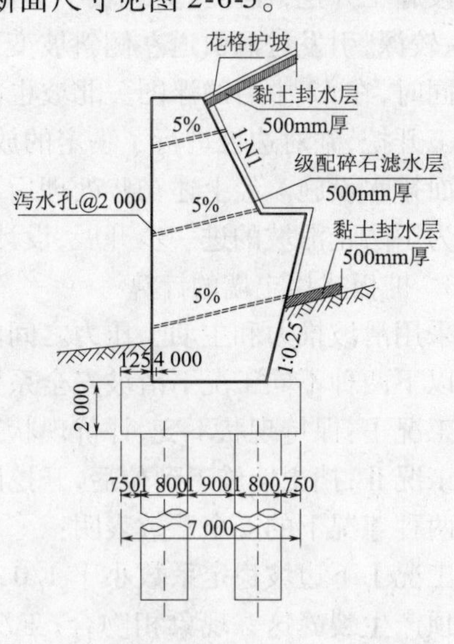

2-6-5　挡墙断面尺寸(尺寸单位:mm)

3. 方案比选

两种方案比选如表2-6-1所示，根据方案比选，桩板式挡墙施工技术成熟，结构稳定，受力简单，工程量较少，采用护壁开挖，对周边环境影响较小，可避免支挡结构对已建拆迁安置房基础结构以及大开挖对原嘉陵路交通的影响，且工期较短。

方案比较表　　表2-6-1

项　目	方　案　一	方　案　二
结构形式	桩板式挡墙	桩基托梁挡墙
对周边环境影响	采用护壁开挖，对周边环境影响较小	桩基采用护壁开挖，托梁施工时需明开挖，对周边环境影响较大，施工时需阻断嘉陵路交通
施工条件	施工技术成熟	施工技术成熟
结构形式	结构稳定，受力简单	结构稳定，需根据挡土高度调整衡重式挡墙与托梁边缘距离
工程量	较少	较多
工期	较短	较长

通过方案比较表可以看出，桩板式挡墙与桩基托梁挡墙适用于不同的施工环境。当施工环境要求较高时，可采用桩板式挡墙；当路线设计为填方边坡时，可采用桩基托梁挡墙。通过工程量估算，本工程中如采用桩基托梁挡墙要比桩板式挡墙造价高出约1.25倍。

故本设计选取桩板式挡墙作为5号挡墙的结构形式。

(二)华村立交4号桩板式挡墙

1. 地质说明

工程地质路堑段，为浮图关斜坡，因房屋区建设而呈台阶状，场地稳定。场地上覆崩坡积层，厚度为1.00～10.93m，下卧中侏罗统沙溪庙组砂质泥岩夹薄层砂岩。本段施工后左侧路堑高度为9.5～13.5m，按现设计示坡线放坡后的边坡稳定系数小于1，将产生滑移破坏，建议按1:1.75进行放坡。L匝道K0～K0+80段地质描述：右侧匝道勘探工作量不足，本段根据地面调查及临近钻孔资料进行分析，应加强施工阶段地质工作，必要时进行补充勘察，有关设计参数根据临近资料。

2. 设计思路

4号抗滑桩位于重庆市第62中学操场边缘地带，该地带于2002年6月曾因堆土形成滑坡险情，并在围墙内侧采用抗滑桩治理后暂时稳定。

但随着工程的施工所造成的对边坡坡顶的扰动，新的不良地质逐渐呈现。根据2005年6月地质部门的补充勘测资料，62中及浮图关北坡中下部，2005年6~7月间，由于华村立交Ⅰ期工程、嘉华隧道进洞口段施工开挖，在浮图关北坡中下部形成高8~15m的人工土质边坡，由于期间雨水较多，加上切坡较陡、较深，引发进洞引道左侧斜坡变形，62中操场及教学楼出现拉裂缝，坡面土体塌方、路面浸水，而与此同时，在62中后的浮图关北坡也出现了地面拉裂和位移，为防止事故进一步扩展，施工单位及时停止施工开挖，并对边坡进行了一定的放坡处理，坡脚进行了回填及碾压，并对各裂缝进行了封闭，同时增加地面排水设施。经上述初步处理后，斜坡变形暂时得到了控制。

为了防止滑坡的进一步开展，设计拟采用抗滑桩进行治理。

3. 桩板式挡土墙的计算

采用滑坡推力和主动土压力之间的大值作为抗滑桩计算荷载，滑坡推力按传递系数法进行计算，并考虑以下两种不同工况下滑坡安全系数。

工况Ⅰ：保持现状不变，评价现状边坡的稳定性。

工况Ⅱ：挡土墙施工到位后，开挖路基至设计高程，计算抗滑桩计算荷载。

两种工况下的安全系数表明：

工况Ⅰ下边坡稳定系数小于1.0，处于不稳定状态，这与边坡坡顶产生裂缝这一现象相吻合；工况Ⅱ下边坡稳定系数远小于工况Ⅰ，同时滑坡推力大于主动土压力，故设计采用滑坡推力作为设计荷载。

根据边坡安全系数的计算，必须在挡土墙施工完毕后再进行路基的开挖，这一施工顺序不可调换。

挡土墙计算时墙高的确定：当滑坡推力控制设计时，滑动面以上的挡土墙高度为挡土墙的悬臂高度，桩前滑动面以上的覆土对桩的抗力为被动土压力（或剩余下滑力，取小值）。

根据计算，桩板式挡土墙尺寸为2m×3.0m，桩中距5m，桩间采用拱形挡板挡土。在桩顶设冠梁，以加强桩间整体强度。4号挡墙横断面见图2-6-6。

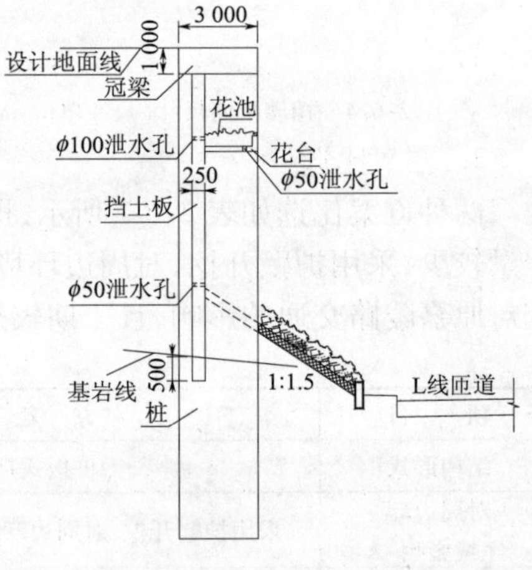

图2-6-6 华村立交4号桩板式挡墙横断面图（尺寸单位：mm）

（三）黄沙溪立交19号桩板式挡墙

1. 地质说明

19号桩板式挡墙地质描述：主线道路K7+540~K7+820段，现地形左高右低。表土为稍密的填筑土及亚黏土，厚度0.3~17.4m，下伏基岩为侏罗系中统沙溪庙组砂岩和砂质泥岩，未发现不良地质现象，场地稳定。本段道路最大填方高度为30m左右，设计拟采用放坡处理。按《建筑边坡工程技术规范》（GB 50330—2002）中5.2.5折线形滑动面法计算，以土岩界面为可能滑动面。计算得土体稳定性系数1.38~1.79，现土体处于稳定状态。但由于道路右侧存在邻近建筑物，放坡条件有限，建议在坡角设置挡土墙，以中风化基岩作为基础持力层。

2. 设计思路

根据道路桥下护坡的竖向设计，由于道路右侧有邻近的建筑物，无充分的放坡条件。受红线的制约，坡脚需设置长约37m、高约8m的支挡结构。为保证高填土边坡的整体稳定，鉴于基岩覆土较深，若采用重力式挡墙支护，基槽开挖对构筑物影响较大，故设计采用桩板式挡墙结构。桩尺寸为2m×3m，桩中距5m。桩间采用拱形挡板挡土。在桩顶设3m×1m盖梁，以加强桩间整体强度。结构构件混凝土强度等级均为C30。桩基嵌入中风化基岩内不小于6m。桩基要求在嵌岩段基岩饱和状态下的单轴极限抗压强度不小于7.0MPa。图2-6-7为黄沙溪立交19号桩板式挡墙横断面图。

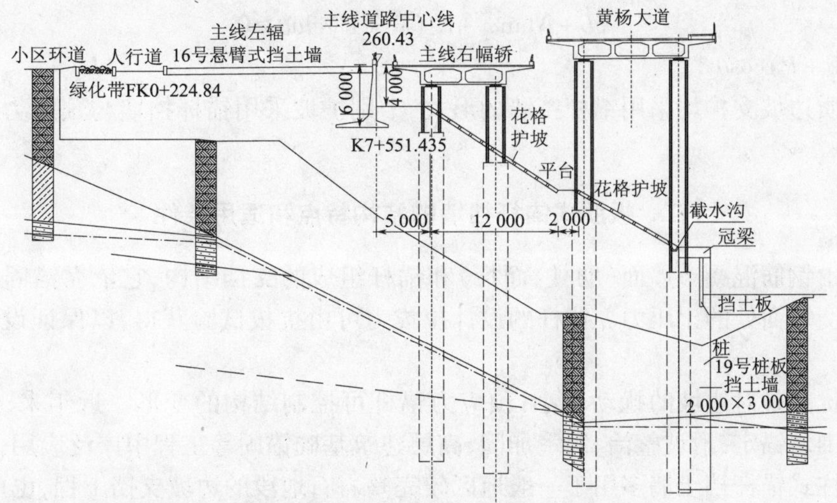

图2-6-7 黄沙溪立交19号桩板式挡墙横断面图(尺寸单位:mm)

第二节 岩质边坡工程

一、岩质边坡设计标准及原则

1. 岩质边坡工程设计主要技术标准

(1) 设计基准年限

根据《建筑边坡工程技术规范》(GB 50330—2002)及《地质灾害防治工程设计规范》(DB 50/5029—2004),支挡工程设计基准年限为50年。

(2) 安全等级

根据《建筑边坡工程技术规范》(GB 50330—2002)及《地质灾害防治工程设计规范》(DB 50/5029—2004),支挡工程安全等级为一级。

2. 岩质边坡工程设计原则

(1) 经济性

在场地许可的范围内,边坡的坡比宜尽量放缓,以减少支护费用,节约工程投资。

(2) 安全性

边坡安全等级为一级。边坡稳定安全系数 $K_s=1.35$。边坡设计采用动态设计法,施工时加强监测,设计应根据现场地质情况以及监测报告合理优化、动态设计,以确保坡体的稳定。采用信息法施工,边坡开挖不宜采用爆破作业。

(3) 美观性

为满足景观、环保要求,设计考虑坡面采用边坡植被护坡绿化,预留绿化平台,栽植灌木,以美化边坡,恢复植被,做到边坡结构设计与景观协调统一。

3. 岩质边坡计算力学模型

假定直立边坡坡高为 H,岩体的重度为 γ,内摩擦角为 φ,黏聚力为 c。假设潜在滑移线为直线,与水平面夹角为 θ,强风化层以下段长度 L;潜在滑移岩体的重力为 W,外界作用于潜在滑移岩体上的内力为 P;作用于潜在滑移面上的法向力为 N,则滑动面上的剪力为 $cL+N\tan\varphi$。边岩质边坡计算简图如图2-6-8所示。

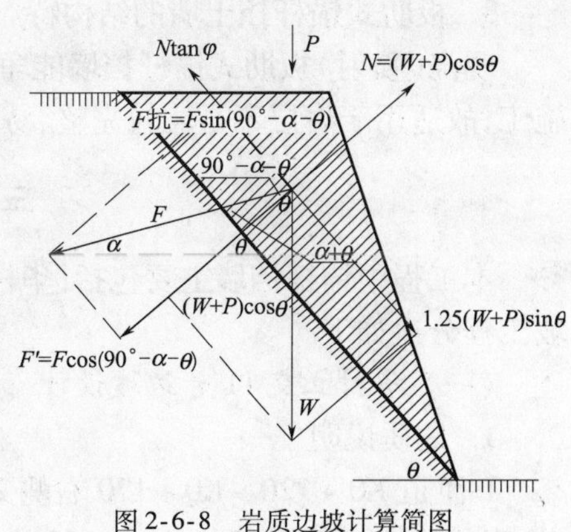

图2-6-8 岩质边坡计算简图

因此,当满足下式时可认为边坡稳定:

$$cL + N\tan\varphi - K_s(W + P)\sin\theta \geqslant 0 \tag{2-6-1}$$

式中:$N = (W + P)\cos\theta$

本工程中岩质边坡支护均采用锚杆挡墙的形式,个别护坡采用锚杆挡墙与预应力抗滑桩结合的支护形式。

二、板肋式锚杆挡墙的结构特点和适用条件

锚杆挡墙是由钢筋混凝土墙面(肋柱、面板)和锚杆组成的支挡结构,它依靠锚固在稳定岩土层内锚杆的抗拔力平衡墙面处的土压力。锚杆的设计拉拔力可由抗拔试验获得,以保证设计有足够的安全度。

锚杆技术的优点是对边坡的扰动较小;预应力锚杆可控制结构的变形。近年来,锚杆技术发展迅速,在边坡支护、围岩锚定、滑坡整治、洞室加固、高层建筑基础锚固等工程中广泛应用,具有实用、安全、经济的特点。肋柱式锚杆挡土墙多用于一般地区较完整岩石地段的边坡支挡工程,也可作为土质边坡、基坑开挖和地下工程的临时支护。

1. 板肋式锚杆挡土墙的类型

锚杆挡土墙的结构形式有柱板式、板肋式、板壁式、格构式和垂直预应力锚杆等。可根据地质条件及工程具体情况,选用适当的锚杆挡土墙的结构形式。

本工程中岩质边坡均为挖方边坡,故均采用板肋式锚杆挡墙。

2. 板肋式锚杆挡土墙各构件的一般构造

现浇钢筋混凝土板肋式锚杆挡土墙,由带竖肋的板和灌浆锚杆组成,竖肋可向里,也可向外,如图2-6-9所示。板肋式锚杆挡土墙适用于挖方地段,当开挖后边坡稳定性较差时,可采用“逆作法”施工,即开挖到一定深度,施工锚杆,绑扎钢筋,墙面板灌注混凝土;待每一层结构达到一定强度后再开挖下一层,重复各步骤。

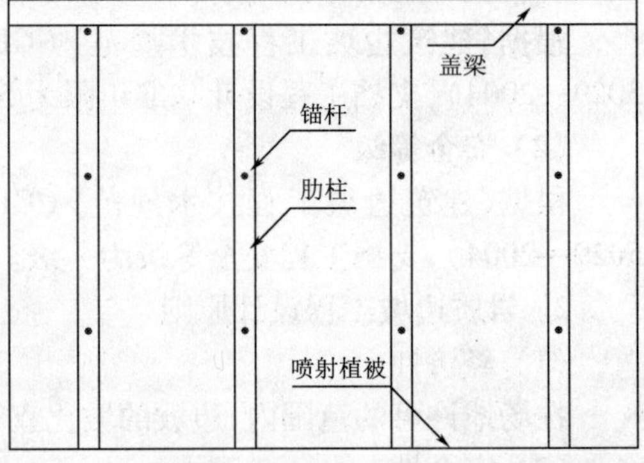

图 2-6-9 板肋式锚杆挡墙与肋柱的连接示意图

(1) 灌浆锚杆

灌浆锚杆俗称大锚杆,采用钻机钻孔。孔径为 100 ~ 150mm,孔内安放钢筋或钢丝束,用灌注水泥砂浆的方法,使其锚固于稳定的地层内。水泥砂浆的强度等级一般不低于M30。

(2) 肋柱

肋柱的截面多为矩形。截面的宽度不宜小于 30cm,现浇时截面高度不宜小于 40mm。

3. 板肋式锚杆挡土墙的结构特点

现浇(喷射)板肋式锚杆挡墙能争取边坡高度,减小土石方开挖和占地,节省石料。可采用逆作法施工,故适用于岩层不是比较完整、易坍塌的地段,同时施工时应注意岩石的风化,开挖后需及时施工。

三、本工程中锚杆挡墙设计介绍

本工程中锚杆挡墙主要包括:华村立交 11 号锚杆护坡、黄沙溪立交 3 号、5 号、6 号锚杆护坡,各边坡工程分述如下。

(一) 华村立交 11 号边坡设计

1. 地质说明

L 匝道 K0 + 120 ~ K0 + 170 右侧 2 ~ 5m 为 6 层和 9 层的建筑,根据调查,该两栋建筑均采用嵌岩基础,现状稳定。K0 + 120 ~ K0 + 155 段无切挖坡,对右侧建筑影响小;其余段道路边线与建筑边线相距约

2.5~3.0m,并且切坡最大高度达13m。根据赤平投影图分析,裂隙J1为外倾结构面,裂隙J1与J2的组合交线也倾向坡外,该楼房及其外侧的挡墙的安全将受到影响。地勘报告建议对该边坡采用锚杆挡墙进行支护,保护该房屋的安全及正常使用。

2. 边坡支护设计

华村立交11号边坡位于华村立交嘉陵路L匝道南侧,该处原状边坡为稳定边坡。在本工程的实施中,嘉陵路拓宽改造及L匝道桥的修建对此段边坡产生影响。受实施的道路、桥梁走向及工程红线限制,需对边坡部分区段进行切坡处理。在L匝道K0+120~K0+170右侧2~5m为6层和9层的建筑,K0+120~K0+155段无需切挖坡,对右侧建筑影响小;K0+155~K0+175段将切坡2~3m,道路边线与建筑边线相距约2.5~3.0m。

根据此段边坡勘察资料(图2-6-10)分析,边坡中裂隙J1为外倾结构面,裂隙J1与J2的组合交线也倾向坡外,坡顶楼房及其外侧的挡墙的安全将受到影响。根据《建筑边坡工程技术规范》(GB 50330—2002),该边坡为III类边坡。边坡的稳定性由外倾裂隙J1、裂隙J1与J2的组合交线和岩体自身强度共同控制。

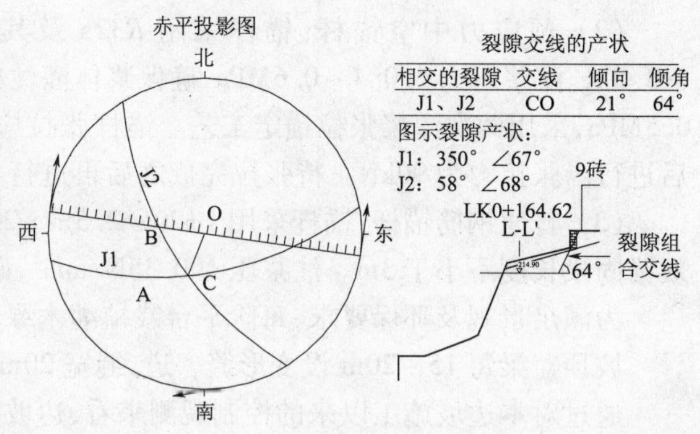

图2-6-10 边坡赤平投影图

本次设计对该边坡采用锚杆挡墙进行支护,保护该房屋的安全及正常使用。

边坡设计原则主要考虑以下几方面。

(1)经济性:在场地许可的范围内,边坡的坡比宜尽量放缓,以减少支护费用,节约工程投资。

(2)安全性:边坡安全等级一级。边坡稳定安全系数$K_s=1.35$。边坡设计采用动态设计法,施工时加强监测,设计应根据现场地质情况以及监测报告合理优化、动态设计,以确保坡体的稳定。采用信息法施工,边坡开挖不宜采用爆破作业。

(3)美观性:为满足景观、环保要求,设计考虑坡面采用边坡植被护坡绿化,预留绿化平台,栽植灌木。以美化边坡,恢复植被,做到边坡结构设计与景观协调统一。

根据以上原则,并综合考虑道路、桥梁走向和红线位置,以及边坡排水等方面因素,确定边坡以1:0.5坡率切坡,并分阶放坡,每8m高设一级平台,平台宽2.0m。护坡形式为肋柱式锚杆支护,施工开挖采用逆作法。

根据勘察资料中提供的边坡参数,经计算确定支护类型及参数指标。为控制坡顶变位,保护坡顶建筑物的基础安全,嘉陵路K0+193.5~K0+250.86、K0+289.63~K0+373.1护坡形式为预应力中空注浆锚杆挡墙。中空注浆锚杆采用$R32s$@2m×2m,锚固体直径80mm。坡脚破裂角为59.5°,锚杆锚入完整稳定基岩的有效锚固段长度不小于4.5m。其余各段采用普通锚杆1ϕ20@2.5m×2.5m,锚固体直径80mm,锚杆锚入完整稳定基岩的有效锚固段长度不小于3m。坡顶局部有覆土时,坡顶设置仰斜挡墙。挡墙采用C20素混凝土浇筑,挡墙面坡与锚杆边坡一致,为1:0.5。挡墙基础嵌入基岩内,基槽可挖成台阶形,每阶高宽比不大于1:1.5,最后一阶宽度不小于1.5m。每阶均设1:5倒坡。墙身内布置锚杆,其构造要求与锚杆挡墙同。

为保护坡顶建筑物基础安全以及施工安全,在坡顶建筑物基础临空侧共设置21根ϕ1.2m的挡护桩,间距不大于6m。桩顶处设置预应力锚索锚入岩体。桩基嵌入稳定中风化基岩内3.6m。桩基嵌岩起算点至破裂面(刚性破裂面取45°)完整稳定岩石的水平距离应大于5.0m,桩底处距边坡完整稳定岩石距离不小于9m。针对斜坡地形,桩基要求在嵌岩段基岩饱和状态下的单轴极限抗压强度不小于7.0MPa。在桩顶设1.0m×1.2m盖梁,以加强桩间整体强度。为控制桩顶变位,桩顶处设预应力锚索。

鉴于该段人防洞室交错布置,并且洞室内空尺寸尚不清楚,局部挡土桩的位置在施工中根据洞室的

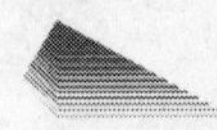

位置作了适当调整。

根据岩质边坡的地质、坡高、坡率以及坡顶荷载等不同设计工况，本工程岩质边坡锚杆（束）包括预应力锚索、预应力中空锚杆和普通锚杆，共3类。各种类型锚杆（束）参数指标如下。

（1）预应力锚索：锚索每束 $\phi^{s}15.22$-4-12 高强度、低松弛钢绞线，其性能指标必须符合 GB/T 5222-4—95 标准，$f_{pk}=1860\text{MPa}$，张拉控制应力 $\sigma_{con}=800\text{MPa}$，每束钢束张拉控制力为 1 344kN。预应力锚具采用 VLM12－5－12 及其配套系列。锚杆（索）灌浆材料采用 M35 号水泥浆灌注。封锚混凝土采用 C40 混凝土。预应力索自由段套管采用 ϕ130PRT 波纹管。

锚索自由段长度不得小于5m，且应超过潜在滑裂面，锚固段长度为7.5m，当锚固段范围内岩石存在软弱夹层时，长度相应增长。

（2）预应力中空锚杆：锚杆采用 R32s 及其配套产品，抗拉力 180kN，延伸率≥10%，每米重≥3.2kg。灌浆压力为0.4～0.6MPa，确保浆体灌注密实。水泥浆与岩层间的极限黏结力标准值不小于0.5MPa，采用两次灌浆张拉锚定工艺。锚杆张拉应在锚固体强度大于20MPa并达到设计强度的80%后进行。张拉力为90kN。待张拉完成之后再进行自由段的灌浆。

（3）普通钢筋锚杆：锚杆采用 1ϕ20@2.5m×2.5m，锚固体直径80mm，锚杆锚入完整稳定基岩的有效锚固段长度不小于3m。注浆压力 0.35N/mm^2，砂浆灰砂比1∶1，水灰比0.4。

为满足景观及环保要求，每阶平台栽植灌木绿化，岩面采用有机材植被护坡。

坡顶盖梁每15～20m设变形缝一道，缝宽20mm，采用沥青麻丝塞缝。

通过对本边坡施工以来的控制观测来看，边坡变位较小，对坡顶各建筑保护情况良好，达到了设计的预期要求。11号边坡横断面如图2-6-11所示。

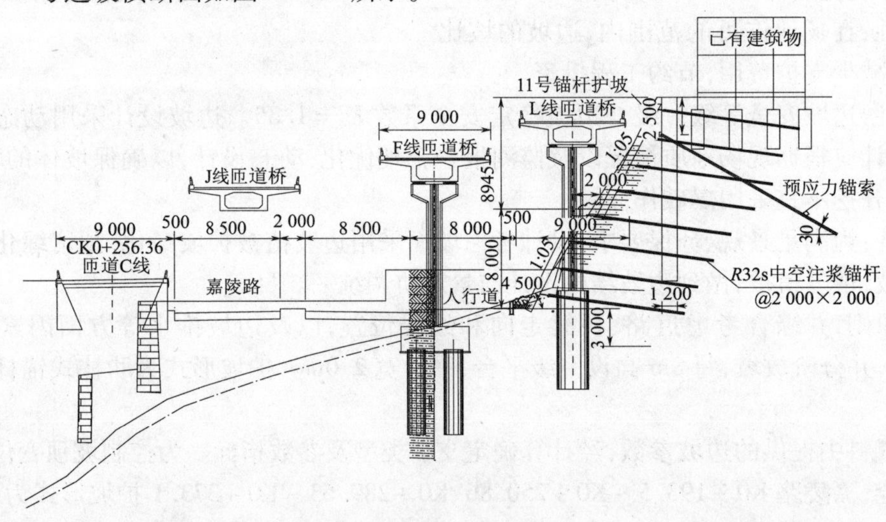

图2-6-11　华村立交11号边坡横断面图（尺寸单位：mm）

（二）黄沙溪立交3号锚杆挡墙设计

1. 地质描述

3号锚杆挡墙位于C匝道K0＋327至设计终点段右侧路堑边坡，长约116m，边坡高度14～27m，岩性上部为砂岩，下部为砂质泥岩，局部已作支护和护面处理，现状稳定，未见崩塌、危岩及滑坡等不良地质现象，场地稳定。按设计方案开挖后，道路右侧还将向边坡内切挖0～9m。调查表明该位置岩体裂隙较发育，有3组裂隙，见图2-6-13。根据赤平投影图分析：该边坡与裂隙J3呈小角度斜交，与其余裂隙呈大角度斜交，且与各条裂隙组合交线大角度斜交，因此，为欠稳定边坡，边坡的稳定性由外倾裂隙J3和岩体自身强度共同控制，当直立切坡或切坡过陡时可能造成边坡失稳；根据《建筑边坡工程技术规范》（GB 50330—2002），该边坡为Ⅲ类边坡。岩层产状倾缓，岩体破裂角为45°＋ϕ/2，砂岩取65°，砂质泥岩取60°。设计采用锚杆挡墙支护，锚杆应锚入破裂面以内的稳定岩体中；并采用逆作法施工，边开挖边锚固，开挖过程中加强监测。挡墙上部建筑为两栋砖5和一栋混凝土9，无地下室，基础形式及埋深不详。另外，该边坡现有3个防空洞洞口，洞口已封闭，无法进入查明，仅C匝道设计终点上方防空洞有测量资料，根据钻孔BC5揭示，该洞壁为砖体衬砌。

2. 边坡设计

根据《建筑边坡工程技术规范》(GB 50330—2002)，该边坡为Ⅲ类边坡。边坡的稳定性由外倾裂隙J3和岩体自身强度共同控制。

因受坡顶构造及红线的制约，在道路边线外侧0.5m位置处，垂直切坡。岩质边坡施工，应先施工锚固桩再切坡施工，边坡开挖，应按逆作法施工。坡面一采用中空注浆锚杆和预应力锚束及锚固桩相结合的形式，为控制坡顶变位，保护坡顶建筑物(砖5、砖9)的基础安全，护坡形式为预应力中空注浆锚杆挡墙。中空注浆锚杆采用$R32s$@2m×2m，锚固体直径130mm。坡脚破裂角为60°，锚杆锚入完整稳定基岩的有效锚固段长度不小于4.5m。锚杆与$R32s$均采用锚喷支护形式，锚杆1ϕ28@2.0m×2.0m，锚固体直径ϕ80mm，喷射混凝土采用C20混凝土，厚200mm，双层钢筋网采用ϕ12@100m×100m。

为保护坡顶建筑物基础安全以及施工安全，在坡顶建筑物基础临空侧共设置15根ϕ1.2m的挡护桩，间距5m。桩基嵌入稳定中风化基岩内4.0m。针对斜坡地形，桩基嵌岩起算点至破裂面(刚性破裂面取45°)完整稳定岩石的水平距离应大于5.0m，桩底处距边坡完整稳定岩石距离不小于9m。桩基要求在嵌岩段基岩饱和状态下的单轴极限抗压强度不小于7.0MPa。在桩顶设1.2m×1.0m盖梁，以加强桩间整体强度。为控制桩顶变位，桩顶处设预应力锚索，具体构造设计详见施工图图纸。

为满足景观及环保要求，每阶平台可栽植乔(灌)木绿化。坡率缓于1:0.25的岩面采用有机材植被护坡，具体构造详见路施《有机基材护坡》；坡率陡于1:0.25的岩面，采用200厚模筑混凝土护坡，坡面可按景观雕塑处理。

坡顶盖梁原则上每20m设变形缝一道，缝宽20mm，采用沥青麻丝塞缝。3号边坡横断面如图2-6-12所示。

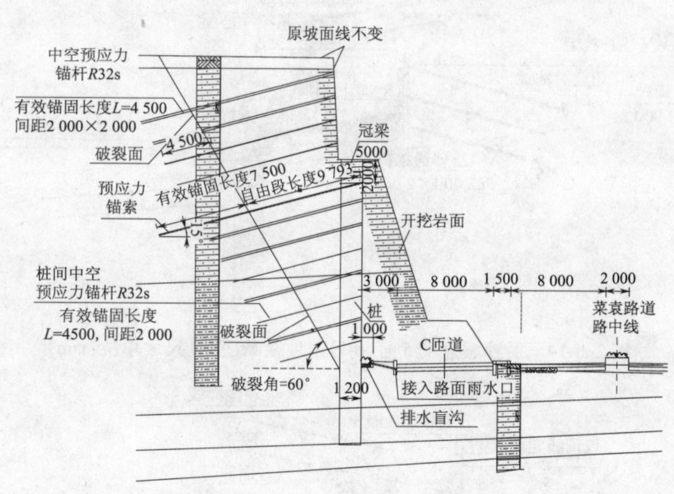

图2-6-12　黄沙溪立交3号边坡横断面图(尺寸单位:mm)

(三) 黄沙溪立交5、6号锚杆护坡设计

1. 地质描述

匝道E里程K0+220～K0+319.53段位于斜坡中上部，地形高程为259～270m之间。根据钻探和调查可知：该段填筑土层薄，厚1m左右，为残坡积亚黏土，下伏基岩为沙溪庙组砂岩和砂质泥岩互层，未发现滑坡、崩塌等不良地质现象，场地稳定。按匝道E路面设计高程开挖整平后，路基基岩裸露，在匝道右侧形成一岩质边坡，边坡高5～13m。调查表明该位置岩体裂隙较发育，有3组裂隙，见图2-6-13赤平投影图右。根据赤平投影右图分析，该边坡与裂隙及其组合交线呈大角度斜交或反向，为稳定型边坡，根据《建筑边坡工程技术规范》(GB 50330—2002)，该路堑为Ⅱ类边坡。无外倾组合的不利结构面存在，岩质边坡不受结构面及其组合线的影响，岩层产状倾缓，边坡的稳定性由岩体自身强度控制，岩体破裂角为45° + $\phi/2$，砂岩取63°，砂质泥岩取60°。建议放坡处理，坡率：砂岩1∶0.5，砂质泥岩1∶0.75。

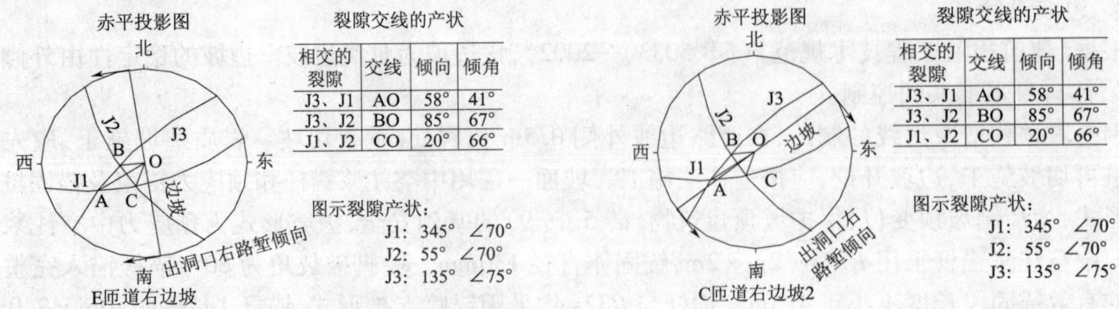

相交的裂隙	交线	倾向	倾角
J3、J1	AO	58°	41°
J3、J2	BO	85°	67°
J1、J2	CO	20°	66°

相交的裂隙	交线	倾向	倾角
J3、J1	AO	58°	41°
J3、J2	BO	85°	67°
J1、J2	CO	20°	66°

图 2-6-13　赤平投影图

2. 边坡设计

因受坡顶构筑物及红线的制约，边坡垂直分阶开挖，为满足还建要求，第一阶平台高程259.00m。平台与E线匝道桥间净距为0.5m。岩质坡面开挖，应按逆作法施工。护坡形式为肋柱式锚杆支护，锚杆采用1ϕ25(2ϕ25)@2.0m×2.0m，锚固体直径100mm，有效锚固段长度5m。为满足景观要求，坡面采用景观雕塑处理。

坡顶盖梁原则上每15～20m设变形缝一道，缝宽20mm，采用沥青麻丝塞缝。

5号、6号边坡横断面及剖面如图2-6-14及图2-6-15所示。

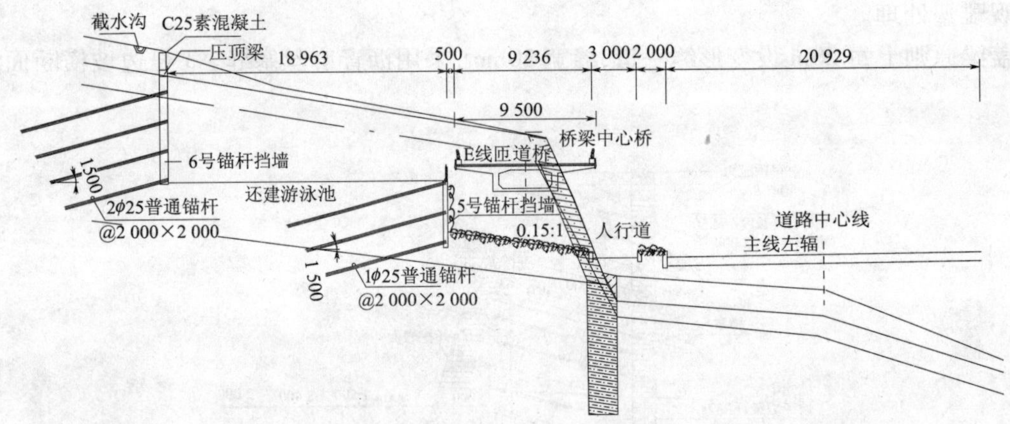

图 2-6-14　黄沙溪立交5号、6号边坡横断面图(尺寸单位：mm)

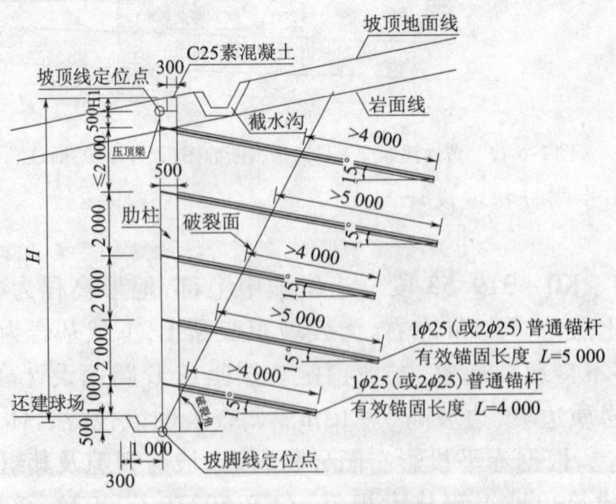

图 2-6-15　黄沙溪立交5号、6号边坡剖面图(尺寸单位：mm)

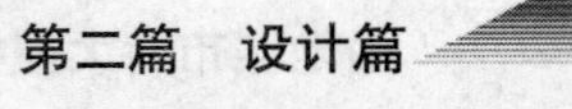

第三节 自由段无黏结预应力锚索灌浆系统

一、预应力锚索在岩质边坡支护中的应用

（一）预应力锚索发展概况

预应力锚索是通过对锚索施加张拉力以加固岩土体使其达到稳定状态或改善内部应力状况的支挡结构。锚索是一种主要承受拉力的杆状构件，它是通过钻孔及注浆体将钢绞线固定于深部稳定地层中，在被加固体表面对钢绞线张拉产生预应力，从而达到使被加固体稳定和限制其变形的目的。

（二）预应力锚索特点

预应力锚固技术最大的特点是能够充分利用岩土体自身强度和自承能力，大大减轻结构自重，节省工程材料，是高效和经济的加固技术。预应力锚索与圬工类结构比较具有以下特点。

1. 具有一定的柔性

锚索是一种细长受拉杆状构件，柔度较大，具有柔性可调的特点，用于加固岩土体时能与岩土体共同作用，充分发挥两者的能力。

2. 深层加固

预应力锚索的长度，可根据工程需要确定，加固深度可达数十米。

3. 主动加固

通过对锚索施加预应力，能够主动控制岩土体变形，调整岩土体应力状态，有利于岩土体的稳定性。预应力锚索结构是在岩土体及被加固建筑物产生变形之前就发挥作用，与挡土墙、抗滑桩等支挡结构在岩土体变形后才发挥作用的被动受力状态有着本质的区别。

4. 随机补强、应用范围广

预应力锚索既可对有缺陷或存在病害的既有建筑物、支挡结构进行加固补强，又可在新建工程中显示其独特的功能，具有应用范围广的特点。

5. 施工快捷灵活

预应力锚索施工采用机械化作业，具有工艺灵巧、施工进度快、工期短、施工安全等特点，用于应急抢险更具有独特优势。

6. 经济性好

预应力锚索既可单独使用，充分利用岩土体自身强度，从而节省大量工程材料，同时可与其他结构物组合使用，改善其受力状态，节省大量的圬工，具有显著经济效益。

（三）材料及防腐要求

1. 锚索材料

锚索的材料主要有钢绞线和高强钢丝两种，一般采用高强度低松弛钢绞线制作，钢绞线必须符合《预应力混凝土用钢绞线》（GB 5224）的规定，当使用非国家标准的材料时，应对材料的性能进行充分论证，并出具相应的技术鉴定文件，使用前应对所用材料做严格的力学性能试验，并报有关部门批准。对有机械损伤、严重锈蚀、电烧伤等造成降低强度的锚索材料，在施工中应禁止采用。

根据钢筋腐蚀的不同机理，一般分为应力腐蚀、氢脆、化学腐蚀和电化学腐蚀。地层对锚索的腐蚀是从锚索体表面开始，首先腐蚀金属表面的纯化层，继而腐蚀锚索体本身，腐蚀锚索体的速度取决于注浆体的质量、渗透性、注浆体是否开裂、裂缝宽度、锚索的工作环境和锚索的应力状态。处于高应力状态工作的锚索、腐蚀性地层中的锚索都会加速腐蚀。

2. 锚索破坏的原因

锚索破坏的原因分析如下。

（1）锚固段问题：锚固段内灌浆不足所致，钢绞线受含硫酸盐和氯化物的地下水侵蚀，灌浆施工缺少压水检查和施工不当导致锚固段灌浆不足。

(2) 自由段问题:

① 地层运动造成拉筋超应力,使其产生裂纹;

② 在有氯化物的情况下,水泥浆包裹不足或无水泥浆;

③ 由于耐久性差导致沥青包裹层破坏;

④ 保护材料选择不当,如化学材料中含有硝酸根离子和吸湿玛蹄脂;

⑤ 所有拉筋在无保护情况下存放了很长时间。

(3) 锚头问题:主要是缺乏防腐措施或工作期间保护剂充填不完全或塌落。

3. 锚索的防腐

目前,锚索防腐的方法主要有水泥质注浆体防护、物理隔离防护和改善锚固体结构形式3种。对于锚固力较低的锚索,当处于非侵蚀性和低渗水性的地层中时,可仅使用水泥质注浆体进行防护。锚固力较高的永久性锚索,即使在低渗水性的地层中,原则上要进行物理隔离防护。

(1) 锚固段防腐

① 水泥质注浆体防护:水泥质注浆体防护是利用钢材在pH值为9~13的碱性环境中可以防止锈蚀,而水泥质注浆体能够对锚索提供碱性环境,从而达到保护锚索的目的。

② 物理隔离防护:为防止水泥质注浆体开裂后,水气进入裂缝接触锚索钢材,在锚索体材料上直接覆盖波纹管等隔离材料,从而阻止外部腐蚀性物质与锚索体接触。

③ 改善锚固体结构形式:为了改善锚固体的纯拉性状,将拉力型锚索的形状设计成菱形,使锚固段注浆体处于既受拉又受压的复杂受力状态,避免纯拉伸开裂,也可选用压力型或压力分散型锚索,使注浆体处于受压状态,改善注浆体的裹护效果。

另外,为了使锚索体在孔中居中,在锚固段每间隔一定距离设置一个隔离支架。

(2) 自由段防腐

对于自由段钢绞线一般采用3层防护体系防腐,即防腐剂涂层、塑料套管及水泥砂浆体。为防止浆体压碎后防护失效,必要时还可将锚固段的波纹套管延长至自由段,并于套管内外灌浆。

自由段塑料套管宜选用聚氯乙烯或聚丙烯塑料管,套管内用油脂充填。钢绞线防腐剂涂层应具备以下特性:对钢绞线有牢固的黏结性,且无有害反应;能与钢绞线同步变形,在高应力状态下不脱壳、不裂;具有较好的化学稳定性,在强碱条件下不降低其耐久性。

(3) 锚头防腐

锚头防腐主要是对垫板上下两部分进行处理。垫板下部由于注浆体收缩而形成空洞,防腐措施主要是孔口补注浆后对垫板下部注入油脂,要求油脂充满空间。

对需要补偿张拉的锚索,垫板上部的锚头采用可拆除式的防护帽进行防护,防护帽与垫板应有可靠的联结和密封,内部油脂充填。当锚索不需要补偿张拉时,可使用混凝土进行封头处理,混凝土覆盖层厚度不小于25cm。

二、自由段无黏结预应力锚索灌浆系统

近年来,由于交通、城市建设的蓬勃发展,工程规模与工程质量要求的不断提高,工程技术安全性问题越来越受到重视。岩土预应力锚索因为索体嵌入在岩体和土体中,在长期及高应力荷载作用下,锚索的安全、腐蚀及预应力损失问题日趋受到重视。

预应力锚索在长期使用下可能产生的变化,如构件损坏、预应力损失甚至失效、构件的腐蚀等皆有可能对工程的安全性造成危害,且其破坏形式可能以无预警的方式发生。为解决以上问题,对预应力锚索采取抗腐蚀措施,减少或补偿预应力损失等设计上需改良的问题迫切地需要解决。

根据已有的锚杆(索)规范要求及相似工程经验,对于锚杆(索)的防腐蚀处理,除对周边环境先进行腐蚀性调查外,对材料的处理规定包括除锈、刷漆、涂黄油、裹沥青玻纤布、加套管及用水泥砂浆填充;对预

应力损失处理,除对边坡变形及锚索应力进行长期监控外,宜对已损失的预应力锚索进行补张拉处理。

（一）自由段无黏结预应力锚索灌浆系统构造

本工程在华村立交11号边坡、黄沙溪立交3号边坡及黄沙溪立交嘉华隧道出口处边坡均设计了岩土预应力锚索。为解决以上提到的锚索问题,本工程在设计上采用了自由段无黏结预应力锚索灌浆系统,构造如图2-6-16所示。

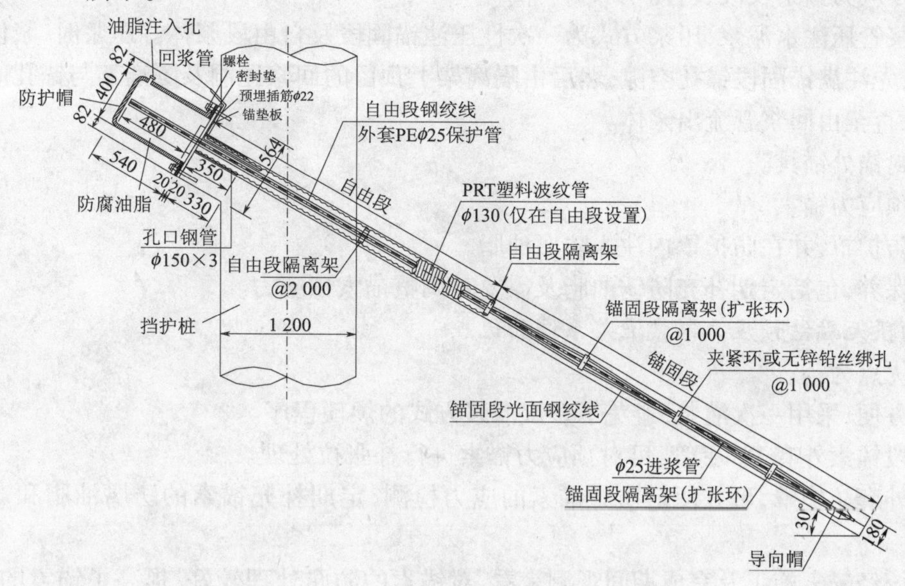

图2-6-16　预应力锚索大样图(尺寸单位:mm)

本灌浆系统由自由段系统、锚固段系统、注浆及出浆系统、锚头防护系统4部分组成。

自由段系统由锚索、波纹管、PE套管、孔口钢管及自由段隔离架等部分组成。其中波纹管加大了自由段与岩土体的抗腐蚀性能,PE套管提供了自由段锚索的张拉与补张拉的可操作性,孔口钢管方便了锚索插入锚孔和回浆管的定向,自由段隔离架为锚索在锚孔内的定位及分隔自由段与锚固段的作用。预应力锚索自由段采用除锈、刷沥青船底漆、沥青玻纤布缠裹其层数不少于二层进行防腐蚀处理后装入套管中,锚索自由段PE套管全长范围内用黄油充填,外绕扎工程胶布固定。

锚固段系统由锚索、隔离架(扩张环)、夹紧环和导向帽等部分组成。本系统的各部分均为加大锚索与锚固段岩体的黏结性能,其中导向帽兼具导向及定位进浆管的作用。

自由段与锚固段隔离架构造详见图2-6-17及图2-6-18。

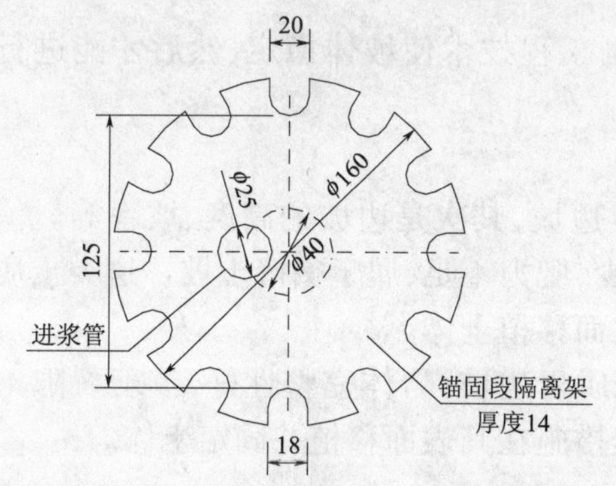

图2-6-17　自由段隔离架构造(尺寸单位:mm)

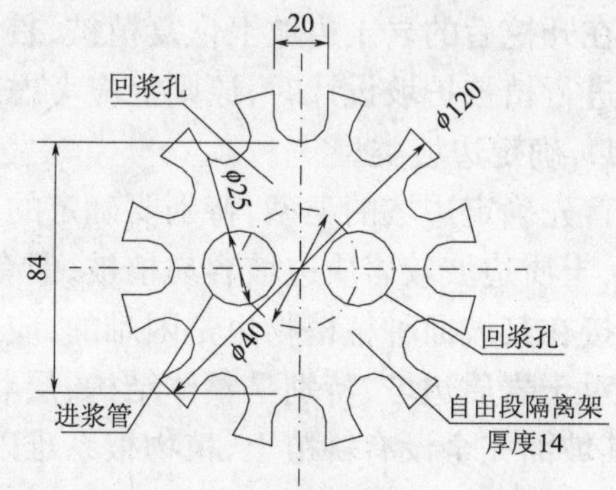

图2-6-18　锚固段隔离架构造(尺寸单位:mm)

注浆及出浆系统由进浆管、回浆管及注浆机具组成。注浆管由锚具延伸至距孔底150mm位置处,回浆管设置在自由段孔口处,长度1.0～1.5m。

自由段及锚固段隔离架在注浆管通过位置均预留进浆管孔洞,自由段隔离架加设回浆孔洞。

锚头防护系统由锚头、防护帽及以上两部分的连接装置组成。锚头与其他预应力锚头构造类似。

防护帽设置在锚头外侧，内部注满油脂，起到锚头防腐、方便预应力检测及补张拉的作用。防护罩上设置油脂注入孔，可定期对锚头补充防腐油脂。

（二）自由段无黏结预应力锚索灌浆系统施工顺序

（1）锚索孔道成孔。

（2）放置预应力锚索及波纹管。

（3）由注浆管压注水泥浆，压浆方式为一次性压注锚固段及自由段浆体。压浆时，浆体由锚孔底部的出浆孔流出，先注满锚固段锚孔空隙，然后由隔离架上预留的回浆孔洞及隔离架与锚孔间的空隙流入自由段锚孔中，直至由回浆管流出浆体。

（4）安装封锚处锚具。

（5）张拉预应力锚索。

（6）安装防护罩，并在防护罩内注入防腐油脂。

（7）后期保养，包括定期补充防锈油脂及需要时调整锚索预应力。

（三）自由段无黏结预应力锚索灌浆系统的优点

本系统的优点为：

（1）施工方便，采用一次灌浆，避免了多次灌浆方式的烦琐程序。

（2）自由段锚索外套PE套管，可对预应力锚索进行补张拉处理。

（3）锚头外套防护罩，可方便定期对锚索的应力检测、定期补充锚索的防腐油脂和对锚索的补偿张拉。

本注浆系统经锚索施工及完成期间观测来看，对锚索的防腐处理较好，提高了锚索的耐久性能，且工艺简单，安全性较好。

第四节　边坡植被防护与绿化

岩土边坡工程的开挖或填筑施工过程中，弃土、粉尘、对地表植被的破坏、地表和地下水流向的改变、水质的污染等都会对当地的生态环境造成很不利的影响。嘉华大桥工程地处重庆主城区，在岩土边坡工程的设计和施工中，生态环境保护非常重要。岩土边坡植被防护是岩土工程生态环境保护的重要部分，它要求在开挖或填筑的岩土边坡坡面上恢复植被，达到保护坡面、防治水土流失和绿化环境的目的。

一、边坡植被防护及绿化的设计原则

在开挖后的岩土边坡上恢复植被，首先要考虑采用有效的工程技术使坡体稳定，然后才能进行植被。进行植被护坡设计时，原则上应考虑以下几方面的问题。

1. 确定边坡类型

首先确定边坡的类型，特别要确定的是土质边坡还是岩质边坡，其次是边坡的高度、坡率等。一般而言，土质边坡较岩质边坡容易植被，但有些土质边坡耕植土少，肥力不足，属于贫瘠土坡。这类土质边坡直接在其坡面种植植物也是困难的，应采用工程的方法在坡面移植土体。

对于岩质边坡，特别是整体结构、层状和大块状结构的硬质岩边坡，岩体完整性好，节理裂隙不发育，其坡面完全没有耕植土，植物根系难以扎根，只能采取工程措施在其表面移植并固定土体。

2. 边坡稳定性设计

边坡的失稳破坏有深层失稳破坏和浅层失稳破坏，深层失稳破坏一般是在坡体内部沿滑动面发生较大范围内的破坏，这种破坏造成的损失很大。浅层失稳破坏仅发生在坡面浅层，造成的损失不大。因此在进行边坡稳定性设计时，首先要进行深层稳定性和浅层稳定性判断。

在进行边坡设计时合理地确定边坡高度和坡度是保证边坡稳定性的关键。可先按照经验法用查表的方法，初步选定一个坡度，然后通过稳定性分析方法来最后确定所选坡度是否合适。

3. 植被护坡的总体设计模式

通过工程措施与植被护坡相结合的方法，在坡面形成综合的防护结构体系。

进行植被护坡工程设计时，不能满足于单一品种的植草绿化，而是要多品种植物结合取得综合绿化的景观效果。边坡的结构应尽量隐蔽，突出植被景观。

二、本工程中边坡植被防护与绿化简介

1. 土质边坡植被防护

在嘉华大桥工程中，土质边坡设计时一般采用缓于 1∶1.75 的稳定坡率进行放坡，土质边坡的植被防护主要采用预制混凝土块的格网护坡，立面构造如图 2-6-19 所示。

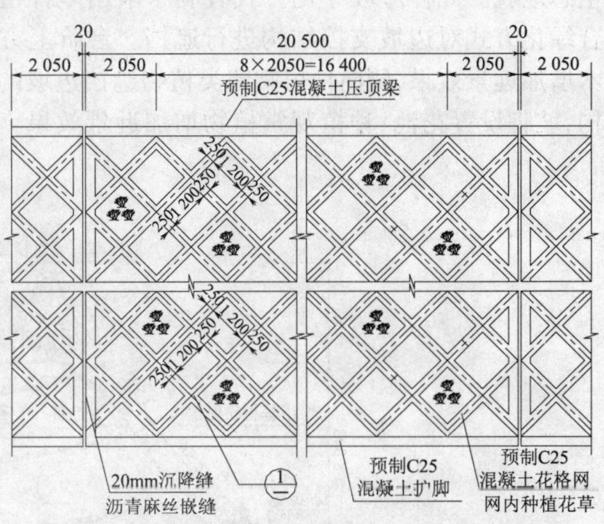

图 2-6-19　格网护坡立面构造图（尺寸单位：mm）

2. 岩质边坡植被防护

本工程中岩质边坡植被防护主要采用厚层基材喷射植被护坡的方法。

厚层基材喷射植被护坡是一种采用混凝土喷射机把基材与植被种子的混合物按照设计厚度均匀喷射到需防护的边坡坡面的绿色护坡技术。厚层基材喷射植被护坡技术主要是针对岩石边坡的植被防护开发的。因此它适合于难以用常规方法恢复植被的所有岩土边坡，有恢复植被快、便于机械化施工的特点。另外该方法可与任何一种支挡结构相结合进行植被防护。

厚层基材喷射植被护坡的基本构造如图 2-6-20 所示，主要由锚杆、网和基材混合物 3 部分组成。

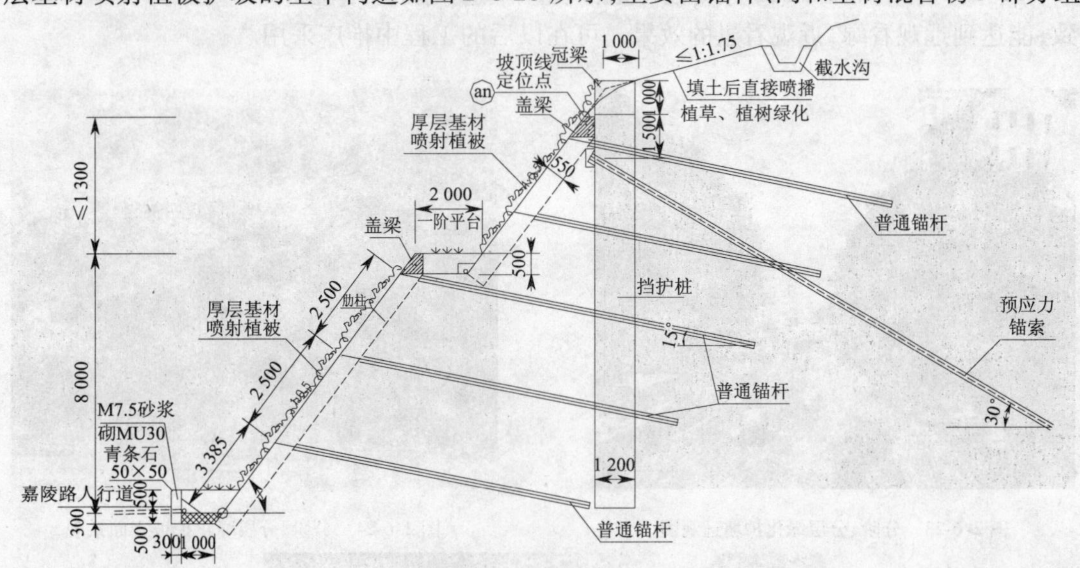

图 2-6-20　厚层基材喷射植被护坡基本构造示意图（尺寸单位：mm）

锚杆：本工程中其作用首先是加固不稳定边坡，其次是固定网。

网：采用普通铁筋网片。

基材混合物：由绿化基材、种植土、纤维和植被种子按一定的比例混合而成。

厚层基材喷射植被护坡首先通过混凝土搅拌机或砂浆搅拌机把绿化基材、种植土、纤维及混合植被种子搅拌均匀，形成基材混合物，然后通过喷枪喷射到坡面，在坡面形成植物的生长层。本工程华村立交 11 号边坡采用厚层基材喷射植被的构造图及施工后效果如图 2-6-21 所示。

由图 2-6-21 可以看出经厚层基材喷射植被后，边坡整体与周边建筑协调，景观效果较好。

通过以往的工程实践，边坡的绿化设计坡面采用厚层基材喷射植被和平台植树的综合绿化方式对恢复边坡绿化、保证边坡原生态效果较好。重庆市上清寺附近边坡就采用了此种边坡绿化方式，见图2-6-22～2-6-25。由图中可以看出，边坡上看不到人工痕迹，远看给人的感觉是原生态地貌。此种边坡绿化方式有利于采用多种植被的复合绿化方式对边坡支挡结构进行遮挡。台阶上方种植树木增加远景效果，侧向种植爬藤类植物遮挡边坡的支挡结构，坡脚设置花池、种植观赏植物增加近景效果。外观上错落有致，能达到远观看绿，近观看景的效果。可在以后的工程中推广采用。

图2-6-21　厚层基材喷射植被护坡施工后景观图

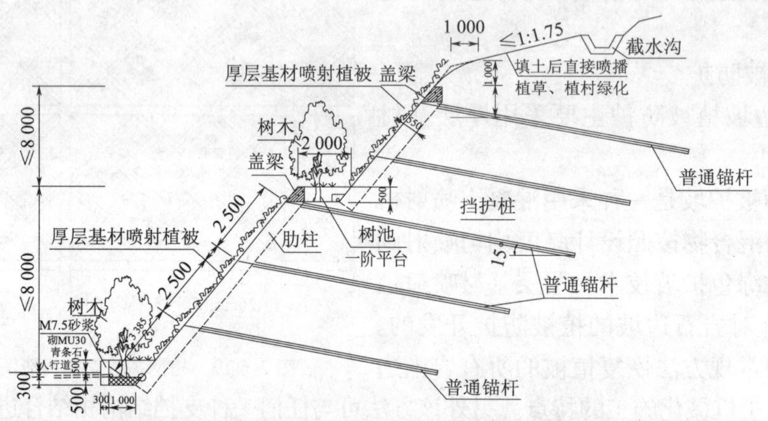

图2-6-22　分阶、分层植被护坡基本构造示意图(尺寸单位:mm)

图2-6-23　分阶、分层绿化护坡远观图

图2-6-24　分阶、分层绿化护坡立面景观

图2-6-25　分阶、分层绿化护坡细部景观

第五节 分层稳定施工及信息法施工在本工程中的应用

根据以往工程经验,目前边坡施工机械化程度较高,边坡开挖速度很快,但后续支挡防护工序间隔时间较长,软质岩边坡开挖后暴露时间较长,边坡临时稳定受各种因素影响,问题较突出。

本工程所处地理位置为山区沿江坡地,地质构造复杂,岩层节理发育,边坡由于开挖影响自身稳定,甚至垮塌、滑移,为保证边坡施工,本次工程设计中提出了分层稳定施工及信息法施工两种施工控制方法。

分层稳定施工即为逆作法施工,即自上而下分阶开挖与支护的一种施工方法。对挖方边坡而言,自上而下分阶开挖对边坡进行卸载有利于边坡的稳定。但在施工过程中,在上部边坡分层施工完成后,由于施工的临时因素(如放炮、施工荷载、岩石风化碎石堆积等)影响,边坡的坡脚可能出现稳定性问题,因此在逆作法施工过程中,首先要对坡脚进行临时预加固处理。

信息法施工就是主张从开挖施工过程中获取尽量多的边坡信息,及时反馈给设计院进行分析处理,用以修正设计和指导施工。

边坡工程信息一般从以下几个方面进行获取:

(1)观察信息,由地质调查、勘探等方法得到的信息。

(2)经验信息,即设计人员设计和施工的经验总结。

(3)理论信息,根据理论计算、试验研究得到的信息。

(4)施工信息,通过工地开挖和施工获得的信息。

在本工程施工过程中,本施工控制方法在处理地质复杂的地段施工中发挥了很大的作用,既保证了施工安全,又提高了工程的效率和质量。

第七章 排水工程

第一节 概 述

排水工程设计内容主要包括3个立交排水:北引道道路排水、主桥排水及嘉华隧道排水。其中,嘉华隧道防排水和主桥排水内容在结构隧道及桥梁篇幅里已介绍,本节主要涉及李家坪立交及北引道、华村立交、黄沙溪立交的排水设计内容。

第二节 设计原则

一、采用雨、污分流制的排水体制

为保护三峡库区的水环境和城区人们的生活居住环境,根据国务院批准的《三峡库区及其上游水污染防治规划》要求,重庆主城区范围内的改造项目和开发新区的新建项目,均要求采用雨、污分流的排水体制:即雨水通过雨水管道系统最终排入两江水体;城市污水经主城三、二、一级污水管网系统收集,排至污水处理厂经处理后排放水体。目前重庆市主城区范围内4条污水截流一级主干管及污水处理厂已建成投入使用,二、三级管网正在紧张的建设过程中。实行雨、污分流排水体制既符合规划的统一要求,也是和目前重庆市主城区的管网建设工作相吻合的。

二、根据分部工程位置、重要性等确定设计参数

根据各分部所处位置及其重要性的不同,参照规范规定,设计计算参数取值不同。

(一) 雨水系统

雨水设计流量,按以下公式计算:

$$Q_s = \psi q F \tag{2-7-1}$$

式中:Q_s——雨水设计流量,L/s;

q——设计暴雨强度,L/(s · hm^2);

ψ——径流系数;

F——汇水面积,hm^2。

其中,重庆市暴雨强度选用如下公式:

$$q = \frac{2\,822(1+0.755\lg P)}{(t+12.8P^{0.076})^{0.77}}[\text{L/(s} \cdot \text{hm}^2)] \tag{2-7-2}$$

式中:q——设计暴雨强度,L/(s · hm^2);

P——设计重现期,年;

t——降雨历时,min,$t = t_1 + mt_2$,t_1 为地面积水时间,t_2 为管渠内雨水流行时间,m 为折减系数。

在满足规范要求的前提下,为减小雨水管道的规模,降低工程造价,在工程范围内,根据重要性和位置的不同,对不同的分部工程选用不同的计算参数取值。

例如，道路和周边地块设计暴雨重现期 $P=2$ 年，立交为 $P=5$ 年，涵洞 $P=10$ 年，按 20 年校核。综合径流系数道路取 $\psi=0.90$，两侧地块取 $\psi=0.70$，涵洞综合径流系数取 $\psi=0.65$。道路及地面集水时间根据汇水面积和地形取 $t_1=5\text{min}$，而由于涵洞的服务面积较大，地面集水时间一般取 $t_1=15\text{min}$（特殊情况另计），折减系数 $m=1.2\sim2$。

（二）污水系统

根据重庆市主城排水可行性研究报告，人均综合污水量为 420L/(cap·d)，为控制污水干管的规模，设计采用该标准来计算确定干管管径。但考虑到周边地块的规划性质有可能调整，存在局部地块实际人口超过规划人口的情况，如果我们仍然按主城排水可行性研究报告的人均综合污水量来计算该地块的预留污水管道，就有可能使得设计污水管道管径偏小，导致排水不畅的事件。为避免上述情况的发生，结合两侧规划服务区的人口密度，本工程范围内的污水支管的管径，均按其服务区域内，单位面积污水流量 $250\text{m}^3/(\text{d}\cdot\text{hm}^2)$ 设计。

污水主线干管设计流量按人均综合污水量进行计算，公式如下：

$$Q_s=\frac{N\cdot q\cdot K_z}{24\times3\,600} \tag{2-7-3}$$

式中：Q_s——污水设计流量，L/s；

N——设计人口数量；

q——人均综合污水量，L/(cap·d)；

K_z——污水量总变化系数，可按 $K_z=2.7/q^{0.11}$ 计算，也可按表 2-7-1 确定。

污水量总变化系数　　表 2-7-1

污水平均流量(L/s)	5	15	40	70	100	200	500	>1 000
总变化系数	2.3	2.0	1.8	1.7	1.6	1.5	1.4	1.3

支管设计流量按单位面积污水流量 $250\text{m}^3/(\text{d}\cdot\text{hm})^2$ 设计，公式如下：

$$Q_s=\frac{S\cdot q_s\cdot K_z}{24\times3\,600} \tag{2-7-4}$$

式中：Q_s——污水设计流量，L/s；

S——设计服务面积，hm^2；

q_s——单位面积污水流量，按 $250\text{m}^3/(\text{d}\cdot\text{hm}^2)$ 设计；

K_z——污水量总变化系数，取值同上。

三、雨水就近排放，污水与重庆市主城排水三级管网规划一致

为及时排出道路雨水和上游转输雨水，减小道路雨水管道的管径，降低工程造价，工程范围内的雨水均就近排入现状排水系统——改造的雨水涵洞。

为保护三峡水库的水质不被重庆主城排出的生活污水所污染，重庆市先期启动了“两厂四线”工程（两厂指唐家沱污水处理厂、鸡冠石污水处理厂，四线指主城排水工程沿长江、嘉陵江两岸布设的 A、B、C、D 四条污水截流主干管），目前，“两厂四线”工程已经基本建成。同时，为解决现状合流污水的接入问题，显著改善重庆主城区内两江的水环境，重庆市启动了主城排水二级管网工程的建设，即对现状排出口高程在黄海高程 191.04m（三峡成库蓄水至 175m，重庆朝天门 20 年一遇的洪水位）以下的现状合流管线进行截流；目前，主城排水二级管网工程已经大部分完工。为彻底解决重庆主城区雨污水完全分流的问题，对主城区范围内的三级管网作了专项规划并制订了年度实施计划，争取在 2010 年内，实现重庆主城区的雨污分流工作。本工程内污水管网的设计均与三级管网专项规划相吻合。

四、排水管道尽量布设在人行道及慢车道下

排水管道位于人行道下时，其环刚度的要求要低于位于车行道，费用也相对比较省。为了节约工程

造价、方便运行维护管理以及不影响车行道的行车舒适性，排水管道应尽量布设在人行道下，对于局部人行道管廊位置有限，不能敷设完所有市政管网的路段，也可将排水管道布设在慢车道下。

按照上述排水设计总体原则，下面分别就3个立交排水特点及设计思路进行阐述。

第三节　李家坪立交及北引道

一、概　述

嘉华大桥主线北段位于嘉陵江以北，现观音桥、苗儿石片区，包括李家坪立交和北引道。

李家坪立交由东西向的观苗路（即现状建新西路，后同）和南北向新建的北引道构成，为全互通蝶式立交。其中观苗路为现状道路拓宽，北引道为新建道路。

立交所在位置处地势陡峭而狭窄，改造前总体地形南北高中间底为而观苗路沿山谷地带呈东西走向，且坡度较大，有利于雨、污水的排放。

李家坪立交为在现状建新西路道路基础上拓宽改造而成的立交，其建成后整体地形分布为南北高、中间形成以观苗路自东向西坡向的狭长低洼带，北引道总体坡向为北高南低。故在系统分区中，设计将李家坪立交及北引道各道路下排水管网划分为两大排水片区。立交范围内雨、污水管网均考虑通过观苗路上排水系统排除，立交以南北引道段雨、污水顺道路坡向排入嘉陵江及主城排水A干管二级管线。

工程中排水系统采用雨、污分流的排水体制，其中雨水系统包括道路雨水系统、立交雨水排放系统和雨水涵洞改造，污水管道系统包括对原有合流管道进行分流改造和新建污水管。

二、设 计 思 路

（一）工程主要特点

在经过排水各阶段设计后，同时结合后期现场施工处理的过程中所遇到的一些问题，设计认为李家坪立交及北引道的整个排水系统除具备城市立交及道路排水系统的常见要素外，还具备其特有的一些工程技术特点，我们在设计及施工处理的过程中针对这些特点作出了相应的处理措施及解决办法。

1．立交竖向层次变化，结构形式多样

李家坪立交内包含了匝道上跨桥、下穿车行道、平面匝道及人行天桥、地道等多层次、多结构的道路形式，竖向层次分上中下三层，使得排水系统（主要是雨水系统）的合理分区也必须与不同层次的道路相对应。

另外，由于匝道纵坡一般都较大，具有降雨时聚水较快的特点，若排除不及时就会威胁行车行人安全，以致中断道路交通。

2．现有排水管线的临时转换

由于观苗路（即现建新西路）道路下集中了包括既有排水管道在内的大量管线，如何在道路拓宽改造的过程中保证原有排水管道的通道畅通也成为了设计及施工过程中需解决的要点。

3．现有排水涵洞的改造

观苗路北侧有一条现状排水涵洞，东西走向横贯立交，但由于其原设计结构已无法满足目前结构及道路设计标准的要求，故本次工程对在工程红线范围内的涵洞进行了改造。

4．特殊结构部位的排水处理

本着高水高排、低水低排的设计原则，为使李家坪立交范围内雨水能最为迅速地排入临近的雨水管道系统，减小对周边环境及道路、行人的影响，设计针对上跨桥、下穿车行道排水等在以往工程建设中实施效果不理想的部位作了改进处理，以期达到更为理想的效果。

5．挖方路段高边坡截水沟的雨水收集

在挖方边坡坡顶截水沟最低点与道路设计高程相差较大时，若采用钢筋混凝土跌水井等常规处理

方式将使工程量较大，且影响边坡景观。因此，设计在本工程中采用了将特殊管材引入排水管道使用的方法，以克服跌水井做法带来的弊端。

（二）设计思路及措施

1. 系统分区解决立交多层次排水

立交道路排水需解决的主要问题之一是使降雨时在汇水面积内形成的地面径流可以快速地进入邻近的雨水管道系统。根据高水高排、低水低排的设计原则，结合李家坪立交竖向多层次的特点，设计将立交范围内的雨水系统分为上、中、下三层。即跨线桥桥面排水系统为上层分区，平面匝道、观苗路及北引道非跨线桥段排水系统为中间层分区，匝道下穿观苗路车行道内排水系统为下层分区。

由于立交范围内排水出口有限，各分区之间不能是独立的、互无关系的个体，它们之间的连接方式如框图 2-7-1 所示。

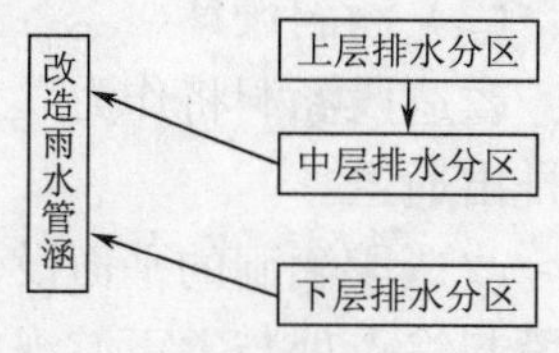

图 2-7-1　立交范围内的雨水系统

下层分区即下穿观苗路车行道雨水系统由于采用重力流排放，出水口高程相对较低，根据“立体交叉地道排水应设独立的排水系统，且其出水口必须可靠”（《室外排水设计规范》4. 10. 3 条）的规定，同时为使观苗路上雨水管道系统高程不受地道排水的影响，设计将地道排出水接入道路北侧埋深较深的改造后雨水涵洞中。

2. 为现有管线的临时转换创造条件

经过对管线探测资料的分析，可以看出，工程范围内的现状管线均大量集中于观苗路道路沿线，其中排水管道沿道路南侧自东向西贯通，两侧居民区内有零星支管接入。由于现状排水管道均为雨污合流管，且断面偏小、常年淤积，在观苗路道路拓宽后管道的过流断面和平面位置均无法满足工程设计要求，故在设计时废除了现有道路排水管线，按立交设计平面及高程新建雨、污水管网，使工程范围内排水系统达到雨、污分流。道路下雨、污水管道布置原则为污水管靠近道路人行道边线（便于小区、街坊用户的接入），雨水管靠近路缘石，以便收集道路雨水口来水。同时污水管道高程位于各综合管线最低，雨水管紧邻其上，有雨水涵洞时另当别论。

根据以往工程管网改造的设计及施工经验，施工中的管网临时转换，特别是在新建排水管道建成前，如何保证旧有排水通道的顺畅而不会对施工进度及周围居民的生活排水造成影响是在设计及施工阶段需要特别注意的重点。本次设计在进行立交内排水管道平面布线时，就有意识地尽量将新建雨、污水管道位置与现有排水管道分开，使新建管道的施工能够尽可能地不对原有的排水通路造成影响。

由于观苗路基本是在现状道路宽度基础上向北侧居民区拓展而成的道路，经与施工、业主方多次商议后，决定采取先北半幅再南半幅的施工顺序，即先完成北半幅的道路及新建、改扩建管线的建设，将大量管线转入新建道路下后，再进行南半幅道路的施工。这样除保证了现有观苗路的道路交通在施工期间的通畅外，也有利于现有管道的转换。

上述转换方案的实施在施工过程中取得了较好的效果，但在个别部位由于各步工序的交叉作业，使局部段落现状排水管道无法维持其现有通道。对此，设计建议施工单位采用塑料排水管道对破坏段既有排水管道进行局部改道，改道段排水管材采用与道路排水新建管道相同的材质，接口采用承插式。这样在管道完全转换后，该段管材还可重复利用于工程其他部位的道路排水管道中，避免了工程投资的增加。

3. 从多方面综合考虑改造涵洞的结构形式及平面位置

在观苗路北侧居民区内有一条现有合流排水涵洞，自东向西贯穿立交，其断面为 800mm × 1 500mm ~ 1 500mm × 2 000mm。该涵洞位于道路拓宽后观苗路车行道、匝道及景观绿化带下，其结构安全性对工程的影响较大。在业主向涵洞主管部门等多方进行咨询后发现，由于涵洞建设时间较早，其竣工及设计资料未得以保存，故设计无法对其原有结构进行复算。为慎重起见，业主特委托专业单位对涵洞进行了结构安全性鉴定，结论为现有涵洞结构无法满足本工程的要求，需进行改造。

（1）涵洞断面确定

采用前述重庆地区暴雨强度公式，暴雨重现期按 $P=10$ 年设计，$P=20$ 年校核，其余参数取值见前设计原则。

目前重庆地区 ϕ2 000 钢筋混凝土圆管涵的综合单价约为 5 000 ~ 6 000 元/延米，2 000mm × 2 000mm的钢筋混凝土箱涵的综合单价约为7 000 ~ 8 000元/延米（特殊基础处理费、土方外运或外借等费用未计入），且箱涵对底基础承载力的要求也较管涵高，故从工程造价方面来看，选择圆管涵优于箱涵。

同时，由于圆管涵采用的是钢筋混凝土管道预制成品，而箱涵必须现场浇筑，从保证施工进度缩短工期方面来看，采用圆管涵也优于箱涵。故改造段涵洞最终采用钢筋混凝土管涵，断面为 ϕ1 800 ~ ϕ2 000，坡度为 0.01 ~ 0.013。

（2）涵洞设计

改造段涵洞将作为立交所处片区雨水收集的一个重要通道，同时也为立交范围内的雨水管道提供了排出通道。

改造段涵洞的平面设计以尽量布于绿化带及慢车道下，不对道路下其他新建综合管线造成影响，改造段起终点处与上下游现状涵洞衔接顺畅为原则。管涵顺观苗路北侧车行道边线布设，与车行道外新建综合管线大致平行。管涵高程的确定主要考虑其起终点处高程须与现有涵洞衔接，满足立交内各雨水排水分区的接入，但又不与立交范围内其余综合管网的埋置形成冲突。

（3）管涵施工处理总结

在以往的工程中我们发现，由于目前的管线测量主要以仪器探测为主，其高程及平面位置难免会有误差，故本次设计强调了施工方在管涵正式施工前必须对改造段涵洞起终点处现有涵洞的位置和底高程进行复测，若有误差立即调整设计，避免了工程施工中的变动，保证了施工进度。

另外，在管涵施工过程中，现场出现了多处未在探测资料中反映出的不明地下来水，虽水量不大，但由于地形地貌改变，已无法找到其来源。对于这种来水，根据其高程情况分别处理，高程较高的，先进行临时排水处理，待道路雨、污水管道建成后再视水质情况分别接入雨、污水管道中；个别高程较低的，则通过管道统一收集后接入雨水管涵，或单设支管井接入，待远期地块开发后，新建雨、污分流的排水管道可接入道路排水系统中。

4. 强化对高架桥、下穿车道等的排水处理

如前所述，李家坪立交内包含了上跨桥、下穿车行道等各种多层次、多结构形式的构筑物。这些部位在立交排水中易出现问题，故在本次设计中结合以往工程设计的经验对前述部位进行了强化处理。

在以往的工程中，当立交匝道桥桥面排水立管距相邻的地面雨水井距离较远时，常易忽略桥面排水立管沿桥柱落下后雨水的收集，造成其排除口暴露于桥柱外壁，对桥柱周边的绿化带及桥柱本身造成了较大的污染，且雨水的长期冲刷也对桥柱基础本身的结构安全性带来了一定的威胁。故在本次设计中对桥面排水立管与临近道路雨水管检查井间距大于10m 的，在立管底部设置了专门的落水管井（图 2-7-2），立管来水经过落水管井初步沉砂后，通过 ϕ300 ~ ϕ400U－PVC 排水管接入附近的道路雨水井。另外，在每条落水立管上还设置了清扫口，高度距地 1.0m，以便于日常的清通维护。

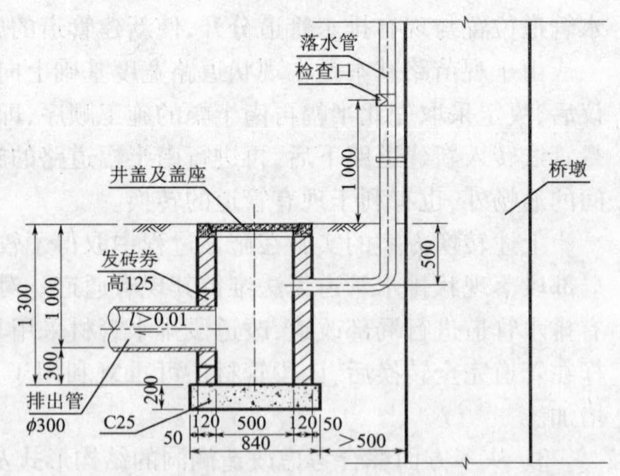

图 2-7-2　落水管井剖面图（尺寸单位：mm）

全国各大城市目前车行下穿道在雨季的排水形势不容乐观，下穿道内排水已成为影响立交正常使用的关键。目前，考虑到运行费用、工程投资等各方因素，重庆市的下穿车行道及人行道等的雨水多数

仍采用重力流排除。工程设计中采用的如道路雨水横蓖、或偏沟式雨水蓖接入下穿道专设雨水管等方式,其排水效果基本可以得到保证,但对下穿道道路及结构也带来了相应的影响,如雨水横蓖及雨水井盖的存在常会影响下穿道的路面平整度和行车舒适感,且横蓖容易损坏,需常年维护,现市内已有多处横蓖回填改造恢复路面的先例。另外,为满足雨水管道埋设的要求,常会加大下穿道闭合框架式结构的高度,增加工程造价。

在本次设计中,在与结构专业进行反复讨论后,在下穿车道内采用了排水边沟的做法。即利用下穿道超高较低侧紧邻路缘石的慢车道修建排水暗沟,暗沟采用钢筋混凝土盖板沟形式,盖板顶面与道路基层顶面齐平,其上再铺沥青棉层。盖板沟断面根据地道收集雨水的路面面积所计算出的雨水流量确定。采用偏沟式雨水双蓖,按 20~25m 的间距嵌于沟顶盖板内,雨水蓖顶面与设计路面齐平,以收集路面雨水。排水沟在道路最低点处经沉砂池沉砂后通过雨水管接入下穿道北侧的改造段雨水涵洞。

5. 挖方坡顶截水沟雨水引入道路雨水管道

在李家坪立交及北引道中均有高挖方路段,其坡顶截水沟的坡度顺现状地面变化,使得个别截水沟最低点高程与设计路面高程间差异较大。当两者之间高程差大于 4.0m 时,设计采用沿挖方边坡敷设球墨铸铁管的方式将截水沟雨水引入道路雨水管。球墨铸铁管(简称为球铸管)常用于给水管道的使用,但由于特殊的材质及安装方式,使得其在排水工程中一些利用常规材质排水管道无法满足规范及现场要求的部位派上了用场。

在高边坡位置处,通过沉砂转换井将截水沟雨水引入球铸管,球铸管顺挖方边坡而下,在管道接头处均设管卡及支墩以将其固定于边坡之上。每段球铸管低端均设消能井,将坡顶截水沟雨水能量减弱后再接入道路雨水井中。

第四节 华村立交

一、概 述

华村立交地处旧城区,现状排水主要以合流为主,以嘉陵路为界,从南至北分为 3 个区域排水:南边山坡上的六十二中学和部分居民排水主要通过几条 $\phi300\sim\phi1\,500$ 的排水管向北排入下游嘉陵路排水管道;嘉陵路道路雨水经分布于两侧人行道或慢车道上的排水管和一条 1 000mm × 1 000mm 过街涵洞分段向北排至嘉陵江;嘉陵路北部地块主要集中了中南橡胶厂和造纸研究所的厂房及居民楼,其排水管线也较多,其排水主要通过现状冲沟接入嘉陵江。此外,西北部地块内还有一条 $\phi600$ 的主城排水二级污水干管。

二、设 计 思 路

(一) 排水系统总体布局

华村立交南高北低的地形特点决定了其雨水主要由南向北、由东向西排放。华村立交雨水排放系统主要分为 3 部分,且 3 部分系统最终均接入立交西北边的新建雨水涵洞。首先,立交西南部高处的雨水主要经嘉华隧道洞顶截水沟收集后,排入 A、G 连接匝道、南引道道路雨水系统,该部分雨水系统于立交西侧向南顺绿化坡地穿过嘉陵路排入雨水涵洞。其次,立交东南部山坡雨水主要通过高边坡截水沟收集后汇入嘉陵路雨水系统。另外,立交范围高架桥上雨水则经桥下雨水系统分别收集后排至雨水涵洞。

华村立交污水排放系统分为两部分,这两部分污水系统最终均接入立交西北地块主城排水二级管线(B34 线)。西南部污水主要通过高九路连接道污水管道系统和六十二中地块预留污水管道系统沿 A、G 匝道桥下绿化坡地向北接入 B34 线;立交东南部地块污水则通过嘉陵路道路新建污水系统向西排入 B34 线。

(二) 现状排水管的处理

如果现状管线对新建道路及结构形式构成影响,或者其过流断面偏小,雨、污没有完全分流,则需要废除该段现状管线。

例如，嘉陵路上1 000mm×1 000mm的现状过街涵洞，其平面位置与桥墩和挡墙结构冲突，因此需要废除。嘉陵路上两侧人行道和慢车道上的现状雨水管道，在嘉陵路道路拓宽后，位于道路快车道下，不符合管线尽量布置于人行道或慢车道的原则，而且这些管线管径偏小，排水不畅，因此这些管线也需废除。

分布于立交西北部六十二中的现状排水管线，有部分管线因嘉华隧道及南引道道路的修建，在洞口处由原有埋地管线变为了架空管线，显然，这部分管线需要拆除。

分布于西北地块内的现状排水管线位于主桥及各高架匝道下，因该片区桥墩分布密集，部分现状管线与桥墩位置有冲突，故设计考虑拆除这些现状排水管线。

通常情况下，位于工程道路范围内的需要废除的现状管线上游往往还连接有排水管线，因此，在下游管线被废除后，与之相连的上游现状管线如何处理，需要根据具体情况分别对待。如果上游地块已经实现雨、污分流，可以明确该上游管线的性质，则可按照雨、污分流原则，相应接入工程范围内的新建雨、污水管道。相反，如果经调查，上游管线仍为合流制，该管线则只能暂时接入新建排水管，待远期上游地块开发后再废除该合流管线，实现雨、污分流。当然，如果该现状管线上游的房屋已随工程拆迁，无排水接入，则可完全废除该管线。

（三）道路排水管道的布置

嘉陵路不仅是一条重要交通要道，也是城市综合管网的一条重要通道。嘉陵路上综合管网众多，具体布置思路在综合管网章节里已有介绍。这里主要就雨水管是单侧或双侧布置方式的选择进行论述。

按常规道路雨水设计，在道路宽度范围不超过50m时，采用单侧布置雨水管方式，同时通过雨水蓖和过街雨水连接管收集两侧道路雨水。华村立交道路宽度未超过50m，但排水设计选取了在道路两侧慢车道下均布设雨水管方式，主要基于以下因素考虑。

1. 节省施工工期

如果单侧布置雨水管，道路另一侧的雨水则需通过雨水口和连接管分别接至对侧的雨水检查井。而雨水主管检查井间距约20～30m，因此，道路每隔20～30m就有一条过街雨水管且每条管道长约17m。过多的过街连接管的敷设将给路基施工工期造成影响，从而影响整个施工工期。而双侧布置雨水管，道路两侧雨水各自接入该侧雨水检查井，雨水连接管长度仅约1m，且位于道路两侧，并不影响道路施工。

2. 有利于桥上雨水就近排放

因立交范围内多条高架匝道沿嘉陵路人行道架设，桥上排水不能直接散排至嘉陵路人行道上，而需接入道路雨水系统。横断面如图2-7-3所示，嘉陵路两侧均分布有桥墩，如果单侧布置雨水管，则每隔数十米，桥上雨水均需设雨水过街管接入主干管。所以双侧布置雨水管线，有利于嘉陵路两侧桥上雨水就近接入道路雨水系统。

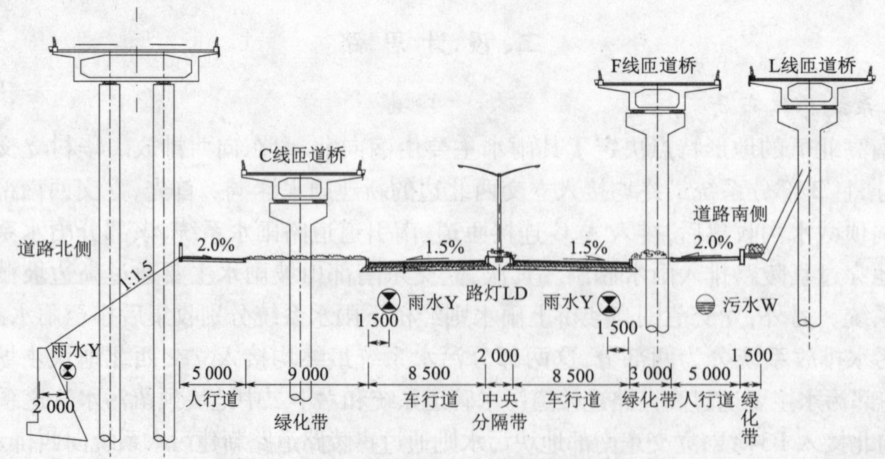

图2-7-3　嘉陵路管网横断面图（尺寸单位：mm）

3. 有利于道路及地块雨水的及时排放

嘉陵路范围地块雨水主要由南侧高地向北侧低处排放，汇水面积25hm²。嘉陵路南侧地块雨水和

北侧道路雨水均需通过道路雨水系统排放至嘉陵路起点附近的新建涵洞，排水压力较大。如果双侧布置雨水管，对地块及道路雨水进行分流，可减轻雨水排放压力，使排水更通畅。

(四) 高边坡排水构筑物形式的选取

重庆与其他平原城市不同，其大部分老城区沿山而建，地形坡度较大。华村立交作为重庆山地城市的代表，其工程范围内南侧为高边坡且坡度较陡。山坡上的雨水由南向北排放需考虑适当排水措施。

设计通常采用以下两种方式消化排水落差：其一是采用跌水井，其工程造价较高；其二是采用允许冲刷流速较大的管道，例如球墨铸铁管道等，费用较少。

华村立交中，嘉陵路南侧边坡顶上截水沟雨水接入道路雨水检查井处选用的是跌水井引流。主要是考虑到南侧山坡上的水量较大，接入嘉陵路上雨水管道的接入点有限，采用跌水井方式，因其跌水高度并不是很大(约4m)，造价影响不大，但它的结构形式牢固，作为永久性的雨水接收装置，有利于南侧山坡雨水的集中排放。另外，在嘉陵路西南侧嘉华隧道洞口有一现状明沟，是坡上雨水排放的主要通道，原来是通过现状管道排至下游，但嘉华隧道洞口高挡墙的修建将该条排水管道中断，需要恢复排水通道。因其水量大，水流急，设计采用的是高跌水井直接将雨水引至道路雨水检查井，确保排水渠道的畅通。且跌水井与挡墙共同浇筑施工，结构很稳定。若采用球墨铸铁管道，管径较大，高差大，检修不方便，景观效果差。

但是在局部水量不大的地方，例如，I、J隧道内截水沟来水在出洞口处排至下游截水沟时就可采用球墨铸铁管道，因管径小，施工较方便。

(五) 高架桥雨水收集系统的设置

在公路桥梁设计的许多案例中，桥下多处于水体旁边，属于人行稀少范围，桥上雨水通过雨水立管仅排至地面散排至水体中，没有统一收集排放。但城市立交尤其是华村立交处于城市行人密集处，工程范围内高架桥众多，附设于桥墩旁的PVC排水口也很多，桥下也属于人行系统范围(部分位于主干道嘉陵路人行道上)。如果桥上雨水散排至地面，将影响行人通过，且影响城市及立交景观。故在华村立交排水设计中，为有利于行人及景观，在桥墩旁地面均设有小型方井及雨水连接管线，收集雨水立管内排出的桥面雨水，最终分段接入附近地面雨水系统。

第五节　黄沙溪立交

一、概　述

立交主线道路下穿现状菜袁路。菜袁路设计高程西高东低，主线道路北高南低，因此，在系统分区中，根据道路的纵断面设计，结合现状排水管网的设计情况，将黄沙溪立交的雨水管网划分为两个排水片区。除了菜袁路上跨桥以东的道路雨水排入黄沙溪隧道现状排水管道系统外，其余部分的雨水均排入菜袁路南侧现状冲沟内的雨水涵洞。污水沿道路坡向排入龙凤溪流域内的主城排水C干管的二级管线。

菜袁路现状排水管网均为雨、污合流制，南、北侧均有 $d300 \sim d500$ 的合流排水管道。此外，为转输上游雨水，菜袁路上有两座涵洞，具体为K0+160处有一座2 500mm×2 500mm的排水涵洞，K0+340处有一座2 000mm×2 000mm的拱涵。上述涵洞在菜袁路南侧合流后，排入下游3 000mm×3 000mm的现状盖板涵洞。主线道路所经之处为现状冲沟，冲沟沿线有新东福花园小区和渝中花园小区的雨污水管道就近排入3 000mm×3 000mm的现状盖板涵洞，该涵洞顺着冲沟敷设，最后排入自然水体——长江。

二、现状特点及设计思路

(一) 现状管线复杂，人行道管道走廊有限的问题

菜袁路上现状管网较多，线路走向比较复杂。除了道路两边各有一根合流排水管道外，还有燃气管道、电信管线、联合信息管线、给水管道(包括高压和低压管道)、路灯照明管线、电力电缆沟等埋地管线。此外，工程范围内还有若干架空联合信息线路和电力线路，部分沿菜袁路架设，部分横跨菜袁路。

道路结构形式复杂，菜袁路以上跨桥的方式跨越主线道路，而且上跨桥几乎没有覆土，除了路灯管线可以在中间分隔带勉强通过外，其他市政管线均不能通过上跨桥，因此，管线的走廊相当缺乏。

根据规划要求，现有的架空线路必须随着道路的修建，同步下地敷设，现有的管线大多由于道路的修建，也需要还建，因此，本工程范围内的管线种类较多，且人行道较窄，除菜袁路南侧局部路段宽度有8m外，菜袁路其他路段的人行道只有3m，主线东侧人行道也只有5m宽，无法敷设下全部市政管线。结合施工组织设计，考虑到施工的困难，除了局部人行道为8m宽的路段雨污水管道均布设在人行道下外，其余路段的雨污水管道均布设在慢车道下。

由于主线下穿菜袁路后跨越现状冲沟，道路左幅（东侧）为路堤形式，道路右幅（西侧）局部为高架桥的形式，而且整个地势为东侧现状地块高程高于道路设计高程，西侧地块的高程远低于道路设计高程，因此，对该部分路段，只在东侧布设有污水管道。

此外，为了整个工程有良好的景观效果，对道路挖方地段的截水沟的雨水、隧道洞口上的截水沟的雨水、上跨桥和人行天桥的雨水也设计为有组织排放。

（二）排水管道落差较大的问题

本工程位于山地城市，地势落差较大，如果排水管道按地面坡度敷设，必然会发生流速超过规范值，使排水管道经常处于水流冲刷的状态下运行，势必会减短管道的设计服务年限。为避免这种情况的发生，设计通常采用以下两种处理方式：其一是减小陡坡路段排水管道的设计坡度，从而减小设计流速，但是，减小陡坡段排水管道的坡度，就必然要增加跌水井的数量和排水管道的埋深，增加管道沟槽开挖的土石方工程量，增加工程造价；其二是设计采用允许冲刷流速较大的管道，例如球墨铸铁管道等，这样只是增加管道自身的费用，与第一种方式相比，综合造价增加量要小一些。在一般情况下，采用第二种方式来处理管道两端落差较大的问题。例如，对于道路挖方地段的坡顶截水沟的雨水，由于其最终出口要接入道路雨水管道系统，管道起终点的落差较大，设计采用第二种方式来处理管道两端落差较大的问题，见图2-7-4。

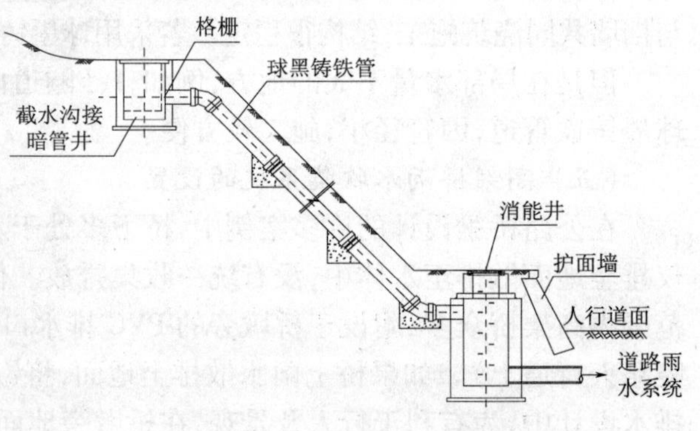

图2-7-4　跌落段雨水管道示意图

对于局部受到边界条件的制约，则采用跌水井以垂直跌落的方式来解决。例如菜袁路上跨桥上游的雨水管道要接入下穿主线的雨水管道系统，由于其上下游高差达到10m，没有条件采用第二种方式来处理，则只好采用费用较高的直接修建竖井跌水的方式来解决。此外，为节约工程造价，对不同的跌水高度设计采用了不同的跌水井形式，当雨水管道跌水小于4m时，设计采用单筒跌水井；当雨水管道跌水不小于4m时，为了运行维护管理的方便，设计采用双筒跌水井，一个井筒接雨水管道，另一个井筒作为检修的专用通道，见图2-7-5。污水管道由于其常年处于运行状态，为方便日常的维护管理，所有的跌水井均采用双筒跌水井，其中一个井筒作为维护专用通道，见图2-7-6。

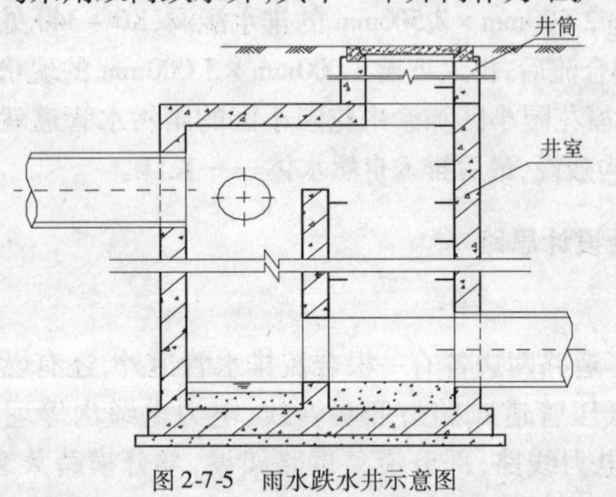

图2-7-5　雨水跌水井示意图

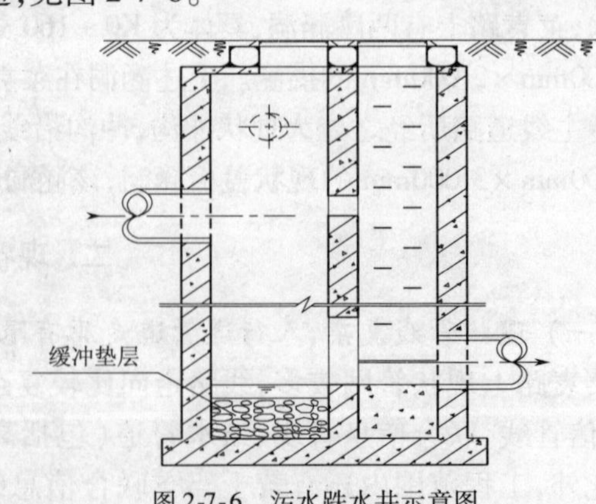

图2-7-6　污水跌水井示意图

对于雨水涵洞，由于其设计流量和流速都比较大，设计条件下水流的冲量和动能都很大，不能采用雨水管道的方式来处理，对此，设计考虑了两种方式来消能。第一种方式我们称之为错台式消能，第二种方式我们称之为阶梯式消能，见图2-7-7及图2-7-8。

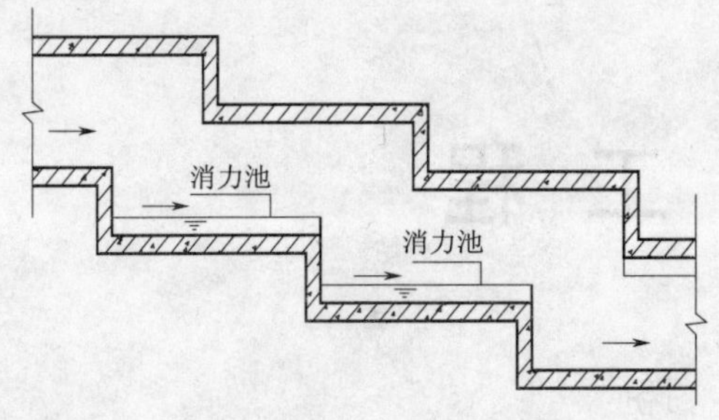

图2-7-7 错台式

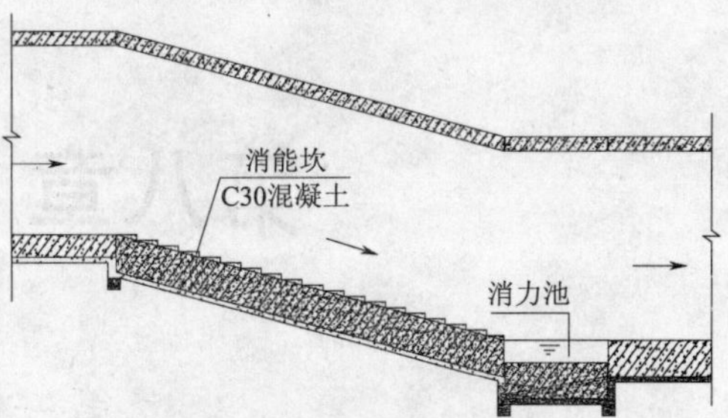

图2-7-8 阶梯式

通过分析，在运行情况下，错台式消能中来水的能量在每跌水段的消力池中被逐级消除，而在阶梯式消能中，来水的能量虽然在经过阶梯途中有所消除，但消除效果不明显，水能还是主要集中在跌水段末端的消力池中集中消除。所以，错台式消能的优点是消能效果比较好，特别适用于涵洞高差很大，倾角达到45°以上的情况，其缺点是施工比较复杂，造价较高；阶梯式消能的优点是造价较低，容易施工，其缺点是消能效果不及第一种方式。由于本工程的涵洞起终点高差较小，工期比较紧，设计采用阶梯式消能。

(三) 边界条件复杂、交通转换困难的问题

黄沙溪立交北面临山，直接与嘉华隧道出口相连，由于道路高程与自然地面高程相差较大，因此，与隧道相连的B、C匝道靠山侧都设计了高20多米的锚杆挡墙。立交东侧紧邻新东福花园小区，道路红线与小区建筑最窄处不足5m，且匝道A线设计高程与新东福小区地面高差较大，为方便行人，在A匝道车行道和人行道间设置挡墙，使人行道的高程与小区地面高程一致。立交西侧紧靠渝中花园小区，小区建筑与本工程的构筑物最近的地方不足4m，且道路设计高程与小区地面高差较大，现状排水涵洞均沿小区围墙敷设。

桥下冲沟的现状涵洞由于建设年代较久，盖板和侧墙破损严重，根据道路设计需增加其上的覆土厚度，经校核，无法满足设计荷载要求，因此，该涵洞需要改造。涵洞平面定线设计时除了要避开黄杨大道的现状桥墩外，还要避开主线架空桥的设计桥墩。为节约涵洞施工时的土石方开挖量和基础处理工程量，涵洞的纵断面设计高程应尽量与基岩面高程一致，但由于涵洞起终点的高差较大，需要局部集中跌水消能，因此很难做到设计高程与基岩面高程一致，此外，纵断面高程的确定直接决定其上的设计覆土厚度和涵洞的造价。因此，通过多方案比选，采用了综合造价最低的纵断面设计方案。

如前所述，立交匝道道路设计高程与现状地面之间均有很大的高差，因此，道路挡墙的修建必然要挖断现状排水管道。为解决上述问题，采用跌水井以垂直跌落的方式与现状排水管道接顺。此外，设计结合了道路施工组织设计，对位于设计车行道之外，施工期间在交通转换道范围内的排水管道，均按照车行道下的技术要求设计。

第八章 电 气 工 程

第一节 设 计 思 路

嘉华大桥是连接嘉陵江两岸的重要交通枢纽，包含1座跨江大桥、1座隧道及3座大型立交，全线主要用电容量来自道路照明及隧道动力负荷。根据实际情况景观照明仅实施了主桥部分，其余各处均以预留为主。

1. 供配电方式的选择

传统道路照明的供配电均是采用箱变供电，在1 000～1 500m范围内设置一处10kV/380V的路灯专用箱变，隧道洞口各设置一座10kV变配电房；本工程由于线路较长，横跨3个行政区域，因此供配电系统的选择对本工程的供电质量及供配电的经济性尤为重要。近年来一种新的供电方式正逐渐在大型市政工程中推广应用，这就是5.5kV中压传输供配电技术。经过综合比较及参考类似工程的建设经验，本工程最终决定采用5.5kV中压传输供配电系统。

2. 照明形式的选择

道路主线设计等级为城市快速干道，同时各立交桥形式较为复杂且部分立交高差较大，立交内包含了匝道上跨桥、下穿车行道、平面匝道及人行天桥，地道等多层次、多结构的道路形式。因此，道路照明形式应是多样化的，目前立交桥道路照明形式有中杆照明方式、中杆照明与高杆照明相结合的照明方式，隧道照明方式有单排中心纵向布置、双排对称纵向布置、双排交错纵向布置，选择适当的照明方式对全线的景观将有较大的影响。经过照度的相关计算及经济性比较，最后决定全线均采用中杆照明方式。灯具的布置分为主线采用双侧对称布置，匝道采用单侧布置，部分老路改造均采用中心对称布置等方式。隧道照明布灯主要采用两侧对称布灯与两侧交错布灯相结合的方式。

3. 照明标准的选择

本工程道路等级较多，包括城市快速干道、城市Ⅰ级主干道、城市次干道、匝道及城市隧道等。为保证道路照明的亮度、均匀度及良好的诱导性，按照《城市道路照明设计标准》（CJJ 42-5—2006）的相关技术标准和要求，对不同等级的道路分别选取不同的照度参数，尽可能提高夜间驾驶的安全性和舒适度，同时又能满足节能的需要，具体参数如下：

快速路、主干路 $E \geqslant 40$ lx（初始值），$U \geqslant 0.4$；

次干道 $E \geqslant 20$ lx（初始值），$U \geqslant 0.35$；

支路 $E \geqslant 15$ lx（初始值）；$U \geqslant 0.3$。

4. 弱电控制系统的选择

目前，大型桥梁及隧道工程的弱电系统一般均包括消防系统、照明控制系统、风机控制系统、电力监控系统、闭路监控系统。

5. 消防报警系统的选择

隧道的火灾报警系统是弱电系统中一个重要的子系统，城市隧道作为一种特殊的建筑结构，具有结构封闭、交通量大、洞内外亮度差大等特点，在隧道内发生火灾，一般具有起火快、火势蔓延迅速、火焰温度高等特点。目前用于隧道内的火灾探测器大致可分为两类，一类是线形感温探测器，另一类是点式感

光探测器。线形的探测器主要有空气管线形差温火灾探测器、感温电缆定温火灾探测器、光纤光栅感温火灾探测器等;点式的探测器主要有红外线感烟火灾探测器、热敏电阻火灾探测器及双波长火灾探测器。经过相关参数的比较及同类工程的使用情况,设计选择嘉华隧道消防报警探测器为双波长火灾探测器。

6. 照明控制方式选择

本工程全线线路较长,占地较广,采用传统照明控制方式,配电箱分布广且多,集中控制布线不方便,而对于集散控制系统,其分站照明控制箱由于点容量大、现场线路长、可靠性低,经过多次比选,结合本工程的实际情况,采用 I – BUS 智能照明控制系统。

7. 隧道风机控制方式选择

嘉华隧道全长约 1 434m,为双洞单向行车各 3 车道,按《建筑设计防火规范》规定,属于一类隧道,隧道内共设置了 12 组 24 台排风机同时兼作消防时的排烟风机,风机的工况基本可分为两种,一种是正常状态下通过检测 CO 含量顺车流方向控制风机的起停,另一种是消防状态下通过消防报警控制器,判断失火点的位置,并根据失火点的位置控制风机的正反转及起停。

8. 其他

闭路监控系统、电力监控系统均为常设系统,主要为信息采集和监控,因此仅作一般阐述(桥梁监控部分由业主另行委托专业部门实施)。

第二节 供配电系统

一、供电负荷等级

嘉华大桥是重庆市主城区连接嘉陵江两岸的重要交通枢纽,根据供配电系统设计规范,按用电点及其用电设备的重要性和中断供电后产生的影响程度,各点负荷等级分类如下。

一级负荷:隧道内的消防用电设备及公共通道照明,疏散指示、隧道风机及变电站照明等。

二级负荷:包括主桥照明、通信、监控等。

其他负荷均为三级负荷。

二、供配电系统方案比选

1. 10kV 供电方案

采用传统的道路照明供配电方式,在全线范围内共设置 8 台 10kV/0.4kV(表 2-8-1)路灯专用箱变。箱变电源由供电部门引入 10kV 高压电源。因本工程横跨 3 个行政区域,因此李家坪立交、北引道、主桥高压电源均由江北供电局供电,华村立交及嘉华隧道的一半由渝中区供电局供电,黄沙溪立交及嘉华隧道的另一半由杨家坪供电局供电。低压供电半径均控制在 750m。

10kV/0.4kV 供电方式负荷一览表 表 2-8-1

标　段	设备安装容量(kW)	10kV/0.4kV 变压器总容量(kV·A)
李家坪立交	178	315
北引道及主桥	180	2×250
华村立交	361	2×315
嘉华隧道	619	2×500
黄沙溪立交	156	315
合计	1 494	2 760

优点:该方案充分发挥现有 10kV 供电网络的优势,不需要单独设高压配电房,高压维护费用较少。

缺点:与多个供电部门协调工作量大,不利统一集中管理,同时沿线需铺设大量10kV电力管线,及新建外线电缆沟,供电的可靠性受各区域供电部门影响较大。全线供电负荷分类不清楚(隧道照明、风机及消防用电、道路照明、景观照明、监控用电等),今后的日常运行维护费用较高,施工较困难,低压线路长,损耗大,箱变设在绿化带内影响城市景观。

2. 5.5kV供电方案

采用新型的5.5kV中压传输供配电技术。高压电源经10kV/5.5kV变压器转换为5.5kV电压后,由中心变电站引出5回5.5kV供电电缆分别串接引至道路沿线的35台埋地式5.5kV中压变压器(表2-8-2),再由中压变压器引出380V/220V低压电缆至各末端用电负荷。

5.5kV/0.4kV供电方式负荷一览表 表2-8-2

标　段	设备安装容量(kW)	5.5kV/0.4kV变压器总容量(kV·A)
李家坪立交	178	326
北引道及主桥	180	326
华村立交	361	578
嘉华隧道	619	1010
黄沙溪立交	156	276
合计	1494	2 516

优点:采用中压系统传输,低压线路短,损耗小,沿线无需铺设大量电力管线,全线供电负荷分类清楚,道路照明、景观照明、监控用电等均分别由不同的变压器供电,室外均采用耐腐蚀、密闭防水、免维护的埋地式变压器,对城市景观影响较小,可以使运行费用降低,利用率较高,今后的日常运行维护费用较少,管理维护方便。

缺点:需要建设一座中心变配电房,设备均为原装进口,一次性投资较大。

在确定供电方案时设计充分考虑下述问题:

(1) 配电线路较长,且跨越3个行政区域。

(2) 照明负荷容量小,而且分散于整个配电线路上。

(3) 照明配电设备安装于户外,环境恶劣,因此,设备防护等级高。

(4) 主体工程预留给电气设备安装的空间有限,甚至狭小。

(5) 配电网络应便于扩展,以适应发展的需要。

(6) 户外电气装置维护保养不便,因此,应尽可能选用免维护产品。

(7) 需考虑年运行维护费用的节省。

(8) 本工程作为主城区中心道路景观要求高。

经过综合比较及参考类似工程的建设经验,本工程最终决定采用5.5kV中压传输供配电系统方式。

3. 供配电系统设计

(1) 本工程的主供电源由就近新建的开闭所单独引入两回10kV专线,中心变电站设于华村立交主桥下,10kV配电系统采用单母线方式,进线开关采用电气联锁和机械联锁,保证供电的可靠性和安全性。

高压电源经10kV/5.5kV变压器转换为5.5kV电压后,由中心变电站引出5回5.5kV供电电缆分别串接引至道路沿线的35台埋地式5.5kV中压变压器,再由中压变压器引出380V/220V低压电缆至各末端用电负荷。嘉华隧道内设置EPS集中应急电源作自备电源,当外电源发生故障时,作为消防设备及其他重要负荷的备用及应急供电电源。隧道内的消防负荷供电电缆均采用低烟无卤型耐火电缆。

消防用电设备均在末端设置双电源切换,在发生火灾时,由消防控制室在火灾确认后通过消防控制模块切断着火区的非消防设备用电,保证着火区的消防用电设备正常运行及工作时间。

（2）中心变电站设于华村立交主桥下，尽量靠近负荷中心，中心变电站引出的5回5.5kV中压线路供电，供电范围分别如下。

WP1：李家坪立交桥、北引道、主桥道路照明；

WP2：华村立交照明、黄沙溪立交道路照明；

WP3：嘉华隧道照明及监控用电；

WP4：全线的景观照明用电；

WP5：嘉华隧道动力用电。

其中35台埋地式变压器分别位于：李家坪立交桥6台、北引道5台、华村立交桥9台、嘉华隧道10台、黄沙溪立交桥5台。

第三节　道路照明系统

一、照明方案的选择

1. 主线照明

方案一：因主线道路较宽，为双向8车道，单侧车行道宽为15.5m，主线道路照明均采用3排对称布灯方式，间距均控制在25m左右，见图2-8-1。

根据灯具布置情况进行照度计算。

设计参数如下：

平均照度（初始值）$E \geqslant 50$ lx；维持值$E \geqslant 35$ lx；

照度均匀度$u \geqslant 0.5$。

方案二：主线道路照明灯采用双排对称布置在道路两侧的人行道及绿化带内，两侧人行道采用400W+250W双灯头高压钠灯，灯臂长为2.5m（灯具中心），灯具间距控制在25~30m，灯具高度均为12m，匝道上选用1×250W高压钠灯，灯臂长为1.5m，见图2-8-2。

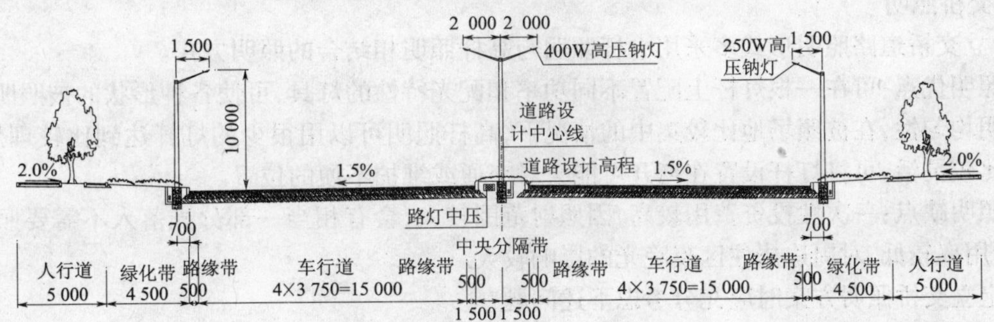

图2-8-1　主线照明方案一（尺寸单位：mm）

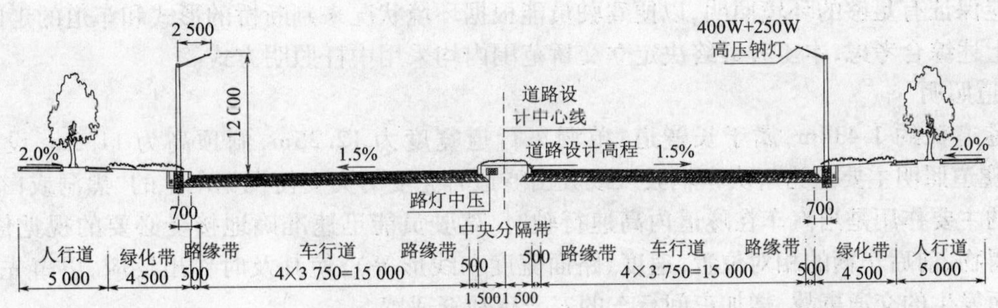

图2-8-2　主线照明方案二（尺寸单位：mm）

根据上述灯具布置情况进行照度计算。

设计参数如下：

平均照度（初始值）$E \geqslant 40$ lx；维持值 $E \geqslant 28$ lx；

照度均匀度 $u \geqslant 0.4$。

两种照明方案用电量及电费比较见表 2-8-3。

照明方案一、方案二用电量及电费比较　　表 2-8-3

参数 / 标段	灯具间距(m)		用电量测算（万度/年）		电价测算（万/年）	
	调整前	调整后	调整前	调整后	调整前	调整后
李家坪立交	25～28	取消中央分隔带上的双臂灯，灯具间间距加大至 28～30	28.1	19.1	14.6	10.2
北引道	25～28	取消中央分隔带上的双臂灯，灯具间间距加大至 28～30	14.9	12.4	7.8	6.4
主桥	25	25	9.9	6.8	5.2	3.5
华村立交	25～28	灯具间间距加大至 28～30	27.1	16.7	14.1	8.7
隧道照明	入口段 1.7～2.5m，过渡段 5～8m，基本段 9.7；出口段 2.3～4.7m	入口段 1.3m，过渡段 4.7～7.5m，基本段 9.7；出口段 2.3～4.7m	105.7	83.5	54.9	43.4
黄沙溪立交	25～28	灯具间间距加大至 28～30	30.7	21.8	15.9	11.3
隧道动力	360kW 每天运行时间暂按 2h 计		26.3		17.0	
景观照明	预留 550kW 每天运行时段按 19:00～22:00 计 3h		60.2		26.5	
合计			216.4	160.9	156	127.2

注：1. 市政照明电价按 0.52 元/度，景观电价按 0.44 元/度，普通工业用电电价按 0.646 元/度。

2. 全夜灯运行时段按 19:00～24:00；半夜灯运行时段按 24:00～6:00；深夜灯运行时段按 22:00～24:00。

3. 实际运行可根据冬夏及节假日等工况确定不同的控制方案。

经综合比较，本工程最终选择方案二为实施方案。

2. 立交桥照明

目前，立交桥道路照明形式多采用中杆照明与高杆照明相结合的照明方式。

高杆照明优点：可在一根灯杆上配置不同功率和配光特性的灯具，可使各种形状的被照明场地获得较好的照明均匀性，在被照场地比较集中的情况下，高杆照明可以用很少的灯杆达到比较理想的效果。杆位选择比较灵活，可将灯杆设置在离开可能会对交通或维护不便的位置。

高杆照明缺点：一次性投资费用较高，因照射范围较大，会有相当一部分光落入不需要照明的区域内，光通利用率较低，对周边居住区夜晚光的影响较大。

在确定立交桥照明方案时应充分考虑下述问题：

（1）本工程立交桥高差较大，占地范围较广。

（2）立交桥范围内车道的转弯、起伏、穿插多，道路照明应为驾驶员提供良好的诱导性。

（3）应保证有足够的环境照明，以便驾驶员能根据环境状况来判断桥的形式和车道的走向。

经过上述综合考虑，本工程最终决定立交桥范围内均采用中杆照明方式。

3. 隧道照明

嘉华隧道长约 1 434m，属于长隧道，单洞车行道宽度为 12.25m，洞顶高为 11.5m，设计车速为 80km/h。隧道照明主要是为解决车辆驶入或驶出隧道时亮度的突变使视觉产生的“黑洞或白洞效应”，隧道照明的主要作用是当汽车在隧道内高速行驶时，驾驶员能迅速准确地接受必要的视觉信息（如路上有无障碍物、前后车辆的相对位置、速度、路面宽度和线形等），使其及时作出反应，以事先防止由于视距不足而发生的交通事故，增加夜间行车的安全感和舒适感。

隧道照明划分为引入段、过渡段 1、过渡段 2、过渡段 3、基本段和出口段 6 个区域段照明，其每个区

域段照明的作用分别如下。

(1) 引入段:消除驾驶员视觉产生"黑洞"现象,使驾驶员在洞口处能辨认障碍物。

(2) 过渡段:车辆进入隧道后,驾驶员能逐渐适应并消除"黑洞"现象。

(3) 基本段:隧道内部基本照明。

(4) 出口段:白天使驾驶员能逐渐适应出口处的强光,消除"白洞"现象;在夜间,使驾驶员能在洞内看清外部道路的线形及路上的障碍物,消除出口处的"黑洞"现象。

目前隧道照明布灯主要有中间单排布灯、两侧对称布灯、两侧交错布灯 3 种方式,本工程由于隧道较宽,车流量较大,隧道照明设计时充分考虑到快速干道行车的舒适性、安全性及今后的管理维护的要求,经计算,本工程隧道照明采用隧道专用高压钠灯在隧道顶部双排纵向布置,照明灯具根据隧道分段不同而容量、排列方式各不相同,引入段、过渡段、出口段均采用双排对称布置,基本段采用两侧交错布置,照度均满足相关规范的要求。

二、照明控制方式的比较

合理选用照明控制方式,满足不同时段、不同区域营造不同气氛下的照明景观效果的要求,并根据使用情况设置平日、节日、重大节日等不同的开灯控制模式,分区或分组集中控制,避免全部灯具同时启动。目前道路照明控制方式较多,特点见表 2-8-4。

照明控制方式比较　表 2-8-4

控制方式	优　点	缺　点
时钟或天文钟照明控制器	安装方便,造价低	控制单一,多台控制时间不统一,使用寿命短,不能远传操作,受环境影响较大
三摇照明控制器	控制方式灵活,既能远控又能就地控制,使用寿命较长,可靠性较高	造价高,体积大,受环境影响较大,抗干扰性弱
智能控制器	体积小,控制方式灵活,既能远控又能就地控制,使用寿命长,可靠性高。能实现在线编程,远程诊断及远程维护,采用总线供电安全可靠	造价较高,线路敷设较为复杂,对管理人员的素质要求较高

经过综合考虑,采用智能控制器对嘉华大桥工程照明进行自动化控制。

第四节　弱电系统

一、消防报警

嘉华隧道长度约 1 434m,修建在主城区的中心地带,交通量大、空气污染严重、交通空间有限,发生火灾时消防救助困难,一旦发生火灾将给驾乘人员带来生命威胁,后果严重。因此,尽快发现火灾将损失降到最小是关键。隧道报警系统是由:消防控制器、火灾探测器、手动报警按钮及联动模块组成。目前常用的几种隧道消防产品比较见表 2-8-5。

隧道消防产品比较　表 2-8-5

产品种类	报警相应时间(s)	监测最大距离(m)	费用	普及率	抗干扰性	其　他
空气采样感温探测器	<60	<130	高	国内较少,国外较多	受环境影响较大	维修费用高,检查维修不方便
感温电缆定温火灾探测器	<30	<200	较高	较多	受环境影响较大,抗干扰能力差	不可恢复型,一旦发生火灾就要更新,使用费用较高
红外线火焰探测器	<10	<100	昂贵	极少	受汽车排出的烟雾、气体影响较大	一次投资费用高,检查维修不方便
光纤光栅感温火灾探测器	<20	<1000	昂贵	极少	受环境影响较小	维修费用高,检查维修不方便
双波长火灾探测器	<30	<50	较高	较多	受环境影响较小	一次投资费用较低,检查维修方便

根据以上特点及类似工程经验，嘉华隧道消防报警探测器最终采用双波长火灾探测器。双波长火灾探测器的工作原理是：对火灾发生中辐射光的闪变的两种波长进行比较从而判断火灾是否发生。

双波长火灾探测器特点：

(1) 因为是捕捉辐射光，所以能够不受气流影响，告知准确的火灾位置。

(2) 具有广泛的监视视野和高灵敏特点。

(3) 不会因隧道内的蒸气灯、荧光灯和其他车辆灯光而动作。

(4) 因为考虑到了防水和防腐蚀，采用密封结构，对隧道内的渗水、废气、瓦斯有出色的耐久性。

本工程消防控制室设置在华村立交桥下的配电房及监控中心内，火灾自动报警系统由智能型消防控制器、双波长火灾探测器、手动报警按钮及联动模块组成。报警系统为总线制，线路均在耐火金属线槽内敷设或穿钢管暗敷设，双波长火灾探测器及手动报警按钮组成的综合盘安装在隧道侧墙上 1.5m。

消防联动系统采用总线制，所有消防用电设备均能在消防控制室内进行监控，既能自动控制又能手动控制，在火灾发生时，联动控制系统要完成以下工作：

根据着火点的位置启停相应的射流风机；

启动声光报警控制器；

向控制中心及消防支队报警。

二、照 明 控 制

照明控制系统是采用了 I-Bus 智能照明控制器，针对嘉华大桥工程中照明控制项目的功能特点和技术要求，参照其他类似相关项目的设计经验，设计选用 I-Bus 智能照明控制管理系统，完全实现了工程照明控制方面的相关的要求。

本系统采用 I-Bus 对工程照明进行自动化控制，该系统具有如下特点：

(1) 整个系统只需一条 I-Bus 总线，没有大量的电缆附设和繁杂的控制设计。

(2) 模块式组合，安装在现场照明配电箱内，节省安装空间、安装线材和人工费用。

(3) 现场控制器只需一条 24V 的 I-Bus 总线连接，安全可靠，操作方便。

(4) 功能、控制修改方便灵活，只需做小的程序调整，不需现场重新布线就可以实现。

(5) 节约能源，提高效率。通过时段设定，自动运行到最佳状态，合理节约能源，方便管理和维护。

(6) 系统是一种分布式控制系统，只需一条 I-Bus 总线(2×2×0.8 的双绞线)将每个区域的照明配电箱串联在一起，就可以实现控制，每个区域可以独立运行，也可以通过 I-Bus 总线在总控室进行集中监控和远程控制。在管理中心放置一台监控电脑，装入 WINSWITCH 软件，就可以查看整个大桥照明各个区域灯光的运行情况，并可在电脑上进行场景调用、单路开关等各种操作控制。同时，为方便用户使用，在现场放置的智能场景面板，实现场景的调用，被控区域灯光的开关、组合等各种灯光控制。

(7) I-Bus 布线安装非常灵活，可以和强电同槽和共管，开关模块等智能元器件可以安装在各区域的强电配电箱中，无需额外增加箱体和管槽。现场就地控制只需拉一根 I-Bus 总线到现场智能面板和监控中心，就可以实现现场照明回路的分组、间隔、全开关、场景预设、时间顺序控制和调用等多种形式的控制，免去大量电缆线路的敷设，系统的安装还为今后的维护大为简化。

三、隧道通风控制系统

由于隧道内汽车排放的废气、行驶时带起路面上的烟气和粉尘不易扩散，对人体非常有害，也影响行车安全，因此隧道内保持良好的空气是行车安全的必要条件。本工程共设计有隧道风机 12 组共 24 台，风机平时作通风用，发生火灾时作为消防排烟风机。

确定隧道内的空气质量指标主要由 CO 浓度、烟雾浓度和异味浓度 3 个方面组成，在城市隧道内行驶的车辆主要以汽油车为主，产生烟雾浓度较大的柴油车较少，同时城市隧道的粉尘较郊外公路隧道少，嘉华隧道作为城市隧道，位于中心城区，车流量大，当隧道出现交通拥阻或车辆行驶缓慢的情况时影

响隧道内空气质量的主要因素为汽车尾气,因此设计最终确定嘉华隧道的空气质量是由CO浓度控制,在隧道内共设置了4套一氧化碳(CO)检测器。由隧道监控工作站根据检测到的CO浓度确定风机的运转,实现节能和保持风机较佳运行状态。

系统结构:通风控制系统由隧道中央处理单元控制系统、隧道风机控制柜、风机、一氧化碳检测器以及传输线路等组成。

风机远程控制采用S7-300可编程控制器进行逻辑控制。通过检测CO含量控制风机的起停,并通过消防火灾模块,实现相互连锁控制;控制模块ET200m均直接安装于风机控制箱内,通过总线PROFIBUS进行连接,通过光纤将信号上传至华村立交桥下管理房内的控制中心,风机的工作状态如下。

1. 正常状态

通过检测CO含量控制风机的启停,并能实现现场及远方控制。

右洞1CO~3CO一氧化碳检测器动作时通过可编程控制器启动右洞的FJ1~FJ12隧道风机。

左洞4CO~6CO一氧化碳检测器动作时通过可编程控制器启动左洞的FJ13~FJ24隧道风机。

2. 消防状态

通风应视隧道内火灾点的位置确定风机的正反转,应尽量缩短火灾烟雾在车行道内的行程。因此,风机启动如下:

右洞R1~R13火灾探测器动作时要求右洞FJ1~FJ12隧道风机反转,停止其他风机;

右洞R14~R28火焰探测器动作时要求右洞FJ1~FJ12隧道风机正转,停止其他风机;

左洞L1~L13火灾探测器动作时要求左洞FJ13~FJ24隧道风机正转,停止其他风机;

左洞L14~L28火焰探测器动作时要求左洞FJ13~FJ24隧道风机反转,停止其他风机。

四、电力监控系统

供配电系统中设有电力监控系统,以实现供配电及道路照明、景观照明系统的自动化监控;实现对大桥全线供电系统的自动化控制、无人/少人值守,以提高公共工程供配电系统运行的可靠性、安全性、先进性和工程的运行及管理效益,管理自动化水平,减轻管理维护人员的劳动强度,减少值班维护人员,降低运行维护成本。因此在供配电系统中设置综合电力监控系统,利用成熟的计算机、通信网络和自动控制技术,实现对全线电力系统和设备实施监控,监测系统运行状况,监视设备运行状况(如断路器通、断、故障等),确保系统正常、可靠、稳定运行。

电力监控系统的功能如下。

(1) 检测密封式变压器出线电流:在合闸状态下,通过检测电流减少判断供电回路上可能的灯具故障;在分闸状态下,通过检测电流增加判断可能的出线开关和接线头的故障。

(2) 通过检测变压器进出线的负序电流判断变压器熔丝熔断和出线线路断相。对空气开关的监测以获得出线故障信息,监测交流接触器的接点状态以获得出线运行信息。通过通信模块与监控系统进行信息交换,保证通信的可靠性和可用率。

通过设置综合电力监控系统主要可实现中心变电站及全线供配电设备的自动化监控功能、路灯照明自动化功能、夜景照明自动化管理功能等;可为嘉华大桥的稳定、可靠运行起到十分重要的作用。

五、视 频 监 控

视频监控将交通视频监控与大桥的安防合用一套系统,设置视频监控是了解嘉华大桥交通状况和治安状况的窗口,是公安交通指挥及工程维护管理不可缺少的子系统。视频监控系统是智能交通系统的一个重要组成部分,建立视频图像监控系统目的是及时准确地掌握所监视路口、路段周围的车辆、行人的流量、交通治安情况等,为交通指挥人员提供迅速直观的信息从而对交通事故和交通堵塞作出准确判断并及时响应,对监控范围内的突发性治安事件及灾害事件即使反馈到控制中心,为内外事警卫工作服务,起到综合治理效果。

1. 闭路电视系统

系统由智能球型摄像机、视频/数据光端机、光缆、视频切换矩阵、字符叠加器、监视器、图形计算机等组成。

在大桥主桥和引桥两侧隧道口适当位置设计12台可变焦彩色摄像机；在嘉华隧道内26台定焦黑白摄像机，根据业主管理需要在中控室大门外增设安防彩色摄像机。

2. 监控中心系统

为了实时监视主桥区域的交通运营状况和防范事故发生，对异常情况进行实况录像，在大桥管理所内设置监控中心。监控中心系统是整个监控系统的核心，根据监控策略和监控系统功能要求，组成监控中心系统，它通过传输线路与外场设备组成一个JCTV实时监视系统，在监控中心统一对大桥隧道进行监控。

中心负责与下端各个外场监控设备进行通信联系，实时、直观、准确地监视道路的交通状况、监视器能自动显示相应区段摄像机的图像，并能把时间、摄像机号码记录下来。

第五节　结　语

由于工程规模较大，涵盖类型多样，包括桥梁、道路、立交、隧道等多种形式，电气设计在各分部工程中均有所涉及，从而形成了多种系统，包括变配电系统、照明系统、消防系统、视频监控系统、电力监控系统、风机控制系统等，对设计师的专业知识水平是一次非常难得的挑战和提高的机会。随着社会的发展，大型、特大型的市政工程将会越来越多，作为一名电气设计师应该时刻关注本专业新技术、新产品的推出，并对新推出的经济的、环保的、节能的好产品进行推广应用；同时，总结设计过程中的不足，慎重对待设计过程中出现的每一个问题，认真解决，确保设计质量，努力提高自身的设计水平。

第九章 综合管网工程

第一节 设计原则

（1）远近结合，统筹规划，同步建设。

（2）局部和整体相协调，技术和经济相结合。

（3）近期和远期兼顾，临时和永久相统一。

（4）新建管线与现有管线有机地衔接。

（5）管线布置考虑先人行道后车行道，检修频繁的管道优先布置于人行道上，重力管道优先布置。

（6）工程范围内所有架空线路均改为下地敷设（35kV 及以上的高压架空线缆原则考虑保留），原架空变压器均改为室外箱变，并迁建到适当位置。

第二节 关键技术问题及应对措施

一、现状管线及附属设施的处理

工程范围 3 个立交的主干道路均为现状城市道路，其地下埋设的现状管网较多，由于建设年代久远，管线的走向比较复杂。除了有合流排水管道外，还有燃气管道、电信管线、联合信息管线、给水管道（包括高压和低压管道）、路灯照明管线、电力电缆沟等埋地管线。此外，还包括若干架空通信线路、电力线路及变压器等附属设施。现状管线及其附属设施因与城市居民生活息息相关，也关系到道路及立交工程的顺利进行，需要妥善处理。

1. 现状埋地管线的处理

当工程范围内现有道路需改造、拓宽时，若范围内的现状管线在平面位置或高程上与改造、拓宽后的道路平面、高程相矛盾时，则需拆除该现状管线，并根据改造后道路平面重新分配适宜的管廊。

另外，若现状管线容量不能满足规划发展需要时，则需在迁建管道的同时进行扩建，扩建容量根据各管线专项规划及管线单位意见综合考虑后确定。

例如，李家坪立交的观苗路、华村立交的嘉陵路、黄沙溪立交的菜袁路均属于城市现有道路的拓宽改造，3 条道路均为城市的交通干道，同时也是各综合管网干管的主要走廊。但道路沿线现状管网密集，且容量偏小，现有管线在平面位置、高程及容量等方面均无法满足工程改造后的要求，故在管网设计中对 3 条道路上的现状管网均进行了迁建，同时扩大管线容量。

2. 架空线路下地及其附属设施的处理

工程范围内除电力 35kV 及以上的高压架空线缆外，其余各种类的架空杆线均改为下地敷设。观苗路、嘉陵路、菜袁路沿线的多处低压电力架空线和通信架空线均予拆除，改为埋地敷设。35kV 以上的高压线及铁塔原则上进行保护。

嘉陵路上空的 10kV 架空线路在嘉陵路和六十二中各有一座钢管塔。其中嘉陵路上的现状电力钢管塔因位于拓宽后的道路车行道上，需要拆除该钢管塔，并将该段架空线路改为下地敷设，与嘉陵路上电力管沟相接。另一端六十二中的钢管塔及工程红线范围外的架空线路根据电力部门意见予以保留。但因嘉陵路钢管塔拆除后,与之相连的六十二中钢管塔将产生受力不均衡,设计对该铁塔进行了改造处理。

黄沙溪立交范围有一座 110kV 的高压铁塔,正好位于靠近中央绿化带的设计车行道路上。为照顾部分新东福花园住户的居住环境,建设方放弃了在该现状铁塔处增加中间绿化分隔带宽度的经济方案。因该方案将增加道路宽度,道路边线会影响到新东福花园的用地红线。后经与电力部门反复协调,采用将该高压铁塔迁建至立交范围内 E 匝道与主线道路之间围合的绿化区内。

3 个立交范围内的低压电力架空线路下地后,其附属设备如变压器也应进行迁建,并置于规划部门及业主认可的较隐蔽处,如架空桥桥墩、桥台及景观绿化旁,以减小对周边环境美观的影响。

二、道路综合管网平面布置

重庆市为典型的山地城市,主城区内的市政道路受周边邻近建筑物的影响,用地范围往往有限,因而人行道宽度通常较窄。例如,华村立交嘉陵路上人行道最小仅 5m,且道路沿线两侧人行道上均布置了桥墩,可用作管廊的人行道位置更是捉襟见肘。黄沙溪立交的人行道除菜袁路南侧局部路段宽度有 8m 外,菜袁路其他路段的人行道只有 3m,主线东侧人行道也只有 5m 宽。

在有限的空间里,如何在满足各种管线的特殊要求的前提下,合理安排管线的管廊位置,给设计带来了不小的挑战。设计主要从以下几个方面进行综合比较,确定各管线的管廊位置。

1. 管线布置影响因素

(1) 管线现有位置及周边用户情况

管线布置应参考原管线所在位置,其原因一是便于与工程改造起终点道路两侧的现状管线接顺;二是原位置大多靠近用户集中地区,其支线的分出在改造后需恢复。同时也应综合考虑管线服务对象的主要分布区域。如果道路两侧均有居民区,则应优先布置在用户较多且接入方便的一侧。

例如:嘉陵路原电力、给水及电信管廊位于道路北半幅,主要因为南侧地块为山坡形式,用户少,而北侧用户多。所以改建后的电力、给水及电信走廊仍旧分配在北半幅。

(2) 工程经济比较

工程造价也是管线布置需要考虑的问题。例如,将电力管线设于车行道下,则必须采用电力排管代替电缆沟形式,前者的造价远远高于后者。而燃气管线如果布置在车行道下,为避免车行荷载对管线的破坏,通常需要加设钢套管,这显然也会增加工程造价。其余种类的管线对于平面变化带来的工程费用的增加相对较小。所以应结合各管线的自身要求,在可能的情况下,尽量将电力及燃气布置在人行道下。

(3) 检修维护的便利

在管网平面设计中,通常优先将燃气、给水管线及电力电缆沟布置在人行道上。因为这两种管线出现泄露等事故的几率较其余管线更大,且危害性也较大。为便于日常的检修及维护,电力、给水、燃气一般布置在人行道上。

污水管线及检查井容易淤积且聚集有毒气体,为避免沼气过度集结发生爆炸,需定时清掏。所以污水管通常设于人行道下,也便于小区、街坊用户污水的接入。

雨水管线应靠近车行道路缘石布置,以方便收集雨水口来水。电信及联信检查井井距较远,不需要频繁检修。因此,在满足上述管线的要求后,这三类管线在有条件时,可布置在人行道上,无条件时亦可设于慢车道下。

2. 特殊部位的管网布置

综合管网的管廊在道路上的位置除需考虑以上因素外,也应结合实际情况综合比较进行。遇到特殊部位也需进行特殊的处理。

(1) 下穿车行道段道路管网布置

李家坪立交观苗路中上段位置处有一下穿车行匝道,受匝道设计纵坡及观苗路设计路面高程的限制,车行地道顶板覆土最大处仅有1.5m,且在顶板位置附近还有一条污水过街管道。在根据各综合管网容量及管线埋设的最小覆土要求统一考虑各管线交叉高程后,设计发现地道设计顶板覆土无法满足管道埋设的要求。另外,由于此段观苗路约140m长范围内道路北侧无人行通道,若各条管线布于车行道下,将不利于日常的检修维护。

基于以上因素,在设计中将此段道路下除排水管道外的其余综合管网置于道路北侧下穿道出口车行道下,其前后通过下穿道出口道路两侧的斜坡绿化带转入观苗路主线。

(2) 架空板人行道段管网布置

黄沙溪渝中花园小区靠近菜袁路的一侧8m宽的人行道中,有5m宽的人行道是通过架空板与道路相接的,其下不能敷设任何管线,因此,需要采取措施来解决管线走廊问题。设计考虑了以下两种方案。

方案一:在架空板上敷设电力和联信管线,其余的燃气管道、雨水管道布设在人行道下有覆土的3m内。

方案二:将电力和联信管道敷设在车行道下。其余的燃气管道、雨水管道布设在人行道下。

方案一的优点是电力管线和联信管线敷设在人行道下,便于施工和运行管理维护,其缺点是要加大现状架空板的荷载,需要复核其结构安全或者加强该架空板,这些都需要一定时间来处理,影响工期,而且会增加工程费用。方案二的优点是处理时间较短,对整个工期和工程造价均没有影响,其缺点是会影响现状菜袁路的交通,不便于电力和联信管道的施工放线和后期的维护管理。由于工期较紧,经多方协调,采用了将电力和联信管道敷设在车行道下的第二种方案。

(3) 马道的利用

黄沙溪立交主线在下穿菜袁路后,右幅大多为桥梁结构形式,没有管线的管廊,主线左幅的人行道由于受到新东福花园小区的制约,人行道也不宽,最窄的只有3m宽,无法在人行道下敷设所有综合管线。在该路段,为了解决主线右幅的人行系统,在右侧修建了宽5m,长约300m的马道,为了解决管线走廊问题,设计考虑将电信管线、联信管线和路灯中压管线布设在该马道下面。

三、综合管网的竖向控制

综合考虑各管线的技术要求,其布置顺序从上至下通常为:电力电缆沟、联合信息管道、中国电信、燃气管道、给水管道、雨水管道、污水管道、雨水涵洞。

电力沟顶面盖板一般与路面人行道相平,便于检修。在高程上处于其他管线的最上部。

雨水涵洞及雨、污水管线属于重力管线,其下游管线高程必须低于上游管线高程,为减少与其他相交管线的高程冲突,通常埋深较大,处于综合管线的最下部。

综合管线的高程设计并不是绝对或独立的,各管线之间横向交叉较多,交叉点的高程设计影响到各类干管及支管的高程设计。在确定各管线的埋深之前,设计人员对交叉点的高程进行了精心设计和仔细核对,避免高程上的冲突。而交叉点最集中的地方往往是过街支管设置处。因支管施工工期落后于干管,为减少后期开挖量,方便施工,各过街支管高程设于综合管线的最上层。

四、与周边综合管网的衔接

综合管网设计应注意与区域周边及其他各区域综合管网的衔接。

1. 与立交红线范围外的各现状管线接顺

工程范围内改建后的综合管线除应与道路改造起终点处现状管线接顺外,还应特别注意周边未拆迁居民区内管网支线的还建,以保证其正常的生活所需。

李家坪立交观苗路、华村立交嘉陵路、黄沙溪立交菜袁路上各综合管线分别在道路改造起终点处与现有管线接顺,并根据原有用户引入位置恢复支管至工程红线外。

2. 各分部工程管网应尽量连通

根据工程各综合管线专项规划，综合管网设计中的联合信息管线通过主桥、嘉华隧道的管廊实现了北至李家坪立交、北引道，南至华村立交、黄沙溪立交的全线贯通。其余综合管网以嘉华大桥为界，北部的李家坪立交和北引道两部分的所有综合管线均通过各立交匝道相连通。南部华村立交与黄沙溪立交之间的电力、电信、联合信息通过嘉华隧道内的相应管线互相连通。

五、综合管网细部结构处理措施

1. 中央绿化带及车行道电力井收口处理

由于电力行业的特殊性，供电管理部门对所有电力井的净空尺寸要求较大，最大尺寸达到 1.8m × 3.4m，且上部不能收口。这样的尺寸，如果是在车行道下，至少需要 6 块盖板，由于盖板颜色和道路路面不协调，影响美观，而且盖板与路面的平整度很难统一，会极大地影响行车的舒适性；如果是在绿化分隔带下，就会造成井面 1.8m × 3.4m 范围内的景观空白，影响道路景观的整体性。为了解决这一问题，设计会同业主一起与供电局协调，在保证电力检查井有效净空尺寸的前提下，加大电力检查井的埋深，局部采用通信人孔井的方案，给路面结构层留出足够的空间，给绿化留 30cm 的覆土，满足景观要求。该处理方式以略微增加工程造价的代价，获得满意的行车舒适性和景观的要求。

2. 穿越挡墙的处理

李家坪立交、特别是华村立交和黄沙溪立交受到边界条件的制约，挡墙众多，为了整个管网的系统性，设计考虑通过竖井来实现立交上下层管线的贯通。竖井可以放在挡墙里面，和挡墙连为一体，也可以设置在挡墙外面。但设置在挡墙外面影响景观效果，因此一般都是设置在挡墙里面。也可以采用在挡墙上开槽的方式解决管廊的通道问题。

3. 管线共同管（沟）的设置

为适应管线发展的不可预见性，避免道路的重复开挖。在 3 个立交范围内均设置了预埋管线过街共同管。共同管平面位置均选择在邻近道路支路口或周边居民区密集的地段，穿越立交及引道主线，以为远期不可预见的管线过街预留走廊。

共同管采用 DN1 000 夹砂玻璃钢管，管顶覆土深度不低于 2m。共同管两端采用浆砌混凝土块井，以利日后的安装及检修维护。

六、嘉华隧道综合管网的布置

嘉华隧道综合管网（图 2-9-1）包括消防给水（DN150）、电力（N6）、电信（K9）、联信（K9）。除消防给水属于隧道的配套消防设施外，其他 3 类管线均属于过境管线，用于华村立交和黄沙溪立交各管线之间的连接。

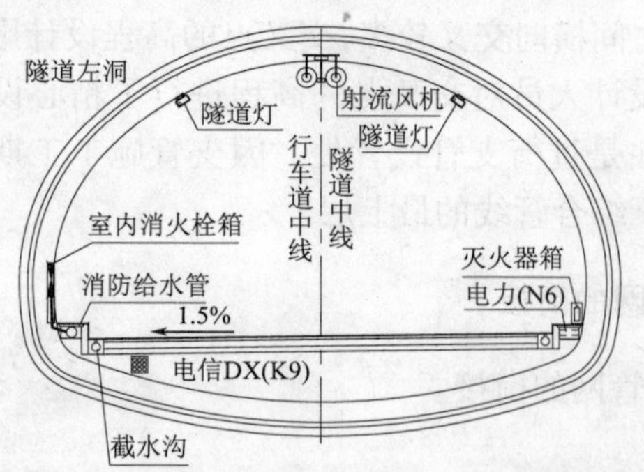

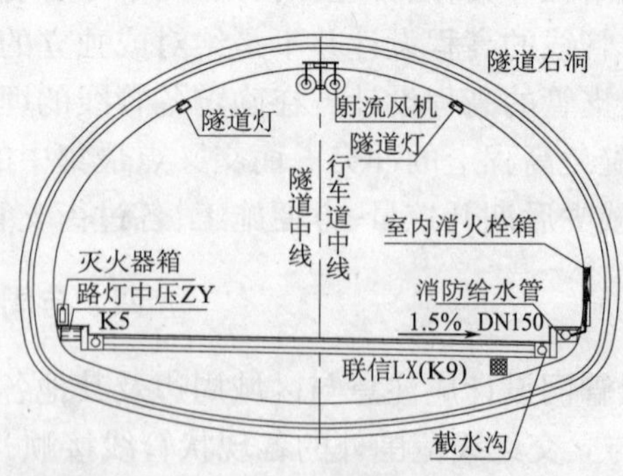

图 2-9-1　嘉华隧道综合管网横断面图

嘉华隧道左右洞两侧检修道下为消防给水管、电力、中压路灯。为方便隧道两侧消火栓的连接，将消防给水管分别设置在两洞较低侧的检修沟道内；电力和中压路灯管线因检修频繁，也分别设于左右洞较高侧的检修沟道内；电信及联信因其检查井间距大，在没有检修道可利用的情况下，设于慢车行道下。同时，因隧道底板厚度小，故采用浅型手孔井，将井深控制在隧道结构层内。

七、嘉华大桥主桥综合管网

1. 主桥管网布置

主桥左、右幅桥各自独立，无中央分隔带，仅两侧各有 1.5m 的检修道可供管线通过。联信设置在主桥下游侧检修道内，中压（K6）及路灯（K2）管线布置在主桥上游侧检修道内。联信容量为 18 孔（包括网通、移动、联通、交通监控、有线电视），该容量已考虑了远期发展的需要。

2. 主桥与华村立交及嘉华隧道联信管廊的连接处理

由李家坪及北引道敷设过来的联信管线及路灯管线需要通过主桥管廊与南部华村立交、嘉华隧道以及黄沙溪立交内的相应管线贯通。但主桥上、下游检修道在华村立交范围内因匝道分流而中断，即主桥至嘉华隧道段的主线两侧未设检修道，只有中央分隔带延伸至嘉华隧道洞口，可作为管线走廊。所以必须将主桥上、下游检修道下的管廊转换至华村立交范围内主线的中央分隔带下，才能实现主桥联信及路灯管线干线与南边的嘉华隧道相应干线贯通，进而在嘉华隧道洞口通过沿山坡敷设的支线与下层华村立交嘉陵路联信及路灯管线连通，从而将北部李家坪立交及北引道、主桥、中部华村立交、南部嘉华隧道及黄沙溪立交联信及中压路灯管网连成一个整体。主桥管网断面见图 2-9-2。

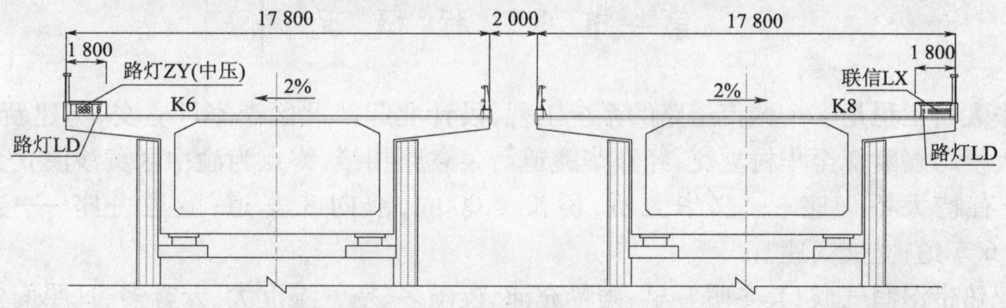

图 2-9-2 主桥管网断面图（尺寸单位：mm）

在主桥与华村立交交界处主桥上、下游检修道内的管廊与中央分隔带管廊的转换不同于普通道路上的管廊转换，主要因大桥除桥面铺装层外均为钢筋混凝土现浇结构，无法为管线横穿提供必要的覆土厚度，且管线直接横穿过桥梁结构层无法进行检修。经与结构专业设计人员反复磋商，最后确定在主桥 7F 桥墩处的主桥箱梁翼缘板（两侧检修道位置）和中央分隔带内分别设一个下穿人孔井，再通过附设于桥墩及盖梁上的钢结构架空管廊将两个人孔井相连。主桥上、下游检修道内的联信和中压路灯管线分别顺人孔转至箱梁下，再通过该架空管廊引至中央分隔带人孔井位置上穿，然后通过中央分隔带再向南与嘉华隧道联信和中压路灯管线连通。该架空管廊在两个人孔井处均设有爬梯，可供工作人员上、下桥梁进行管道施工及检修。

第十章　环境和景观设计

城市景观道路是把道路景观作为道路的有机组成部分，并将景观功能与交通功能置于同等重要地位的一种尝试与探索。

对于道路景观而言，如果你能在交通行进的历程中，品味着沿途的生态景观，感悟到重庆特有的山水城市韵味，理解着历史的变迁，那么景观在这里已不仅仅是美景的代名词，它更像是卷长画轴，在向你展现画中美景的同时，描述着人文地理、巴渝风情、城市历史、社会发展。

第一节　工 程 概 况

重庆嘉华大桥工程是一个城市道路的系统工程，设计北起江北区李家坪立交，与建新西路相接，向南通过嘉华大桥跨嘉陵江至华村立交、经嘉华隧道与菜袁路相接，终点为渝中区黄沙溪立交。线路全长4.35km，其中有特大桥一座——嘉华大桥，桥长1 000m，双向8车道；隧道一座——嘉华隧道，长1 265m，双向6车道；立交3座。

沿线属亚热带湿润气候，具冬暖春早、雨量充沛、夜雨多、空气湿度大、云雾多、日照偏少等特点。场地地貌受构造和岩性明显控制，为构造剥蚀丘陵地貌。嘉陵江由西向东流，河谷走向较平直，呈壮年期河谷地貌，河谷形态呈不对称“U”形。

景观设计内容包括沿线人行道景观、护坡景观、互通立交景观、隧道洞口及洞内装饰及景观照明等。

第二节　景观设计理论基础

一、景观生态学原理

伴随着人类活动的频繁，自然植被斑块正逐渐地减少，人地矛盾突出。景观规划设计需按照景观生态学的原理，从功能、结构、景观3个方面确定景观规划发展目标，因地制宜的增加绿色廊道的数量和质量，补偿景观的生态恢复功能。

二、景观美学原理

人类向往自然，景观设计其本质上是一种人们对生活的美的享受和体验，是实施自然教育最理想的场地。向往着生态的、和谐的大自然环境，从而融入着人们的多层次的美学体验。

三、景观安全格局原理

景观中存在着一些关键性的局部、点及位置关系，构成某种潜在空间格局。这种格局被称为景观生态安全格局，它们对维护和控制某种生态过程有着关键性的作用。在景观过程中，格局决定功能，要实现土地持续利用这一景观功能的稳定性，要求相应景观空间格局的维持与优化。景观稳定性越高，景观受外界干扰的抵抗能力越强，受干扰后的恢复能力也越强，越有利于维持景观格局，保障景观功能的稳定发挥。景观稳定性以景观格局的空间异质性来维系景观功能的稳定性，在一定程度上反映了土地持

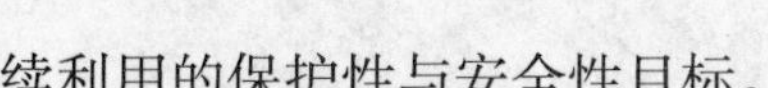

续利用的保护性与安全性目标。

第三节 景 观 实 践

一、景观规划设计理念

城市道路景观关心的不仅仅是速度,而是整个交通空间环境质量的改善,造就一个安全、快捷、舒适和愉悦的道路空间景观,最终的目的是实现——交通使出行成为一种享受。

二、设 计 目 的

重庆嘉华大桥工程是完善重庆城市主城交通需求的迫切需要,其地理位置极其重要,是城市形象窗口。该路的景观设计则是将周边自然环境通过道路的"珠链"作用进行串联、规整、美化,使道路与环境融合、协调,从而营造出更多、更美的生态景观。

三、景观设计总体思路及布局

根据重庆嘉华大桥所处的地理位置,本项目设计以完善城市绿化系统为出发点,坚持全面协调、可持续的科学发展观,在保持总体自然、生态、艺术造景风格统一的基础上,使整个道路景观和谐却又不缺乏变化。根据沿线地形及地物条件的分布状况,按照自然、和谐、协调、融洽的原则,全线景观采用一线串点的设计方式,使城市生态通廊这一设计理念与李家坪立交景观、华村立交景观、黄沙溪立交景观等重要景观节点形成完善的"珠链"格局,鸣奏绿色交响,构筑城市特色景观带。

四、景观设计原则

1. 安全性原则

体现景观服从安全,有利于减轻驾驶员疲劳,避免视觉"污染",增强视线诱导,确保行车视距,防止对向车辆眩光等。

2. 自然生态原则

以生态学理论为指导,从宏观把握、切实增大绿量,将城市与自然风光紧密结合,让自然优美的景观和高质量的空气流入城市。体现对原有景观资源的保护、利用和开发,注重道路主体与原有自然及社会环境的相容,不破坏就是最大的保护。

3. 意景相融原则

因地制宜,充分利用道路两旁一切有利的造景因素,以创造特色鲜明的景观形象为着眼点,立意构思力求新颖,注重环境设计与文化内涵的有机结合,意景相互统一。

4. 特色鲜明原则

依据重庆市典型的依山傍水的城市风貌特点,在道路景观设计中充分展示重庆的人文传统特色和城市建设迅速发展的良好形势,营造别具一格的景观特色,增添城市亮点。植物配植以乡土树种为主,合理利用外来树种,借鉴自然植被类型的特征,合理进行植物搭配,体现地方特色。

5. 手法多样原则

注重现代艺术与传统手法的有机结合,改变单调的行列大布局,以组团式的生态式植物群落配置和精美流畅的线形景观带为总体布局特色,既简洁明朗,又富有层次感和韵律美,同时重点部位缀以景观小品,强调主题,创造跌宕有致的景观序列变化。

6. 整体协调原则

注重景观与环境的协调,景观与路线的协调,景观与构造物的协调。

第四节　景观设计

在整个景观设计中采用自然与人工相结合的设计手法，使景观与周边环境相协调，形成一条别具特色的城市生态绿廊。景观设计时，必须尊重现状，结合地形分别处理，分为以下几部分进行设计。

一、路基边坡景观设计

1. 挖方边坡

根据地貌现状和开挖的深度、地下水位等情况，一般土质边坡为1:1，石质边坡视石质岩性，地质构造，岩石风化程度，边坡高度等因素分析确定，一般情况下采用1:0.3～1:0.5，并采用锚杆挡墙和喷播绿化措施进行边坡支护。在挖方边坡路段人行道外侧采用浆砌条石护面墙和平台绿化，以美化沿线环境。

2. 填方边坡

当填土边坡高度小于8m，边坡采用1:1.5，高于8m时，8m以上部分采用1:1.75，并在边坡斜坡上采用井形花格绿化处理。在无放坡条件的路段采用块片石混凝土挡土墙进行支挡。

图　2-10-1

对边坡进行绿化，以美化城市为前提，对以放坡为主的道路边坡则以网格绿化护坡的手段来美化道路景观；对以直立式挡墙为主的道路边坡采用在坡顶设置花池种植垂吊常绿植物对挡墙进行遮挡的方式，并在下方种植攀缘植物，以形成绿色景墙，见图2-10-1。

二、中央分隔带设计

隔离带的设置目的是为了防眩，从造景角度不需太多变化，从简单重复的韵律节奏以及线形上同样具有一定的观赏美效果。植物选择以常绿、耐寒、耐旱、耐修剪的绿色植物为主，搭配少许色叶植物，色彩随植物的高低产生变化，形成高低错落层次，充分展现植物的季相变化。

道路中央栽植绿色隔离带，可以缓解驾驶员的紧张心理，增加行车安全。分隔带的主要作用是为了防眩，植栽植物时色彩应随植物高度产生变化，形成高低错落层次，高的植物起到防眩作用，低的植物在色彩和高度上的高层植物形成对比，组成道路中部风景线。考虑到中央分隔带基部土壤条件恶劣，在植物的选用上选择耐贫瘠且抗逆性强的植物。

中央分隔带每1 000m左右（即1min左右路程）植物种类或种植模式进行变化，形成韵律感，调节乘驾心理，增添情趣，多变的景观不仅可以使驾驶员减少疲劳，而且还能使人们感受到活力动感和开放气息的冲击。再结合地域文化等条件，使变化的景观为驾驶员提供醒目的路段标志，更好地体现道路人性化设计理念。

三、重要节点景观设计

1. 互通立交景观设计

在吸纳当地人文历史等背景资料的前提下，根据各个互通位置和重要性的不同，结合地形处理，合理配置草、灌木和乔木。每个立交选用2～3种乔木和灌木做骨干树，不同的立交采用不同的树种，而各立交可采用基本相同的背景和特征植物，达到全线绿化风格的协调统一，同时又有所变化，突出植物的季相变化，观叶、观花植物相对集中。

采取“规划式”和“自然式”设计相结合的原则，考虑树与树之间形成的前景与背景的图底构图

关系及比例尺度。自然式设计自由随意、不拘一格，便于建成后的养护管理，也能展现回归自然的趋势。

立交景观设计原则：

① 与大都市总体景观的一致性原则

在遵循交通规范、满足行车安全的前提下，立交景观绿化设计应推陈出新，合理布置，与城市道路、河道绿化景观一致，融入城市大园林。

② 行车视距导向性原则

在每个立交出入口处，配置不同的特色绿化作为特征标志，在交叉口种植不影响通透和弯道安全视距、又能引导视线的色叶花灌木，形成色彩鲜明的色块。

③ 外围绿化的遮蔽性及修饰性原则

在防止行人进入的干线区域或景观不好的地方，均栽植树木加以遮蔽。在有居民住宅楼和生活区的地段，种植大片防护密林，起到防噪声和抗废气的作用。

④ 立交内绿化的整体性原则

立交高架下的地方尽可能地栽植地被和耐阴植物，使整个立交绿化不为立交干道线的高架阴影分隔。

⑤ 总体设计的创新性原则

立交绿化设计多以自由型曲线为构图元素，以乔木为绿化骨架，花灌木和草坪为乔木林的点缀和陪衬，形成各类景观乔木林、环保防护林，使立交内的各块绿地有机地连成一体。

(1) 李家坪立交景观设计

李家坪立交位于重庆市江北区李家坪，是南北干道与建新西路的交汇点，李家坪立交北至大石坝，南接嘉华大桥，西至猫儿石，东连观音桥。

由于李家坪立交位于重庆嘉华大桥工程起始段，有着重要形象展示作用，景观采用规则式设计，规整、大器且具有向心性的图案体现其宏大的凝聚力，也展现了重庆新直辖市交通建设的新形象。

(2) 华村立交景观设计

华村立交为嘉华大桥南引道与规划中的嘉陵江滨江路和现有嘉陵路连接的交通枢纽。立交涵盖面广，地势南高北低，南侧为斜坡及嘉华隧道入口，北侧为嘉陵江及嘉华大桥，西侧为香港瑞安集团开发用地(化龙桥片区)，东侧为造纸研究所、在建的化龙桥拆迁安置房、李子坝加油站、市政建设设备厂等厂矿企事业单位，嘉华隧道出口东侧为六十二中。由于华村立交与居民生活区临近的位置关系。立交绿化以种植绿色植物为主，再配以花卉灌木造景，以简单的设计形式实现以人为本，可持续发展的目标，意在构筑一个城市小公园，为行人和周边居民提供游憩活动场所。

(3) 黄沙溪立交景观设计

黄沙溪立交位于南北干道与城市主干道菜袁路的交汇处，为十字交叉路口，其北往嘉华大桥，南往鹅公岩大桥，东往菜园坝，西往袁家岗。黄沙溪立交作为两条重要干道的节点，对于完善道路间的网络有着重要的作用。

展现立交气势，延续立交走向，一组形似放飞的翅膀，缤纷的彩蝶，或似绽放繁花的艺术图案，将立交的优雅形态衬托得更流畅自然，造型新颖，富有韵律，从空中鸟瞰，宛如一个飘逸灵动的音符，极目望去，立交景观和建筑浑然一体，开创良好的综合交通环境和人文景观环境。再在其中点缀丛植景观树，为行车过路人带来视觉亮点。

2. 嘉华大桥景观(图 2-10-2)设计

嘉华大桥工程作为重庆嘉陵江两岸的又一交通大动脉，其桥梁涂装色彩的搭配应突显桥梁的优美造型和宏伟气势，设计以简洁、清爽的灰色系渐变分层，体现强烈的时代感和艺术美。大桥栏杆设计采用金属钢材，使用素雅的色调，与主桥相融合，突显时尚现代感。

3. 隧道景观(图 2-10-3)设计

图 2-10-2　嘉华大桥外景图

图 2-10-3　隧道景观

隧道洞门环境景观在遵循安全、生态、融洽、美观的原则下，对洞门周边环境进行适当的塑造，以便更好地和洞门环境相协调。绿化采用简洁的手法，以绿色为基调，通过深浅绿色的网格交错形成序列，在洞口前设计景观树，体现更为气势的景观效果。

洞内装饰采用无机预涂装饰材料，以保证洞内装饰的环保性和耐污染性。涂装色彩以米黄色为主，间隔 50m 配以金黄色的竖向装饰带，缓解驾乘疲劳。

4. 人行道及小品设计

在烈日当空的炎炎夏日里，如果能走在绿树成荫的人行道上，会相当惬意。植树具有减少尘土、净化空气、减少声波传递、降低噪声污染、美化城市景观等优点，植栽行道树是保养道路、保证市民生活环境的基本要求，设计为道路两边间隔 6m 植栽行道树，以形成“绿色景观防护墙”。在人行道中设置 600mm 宽盲道，人行铺装以简捷大气的方格样式为准，简单中不缺乏变化，树池设计以自然生态为目的，其间种植各季花卉、草木，使街道在不同时期呈现不同的效果。

在人行道较宽的部分设有花卉隔离带，通过各种高低灌木搭配，而形成一路景观绿化带，既有防尘、隔离作用，又是城市亮丽风景线。休息坐椅的设置是设计人性化的体现，它与绿化隔离带相结合，能形成更为丰富、惬意的休闲空间。

第五节　照 明 设 计

一、道路、立交景观照明设计

景观照明原则：

(1) 以高雅得体、美观大方、繁华有序为原则，对照明进行整体规划。

(2) 以道路照明为总体构架，突出现代化气息和艺术品味。

(3) 按功能区域确定灯光景观表现主题。

(4) 应用新技术、新光源、新材料。

(5) 照明设计力求做到设计思想现代化，灯具效果艺术化，灯光景观信息化，灯光环境有序化，灯光管理集中化，灯光设备安全化。

由于重庆嘉华大桥工程具有城市窗口的作用，在对其进行道路照明设计时，既要满足交通安全和运行效率的要求，同时也要满足美化道路和城市景观的要求。强调点、线、面相结合的原则，以道路为线，立交作点，景观区域为面，并辅以局部点缀光源设计，使道路夜间呈现色彩斑斓的美丽景象，为重庆夜景再添光彩。

二、嘉华大桥景观照明设计

大桥的夜景照明是通过灯具的合理布置以使灯光的亮度和色温和谐搭配，从而突出大桥的优美造型和宏伟气势，为美丽的山城夜景再添经典景观；另外，在注重艺术效果的同时，也应注重功能效果，尤其应避免光污染对行人、驾驶员、乘客造成的损害。

嘉华大桥是重庆嘉陵江两岸的又一条交通大动脉，车流量将非常大，同时，大桥位于重庆空中走廊下的视野内，因此，将大桥的优美造型和宏伟气势突显出来，塑造城市新景观，是本次景观照明设计的一大重点任务，本次照明设计主要以勾勒大桥轮廓为主，通过照明的亮度变化（亮度对比）、颜色变化来展示大桥的特点。

(1) 大桥夜景照明是对大桥夜间形象的重塑，既要突出大桥的体形特点及其使用功能，还要借助光与影的和谐搭配为大桥重塑一个与白天迥然不同的新形象。

通过相邻面间的亮度变化，颜色差异来突出建筑物的轮廓，保证大桥的完整性并具有良好的立体感，也即是通过灯光的应用，既要突出其轮廓，也要使大桥与周围环境有明显差异，使大桥具有良好的显目性，以彰显它在该地区建筑物中的地位。

(2) 通过几个重点部位来体现其风格，尽可能清晰地展示其中的结构及细部特征。

(3) 选用长寿命、高效率、高性能的灯具、光源，节约照明用电，降低维护率，增强安全性能。

(4) 与环境协调，使大桥与周围环境的亮度保持一定的对比，并避免光污染对大桥结构和特点的损害。

第三篇

施工篇

第一章 施工组织及管理

第一节 施工组织管理

一、工程特点

重庆嘉华大桥工程是连接重庆市江北区、渝中区和九龙坡区的南北快速干道,是联系重庆市南北主发展轴上的主要纽带,同时也是主城区道路网络体系中四条纵向主干道居中的一条主要道路动脉干线。工程主要由李家坪立交、北引道、嘉华大桥、华村立交、嘉华隧道和黄沙溪立交组成。北起江北区观音桥村桥沟社,主线起点桩号 K3 +450,南接鹅公岩大桥西引道,主线终点桩号 K7 +800,全长 4.35km。见平面图 3-1-1。

嘉华大桥工程规模大,施工技术难度大,拆迁、市政管网、交通等环境因素影响大,施工组织困难。主要工程特点是:

(1) 立交主线引桥距地面道路的最大高度为 60m,给墩柱、箱梁施工的支架、支模系统安装及拆除带来很大的难度。

(2) 嘉华大桥最大跨度 252m,是目前国内跨度最大的刚构桥之一。华村立交北起嘉华大桥,南至嘉华隧道,连接两条东西走向干线嘉陵路和嘉滨路,工程范围大,是目前重庆市主城区最大的城市立交桥。嘉华隧道为双洞六车道(加宽段为双向八车道)隧道,隧道拱跨最大为 18m,是目前重庆市主城区拱跨最大和最长的隧道之一。

(3) 工程范围系旧城区,特别是黄沙溪立交周边小区房屋林立,地下管线复杂,建筑物及管线保护量大,地形狭小、地质结构复杂,隧道口边坡高、坡面陡,离既有菜袁公路近,不便于土石方开挖和材料运输,施工技术难度很大。

(4) 工程实施期间需维持东西向道路交通的正常运行,主线桥和匝道立交采取分跨施工,进行多次交通转换,要求减少施工对行车和行人的干扰,确保交通顺畅。

工程由重庆路桥股份有限公司投资建设,上海市政工程设计研究院和重庆市设计院设计,重庆建筑科学研究院监理公司监理,中铁八局集团第一工程有限公司总承包施工。

二、施工组织管理目标

嘉华工程是重庆市的重点工程。工程规模宏大,科技含量高,施工难度大,施工组织和协调困难。要把嘉华工程建成高质量、高标准的一流工程,关键是做好施工组织和管理。

为此,从战略高度出发,确定施工组织管理的目标是:

(1) 组建精干高效的管理机构,统一指挥,科学管理;

(2) 精选人才,优化配置,科学组织,快速有序,配套流水作业;

(3) 通过精品优质工程,培养铸就一批优秀的管理队伍和施工技术骨干人才。

三、组织机构

为充分发挥好组织机构的管理功能,提高管理的整体效率和灵活机动能力,按照因事设岗、按岗定人、以责授权的原则,设置管理机构。嘉华工程建设根据实际情况设置一个工程建设指挥部和四个项目经理部。

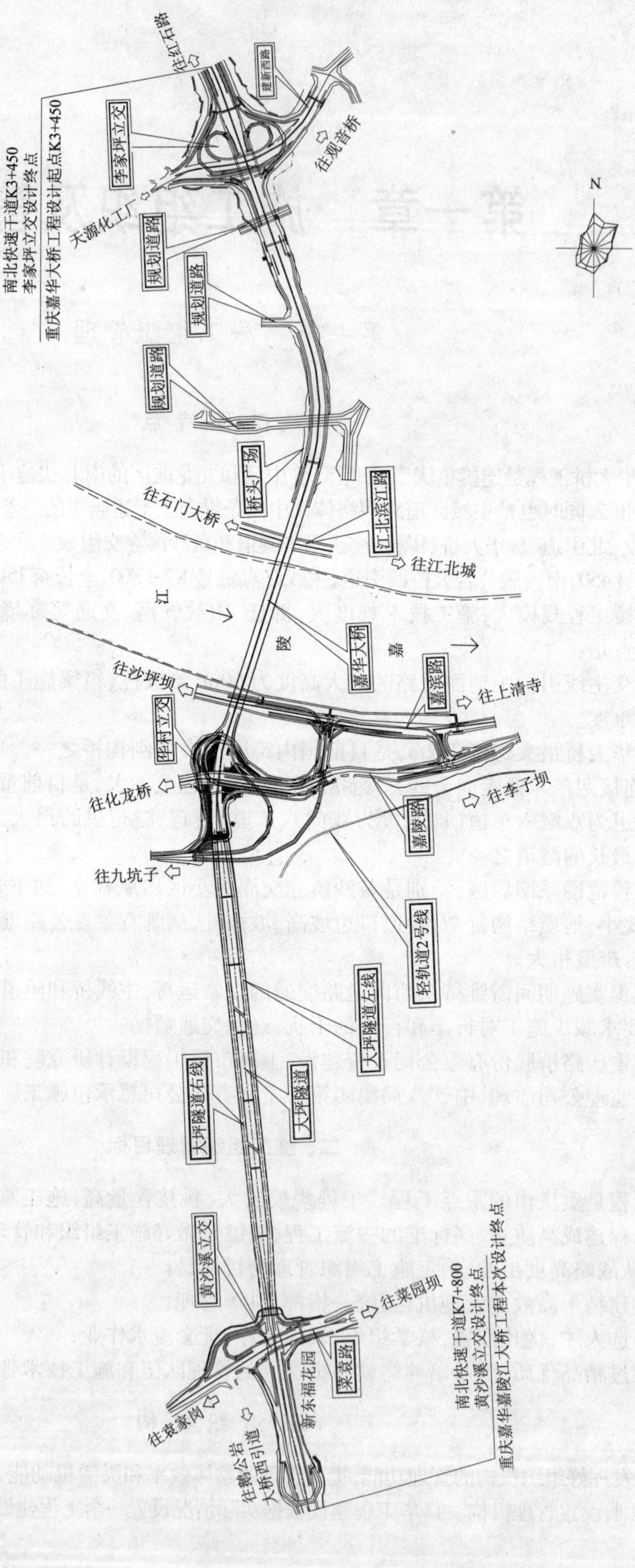

图 3-1-1　嘉华项目平面布置图

1. 为了统一协调和指挥,本着高效、精干的原则,在施工现场设立中铁八局一公司嘉华工程建设指挥部。设指挥长1名、总工程师1名、副指挥长1名、质量监察工程师1名、安全监察工程师2名、物资设备工程师1名、验工计统工程师1名等13名人员,代表中铁八局一公司负责对该工程的施工建设进行组织、管理、指导、协调和服务。

2. 根据嘉华工程规模和各项目经理部的合理管理跨度,设置四个项目经理部担任嘉华工程的施工任务。其施工区段划分如下:

(1) 第一项目经理部:负责李家坪立交、北引道和嘉华大桥主桥工程施工(分界部位为嘉华大桥主桥4号墩);

(2) 第二项目经理部:负责华村立交工程施工(分界部位为主桥4号墩后至南引桥13号墩);

(3) 第三项目经理部:负责嘉华隧道进口端施工(分界部位为主桥13号墩后至隧道洞身出口);

(4) 第四项目经理部:负责黄沙溪立交施工(分界部位为从隧道出口后至本工程终点)。

3. 各项目经理部配置完整的项目组织机构和相应的施工作业队和作业班组,具体负责各施工区段的全部工程施工任务。

4. 指挥部代表公司对整个嘉华工程进行组织、指挥和协调管理,负责与建设单位及各级政府部门的业务往来,重点是协调各项目经理部、业主、设计、监理和地方等关系,为项目经理部施工做好指导和服务工作。项目经理部的任务是具体组织各施工区段工程项目的施工,协调下属施工队之间设备、人员、材料等资源的调配,解决施工过程中的疑难问题,负责施工组织方案的制定,全段控制测量、试验等技术工作,对各自施工区段工程项目的施工技术、质量、进度、安全、成本、环保等全面负责,全面代表公司履行施工合同的义务和权利。

第二节 工程总体施工进度

一、工程总工期

本工程合同工期为2004年12月29日至2007年6月30日。工程于2004年12月29日开工建设,中途因征拆等原因耽误了一些工期,计划于2007年8月31日完工,实际全部竣工时间为2007年6月8日。

二、主要节点工期

(一) 嘉华大桥主桥工程

2004年12月29日工程开工。

2005年1月13日水中3号墩基础施工完成筑岛围堰。

2005年3月31日主墩施工高度全部超过安全渡汛水位;完成了施工栈桥搭设,为墩身上半部及梁部顺利施工创造了有利条件。

2005年9月20日完成主桥2号墩、3号墩主梁0号块施工。

2005年11月16日进入主梁挂篮施工。

2007年2月27日边跨合龙。

2007年4月6日完成中跨合龙段施工。

2007年4月7日后进入桥面系及附属工程施工。

2007年6月7日全桥竣工。

(二) 嘉华隧道工程

2005年9月开始进洞口开挖,后因治理主线左侧路基边坡滑坡,推迟进洞。

2005年11月7日开始隧道上导坑掘进及支护,原计划双向掘进及支护,由于黄沙溪立交拆迁影

响,改为单向掘进及支护。

2006 年 12 月 16 日左洞上导坑贯通。

2006 年 12 月 28 日右洞上导坑贯通。

2007 年 2 月 15 日洞身开挖及初期支护全部完成。

2007 年 4 月 28 日防排水和二次衬砌全部完成。

2007 年 5 月 20 日路面工程完成。

2007 年 5 月 28 日隧道装饰、机电照明安装完成,隧道工程竣工。

(三) 其余各立交及道路施工情况

1. 华村立交工程

2005 年 10 月 19 日开工,首先施工南引桥 8 号、9 号墩及相邻匝道桩基,由于拆迁量大,最初工程进度不理想。在 2006 年 10 月华康印务房屋拆迁完成后,华村立交施工进入高潮。2007 年 1 月梁体施工全面展开,2007 年 3 月底完成除南引桥 4 号 ~7 号跨外的所有梁体施工,进入桥面铺装。

2007 年 4 月 21 日 ~5 月 2 日完成南引桥 4 号 ~7 号跨梁体施工,2007 年 5 月31 日完成华村立交工程。

2. 黄沙溪立交工程

2005 年 11 月 11 日开工,在无任何运输通道的情况下,安设塔吊运送工程材料,施工 B、C 线排水箱涵,为主线和匝道施工创造了条件。2006 年 8 月开始施工菜袁路跨线桥上行线桥梁。2006 年 10 月下旬随着新东福小区拆迁问题的解决,黄沙溪立交施工全面展开,至 2007 年 5 月 25 日仅用 7 个多月时间便完成了黄沙溪立交及延伸段全部工程。

3. 李家坪立交工程

2006 年 8 月 1 日开工,由于 A、B 匝道天然气管道未改迁,土石方施工无法进行,只能施工观苗路北侧土石方。2006 年 12 月开始施工主线跨线桥 0 号台和 1 号墩,后因增加排水管道,突击施工,影响主线跨线桥 0 号台形成和 2 号墩及 3 号台位置施工交通转换。2007 年 2 月上旬天然气管道改迁后,A、B 匝道土石方施工进入高潮。2007 年 4 月初电力改迁完成后,李家坪立交施工全面展开,2007 年 5 月 31 日李家坪立交全面完工。

4. 北引道工程

2006 年 2 月 1 日开工,由南向北施工路基土石方,施工至主线桩号 K4 +340 处,因拆迁的影响致使路基施工一度进展迟缓。2006 年 10 月中旬拆迁完成,土石方施工进入施工高峰。2007 年 1 月完成北引道左侧路基施工,开始管道施工和水稳层铺设。2007 年 3 月开始施工北引道右侧管道和水稳层铺设。2007 年 5 月 31 日北引道全部工程完成。

第三节　主要工程项目施工方案及施工方法

一、主 桥 施 工

1. 桩基和承台施工

基础采用筑岛围堰施工,从岸边逐渐向河中推进的方式填筑岛体,长臂挖掘机(挖深约 11.0m)开挖换填围堰止水墙至河床基岩面,确保承台开挖围堰不渗水。承台采用挖掘机开挖辅以人工开挖方法进行施工;桩基采用人工挖孔施工,桩身混凝土浇筑一次完成。承台为大体积混凝土,一次浇筑完成,采用合理布置冷却管与测温元件,通过及时养护、循环冷却水,降低内部温升,并用电脑时时自动检测混凝土温差,以防止混凝土产生收缩裂纹。

2. 墩身施工

2 号、3 号主墩采用塔吊提升翻模法施工。每墩配制 3 节大块钢模板,每节模板高 3m。翻模施工原理:每套模板分上、中、下3节模板,施工时将3节模板依次安装、浇注混凝土,待第3节模内混凝土灌注完后,拆除第1节模板并倒运至第3节模板上形成第4节模板,顺序向上倒用,完成墩身施工。

规格大于$\phi16$的钢筋均采用直螺纹等强度机械连接。商品混凝土采用混凝土输送泵送至墩位后,用软管接头灌注入模,混凝土按水平分层浇注并进行振捣,每层厚度不超过30cm。

3. 0号块施工

0号块采用墩顶预埋托架施工,分3次浇筑。0号梁段托架分三个体系,即中底模支架、边底模支架、翼缘板支架及内支撑架。各个体系相互独立,分别承载。中底模支架利用预埋于墩身内的牛腿支撑,在支撑牛腿上拼装万能杆件支架(含新制杆件),然后在上面铺设纵、横分配梁。边底模支架利用预埋于墩身上的预埋件连接,预埋件分两层,间距4m,支架由万能杆件拼装,支架与预埋件(上)采用销子连接。翼缘支架支撑于墩身预埋件上,翼缘支架由万能杆件拼装。为消除施工托架的非弹性变形,分别对底模板中支架、底模板边支架及翼缘支架进行预压。0号块施工劲性骨架采用焊接成型。预应力筋(管道)均设置足够的定位钢筋,保证预应力管道位置正确。纵向波纹管每隔0.8~1m设置一道定位钢筋网(定位筋由$\phi16$钢筋制作),定位钢筋网采用架立筋焊接在主骨架结构筋上,形成井状加固网,各预应力管道也采取有效措施保持其顺直(有弯曲的保证其弯曲平顺)。竖向预应力筋除了保证其在腹板内位置正确外,同时采取措施确保各预应力筋排列均匀,且在一条直线上。预应力筋管道采用波纹管,压浆管和排气管与一段黑铁皮管(长30cm)焊接后与波纹管连接,压浆管头与波纹管的连接处和波纹管接头处均用黑胶布缠绕密实。0号块高度达14.2m,分3次进行浇筑。第1次浇筑底板至腹板进人洞下口部分,第2次浇筑余下6m腹板,第3次浇筑剩余高约2m的腹板及顶板混凝土。0号块混凝土浇筑完成之后加强混凝土的养护工作,混凝土强度达到设计要求后进行预应力张拉、拆模、拼装挂篮,准备进行箱梁节段施工。

4. 主梁悬浇段施工

主梁1号~33号节段采用挂篮对称浇筑,1号~5号节段分上下两次进行浇筑,设分缝加强筋及插筋。其余每个节段采用一次浇筑完成,挂篮重量和施工荷载满足设计要求。

5. 1号、4号墩墩顶现浇段施工

采用万能杆件从墩底搭设支架平台进行。

6. 合龙段施工

合龙段均采用合龙吊架施工,吊架利用挂篮进行改装。

7. 主梁悬浇施工监控

在施工过程中对桥梁结构进行了全过程的监控,根据监测结果及时对施工过程中的控制参数进行相应调整。当已浇节段偏离控制目标时,可及时调整下一节段的挂篮定位高程,以保证结构线形的平顺。全桥施工监控数据结果的各项指标均达到设计要求,全桥线形良好。

二、隧道施工

1. 总体安排

嘉华隧道设计为复合式衬砌,按喷锚构筑法施工。隧道左线和右线分别由两洞进口端向出口端单向掘进。

施工过程中采用超前预报系统进行地质超前勘探。为充分保证施工安全,隧道爆破采用微振动控制爆破;为防止隧道振动波对地面建筑物的影响,左右线均采用"上台阶半断面超前分部开挖作业,平行交错跟进,支护配套完善,多工作面推进"的施工方法。

实施掘进(钻爆、无轨运输出渣)、支护(管棚、拌、运、锚、喷)、衬砌(拌、运、灌、振捣)三条机械化平行施工流水作业线。

2. 通风措施

通风采用大功率通风机、大口径软管、压入式长大隧道供风技术。

3．洞身开挖

Ⅲ、Ⅳ、Ⅴ级围岩均采用台阶法开挖，施工中充分利用围岩的自承能力；采用 YT28 风动凿岩机打眼，下台阶采用三臂全电脑液压台车钻孔，非电毫秒雷管光面爆破；超前支护采用液压钻孔台车及 ZTGZ－60/120 注浆机施作长大管棚及超前导管，初期支护采用人工钻孔或台车钻孔注浆锚杆，湿式混凝土喷射钢纤维混凝土，人工架立工字钢或钢支架。隧道开挖后及时支护，对围岩差的地段加强支护，并尽快完成二次衬砌。

4．出渣

出渣运输采用 CAT380D 装载机装渣，重庆铁马 15～19t 自卸汽车完成隧道运渣。

5．防水板

全隧二次衬砌背后设置防水板。防水板搭接缝采用焊接；软管设在塑料防水板的背后；全隧衬砌背后分别于左、右边墙的墙脚位置设一道 $\phi100$ 的纵向透水软管，拱墙处设置 $\phi50$ 的环向透水软管与纵向透水软管相接。

6．衬砌

衬砌采用商品混凝土，由厂家搅拌运输车运到现场，混凝土输送泵灌注。模型采用大块钢模板整体液压衬砌台车（自制），一次全断面衬砌成型。出口加宽加强段有五种（A、B、C、D、E）规格，变化大，采用特制大跨度整体液压衬砌台车，先衬砌最大的 E 断面，然后依次改装成 D、C、B、A 断面，每次变化断面采用大块钢模拼装台车面板，一次整体浇筑成形。大跨度整体液压变断面衬砌台车是嘉华隧道施工的一个难点。

7．施工测量控制

根据勘测院所交的控制点及坐标，公司精测组对隧道进行控制测量，并将控制测量结果报监理工程师审批。测量仪器采用拓普康全站仪，精度满足设计、规范要求。

控制点坐标复测合格后，项目经理部根据工程线路走向，现场的地形地貌，合理布置导线点，并与设计控制点联网测设。导线点布置要求：必须前后测点通视良好，无障碍物；导线点应设置在较平坦易于置镜处，导线点间距适宜。利用导线点可以直接进行施工细部测设。导线点坐标经过测算，满足精度要求后，报送监理工程师审批，审批同意后才能允许使用该导线进行工程施工测量。

全隧道施工完成后，隧道结构尺寸、净空尺寸、防水性能均达到设计要求。

三、各立交桥施工

（一）混凝土桥梁工程施工

1．桩基

桩基施工采用人工挖孔。土层开挖支护采用钢筋混凝土护壁；基岩部分采用人工凿除，以保证桩基岩石的完整性。桩身钢筋、混凝土浇筑与主桥相同。

2．承台施工

承台施工前，对桩身混凝土均进行无损检测。合格后凿除桩头，并预留设计要求的嵌入承台长度。再进行基坑初步放样，划出承台边界，用人工清理四周及基底。对基底进行机械夯实，然后按图铺设混凝土垫层。承台模板均采用组合钢模拼装，用槽钢或角铁做肋。底口、中部、上部均用 $\phi20$ 对拉螺杆加固，外侧用方木支撑固定。承台钢筋、混凝土浇筑与主桥相同。

3．墩柱施工

墩身采用工厂加工的特制定型钢模板，每套模板分上、中、下 3 节模板。施工时将 3 节模板依次支立、浇筑混凝土，待第 3 节模内混凝土灌注完后，拆除第 1 节模板并倒运至第 3 节模板上形成第 4 节模板，顺序向上倒用，完成墩身施工。墩柱钢筋、混凝土浇筑与主桥相同。

4．盖梁施工

利用墩身施工的脚手架，在其上布置或调整碗扣式杆件。碗扣式杆件的上下采用可调托撑和可调

托座调节支架的高度,在碗扣式杆件的上中下设置普通钢管的水平十字剪刀撑,在侧面和端头设置竖向十字剪刀撑,并在支架外设立斜撑,斜撑与水平面成45°~60°的夹角。

盖梁的模板根据设计尺寸采用分节、分块拼装式钢模板。为保证结构尺寸和外观平整,模板出厂时要严格进行检查,不符合规范规定误差标准的不予验收。盖梁模板用扣件式建筑脚手架支撑。为了保证模板不漏浆,模板的缝隙用双面胶进行封缝处理,确保混凝土的外观质量。盖梁钢筋、混凝土浇筑与主桥相同。

5. 现浇箱梁施工

支模体系设计采用碗扣式脚手架。脚手架在顺桥向间距为1.2m,在横肋板处适当加密,横桥向间距为0.6m,其水平杆间距为0.6m。纵向和横向每隔两排设置一道剪刀撑,脚手架基础采用方木垫撑。箱梁的外模采用特制钢模,并用双面胶封缝处理。模板上涂刷脱模剂,以利于拆模。内模采用组合钢模板,以便重复周转使用。为确保箱梁桥面在使用阶段不出现底部受集中力作用,箱梁内部的竖直围檩要求全部拆除,在每仓两头各开一进人孔,人孔尺寸必须与设计相符。在内部模板拆除、清理结束后,采用吊模的方法浇筑混凝土封孔。该箱梁采用预应力后张法,钢筋用量不多,只是端头梁钢筋较粗、较密。在钢筋绑扎的同时,须顾及波纹管的位置,部分钢筋在波纹管穿好后进行绑扎。波纹管在设置过程中特别注意外形圆顺,定位正确,以满足设计要求。接口处要用套管和胶布包牢,以防在混凝土浇筑过程中水泥浆漏入造成堵管。张拉口(喇叭口)采用4cm钢板加工的锚垫板与张拉口的钢板用螺丝固定。在浇筑混凝土前,钢绞线束先穿入波纹管,在混凝土浇筑过程中和浇筑结束后,均需定时用人工来回抽拉钢绞线束,以防水泥浆漏入后凝固而造成堵管。

每跨箱梁混凝土分两次浇筑。第一次先浇筑至箱梁翼缘以下部分,第二次完成整体箱梁的浇筑。箱梁混凝土采用C50商品混凝土,要求和易性好、缓凝、高强,经级配试验及现场测试,确定C50混凝土的配合比,初凝时间控制在6~8h。混凝土浇筑采用固定泵或活动泵接硬管进行输送。

预应力的张拉是箱梁施工的关键工序,锚具采用VLM系列群锚体系,固定端采用P锚,不允许超张拉,施工工艺以张拉应力控制为主,伸长量作为参考。为确保箱梁在预应力施张时均匀受力,钢绞线束的施张应左右对称、先上后下、先中后边,张拉结束后,张拉口用双快水泥封口。在压浆前须先将管内积水压出,然后压浆。

立交桥箱梁施工支架系统高度一般大于15m,施工过程中应加强监测支架情况。

在预应力张拉过程中,对箱梁顶面的起拱值应进行监测。

6. 桥面系施工

伸缩缝由生产厂家按设计及规范要求定制,均经检查合格后才进行安装,安装牢固可靠,无松动。与桥面的高差控制在规范要求的范围内。

路缘石及栏杆底梁采用定型钢模板现浇,要求接缝严密,混凝土振捣密实,确保混凝土外观质量。在浇筑栏杆底梁时应注意使预埋栏杆底座连接到钢板。栏杆的安装严格按设计高程进行控制,确保栏杆线形圆顺、美观。人行道板采用预制安装。

桥面铺装浇筑找平层时,严格按设计高程控制其顶面高程,柔性防水涂料铺设厚度不应大于2mm。

防撞栏杆内模采用特制钢模板,面板为4mm厚钢板,加强筋采用40mm×60mm方钢及8mm厚铁板,钢模下部采用ϕ10拉杆螺丝与预制板的钢筋焊接固定,上口采用一特制的卡。模板外围檩及支撑点设在箱梁顶面,每隔1.5m预埋一根ϕ16钢筋。混凝土施工完成后及时进行收水,气温高时及时浇水养护,确保了混凝土表面不出现收缩裂缝。

(二) 钢箱梁人行天桥施工

本工程范围内有9座人行天桥:李家坪立交1号、2号;北引道1号、2号;黄沙溪立交1号~5号人行天桥,其中1号、2号、4号、5号人行天桥为钢箱梁结构,3号人行天桥为钢筋混凝土结构。人行天桥桩基及钢筋混凝土桥墩的施工工艺与立交桥施工相同。

天桥钢箱梁结构焊接质量的检验等级为:箱梁的拼装焊缝及箱梁翼缘与腹板的T形连接的坡口焊

缝为一级焊缝,其余均为二级焊缝。箱梁翼板和腹板的拼接采用加弧板的对接焊缝,引弧板割去处应打磨平整。

天桥钢箱采取工厂分段预制,预制完后均对其主体尺寸严格校验。所有焊缝由制造单位进行100%的超声波自检合格后,并经业主委托的第三方检测机构100%超声波检查全部焊缝合格后,报监理、业主现场代表检查验收、签认,之后进行喷砂除锈和漆面涂装。

天桥钢箱梁结构出厂前,由业主组织监理、设计并邀请质检总站参加进行出厂验收,经检验合格签认后,用平板拖车运到施工现场,用两台60t级的汽车吊吊装就位。

为减少对当地交通的影响,吊装选在深夜进行。待钢箱梁全部安装完毕后施焊对接,施焊时从临近板式橡胶支座的焊缝开始,依次进行。在全部拼装接头焊接完毕,焊接质量达到要求后,予以落架。现场焊缝由制造单位进行100%的超声波自检合格后,并经业主委托第三方检测机构100%的超声波检查全部焊缝合格后进行桥面附属设施安装。

桥面附属设施主要有栏杆、铺装等。施工严格按设计和规范进行,严格控制施工质量,栏杆安装竖直、整体线形流畅。

严格按照设计要求进行涂装和装饰。

(三)行车及人行地通道和排水箱涵施工

地通道、排水箱涵采用分段施工。地通道基底地质若为软土,在报请监理、业主、设计同意后换填1.0m厚砂卵石。换填夯实达到设计要求后报请现场监理工程师检查确认,之后进行基础混凝土浇筑。基础混凝土完成后,进行测量放线,放出框架底板边线,然后安装及加固模板。

1. 模板的选择

定制加厚型60cm×150cm模板,拉杆穿眼模板的尺寸采用10cm×150cm,取消了原来夹心木板。为了保证地道一级防水效果,对拉片为专制的防水型对拉片,在使用的对拉杆中部,安装了膨胀止水环。

2. 混凝土浇筑控制

人行地道及车行下穿道混凝土浇筑过程中,现场严格把关,控制浇筑质量。

3. 防水

结构混凝土采用W6抗渗防水混凝土,主体外层采用全包防水构造。施工缝采用铝合金止水片,止水带采用埋入法安装,严格按照《地下工程防水技术规范》(GB 50108—2001)防水要求施工。采用30mm×20mm遇水膨胀止水条。

4. 涵背回填

回填施工采用自卸汽车运输回填土到施工地点后,在框架的两侧,由于场地窄,无法采用机械摊铺,只能人力运土摊铺,摊铺厚度不超过30cm,采用振动平板夯进行振动压实。在进行框架两侧填土压实时,做到对称填筑,对称整平,对称碾压夯实。

(四)路基土石方施工

1. 路基开挖

土方开挖采用机械施工为主,施工时分段进行,每段自上而下分层开挖,并及时用人工配合挖掘机整刷边坡。对不便于机械施工的地段,采用人力配合施工。

李家坪立交及北引道路基石方开挖采用浅孔爆破配合挖掘机械的方法施工,运输采用重型自卸汽车进行运输。

华村立交、黄沙溪立交邻近管线部位和居民住宅小区房屋区域,周边环境复杂,为保证居民及行车、行人和管线的安全,石方边坡开挖采用了人工配合液压破碎头破碎,自上而下分级开挖。

路基开挖按照设计和规范要求并结合现场实际情况进行。自上而下分阶分段开挖,自上而下分级清理边坡和平台成型。对深挖路堑及高边坡段的不稳定岩块采取锚杆加固,并及时采用喷射混凝土防护,按设计进行边坡防护。

在开挖过程中,对图纸未示出的地下管道、缆线和其他结构物进行了有效的保护,避免发生影响市

民生产、生活的管道及建筑物损坏事故。

2. 路堤填筑

路堤填筑采用机械填筑、机械碾压。路堤填筑按照每段自下而上水平分层填筑、分层压实的原则，分三阶段—四区段—八流程进行，使之形成流水作业。

先选取100m试验段，通过试验选定最佳机械组合、松铺厚度、含水率、压实速度和碾压遍数、检验方法等技术参数和施工工艺，报请监理工程师批准后再展开施工。

施工过程中严格控制了回填土料含水率、粒径、压实速度和碾压遍数、各层的铺填厚度和压实指标，以及路基高程和路槽宽度。

3. 边坡挡护施工

边坡支护为锚索桩支护、锚索支护和锚杆支护等形式。

边坡土方开挖采用CAT330C挖掘机＋自卸汽车辅以人工作业的方式进行。岩质坡面开挖，按逆作法施工。边坡坡率为1∶0.5，分阶放坡，泥岩、泥质砂岩每阶高度为2.0～3.0m，分段长度为10～15m跳槽进行；砂岩每阶高度为4.0～6.0m，分段长度为15～25m；岩面破碎地段可适当减低和缩短，岩面完整地段可适当增高和加长。开挖完成后，及时进行钻孔、锚索（锚杆）安装、灌浆、张拉、封口注浆、肋柱、盖梁混凝土浇筑支护。

（五）挡土墙土石方开挖

1. 开挖

挡土墙基槽土石方开挖采用CAT330C挖掘机和液压锤及人工相配合进行。

2. 地基处理

挖基发现有软土层时，报请监理工程师及业主，设计批准后，进行砂卵石换填处理，满足设计要求及相关规范后，再进行下一道工序。

3. 混凝土浇筑

经过自检合格并报请监理验收检查合格后，采用泵送的方式进行混凝土浇筑。

4. 施工缝、构造缝处理

挡土墙的伸缩缝和沉降缝宽2cm（施工时缝内夹2cm厚的泡沫板或木板，施工完后抽出木板或泡沫板）。伸缩缝和沉降缝原则上间距为15m设置一道，但根据现场拆迁进展情况和施工情况进行了适当调整。先凿毛，将松散部分的混凝土及浮浆凿除，并用水清洗干净，然后架立墙身模板，先在结合面上刷一层水泥浆再浇灌墙身混凝土。

5. 泄水孔

挡土墙泄水孔为PVCϕ50@2 000，泄水孔进口周围铺设碎石，下排泄水孔进口的底部铺设30cm厚的黏土层并夯实。

6. 墙后回填

待墙身混凝土强度达到70%后，再进行墙背回填。在墙背回填的透水性材料中埋设ϕ50弹塑性透水软管。墙背填料、反滤层必须符合设计要求，回填逐层填筑，逐层夯实。

（六）排水工程

排水工程包括雨水管道与污水管道。雨水管道系统包括道路雨水系统和立交雨水排水系统；污水管道系统包括对原有合流管道进行分流和新建污水管。

雨、污水管道地基处理达到设计要求，在路基填方地段按道路密实度要求回填到设计路基高程，然后再开挖管槽；在高填方路段回填至管顶以上1.5m时方开挖管槽，待管道施工完后再分层回填压实至设计路面高程。污水管全部进行了闭水试验并合格。

（七）路面施工

1. 水稳层施工

路基碾压后经过检查，高程、平整度、压实度、弯沉值均合格后进行级配碎石层的施工，经碾压合格后进行路面基层水稳层施工。

水稳层分层施工,分层厚度不超过 15 ~ 18cm。底层施工时先由测量放出路基边线,两侧各加大 500mm,立上钢筋定位,标出松铺厚度,然后开始铺筑。

水泥稳定级配碎石在搅拌站按配合比拌和均匀,直接运到现场,人工摊铺成型,然后进行碾压。

水泥稳定级配碎石须用机械拌和摊铺和碾压。碾压按先两侧后中间、先静压后振动、先弱振后强振的顺序进行,碾压共 6 ~ 8 次。接头、边角、搭接均按规范操作。

碾压后经现场检查,厚度、压实度、弯沉值均合格。

2. 沥青混凝土铺装

嘉华大桥沥青混凝土铺装工程共分为 9 道工序,即桥面打砂、反应性树脂下封闭层施工、溶剂型黏结剂施工、乳化沥青透(黏)层施工、稀浆封层施工、浇注式沥青混凝土施工、普通沥青混凝土施工、排水性路面沥青混凝土施工、CRM 滑磨耗层施工。沥青混凝土铺装全部采用机械进行。

施工之前做好路基的交接工作,并作好现场签证,对于不满足规范及设计要求的地方及时处理。

本工程沥青高程采用双边传感器控制。沥青混凝土中、下层摊铺时,摊铺机行走基准线采用铝合金尺。支点间距 5m,根据测量数据确定铝合金尺的高度,上面层施工采用非接触式平衡梁自动找平系统铺筑,以保证路面平整度,采用上述方法保证了铺装厚度与平整度。

(1) 沥青混凝土的运输及拌和

根据本工程工程量大、工期紧等特点,配备了 80 台运输车,并根据 4 个沥青拌和场每天的生产任务进行调配,所有运输车辆装料后加盖帆布保温、防雨。

(2) 沥青混凝土的摊铺

摊铺开始前提前预热熨平板,摊铺机采用双边传感器方式控制熨平板两端高程。沥青混凝土的摊铺速度受拌和产量控制,同时又必须与前场相匹配,以免造成摊铺机在某一断面长时间停滞待料,造成局部平整度不好。摊铺过程中采用插钎及与铝合金尺对比严格检查松铺厚度,并及时调整,确保了摊铺质量。在边角部位采用伸缩式摊铺机摊铺,尽量减少人工耙平带来的质量缺陷。在面层施工时对于路幅比较宽的路段尽量采用双摊铺机阶梯形施工,特别是匝道桥变宽位置也采用双摊铺机,避免了纵向冷接缝。

(3) 沥青混凝土的碾压

碾压工序是获得沥青混凝土路面平整度和密实度的重要工序。为保证本工程的质量,每台摊铺机配备初压振动式双钢轮压路机 2 台,复压胶轮压路机 2 台,终压双钢轮压路机 1 台。

初压(稳压)一般 1 ~2 遍即可,初压钢轮后退停机返向的位置尽可能要退到复压基本完成的位置,不能在初压表面停机返向,以免增加较深的停机痕迹。AC 级配沥青混凝土初压的温度一般为 140 ~150℃,改性沥青混凝土初压的温度不低于 160℃。

复压采用胶轮压路机进行,是获得较高密实度的有效压实方法。复压一般 4 ~6 遍即可完全达到密实度的要求。主要控制的是复压的温度,对于沥青混凝土,AC 级配沥青混凝土复压终了表面温度不低于 80℃,改性沥青混凝土复压终了表面温度不低于 90℃。

终压由钢轮压路机静压完成,消除各种施工痕迹,最终形成平整的路面。

(八) 护坡工程施工

本标段内的护坡工程共有 4 种:植草护坡、花格植草护坡、小格子梁护坡、有机基材护坡。

(九) 综合管线施工

电力、电信、给水、天然气、路灯管线的安装由专业单位负责安装,项目经理部负责沟槽的开挖及回填工作。

1. 沟槽开挖

沟槽开挖前,同以上管网有关管理单位确定与既有管网相连接的准确接口位置,开挖前做好既有管网的保护工作。沟槽土石方采用机械开挖为主、人工配合施工,在设计槽底高程以上保留 20cm 左右一

层不挖，随管线敷设时开挖，以免受雨水或地下水浸泡，降低基础承载力。沟槽开挖过程中作好沟槽的防排水工作，根据渗水情况，适当布置积水井，若遇沟槽底为软土，可用天然级配砂石或卵石回填。为减少开挖量，给水沟槽下管后，在每一接口处采用人工在接口两侧扩挖施工操作坑。

2. 沟槽回填

沟槽回填按设计、规范及各管线产权单位的要求进行回填及控制管线埋深。

3. 过街沟槽施工

过街沟槽开挖必须合理组织施工，为确保道路畅通安全应分幅开挖，并尽量安排在夜间施工。行车道上安放的钢板下面全部满垫橡胶垫，减小噪声。每天施工结束后及时清扫场地，以消除因施工造成的环境污染。沟槽开挖成型后，应及时敷设管线，回填夯实，恢复道路。

第四节 工程施工质量及控制

一、质量目标

(1) 确保全部工程达到国家现行的工程质量验收标准。

(2) 确保全线创优、争创“巴渝杯”管理目标的实现。

(3) 杜绝工程质量重大、大事故的发生。

(4) 单位工程一次验收合格率100%。

(5) 单位工程验收优良。

二、工程质量管理

在工程项目管理中，全面推行ISO9001:2000质量标准，ISO14001:2004环境标准，职业健康安全管理体系规范(GB/T 28001—2001)，确定以贯标工作为主线、以国家技术规范和质量标准为依托的模式进行管理。在安全管理和文明施工方面则强调大力推行标准化管理，实行定期检查和定量评分，结合经济奖罚制度，实现文明施工和无事故安全生产的目标。

质量是企业的生命，各项目经理部敢于向自己提出挑战，将工程质量定位在比较高的起点，提出了工程项目质量目标为：实现工程项目合格率100%，优良率90%，创国家级优质工程。

(一) 目标分解细化

在总承包质量计划中，项目经理部将特殊过程和关键工序作为重点进行控制，重点防范关键工序质量问题的产生；坚持以预防为主的原则，制订消除质量通病计划，将消除质量通病工作放在重要的地位；对主体分部工程和分项工程制订出高的质量标准(内控标准)，大幅提高工程质量和建筑观感；严格推行“样板”制度，对分部分项工程的质量进行定位，达到控制以后大面积后续工程质量的目的；并对文件资料、产品标识和可追溯性、检验和试验、不合格品控制、储存和防护、培训等要素的实施制订了详尽且易操作的方案。

(二) 应用施工新技术

积极推广新技术的应用，使施工“质量提高、工效增快”。本工程施工中采用的新技术主要有：

1. 该桥采用新的《04设计规范》进行设计，对混凝土的耐久性进行了严格的规定，并考虑了梁部预备体外束。

2. 在水深超过3~5m，流速为2m/s的江心处，(超规范)采用土石围堰施工，采用钢筋笼超前阻流，克服堰体被冲刷及雍水对堰体造成的阻水侧压力影响；采用土石堰体达到较为理想的止水效果，保证承台及孔桩顺利施工，在同类基础施工中属成功典范。

3. 一次性浇筑承台混凝土方量约达4 500m^3，并采用“环宇大体积混凝土一线通测温系统”对整个大体积混凝土的内部温度进行监测，采用蓄温水进行混凝土的保温养护，保证了大体积混凝土不开裂。

4. 墩台及梁部混凝土采用特制的低碱52.5硅酸盐水泥及非碱活性集料,保证了墩身及梁部混凝土的耐久性。对于泵送混凝土,既要求它能满足设计规定的强度和耐久性,又要满足结构的抗裂要求,还要满足可泵性要求和外观质量要求,因此用聚羧酸高效减水剂,满足混凝土泵送的要求,确保上述混凝土质量。并采用全自动喷淋系统对混凝土进行喷淋保湿养护,有效补偿了混凝土的收缩,防止混凝土收缩裂缝的产生。

5. 墩身及梁部混凝土采用自动喷雾系统进行长达3个月的喷雾保湿养护,充分补偿了混凝土收缩,保证了墩身混凝土质量;采取多种措施使梁部混凝土的收缩率控制在2×10^{-4}以下。

6. 梁部混凝土的缓凝时间长达30h,克服了挂篮变形对新浇混凝土的影响,保证梁部混凝土不因挂篮变形产生裂纹。

7. 在0号块混凝土结构中充分利用"抗放兼备,以抗为主"的原则,利用掺膨胀剂的补偿收缩混凝土作为结构材料,且在混凝土强度达到60%时立即进行张拉锁定,在结构中建立一定的预压力,抵抗混凝土收缩变形时产生的拉应力,混凝土结构同时具有微膨胀作用,从而有效控制了结构裂纹。

8. 采用大跨度斜拉式桁架施工栈桥,合理地利用托架附着于主桥墩身,确保了斜拉栈桥的纵横向稳定性,降低了连续结构多墩多迎水面带来的诸多安全隐患。

(三)与施工相关方协作配合

认真贯彻落实业主对技术、质量工作的要求和指示,紧紧围绕业主的工作思路搞好施工生产和创优工作,经常向业主请示创优工作,随时接受业主的质量检查。在业主的领导下,与设计、监理单位真诚合作,及时解决有关问题。认真执行监理制度,及时办理各种签证手续,尊重监理工程师的意见与指导。教育所有参战人员尊重和服从业主、监理、设计和质检人员的监督与检查,与业主、设计、监理单位"四位一体"共同创优。

三、施工质量控制

对工程施工质量采取"事前控制,事中严格监督"原则,将质量事故消灭于萌芽之中。

(一)施工前控制

项目经理部在前期工作中,注重抓好施工技术准备工作,也对施工分承包方的材料、设备和人员严格按贯标工作的要求进行审查。项目经理部在实际工作中具体做法如下:

1. 抓好施工前图纸会审、技术交底工作。项目经理部自身预先进行审图,提出意见,汇总施工单位的审图意见后再组织图纸会审。

2. 要求专业施工单位提交进场的管理架构,审查上岗操作人员证书。项目经理部直接介入专业施工单位管理人员及操作人员质素的管理,对不能满足质量要求的管理人员和操作人员及时更换。

3. 对施工机械设备进行过程能力评审:审查其施工机械设备的选型是否恰当、数量是否足够,所有装备的施工机械设备是否都处于完好的可用状态等。对于进场的机械、机具、设备进行过程能力评审。

4. 抓好材料订货前的评审和确认,订货前的控制:对材料质量、供货能力进行评审确认工作,保证材料质量符合设计要求。

5. 项目经理部开工前对施工测量控制网进行复测,检查检验、测量和试验设备的周期检定情况和可用状态,规定无证和有问题的设备不准在现场使用,保证工程测量和检测的准确。

6. 开工前抓好对质量通病的预防措施:项目经理部在工程开工前,专门针对质量通病制订了《嘉华大桥工程消灭质量通病计划》,要求每个分项工程开工前,施工班组要学习施工操作规程,了解质量通病的治理措施。

(二)施工过程控制

实施现场监督与检查。在施工过程中,项目经理部管理人员加强对现场旁站监督与检查,及时发现违章操作和不按设计要求以及不按施工图纸、施工规范、规程和质量标准施工的现象,对于不符合质量要求的进行及时纠正和严格控制。对基础工程和主体工程施工,安排管理人员加班加点在现场跟班,确保使用材料及工艺过程质量。

对进场材料先进行目测检查。要求按批量送检，提交材料合格证和化验单后才能使用；检查混凝土配合比、材料计量、搅拌质量、坍落度，督促留取试块。

加强工序的检查、工序交接检查及隐蔽工程检查。在作业队自检的基础上进行了工序交接检查。工程隐蔽和转序均由施工自检合格后，经项目经理部再检查确认，报监理检查签认，方可进行隐蔽和覆盖。首次隐蔽检查和转序均经过业主、设计、监理还邀请市质检总站参加，进行联合检查签认后才进行隐蔽、覆盖和转序。

施工管理人员均按不同专业工种分工对口管理，施工过程中，各专业工种管理人员及时到位管理和指导工人操作，避免返工。

在施工过程中对设计图纸的修改、变更和洽商，均应通过项目经理部审查之后，以施工联系单送交监理、业主和设计单位，及时解决遇到的设计和施工技术以及经济问题，使工程进度按计划进行。

及时按规范做好工程技术资料和贯标资料工作。项目经理部对基础和主体的分部工程核验资料抓得比较紧，使核验工作进行得比较顺利，保证工程竣工前将工程技术资料及时提交归档。

（三）施工所形成产品的控制

出现对结构有影响的不合格品如混凝土墩、台和其他结构物，均返工重做。

项目经理部制订了成品防护措施，定专人检查和督促各施工现场，做好半成品防护和成品保护工作。混凝土结构拆除模板前均由项目经理部向监理申报，批准后才可拆除，保证了混凝土达到所需的龄期和强度。

四、单位工程质量评定结果

（一）桥梁分部工程（表3-1-1）

（二）嘉华隧道工程（表3-1-2）

桥梁分部工程质量评定汇总表　　表3-1-1

工程部位	李家坪	北引道	主桥	华村	黄沙溪
基础	94.5	92.2	93.3	97.6	94.6
下部构造	96.8	96.6	92.9	96.5	96.2
上部构造	96.7	98.8	93.9	97.1	94.6
桥面及附属工程	95.5	96.2	98.8	98.4	96.8
达到等级	优良	优良	优良	优良	优良

嘉华隧道工程质量评定汇总表　　表3-1-2

工程部位	左洞	右洞	工程部位	左洞	右洞
初期支护	95.5	96.4	隧道铺装	97.4	96.8
防水层	99.8	98.9	达到等级	优良	优良
混凝土衬砌	97.6	98.2			

（三）路基路面工程（表3-1-3）

1. 路基压实度：93%区最小值95%，最大值98%。

2. 路床弯沉值：均不大于设计要求值，满足要求。

3. 水泥稳定层弯沉值：均不大于设计要求值，满足要求。

路面工程质量评定汇总表　　表3-1-3

检测指标	检测情况			检测指标	检测情况		
	检测次数	合格次数	合格率（%）		检测次数	合格次数	合格率（%）
压实度	255	255	100	厚度	345	345	100

续上表

检测指标	检测情况			检测指标	检测情况		
	检测次数	合格次数	合格率(%)		检测次数	合格次数	合格率(%)
弯沉值	1 700	1 700	100	横坡	2 230	2 084	97.900
平整度	3 327	3 102	93.2	渗水系数	126	126	1
宽度	781	781	100	构造深度	48	48	100
高程	3 572	3 443	96.4	摩擦系数	49	49	100

五、工程监测

(一) 嘉华隧道监测

1. 爆破监测

嘉华隧道在施工过程中,采用信息法施工,通过对爆破振动波的检测,及时调整爆破参数,有效地控制开挖爆破对地面的振动,成功地穿越了轻轨嘉华车站和嘉华地面高层居民区。

2. 围岩收敛监测

各典型断面量测数据的分析结果与围岩收敛监测数据的分析结果基本上相吻合,围岩收敛稳定。

(二) 边坡监测

在施工中,对李家坪立交、北引道、华村立交11号边坡、黄沙溪立交1号、2号边坡、隧道出口边坡进行监测:

1. 边坡体变形:监测数据显示,边坡体变形较小,坡体稳定;
2. 坡顶40m范围内地表裂缝:地表无裂缝出现;
3. 坡顶建(构)筑物变形:监测数据显示,坡顶建(构)筑物稳定;
4. 支护结构变形:监测数据显示,肋柱、横梁稳定;
5. 锚杆(索)拉力和预应力损失监测:监测数据显示,锚索应力及预应力损失满足要求;
6. 重要部位中间验收情况。

在每个分部工程完成后,由监理主持,市质检总站、业主、设计、地勘、施工单位参加,分批对分部工程进行了中间验收,并在进行中间验收合格后才进行下一分部工程的施工。

六、工程竣工测量情况

2007年6月1日,由监理、业主和中铁八局一公司精测组对全线工程进行了竣工测量,高程、宽度、交叉点净高都满足设计及规范要求。

第五节　安全和文明施工

一、施工安全

(1) 在项目经理部内部实行逐级安全岗位责任制,项目经理与项目总工签订安全岗位责任书,并建立安全管理体系。

(2) 推行《建筑工程安全检查评分办法》(JGJ 59—88),公司每季度组织对各单位工程进行安全检查,对存在的安全隐患发出整改通知书督促施工单位及时进行整改,杜绝安全事故发生。

(3) 实行安全设备验收制度:项目经理部使用的施工机具、电器设备进场前经检查验收合格后才能使用,塔吊和重要安全设备要经劳动部门验收。

(4) 重视安全资料档案工作,由专人负责建立安全资料档案,并进行了分类、归档整理等工作。将安全生产放在第一位,保证了工程项目的顺利进行。

二、文 明 施 工

项目经理部根据重庆市建委《重庆市重点建设项目目标考核暂行办法》的要求,制定本工程创安全文明工地的标准:

(1) 建立创建"文明工地"领导小组,全面开展创建文明工地活动,做到"两通三无五必须",即施工现场道路畅通,施工工地沿线单位出入口畅通;施工中无管线高放,施工现场排水畅通无积水,施工工地道路平整无坑塘;施工区域与非施工区域严格分隔,施工现场挂牌施工,管理人员佩卡上岗,工地现场施工材料堆放整齐,工地生活设施文明。

(2) 健全以项目经理具体领导、文明施工员具体指导和落实的管理网络,增强管理力量。

(3) 与施工班组签订文明施工、保护地下管线协议书,建立健全岗位责任制,把文明施工责任落到实处,提高全体施工人员文明施工自觉性与责任心。

(4) 挂牌施工,标明工程项目名称、范围、开竣工期限、工地负责人,设立监督电话,接受社会监督。

(5) 在居民和商业稠密区进行强噪声作业时严格控制作业时间。晚间作业不超过22时,早晨作业不早于6时,特殊情况需连续作业(或夜间作业)的,尽量采取降噪措施,事先做好周围群众的工作,并报市建委审查办理《夜间施工许可证》后才进行施工。

(6) 施工期间,在各交叉路口和施工沿线设置交通协管员帮助交警疏导交通,维护该施工路段的交通秩序。

(7) 合理组织、精心安排工程施工,使施工作业对行车和行人的影响降低到最低程度;一旦施工地段出现交通堵塞,积极采取措施尽快疏导。

(8) 在工地现场和生活区设置足够的临时卫生设施,每天清扫处理。用有效措施处理生产、生活废水,不超标准排放,确保施工现场无积水现象。

(9) 加强夜间的安全保卫工作,设夜间巡逻队。

第六节 施工测量控制系统

一、施工控制测量总体方案

根据各工程结构物施工测量精度要求,结合现场地形、地物、施工的时间先后,采用不同时间、不同精度、不同仪器、不同布网方法进行各部的施工控制测量,五个附属工程相互之间采用三等 GPS 控制网联测。

二、嘉华大桥控制测量方案

(一) 平面控制测量

仪器采用 TC1800 全站仪进行野外施测,该仪器的测角精度为 1″,最小测角读数 1″,测距最小读数为 0.1mm,测距标称精度为 2 + 2ppm。按三等边角锁网测量精度要求进行控制测量,角度测 6 个测回,距离往返各测 2 个测回。布网形式如图 3-1-2 所示。

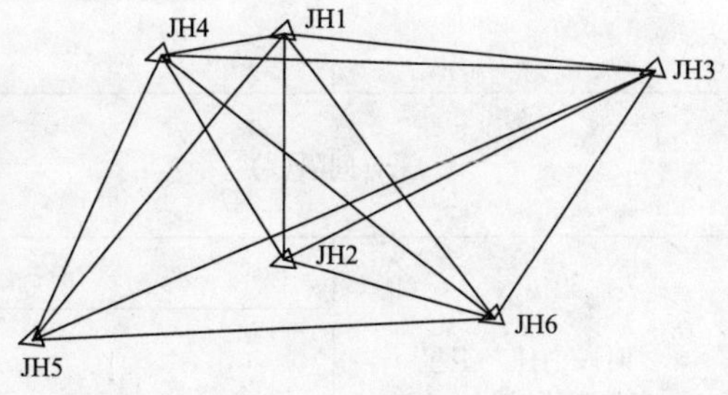

图 3-1-2 嘉华大桥平面控制布网图

(二) 三角锁测量规格

1. 测角要求(表 3-1-4)

2. 测距要求(表 3-1-5)

测角要求表　　表 3-1-4

等级	测角中误差	测回数	同测回方向测回互差不大于	半测回归零差不大于	测回中 2c 较差不大于
三等	±1.8″	6 个	6″	6″	9″

测距要求表　　表 3-1-5

等级	测回数	测回较差小于	边长中误差小于
三等	2 个	5mm	1/200 000

（三）高程控制测量

因各高程控制点分布于嘉陵江两边，两边高程联测在基础施工阶段采用四等三角高程作业要求（表 3-1-6）进行，在施工桥面时采用二等水准进行联测及桥面施工高程控制测量。

四等三角高程测量作业要求表　　表 3-1-6

等级	仪器	测距边测回数	垂直角测回数	指标差较差（″）	垂直角较差（″）	对向观测高差较差（mm）	附合或环线闭合差（mm）
			中线法				
四等	DJ1	往返各 1	3	≤7	≤7	$40\sqrt{D}$	$20\sqrt{\sum D}$

三、嘉华隧道控制测量方案

（一）平面控制测量

仪器采用天宝 5800 系列 4 台 GPS 按三等 GPS 网进行洞口两边控制点的控制测量。布网形式如图 3-1-3 所示。

（二）四等 GPS 作业要求（表 3-1-7）

（三）高程控制测量

洞口两边高程联测采用四等三角高程作业要求（表 3-1-6）进行。

四等 GPS 作业要求　　表 3-1-7

项目 \ 指标 \ 等级			三
卫星截止高度角（°）			15
同时观测有效卫星数（个）			≥4
有效观测卫星总数（个）			≥6
观测时段数（个）			≥2
时段长度（min）	静态		≥60
	快速静态	双频 + P 码	≥10
		双频全波	≥15
		单频	≥30
采样间隔（s）		静态	10 ~ 30
		快速静态	5 ~ 15
时段中任一卫星有效观测时间（min）	静态		≥15
	快速静态	双频 + P 码	≥1
		双频全波	≥3
		单频	≥5

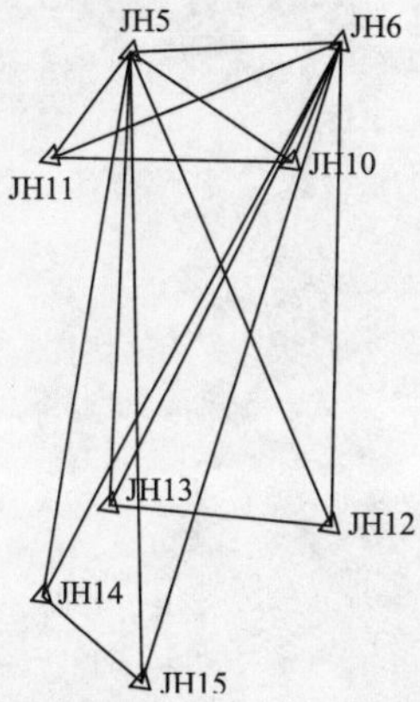

图 3-1-3 嘉华隧道平面控制布网图

四、李家坪立交及北引道控制测量

仪器采用天宝5800系列四台GPS按三等GPS网进行平面控制测量和高程拟合测量,利用全站仪四等三角高程进行复核。

五、华村立交和黄沙溪立交控制测量

(一) 平面控制测量

仪器采用TC1800全站仪进行野外施测,根据现场实际情况布设导线网,在满足现场施工要求下,按四等导线网精度要求进行控制测量,角度测4个测回,距离往返各测2个测回。

(二) 高程控制测量

采用平面控制网点作为高程控制点,按四等三角高程精度进行测量。

六、控制测量效果评述

通过科学安排以及满足施工精度要求且操作性极强的控测方法,结合各部工程现场实际情况,利用全站仪和全球定位系统在控制测量中各自的优点,使该工程的施工测量精度得到了可靠的保证,控制测量的时间大大缩短,满足了现场各部工程施工需要,节约了大量的人力、物力。

在以后的大型工程中,只要现场地形允许,应尽可能的采用全球定位系统进行静态控制测量及现场实时动态施工测量。

第二章　主　　桥

第一节　概　　述

一、桥梁结构及位置概述

嘉华大桥跨越嘉陵江，主桥跨径为 138m + 252m + 138m 的连续刚构桥梁（图 3-2-1），位于渝中区华村画家之村与江北区许家湾之间。其南北引道工程分别位于渝中区和江北区，是《重庆市城市总体规划》中预留的越江桥位之一，联系重庆市南北主发展轴上的主要纽带，同时也是主城区道路网络体系中 4 条纵向主干道居中的一条主要道路动脉干线。施工里程为 K4 + 812 ~ K5 + 340，桥长约 1 000m，上部构造为变截面单箱单室，垂直腹板，单箱顶宽 17.8m，双向 8 车道。

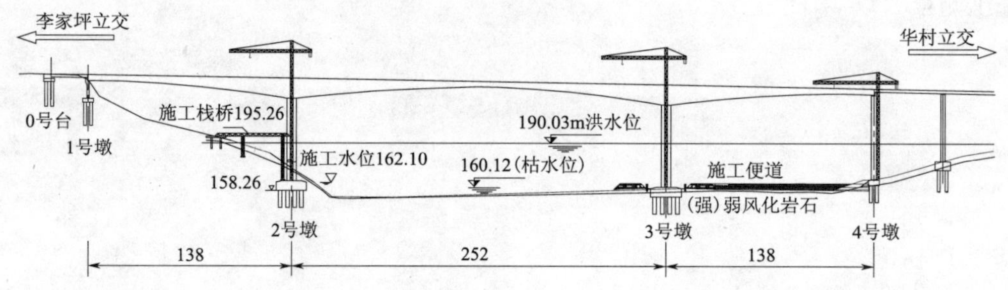

图 3-2-1　重庆嘉华大桥施工布置示意图（尺寸单位：m）

二、工程技术特点

（一）主要技术标准

详见设计篇概述。

（二）主要技术难点

1. 3 号墩水下基础施工；
2. 大体积混凝土施工；
3. 薄壁空心高墩翻模施工；
4. 栈桥施工；
5. 0 号块施工；
6. 连续刚构大吨位挂篮施工；
7. 连续刚构线形控制；
8. 连续刚构预应力施工控制；
9. 60m 万能杆件高支架现浇段施工；
10. 合龙段施工。

第二节 基础施工

一、围堰施工

主桥3号墩基础处于江中水下离江边约120m,平均水深有2.5~5m左右,采取筑岛围堰方式施工。

(一) 施工顺序

基础施工顺序:筑岛围堰→设钢筋混凝土止水墙→抽水开挖承台土石方→孔桩施工→孔桩混凝土灌筑→桩基检测→承台混凝土灌筑→墩身施工。

(二) 施工阻水及防渗断面设计

根据现场情况,围堰设计筑成环状,具体填筑方式见图3-2-2。首先填筑中部砂卵石带,筑完后紧接着填筑两侧黏土带。填黏土带时,必须用挖掘机将坡脚处宽为4m范围内的砂卵石土清挖干净,清一段填一段。承台靠4号墩侧及上游侧按施工尺寸周边扩大8m(机械操作平台及设置积水坑)现浇钢筋混凝土止水墙,靠主航道侧及下游侧按承台尺寸扩大4m(设置积水坑)现浇钢筋混凝土止水墙。钢筋混凝土围堰基础嵌入基岩层以下50cm,并按行、排间距0.4m设置锚杆,锚杆各锚入基岩和止水墙混凝土70cm,以确保今后承台基坑开挖安全。环形围堰填筑至163m高程时剖面图见图3-2-3。

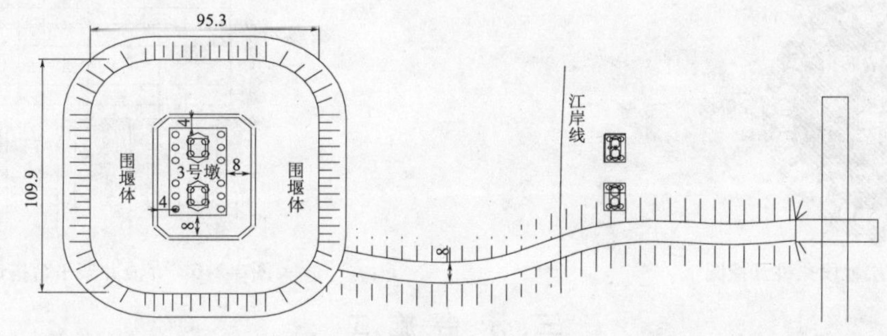

图3-2-2 临时便道及筑岛平面布置图(尺寸单位:m)

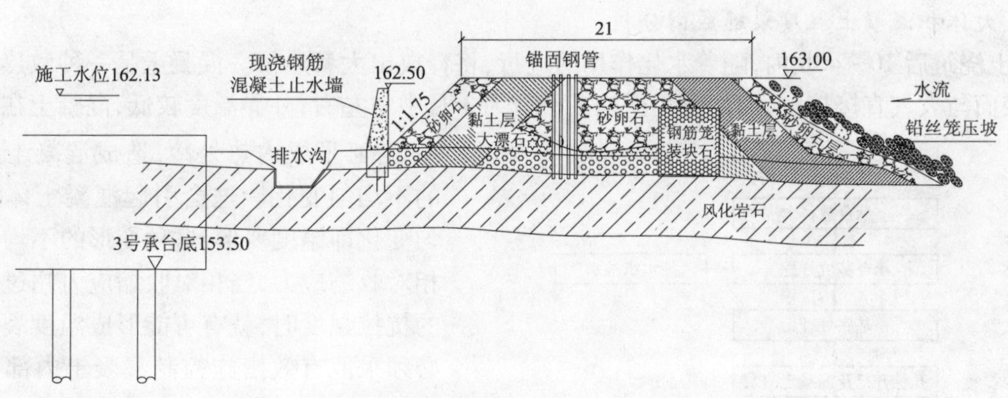

图3-2-3 筑至163m高程时环形围堰填筑剖面图(尺寸单位:m)

(三) 围堰施工要点

在超规范要求条件下(平均水深2.5~5m左右,流速2m/s),嘉华大桥土石围堰的填筑与防渗堵漏一次成功。施工要点如下:

1. 优化选择填筑填料。
2. 合理的填筑顺序。
3. 填料填筑断面的组合设计。

二、桩基础施工

（一）人工挖孔桩施工

主墩基础各采用24根直径2.5m的孔桩基础，南侧边墩基础采用12根直径1.8m的孔桩基础。设计持力层为中风化基岩。

（二）施工工艺流程（图3-2-4）

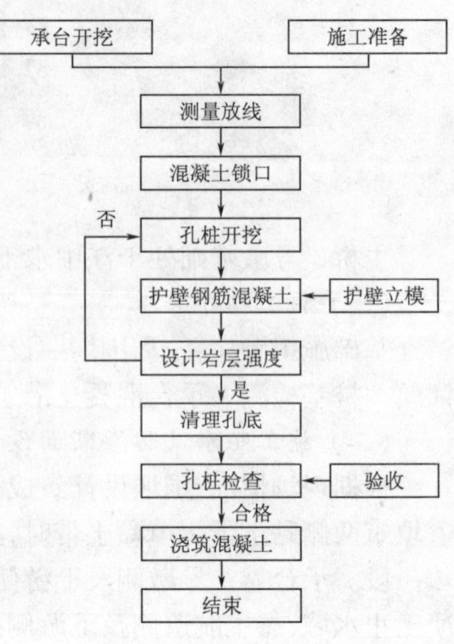

图3-2-4　挖孔桩施工工艺流程图

（三）开挖方法

开挖采用岩芯钻钻眼开挖。岩芯布孔要求：采取直径为20cm的岩芯钻沿设计轮廓线钻孔，共计需布置40个岩芯孔，使四周形成临空面，然后用人工凿楔眼，采取楔眼破除余下部分（图3-2-5）。

（四）弃渣

平台采用碗扣支架搭设，平台上口与基坑顶平齐，弃渣用卷扬机起吊至井架平台，抬运至承台外围弃渣点，具体搭设见图3-2-6。运渣木板跳宽为140cm，横向需连接可靠，木板不能搭成探头跳。运渣平台支架采用普通钢管搭设，同时孔口四周设置小孔安全网防护。

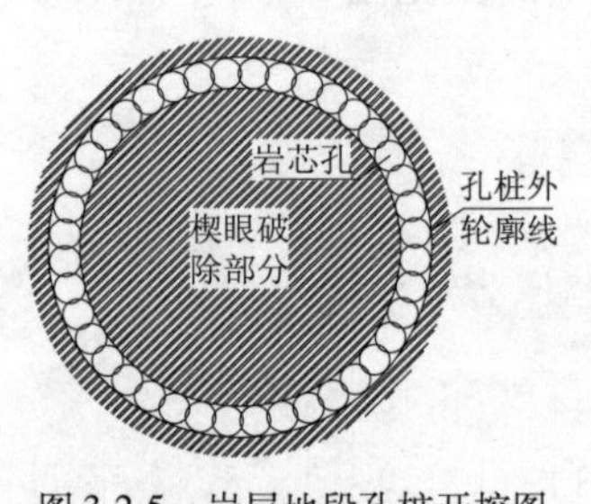

图3-2-5　岩层地段孔桩开挖图

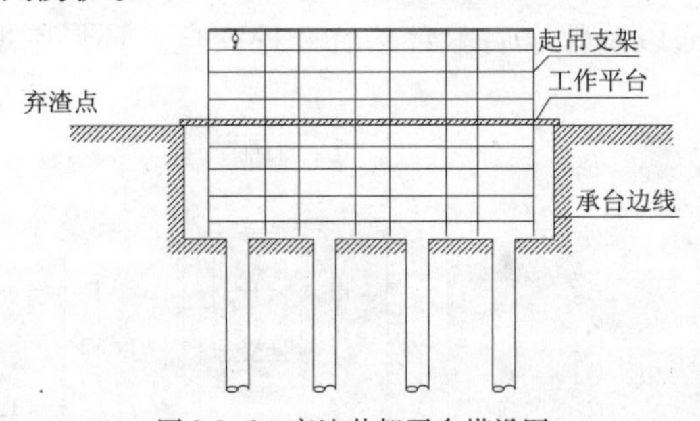

图3-2-6　弃渣井架平台搭设图

三、承台施工

（一）施工工艺流程（图3-2-7）

（二）大体积混凝土温度裂缝成因分析

混凝土浇筑后10～40h内，随着水化作用的进行，将释放出大量热量。混凝土是一种散热性很差的材料，外表面与大气直接接触，加之混凝土施工季节为3月中旬左右，外界温度较低，混凝土在冷却过程中，势必形成内热外冷，造成混凝土内外温度的不均匀变化。这会引起混凝土体积的不均匀变化即温度变形，这种变形的不均匀表现为相对收缩应力，当相对收缩应力超过了混凝土的抗拉强度时，就有可能形成温度裂缝。所以必须采取有效措施控制混凝土内部温度及大体积混凝土的内外温差。

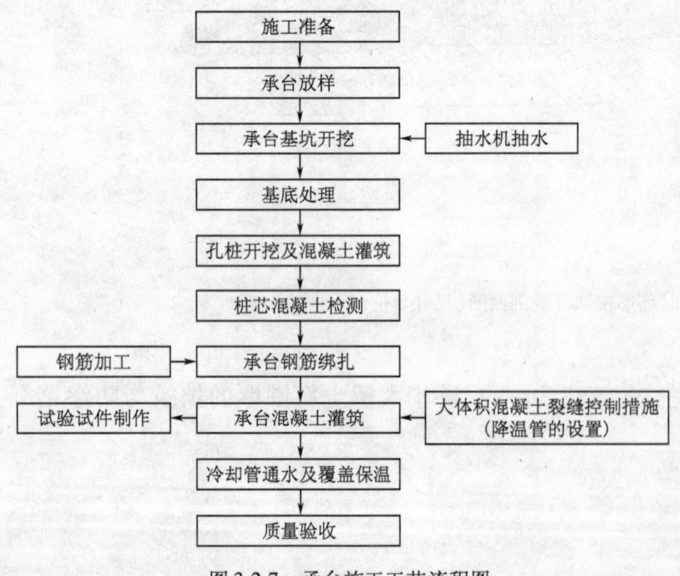

图3-2-7　承台施工工艺流程图

（三）大体积混凝土温度控制

通过以上分析，在大体积混凝土的施工过程中，优化混凝土配合比、控制水泥用量、降低混凝土入模温度等是有效控制混凝土内部温度的措施。采取合理的施工方法控制内外温差（小于25℃内）是防止大体积混凝土开裂的关键。

1. 优化混凝土配合比

(1) 水泥

由于温差主要由水化热引起,所以要尽量采取早期水化热低的水泥。由于水泥的水化热是矿物成分与细度的函数,要降低水泥的水化热,主要是选择适宜的矿物组成和调整水泥的细度模数。所以本桥采用中热普通硅酸盐42.5R水泥,水泥用量为300kg/m³,水化热量 $Q=377$kJ/kg,相同强度等级的普通水泥水化热为461kJ/kg。使用高强度等级水泥可以减少水泥用量,从而减少总体水化热。

(2) 掺加粉煤灰及优质外加剂

为减少水泥用量,降低水化热并提高混凝土的和易性,采用掺15%的粉煤灰代替部分水泥,从而减少水泥用量。同时粉煤灰的火山灰反应进一步改善了混凝土内部的孔隙结构,使混凝土中总的孔隙率降低,孔结构进一步的细化,分布更加合理,使硬化后的混凝土更加致密。

掺加AJ高效减水剂,以减少用水量和水泥用量,从而减少水化热。混凝土中掺加微膨胀剂,增加混凝土的主动抗裂性能。

(3) 用粒径较大的颗粒形状好和级配好的碎石。因为粗集料料径越大,级配越好,孔隙率越小,总表面积越小,每立方米用的水泥砂浆量和水泥用量就越小,从而减少水化热。

(4) 加机制砂,改善细集料级配,同时减少水泥用量,减小水化热。

(5) 尽可能地降低坍落度,低坍落度混凝土用水量少,利于降低温度,减少干缩,尽量减少水泥用量,坍落度控制在16~18cm之间。

(6) 混凝土浇筑前裂缝控制计算

承台为C30混凝土,采用普通硅酸盐42.5R水泥,水泥用量为300kg/m³,水化热量 $Q=377$kJ/kg,混凝土比热 $c=0.96$kJ/(kg·K),混凝土密度 $\rho=2\,400$kg/m³,混凝土的入模温度 $T_0=18$℃,$W/C=0.6$,$E_c=3.0\times10^4$N/mm²,近期可能最低温度8℃,平均气温12℃,混凝土标准状态下最终收缩值 $\varepsilon_0=3.24\times10^{-4}$,徐变影响的松弛系数 $S(t)=0.3$,混凝土的外约束系数 $R=0.32$,与浇筑水泥及温度有关经验常数 $m=0.3$。计算可能产生的最大温度收缩应力以及露天养护期间(15d通水降温期)可能产生的温度收缩应力及抗裂安全度。

计算过程:

① 计算混凝土的绝热温升值

$T(15)=m_cQ(1-e-mt)/(c\cdot\rho)=300\times377\times(1-2.718-0.3\times15)/(0.96\times2\,400)=48.54$℃

$T_{max}=m_cQ(1-2.718^{-\infty})/(c\cdot\rho)=49.09$℃

② 混凝土收缩变形值

查知:$M_1=1.0$,$M_2=1.35$,$M_3=1.0$,$M_4=1.42$,$M_5=1.2$,$M_6=0.93/0.84$,$M_7=1.25$,$M_8=1.2/1.05$,$M_9=1.0$,$M_{10}=0.68$

$$\begin{aligned}\varepsilon_y(15)&=\varepsilon_{0y}(1-e^{-0.01t})\times M_1\times M_2\times\cdots\times M_{10}\\&=3.24\times10^{-4}\times0.1393\times1.0\times1.35\times1.0\times1.42\times1.2\times0.93/0.84\times1.25\times1.2/1.05\times1.0\times0.68\\&=1.12\times10^{-4}\end{aligned}$$

③ 混凝土的收缩当量温差

$T(y)(15)=\varepsilon_y(15)/a=1.12\times10^{-4}/1.0\times10^{-5}=11.2$℃

④ 混凝土的弹性模量

$E(15)=E_c(1-e^{-0.05}\times15)=3.0\times10^4(1-2.718-0.05\times15)=1.58\times10^4$MPa

⑤ 混凝土的最大综合温差

$\Delta T=T_0+2/3\times T(t)+T(y)-T_n=18+2/3\times49.09+11.2-12=49.93$℃

⑥ 混凝土的最大温度收缩应力为

$\sigma=-E(t)a\Delta T/(1-v)S(t)R=-1.58\times10^4\times1.0\times10^{-5}\times49.93\times0.3\times0.32=0.757$N/mm²

$<f_t = 1.43\text{N/mm}^2$

裂缝可控制。

⑦ 露天养护期间基础混凝土产生的降温收缩应力

$\Delta T = T_0 + 2/3 \times T(t) + T(y) - T_n = 18 + 2/3 \times 48.54 + 11.2 - 8 = 53.56℃$ [$T(y) = 11.2$ 偏安全]

$\sigma = -E(t)a\Delta T/(1-v)S(t)R = 0.96\text{N/mm}^2$

$<0.75f_t = 1.07\text{N/mm}^2$

裂缝可控制。

2. 采用合理的施工方法

(1) 注意气温变化情况，临时选择在较低温度时段内浇筑混凝土。

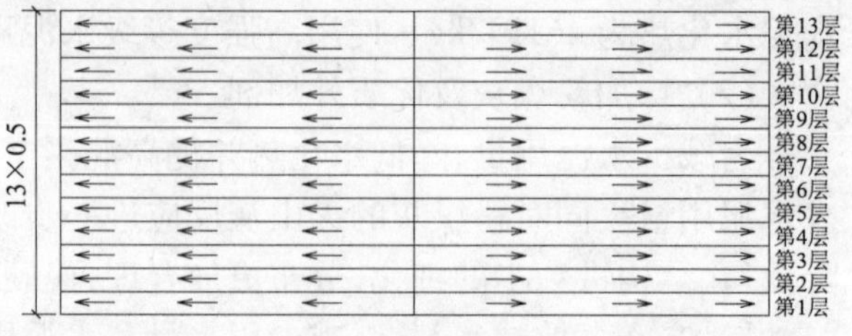

图 3-2-8 混凝土分层灌注顺序示意图(尺寸单位:m)

(2) 分层浇筑混凝土(图 3-2-8)

本承台分 12 层(块)浇筑，每一层浇筑厚度为 0.50m(注意避免分层分块断面的突然变化)，目的是利用层面散热，以降低混凝土温度。在灌注下层混凝土时采用串筒，以防止混凝土离析。

(3) 混凝土灌注顺序(图 3-2-9)

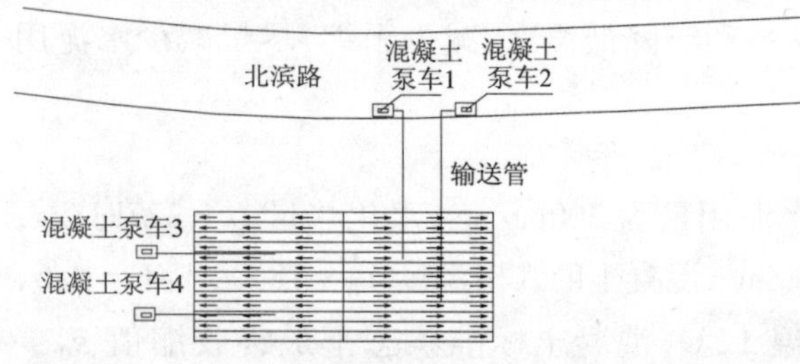

图 3-2-9 混凝土分层灌注顺序平面示意图

采用泵送，利用现有拌和场及相关设备，在灌注时按 0.50m 一层(340m^3)分层浇筑。从一侧往另一侧灌完一层后，又折回从开始侧向另一侧灌第二层，每一循环间隔时间控制在 6h 内(初凝之前)，则每小时需要灌注 57m^3，平均 4 台泵(4 台泵工作，1 台备用)每台每小时需灌注 14m^3。

(4) 采取二次捣固及二次收面压实、抹平，确保混凝土表面不开裂。

3. 埋设冷却管

用 ϕ25mm 的黑铁管作为冷却管，支附于钢筋上。由于承台属嵌岩基础，设计图上的进水与出水管需全部引至承台顶面，故需在设计的黑铁管上增加长度为 36m，其布置如图 3-2-10 所示。

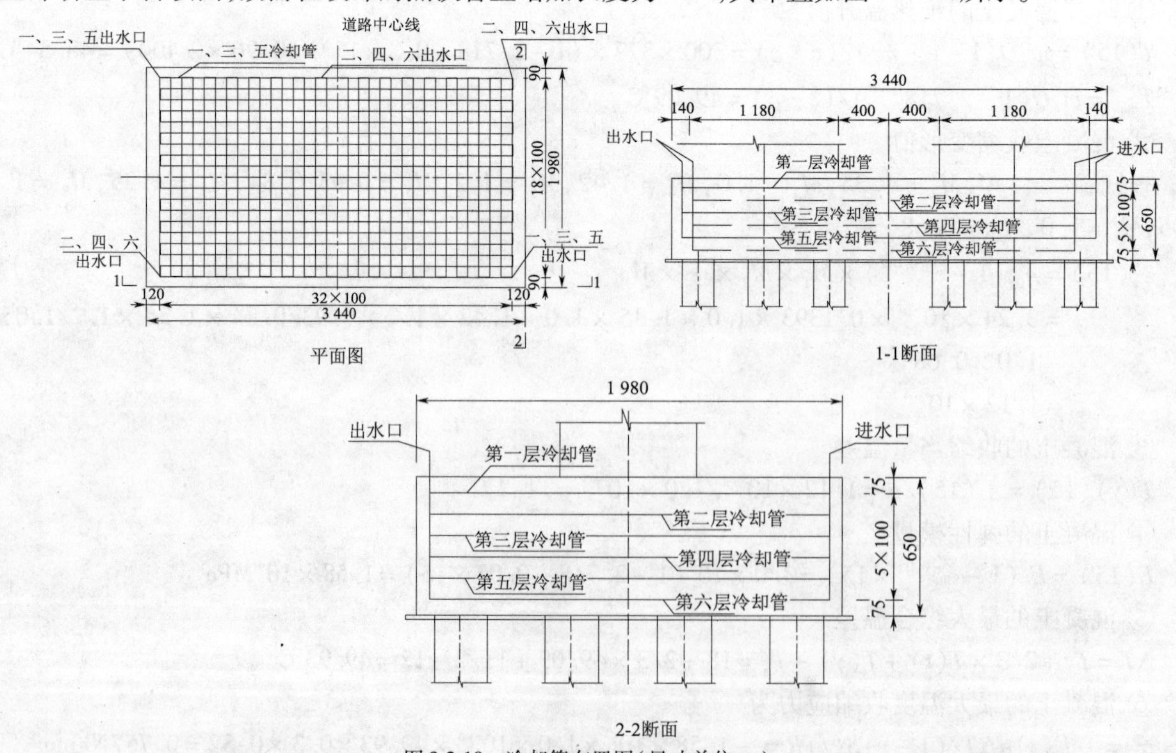

图 3-2-10 冷却管布置图(尺寸单位:m)

采用6层分离式循环，在降水过程中，进水端设在上游，排水端设在下游。循环降温过程中，派试验员对水温进行监控。

给水采用6台1.7kW·h的潜水泵进行抽水送水，保证循环水的连续供应。

在施工过程中应注意以下问题：

（1）混凝土浇筑前需对冷却管进行水压试验检查水管系统，保证冷却管的畅通和不漏水。

（2）覆盖一层混凝土后即开始通水冷却，通过调节水流量将进出水温差控制在4～5℃，连续通水15d以上。

（3）停止通水后，用微膨胀水泥浆向管道里压浆。

（4）水管的表面连接件拆除到混凝土内10cm深度，拆除连接件后的孔洞用较干的微膨胀混凝土封闭。

（5）循环排出的热水必须排在嘉陵江下游，不能排在承台基坑里。

（6）在浇筑承台混凝土前埋设测温元件（承台1/4范围内），从浇筑起至通水结束时间内每隔12h测量混凝土内部温度，并作好记录据以指导施工。

（7）出水口水温每隔1～2h测量一次。

（8）冷却管网结束通水后立即灌C30水泥浆封孔，并将伸出承台顶面的管道截除。

4. 加强表面保温与养护

混凝土浇筑完成并二次收面后，立即覆盖薄膜一层麻袋两层进行保湿保温，并根据测温数据采用适宜温度的热水进行养护。

对支立模板部分，在浇筑完毕15d后不得解除模型约束，并用草麻袋覆盖在模型表面，最外层采用彩条布覆盖其上，并用钢管或木板作好压实处理，起到保温养护的效果（若测得的混凝土表面温度与内部温度相差大于25℃时，则对混凝土表面用卤钨灯加热，内部加快冷却水的循环速度）。

增长养护时间，延缓降温时间和变形速度，充分发挥混凝土的“应力松弛效应”，削弱温度收缩应力。

5. 连续浇筑保证措施

为保证大体积混凝土顺利灌注，需从以下几方面着手：

（1）现场准备4台车泵，按平均3台处于工作状态计算，则每台每小时需灌筑19m^3（额定量为60m^3/h），每台泵每小时需要3台混凝土运输罐车（平均6m^3/车），每小时工地需要9车混凝土连续到达，每车从商品混凝土厂家到工地间来回时间约2h，则需要18台罐车进行混凝土的运输。

（2）增加运输车性能完好保险系数1.5，要求商品混凝土公司保证27个罐车进行混凝土的运输。

（3）经计算，需要厂家在3d内的水泥及集料储备达到的数量见表3-2-1。

需厂家在3d内水泥及集料储备达到的数量　　表3-2-1

水泥(t)	粉煤灰(t)	河砂(m^3)	机制砂(m^3)	碎石(m^3)	水(t)	AJ(t)
1 328	66	1 941	449	2 955	744	14

（4）堵车及停电、停水应急方案

① 部分堵车状态时，现场可以减薄分层的厚度以达到不形成施工冷缝的目的。

② 遇停电及停水时，要求厂家具有抽水及发电的能力，并现场实地考察确认。

③ 完全堵车状态时，一是事先计划行走路线，标出应急线路；二是在万塘路处的另外一项目经理部现场搅拌站备好400m^3混凝土所需的粗细集料及水泥，要求配合比及粗细集料、水泥、外加剂品种及规格与商品混凝土提供厂家完全一致，并后备相关人员及6台运输混凝土罐车随时待命进行混凝土的搅拌。在混凝土浇筑期间，6台罐车及1台上料铲车停在现场值班待命。

6. 大体积混凝土信息化施工

为保证工程质量，必须对该大体积混凝土的内部温度进行监控。为保证测温精度，使用业内成熟和先进的“寰宇夺标一线通大体积混凝土测温系统”，该系统可采取并联、串联和混联的方式，将数据传送到办公室的电脑中，具有布线量极低、安装工作量少、快捷方便、实时图形和报表显示等显著特点。监测人员只需在办公室内即可随时通过电脑屏幕，一览各检测点温度变化情况。该版本解决了以往各代产品中对各种复杂工地现场的适应性问题，并将传输距离增加到1.0～10km。该版本同时提供了现场查看数据功能。

(1) 平面布点方式

根据本工程承台平面图和剖面图，全承台测温采用梅花布点方式，各点相互结合并补充校核。该工程平面布点共5个，测点的平面布置见图3-2-11，现场计算机与最远测温点的数据线距离控制在1.2km以内。

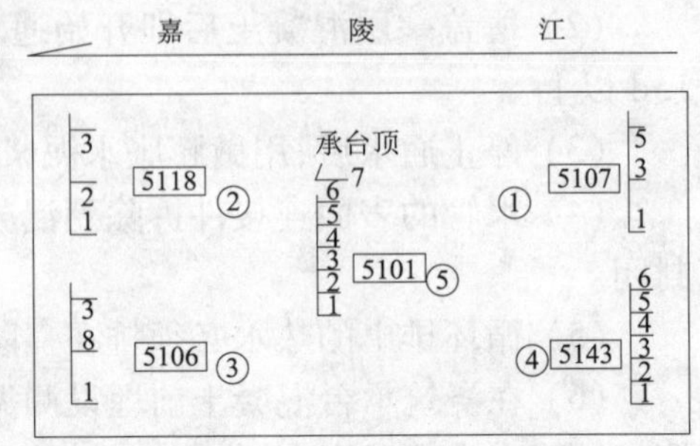

图3-2-11 承台测温点平面布置图

(2) 固定传感器

将测温传感器的金属壳固定在竖向支撑钢筋骨架上，位置要求准确。在浇筑混凝土前需将带传感器的支撑钢筋骨架插入到位，并使用绑筋固定；将各个传感器按照序号扣接到相应的采集器上；使用规定型号的数据线（要求：四芯电缆线、单线截面积不小于$1mm^2$），将各个采集器串联起来（注意区分ABCD线序），并连接到机房的数据适配器相应数据端口；数据适配器与计算机间使用USB接口通信，将数据适配器的USB接口与计算机的USB接口相连接。

(3) 计算机辅助

计算机需要现场配备，并将该测温系统的监测软件安装其内。启动软件，按照现场采集器和传感器布置的实际情况，进行参数配置，并设置自动测温采集时间间隔。

(4) 数据采集

采用笔记本电脑与数据适配器相连，采集点分设在2号、3号墩临时办公点，连续采集数据14d，并根据采集的数据情况调整现场循环水的流速。

(5) 数据分析

当混凝土浇筑覆盖完第一层测温元件时即开始测温，测温频率采取先疏后密再疏的规律进行。通过测量温度数据汇总分析，我们可以知道：测温元件1处在混凝土表面以下10cm，其最高温度为53℃；测温元件2～测温元件5处的最高温度达到59℃，发生的时间为混凝土掩埋测温点的第42～52h；测温元件6处最高温度为46℃，发生的时间为浇筑混凝土后的第42h。由此可以分析出，大体积混凝土内部温度峰值出现在混凝土浇筑46h左右。峰值持续时间为20h左右，峰值后的温降阶为1℃/7h，平均在峰值出现后273h降到20℃左右。所以需在这段时间内加强混凝土内循环水降温及表面保温措施。由于各种措施得力，使得混凝土内外温差控制在25℃以下，结合现场承台实体察看，施工完成后的承台没有出现一道裂纹。

第三节 70m薄壁高墩翻模施工技术

一、桥墩工程概述

嘉华大桥主墩为横向双薄壁空心单墩结构，墩身混凝土采用C55混凝土材料。2号主墩墩身高度70m，墩身平面尺寸：顺桥向宽度7m，横桥向宽9.8m，壁厚80cm。

二、施工工艺选择

空心薄壁高墩是桥梁结构中常见的墩柱构造形式。高墩的施工多采用滑模施工工艺、爬升翻模施工工艺以及使用液压技术的液压翻模施工工艺。以降低施工难度、操作具有很强的可行性以及综合考虑经济因素等为原则，爬升式翻模施工操作简单，进度也可以满足工期要求，在严格施工控制下，可以减少模板错台等不利因素。

综合考虑，嘉华大桥主墩采用无支架塔吊翻模施工工艺。

三、施工工艺流程

工艺流程图（图3-2-12）

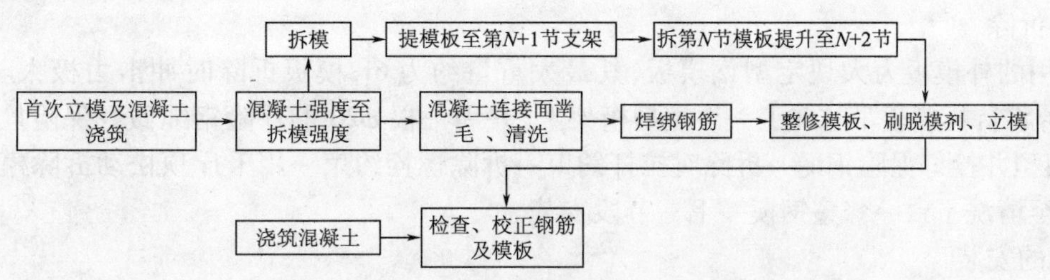

图3-2-12　高墩无支架塔吊翻模施工工艺流程图

四、翻模模板设计与制作

因桥墩墩身较高，模板周转次数多，模板的设计应当充分考虑其刚度，避免变形造成拼装困难，以及在使用中造成错台现象。墩身模型采用桁架式大块定型钢模板（图3-2-13），每一个支墩配备一套桁架模型，每套模型由3节组成，每节高为3m。

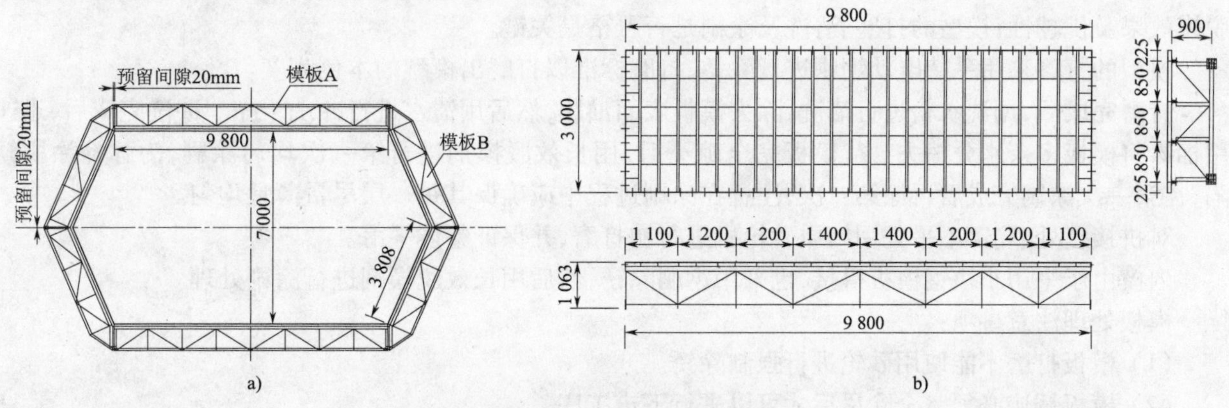

图3-2-13　桁梁式大块定型钢模图（尺寸单位：mm）

a）模板装配图；b）模板A细部构造

五、无支架塔吊翻模施工要点

（一）施工循环连续性

2号~3号主墩采用塔吊提升翻模法施工，2号~4号墩每支墩配制3节模板，每节模板高3m。

待承台施工完毕后，在塔吊基础上拼装自升式塔吊，立4层基本节模板，灌注墩身混凝土。墩身内、外模采用碗扣支架作操作架，并在操作架上用木板作操作平台。

完成承台以上4节基本节混凝土灌注，底节墩身混凝土达到脱模强度后接长墩身钢筋，拆除下层模板，翻至上层模板之上，继续墩身混凝土灌注。重复以上步骤，当墩身灌注到墩顶部位时，在相应位置埋设预埋铁件。

在桁架上设置操作平台和安全栏杆，内模板采用小块钢模板拼接而成，具体见图3-2-14。

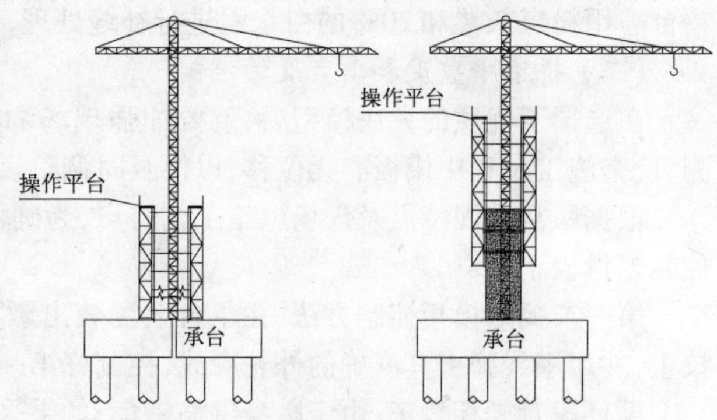

图3-2-14　嘉华大桥主桥墩身施工步骤图

（二）模板安装及校正方法

根据墩身截面形式和内外模特点，加之每节桁架模板重达26t，可知曲模部分受力极其不利。为确保墩身混凝土的浇筑质量，第一段浇筑3.5m（0.5m的曲模+3m高的直模板），以后各段每次浇筑6m，到墩顶时根据余下模板模数进行调整和局部模板加工。

为确保墩身位置的准确性，每一节段混凝土均要进行墩身控制测量校正，根据测量成果表及现场放样校核点位，对模型进行控制校正。

1. 外模拆除

由于采用的外模板为大块定型钢模板，其最大重量约为6t，模板拆除时冲击力极大。为此，采用2个5t的葫芦将待拆模板吊挂在上一块模型桁架上，并用一根ϕ20的保险钢绳做好保险拴接。拆模步骤是：吊挂模型并拴好保险钢绳→拆除对拉杆约束→拆除螺栓约束→用千斤顶松动拆除模板→采用塔吊起吊钢模至清洗平台→修整钢模→下一节段安装。

2. 外模的安装

安装顺序：两个分水尖平行部分的任两块模板安装→安装大块模板→最后安装余下的两块分水尖钢模板。

六、墩身外观质量控制

（一）模板的处理

墩身外观是整个工程的形象项目，全桥定型钢模板均采用长效脱模剂，长效脱模剂能否充分显示其脱模效果及优越性，模型的打磨、清洗及涂刷是否严格是关键。

模型的打磨采用手持电动钢刷进行除锈，打磨标准以打磨出模型的本色为度。

打磨完成后，用洗衣粉进行清洗，除去模板表面油膜，然后用清水进行冲洗干净。冲洗完成后，迅速用棉纱将模板多余水分擦去。待模板完全晾干后，用长效脱模剂进行第一次均匀涂刷，为弥补涂刷缺陷，在第一次涂刷完成后再涂第二次，注意在涂刷过程中应确保其每一层尽量薄且均匀。

对拼接缝处、局部不平处用细质砂轮机进行初打磨，并保证整体平滑。

内模由于采用小块钢模板拼接，也采用钢刷除锈，然后用长效脱模剂进行涂刷处理。

模板处理注意事项：

（1）模板打磨不能使用砂轮进行强制除锈。

（2）模板锈迹必须完全除尽后才可以进行下道工序。

（3）模板必须经过洗衣粉清洗除油。

（4）清洗模板后要迅速用棉纱将多余水分擦掉。

（5）模板必须晾干后才能涂刷长效脱模剂。

（6）长效脱模剂涂刷必须均匀，并突出一个“薄”字，但不能漏涂。

（二）防漏浆措施

模板接缝间采用0.5cm厚的双面胶进行封缝处理，注意双面胶安装时不得伸入墩身内部。对局部错台需用粉煤灰掺和20%的白水泥进行补缝处理，做成锥坡状。

（三）桥墩平整度和垂直度的控制

在选择了优质的大块模型后，就要加强现场测量定位工作以控制墩身平整度和垂直度，并随时复测，检查施工过程中模板有无位移，以便及时调整。

根据墩身截面特点及现场施工工艺特点，为确保墩身位置的准确性，每一节段混凝土均要进行墩身控制测量校正。

第一节弧形模板控制方法：在承台上测放出墩身外轮廓控制点（模板角点），然后用线垂直按对位校正，并用墨线弹出其准确的外轮廓线，控制好第一模板位置，并测出其高程。

循环段直模板校正：由于墩身钢筋密集，如果采用固点放测法将是相当困难的，所以我部拟在已浇筑完成的墩身混凝土面，采取任意前视点法进行墩身位置的控制。但要求是前视任意点位需设在距模板 20cm 范围内，并设在如图 3-2-15 所示的纵横线上。每次放样测量既是对上次成型混凝土的检查，同时又为下次立模的上口位置提供校核点位依据。

现场测量成果采用双控的方式进行检验：前视与放测点位相对位置复核、换人计算和换点执仪复核，保证测量成果准确无误。

模型最终高程可以采用水准仪和钢尺直接确定和校核。

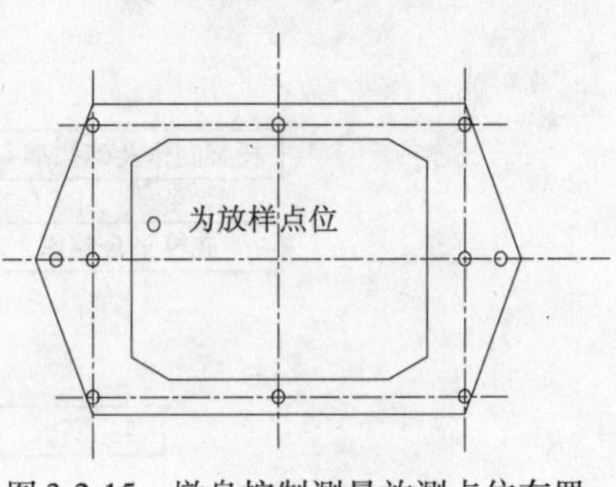

图 3-2-15　墩身控制测量放测点位布置

七、桥墩养护施工

混凝土养护采用浇水养护。水管设于支架上并沿支架上行，在模板上安装供水管系统，采取自动喷淋形式对混凝土进行保湿养护。养护水管布置见图 3-2-16。

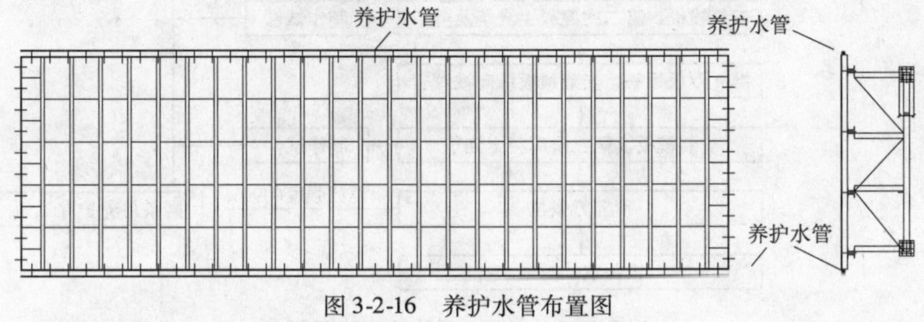

图 3-2-16　养护水管布置图

第四节　主　梁　施　工

一、主梁 0 号块施工

（一）0 号块施工概述

本桥 0 号块纵桥延伸 2.5m，混凝土等级为 C55 预应力混凝土，总圬工方为 1 110m^3。0 号块主梁与其他主梁箱梁均为三向全预应力结构，纵向预应力共设 242 束。

根据 0 号块结构特点，结合墩身形式，并充分考虑施工难度及施工质量，0 号块分 3 次浇筑，浇筑高度分别为 3.7m、6m 和 6m。同时将 2 号、3 号墩墩身 1.9m 段和 0 号块一起浇筑，悬臂部分约 2.5m 段采用托架支撑来完成。0 号块底模利用空心墩内支架作支撑架。0 号块悬出部分的梁端和翼缘板部分均采用预埋型钢牛腿，用万能杆件拼装成桁架托架，以此作为混凝土浇筑平台。

施工需解决以下几方面技术难题：悬臂段托架支撑设计、底板模支架平台设计、腹板外模设计及支撑、翼缘板托架支撑设计、支架平台及托架支撑的静载试验设计、预应力管道的空间定位及固定、混凝土的浇筑。

（二）施工流程图（图 3-2-17）

（三）施工要点

1. 0 号块支架与托架设计

（1）中底模支架搭设

以墩身内横隔板作为搭设平台，原墩身空心下部支撑架保留，横隔板进人洞处采用 I32b 作跨越横梁，采用下托调节高度。横杆布设间距为 0.6m，纵向每 3m 设置横向支撑代替斜撑，自下而上形成 WJD 满堂支架。

墩身空心部分底板采用竹胶板作为底模，采用 WJD 碗扣支架作底模支撑，支架间距为 60cm，竖向间距为 120cm，同时在托架对撑结构的梁上设置支撑立杆和上托座对底板模进行加强支撑。支架搭设完毕后对内支架进行等荷预压，消除施工托架的非弹性变形，并根据测量成果设置内模预拱。

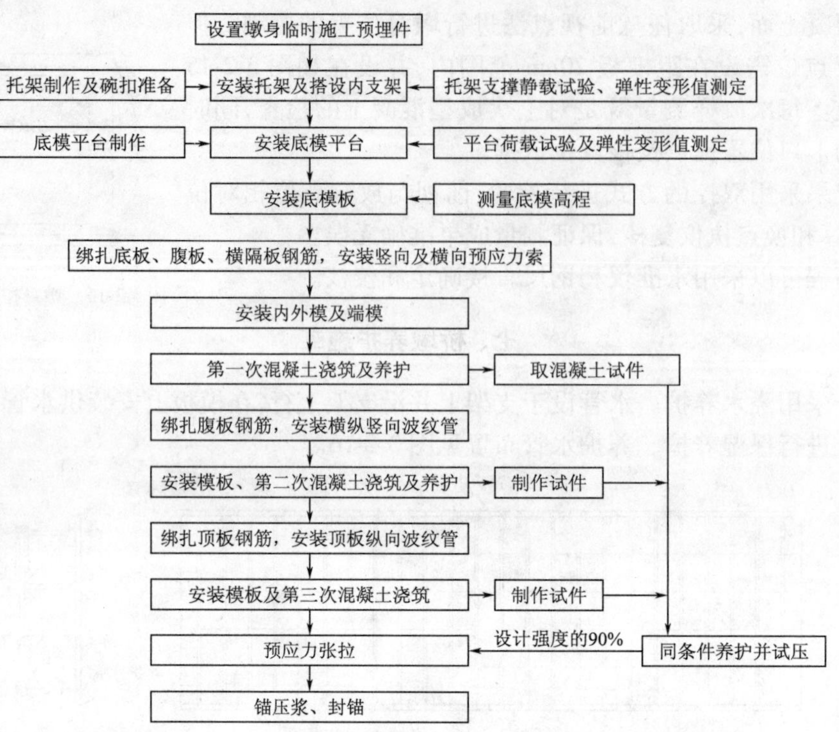

图 3-2-17　主梁 0 号块施工流程图

(2) 墩两侧外托架施工

① 预埋件埋设

在墩身混凝土内埋设预埋件,预埋件为 3cm 厚钢板组合焊接成的非标准件,并用标准节点板准确进行套钻孔。整体拼装好后用角钢临时定位,保证各节点相对位置的准确,然后拆除其他标准件,用塔吊将临时固结的节点板吊装至预埋处,对该预埋件进行准确定位。由于上节板受拉,为保证墩身混凝土结构的安全,采取 $\phi32$ 的精轧螺纹拉杆辅以型钢梁对墩壁进行对拉纵向锁定,锁定采用厚 2cm 钢板加工成的锚板。同理,在下节点板受压处,在空心墩内部设置 40mm × 30mm × 2mm 的组合型钢梁对两墩壁进行对撑加固,并用槽钢将上下梁焊接成组合桁架体系。为防止应力集中,节点板上下缘均采用 40mm × 80mm × 3mm 的钢板进行应力分配。托架纵向锁定横断面如图 3-2-18 所示。

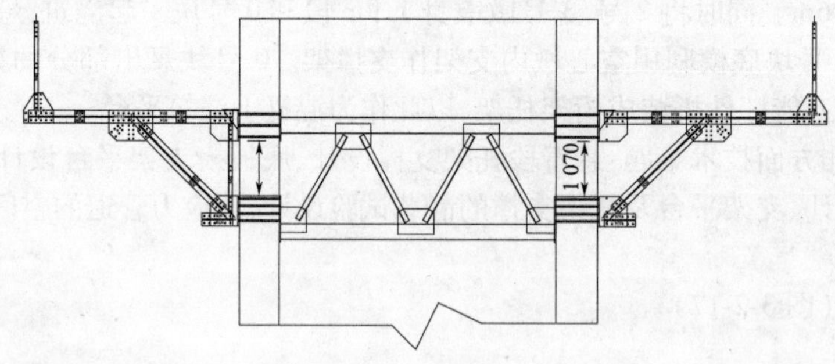

图 3-2-18　托架纵向锁定横截面图(尺寸单位:mm)

考虑安装的方便,对撑组合钢梁在墩的空心部分内采用焊接的方式对接,并用楔形块楔紧,如图 3-2-19 所示。

② 外托架及支架安装

在墩身混凝土施工结束后,拆除最上一节墩身钢模板,利用次节墩身钢模板桁架平台做安装人员工作平台,将万能杆件标准节与预埋件连接,并将每单只托架采用角钢作横向可靠连接,形成空间稳定结构,作为 0 号块的施工平台。平台上横向采用 4 排[ ]30cm × 40cm 组合钢梁作分配梁,纵桥向采用 I20b 作分配梁,其间距为 60cm,分配梁与分配梁采用点焊连接。

腹板部分分配梁横向采用∠75mm×75mm×8mm 角钢进行焊接加固，在支架上设上托，托座顶上设置组合 2］［8 型槽钢，槽钢上设置定型钢模板立底模板，具体如图 3-2-20 所示。

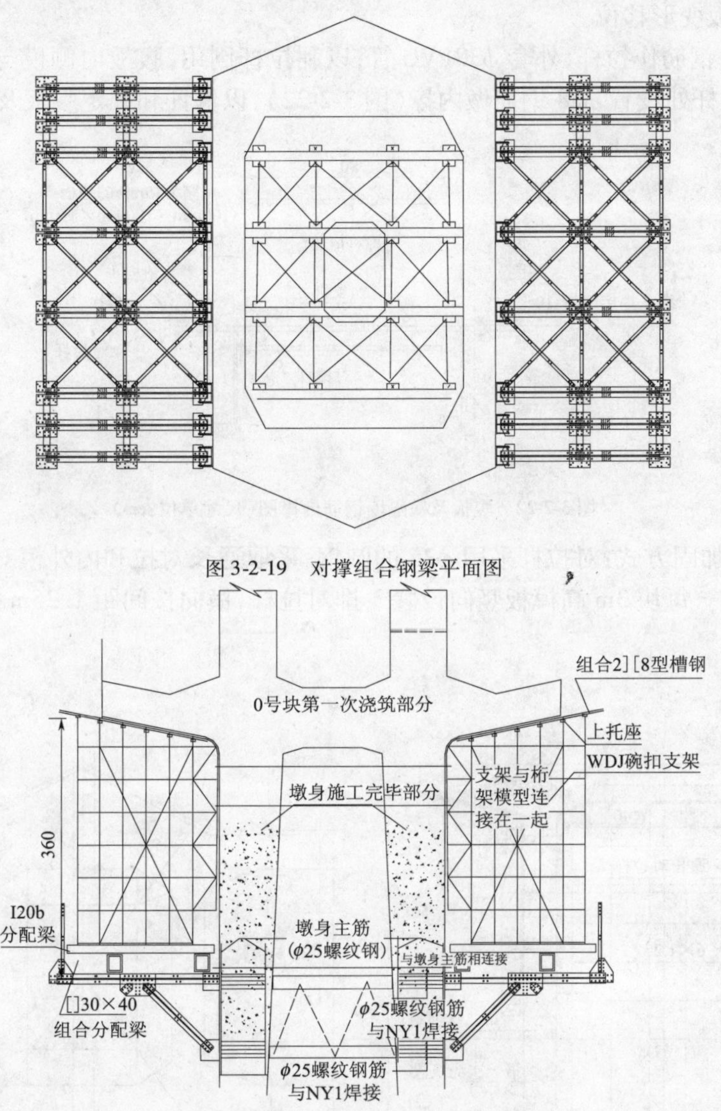

图 3-2-19　对撑组合钢梁平面图

图 3-2-20　0 号块施工平台图（尺寸单位：cm）

托架拼装完成后，通过静载试验，在荷载作用下最大变形仅为 2mm，满足使用要求。

翼缘板托架及内外支架施工：在 0 号块第二次混凝土浇筑面的外缘，采取以上标准托架，横向间距按 2m 设置，并采用通长精轧螺纹拉杆对托架进行对拉锚固，保证混凝土结构的安全。

2. 0 号块模板施工

由于 0 号块混凝土分 3 次浇筑，外侧模板分 3 次安装到位，内侧模板第一次安装到第一次混凝土浇筑面，外侧模、翼缘模板均采用定型钢模板。内侧模、横隔墙模板、内顶模及内侧模底部大部分采用组合钢模，并在组合钢模板上贴竹胶板，部分采用木制模板，中部底模采用竹胶板。端模板采用组合钢模。

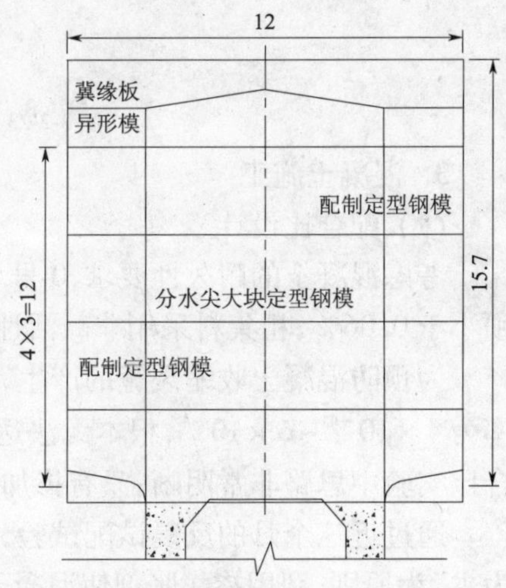

图 3-2-21　外侧模板配置（尺寸单位：m）

0 号块箱梁中部的外侧模利用分水尖的模型改制而成。其两端需新加工宽为 2.5m×3m 的外侧模与分水尖模板采用螺栓连接，并对分水尖模板法兰盘进行处理，具体布置见图3-2-21。

纵桥向悬臂部分底模：采用定型圆弧钢模板，增加了底模刚度，和圆弧板相连的底模也采用定型钢模板，有效防止了模板变形移位。

模板均采用 $\phi25$ 钢筋作拉杆，外套 $\phi30$PVC 管，以利拉杆倒用，腹板内侧模与外侧模对拉锚固。腹板及横隔墙内每道拉杆处设置 $\phi28$ 钢筋做内撑（图3-2-22），以保证和固定腹板及横隔墙的结构尺寸。

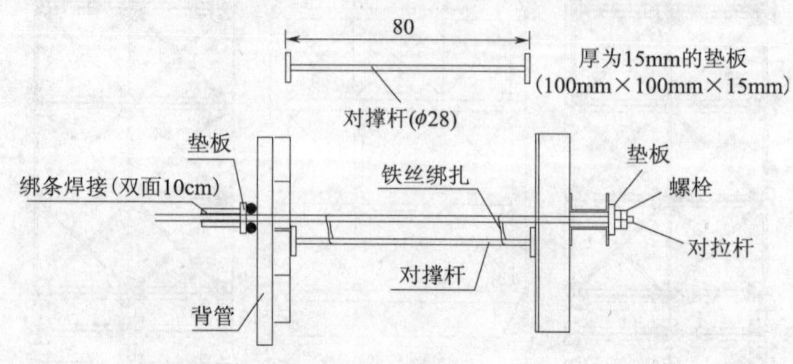

图3-2-22　腹板及横隔墙钢筋内撑图（尺寸单位：cm）

0号块内外模板加固方式：对拉杆采用 $\phi25$ 的圆钢，采取通长对拉和内外模对拉相结合的方式对内外模板进行加固处理。每块3m高模板竖向设置3排对拉杆，横向按间距1.25m进行设置，具体见图3-2-23所示。

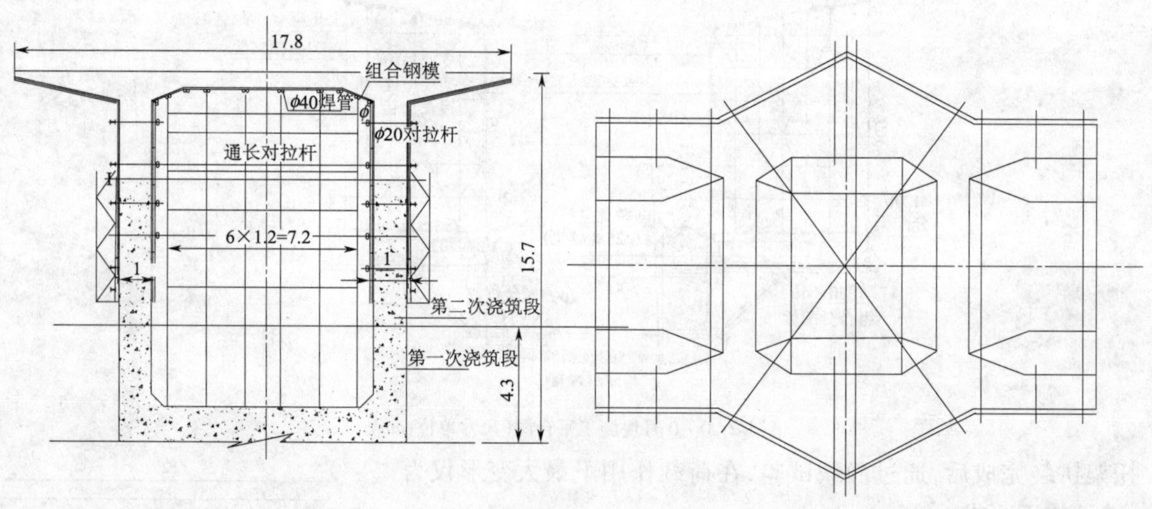

图3-2-23　内外模加固横截面和平面示意图（尺寸单位：m）

3. 混凝土施工

（1）配合比设计

考虑混凝土的耐久性要求，0号块采用特殊生产的52.5低碱硅酸盐水泥，水泥中最大氯离子含量须小于0.06%；粗集料采用非碱活性集料——简阳中粗砂，要求其细度模数大于2.6。

为预防混凝土收缩裂缝的产生，设计要求混凝土收缩率需控制在 2×10^{-4} 以下。普通混凝土收缩率为 $4\times10^{-4}\sim6\times10^{-4}$，根本无法达到如此小的收缩率要求，为满足设计要求，公司中心实验室在做配合比实验中思路非常明晰：只有掺加优质外加剂才能满足设计要求。

通过近三个月的反复试配试验，并大胆掺用新型GNA微膨剂，在混凝土结构中以"抗放兼备，以抗为主"为原则，利用掺膨胀剂使混凝土产生适度膨胀，在钢筋及邻位的约束下，在混凝土结构中建立一定的预压力，抵抗混凝土收缩变形时产生的拉应力，同时具有微膨胀作用，从而有效控制结构裂缝。

为消除支架下挠对混凝土结构造成影响，保证在混凝土初凝之前完成混凝土浇筑，混凝土中采用高效减水缓凝剂 AJ，使混凝土初凝时间达到 30h 以上。

最终使用的配合比如表 3-2-2 所示。

配合比表 表 3-2-2

材料名称	水泥	简阳砂	粗集料	水	AJ	K	GNA
每立方米用量(kg)	327	770	1 063	160	11.425	105	25

根据大量试验数据得出结论如下：

掺加 GNA，在标养条件下，混凝土 28d 收缩率在 $2.5\times10^{-4}\sim3.5\times10^{-4}$间，不能满足设计要求。

掺加 GNA，在喷淋养护条件下，混凝土 28d 收缩率在 $-0.2\times10^{-4}\sim-0.9\times10^{-4}$间，满足了设计要求，且表现出膨胀作用。

所以，掺加 GNA 后混凝土养护是关键。

（2）混凝土质量保证措施

加强混凝土生产过程中的控制是保证高标号混凝土质量的关键。混凝土原材料严格按照规范要求进行进场检验，严格执行配合比中原材料的规格要求；每次浇筑混凝土前，项目试验人员均到商品混凝土厂家对所有使用的材料进行验收，对其砂石料、水泥、外加剂等计量系统进行监控，其中砂石料误差≤2%，水泥、掺和料、外加剂投料误差≤1%。

（3）混凝土灌注

① 混凝土整体灌注顺序

根据 0 号块结构特点，结合墩身形式，并充分考虑施工难度及施工质量，0 号块分 3 次进行浇筑，如图 3-2-24所示。

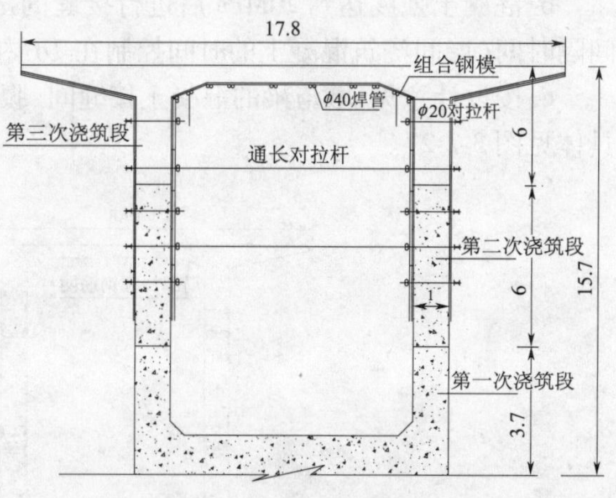

图 3-2-24 0 号块分层浇筑示意图（尺寸单位：m）

② 各次浇筑混凝土先后顺序

浇筑底板混凝土时，先浇筑 0 号块悬臂部分的底板，再浇筑墩身空心部分底板，最后浇筑分水尖部分底板；进入腹板浇筑时，首先浇筑纵向悬臂部分，然后浇筑分水尖部分，分层交替进行；进入顶板混凝土浇筑时，首先浇筑翼缘板部分混凝土和支架成模部分的混凝土，最后浇筑腹板和隔板部分混凝土，各部分分层交替进行（图 3-2-25）。

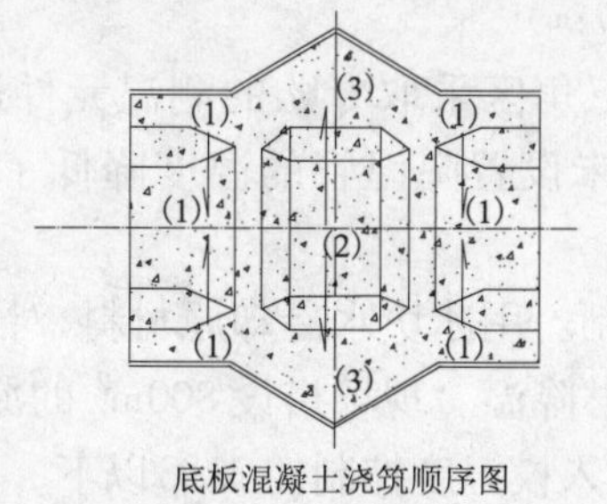

底板混凝土浇筑顺序图

腹板混凝土浇筑顺序图

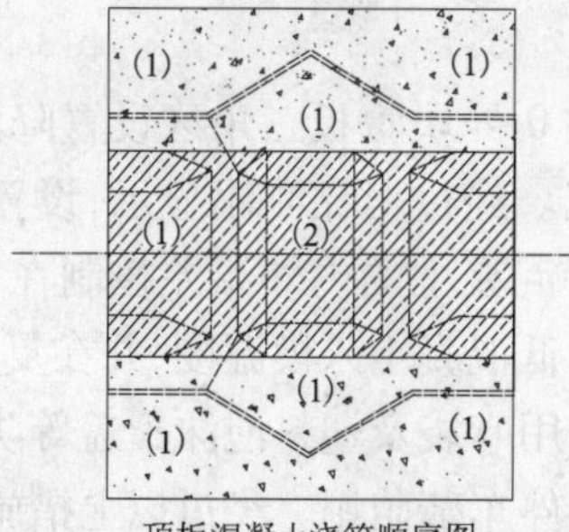

顶板混凝土浇筑顺序图

图 3-2-25 0 号块各层浇筑混凝土顺序图

③ 混凝土的拌制及入模

由于 0 号块内钢筋及预应力管道密集，对混凝土性能指标要求高，故要严格控制生产厂家的原材料进场，粗集料粒径为 5～20mm 碎石，坍落度为 18mm，入模初凝时间为 12～16h。

混凝土入模方式：北岸混凝土在北滨路沿北岸栈桥布设输送管，输送管沿墩间支架垂直上行，进入 0 号块箱体内支架，在内架平台设置一旋转弯管，并在腹板处设置混凝土入模串筒，将混凝土引入各待浇筑部位。南面沿栈桥布设两道输送管线，一条作为备用，通过栈桥沿支架上行到达0号块，同样在内架上设一旋转弯管，在腹板处设置入模串筒，串筒口距混凝土面不得高于2m。串筒采用ϕ220的PVC管，输送管采用弯管直接输入串筒。串筒布设位置见图3-2-26。

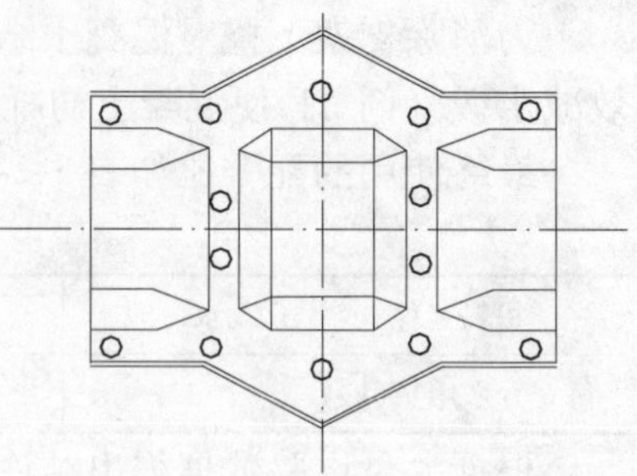

图3-2-26　混凝土串筒入模平面布置示意

④ 混凝土振捣

0号块混凝土均采用B50插入式振动器振捣，在钢筋特别密集的地方采用更小一点的捣固棒。振捣时振动棒插入深度为已浇筑成混凝土10cm深，移动间距为振动棒作用半径的1.5倍，振捣时间以混凝土不再下沉、冒泡，并轻度泛浆为止。

腹板混凝土从内侧模板上开设的窗口进行振捣，并从窗口观察混凝土振捣情况；横隔墙混凝土振捣时操作人员下到横隔墙内，移动和切断的普通钢筋在混凝土埋入之前恢复；腹板与底板交界处、横隔墙与底板交接处加强混凝土振捣以防漏振；并严禁进行“拖棒”，以免造成腹板（横隔墙）内混凝土从底板翻出，使腹板和横隔墙上部产生空洞。

同时，在墩梁结合处随同钢筋绑扎过程预先设置混凝土下料管及捣固孔管，随着混凝土浇筑过程逐渐抽拔提升，确保此处混凝土浇筑密实。

⑤ 施工接缝防裂处理

a. 在混凝土强度达到60%时便进行张拉腹板及隔板水平预应力索，然后张拉竖向预应力索。

b. 混凝土强度达到20MPa后进行接缝的凿毛处理，合理组织现场施工，缩短上下层混凝土施工的间隔时间（层间浇筑混凝土的时间控制在7d内）。

c. 按设计意见，墩与梁的混凝土接缝间、腹板和隔板接缝处在上下层各设置应力筋和防裂网片筋，具体见图3-2-27。

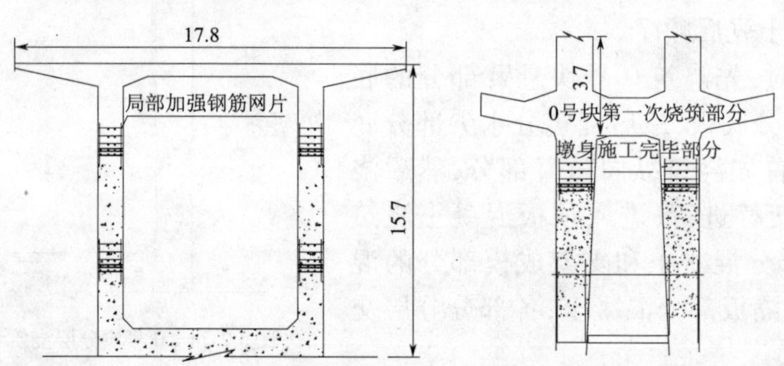

图3-2-27　应力筋和防裂网片筋设置图（尺寸单位：m）

d. 在0号块腹板三角区设置降温管。为确认降温效果，在腹板三角区采取专购的测温元件进行温度的测定。经过对比测温显示，设置降温管后的混凝土内部温度比未设置降温管的温度降低了31℃，有效地将混凝土的内外温差控制在25℃以下。

e. 降低混凝土入模温度，并在夏季用冰块冷却水进行混凝土的拌制。用冰块水冷却原材料，对混凝土输送管采用麻袋及塑料泡沫覆盖等防晒措施，并抽取江水进行保湿喷淋降温。现场搭设800m^{2}的凉棚，供混凝土车停车蔽荫用。经过以上措施，在高温天气下，我部将混凝土的入模温度控制在32℃以下。

f. 采取有效的保湿养护措施。在底板底部及腹板外侧面采用保湿养护液进行养护，其余部分采取自制喷淋系统结合人工进行养护，喷淋系统附着在挂篮骨架上进行。

g. 每一次混凝土需在混凝土初凝之前浇筑完毕。考虑各次混凝土浇筑方量及要求的初凝时间，第一次（3.7m）的混凝土浇筑在10h之内完成；第二次混凝土浇筑在8h内完成；第三次混凝土浇筑在10h内完成。

h. 缩短节段混凝土浇筑的间隔时间，保证新旧混凝土收缩一致，防止混凝土施工缝处因混凝土收缩不一致产生裂缝。

二、主梁 1 号～33 号块悬臂施工

(一) 主梁施工工艺流程

1. 箱梁总体施工工艺流程图(图 3-2-28)

2. 箱梁节段施工工艺流程图(图 3-2-29)

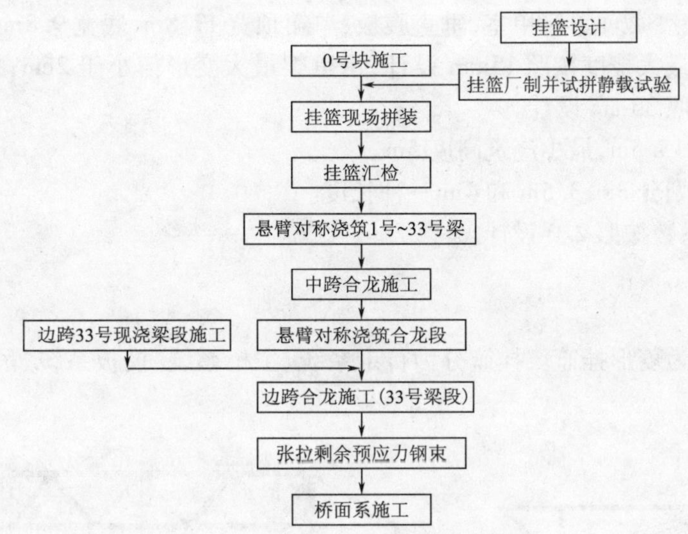

图 3-2-28 箱梁总体施工工艺流程图

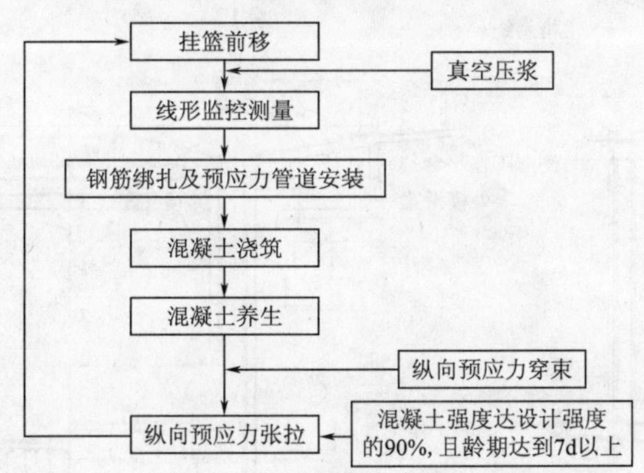

图 3-2-29 箱梁节段施工工艺流程图

(二) 挂篮设计

1. 设计方案比选

挂篮形式选择主要考虑结构简单、自重轻、受力明确、变形较小、行走安全、装拆方便等方面因素。挂篮设计的主要控制指标为:挂篮的总重与块件重量之比值 K,主承重结构与块件重量之比 K'。K 值越低整个挂篮的设计越合理;K' 值越低,表示挂篮构件越合理,使用材料越节省。减轻挂篮自重采用的手段除优化结构形式外,最重要的措施是不设平衡重,并改善滑移系统,同时改进力的传递系统。

同所有的挂篮相比较,三角挂篮是最轻型的一种,但是施工空间狭窄。由于本桥跨度较大,在施工出塔吊的工作范围后,对材料的转入和施工人员的操作带来很大困难,且刚度较差,施工时挠度较大,故不利于线形控制。梁式挂篮本身的投资少,拆装方便,但挂篮太笨重,不能满足施工工期的需要。菱形挂篮也属于一种轻型挂篮,受力明确,刚度好,操作空间大,但稳定性差,如果能够解决菱形挂篮的稳定性问题,便能达到很好的效果。

由于本桥箱梁宽度为 17. 8m,且为单箱单室结构,因此挂篮设计的好坏直接影响到施工进度、施工

质量。分析各种挂篮的优缺点，选择菱形挂篮形式，但要解决如下问题：

(1) 挂篮的横向稳定性。

(2) 挂篮的抗倾覆稳定。

(3) 挂篮的负荷走行。

2. 挂篮设计要求

(1) 最大浇筑重量：340t。

(2) 箱梁截面形式：变截面单箱单室，垂直腹板；单箱顶宽 17.8m，底宽 9.8m，翼缘板长 3.85m。

(3) 挂篮底篮整体最大挠度按照 15mm 设计；承重架最大变形值小于 2cm；挂篮承重架、底篮以及吊杆总变形之和最大按照 35mm 设计。

(4) 最大浇筑高度 15.5m，最小浇筑高度 5m。

(5) 悬臂施工梁段划分 3m、3.5m 和 4m 三种长度。

(6) 吊、锚杆安全系数按照 2.0 设计。

(7) $K<0.4$。

3. 挂篮构造

嘉华大桥挂篮设计为菱形挂篮。挂篮分为行走系统、主桁系统、模板系统、吊挂及后锚固系统。见图 3-2-30。

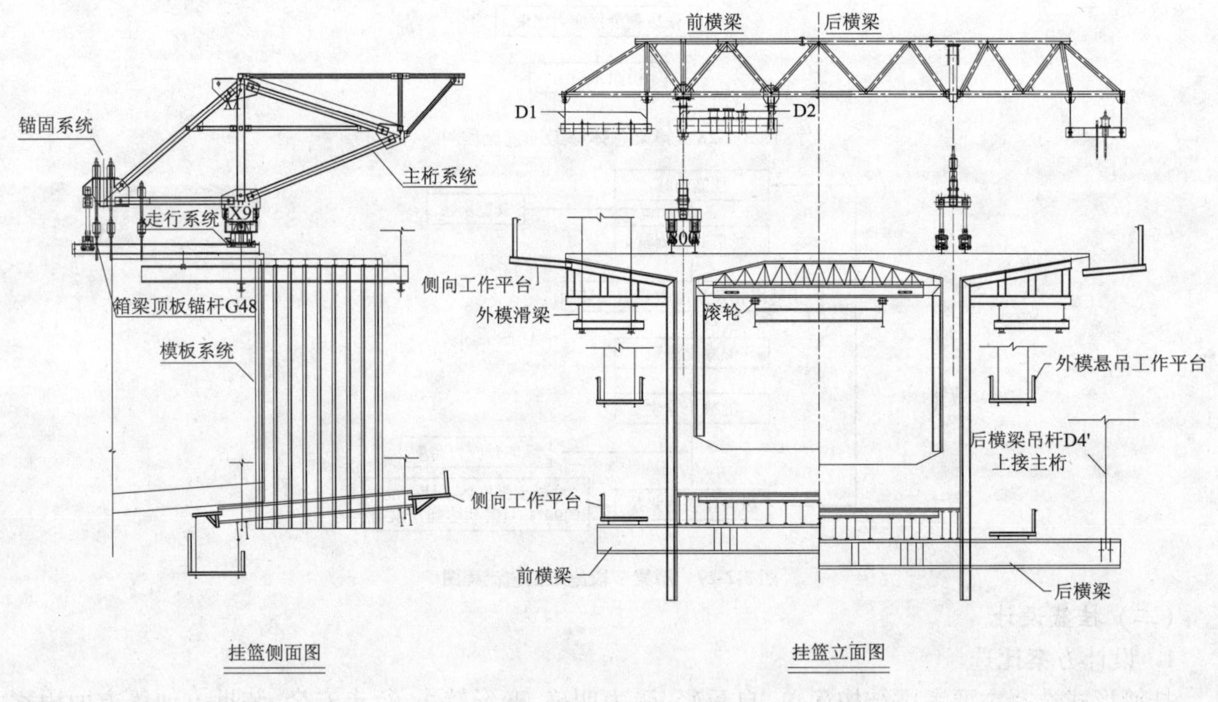

图 3-2-30 挂篮侧立面图

4. 挂篮安装

(1) 安装钢垫枕

测量组在挂篮拼装前，先在 0 号块梁部顶面定好挂篮中线和两侧行走轨道顶高程，拼装人员根据高程及垫梁高度采用细石混凝土和 1:2 水泥砂浆初步找平横坡高差，铺设钢垫枕，垫平时采用钢板作垫枕骨架。

(2) 安装走道梁和前支座分配梁

安装工字钢轨道时，必须保证 4 根工字钢顶面处于同一高程。调整高度时，在同一截面上以高侧工字钢顶面高程为基准，用小钢板垫调整低工字钢使之高程相同。再次复测滑道中心距无误后，用螺母把轨道锁定。

(3) 安装主桁架

在走道梁调整到位后,将前支点的分配梁安装到设计位置,并采取临时固结措施将分配梁临时加固,以防安装时产生移动。将挂篮菱形架部分拼结成一整体,再用塔吊整体起吊桁架进行前支点分配梁对孔安装。最后将依次安装主锚杆和锚杆上部分配梁等部分及后锚行走小车。

考虑塔吊的起吊能力,挂篮菱形部分在0号块梁部顶面上拼装,完毕后用∠75mm×75mm×8mm焊接后支节点的AB和AC桁片(焊接点:桁片AB距A点约80cm,桁片AC距A点约150cm),然后撤下后节点板,进行整体吊装拼装。

在吊装菱形架前,在菱形架前支座C点固定捆绑2根10m长钢丝绳以备安装时前支座与前支座分配梁对孔调位用。另外在桁片AC距A点1m处绑扎两根长10m的钢丝绳,以备后锚点对位时用。

吊装菱形架时,塔吊钢丝绳固定在B点两侧,并在菱形架吊起后,人工拉动钢丝绳调整菱形架准确位置,先连接前支座铰形装置,前支座安装完毕,再拉动钢丝绳和手动葫芦,进行后锚节点的安装。

前后支座安装完毕,用2根∠75mm×75mm×8mm焊接左右两侧,形成剪刀形临时支撑,防止单片菱形架发生左右偏移和倾覆。

(4) 安装横向连接系统

检查后锚情况,先安装后横梁桁片,再安装前横梁桁片,均采取整体吊装的形式进行安装。

(5) 吊带系统

在平地按设计要求组装完成各吊带的组装,然后用塔吊进行整体吊装。

(6) 底模及底模平台安装

安装顺序:后下横梁→前下横梁→纵梁及限位纵梁→底模、侧模系统。

(7) 挂篮安装中的关键部位

挂篮使用过程中的受力遵循杠杆原理。施工过程中,挂篮悬臂端荷载的大小通过主梁(杠杆)传于后锚小车上。所以,挂篮在施工过程中稳定与否与其后锚小车的锚固质量密切相关。挂篮后钩板所受的倾覆力通过锚梁与$\phi32$的精轧螺纹钢筋传于走道梁上,走道梁通过精轧螺纹钢筋专用连接器连接于腹板竖向预应力筋上。由于在施工过程中,精轧螺纹钢筋连接容易出现上下筋进入连接器不等的情况,所以施工过程中需派专人负责检查,并采取在竖向筋连接端的连接器一半深度处用红油漆作一标记,以确保连接质量。

同时对后锚点进行锚固力检验,确保后锚的万无一失。

5. 挂篮静力学试验

工艺流程:精轧螺纹钢筋锚固预埋→挂篮安装→安装千斤顶→测力元件布设(图3-2-31)→布设观测点→按设计要求施力并观测→理论对比分析。

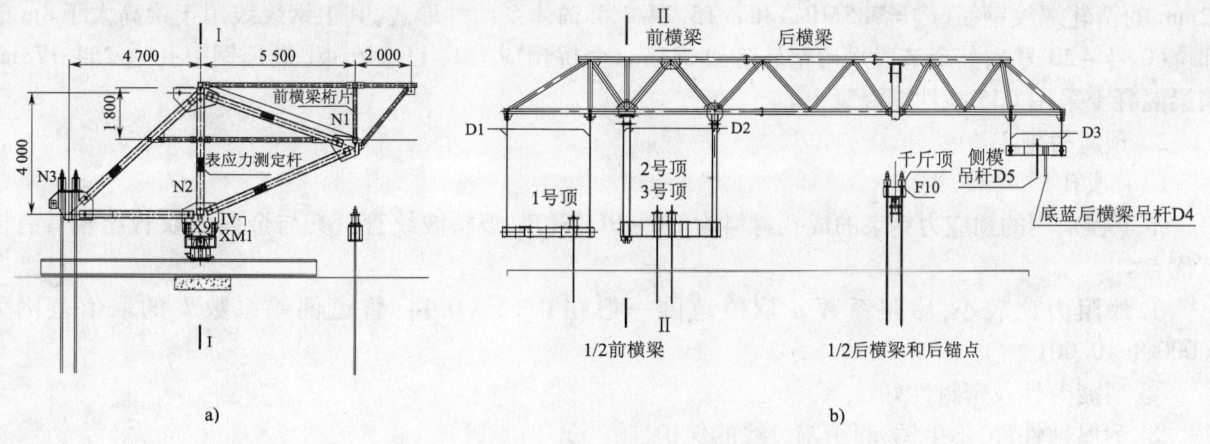

图3-2-31 挂篮试验测力元件布设图(尺寸单位:cm)

a) Ⅱ-Ⅱ断面;b) Ⅰ-Ⅰ断面

6. 观测点设置

单榀挂篮桁片设置5个观测点,一只挂篮设6个观测点。

(1) 在前横梁上设1个观测点,编号为N1,主要观测主梁的变形情况。

(2) 在前支点设1个观测点,编号为N2,主要观测立柱及前支座的变形情况。

(3) 在主梁后锚上设1个观测点,编号为N3,主要观测后锚精轧螺纹钢筋是否伸长;对称桁片相应编号为N1′、N2′、N3′,具体见图3-2-32。

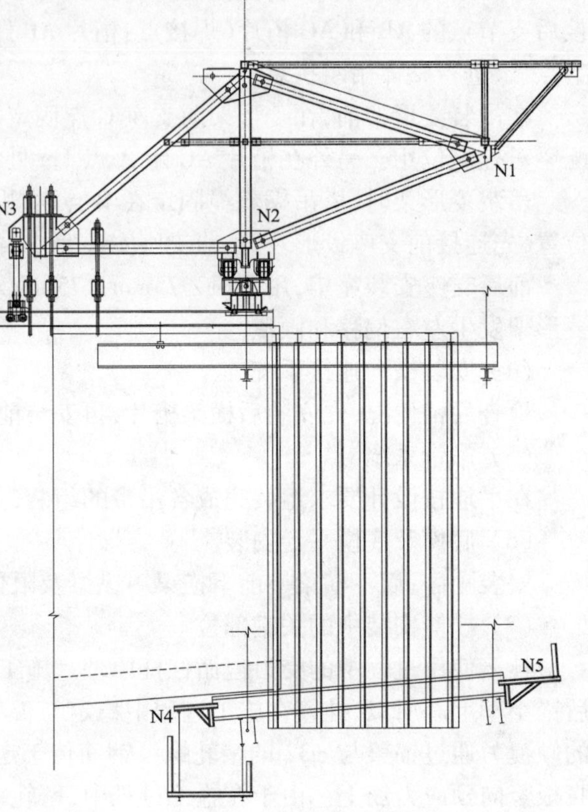

图3-2-32 挂篮变形观测点布设图

7. 加载力计算

由于箱梁中主跨一侧的1号块最重,其重量为$G_1 = 343.4$t,选择该重量作为试验最大控制加载力。考虑箱梁混凝土浇筑时胀模等因素,超载系数取1.05,浇筑混凝土动力系数取1.2。

8. 实施加载

(1) 首先需对后锚进行预紧,预紧力为每组对10kN。

(2) 在整个加载过程中,每加载一级间隔10min左右,每级加载后均对所有观测点进行观测并做好记录。

9. 测量及分析

施加预应力前对挂篮各测点进行全面测量,记录其绝对高程h_1(应测量多点),施加预应力后静置12h再观测对应各点的绝对高程h_2,解除预应力后再测量各点的高程值h_3,作为计算弹性变形值的依据。

非弹性变形值 $\Delta t_1 = h_1 - h_3$

弹性变形值 $\Delta t_2 = h_1 - h_2 - \Delta t_1$

(三) 主梁预应力施工

1. 主梁预应力工程概况

主梁纵横向预应力筋采用$\phi^j15.24$mm高强低松弛预应力钢绞线,标准强度$f_{pk} = 1\,860$MPa,群锚体系。纵向预应力规格$\phi^j15.24$-9/12/15/17四种规格,横向预应力规格$\phi^j15.24$-3,竖向预应力采用直径32mm的精轧螺纹钢筋($f_{pk} = 785$MPa)和$\phi^j15.24$-4群锚体系两种形式,其中钢绞线用于梁高大于8m的部位(0号~20号),其余节段采用精轧螺纹钢筋。全桥预应力共11 846束,最长钢束孔道254.173m。箱梁混凝土采用C55高性能混凝土。

2. 预应力施工

(1) 成孔

本工程采用的预应力钢束的成孔材料为PT－PLUS(R)塑料波纹管。其与金属波纹管比较具有以下优点。

① 摩阻力比较小,摩阻系数μ取值范围一般在0.12~0.14,管道偏差系数k的取值范围为0.000 8~0.001。

② 耐疲劳性及密封性好。

③ 耐腐蚀性好,不生锈,利于钢绞线的保护。

④ 不导电,能保护预应力筋抗杂散电流。

⑤ 强度高,钢度大,不易被振动棒振破。

⑥ 可焊接连接，无须另配接头，成本底，材料损耗小，剩余短管可利用。

（2）预应力管道安装

预应力管道的空间位置由技术室测量组准确放线，并用红色油漆做出标记。若预应力钢束与普通钢筋有干扰时，可适当移动普通钢筋，待预应力管道施工完毕，再恢复普通钢筋。定位钢筋与普通骨架钢筋焊成整体，保证其牢固、可靠，并保证在浇筑水泥混凝土时不产生移位。

①纵向预应力孔道安装

a. 塑料波纹管的连接

一个连接器由两个卡瓣、两个卡槽、两套密封圈组成。操作时，先将密封圈安装于卡瓣内，然后将待接长波纹管接头位置对好并保持水平，用两个卡瓣将接头包紧，再用两个卡槽从两个卡瓣的接口上打入即可。

b. 塑料波纹管安装定位

塑料波纹管在安装前，按设计的管道坐标进行放样，设置定位钢筋，波纹管在定位钢筋上固定。定位钢筋网每隔 0.5m 间距设置一道，钢筋网均与主梁钢筋点焊。

塑料波纹管插入锚座喇叭口的长度不小于 3cm，塑料管与锚座连接处使用防水胶带缠紧密封；对锚座表面上的压浆孔及连接螺孔，亦应使用黄油、海绵等材料填充，以防止浇筑混凝土时水泥渗入管道内。

在混凝土浇筑前，为确保塑料波纹管成形质量，在每根塑料波纹管内安装临时辅助成形的硬质塑料管，组装图如图 3-2-33 所示。

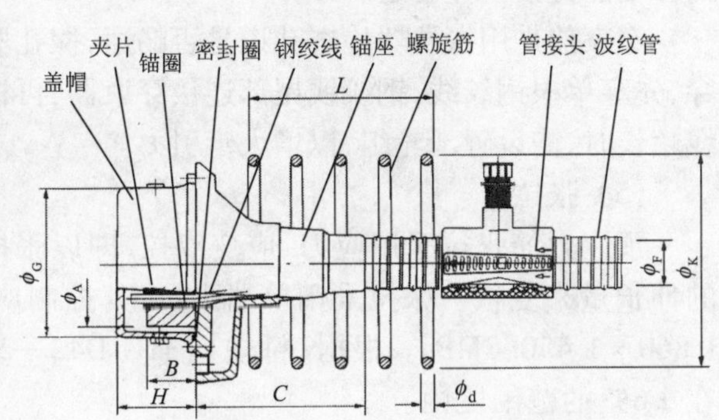

图 3-2-33　塑料波纹管组装图

②竖向预应力孔道安装

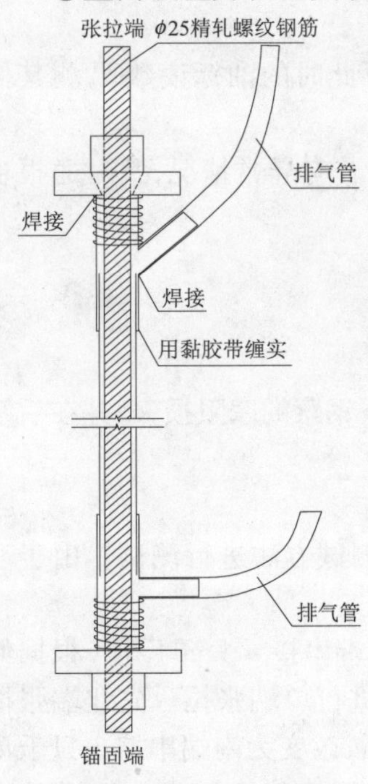

图 3-2-34　竖向预应力孔道安装

竖向预应力管道采取与预应力筋、锚具、排气管等组装好后整体安装，每间隔 0.5m 设置一道“U”形定位箍筋，“U”形定位箍筋与梁体结构钢筋焊接，以确保其定位准确牢靠，如图 3-2-34 所示。

③横向预应力孔道安装

横向预应力管道采取与预应力钢绞线、锚具、排气管等组装好后整体安装，每间隔 0.5m 布置一道“U”形定位箍筋，并在其曲线控制点（起弯、曲线中心等）处增设，“U”形定位箍筋与梁体结构钢筋焊接，以确保其定位准确牢靠。

预应力筋（管道）均设置足够的定位钢筋，保证预应力管道的正确位置。纵向波纹管每隔 0.5m 设置一道定位钢筋网（定位筋由 ϕ12 圆钢制作），横向束也设置足够的定位钢筋。竖向预应力筋除上、下固定其位置外，同时在中部设置 2 ~ 3 道定位钢筋。预应力管道（筋）安装时除了需保证其设计位置外，各预应力管道也采取有效措施保持其顺直（有弯曲的保证其弯曲平顺）。竖向预应力筋除了保证其在腹板内正确位置外，同时采取措施确保各预应力筋排列均匀，且在一条直线上。

预应力管道安装时除了需保证其设计位置外，锚具端部平面一定要与预应力管道垂直。固定端的排气孔与锚具间的空隙应密封严实，排气孔采用直径 2cm 的胶皮管，外露端用铁丝绑扎严实，以防水泥混凝土进入排气管，在浇筑水泥混凝土前派专人逐个检查。

预应力束为单端张拉，张拉预留槽口与喇叭口之间密贴。由于两端头锚具部分张拉时应力较集中，振捣时一定要密实，不能漏捣与过捣。

（3）梳筋和编束

为保证钢绞线不互相缠绕，影响钢绞线受力，在穿筋前必须进行梳筋、编束。梳筋时需采用预制的梳筋板，梳筋板穿过钢绞线的孔洞必须光滑，不能在钢绞线穿过时将其划伤。

钢绞线编束，应在平地上进行，按规定根数逐根排列理顺，一端在挡板上对齐，离端头 20cm 和每隔 1.5m 间距安放梳筋板，理顺钢丝，然后用绑扎丝在梳筋板处依次按顺序编织成片。

（4）穿筋

预应力筋穿束采用后穿法，在浇筑水泥混凝土之后将钢绞线穿入波纹管，注意管道端部的开口应封闭，防止湿气进入管道使预应力筋锈蚀，并对管道进行全面检查。如管道有破损，应及时进行修复。当在管道附近进行电焊作业时，应对管道进行遮挡保护，防止溅上焊渣或造成其他损坏。浇筑混凝土时振捣棒不能直接碰撞管道。

穿束前先用探孔器检查孔道是否畅通，探孔器通过后，即开始穿束。穿束时采用自制的穿束器整束穿，先穿单根钢绞线，钢绞线尾部连接穿束器，再根据钢绞线的长度（即阻力）采用卷扬机牵引。当钢绞线超长时，需设置滑轮组，以增大牵引力。

（5）张拉

预应力筋张拉采用应力、应变双控，即以张拉应力控制为主，用预应力筋在张拉控制应力作用下的伸长量来复核。张拉采用单端张拉，其控制应力考虑 3% 的锚下阻力，控制应力具体值为 $0.78 \times 1\,860 = 1\,450.8$MPa。根据《桥规》（JTG D42—2004）的规定，将实际伸长量与理论伸长量之差控制在 ±6% 的范围之内。

① 张拉程序

张拉前注意及时清除钢绞线上浇筑混凝土时溅上的水泥浆，检查张拉端压浆孔及固定端出浆孔是否堵塞，如果堵塞，及时清除。

张拉应力：0→初始张拉吨位（$0.1\sigma k$）→100% 张拉吨位→锚固。

② 张拉操作步骤

先张拉到初始应力值时，测其伸长值 a；再张拉到 100% 应力值，记录下此时的油标读数 b，测其伸长值 c；实际伸长值 $\Delta L = c - a$。

现场技术人员检查实测伸长值与理论伸长值的偏差率是否在 ±6% 内，若有异常情况，及时通报项目经理部总工程师或现场技术指导，共同分析、处理。

按规范持荷 3min 后回油卸载，活塞回程锚固。

（6）预应力管道摩阻测定

① 目的

测定钢索在单峰、水平弯曲条件下，钢索与管道的摩阻力，了解张拉力下钢索的摩阻损失，并在后续施工中采取方法减小摩阻。

② 测试方法

测试方法按《公路桥涵施工技术规范》（JTJ 041—2000）中管道摩阻力测试方法进行测试。由于设备安装和张拉后钢索伸长量较大等问题，委托方进行了调整，具体方法如下。

在张拉钢索的两端分别串接 1 只测力传感器，北端串接 m 只千斤顶，南端串接 n 只千斤顶（根据伸长量确定两端千斤顶个数）。先两端预张拉 10%（或 30%）施工控制值，后进行单端张拉。先北端张拉到最大施工控制值，北端张拉时南端不张拉，然后卸载，反复进行 3 次。而后，改变为南端串接 3 只千斤顶，北端串接 1 只千斤顶，反复进行 3 次张拉，测试两端钢索轴力差值，其平均值为钢索与管道的摩阻力。

③ 测试仪器布置

钢索测试仪器布置（顶板束）见图 3-2-35。钢索测试仪器布置（下弯束）见图 3-2-36。

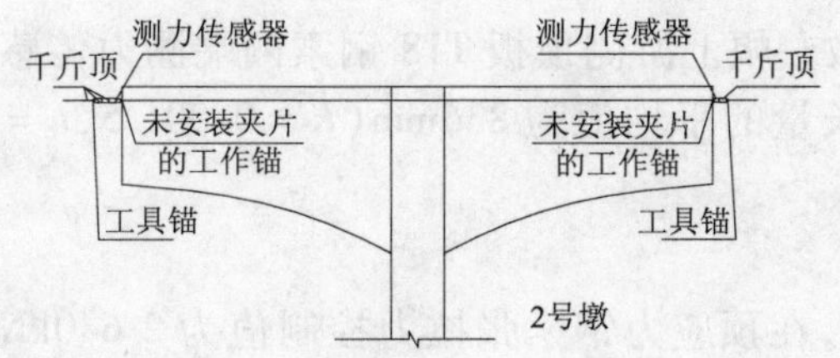

图 3-2-35 钢索测试仪表布置顶板束示意图

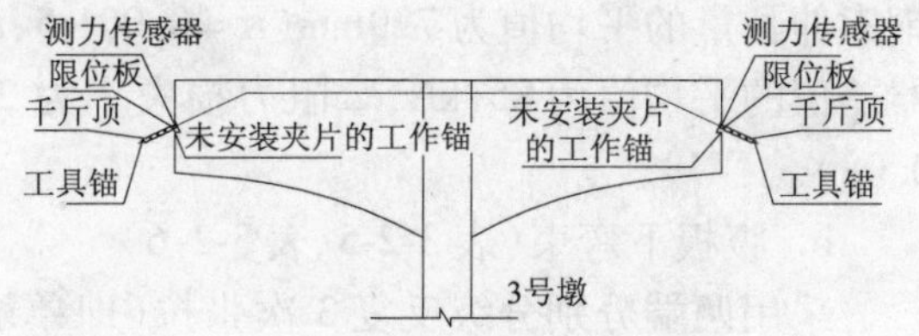

图 3-2-36 钢索测试仪表布置(下弯束)示意图

④ 张拉测试方法及顺序

采用单端先拉 30% 方法进行张拉试验。将工作锚安装在箱梁端面与测力传感器之间,工作锚不安装夹片,主张拉端测力传感器后是 m 只千斤顶,最后是工具锚,被动端测力传感器后是 n 只千斤顶。张拉顺序为:被动端和主动端千斤顶张拉到 10% 为起始值,被动端先 10%σ_{con}→30%σ_{con}(或千斤顶最大行程,约为 30%σ_{con}),主动端后 10%σ_{con}→30%σ_{con}→80%σ_{con}→100%σ_{con}→卸载,反复 3 次。交换张拉端反复张拉 3 次。

钢索强度 1 860MPa,张拉控制轴力 203(kN/根)×N(根)=M(kN),管道长度 x(m),钢索外露长度 y(m)。

⑤ 管道摩阻与分析

A 数据收集

a. 顶板束(表 3-2-3、表 3-2-4)

测力传感器测试摩阻力结果表(2 号墩右幅下游侧顶板 T15) 表 3-2-3

序号	北端	南端	摩阻力		钢索伸长值(100%)(mm)	备注
	传感器力值(kN)	传感器力值(kN)	差值(kN)	比值(%)		
1	3 184	2 488	696	21.9	699	北端张拉
2	3 265	2 618	647	19.8	747	
3	3 280	2 584	696	21.2	740	
4	2 531	2 946	415	14.1	709	南端张拉
5	2 578	3 080	502	16.3	748	
6	2 571	3 040	469	15.4	728	
平均值			571	27.2	728.5	

测力传感器测试摩阻力结果表(2 号墩左幅上游侧顶板 T18) 表 3-2-4

序号	北端	南端	摩阻力		钢索伸长值(100%)(mm)	备注
	传感器力值(kN)	传感器力值(kN)	差值(kN)	比值(%)		
1	3 202	2 140	1 062	33.2	813	北端张拉
2	3 294	2 236	1 058	32.1	840	
3	3 298	2 256	1 042	31.6	880	
4	2 332	2 958	626	21.2	846	南端张拉
5	2 312	2 974	662	22.3	809	
6	2 350	3 040	690	22.7	829	
平均值			857	27.2	836	

采用两端分别分级反复 3 次张拉(即单端张拉,共 6 次),2 号墩右幅下游侧顶板 T15,在预应力钢

索张拉力控制值为 3 248kN 时，钢索两端测力传感器差值的平均值为 571kN，摩阻力损失率为 18.1%，钢索伸长量的平均值为 729mm（$K=0.001\,5$，$u=0.1$）。2 号墩左幅上游侧顶板 T18 钢索两端测力传感器差值的平均值为 857kN，摩阻力损失率为 27.2%，钢索伸长量的平均值为 836mm（$K=0.001\,5$，$u=0.08$）。

b. 腹板下弯束（表 3-2-5、表 3-2-6）

采用两端分别分级反复 3 次张拉（即单端张拉，共 6 次），在预应力钢索张拉力控制值为 2 640kN 时，3 号墩右幅下游侧腹板 F16 钢索两端测力传感器差值的平均值为 649kN，摩阻力损失率为 26.1%，钢索伸长量的平均值为 782mm（$K=0.00\,15$，$u=0.1$）。2 号墩右幅下游侧腹板 F17 在预应力钢索张拉力控制值为 3 453kN 时，钢索两端测力传感器差值的平均值为 1 157kN，摩阻力损失率为 34%，钢索伸长量的平均值为 799mm（$K=0.001\,5$，$u=0.17$）。

测力传感器测试摩阻力结果表（3 号墩右幅下游侧腹板 F16）　表 3-2-5

序　号	南　端	北　端	摩　阻　力		钢索伸长值（100%）（mm）	备　注
	传感器力值（kN）	传感器力值（kN）	差值（kN）	比值（%）		
1	2 520	1 941	579	23.0	794	南端张拉
2	2 511	1 940	571	22.7	789	
3	2 495	1 910	585	23.4	772	
4	1 756	2 480	724	29.2	776	北端张拉
5	1 739	2 454	715	29.1	787	
6	1 727	2 445	718	29.4	776	
平均值			649	26.1	782	

测力传感器测试摩阻力结果表（2 号墩右幅下游侧腹板 F17）　表 3-2-6

序　号	北　端	南　端	摩　阻　力		钢索伸长值（100%）（mm）	备　注
	传感器力值（kN）	传感器力值（kN）	差值（kN）	比值（%）		
1	3 308	2 105	1 203	0.36	810	北端张拉
2	3 287	2 210	1 077	0.33	790	
3	3 381	2 300	1 081	0.32	795	
4	2 100	3 353	1 253	0.37	780	南端张拉
5	2 250	3 418	1 168	0.34	800	
6	2 290	3 448	1 158	0.34	820	
平均值			1 157	0.34	799	

B　数据分析

从以上数据可以看出，预应力摩阻总体上随着钢束增长而增大。结合施工中存在的问题，预应力管道摩阻可以进一步减小。

C　减小管道摩阻的若干方法

a. 采用优质预应力成孔管道材料。

b. 预应力管道穿束张拉施工前必须保持干净。

c. 预应力管道线性定位准确。

d. 保证预应力管道连接平顺以及接头连接质量，防止漏浆。

e. 工作锚具安装位置准确。

f. 在规范允许范围内适当放大预应力管道，有利减小管道摩阻。

g. 穿预应力筋前必须进行“梳筋、编束”,防止预应力筋在管道内互相缠绕。

h. 张拉前必须进行按规范要求“调束”,保持预应力筋张拉过程均匀受力。

i. 预应力筋采用两端张拉时需同步进行。

j. 张拉施工时必须正确安装工具式锚具,并保持千斤顶处于正确位置。

k. 预应力产品需使用正规大厂生产的合格的产品及其配套设备。

(四) 主梁真空辅助压浆施工

1. 真空辅助压浆施工工艺

为保证孔道压浆的密实性,纵向及下弯预应力束均采用真空压浆工艺。真空辅助压浆施工工艺见图 3-2-37。

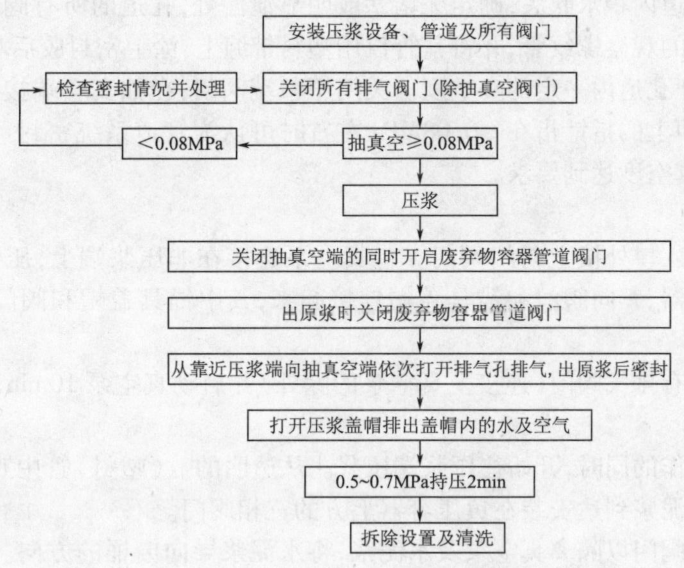

图 3-2-37 真空辅助压浆施工工艺图

2. 真空辅助压浆施工原理

在压浆之前,首先采用真空泵抽吸预应力孔道中的空气,使孔道的真空度达到 80% 以上,然后在孔道的另一端再用压浆机以大于 0.7MPa 的正压力将水泥浆压入预应力孔道。因孔道内只有极少的空气,很难形成气泡,同时由于孔道与压浆机之间的正负压力差,大大提高了孔道压浆的饱满度和密实度。在水泥浆中,减小了水灰比,添加了 HF 真空压浆专用辅助剂,提高了水泥浆的流动度,减小了水泥浆的收缩。真空吸浆装置如图 3-2-38 所示。

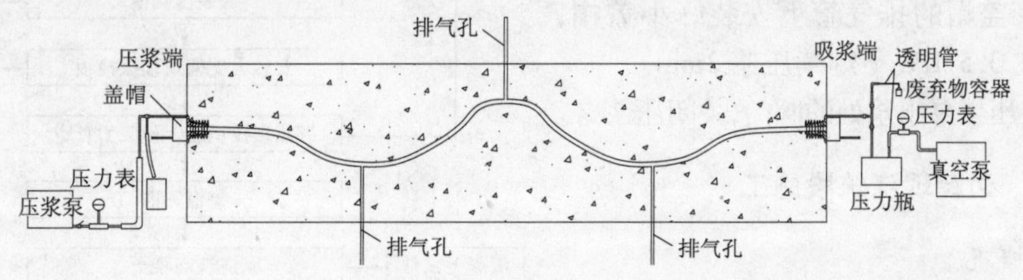

图 3-2-38 真空吸浆装置示意图

3. 真空辅助压浆施工设备

除了传统的压浆施工设备外,真空辅助压浆还需要以下设备。

(1) 真空泵、压力表和控制盘。

(2) 压浆瓶,可作为防护屏障防止稀浆混合料进入真空泵而损坏真空泵。

(3) 干净的加筋泌水管,能够承受较大的负压。

(4) 气密阀及气密锚盖帽。

4. 水泥浆设计

水泥浆设计是压浆工艺的关键之处,合适的水泥浆应达到相应设计要求。

按设计要求,真空压浆采用专用 P. O52.5 低碱硅酸盐水泥,水灰比为 0.38,浆体须具有良好的流动性和稠度,不泌水,在结硬后有良好的体积稳定性和足够的黏结强度。采用 VSL 生产的 HF 真空辅助压浆专用剂,其本身具有膨胀作用,用量为水泥用量的 8%。浆体终凝时间不大于 24h,在施工温度条件下应在 6h 内保持可灌性,3h 泌水率不超过 1.5%,最终不超过 2%,并要求泌出的水在 24h 内被浆体重新吸收。

5. 压浆前的现场操作要点

(1) 在进行压浆作业之前,应对原材料及设备进行检验和检查,确保压浆的正常进行。检查压浆端和抽气端的所有连接装置是否完全达到要求。

(2) 用空压机将孔道内积水吹去,确定无堵塞或明显泄漏处,孔道的所有阀门能正常打开和关闭,检查对应束号的观察孔的观察螺纹管,并将其管口用塑料带缠上,涂上密封胶后将小黄盖拧上。

(3) 试抽真空,保证孔道内一定的真空度。关闭压浆端阀门,在抽真空端接上抽真空机,将其开启一段时间后,真空机表面上的指针指在 -0.08MPa 左右时可认为管道系统密封可靠。否则应找到泄漏位置并进行处理,直至真空度达到要求。

(4) 压浆作业

①在水泥浆出口及入口处接上封闭阀门。将真空泵连接在非压浆端上,压浆泵连接在压浆端上。以串联的方式将负压容器、三向阀门和锚具盖帽连接起来,其中锚具盖帽和阀门之间用一段透明的喉(塑料)管连接。

②在压浆前关闭所有排气阀门(连接至真空泵的除外)并启动真空泵 10min,管道内达到 -0.1MPa 的真空度。

③在保持真空泵运作的同时,开始往压浆端压浆。从透明的喉(塑料)管中观察水泥是否已填满波纹管。继续压浆直至水泥浆到达安装在负压容器上方的三相阀门。

④关闭真空泵操作阀门以隔离真空泵及水泥浆,将水泥浆导向废桶的方向。继续压浆直至所溢出的水泥浆形成流畅一致性,没有不规则的摆动。

⑤从靠近压浆端向抽真空端依次打开排气孔排气,待出原浆时戴上专用小螺旋盖帽,并辅以胶带缠绕,确保完全密封。

⑥关闭真空泵,关闭设在压浆泵出浆处的阀门。

⑦将设在压浆盖帽排气孔上的小盖帽打开,打开压浆泵出浆处的阀门直至所溢出的水泥浆形状均匀。在压浆盖帽的排气管上安装好小盖帽,并保持压应力在 0.5MPa 下继续压浆 2min。

⑧关闭设在压浆泵出浆处的阀门,关闭压浆泵。

三、边跨现浇筑段施工

(一) 施工概况

现浇段长为 10.85m,梁体高为 5m,4 号墩处梁底离地面高达 60m,采用搭设万能杆件一次成型的方法进行施工。

(二) 施工工艺流程(图 3-2-39)

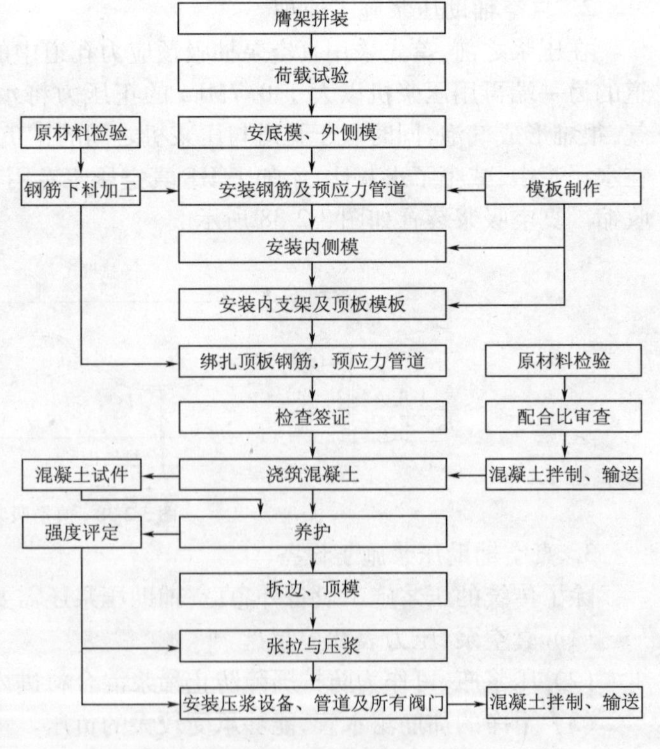

图 3-2-39　边跨现浇段施工工艺流程图

(三) 现浇支架平台设计

4 号墩墩高近 60m,所以拟采用万能杆件桁架作为现浇支架平台。考虑支架稳定问题,支架基础拟采用孔桩承台基础，并将桁架柱附着在墩柱上，保证桁架体系的稳定。

1. 支架基础设计

考虑栈桥影响，根据支架荷载情况，基础采用4根方形孔桩承台基础，孔桩尺寸为1.5m×3m，桩上承台尺寸为2.6m×4.6m×1.5m，桩与承台过渡处采用托盘渐变形式。每桩承载力为4 000kN，根据相关要求孔桩需嵌入基岩4.5m以上，桩底基岩强度为6MPa以上。

(1) 桩基础平纵面图

桩基平面布置如图3-2-40所示，桩基础纵断面布置如图3-2-41所示。

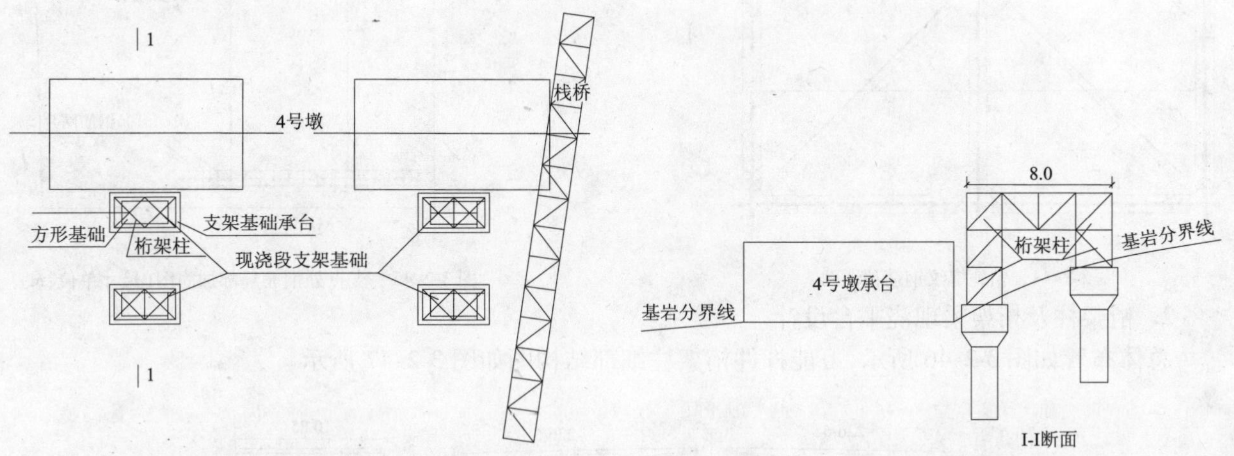

图3-2-40　桩基平面布置图　　图3-2-41　桩基纵断面布置图(尺寸单位:m)

(2) 方桩基础及承台配筋设计

按《桥规》(JTG D42—2004)有关构造要求进行配筋设计。

① 挖孔桩钢筋笼设计

主筋间距:15cm;伸入承台60cm;发散角度按15°设置。

大箍筋间距:15cm。

② 承台配筋设计

按《桥规》(JTG D42—2004)规定:承台板底部应布置一层钢筋网(图3-2-42)，采用ϕ20(N3)钢筋，纵、横向间距均为15cm，保护层5cm。桩基础与桁架柱采用预埋钢板凳进行焊接连接，钢板凳预埋图如图3-2-43所示。

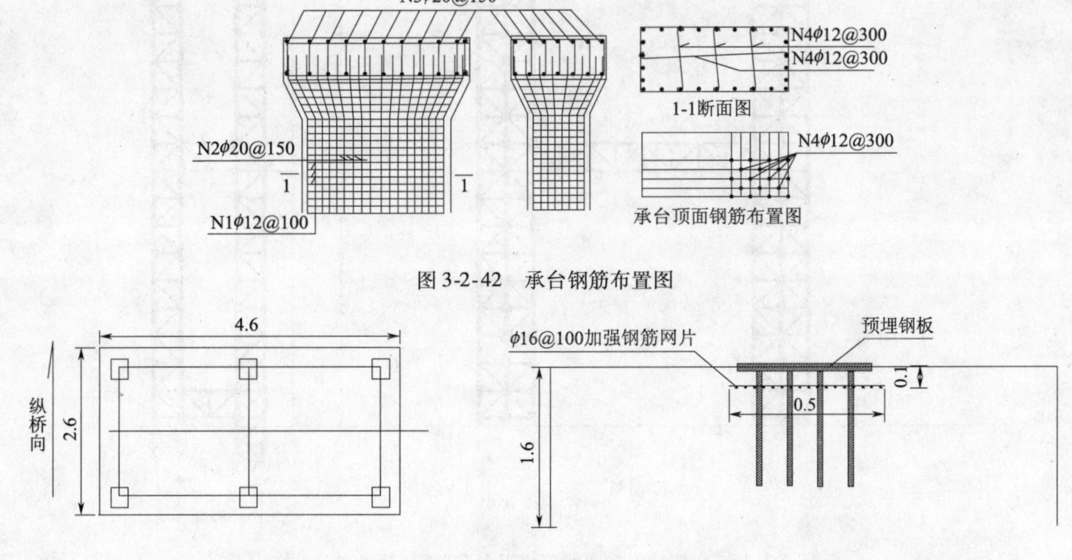

图3-2-42　承台钢筋布置图

图3-2-43　钢板凳预埋图(尺寸单位:m)

为消除支架的非弹性变形，掌握设计荷载下的弹性变形值，同时为检验支架的承载能力，按等荷载施加原则，支架需承受上部荷载约14 000kN。因此拟在每个桩承台上预埋8根长为1.6m的$\phi32$的精轧螺纹钢筋作为反力点，具体如图3-2-44所示。并在支点处采用加强筋进行局部加固处理，具体如图3-2-45所示，并要求对精轧螺纹钢筋进行接长，保证洪水期操作的方便。

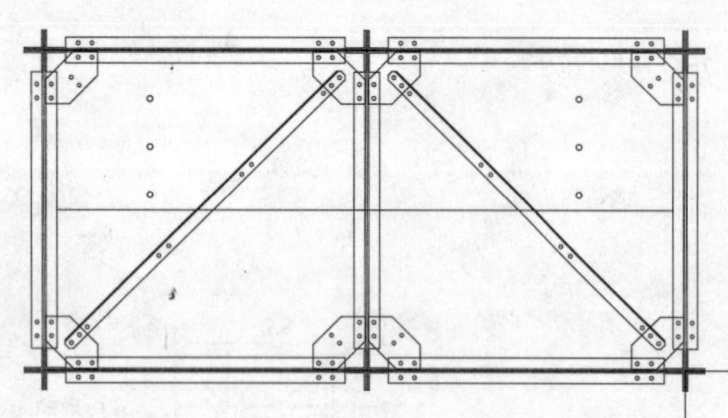

图3-2-44 精轧螺纹钢筋预埋图

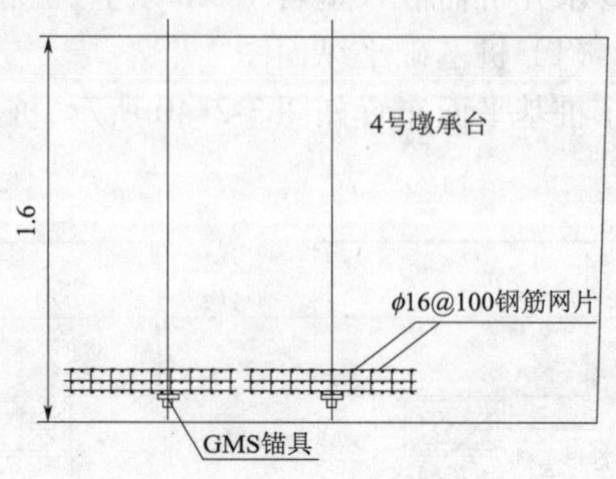

图3-2-45 支点处钢筋局部加固图（尺寸单位：m）

2. 桁架柱及桁架梁现浇平台设计

总体布置如图3-2-46所示，万能杆件桁架柱细部结构图如图3-2-47所示。

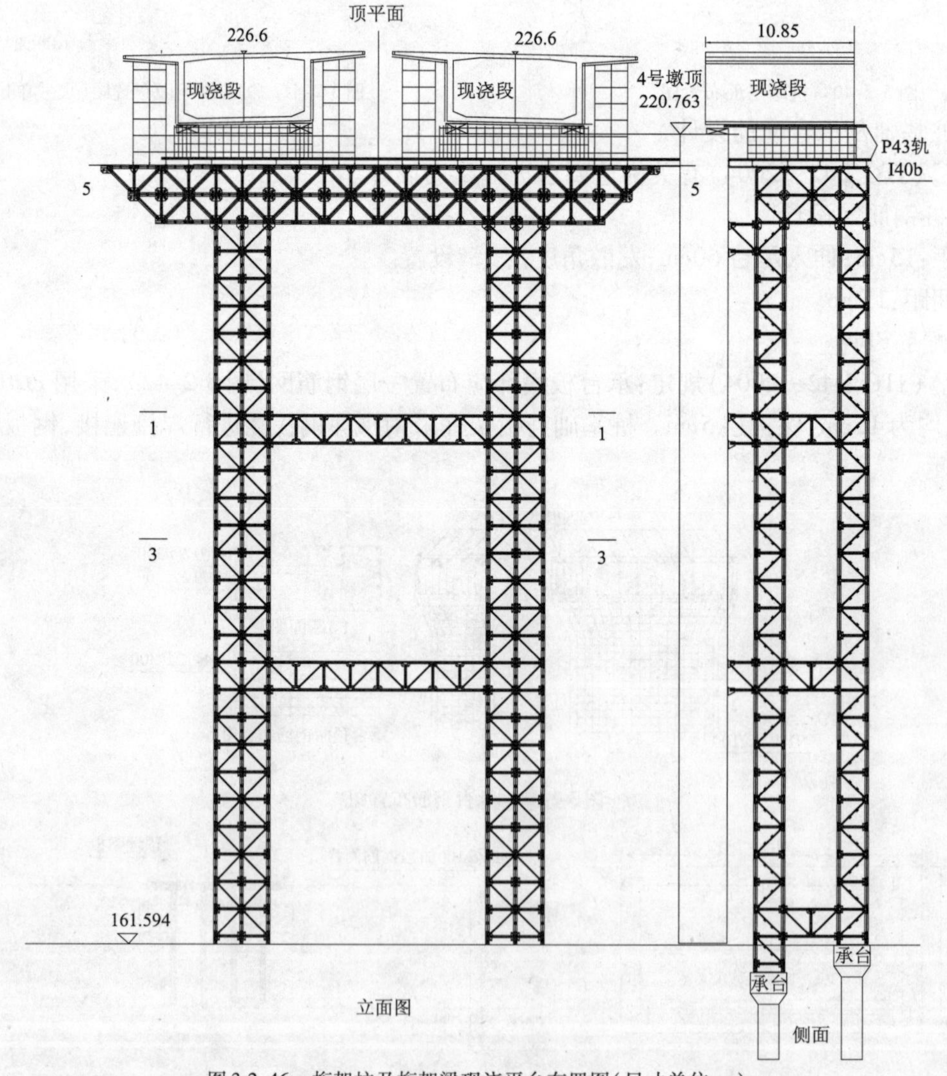

图3-2-46 桁架柱及桁架梁现浇平台布置图（尺寸单位：m）

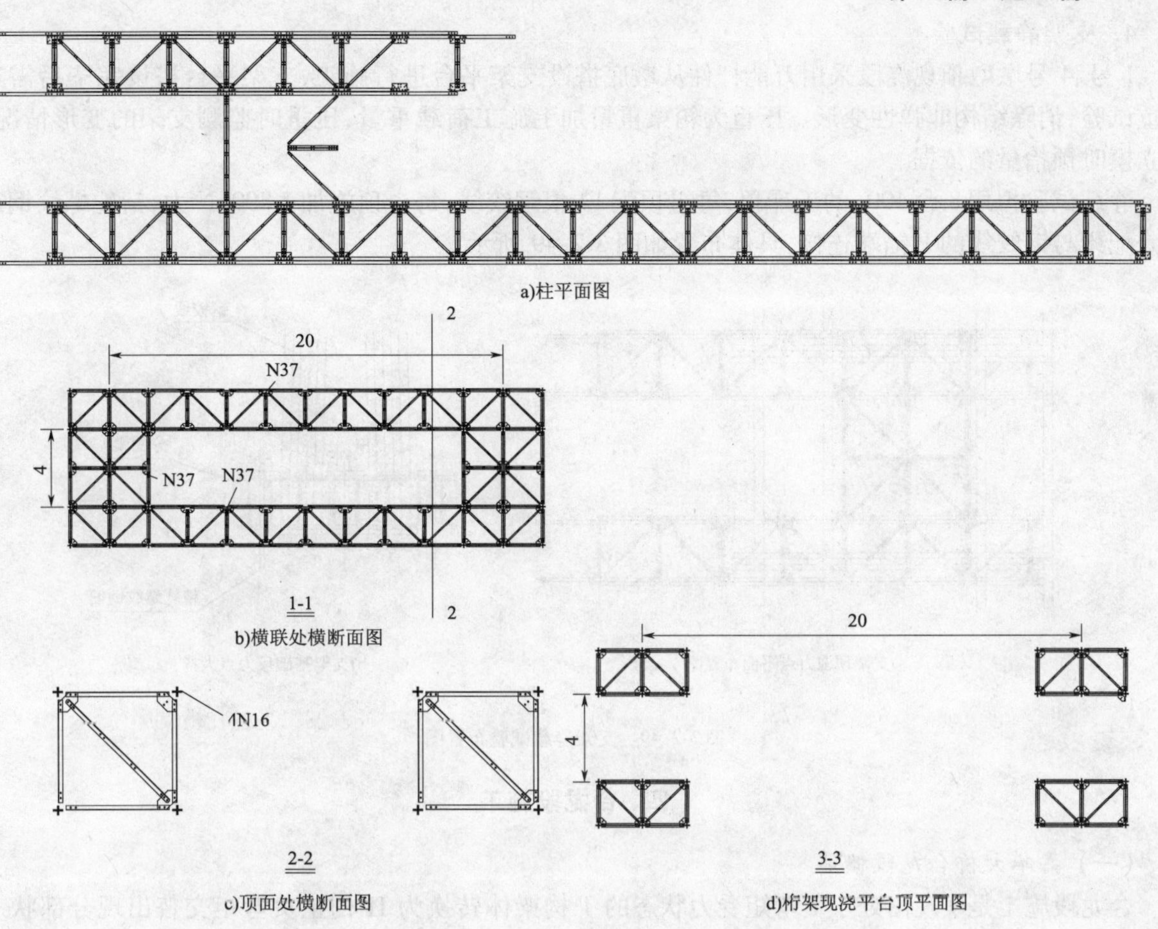

图 3-2-47 万能杆件桁架柱细部结构图(尺寸单位:m)

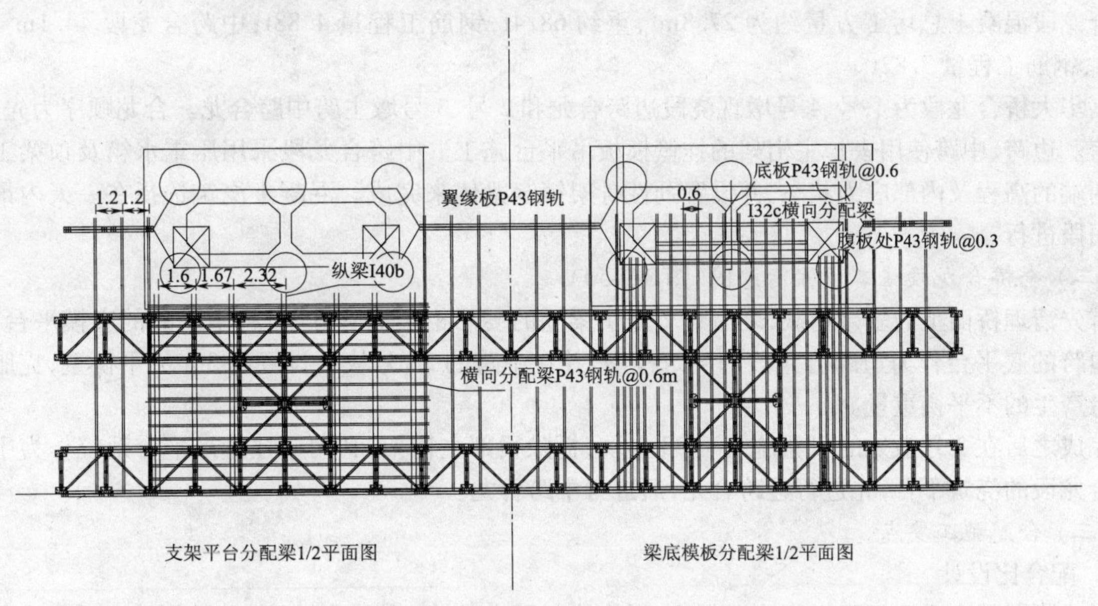

图 3-2-48 桁架现浇平台顶平面(尺寸单位:m)

3. 支架拼装工艺要点

万能杆件拼装时采用卷扬机配合摇头扒杆起吊杆件进行拼装。桁架柱拼装时需在其横联部位采取“V”型杆件附着于4号墩墩身上,以保证桁架柱的稳定性。

4. 支架静载试验

1 号、4 号墩墩顶现浇段采用万能杆件从墩底搭设支架平台进行施工,支架平台搭设完毕后需进行压重试验,消除结构非弹性变形。压重为箱梁重量加上施工荷载重量,压重时监测支架的变形情况,作为立模时预抬量的依据。

静载试验拟用 8 台 400t 的千斤顶,每组顶配 12 根钢绞线,每个顶施加 1 800kN 力,精轧螺纹钢筋采用分配梁与钢绞线的 P 锚端连接,具体布置如图 3-2-49 所示。

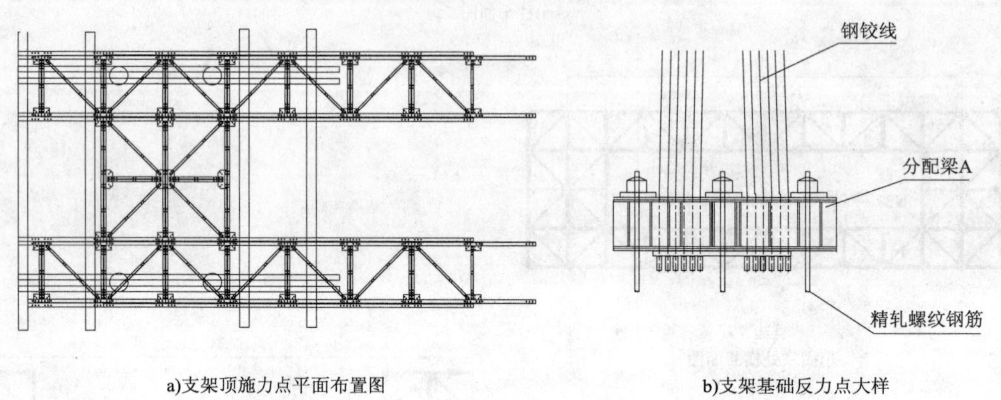

图 3-2-49 支架静载试验布置图

四、合龙段施工

(一) 嘉华大桥合龙段概述

合龙段施工是实现由处于负弯矩受力状态的 T 构梁体转换为 Π 构正负弯矩交替出现分部状态体系的重要环节。合龙施工必须满足受力状态的设计要求和保持梁体线形,控制合龙段的施工误差。

大桥边跨和中跨合龙段长均为 2m,箱梁截面中心高 5. 0m。中跨合龙段中间设有 0. 4m 厚横隔板。边跨合龙段混凝土总圬工方量约为 27. 8m^3,重约 68. 4t,钢筋工程量 4. 88t;中跨合龙段 44. 1m^3,重约 108. 5t,钢筋工程量 7. 82t。

嘉华大桥合龙段为 1 号、4 号墩现浇段边跨合龙和 2 号、3 号墩主跨中跨合龙。合龙顺序为先边跨,后中跨。边跨、中跨使用去掉主桁架的挂篮模板吊平台施工。中跨合龙段采用压重水箱及顶梁工艺调整梁两端的高程及内部应力状态,并设置劲性骨架锁定梁体来完成。混凝土浇筑选择在一天内最低温度时间段进行。

(二) 全桥合龙段施工步骤示意图(图 3-2-50)

首先清理桥面上的多余荷载,之后将 2 号 T 梁上的菱形桁架拆除,同时将中跨处的底模平台拆除,采用边跨的底平台作为边跨合龙段的浇筑模型,并在中跨的 33 号块上设置约 30t 的平衡重,克服边跨吊平台产生的不平衡重量。

完成之后在 3 号墩处的 T 梁施工至 33 号块,拆除梁部主桁架,利用原挂篮吊平台系统作为中跨及边跨合龙段的浇筑平台,先进行边跨合龙,后进行中跨合龙。

(三) 合龙施工要点

1. 配合比设计

合龙段混凝土采用超强微膨胀混凝土,严格控制用水量,以减少混凝土的收缩影响。采取在混凝土中掺加优质早强剂或采取提高混凝土标号的方式使混凝土的三天强度达到设计强度的 80%,达到及时张拉部分钢束的条件。由于合龙段施工处在 3 ~4 月份间,为满足施工要求,拟选在环境气温相近的本年年底 11 ~12 月份间启动混凝土的配比设计工作。

混凝土的原材料参照主梁 0 号块混凝土材料的要求执行。

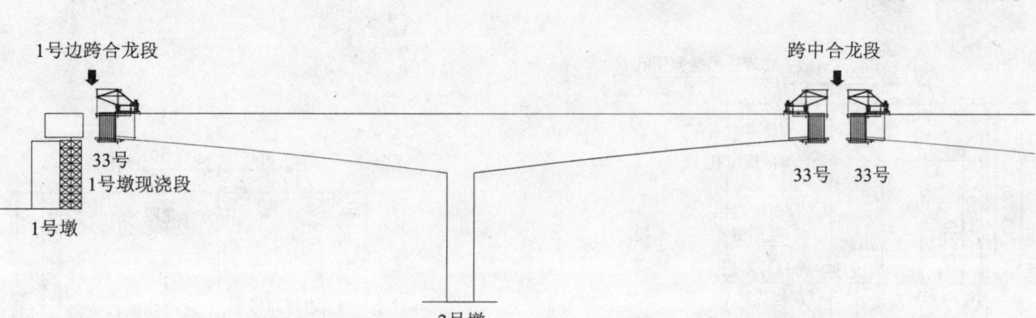

a)清理桥面多余荷载

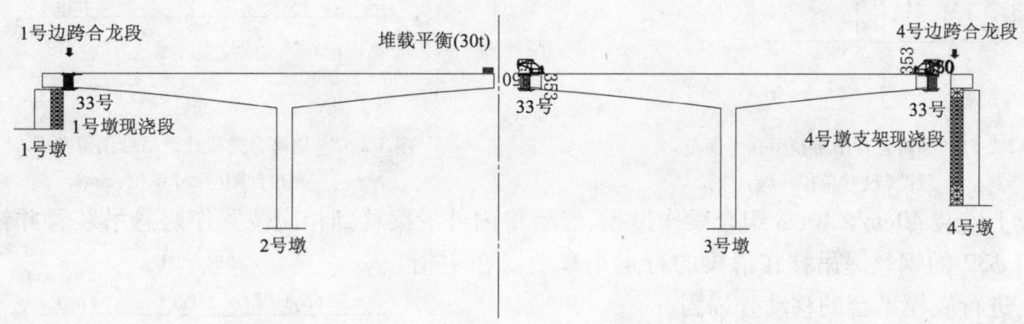

b)设置中跨平衡重

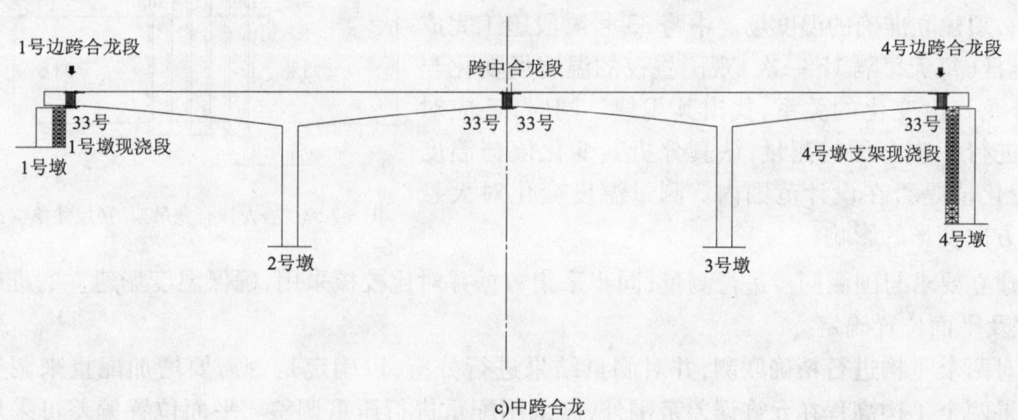

c)中跨合龙

图 3-2-50 嘉华大桥合龙段施工步骤示意图

2. 施工测控

施工监控是挂篮施工的重要环节,施工中要严格执行设计院给出的预拱度值,减小施工误差。

3. 挂篮改装及孔洞预留

由于2号墩左右幅桥的施工进度均快于3号墩,所以考虑将2号和3号墩梁部边跨的挂篮主桁拆除,保留其侧模及底平台作为边跨的合龙平台。将2号墩梁部中跨的挂篮和3号墩中跨的挂篮菱形桁架全部拆除,保留3号墩侧的挂篮侧模和底篮作为中跨合龙段的浇筑平台。

两个T构在悬臂施工33号梁段时,在中跨33号梁段或现浇段分别预埋好相关吊带锚固孔及劲性骨架锁定装置,具体布置如图3-2-51所示。

各吊点受力如下:边跨合龙时,后锚主吊点最大受力为124kN;中跨合龙时,后锚主吊点最大受力为175kN,侧模吊点受力为49kN,内模吊点受力为67kN。

边跨合龙段挂篮吊带预留孔布置见图3-2-52。

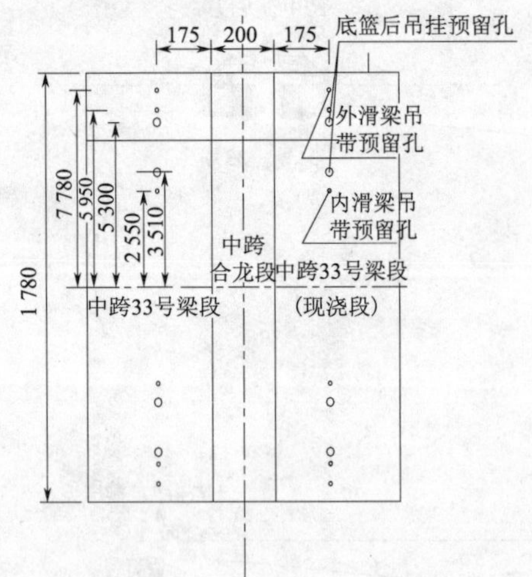

图 3-2-51　中跨悬臂吊带预留孔平面布置图(尺寸单位:mm)

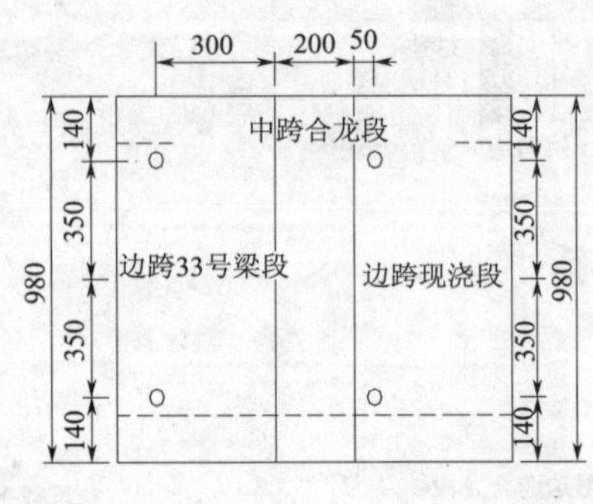

图 3-2-52　边跨合龙段挂篮吊带预留孔平面布置图(尺寸单位:mm)

在顶板上安装 40cm×40cm 组合梁作过梁,然后将内外滑梁移到相应位置作好悬吊装置并锚固,然后将底板用 ϕ32 的钢丝绳吊挂在滑梁的行走小车上。在主桁架的配合下进行底模平台的移动并锚固。

合龙段合龙吊架见图 3-2-53。

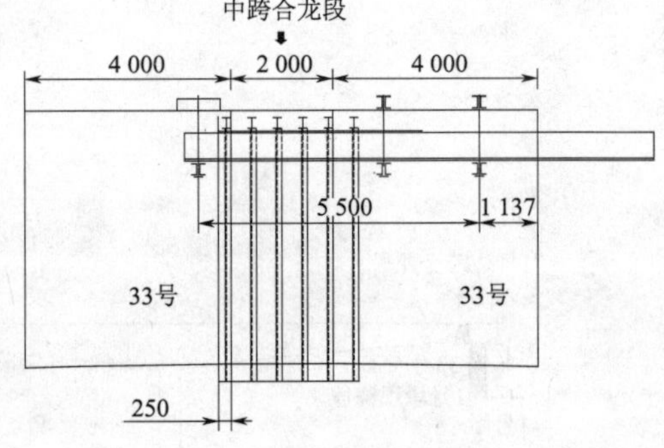

图 3-2-53　合龙段合龙吊架图(尺寸单位:mm)

4. 温度场建立

合龙前必须建立准确的温度场。中跨 33 号梁段施工完成后,派专人连日(每天每隔 1h 一次)观测昼夜的温度场变化与合龙高程、合龙长度变化的关系,找出其规律。同时,还应对主桥的内力进行一次全面的测量,认真分析其变化值与温度场的关系、变化值是否在设计范围内。测量温度变化对大悬臂 T 梁长度方向变形的影响。

温度场建立要求与国测同步进行测量,同步采集数据并对比校核采用,确保温度场建立的准确性。

5. 高程及平面位置确定

合龙前对两个 T 构进行精确联测,并对测量结果进行分析,以确定是否需要增加配重来调整两梁端高程。如果两个 T 构高程在允许误差范围外,需采用配重进行压重调整。平面位置偏差可采用合龙部分两边交叉对拉,拉力及其安全程度需经设计院检算通过才可实施。

6. 合龙压重方案

(1) 水池同步放水平衡工艺

为了保证梁体在混凝土浇筑过程中 T 构 33 号节段的挠度基本无位移变化,大桥边跨以及中跨合龙混凝土浇筑时均需要采取同步浇筑、同步卸载的水箱压重方案。

① 边跨平衡配重

改装后吊平台总重约 60t,主桁架重约 47t,合龙段混凝土半重约为 37t,按平衡对称原理,吊平台部分中边跨相互平衡抵消,合龙悬臂端产生的弯矩为:124.5×37×10=46 065(kN·m),这部分弯矩需要在 32 号和 31 号块设置两个 8.9m×4m×0.5m 的水池作配重。考虑箱梁底板结构安全,蓄水深度最大不超过 0.4m,控制箱梁底板均布荷载小于 400kg/m^2。混凝土浇筑时,需先放 31 号块处的水池水再放 32 号块处的水池水,根据平衡对称的要求,放水需按混凝土浇筑速度来确定。31 号块水池放水时有如下等式:1m^3 C55 混凝土=2.4(素混凝土相对密度)×126÷119÷(8.9×4)=0.071m 高水箱水重量。同理,32 号块水池放水时有如下等式:1m^3 C55 混凝土=2.4(素混凝土相对密度)×126÷123÷(8.9×4)=0.069m 高水箱水重量。水池上采用标尺标明刻度，在浇筑混凝土时，根据入模混凝土量计算分级放水量高度，其精确度控制在1t以内。

② 中跨合龙配重

中跨处采用堆载二分之一的吊平台总重约30t，作为边跨侧模及底平台静平衡配重。

中跨合龙时改装后吊平台总重约60t，主桁架重约47t，合龙段混凝土半重约为53t。中跨合龙时，需要在边跨采用堆载约30t平衡中跨侧模及吊平台的弯矩，混凝土浇筑过程平衡重与边跨平衡重设置水池的方式一致。31号块水池放水时有如下等式：$1m^3$ C55混凝土=2.4（素混凝土相对密度）×126÷119÷（8.9×4）=0.071m高水箱水重量。同理，32号块水池放水时有如下等式：$1m^3$ C55混凝土=2.4（素混凝土相对密度）×126÷123÷（8.9×4）=0.069m高水箱水重量。水箱上标明刻度，在浇筑混凝土时，根据入模混凝土量计算分级放水量高度。如图3-2-54所示。

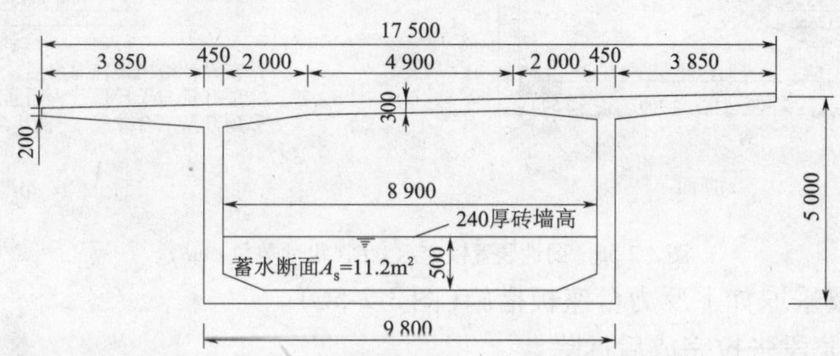

图3-2-54 压重水池图（尺寸单位：mm）

注：1. 压重水池需保证砌筑砂浆质量，并在砖墙外侧预埋斜向支撑焊接钢板，做好加固处理。

2. 平衡水池需作好防漏措施，确保水池不发生漏水。

7. 临时锁定劲性骨架及顶梁装置

（1）劲性骨架及顶梁

在施工中跨33号梁段或现浇段时，在箱梁顶板、底板顶面预埋反力座作合龙劲性锁定及千斤顶顶梁系统（只在中跨设置）。合龙前先将劲性骨架固定端焊牢，焊缝必须达到相关钢结构施工验收规范要求。

① 劲性骨架施工其他要求

a. 槽钢焊接：为确保焊缝质量，需在焊接接头部分削除部分槽钢翼缘，保证施焊操作空间。

b. 纵筋焊接：纵筋顶板和底板的纵向钢筋尽可能采取电焊连接，焊接采取两点焊，每处长为2cm左右。

② 缩短劲性骨架锁定的时间的措施

先单边交错完成每根劲性骨架的连接，在此同时在另一端节点上焊好加强板的一端，板上最后集中焊接劲性骨架的另一端。锁定焊接时需要先通长初焊一遍，最后再补焊成设计要求的焊缝高度。中跨合龙锁定需在8h内焊接完成，边跨合龙锁定需在6h内焊接完毕，并尽可能提前。

根据设计要求，为了调整大桥成桥后的内力及线形状态，对本桥中跨合龙施工时采取施加水平推力的措施，即顶梁。顶梁过程需对中线及高程进行核定，对高程误差需采用腹板上设置的斜顶装置进行调整，如果中线发生偏移，需要采用底板及顶板上的斜顶装置进行调整。顶梁达到设计相关指标后停止顶梁作业，并采用以下劲性装置进行锁定，示意图如图3-2-55所示。

顶板及底板设置有斜向支撑主要考虑对合龙时中线位置偏差的调整，并克服风荷载等水平荷载作用，如果产生高差超标的情况需要采用堆载的方式进行高程调整。

施顶的位置更改在顶底板内倒角处进行对顶，并采用混凝土方桩钢混凝土柱作为垫梁和保险梁，确保劲性骨架锁定过程各对顶点施加力的稳定性。必须确保千斤顶施力轴线与钢板垂直，防止对顶施力时发生旁弯现象。

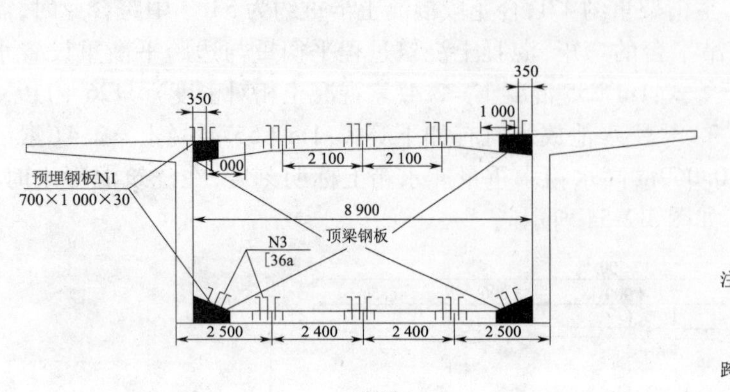

a)断面

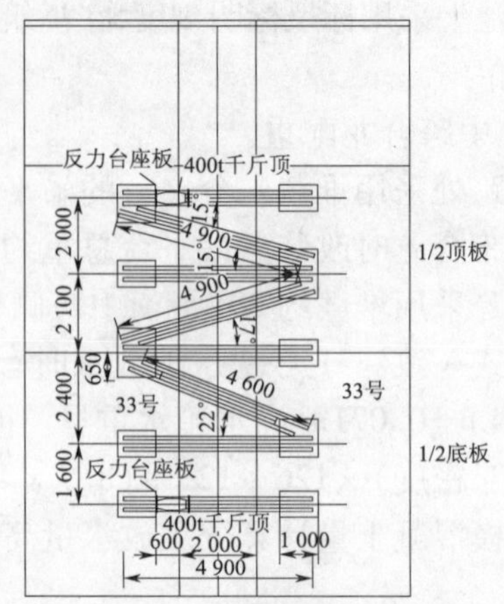

b)平面

注:
1. 在设计给出最佳温度后，初步估算顶开量。
2. 顶开量与千斤顶行程需匹配。
3. 顶开量=(合龙温度-设计合龙温度+调整温度)×a×主跨径。

图 3-2-55　劲性装置锁定示意图(尺寸单位:mm)

顶梁的千斤顶需要采取如下反力台座板措施(图 3-2-56)。

③ 劲性骨架在合龙段张拉完成后拆除。

(2) 合龙骨架焊接混凝土防爆裂

将部分对撑槽钢与预埋节点钢板组焊一起作为预埋件,并将接头处外伸约 10cm(图 3-2-57)作为焊接部位,避免在混凝土上的钢板上施焊发生爆裂,将节点组焊件在混凝土浇筑前一起埋入混凝土中,对撑梁完成后,在外伸部分焊接形成劲性骨架支撑。

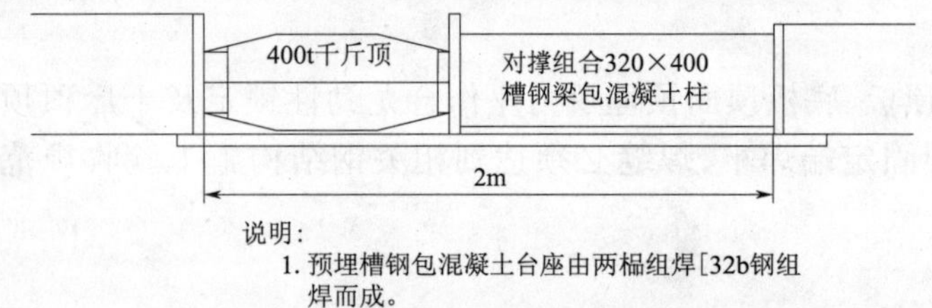

说明:
1. 预埋槽钢包混凝土台座由两榀组焊[32b钢组焊而成。
2. 注意需将混凝土柱端部与预埋钢板焊接。

图 3-2-56　顶梁千斤顶反力台座板

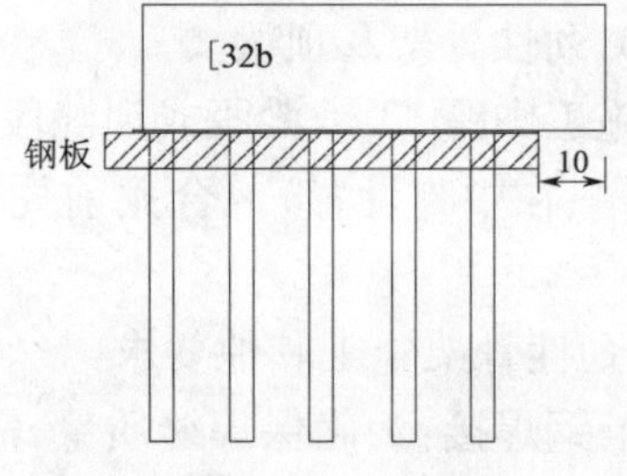

图 3-2-57　预埋钢板焊接混凝土防爆裂措施图(尺寸单位:mm)

8. 顶梁施工

(1) 确定合龙时间

合龙前派专人对梁体随温度变化情况进行观测,对悬臂端进行一昼夜分时段(每 1h 为一个时段)连续观测。观测气温与悬臂端的高程变化、气温与合龙段长度的变化、气温与梁体温度的关系,对相关数据进行分析,最后根据分析结果确定最佳合龙时间。选择原则:一天中最低气温,温度变化幅度最小时段,且在未来的 3d 内均不会有较大的温度变化,温度变化幅度在 10℃以内。

(2) 顶梁

顶梁时所有模板均不密贴,所有钢筋、预应力管道均留一端为自由端。同时,必须解开边跨支座纵向位移的锁定。

顶梁时将 4 台 YDC4000 型千斤顶上下、左右对称布置于靠近腹板的两 T 构顶、底板之间,待时间进入最佳混凝土浇筑时段时(拟选择在日出前的凌晨),同时对称施顶,施加顶力共 2 000 ~ 3 000kN。顶梁前需根据设计合龙温度及浇筑实际对顶开量进行估算,以选择合适行程的千斤顶与之配套。

顶梁时,采用布置于箱梁顶、底板的千斤顶分级施加顶力,施加顶力时千斤顶上下、左右对称同步进

行，采取顶力与位移双控，顶力按600kN、800kN、1 000kN、1 200kN、1 400kN…3 000kN 按每级 200kN 顶梁。顶梁过程中，派专人测量每级顶力下的主墩墩顶左右侧、合龙段梁端左右侧的绝对位移，以及合龙段梁端顶底板左右侧的相对水平位移，顶力与位移其中一项达到设计值即中止顶梁作业，随即锁定合龙段。

顶梁前，在2号、3号墩中心及中跨33号梁段各设置一个棱镜，全站仪置于大桥附近的导线点上，与此4个点均能通视，以测定顶梁时2号、3号墩中心的水平位移和中跨33号梁段的竖向及水平位移，并与设计量进行对比分析，全过程采取信息化管理，确保顶梁工作的顺利完成。在对顶后需对千斤顶的状态进行确定。合龙时取用长为3.6m的2[32b的组焊梁作为梁部锁定压梁，防止梁部产生竖向位移，确保合龙质量。

9. 锁定

顶梁施工一完成，立即将劲性骨架焊接锁定，位于千斤顶处的骨架需恢复并锁定。在焊接锁定时，派8个熟练焊工，迅速、对称地对活动端焊接锁定，用薄钢板将反力座与劲性骨架之间的缝隙垫密贴，并施焊，焊缝必须符合相关钢结构质量验收标准，并派专人负责检查，合格后方可预张合龙段锁定钢束。合龙段锁定钢束需由设计确定。

劲性骨架锁定焊工需通过考试后再上岗。

10. 钢筋及预应力施工

锁定前，便将钢筋、预应力管道等安装好，留一端为自由端，模型与梁体也分离开来，这样做主要是在确保顶梁效果的同时为合龙锁定节约时间。

锁定后迅速将模型安装到位，迅速将钢筋、预应力孔道自由端连接。钢筋直径小于14mm的采取搭接的方式连接。为了确保压浆质量，合龙段所有纵向预应力管道均采用VSL塑料波纹管有孔连接器设置排气孔。

由于合龙段处预应力管道密集，为预防底板混凝土集中崩裂，需对合龙段钢束进行分批张拉、分次张拉、灌浆，并要求第一批管道浆体达到设计强度的80%后再进行下一批预应束的张拉，张拉时需对合龙段混凝土进行观察。

11. 预应力临时束

在劲性骨架锁定后，需将中跨的顶板左右MT1束和底板的左右MB0束共计4束钢束进行预张10%临时锁定，预张力约为1 200kN。边跨在劲性骨架锁定后，需将边跨的顶板左右ST1束和底板的左右SB4'束共计4束钢束进行预张10%临时锁定，预张力约为840kN。

五、施 工 措 施

(一) 概述

嘉华大桥墩身高度平均在60m以上，其中3号墩处在枯水位距岸120m处的江流中，2号、4号、5号墩在洪水期均处在嘉陵江中。为满足洪水期墩身及梁部施工要求，保证洪水期墩梁施工的连续性，需要搭设一临时栈桥作为2号、3号、4号墩的临时施工通道。

(二) 方案比选

综合分析嘉陵江上施工栈桥的成功经验，结合现场实际情况，项目经理部拟定了如下两种方案。

方案A：全部栈桥采用连续梁结构，支墩间距采用常规的30m净跨距，基础采用孔桩承台桩基础，墩柱采用钢板筒柱，并采用桁架梁作为墩柱横系梁。则该方案需要施工4个水下墩柱桩基础，基础需要采用筑岛钻孔施工或采用围堰施工。

方案B：在3号至4号墩间采用独塔斜拉式桁架梁，跨度为70m+70m，两端采用附着托架作为附跨支承，江岸上采用30m和22m跨距连续梁结构；斜拉主塔基础采用"H型"桁架梁结构，梁部采用3对斜拉索进行斜拉锚固。

综合分析以上两种方案，A方案属常规做法，但需要施工4个水中基础，难度大、成本高，且嘉陵江洪水期江面漂浮物较多，多一个水中墩便多一份潜在的危险。B 方案仅一个墩处在水中，施工成本低，但 B 方案采用斜拉桁架梁式栈桥在国内外无现成的经验可循，需要解决技术上的诸多问题。为此，项目经理部攻关组对栈桥主塔基础形式、栈桥主塔形式、斜拉锚索的设计及施工、斜拉锚座的设计、各锚索预应力的施加等问题进行了一系列研究。

（三）主要施工工艺及方法

1. 跨径设计

南岸栈桥设在 3 号墩与引桥间，全长 230m，共 5 跨（2×70m+2×32m+24m），梁部采用 N 型万能杆件搭设，其截面为 2m×2m，支墩也采用万能杆件搭接。

支墩编号从 3 号墩向华村方向依次为 1′号支墩～5′号支墩及 6′号台，桥跨编号依次为 1′号跨～5′号跨。

第 1 跨和第 2 跨设为斜拉式，跨度为 70m+70m，其余 3 跨设为连续梁桥，跨度为 32m+32m+24m。为防止江水冲刷，1′号支墩和 3′号支墩设在 3 号墩和 4 号墩两子墩间，也可根据进度情况在 3 号和 4 号墩预埋托座支架，将桁架梁直接附着在托座上；2 号支墩为斜拉部分的主塔，由两榀万能杆件支架搭成，中部辅以系梁横向连接，张拉鞍座采用钢板焊接件。

2. 栈桥结构设计

嘉华大桥桥位处 50 年一遇洪水水位为 192.13m，为保证栈桥的绝对安全，保证洪水不冲刷栈桥梁部，同时考虑 3 号墩承台高程为 160m，利用其承台作为栈桥基础，反算墩柱模数，经过综合考虑拟将支墩墩顶控制高程设为 192.5m。

桥位处江床高程大致为 160.00m，水中基础顶高程定为 160.13m，根据地质勘测情况，考虑桥位处工程地质，以及墩身的稳定性等诸多因素，江床处基础底高程定为 154.13m 左右，以嵌入基岩 4m 为宜。河岸基础定为明挖基础，高程根据地形选定，以基底嵌入基岩 0.5m 为宜。

（1）基础设计

① 江床处基础

2′号支墩处在嘉陵江河床上，根据钻探资料，河床面覆盖厚为 1～2m 的砂卵石层，支墩处枯水季时水深在 1.5～2m 间，基础形式拟为锚杆承台基础。

a. 平面尺寸拟定

按支墩的有关要求确定承台板平面尺寸。

按支墩立柱预埋钢板边缘距承台板边缘不小于 0.25m 确定承台板平面尺寸。考虑主塔荷载较大，在此取 1.0。

承台板纵桥向尺寸：1+2.0+2.0+1=6.0m

横桥向尺寸：1+2.0×4+1=10.0m

按以上计算确定承台板平面尺寸：6m×10m（纵宽×横宽），见图 3-2-58 所示。

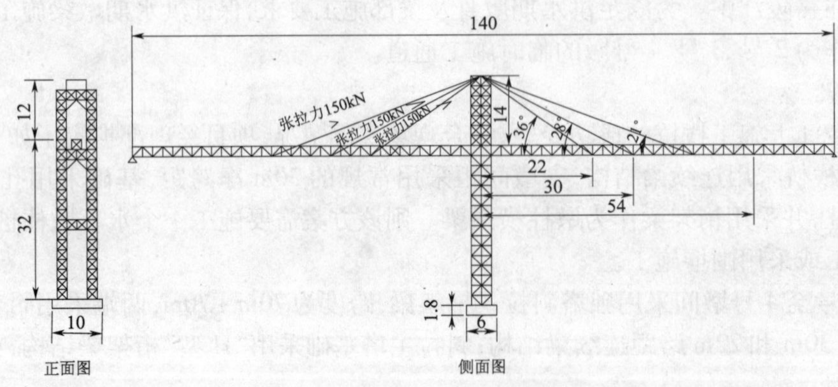

图 3-2-58　斜拉桁架梁式栈桥图（尺寸单位：m）

b. 承台厚度拟定

按《桥规》规定，混凝土的刚性角不得大于35°，则有：

$$\frac{0.45}{h}=\tan35^\circ \qquad h\geqslant\frac{0.45}{\tan35^\circ}=0.6427\text{m}$$

根据《桥规》规定：混凝土承台板的厚度不宜小于1.5m。

综合以上两种情况，考虑到栈桥主塔处在嘉陵江中心，取承台板的厚度为1.8m。为了增加基础的抗倾覆能力和基础与万能杆件的连接能力，在上游方向打一混凝土垛将万能杆件埋入2m，具体见图3-2-59。

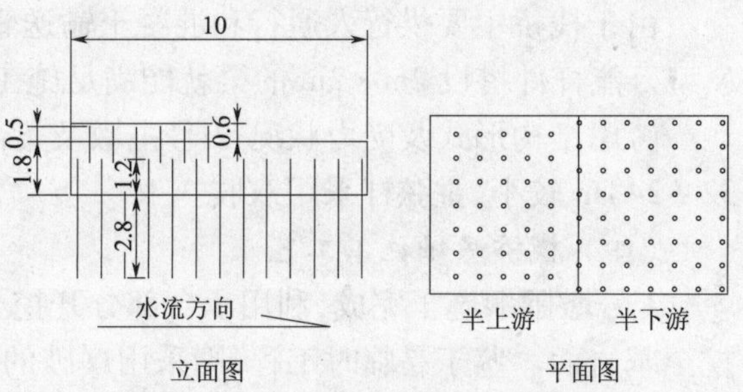

图3-2-59 2号墩基础抗倾覆及与支架杆件连接措施图(尺寸单位：m)

c. 配筋设计

按《桥规》有关构造要求进行配筋设计。

按《桥规》规定：承台板底部应布置一层钢筋网，采用ϕ20钢筋，纵、横向间距均为20cm，保护层5cm。

② 4号基础设计挖孔桩钢筋笼设计

由于4号墩处于施工便道旁边，沙卵石厚度6～10m，无法做扩大基础，这里采用桩基础。桩直径为1.20m，嵌入岩石3m，施工时，在沙卵石层每挖深1m做一次钢筋混凝土护壁。

主筋中心直径：主筋采用Ⅱ级钢筋，Φ20。

大箍筋中心直径：采用Ⅱ级钢筋，Φ20。

小箍筋中心直径：采用Ⅰ级钢筋，ϕ8。

主筋间距：15.0cm(18根)，伸入承台90cm，发散角度按15°设置。

大箍筋间距：200cm。

小箍筋间距：20cm。

承台尺寸为3m×3m×1.4m，配筋为双层网片筋ϕ20@250，具体布置如图3-2-60所示。

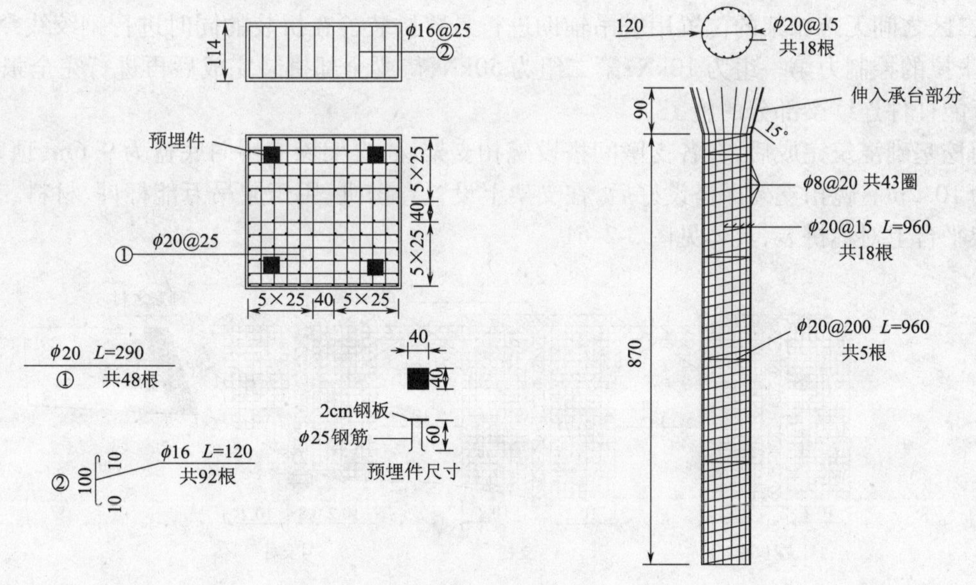

图3-2-60 4号墩桩基础钢筋图(尺寸单位：cm)

③ 河岸明挖基础

河岸5号基础采用明挖扩大基础，由于河岸嵌沙卵石厚度为10～20m，地势很高，水冲击力小，故采用人工夯实扩大基础，尺寸拟为5m(长)×5m(宽)×1.8m(高)。

(2)桥截面尺寸拟定

由于栈桥主要供行人通行和混凝土输送管及部分钢筋、小机料的运输,不需要很宽的截面,拟采用N型万能杆件搭设2m×2m的梁就能满足施工要求。

考虑结构形式及受力状况,2号主墩及梁部斜拉跨部分(长70m)主弦杆均采用四肢,其余梁跨(2×32+24)m较小,主弦杆采用双肢。

(四)栈桥基础施工工艺

3号墩围堰施工完成,利用承台部分开挖土石方进行栈桥2′号主塔基础围堰施工,然后用挖掘机开挖至基岩面。鉴于是临时工程,则采用爆破的方式进行成孔,挖孔深度必须嵌入基岩底4m,整个基础考虑桩基与承台共同作用受力,因此要实验人员查看地质岩层情况符合要求以后,才能停止开挖。

同时在平地预制钢筋笼,采用塔吊吊运钢筋笼入孔,并定好位后浇筑混凝土。

浇筑混凝土前需预埋支架脚的钢板,钢板控制高程根据3号墩承台顶面为控制面高程反推立柱模数确定(梁部底高程定为192.5m),钢板相对水平误差不得大于2mm,钢桁架柱与基础连接部分的预埋钢板采用□600mm×600mm×20mm的钢板,其下设U形支脚,用ϕ25的螺纹钢焊接。

由于4′号支墩处在便道高填方地段,不能使用挖掘机开挖基础,拟对此基础采用人工护壁挖孔的方式形成4m×4m的方形基础,其深度深入基岩0.5m,并采取锚杆梅花形布置与基岩连接。5′号支墩处在主排污箱涵的坡侧,该处填方足有12m深(调查数据),且污水箱涵处不允许大面积开挖,所以在此处拟采用6m×6m×1.5m明挖扩大基础,基础底部应力需大于0.15MPa。预埋连接钢板的控制高程根据3号墩承台面高程反推立柱模数确定。

万能杆件桁架梁、柱施工工艺如下。

(1)桁架柱施工

当2′号支墩基础浇筑完成后,在2′号支墩两侧搭设碗扣支架垛,支架垛必须伸入塔吊工作范围内,以便利用塔吊起吊杆件,解决杆件垂直运输的问题,同时进行2′号支墩柱的拼装。2′号支墩柱的先期所需杆件通过碗扣架安装卷扬机起吊,待主塔及张拉鞍座施工完后,拆除梁部以上的支架,进行梁部万能杆件的拼装,从2′号支墩开始向两端严格对称施工。当梁部拼接进入塔吊工作范围后,在平地预拼成长度为4m的预拼段,然后用塔吊直接吊装进行拼接,以加快拼装速度。

在一、二区之间无碗扣架的位置用塔吊辅助进行悬臂拼装。在拼装的同时进行钢绞线穿结,并进行初张拉,初张拉的控制力第一组为10kN,第二组为50kN,待梁全部拼装完成后再进行完全张拉。

(2)万能杆件连续梁部分的施工

在各明挖基础浇筑完成后,在各支墩间搭设碗扣支架垛,支架垛横桥向底宽为9.6m,顶宽为4.8m,纵桥向宽为10.2m。碗扣支架垛搭设好后,在支架上设置卷扬机,用于起吊万能杆件、材料、工具等。桁架梁在支架平台上对称拼装,具体见图3-2-61。

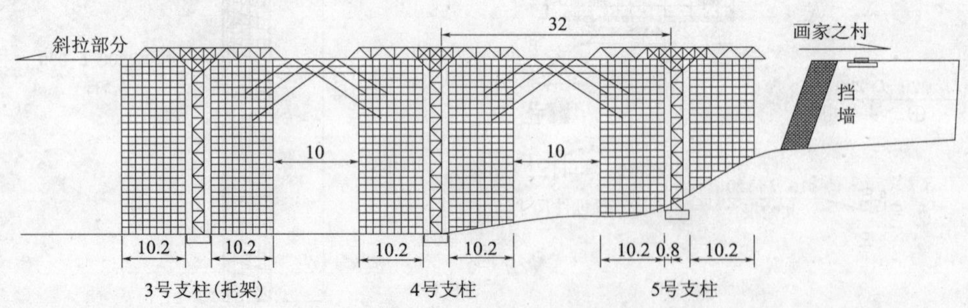

图3-2-61 万能杆件连续梁拼装图(尺寸单位:m)

重庆嘉华大桥斜拉式桁架施工栈桥,突破了惯用的连续梁跨结构模式,刷新了国内外栈桥结构形式历史,且因地制宜,创造性采用低塔斜拉索形式,大胆合理地利用附着式托架支承,极大地减少了水下墩及梁部施工难度,降低了连续结构多墩多迎水面带来的诸多安全隐患。采用连续结构及斜拉结构的有效组合,并增加在墩柱及承台部分的地面端锚固结构,保证了全桥纵横向稳定,确保了栈桥的使用安全。从栈桥建成到使用,已经历过嘉陵江有史以来最大流速洪水的考验,监测结果显示,栈桥各方面均属正常。由于其结构简单明快,结构安全,在急流险滩中不失为一种好的栈桥结构形式。

第五节 主梁线形施工控制

一、施工控制的目的与意义

施工监控的目的在于保证施工过程中主跨结构的截面应力分布、挠度变化均在安全的范围之内,特别是确保连续刚构梁桥主桥顺利合龙,合龙段两端挠度的偏差控制在允许范围以内,合龙后桥面线形良好,结构受力合理,故必须对主跨结构进行监测、跟踪分析和控制。

二、施工控制的原则、方法和系统运行过程

(一)测量点位布置

桥向每施工节段截面作为一个测量断面,每测量断面布置5个测点(图3-2-62)。

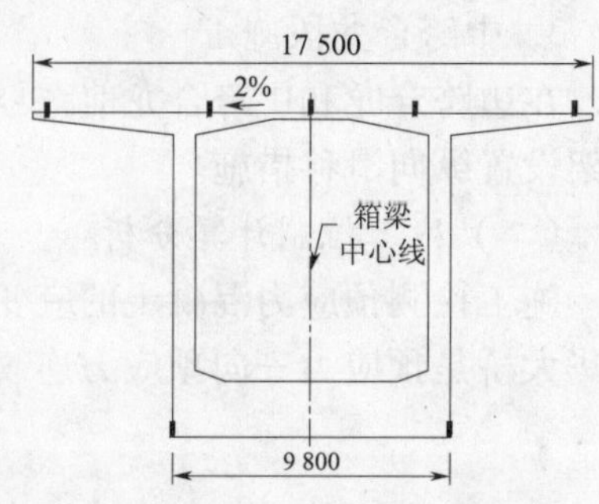

图3-2-62 测点布置图(尺寸单位:mm)

(二)梁体变形观测

每节段混凝土浇筑前、后必须对梁体变形做精确观测。为消除日照温差对梁体变位影响,采用以下方法:测量工作安排在早晨日出前进行,尽量避免日照温差对测量精度的影响;当测量工作不能在早晨进行时,对测量数据进行日照温差修正。

(三)混凝土浇筑时挂篮变形观测

在每节段混凝土浇筑过程中,必须派专人对挂篮进行变形观测,并做好记录,以分析得出挂篮在施工过程中的总变形值,随时掌握挂篮的施工工况。

在前上横梁上设2个观测点,后锚上设2个观测点,一只挂篮共设4个变形观测点。在混凝土浇筑前观测一次,在混凝土浇筑过程中以混凝土浇筑方量作为依托对挂篮观测一次,混凝土浇筑完成后再观测一次。将观测得出的数据进行分析,可得出挂篮在每一次混凝土浇筑时所产生的变形量。

(四)挂篮立模高程确定

根据设计院提供的理论预抬量(H_1)和挂篮静载试验的数据及施工过程中所产生的变形量(H_2)综合分析可得出现场施工预抬量。

挂篮立模高程的控制点选择在待浇箱梁节段底板前端底模上,由下式计算得到:

$$H = H_0 + H_1 + H_2$$

式中:H——挂篮模板定位高程;

H_0——箱梁底面设计高程;

H_1——理论预抬量;

H_2——挂篮的变形。

三、施工线形控制技术分析

(一)施工流程

施工流程分为5大步骤:主墩及0号节段施工,悬臂浇筑1号~33号节段,边跨合龙施工,中跨合龙施工,桥面系施工。

1. 0号节段施工(含墩顶部分的墩身)

由于0号节段结构重要、受力复杂,又有墩顶横梁(开人孔),且纵向、横向、竖向预应力管道较密

集,为了确保墩顶段的施工质量,应在人孔、预应力管道及钢筋密集处注意混凝土的密实性。由于墩顶横隔板、腹板、底板较厚,施工控制应采取措施加强养护,以防止由于水化热对混凝土产生的不利影响。

2. 悬臂浇筑施工

挂篮悬臂施工控制程序见图3-2-63。

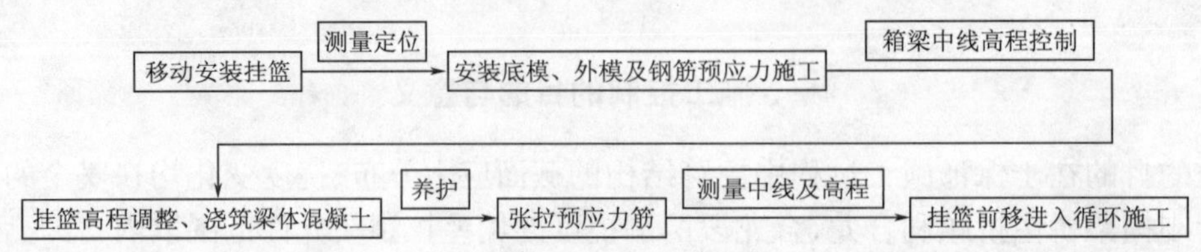

图3-2-63 挂篮施工控制程序图

各节段立模前需要给出监控高程,并在施工过程中根据实际情况及时调整高程的数字,以满足成桥状态下线性平顺的预拱度值。

3. 中跨合龙段施工

在边跨合龙和中跨合龙前,要求将原挂篮改装使其自重力减小到600kN内。边跨现浇及其他支承支架设置纵向滑移措施。

(二) 施工控制计算分析

施工检测预应力混凝土的应变量,再通过荷载作用下的预应力应力—应变关系求得混凝土的应力。嘉华大桥是预应力三向预应力连续梁桥,受力状况明显呈空间应力状态,应力应变表述为:

$$\sigma_x = \frac{E(1-\upsilon)\varepsilon_x + \nu(\varepsilon_y + \varepsilon_z)}{(1+\nu)(1-2\nu)}$$

$$\sigma_y = \frac{E(1-\upsilon)\varepsilon_y + \nu(\varepsilon_x + \varepsilon_z)}{(1+\nu)(1-2\nu)}$$

$$\sigma_z = \frac{E(1-\upsilon)\varepsilon_z + \nu(\varepsilon_x + \varepsilon_y)}{(1+\nu)(1-2\nu)}$$

式中:σ_x、σ_y、σ_z——x、y、z方向预应力混凝土的应力;

ε_x、ε_y、ε_z——x、y、z方向预应力混凝土的应变;

E——混凝土弹性模量;

υ——预应力混凝土泊松比。

由于预应力混凝土连续刚构桥中的混凝土拉应力主要由预应力钢束来平衡,因此在箱梁的顶板不出现拉应力的条件为:

$$\sigma_u - M_{max}/W_u \geqslant 0$$

式中:σ_u——由预应力在箱梁顶板产生的应力;

M_{max}——施工各阶段的最大荷载弯矩;

W_u——箱梁顶板抗弯模量。

$$\sigma_u = N_u/A + N_u e_u/W_u + N_d/A - N_d e_d/W_d$$

$$\sigma_d = N_u/A + N_d e_d/W_d + N_d/A - N_u e_u/W_u$$

式中:e_u、e_d——分别为顶板、底板预应力筋距离截面重心的距离;

A——箱梁截面面积;

W_d——箱梁底板抗弯模量。

收缩应变量:

$$\varepsilon_s(t,\tau) = \varepsilon_{s0}[\beta_s(t) - \beta_s(\tau)]$$

式中：ε_{s0}——取决环境的系数；

β_s——取决于混凝土龄期和理论厚度的系数。

温度影响变形规律：

$$\mu\varepsilon = (T_1 - T_0)(CF_1 - CF_2)$$

式中：T_1——当前温度；

T_0——初始温度；

CF_1——振弦仪器钢材的温度膨胀系数；

CF_2——混凝土温度膨胀系数。

（三）结构电算模型

在进行结构计算时，可以将主桥简化成平面结构进行位移和内力的控制性计算，同时在需要的时候对模型进行空间应力复核。

嘉华平面模型以如下方式处理：各悬臂施工阶段离散梁单元，整个桥梁离散159个单元，160个节点，其中主梁147个单元，主墩12个单元，边墩简化为活动铰支座，主墩底为固定支座。

（四）计算分析的结构设计参数

1. 计算分析的结构设计参数

设计参数取用原则是：结构设计参数的取值尽量和实际相吻合；对于主要的可以测定的设计参数，则用试验数值；难以测定的则依照设计规范，根据以往的过程经验进行修正。

2. 材料

（1）混凝土

预应力混凝土连续刚构箱梁：C55

主墩：C55

（2）预应力体系

采用符合（GB/T 5224—1995）技术标准的ϕ^s15.24mm270k级高强度低松弛钢绞线，钢丝标准强度1 860MPa，弹性模量1.95×10^5MPa。

后张法，群锚体系，塑料波纹管道（$\mu = 0.17, k = 0.0015$）。

竖向预应力采用精轧螺纹钢筋（$f_{pk} = 785$MPa）和ϕ^s15.24mm270k级高强度低松弛钢绞线。

3. 计算荷载

（1）结构重力

一期恒载：结构重度（$\gamma = 26\text{kN/m}^3$）

二期恒载：包括桥面铺装、人行道、照明设备、航标、栏杆和管线等。

桥面铺装：$0.1 \times 14 \times 24 = 38.4$kN/m

防撞栏杆：10kN/m

刚栏杆：2kN/m

照明设备、航标、管线：10kN/m

人行道侧石：$0.35 \times 0.25 \times 25 = 6.625$kN/m

人行道板：$0.08 \times 1 \times 25 = 2$kN/m

人行道板面层：$0.03 \times 1 \times 25 = 0.75$kN/m

合计：70kN/m

（2）预加应力

考虑相应阶段的预应力损失，张拉控制应力$0.78 \times 1\,860$MPa。

锚具变形与钢束回缩值6mm，钢绞线松弛损失按控制应力的2.5%计算。

混凝土材料参数见表3-2-7。

混凝土材料参数　　表 3-2-7

	γ_1 (kN/m³)	E_c (MPa)	ν_c	f_{ck} (MPa)	f_{tk} (MPa)	f_{cd} (MPa)	f_{td} (MPa)
C55	26	3.55×10^4	0.2	35.5	2.74	24.4	1.89

预应力材料参数见表 3-2-8。

预应力钢筋材料参数　　表 3-2-8

	γ_p (kN/m³)	E_p (MPa)	ν_p	f_{pk} (MPa)	f_{pd} (MPa)	f_{pd} (MPa)
钢绞线	78.5	195×10^5	0.67	1860	1260	390
精轧螺纹钢筋	78.5	2.00×10^5	0.67	785	650	400

(3) 收缩徐变影响力

龄期 7h,湿度 50%(按《规范》(JTG D42—2004)公式计算)徐变系数 2.1 ~ 2.4,收缩度 2.3×10^{-4} ~ 3.7×10^{-4}。可以采用其他模式进行收缩、徐变的对比计算。

(4) 基础变位影响力

差异沉降按 1cm 考虑。

(5) 汽车荷载

《规范》(JTG D42—2004):公路—Ⅰ级,冲击系数,横向车道折减 0.67,纵向跨径折减 0.97,偏载系数 1.15。

4. 施工过程的主要参数

悬臂浇筑方法是一个阶段对应三个计算步骤,挂篮前移、浇筑混凝土、张拉预应力索。计算工况见表 3-2-9。

计算工况表　　表 3-2-9

工况号	施工内容
1	主墩浇筑,支架现浇 0 号块
2	张拉顶板 T_0 束、腹板 F_0 束
3	拼挂篮
$3\times i+1$	依次悬臂浇筑 i 号块,$i=1\sim33$
$3\times i+2$	依次张拉顶板 T_i 束、腹板 T_i 束。$i=1\sim33$
$3\times i+3$	前移挂篮,$i=1\sim33$,第 33 节段时改吊支架
102	边跨支架现浇段施工,安装边跨合龙段刚性联结,浇筑边跨合龙段
103	从长束到短束顺序张拉边跨顶、底板预应力束,边跨合龙
104	中跨水平预顶
105	安装中跨合龙段刚性联结,浇筑中跨合龙段
106	按从长束到短束顺序张拉中跨顶、底板预应力束,中跨合龙
107	拆除中跨合龙段挂篮,桥面系施工
108	运营阶段收缩、徐变

(五) 施工荷载的模拟

在预应力混凝土连续桥梁的悬臂施工中,挂篮和模板机具设备自重对结构的内力和变形的影响很

大,所以在结构分析中,必须考虑施工荷载(主要是挂篮)的影响。在悬臂浇筑过程中,挂篮设备上的伸臂发生弹性变形,它使底模板前端的高程也发生同样的变形,这种变形在挂篮拆除后却不能得到恢复。因此在各节点的预拱度值中,均应记入这个影响。

在结构分析计算中应充分考虑施工荷载的影响,模拟挂篮的安装和拆除,以及挂篮前进的工况,挂篮的计算重力约为 1 200kN(实际值由施工单位实测得到)。挂篮在桥上的作用点应与其中心位置一致。

在桥梁悬臂施工的控制中,最困难的任务之一就是施工挠度的计算与控制。根据不同阶段的受力状态考虑混凝土的收缩徐变影响、预应力的影响、温度变化的影响以及支座沉降的影响,其中混凝土收缩徐变的计算必须考虑各阶段混凝土应力变化的影响。

(1) 悬臂桥梁施工时结构的挠度包括:① 扣除预应力损失后的预加力产生的上拱度;② 梁段自身静载(即一期恒载)产生的下挠度;③ 悬臂施工时的临时施工荷载产生的下挠度;④ 混凝土随龄期增大的徐变挠度。

(2) 桥梁长期荷载作用下的总挠度,还包括二期恒载和活载的作用所产生的挠度:① 二期恒载产生的下挠度;② 活载作用下产生的下挠度;③ 混凝土徐变终值。

综合考虑各种因素后,挠度的计算包括:各施工阶段每一桥梁的挠度,合龙时的挠度,合龙后二期恒载作用下的挠度,以及活载作用下的挠度。

施工控制计算应分析各参数对结构内力和变形的影响,主要包括梁自身静载、预应力钢绞线的有效预应力、材料的弹性模量 E 和剪切模量 G、施工临时荷载——挂篮、混凝土的收缩与徐变变形的性能以及混凝土加载龄期等因素。

(六) 施工控制应力、应变、结构温度监测

在大桥上部结构的控制截面布置应力测点,以观测在施工过程中的应力变化与应力分布情况。然后把结果及时反馈给设计人员,和计算结果相验证,在计入误差和变量调整后由设计人员分析今后每阶段结构的实际状态。同时可以根据当前的施工阶段实际情况,预告今后施工可能出现的状态并预报下一阶段的状态,以便在不满足要求时调整。

(七) 施工可能出现的误差分析

误差分析是施工监控的难点,也是施工监控三大系统中相对最不成熟的部分,主要原因是测试数据较少而影响因素较多。例如,引起主梁高程较低的因素较多,如混凝土超方、挂篮变形较大、预应力张拉力不够、临时荷载、日照影响等等。在诸多的因素中,仅仅通过高程测量或者应变测量是很难判断出原因的。所以,为了得到更准确的分析,必须增加测点,增加测试工况和测试内容。现将连续梁桥可能碰到的误差、误差的严重程度以及解决方法分析如下。

1. 结构刚度误差

引起结构刚度误差的因素,一方面是混凝土弹性模量的改变,另一方面是截面尺寸的变化,都对刚度有所影响。对于对称悬臂施工的连续梁桥来说,如果整体刚度提高,虽然浇筑混凝土过程中主梁变形量会减少,但是,张拉预应力束过程中变形量也会减少。所以,结构刚度误差对施工控制质量的危害不大。

2. 浇筑混凝土误差

浇筑混凝土误差,即超方现象,是浇筑混凝土过程中难以克服的误差。产生的原因有两方面:一方面是浇筑混凝土时,由现场施工负责人估计顶、底板混凝土厚度而产生的误差;另一方面是由模板变形和混凝土重度变化而产生的误差。

混凝土超方对连续梁桥施工阶段的内力和线形影响较大,特别是两侧出现不平衡超方时,影响就更大。当结构悬臂伸长时,危害急剧增加。

在施工过程中,通过改进施工方法减少误差的产生是很有必要的,也是可行的。对悬臂施工的连续梁桥来说,由于两悬臂端对称荷载对结构的影响比单侧荷载要小的多,所以,施工中出现两侧不平衡荷

载时,可以考虑在轻的一侧增加重量,只要保持平衡,影响不会太大。

3. 桥面临时荷载影响

桥面临时荷载的影响类似于混凝土超方,既存在对称荷载,也存在单侧荷载。桥面临时荷载可分为两类,第一类相对固定,如卷扬机、压浆机、吊索机、施工简易房等;第二类比较随机,如桥面上堆放的钢筋、型钢、锚具等。

由于桥面荷载随机性较大,只能通过实地观察,估计桥面荷载的重量以及位置,在计算数据中加以考虑。如果能准确估计第一类荷载的重量,并且随时记录第二类荷载堆放的时间和重量,是能够在计算中消除此类误差的。由于临时荷载是随机的,如果把每一种荷载影响都作为荷载工况输入跟踪计算,并不方便。一般情况下,可先进行试算,将各种荷载影响的结果算出,作为修正值现场修正会比较方便。

当结构处于悬臂状态时,桥面临时荷载的影响效果同浇筑混凝土时的超方现象。由于它是随机的,所以较难掌握。在施工过程中,加强施工管理,除了必需的施工设备外,对于无用的设备应及时清理,并且尽可能保持桥面荷载的平衡性。在计算中要考虑临时荷载的影响,特别是在挂篮定位时要将不平衡的临时荷载影响排除。

4. 挂篮及模板定位误差

由于挂篮是一个庞大的结构物,加上挂篮本身刚度的影响,实际施工时挂篮位置很难做到与设计一致。挂篮模板定位包括外模板和内模板的定位,外模板决定了梁底高程,而内模板决定了桥面的高程。

挂篮定位是控制主梁高程最重要的也是最直接的手段,定位时只要态度认真,并且挂篮在设计上是合理的,挂篮定位误差一般都能够控制在允许范围以内。一般桥梁工地都是24h工作制,在挂篮定位时其他工序仍在进行,所以挂篮定位必须考虑温度和临时荷载的影响。

5. 挂篮变形误差

浇筑混凝土过程中,挂篮会发生变形,这包括纵向变形和横向变形,也包括弹性变形和非弹性变形。

挂篮非弹性变形对施工控制质量有较大影响,特别是后支点挂篮,由于无拉索帮助,挂篮受力较大。前支点挂篮由于拉索帮助,其纵梁的受力得到很大改善,但是对于宽桥,前支点挂篮优点不明显,其主要受力在横向,所以前支点挂篮的横向受力更为重要。

6. 温度影响

温度影响是施工控制中较难掌握的因素,这主要是因为温度始终处于变化中,而且在同一时刻,结构各部分也存在温差。所以,在结构计算中一般不把温度影响作为单独工况,而是将温度影响单独列出,作为修正。温度测量也比较困难,一般情况下,只能测气温,而气温和结构温度是有很大差别的。

温度影响产生桥梁挠度变化有两种情况:均匀温差和箱梁内外侧的相对温差。

温度变化虽然随时存在,但其对施工控制的危害主要表现在挂篮定位时,选择夜间或者早晨进行挂篮定位比较合适。温度影响变化无常,每座桥都有各自特点,所以施工控制前必须加强观测,及时掌握规律,尽可能排除温度影响。如果能掌握温度引起的挠度变化规律,则可以将挂篮定位安排在任意的时间进行,这对于加快施工进度是有好处的。

7. 预应力束张拉力误差

预应力束张拉误差一方面由张拉千斤顶的油压表读数误差引起,另一方面由各种预应力损失引起。预应力损失包括:①孔道摩擦损失;②锚固损失;③温度引起的预应力损失;④预应力钢丝松弛损失;⑤混凝土收缩徐变损失。

(八) 施工难点

(1) 温度对桥梁轴线及高程影响因素施工控制。

(2) 桥面临时荷载的影响。

(3) 浇筑混凝土误差对计算的影响。

第六节 高性能混凝土配合比设计与施工控制

一、高性能混凝土概况

高性能混凝土就是能够更好地满足结构功能和施工工艺要求的混凝土,能最大限度地延长混凝土结构使用年限,降低工程造价。它与普通混凝土相比,具有以下明显优点:①强度更高;②弹性模量更高;③耐久性好。虽然高性能混凝土已经在我国推广使用多年,但是,由于高性能混凝土的流动性大,施工控制难,因此它必须具备很好的和易性,即保水性强,黏聚性好;否则,混凝土易于发生离析,这将会给施工控制带来很大的困难,混凝土的质量也难以得到保障。为达到高性能混凝土高工作性能的要求,混凝土配合比的各种原材料选择至关重要。

高性能混凝土配合比在重庆嘉华大桥的成功使用,收到了良好的效果和社会效益,得到了业主、监理和重庆市质检站的一致好评。

二、配制高性能混凝土配合比的原材料情况

(一)细集料

通过多次对比试验,采用专用河砂配制高性能混凝土配合比时,其各种技术指标均能满足设计及相关技术规范要求,该砂的检测结果详见表3-2-10。

专用河砂各项技术指标检测结果　　表3-2-10

试验项目		试验结果	筛分析		
视密度(g/cm^3)		2.65	筛号(mm)	分计筛余(%)	累计筛余(%)
堆积密度(g/cm^3)	松散	1.60	4.75	7.2	7
	紧密		2.36	18.0	25
孔隙率(%)	松散	40	1.18	10.4	36
	紧密		0.60	14.8	50
含泥量(%)		1.0	0.30	30.4	81
有机质检验(比色法)		合格	0.15	12.4	93
含水率(%)			0.075	5.2	98
			筛底	1.6	100
			细度模数	2.7	

(二)粗集料

粗集料在混凝土中起到主要的骨架作用,因此对粗集料的选择尤为重要。通过比选,采用的碎石规格为5~10mm及5~20mm两种,按3:7的比例混合使用效果最佳。母岩强度在126~140MPa之间,该碎石的检测结果详见表3-2-11、表3-2-12。

5~10mm碎石各项技术指标检测结果　　表3-2-11

试验项目		试验结果	筛分析		
视密度(g/cm^3)		2.64	筛号(mm)	分计筛余(%)	累计筛余(%)
堆积密度(g/cm^3)	松散	1.63	31.5		
	紧密		26.5		
孔隙率(%)	松散	38	19.0		
	紧密		16.0		

续上表

试验项目		试验结果	筛分析		
含泥量(%)		0.4	9.5	52.0	52
针片状颗粒含量(%)			4.75	43.0	95
压碎指标(%)			2.36	4.8	100
最大粒径(mm)		9.5	筛底	0.2	100

5～20mm 碎石各项技术指标检测结果　　表 3-2-12

试验项目		试验结果	筛分析		
视密度(g/cm³)		2.70	筛号(mm)	分计筛余(%)	累计筛余(%)
堆积密度(g/cm³)	松散	1.65	31.5		
	紧密		26.5		
孔隙率(%)	松散	39	19.0	10.8	11
	紧密		16.0	19.6	30
含泥量(%)		0.2	9.5	48.8	79
针片状颗粒含量(%)		2	4.75	18.8	98
压碎指标(%)		8	2.36	1.5	100
最大粒径(mm)		19	筛底	0.5	100

(三) 水泥

根据设计、业主和监理的要求，为了保证工程质量，降低混凝土的总碱含量，专为大桥生产一种普通硅酸盐 52.5 级低碱水泥，其碱含量在 0.46% ～0.49% 之间，各性能指标完全能够满足工程的需要，水泥物理、力学性能指标检测结果详见表 3-2-13。

水泥物理、力学性能指标检测结果　　表 3-2-13

水泥品种		普通硅酸盐		强度等级	52.5
物理性能			力学性能		
项目		结果	龄期(d)	抗折强度(MPa)	抗压强度(MPa)
80um 筛余(%)		1.8			
凝结时间	初凝	3h24min	3	5.9	28.7
	终凝	4h44min			
安定性		合格	28	9.2	56.4
密度(g/cm³)		3.06			

(四) 混合材料

为了确保混凝土有良好的和易性，同时也有利于降低混凝土的总碱含量，在混凝土中掺入了适量的矿渣粉，从而也降低了混凝土的水化热，这对减小混凝土的收缩也起到了积极的作用。在施工中采用高性能混凝土掺和料 S95 矿渣粉，其检测结果详见表 3-2-14。

矿渣粉检测结果　　表 3-2-14

检测项目	技术条件、指标			检测结果	结论
	S105	S95	S75		
密度(g/cm³)		≮2.8		2.85	合格
比表面积(m²/kg)		≮350		426	合格

续上表

检测项目		技术条件、指标			检测结果	结论
		S105	S95	S75		
活性指数(%)	7d	≮95	≮75	≮55	76	S95
	28d	≮105	≮95	≮75	101	S95
流动度比(%)		≮85	≮90	≮95	96	S95
SO_3(%)		≯4.0			3.0	合格

(五) 膨胀剂

为了补偿混凝土在凝结硬化后的收缩,减少混凝土的表面裂纹,在混凝土中掺入了适量的 GNA－P 型膨胀剂,其性能指标检测结果详见表 3-2-15。

GNA－P 型膨胀剂检测结果 表 3-2-15

检 测 项 目			技术条件、指标	检测结果	结 论
限制膨胀率(%)	水中	7d	≥0.025	+0.029	合格
		28d	≤0.10	+0.040	合格
	空气中	21d	≥－0.020	－0.010	合格
抗压强度(MPa)	7d		≥25.0	30.2	合格
	28d		≥45.0	50.5	
抗折强度(MPa)	7d		≥4.5	5.0	合格
	28d		≥6.5	8.8	
凝结时间	初凝(min)		≥45	150	合格
	终凝(h)		≤10	3.67	合格
细度(%)	0.08mm 筛筛余		≤10	9.0	合格
	1.25mm 筛筛余		≤0.5	0.0	合格

(六) 外加剂

根据工程施工需要,以及预拌混凝土运距太远等特点,为了尽量减小混凝土在运输途中的坍落度损失,在实际施工中,选择了氨基黄酸盐缓凝高效减水剂(AJ 液体),其性能指标检测结果详见表 3-2-16。

氨基黄酸盐缓凝高效减水剂检测结果 表 3-2-16

检 测 项 目		技术条件、指标		检测结果	结 论
		一等品	合格品		
减水率(%)		≮12	≮10	24	一等品
泌水率比(%)		≯100	≯100	36	一等品
抗压强度比(%)	3d	≮125	≮120	139	一等品
	7d	≮125	≮115	140	一等品
	28d	≮120	≮110	129	一等品
凝结时间之差(min)	初凝	> +90		+185	一等品
	终凝			+205	一等品

(七) 混凝土拌和用水

由于该工程使用的是预拌混凝土,对两个预拌混凝土生产厂家的拌和用水进行了检测,检测结果详见表 3-2-17。

混凝土拌和水水质检测结果 表 3-2-17

序号	检测项目	技术条件、指标			检测结果	结论
		预应力混凝土	钢筋混凝土	素混凝土		
1	不溶物(mg/L)	<2 000	<2 000	<5 000	10	合格
2	可溶物(mg/L)	<2 000	<5 000	<10 000	286	合格
3	硫酸盐(以 SO_4^{2-} 计,mg/L)	<600	<2 700	<2 700	37.9	合格
4	氯化物(以 Cl^- 计,mg/L)	<500	<1 200	<3 500	4.1	合格
5	pH 值	>4	>4	>4	7.35	合格
6	硫化物(以 S^{2-} 计,mg/L)	<100			0.4	合格

三、混凝土用原材料碱含量、氯离子含量检测结果

通过对拟使用的各种原材料的精心选择,反复对比试验,选用原材料的碱含量、氯离子含量多次检测结果详见表 3-2-18。

材料碱含量、氯离子含量检测结果 表 3-2-18

编号	材料名称、规格	总碱含量(%)	氯离子含量(%)
1	普通水泥:52.5 级	0.46~0.49	0.01~0.03
2	矿渣粉:S95 级	0.76~0.78	0.01~0.02
3	微膨剂:GNA-P	0.32~0.41	0.01~0.03
4	高效缓凝减水剂:AJ	3.88~3.92	0.01~0.03
5	碎石:5~20mm	碱活性检测(无潜在危害)	0.001~0.005
6	河砂:中砂	碱活性检测(无潜在危害)	0.001~0.002

四、混凝土配合比设计、试配

根据上述各种材料的抽样检测结果,考虑施工现场的实际情况,在保证混凝土质量的前提下,尽量地降低工程成本,经过优化组合,反复试配,C55 高性能混凝土配合比选定如下,详见表 3-2-19。

C55 混凝土配合比 表 3-2-19

材料名称	水泥	河砂	碎石		矿渣粉	膨胀剂(GNA-P)	AJ(液体)	水
			5~10mm	5~20mm				
每立方米混凝土用量(kg)	327	770	319	744	105	25	11.425	160
质量比	1.00	2.35	0.98	2.28	0.32	0.08	0.035	0.49

五、C55 混凝土配合比碱含量及氯离子含量计算

(一) 混凝土碱含量计算

水泥碱含量:$J_{水泥} = 327 \times 0.49\% = 1.602(kg/m^3)$

矿渣粉碱含量:$J_{矿渣粉} = 105 \times 0.78\% \times 50\% = 0.410(kg/m^3)$

GNA 碱含量:$J_{GNA} = 25 \times 0.41\% = 0.102(kg/m^3)$

外加剂(AJ)的碱含量:$J_{AJ} = 11.425 \times 3.92\% = 0.448(kg/m^3)$

每立方米混凝土总碱含量：$J_{总} = J_{水泥} + J_{矿渣粉} + J_{GNA} + J_{AJ} = 2.562(kg)$

(二) 混凝土氯离子含量计算

水泥氯离子含量：$L_{水泥} = 327 \times 0.03\% = 0.098(kg/m^3)$

矿渣粉氯离子含量：$L_{矿渣粉} = 105 \times 0.02\% = 0.021(kg/m^3)$

GNA 氯离子含量：$L_{GNA} = 25 \times 0.03\% = 0.008(kg/m^3)$

外加剂(AJ)的氯离子含量：$L_{AJ} = 11.425 \times 0.03\% = 0.003(kg/m^3)$

简阳河砂氯离子含量：$L_{砂} = 770 \times 0.001\% = 0.008(kg/m^3)$

碎石氯离子含量：$L_{碎石} = 1063 \times 0.005\% = 0.053(kg/m^3)$

每立方米混凝土氯离子总含量：$L_{总} = L_{水泥} + L_{矿渣粉} + L_{GNA} + L_{AJ} + L_{砂} + L_{碎石} = 0.191(kg)$

(三) 混凝土总碱含量及氯离子总含量评定

根据上述选定的施工配合比，在碱含量及氯离子含量控制方面，均以各种材料检测的最大值作为计算依据。

通过以上实际验算可知，重庆嘉华大桥 C55 高性能混凝土配合比总碱含量为 2.562kg/m³，符合≯3.0kg/m³ 碱含量的技术要求；而氯离子总含量为 0.191kg，为水泥重量的 0.06%，因此氯离子含量未超过水泥重量的 0.2%，符合设计及规范要求。

通过多次检测，水泥的最大氯离子含量为 0.03%，完全符合水泥中氯离子含量不超过 0.06% 的相关技术规范规定。

通过对粗、细集料的碱活性检测，结果表明用于该工程的粗、细集料对混凝土无潜在危害。

六、混凝土各项物理力学性能指标检测

按选定的配合比拌和的混凝土各项物理力学性能指标检测情况见表 3-2-20。

混凝土各项物理力学性能指标检测　　表 3-2-20

混凝土性能指标	检测结果
坍落度	初始坍落度：225mm，1h 后坍落度：205mm，2h 后坍落度：185mm，3h 后坍落度：160mm
和易性	流动性好，保水性好，黏聚性强，无离析、泌水等现象
凝结时间	混凝土初凝时间约为 31h(工程施工要求为≮30h)
收缩值	以混凝土成型后 3d 为基准，在室内洒水养护，第 7d 的收缩值为 0.39×10^{-4}，第 28d 的收缩值为 1.82×10^{-4}
抗压强度	R_3:38.0MPa，R_7:48.7MPa，R_{28}:66.4MPa
弹性模量	R_7:3.71×10^4MPa，R_{28}:4.76×10^4MPa
抗渗标号	>P12

七、C55 高性能混凝土配合比的施工应用

(一) 混凝土的拌制要求

(1) 拌制高性能混凝土时，必须采用强制式搅拌机。

(2) 各种计量器具必须保持准确。

(3) 对集料的含水率应经常进行检测。

(4) 搅拌时间一般为 3min 左右，应视其搅拌机的容量而定。混凝土拌和物应拌和均匀，颜色一致，不得有离析和泌水等现象。

(5) 混凝土搅拌完毕，应在搅拌地点和浇筑地点分别测试拌和物性能，观察混凝土拌和物的黏聚性和保水性。

(6) 混凝土拌和物的温度应控制在 32℃以内，如超出此范围，应对集料、拌和水等采取降温措施。

（二）混凝土的运输

（1）混凝土的运输能力应适应混凝土凝结速度和浇注速度的需要，使混凝土的浇筑工作不间断，并使混凝土运到浇筑地点时仍保持均匀性和规定的坍落度。

（2）混凝土运至浇筑地点后发生离析、严重泌水或坍落度不符合要求时，则不得使用。

（三）混凝土的浇筑

（1）混凝土的浇注应连续进行，如因故必须间断时，其间断时间应小于前层混凝土的初凝时间或能重塑的时间。

（2）当从高处直接浇注时，其自由倾落高度不宜超过2m，以混凝土不发生离析为度。

（3）当倾落高度超过2m时，应通过串筒、溜管或振动溜管等设施下落。

（4）当倾落高度超过10m时，应设置减速装置。

（5）在串筒出料口下面，混凝土堆积高度不宜超过1m。

（6）混凝土应按一定厚度、顺序和方向分层浇筑，应在下层混凝土初凝或能重塑前浇筑完成上层混凝土。上下层同时浇筑时，上层与下层前后浇筑距离应保持1.5m以上。

（7）混凝土分层浇筑厚度详见表3-2-21。

混凝土分层浇筑厚度　　表3-2-21

捣实方法		浇筑层厚度(mm)
用插入式振动器		300
用附着式振动器		300
用表面振动器	无筋或配筋稀疏时	250
	配筋较密时	150
人工捣实	无筋或配筋稀疏时	200
	配筋较密时	150

注：表中规定可根据结构物和振动器型号等情况作适当调整

（四）混凝土的振捣成型

（1）混凝土的捣固时间与混凝土的层厚、坍落度的大小、捣固棒的功率有关，一般约为15s左右。

（2）如使用插入式振动器时，移动间距不应超过振动器作用半径的1.5倍，与侧模应保持5～10cm的距离，捣固棒应插入下一层混凝土的深度为5～10cm；每一处振动完毕后应边振动边徐徐提出振动棒；应避免振动棒碰撞模板、钢筋及其他预埋件。

（3）表面振动器的移位间距，应以使振动器平板能覆盖已振实部分100mm左右为宜。

（4）附着式振动器的布置距离，应根据构筑物形状及振动器性能等情况并通过试验确定。

（5）对每一振动部位，必须振动到混凝土密实为止。密实标志是混凝土停止下沉，不再冒出气泡，表面呈现平坦、泛浆。

八、混凝土的养护

混凝土的养护应注意以下几个方面。

（1）混凝土浇筑完毕，应及时进行防雨、防暴晒处理。

（2）待混凝土初凝后，应立即进行养护。

（3）混凝土的养护时间一般为7～10d左右（有特殊要求除外）。

（4）在养护期间，混凝土的表面应经常保持湿润状态。

九、混凝土的质量检测

通过对原材料的质量把关，对混凝土配合比的优化设计和各个施工环节的严格控制，运用该混凝土

配合比施工的嘉华大桥 C55 高性能混凝土的质量检测结果如表 3-2-22。

嘉华大桥 C55 高性能混凝土的质量检测结果　　表 3-2-22

混凝土质量指标	检测结果
外观质量	表面光洁度好,无蜂窝麻面,无肉眼可见的收缩裂纹
收缩值	所有混凝土试件收缩值检测结果均在 2.0×10^{-4} 范围以内,达到设计及相关规范要求
抗压强度	$R_{max}=74.1$MPa,$M_{min}=57.0$MPa,$R_{平均值}=66.7$MPa,$\delta=3.30$MPa,$C_v=0.05$
弹性模量	混凝土弹性模量在 4.25×10^4 ~ 4.96×10^4MPa 范围以内
抗渗标号	>P12

从上述检测结果来看,混凝土生产质量水平为“优良”,C55 高性能混凝土配合比可行性强,适应性广,各项技术指标基本上达到了相关规范要求,混凝土配合比在使用过程中完全处于可控状态。然而,从混凝土中的总碱含量来看,还是偏高了一些,虽然粗、细集料不具有碱活性,对混凝土结构无潜在危害,可不考虑碱含量;但是,出于对混凝土耐久性的考虑,还是应该把混凝土中的总碱含量降到 1.8kg/m³ 以内较为合适。所以,在今后的工作中,特别是在选材方面,应该尽量地选择碱含量较低的原材料,力争把混凝土中的总碱含量控制在 1.8kg/m³ 以内,同时还应该控制原材料中氯离子的总含量,这样更有利于混凝土的耐久性。

第三章 隧道工程

第一节 工程概况

一、引言

嘉华隧道起于主线里程K5+788，止于K7+222.5，全长1 434.5m，位于直线段上。隧道进口段为了便于与华村立交的连接，隧道中线间距由正常段的48.75m逐渐过渡为28.75m，渐变段长为190m；隧道出口段为了便于与黄沙溪立交相接，左右线线间距由48.75m渐变至21.25m，渐变段长为254m。

隧道纵坡为3%，进口高程222m，出口高程262m，进出口高差40m。

隧道的内轮廓采用五心圆断面。

普通段隧道结构衬砌为复合式衬砌（见表3-3-1）。初期支护采用喷锚支护，二次衬砌采用模筑混凝土，二次衬砌与支护间设防水层。

普通段隧道复合式衬砌的设计参数表　　表3-3-1

围岩级别	初期支护							二次衬砌厚度（mm）	
	喷射混凝土厚度（cm）		中空锚杆（m）			钢筋网（mm）	钢架	拱、墙混凝土	仰拱混凝土
	拱部、边墙	仰拱	位置	长度	间距				
Ⅲ	12		拱墙	3.5	1.2×1.2	局部设置		450	
Ⅳ	22		拱墙	3.5	1.0×1.0	拱、墙 20×20	拱墙	500、钢筋混凝土	500、钢筋混凝土
Ⅴ	26		拱墙	4.0	0.8×0.8	拱、墙 20×20	拱墙	750、钢筋混凝土	750、钢筋混凝土

隧道出口加宽段为特大跨度隧道，隧道最大开挖宽度达21.1m，最大开挖高度达13.2m（含仰拱），最大开挖面积为229.4m^2（含仰拱）。加宽段单洞四车道超大断面结构复合式衬砌设计（见表3-3-2）为喷射钢纤维混凝土。

加宽段隧道复合式衬砌的设计参数　　表3-3-2

衬砌断面	初期支护							二次衬砌厚度（mm）	
	喷射混凝土厚度（cm）		中空锚杆（m）			钢筋网（mm）	钢架	拱、墙混凝土	仰拱混凝土
	拱部边墙	仰拱	位置	长度	间距				
Ⅲ级（加宽A断面）	15		拱墙	3.5,4.0	1.2×1.2，1.0×1.0	局拱、墙 20×20		450、钢筋混凝土	450、钢筋混凝土
Ⅲ级（加宽B断面）	26		拱墙	3.5,5.0	0.8×0.8，1.0×1.0	拱、墙 20×20	拱墙	550、钢筋混凝土	500、钢筋混凝土
Ⅲ级（加宽C断面）	26		拱墙	3.5,5.0	0.8×0.8，1.0×1.0	拱、墙 20×20	拱墙	600、钢筋混凝土	600、钢筋混凝土
Ⅳ级（加宽C断面）	26		拱墙	3.5,5.5	0.8×0.8	拱、墙 20×20	拱墙	700、钢筋混凝土	700、钢筋混凝土
Ⅳ级（加宽D断面）	30		拱墙	5.0,6.0	0.8×0.8	拱、墙 20×20	拱墙	750、钢筋混凝土	750、钢筋混凝土

路面设计:隧道内路面采用复合式路面,面层为16cm厚沥青混凝土,基层采用24cm厚C35混凝土(抗折强度5.0MPa以上)。在非仰拱区段,路面基层下设置15cm厚C25素混凝土垫层兼作找平层。仰拱路段路面基层采用C15混凝土回填。

二、工程地质

1. 进洞口地质情况

隧道进洞口及洞口仰坡段为一斜坡,地面高程为238~256m,斜坡坡角20°~25°。上覆崩坡积土由两洞中线到左侧厚度2.5~12.5m,成分以亚黏土为主,含砂岩块碎石,强风化后的砂岩块碎石岩芯呈散砂状。水文地质条件简单,地下水不发育。

下伏基岩为侏罗纪中统上沙溪庙组砂质泥岩夹薄层砂岩,呈薄~中厚层状。基岩完整度较差。

2. 出洞口地质情况

出口段上覆盖人工填筑土层和薄层亚黏土,厚度为2.1~3.2m,下伏基岩为侏罗纪中统上沙溪庙组砂岩夹薄层砂质泥岩,中厚~厚层状,岩层倾角平缓,地质构造变动小,围岩受地质构造影响程度轻微,岩体较完整,调查表明洞口位置岩体裂隙发育,地下水贫乏。洞顶以上岩层厚度约为2~3倍洞跨,围岩为砂岩,围岩分级为Ⅳ级,成洞条件好。

出洞段工程地质条件简单,岩体结构完整,山体稳定,线路走向与地形等高线近于正交,无偏压;洞口仰坡为基本稳定型边坡。

3. 隧道洞身工程地质

隧道穿越嘉华,该山体为单斜山,地表平缓,无偏压,地质构造单一,地层岩性连续。构造上属于化龙桥向斜的东翼,岩层呈单斜产出,倾向250°~264°,倾角9°~11°。岩层倾角平缓,裂隙不发育,岩体完整,属于简单构造区。地下水以脉状或网状形式的基岩裂隙水存储于厚层砂岩中,砂质泥岩相对隔水。

隧道里程K5+858~K6+650围岩岩性以砂质泥岩为主,夹厚度不一的砂岩透镜体,砂质泥岩单轴饱和抗压强度较低,为软质岩。岩体完整,顶板岩层厚度为41~107m,围岩以Ⅳ级围岩为主,裂隙不发育,属于不透水至微透水层。按照隧道地质勘测设计图,隧道里程K6+650~K6+960围岩岩性以砂质泥岩为主,顶部部分围岩为砂岩,砂质泥岩单轴饱和抗压强度较低,为软质岩;砂岩单轴饱和抗压强度为21.3MPa左右,为较软质岩。岩体完整,顶板岩层厚度为67~91m,围岩以Ⅳ级围岩为主,裂隙不发育,属微透水层。

隧道里程K6+900~K7+191.5围岩岩性以砂岩为主,单轴饱和抗压强度为低,为较软质岩;砂质泥岩岩体完整。顶板岩层厚度为69~29m,围岩以Ⅲ级围岩为主,裂隙不发育,属微透水至中等透水层。

沿线露出地层主要为侏罗纪中统上沙溪庙组上段沉积岩和第四系全新统松散土。沿线表层主要为第四系残坡积亚黏土和因人类活动堆填的人工填土,厚约0~12.5m;下伏基岩为侏罗纪中统沙溪庙组上段陆相沉积岩层,主要为砂岩和砂质泥岩,相变现象发育,多呈透镜体状产出。根据岩土特性可以划分为人工填土、亚黏土、砂岩和砂质泥岩。

隧道位于化龙桥向斜东翼并靠近向斜轴部,隧道走向与向斜走向大体相同,沿线无区域性断层通过,岩层中构造裂隙不发育。岩层走向北北东~南南西,倾角一般为8°~11°。地应力条件简单,应力水平极低。

嘉华隧道通过地区为长江与嘉陵江间坪状分水岭,地表水系不发达,地表市政排水设施完备,地表水补给量小,地下水贫乏。水文地质条件简单,地下水可分为松散层空隙水和基岩裂隙水,由大气降水补给。

三、地面建筑

根据设计资料,隧道穿越地段为城市繁华地区,地表建筑主要为3~18层民用建筑,对拟建隧道无影响,在建的时尚园3号楼位于主线里程K6+950右洞正上方,楼高90m,楼层29/-1F,地坪高程311.00m,采用桩基,桩底高程295.00m,是目前隧道通过地区楼层最高、基础埋置最深的建筑。拟建隧道K6+950洞底高程253.5m,按洞高7m计算,洞顶高260.5m,考虑洞顶超挖2m,距桩底32.5m。业主委托中煤国际工程集团重庆设计研究院对时尚园小区3号楼与规划隧道洞室地基稳定性作了专门论证,报告结论:隧道施工后,上部建筑和隧道之间的相互影响非常小,从基础下沉量、基础倾斜度、岩体塑性屈服区看,上部建筑和隧道均是稳定的,满足工程要求。嘉华隧道地面重要建筑及其范围内地下室情况见表3-3-3、表3-3-4所示。

嘉华隧道地面重要建筑一览表 表3-3-3

建筑编号	建筑位置	建筑层数	地面高程	基础形式	隧道顶板厚度(m)	备注
1	K6+200左洞正上方	19/-1	329.5	桩基	85	地下室按4m考虑
2	K6+650右洞正上方	30/-2	340	桩基	87	地下室按8m考虑
3	K6+950右洞正上方	29/-2	311	桩基	57	

嘉华隧道段范围内地下室一览表 表3-3-4

序号	建筑名称	里程	顶板高程(m)	底板高程(m)	高度(m)	宽度(m)	洞室与隧道的关系	
							深度(m)	平面关系
1	拟建I匝道	K5+487~K5+856	239.59	232.59	7	9	2.3	正交
2	拟建J匝道	K5+867.3~K5+867	238.67	231.67	7	9	0.9	正交
3	轻轨嘉华隧道	K6+200~K6+245	304.38	294.58	9.8	20	54	斜交
4	襄渝铁路隧道	K6+295~K6+303	213.5	206.1	7.4	6.1	37	斜交
5	人防洞室	K7+740~K6+760	328	325	3	2.4	78	斜交

轻轨嘉华隧道与本隧道在平面上斜交于K6+200~K6+245,该轻轨隧道采用新奥法施工,二次衬砌为钢筋混凝土,洞宽20.0m,洞高9.8m,距本隧道顶约54m,对本工程无影响。

襄渝铁路与本隧道在平面上斜交于K6+295~K6+303,洞跨6.1~6.2m,洞高7.4m,洞顶高程213.85~213.87m,距本隧道底约37m。该隧道投入运营数十年,现状稳定,根据重庆地区经验,本隧道的建设不会影响铁路隧道的稳定性。

另外,右洞K6+740~K6+760上方有防空洞室横穿,高程325~328m,距本隧道顶约78m,对本工程无影响。

第二节 施工布置

一、隧道施工安排总体布置

(一)工期计划安排

根据工程实际具体情况,隧道从进口和出口两端同时掘进。预计进口端完成1 000m,从2005年6月开始进行施工,7月底完成洞门开挖,9月份可开始正洞施工,出口端施做427m。考虑到施工场区具体情况,预计2006年3月开始施工,实际施工工期有21个月。要完成该隧道施工,掘进必须在2006年12月完成,双洞同时掘进,进口端每洞每月必须各完成90m,才能完成施工任务。实际施工过程中,由于出口端拆迁问题,隧道最后于2006年12月由进口端直接贯通出口。

1. 工期目标

开工日期:2005年6月1日

计划完工日期:2007年6月18日

计划工期:748d

2. 总体工期安排

(1) 第一阶段为施工准备:2004 年 12 月 21 日~2005 年 9 月 30 日,共 273d,主要完成施工临时设施、洞门土石方开挖、洞口防护工程等。

(2) 第二阶段为主体施工阶段:2005 年 10 月 1 日~2007 年 6 月 18 日,计划工期 656d,主要完成隧道正洞内的全部工程。

(二) 施工组织机构

1. 组织机构

本着保工期、保质量、保安全的原则,同时便于内、外协调,中铁八局一公司组织强有力的施工队伍和项目管理机构,成立重庆嘉华大桥工程指挥部。组建两个嘉华隧道项目经理部,项目经理部下设工程科技部、物资设备部、安全管理部、计划财务部、综合部等部室。

项目经理部下设 6 个施工作业班组,各作业班组配以相应的作业人员,以保证各个独立工作面全天候作业。施工中各工作面搞好协调,减少相互干扰,提高施工进度,特别抓好隧道掘进关键工序。派遣有计算机网络管理经验的人员参与本工程的管理,以保证工程进度和质量。

各班组之间既独立又分工并相互协作,统一接受项目经理部的管理和协调。施工队伍主要由我方经验丰富的人员组成。整个隧道实行项目经理部→作业队→工班的管理模式。

2. 施工组织机构框图(图 3-3-1)

(1) 项目经理部职责划分

在项目经理部机构中设置工程技术部、安全质量管理部、物资设备部、计划及综合等部室。项目经理是施工企业法人代表在该项目上的全权委托代理人,是施工项目全过程中所有工作的总负责人。下分设职能管理部门和作业班组,由项目副经理、总工程师直接负责管理,各作业班组内配备一定施工经验的管理人员负责,整个工程施工过程中的安全质量工作由安全质量管理部派专业工程师监控。

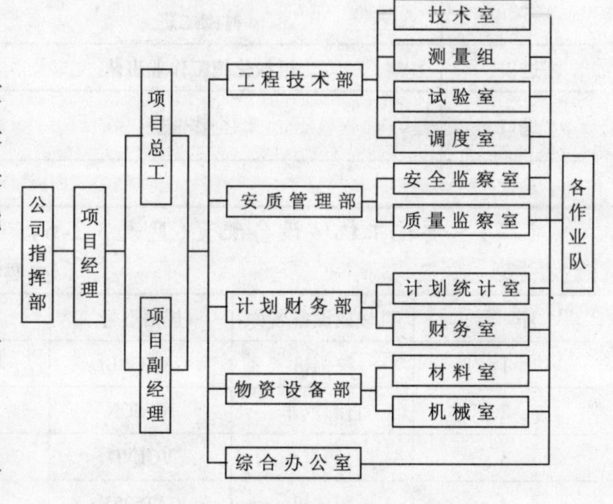

图 3-3-1　施工组织机构框图

(2) 指挥部职责划分

嘉华大桥工程指挥部下设工程部、物资设备部、财务部、综合部 4 部。

指挥部属于中铁八局集团一公司的派出机构,受业主和本单位的双重领导,在工程进度、工程技术、工程质量、施工安全等方面受业主的领导,在行政方面属于本集团公司领导。在施工过程中,本集团公司将在人力、物力、财力、技术方面给以保证。在施工过程中该项目发生困难,集团公司将全力以赴,尽快予以解决,中铁八局集团有限公司始终是该工程指挥部的坚强后盾。

二、劳动力及主要机械设备配置

(一) 劳动力配置

隧道工程作业工序复杂,各工序相互制约,特别是掘进工序,将直接影响后面所有工序的进行,现场必须抓好掘进,在保证安全前提下,确保在计划的循环时间内完成。各工作面相互协调、配合,才能保证工期目标实现。我们拟安排 4 个施工队施工,其各施工队施工任务划分如下:

1. 掘进作业队

掘进一班:负责左洞进口的开挖、检底、初期支护等工作。

掘进二班:负责右洞进洞的开挖、检底、初期支护等工作。

2. 衬砌作业队

衬砌一班:负责左洞进口的仰拱、安设防水板、钢筋绑扎、衬砌、水沟、路面等全部混凝土浇筑工作。

衬砌二班:负责右洞进口的仰拱、安设防水板、钢筋绑扎、衬砌、水沟、路面等全部混凝土浇筑工作。

3. 机械化作业班

主要负责本工程隧道弃渣的装车、转运、运输。

4. 综合作业班

负责本工程机械(除运输、挖装机械外)的操作、工字钢拱架制作及钢筋加工、隧道通风、水、电路的安设、维修、设备的维修保养、管理等工作。

各施工队在项目经理部的统一指挥下,合理安排,周密布置,密切配合,相互协调,完成规定的工作任务。

根据施工情况、施工进度和工程量确定作业队的劳动力配置,各施工作业队之间既有分工又相互协调,施工高峰期间两项目经理部约710余名生产工人投入施工生产。人员配备如表3-3-5所示。

人员配备表 表3-3-5

位置	队伍名称	人数(人)	主要工作项目
进口	掘进一班	150	炮工60人、支护40人
	掘进二班	150	炮工60人、支护40人
进口	衬砌一班	120	安设防水板30人、衬砌40人,其他20人
	衬砌二班	120	安设防水板30人、衬砌40人,其他20人
进口	机械化施工作业班队	80	汽车15台、装载机3台、挖掘机2台
进口	综合作业班	90	电工班20人、管道班20人、钢筋班30人、机械班20人
总计		710	

(二)主要施工机械设备配置(见表3-3-6)

主要机械设备表 表3-3-6

序号	机械或设备名称	规格型号	数量	制造年月	额定功率(kW)	备注
1	挖掘机	CAT330BL	4	1998.10	166	
2	自卸汽车	NISSON	30	1999.2	250	
3	自卸汽车	VOLVO	10	2002.10	250	
4	装载机	CAT638F	4	2002.3	114	
5	推土机	TY220	2	2001.9	163	
6	液压夯实机	HS2200	2	2002.11		
7	平地机	PY180	1	1999.7	420	
8	压路机	SD-175P	1	2001.2	151	
9	空压机	XP750E	10	2002.5	160	
10	风钻	7655	100	2003.5		
11	起重机	QY32	2	2000.11	180	
12	混凝土搅拌站	YHZS-75	2	2002.7	110	
13	钢筋切断机	GQ40	10			
14	钢筋弯曲机	GW40	10			
15	混凝土振动器	插入式	20			
16	混凝土振动器	平板式	2			
17	发电机	WD615-13	1	2000.11	130	

续上表

序　号	机械或设备名称	规格型号	数　量	制造年月	额定功率(kW)	备　注
18	电焊机		20			
19	混凝土输送泵	HBT60	2	2001.5		
20	混凝土泵车	BRF36.09	2	2002.4	232	
21	地下金属管线探测仪	BA-6	3	2002.3		
22	液压注浆泵	KBY-30/120	2	2001.5	11	
23	砂浆搅拌机		6			
24	电动卷扬机	MJ8	4	2001.2	88	
25	模筑台车	12.6m	4			
26	轴流式通风机	2×35kW	4			
27	汤姆洛克全电脑钻孔台车		1			
28	喷浆机		8			

第三节　临　时　工　程

一、施工场地总平面布置

施工场地安排:生活房、办公房采用租住拆迁范围内的民房,隧道施工期间生产、生活用房设在不进行拆迁的线路左侧六十二中学教学楼、教师住宿楼和线路右侧兽医站内,其他的临时设施均设在施工范围内或外。布置见图3-3-2。

施工现场打围,围栏采用1.8m高彩钢板,并设置安全标志和警示标志。工地大门采用防锈铁花大门,做到美观、大方,在大门明显位置设置统一规范的"五牌一图"。

做好场地硬化处理,配备冲洗轮胎器具,对驶出车辆进行清洁,特别是隧道运输车辆,且所有运渣车辆必须加盖封闭。

二、生活、施工用水

项目经理部采用自来水公司的水作生活用水;生产用水源取自1km外嘉陵江中,在江中设置可浮动抽水平台泵站,采用高扬程抽水机,一次性抽水到洞顶水池,保证施工用水。因地制宜,利用比嘉华隧道进口顶高84m的原废弃防空洞的结构空间,通过在洞内修建有进出水口的墙体和进行防渗漏处理,将防空洞改建为洞顶高压水池。高压水池进水管采用ϕ100mm的钢管,出水管采用ϕ159mm的钢管,随隧道施工延伸。

三、施　工　用　电

在隧道进口右线的右侧修建变电房,将10kV高压电送至隧道口100m以内。根据现场预计施工用电的峰值,安装5台630kVA变压器以接入地方电源,自备500kW柴油发电机作为备用电源应急使用,变压器及配套低压配电屏,供隧道施工、通风、照明等使用。变压后就近接施工电源和自备发电机相结合供电,以免停电造成损失。进口左右线洞内施工工作面后方各设一台400kVA变压器随工作面延伸,按420m交替设置。供隧道内混凝土输送泵及全电脑台车施工用电。

出口安装3台630kVA变压器以接入地方电源,自备200kW柴油发电机作为备用电源应急使用,变压器及配套低压配电屏,供隧道施工、通风、照明等使用。

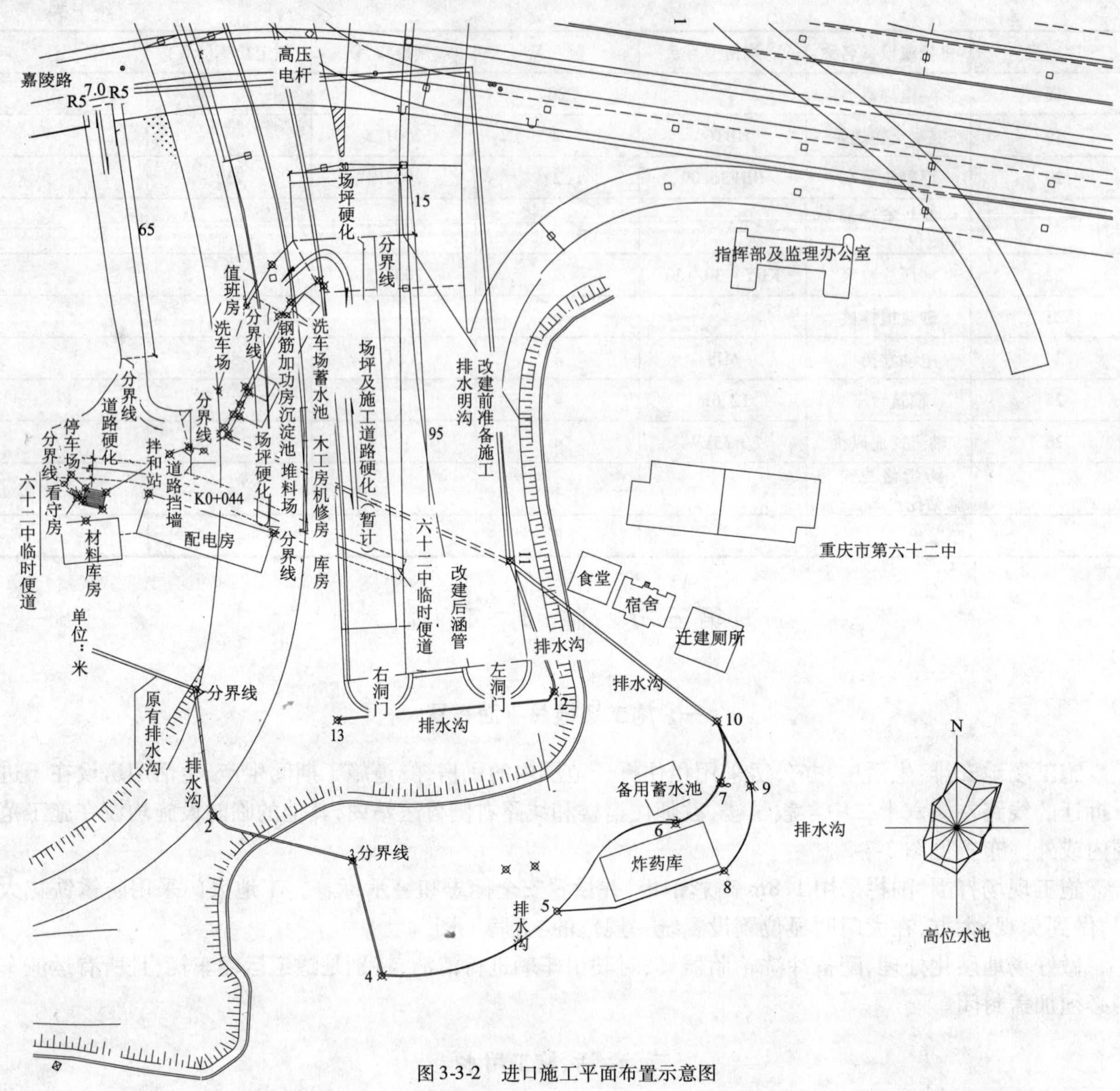

图 3-3-2　进口施工平面布置示意图

四、施 工 通 信

采用有线和无线通信相结合，项目经理部安装 2 部以上长途程控电话，以保证与建设单位、监理及其他工程单位所需的联络，现场指挥人员、测量人员配备对讲机（对讲机频率报当地公安部门批准后使用），两隧道靠掌子面一定位置各安装一台移动式有线电话，与洞口值班室和项目经理部相连，以满足施工需要。

五、施 工 便 道

在华村立交桥施工以前，隧道施工便道采用原兽医站的道路直接进入场，便道长 150m，宽 6m。对便道进行加宽，修整；外侧设浆砌排水沟，接入当地排水系统；局部硬化后经过洗车场进入现场，便道安排专人养护。后期施工再另行设置便道。

六、临 时 房 屋

1. 空压机房

在隧道进口右侧，往九坑子方向与隧道右线之间，设置空压机房。空压机房面积为 6.6m × 15m，配

备有8台空压机停放、修理、维修保养位置。

2. 钢筋加工房、木工房

在隧道进口右侧，紧接空压机房，往嘉陵江方向设置钢筋加工房。钢筋加工房面积6.6m×20m，作为隧道支护、衬砌钢材堆放、预制和加工的场地。和钢筋加工房连为一体的是木工房，面积约6.6m×8m，作为隧道施工木材堆放和加工的场地。

3. 材料库房

线路右侧新建库房，作为材料库房，面积约6.6m×25m。

4. 工地实验室

材料库房旁的房间作为工地实验室，面积约6.6m×8m。

5. 食堂

将线路左侧未拆迁的六十二中房屋改建为食堂，面积约10m×15m。

七、喷射混凝土搅拌站

本工程在嘉陵江南岸，属于市区施工，为了减少污染，隧道衬砌混凝土全部采用商品混凝土，公司派专业实验人员到商品混凝土厂家，对商品混凝土的质量进行检查和监督，保证商品混凝土的质量，坚决杜绝不合格的商品混凝土进场。现场设置喷射混凝土搅拌站，面积5m×13m，拌和能力为$25m^3/h$，其实际生产能力按60%计算为$15m^3/h$，每天按12h工作时间计算为$180m^3/d$，可以满足施工混凝土的用量要求。现场设专职的实验员，对喷射混凝土的施工进行检查和监督。拌和站内场地进行硬化处理后，用于砂、碎石堆放。

八、材 料 场

(1) 在华村立交未施工匝道路基上设置一个约1 500m^2的材料场，主要用于储存钢材、木材。

(2) 设置水泥库一间，砖墙结构、石棉瓦屋盖形式，地面设30cm的架空层，防止水泥受潮，面积6.6m×15m。

(3) 设置地下柴油和汽油库各一个，占地100m^2，采用砂埋油罐的形式，四周设围栏，并与其他材料库距离50m左右。

(4) 设置配件及其他材料仓库一间，砖瓦结构形式，面积约120m^2。

九、雷管和炸药库

在隧道左侧距洞口80m处设雷管和炸药库各一个，约400m^2，库内设看守房。看守房、雷管库、炸药库成三角形布置。

十、浴室、厕所

在职工宿舍旁修建浴室、厕所，面积约200m^2。

第四节 隧 道 施 工

一、嘉华隧道掘进安全控制

(一) 嘉华隧道施工特点

嘉华隧道为城市公路隧道，跨度大，且穿越地段为城市繁华地区，地表人口密集，地表建筑主要为3~18层民用建筑，施工不当会对其产生一定影响。

轻轨嘉华隧道与本隧道在平面上斜交于K6+200~K6+245，该隧道采用新奥法施工，二次衬砌为钢筋混凝土，洞宽20.00m，洞高9.8m，距本隧道顶约54m。

襄渝铁路与本隧道在平面斜交于K6+295～K6+303，洞宽6.1～6.2m，洞高7.4m，洞顶高程213.85～213.87m，距本隧道底约37m。另外，右洞K6+740～K6+760上方有防空洞横穿，距本隧道顶约78m。

该隧道安全控制重点是：开挖方式的选择、洞口滑坡段施工、穿越轻轨及铁路隧道施工、洞内环境的控制。

（二）隧道施工环境条件

隧道岩石为砂质泥岩，地下水较少，施工中粉尘浓度大，洞内温度高，施工场地狭小，各种危害因素较多，是一个人—机—环境相结合的综合复杂体。若施工方式不当会对周围建筑及居民带来严重影响，作业人员的安全将受到较大的威胁。另外，在穿越轻轨隧道和铁路隧道过程中，必须保证其安全运营。

（三）隧道安全性分析

公路隧道施工有其自身的特点：隧洞围岩稳定性的不确定，隐蔽性大；施工机械化程度较低；施工环境恶劣，作业风险性大；职工素质较低。

嘉华隧道施工安全目标是：杜绝职工因工死亡事故的发生；重伤率控制在0.6‰以下，轻伤率控制在5‰以下；杜绝因管理不善而造成的机械设备、交通运输、爆炸、火灾、中毒等重大事故的发生。

隧道施工由开挖爆破、支护、衬砌、出渣与洞内运输、通风、供水、供电、供气（高压风）、排水等几大系统组成，各个子系统在表面上看似相互独立，但在实际施工过程中却是相互影响、相互联系，共同制约着隧道施工安全状况。在国际及国内已统计的隧道安全事故中，发生在掘进过程中的占50%，运输过程占25%，其他占25%，可见掘进过程中安全事故占有相当大的比例，因此应控制好开挖施工安全。本隧道施工安全注意以下几个方面：

（1）项目经理部安全管理体系、制度是否完善；

（2）是否对恶劣环境采取了有效的措施；

（3）是否对围岩的稳定性有足够的判断；

（4）施工方法是否符合围岩的状况；

（5）初期支护是否及时稳定。

（四）嘉华隧道施工安全管理

1. 建立健全完整的安全保证体系

坚持以人为本，强化项目安全管理，项目经理部通过确定安全目标，对现场作业人员进行安全培训，分析掘进工艺流程危险源，制定相应的安全措施、操作规程，实施后进行安全检查、验收等一系列体系，做到了管理上各环节无纰漏，减少由于管理不善造成的安全事故。

2. 建立安全包保责任制

隧道建立了以项目经理为组长，项目副经理、项目总工程师为为副组长，安技员、劳资员、材料员、领工员、班组长等为组员的安全管理小组，通过安全管理小组将项目经理部安全管理的有关规定、精神落实到各个民工班组，并将安全责任分包到民工班组长，安全小组对其监督落实，实现责任明确、分工到位。

3. 建立各种安全岗位责任

在具体的实施过程中，项目经理部建立了电工组安全生产责任制，掘进组安全生产责任制，支护组安全生产责任制，运输组安全生产责任制。通过建立各种安全岗位责任制，使操作人员提高自身的安全意识，将生产中的各个安全环节做到心中有数，明确自身的安全责任。

4. 认真作好各工序、各工种的安全技术交底

安全贯穿在隧道整个施工过程，在项目总工的带领下，认真细化分部、分项工程，并将各工序安全技术交底分发到民工班组，在掘进施工过程中进行了爆破施工安全技术交底，材料施工安全技术交底，电焊安全技术交底，支护施工安全技术交底，运输安全交底，高空作业技术交底等安全技术措施，将危险源

进一步细化,实行各个细节在意识上的高度重视。

（五）开挖爆破作业及出渣运输安全控制

1. 开挖方法

设计方案中根据不同围岩级别及断面大小采用了不同的开挖方式,包括单侧壁导坑法、双侧壁导坑法、CRD 法、台阶法等。我们在实际施工过程中,始终把对围岩的判定作为开挖方式的主要依据。左洞洞口为Ⅴ级围岩,含有大量泥土,围岩极不稳定,经过项目经理部研究决定,采用预留核心土开挖、超前大管棚、工字钢及时支护方案,循环进尺 1.2m,确保了进洞的安全。Ⅲ级围岩、Ⅳ级围岩衬砌地段采用上下台阶法,微震光面爆破开挖。

2. 超前地质预报

嘉华隧道超前地质预报采用 TGP 系统,TGP 系统是利用地震波反射回波方法测量的原理,根据波形、岩性参数来确定前方地质状况的一种探测方法。利用振动爆破测出的结果可以很好地探测前方岩性和不良地质状况,以此来确定开挖方法及爆破设计。

3. 洞内爆破安全控制

为了有效控制隧道开挖时的超欠挖和达到预期循环进尺,分部开挖、台阶开挖以及全断面开挖需有完整详细的钻爆设计,掘进施工采用光面爆破技术,进行严格周密的爆破设计和施工,力争开挖轮廓线符合设计要求,减少围岩个别点应力集中现象,提高围岩的自稳能力。本节对爆破设计不作过多叙述,下面就爆破中安全注意事项作简要说明。

(1) 施工中钻爆设计图(图 3-3-3)

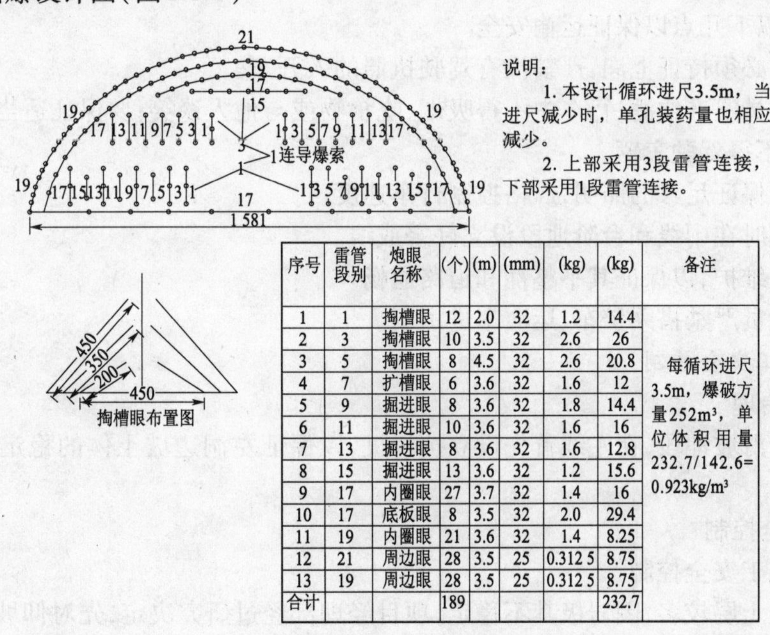

序号	雷管段别	炮眼名称	(个)	(m)	(mm)	(kg)	(kg)	备注
1	1	掏槽眼	12	2.0	32	1.2	14.4	每循环进尺3.5m,爆破方量252m³,单位体积用量232.7/142.6=0.923kg/m³
2	3	掏槽眼	10	3.5	32	2.6	26	
3	5	掏槽眼	8	4.5	32	2.6	20.8	
4	7	扩槽眼	6	3.6	32	1.6	12	
5	9	掘进眼	8	3.6	32	1.8	14.4	
6	11	掘进眼	10	3.6	32	1.6	16	
7	13	掘进眼	8	3.6	32	1.6	12.8	
8	15	掘进眼	13	3.6	32	1.2	15.6	
9	17	内圈眼	27	3.7	32	1.4	16	
10	17	底板眼	8	3.5	32	2.0	29.4	
11	19	内圈眼	21	3.6	32	1.4	8.25	
12	21	周边眼	28	3.5	25	0.312 5	8.75	
13	19	周边眼	28	3.5	25	0.312 5	8.75	
合计			189				232.7	

图 3-3-3　Ⅳ级围岩上台阶法炮眼布置图

隧道开挖断面大,即使采用上下台阶法开挖上半断面也达到 $80m^2$,洞内工作空间相对较大,具备采用“V 形”掏槽作业空间。“V 形”掏槽可以增大爆破时的临空面,减少爆破振动产生的不良影响。

(2) 飞石控制

“V 形”掏槽飞石距离大,必须将设备、仪器拆到爆破飞石范围外,产生的飞石最远距离由下式估算:

$$L = 20K_A n^2 W \tag{3-3-1}$$

式中:K_A——与地形、地质、气候等条件有关的系数,取 $K_A = 1.5$;

W——最小抵抗线值,取 $W = 1.2m$;

n——爆破作用指数,均取 $n = 1$。

则：飞石距离 $L=36\text{m}$。

因此爆破飞石一般控制在36m以内，即所有设备、人员必须撤离在距爆炸点36m范围外。

（3）爆破冲击波分析

隧道采用了分段起爆方式，洞内空间大，且爆炸能量基本消耗在岩体内部，不会产生太大的冲击波危害。隧道内爆破冲击波影响很小，不需做具体分析计算。

4．爆破振动监测

爆破振动波是钻爆法施工过程中不可避免的，振动过大会对地表即隧道内造成一定危害，需要对爆破振动进行全面监测。本次监测项目与重庆大学合作，采用891－II加速度传感器，通过地振波监测达到以下具体目的。

（1）确定隧道洞口爆破施工作业的最佳装药量及最佳循环进尺。

（2）对隧道洞口周围敏感建筑物进行布点监测，确保建筑物安全。

（3）对隧道洞口边坡进行布点监测，确保边坡稳定。

（4）对轻轨隧道及铁路隧道实施动态监测，以保证其运营安全。

（5）根据建筑物和边坡的抗振级别，设定最大振动速度，不允许爆破振动波引起的振动速度超过限值。对于具体保护目标，根据结构设计的合理监测点，使监测数据能够准确反应被监测目标的真实振动情况。

5．出渣运输

出渣运输是安全控制的一个薄弱环节，嘉华隧道采用无轨运输，对车辆性能、驾驶人员素质要求较高，施工中主要重视以下几点以保证运输安全。

（1）汽车驾驶员必须持证上岗，严禁没有驾驶执照的人开车。

（2）出车前驾驶员不准饮酒；行车中不得吸烟、吃食物或与他人谈笑；要保证适当的休息；身体有病或精神负担过大时，不得驾驶车辆。

（3）隧道内必须保证足够的照明，严格控制行车速度。

（4）下台阶开挖时在中线和台阶地段设立好警戒线。

（5）路面派专人维护，以保证其平整性和道路通畅。

（6）施工作业人员严禁搭乘铲车、运渣车进出洞。

（六）洞口段施工安全控制

1．洞口段滑坡治理

进洞口段处于大滑坡地段，在左线首先设立抗滑桩，以保证左洞边坡土体的稳定，为进洞提供良好的准备工作。

2．进洞施工安全控制

（1）洞口仰坡施工安全控制

隧道进洞口松散土层较多，围岩极其不稳定，项目经理部经过研究决定，先对仰坡进行稳定性处理。按照设计的坡度削坡，严禁削坡坡度过大，削坡后立即进行喷锚支护，防止雨水对削坡体造成危害。喷射支护采用 $\phi25$ 钢筋锚杆3.5m，网片采用 $\phi8$ 钢筋，间距10cm，喷射20cm厚素混凝土。

（2）洞口大管棚超前支护

边坡处理后采用大管棚进行超前预制支护（图3-3-4），使用 $\phi108\text{mm}\times6$ 无缝钢管，管棚长度12m，外插角3.5°。制备的纯水泥浆液的灰水比为1∶0.5～1∶1，水泥浆与水玻璃配比为1∶0.6，注浆压力按照设计要求为0.5～1.0MPa。

管棚注浆完毕后，距洞口1.5m处开始架立工字钢，间距0.5m，连接钢筋采用 $\phi25$，环向间距0.5m，并将管棚短部焊接在工字钢上，以确保拱架的稳定性，钢拱架喷射20cm混凝土形成整体。

（3）机械开挖

洞口上台阶不适合全断面开挖，施工中采用预留核心土开挖法。钢拱架喷射完毕后，用破碎锤开挖拱圈，开挖宽度0.5m，预留核心土；轮廓开挖后进行工字钢安设，对不稳定的掌子面须喷射混凝土封闭；工字钢安设严格控制间距，并及时喷射混凝土，喷射完毕后再进行核心土的开挖，进入下一个循环。

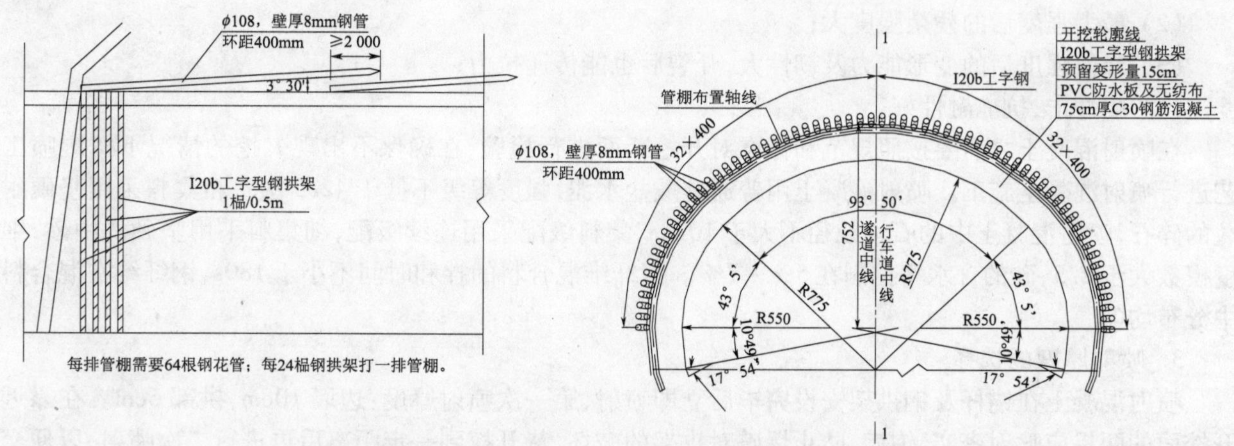

图3-3-4　嘉华隧道进口段管棚构造图(尺寸单位：mm)

嘉华隧道进洞耗时32d，之后进行爆破作业。进洞期间未发生一起人为引起的安全事故，很好地控制了软弱围岩段施工安全。

(4) 出口段高边坡施工安全控制

先施作高边坡，再单向开挖贯通，施工过程严格进行边坡监测。

(七) 穿越轻轨隧道及铁路隧道施工安全控制

1. 超前地质预报

隧道在接近运营隧道前50m即要做好地质超前预报，准确了解前方地质情况，以便采取相应的支护措施。2006年2月10日，对隧道左线做出的下穿轻轨隧道的超前地质预报结果显示，前方围岩状况良好，无断层、溶洞等不良地质现象，初期支护参数不作调整。

2. 爆破振动控制

确定围岩状况后，即可确定相应的开挖方法，施工中仍然采用上下台阶法。在掘进到设计交线里程前20m时，由原来的循环进尺3.2m减为2.5m，以减少单段装药量，减轻爆破振动对轻轨隧道带来的不良影响。项目经理部委托重庆大学在轻轨内测定施工时的爆破振动速度，以此来判断爆破是否对轻轨造成危害。在已测出数据中，单段最大装药量32.2kg时，爆破振动速度2.5cm/s，远远低于现行规范所要求的结构物抗振速度。

3. 及时进行初期支护

开挖完成后立即进行初期支护，并全断面喷射混凝土，杜绝只顾进度不顾安全的现象。在上半断面拱架、拱脚处增设两根锁脚锚杆，下台阶开挖时，边墙换拱脚长度不超过2m。穿越轻轨隧道和襄渝铁路共耗时48d，由于采取了控制爆破，初期支护跟进及时，施工过程中未对两隧道造成破坏，洞内也未发生一起安全质量事故，其经验值得类似隧道施工安全控制借鉴。

(八) 初期支护安全控制

1. 初期支护参数选择

设计在锚杆选择上，经过对比计算，采用φ25超前锚杆，长4m，搭接1m。系统锚杆采用中空式砂浆锚杆，长3.5m，@1 000mm×1 000mm梅花型布置，锚固段长度及垫板安设必须符合规范要求。工字钢根据不同岩层及断面大小采用16b、20b(榀/1m、榀/0.5m)，φ22纵向连接筋环距1m，挂网φ8@200mm×200mm。

2. 喷射混凝土的选择

锚杆及钢支撑安设好后并不能完全承受围岩产生的压力，与围岩表面接触不密实，不能充分发挥其自身的承载作用，因此，须与喷射混凝土相结合，形成喷锚支护，有效地稳定围岩。喷射采用钢纤维混凝土（按 65kg/m^3 加入钢纤维），钢纤维混凝土较普通喷射具有以下优点：

（1）弯曲拉伸及抗剪强度大；

（2）最大强度后的残余强度大；

（3）峰值强度后的变形能力及韧性大，开裂后也能传递拉力；

（4）耐冲击，抗冻融性好。

在喷射混凝土之前要按照规范和标准对开挖断面进行检验，在确保不出现欠挖的情况下按湿喷工艺进行喷射混凝土施工。喷射混凝土用普通硅酸盐水泥，强度等级不低于 42.5 级。粗集料采用坚硬耐久的碎石，喷射混凝土中的石子粒径不大于 10mm，集料级配采用连续级配，细集料采用坚硬的中砂，细度模数大于 2.5，砂的含水率控制在 5% ~7%。钢纤维混合料的拌和时间不小于 180s，钢纤维在混合料中分布均匀。

3. 喷射厚度的选择

喷射混凝土在锚杆及钢拱架安设完毕后立即喷射，第一次喷射厚度：边墙 10cm，拱部 6cm。在靠近开挖面的两榀应喷射密实、饱满，防止爆破对拱架的破坏，待开挖到一定距离后再进行二次喷射，以便交叉作业，保障了作业人员的安全且加快了施工进度。

4. 围岩收敛监测

初期支护结束后，结合嘉华隧道自身的特点，岩石完整性相对较好，从已施工初期支护情况来看，拱架未发生大的弯曲变形，因此不对钢支撑内力、变形作监测，只对围岩周边收敛及拱顶下沉进行了监控。其主要目的有：

（1）掌握围岩在施工中的动态，控制围岩变形；

（2）了解支护结构的效果，及时采取措施以保证施工安全。

施工过程中采用三线量测布点方式，将在 III 级、IV 级、V 级围岩断面中选取断面进行隧道周边水平收敛和拱顶下沉的量测。

每天对围岩变形进行监测，将结果运用最小二乘法计算出围岩变形的规律，以修改调整支护参数和开挖方式。从测得的数据分析，初期支护对阻止围岩变形起到了很好的作用，严格按照设计进行施工是安全的。

（九）施工通风与防尘

1. 隧道施工通风

嘉华隧道粉尘、汽车尾气较大，严重危害作业人员的安全。施工通风作为洞内安全的主要辅助措施，洞内选用大功率轴流式通风机进行压入式通风，在左右线进口各安装一台 220kW 双机轴流式通风机；在隧道掘进到 900m 时，单一的压入式已经不能满足施工作业的防护要求，因此在该位置增设一台 55kW 轴流式通风机，向洞口通风，减少隧道内有害空气聚集量，加快内部新鲜空气的流通。从实际施工过程中看，这种混合式通风操作简单，效果较好。

2. 隧道防尘

单一的通风方式并不能完全提高隧道内施工环境质量。项目经理部采用了洒水降尘的方式，在顺隧道方向边墙布设的高压水管上每 20m 设置一道分水管，不定期洒水降低洞内粉层浓度，减少路面施工车辆带来的扬尘。每次爆破结束后，由专业人员在开挖面进行洒水降尘。

3. 个人防护

个人防护是施工中保证作业人员安全的最后一道环节，项目经理部做了以下主要规定，并采取强制性措施：

（1）进入隧道作业人员必须佩戴安全帽，戴好防护口罩，炮工须戴上耳塞。

（2）喷射混凝土采用湿喷方式，减少粉尘对操作人员的伤害。

（3）喷浆手必须戴上防护眼罩。

(4) 项目经理部定期组织民工进行体检。

(十) 隧道内施工用电安全

1. 电力线布置

(1) 穿越施工现场的架空高压线要满足安全距离,地下高压电缆要设立高压电缆走向标志,由安全员负责监护。

(2) 项目经理部供电线路采用"三相五线"制,对固定用电设备必须进行保护接地或保护接零。

(3) 淘汰简易木制配电盒。配电盒必须采用非木制防腐烂材料制作,采取防雨、防尘的封闭形式,并按规定配置过荷及漏电保护装置,不准用其他金属代替保险丝。

(4) 动力配电和照明配电箱宜分别设置,不准带电搬动配电箱。带电移动动力电缆时要戴绝缘手套、穿绝缘鞋。

(5) 所有配电箱、开关箱应每月由电工检查和维修一次。在操作和使用时要向有关人员讲明送电操作顺序(开关箱—分配电箱—总配电箱)和停电操作顺序(相反),以免在操作中产生电弧火花伤人。

2. 用电安全措施

(1) 在施工现场专用中性点直接接地的电力系统中,采用 TZ-S 接零保护系统,电气设备的外壳与专用保护零线连接,不得在同一供电系统中有的接地,有的接零。

(2) 工地内架设的电力及照明线路,所有洞内施工照明用电线路全部上墙,其悬吊高度为 2.0m。

(3) 电工在接近高压线操作时,必须符合安全距离。

(4) 使用高温灯具时,与易燃物的距离不得小于 1m,一般电灯泡距易燃物品的距离不得小于 50cm,严禁用碘钨灯近距离照射装药面。

(5) 电工必须持证上岗,操作必须符合有关规范规定。

(6) 洞内派专职电工值班,保证每个工作面有电工,并随叫随到。非电工操作人员不得任意动用电力设备设施。

(十一) 体会

影响隧道施工安全的主要因素是地质条件和人为因素,地质条件的问题可以通过正确认识并采取相应措施加以控制,人为因素可以通过严格管理来消除。在嘉华隧道掘进施工安全控制的过程中,项目经理部始终坚持新奥法原理,严格执行《爆破安全技术规程》,重视对围岩变形的量测和爆破振动波监测,加强初期支护,落实责任分工,很好地将安全施工控制在预定的目标内。

二、超前地质预报在嘉华隧道的应用

(一) 概述

隧道施工是一项隐蔽工程,不确定因素较多,如何将不确定因素明朗化,就成为很多隧道工作者研究的课题。新奥法在隧道施工中得到了广泛的应用,目前 60% 的隧道施工都采用新奥法。新奥法施工三大关键技术:光面爆破,监控量测,初期支护。只有运用超前地质预报技术,探明前方的地质情况,并根据随时变化的地质情况及时调整各类支护参数,才能有效避免施工中诸如塌方、涌水、突泥等严重事故的发生,达到安全快速施工的目的。目前,超前地质预报的方法有:红外线探测、地质雷达、超前水平探孔、地质素描、TSP202 系统、TGP12 系统。近年来,由于不重视地质状况在隧道开挖支护过程中的作用,没有采取较好的施工支护措施,导致隧道安全事故的屡屡发生。嘉华隧道采用了目前较先进的 TGP12 系统探测前方地质状况。

(二) TGP12 系统介绍

1. TGP12 的优点

(1) 适用范围广,适用于软质岩与硬岩。

(2) 预报距离长,在岩性好的情况下可以预报 150 ~ 250m,在地质条件较好时,可以预报更长的距离。

（3）对隧道施工干扰小，只有在数据接收与采集过程中才停止隧道内施工。

（4）预报操作简单、费用低。

2. 探测原理

TGP（即 Tunnel Geology Prediction）是北京市水电物探研究所专门为隧道及地下工程施工超前地质预报研制开发的系统设备，已经通过国内著名专家组的评审鉴定，并在实际施工中得到了应用，具有国际先进水平。TGP 包括仪器主机、配件和处理软件三部分，它是利用地振波反射回波方法测量的原理，根据波形、岩性参数来确定前方地质状况。地振波波源采用小直径炸药爆炸激发产生，振源布置在隧道边墙的钻孔中，通常布置 24 个，地振波接收装置也安置在孔中，布置在距最后一个炮孔 20m 左右。炸药爆炸后，当地振波遇到岩石物性界面（即波阻抗差异界面，例如断层、岩石破碎带和岩性变化面等）时，一部分地振信号反射回来，一部分信号透射进入前方介质。反射的地振信号将被高灵敏度的三分量传感器接收。由于 TGP12 超前地质预报系统采取的是"多点激发、一点接收"测量方法，多点激发产生的地振波相互跟踪检验，故而能提供一种精确的测量。反射信号的强弱与反射界面两侧的岩性有很大关系，反射界面两侧的岩性差异越大，反射回来的信号越强，预报的范围也就更大。

（三）TGP 系统的应用

1. 工程地质条件

嘉华隧道进口段位于化龙桥上村滑坡地质整治地段，表面覆土层薄，最小厚度 5m，属于软弱砂土层；隧道以Ⅳ级围岩为主，初步探测隧道围岩状况良好，属于砂质泥岩夹砂岩，岩层倾角平缓，节理裂隙发育，局部滴水、渗水。但是地表垂直钻孔还存在一定的局限性，施工过程中必须对地质状况作详细的探测，准确判断围岩状况。

2. 探测过程

（1）钻孔布置

从距掌子面 10m 的位置开始，在隧道边墙的同侧壁，以 2.0m 的间距钻 24 个爆破孔（S1 ~ S24），孔深 1.5m，孔径 32mm，角度为向下 10° ~ 15°，高度距上台阶底面 1m。在距 S24 炮孔 20m 的左右侧壁上各钻 1 个传感器孔，孔深 2m，孔径 50mm，角度为向上 5° ~ 10°，高度距隧道底面 1m（图 3-3-5）。所有孔线向垂直于隧道轴向，且应保持通畅。在传感器孔和爆破孔全部钻好后，由测量人员提供每个孔的三维坐标，同时用水平角度尺和钢尺测量每个孔的角度和深度，并记录下来。

（2）接收器套管的埋置与爆破孔装药

接收器套管的埋置关系到接收器所收集的地振波信息的准确性。传感器孔钻好后，用高压风将炮孔吹洗干净，然后把连接好瞬发电雷管的炸药装入孔中，每孔装药量为 0.06kg，同时用黄油将 50mm 接收孔填满，以保证接收套管与炮孔间的密实性，再将接收套管推入孔中。

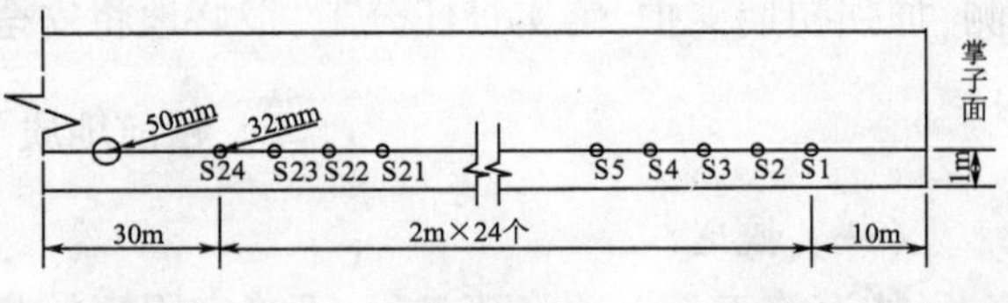

图 3-3-5　超前地质预报炮孔布置图

以上所有准备工作都可以与隧道施工平行作业，不占用隧道施工时间。但进行数据采集时，为减少噪声对地振波信号的影响，隧道内的各工作面必须暂停，以保证数据采集的准确性。

（3）现场测试

在所有准备工作完成后，即可进行现场测试。为了尽量少占用施工时间和减少进行现场测试时的干扰，现场测试时间选在掌子面爆破后进行，测试时禁止一切车辆等外部声音干扰。传感器位置在左线 K0 + 128，掌子面位置在 K0 + 228.1。爆破采用逐个爆破，爆破前孔内必须注满水，接收器接收到的数据保存在电脑里。

（4）预报结果及与实际开挖情况的对比分析

数据采集完成后，系统记录单元自带的笔记本电脑里的 TSPwin 程序对原始数据进行程序处理，共分 11 步：数据建立、带通滤波、初值拾取、起跳点信号处理、炮能量平衡、Q—估计、反射波提取、P-S 波分

离、速率分析、深度偏移、反射面提取。经过这11步程序处理，就可得到P波、SH波、SV波的时间剖面、深度偏移剖面、提取的反射层、岩石物理力学参数、各反射层能量大小等成果，以及反射层在探测范围内的2D或3D空间分布图。

得到上述成果后，即可运用地质知识、地球物理知识和实践经验进行TGP处理成果的解释，解释中遵循以下准则：

① 正反射振幅表明硬岩层，负反射振幅表明软岩层；

② 若S波反射较P波强，则表明岩层饱含水；

③ v_p/v_s 增加或泊松比 δ 突然增大，常常由于流体的存在而引起；

④ 若 v_p 下降，则表明裂隙或孔隙度增加。

探测成果与实际开挖对比情况见表3-3-7，检测记录与测段岩体参数见表3-3-8。

探测成果与实际开挖对比表　　　　表3-3-7

序　号	隧道里程(左)	长度(m)	推 断 结 果	实际开挖情况
1	K0+254~K0+272	18	构造与裂隙发育带，注意含水或泥	节理裂隙发育，拱顶局部掉块，砂质泥岩为主
2	K0+308~K0+320	12	构造与裂隙发育带，注意含水或泥	节理裂隙发育，拱顶局部掉块，以砂质泥岩为主
3	K0+338~K0+345	7	构造与裂隙发育带	围岩以砂岩为主，较弱的风化
4	K0+360~K0+370	10	构造与裂隙发育带	围岩以砂岩为主

检测记录与测段岩体参数表　　　　表3-3-8

工 程 名 称		嘉 华 隧 道			
预报里程		K0+228.1~K0+428.1			
掌子面里程		K0+228.1			
右壁检波点里程		K0+152.1			
左壁检波点里程		K0+152.1			
右壁激发点里程		无			
左壁激发点里程		K5+149.75~K5+196.1			
测段岩体参数	波速	v_p	3 800m/s	v_s	1 700m/s
	波速比	$v_p/v_s=2.24$			
	泊松比	0.375			
	弹性模量	2.14×10^3 MPa			
	剪切模量	7.803×10^3 MPa			
	岩体密度	2.7			

结果显示出来，实际开挖揭露的岩性状况与探测结果基本吻合，在构造与裂隙发育带及时做好了有关安全措施，光面爆破控制较好，初期支护及时得当，施工中未发生一起坍方掉块等安全事故，保证了工程的正常施工。

（四）施工展望

TGP超前地质预报系统是目前最先进的物探方法之一，具有操作简单、成果丰富、对施工过程妨碍小、对地质体识别的准确率较高等特点。从超前预报与实际施工的地质情况对比分析看，效果是较为理想的。采用TGP超前地质预报系统，可以对隧道工作面前方围岩工程地质和水文地质的性质、位置和规模进行比较准确的探测和预报。同时，为了更加准确地了解施工地段前方的地质情况，应当辅以各种超前地质预报方法，互相印证，并且通过与实际围岩开挖情况的对比分析以提高预报的准确率，才能有效地提高预报的精度。在通过几个循环的超前地质预报后，由于及时地了解了掌子面前方的地质情况，为隧道施工和及时地调整支护参数提供依据，有效地控制地质事故的发生，确保支撑隧道的岩石牢固可靠和施工质量，改善工地的安全，赢得施工时间，降低成本，提高隧道掘进的进度，将施工风险降低到最小。在结合实际施工揭露的围岩和探测结果比较以得出超前地质预报的准确性。目前，我们正在努力研究以期提高TGP超前地质预报的准确率，为现代隧道施工提供更好的服务。

三、嘉华隧道加宽段开挖技术

（一）嘉华隧道加宽段工程简介

隧道左右线标准段为三车道隧道，在出口为了与黄沙溪立交相接，从主线里程K6+960起内轮廓逐渐加宽，渐变为四车道。

1. 工程地质

开挖揭露的围岩情况：K6+960～K7+222.5段，其围岩岩性以砂岩为主，单轴饱和抗压强度为26.1MPa左右，为较软质岩，岩体完整性系数$K=0.76\sim0.83$，岩体完整。K7+191.5～K7+215段围岩为砂岩，围层分类为Ⅳ级，成洞条件较好。

2. 设计情况

根据设计加宽段围岩衬砌分为5种：Ⅲ级围岩衬砌（加宽段A），长80m；Ⅲ级围岩衬砌（加宽段B），长60m，Ⅲ级围岩衬砌（加宽段C），长55m；Ⅳ级围岩衬砌（加宽段C），长50m；Ⅳ级围岩衬砌（加宽段D），左线长10.282m，右线长10.688m；Ⅳ级围岩衬砌（加宽段E），左线长7.474m，右线长7.526m。

超前支护根据围岩级不同别分别采用超前锚杆、超前小导管、初期支护采用R25中空锚杆、$\phi8$钢筋网片、工字钢钢架、C30钢纤维喷射混凝土进行。

3. 加宽段处地面建筑情况

嘉华隧道加宽段穿越地段为城市繁华地区，地表建筑主要为3～30层民用建筑，已经建的渝中名郡建筑物位于右线隧道右侧，时尚园3号楼位于主线里程K6+950右洞正上方，楼高90m，楼层29/-1F，地坪高程311m，采用桩基，桩底高程295m，是目前隧道通过地区楼层最高、基础埋置最深的建筑。

（二）施工方案的确定

1. 由于出口端边坡开挖未能完成，隧道采用单向掘进。

右线隧道掌子面掘进超前左线隧道不少于30m，最大限度减少由于爆破产生的振动对左右线彼此的扰动，确保开挖后围岩的稳定，确保施工安全。左、右线开挖关系见图3-3-6所示。

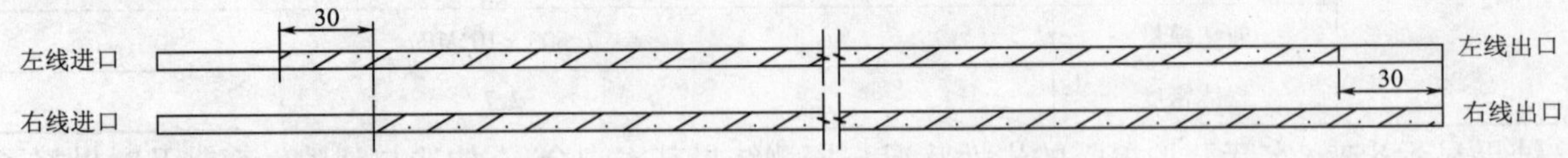

图3-3-6　左、右线开挖关系图（尺寸单位：m）

2. 确保开挖过程中开挖轮廓不过大，周边围岩稳定，加宽段A开挖方法与标准段相同，采用台阶施工；加宽段B、C、D、E采用上台阶中导坑法施工。开挖出的上台阶导坑拱部加强初期支护，减小围岩变形。采用I20b工字钢拱架，R25中空注浆锚杆，喷射钢纤维混凝土。加强拱部围岩的稳定，确保掌子面围岩稳定，采用长4.0m，环向间距0.4m，$\phi25$钢筋砂浆锚杆超前支护，锚杆搭接长度1.0m。

3. 为了保护居民楼房和其相关设施，对隧道开挖爆破的振动采取严格的控制。实际施工中，爆破采用微振控制爆破技术，上台阶中导洞开挖爆破过程中设减振孔。

4. 待上台阶导坑贯通出口后，进行隧道贯通测量，对测量误差进行平差调整后，再进行扩挖上台阶，确保开挖精度。扩挖采用左右侧交错扩挖方式。对扩挖拱部进行超前支护，然后拆除中导洞墙施工支护，再进行钻爆扩挖。扩挖完成后立即对扩挖外侧进行进行施工支护，且每次扩挖循环进尺控制在2.0m以内。

5. 加宽段隧道为大跨隧道，最大开挖跨度为23.5m，且穿越区周边为高层居民建筑，开挖后控制隧道地表沉降、拱顶下沉和减小周边收敛是确保改方案实施成功的关键。施工过程中严格遵循"导坑超前、短进尺、弱爆破、强支护、快封闭、勤量测"的施工原则，进行科学合理的施工，精心组织，严格控制。

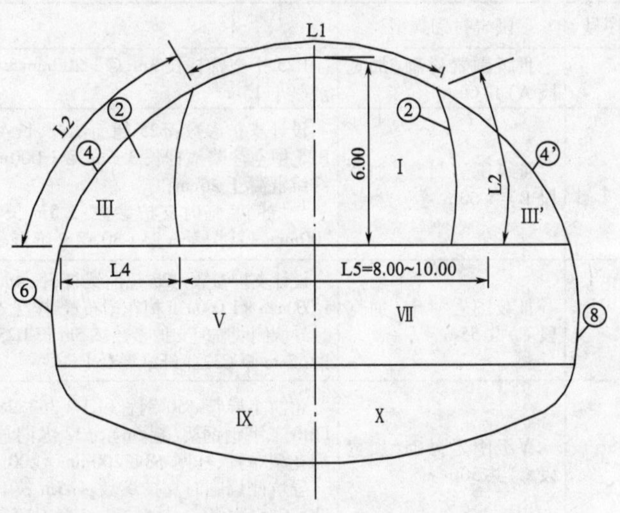

图3-3-7 左右线隧道加宽段A、B、C、D、E开挖断面示意图(尺寸单位:m)

(三) 施工工艺

1. 上台阶施工

(1) 上台阶导坑施工

为确保开挖后围岩自稳性好，上台阶导坑开挖高度为6m，底部宽度为8m，拱部支护在扩挖时不再进行爆破拆除，拱顶与设计外轮廓相同，且导坑开挖断面大小适合施工机械装运渣，采用如图3-3-7上台阶导坑开挖断面形式。

超前支护和初期支护参数如表3-3-9、表3-3-10所示。

左线隧道加宽段超前支护和初期支护参数表 表3-3-9

序号	围岩衬砌类型	支 护 方 式
1	Ⅲ级围岩衬砌(加宽段A)共66m	R25中空锚杆长3m，@1 200mm×1 200mm，梅花型布置；挂网 ϕ8@200mm×200mm，喷C30钢纤维混凝土15cm
2	Ⅲ级围岩衬砌(加宽段B)共60m	设计支护参数：ϕ25超前锚杆，长4m，搭接1m(按15°夹角打入)，I20b工字钢钢架(榀/m)，ϕ22纵向连接筋环距1m，R25中空注浆锚杆长3.5m，@1 000mm×1 000mm梅花型布置，挂网 ϕ8@200mm×200mm，喷C30钢纤维混凝土26cm。导坑侧墙临时支护参数：3.5m长R25中空锚杆@1 000mm×1 000mm，挂 ϕ8钢筋网@200mm×200mm，喷射12cm厚C30钢纤维混凝土
3	Ⅲ级围岩衬砌(加宽段C)共55m	设计支护参数：ϕ25超前锚杆，长4m，搭接1m(按15°夹角打入)，I20b工字钢钢架(榀/m)，R25中空注浆锚杆长3.5m，@1 000mm×1 000mm梅花型布置，挂网 ϕ8@200mm×200mm，喷C30钢纤维混凝土26cm； 导坑侧墙临时支护参数：3.5m长R25中空锚杆@1 000mm×1 000mm，挂 ϕ8钢筋网@200mm×200mm，喷射12cm厚C30钢纤维混凝土
4	Ⅳ级围岩衬砌(加宽段C)共50m	超前小导管 ϕ50钢管(K1+383.282~K1+423.282)，壁厚5mm，长4m，环距0.4m，搭接长度1m(按15°夹角打入)，I20b工字钢钢架(榀/m)，ϕ22纵向连接筋环距1m，R25中空注浆锚杆长4.5m，@800mm×1000mm梅花型布置，挂网 ϕ8@200mm×200mm，喷C30钢纤维混凝土26cm； 导坑侧墙临时支护参数：4.5m长R25中空锚杆@800mm×1 000mm，ϕ8钢筋网@200mm×200mm，I20工字钢(榀/m)，喷22cm厚C30钢纤维混凝土
5	Ⅳ级围岩衬砌(加宽段D)共10.228m	超前小导管 ϕ50钢管(K1+383.282~K1+423.282)，壁厚5mm，长4m，环距0.4m，搭接长度1m(按15°夹角打入)，I20b工字钢钢架(榀/m)，ϕ22纵向连接筋环距1m，R25中空注浆锚杆长4.5m，@800mm×1 000mm梅花型布置，挂网 ϕ8@200mm×200mm，喷C30钢纤维混凝土26cm； 导坑侧墙临时支护参数：5m长R25中空锚杆@800mm×800mm，ϕ8钢筋网@200mm×200mm，I20工字钢(榀/m)，喷22cm厚C30钢纤维混凝土
6	Ⅳ级围岩衬砌(加宽段E)工7.474m	超前小导管 ϕ50钢管(K1+383.282~K1+423.282)，壁厚5mm，长4m，环距0.4m，搭接长度1m(按15°夹角打入)，I20b工字钢钢架(榀/m)，ϕ22纵向连接筋环距1m，R25中空注浆锚杆长4.5m，@800mm×1 000mm梅花型布置，挂网 ϕ8@200mm×200mm，喷C30钢纤维混凝土26cm； 导坑侧墙临时支护参数：5m长R25中空锚杆@800mm×800mm，ϕ8钢筋网@200mm×200mm，I20工字钢(榀/m)，喷22cm厚C30钢纤维混凝土

右线隧道加宽段超前支护和初期支护参数表　　表 3-3-10

序号	围岩衬砌类型	支护方式
1	Ⅲ级围岩衬砌(加宽段 A)共 66m	R25 中空锚杆长 3m,@1 200mm×1 200mm,梅花型布置;挂网 ϕ8@200mm×200mm,喷 C30 钢纤维混凝土 15cm
2	Ⅲ级围岩衬砌(加宽段 B)共 60m	设计支护参数:ϕ25 超前锚杆,长 4m,搭接 1m,I20b 工字钢钢架(榀/m),ϕ22 纵向连接筋环距 1m,R25 中空注浆锚杆长 3.5m,@1 000mm×1 000mm 梅花型布置,挂网 ϕ8@200mm×200mm,喷 C30 钢纤维混凝土 26cm; 导坑侧墙临时支护参数:3.5m 长 R25 中空锚杆@1 000mm×1 000mm,挂 ϕ8 钢筋网@200mm×200mm,喷射 12cm 厚 C30 钢纤维混凝土
3	Ⅲ级围岩衬砌(加宽段 C)共 55m	设计支护参数:ϕ25 超前锚杆,长 4m,搭接 1m,I20b 工字钢钢架(榀/m),R25 中空注浆锚杆长 3.5m,@1 000mm×1 000mm 梅花型布置,挂网 ϕ8@200mm×200mm,喷 C30 钢纤维混凝土 26cm; 导坑侧墙临时支护参数:3.5m 长 R25 中空锚杆@1 000mm×1 000mm,挂 ϕ8 钢筋网@200mm×200mm,喷射 12cm 厚 C30 钢纤维混凝土
4	Ⅳ级围岩衬砌(加宽段 C)共 50m	超前小导管 ϕ50 钢管(K1+383.282~K1+423.282),壁厚 5mm,长 4m,环距 0.4m,搭接长度 1m,I20b 工字钢钢架(榀/m),ϕ22 纵向连接筋环距 1m,R25 中空注浆锚杆长 4.5m,@800mm×1 000mm 梅花型布置,挂网 ϕ8@200mm×200mm,喷 C30 钢纤维混凝土 26cm; 导坑侧墙临时支护参数:4.5m 长 R25 中空锚杆@800mm×1 000mm,ϕ8 钢筋网@200mm×200mm,I20 工字钢(榀/m),喷 22cm 厚 C30 钢纤维混凝土
5	Ⅳ级围岩衬砌(加宽段 D)共 10.688m	超前小导管 ϕ50 钢管(K1+383.282~K1+423.282),壁厚 5mm,长 4m,环距 0.4m,搭接长度 1m(按 15°夹角打入),I20b 工字钢钢架(榀/m),ϕ22 纵向连接筋环距 1m,R25 中空注浆锚杆长 4.5m,@800mm×1 000mm 梅花型布置,挂网 ϕ8@200mm×200mm,喷 C30 钢纤维混凝土 26cm; 导坑侧墙临时支护参数:5m 长 R25 中空锚杆@800mm×800mm,ϕ8 钢筋网@200mm×200mm,I20 工字钢(榀/m),喷 22cm 厚 C30 钢纤维混凝土
6	Ⅳ级围岩衬砌(加宽段 E)共 7.526m	超前小导管 ϕ50 钢管(K1+383.282~K1+423.282),壁厚 5mm,长 4m,环距 0.4m,搭接长度 1m(按 15°夹角打入),I20b 工字钢钢架(榀/m),ϕ22 纵向连接筋环距 1m,R25 中空注浆锚杆长 4.5m,@800mm×1 000mm 梅花型布置,挂网 ϕ8@200mm×200mm,喷 C30 钢纤维混凝土 26cm; 导坑侧墙临时支护参数:5m 长 R25 中空锚杆@800mm×800mm,ϕ8 钢筋网@200mm×200mm,I20 工字钢(榀/m),喷 22cm 厚 C30 钢纤维混凝土

(2) 上台阶扩挖开挖施工

上台阶扩挖采用左右侧交错扩挖,循环进尺控制在 2.0m 以内。扩挖前,在设计位置打超前锚杆或超前小导管进行超前支护,确保扩挖开挖过程中扩挖轮廓围岩和已经开挖导坑的围岩稳定。开挖施工中加强监控量测,及时对监控量测数据进行分析处理,正确判断开挖围岩的稳定状态,确保施工安全和隧道的稳定。

2. 下台阶开挖施工

下台阶开挖采用左右侧交错扩挖,循环进尺控制在 2.0m 以内。开挖后,立即架设开挖范围的边墙工字钢,喷锚支护。开挖施工中加强监控量测,及时对监控量测数据进行分析处理,正确判断开挖围岩的稳定状态,确保施工安全和隧道的稳定。

3. 仰拱开挖施工

仰拱采用分幅交错开挖,开挖长度为 50m 左右。

4. 控制爆破施工技术

为确保施工过程中隧道加宽段穿越地区地表建筑物和相关构筑物的安全,需要对左线(里程:ZK1+212~ZK1+442.161),右线(里程:YK1+242~YK1+442.651)段进行控制爆破施工。同时对隧道外爆破振动和地表边坡的稳定进行监测,根据监测的数据分析结果,及时对爆破参数进行调整,确保施工安全。

(1) 控制爆破实施的步骤

① 施工前调查

A. 确认隧道加宽段施工前穿越区域一定范围(隧道中线 50m 范围)地表建筑物、构筑物的原始状态,对需要特殊保护的建筑物和构筑物做重点监测和记录。

B. 根据建筑物、构筑物离隧道的平面远近程度与其规定的爆速要求进行测量布点、地表沉降和边坡位移布点。

C. 施工过程中建筑物、构筑物的沉降、地表沉降监测,边坡稳定监测。

② 相关资料准备

A. 编制加宽段爆破施工方案和监测方案；

B. 编制分阶段的监测分析报告,并评审；

C. 编制最终的监测分析报告,并评审。

(2) 控制爆破设计

① 隧道加宽段控制爆破目标

A. 采用减振控制爆破,降低施工中地振波对穿越区建筑物、构筑物的破坏作用。

B. 降低爆破过程中对开挖周边围岩的扰动,充分保持围岩自身稳定,并形成光面爆破效果。

② 控制爆破的爆破振动安全允许标准

根据《爆破安全规程》(GB 6722—2003)中规定质点振动速度控制标准:一般砖房、非抗震的大型建筑质点振动速度不得超过2~2.5cm/s,钢筋混凝土结构房屋不超过3.0~4.0cm/s,水工隧道不超过7~15cm/s,交通隧道不超过10~20cm/s的要求,并结合隧道加宽段的地质、地形情况以及地表建筑物、构筑物的重要程度,拟定最大爆破振动速度不超过1.5cm/s。

③ 爆破设计

A. 隧道加宽段处于Ⅲ、Ⅳ级围岩地段,爆破振动的控制重点在于上台阶超前导坑的爆破施工上。

B. 上台阶导坑循环进尺控制在2.0m以内。

C. 爆破选用2号岩石乳化炸药,雷管采用非电毫秒雷管。

D. 最大段允许装药量以及炮眼布置形式。

最大单段起爆药量:

$$Q_{\max} = R^3 (v/K)^{3/\alpha} \tag{3-3-2}$$

式中:K,α——与地形、地质条件有关的系数和衰减系数,针对此处实际条件,根据以往经验,分别取 $K=250,\alpha=1.8$;

$Q_{\max}$——一次起爆的最大装药量(kg);

R——起爆原点中心到被保护建筑物、构筑物或观测点的距离(m);

v——质点振动速度(cm/s),取1.5cm/s。

因此,影响爆破振动速度的主要因素有如下几点:

a. 围岩的完整性、岩性、产状;

b. 一次爆破的单段最大装药量;

c. 起爆原点到监测点的距离;

d. 爆破原点以及周围地质、地形环境。

爆破设计是根据重庆主城区的地址状况,采用工程类比法为基础,经过计算确定爆破参数。在爆破过程中,聘请重庆大学进行爆破振动和建筑物的沉降、地表沉降监测,出口边坡稳定监测。

④ 爆破设计优化

对隧道洞外穿越区需要监控的建筑物、构筑物进行爆破振动监测,在确保施工安全的前提下优化爆破设计,使爆破作业达到最佳效果。

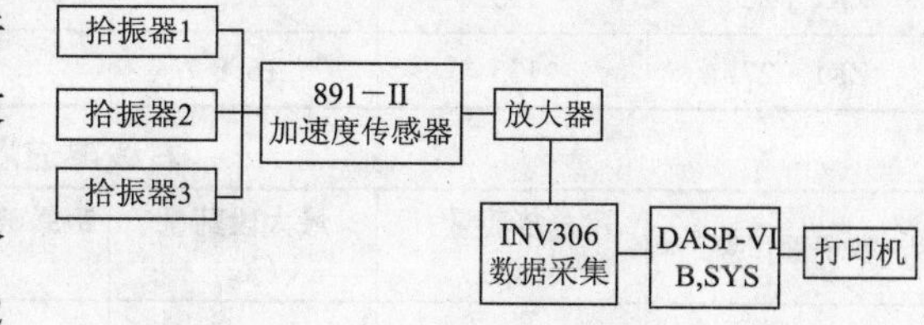

图3-3-8 监测系统示意图

现场把左、右线隧道出口加宽段爆破监测分为两阶段,第一阶段为左右线A加宽段(左线里程:ZK1+212~ZK1+278,右线里程:YK1+242~YK1+298)洞外爆破监控量测的数据收集和分析,收集爆破产生的地振波衰减规律,不断调整爆破参数,为下阶段左右线隧道B、C、D、E加宽段做准备;第二阶段为对左右线(左线里程:ZK1+278~ZK1+442.161,右线里程:YK1+298~YK1+442.651)加宽段上方的居民楼房进行爆破振动和地表沉降监测。

爆破振动速度监测(图3-3-8)

A. 监测仪器

DSVM—4C 型振动测试仪、891 - II 加速度传感器、放大器、INV306 数据采集仪，DASP - VIB，SYS，打印机组成，由 DSVM—4C 测试仪中的计算机进行控制。

测试系统中拾振器 1、拾振器 2、拾振器 3、分别测量振动速度的水平径向分量 v_r、水平切向分量 v_τ 和垂直分量 v_z。

B. 爆破振动速度监测

隧道出口加宽段[左线(ZK1 +212 ~ ZK1 +278)、右线(YK1 +242 ~ YK1 +298)]埋深相对较浅，主要为高层建筑和钢筋混凝土结构居民房屋。由于该段房屋密集，测点主要布置在隧道拱顶上方以及爆破中心距离建筑物地面上和构筑物内部结构的最近处，监测随爆破随时进行。

C. 爆破振速监测结果分析

收集监测结果，通过振动测试分析程序对监测结果进行数据分析。由爆破振动数据波形图可以推算出以下结论：

a. 波形图中相邻段的波形是否有叠加；

b. 振速波峰的相隔时间是否均匀，可以反映出相临雷管段位的起爆时间间隔是否均匀，即雷管段别的多少。

D. 爆破参数调整

通过波形分析，对爆破设计中的相关参数进行调整：

减小一次爆破单段最大装药量 Q_{max}；增加雷管的段别，在不减少总装药量的前提下，保证爆破施工效果；适当增加雷管段位起爆时间间隔，减小爆破振动波叠加。

在隧道左右线出口加宽段监测中，总共进行了 18 次监测。监测时，如果发现爆破振速偏大，监测小组及时对爆破参数进行调整，以确保爆破施工安全。通过监测，在确保安全的同时，对爆破参数进行了多次的调整，确保施工循环进尺达到最佳效果。爆破结果的测试分析如表 3-3-11、表 3-3-12 所示。

左线隧道爆破振动速度监测表 表 3-3-11

掌子面里程	总装药量(kg)	最大段药量(kg)	距爆破中心距离(侧)(m)	眼孔深度(m)	爆破振速最大值(cm/s)	备注
ZK1 +212	140	24	45	2.2	1.213	
ZK1 +230	140	22	40	2.2	1.301	
ZK1 +237	138	16	41	1.9	0.860	
ZK1 +245	138	16	39	1.8	1.121	
ZK1 +254	139	16.8	40	1.8	1.307	
ZK1 +257	135	16.2	41	1.8	1.008	
ZK1 +262	135	17	41	1.8	0.712	设减振孔
ZK1 +268	135	17.5	42	1.8	1.435	设减振孔
ZK1 +277	135	16.8	42	1.8	1.292	设减振孔

右线隧道爆破振动速度监测表 表 3-3-12

掌子面里程	总装药量(kg)	最大段药量(kg)	距爆破中心距离(侧)(m)	眼孔深度(m)	爆破振速最大值(cm/s)
YK1 +243	140	23.5	44	2.2	1.033
YK1 +252	140	22	41	2.2	0.783
YK1 +258	139	16	39	1.9	0.748
YK1 +269	138	17	40	1.8	0.743
YK1 +275	139	16	41	1.8	1.195

续上表

掌子面里程	总装药量(kg)	最大段药量(kg)	距爆破中心距离(侧)(m)	眼孔深度(m)	爆破振速最大值(cm/s)	
YK1 +281	137	16.7	38	1.8	1.027	设减振孔
YK1 +286	135	16.5	41	1.8	0.793	设减振孔
YK1 +293.7	138	16.0	42	1.8	1.160	设减振孔
YK1 +296.7	135	16	42	1.8	0.717	设减振孔

E. 现场施工减小爆破振动措施

各种断面的爆破设计如图3-3-9、图3-3-11所示，通过加宽段上台阶导坑爆破振速测试分析，优化爆破设计方案。

通过对爆破波形图3-3-10、图3-3-12、图3-3-13的分析，爆破控制主要在掏槽孔的装药量，引起的原因是：毫秒雷管在前几段的时差太小；掏槽孔为抛掷爆破，其炸药单耗明显比其他眼孔炸药单耗高；掏槽孔最先起爆，整个掌子面上没有形成纵向临空面，减振没有其他眼孔明显。

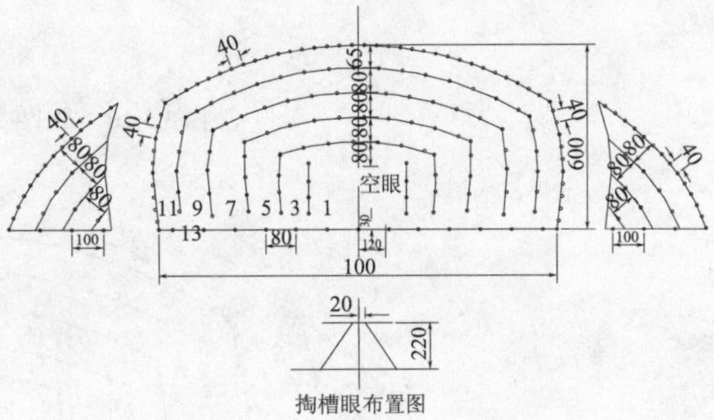

图3-3-9　ZK1 +254爆破设计图(尺寸单位：mm)

通过原因分析，优化爆破方案的措施为：减小循环进尺，降低总装药量；增加相临段雷管的起爆时差，并在掏槽孔中间增设辅助空眼，增加临空面；掏槽眼分段起爆，增加雷管段别，降低掏槽孔装药量，降低最大段装药量；在开挖轮廓外设置减振孔，增加临空面。

经过方案的优化，在爆破实施过程中对爆破效果进行分析，得出以下结论：雷管起爆时差均匀，振速波峰相对稳定；在减小单段最大装药量和设置减振孔后，爆破振速不超标。

施工中，为确保爆破振速监测数据更好地对下阶段的爆破作业起指导作用，为爆破参数(见表3-3-13、表3-3-14、表3-3-15)的调整提供合理的依据，因此，对收集的爆破振速数据分阶段进行回归分析，找出爆破振动速度与最大单段装药量、传播速度、地质条件等因素之间的规律。

经过分析，$K=237$，$\alpha=1.74$。

在左右线隧道A加宽段[左线(ZK1 +212 ~ ZK1 +278)，右线(YK1 +242 ~ YK1 +298)]的量测地振波分析，测试出K、α值，调整相关的爆破参数，保证施工安全。

ZK1 +254开挖爆破参数表　　表3-3-13

炮眼类型	炮眼深度(m)	炮眼数目(个)	单孔装药量		单段装药合计(kg)	雷管段别	备　注
			底装药(kg)	药卷数			
掏槽眼	2.2	8	3	10	24	1	
辅助眼	2.0	14	1.2	4	16.8	3	
辅助眼	2.0	17	0.9	3	15.3	5	
辅助眼	2.0	19	0.9	3	17.1	7	
内圈眼	2.1	27	0.6	2	16.2	9	
周边眼	2.2	47	0.3	2	14.1	11	
底眼	2.1	13	1.2	4	15.6	13	
合计		145			119.1		

说明：1. 爆破施工中采用的炸药为2号乳化炸药。

2. 药卷直径为32mm，周边眼孔药卷直径为25mm，风钻钻头直径42mm。

3. 爆破设计为左右线隧道B加宽段，采用上台阶导坑施工，要严格按照爆破设计进行操作。

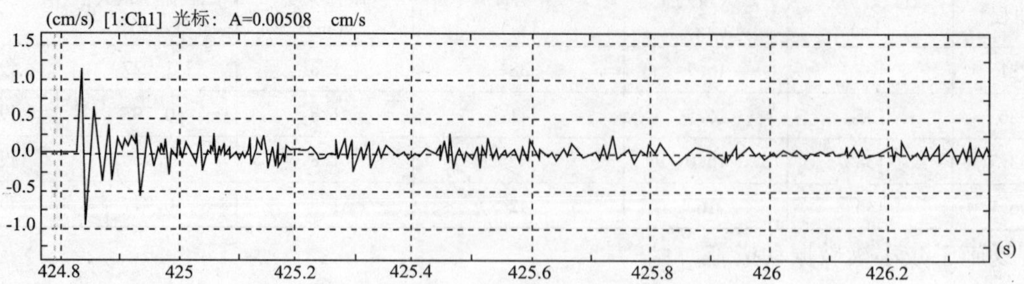

图 3-3-10 ZK1 +254 爆破振动波形测试示意图

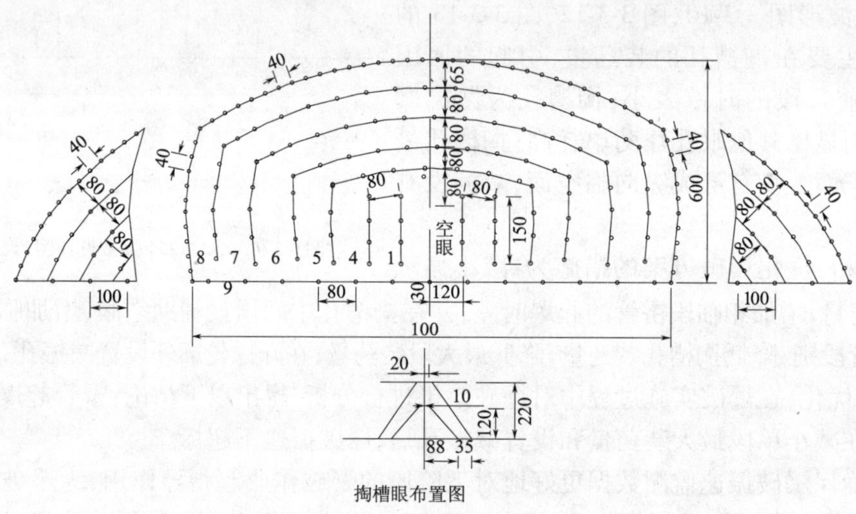

图 3-3-11 ZK1 +316.6 爆破设计图(尺寸单位:mm)

ZK1 +316.6 开挖爆破参数表 表 3-3-14

炮眼类型	炮眼深度	炮眼数目(个)	单孔装药量		单段装药合计(kg)	雷管段别	备 注
			底装药(kg)	药卷数			
空眼	2.2	3					
掏槽眼	1.2	8	1.2	4	9.6	1	
掏槽眼	2.2	8	3	10	24	5	
辅助眼	2.0	14	1.2	4	16.8	9	
辅助眼	2.0	17	0.9	3	15.3	11	
辅助眼	2.0	19	0.9	3	17.1	15	
内圈眼	2.1	27	0.6	2	16.2	17	
周边眼	2.2	47	0.3	2	14.1	19	
底眼	2.1	13	1.2	4	15.6	21	
合计		156			128.7		

注:①爆破施工中采用的炸药为2号乳化炸药。

②药卷直径为32mm,周边眼孔药卷直径为25mm,风钻钻头直径42mm。

③爆破设计为左右线隧道B加宽段,采用上台阶导坑施工,要严格按照爆破设计进行操作。

右线(里程 YK1 +390)开挖爆破参数表 表 3-3-15

炮眼类型	炮眼深度	炮眼数目(个)	单孔装药量		单段装药合计(kg)	雷管段别	备 注
			底装药(kg)	药卷数			
空眼	2.2	3					
掏槽眼	1.2	8	1.2	4	9.6	1	
掏槽眼	2.2	8	3	10	24	5	
辅助眼	2.0	14	1.2	4	16.8	9	
辅助眼	2.0	17	0.9	3	15.3	11	
辅助眼	2.0	19	0.9	3	17.1	15	
内圈眼	2.1	27	0.6	2	16.2	17	
周边眼	2.2	47	0.3	2	14.1	19	
底眼	2.1	13	1.2	4	15.6	21	
合计		156			128.7		

注:①爆破施工中采用的炸药为2号乳化炸药。

②药卷直径为32mm,周边眼孔药卷直径为25mm,风钻钻头直径42mm。

③爆破设计为左右线隧道B加宽段,采用上台阶导坑施工,须要严格按照爆破设计进行操作。

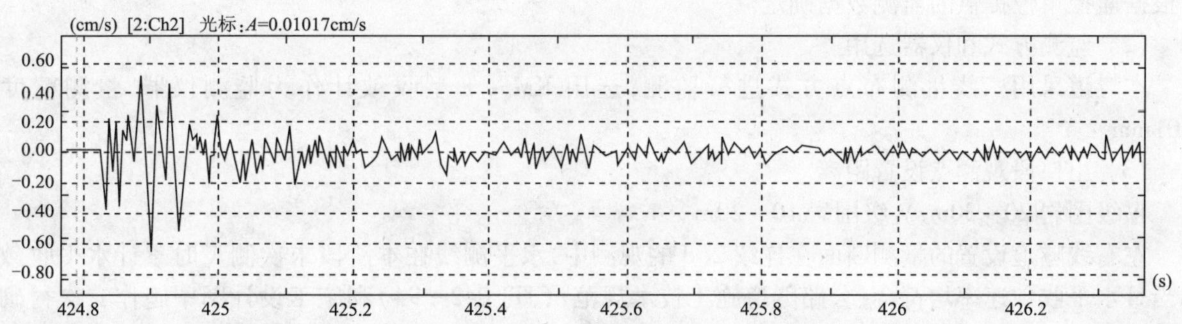

图 3-3-12 2ZK1 +316.6 爆破振动波形测试示意图

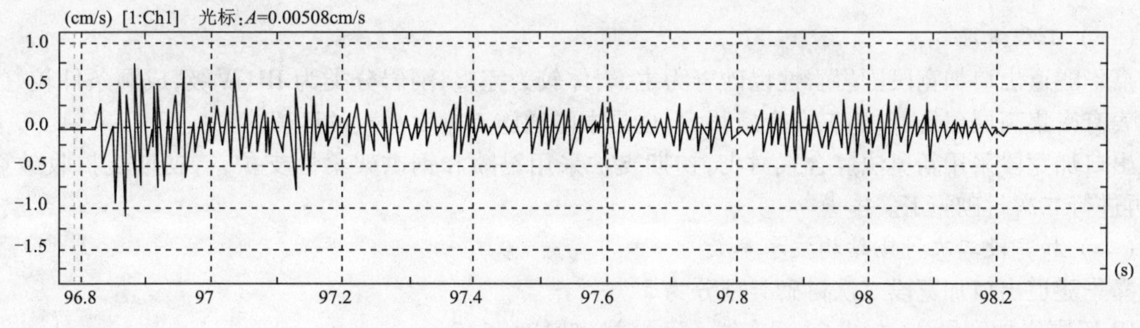

图 3-3-13 YK1 +390 爆破振动波形测试示意图

在右线隧道出口(里程:YK1 +298 ~ YK1 +328)高边坡处,最接近隧道的渝中名郡3号居民楼位置,对爆破设计进行了细部的调整。施工过程中共进行了7次爆破振动监测,其爆破振动速度未超过1.5cm/s,确保了施工安全。

结论:通过优化爆破方案、减小循环进尺、在掏槽孔中间增设辅助空眼、增加临空面、掏槽眼分段起爆、并在开挖轮廓外设置减振孔,使得振速波峰相对稳定,爆破振速不超标,确保了建筑物安全。

5. 隧道爆破施工中建筑物沉降、地表沉降、边坡位移监测在渝中名郡3号居民楼位置布设P1~P10共10个沉降观测点。在3号居民楼桩基础上距离地面1m位置布置P11~P16共6个沉降观测点，在出口仰坡上布置P16~P22共6个边坡位移观测点。

在隧道开挖爆破施工前以及施工期间，经过8次观测，建筑物沉降、地表下沉、边坡位移均为零，确保了施工安全。

6. 洞内施工监控量测

施工监控量测是在隧道开挖过程中，对围岩变化情况和支护结构的工作状态进行量测，及时提供围岩稳定程度和支护结构可靠性的安全信息，作为调整和修改支护设计的依据，并根据量测结果确定两次衬砌施做时间。根据隧道开挖净空大的特点，为加强施工过程的监控量测，确保施工安全，现场采用信息化施工监控量测技术和实用的量测围岩应力—应变方法，控制围岩变形，掌握准确的数据，修正参数，指导施工。

（1）设计标准

① 二次模注衬砌时间应在围岩量测净空变化速率小于0.2mm/d、拱顶下沉速率小于0.1mm/d后方可进行。

② 隧道周边水平收敛速度以及拱顶或底板垂直位移速率明显下降。

③ 变形量已达到预计总变形量的90%。

④ 掌子面到二次混凝土衬砌面有足够的距离，要保证爆破作业对二衬混凝土不产生影响，具体距离根据监控单位提供的监测数据确定。

（2）监测方式和仪器选用

本隧道采用三线量测布点方式进行监测，选用KM－1型收敛计作为监测仪器，量测精度为0.01mm。

（3）出口段观测点设置距离

Ⅳ级围岩20~30m；Ⅴ级围岩10~20m。

左右线隧道设置的量测断面在连续26d的观测中，水平测线在本阶段末次测量时累计水平收敛值和当日水平收敛速率均符合《公路隧道施工技术规范》（JTJ 042—94）和施工设计图中施作二次衬砌的要求，可以施作二次衬砌。

四、嘉华隧道加宽段衬砌施工技术

（一）工程概况

嘉华隧道出口加宽段围岩岩性以砂岩为主，岩体较为完整，围岩分类为Ⅲ、Ⅳ级，成洞条件较好，但是地表有密集高层建筑群，施工安全威胁大，也是本隧道施工难度最大的区段。

出口加宽段采用新奥法复合式衬砌，初期支护采用锚喷和钢拱架柔性支护，待初期支护收敛稳定后，再进行二次衬砌施工。

（二）加宽段二次衬砌结构技术参数

嘉华隧道出口加宽段二次衬砌类型分为5类：

Ⅲ级围岩加宽段A（左线66m、右线56m），衬砌厚度为45cm；

Ⅲ级围岩加宽段B（左线60m、右线30m），衬砌厚度为55cm；

Ⅲ级围岩加宽段C（左线50m、右线47m），衬砌厚度为60cm；

Ⅳ级围岩加宽段C（左线54m、右线51m），衬砌厚度为70cm；

Ⅳ级围岩加宽段D（左线7m，右线9.5m），衬砌厚度为75cm；

Ⅳ级围岩加宽段E（左线6.161m，右线7.151m），衬砌厚度为75cm。

具体设计里程如表3-3-16所示。

加宽段二次衬砌设计里程表 表 3-3-16

断面类型	Ⅲ级围岩加宽段 A	Ⅲ级围岩加宽段 B	Ⅲ级围岩加宽段 C	Ⅳ级围岩加宽段 C	Ⅳ级围岩加宽段 D	Ⅳ级围岩加宽段 E
左线里程	K1 +212 ~ K1 +278	K1 +278 ~ K1 +323	K1 +323 ~ K1 +375	K1 +375 ~ K1 +429	K1 +429 ~ K1 +436	K1 +436 ~ K1 +442.161
右线里程	K1 +242 ~ K1 +298	K1 +298 ~ K1 +328	K1 +328 ~ K1 +375	K1 +375 ~ K1 +426	K1 +426 ~ K1 +435.5	K1 +435.5 ~ K1 +442.651

隧道设计内轮廓的边墙及拱顶由三心圆弧(图 3-3-14)组成。设计断面参数如表 3-3-17 所示。

加宽段二次衬砌断面设计参数表 表 3-3-17

断面类型	拱顶圆弧半径 R_1(m)	边墙圆弧半径 R_2(m)	边墙圆弧半径 R_3(m)	隧道净高 H(m)	隧道最大宽度 B(m)
加宽段 A	8.845	5.5	8	8.06	15.887
加宽段 B	9.941	5.5	8	8.407	17.487
加宽段 C	10.352	5.5	8	8.538	18.087
加宽段 D	10.968	5.5	8	8.733	18.987
加宽段 E	12.392	5.5	8	9.184	21.067

(三) 加宽段防水施工工艺

公路隧道的防排水效果直接影响隧道结构安全和隧道运营质量。隧道在施工期间和建成后,一直受地下水的影响,特别是建成后的隧道,地下水会通过一定的通道渗入或流入隧道内部,对行车安全和衬砌结构的稳定构成威胁。因此,针对嘉华隧道出口加宽段这种特大跨度的隧道结构,在施工期间做好防排水施工质量对保证二次衬砌结构安全具有特别重要的作用。

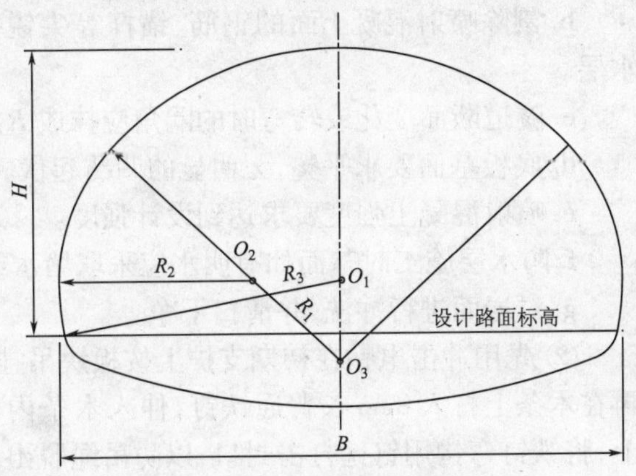

图 3-3-14 加宽段二次衬砌内轮廓断面

1. 透水软管施工

隧道二次衬砌背后分别在左、右边墙墙脚位置设一道 $\phi100$ 的纵向透水软管,拱墙设置 $\phi50$ 的环向透水软管,并与纵向透水软管相接。软管设在防水板的背后,边墙不设泄水孔。透水软管施工工艺流程图见图 3-3-15。

(1) 环向弹簧软式透水盲管安装

处理岩面:在安装前把岩面处理平整,以免在喷射混凝土时背面产生空洞,而降低汇、排水效果,影响衬砌结构受力。

在所要安装透水盲管的岩面部位,每隔 1m 钉横向间距为 10cm 的两枚悬挂锚钉,锚钉露出岩面的部位不能大于盲管的直径。利用操作平台沿环向从一侧向另一侧用铁丝将绑好的透水盲管密贴岩面固定在悬挂锚钉上;每道盲管的端头要有 10cm 的富余量,用三通接管与纵向排水盲管搭接。

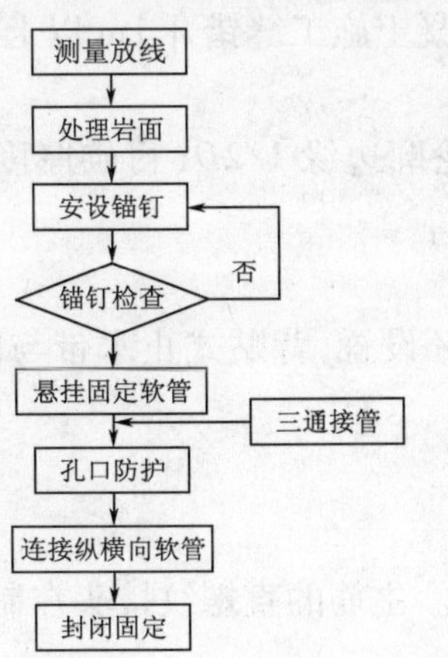

图 3-3-15 透水软管施工工艺流程图

环向透水盲管间距据地下水情况调整:富水地段 5m/环,贫水地段 10m/环,涌水地段增设。

(2) 纵向 $\phi100$mmPTR 打孔透水波纹管安装

在安装前,将基底清理干净,再把纵向 PTR 打孔透水波纹管连接好,引至洞外排放。其固定方法与环向透水盲管相同。

(3) 横向排水管安装

沿隧道纵向每 5m 设置一道横向 $\phi100$mmPTR 双壁波纹管,将地下水引入隧道两侧纵向排水沟排出洞外。环向盲管、纵向排水管和横向排水管分别采用三通或四通连接。

（4）施工注意事项

悬挂透水盲管时，锚钉锚于岩面或喷射混凝土表面一定要牢固，以免透水盲管掉下砸伤人。

喷射混凝土或混凝土施工时，对透水盲管的端口应进行防护以避免堵塞排水管道。

纵向透水管布设一定要平、直，与隧道纵向坡度保持一致。

2. 铺设防水板

（1）材料选用 PVC 复合防水板。

（2）防水板铺设的施工程序流程：

施工准备→打吊挂眼（打钉）→吊挂防水板→清洁接头→接头热风焊接→检查验收→移动作业架→下一循环。

（3）操作方法

① 基面处理

对初期支护喷射混凝土表面处理的要点如下：

a. 喷射混凝土基面平整度要求：墙面 $D/L \leqslant 1/6$，拱顶 $D/L \leqslant 1/8$（L 为喷射混凝土相邻两凸面间的距离；D 为相邻两凸面间凹进去的深度）。

b. 割除喷射混凝土面的钢筋、锚杆等尖锐突出物，并在割除部位用砂浆抹成圆曲面，以免扎破防水层。

c. 隧道断面变化或转弯时的隅角应抹成 $R \geqslant 5$cm 的圆弧。

d. 底板基面要求平整，无明显的凹凸起伏。

e. 喷射混凝土强度要求达到设计强度。

f. 防水层施工时基面如有明水应采取堵水或引排措施。

g. 对岩面进行冲洗，并清扫干净。

② 先用冲击电钻在初期支护上按板块吊挂点尺寸钻直径 2cm、深 5cm 小孔，打入小木楔（须打紧），再在木条上打入 8cm 长普通铁钉，伸入木条内 4cm，留下 4cm 打成弯钩，将防水板上已栓好的绳扣挂上，将铁钉弯钩用钉锤打击封口，以防吊绳脱出，即完成吊挂程序。相邻吊点的距离应小于防水板吊绳的距离，保证防水板铺设后具有一定的松弛度，防止浇筑二次混凝土时将防水板涨破。

③ 焊接时将两个接头面用热风焊枪平顺地焊接在一起，两环防水板的搭接宽度不小于 10cm，焊接面应保证无漏缝。搭接缝若有漏焊必须补焊，若有刺破、损坏要用小块防水板覆盖焊接。

④ 防水板按环进行铺设，焊接工序与固定工序紧密配合，一般先焊接后固定。

⑤ 铺设防水板地段距开挖工作面大于爆破安全距离，并及时进行二次衬砌。

（4）施工注意事项

① 接头处要留一定松弛度，以免拉开接头。

② 吊挂时，防水板的白色土工布一面紧贴初喷支护面，板接头面与混凝土施工缝错开 1m 以上。

3. 中埋式橡胶止水带安装

加宽段断面变化交界处的变形缝均设置中埋式止水带，在距衬砌内轮廓边缘 $1/2D$（衬砌厚度）处固定止水带。

4. 背贴式 PVC 止水带安装

加宽段所有变形缝、施工缝均设置背贴式止水带，按衬砌台车长度每环设置，背贴式止水带与防水板热风焊接在一起，焊缝宽度为 30mm。

（四）二次衬砌钢筋制作、绑扎和加固措施

1. 钢筋的制作

加宽段二次衬砌环向主筋应严格按照设计弧度先放大样，再进行弯制。主筋的直螺纹接头在制作、运输过程中应做好保护。

2. 钢筋的绑扎

加宽段二次衬砌的绑扎在简易操作台车上进行。外层钢筋绑扎时应在简易台车上设置临时支撑对钢筋进行固定，保证钢筋骨架的轮廓尺寸。外层钢筋绑扎成型后，安设加固钢拱架，再进行内层钢筋绑扎。

由于环向主筋全部采用直螺纹连接对钢筋下料尺寸精度的要求相当高，而且环向钢筋的接头也不容易拧紧。在不影响钢筋连接质量的前提下，在实际施工中经过设计单位同意，每根环向主筋可在边墙设置一个焊接接头，焊接接头要求左右错开布置。这样，既可以增加钢筋绑扎的可操作性，又增加了钢筋的连接质量。钢筋焊接接头采用双帮条单面焊接，焊接过程中用木板将防水板隔开，防止烫伤防水板。

钢筋绑扎成型后，必须严格检查其绑扎质量和接头质量，在退出操作台车的同时，必须搭设临时钢管架支撑，防止钢筋骨架失稳变形。

3. 加宽段二次衬砌钢筋的加固

出口加宽段二次衬砌钢筋由于横向跨度较大，钢筋骨架的强度和刚度不能承担钢筋自身的重量；同时由于在初期支护和二衬砌之间铺设有防水板，不能穿透防水板在初期支护上进行固定，因此，必须进行钢筋骨架的加固。

经过综合比较并经过设计认可，决定采用I16工字钢钢拱架对加宽段衬砌钢筋进行支撑加固。

(1) 应力验算

经过施工单位对所需要的工字钢进行应力计算，再请设计院进行验算后，方可采用。

(2) 加固措施(见表3-3-18)

加宽段二次衬砌钢筋加固措施表　　表3-3-18

围岩衬砌级别	理论计算长度(m)	加固措施
加宽段A	8.48	衬砌混凝土每段长10m，每段需2榀工字钢
加宽段B	6.9	衬砌混凝土每段长10m，每段需2榀工字钢
III级加宽段C	6.3	衬砌混凝土每段长10m，每段需2榀工字钢
IV级加宽段D	5.3	衬砌混凝土每段长10m，每段需2榀工字钢
加宽段D	4.08	左线加宽段D长7m，需2榀工字钢，右线加宽段D长9.5m，需要2榀工字钢
加宽段E	3	左线加宽段D长6.161m，需2榀工字钢，右线加宽段D长7.151m，需要2榀工字钢

加固用的工字钢钢拱架(图3-3-16)先在制作场加工制作，然后运至施工现场进行拼装。每榀钢拱架分7段进行制作，其外轮廓尺寸与衬砌钢筋外层主筋相同。每2榀工字钢之间设置ϕ25纵向连接钢筋，环向间距为5m，以增强工字钢纵向整体稳定性，连接筋与工字钢采用焊接连接(内外缘交错)。

在矮边墙混凝土预埋钢拱架固定钢板，钢拱架拱脚连接板与预埋钢板进行焊接。每段二次衬砌钢筋加固钢拱架拼装成型后，即可进行二衬钢筋的绑扎。

(五) 加宽段衬砌台车的设计、制作与拼装

嘉华隧道是重庆城市主干道上的重点工程，体现了城市形象。因此，二次衬砌的施工质量必须达到较高的水准。此外，针对出口加宽段跨度大，断面尺寸类型多的特点，必须制作出既能保证施工质量和安全，又要方便改装、易于操作的衬砌台车。

1. 衬砌台车的设计

出口加宽段采用由中铁八局一公司修造厂自行设计制作的拆装式整体钢模液压衬砌台车进行衬砌施工。台车由自动行走刚性支撑系统和可调节的整体钢模板组成，台车的移动及模板支撑就位均采用液压系统进行控制。与普通的台车相比，具有以下优点：

(1) 整体性好、刚度大、变形小、稳定性好，模板使用周期长。

(2) 台车采用工厂化制作，尺寸误差小，制作精度高，加上模位采用液压系统控制，立模精度高，因而二次衬砌的尺寸精度得以大大提高。

(3) 机械化程度高,操作便捷,施工方便,节省了大量的劳力、材料和机械费用,提高了工效。

(4) 混凝土质量容易保证,外观光顺平整。由于用液压台车采用附着式振捣器,保证了混凝土振捣质量,提高了混凝土的强度、表面光洁度和平整度。

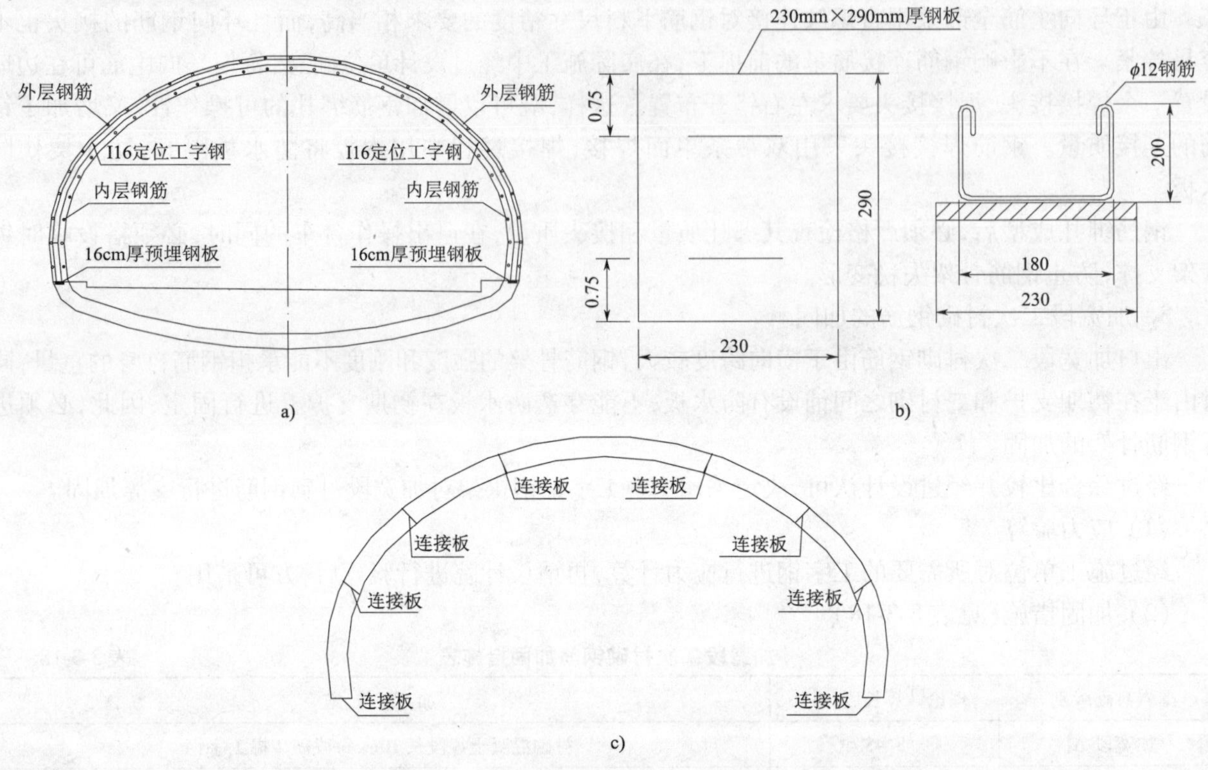

图 3-3-16 工字钢拱架示意图(尺寸单位:cm)

a)断面;b)16cm 厚预埋钢板大样;c)拱架示意图

通过各段的断面轮廓技术参数可以看出各加宽段断面只是拱顶圆弧半径发生变化,而边墙的圆弧半径保持不变。因此,在进行台车断面改装的时候,只需要对拱顶部分进行改装即可。

2. 台车的制作

台车的纵梁、立柱和斜撑采用两根 I50 工字钢焊接成箱形梁,组成稳定的门式框架结构。台车左右立柱考虑了路面横向坡度的影响,采用左右不等高立柱来适应路面横坡,便于台车轨道铺设和高程调整。纵横向连接系杆采用 I40 工字钢,拱架采用∠40 角钢,模板采用 10m 钢板拼装。台车长度为 10.8m,自重约 150t。

拱顶部分模板采用固定结构,直接和台车框架螺栓连接。左右边墙模板为可伸缩结构,上部采用栓钉与台车上部纵梁连接,中部采用两排液压油缸和台车立柱连接,通过液压油缸的伸缩调节模板的左右位置,底部采用可调节螺杆直接支撑在地面上。边墙模板张开后应与拱顶模板结合紧密。行走用 4 台电机驱动,轮箱总成结构考虑轴载偏载。

衬砌台车油缸布置:①水平油缸 ϕ125/63,安装距 1 030mm,行程 600mm,每侧 6 支共 12 支;②侧向油缸 ϕ125/70,安装距 1 250mm,行程 600mm,每侧 3 支共 6 支;③垂直油缸安装距 680mm,行程 250mm,每侧 3 支共 6 支。

台车模板端头设计安装可拆卸挡板,便于端头模板的安装加固和拆除。此外,在台车两端设置工作平台。

台车各构件在工厂制作,主要连接件应在操作平台上放出大样,制成后的纵横向大梁应顺直,挠度不大于 10mm。连接板的孔距误差不大于 1mm。

3. 台车的拼装与改装

台车各构件制作成型后运至现场拼装。加宽段二次衬砌施工由出口向洞内进行。因此,台车最开

始按照加宽段 E 拼装，然后再分别按照加宽段 D、C、B、A 进行改装。每次改装时，台车均退出洞外，便于杆件和模板吊装。由于是从大断面改至小断面，每次改装均按照每个断面的设计轮廓缩短拱顶部分的横向大梁和竖向支撑杆件，然后再拼装拱顶模板，而两侧边墙模板不进行重新加工，只是随着断面宽度变小而收缩，如图 3-3-17 所示。

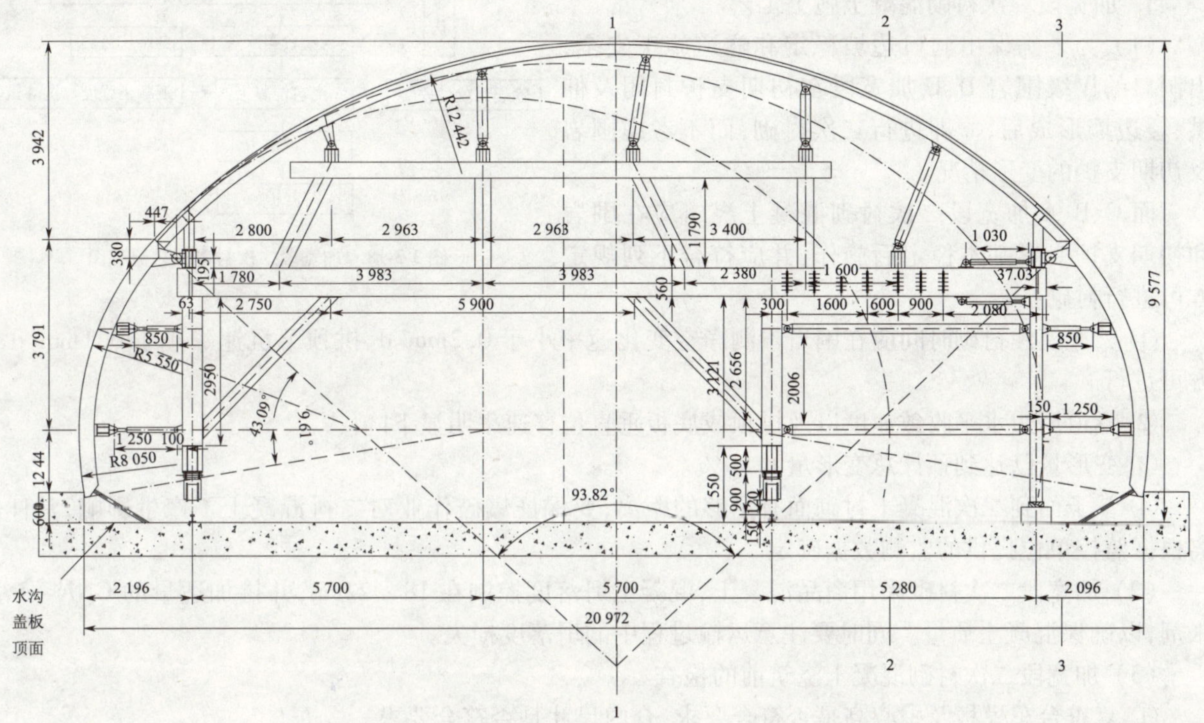

图 3-3-17 台车的拼装与改装图(尺寸单位:mm)

台车拼装和行走均在走行钢轨上进行，台车走行轨道的铺设质量对台车拼装质量和二次衬砌混凝土的浇筑质量的影响非常大，因此必须确保轨底平整坚实，以减少轨道的不稳定与沉降量。同时还应控制轨道的平面位置、轨面高程以及顺直度。考虑到台车的自重和混凝土的重量，走行钢轨采用 50 特重轨，枕木按 50cm 的间距铺设。

衬砌台车拼装完后应进行严格的检查验收，主要检查内容有：模板几何尺寸、顺直度，铰接处密闭性、平顺度，液压系统及行走系统的调试，杆件焊接质量、振捣器是否完好等。

4. 台车的行走和就位

台车在铺设的钢轨上行走，轨道铺设应尽量保证台车中心与隧道中心线一致，其偏差应控制在 5cm 之内，高度误差应控制在油缸行程之内，以利于调整。

台车移动之前，应先检查台车工作架上的堆放物是否稳定、牢靠，行走过程中每组滚轮必须有人看护，保证安全。行走前拱顶和边墙模板必须收拢到穿行要求位置。

台车移动到立模位置后，锁定卡轨器，然后用全站仪、水平仪进行定位测量，交替启动垂直油缸和侧向油缸，使模板立于设计要求位置。台车纵向调整可以通过台车与行走机构完成；横向调整在 5cm 以内的用侧向油缸调整，超过 5cm 时需调整轨道；高度调整靠垂直油缸完成，超过油缸行程应调整轨道。

加宽段衬砌台车安装控制标准：轨道允许误差 ±1cm；轨面高程允许误差 ±1cm。

(六) 加宽段二次衬砌混凝土施工工艺

1. 加宽段二次衬砌混凝土施工设备配置

(1) 混凝土的拌制：采用商品混凝土。

(2) 混凝土的运输：采用混凝土输送车运输，输送泵泵送混凝土。

(3) 混凝土的振捣:边墙采用插入式振捣器振捣,拱顶采用衬砌台车附着式振捣器。

(4) 工地设现场试验室,配齐试验技术人员和设备,随时检查入仓混凝土的质量。

2. 加宽段二次衬砌混凝土施工工艺流程(图3-3-18)

3. 加宽段二次衬砌混凝土施工工艺

(1) 为了确保出洞口边坡稳定和隧道施工安全,出洞口的Ⅳ级围岩 D、E 加宽段在初期支护封闭及仰拱、矮边墙形成后,立即进行二次衬砌,而不考虑围岩及初期支护的变形情况。

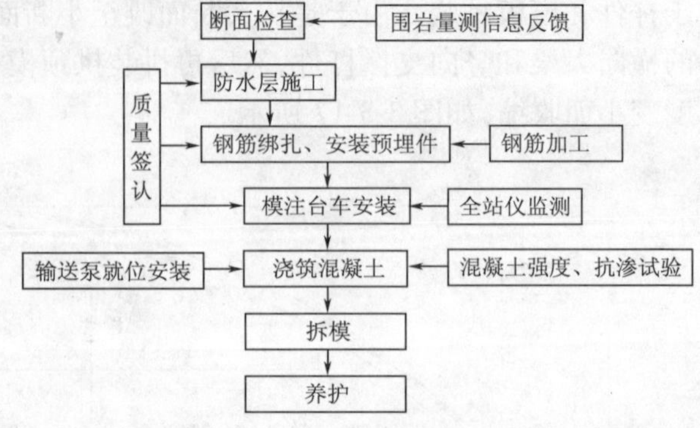

图3-3-18 加宽段二次衬砌工艺流程图

而 C、B、A 加宽段二次衬砌混凝土浇筑应在围岩和初期支护变形基本稳定后施作,并应符合下列规定方可进行衬砌:

① 二次模注衬砌时间应在围岩量测净空变化速率小于0.2mm/d、拱顶下沉速率小于0.1mm/d后方可进行。

② 隧道周边水平收敛速度以及拱顶或底板垂直位移速率明显下降。

③ 变形量已达到预计总变形量的90%。

④ 掌子面到二次混凝土衬砌面有足够的距离,要保证爆破作业对二衬混凝土不产生影响,具体距离根据监控单位提供的监测数据确定。

(2) 加宽段二次衬砌采用商品混凝土,混凝土坍落度控制在18~22cm,并掺加适量的 GNA-P 膨胀剂,以确保混凝土质量。同时要注意运输过程中的坍落度损失。

(3) 加宽段二次衬砌混凝土浇筑前的检查

① 复查台车模板及中心高是否符合要求,仓内尺寸是否符合要求。

② 台车及挡头模安装定位是否牢靠。

③ 止水带安装是否符合设计及规范要求。

④ 钢筋保护层是否符合设计要求。

⑤ 模板接缝是否填塞紧密。

⑥ 脱模剂是否涂刷均匀。

⑦ 基仓清理是否干净,底脚施工缝(如有)是否处理。

⑧ 输送泵接头是否密闭,机械运转是否正常。

⑨ 人员、设备是否到位,混凝土准备是否充分。

⑩ 报检、签证资料是否齐备。

(4) 加宽段二次衬砌混凝土浇筑

① 混凝土采用分层、对称浇筑。每层浇筑厚度不得大于0.3m,两侧高度差控制在50cm以内。输送软管管口至浇筑面垂距控制在1.5m以内,以防混凝土离析。浇筑过程要连续,避免停歇造成“冷缝”。为确保混凝土质量,要对混凝土入模温度进行监测,入模温度不得超过32℃。当超过允许温度时,必须采取加冰拌和冷却入模混凝土的措施,确保混凝土入模温度满足要求后,方可进行浇筑。

② 当混凝土浇至作业窗下50cm时,刮净窗口附近的脏物,涂刷脱模剂,窗口与面板接缝处应保证紧密结合,不漏浆。

③ 采用附着式捣固器捣固为主,插入式捣固器振捣为辅,定人、定点、分区进行,标准为混凝土不下沉,不冒气泡,表面开始泛浆。既防漏振,避免混凝土不密实;又防过振,避免混凝土表面出现砂纹。特别是内模反弧部分要确保捣固充分,避免出现气孔现象。

④ 混凝土浇筑要连续均匀,特别是在边墙浇筑的时候要控制浇筑速度,防止边模跑模和台车移位。

拱顶混凝土浇筑时要注意振捣质量,必须安排专人敲击模板,检查混凝土是否饱满,防止出现孔洞。

⑤ 封顶采用顶模中心封顶器接输送管,按从里向外的顺序逐渐封顶。当挡头板上观察孔有浆溢出,即封顶完成。

⑥ 拆模:二次衬砌混凝土强度达到 2.5MPa,浇筑完毕 18h 后方可拆模。拆模时尽量小心谨慎,避免缺棱掉角现象发生。

⑦ 为保证衬砌的整体外观质量,拆模后对已产生蜂窝麻面、黏模、错台等等,要及时采取补救措施。有效的方法是采用与衬砌混凝土配合比相同的砂浆加入适量的缓凝剂调匀,在台车拆模后混凝土尚未终凝时修补,可有效防止修补面与原混凝土的颜色差异,提高衬砌的外观质量。

⑧ 二次衬砌养护采用喷淋养护,保持混凝土表面湿润,其养护时间不得少于 14d,确保衬砌混凝土的收缩率在 2.5×10^{-4} 以内。

⑨ 对已浇筑成型的二次衬砌表面进行保护,防止表面损伤,影响外观质量。

五、嘉华隧道进口滑坡段施工技术

(一)进洞口工程简介

进洞口段浅埋、偏压软弱围岩施工是隧道的施工难点和重点之一。隧道洞口开挖区域为一仰坡斜坡,为一大的滑坡体,自身稳定性差。其坡角 20°~25°,仰坡总高度 19~42m,上覆崩坡积土由两洞中线到左侧厚度为 2.5~12.5m 人类活动堆填的人工填土,成分以亚黏土为主,含砂岩块碎石,强风化后的砂岩块碎石岩芯呈散砂状。下伏基岩为侏罗纪中统上沙溪庙组砂质泥岩夹薄层砂岩,呈薄~中厚层状。基岩完整度较差,岩体为呈块状镶嵌结构,岩体裂隙发育,强风化带较厚。岩层走向北北东~南南西,倾角一般为 8°~11°。

左线隧道进口段 K0+040~K0+060 以及右线隧道 K0+040~K0+060 段为超前大管棚支护,管棚 ϕ89,壁厚 6mm,环距 0.4m,搭接长度 3m;超前小导管 ϕ50 钢管支护段(K0+060~K0+065),壁厚 5mm,长 4m,环距 0.4m,搭接长度 1m;R25 中空注浆锚杆长 4m,@800mm×800mm 梅花型布置,挂网 ϕ8 @200mm×200mm,I20b 工字钢钢架(榀/0.5m),ϕ22 纵向连接筋,环距 1m,喷射 26cm 厚的 C30 钢纤维混凝土,浇筑 75cm 厚的 C30 钢筋混凝土衬砌。

(二)施工方法

1. 改移既有排水沟,开挖并施作洞口边仰坡截水沟,以截排地表水。截水沟距边仰坡开挖边缘不小于 5m,沟底纵坡不小于 3‰,将排水沟与截水沟出水口引出滑坡体和边仰坡开挖范围外。洞顶裂缝采用水泥浆封闭处理,防止地表雨水渗入引起开挖边、仰坡滑移危及施工安全。

2. 为防止左线隧道进口的边、仰坡失稳以及滑坡体产生滑移威胁施工安全,需加强对滑坡松散滑体的支挡,根据现场滑坡体的滑动趋向,在左线隧道明洞(里程范围:K5+788~K5+817.25)左侧设置 7 根滑坡体挡土桩。根据挡土桩结构受力,采用矩形桩,两桩中心间距为 3.5m,断面 2m×1.5m,两桩间设置桩间横系梁,横系梁距桩顶 0.5m,横系梁宽 0.8m,高 0.5m。采用人工开挖,护壁采用 C20 混凝土,桩间支护采用 C20 喷射混凝土,厚 150mm,挂 ϕ8 钢筋网片@200mm×200mm;挡土桩、桩间系梁采用 C30 混凝土,主筋保护层厚:挡土桩 50mm,桩间横系梁 30mm。桩底高程位于隧道路面线以下 3m,且嵌入中风化岩层不小于 3m。

3. 大管棚施工

嘉华左右隧道线进口均设置大管棚支护,采用 ϕ89mm 壁厚 6mm 无缝钢管,分段安装。大管棚沿隧道开挖轮廓线外侧 10cm 布置。管棚结构设计参数为:孔深 10m;钢管长 12m;每环数量 54 根;环向间距 40cm;辐射角 2°。

大管棚施工主要包括管棚导拱止浆墙、钻孔、管棚制作安装、注浆。施工工艺流程图如图 3-3-19 所示。

(1)大管棚导拱施工

管棚施工需要钻孔定位准确和钻孔时隧道周边围岩能承受钻孔产生的压力,防止开孔时开孔孔位出现错位或围岩受钻头冲击压力和扭转压力作用破碎，需要在钻孔前施工大管棚导向拱。

在进洞口岩壁管棚轮廓线内外分别0.3m和外0.7m设置导向拱，拱厚1m，长1m。导向拱采用C30混凝土浇筑，拱内纵向设2排I16工字钢拱架，每排2榀，环向间距为0.75m，共4榀，并在内拱壁外缘设置ϕ120mm、长1.0m的导向钢管。

导向管的精度直接决定管棚钻孔开孔精度和角度，因此施工采用三维极坐标法精确定位，用全站仪定出每根导向管的位置和角度，并将管焊接在半径小的内圈钢拱架外缘。立导向拱内、外侧及端头模型并加固检查后浇筑混凝土。确保导向拱混凝土浇筑时其不发生位移。

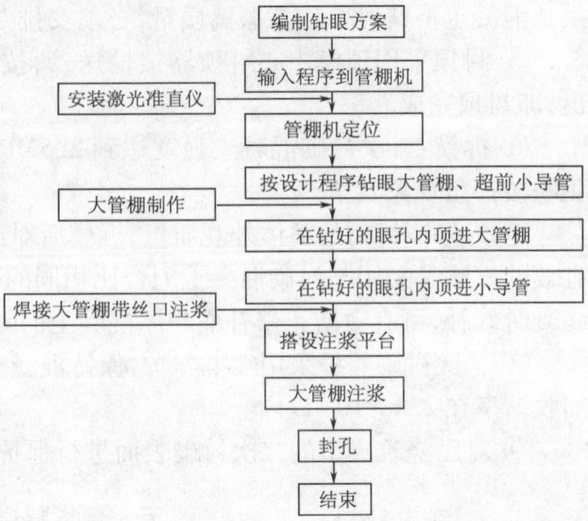

编制钻眼方案
输入程序到管棚机
安装激光准直仪
管棚机定位
按设计程序钻眼大管棚、超前小导管
大管棚制作
在钻好的眼孔内顶进大管棚
在钻好的眼孔内顶进小导管
焊接大管棚带丝口注浆
搭设注浆平台
大管棚注浆
封孔
结束

图3-3-19　大管棚施工工艺流程图

(2) 止浆墙施工

为使注浆能充分固结管棚施作轮廓1～2m范围松散土体，确保大管棚注浆的有效性，需要将工作面进行挂网喷射混凝土，形成注浆时阻止受压浆液沿裂隙大量外泻的止浆墙。止浆墙为ϕ8钢筋，网格间距20cm×20cm，多次喷射后形成厚20cm的喷射混凝土。

(3) 钻孔

采用汤姆洛克全电脑凿岩台车进行钻孔施工，钻头成孔ϕ110mm。台车钻杆单根长6m，经过连接套一次接长后长12m。利用台车左右侧的两个臂进行钻孔，中间臂进行顶管作业。

在经过导向管开孔时，必须注意钻杆的推进速度要缓，即钻机的冲击压力和扭转压力一定要小，低压推进，待钻进超过1m后，再按照正常推进速度钻孔。在钻孔过程中，需要不时回推钻杆，作反复推进、回退运动，加强排渣，防止卡钻现象。

液压台车的钻杆长度为4.3m、5.525m，钻深孔时必须接杆。因此，随着孔深的增长，需要对回转扭矩、冲击功及推力进行控制和协调，尤其要严格控制推力，不能过大。

① 台车就位固定后，由测量工站在台车臂托篮上准确画出钻孔位置。

② 施钻时，台车大臂必须顶紧在掌子面上，以防止过大颤动影响施钻精度。

③ 钻机开孔时钻速宜低，钻进20cm后转入正常钻速。

④ 换钻杆时，要注意检查钻杆是否弯曲，有无损伤，中心水孔是否畅通等，不符合要求的应更换，以确保正常作业。

⑤ 引导孔直径应比棚管外径大15～20mm，孔深要大于管长0.5m以上。

⑥ 钻孔达到要求深度后，按同样方法拆卸钻杆，钻机退回原位。

(4) 管棚制作(见图3-3-20)

ϕ10加劲箍
ϕ12注浆孔
108
100
950
10 800
150
12 000
a)
160
320
160
100100100100
200
200
b)

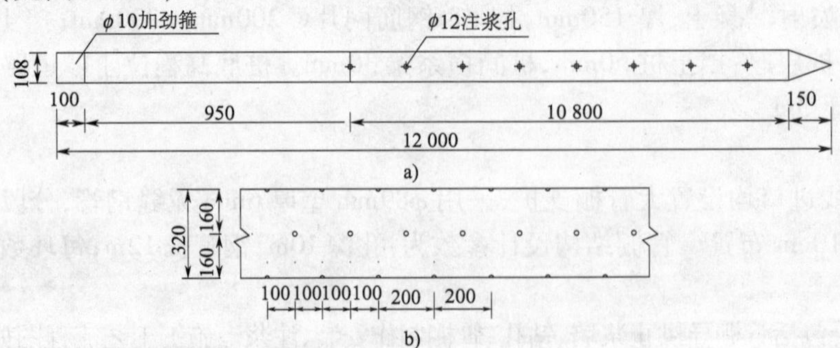

图3-3-20　管棚钢管图(尺寸单位:mm)

a) 钢花管大样图;b) 注浆孔布置展开图

钢管一般长9m,在两端连接处车成内丝口,利用连接套连接成12m长管棚。按照设计要求在管壁上设置梅花型布置的注浆孔,管棚前端制作成45°尖锥型,利于管棚推进时其顶部阻力最小。

(5) 顶管作业

钻孔完成后进行清孔,完成清孔后立即利用台车中间臂进行管棚顶进,防止塌孔,增加顶管作业困难。

顶管工艺及作业要点:采用大孔引导和棚管钻进相结合的工艺,即先钻大于棚管注浆的引导孔,然后利用钻机的冲击和推力(顶进管棚时凿岩机不使用回转压力,不产生扭矩)将安有工作管头的棚管沿引导孔顶进直至孔底。

(6) 管棚注浆

在注浆前利用快凝高强砂浆堵塞管棚与导向管间缝隙,防止在注浆时浆液外串。

现场采用1:1水泥浆进行注浆,终孔注浆采用水泥——水玻璃双液浆。浆液拌制使用制浆机,注浆采用双液注浆机。

注浆采用从孔口一次注入,在大管棚端头留设排气孔,以确保注浆饱满密实。注浆压力初压一般不低于0.5MPa,终压不低于1.5MPa。

4. 洞身段施工

(1) 超前小导管注浆

根据设计,小导管选用$\phi42$壁厚5mm无缝钢管,小导管布置沿隧道开挖轮廓线向外倾斜,外插角一般为10°~15°。采用手持风钻钻孔,注浆压力应根据地层致密程度决定,一般为0.5~1.0MPa,纵向前后相邻两排小导管搭接的水平投影长度一般不小于1.0m,环向间距根据设计取40cm。

① 施工工艺流程(图3-3-21)

② 施工准备

根据设计图纸,调查分析地质情况,按渗透系数确定注浆类型。渗入性注浆要通过试验确定注浆半径、注浆压力、单管注浆量,选取导管间距。加工导管,准备施工器材。准备施工队伍,培训施工人员。

③ 钻孔打入小导管

测量放样,在设计孔位上作标记。采用手持风钻钻孔,钻头直径为50mm,钻好孔后插入$\phi42$mm壁厚5mm小导管。小导管长4.0m,环向间距0.4m,有效长度为3.0m。地层松软也可直接将小导管打入。

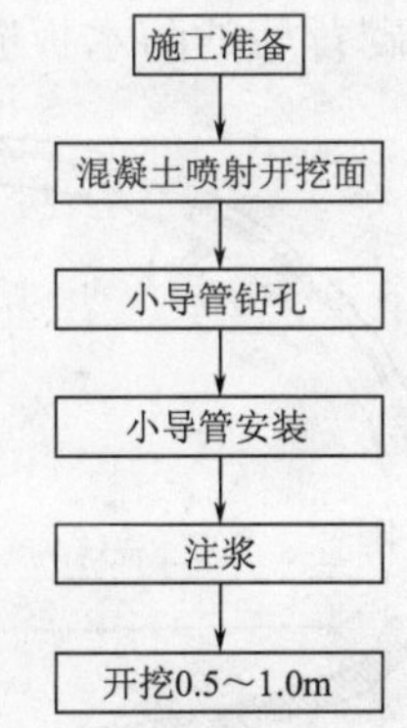

图3-3-21　超前小导管注浆施工工艺流程图

④ 注浆

单液注浆:注浆前先喷混凝土封闭掌子面以防漏液,采用$\phi10$钢筋,网格间距为20cm×20cm,喷射混凝土厚度为20cm。对于强行打入的钢管应先冲清管内积物,然后再注浆。注浆顺序由下而上,浆液采用拌和机搅拌。水泥浆水灰比采用1:1浆液。由于小导管注浆管路短,压力损失小,注浆压力控制在0.1MPa以内。考虑到注浆后需尽快开挖,注浆宜用普通水泥或早强水泥,拌浆时可掺入减水剂。注完浆的钢管要立即堵塞孔口,防止浆液外流。

⑤ 质量标准

导管在开挖轮廓线上按设计位置及角度打入。渗入性注浆施工时,孔位误差不得大于5cm;角度误差不得大于2°;劈裂、压密注浆施工时,孔位误差不得大于10cm,角度误差不得大于3°(角度用地质罗盘仪检查)。超过允许误差时,应在距离偏大的孔间补管、注浆。

钢管实际打入长度不得短于平均每根实际打入长度30cm,否则,开挖1.0m后补管、注浆。

检查钻孔、打管质量时,应画出草图,对孔位编号、逐孔、逐根检查并认真填写记录。

开挖过程中,要随时观察注浆效果,分析测量数据,发现问题后必须停工处理。

(2) 开挖

① 上台阶核心土开挖

由于隧道开挖施工断面大，为确保开挖后掌子面的充分稳定，采用上台阶核心土开挖。

小导管注浆 8h 后进行上台阶核心土开挖。开挖进尺每循环 1.0m，开挖原则是短进尺，人工开挖或弱爆破。核心土外围开挖完成后，进行初次喷射混凝土，厚度 3 ~ 5cm，然后进行锚杆、挂钢筋网和工字钢钢架施工，最后喷射混凝土，喷射混凝土厚度 26cm。不断重复核心土法开挖，直到有效管棚段施工完毕。

② 下台阶开挖

下台阶开挖采用两侧边墙交错开挖，单侧边墙开挖每循环长度控制在 2.0m 以内。开挖 1.0m 后立即进行初次喷射混凝土，厚度 3 ~ 5cm，然后进行锚杆、挂钢筋网和工字钢钢架施工。然后再进行 1.0m 长度边墙开挖，最后喷射混凝土，喷射混凝土厚度 26cm。不断重复开挖施工，直到边墙开挖完毕。

③ 仰拱开挖

下台阶开挖采用分幅开挖，洞口段为确保支护及时封闭成环，开挖长度为 10m。第一次开挖隧道仰拱宽度为 $1/2d+1.2$m，开挖时采用机械开挖、人工清底的方式进行。开挖完成后，进行 C20 仰拱垫层混凝土浇筑，仰拱钢筋绑扎。钢筋预留出 1.2m 和 0.2m 的接头（图 3-3-22），相临接头相互错开 1m（确保同一截面内同一钢筋的接头率不大于 50%），以便和拱墙钢筋进行连接。钢筋采用机械连接，混凝土浇筑和填充，待达到设计强度后，再进行另一幅仰拱施做。预留的钢筋采用塑料套进行保护。在矮边墙背后进行防水板预埋设，防水板露出矮边墙高度在 0.5m 左右，以利于和衬砌背后的防水板进行热风焊接。

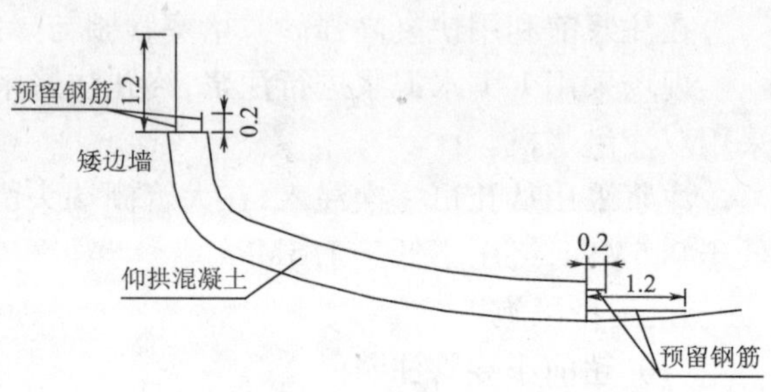

图 3-3-22　仰拱混凝土钢筋预留示意图（尺寸单位：m）

(3) 衬砌

① 仰拱混凝土施工

仰拱采用 C30 商品混凝土。采用分幅浇筑（图 3-3-23）的方式进行。仰拱混凝土与填充混凝土标号不同，仰拱混凝土施工后，再进行填充混凝土施工。混凝土采用分层浇筑的方式进行，每次浇筑厚度在 0.3m 左右，采用插入式振捣棒进行捣实。仰拱与边墙衔接处要捣固密实。仰拱、填充混凝土的横向施工缝必须经过凿毛处理。

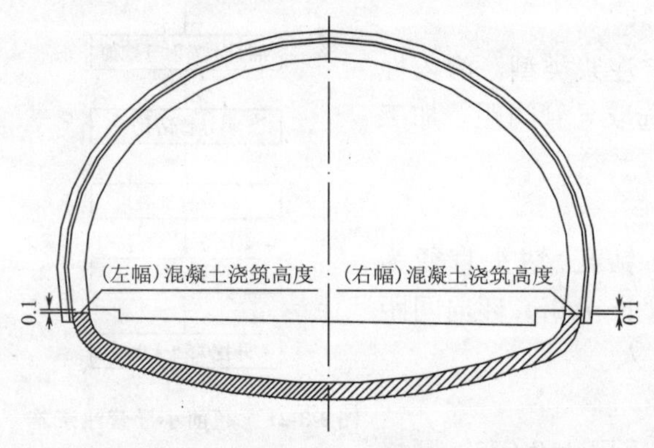

图 3-3-23　仰拱混凝土分幅浇筑图（尺寸单位：m）

仰拱填充采用 C15 商品混凝土，混凝土灌注前，对仰拱混凝土表面进行凿毛，以利于填充仰拱混凝土和仰拱混凝土的连接。仰拱填充混凝土的横向施工缝必须经过凿毛处理。混凝土采用分层浇筑的方式进行，每次浇筑厚度在 0.3m 左右，采用插入式振捣棒进行捣实。浇筑高度到路面下 0.4m（图 3-3-24）为止。

仰拱混凝土采用洒水进行养护，养护时间在 7d 左右，待混凝土达到设计强度以后，运输设备和其他机械设备才能在混凝土面通行。

② 拱墙混凝土施工

台车按照设计断面在专门加工车间制作成型，进行尺寸和弹模检验，合格后运送到施工现场组装。

衬砌为 C30 钢筋混凝土，抗渗标号 S8，浇筑前，清除防水层表面粉尘并洒水润湿，浇筑时，采用从下往上

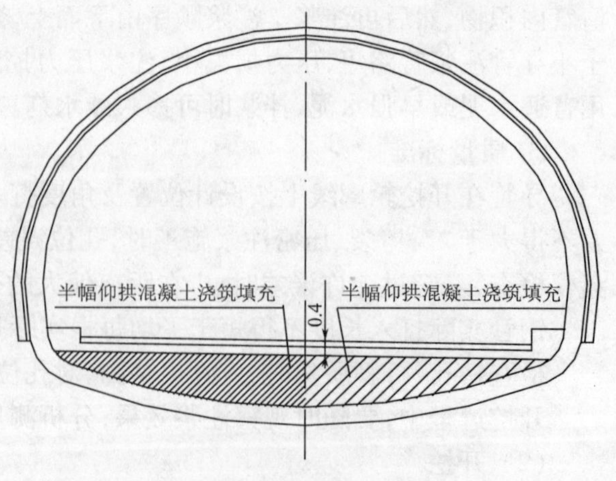

图 3-3-24　仰拱填充混凝土浇筑高度图（尺寸单位：m）

分层浇筑封闭成环的方式进行,每层浇筑厚度0.3m左右,两侧高差不超过0.5m。矮边墙混凝土在施工前进行凿毛处理,混凝土振捣采用插入式振捣器和在台车表面安装附着式振捣器共同进行。

六、隧道出口高边坡施工工艺

(一)引言

重庆嘉华大桥工程黄沙溪立交高切坡位于匝道B线左侧边坡1号锚杆挡墙(B匝道K0+93.0~K0+150.0)和匝道C线右侧边坡(C匝道K0+20.0~K0+138.0)以及嘉华隧道出洞口仰坡段。

此边坡高差较大,最高处达到40余m,且时尚小区在嘉华隧道出洞口的顶部修建了高层建筑。同时嘉华隧道从边坡穿出,与边坡同时施工。经地面调查和钻探揭露,本场地出露地层为侏罗纪中统上沙溪庙组上段沉积层和第四系全新统松散土层,表层主要为第四系残积亚黏土和因人类工程活动的人工填土,另外边坡上堆填了大量其小区的建渣及生活垃圾,厚度多为5~10m。下伏基岩为侏罗纪中统沙溪庙组陆象沉积岩层,裂隙发育。

为了保证洞口段安全及上部小区施工便道及挡墙建筑物的安全,在嘉华隧道出洞口仰坡段和2号锚杆边坡顶设置了由29根挡护桩组成的预应力锚拉桩板墙。

为满足景观及环保要求,每阶平台栽植灌木绿化。岩面采用混凝土植被护坡。

(二)施工方案选定

岩质边坡的计算力学模型:假定直立边坡高为H,岩体的重度为γ,内摩擦角为ϕ,黏聚力为c。假设潜在滑移线为直线,水平角为θ,强风化层以下段长度为L;潜在滑移岩体的重力为W,外界作用于潜在滑移岩体的内力为P;作用于潜在滑移面上的法向力为N;则滑动面上的剪力为$cL+N\tan\phi$。岩质边坡的计算简图如图3-3-25所示。

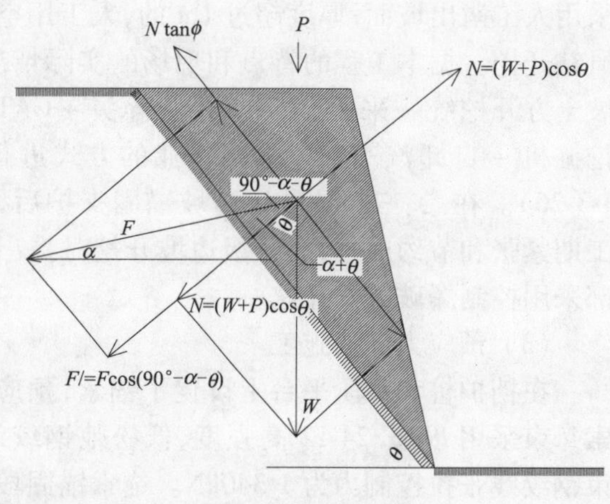

图3-3-25 岩质边坡计算简图

当满足式$cL+N\tan\phi-KS(W+P)\sin\theta>0$时边坡稳定。式中,$N=(W+P)\cos\theta$。

因坡顶建(构)筑物的限制,边坡坡率为1:0.25,采用肋板式锚杆护坡。分阶放坡,一级平台高12.2m,以上各阶每8m高设一级平台,平台宽1.5m。为控制坡顶变位,洞口仰坡段和出洞口左路堑(1号锚杆挡墙),每阶平台处设置了预应力锚索$\phi^s15.24-12@4$m,有效锚固长度不小于7.5m。其余护坡形式采用了普通锚杆2ϕ25@2m×2m,锚固体直径130mm,锚杆的有效锚固段长度不小于4m。右路堑边坡(2号锚杆挡墙)由出口仰坡至终点段设计采用了预应力锚索和R51N预应力中空锚杆相结合的方式。匝道C线K0+65至K0+160护坡形式同洞口仰坡段护坡形式。

此边坡高差大,开挖深度最高处将达到36m,且时尚小区在嘉华隧道出洞口的顶部有已修建了的高层建筑,距边坡顶部最短处为7.8m。一条正在使用中的城市快速路(菜袁路)距边坡较近,路上车辆众多。在施工中要保证坡顶建(构)筑物的稳定,且不危及菜袁路上行人和车辆的安全,同时挖方削坡时出现的振动应保证边坡的稳定,采用边切坡边支护的方案。

(三)主要施工工艺

1. 施工准备

对本工程施工范围临近的居民房屋、交通要道、地下管网、植被树木处边坡施工,针对具体情况采取了以下相应措施:

(1)人工清除原有边坡上的草皮和渝中名郡堆集的建渣和生活垃圾。

(2)在坡顶距刷坡边线3m处通长修建浆砌砖排水明沟,用于排除地表水,孔桩内的积水采用水泵抽排入排水明沟,引入排水系统。

(3)对于影响施工的地下管网,及时与相关部门取得联系,需改迁的管线尽快采取相应措施进行处理;需保护的地下管线,采取必要的保护措施,尽量不影响附近居民的日常生活。

(4)对于影响施工的植被、树木,在征得相关部门的同意后,采取相应的措施进行处理,争取创造良好的施工条件。

2. 施工工艺

(1) 挡护桩施工

工艺流程:挡护桩施工→孔桩上预应力锚索施工→桩板结构施工→土石方分台阶开挖(刷坡按3~4m高一个台阶级进行)→平台上预应力锚索施工(锚杆支护施工)→肋柱施工→盖梁施工→坡顶截水沟施工→景观绿化。

(2) 边坡土石方开挖

边坡土石方开挖采用了逆作法施工,按分台阶分段进行。页岩每台阶高度为3~4m,分段长度为10~15m,跳槽进行;砂岩每台阶高度为4~6m,分段长度为15~25m。

桩顶至锚索锚孔下1m及边坡厚度小于1m处,采用人工凿出坡面;厚度超过1m的,人工用空压机风钻开挖。据本工程的特点和现场的实际情况,边坡土方开挖统一采用CAT330C破碎头+CAT330C挖掘机+自卸汽车辅以人工作业的方式进行(图3-3-26)。在二、三级及坡顶边坡锚固支护后,由于工期紧张和节约成本,在一级边坡开挖时提出了局部采用控制爆破方式开挖。

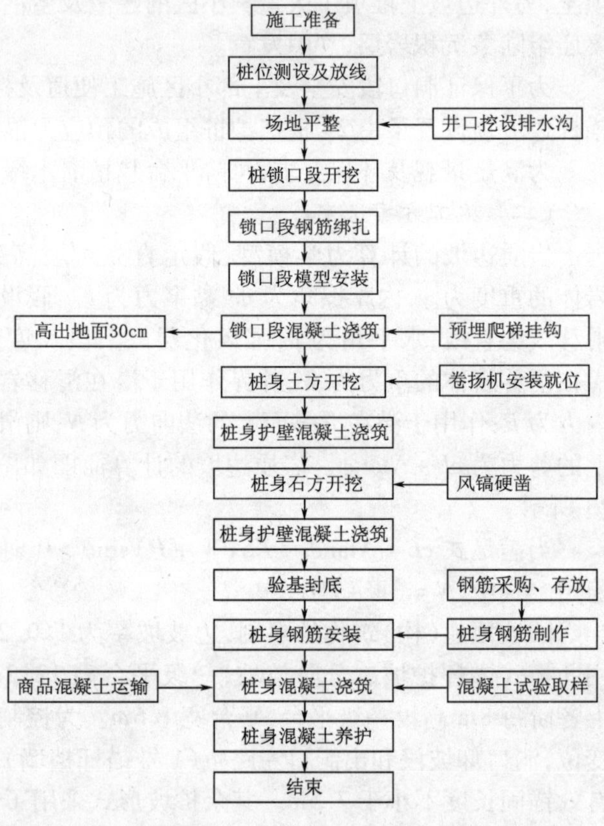

图3-3-26 边坡开挖及锚固支护流程图

(3) 预应力锚索施工

在挡护桩和每阶平台上设置了锚索,预应力锚索每束采用ϕ^s15.24-12高强度、低松弛钢绞线,每束钢绞线张拉控制力为1 340kN。锚索锚固段长≥7.5m,自由段采用沥青玻纤布包裹作防腐处理。预应力锚索的钻孔直径为180mm,其成孔深度比钢绞线的锚固长度加自由长度多0.5m,钻孔方向应与滑坡滑动方向在水平面上的投影平行,并与水平线向下成25°(挡护桩)和10°(平台)的倾角。预应力锚索的构造见图3-3-27。

(4) 桩间护坡工程施工

肋柱、盖梁施工,由于边坡裂隙较发育,将嵌入式肋柱更改为外露式肋柱,加快了施工进度,确保了岩体的整体稳定性。

① 钢筋工程

肋柱、盖梁的钢筋主要在钢筋棚加工、配料,运至现场后绑扎成型。钢筋的绑扎、加工、制作等符合规范和设计要求。

② 模板工程

肋柱和盖梁的模板主要采用小型钢模拼装而成,钢模板采用钢管支撑。模板拼装完毕后检查、矫正位移、垂直度无误后,立即自下而上安装柱箍及支撑系统。同时,模板的支撑系统具有足够的强度、刚度和稳定性。

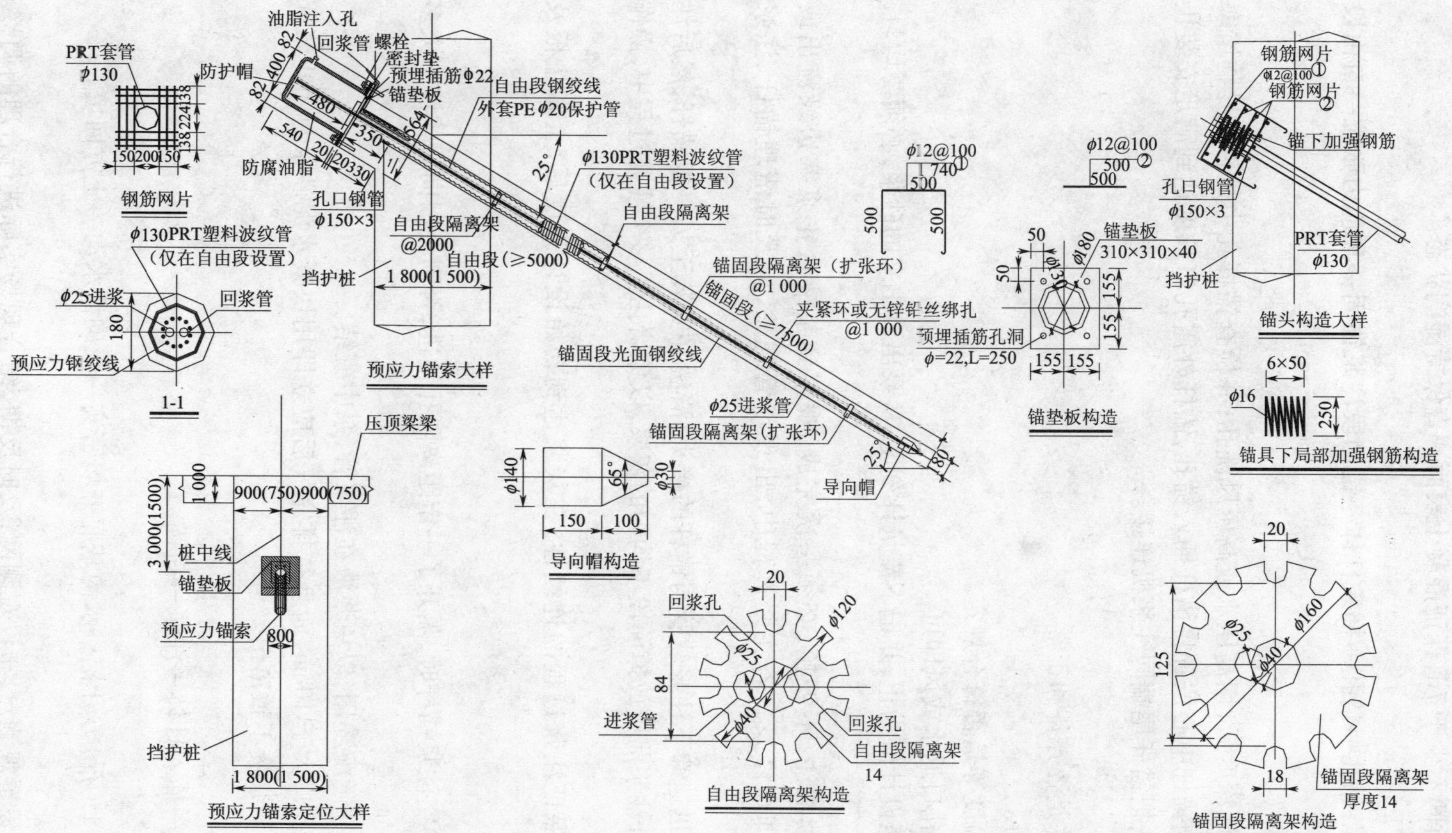

说明：

1.本图尺寸均以mm计。

2.挡护桩主筋避开预应力锚杆。

3.注浆管由锚具延伸至距孔底150位置处。

4.在自由段设置一根回浆管，回浆管长度1000~1500mm。

5.封锚处设置防护罩，并在防护罩上设置油脂注入孔。

6.封锚端下部增设张拉平台以便于定期补充防锈油脂及需要时间调整锚索预应力。平台构造另详。

7.施工顺序为：

（1）锚索孔道成孔；

（2）放置预应力锚索及波纹管；

（3）由注浆压注水泥浆，压浆方式为一次性压注锚固段及自由段浆体；

（4）安装封锚处锚具；

（5）张拉预应力锚索；

（6）安装防护罩，并在防护罩内注入防腐油脂；

（7）后期保养，包括定期补充防锈油脂及需要调整锚索预应力。

8.防锈油脂为专用类黄油油脂，锚垫板外露部分涂刷防腐漆。

9.预应力锚索自由段采用除锈，刷沥青船底漆。沥青玻纤布缠囊其层数不小于一层进行防腐蚀处理后装入套管中，锚索自由段PE套管全长范围内用黄泊填充，外绕扎工程胶布固定。

10.防护罩与锚垫板接触面上设置密封垫，并用螺栓连接。

11.若锚索的自由段处在土层中时，在PRT塑料波纹管内套ϕ121热压无缝钢管（壁厚5mm），且钢管需深入基岩0.5m。

图 3-3-27　预应力锚索的构造

③ 混凝土工程

混凝土浇筑前，清除模板内的杂物，木模板要浇水湿润，检查模板、钢筋和预埋件的位置、各部尺寸等。混凝土应连续浇筑，尽量减少间隙。混凝土的竖向浇筑高度应不大于2m，混凝土要分层浇灌振捣。采用振动器捣实混凝土，每一振点的振捣延续时间，以将混凝土捣实在表面呈现泌浆不再沉落为宜。混凝土浇筑后，要由专人浇水养护，时间不少于7d，保证混凝土表面一直保持湿润状态。

(5) R51N预应力中空锚杆施工

预应力中空锚杆施工工艺流程：钻孔→清孔→插入杆体→锚固段注浆锚固→预应力张拉→自由段注浆→安装紧垫板及螺母。

① 锚杆钻孔及安装

采用MGJ-50钻机钻进至设计深度后，用高压水或高压风洗孔；并检查锚杆孔中是否有异物堵塞并彻底清洗干净。采用定位架控制锚杆中心位置将锚杆插入锚孔，锚杆外露孔口长度达到满足安装止浆塞、垫板的螺母为宜；用注浆接头把锚杆尾端同注浆机连接。

② 锚杆的注浆

检查锚杆专用注浆器及其零件是否齐备和正常。

熟悉锚杆专用注浆器操作手册。

检查水泥和砂的粒径、比例、温度等是否符合规定。

用水或风检查锚孔是否畅通，孔口返水或风即可。

调节水流量计使砂浆水灰比至设计值为止，并记下流量计刻度；从泵出口出来的砂浆，必须要均匀，不能有断续不均现象。

开动泵注浆，整个过程应连续灌注，不停顿，必须一次完成，观察到浆液从止浆塞边缘流出或压力表达到计算出来的设计量，即可停泵。若注浆过程中，出现堵管现象，应及时清理锚杆、注浆软管及泵。

当完成一根锚杆的注浆后，应迅速卸下注浆软管与锚杆的接头，清洗并安装至另一根锚杆，然后注浆；若停泵时间较长，在对下根锚杆注浆前应放掉前段不均匀的灰浆，以免堵孔。整个注浆过程中，操作人员应配合密切，动作迅速。

注浆过程中，及时清洗接头，保证注浆过程的连续性；在灰浆达到初始设计强度后，上紧垫板及螺母。

③ 施工注意的事项

在软岩和土层中施作R51N中空注浆锚杆时，隔开了一定距离隔孔钻进，否则会因向岩体注水太多可能导致岩面坍滑。

水泥砂浆严格按配合比配制，并随配随用，以免浆液在注浆管、泵中凝结。

为保证注浆效果，止浆塞打入孔口大于10cm，而且待排完气后应立即用快凝水泥砂浆封闭止浆塞以外的钻孔，以保证在规定的压力下浆液不致窜出。

(6) 锚杆施工

工艺流程：放孔→钻孔→清孔→插入杆体→注浆→封锚。

(7) 地表排水工程施工

工艺流程：测量放线→截水沟土(石)方开挖→水沟基底夯填密实→浆砌截水沟→土方回填。

(8) 监控量测

在施工过程中加强动态观测，设置观测点，布设观测网，及时反馈，结合现场实际进行合理的调整。对于高边坡及环境复杂位置，委托专业单位进行观测，确保边坡的安全。

(四) 施工效果评述

高切坡在施工过程中由于受到诸多限制，施工中根据实际情况进行了分段实施，顺利完成了高边坡的施工。同时施工中，重庆大学检测中心对边坡进行跟踪监控，边坡一直处于稳定状态。该高边坡的支护很好地保证了边坡的稳定性以及周围建（构）筑物的安全，取得了良好地效果。竣工后全貌见图3-3-28。

图 3-3-28　高边坡施工后全貌

第四章 立交工程

第一节 华村立交桥施工组织及管理

一、工程概况

华村立交北起嘉华大桥，南至嘉华隧道，连接两条东西走向干线嘉陵路和嘉滨路，桥面总面积约3万m^2。是一座3层互通式全定向立交，第一层为嘉陵路地面道路；第二层F匝道高架道路；第三层为嘉华大桥至嘉华隧道引道，桥面最高点高程为225.666m，离地面约为33m。其结构形式为大挑臂预应力现浇混凝土箱梁，跨度为42.24m。地处闹市中心区，市政环境极为复杂，地下管线纵横交错、旧房拆迁基础清理不彻底、车辆、行人川流不息、地质条件复杂，以及施工场区局促、施工技术复杂、施工难度极大。

施工范围原民房多、地下管线多，在施工初期为保证嘉陵路的正常交通，无法进行桩基础施工，而该处又是整个工程的关键节点。为此，首先需要将嘉陵路扩建，尽早开始嘉陵路上原有部分管线迁改工作。便道施工完毕，交通改道，桥中心柱墩才能开始挖桩。施工范围之内的管线属于搬迁范围，施工范围之外附近设施属于施工保护对象，必须采取措施加以保护。

二、立交桥施工的特点

(1) 建设规模大，占地面积大，内容复杂。一座立交桥工程包括桥梁、道路、给排水(给水、雨水和污水)、电力、通信、燃气、路灯等专业工程，工程量大，且各专业工程的相互制约影响较大，常会遇到拆迁工作，施工中必须统筹安排，协调配合。

(2) 要充分考虑施工期交通组织安排，尽量避免对交通及行人产生大的影响。通常采用修施工便道或压缩现有机动车道的方法施工。

(3) 要充分考虑原有管线拆移。现有管线与新建管线纵横密布，在施工中必须统筹兼顾，不影响既有管线发挥正常作用。

(4) 为尽量少影响交通并改善周围环境，城市桥梁施工工期一般都很紧，而质量目标要求又高，且参加施工的作业队伍较多，需要项目经理部做大量有效的协调组织工作。

(5) 必须有效地处理好夜间施工与噪声污染的关系，处理好文明施工与工程进度的关系。

三、施工总体安排

(一) 区段划分和安排

划分施工段原则：①有利于结构的整体性，尽量利用伸缩缝或沉降缝、在平面上有变化处以及留茬而不影响质量处；②分段应尽量使各段工程量大致相等，以便于施工组织节奏流畅，使施工均衡；③施工段数应与主要施工过程相协调，以主导施工为主形成工艺组合，工艺组合数应等于或小于施工段数；④分段的大小要与劳动组织相适应，有足够的工作面。

根据上述原则，结合华村立交桥所处的地理环境和工程内容，并考虑工程量的分布及特点，该立交

桥的施工按专业性质和位置采用分区段平行组织施工，划分为2个平行施工段。第一施工段：中南橡胶厂片区，包括南引桥4～13号段、A匝道10～16号段、C匝道2～5号段、D匝道0～4号段、E匝道0～7号段、F匝道0～10号段、L匝道0～3号段、六十二中架空梯道、D匝道架空梯道、1号、9号、10号重力式挡墙等。第二施工段：李子坝加油站片区，包括A匝道3～10号段、F匝道10～22号段、C匝道0～3号段、L匝道0～3号段、11号锚杆护坡工程等。

施工安排本着先地下后地上、先重点后一般的原则，先施工桥梁下部桩基。在施工道路时可采用半幅施工，以保证车辆畅通。在不影响桥梁施工的原则下，挡墙采用分段施工。施工桥梁上部采用现浇梁施工法。

（二）施工准备

1. 水、电供应

城市立交桥施工，通常接水、接电比较容易，同时要考虑就近原则及不二次移动接水、接电点。对用电点，该架空线的要架空，该直埋的要直埋，所设配电箱及配电板必须采用空气漏电开关，实行多级保护，所有动力用电均采用“三相五线”制。

依据上述的基本常识及施工现场情况，华村立交分别在李子坝加油站附近、嘉华大桥4号墩附近（画家之村内）和嘉华隧道洞口（重庆市六十二中）处共设置3台变压器，为本工程解决供电问题，并在施工范围周边设置“三相五线”制架空线路，解决设备及临时生活用电。根据就近原则，施工用水直接从附近给水系统接入。

2. 施工平面布置

施工平面图布置采用以下原则进行布置：①尽量少占用地、节省投资的原则，利用道路红线内范围解决；②合理布置材料、半成品仓库、设备堆积场以及预制构件厂，缩短运距；③尽量利用已有或拟建的建筑物及设施，以便减少大型临时设施的工程费；④有利于职工工作及生活，减少上下班时间；⑤符合劳动保护、环保及防火、安全要求。

华村立交桥连接两条东西走向干线嘉陵路和嘉滨路，地面交通十分繁忙，施工区四周围墙封闭，结构形式为：下部预制砌块高0.6m，上部安装彩钢板。施工阶段无专用生活区场地，为使临建设施相对稳定，尽可能利用施工范围内拆迁房屋，有利于施工和节省工程临时设施费用。生活设施集中在原中南橡胶厂片区。

四、施工进度计划安排

（一）华村立交工程施工进度计划安排原则

（1）根据竣工及交付使用的期限，优先安排对交通及群众日常出行影响较大的工程。比如，在华村立交桥施工中，F匝道7～10号段是影响整个华村立交工程是否能够按期完成工期目标的的关键部位，必须优先安排该匝道的施工。

（2）科学地安排施工顺序，要做到先地下后地上，先三通一平后施工。进行工程排队，突出重点，攻克难关。对工期长、技术复杂、施工难度大的工程早做安排。

（3）采用机械化施工方法和提高装配化程度，如华村立交桥工程中的11号护坡工程采用大型机械化施工。

（4）采用科学的网络计划方法，确定最合理的施工组织，以便工序之间相互创造有利条件，扩大工作面，加快施工进度。

（5）落实季节性施工措施，确保连续施工。如编制雨季施工措施等。

（6）全面平衡人力、物力，尽量压缩施工，做到均衡施工，避免虎头蛇尾现象的发生，自始至终掌握施工节奏。

（7）要充分考虑桥梁设计的变更因素和不可遇见性。桥梁的施工往往由于急需上马，地质资料、地下管线位置和设计不一，一旦变更，将会影响工程进度。

(8) 制定有效措施保证进度的实现。如组织措施、技术措施、经济措施等。

(二) 施工总进度计划编制的步骤和方法

(1) 计算工程量。根据批准的工程项目,粗略计算出单位工程实际工程量。

(2) 根据施工总工期确定各单位工程的施工期限。

(3) 确定各单位工程的开竣工时间和相互关系。

(4) 编制初步的施工总进度计划。根据初步的施工总进度计划,利用计算机进行网络的工期优化和费用优化,调整符合要求后,即可编制正式的施工进度计划。

五、主要施工方法

(一) 原则

施工方法是施工方案的核心内容,它对工程的实施起决定性作用。它是根据施工方案的基本要求,为桥梁分部、分项工程在具体施工条件下拟定的措施。施工方法应突出重点,凡是采用新技术、新工艺和对本工程质量起关键作用的项目,以及工人在操作上还不够熟练的项目,应详细而具体。不仅要提出拟定进行这一操作的过程和方法,而且要提出质量要求,以及为达到这些要求而采取的技术措施。并要预见可能发生的问题,提出预防和解决问题的办法。对于常规施工方法和工人熟练项目,则可适当简化。

确定施工方法,应考虑桥梁各部分结构和受力特点,结合现场施工其他项目及本施工单位拥有的施工经验和设备,吸收成功的施工方法和先进技术,以达到施工快速、经济和优质的目的。

(二) 交通组织管理

立交桥施工中,必须优先考虑围绕交通组织的施工方法。通常可考虑改道、悬挂交通指示牌及夜间交通指示灯,确保交通不受大的影响。由于城市立交桥往往是多个交叉口的交织点,人多车多,不可能进行封闭性施工,因此要优先安排主车道车流通行,封闭限制或对次要干道交通车流进行改道。通常主车道跨线桥施工一般要搭设2个机动车道和2个人行通道。如华村立交工程中,坐落于嘉陵路上部分墩位,在其施工范围内因要维持原有交通,暂时不能施工,要等嘉陵路扩宽,交通改道后才能施工。4条跨越嘉陵路的匝道桥和南引桥跨越嘉陵路处是整个立交的关键,且由于该范围内匝道密集,须考虑多次改道,同时嘉陵路两侧管线搬迁及改移量很大,给交通转换带来很大困难。

(三) 开挖基础或开挖地面

在立交桥施工中,无论是土方开挖或基础开挖,施工前,必须先探明地下管线的准确位置。虽然业主可能已提供了有关管线平面位置及高程,但往往由于城市地下管线的变迁,竣工图已和实际不一样,因此必须采用雷达地探仪测量,然后人工小心开挖,确定该基础下确无管线或管线迁移后,才可以采用机械开挖。在施工中,经常会碰到挖坏地下管线而导致工期拖延及赔偿问题,这与贸然施工有直接关系。

(四) 支架和模板的选型

城市立交桥梁外观要美观,要求里实外美,表面无暇点、蜂窝、麻面,因此在模板选型上要特别注意。桥墩外观是最值得注意的地方,所以模板通常采用装配式钢模拼装就位,四方对称用拉线拉紧固定,这样可以保证柱子垂度。模型立好并经检查人员检查墩垂直度和几何尺寸无误后,方能灌注混凝土。

对于现浇梁体支架的搭设,首先要进行地基处理。一般城市立交桥梁可利用既有原始地面作为支架地基,但又要注意对周围回填部分进行夯实处理,以防不均匀沉降,必要时对基础进行硬化处理。其次,支架、模板的周转不能重复太多次数,一座桥等待模板、支架周转的次数越多,其工期越长。

(五) 箱梁混凝土的施工管理

城市立交桥施工由于受场地限制和混凝土搅拌对周围居民的影响,考虑采用商品混凝土。混凝土的灌注按以下程序考虑:①混凝土灌注前应先检查配合比是否与桥梁混凝土等级相配,人员是否到位,机械设备是否处于良好状态,并对灌注人员讲述灌注方法和操作要领。②混凝土的灌注采用罐车运输,泵车输送，插入式振捣器进行捣固连续灌注。③每跨箱梁混凝土分两次浇筑。第一次先浇筑至箱梁翼缘以下部分，第二次完成整体箱梁的浇筑。箱梁混凝土为C50商品混凝土，要求和易性好、缓凝、高强，经级配试验及现场测试，确定混凝土的配合比，初凝时间控制在6～8h。混凝土浇筑采用活动泵接硬管进行输送。每跨桥面布置两条硬管输送混凝土，先浇远端，然后倒退到近端，即退浇的方法，随着浇筑距离渐近，硬管逐节拆除。另外，为确保箱梁混凝土在施工时不产生沉降裂缝，每次混凝土浇筑须在初凝前全部完成，要控制好混凝土的初凝时间，安排好运输车辆，以确保混凝土的连续浇筑。当混凝土收水结束后，要求马上盖好土工布浇水养护。由于桥面较高，因此采用加压泵把水送至桥面。在冬季施工时，覆盖土工布进行保温养护。在中午气温较高时，掀去覆盖物，浇水养护，到晚上再行覆盖。

（六）桥面系的施工管理

城市立交桥的施工，越到后期，工期越紧，因此后期桥面系质量往往出问题，必须予以重视。

1. 防撞墙施工采用预制和现浇相结合的方法。

在防撞墙外侧部位先预制一块带有槛口和锚筋的钢筋混凝土板，长度为1m（考虑到安装时的接缝，实际长度为99cm），采用$\phi10$的主筋与锚筋，$\phi8$的分布筋。利用特制的起吊设备安装预制板就位。在就位前，在箱梁挑臂缘口10cm范围先对防撞墙底部凿毛，使预制板与箱梁接触密贴，安装调整好，将预制板的预留钢筋与箱梁的预留钢筋以电焊固定。

防撞墙内模采用特制钢模板，面板为4mm钢板。施工采用整体现浇的方法，利用相邻段已浇筑的防撞墙（已达设计强度）做一挂篮，以便立模、扎筋、浇筑混凝土。混凝土施工完成后要及时进行收水，并及时浇水养护，以确保混凝土表面不出现收缩裂缝。

2. 桥面施工

现城市立交桥通常采用混凝土桥面和沥青桥面。该工程采用沥青桥面，按照沥青路面施工方法进行，但要注意沥青面层同桥梁混凝土的接触问题，一是要底面干净、毛糙，二是要洒黏层油，三是要保证沥青路面铺筑厚度。

3. 伸缩缝安装

按照设计将所有伸缩缝预埋构件安装就绪后，选择相对较低温度时进行安装，安装时应严格按照说明进行，保证安装质量。

六、施工组织机构框架

（一）质量管理机构组织

1. 管理体系

对工程质量实行三级管理：即操作人员的自检、互检，项目管理部、监理专检以及上级部门的抽查。对每个岗位都制订岗位责任制，使每个人都知道自己对质量应尽的责任。见图3-4-1。

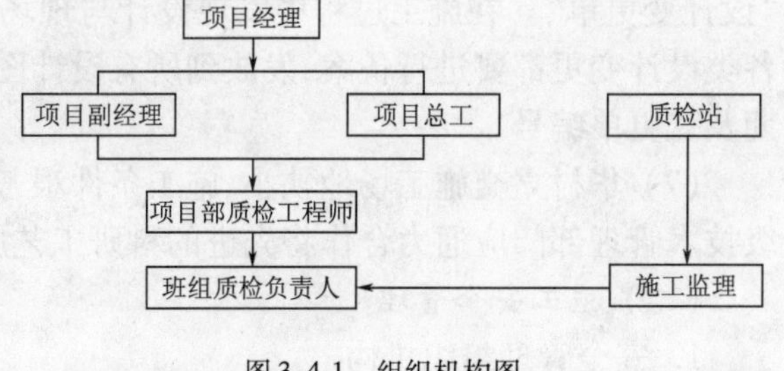

图3-4-1　组织机构图

2. 质量管理组织措施

（1）详细阅读建设单位提供的地下管线、邻近构筑物等图纸资料、设计单位提供的工程地质勘察报告、工程设计图纸和技术文件、监理单位提供的工程监理规划和有关文件。透彻了解建设、设计和监理单位对本工程施工要求。

（2）在编制施工组织设计时，把保证工程施工质量列为主要内容之一，对保证质量的重点、难点和特殊点采取必要的施工技术措施，并编制专项施工方案。

（3）工程实施前，对参与本工程施工的现场施工技术负责人、工地负责人、班组长直至每一位操作工人作层层技术交底和质量交底，并组织起由总公司工程部、指挥部专职工程师、项目经理部质量负责人和各班组兼职质检员参加的施工质量管理网，并进行培训，明确各级质检员的责任，协力抓好工程的施工质量。

(4) 施工时,严格按照经过公司审定的施工组织设计和保证质量的施工技术组织措施的要求进行施工,每道工序都要严格按图施工,不折不扣地执行有关"施工与验收规范"和建设单位作出的技术规定。每道工序完毕,先由施工班组初验,合格后再由项目经理部质检工程师同建设单位代表和施工监理正式验收,获准后方可进入下道工序。

(5) 工程施工过程中,由专人负责测量放样,不得随意换人,贯彻导线控制网点及水准点定期复核制度。对已完成结构进行沉降观测,并填写报表。

(6) 制定严格的桥面铺装层、防撞墙及立柱验收标准,并成立小组进行技术攻关。

(7) 对工程所用原材料及商品混凝土必须有完整的质保书、现场来料试验记录及复试,设立现场标准试验室。

3. 技术管理措施

(1) 在工程施工过程中建立以总公司总工程师,项目指挥部工程师和项目组项目工程师为主的技术管理网络,形成系统的管理体系和质量保证体系。

(2) 进入施工现场后由项目工程师组织有关的技术管理人员熟悉施工图纸,做好施工方案编制、测量放线、设备检查验收等准备工作。施工方案由项目经理部编制,并报项目指挥部工程师审核,主任工程师再上报总工程师审批,审批后的施工方案按照原上报线路返回。根据总工程师和项目指挥部工程师的审批意见,做好补充和修改工作后,再行上报。

(3) 每一分部、分项工程施工前必须进行施工技术交底,要求交底到每一个操作人员,交底后以书面形式发给主要班组长,并要求每一个参加交底的人员签字认可。技术交底内容应详尽,包括设计工程项目概况、主要施工工艺、各项细节的工艺操作流程、注意事项、安全生产、文明施工等内容。

(4) 内业资料由专职资料员进行整理,要求做到真实、有效、齐全,各项表格、验收资料、文件、技术方案等应有收发文记录,并按照实际需要的份数发放,收发人员均进行签字。资料归档应分类进行,并做好标签,较为重要的资料采用电脑辅助管理。主要文件应在第一时间内发放到每一个人。

(5) 项目工程师负责日常的技术管理业务联系工作,对建设单位、监理、设计和分包等提出的技术上的问题进行答复,一般采用"工作联系单或技术协商核定单"的形式进行,对主要问题进行备案。

(6) 设计变更包括施工单位提出并得到设计认可的变更和设计对于工程项目的直接变更两部分。对于在施工过程中因施工难度大、难以实施的项目,在有可以替代的情况下应上报设计认可,并出具"设计变更单"。在施工过程中发现设计与现场施工不符合的地方,应立即通过监理工程师提请设计。各类设计变更都要进行备案,发放到所有设计图纸持有人手中,并在原图纸上修改正确、标明变更的日期及变更单编号。

(7) 华村立交施工场地狭小、施工条件艰苦,许多施工难题都需要在施工中进行课题攻关,因此,各级技术管理部门应通力合作将先进的科研工艺应用到工程中去。

(二) 施工安全管理

1. 安全管理组织机构

工程实施中,成立以项目经理部经理为组长,副经理和项目总工程师为副组长,项目经理部有关业务部门领导为委员的安全生产管理小组;片区施工队相应成立安全领导小组,形成安全管理组织体系。以施工安全、人身安全、设备安全为首要职责,层层签订安全包保责任状,严格遵守有关安全生产的法律法规和技术标准,建立健全安全生产管理制度,定期召开安全工作会议,发现问题及时解决。制定安全规划,搞好安全培训,消除事故隐患,把不安全的因素消灭在萌芽状态。

2. 现场布置

(1) 设置安全标志,在本工程现场周围配备、架立安全标志牌。

(2) 施工现场按照防火、防爆、防雷电等安全规定和文明施工的要求进行布置,施工现场的生产、生

活办公用房、仓库、材料堆放场、停车场、生产车间等按批准的总平面布置图进行布置。

(3) 现场道路应平整、坚实、保持畅通;现场道路一侧或两侧遇有河沟、排水沟、深坑等情况时,应设有防止行人、车辆等坠落的安全设施;危险地点悬挂按照《安全色》(GB 2893—2001)和《安全标志》(GB 2894—1996)规定的标牌。

(4) 现场的生产、生活区消防器材设有专人管理。

(5) 各类房屋、库棚、料场等的消防安全距离必须符合国家或公安部门的规定,室内不得堆放易燃品;严禁在木工加工场、料库、油库等处吸烟;现场的易燃杂物,随时清除,严禁在有火种的场所或其近旁堆放。

(6) 氧气瓶不得沾染油脂,乙炔发生器必须有防止回火的安全装置,氧气瓶与乙炔发生器要隔离存放。

(7) 施工现场的临时用电,严格按照《施工现场临时用电安全技术规范》(JGJ 46—2005)的规定执行。

(8) 施工前,应根据设计文件复查地下构造物(如地下电缆、给排水管道等)的埋设位置及走向,对周围的建筑物要确定其位置,并采取防护措施。

3. 施工机械的安全控制措施

(1) 各种机械操作人员和车辆驾驶员,必须持有操作合格证,不准操作人员操作与操作证不相符的机械;不准将机械设备交给无操作证的人员操作,对机械操作人员要建立档案,专人管理。

(2) 操作人员必须按照本机说明书规定,严格做到工作前检查、工作中观察、工作后检查保养,认真填写机械运转记录。

(3) 驾驶室或操作室应保持整洁、严禁存放易燃、易爆物品,严禁酒后操作机械,严禁机械带故障运转或超负荷运转。

(4) 机械设备在施工现场停放时,应选择安全的停放地点,夜间应有专人看管。

(5) 用手柄起动的机械应注意不要让手柄倒转伤人,向机械加油时要严禁烟火。

(6) 严禁对运转中的机械设备进行维修、保养调整等作业。

(7) 指挥施工机械的作业人员,必须在操作人员可以看到的安全地点,并用明确规定的指挥联络信号进行指挥。

(8) 使用钢丝绳的机械,在运转中严禁用手套或其他物件接触钢丝绳,用钢丝绳拖、拉机械或重物时,人员应远离钢丝绳。

(9) 起重作业应严格按照《建筑机械使用安全技术规程》(附条文说明)(JGJ 33—2001)和《建筑安装工人安全技术操作规程》(1980 年 5 月 20 日国家建筑工程总局[80]建工劳字第24 号文颁发)规定的要求执行。

(10) 定期组织机电设备、车辆安全大检查,对检查中查出的安全问题,按照“三不放过”的原则进行调查处理,制定防范措施,防止机械事故的发生。

4. 高处作业的安全管理

(1) 所有进入施工现场的人员必须戴好安全帽,并按规定配带劳动保护用品,或安全带等安全工具。

(2) 作业人员不得穿拖鞋、高跟鞋、硬底易滑鞋和裙子进入施工现场。

(3) 在距边缘 1.2 ~ 1.5m 处设置护栏或架设护网,且不低于 1.2m,并要稳固可靠。

(4) 从事架子施工的人员,要持有特种作业操作证方能上岗;对进行模板施工,高度超过 2m 的架子要由架子工去完成。

(5) 施工作业搭设的扶梯、塔吊、工作台、脚手架、护身栏、安全网等,必须牢固可靠,并经验收合格后方可使用,架子工程应符合《建筑施工高处作业安全技术规范》(JGJ 80—1991)和《建筑安装工人安全技术操作规程》规定要求。

(6) 人员上下通道要由斜道或扶梯上下,不准攀登模板、脚手架或绳索上下,并作好“三宝”、“四口”等防护措施的管理。

(7) 作业用的料具应放置稳妥、小型工具应随时放入工具袋,上下传递工具时,严禁抛掷。

(8) 进行两层或多层上下交叉作业时,上下层之间设置密孔阻烯型防护网罩加以保护。

(9) 脚手架拆除时,应经技术部门和安全员检查同意后方可拆除并按自上而下,逐步下降进行;严禁将架杆、扣件、模板等向下抛掷。

(10) 施工平台悬挂配醒目的安全警示牌,夜间施工必须有充足的灯火照明。

(11) 塔吊按计算位置设置。

(三) 确保工期和环境保护的管理

1. 确保工期的措施

(1) 以抓计划管理为龙头,首先要确定项目总进度计划和分进度计划,即建立单位工程施工进度计划,直到分项工程施工进度计划。

(2) 建立控制措施

① 确定进度协调工作制度,每周固定日召开工程碰头会,研究工程日进度完成情况及出现的新问题,及时反馈信息,实行动态管理。

② 分析影响进度目标实现的干扰和风险因素,如拆迁影响、交通影响、暴雨影响等。

③ 充分考虑设计变更因素。城市立交桥设计的反复变更是常事,会直接给进度带来不利影响,出现设计变更后,根据情况,及时对进度进行调整,总进度保持不变。

④ 采取经济措施,工程款做到专款专用,决不挪用,并实行工程进度奖惩制度。

⑤ 采用简单、可行、加快或少拖进度的技术措施方案,不要片面追求利润,还要注意社会效益。

(3) 人员及机械设备,小型机具及专业设备要保证。工地的设备不得随意调出,机械设备要提前检修,保持良好的工作状态。

(4) 材料供应应保证适时、适地,按质、按量。

2. 环境保护的措施

(1) 加强文明施工,认真搞好施工现场规划,场内布置整齐,紧凑有序。

(2) 施工现场内的弃土和其他废弃物等及时清除运输至指定的地点,做到施工期间场地整洁。

(3) 优化施工方法、施工工艺,保护周围环境不受污染;对于噪声大的工序,尽可能安排在白天施工,以减少夜间对附近居民的干扰。

(4) 工地排放的污水等必须经过处理后方可排入附近的沟槽内,严禁污染土地和周围环境。

(5) 做好生活区的卫生管理工作,生活垃圾要在指定地点堆放,生活废水排放入沟槽内,保持生活区的卫生和整洁。

(6) 施工场地设置必要的临时围栏、平交路口,车辆、行人通行处等设置明显标志,使施工场地尽可能自成一体,以减少和外界的相互干扰。

(7) 施工便道要做好维护工作,路面保持平整,两侧排水良好,雨季无坑洼积水;旱季适当洒水,防止尘土飞扬。

(四) 降低工程成本管理

降低工程成本是现场施工项目管理的工作内容之一,工程成本是否得以控制,事关减少无用消耗、提高有效投入的能力,取得工程及社会的综合效益的目标。项目经理的责权利的有机结合充分发挥项目经理的积极性,加强对每一笔款项的消耗管理,加强对工程实施过程中的监控,具体主要采取以下几个方面管理措施:

(1) 合理缩短工期,减少施工管理费的支出。

(2) 加强质量管理,保证一次成优,减少返工损失。

(3) 合理选择材料供应及外加工协作单位,做到有比较下的择优采购。

(4) 合理调度、使用机械及周转设备材料。

(5) 工程中积极使用新技术、新工艺,保证工程质量,提高工效。

(6) 每季度进行经济活动分析,分析项目成本,及时调整施工方法和改进施工工艺。

(7) 积极开展"合理化建议"活动,让工程中各施工措施更趋合理、有效,降低施工措施费。

七、经验与体会

立交桥施工组织及管理是一个庞大的系统工程,它包含施工技术管理和组织管理。施工技术是保证工程能按设计进行施工,而只有严格的组织管理才能圆满按照承包合同完成工程。施工组织要重视科学管理,讲求经济合算,提高效益,同时也要重视社会效益。

第二节　华村立交小半径箱梁预应力束摩擦损失检测和分析

一、引　　言

通过对华村立交0E~4E匝道N1b索和0F~3F匝道N1b索预应力张拉管道摩阻力损失的检测和分析,找到符合现场施工状况的预应力摩阻损失规律,以此指导施工,同时对预拱度进行合理设置,这为设计人员选取有关设计参数提供了科学依据,最终使成桥质量达到设计要求。

二、预应力束摩阻损失检测及分析

1. 摩阻损失及其产生原因

一般情况下,摩阻损失是指预应力筋与周围接触的混凝土或套管之间发生摩擦造成的应力损失。在后张混凝土中,预应力筋通常一端为固定端,另一端为张拉端,用千斤顶张拉。当预应力钢材受到张拉并与管壁接触时,就会引起摩擦力,结果使固定端的拉应力小于千斤顶张拉端的应力,一般可通过超张拉来予以补偿。摩擦损失很大程度受施工工艺影响,如管道预埋是否平顺、接头是否光滑平顺、管道在施工过程中是否压碰变形、混凝土浇筑过程中是否漏浆、钢绞线的锈蚀等。因此摩阻损失很难通过理论准确算出,而必须通过现场检测确定。通过对0E~4E匝道N1束和0F~3F匝道N1b束进行试验检测和分析,参照有关技术资料,得出合理的管道摩擦损失变化规律。

2. 预应力筋摩阻损失测试

因施工工艺的影响,管道摩阻损失通常比设计值大,尤其是对长束和小半径束,影响较为严重。这造成有效预应力不足,影响预拱度的设置、线形、结构的变形和应力,由此影响成桥的质量。试验时采用的张拉设备与实际施工时相同,由于管道长度较长,应该采用两端张拉的方法,但是为了试验的要求,准确测出预应力中摩擦阻力的损失值,所以试验中采用单端张拉的方法。在主动端把千斤顶串联使用,以满足张拉时过大伸长值的要求。钢绞线束伸长量通过钢直尺测量张拉端千斤顶伸长量并减掉夹片回缩量来获得。

3. 测试组装的工艺

测试组装方法按《公路桥涵施工技术规范》(JTJ 041—2000)中管道摩阻力测试方法进行。

0E~4E匝道N1索为15束锚索,按其钢绞线强度(1 860MPa)的75%计算,其预应力控制应力为2 929.5kN,因此选用2台≥400t的测力中孔传感器。由于钢绞线较长,总伸长值达到891mm,故采用5台千斤顶(1台千斤顶的最大行程为200mm,5台总伸长为1 000mmm),1台在被动端,4台在主动端,并保证主动端4台串联在一起。

0F~3F匝道N1b索为12束锚索,按其钢绞线强度(1 860MPa)的75%计算,其预应力控制应力为2 343.6kN,因此选用2台≥300t的测力中孔传感器。又由于其钢绞线较长,总伸长值达到550mm,因此采用4台千斤顶(1台千斤顶的最大行程为200mm,3台总伸长为600mm),1台在被动端,3台在主动端,并保证主动端3台串联在一起。

考虑到在千斤顶串联时不易对准中线，几只千斤顶串联会产生错位，钢绞线与千斤顶筒壁也会产生摩擦，因此现场采用手动葫芦调整，使千斤顶能较好地对中，使其中心线一致。

主动端和被动端安置好千斤顶后，进行摩阻测试，预张拉10%后进行单端张拉，单边分级张拉至最大，分级为50%、80%、100%，然后卸载，反复进行3次。测试两边测力中孔传感器读数差值，即为摩阻损失。

用贴应力片方法测试钢绞线分段摩阻力，在钢绞线的中部、1/4处，粘贴应力片，每个部位贴8组，共计24组。

考虑到该钢绞线张拉距离比较长，且非线形，贴应力片测试应力可靠性较差。这主要因为：钢绞线上贴应力片黏结性能较差，如果应力片按照钢绞线受力方向贴，钢绞线受拉时容易绷落；如果应力片按照钢绞线单根钢丝捻制方向贴，计算难度会加大。另外，每根钢绞线锚固情况很难保证一致，取值时每个部位取6组应力片作为计算数据，因此用该方法所得数据只作为传感器测试相关指标的补充和参考。测点布置见图3-4-2、图3-4-3。

三、检测结果及分析

（一）传感器的测试结果（见表3-4-1、表3-4-2）

0E～4E匝道测力传感器测试摩阻力结果表　　表3-4-1

序　号	主动端	被动端	摩　阻　力		钢绞线总伸长值（mm）	备　注
	传感器力值（kN）	传感器力值（kN）	差值（kN）	比值（%）		
1	2 910	2 037	873	30	763	
2	2 912	2 045	867	29.8	775	
3	2 915	2 067	848	29.1	786	

0F～3F匝道测力传感器测试摩阻力结果表　　表3-4-2

序　号	主动端	被动端	摩阻力		钢绞线总伸长值（mm）	备　注
	传感器力值（kN）	传感器力值（kN）	差值（kN）	比值（%）		
1	2 267	1 723	544	24	483	
2	2 274	1 767	507	22.3	490	
3	2 273	1 771	502	22	500	

对摩阻力测试共进行了3次，而实际张拉只有一次，故把第一次所测数据作为试验取值。从中可以看出管道摩擦阻力随重复张拉的增加变化不大，处于递减趋势。

（二）管道摩阻应力损失k、μ值的确定

管道摩阻应力损失由管道曲率效应和偏差效应两部分组成的。

预应力筋摩阻损失公式：

$$\mu=[-\ln(P_a/P_j)-kX]/\theta \tag{3-4-1}$$

式中：μ——预应力筋与孔道的摩擦系数；

P_j——张拉端拉力；

P_a——实测固定端拉力；

k——孔道局部偏摆系数；

θ——从张拉端至计算截面曲线孔道部分切线夹角（以弧度计）；

X——从张拉端至计算截面的孔道长度（以m计）。

P_j、P_a可由传感器测出，L、θ根据设计图纸给定的k、μ的取值范围，把其中一个作为定值进行计算，得到另一个值，再进行换算，最后通过插值找出其中的规律。X、θ的取值见预应力几何要素表3-4-3、表3-4-4。

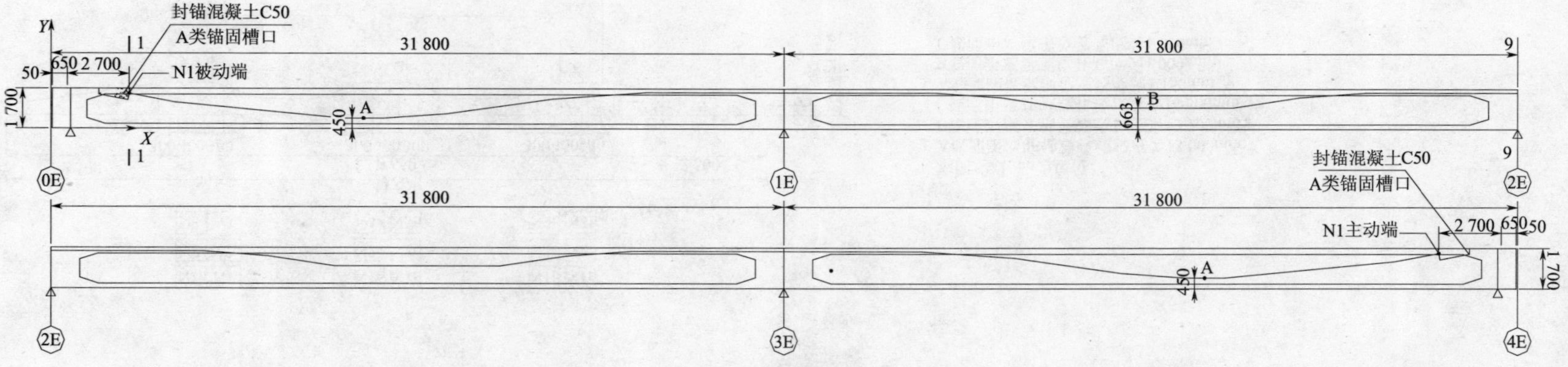

封锚混凝土C50
A类锚固槽口
N1被动端

N1主动端

钢束立面布置

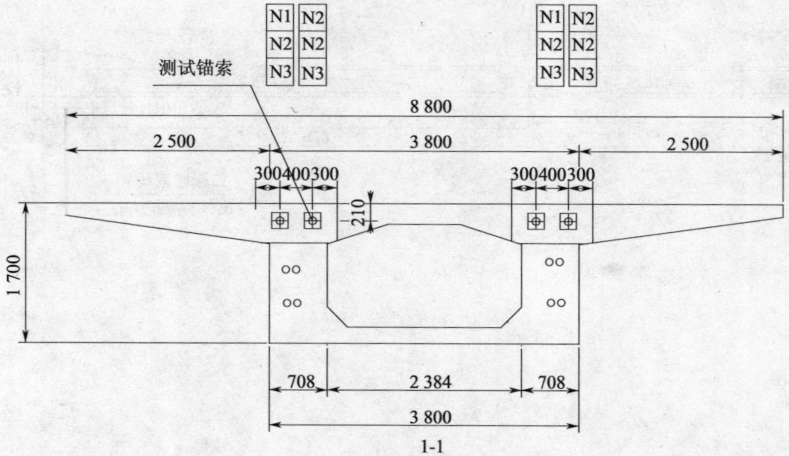

测试锚索

1-1

说明：
1.本图均以mm为单位。
2.A截面距离4E轴线弧线长度为15 900mm;
B截面距离0E轴线弧线长度为47 700mm;
C截面距离0E轴线弧线长度为14 500mm。
3.A截面距离梁顶位置高度为1 250mm;
B截面距离梁顶位置高度为1 037mm;
C截面距离梁顶位置高度为1 250mm。

图 3-4-2 0E ~4E 测点布置图

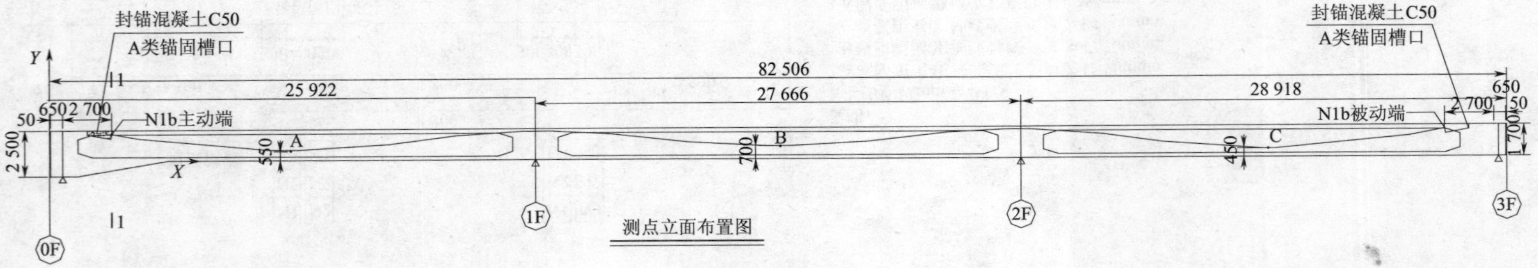
封锚混凝土C50
A类锚固槽口
N1b主动端
N1b被动端
82 506
25 922
27 666
28 918
650
2 700
50
2 500
550
700
450
1 700
A
B
C
X
Y
0F
1F
2F
3F
1
测点立面布置图

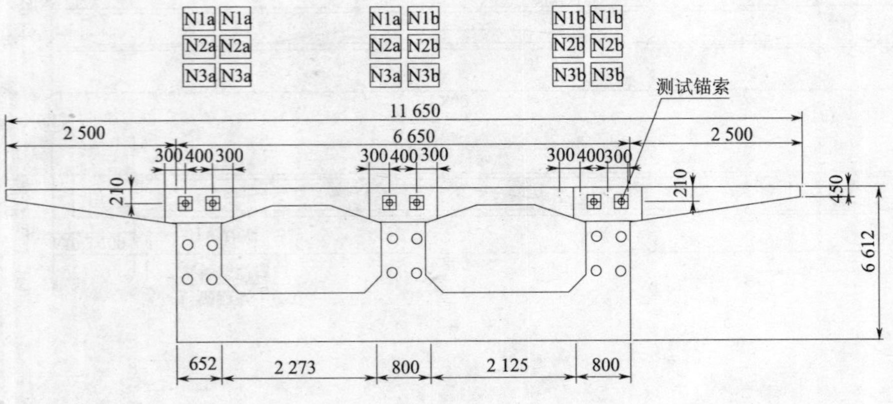
N1a N1a
N2a N2a
N3a N3a
N1a N1b
N2a N2b
N3a N3b
N1b N1b
N2b N2b
N3b N3b
测试锚索
11 650
6 650
2 500
2 500
300 400 300
300 400 300
300 400 300
210
210
450
6 612
652
2 273
800
2 125
800

1-1

说明：

1. 本图均以mm为单位。
2. A截面距离0F轴线弧线长度为13 000mm;
   B截面距离3F轴线弧线长度为42 700mm;
   C截面距离3F轴线弧线长度为14 500mm。
3. A截面距离梁顶位置高度为1 150mm;
   B截面距离梁顶位置高度为1 000mm;
   C截面距离梁顶位置高度为1 250mm。

图 3-4-3　0F ~4F 测点布置图

0E～4E 匝道预应力几何要素表 表 3-4-3

N	X	Y	R	B	T	A
1	3.4	1.49	0	0	0	0
2	8.992	0.45	40	0.17	3.688	10.536
3	15.8	0.45	20	0.047	1.369	7.829
4	23.8	1.55	30	0.07	2.053	7.829
5	39.8	1.55	20	0.052	1.448	8.282
6	47.7	0.4	25	0.052	3.639	16.565
7	55.6	1.55	20	0.263	1.448	8.282
8	71.6	1.55	20	0.052	1.448	8.282
9	79.5	0.4	25	0.052	3.639	16.565
10	87.4	1.55	20	0.263	1.448	8.282
11	103.4	1.55	30	0.07	2.053	7.829
12	111.4	0.45	20	0.047	1.369	7.829
13	118.208	0.45	40	0.17	3.688	10.535
14	123.8	1.49	0	0	0	0

0F～3F 匝道预应力几何要素表 表 3-4-4

N	X	Y	R	B	T	A
1	3.4	1.49	0	0	0	0
2	8.455	0.55	40	0.17	3.687	10.534
3	15.422	0.55	40	0.077	2.49	7.125
4	23.422	1.55	30	0.058	1.868	7.125
5	23.422	1.55	30	0.042	1.589	6.065
6	36.422	0.7	40	0.056	2.119	6.065
7	43.088	0.7	40	0.056	2.119	6.065
8	51.088	1.55	30	0.042	1.589	6.065
9	56.088	1.55	30	0.07	2.053	7.829
10	64.088	0.45	40	0.094	2.737	7.829
11	73.514	0.45	40	0.17	3.688	10.535
12	79.106	1.49	0	0	0	0

1. 0E～4E 匝道 k,u 值的确定

假定 $k=0.0015$,则

$\mu=[-\ln(P_a/P_j)-kX]/\theta=0.357-0.184/2.227=0.17$

再假定 $\mu=0.17$,则

$k=[-\ln(P_a/P_j)-\mu\theta]/X=0.001\,5$

从式中可知 $k=0.001\,5$,$\mu=0.17$。

2. 0F～3F 匝道 k、μ 值的确定

假定 $k=0.001\,5$,则

$\mu=[-\ln(P_a/P_j)-kX]/\theta=(0.274\,4-0.113\,6)/1.312\,5=0.122\,5$

再假定 $\mu=0.17$,则

$k=[-\ln(P_a/P_j)-\mu\theta]/X=(0.274\,4-0.223\,1)/75.706=0.000\,7$

从中可以确定 k 值为 0.000 7～0.001 5,μ 值为 0.122 5～0.17。

（三）预应力束伸长值的测试结果

钢绞线伸长值 ΔL 计算公式如下：

$$\Delta L = P_j \times L[1 - e - (\mu\theta + kL)]/E_y A_y \tag{3-4-2}$$

式中：ΔL——扣除管道长度外的钢绞线伸长值和两端夹片回缩后的理论伸长值；

E_y——钢绞线束弹性模量；

A_y——钢绞线束截面积。

钢绞线的理论伸长值 ΔL 和实测伸长值见表 3-4-5。

钢绞线的理论伸长值 ΔL 和实测伸长值 表 3-4-5

预应力束编号	理论伸长值（mm）	实测伸长值（mm）	误差（%）
0E～4E 的 N1	724	763	-5.4
0F～3F 的 N1b	459	483	-5.2

（四）应力片的测试结果

钢绞线上的应力值可由 $\sigma = E\varepsilon$，其对应的应力值见表 3-4-6，表 3-4-7，比较见表 3-4-8。

0E～4E 匝道截面加载的应力表 表 3-4-6

测试部位	测点编号	加载等级及应力（MPa）			
		10%	50%	80%	100%
A 截面	1	128.6	670.5	1 034.6	1 302.6
	2	123.5	600.4	1 086.3	1 288.69
	3	130.5	640.8	1 065.33	1 280.92
	4	129.7	690.6	950.4	1 284.65
	5	81.64	590.6	1 025.82	1 134.6
	6	123.8	660.5	890.3	1 251.8
	7	76.5	630.5	1 103.5	1 269.58
	8	125.6	360.8	1 076.5	1 034.6
B 截面	1	111.3	600.8	960.5	1 170.8
	2	106.8	580.4	900.6	1 120.6
	3	110.3	579.6	930.8	1 200.6
	4	120.6	478.6	760.5	950.8
	5	70.6	610.5	980.6	1 150.6
	6	110.9	580.8	920.5	1 142.48
	7	34.6	400.6	930.6	750.6
	8	108.6	560.3	945.5	1 180.8
C 截面	1	100.6	530.6	850.46	1 120.6
	2	105.6	520.4	810.5	1 050.9
	3	118.2	500.6	840.5	1 089.6
	4	113.5	556.5	838.05	940.5
	5	98.6	560.8	340.2	1 100.6
	6	108.9	350.6	830.6	1 034.6
	7	70.6	544.6	850.6	1 009.92
	8	105.9	400.5	860.5	930.6
说明：根据每个截面的平均应力，测得加载到 A、B、C 截面到张拉端的损失为 6%、16.5%、23%					

0F～3F 匝道截面加载的应力表 表 3-4-7

测试部位	测点编号	加载等级及应力(MPa)			
		10%	50%	80%	100%
A 截面	1	126.6	640.32	1 020.6	1 252.6
	2	122.5	620.3	1 046.3	1 289.45
	3	125.3	640.5	1 000.6	1 290.92
	4	125.6	630.5	860.6	1 284.65
	5	125.9	625.6	1 050.6	1 185.6
	6	56.5	420.6	980.6	1 301.8
	7	130.8	639.5	990.8	1 279.58
	8	121.6	500.6	1 034.6	1 150.6
B 截面	1	108.9	602.5	970.3	1 180.3
	2	110.6	584.6	895.6	1 120.7
	3	112.6	578.5	931.6	890.6
	4	119.5	489.6	743.6	1 201.17
	5	80.6	613.6	976.5	1 155.6
	6	105.6	633.2	926.5	820.6
	7	81.6	543.6	940.6	1 146.48
	8	113.5	610.8	955.6	1 230.7
C 截面	1	106.5	533.6	860.45	1 125.4
	2	103.8	530.6	809.5	1 080.6
	3	110.6	550.3	850.6	1 069.9
	4	123.6	560.3	840.2	840.6
	5	99.6	566.6	845.6	1 150.6
	6	108.6	450.6	828.9	1 054.92
	7	126.8	570.6	860.5	1 029.6
	8	115.5	580.6	833.5	945.6

说明：根据每个截面的平均应力，测得加载到 A、B、C 截面到张拉端的损失为 5%、13%、19%

0E～4E 和 0F～3F 比较表 表 3-4-8

要素	0E～4E	0F～3F
长度	122.491m	76.506m
弯曲要素(θ)	2.136 8	1.312 5
梁体线形	半径为 51m 的圆曲线	半径为 100m 的圆曲线和缓和曲线
摩擦损失	大	小

从检测中可看出 0E～4E 的摩擦损失比 0F～3F 的摩擦损失大，计算的 k、μ 值较大，相应的孔道弯曲的损失和孔道偏差的损失也较大。这主要是跟预应力的几何要素 θ 角、梁体的线形和预应力的长度有关。钢绞线的分段应力测试值与传感器的测试力具有良好的一致性和趋势性。

四、小　结

估算预应力的摩擦损失是施工和设计中的一个关键问题，通过对小半径连续箱梁摩擦损失的检测和分析，得出如下几点：

(1) 在华村立交桥的施工中，其最大的 k 取 0.001 5，μ 取 0.17，其管道形成工艺良好，满足设计和规范要求。

(2) 在华村立交桥的施工中，实测伸长值与理论计算伸长值大致接近，最大误差为 －5.4%，符合设计误差控制在 ±6% 以内的要求。

(3) 本立交工程的摩擦损失主要受钢绞线的几何要素、梁体线形和施工工艺的影响，尤其对于其长预应力束应力沿纵向呈非均匀分布，这是其伸长值不随张拉应力成比例增长的根本原因。

第三节　高效减水剂在华村立交工程中的应用

一、聚羧酸的主要性能

（一）聚羧酸的主要性能指标及试验目的

聚羧酸高性能减水剂是目前世界上科技最前沿的一种高效减水剂，它的诞生是减水剂发展史上的第三次重大突破。在本工程中，对于聚羧酸高性能混凝土，既要求它能满足设计规定的强度和耐久性，又要满足结构的抗裂要求，还要满足可泵性和外观质量要求。为了避免因混凝土的内外温差引起的裂纹，可以减少混凝土配合比中的水泥用量来降低混凝土浇筑及养护时的水化热。该工程全部采用泵送混凝土，最长混凝土输送管折算水平直线距离可达440m左右。还对细集料的细度模数、水胶比、碱含量和氯离子含量都作了相应的要求，使混凝土拌和物能充满管并易于流动。混凝土要有合适的黏聚性和较大的流动性，在整个灌注过程中不离析、不泌水而且混凝土成型后无蜂窝麻面，混凝土与输送管管壁以及混凝土内部摩阻力要小。在此基础上，由于聚羧酸外加剂在不同水泥用量、不同水灰比的试配对混凝土的泌水性、黏聚性、和易性、坍落扩展度、抗压强度进行试验，从中选出合理的配合比，然后再对其2h、3h坍落度损失、初凝时间、终凝时间进行试验来确定理论配合比，以保证满足混凝土在施工过程中性能要求。

（二）试验用原材料

1. 水泥

重庆腾辉地维水泥厂生产的地维牌P. O42.5R硅酸盐水泥，比表面积276m^3/kg，碱含量0.63%，氯化物含量0.03%；抗压强度30.5MPa/3d、52.6MPa/28d，抗折强度5.3MPa/3d、7.2MPa/28d，初凝时间178min，终凝时间251min，安定性（饼法）合格。

2. 粗集料

采用石灰岩碎石，母材单轴抗压强度136MPa，粒径5～20mm连续级配碎石，表观密度2 690kg/m^3，堆积密度1 530kg/m^3，松散空隙率43%，含泥量0.3%，针片状含量4%，压碎指标7.0%。

3. 细集料

采用渠河江砂同机制砂混合，混合比例为50%。混合砂细度模数2.5，属于Ⅱ区连续级配中砂，表观密度2 670kg/m^3，堆积密度1 478kg/m^3，松散空隙率46%，含泥量0.8%。

4. 水

使用饮用水。

5. 外加剂

采用聚羧酸高性能减水剂。

6. 矿渣粉

重庆坏亚建材厂生产的“渝洲牌”S95级粒化高炉矿渣粉，比表面积399m^3/kg，流动度101%，密度296g/cm^3，活性指数76%/7d，100%/28d，含水率0.71%，烧失量1.5%，含碱量0.76%。

7. 膨胀剂

广西云燕特种建材厂生产的GNA－P抗裂防水膨胀剂。

试验按现行国家标准《建筑用砂》（GB/T14684—2001）、《建筑用卵石、碎石》（GB/T 14685—2001）、《普通混凝土力学性能试验方法》（GB/T 50081—2002）、《普通混凝土长期性能和耐久性能试验方法》（GBJ 82—1985）、《混凝土外加剂》（GB 8076—1997）、《混凝土外加剂应用技术规范》（GB 50119—2003）、《混凝土泵送剂》（JC 473—2001）。

（三）聚羧酸对混凝土拌和物性能和强度的影响

本工程在基准混凝土组成材料优化的前提下，采用矿渣粉与聚羧酸、膨胀剂相结合，由于矿渣粉与聚羧酸都含有一定数量的玻璃珠，坍落扩展度经时损失小，这能使混凝土拌和物中产生均匀的微小气泡，减少混凝土拌和物中的气体产生，这有助于混凝土的可泵性及硬化混凝土的物理性能。

同时，对聚羧酸高性能混凝土和加其他外加剂混凝土拌和物进行了坍落度、凝结时间、坍落扩展度的损失、膨胀性能和强度作了对比试验。

聚羧酸外加剂的物化指标及主要技术性能见表3-4-9、表3-4-10，在水泥用量及外加剂掺量相同时坍落扩展度及强度变化见表3-4-11。

聚羧酸外加剂的物化指标　　表3-4-9

项　　目	指　　标	项　　目	指　　标
外观	棕黄色半透明液体	有效成分	23%
氯离子含量	未检出	pH值	>7.1
总碱含量(%)	≤2.0	0.90	
成分	特殊聚羧酸钠盐共聚物	密度	(1.10±0.02)g/mL

聚羧酸技术性能　　表3-4-10

检测项目		技术条件、指标		检测结果	结　论
		一等品	合格品		
坍落度增加值(mm)		≥100	≥80	145	一等品
常压泌水率比(%)		≤90	≤100	12	等品
压力泌水率比(%)		≤90	≤95	62	一等品
抗压强度比(%)	3d	≥90	≥85	一等品	一等品
	7d	≥90	≥85	一等品	一等品
	28d	≥90	≥85	一等品	一等品
坍落度保留值(mm)	30min	≥150	≥120	一等品	一等品
	60min	≥120	≥100	一等品	一等品
收缩率比(%)	28d	≤135	≤135	104	一等品
含水率(%)				79.5	一等品
水泥净浆流动度(mm)		≥220		255	
对钢筋的锈蚀作用		对钢筋无锈蚀作用			合格

采用地维P.O42.5R水泥及相同掺量为2%而不同的外加剂的配制表　　表3-4-11

组号	W/C	每m³混凝土原材料的用量(kg)					外加剂的名称及用量	温度(℃)	初始坍落度(拓展度)			初凝时间	$f_{cu,3}$	$f_{cu,7}$	$f_{cu,28}$
		W	*C*	*K*	GNA－P	*G*			0h	1h	2h				
1	0.34	160	350	90	31	1134	2%(kS－JS60)	28	235(670×670)	235(660×650)	225(600×590)	24h 40min	41.4	52.6	65.8
2	0.34	160	350	90	31	1134	2%(JX)		240(680×670)	225(590×580)	200(500×510)	19h 24min	39.8	47.6	60.2
3	0.34	160	350	90	31	1134	2%(ZY)		235(640×640)	220(600×590)	185(470×490)	20h 12min	40.6	51.2	60.8
4	0.34	160	350	90	31	1134	2%(FDN－OR)		235(604×640)	220(600×590)	200(480×470)	17h 20min	39.2	48.1	60.4

由表3-4-9、表3-4-10、表3-4-11可看出，聚羧酸的各项指标符合相关的规范及技术要求，不但未发现聚羧酸对混凝土拌和物有不良影响，而且聚羧酸对混凝土拌和物的坍落扩展度、抗压强度比都具有较

大的帮助和良好的技术性能。

根据原材料情况,经过大量的试验调配,结合华村立交的各项技术性能要求,在相同外加剂掺量的情况下聚羧酸高性能减水剂可增加混凝土的坍落度及扩展度,这有利于泵送混凝土的施工。但随着水泥用量的增加,坍落度的增加在减少,这是由于黏聚性过分而引起的,所以在使用聚羧酸高性能减水剂时要找出最佳掺量。掺入适量的聚羧酸高性能减水剂后,混凝土早期强度可提高100%以上,后期强度可提高30%以上,从而可大幅度降低水泥用量,或提高矿物掺和料的掺量,降低工程成本。

(四)羧酸高性能混凝土拌和物凝结时间的影响

在相同水灰比、相同水泥用量条件下对含聚羧酸高性能减水剂与其他外加剂的混凝土凝结时间进行了对比试验。对比结果是,在水灰比相同及各种原材料相同的情况下使用聚羧酸高性能减水剂初凝时为24h40min。也就是聚羧酸高性能减水剂的初终凝时间较其他外加剂都有所延长,一般情况下聚羧酸高性能减水剂坍落度保留值时间大于120min。在混凝土拌和物中由于碎石和砂的表面较为粗糙,基准混凝土拌和物和易性较差。要控制混凝土的水化热,其水泥用量也要较少,则只有采用外加剂来改善混凝土的和易性,减少砂石之间的摩擦及用水量,改善混凝土拌和物的可泵性、流动性及密实性。在水灰比不变的情况下,随着聚羧酸高性能减水剂掺量的增加,混凝土拌和用水也必然减少,而且拌和物还可保持原有状态,因此,添加聚羧酸高性能减水剂不但现在能减少水泥用量及拌和用水量,而且能提高混凝土的强度。

(五)聚羧酸泵送剂对混凝土强度的影响

为了弄清聚羧酸高性能减水剂对混凝土抗压强度的影响(表3-4-12)规律,采用了相同水泥用量而不同比例的聚羧酸高性能减水剂掺量进行了强度试验。

聚羧酸高性能减水剂对混凝土强度的影响　　表3-4-12

编　号	用水量 (kg/ m^3)	水泥用量 (kg/ m^3)	聚羧酸泵送剂掺量 (%)	坍落度 (mm)	抗压强度(MPa)	
					7d	28d
1	160	350	1.2	180	46.9	56.9
2	160	350	1.6	200	47.8	57.4
3	160	350	1.8	215	49.5	62.2
4	160	350	2.0	235	52.6	65.8
5	160	350	2.2	240	52.2	66.4
6	160	350	2.4	250	51.8	63.3

从表3-4-12可以看出,由于聚羧酸泵送剂掺量的增加,改善混凝土拌和物的和易性、减小泌水,提高硬化混凝土的外观质量和耐久性能。掺加后,由于羧基(-COOH),经基(-OH),胺基(-NHz),聚氧烷基$(-O-R)_n$等与水亲和力强的极性基团主要通过吸附、分散、润湿、润滑等表面活性作用,对水泥颗粒提供分散的流动性能,并通过减少颗粒间摩擦阻力,降低水泥颗粒与水界面的自由能来增强新拌混凝土的和易性。同时聚羧酸类物质吸附在水泥颗粒表面,羧酸根离子使水泥颗粒带上负电荷,从而使水泥颗粒间产生静电排斥作用并使水泥颗粒分散,导致抑制水泥浆体的凝聚倾向,增大水泥颗粒与水的接触面积,使水泥充分水化,在扩散水泥颗粒的过程中,放出凝聚体所包围的游离水,改善了和易性,减少了拌水量,能大幅度提高混凝土的密实度,从而减小混凝土的收缩,降低氯离子扩散速度,提高混凝土的抗渗能力、抗冻性能和体积稳定性,提高混凝土的耐久性。在同样的水泥用量、同样水灰比的情况下,适量的聚羧酸高性能减水剂不但改善了混凝土的和易性和保水性,还提高了混凝土的抗压强度。对钢筋无锈蚀危害,对混凝土无不良影响。同时在低温季节不盐析,不结晶,使用方便,无任何有毒、有害物质加入和排放。

(六)C50聚羧酸高性能减水剂混凝土的配制

根据种种试验结果和各项试验指标,在确定聚羧酸高性能减水剂掺量为2.0%的基础上,对不同水

灰比、不同水泥用量的C50聚羧酸高性能减水剂泵送混凝土进行了试验。在满足设计要求和施工工艺要求的前提下,为了能使泵送混凝土有较大的流动性,同时能保持良好的和易性,又从泌水性、黏聚性和易性及抗压强度、远距离运输、高温季节施工、超缓凝施工、滑板施工等综合考虑,采取了第二组作为理论配合比,并对其坍落度损失、凝结时间进行了试验,结果如表3-4-13所示。

C50聚羧酸高性能减水剂混凝土试验结果 表3-4-13

序号	水泥品种	配合比	水灰比(W/C)	砂率(%)	水泥用量(%)	外加剂掺量(%)	坍落度(cm)	1h坍落度损失(cm)	2h坍落度损失(cm)	混凝土凝结时间	
		$C:S:G$								初凝时间	终凝时间
1	P.O42.5R	1:2.11:4.01	0.45	44	294	2.0	21.0	1.2	3.0	17h20min	23h45min

二、工程应用

华村立交工程上部结构C50箱梁采用聚羧酸高性能混凝土浇筑后外观清亮、整洁,混凝土较密实,无蜂窝麻面产生,整体外观质量良好,得到了市委、业主、监理、设计单位的一致好评,为创国优打下了牢固的基础。施工过程中,我们采用随机取样的方法,在业主、监理的陪同下对现场梁体取试件45组,分别委托重庆大学质量检验测试中心、重庆市建筑科学研究院检验测试中心、中铁八局集团一公司质量检测所依据相关规范检测,再依据《混凝土强度检验评定标准》(GBJ 107—1987),用标准差统计方法对其28d强度进行统计分析。分析结果见表3-4-14。

C50聚羧酸高性能减水剂混凝土检测分析结果 表3-4-14

C50混凝土强度(MPa)	强度平均值(MPa)	平均值验收界限(MPa)	强度最小值(MPa)	最小值验收界限(MPa)
62.3、66.4、58.9、64.7、66.5、68.3、66.0、64.4、62.5、60.2、71.2、58.6、68.0、66.6、64.5、65.8、74.2、70.2、68.9、66.8、70.0、60.2、62.3、63.4、65.8、72.1、58.8、59.0、64.2、63.5、66.5、68.2、67.5、63.3、64.5、68.2、66.6、63.3、64.5、68.5、63.2、65.3、65.6、67.8、69.9	65.5	59.7	56.6	42.5

由表3-4-14可知,混凝土试件强度合格,实体工程混凝土按标准差统计方法进行检验评定全部合格,由重庆市建筑科学研究院检验测试中心采用声波透射法和回弹法对梁体进行检测,梁体混凝土密实,强度满足设计要求。再由西南交通大学结构工程试验中心对整个工程进行梁体静载试验,结果证明该工程具有足够的强度和刚度,满足设计荷载城-A等级要求。

混凝土在施工中应注意的几个问题:

(1)搅拌捣固工序的控制

由于聚羧酸泵送剂主要通过饱和单体在引发剂作用下发生接枝共聚,将带有活性基团的侧链接枝到聚合物的主链上,在施工过程中有低掺量、高减水率和水泥适应性好、混凝土坍落度损失小的独特特点。一般搅拌时间可比普通混凝土延长30s,借以增加混凝土和易性,避免混凝土表面形成疏松层;一般捣固时间应比普通混凝土捣固时间缩短15~30s,以混凝土表面开始泛浆为度。切忌捣固过度,造成混凝土离析、表层光洁度差,起褶皱等表面缺陷。

(2)泵送混凝土前,先泵送清水,然后泵送砂浆润滑管道,最后按配合比泵送混凝土。每工班至少要测2次坍落度,坍落度的控制量为16~18cm(混凝土入模处),这样既能保证混凝土正常输送和入模,有便于振捣密实。

(3)泵送过程中尽量避免停泵,工人倒班昼夜作业,如因特殊情况中途必须中断时,一般不超过0.5h,并且要每隔4~5s使泵正反运转几次,同时开动料斗的搅拌器,使混凝土保持运动状态,防止混凝土离析,若长时间停泵,应将管内混凝土返泵出管,然后加海绵球压水清洗。

(4)在自然养护时,由于水泥的早期水化放热速率和放热量大,在施工当中应加强早期潮湿环境下的养护,养护期限不得小于14d,若养护时间浇水不足或缺水,将引起干缩裂缝,并影响混凝土的强度。

(5) 由于聚羧酸属于第三代产品，不能与传统的共(混)用且不同厂家的不能共用。

(6) 聚羧酸的减水效果高，故在施工过程中应加强用水量的计量，以免影响聚羧酸的高效性能。

三、效果评述

聚羧酸系高性能减水剂是目前世界上科技前沿的一种高效减水剂，是减水剂发展史上的第三次重大突破。外观为浅棕色液体，属表面活性剂，产品无毒、无臭、不燃，对水泥颗粒有强烈的分散及其表面活化作用；增大了固体颗粒的表面积与水的接触面积，而且能和水泥形成流动性良好的浆体，减少了泌水和离析，能大幅度提高混凝土拌和物的流动性及混凝土坍落度；能显著减小混凝土的泵送阻力，提高混凝土泵送能力、力学性能、耐久性能、混凝土拌和物的施工性能；能有效地延缓和调节混凝土的凝结时间，抑制水泥早期水化放热速率和放热量，坍落度损失小，对钢筋无锈蚀作用；低碱，对防止混凝土碱集料反应有利。所以聚羧酸系高性能减水剂可以在工程中使用。

第四节　华村立交4号~5号跨现浇支架施工技术

一、引　　言

华村立交4号~7号段设计为支架现浇的预应力混凝土连续箱形结构，跨度为3×51m，箱梁分为左右两幅，每幅桥面宽17.6m，梁高2.5m。其中4号~5号跨支架高度在40~64m之间，位于嘉陵江边，施工期间为枯水期，施工不受洪水影响。地层的分布情况为：覆盖层、砂卵石、泥岩，覆盖层为松散土层，厚度3~5m。

4A~5A跨标准横截面面积为12.63m^2，从梁端2m处，肋板加宽。从加宽段到标准段的过渡段长度为6.0m，横截面面积为18.55m^2，跨中设计0.5m厚的横隔板。

二、支架设计

1. 支架结构形式的确定

本立交其他箱梁均采用碗扣支架，但4号~5号跨平均高度达52m，若采用满堂支架施工方案，需要2 200余t碗扣支架，材料组织困难，同时由于河滩覆盖层承载力低，且呈35°左右斜坡，需要全部换填，并进行硬化形成台阶状，工程量大。经过反复比选，综合考虑成本、工期、承载安全系数、抗水平推力、材料来源难易等诸多因素，确定采用万能杆件支墩+贝雷片纵梁+碗扣支架的施工方案。支架立面布置如图3-4-4所示。

2. 支墩布置

支墩采用M型万能杆件支墩，根据其承受荷载的大小，1号、4号支墩采用2×(2×3)×4 ∟120×120×10截面，2号、3号支墩采用2×(2×4)×4 ∟120×120×10截面。为确保支墩的稳定性，每个支墩设一道横系梁，两道纵向系梁。2号、3号支墩立面见图3-4-5。

支墩横梁与墩柱采用N45、N46大节点板过渡；支墩的杆件布置根据计算确定，以2号、3号支墩为例：支墩横梁立杆采用4N4，立面斜杆均采用4N3，上层弦杆均采用4N1，下4层弦杆均采用2N1，水平横撑采用2N4，水平和立面撑斜杆采用2N5；墩柱立杆采用4N1；水平横撑采用2N4；斜撑采用2N5；底部采用N7和承台预埋钢板焊接相连。

支墩顶每个万能杆件节点处设I50a工字钢纵、横向分配梁，纵向工字钢直接搁置在节点处的弦杆上。2号、3号支墩顶压力较大，纵横向分配梁均设2根I50a工字钢，1号、4号支墩顶设1根I50a工字钢纵横向分配梁。纵横向工字钢在接触面采用焊接固定。纵横向工字钢分配梁在上下支点处设加劲肋，采用10mm钢板。1号、4号支墩采用锲形木与4号、5号桥墩顶紧，以承受混凝土浇筑时产生的水平推力。2号、3号支墩立面图如图3-4-5所示。

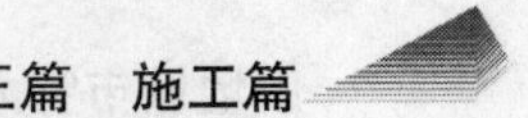

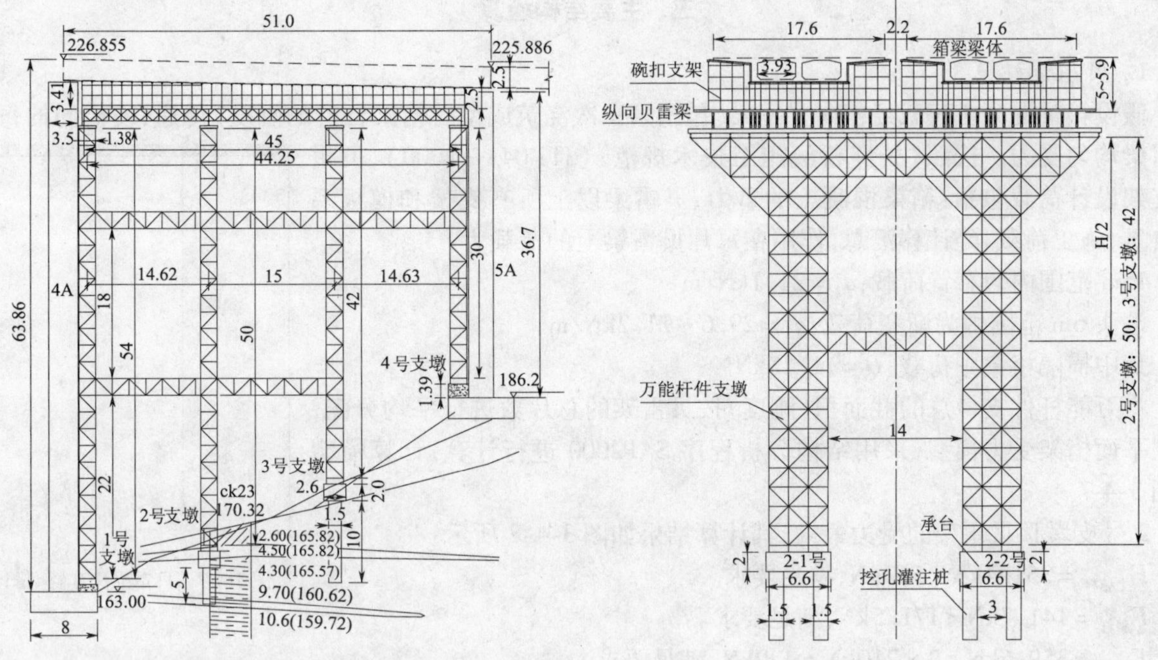

图 3-4-4　支架立面布置图（尺寸单位：m）　　图 3-4-5　2 号、3 号支墩立面（尺寸单位：m）

3．纵梁

纵梁采用 321 公路贝雷钢桥桁片，单幅箱梁下的横向布置共 21 片，布置的间距根据箱梁横截面重量分布确定，分为 0.45m、0.9m、1.5m，以确保各片贝雷梁均匀受力（图 3-4-6）。为确保贝雷梁的稳定性，每 3m 设一道垂直横向支撑。贝雷片顶设计横向枕木，间距为 1.2m。

4．碗扣支架

为方便卸载和调节底模高程，在贝雷梁顶设一层 2.5 ~ 3m 高的碗扣支架，碗扣支架设上下托撑，在上托撑上铺设纵横分配梁和胶合竹模板形成箱梁底模。碗扣立杆纵向间距均为 1.2m，横向间距在箱梁肋板出为 0.6m，在底版下为 0.9m，在翼缘板下为 1.2m，如图 3-4-6 所示。

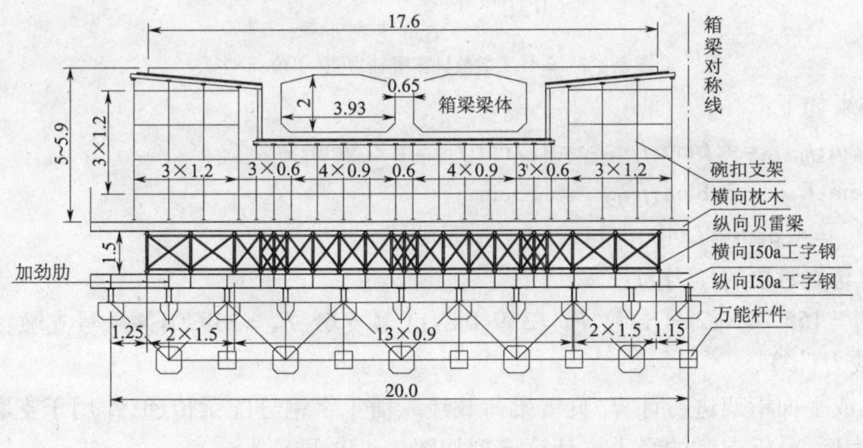

图 3-4-6　贝雷梁和碗扣支架布置图（尺寸单位：m）

5．支墩基础

1 号、4 号支墩基础直接设在 4 号和 5 号承台上。2 号、3 号支墩采用桩基础，每个支墩设 2 根直径为 1.5m 的挖孔灌注桩，承台的几何尺寸为 2.6m × 6.6m × 2.0m，桩基基底的承载力不小于 3MPa，且嵌入中风化层岩层的深度不小于 3m。承台上设预埋钢板与万能杆件立柱的 N7 号杆件焊接，预埋钢板下设钢筋网片以满足局部承压需要。

三、主要结构检算

1. 贝雷梁计算

假设箱梁混凝土荷载经横向分配梁(包括第一次浇筑成型后箱梁自身的刚度)传递,使横向的每片贝雷梁均匀受力。按照《公路桥涵施工技术规范》(JTJ 041—2000),贝雷片支架设计荷载包括:箱梁混凝土的重力、贝雷梁以上所有支架和模板系统自重、施工荷载,经计算汇总,作用在每片贝雷梁上的荷载为:

45m 范围内匀布置荷载:$q_1=21.1\text{kN/m}$

端头 6m 范围内为渐变荷载:$q_2=29.6\sim21.2\text{kN/m}$

跨中横隔板集中荷载:$Q=11.13\text{kN}$

将万能杆件支墩总的截面积(刚度)按贝雷架的总片数进行平均分配,建立平面桁架受力模型,采用结构分析程序 SAP2000 进行计算,计算模型见图 3-4-7。

图 3-4-7 贝雷梁计算模型图

2 号支墩顶贝雷架的受力最大,其计算结果如图 3-4-8 所示:

$F_{上弦杆}=351.4\text{kN}<560\text{kN}$,满足要求。

$F_{斜杆}=141.7\text{kN}<171.5\text{kN}$,满足要求。

$F_{竖杆}=359.6\text{kN}<2\times210\text{kN}=420\text{kN}$,满足要求。

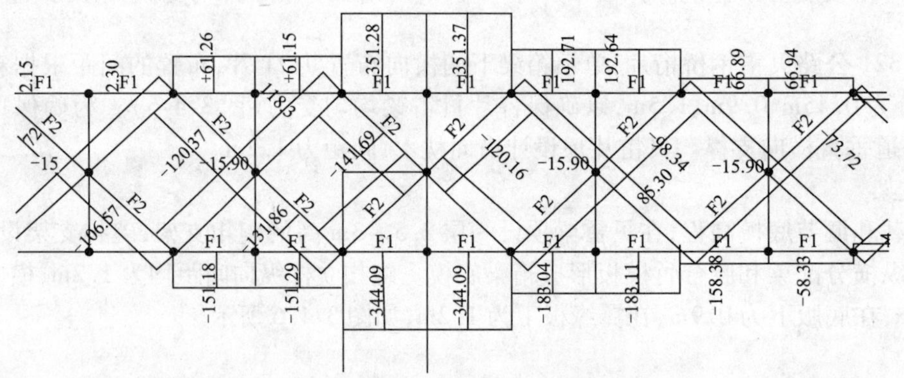

图 3-4-8 2 号支墩顶贝雷梁轴力图(单位:kN)

挠度计算结果如下:

$f_{1号墩顶}=2.7\text{cm}$;$f_{1跨中}=4.6\text{cm}$;$f_{2号墩顶}=2.2\text{cm}$;$f_{2跨中}=2.9\text{cm}$;

$f_{3号墩顶}=1.8\text{cm}$;$f_{3跨中}=3.8\text{cm}$;$f_{4号墩顶}=1.5\text{cm}$

最大挠度:$f_{max}=4.6\text{cm}<L/400=11.25\text{cm}$,满足要求。

贝雷片作用与支墩顶的压力为:

1 号支墩:$F_1=155.0\text{kN}$;2 号支墩:$F_2=359.0\text{kN}$;3 号支墩:$F_3=359.0\text{kN}$;4 号支墩:$F_4=155.0\text{kN}$。

2. 支墩承载力计算

将支墩简化成平面桁架进行计算,贝雷梁荷载经纵横工字钢分配梁传递,作用于支墩顶的每个节点上,以 2 号支墩为例,分析支墩的受力。计算模型如图 3-4-9(局部)。

分析结果为,在支墩的墩梁结合处各杆件的受力最大。

$F_{4N1}=738.1\text{kN}<\min(1\,330\text{kN},1\,350\text{kN})$(取杆件承载力和端联结力的较小者),满足要求。

$F_{4N3}=433.9\text{kN}<\min(775\text{kN},756\text{kN})$,满足要求。

$F_{4N4}=529.2\text{kN}>\min(595\text{kN},426\text{kN})$,端联结力不足,对于螺栓连接力不足的杆件,将其和节点板焊接,要求单根杆件的焊缝长度为 0.2m,$h_f=1.0\text{cm}$。

3. 支墩稳定性计算

支墩稳定采用 Midas/Civil6.71 软件分析:1 号、4 号支墩的一阶失稳临界荷载系数为 19.8,2 号、3 号支墩的一阶失稳临界荷载系数为 9.91。

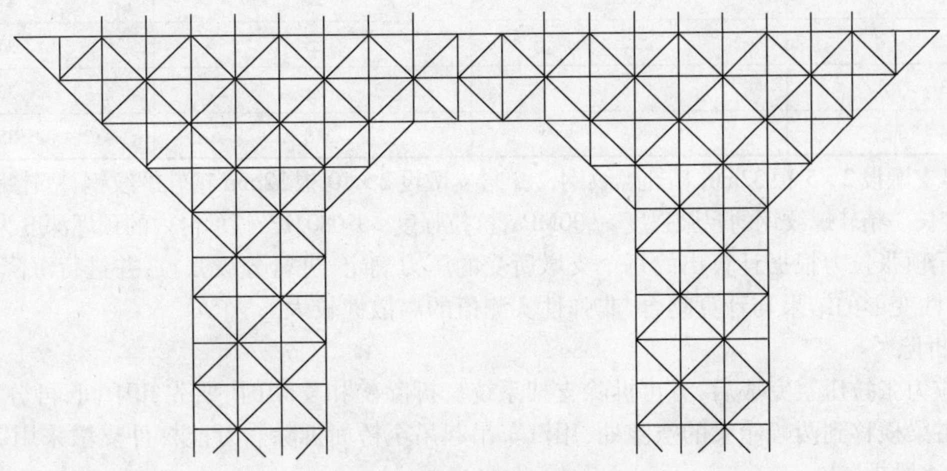

图 3-4-9 2 号支墩计算模型图

四、施 工 工 艺

1. 安装

万能杆件支墩采用塔吊辅助安装,塔吊设在 5 号墩中线处。贝雷梁在 5 ~6 号跨的满堂支架上拼装,再采用卷扬机拖拉法架设,拖拉采用专用的摇滚和平滚。拖拉时每 5 片一组,拖拉到位后,再用支撑架将每组进行横向连接。

2. 支墩预压

由于支墩最高达 54m,节点很多,为消除万能杆件支墩的非弹性变形,测量弹性变形值,以复核理论计算结果,确定箱梁底模预拱度值,需对支墩进行预压。采用在支墩的承台内预埋精轧螺纹钢,利用连接器接长到支墩的顶面,用穿心式千斤顶对精轧螺纹钢施加拉力达到对支墩进行预压(图 3-4-10)的目的。预压沉降观测数据见表 3-4-15。

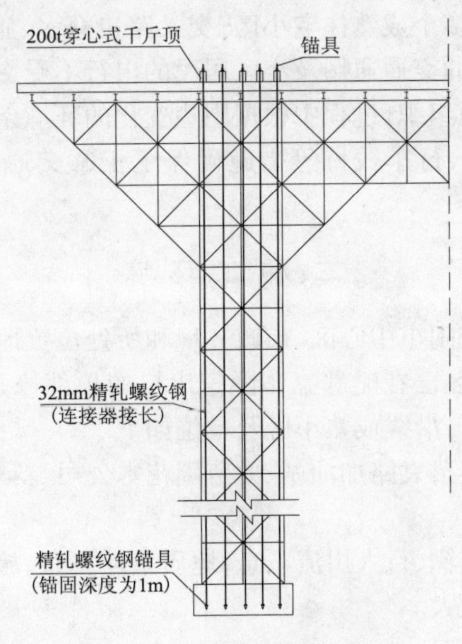

图 3-4-10 1 号支墩预压示意图

预压沉降观测数据　　表3-4-15

支墩编号	计算弹性变形(mm)	实测弹性变形(mm)	实测非弹性变形(mm)
1	27	30	41
2	22	25	34
3	18	21	32
4	15	18	35

1号、4号支墩设2×5根32mm精轧螺纹钢,2、3号支墩设2×10根32mm精轧螺纹钢,精轧螺纹钢采用配套的连接器接长。精轧螺纹钢的屈服强度>930MPa,抗拉强度>1 080MPa。承台内的预埋深度为1.0m。

每个千斤顶张拉力根据计算出的每个支墩所受的压力确定,进行分级张拉,并进行沉降观测。实测结果表明:弹性变形的结果与计算吻合,非弹性实测值的离散性较大。

3. 支架拆除

箱梁预应力张拉压浆完成后,方可拆除支架系统。拆除碗扣支架时,要先卸中间,再分别逐渐向两头推进。贝雷梁横移到两幅箱梁的空隙处,用汽车吊起吊至桥面拆除。万能杆件支墩采用1t小扒杆起吊,从上至下逐段拆除。

五、施工效果评述

现浇施工是一种较为普遍的施工方法,其支架结构形式十分丰富,施工时一定要因地制宜,严格筛选,选取合理的支架结构和合理的支架安装及拆卸方式,保证施工安全和施工质量。通过对上述因素的综合考虑,华村立交4~5号现浇箱梁取得了良好的施工效果。

由于4号、5号桥墩的施工时间较早,该段支架方案是当时确定的。若在4号、5号桥墩上设型钢牛腿作为贝雷梁的支撑点,可以取消1号、4号万能杆件支墩,减少工程量,本方案会有更好的经济性。

第五节　黄沙溪立交菜袁路交通组织

一、引　言

重庆嘉华大桥黄沙溪立交位于南北快速主干道与菜袁路相交处,道路改造涉及的范围内的既有地下管网复杂、种类繁多,沿线临近多个成熟住宅小区,交叉路口众多,施工过程中要在保证工程工期、质量安全的同时又要确保既有菜袁的交通通畅及小区居民的出行不受影响。

施工过程中,通过合理的交通组织,过程中根据周边变化的环境条件,不断通过信息化调整,优化组织方案,通过修建临时便道、行人、行车栈桥等措施确保了正常交通的畅通,顺利完成了本段的道路改造。

二、施工环境

既有菜袁路为交通要道,地处闹市中心区,市政环境和所处位置地形均十分复杂。立交北面紧靠嘉华隧道洞口,地势较高,且时尚小区已在毗邻嘉华隧道出口的顶部修建了高层建筑,西南600m为袁家岗立交,东面紧邻黄沙溪隧道洞口,沿线成熟小区及单位如下。

靠江侧有渝中花园小区、新建菜袁路加油站、原苗圃花木公司、新东福花园小区、世纪花城。沿线既有路口9个。

菜袁路地下管线纵横交错,车辆、行人川流不息,地质条件复杂,施工场地局促,施工同时需确保交通畅通及安全,交通组织的难度极大。

菜袁路周边环境见图3-4-11。

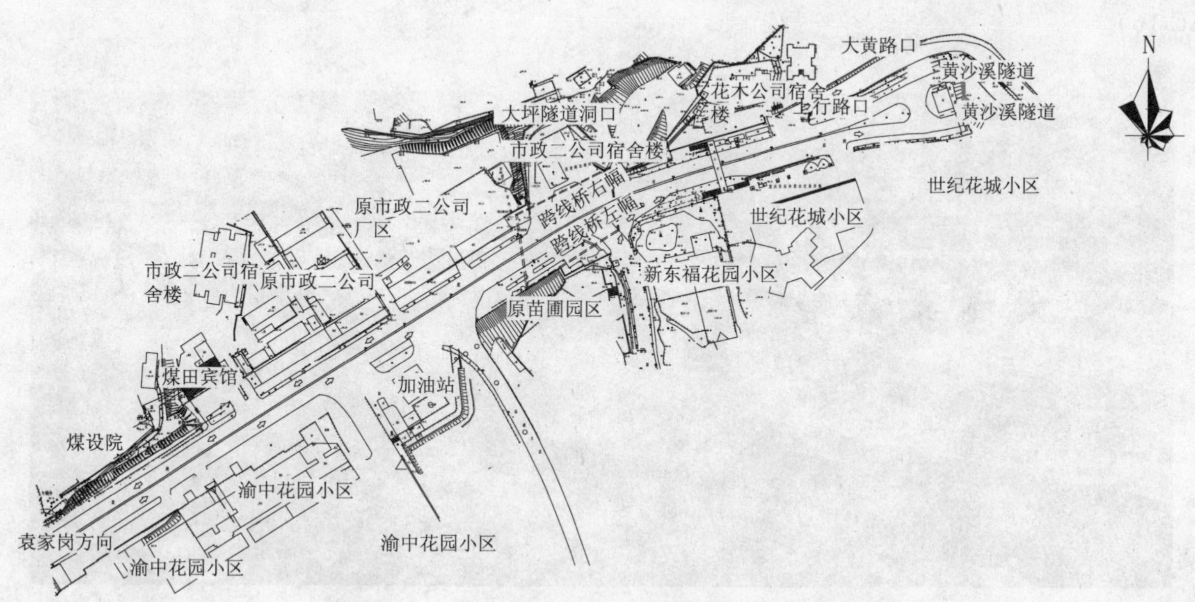

图 3-4-11 菜袁路周边环境

三、施 工 组 织

(一) 原交通组织方案

为了保证既有菜袁路的交通畅通,结合整个工程的施工组织,菜袁路改造首先施工菜袁路跨线桥,因此制定了以下交通组织方案。

第一阶段:在既有道路左侧修建临时道路(16m 宽双向四车道),初步形成 B 匝道,确保既有菜袁车辆的通行。封闭本段道路进行菜袁路跨线桥的施工,同时包括本范围内的管网、挡护结构工程施工。

第二阶段:对其余整个菜袁路靠江侧人行道部分进行封闭施工。施工地下管网,进行路面拓宽,总宽 8m;封闭菜袁路靠山侧道路,实施地下管网、路基路面、切坡等,车辆转换到第一阶段的拓宽路面及菜袁路靠江侧半幅行驶。

第三阶段:对菜袁路靠江侧半幅道路进行封闭,进行管网及路基及基层施工。车辆转换到菜袁路靠山侧及拓宽部分行驶。

第四阶段:最后施工拓宽道路部分路基及人行道。

针对各个路口采取修建临时便道、人行、车行栈桥的方式解决交通。

(二) 交通组织信息化调整

由于受外部协调因素影响,工程 2005 年 11 月 1 日开工,至 2006 年 9 月份才完成不足整个工程量的 15%,菜袁路的改造基本未开始。为了确保整个工程工期目标,菜袁路跨线桥调整为半幅施工,先施工右半幅,完成后进行交通转换施工左半幅,打开菜袁路改造的不利局面。

1. 第一阶段的调整及实施(图 3-4-12)

(1) 第一次交通转换(2006.8.20 ~ 2006.9.27)

该段靠山侧为市政二公司、加油站、高边坡,按 B 匝道路面设计高程开挖后,在道路右侧形成一最大高度 18m 左右的挖方边坡。经现场踏勘,同时结合施工设计图的相关内容,先对本段进行刷坡和既有建(构)筑拆除,修筑交通转换用便道,由原方案的 16m 宽便道改为标准段 9m 宽车行道,保证上行车辆行驶。将菜袁路上行车辆转换至便道上,施工菜袁路右幅跨线桥。

对本段土石方进行开挖和清除地表承载力较差的土石部分,挖至既有道路路面下 0.70cm 左右,采用铺设碎石基层(厚 0.3m),然后铺筑碾压混凝土(C30 厚 0.3m)。因菜袁路车流量较大,为了保证车流通畅及行车的舒适,满足环保要求,洒布透层油厚 5mm,然后再铺设 4cm 厚沥青混凝土

(AC-16)。

a)

b)

图 3-4-12　第一次交通转换

(2) 第二次交通转换(2006.9.28 ~2006.12.27)

菜袁路跨线桥设计为双向四车道,施工完毕后,将上下行车辆转换至已施工完毕后的右幅上,施工嘉华隧道洞口土石方及左幅跨线桥,同时进行新东幅大门口的综合管网及道路改造。

由于跨线桥桥面高程高于现有菜袁路路面高程,为了保证道路行车顺畅,采用措施处理跨线桥桥台背后两侧既有菜袁路,将跨线桥与现有菜袁路进行顺接。

① 台背、箱涵处理措施

菜袁路跨线桥 0 号、2 号桥台全幅设计为 U 型桥台。由于菜袁路跨线桥施工为先施工右半幅,桥台现状为 L 型,回填后进行交通转换,再施工左半幅,为了确保左半幅土石方开挖时,右半幅桥台台背回填土不至于发生垮塌,确保上部车辆的安全行驶,桥台及台背回填采用如图 3-4-13 所示进行处理。

箱涵 A 线施工采用分段实施,为了保证交通转换的顺利实施及转换后 B 匝道的顺利实施,同时确保分段回填的质量和车辆行驶的安全,A 线箱涵两端修建临时浆砌条石挡墙(图 3-4-14)。

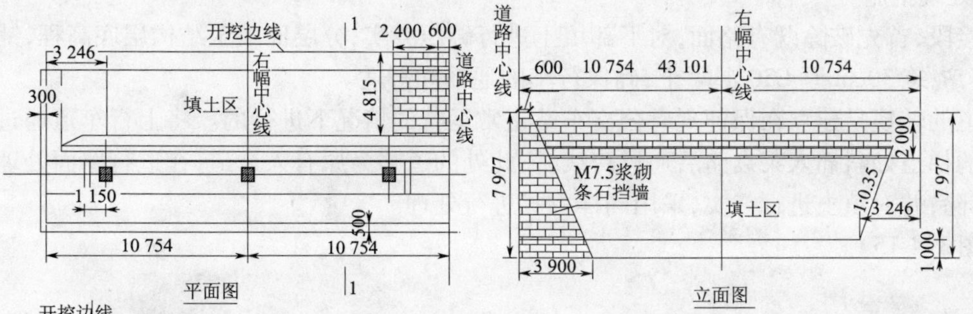

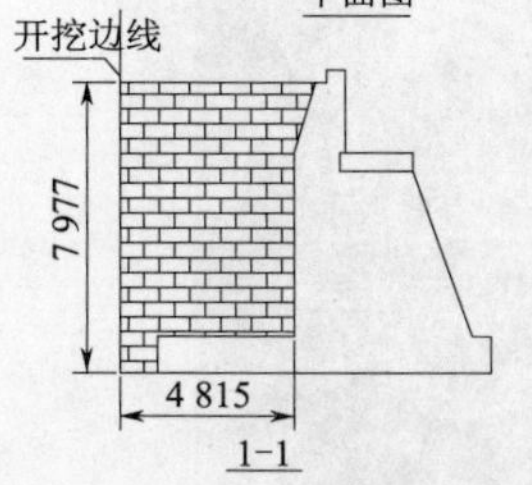

说明：
1. 图中尺寸均以mm计；
2. 回填桥台后背的土层时，在盖板下2m范围内，在整个盖板区域内砌筑浆砌条石，保证了搭板不会因土层沉降而发生变形；
3. 挡墙及搭板下条石采用M7.5浆砌条石。

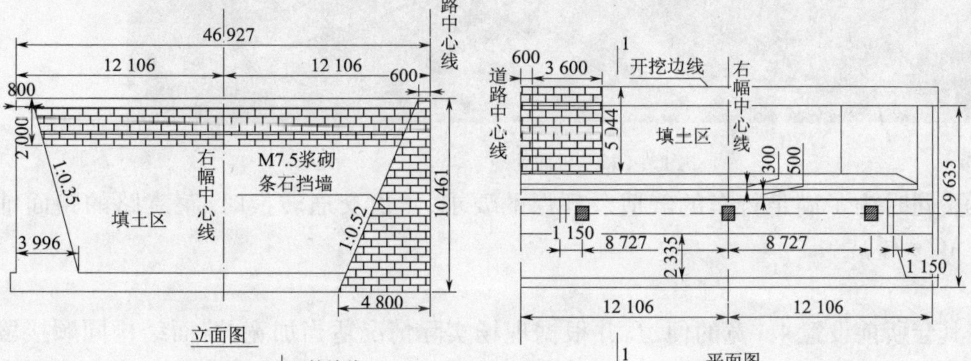

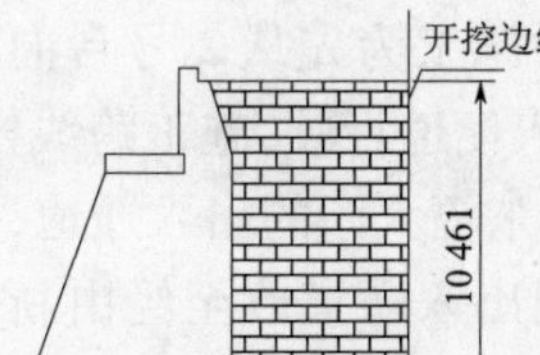

说明：
1. 图中尺寸均以mm计；
2. 回填桥台后背的土层时，在盖板下2m范围内，在整个盖板区域内砌筑浆砌条石，以保障盖板不会因土层沉降而发生变形；
3. 挡墙及盖板下条石采用M7.5浆砌条石。

图 3-4-13 桥台及台背回填

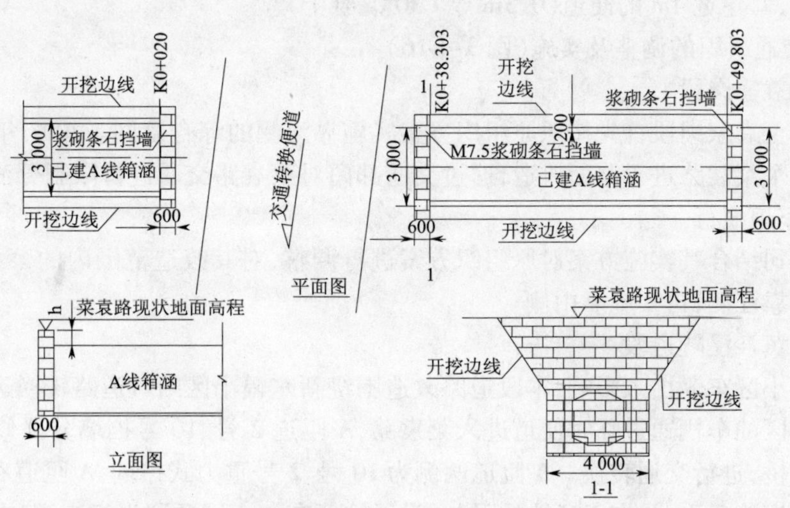

图 3-4-14 A 线箱涵两端临时浆砌条石挡墙（尺寸单位：mm）

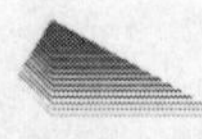

② 顺接段路面处理措施

桥台以外为顺接段，首先破除既有路面，对下部填土进行碾压夯实，分层回填至结构层底高程，铺筑20cm厚水泥稳定层，浇筑30cm厚C30混凝土，确保行车的通畅和舒适。

菜袁路上行车道的转换是建立在保证现有公交车站正常运行的情况下进行的。将上行车道通过现有人行天桥靠山侧的梯道处斜插入菜袁路后通过跨线桥，此处的道路为原有人行道，在进行路面处理的时候，将人行道板拆除，并对填土进行夯实，采用同样方式进行处理。

③ 桥面处理（图3-4-15）

图3-4-15　桥面处理

考虑到工期紧迫，同时为了满足行车的舒适及环保的要求，本次交通转换时，菜袁路的路面铺设4cm厚沥青混凝土（AC－16）。

④ 新东福便道

受地形限制，在其会所前设置4m宽的便道，并根据现场实际情况适当加宽，路面结构同顺接段路面结构。由于跨线桥2号台正处于新东幅大门口道路中心，因此跨线桥施工为先从2号台向0号台推进开挖，并同时修建新东福小区的通道，完成后将新东幅小区的车辆转入便道行驶，施工跨线桥土石方。

A匝道土石方及新东福现有大门处管网接点施工时，将隔断现有新东福大门的出入通道，为了在施工过程中不影响小区居民的正常生活，修建施工便道将现有新东福大门出入通道改至经由新东福花园会所处顺接菜袁路。为了保证施工便道的顺畅，将会所前假山拆除，并将现有新东福大门封闭，并用标准彩色护栏板对整个跨线桥的施工区域进行打围。

同时为了保证菜袁路跨线桥施工过程中新东福花园车辆、行人的出入安全，对新东福花园小区前的人行道板进行拆除，修建宽4m的便道（0.3m厚C30混凝土）。

2. 第二阶段交通组织的调整及实施（图3-4-16）

（1）跨线桥至袁家岗段

菜袁路跨线桥至袁家岗段首先按照原组织方案实施靠河侧的综合管网。2007年2月份，重庆市市政设施管理局对整个菜袁路进行路面改造，通过交通部门对菜袁路交通进行限制分流，实施菜袁路半幅封闭，车辆双向两车道通行。

中铁八局一公司结合其实施方案对原组织方案进行调整，对其改造范围内的菜袁路同样实施封闭进行改造。先实施靠江侧，再实施靠山侧。

（2）跨线桥至黄沙溪隧道段

由于受新东福小区车辆出入影响，本段道路改造围绕新东幅小区门口道路转换进行分段改造。

首先新东福小区的车辆通过临时便道进入菜袁路，A匝道2号、10号挡墙分段修建完成后，利用既有挡墙搭设车行便桥，进行交通转换。A匝道两侧为10号、2号重力式挡墙，A匝道右侧10号挡墙距离新东福会所最近距离为7.4m。由于场地的限制，为了给新东福小区预留出行车道，在A匝道及10号挡墙完成部分后，将10号挡墙前墙与菜袁路间回填并做路面硬化作为新东福花园小区业主的出行通道。

为了施工A匝道剩余土石方，及10号和2号挡墙剩余部分，在现有出行通道旁边搭建一通行栈桥，将新东福小区出行通道转入新建栈桥之上，方便新东福小区业主和车辆通行。在A匝道土石方完成后，将新东福小区车辆转入A匝道以便施工10号挡墙背后（新东福小区车行道路面下）剩余管网。

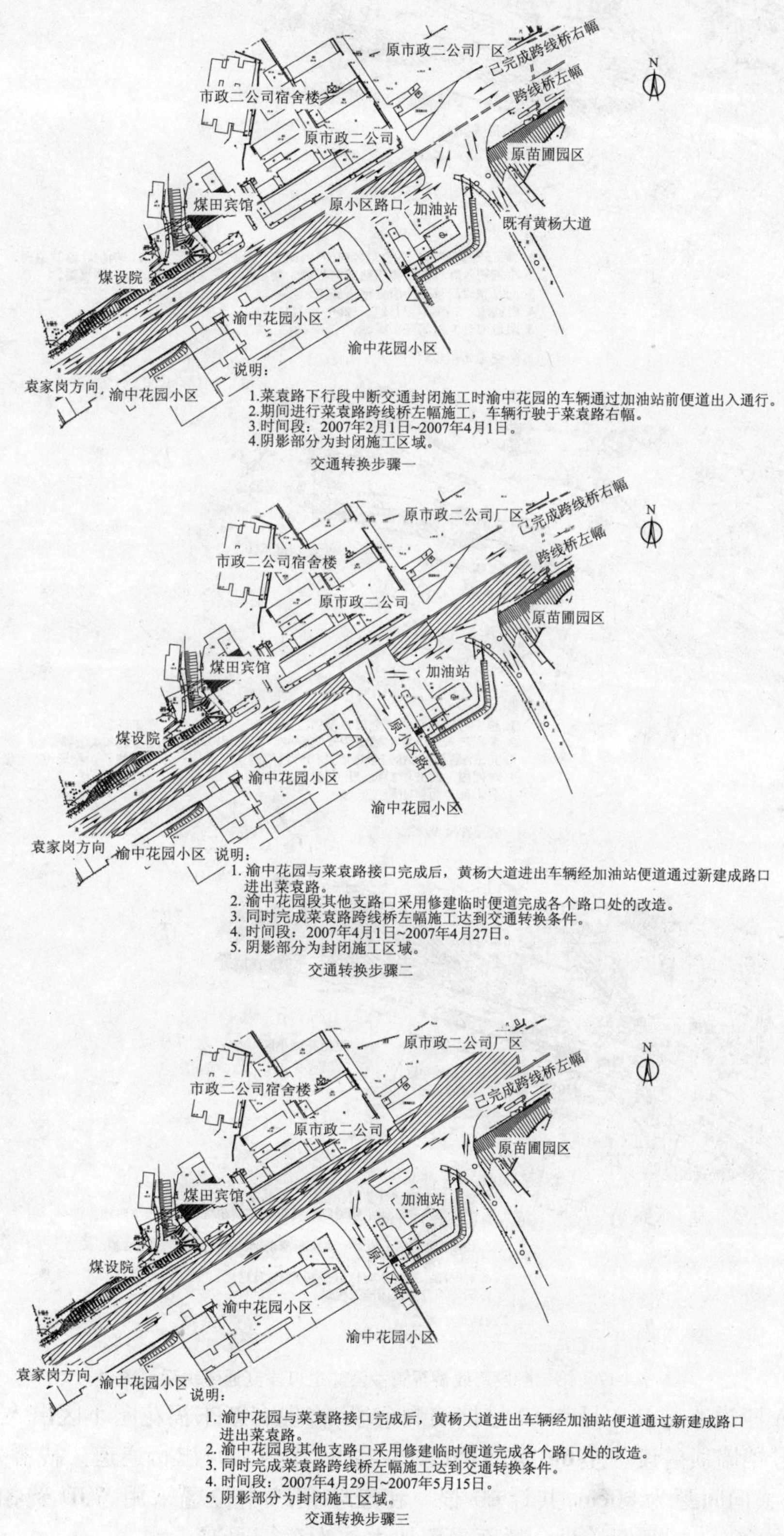

图3-4-16 第二阶段跨线桥至袁家岗段交通组织意示图

① 本段具体施工组织安排见图 3-4-17。

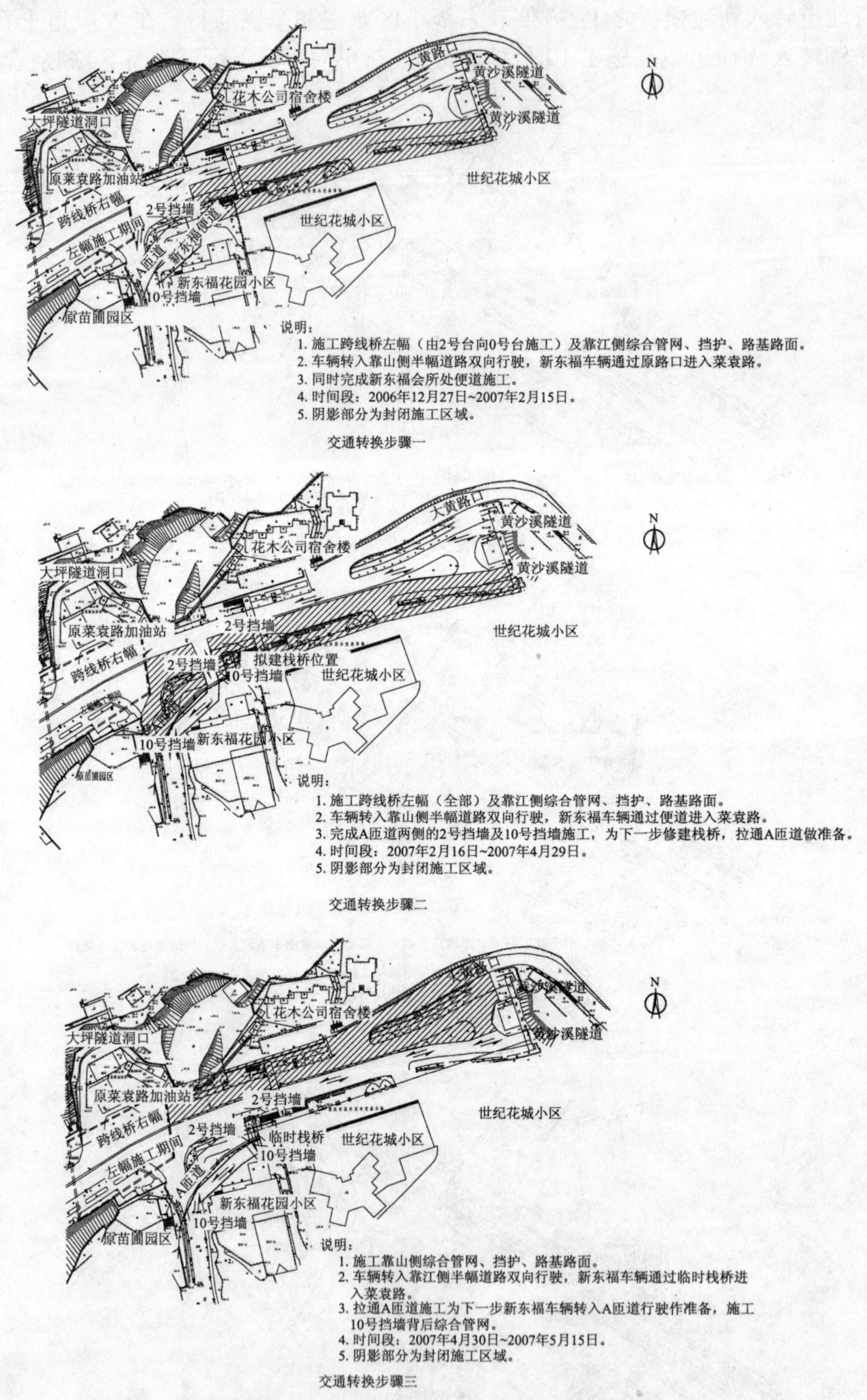

图 3-4-17　第二阶段跨线桥至黄沙溪隧道口段交通组织示意图

② 为了施工 A 匝道路基及 2 号和 10 号挡墙剩余段，将现有新东福花园小区出入便道拆除，并在已建好的 10 号和 2 号挡墙顶搭设一座 6m 宽栈桥（图 3-4-18）作为临时出行通道。栈桥采用 I30 工字钢横跨，工字钢长 15m，横向间距为 60cm，共计 10 根。在工字钢跨中位置采用 WJD 碗扣件搭设一临时支墩，支墩按照 30cm×30cm 的间距布设。桥面采用枕木作为车行通道。

10 号和 2 号挡墙背后均为回填土，承载力较低，将挡墙背后的回填土面采用 C30 混凝土进行硬化后作为行车路面。

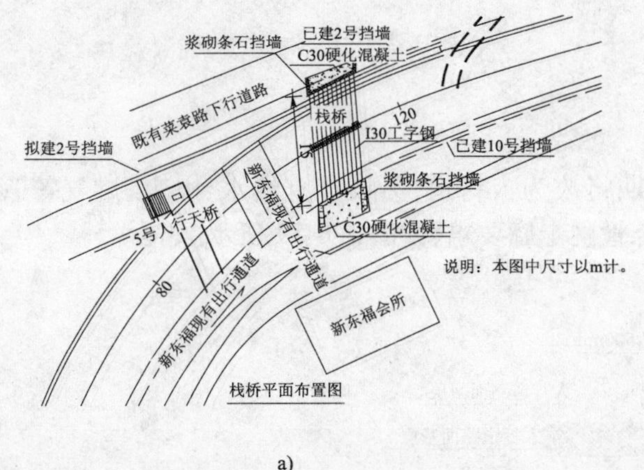

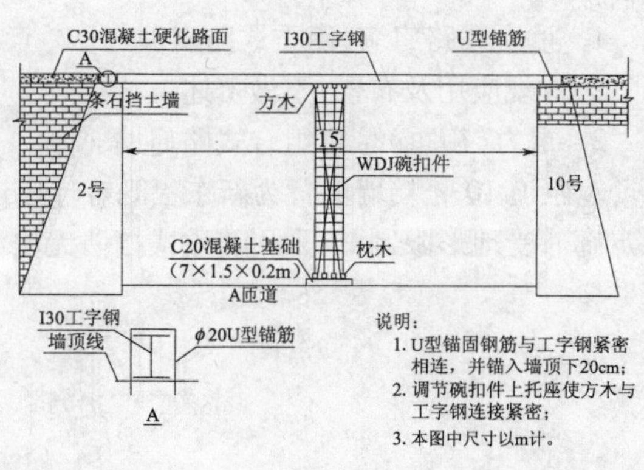

图 3-4-18　栈桥施工

a）平面位置；b）断面

工字钢两端分别架设在已建设好的10号和2号挡墙的墙顶上，由于两挡墙墙顶高程不一致，采用在墙顶浆砌条石的方法将两挡墙高程调至同一高程。为了将工字钢在挡墙上固定牢固，在挡墙墙顶置入 ϕ20 的倒“U”字型钢筋，将钢筋与工字钢焊接牢固，并置入挡墙20cm。

该通道是新东福花园小区唯一进出通道，小区用车主要是业主私家车较多，但考虑到紧急用车（消防车、货物用车等），从安全角度出发，将紧急用车作为偶然荷载（200kN）作用于栈桥上考虑。经计算，满足受力要求，施工过程中确保了车辆通行的安全。

通过交通组织方案的优化调整，最后顺利与市政设施管理局同时完成对菜袁路的改造。工程施工过程中确保了交通的通畅和行人、车辆的安全。

四、效 果 评 述

通过合理的交通组织，不断通过信息化调整优化组织方案，通过修建临时便道、行人、行车栈桥等措施克服了复杂环境条件的影响，确保了正常交通的畅通，顺利完成了本段的道路改造。当今在国内各大城市均有在商业地段进行综合改造的市政工程，普遍存在着周边环境条件复杂、工期紧、工序繁琐、交通影响大、交通组织复杂的现象。黄沙溪立交工程中菜袁路改造的顺利完成可为以后施工类似工程起到参考和借鉴作用。

第六节　黄沙溪立交综合挡护工程布置和应用

一、引　　言

重庆嘉华大桥工程黄沙溪立交工程地形及环境条件复杂，造成挡护工程形式多样，种类繁多，其中挡墙共有60余个，挡护工程的施工组织为制约本工程的重点和难点。各种结构形式的挡护结构因地制宜、合理地应用确保了工程质量和美观。

填方段挡墙施工分为7种类型：重力式路肩墙、衡重式路肩墙、重力（衡重）悬臂组合式路肩墙、扶壁式挡墙、悬臂式挡墙、衡重式悬挑挡墙及桩板式挡墙。

其余还有：带扩大基础的衡重式墙、群桩承台衡重式墙、仰斜式挡墙、带锚杆的仰斜式挡墙、锚杆挡墙（外露肋柱式、肋板式、喷射混凝土、锚头、带悬挑花池5种）、锚拉桩板式挡墙、异型桩板式挡墙。

二、挡墙的布置和应用

1. 重力式路肩墙、衡重式路肩墙

为常规应用及布置,不做赘述。

2. 重力(衡重)悬臂组合式路肩墙

A 匝道 10 号挡墙墙背为新东福既有环道道路,后期将改为人行道,另设计有给水、电力、燃气等管网走廊。受地形限制,仅采用衡重式挡墙无法满足综合管网走廊要求,如图 3-4-19 所示。

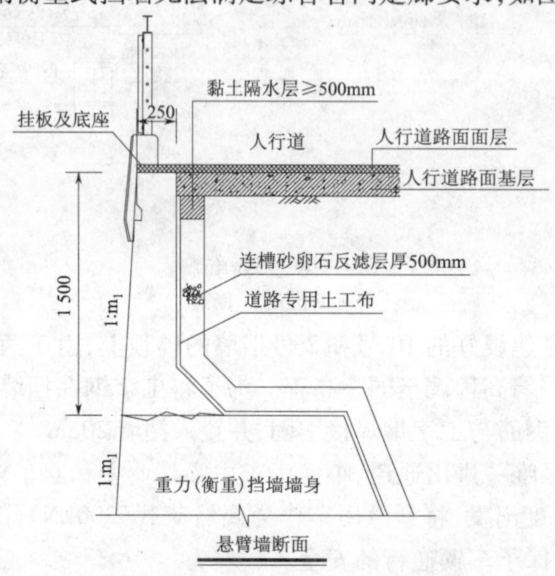

图 3-4-19 重力(衡重)悬臂组合式挡墙图(尺寸单位:mm)

3. 悬臂式挡墙、扶壁式挡墙

黄沙溪立交 16 号悬臂式挡墙位于主线里程 K7 +444.713 ~ K7 +635.636,全线高度均为 6.0m。本段主线为高填方区,同时外侧为主线右幅桥及 G 匝道桥。由于重力式挡土墙主要依靠自重来保证其稳定性,结构体积和重量较大,地基承载力如没有进行地基处理通常不易达到要求,而进行地基处理,成本又较高。在这种高填方的路基上采用悬臂式钢筋混凝土挡土墙是一种较好的选择,既经济、美观,又安全可靠。

悬臂式挡墙墙身由立壁、外底板和内底板三部分组成,如图3-4-20 所示。

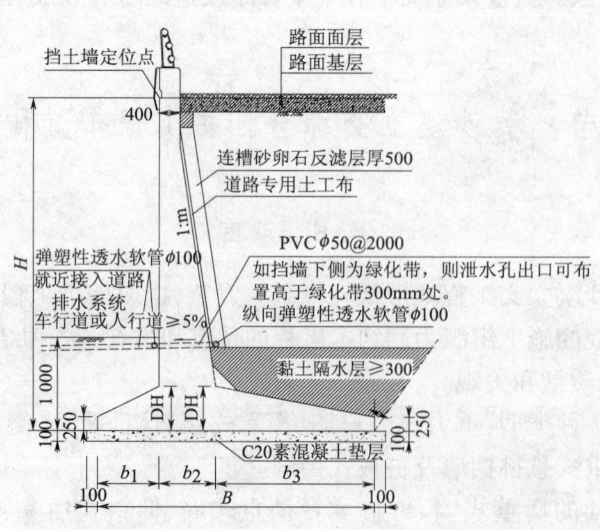

图 3-4-20 悬臂式挡土墙断面一般构造(尺寸单位:mm)

4. 衡重式悬挑挡墙

黄沙溪立交18号挡墙位于主线里程K7+737.391~K7+800,与既有黄杨大道桥的翼缘板拼接,中间设伸缩缝,形成后为车行道。为了确保两边的变形一致性,18号挡墙采用衡重式挡墙+悬挑板(图3-4-21),很好地解决了异型拼接。

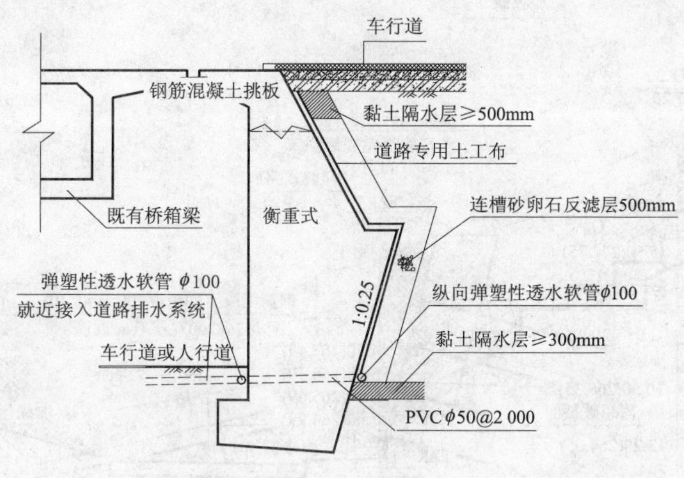

图3-4-21 衡重式悬挑挡墙

5. 桩板式挡墙

黄沙溪立交9号桩板式挡墙原始地形左高右低,表土为稍密的填筑土及亚黏土,厚度0.3~17.4m,下伏基岩为侏罗纪中统沙溪庙组砂岩和砂质泥岩,未发现不良地质现象,场地稳定。本段道路右侧为G、E匝道以及黄杨大道,最大填方高度为30m左右。本段除K7+650~K7+710段及局部地点外为挖方且开挖后出露地层弱风化基岩可直接筑路外,其余均为填方路段,填方高度为1.5~30m。道路右侧K7+441~K7+630段右侧与G、E匝道架空桥比邻,但这两段匝道均为架空桥,采用放坡处理,土岩界面为可能滑动面,但由于道路右侧存在邻近建筑物(渝中花园小区高层建筑),放坡条件有限,为保证高填土边坡的整体稳定,鉴于基岩覆土较深,若采用重力式挡墙支护,基槽开挖对构筑物影响较大,因此采用桩板式挡墙。桩尺寸为2m×3m,桩中距5m,桩间采用拱形挡板挡土。在桩顶设3m×1m盖梁,以加强桩间整体强度。

19号桩板挡墙原始地形及地质情况与9号桩板基本相同。由于受外界因素影响,施工顺序发生变化,导致19号桩板挡墙上部边坡荷载加大,因此,19号桩板调整为采用工字钢的劲性骨架,确保边坡土体的稳定及结构自身的安全。

6. 带扩大基础的衡重式墙

跨线桥2号桥台侧既有管网众多,复杂。此处原设计为扶壁式挡墙,基础开挖宽度较大,由于此处回填土为杂填建渣、垃圾土,地基承载力较低,在开挖过程中可能出现坍塌现象,为了确保既有管网的安全及边破的稳定,根据现场实际工况条件,更改为带钢筋混凝土扩大基础的衡重式挡墙,如图3-4-22所示。

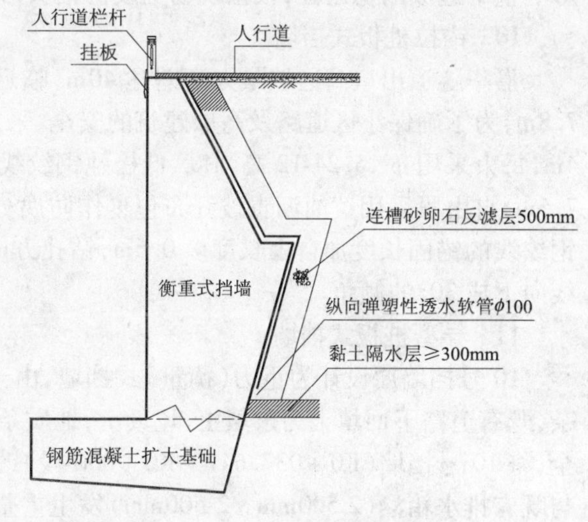

图3-4-22 扩大基础衡重式挡土

7. 桩承台衡重式挡墙

D线箱涵尾端为了后期渝中花园小区道路的修建,设置挡墙进行回填。挡墙基底早期冲沟,承载力差,并且跨越新建箱涵,墙顶高程较高,根据现场实际情况挡墙设置为桩承台衡重式挡墙。

8. 带锚杆的仰斜式挡墙

B 匝道的 14 号挡墙接嘉华隧道出口边坡的 1 号锚杆挡墙，为了确保仰斜式挡墙的稳定性，采取锚杆 + 仰斜式的方式进行布置，如图 3-4-23 所示。

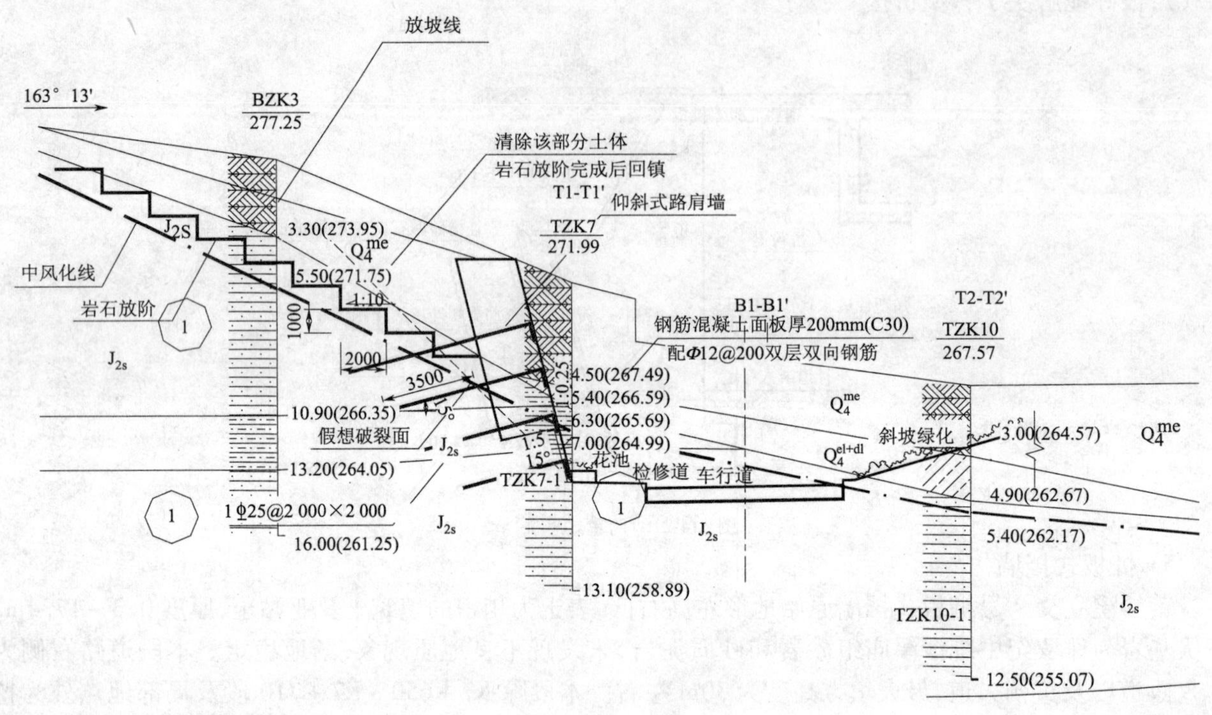

图 3-4-23　带锚杆的仰斜式挡墙

9. 锚杆挡墙（外露肋柱式、肋板式、喷射混凝土、锚头、带悬挑花池 5 种）

黄沙溪立交锚杆挡墙共 7 处，原设计为肋柱嵌入式，其中嘉华隧道洞口（1 号、2 号、洞顶仰坡）除锚杆外在二、三阶平台另设置了预应力锚索。施工过程中发现边坡裂隙较发育，采用嵌入式肋柱必定影响边坡的稳定，开挖成型较为困难，因此将 1 号、2 号、洞顶仰坡、5 号、6 号根据具体位置的岩层情况更改为外露肋柱式、肋板式、喷射混凝土 3 种形式。

4 号锚杆挡墙下台阶为新建，位于莱袁路道路上行车道边侧，为了满足景观要求和结构要求，根据周边环境，更改为带悬挑花池的肋板式，上台阶为既有条石挡墙加固，按照原方案采用嵌入式肋柱式将影响整个边坡的稳定性，根据现场更改为锚头形式。

10. 锚拉桩板式挡墙

嘉华隧道出口高边坡最大高差达 40m，临近新建小区渝中名郡高层建筑，距离最近处小区道路仅 7.8m，为了确保小区道路及高层建筑的安全，采用锚拉桩板式挡墙进行防护，预应力锚索 ϕ^s15. 24-12@4m，每束采用 ϕ^s15. 24-12 高强度、低松弛钢绞线，每束钢绞线张拉控制力为 1 340kN。锚索锚固段长≥7.5m，自由段采用黄油沥青玻纤布包裹作防腐处理。预应力锚索的钻孔直径为 180mm，其成孔深度比钢绞线的锚固长度加自由长度多 0.5m，钻孔方向应与滑坡滑动方向在水平面上的投影平行，并与水平线向下成 30°的倾角。

11. 异型桩板式挡墙

10 号挡墙原设计为重力（衡重）式挡墙，由于临近原新东福花园环道及会所（3 层），且地下管网复杂，既有道路下回填土为杂填土、垃圾土，地质条件较为复杂，为了确保既有环道及新东福会所建筑的安全，将 10 号挡墙（K0 + 037. 647 ~ K0 + 080 段）改为桩板式挡墙。由于地勘资料不准确，在开挖过程中，与既有排水箱涵（2 500mm × 2 500mm）发生重叠，为了确保既有箱涵的安全，将与箱涵重叠处的桩板改为异型，示意图见图 3-4-24。

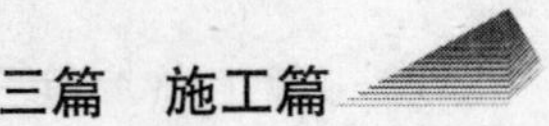

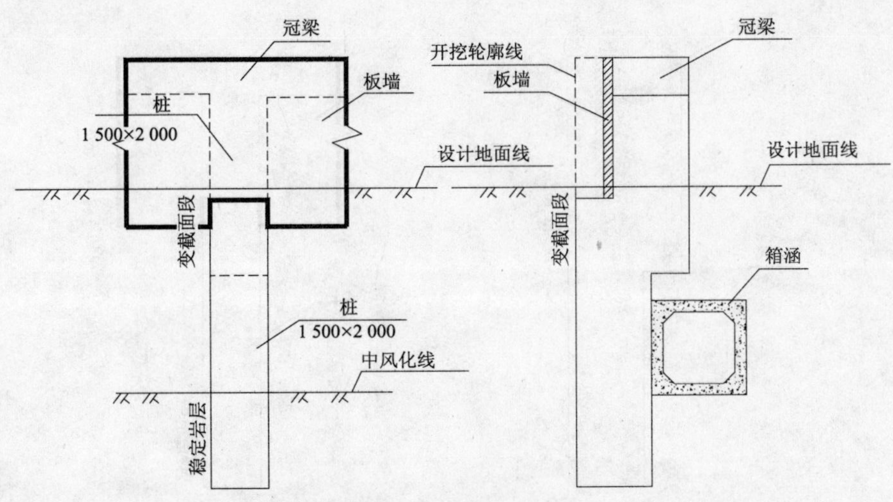

图 3-4-24　截面突变型挡土桩立面构造示意图

三、效 果 评 述

黄沙溪立交工程环境条件、地质情况均比较复杂，根据现场实际情况合理地进行挡护工程的应用和布置，施工过程中进行合理的调整，实际证明具有良好的效果，可为以后施工类似工程起到参考和借鉴作用。

第四篇

监理与监控篇

第一章　监　　理

第一节　监理组织机构

一、机 构 设 置

嘉华大桥系列工程划分为六项子单位工程，分别为李家坪立交、北引道、正桥、华村立交、嘉华隧道、黄沙溪立交，横跨江北区和渝中区。我公司根据本工程的实际情况成立“嘉华大桥工程驻地监理部”，代表单位对本项目工作实施监理。监理部按二级监理机构设置总监办及驻地办。机构框图见图4-1-1。

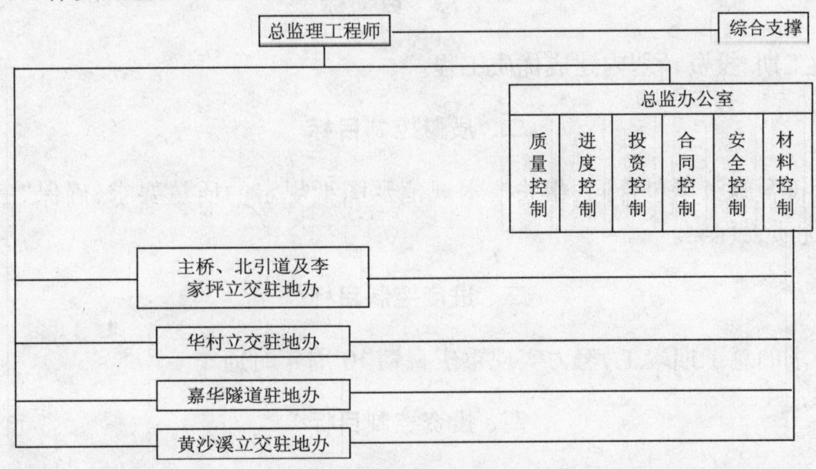

图4-1-1　机构框图

二、总监办及驻地办职责

1．总监办职责

（1）制订监理部规章制度、办法和各种程序，统一监理行为，并检查制度的落实和执行情况，及时向驻地办发出指示；

（2）审查与处理各驻地办的报告和文件；

（3）检查与管理各驻地办的计量工作；

（4）负责召开监理部重大技术与合同管理方面的研讨会，并就重大问题作出决定；

（5）参加各驻地办的工地会议和有关施工监理活动；

（6）掌握工程动态，汇总各驻地办监理业务报表，及时呈报业主和监理公司并归档；

（7）调整、考核本项目监理人员；

（8）协调各驻地办的工作；

（9）参与设计文件会审；

（10）审查工程总包及分包开工申请表；

（11）参与中间交工及竣工验收；

(12) 协助建设单位召开第一次工地例会;

(13) 组织监理部技术保障体系的运行。

2. 驻地办职责

(1) 负责监理人员的日常培训学习;

(2) 定期或不定期召开技术问题讨论会,就重大问题提出意见;

(3) 审查、处理相关报告和计量报表;

(4) 审查并参与设计文件交底及会审、中间交工及竣工验收;

(5) 组织召开工地例会及专题会等经常性会议,参加各合同段的工地会议及有关监理活动;

(6) 按编制的旁站方案进行旁站监理;

(7) 审批承包商的质量报验单,确认中间交工证书;

(8) 负责工程计量,审阅承包人的付款申请;

(9) 完成规定的抽检试验任务,建立相应台账。

第二节 监理工作目标

一、总 目 标

确保在规定的工期、投资计划内建成优质工程。

二、质量控制目标

保证工程质量符合施工承包合同、相关技术规范及图纸规定的质量要求,确保"三峡杯"优质结构奖,并力争国家级优质工程奖。

三、进度控制目标

按建设单位要求的总工期竣工,努力实现重庆直辖10周年时通车。

四、投资控制目标

把工程投资控制在经批准的工程概算内,实现建设单位的投资目标。

五、安全文明施工目标

达到市级安全文明工程标准。

第三节 针对本工程特点采取的监理工作制度

监理部除采取常规的质量、进度及投资等监理工作制度外,尚根据本工程特点采取了如下一些制度,予以加强监理部管理。

一、监理部内部技术交底及技术交流制度

总监办落实专人负责将重要部位的技术控制要点及易出现的工程质量问题整理成书面资料,通过书面签认的形式,落实到具体检查的监理人员。

鉴于本工程各标段受拆迁影响未能同时开工,为增加驻地监理办的预控能力,总监办定期或不定期地召开各驻地办的技术交流会议,针对各阶段的预控要点及技术重点、难点提出要求及安排,使各驻地办的技术管理处于同一控制水平。

二、总监理工程师巡检制度

本工程坚持了总监定期进行全线巡检并及时签发书面巡检意见(发各驻地办,并在总监办张贴、传达),指导总监办及各驻地办的工作,这对提高监理部的工作质量、贯彻总监意图、抓好各阶段的重点工作起了积极的作用,使监理工作更能满足监理规范及相关职能部门的要求。

三、重点部位和重要工序监理部现场检查实行"复检"制度

针对重点部位和重要工序,为避免监理人员检查失误,工序检查时由1~2名专业监理工程师进行检查,检查完成后将具体的质量问题书面记录,交由另外监理工程师进行再次检查。通过不同监理人员不同时段的检查,有效消除专业监理工程师在检查中可能存在的疏忽和遗漏。

四、预应力张拉过程实行监理部单独记录制度

在预应力施工过程中,监理人员对每一组张拉分析完成后方可进行下一组张拉。监理人员除了签认施工原始记录外,还单独保存自己的记录资料,作为签认施工技术资料的依据。同时由于有了监理部的单独记录,为设计单位分析预应力情况提供了方便和可靠的资料。这种做法对预应力施工质量控制提供了有力的保障。

五、重点部位的商品混凝土加强后仓监理制度

针对重点部位的混凝土,除坚持按规定频率进行开盘鉴定工作外,还加大对后仓的监管力度。在搅拌站自检的基础上,还对外加剂、粗细集料、水泥等质量进行了经常性的抽检。对不符合规范及设计要求的材料不允许使用,同时加强对配合比、计量和搅拌时间的检查,对不符合规范及设计要求的混凝土不得用于工程,从源头上控制住商品混凝土质量。

六、监理部测量独立联测制度

针对本工程线路长、线形控制难度大、边界条件复杂的特点,监理部除日常的测量监理外,还阶段性地进行全线测量的联测工作。利用独立的测量仪器及人员对施工测量进行过程检查,形成联测工作成果。

七、施工监理技术保障体系应用制度

本工程专业众多涉及特大桥梁、大型立交桥、长隧道、高边坡和深基坑等。为切实搞好工程监理,充分发挥单位既有的大型市政工程的经验,因此在工程初期就进行技术保障体系的建立,在技术文献、监理检测设备、专家咨询等方面对监理部提供技术保障,使监理部在重大技术问题、重点工程部位的监理过程中能思路清晰、决策正确。如水中围堰、大体积混凝土浇筑、0号块及合龙段施工工艺、高支架、隧道进洞及单向掘进等,技术保障体系的成功应用均取得了良好的效果。

八、建立务实的内部奖罚制度

重庆嘉华大桥系列工程监理部人员结构合理、数量充足。为切实加强内部管理,制订了《重庆嘉华大桥监理人员奖罚办法》,大大提高了监理工作质量。

九、工程攻坚阶段实行现场办公制度

为确保攻坚阶段网络计划的完成,由业主、监理、承包方的负责人每天实行现场办公,及时协调解决施工中的各种问题,有效缩短了指令的传递时间,提高了管理效率。

第四节 重点部位及工序施工监理质量预控要点

一、围堰施工质量监理预控要点

（1）围堰方案审查要求：围堰选型，堰体稳定计算，围堰平面尺寸及高度，经济性论证，前5年汛期时间、水位及度汛方案。

（2）优化填筑工艺，缩短筑堰时间。

（3）填筑前对河床水位进行实测，并对围堰下河床进行清理，筑堰材料采用透水性较小的黏土或砂夹黏土。在坡脚采用土袋垒堆压脚，芯墙采用优质黏土回填防渗。

（4）堰体填土坡度及堰体土碾压。

（5）迎水面采用抛片石及钢筋笼片石护面。

（6）截水沟和集水坑布置，在基槽的顶部四周设置截水沟，在基槽底部四周设置集水坑汇集坑壁渗水，并设置水泵及时排水。

二、桩基施工质量监理预控要点

（1）认真审核桩基专项施工方案，各专业监理工程师审核后，由总监办汇总签发审批意见。

（2）承台基槽采取控制性放炮开挖，临近桩顶1m范围必须采取人工开挖，避免对桩基岩层造成影响。

（3）由于本工程基础施工时间紧张，必须在汛期来临前抢出洪水位，主墩24个孔桩采用平行施工，24h三班作业。

（4）严格控制桩径、垂直度、嵌岩深度、桩底高程以及基岩强度等。

（5）本工程岩层基本为泥质砂岩，遇水容易风化，桩成孔后必须及时封底处理。

（6）钢筋笼要有防上浮措施。

（7）桩基混凝土浇筑：

① 每根桩基必须保证一次性连续浇筑成型。

② 采用溜筒导管接入桩中，保证混凝土自由下落高度不大于2m。

③ 当地下水渗水量≥6mm/mim时，应按水下混凝土施工工艺进行混凝土浇筑，施工方法参照《公路桥涵施工技术规范》（JTJ 041—2000）中6.5条。本工程孔桩渗水均较小，但为保证质量采用将泵管伸入混凝土中浇筑混凝土的工艺，逐步将水排除，效果很好。桩基经检测全部达到I类桩要求。

三、墩身施工质量监理预控要点

1. 测量

审核测量放线数据，尤其是第一段墩身放线，保证平面位置准确。根据翻模施工进度逐段审核校正，每次校核指标有平面位置、垂直度等。

2. 模板工程

（1）墩身外模板采用大型钢模板，内模须采用组合钢模板。模板须表面平整，不得有锈迹等残留污渍，使用前必须认真打磨处理，打磨出模板本色为度。

（2）模板打磨后，必须清洗，并涂刷脱模剂。脱模剂必须均匀不易脱落，不影响混凝土外观质量。

（3）模板安装平整，定位准确，固定牢靠。对拉螺杆必须佩戴双螺帽，并露出两丝以上丝口。

（4）模板扎缝密实，保证不出现漏浆等现象。

（5）模板拆除混凝土强度不小于30MPa。模板拆除时应人工轻微撬动，小心起吊，避免撞坏墩身混凝土。模板拆除后应及时修整处理，处理合格后方可进行安装。

四、0 号梁段施工质量监理预控要点

1. 0 号块施工要点

本工程 0 号块底板厚达 1.5m，根部底板厚度 1.65m。0 号块施工是整个箱梁施工的起步，其成型质量直接影响后续悬臂施工和线形控制。0 号块结构受力复杂，同时预应力管道和钢筋密集，尤其 0 号块受墩身以及自身已浇混凝土约束大，限制了新浇混凝土自身收缩变形，易出现混凝土开裂现象。同时 0 号块需依靠空中托架作为平台进行施工作业，托架设计直接关系 0 号块施工质量，因此0 号块施工的重点难点在以下三方面。

(1)托架设计应能保证受力明确，安装及拆除方便。弹性变形和非弹性变形预留值应能保证混凝土不产生开裂，因此托架使用前必须进行等荷载试压。

(2) 0 号块混凝土配合比是另一个重点，必须很好地解决混凝土水化热和自身收缩变形问题。因 0 号块底板受四向约束大，出现开裂现象几乎是通病，再加上 0 号块受力最复杂，施工缝的留设及处理绝不能随意，因此强调混凝土配合比以及浇筑工艺是相当重要的。

(3) 必须重视 0 号块线形高程测量控制，因为后续施工的参照点在 0 号块。

2. 施工阶段监理工作要点

(1) 对 0 号块支架进行专项验收，检查是否按方案搭设或安装，安全措施是否到位。

(2) 托架必须先行试压，检查其承载力，消除非弹性变形，观测弹性变形。

(3) 审查试验成果报告，确定托架预拱度。

(4) 严格控制测量，测量监理工程师必须认真审核测量放线数据以及旁站现场施测，保证 0 号块段高程、平面位置、断面尺寸等满足要求。

(5) 对混凝土施工实行开盘鉴定，进行全过程旁站跟踪检查。检查内容主要包括后仓原材料混凝土配合比、计量及混凝土工作性能(坍落度、抗离析等)，混凝土浇筑顺序是否满足托架均衡受力变形，混凝土浇筑过程是否连续，混凝土振捣、自由下落高度、施工缝留设是否满足要求，成型后养护等。

(6) 根据外界气温条件(施工时正值 8 月份，重庆正值酷暑季节)采用加冰水拌和、后仓料场搭凉棚等措施，降低混凝土入模温度。

(7) 检查三向预应力张拉时间、顺序、预应力控制值。为防止 0 号块段混凝土出现微裂纹，根据设计要求采取提前张拉措施，张拉后混凝土强度达到设计强度等级 60%，张拉顺序调整为纵、横、竖，由下而上，先内侧再外侧。

(8) 控制模板拆除时间，尤其是托架的拆除，必须在混凝土达到强度、三向预应力张拉完成后方可拆除。

(9) 24h 喷淋保湿养护。本工程采用补偿收缩混凝土(设计要求混凝土收缩值小于 2×10^{-4})，要求 14d 不间断喷淋保湿养护，确保膨胀剂充分发挥作用。

五、悬臂浇筑施工质量监理预控要点

主桥全长 528m，桥跨布置为 138m + 252m + 138m，双向 8 车道，分为左右(上、下游)两幅桥，悬臂施工梁段划分为 3m、3.5m 和 4m 三种，悬臂浇筑最大浇筑重量 350t，最大悬臂长度 119m。

1. 编制专项施工方案，并进行专家论证。

2. 挂篮行走就位：检查锚固可靠性、支点位置、吊带系统受力情况、预拱度设置等。

3. 模板工程

(1) 模板高程、平面位置偏差、模板搭接前节段混凝土长度和模板与混凝土面的间隙处理。

(2) 模板多次重复使用后变形调整。

4. 钢筋工程及预应力管道安装

(1) 钢筋施工顺序及分部位报验：底板、腹板、顶板。

(2) 位置冲突避让原则：普通钢筋小直径钢筋让大直径钢筋；钢筋与预应力管道位置冲突时，先保证预应力管道位置，切断的普通钢筋必须补强处理；预应力管道间位置冲突时按纵横竖顺序考虑。

(3) 波纹管定位应准确、牢固（每50cm定位一次，曲线位置应加密），节段间连接应顺畅、严密。

(4) 监理验收后必须完成监理内控表格填写。

5. 混凝土工程

(1) 混凝土浇筑要求尽量均衡，两端最多不宜超过一车混凝土（设计规定小于30t）；混凝土浇筑连续，除1～5节段设计可以分2次浇筑外（施工缝作特殊处理），其他节段必须一次成型。

(2) 实行挂牌养护和专人负责制度，混凝土浇筑后的14d必须保证不间断喷淋保湿养护。

(3) 梁段浇筑完毕必须挂线二次压力收面，保证平整度、纵横坡及高程。

(4) 严格执行浇筑现场记录制度，每次均需记录浇筑气温、浇筑起止时间、入泵坍落度、每车混凝土到场及泵送起止时间、试件制作情况及其他情况（堵管、胀模、退料等）。

(5) 混凝土浇筑严格执行开盘鉴定制度。

(6) 混凝土浇筑过程中必须有专人对挂篮变形、模板以及挂篮吊带、锚固系统进行跟踪检查。

六、T形连续刚构桥预应力施工质量监理预控要点

1. 预应力张拉施工

(1) 预应力张拉前

① 要求承包商编制预应力张拉施工方案，工人需经培训考核合格及技术交底后才能上岗作业。

② 张拉强度（同条件养护试件）不小于设计强度的90%，混凝土龄期不小于7d，弹性模量不少于设计值的90%。

③ 预应力穿束前应采用梳筋板编束，每2m捆扎一次，穿束后逐根张拉调束，保证钢绞线受力均匀，确保预应力损失最小。

④ 钢绞线原材料必须复检合格，测其外观直径、硬度以及力学性能指标。嘉华大桥根据现场情况测定了弹性模量。

⑤ 锚夹具硬度检测及静载锚固试验（现场随机抽取锚具及钢绞线）。

(2) 预应力张拉中

① 检查初始张拉力及相应伸长量，相邻张拉力值及相应伸长量，设计控制张拉力及相应伸长量。检查控制力是否满足设计要求，伸长量是否在允许偏差±6%范围内。如有偏差作好记录，并分析原因，解决后才能继续张拉。

② 统计千斤顶使用频率，按时进行校正。

③ 断丝、滑丝处理。

(3) 预应力张拉后

① 检查承包商水泥浆配合比情况，水泥浆工作性能要满足规范要求。

② 检查水泥浆搅拌设备及压浆机工作性能，保证水泥浆压注过程保持连续。长束、弯束必须采用真空压浆，真空度为-0.8～-1.0MPa。

③ 管道压浆从最低点的压浆孔压入，至另一端排气孔排出浓浆方可封闭。压浆顺序宜先压浆下层管道，压浆应缓慢、均匀地进行，不得中断，使孔道内排气通畅。

④ 检查压力表及读数，最大压力宜为0.5～0.7MPa。

七、现浇段施工质量监理预控要点

嘉华大桥1号墩现浇段由于离地面约12m左右，采用碗扣式支架现浇。4号墩现浇段离地高近60m，采用万能杆件支架现浇，箱梁分两次浇筑成型，第一次浇筑至顶板承托下。

(1) 现浇段施工方案审查，专家论证。

(2) 现浇段支架搭设验收,包括支架基础处理、支架搭设(立杆间距、横杆步距、剪刀撑数量、搭设安全控制等)、支架验收程序等。

(3) 现浇段支架荷载试验,包括加载重量、加载位置、加载程序、变形观测等,尤其是4号墩现浇段高达60m,试验过程必须确保安全。

(4) 现浇段模板

① 平整度、高程、接缝处理、光洁度、预拱度设置、平面位置偏差等满足设计及规范要求。

② 模板严格按方案加固,确保模板系统稳固牢靠。采用外拉内撑,内撑杆根据断面尺寸下料,间距合理。外拉与内撑对应,纵横背扛位置、规格满足规范要求。

八、合龙段施工质量监理预控要点

(1) 合龙前温度场建立,本工程由于是上、下游双幅桥,共6个合龙段施工(2个中跨,4个边跨)。设计单位十分重视合龙段的施工,提出了一系列详细的预控要求。

(2) 高程线形、平面位置观测,一般要求连续观测2~3个周期。

(3) 荷载清理及平衡、水箱配重。

(4) 合龙段施工程序;锁定时间及外界气温条件;锁定前高程、平面位置允许偏差;锁定施工(焊接同步性、焊缝质量);临时束编号、张拉时间及张拉力;中跨预顶力、位移以及预顶同步性控制;预顶测量监控(两端位移变化、高程变化、墩顶偏移等)。

(5) 合龙段混凝土浇筑,进行专项配合比设计,试配达到设计要求;环境温度达到设计要求。

九、大断面隧道洞身开挖放炮施工质量监理预控要点

本隧道为三车道大断面隧道,进口端地质条件差,为Ⅴ级围岩,裂隙发育,有软弱夹层;进洞50m以后为Ⅳ级围岩,层节理发育,局部冒顶较多。

(1) 开挖前,监理严格审查了开挖施工方案,要求采取短进尺、弱爆破、多打眼、少装药,采用毫秒延期雷管,多分段、减少单段药量,光面爆破等措施,尽量控制放炮振动波速。

(2) 现场布置爆破孔时,严格按爆破图表检查炮眼布置、眼深、眼距、装药数量、雷管分段情况、联线顺序及单段药量,符合批准方案才允许爆破。

(3) 依托地质超前预报结果,指导爆破支护施工,确保掘进安全。

(4) 出口加宽段断面大,采用小导坑法开挖,开挖后及时进行临时支护。导坑掘进50m以后,再单边分段扩大开挖,及时督促进行初期支护。

(5) 本隧道设计为五心圆拱,光面爆破十分重要。炮眼布置采用激光断面扫描仪,准确定位,布孔时严格控制角度,爆破后残眼率一般达70%~80%,光爆效果较好。

十、初期支护施工质量监理预控要点

嘉华隧道初期支护设计为工字钢拱架、ϕ25中空注浆锚杆、挂网喷射混凝土。超前支护洞口段为超前大管棚,交叉加强段为超前小导管,Ⅳ级围岩为超前砂浆锚杆。

(1) 超前大管棚定位要准确,角度按设计5°角控制。超前大管棚、超前小导管注浆采用1∶1水泥浆,注浆压力控制在0.4~0.6MPa。为保证注浆效果,封堵前应进行二次注浆,实施效果较好。

(2) 中空锚杆角度控制。

(3) 工字钢拱架分段架设。安装时在工作台车上操作,节点位置加强测量控制,采用连接钢筋将拱架焊接在锚杆头上,以解决工字钢定位和连接固定问题。

(4) 喷射混凝土设计厚度为12~26cm不等,一般要喷3~4次才能喷够厚度。在局部超挖处要求反复多次喷射,厚度必须达到设计要求,同时对表面平整度进行监测。

(5) 下台阶开挖拱脚容易欠挖,要求进行现场测量放线控制。

十一、防排水施工质量监理预控要点

(1) 防水层施工前对初期支护表面进行清理和补喷,保证防水层施工平顺。对于初衬遗留的锚杆头和钢筋头,要求全部割除并利用砂浆抹成圆弧形。

(2) 弹簧软式透水管按设计挂设,在渗水部位适当加密。

(3) 防水板横向全幅挂设,尽量减少接头。每幅接头采用专用双面自动焊接机均匀焊接,个别地方采用手工热风焊机补漏。每条焊缝必须经检查合格后才挂设。绑扎二衬钢筋时加强对防水板的保护,凡有被钢筋凿穿处必须补设防水板并焊实。

(4) 背贴式止水带、中埋式止水带埋设十分重要。背贴式止水带与防水板连接处宜加贴一块防水板,让止水带与防水板先焊接,再将加贴的防水板与后面的防水板焊接,可解决背贴式止水带与防水板焊接问题。

(5) 集中涌水处处理方法:隧道内有几处集中涌水,其中有的是由于上面地质钻孔未封堵而形成的渗水。施工时在集中涌水处埋设橡胶管将水引入纵向排水管。

十二、二次衬砌施工质量监理预控要点

二次衬砌为双层钢筋混凝土,进口端厚75cm,交叉加强段厚65cm,Ⅳ级围岩厚50cm。混凝土浇筑采用12.5m长整体模板台车,商品混凝土泵送浇筑。

1. 钢筋制作安装:因断面大,为解决钢筋自重下挠现象,增设了支撑钢筋。出口4车道大断面增设工字钢支撑。

2. 台车移动定位采用现场测量控制,首尾接头处须密贴,端模及底边采用早强砂浆先抹缝,有效解决了浇筑时漏浆问题。

3. 严格进行整体模板浇筑后模板清理工作,每浇筑100m左右对台车外表面进行了重新打磨。

4. 严格控制加强混凝土振捣,下部3m范围内,采用插入式振动棒和附着式振动器振动,振动方法及时间监理旁站时严格监督,怀疑有问题的地方进行二次振捣。

5. 拆模时间严格按施工技术规范要求控制,进出口段均在混凝土强度达5MPa以上才拆模,中间段控制在2.5MPa以上,以同条件养护的最后制作试件为准。

6. 混凝土养护采取挂牌喷淋保湿养护制度,专人负责,养护14d。

7. 表面缺陷修饰:拆模后,及时对局部粘模、缺边掉角、气泡等缺陷进行打磨修饰处理。

十三、高性能混凝土施工质量监理预控要点

为保证生产的混凝土达到设计的强度和耐久性,混凝土必须具备易浇筑、易密实、不离析。在施工全过程中,对混凝土的配制、拌和及浇筑,实行全方位的动态控制,即“配合比、后仓、前仓”三大控制。

1. 配合比预控

(1) 施工前,要求做好配合比试验(强度、弹性模量、碱含量、氯离子含量、收缩率及初凝时间等),结合施工程序、工期、环境等影响因素,通过试验确定配合比。

(2) 为提高混凝土弹性模量,严格控制粗集料的质量,实测压碎指标及母材强度均须达到设计要求。

(3) 为减少结构混凝土收缩值,通过试验掺微膨胀剂。

(4) 为提高混凝土的施工性能和成品混凝土的外观质量,在立交桥的地面以上通过试验混凝土掺优质聚羧酸高效减水剂。

(5) 开盘前,测定砂石含水率,调整施工配合比。

2. 后仓控制

(1) 进行后仓开盘鉴定,宜提前1d介入。

(2) 派旁站员，驻后仓旁站，重点检查原材料、配合比、搅拌过程、混凝土出站前坍落度、温度等指标。

(3) 为确保夏季热期施工混凝土入模温度≤32℃，在搅拌站，首先采取三条预控措施：

① 原材料加棚盖，对粗细集料进行降温处理；

② 用水或冰水对碎石进行循环降温，并用冰水进行混凝土拌和；

③ 控制混凝土出厂温度≤30℃。

3. 前仓预控

(1) 督促施工员、质检员、试验员到位并开展工作。

(2) 浇筑前，混凝土入泵前运输灌车高速旋转2min。

(3) 逐车检查混凝土坍落度，若坍落度过大，则责成退货，略偏小，可进行一次添加同品种、同规格外加剂进行调整。

(4) 为保证入模混凝土温度≤32℃，浇筑现场主要采取以下措施：

① 用湿麻袋覆盖泵管；

② 提前对浇筑部位的钢筋、模板，洒水降温；

③ 严格控制振捣质量，要求按工艺、规范振捣，防止漏振、过振，确保混凝土密实；

④ 坚持覆盖保湿养生14d；

⑤ 混凝土箱梁浇筑方式：分两次浇筑，第一次浇筑至箱梁翼缘以下部分，由于匝道多为弯坡桥，每次浇筑，均由坡底向坡顶方向浇筑。

十四、弯坡桥预应力施工监理预控要点

1. 本工程立交多数为弯坡桥，如华村立交E匝道的0E～4E联，联长135m，单跨38.5m，桥面距离地面33m，桥面最大坡5.8%，平面曲线半径为51m。对这类弯坡桥，在预应力张拉施工时应采取预控措施，进行全方位全过程的监控。

(1) 张拉后钢绞线实际伸长值与理论伸长值偏差≤±6%实行双控，并且无断丝滑丝产生；

(2) 混凝土强度应达到100%；

(3) 混凝土浇筑后的龄期≥7d；

(4) 混凝土弹性模量应达到设计值的90%。

2. 为保证以上质量控制底线，我们采取了以下一些预控措施。

(1) 对全桥，考虑最大坡度、最小平面曲线半径和变截面及每联长度等综合因素，有针对性地选择了5束钢绞线(通过设计认可)做管道摩阻力试验和有效预应力试验。试验结果满足$\mu \leq 0.017$，$k \leq 0.0015$设计要求。

(2) 严格控制板内平面曲线预应力筋防崩钢筋的安装，防止混凝土楔块外崩和混凝土开裂。

① 纵向每500mm增加一处板内曲线预应力筋的防崩钢筋；

② 在变高度截面箱梁曲线形底板内的纵向预应力筋，增加防崩钢筋；

③ 在箱梁内的齿块锚固前弯转的预应力筋，增加防崩钢筋；

④ 预应力筋在浇筑混凝土前穿入管道；必须每束编束后整束穿入管道中(采用梳筋板编束，每2m捆扎1次)。

十五、桥梁高支架施工监理预控要点

1. 华村立交，包括黄沙溪立交，其桥面距地面高度平均为33m，约占全桥长度里程的80%。最高一联是南引桥4号～7号，高度为60m，跨度52m，并在岸边斜坡上；同时，地面斜坡个别大于1:1，施工难度较大。根据国家建设部质【2004】213号文件要求，此高支架工程属高危工程。

(1) 严格进行方案把关，高危工程施工前，必须编制工程安全专项施工方案，同时附高支架设计计

算书,并组织专家论证评审。方案通过评审后,报监理审查和业主审批。

(2)匝道箱梁设计为多跨连续箱梁,经技术经济比较后,监理同意选择采用 WOJ 碗扣式满堂支架现浇。

(3)认真分析碗扣式高支架的受力和破坏的特性。

① 高支架承载能力是由稳定条件控制。

② 高支架与一般结构相比,工作条件具有以下特点:

a. 所受荷载变异性较大(恒载和可变荷载);

b. 扣件连接节点属半刚性,存在较大变异;

c. 支架结构,构件存在初始缺陷(如初弯曲、锈蚀、塔设尺寸偏差、受荷偏心等);

d. 地基的变异。

③ 支架破坏,主要有以下三种形式:

a. 整体失稳和局部失稳;

b. 立杆承载力不够,造成不均匀沉降;

c. 地基承载力不够,造成不均匀沉降。

④ 因此在设计、检算高支架时,必须严格控制支架结构的安全度。

a. 强度 $K_1 \geqslant 1.5$;

b. 稳定 $K_2 \geqslant 2.0$。

(4)地基承载力控制

① 满堂高支架面积比较大(一般为单跨 20m×35m,并连续 4 跨),地基处理须先清除表面淤泥,再分层回填,分层压实。根据支架布置方案,要求地基承载力达到 0.25MPa。

② 地基表面双向排水。

③ 在基面上,铺水泥砂浆或细石混凝土封闭。

④ 钢管脚底,设置下托座(置于垫石或枕木上)扩散受力面。

⑤ 有斜坡的坡面,应形成台阶。

(5)支架塔设控制

① 检查计算书中,安全度的控制;

② 平面立杆步距及横杆步距的控制。

(6)高支架预压控制:以下三种情形均须进行支架预压:A. 不同回填土;B. 不同的支架形式;C. 基底地质不同。

(7)严格对预拱度设置进行控制。

2. 万能杆件桁架支墩与贝雷梁组合高支架预控

(1)万能杆件桁架与贝雷梁组合支架,要求通过第三方采用空间有限元程序进行检算。结果表明在允许挠度范围内,支架稳定力矩大于倾覆力矩,支架贝雷梁整体稳定,满足使用要求。

(2)4 号~5 号联,设 4 排万能杆件桁架支墩,基础采用 2 根 C30 钢筋混凝土挖孔桩,圆形孔桩直径为 1.5m,桩上承台尺寸为 2.6m×4.6m×1.5m,孔桩嵌入弱风化层基岩 5m,弱风化层强度不小于 6MPa。

(3)由于支架高度 60m,为确保桁架刚度和整体稳定,万能杆件桁架支墩细长比是控制要点。在每跨间施工实施中,竖向每 12m 设一道万能杆件纵横向横系梁连接,横系梁断面尺寸为 2m×1.5m,共设置 4 道横系梁。

(4)检查万能杆件联结板的螺栓扭力矩,达到规范要求。

(5)万能杆件横架竖直度控制为 3mm 以下,否则返工调整。

(6)贝雷梁在高支架平台上的拼装,采用拖拉法就位。

(7)贝雷梁预压控制:贝雷梁及支墩分别预压。

(8)预拱度设置控制。

 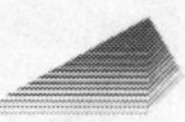

第五节 结 语

嘉华大桥系列工程自2004年12月29日开工到2007年6月11日竣工，通过监理部成员的辛勤工作，各项工作成效显著，得到了参建各方的好评。工作中始终遵从“公正、科学、诚信、守法”的执业准则，切实要求各级监理人员贯彻“严格监理，热情服务”的宗旨，急工程所急，以工程建设达到优质为目标，安全、高效地完成做出了积极贡献。

一、监理工作小结

（一）工程质量方面

（1）全线挖孔桩共665根，施工质量全部达到设计及规范要求，且均达到I类桩标准。以主桥为例，1号、4号边墩共有20根桩，桩径为ϕ1 800mm，2号、3号墩主墩共有48根ϕ2 500mm桩基，桩基采用人工挖孔灌注施工。设计要求所有桩基全部进行超声波监测及进行钻芯抽测，监测结果见表4-1-1。

主桥桩基检测结果表 表4-1-1

部 位	设计桩径	设计数量	超声波监测	钻芯检测	结 果
1号	ϕ1 800mm	8	8	—	达到I类桩要求
2号	ϕ2 500mm	24	24	4	达到I类桩要求
3号	ϕ2 500mm	24	24	3	达到I类桩要求
4号	ϕ1 800mm	12	12	2	达到I类桩要求

（2）大体积承台施工质量一次性浇筑成型，质量达到设计及规范要求，未发现有害裂缝。

主桥2号、3号主墩，承台平面尺寸为34.4m×19.8m×6.5m，承台混凝土强度等级为C30，单个承台混凝土方量为4 427m^3；所有承台均一次现浇成型。混凝土浇筑是本工程质量控制的难点，监理积极采取预控措施进行控制。大体积混凝土配合比通过多次试配，优化论证。采取多项措施降低混凝土入模温度，延长混凝土初凝时间以延缓温度峰值的出现，设置多层冷却水管降温，以及采取双层覆盖保温保湿措施，养护水采用循环热水，混凝土表面处理采取二次抹压收面克服表面收缩裂纹，对混凝土内部温度进行有效监控。整个承台大体积混凝土温度差最大值小于规范规定的25℃，混凝土没有发现有害裂缝。

（3）严格控制预应力施工质量，根据有效预应力抽测（主桥及华村立交共抽检18束）及桥梁荷载试验检测结果表明预应力的建立满足设计及规范的要求。

（4）依据科研成果，严格过程管理，使混凝土工程施工质量始终处于受控状态。

本工程通过科研取得的成果及时指导监理预控和施工。连续刚构桥梁部混凝土质量及性能是保证工程质量的重中之重，设计为C55高性能混凝土（100年使用年限，控制碱含量和氯离子含量，以提高耐久性）。为此，监理建议列题“梁部高性能混凝土研究课题”，并积极组织相关单位，在原材料优选、配合比优化、提高混凝土施工性能、严格控制碱含量及氯离子含量、降低收缩率等方面做了大量工作，取得的成果完全满足了设计和规范要求。监理部编制了《重庆嘉华大桥高性能混凝土施工质量控制规程》，整个工程的混凝土控制工作在科研成果的指导下，在各单位的积极配合下，取得了预期的效果。

混凝土工程控制分为原材料控制、生产过程控制、现场工艺控制及成品质量控制。所有原材料供应商均经过建设单位、监理、承包单位以及商品混凝土厂家进行现场考察确定。混凝土浇筑前，由建设单位、监理、承包单位共同到混凝土公司进行开盘鉴定，对原材料的质量情况进行确认；浇筑过程中监理人员全过程进行旁站，且见证各种试件制作。如主桥箱梁混凝土施工一次最大浇筑方量约180m^3，每次取样抗压试件10组，弹性模量试件6组，混凝土收缩值试件3组，混凝土

28d强度、弹性模量、收缩值全部满足设计要求，取样频率大于规范要求。经过各方的通力协作，主桥4个0号块及6个合龙段混凝土均未发现有害裂缝。经法定检测机构对混凝土实体的检测结果表明其内部密实，无缺陷。

桥梁对混凝土外观质量要求较高，监理从加强预控出发，建议立交桥工程采用建设部推广的高效减水剂技术（即在地面以上外露部分墩、柱及箱梁混凝土中掺加高效聚羧酸减水剂），同时采用定型模板，使立交桥地面以上混凝土外观达到平整、光洁、色差小，效果受到好评。

（5）严格控制测量精度，使主桥达到自然合龙要求，立交桥线形流畅、美观。嘉华大桥系列工程联测成果评定表见表4-1-2。

嘉华大桥系列工程联测成果评定表 表4-1-2

联测项目		执行		误差类型	误差(mm)	
		施测方式	规范文号		最大实测值	规范允许值
主体控制	全网平面	GPS	JTJ T066—98	相对中误差	1:86 361	1:70 000
	全网高程	四等三角高程	JTJ 061—99	高差中误差	6.71	±20.0mm $\sqrt{\sum}$km
华村立交	匝道梁系边路 匝道编号 A B C D E F G J K	全站仪随机三维测点	JTJ 071—98 JTJ 041—2000	路面宽度差	+18.00	±20.00
				高程顶高差	−17.00	±20.00
嘉华隧道	平面导线	洞内四等导线	JTJ 061—99	方位闭合差	10".77	18".03
	高程导线	洞内四等三角		环形闭合差	9.73	±20.00mm $\sqrt{\sum}$km
	掌子面	全站仪钢拱架内轮廓	JTJ 071—98	距轴线	+06.00	±20.00
				距高度	+27.00	不小于设计值
嘉华主桥	桥墩垂直度	精密水准测量	CJJ 2—90	垂直度顺桥向	16.40	±25.00
	桥面中心高程		GB 12897—91	高程闭合差	0.50与原基点下沉8.50	±20.00mm $\sqrt{\sum}$km 启用联测平差成果，设计提供各节段基准高程修正值
	桥下人洞高程			高程闭合差	0.65与原基点下沉22.90	
	桥面挠度	全站仪分部测点	JGJ/T 8—97 建筑变形测量规程	垂直偏差	25.00	不超过允许垂直偏差的1/10
	主桥轴线		JTJ 041—2000	轴线偏差	一般4~8	±10.00
	坡比系数			纵坡系数	平均1.809%	设计值1.900%
				横坡系数	平均1.981%	设计值2.000%

误差评价总体结论：联测项目的误差、精度与现状形体均符合相关技术规范。

（6）隧道二衬内表面平整光洁、尺寸准确、无渗漏。

在防、排水施工中重点监控复合防水板（PVC与无纺布）挂设，每幅接头双面自动焊的焊接质量，背贴式止水带与防水板的焊接问题。在二次衬砌钢筋施工中，监理重点监控因隧道断面大钢筋安装中自重下挠的双层钢筋位置问题。经设计同意增设了支撑钢筋，在出口四车道大断面增设工字钢支撑，有效地控制了钢筋的下挠，确保了双层钢筋的位置和保护层厚度。整个隧道二衬混凝土外观质量符合设计和规范要求，竣工验收时得到较高的评价。监理发文资料统计见表4-1-3。

监理发文资料统计 表4-1-3

序号	文件名称	份数	序号	文件名称	份数
1	监理通知	121	7	《施工组织设计》、《专项方案审查》	125
2	监理指令	23	8	中间验收小结	42
3	会议纪要	325	9	专项验收总结	7

续上表

序号	文件名称	份数	序号	文件名称	份数
4	监理备忘录	84	10	单位工程总结	6
5	《监理规划》,《监理细则》	35	11	合计	675
6	监理联系单	57			

(7) 高度重视工程的技术资料及档案管理工作。

技术资料及档案管理工作是监理信息管理的一个十分重要的方面,同时监理部也十分重视内部的技术资料管理,在对资料、档案管理时,严格进行收集、分类、编码、传递及处理。经过重庆市档案馆的专题验收,整个系列工程的施工档案资料收集齐全、真实,被评为优良等级。

(二) 工程进度方面

经过各参建单位的共同努力,本工程实现了"6.18"通车的工期目标,比政府既定的竣工时间提前了半年。

工期目标的实现得源于编制详细的网络计划,事中跟踪检查调整、实施时严格执行。特别是关键节点工序均按计划完成,如主桥主墩基础施工、0号块、合龙段、隧道单向掘进、立交桥高支架等关键节点均按计划实现。另外,整个工程的验收也进行了详细的计划安排,并且通过各种措施,创造条件如期完成。工程实际验收时间如下:

(1) 2007年6月2日嘉华隧道通过消防专项验收;

(2) 2007年6月3日至8日六项单位工程通过交工验收;

(3) 2007年6月6日通过重庆市城建档案馆验收;

(4) 2007年6月8日全线交通标志工程通过专项验收;

(5) 2007年6月9日涂装工程通过专项验收;

(6) 2007年6月11日嘉华大桥系列工程通过竣工验收;

(7) 2007年6月14日通过航道、规划、环保部门验收;

(8) 2007年6月15日完成工程竣工验收备案手续;

(9) 2007年6月16日举行隆重的通车典礼。

嘉华大桥系列工程通过积极借鉴大型市政工程的经验教训,依靠参建各方的创新管理,使工程顺利通过各项验收,提前通车,被业界称为重庆市大型市政路桥工程验收管理的典范。

(三) 工程投资方面

按照业主对监理的授权,监理的投资控制是对工程建安费的控制。经结算,整个工程实际建安费用未突破概算,达到了预期的目标。

(四) 工程安全文明施工方面

整个工程未发生重大责任安全事故,曾被评为"重庆市安全达标工地"称号。

二、监理工作的体会

经过两年半的监理实践,工程的各项目标均达到了既定的要求,这与参建各方的密切配合、精诚团结分不开。取得如此的成效,我们有以下几方面体会。

(1) 本工程采取"BOT"建设模式,建设单位重庆路桥股份有限公司自建设初期就明确提出"监督、协调、服务"的管理理念。同时还筹集了充足的工程资金,按程序及时进行支付及分节点考核,为本工程优质、高效地完成打下了坚实的基础。

(2) 参建各方的紧密配合、精诚团结为工程的顺利进行提供了条件。本工程参建单位众多,在业主统一的组织协调下,各参建单位急工程所急,群策群力,团结一致。

(3) 承包人对本工程高度重视,组建了技术过硬、年轻实干的项目经理部。同时承包人高层也十分

重视,工程实施过程中成立了公司级组织协调机构,在人、材、物等诸多方面给予项目经理部大力支持。

(4) 要实现质量、进度目标必须严格执行各种报验程序及制度,强化工程验收管理。由于工程设计文件对结构的耐久性要求高,故对原材料的要求特别严格。除按常规要求对材料进行抽检外,对设计文件提出的技术参数,都必须达到。在施工过程中,严格坚持上道工序未通过验收,不得进入下道工序施工的原则。本工程点多面广,为达到通车前完成各项竣工验收的要求,经参建各方反复研究,认真梳理了分部工程中间验收、专项工程验收及单位工程验收计划。计划的各项验收组织有序,责任落实,整改到位,准备充分。

(5) 充分发挥大型工程的预控经验,对提高工程质量起到了重要作用。如为防止0号块出现裂缝的质量通病,监理建议在结构保护层范围增加防裂钢筋网片,支持设计采用补偿收缩混凝土理念解决部分自收缩,并在工艺上坚持采取不间断喷淋养护。冬季采取热水养护,夏季采取在厚大混凝土部位设置冷却水管降温等措施,严格控制混凝土入模温度,使结构混凝土内外温差满足设计和规范要求。经过各方面措施的综合应用,使0号块避免了出现有害裂缝。

(6) 采取先进的管理理念,强化监理机构内部管理。重庆嘉华大桥系列工程点多面广,是否能将各个控制目标实现,监理机构的高效运转、监理人员及监理设施的配置至关重要。监理部除按《建设工程监理规范》作好各项日常管理外,还借鉴《公路工程监理规范》、《地质灾害工程防治监理规范》中相关条文,制订了一系列的内部技术管理制度。事实证明,这一系列举措是有成效的。

第二章 监 控

第一节 嘉华隧道施工监控量测方案

为使监控量测充分发挥技术经济效益,设计、施工单位应编制切实可行的量测方案,并在施工中认真组织实施。量测方案应根据隧道的地质特征、围岩条件、支护类型和参数、已经确定的施工方法、量测目的进行编制。同时应考虑量测费用的经济性,并注意与施工的进程相适应。

嘉华隧道的监控量测,主要根据《公路隧道施工技术规范》(JTJ 042—1994)的规定和各次会议要求,确定必测项目和选测项目。其中必测项目包括:①围岩与支护状态观察;②周边位移监测;③拱顶下沉监测;④锚杆轴力监测。选测项目包括:①围岩与喷层间接触压力监测;②钢支撑内力监测。嘉华隧道穿过城市建筑密集区,上有道路、高层建筑和其他设施,有必要进行爆破振动测试,其测试点根据地表建筑设施重要程度选择。因此,爆破振动波测试应列为必测项目。在实际工作中,量测断面包括常规量测断面和典型量测断面。常规量测断面进行的项目包括必测项目中的围岩与支护状态观察以及内空收敛监测;典型断面进行的量测项目包括锚杆轴力监测、钢支撑应力应变量测和围岩压力量测。

一、常规断面量测

(一) 隧道内目测项目与地质素描

在隧道开挖前,地勘资料很难提供准确的地质资料,做过多的地质勘探不仅在经济上耗费很大,而且经济效益并不高。所以,在隧道开挖后应对掌子面附近的围岩进行观察目测。对开挖工作面的观察目测,应随开挖工作面的推移进行,特别是在软弱围岩条件下,开挖后应立即进行地质调查,并绘出地质素描图。若遇特殊不稳定情况,应派专人进行不间断观察。

1. 目测项目内容

对爆破开挖后掌子面的观察应包括如下内容:

(1) 岩性特征:岩石颜色、成分结构、构造。

(2) 岩质种类及分布情况,地层年代划分。

(3) 岩层层理发育概况,岩层走向及倾角。

(4) 节理特征:节理裂隙的发育程度、方向、性质、组数、规模、间距、充填物类型和产状。

(5) 断层的性质、产状,破碎带宽度、特征。

(6) 地下水情况:涌出位置、涌水量大小、涌水压力。

(7) 开挖面稳定情况,有无岩石剥落,有无声发射现象。

(8) 开挖效果,开挖是否平整,炮眼痕迹率。

对开挖后的支护观察应包括如下内容:

(1) 初期支护完成后应观察喷层表面是否有裂缝以及裂缝状况,做好描述和记录。

(2) 观察喷层有无裂隙和剥落,是否产生剪切破坏。

(3) 锚杆施工和喷射混凝土是否符合规范的要求。

（4）有无锚杆被拉断或垫板脱离围岩现象。

（5）钢拱架有无被压屈服变形现象。

2. 地质素描

地质素描指与隧道施工进展同步进行的对洞内围岩地质和支护状况的观察和描述。在隧道设计和施工过程中，它是一项不可缺少的现场地质详勘工作，是对围岩地质特性和支护措施的合理性、有效性的最直观、最简便、最经济的描述和评价。其内容除前述洞内目测项目外，还应包括以下内容：

（1）综合测试断面的位置、形状、尺寸及编号。

（2）岩石名称、结构、颜色。

（3）岩体层理、片理、节理、裂隙，断层等各种软弱面的产状、宽度、延伸情况、连续性、间距等。

（4）岩石各结构面的成因类型、力学属性、充填物成分及泥化、软化情况。

（5）岩脉穿插情况及其与围岩接触关系，软硬及破碎程度，围岩的自稳时间与自稳性能。

（6）岩土风化程度、特征、抗风化能力。

（7）地下水的类型、涌出位置、涌水大小及对锚喷支护的影响。

（8）施工开挖方法、支护参数及循环时间。

（9）围岩内鼓、弯折、变形、岩爆、掉块、坍塌的位置、规模、数量和分布情况。

（10）溶洞、黄土、流沙、膨胀性围岩、瓦斯地层等特殊地质条件的描述。

（11）喷层开裂、起鼓、剥落情况的描述。

（12）地质断面展示图，或纵横剖面图，必要时应附彩色照片及录像带等。

洞内观察及地质素描图表如表 4-2-1 所示。

隧道开挖地质监测表 表 4-2-1

____公路 ____合同段隧检－编号：

基本要求				轴向方位角				埋深（m）			
检查桩号				施工单位							
地层岩性		围岩类别	设计		饱和极限抗压强度	极硬岩 Rb－60 MPa	硬质岩 Rb－30－60 MPa	软质岩 Rb－5－30 MPa	极软岩 Rb－5 MPa	取样	试验编号
			实际施工								
围岩岩体结构特征	层理产状		单层厚度（m）		层面特征	破碎	与隧道的关系（平面示意图）		煤矿采空区		
	结理	组次	产状	间距（m）	长度（m）	缝宽（m）	充填物	性质		位置	
		1								高程（m）	顶板
		2									底板
		3								稳定性	
		4									
	断层		破碎带宽度（m）		破碎带特征					瓦斯情况	
	纵坡速度（km/s）		松弛带厚度（m）			岩体结构类型				与隧道关系	
地下水涌水情况	涌水位置		涌水量 L/（s·m）	无水	滴水（0.04）	线状 0.04～0.21	股状（0.21）	含泥沙情况	侵蚀性情况	取水样编号	试验编号
侧壁素描图						掌子面素描图			工程措施及有关参数		
左侧壁			右侧壁								

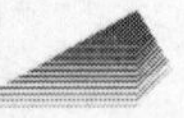

（二）内空收敛量测

隧道新奥法施工，强调研究围岩变形，因为隧道开挖后，围岩向隧道内空方向的位移是围岩变形动态的显著表现，最能反映出围岩或围岩与支护体的稳定性。隧道内空收敛变化，一般采用收敛计来量测其中两点之间的相对位移值来反映围岩位移动态。

1. 内空收敛位移量测目的

（1）周边位移是隧道围岩应力状态变化的最直观反映，量测内空收敛可为判断隧道空间的稳定性提供可靠的信息。

（2）根据变位速度判断隧道围岩的稳定程度，为二次衬砌提供合理的支护时机。

（3）指导现场设计与施工。

2. 监测断面的设置

测点应在距开挖面2m的范围内尽快安设，并应保证爆破后24h内或下一次爆破前测读初次读数。实践证明，当隧道开挖后，岩体结构被破坏，块体间因阻力削弱而变松弛，隧道围岩不断地向隧道内空方向变形并逐渐解除塑性区的应力。这种向隧道内空方向的变形，一般在爆破后24h内发展较快。开挖初始阶段的围岩变形动态数据在全部变形过程中占十分重要的地位，因此要求测点应尽快安装，并在下一循环爆破前获得初次读数。

监测断面沿隧道纵向设置的间距，根据岩性不同和围岩类别的差异，结合其具体情况，提出按以下要求布置各类围岩监测断面的间距。

拱顶下沉、周边位移量测，测点应布设在同一断面，其断面间距如表4-2-2所示。

拱顶下沉、周边围岩的测试断面间距　表4-2-2

条件 / 围岩	洞口附近	埋深小于2*B*	施工进展200m前	施工进展200m后
硬岩地层（断层破碎带除外）	10	10	20	30
软岩地层（不产生很大塑性地压）	10	10	20	30
软岩（产生很大塑性地压）	10	10	20	30
土砂	10	10	10~20	20

注：*B*为隧道开挖宽度，表中数据单位为m。

测点的测试频率应根据围岩和支护的位移速度及离开挖面的距离确定。净空位移和拱顶下沉的量测频率如表4-2-3所示。

净空位移和拱顶下沉的量测频率　表4-2-3

位移速度	距工作面距离	量测频率
10mm/日以上	0~1*B*	1~2次/1日
10~5mm/日	1~2*B*	1次/1日
5~1mm/日	2~5*B*	1次/2日
1mm/日以下	5*B*以上	1次/1周

注：*B*为隧道开挖宽度。

由围岩变形速度决定的量测频率和由距开挖面距离决定的量测频率之中，原则上采用频率高的。当位移趋于一定值时，亦可不采用表4-2-3中的数据。由于测线和测点的不同，位移速度也不同，因此应以产生最大位移速度来决定量测频率。

3. 测桩埋设与测线布置

当采用全断面开挖时，在一般地段每个监测断面通常埋设测桩1号、4号、5号共3个，布置a、b、c共3条测线，如图4-2-1所示。

若为半断面开挖，可先埋设1号、2号、3号测桩，对a、b、c 3条测线进行量测，当下台阶开挖到达相应的监测断面位置时，再埋设4号、5号测桩，对下部d线进行量测。

在特殊地段，根据具体情况，可另增设测线。

对埋设测桩的要求：

(1) 1号、2号、3号、4号及5号测桩应埋设在同一垂直平面内。

(2) 1号和2号及4号和5号测桩分别在同一水平线上，3号测桩应埋设在拱顶中央。

(3) 1号、2号测桩应埋设在起拱线附近，4号、5号测桩应埋设在施工底面上1.5m左右。

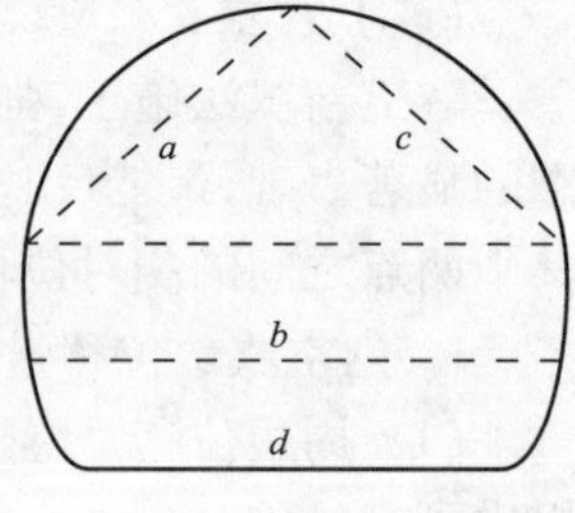

图4-2-1　测桩布置形式

二、典型断面量测

(一) 锚杆轴力量测

1. 量测锚杆轴力的目的

(1) 了解锚杆受力状态及轴向力的大小。隧道开挖后随着围岩发生变形而产生锚杆轴向力，在围岩变形稳定前锚杆的轴向力是不断增加的，量测锚杆轴向力的大小是为了弄清锚杆的负荷状态，为确定合理的锚杆参数提供依据。

(2) 判断围岩变形的发展趋势，概略判断围岩内强度下降区的界限。一般把从隧道壁面至变形量最大处称为隧道围岩的扰动圈，于是可为锚杆参数设计提供了一定依据。

(3) 评价锚杆的支护效果。锚杆轴向力是检验锚杆支护效果与锚杆强度的依据，根据锚杆极限抗拉强度与锚杆应力的比值K(锚杆安全系数)即可作出判断，锚杆轴向力越大，则K值小；当锚杆中某段最小的K值稍大于1时，应认为合理。

2. 量测断面的设置

锚杆测力计的测点布置如图4-2-2所示。每个量测断面(隧道全断面)内布设5根锚杆，每根锚杆长3.0m，每根锚杆设有3个测点。具体的布置形式，在拱顶中央一个，在拱肩上左右各设一个，在两边墙施工底板线上1.5m处各设一个，锚杆采用全长砂浆锚固。

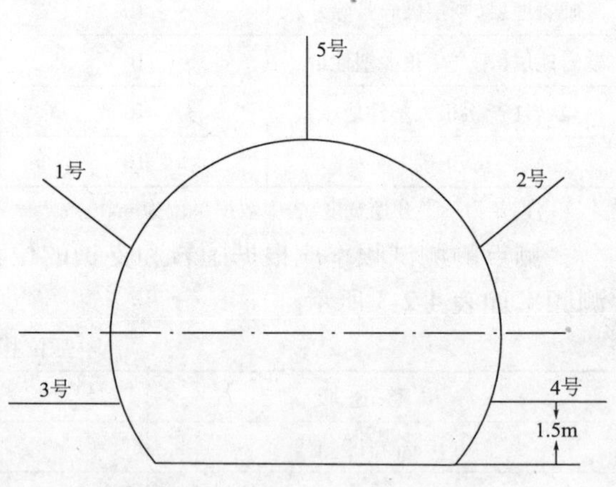

图4-2-2　锚杆轴力量测断面的布置图

3. 锚杆轴力计算

$$P = K\Delta F + b\Delta T + B \tag{4-2-1}$$

式中：P——被测锚杆的轴力(kN)；

K——仪器标定系数(kN/F)；

ΔF——压力计实时测量频率模数值相对于基准值的变化量(F)；

b——钢筋计的温度修正系数(kN/℃)；

ΔT——钢筋计的温度实时测量值相对于基准值的变化量(℃)；

B——钢筋计的计算修正值(kN)。

注：频率模数$F = f^2 \times 10^{-3}$。

(二) 钢支撑应力应变量测

自稳时间很短的Ⅵ、Ⅴ级围岩、浅埋、偏压隧道施工，当早期围岩压力增长快，需要提高初期支护的强度和刚度时；或在砂、卵石、土夹层，大面积淋水地段以及为了抑制围岩大的变形需要增强支护抗力时，其一般多采用钢支撑喷射混凝土作为初期支护。另外当隧道施工需要施作超前支护时，需设置钢支撑作为超前锚杆或超前小钢管的支承构件。为了明确钢支撑能否承受围岩变形而施加的荷载，因此我们必须了解钢支撑的受力和变形情况。

1. 量测目的

(1) 了解钢拱架受力的大小,为钢拱架造型与设计提供依据。

(2) 根据钢拱架的受力状态,为判断隧道空间的稳定性提供可靠的信息。

(3) 了解钢拱架的工作状态,评价钢拱架的支护效果。

2. 钢筋测力计的安设

为了测定钢拱架上所受的应力,在每个量测断面安设了5台钢筋计,其具体位置是:在拱顶中央安设一台钢筋计,在两侧两肩处和在施工底板线上1.5m的侧墙处各对称地安设了一台,进行相关部位应力的量测。为了使钢筋计与钢拱架紧密接触,在安设钢筋计处,钢筋计与钢拱架之间铺设钢垫板(底托),以便钢拱架均匀受力。同时为了使围岩压力均匀地传递到钢筋计上,用水泥砂浆将隧道壁面抹平,并使之达到良好的面接触。另处在钢筋计周围的空隙处用碎石充填密实,防止钢筋计受力后偏斜,影响量测效果。其测点布置图如图4-2-3所示。

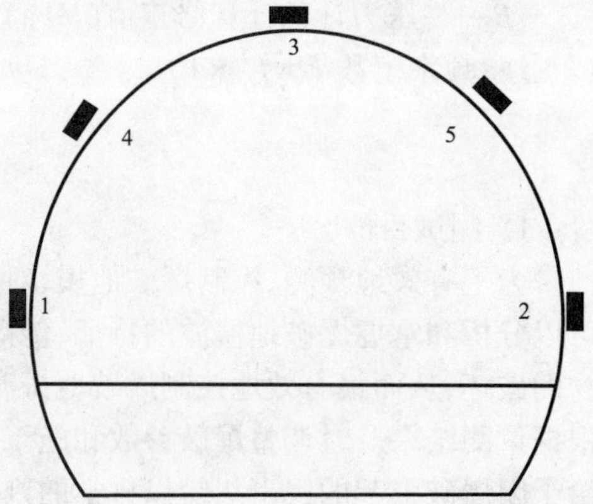

图4-2-3 (钢筋测力计)压力盒布置示意图

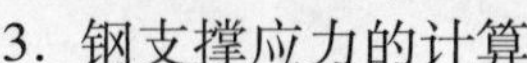

3. 钢支撑应力的计算

$$\varepsilon = K\Delta F + b\Delta T + B \qquad (4\text{-}2\text{-}2)$$

式中:ε——被测钢筋的荷载(10^{-6});

K——仪器标定系数(10^{-6}/F);

ΔF——压力计实时测量频率模数值相对于基准值的变化量(F);

b——钢筋计的温度修正系数(10^{-6}/℃);

ΔT——钢筋计的温度实时测量值相对于基准值的变化量(℃);

B——钢筋计的计算修正值(10^{-6})。

注:频率模数 $F = f^2 \times 10^{-3}$。

(三) 围岩压力量测

隧道新奥法施工随掘进及时喷射一层混凝土,封闭围岩暴露面形成初期柔性支护。由于混凝土与围岩紧密均匀接触,并可通过调整喷层厚度,协调围岩变形,故而使应力均匀分布,避免应力集中。随后按设计要求系统布置锚杆,加固深部围岩。锚杆、喷层和围岩共同组成承载环,支承围岩压力,这部分支护结构称为“外拱”。外拱施工过程中通过监测了解围岩变形情况,待围岩变形趋于稳定,支护抗力与围岩压力相适应时,进行外拱封底,使变形收敛,同时进行二次支护,加强支护抗力,提高安全系数。二次支护结构称为“内拱”,内拱为储备强度。新奥法必须严格控制二次支护时间,以使支护结构的性能呈现先柔后刚的特性,因此,在施工过程中需对喷射混凝土层进行应力的量测工作。将压力盒布设在围岩与初衬之间,即测得围岩压力;压力盒布设在初衬和二衬之间,即测得两层支护间压力。

1. 围岩接触压力量测的目的

(1)了解喷层的变形特性以及喷层的应力状态。

(2)掌握喷层所受应力的大小,判断喷射混凝土层的稳定状况。

2. 围岩接触应力测点布设及量测

测点布设与钢筋计的布设一样,其布设位置如图4-2-3所示。

采用频率计采集压力盒频率,根据压力盒的频率—轴力标定曲线,将量测数据直接转换算成相应的接触压力。

3. 围岩接触应力的计算

TJ型振弦式压力计的计算公式:

$$P = K\Delta F + b\Delta T + B \qquad (4\text{-}2\text{-}3)$$

式中：P——被测围岩压力值(MPa)；

K——仪器标定系数(MPa/F)；

ΔF——压力计实时测量频率模数值相对于基准值的变化量(F)；

b——压力计的温度修正系数(MPa/℃)；

ΔT——压力计的温度拭时测量值相对于基准值的变化量(℃)；

B——压力计的计算修正值(MPa)。

注：频率模数 $F = f^2 \times 10^{-3}$。

三、爆破振动波测试

1. 测试目的

为了有效地预测、控制爆破地震，对爆破振动进行准确的测试是关键的一步。通过爆破振动测试，可以分析和掌握爆破地振波的特征、传播规律以及对建筑物的影响、破坏机理等，以防止和减少对建筑物的破坏，从而最有效地控制爆破地振波的危害。也可以确定回归预报参数，改善爆破振动预测模型，根据量测结果及时调整爆破参数和施工方法，指导爆破安全作业，从而有效地控制爆破地震效应，同时给予因爆破引起的民事纠纷以科学的判断依据。

嘉华隧道上方覆盖层薄弱，隧道轴线上方陈旧建筑物相对密集且抗振能力弱，保证周围建筑物安全是隧道进出口段爆破施工的关键问题之一。隧道整个洞身范围内，隧道上覆岩体完整，强度较高，最小埋深20m左右，爆破振动波传递速度相对较快且衰减小。隧道轴线上方框架结构高层住宅楼密集，确保上方高层住宅楼的安全是隧道洞身段爆破施工的又一关键问题。

嘉华隧道施工环境复杂，增加了施工的难度。嘉华隧道采用光面爆破施工，施工中控制爆破振动，确保隧道周围建筑物安全是施工中的关键问题。有效地控制爆破振动对周围环境的影响，对爆破进行振动监测是必要且有效的手段。通过爆破振动监测反馈给我们的信息能解决两个关键问题。一是通过监测及时反馈监测数据，作为爆破参数调整依据；合理确定爆破振动速度控制指标及根据爆破振动控制指标选择合理爆破方案；经过对数据的分析能够了解隧道围岩爆破振动的动力学参数，进一步修正和优化爆破施工设计。二是通过对大量监测数据的回归分析，得出了隧道掌子面爆破时振动速度沿不同方向传播衰减规律，预测在一定范围内埋设监测点位置的爆破振动速度。

2. 测试内容及方法

城市地下工程爆破引起地面爆破振动，波及建筑物基础的安全，并给人们带来恐慌的感觉，成为社会广泛关注的“爆破公害”。在许多情况下，爆破规模的控制、爆破工艺的选择以及爆破设计方案能否实施，均取决于对爆破振动效应及建筑物安全的监测和控制，因此爆破振动监测越来越被人们高度重视。《爆破安全规程》(GB 6722—2003)规定，对地下工程开挖爆破，应按设计的合理的开挖顺序进行，在施工过程中应进行爆破振动监测，以监控爆破对地下结构和地面建(构)筑物的影响，保证地下和地面建(构)筑物的安全。

要完整地描述一个测点在空间的运动状态，原则上应该同时测量测点的位移速度和加速度的三个正交分量随时间变化的过程。从研究爆破地震效应及其对邻近建筑物的影响的角度出发，往往只需要测定其中一个或两个分量。在三个物理量中，若测得其中的任意一个，就可以通过微分或积分的方法算得其他两个，但是，在数值换算中会引进一定的误差，其误差的大小取决于原始记录曲线反映测点运动的真实程度。爆破振动测试主要包括：地面质点的振动速度测试、爆破地振波的主振频率测试和爆破振动的持续时间测试。

目前在爆破振动测试中采用最多的是电测方法。它利用敏感元件在磁场中的相对运动，产生与振动成一定比例关系的电信号，经过放大器和记录装置得到振动信号。按所测物理量的不同，传感器有位移计、速度计、加速度计。按传感器位移量的大小可分为强震仪、中强震仪及弱震仪。

世界各国用于中强地震观测的仪器，大多数是直接光记录和直接机械记录的三分量强震仪，并以测量

地振动加速度为主。由于仪器的研制是直接为地震工程科学研究和结构抗震设计服务的，它的设计测量频率范围较低，记录纸的走纸速度在 2.5 ~20mm/s 之间，仪器灵敏度是固定的，测量地面运动加速度最大值为 1g。这些仪器用于爆破地振动观测还需作一些改进，才能满足爆破地振动幅值大和频率高的要求。

3. 测试系统

根据不同振动现象的特点（频率、幅位和相角），振动测量方法与仪器的选择上都有所不同。本次监测采用了 891—Ⅱ型拾振器、INV306 数据采集仪、计算机、打印机等组成监测系统。利用拾振器将振动参数转换成电信号，经过振动测试仪放大、记录振动波形记录后，再用计算机中的分析软件对振动信号进行分析处理或模拟试验。振动测试系统如图 4-2-4 所示。

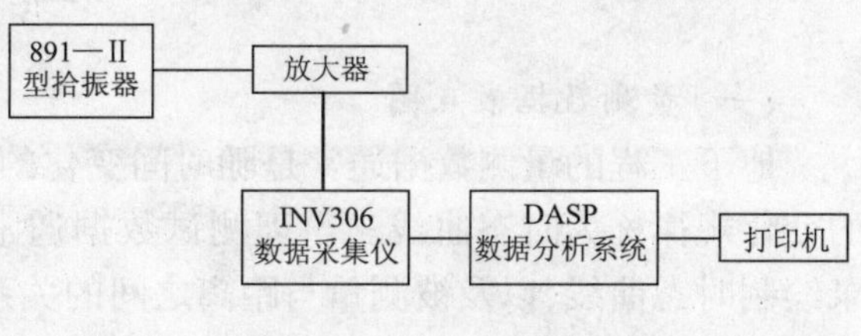

图 4-2-4　振动测试系统

该测试系统中有 3 个拾振器，分别测量振动速度的水平径向分量 v_r、水平切向分量 v_τ 和垂直分量 v_z。测量过程中数据采集仪自动采集并把相关数据存储到计算机的指定目录中，最后调入 DASP 工程测试软件进行分析。

监测系统的主要性能指标如下：

（1）891—Ⅱ传感器

891—Ⅱ速度传感器的主要性能指标　　表 4-2-4

参数 档位 / 技术指标		1	2	3	4
		加速度	中速度	大速度	小速度
灵敏度（v.s/m 或 v.s^2/m）		0.1 或 0.5	7	1	30
阻尼常数		7 或 5	0.65	0.65	0.65
最大量程	位移（mm）		70	300	15
	速度（m/s）		1.4	1.8	0.5
	加速度（m/s^2）	100			
通频带（Hz ±1/3db）		0.5 ~80	1 ~100	0.5 ~100	2 ~100
输出负荷电阻（kΩ）		300	300	300	300
与 891 型放大器配接后的分辨率	位移（m）		1×10^{-7}	1×10^{-8}	1×10^{-8}
	速度（m/s）		1×10^{-7}	1×10^{-8}	1×10^{-8}
	加速度（m/s^2）	1×10^{-5} 或 1×10^{-7}			
尺寸，重量		ϕ60 ×80mm，1kg			

（2）891—Ⅱ放大器

891—Ⅱ放大器主要性能指标　　表 4-2-5

开关位置放大倍数参数挡		1	2	3	4	5	6	7	8	9	10
1	直通	10	20	50	100	200	500	1 000	2 000	4 000	5 000
2	直通	1	2	5	10	20	50	100	200	400	500
3	积分	5	10	25	50	100	250	500	1 000	2 000	2 500
4	积分	1	2	5	10	20	50	100	200	400	500

（3）WS－USB 数据采集分析仪

通道数：32 通道；A/D 转换分辨率：16bit；采样速度：1μs ~10ms；

频带：0 ~20kHz；放大倍数：1 ~1 000（误差 < ±3%）；

工作温度：－10 ~ ＋40℃；通信方式：USB 接口。

第二节 数据处理与分析

一、数据处理方法

(一)量测数据散点图

地下工程的量测数据通常是随时间变化的,被测量随时间的变化规律称为时态曲线。整理测试数据通常是根据量测记录绘制时态曲线,以及被测量与距离之间的关系曲线。

1. 净空位移测定

根据记录绘制位移 u 与时间 t 的关系曲线(图 4-2-5)、围岩 u 与开挖面距离 L 关系曲线、位移速度 v 与时间 t 关系曲线。这三条曲线,不一定每条曲线都要绘制,一般情况下有第一条即可。位移与时间曲线是评价围岩稳定和确定二次衬砌施作时间的主要依据。

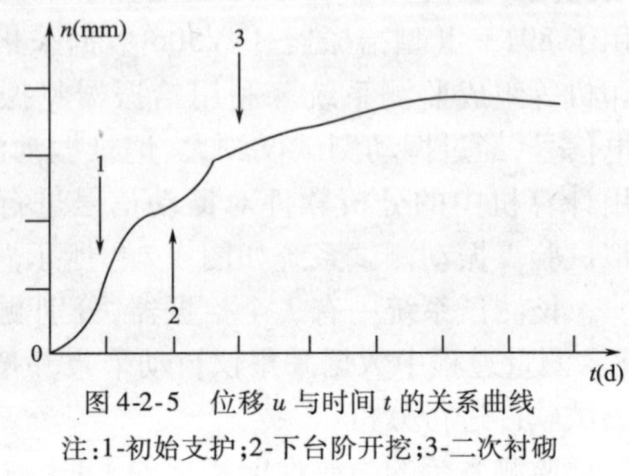

图 4-2-5 位移 u 与时间 t 的关系曲线
注:1-初始支护;2-下台阶开挖;3-二次衬砌

2. 围岩体内位移测定

绘制孔内各测点(l_1,l_2……)位移 u 与时间关系曲线、不同时间(t_1,t_2……)位移 u 与深度(测点位置 l)关系曲线。根据图形能大致确定围岩的松动范围。当围岩松动区半径超过允许值时,围岩就可能出现松动破坏,此时必须加强支护或改变施工方法,以减少松动区范围。

3. 围岩径向应变测试

绘制不同时间(t_1,t_2……)应变($\mu\varepsilon$)与深度关系曲线、围岩体内不同测点(1,2…)的应变($\mu\varepsilon$)与时间 t 的关系曲线。

4. 锚杆轴向力测试

绘制不同时间(t_1,t_2……)锚杆轴力(应力 σ)与深度关系曲线、各测点(1,2…)锚杆轴力(应力 σ)与时间关系曲线。锚杆轴力是检测锚杆效果与锚杆强度的依据,根据锚杆极限抗拉强度与锚杆应力之比 K(锚杆安全系数)即能作出判断。锚杆轴力越大,则 K 值越小。当锚杆中某段最小的 K 值稍大于 1 时应认为合理,但即使出现局部段 K 值稍大于 1,一般亦不会拉断,因为钢材有较大的延性。

(二)量测数据回归分析

回归分析是对一系列具有内在规律的测试数据进行处理,通过处理和计算得到两个变量之间的函数关系式。由于隧道量测偶然误差所造成的离散性,绘制的散点图总是上下波动和不规则的,因此必须进行数字处理才能获得合理的典型曲线,并以相应数字公式进行描述。回归分析是处理测读数据、最终绘制典型曲线的一种较好方法。

采用回归分析时可选用下列之一的函数关系式:

对数函数,如

$$y = a + b\lg x \tag{4-2-4}$$

$$y = a + b\ln(x+1) \tag{4-2-5}$$

指数函数,如

$$y = a(1 - e^{x^2}) \tag{4-2-6}$$

$$y = a(1 - e^{x^2}) \tag{4-2-7}$$

双曲线函数,如

$$\frac{1}{y} = a + b\frac{1}{x} \tag{4-2-8}$$

式中:a、b——回归常数;

t——时间(d)；

u——位移值(mm)。

数据处理中常用的是一元线性回归和一元非线性回归。而一元非线性函数可以通过变量变换化为一元线性函数,再按一元线性回归方法进行回归处理。

一元线性回归是研究被测物理量随时间呈线性变化的规律。令被测物理量如位移为 y,观测时间为 t,则可用一直线函数表示两变量的关系,即:

$$y = a + bx$$

实测散点数据一般都不在一条直线上,要使选择的直线与实际散点相差最小,需要用最小二乘法原理。若自变量 x 中某个值 x_i,对应的实测值为 y_i,回归计算所得的 y 值为 y_i,则有 $y_i = a + bxi$,使平方和达到最小的回归是最好的,即

$$\sum_{i=1}^{n}(y_i - \hat{y}_i)^2 = \sum_{i=1}^{n}(y_i - a - bx_i)^2 (i = 1,2,\cdots,n) \tag{4-2-9}$$

由微积分求极值的方法可得 a,b 值:

$$b = \frac{n\sum xy - \sum x \sum y}{n\sum x^2 - (\sum x)^2} \tag{4-2-10}$$

$$a = \frac{\sum y - b\sum x}{n} \tag{4-2-11}$$

对应的相关性系数 r 和剩余标准差 S:

$$r = \frac{n\sum xy - \sum x \sum y}{\{[n\sum x^2 - (\sum x)^2][n\sum y^2 - (\sum y)^2]\}^{1/2}} \tag{4-2-12}$$

$$S = \sqrt{\frac{1}{n-2}\sum_{i=1}^{n}(y_i - \hat{y}_i)^2} \tag{4-2-13}$$

工程中常用的几种函数形式见表4-2-6:

回归分析中常用的几种函数形式　　表4-2-6

函数类型	函数形式	常数	渐近线	线性函数	变换公式
双曲线函数	$\frac{1}{y} = a + b\frac{1}{x}$	$a>0, b>0$	$y = \frac{1}{a}$	$y' = a + bx'$	$y' = \frac{1}{y} x' = \frac{1}{x}$
对数函数	$y = a + b\lg x$	$a>0, b>0$	$x = 0$	$y' = a + bx'$	$x' = \lg x$
对数函数	$y = a + b\ln(x+1)$	$a>0, b>0$	$x = -1$	$y' = a' + bx'$	$x' = \ln(x+1)$
指数函数	$y = ae^{\frac{b}{x}}$	$a>0, b>0$	$y = a$	$y' = a' + b'x'$	$y' = \ln y x' = 1/x$ $a' = \ln a b' = -b$
指数函数	$y = a(1 - e^{x^2})$	$a>0$	$y = a$	$y' = ax'$	$x' = 1 - e^{-x^2}$

二、数据分析方法

由于围岩性质的复杂性,加上施工等人为因素的影响,在隧道工程中,无论事先的调查和试验做得多么细致,支护的实际受力及变形状态,往往难与按力学模型所分析的结果相一致。为了确保隧道工程的安全可靠和经济合理,必须在施工阶段进行监控量测,及时收集由于隧道开挖而在围岩和支护结构中产生的位移和应力变化等信息,对数据进行分析,并根据一定的标准来确认和修正预先设计的支护结构和施工流程。这样才能反映隧道开挖后围岩的实际应力及变形状态,使得设计和施工与围岩的实际动态相匹配。在隧道工程中所采用的数据分析方法可归纳为两大类,即理论分析法和经验分析法。

(一) 理论分析法

在隧道支护结构设计计算中,所需要的计算参数为表征岩体物理力学特性的参数(如变形模量、泊松比、黏结力及内摩擦角)和反映岩体环境条件的初始地应力。

对隧道支护结构进行设计时,首先要根据支护结构的具体情况选取力学模型,其次要确定计算参数。为了提高计算的准确性,除对所选取的力学模型做到尽量合理外,还应采用现场监控量测信息进行

分析,求解计算参数,把这种方法叫理论分析法。它又分为直接分析法和间接分析法两种。

直接分析法,也称正算法。即先按工程类比法确定计算参数后,用分析方法求解隧道周边的位移值,并与量测得到的隧道周边位移值进行比较,当两者有差异时,应修正原先假定的计算参数,重复计算直至两者差符合计算精度为止。最后得的计算参数即为同样条件下今后设计所采用的参数值。

间接分析法,也称逆算法。它是根据施工中量测到的隧道周边位移值,用数值分析法来反算出主要参数,并依此进行支护结构的设计计算。由于所需反算的主要参数(如初始应力欢态,围岩的物理力学指标等)不同,其采用的计算方法也不同。

(二) 经验分析法

经验分析法是根据工程类比法建立一些判断准则,然后利用监控量测得到的信息与这些准则进行比较,依次来判断围岩的稳定性和支护结构的工作状态的方法。一般可用下面三种判断准则进行判断。

1. 允许位移值

所谓允许位移值,是指隧道施工的全过程中,在保证围岩不产生有害松动,地表不产生有害沉降(指浅埋隧道)条件下的最终位移值。在隧道开挖过程中所量测到的总位移值或根据时间—位移曲线求出的最终位移值大于允许位移值时,意味着围岩不稳定或支护系统工作状态不安全,需要加固。

隧道周边位移量的大小,受到很多因素影响,如原始地应力、开挖方法、开挖速度、支护方式、支护时机等。所以允许位移值应根据工程类比初步定出范围值后,再根据现场量测的结果和工程实际综合分析确定。《铁路隧道新奥法指南》建议的隧道周边允许相对位移值见表4-2-7。

隧道周边允许相对位移值(%) 表4-2-7

围岩级别	覆盖层厚度(m)		
	<50	50~300	>300
Ⅲ	0.10~0.30	0.20~0.50	0.40~1.20
Ⅳ	0.15~0.50	0.40~1.20	0.80~2.00
Ⅴ	0.20~0.80	0.60~1.60	1.00~3.00

注:①相对位移值系指实测位移值与两测点之间的距离之比,或拱顶位移实测值与隧道宽度之比。
②脆性围岩取表中较小值,塑性围岩取表中较大值。
③Ⅰ、Ⅱ、Ⅵ级围岩可按工程类比原则选定允许值范围。
④本表所列数值可在施工过程中通过实测好资料积累作适当修正。

2. 位移变化速率

位移变化速率是以每天的位移量来表示。对某一开挖断面来讲,从开始产生位移到稳定为止,每天的位移变化速率都是不相同的。根据位移变化速率来判断围岩的稳定程度,也是目前国内外广泛采用的方法,但还没有统一的标准。

新奥法施工的一条原则是二次支护要在围岩变形基本稳定的情况下施作,以保证支护体系具有足够的安全度和耐久性。围岩变形基本稳定时间主要是根据围岩变形速率来确定的。我国《锚杆喷射混凝土技术规范》和《公路隧道施工技术规范》规定,二次衬砌的施作应在满足下列要求时进行。

(1) 各测试项目的围岩速率明显收敛,围岩基本稳定。

(2) 已产生的各围岩位移量已达预计总位移量的80%~90%。

(3) 周边位移速率小于0.1~0.2mm/d,或拱顶下沉速率小于0.07~0.15mm/d。

3. 时间—位移曲线(位移时态曲线)

由于岩体的流变特性,岩土破坏前的变形曲线可以分成三个区段:

(1) 基本稳定区。主要标志是变形速率不断下降,即$\frac{d^2u}{d^2t}<0$,该区亦称为“一次蠕变区”,表示围岩趋于稳定,其支护结构是安全的。

(2) 过渡区。变形速率长时间保持不变,即$\frac{d^2u}{d^2t}=0$,该区亦称为“二次蠕变区”,应发出警告,及时调整施工程序,加强支护系统的刚度和强度。

（3）破坏区。变形速率逐渐增加，即$\frac{d^2u}{d^2t}>0$，该区亦称为“三次蠕变区”，表示围岩已到达危险状态，应立即停工加固。

当测得的相对位移值超过允许值，若喷层厚度已选得较大时，一般应增加锚杆数量和长度以加强支护，或者调整开挖方法，如缩短台阶长度，提前锚喷支护时间和仰拱封底时间。如这种方案仍未能使相对位移值降至允许值之下，则应对开挖面进行加固，如采用先支护（斜插锚杆、钢筋、插钢板等）稳定顶部围岩，用喷混凝土即锚杆等稳定开挖面。当处置支护全部施作完毕，相对位移量远低于标准时，可降低其他地段初期支护参数。

修改设计参数应注意下列事项：

（1）根据一个断面的量测信息结果，进行设计参数修正，只适用于该断面前后不大于5m的同类围岩地段。

（2）隧道较长地段同类围岩设计参数的修正，特别是降低设计参数，必须以不少于三个断面的量测信息为依据。按修正后的设计参数进行开挖的地段，其设计参数的正确性和合理性仍应根据监控量测信息分析予以验证。

三、嘉华隧道常规断面量测数据处理

监测组于2005年7月份进场，在各参建单位的大力支持和积极配合下，在嘉华隧道左右线共布设103个监测断面，其中左线51个，右线52个，所有的监测断面统计见表4-2-8和表4-2-9。

嘉华隧道左线量测断面统计表　　表4-2-8

序　号	断面里程	序　号	断面里程
1	LK0 +46.5	27	LK0 +945
2	LK0 +73	28	LK0 +967
3	LK0 +105	29	LK0 +990
4	LK0 +120	30	LK1 +015
5	LK0 +175	31	LK1 +035
6	LK0 +199	32	LK1 +060
7	LK0 +245	33	LK1 +078
8	LK0 +263	34	LK1 +107
9	LK0 +295	35	LK1 +110
10	LK0 +324	36	LK1 +150
11	LK0 +350	37	LK1 +160
12	LK0 +380	38	LK1 +190
13	LK0 +400	39	LK1 +200
14	LK0 +450	40	LK1 +230
15	LK0 +500	41	LK1 +260
16	LK0 +540	42	LK1 +290
17	LK0 +580	43	LK1 +310
18	LK0 +625	44	LK1 +320
19	LK0 +660	45	LK1 +350
20	LK0 +671(二衬)	46	LK1 +380
21	LK0 +705	47	LK1 +400
22	LK0 +745	48	LK1 +410
23	LK0 +796	49	LK1 +422
24	LK0 +840	50	LK1 +433(二衬)
25	LK0 +877	51	LK1 +440(二衬)
26	LK0 +920	—	—

嘉华隧道右线量测断面统计表　　表4-2-9

序　号	断面里程	序　号	断面里程
1	RK0 +41.8	27	RK0 +870
2	RK0 +53	28	RK0 +892
3	RK0 +80	29	RK0 +930
4	RK0 +90	30	RK0 +980
5	RK0 +107.5	31	RK1 +026
6	RK0 +155	32	RK1 +065
7	RK0 +170	33	RK1 +074
8	RK0 +205	34	RK1 +105
9	RK0 +245	35	RK1 +145
10	RK0 +263	36	RK1 +150
11	RK0 +299	37	RK1 +185
12	RK0 +325	38	RK1 +200
13	RK0 +350	39	RK1 +220
14	RK0 +385	40	RK1 +240
15	RK0 +400	41	RK1 +251
16	RK0 +450	42	RK1 +280
17	RK0 +485	43	RK1 +310
18	RK0 +525	44	RK1 +320
19	RK0 +565	45	RK1 +340
20	RK0 +605	46	RK1 +370
21	RK0 +645	47	RK1 +410
22	RK0 +690	48	RK1 +430
23	RK0 +730	49	RK1 +436
24	RK0 +770	50	RK1 +432(二衬)
25	RK0 +810	51	RK1 +440(二衬)
26	RK0 +840	52	RK1 +441

(一) 数据处理及散点图

根据重庆嘉华大桥工程嘉华隧道新奥法监测的原始数据,选择净空收敛值(内空收敛和拱顶下沉)进行重点处理。因为净空收敛量测不仅是新奥法监测中最重要的必测项目,而且是判断围岩是否稳定、支护结构是否合理的依据,并且贯穿于整个施工过程。

现场实测数据,必须经过计算求得每一测线的量测时间间隔、累计量测时间、收敛差值、累计收敛差值、当日收敛速率、平均收敛速率、拱顶下沉差值、累计拱顶下沉值、当日拱顶下沉速率、平均拱顶下沉速率、量测断面至开挖面距离等。在此基础上,绘出量测断面测线的收敛差值及累计收敛值与时间的关系曲线,当日收敛速率及平均收敛速率与时间关系曲线,拱顶下沉差值及累计拱顶下沉值与时间关系曲线,当日拱顶下沉速率及平均拱顶下沉速率与时间关系曲线等。

1. 量测间隔时间的计算

为了使收敛量测值与相应的量测时刻准确对应,以适应现场条件及量测具体情况的变化,也便于准确计算收敛速率,故将量测间隔时间按量测时读取的准确时刻用下式计算:

$$\Delta T_i = \frac{(h_i - h_{i-1}) \times 60 + (M_i - M_{i-1})}{1\,440} + D \tag{4-2-14}$$

$$T_n = \sum_{i=1}^{n} \Delta T_i \tag{4-2-15}$$

式中:ΔT_i——第 i 次量测与第 $i-1$ 次量测的时间间隔(d);

h_i——第 i 次量测时的小时数(h);

h_{i-1}——第 $i-1$ 次量测时的小时数(h);

M_i——第 i 次量测时的 min 数(min);

M_{i-1}——第 $i-1$ 次量测时的 min 数(min);

D——第 i 次量测与第 $i-1$ 次量测的间隔天数(d);

T_n——第 i 次量测到第 n 次量测的总累计间隔时间(d);

1 440——每天折算出的 min 数(分/d)。

2. 拱顶下沉量计算

拱顶下沉量的大小,根据测线 a、b、c 的实测值并利用三角形面积公式换算求得,如图 4-2-6 所示。

即拱顶下沉量:

$$\Delta h = h_1 - h_2 \tag{4-2-16}$$

$$h_1 = \frac{2}{a}\sqrt{S(S-a)(S-b)(S-c)} \tag{4-2-17}$$

$$S = \frac{1}{2}(a+b+c) \tag{4-2-18}$$

$$h_2 = \frac{2}{a'}\sqrt{S'(S'-a')(S'-b')(S'-c')} \tag{4-2-19}$$

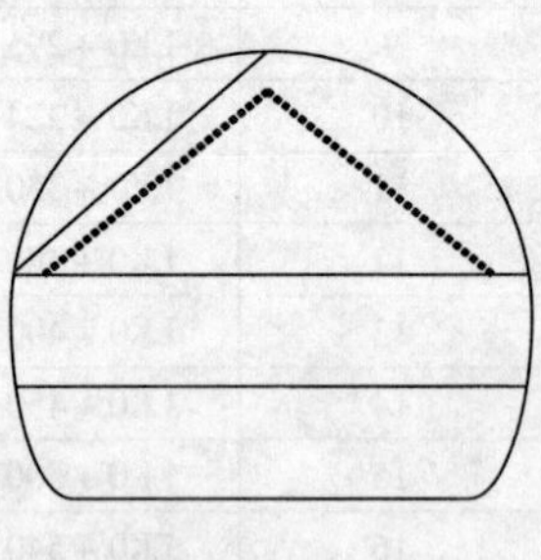

图 4-2-6 拱顶下沉计算布置图

$$S' = \frac{1}{2}(a'+b'+c') \tag{4-2-20}$$

式中:a、b、c——为前次量测 a 线、b 线、c 线所得的实测值;

a'、b'、c'——为后次量测 a 线、b 线、c 线所得的实测值。

3. 收敛值的计算

对于 KM-1 收敛计,因其微读数是随隧道内空的缩小而减小,所以计算公式为:

$$\Delta u_i = R_{i-1} - R_i \tag{4-2-21}$$

总收敛值为

$$u_n = \sum_{i=1}^{n} \Delta u_i \tag{4-2-22}$$

式中：Δu_i——第 i 次测量与第 $i-1$ 次量测的收敛差值(mm)；

R_i——第 i 次量测的微读数(mm)；

R_{i-1}——第 $i-1$ 次量测的微读数(mm)；

u_n——第 n 次量测的总收敛值(mm)。

由于实际隧道内空总趋势是变小，故量测工作进行一段时间后，当测微计读数接近或达到满刻度时就需交换钢尺孔位，为了消除孔位误差，使量测数据连续、准确，需对测读值作误差修止。

由于钢尺受温度变化的影响会产生热胀冷缩，故需要将温度变化对测微读数的影响加以修正。按下式计算修正值。

$$R_t = L_i a(20 - t_i) \tag{4-2-23}$$

式中：R_t——因温度变化引起的读数的变化值(mm)；

L_i——第 i 次量测时的钢尺挂孔长度；

a——温度补偿系数，$a = 12.0 \times 10^{-6}/℃$。

4. 以嘉华隧道 LK1 +290 量测断面为例，对其实测数据分析处理如下：

量测断面 A 线数据处理见表 4-2-10，其水平收敛曲线及水平收敛速率详见图 4-2-7 及图 4-2-8。量测断面拱顶下沉数据处理见表 4-2-11，其拱顶下沉曲线及拱顶下沉速率曲线见图 4-2-9 及图 4-2-10 所示。

LK1 +290 量测断面 A 线数据处理表 表 4-2-10

量测间隔时间(d)	量测累计时间(d)	差 值(mm)	总收敛值(mm)	当日收敛速率(mm/d)	平均收敛速率(mm/d)
0	0	0	0	0	0
0.99	0.99	1.11	1.11	1.12	1.12
1.06	2.05	1.07	2.18	1.01	1.06
1.08	3.13	0.51	2.69	0.47	0.86
0.98	4.11	1.36	4.05	1.39	0.99
1.03	5.14	0.47	4.52	0.45	0.88
0.97	6.11	0.89	5.41	0.92	0.89
2.02	8.13	1.49	6.90	0.74	0.85
1.98	10.11	1.25	8.15	0.63	0.81
2.03	12.14	1.15	9.30	0.57	0.77
1.97	14.11	1.09	10.39	0.55	0.74
2.03	16.14	0.99	11.38	0.49	0.70
1.97	18.11	0.90	12.28	0.46	0.68
2.02	20.13	0.87	13.15	0.43	0.65
2.01	22.14	0.66	13.81	0.33	0.62
1.95	24.09	0.56	14.37	0.29	0.60
2.06	26.15	0.54	14.91	0.26	0.57
1.99	28.13	0.35	15.26	0.18	0.54
1.98	30.11	0.13	15.39	0.07	0.51
2.03	32.14	0.15	15.54	0.07	0.48
1.97	34.11	0.08	15.62	0.04	0.46

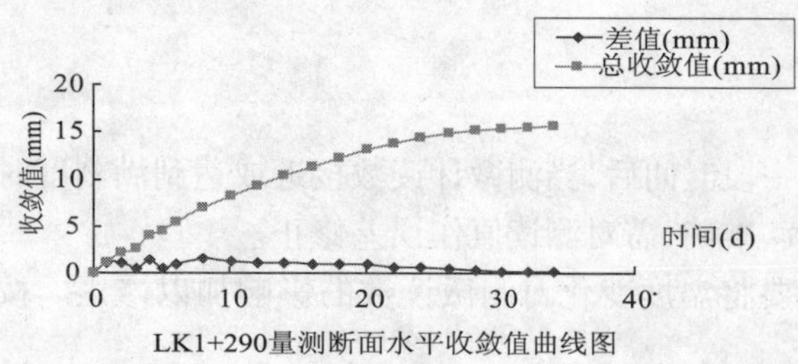

图 4-2-7　LK1 +290 量测断面水平收敛曲线图

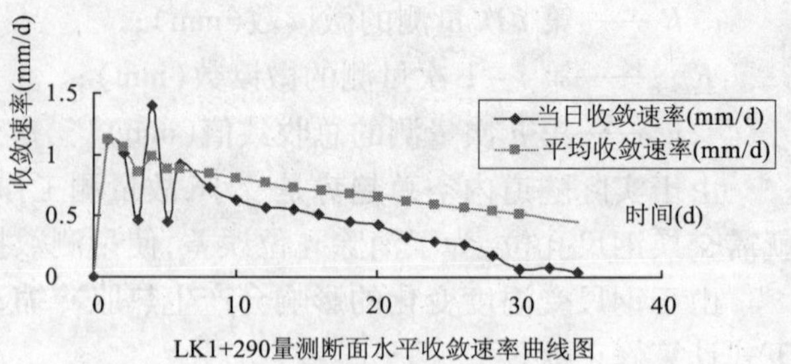

图 4-2-8　LK1 +290 量测断面水平收敛速率曲线图

LK1 +290 量测断面拱顶下沉线数据处理表　　表 4-2-11

量测间隔时间（d）	累计间隔时间（d）	当日拱顶下沉量（mm）	累计拱顶下沉量（mm）	当日拱顶下沉速率（mm/d）	累计拱顶下沉速率（mm/d）
0	0	0	0	0	0
0.99	0.99	1.96	1.96	1.98	1.98
1.06	2.05	1.46	3.42	1.37	1.67
1.08	3.13	2.57	5.99	2.38	1.91
0.98	4.11	0.30	6.29	0.31	1.53
1.03	5.14	1.63	7.92	1.57	1.54
0.97	6.11	0.44	8.36	0.46	1.37
2.02	8.13	1.17	9.53	0.58	1.17
1.98	10.11	1.07	10.60	0.54	1.05
2.03	12.14	1.05	11.65	0.51	0.96
1.97	14.11	1.06	12.71	0.54	0.90
2.03	16.14	1.04	13.75	0.51	0.85
1.97	18.11	1.00	14.74	0.51	0.81
2.02	20.13	0.73	15.48	0.36	0.77
2.01	22.14	0.83	16.31	0.41	0.74
1.95	24.09	0.86	17.17	0.44	0.71
2.06	26.15	0.68	17.84	0.33	0.68
1.99	28.13	0.13	17.97	0.06	0.64
1.98	30.11	0.03	17.99	0.01	0.60
2.03	32.14	0.11	18.10	0.05	0.56
1.97	34.11	0.07	18.18	0.04	0.53

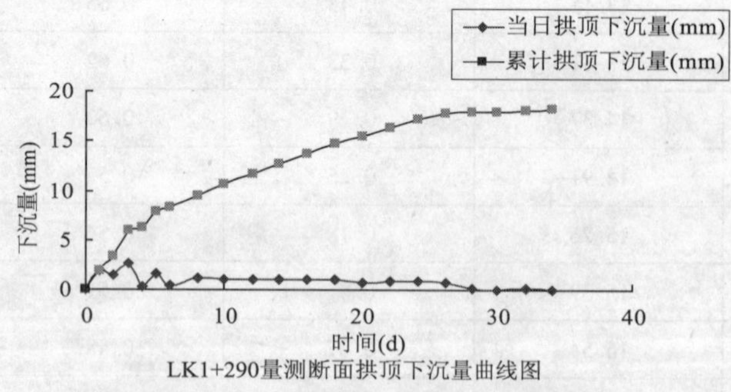

图 4-2-9　LK1 +290 量测断面拱顶下沉曲线图

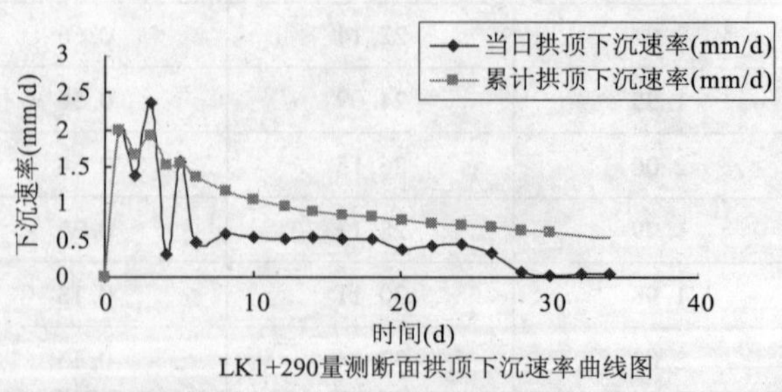

图 4-2-10　LK1 +290 量测断面拱顶下沉速率曲线图

(二)回归分析

对数据的拟合回归分析过程如图 4-2-11 所示。

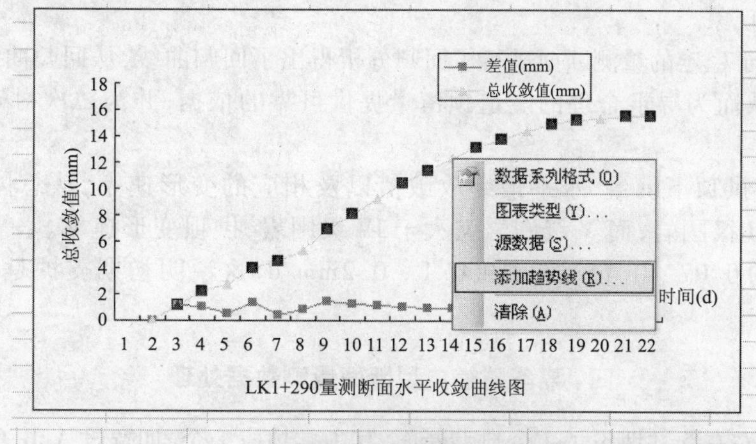

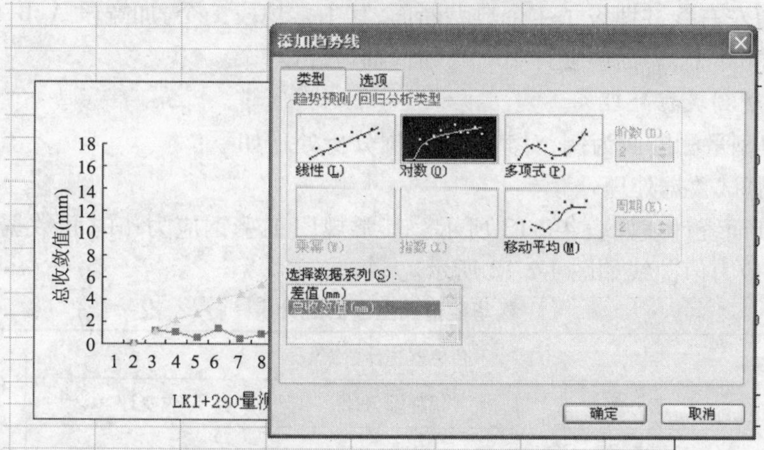

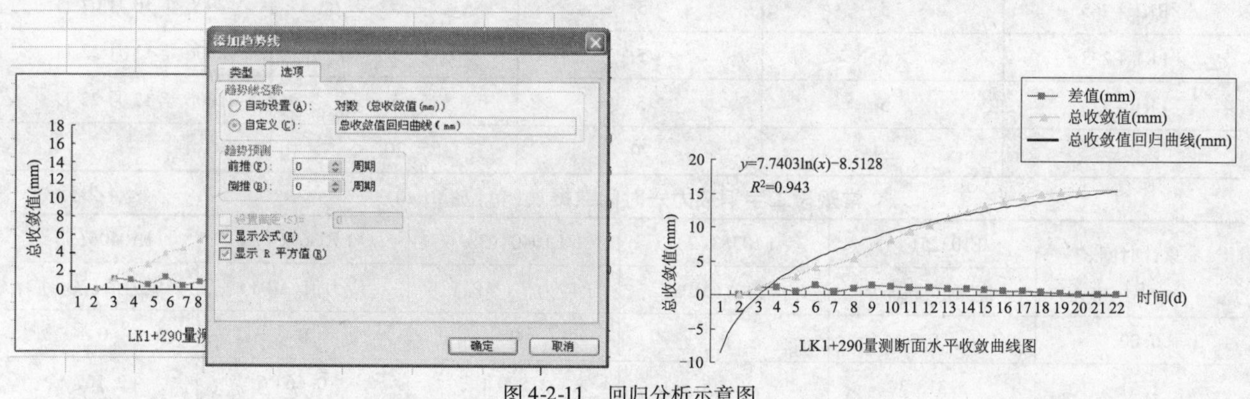

图 4-2-11 回归分析示意图

(三)量测结果

对重庆嘉华大桥工程嘉华隧道新奥法监控量测的数据进行处理及综合分析,可得出如下基本结论:

(1) 围岩内空变形量测数据能较好地跟踪监测隧道周边的变形过程,根据四条测线——两条斜测线、两条水平线——量测所得的结果能直观地反映隧道主要部位内空变形特征。

(2) 综合各量测断面测线的变形情况,从分析所得的有关数据(日变形量、总变形量、总变形量与时间的关系以及变形速率、平均变形速率与时间关系曲线等)可以看出量测断面拱顶下沉的变形速率与时间和距开挖面距离增大而逐渐降低。总之,拱顶下沉量呈递减趋势,变形逐渐趋于收敛。

(3) 对于各量测断面的水平测线,从变形速率与时间的关系曲线上看,变形也呈明显的收敛趋势。

一般说来对于III、IV级围岩，大约从断面开挖10～15d是变形较为剧烈的急剧变形阶段，随后35d左右即进入微小变形阶段，日变形量较小，隧道围岩逐渐趋于稳定。从所测得的数据来看，还没有出现变形量一直上升不收敛的现象。

(4) 对于变形趋于稳定的量测断面进行了回归分析得出了回归曲线，从回归曲线可以看出各量测断面的最终下沉量，从而为寻求合理的隧道预留量提供可靠的依据，并为二次衬砌提供合理的支护时机。

(5) 至于围岩的拱顶下沉量、水平最终收敛值以及相应的变形速率，从总体上看呈现以下规律：IV类围岩大于III级围岩，而V级围岩又大于IV级围岩，拱顶变形速率、水平变形速率分别小于二次衬砌所规定的0.07～0.15mm/d和0.1～0.2mm/d，这说明初期支护是十分有效的，并可及时进行二次衬砌。

四、嘉华隧道典型断面量测数据处理

我组在嘉华隧道左右线共埋设了4个典型断面，其中常规段1个，加宽段A、B、C各1个，埋设传感器60个，其中压力盒20个，表面应变计20个，锚杆轴力计20个。

(一) 典型断面量测数据处理

以RK1+130典型量测断面为例，对其实测数据分析处理如下：

1. 工字钢应力测试数据处理

嘉华隧道典型断面统计表如表4-2-12所示。其常规段工字钢应力—时间数据处理如表4-2-13所示，其常规段工字钢应力值曲线如图4-2-12所示。

嘉华隧道典型断面统计表 表4-2-12

埋设里程	传感器统计数据			埋设日期
	压力盒	锚杆轴力计	应变计	
LK1+130	5	5	5	2006年09月17日
RK1+265	5	5	5	2006年10月07日
LK1+298	5	5	5	2006年11月22日
LK1+323	5	5	5	2006年12月22日
共计	20	20	20	—

常规段工字钢应力—时间数据表(单位:MPa) 表4-2-13

累计时间(d)	E10325(1)	E10383(2)	E10404(3)	E10369(4)	E10406(5)
	应力值(MPa)	应力值(MPa)	应力值(MPa)	应力值(MPa)	应力值(MPa)
0.00	0	0	0	0	0
1.51	5.313 3	-1.100 8	2.890 1	-0.664 6	-2.167 6
2.00	6.500 9	-3.194 3	11.946 4	-4.564 8	3.923 4
3.51	7.375 1	-4.590 0	24.814 2	-5.388 2	6.465 2
4.00	9.445 7	-6.465 2	36.864 2	-10.088 8	8.245 8
5.51	10.888 7	-8.511 9	43.069 2	-10.682 9	11.761 8
6.00	11.960 3	-10.014 6	59.946 4	-12.893 4	17.146 1
8.51	13.310 6	-11.185 5	72.113 7	-15.130 6	19.542 4
9.49	14.771 1	-14.695 7	83.099 4	-16.474 1	21.399 3
10.41	17.215 3	-17.420 5	88.188 1	-18.086 7	22.462 4

续上表

累计时间(d)	E10325(1)	E10383(2)	E10404(3)	E10369(4)	E10406(5)
	应力值(MPa)	应力值(MPa)	应力值(MPa)	应力值(MPa)	应力值(MPa)
10.99	18.282 7	-17.865 2	100.334 4	-19.086 8	23.457 1
11.95	21.404 1	-19.249 1	109.700 0	-20.353 8	25.782 3
14.50	23.478 9	-22.762 0	118.663 2	-20.772 4	27.160 9
16.01	27.893 0	-24.844 3	125.288 8	-21.553 4	28.549 7
18.42	30.207 5	-26.148 4	127.762 4	-22.225 2	31.407 7
20.19	32.472 0	-27.999 5	129.855 2	-23.094 8	33.646 9
22.01	35.326 4	-29.907 9	136.082 0	-23.594 5	35.764 3
25.03	36.464 2	-31.133 1	137.481 0	-23.675 1	37.285 8
29.27	36.742 5	-32.282 5	139.456 1	-23.807 2	37.980 6
32.10	37.625 8	-33.706 3	136.881 6	-24.194 0	37.209 4
33.12	38.221 5	-35.949 6	134.439 8	-25.022 0	36.854 8
33.99	38.315 3	-37.147 5	140.082 4	-25.644 5	36.512 3
35.45	38.367 6	-37.388 7	137.719 2	-28.890 6	36.188 7
36.38	38.421 8	-37.863 0	132.733 6	-30.456 6	35.820 9
36.69	38.009 5	-38.899 4	132.321 6	-31.053 6	36.035 2
39.43	37.888 0	-40.516 5	131.774 4	-31.876 4	35.959 7
41.33	37.626 5	-41.634 1	130.711 2	-32.693 8	35.893 0
43.20	37.672 3	-43.017 1	128.952 8	-33.351 7	35.866 5
45.44	38.250 5	-45.792 5	128.101 6	-34.083 8	35.819 6
47.94	38.204 8	-45.877 7	127.289 6	-34.368 0	35.780 1
51.07	38.181 7	-46.183 4	127.126 4	-34.565 1	35.641 3
54.10	38.274 5	-46.345 7	125.624 8	-34.798 1	35.635 0
58.16	37.923 6	-46.396 4	125.530 4	-34.834 2	35.630 5
62.19	37.968 6	-46.404 4	125.336 8	-34.844 7	35.644 6

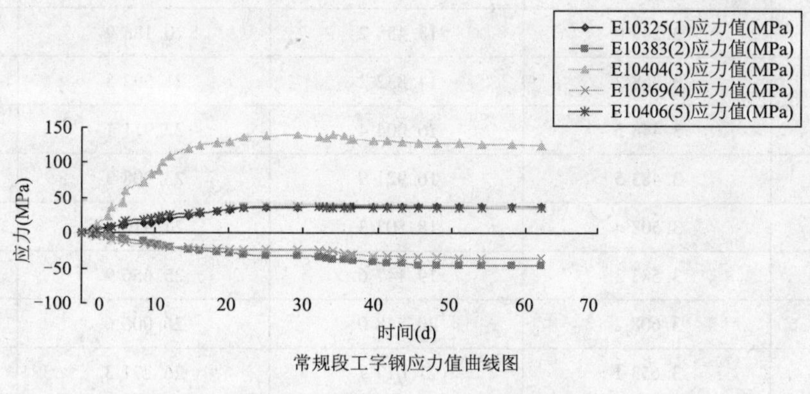

图 4-2-12　常规段工字钢应力值曲线图

常规段工字钢应力监控数据分析：

（1）量测数据显示钢拱架最大应力值为125.336 8MPa，表现为拉，出现在拱顶3号位置。

（2）钢拱架应力值显示，隧道左拱肩应力值较右拱肩应力值稍大些。

2．锚杆轴力值测试数据

常规段锚杆轴力—时间数据见表4-2-14，其常规段锚杆轴力如图4-2-13所示。

常规段锚杆轴力—时间数据表（单位：kN） 表4-2-14

累计时间（d）	G22590(1)（kN）	G22591(2)（kN）	G22654(4)（kN）	G22598(5)（kN）
0	0	0	0	0
1.51	−0.038 8	−0.207 9	0.736 7	0.464 3
2.00	0.140 8	0.292 5	2.206 5	1.242 9
3.51	0.400 3	1.109 1	3.510 8	2.026 3
4.00	0.809 4	1.600 8	4.990 1	2.691 6
5.51	0.934 1	2.597 3	6.351 2	3.479 7
6.00	1.108 7	3.361 2	7.353 1	3.989 4
8.51	1.258 4	4.243 5	8.203 8	4.263 1
9.49	1.507 8	4.713 3	9.612 1	4.517 9
10.41	1.857 1	5.753 7	11.148 1	4.716 1
10.99	2.116 5	6.109 3	11.658 5	5.145 5
11.95	2.221 3	6.781 0	12.409 9	5.282 4
14.50	2.301 1	7.527 3	12.962 8	5.438 1
16.01	2.360 9	8.251 6	13.974 2	5.508 9
18.42	2.600 4	9.463 3	14.517 7	5.603 3
20.19	2.615 4	10.117 4	15.595 2	5.702 4
22.01	2.660 3	10.411 5	15.878 8	5.773 2
25.03	2.705 2	10.841 7	16.091 5	5.825 1
29.27	2.730 1	11.214 9	16.219 1	5.862 8
32.10	3.009 5	12.057 7	17.310 8	6.079 9
33.12	3.124 3	12.509 9	18.662 4	6.872 7
33.99	3.249 0	13.458 2	20.188 9	7.500 3
35.45	3.368 7	14.832 2	21.592 5	7.925 0
36.38	3.448 5	16.004 4	22.911 1	8.297 8
36.69	3.483 5	16.921 9	23.908 3	8.595 1
39.43	3.508 4	18.502 3	24.910 2	8.670 6
41.33	3.583 3	19.147 6	25.656 9	8.746 1
43.20	3.608 2	20.548 0	26.006 6	8.760 3
45.44	3.653 1	21.017 7	26.271 3	8.755 6
47.94	3.708 0	21.584 0	26.592 6	8.779 2

续上表

累计时间 (d)	G22590(1) (kN)	G22591(2) (kN)	G22654(4) (kN)	G22598(5) (kN)
51.07	3.732 9	22.141 6	26.791 1	8.793 3
54.10	3.757 9	22.282 1	26.975 4	8.798 0
58.16	3.777 8	22.391 8	27.041 6	8.831 1
62.19	3.802 8	22.405 0	27.060 5	8.840 5

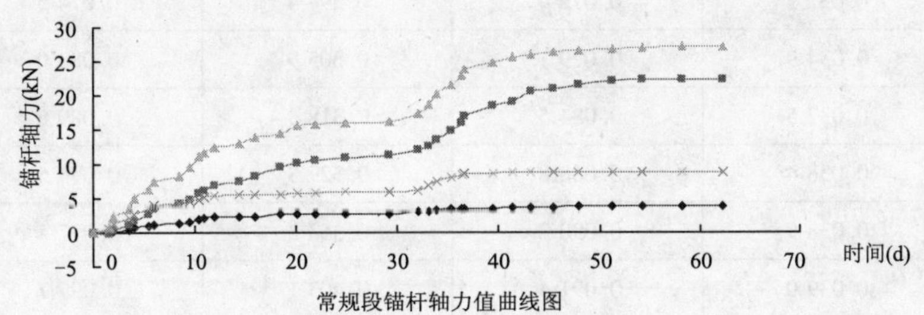

图 4-2-13　常规段锚杆轴力值曲线图

常规段锚杆轴力监控数据分析：

(1) 量测数据显示锚杆最大轴力为27.060 5kN，表现为拉，出现在拱肩4号位置。

(2) 埋设至今，锚杆轴力数据显示，隧道右侧锚杆轴力比左侧锚杆轴力稍大。

(3) 其中3号锚杆轴力计被损坏未测到稳定数据。

3. 压力盒压力值测试数据

其常规段压力盒压力值—时间数据如表4-2-15所示，常规段压力盒压力值曲线图见图4-2-14。

常规段压力盒压力值—时间数据表　　表 4-2-15

累计时间 (d)	T16475(1) (MPa)	T16490(2) (MPa)	T16445(3) (MPa)	T16493(4) (MPa)	T16491(5) (MPa)
0	0	0	0	0	0
1.51	0.008 2	0.005 8	0.006 4	0.005 0	0.008 3
2.00	0.007 9	0.012 9	0.047 0	0.012 3	0.007 9
3.51	0.007 9	0.019 2	0.057 6	0.017 8	0.008 5
4.00	0.007 3	0.024 9	0.075 3	0.026 1	0.009 3
5.51	0.007 3	0.028 5	0.090 3	0.028 3	0.007 9
6.00	0.009 0	0.032 7	0.101 8	0.031 9	0.009 5
8.51	0.011 2	0.038 6	0.117 0	0.039 7	0.009 8
9.49	0.014 0	0.042 1	0.138 0	0.042 5	0.010 1
10.41	0.015 1	0.045 8	0.150 7	0.046 4	0.010 6
10.99	0.016 3	0.050 8	0.162 3	0.050 7	0.011 4

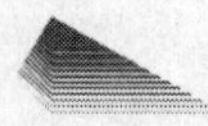

续上表

累计时间 (d)	T16475(1) (MPa)	T16490(2) (MPa)	T16445(3) (MPa)	T16493(4) (MPa)	T16491(5) (MPa)
11.95	0.017 5	0.054 6	0.172 3	0.053 7	0.014 2
14.50	0.018 6	0.057 0	0.181 4	0.055 8	0.014 6
16.01	0.023 9	0.060 3	0.200 6	0.060 4	0.016 0
18.42	0.024 5	0.062 6	0.218 1	0.058 5	0.016 3
20.19	0.026 6	0.064 4	0.233 6	0.058 7	0.017 3
22.01	0.026 7	0.066 6	0.251 0	0.062 1	0.017 8
25.03	0.027 0	0.066 7	0.255 9	0.063 7	0.018 5
29.27	0.028 0	0.066 8	0.260 1	0.067 4	0.019 0
32.10	0.032 5	0.072 4	0.294 4	0.074 5	0.023 2
33.12	0.034 9	0.079 1	0.305 9	0.083 0	0.026 2
33.99	0.037 5	0.084 5	0.318 3	0.089 6	0.027 9
35.45	0.038 4	0.088 8	0.329 3	0.095 5	0.032 4
36.38	0.038 9	0.090 2	0.353 3	0.097 4	0.036 0
36.69	0.039 0	0.091 4	0.403 1	0.099 7	0.039 6
39.43	0.039 7	0.094 6	0.423 7	0.103 1	0.044 1
41.33	0.040 1	0.097 0	0.436 6	0.105 8	0.047 5
43.20	0.041 4	0.098 6	0.434 0	0.107 8	0.048 7
45.44	0.041 6	0.102 9	0.453 7	0.113 2	0.049 1
47.94	0.041 7	0.104 2	0.459 1	0.114 7	0.049 7
51.07	0.041 7	0.104 7	0.461 1	0.106 0	0.050 1
54.10	0.041 7	0.104 8	0.463 5	0.116 3	0.050 8
58.16	0.041 7	0.104 9	0.463 5	0.116 5	0.050 9
62.19	0.041 7	0.104 9	0.463 5	0.116 6	0.051 0

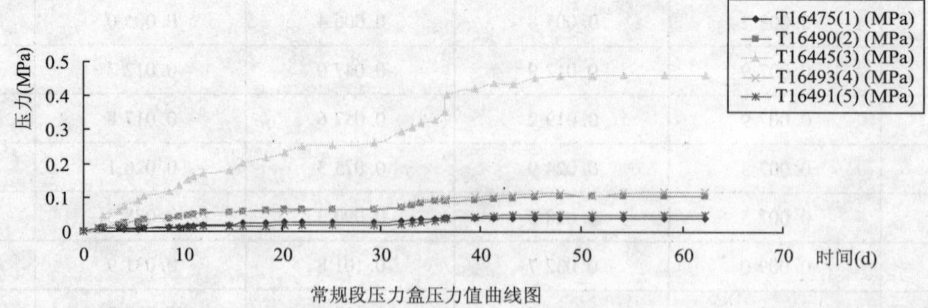

图 4-2-14　常规段压力盒压力值曲线图

常规段压力盒量测数据分析：

(1) 量测数据显示压力盒最大压力为 0.463 5MPa，出现在拱顶 3 号位置。

(2) 埋设至今，压力盒压力值数据显示，隧道右拱肩压力值较左拱肩压力值稍大些。

（二）典型断面量测结果

典型断面的现场布设工序复杂，使用到的设备和仪器种类较多，布设较为困难。监测人员克服了许多困难圆满地完成了典型断面的布设任务，并取得大量珍贵的监测数据，为隧道的顺利施工奠定了坚实的基础。

通过对监测数据分析，得出以下结论：

(1) 各典型断面的钢拱架最大应力值普遍出现在拱顶位置，表现为受拉，左右拱肩位置应力值相当且相对较大，拱脚位置应力值最小。

(2) 锚杆轴力最大值普遍出现在拱顶位置，表现为受拉，隧道右侧锚杆轴力比左侧锚杆轴力稍大。

(3) 压力盒的最大压力值普遍出现在拱顶位置，隧道右拱肩压力值较左拱肩压力值稍大。

整体来说，各典型断面量测数据的分析结果与围岩收敛监测数据的分析结果基本上相吻合。

五、爆破地振波数据分析

（一）振动监测概况

监测组对嘉华隧道洞身段爆破施工进行了全程监测，在施工期间累计测炮 1 500 余次，并将监测数据及时反馈给现场的业主代表、监理部和项目技术部，对隧道爆破施工预控起到积极的作用。通过对监测数据的及时分析处理，根据周围建筑物情况合理确定爆破振动速度控制指标并提供给现场技术部，确保周围建筑物安全的前提下，隧道爆破施工顺利进行。主要成果体现在以下几个方面：

(1) 在隧道施工过程中，随着掌子面的推进，监测地点也相应地不断进行调整。其中隧道进出口段危房监测阶段，测得爆破振动值超过允许极限值 1.5CM/S，经过与各参建单位的多次交流和沟通，及时对钻爆方案进行整改，以短进尺，弱爆破为原则，制订了一系列的应急措施，有效地控制了开挖爆破引起的地面振动，在保证隧道进出口段的房屋安全的前提下使隧道的开挖进度和施工安全得到有效保障。

(2) 大坪神州行轻轨站由于处在嘉华隧道的穿越线上方，在隧道穿越过程中受到开挖爆破的影响非常大，若是不加以控制，可能会影响轻轨的正常运营，也对隧道的施工进度带来不利影响。为保证轻轨车站的安全运营，根据业主和轻轨部门的要求，监测单位专门组织人员进入车站下方隧道内进行爆破监测。经过近两个多月的监测和控制爆破施工，在保证轻轨正常安全运营的前提下，成功地穿越了交叉段。

(3) 隧道出口段穿越区域有许多高层居民楼，且隧道上方覆盖层薄，使隧道爆破施工的顺利进行受到阻碍。为了保证该小区居民楼的安全，监测组在此阶段的监测工作主要包括两个方面的内容：一是保证该处高层住宅楼的安全，二是保证隧道爆破施工有序进行。根据我监测方提供的监测数据，确定该阶段的爆破施工方案。一方面采用控制爆破（短进尺，弱爆破，布置减振孔）来减弱爆破振动对房屋结构的影响，另一方面控制每日爆破施工的时间段，减少对施工区域居民正常生活的干扰。

某两次爆破振动现场实测数据见表 4-2-16、波形图如图 4-2-15 所示。

爆破地振波实测数据表　　　　表 4-2-16

测量时间	爆破里程	测点位置	爆破参数		振动速度			备　注
			总装药量（kg）	段最大装药量（Q/kg）	最大垂直分量（$cm \cdot s^{-1}$）	最大水平径向分量（$cm \cdot s^{-1}$）	最大水平切向分量（$cm \cdot s^{-1}$）	
2006.12.02 10:18	LK1 +377.7	渝中名郡住宅小区	135	12.8	0.615	1.063	0.865	NoL-172
2006.12.03 13:03	LK1 +382.5	渝中名郡住宅小区	135	12.8	0.946	1.648	1.409	NoL-173

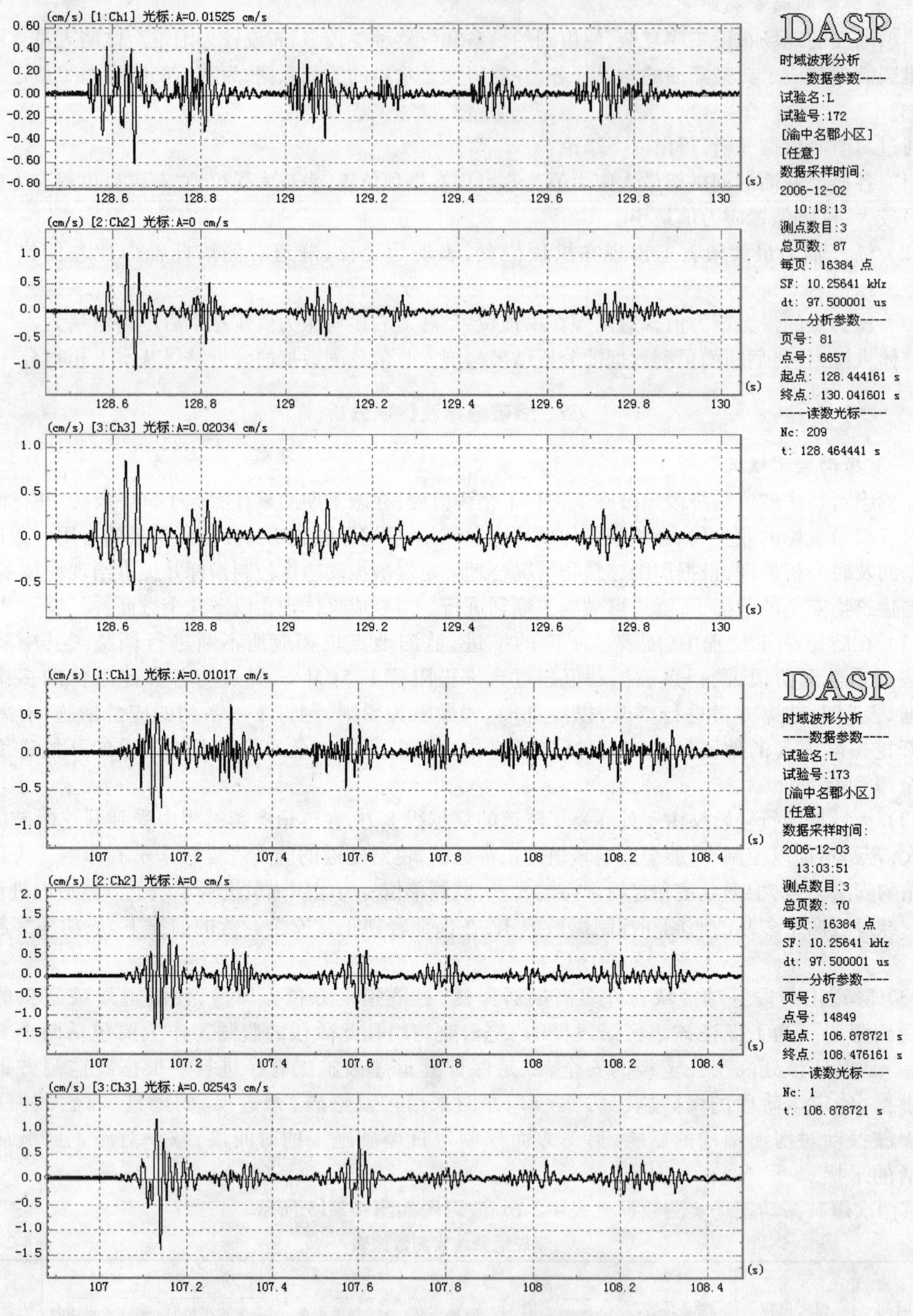

图 4-2-15　爆破地振波实测波形图

（二）爆破地振波振动数据回归分析

目前国内外比较公认的预测爆破地震振动强度的经验公式是萨道夫斯基的经验公式，我国长期以来在爆破振动安全距离与质点振动计算方面也采用该公式，并且已编入《爆破安全规程》，对萨道夫斯基经验公式进行变换，其公式的具体形式是：

$$v = K\left(\frac{Q^{1/3}}{R}\right)^{\alpha} \tag{4-2-24}$$

对该公式两边同取以 10 为底的自然对数：

$$\lg v = \lg K + \alpha \lg\left(\frac{Q^{1/3}}{R}\right) \tag{4-2-25}$$

令 $Y = \lg v, X = \lg\left(\frac{Q^{1/3}}{R}\right), k = \alpha, b = \lg K$

得到：

$$Y = kX + b \tag{4-2-26}$$

下面利用所测得的数据对公式进行回归分析，建立爆破地震振动速度与爆心距之间的线性相关关系。回归方程为 $Y = kX + b$，采用方法为最小二乘法。回归分析过程中用到的数据见表4-2-17。

右洞回归参数表 表 4-2-17

i	Q	R	$V=(V_1^2+V_2^2+V_3^2)^{0.5}$	$X_i=\lg\left(\frac{Q^{1/3}}{R}\right)$	$Y_i=\lg V$	X_{i2}	Y_{i2}	X_iY_i
1	28.4	93.774	1.322 1	−1.487 6	0.121 3	2.213 1	0.0147 1	−0.18
2	28.2	95.467	1.319 6	−1.496 4	0.120 4	2.239 3	0.014 5	−0.18
3	22	100.61	1.024 5	−1.555 1	0.010 5	2.418 5	0.000 11	−0.016
4	22	102.09	0.867 6	−1.561 5	−0.062	2.438 3	0.003 8	0.096 3
5	18	103.69	0.926 9	−1.597 3	−0.033	2.551 3	0.001 09	0.052 7
6	18.4	110.38	1.137 4	−1.621 3	0.055 9	2.628 6	0.003 13	−0.091
7	14.4	112.65	1.180 6	−1.665 6	0.072 1	2.774 2	0.005 2	−0.12
8	15.8	114.75	1.278 2	−1.660 2	0.106 6	2.756 2	0.011 36	−0.177
9	15.4	124.14	0.201 3	−1.698 1	−0.696	2.883 5	0.484 58	1.182 1
10	17.4	126.41	0.902 1	−1.688 3	−0.045	2.850 3	0.002	0.075 5
11	16.8	126.58	0.530 1	−1.693 9	−0.276	2.869 4	0.075 99	0.466 9
12	20.8	128.88	0.941	−1.670 8	−0.026	2.791 7	0.000 7	0.044 1
13	14.4	130.8	0.602 8	−1.730 5	−0.22	2.994 5	0.048 32	0.380 4
14	14.4	139.54	0.670 8	−1.758 6	−0.173	3.092 6	0.030 07	0.305
Σ	—	—	—	−22.885	−1.044	37.502	0.695 56	1.838 3

根据表4-2-17 的数据，利用最小二乘法原理进行线性回归，求得：$K = 186.49$、$\alpha = 1.434\ 7$，回归直线见图 4-2-16 故可得出右洞掌子面爆破时振动速度沿不同方向传播衰减规律，如下所示：

$$v = 186.49(\sqrt[3]{Q}/R)^{1.434\ 7} \tag{4-2-27}$$

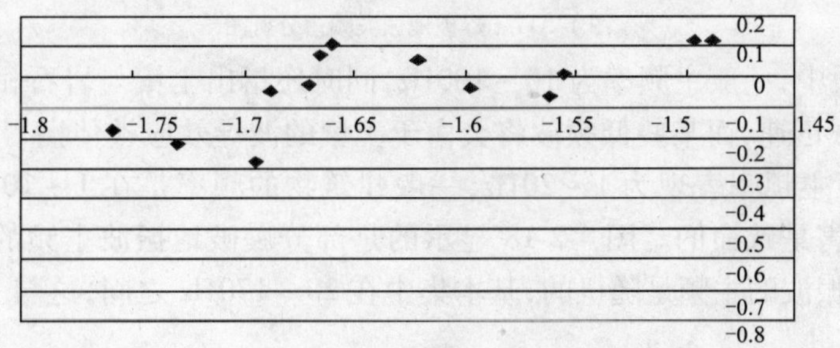

图 4-2-16 回归直线图

同理可以得出左洞的掌子面爆破时振动速度沿不同方向传播衰减规律，如下所示：

$$v = 225.96(\sqrt[3]{Q}/R)^{1.3305} \tag{4-2-28}$$

式中，v 为测点处的地表面质点振动速度，单位 cm/s；Q 为单段最大装药量，单位 kg；R 为传播距离，单位 m。

由公式我们可以知道质点振速随着单段最大装药量的增加而增大，随着距离的增大而衰减。

监测数据可求得九坑子 255 处的合速度，最大值为2.062cm/s，峰值频率为 49.864Hz，有较强振感，该次爆破总装药量 210kg，最大段装药量 28.6kg。九坑子处周围的房屋为砖房和钢筋混凝土结构房屋，符合《爆破安全规程》(GB 6722—2003)的要求，故爆破地振波对地面建筑物的影响从振动速度的角度来评价是安全的。

（三）爆破地振频率分析

爆破地振波的频率与质点振速一样，刚开始迅速衰减，接着衰减就变慢，并且也有出现被放大的情形，不同频率的能量衰减不同，高频成分的能量衰减快于低频。而且炸药爆炸反应的历时较长，激发的地振波频率就较低。强度高、密度大的介质，爆破振动频率较高。

爆破地振波频谱分析在仪器自带软件 DASP 中自动完成，某次实测频谱分析如图 4-2-17。

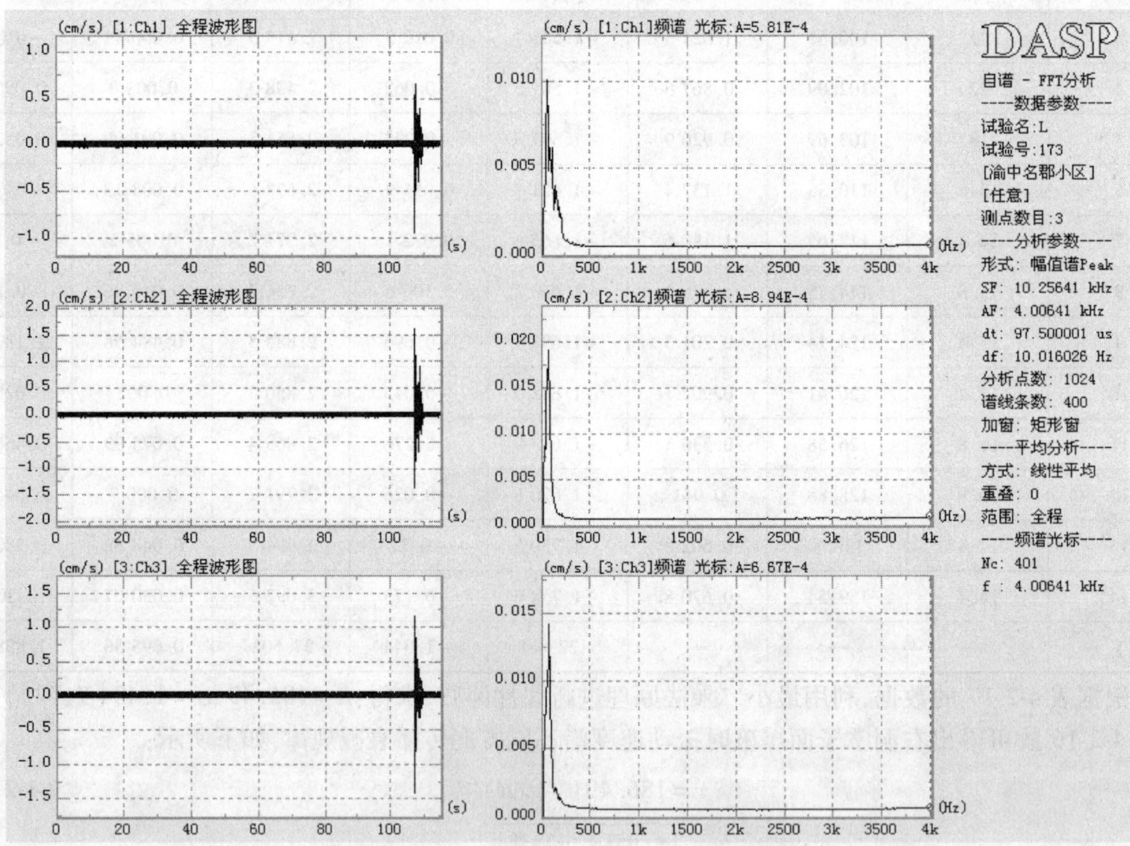

图 4-2-17 爆破地振波频谱分析图

研究表明岩石介质中，一般主频率为 10～100Hz，同时还指出土壤与岩石相比更能吸收高频波，因此在土壤中高频波衰减迅速，而某些低频波将会由于土壤的波导效应被传播得更远。在厚度大于 2～3m 的土壤介质中，一般主频率表现为 1～20Hz，一般建筑物的频率是在 1～10Hz，这样就容易形成共振，共振对建筑物的危害是致命的。图 4-2-18 显示的是部分爆破地振波主频的分布图，通过图 4-2-18 我们可以发现，爆破地振波的主频是随机的，基本集中在 20～170Hz 之间，这与一次起爆药量和地质结构有着密切的联系。

由统计图 4-2-18 可得出爆破地振波主频没有在一般建筑物的固有频率范围内，故在隧道爆破过程

中地面房屋没有出现共振的现象。故从频率的角度评价地面建筑物是安全的。

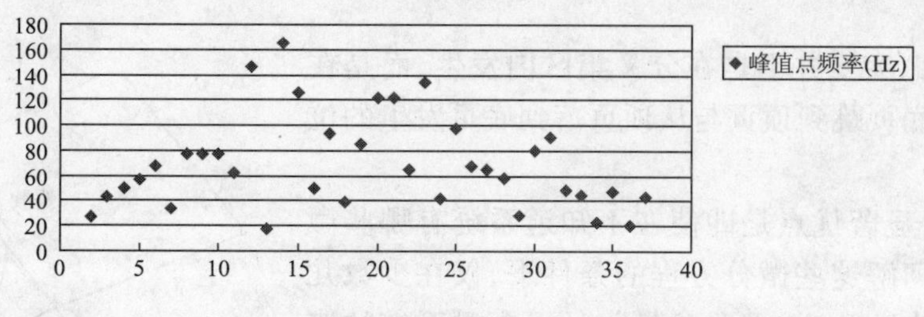

图 4-2-18　破振动波峰值频率分布离散图

第三节　非线性科学在嘉华隧道监控量测中的应用

隧道新奥法施工过程中,通过监控量测手段最容易得到的数据资料是围岩变形量,也是最直接的方法,而隧道变形量动态趋势的预测和最终位移量的确定是支护形式、支护参数是否合理和保证隧道长期稳定性的关键所在。岩土工程结构的稳定性分析及变形预测是隧道监控设计与施工的重要环节,也是支护参数设计和优化的基础。隧道开挖后发生的失稳事故一般是围岩变形位移没有得到限制或控制不当的必然结果,大跨度隧道尤其如此。大跨度隧道工程的建设往往不可避免地遇到断层、破碎带、软弱岩层、煤夹层和地下水等不利因素,隧道施工的棘手问题通常就是上述不利因素产生的。因此如何准确预测围岩位移量以采取必要措施控制位移发展,有效地避免塌方事故,保证隧道围岩稳定性是极其重要的。随着现代科学技术的发展和计算机应用水平的提高,各种理论和方法为变形分析和位移量预测提供了广泛的研究途径。由于隧道开挖围岩体变形机理的复杂性和多样性,对变形分析和建模理论、方法的研究,需要结合地质、力学、水文等相关学科的信息和方法,引入数学、数字信号处理、系统科学以及非线性科学的理论,采用数学模型来逼近、模拟和揭示围岩体变形规律和动态特征。

一、突变理论在隧道围岩稳定性预测中的应用

研究表明隧道围岩失稳是一种突发破坏现象,具有明显的非线性和不连续性质。因此,应用突变理论,结合隧道围岩变形特点,建立了隧道围岩失稳的尖点突变模型,利用隧道实测围岩变形数据可以对围岩的失稳进行预测。

1. 尖点突变模型及特点

突变现象是自组织现象的一个显著特点,它总是通过某种突变进程而出现的,某种临界值的存在是伴随着具有能量和质量变化的系统的一大特征,临界值对系统性质的改变具有根本的意义。在控制参数越过临界值时,平衡态与从平衡态连续变化来的非平衡态并没有消失,只是失去了稳定,正是“失去稳定”联系着对称性的“自发”破坏或自组织。在我们所处的四维时空中,突变理论创始人 Thom 在其分类性定理中指出最多只有 7 种基本突变形式,日常应用最多的仅是其中的一种——尖点(CUSP)突变。尖点突变主要有以下 5 个特征:

(1) 多模态

系统中可能出现两个或多个不同的状态,也就是说,系统的优势对于控制参数的某些范围可能有两个或多于两个的极小值。

(2) 不可达性

由图 4-2-19 可知,在平衡曲面折叠的中间部分,有一个不稳定的平衡位置,系统不可能处于此位置。从微分方程解的角度,不可达对应着不稳定解。

(3) 突跳

从一个状态到另一个状态的过渡将出现一个突跳,这也是发生突变的系统最显著的特征。

(4) 发散

在临界点(尖点)附近,控制参数初值的微小变化(微扰)可能导致终态的巨大差别。

(5) 滞后

由图4-2-19可知,突变并不是在分叉集区内发生,而是在分叉集线上发生,从底页跳到顶页与从顶页落到底页发生的位置不一样。

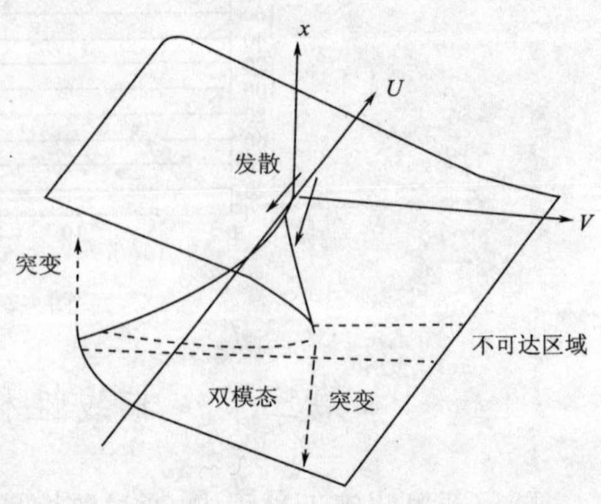

图4-2-19　尖点突变的5个特征

突变理论的一个显著优点是即使在不知道系统有哪些微分方程,更不用说如何解这些微分方程的条件下,仅在少数几个假设的基础上,用少数几个"重要参量",便可预测系统的诸多定性或定量性态。

2. 隧道围岩失稳尖点突变预测模型研究

隧道工程围岩在经历了长期地质构造作用和非均质、非连续以及强烈的结构效应作用下表现出高度的非线性,主要表现在力学变形性质的不确定性、本构关系的非线性和破坏过程的突变性。围岩位移是隧道开挖后围岩应力调整反馈出的重要信息之一,也是隧道施工过程中最直接和最容易获得的监测资料。通过监测围岩位移的变化,用监测到的围岩位移变形值,应用尖点突变模型建立隧道围岩失稳预测模型,对围岩未来的演化规律、发展趋势等进行预测,及时掌握围岩体的变化规律,在工程上具有十分重要实际意义。

隧道开挖后围岩变形是时间的函数,可以表示为:

$$S=f(t) \tag{4-2-29}$$

式中:t——时间变量;

S——隧道围岩变形值。

将式(4-2-28)用Taylor级数展开为:

$$S=f(t)=f(1)+\left.\frac{\partial f}{\partial t}\right|_{t=1}(t-1)+\left.\frac{\partial^2 f}{\partial t^2}\right|_{t=1}(t-1)^2+\cdots+\left.\frac{\partial^n f}{\partial t^n}\right|_{t=1}(t-1)^n+\cdots \tag{4-2-30}$$

取上式前5项,得到:

$$S=\sum_{i=0}^{4}a_i t^i \tag{4-2-31}$$

$$t=x-A, A=\frac{a_3}{4a_4}$$

通过变换令

则式(4-2-31)可以化为:

$$\overline{S}=b_4x^4+b_2x^2+b_1+b_0 \tag{4-2-32}$$

其中 b_i 与 a_i 有如下对应关系

$$\begin{Bmatrix} b_0 \\ b_1 \\ b_2 \\ b_4 \end{Bmatrix}=\begin{bmatrix} A^4 & -A^3 & A^2 & -A & 1 \\ -4A^3 & 3A^2 & -2A & 1 & 0 \\ 6A^2 & -3A & 1 & 0 & 0 \\ 1 & 0 & 0 & 0 & 0 \end{bmatrix}\begin{Bmatrix} a_4 \\ a_3 \\ a_2 \\ a_1 \\ a_0 \end{Bmatrix} \tag{4-2-33}$$

将式(4-2-32)进一步变换为:

$$\overline{S}=\frac{1}{4}x^4+\frac{1}{2}x^2u+xv+c \tag{4-2-34}$$

式中:$\overline{S}=\dfrac{E}{4b_4}, u=\dfrac{b_2}{2b_4}, v=\dfrac{b_1}{4b_4}, c=\dfrac{b_0}{4b_4}$。

c 是一个对突变无意义的常数项，可省略。

式(4-2-34)是尖点突变的标准形式，根据尖点突变理论，位移突变阈值 $\Delta = 4u^3 + 27v^2$，突变判别法则为：$\Delta \leqslant 0$，则围岩失稳；$\Delta > 0$，则围岩稳定。

3. 嘉华隧道围岩变形实测数据分析

在实测围岩变形数据的基础上，应用多项式拟合，得出隧道变形的时间函数 $S = f(t)$。下面给出了几个典型断面实测变形及拟合函数，见图 4-2-20 ~ 图 4-2-22。

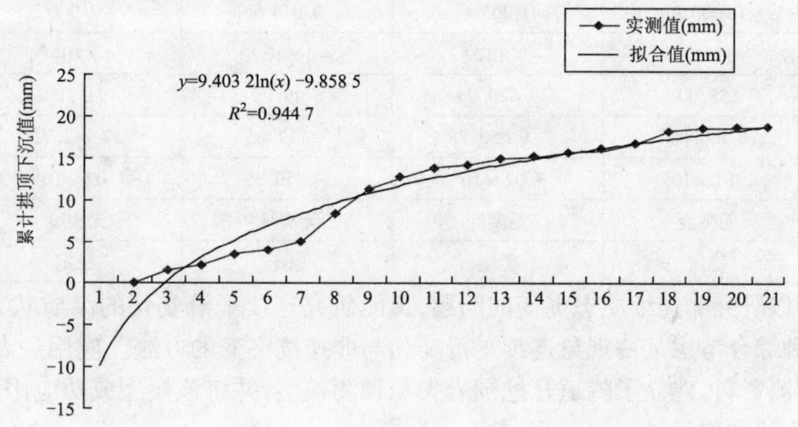

图 4-2-20　LK0 + 540 量测断面拱顶下沉值与时间关系曲线

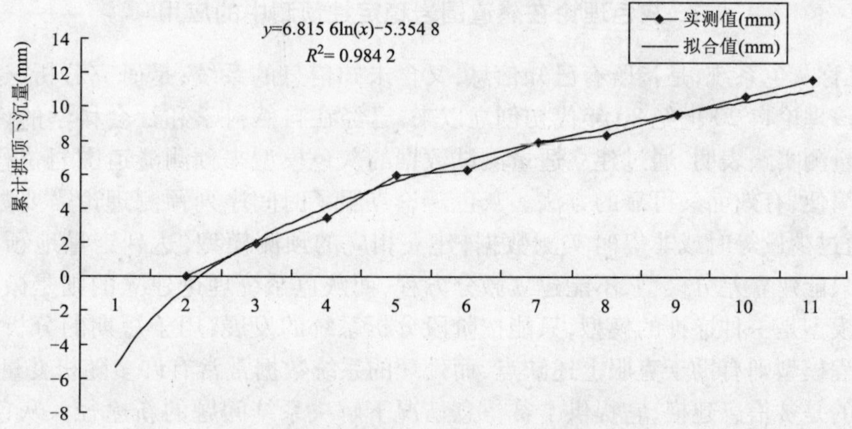

图 4-2-21　LK1 + 290 量测断面拱顶下沉值与时间关系曲线

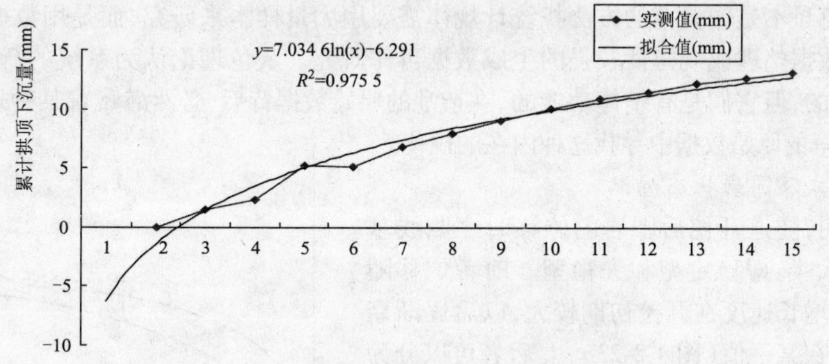

图 4-2-22　LK1 + 260 量测断面拱顶下沉值与时间关系曲线

4. 嘉华隧道围岩变形预测结果

基于嘉华隧道典型断面围岩变形现场测试数据，拟合出的隧道围岩变形时间函数 $S = f(t)$，利用式(4-2-30) ~ 式(4-2-33)计算出各量测断面围岩变形时间函数的 a_0、a_1、a_2、a_3、a_4、u、v 等参数。应用位移突变阈值 $\Delta = 4u^3 + 27v^2$ 判别的隧道围岩稳定性。从隧道施工到目前为止，笔者采用预测模型对嘉华隧道的近50个断面进行失稳预测,准确率达97.3%,部分预测结果及现场实际情况对比见表4-2-18。

监测断面计算参数及突变判别　　表4-2-18

监测断面	LK0+540	LK0+920	LK1+260	RK0+385	RK0+980
a_0	0.053 4	−2.188 2	0.276 5	2.256 7	−0.399 5
a_1	1.116 8	3.262	0.723	0.688 9	3.325 6
a_2	−0.042 3	−2.207 7	−0.160 6	−0.007 3	−0.582 9
a_3	0.000 7	0.005 4	0.014 6	−0.000 2	0.056 1
a_4	-5×10^{-6}	-4×10^{-5}	-4×10^{-4}	4×10^{-6}	−0.001 8
u	555.00	−820.94	−49.05	−1 381.25	−20.21
v	6 460.00	−9 650.78	−139.63	27 743.75	−146.35
Δ	1.81×10^{9}	3.02×10^{8}	54 450.39	1.02×10^{10}	545 285.9
突变判别	无突变	无突变	无突变	无突变	无突变
现场围岩	稳定	稳定	稳定	稳定	稳定

突变理论既可以研究非连续质态突变的问题,又能研究连续平滑变化的品质状态问题及各自变化的相应条件,是一种综合考虑某一现象连续平滑变化与非连续突变的方法。应用尖点突变理论模型,基于隧道围岩变形实测资料,建立了隧道开挖围岩失稳预测模型,并将该模型成功应用于嘉华隧道围岩失稳预测,获得了较高的准确率。

二、灰色理论在隧道围岩稳定性预测中的应用

灰色理论,又称灰色系统,是指既有已知信息,又含未知信息的系统;是研究分析、建模、预测、决策和控制的理论。该理论自20世纪80年代初创立以来,已经在自然科学和社会科学的许多领域得到了应用。隧道工程量测实践表明,通过建立适量测试数据的灰色模型来预测隧道围岩位移走势及最终位移量不失为一种简便、有效而又可靠的方法。灰色理论克服了时间序列预测理论需要数据多和等时性强等缺点,它可通过少量等时或非等时实测数据,建立相应的预测模型,达到定量地预测预报的目的。一般的预测方法只能建立差分模型,不能建立微分方程,而灰色系统理论建立的则是微分方程的模型。差分方程建立的模型是一种递推的模型,只能按阶段分析系统的发展,用于短期的分析,了解系统显著的变化。微分方程模型则有助于克服上述缺点,而处理的系统数据常常有许多随机变量、随机过程。灰色系统理论研究的是贫信息建模,它提供了贫信息情况下解决系统问题的新途径。灰色理论是将这些随机变量看作是在一定范围内变化的灰色量,而将随机过程则看作是一定范围内变化的与时间有关的灰色过程。对灰色量不是像概率的方法找统计规律需要用大量样本来研究,而是用数据处理的方法,将杂乱无章的原始数据整理成规律性较强的生成数据再作研究。灰色理论认为系统的行为现象尽管是朦胧的,数据是杂乱的,但它们是有整体功能的,在杂乱的原始数据背后,必然潜藏着某种规律,而灰数的生成,就是从杂乱无章的原始数据中寻找这种内在的规律。

(一)围岩模式及围岩状态辨识

工程实践表明,隧道开挖后围岩的位移时序曲线基本上可以分成两大类,即稳定型和失稳型。前者位移随时间增加而增加,增长速度在开挖初期较大,以后逐渐衰减至零,最终稳定在某一值(图4-2-23a)。后者可以分为位移加速度变化和位移等速变化两种情况,第一种情况表现为初期或后期位移速度迅速增长,导致围岩很快破坏(图4-2-23d);第二种情况位移增长速度在开挖初期较大,以后随时间的增加而逐渐减小,最终以某个恒定速度均匀递增(图4-2-23b)。

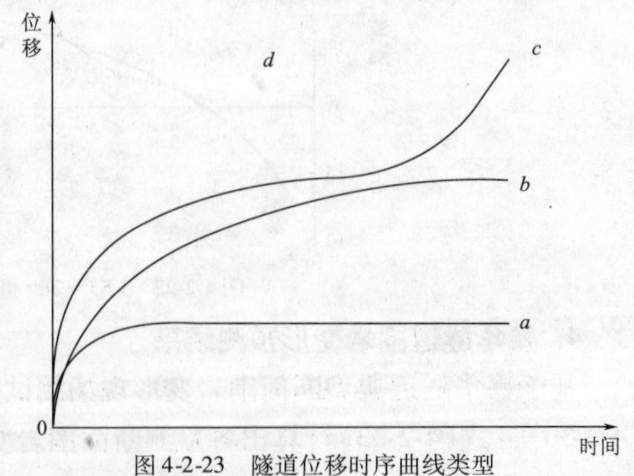

图4-2-23　隧道位移时序曲线类型

位移模式辨识即是根据有限的初期位移测值来预测将来可能的位移走势和最终位移值，以便及时采取适当措施，将位移控制在一定水平或改善位移趋势，确保开挖后围岩稳定性。

（二）灰色系统理论的 GM(1,1) 模型

1. 建立 GM(1,1) 模型

假定在时间系列 t_1、t_2、…、t_n，量测得到围岩收敛变形为数列 X_1、X_2、…、X_n，记为

$$\{X^{(0)}(i)\}(i=1,2,\cdots,n) \tag{4-2-35}$$

此为原始数据列，为了弱化原始数据列的随机性，对原始数据列作累加生成，如一次累加生成，得相应的一次累加生成数列

$$\{X^{(1)}(i)\}(i=1,2,\cdots,n) \tag{4-2-36}$$

$$X^{(1)}(i)=\sum_{k=1}^{i}X^{(0)}(k) \tag{4-2-37}$$

由原始数据列和一次累加生成数据列可以分别得到向量 $\boldsymbol{Y}$ 和矩阵 $\boldsymbol{B}$：

$$\boldsymbol{Y}=[X^{(0)}(2),X^{(0)}(3),\cdots,X^{(0)}(n)]^{\mathrm{T}} \tag{4-2-38}$$

$$\boldsymbol{B}=\begin{bmatrix}-\frac{1}{2}[(X^{(1)}(2)+X^{(1)}(1)] & 1\\ -\frac{1}{2}[(X^{(1)}(3)+X^{(1)}(2)] & 1\\ -\frac{1}{2}[(X^{(1)}(n)+X^{(1)}(n-1)] & 1\end{bmatrix} \tag{4-2-39}$$

对于 GM(1,1) 模型，相应的白化微分方程为：

$$\frac{\mathrm{d}X^{(1)}}{\mathrm{d}t}+aX^{(1)}=u \tag{4-2-40}$$

该微分方程的解为：

$$X^{(1)}(t+1)=[X^{(0)}(1)-u/a]e^{-u}+u/a \tag{4-2-41}$$

式中：a、u——待定常数，一般记为 $\boldsymbol{A}=[a,u]^{\mathrm{T}}$；

$X^{(1)}$——一次累加生成数列，$X^{(1)}=\{X^{(1)}(i)\}$；

$X^{(0)}$——原始数据列，$X^{(0)}=\{X^{(0)}(i)\}$。

对于微分方程(4-2-39)，其待定系数向量 $\boldsymbol{A}=[a,u]^{\mathrm{T}}$ 的最小二乘法解为

$$\boldsymbol{A}=(\boldsymbol{B}^{\mathrm{T}}\boldsymbol{B})^{-1}\boldsymbol{B}^{\mathrm{T}}\boldsymbol{Y} \tag{4-2-42}$$

即 $[a,u]^{\mathrm{T}}=(\boldsymbol{B}^{\mathrm{T}}\boldsymbol{B})^{-1}\boldsymbol{B}^{\mathrm{T}}\mathbf{Y}$

于是，方程(4-2-42)的解时间函数式(4-2-40)便确定了，即

$$\hat{X}^{(-1)}(t+1)=[X^{(0)}(1)-u/a]e^{-at}+u/a \tag{4-2-43}$$

或者进一步有

$$\hat{X}^{(0)}(t+1)=[X^{(1)}(t+1)-X^{(1)}(t)] \tag{4-2-44}$$

当 $t=0$ 时，有

$$\hat{X}^{(0)}(1)=X^{(0)}(1) \tag{4-2-45}$$

式(4-2-43)或式(4-2-44)可用来估算未来的收敛变形值 $\hat{X}^{(0)}(t+1)$。为了提高模型的精度，在求出 GM(1,1) 模型的方程(4-2-40)的系数 $\boldsymbol{A}=[a,u]^{\mathrm{T}}$ 及其解的时间函数式(4-2-44)以后，可再进行对参数的第二次拟合，将式(4-2-43)改写成

$$\hat{X}^{(1)}(t+1)=Ce^{-at}+D \tag{4-2-46}$$

根据第一次估计的 a 值及一次累加生成数列 $\{X^{(1)}(i)\}$ 对 C、D 进行估算。式(4-2-45)写成矩阵形

式有：

$$X^{(1)}=G\left(\frac{C}{D}\right) \tag{4-2-47}$$

其中，

$$X^{(1)}=[X^{(1)}(1),X^{(1)}(2),\cdots,X^{(1)}(n)]^T$$

由最小二乘法，有

$$\left(\frac{C}{D}\right)=(G^TG)^{-1}G^TX^{(1)} \tag{4-2-48}$$

于是，有二次拟合的时间函数

$$\hat{X}^{(1)}(t+1)=Ce^{-at}+D \tag{4-2-49}$$

2. GM(1,1)模型精度检验

以上为灰色理论的GM(1,1)模型的建模方法，并求出了其解的时间数列式(4-2-43)和转换式(4-2-44)，从而计算残差

$$e(i)=X^{(0)}(i)-\hat{X}^{(0)}(i)(i=1,2,\cdots,n) \tag{4-2-50}$$

得残差向量和相对误差分别为

$$e=\{e(i)\} \tag{4-2-51}$$

$$q=e(i)/X^{(0)}(i)\times 100\% \tag{4-2-52}$$

设原始数据 $X^{(0)}$ 及参差向量 e 的方差分别为 S_1^2 和 S_2^2，则

$$S_1^2=\frac{1}{N}\sum_{i=1}^{N}[X^{(0)}(i)-\overline{X}^{(0)}]^2 \tag{4-2-53}$$

$$S_2^2=\frac{1}{N}\sum_{i=1}^{N}[e(i)-\bar{e}]^2 \tag{4-2-54}$$

式中

$$\overline{X}^{(0)}=\frac{1}{N}\sum_{i=1}^{N}X^{(0)}(i) \tag{4-2-55}$$

$$\bar{e}=\frac{1}{N}\sum_{i=1}^{N}e(i) \tag{4-2-56}$$

方差比值 Q 为

$$Q=S_2/S_1 \tag{4-2-57}$$

小误差概率为

$$P=\{|e^{(0)}(i)-\mathrm{e}|<0.674\,5S_1\} \tag{4-2-58}$$

模型的精度由 Q、P 共同表述，一般将其分为表4-2-19所示的4级。如果分别按 P 或 Q 划分，模型级别如果不同，则模型精度的级别取其最大的级别数；当 Q、P 均在允许范围时，GM(1,1)模型便可用来预测未来围岩收敛值，否则应进一步修正模型或采用残差模型等。GM(1,1)的计算框图如图4-2-24所示。

GM(1,1)模型精度分级 表4-2-19

模型精度	P	Q
1级(好)	$P\geqslant 0.95$	$c\leqslant 0.35$
2级(合格)	$0.80\leqslant P<0.95$	$0.35<c\leqslant 0.50$
3级(勉强)	$0.70\leqslant P<0.80$	$0.50<c\leqslant 0.65$
4级(不合格)	$P<0.70$	$0.65<c$

(三) 嘉华隧道围岩变形灰色预报

根据嘉华隧道围岩收敛观测的非等时时间序列，并经3次拉格朗日插值后获得符合时间序列分析

等时性要求的数据，见表 4-2-20。

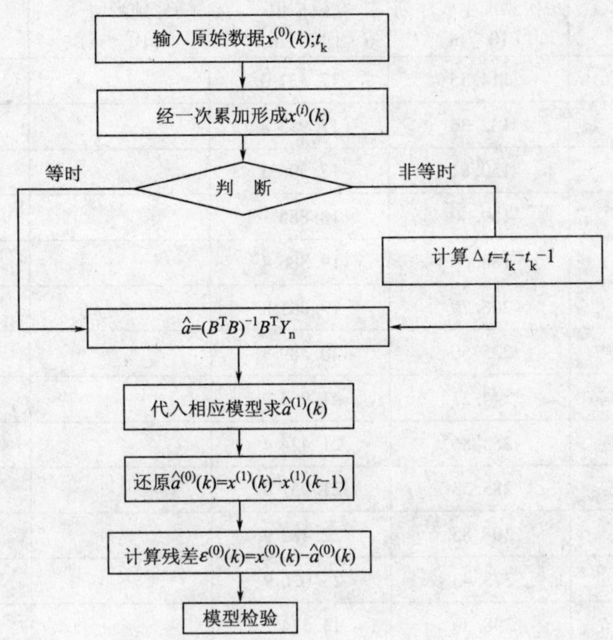

图 4-2-24　GM(1,1)计算框图

实测数据及补充值　　表 4-2-20

序　号	测量值	序　号	测量值	序　号	测量值
1	13.63	9	18.45	17	23.32
2	15.95	10	18.59	18	24.58
3	16.70	11	18.68	19	25.07
4	16.72	12	18.71	20	25.24
5	16.74	13	18.71	21	25.35
6	17.08	14	18.71	22	25.65
7	17.53	15	19.65	23	25.39
8	18.01	16	21.67	24	26.91

取前 20 个数据建立 GM(1,1)模型进行预报，得：

$a=-0.01265, u=34.49503$

$X^{(1)}(t+1)=[X^{(0)}(1)-u/a]e^{-at}+u/a=2760.51e^{0.01265t}-2726.88(t=0,1,2,\cdots,N-1)$

$P=1.00000$“好”，$c=0.01765$“好”

GM(1,1)模型预测结果见表 4-2-21。

GM(1,1)模型的预测结果　　表 4-2-21

序　号	原始数据 (10^{-3}m)	一次累加生成序列 (10^{-3}m)	模拟值 (10^{-3}m)	预测值 (10^{-3}m)	残　差	相对误差
1	13.63	13.63				
2	15.95	29.58	15.142 2		0.807 8	2.25
3	16.70	46.28	15.589 7		1.110 3	3.03
4	16.72	63.00	16.042 8		0.677 2	1.84
5	16.74	79.74	16.501 9		0.238 1	0.65
6	17.08	96.82	16.966 5		0.113 5	0.31

续上表

序 号	原始数据 (10^{-3}m)	一次累加生成序列 (10^{-3}m)	模拟值 (10^{-3}m)	预测值 (10^{-3}m)	残 差	相对误差
7	17.53	114.35	17.437 0		0.093 0	0.248
8	18.01	132.36	17.913 8		0.096 2	0.253
9	18.45	150.81	18.396 5		0.053 5	0.14
10	18.59	169.40	18.885 1		−0.295 1	0.76
11	18.68	188.08	19.386 4		−0.700 4	1.81
12	18.71	206.79	19.881 8		−1.171 8	3.03
13	18.71	225.50	20.389 3		−1.679 3	4.34
14	18.71	244.21	21.903 9		−2.193 9	5.67
15	19.65	263.86	21.424 4		−1.774 4	4.48
16	21.67	285.53	21.951 9		−0.281 9	0.68
17	23.32	308.85	22.485 9		0.843 1	1.93
18	24.58	373.43	23.026 9		1.553 1	3.48
19	25.07	398.50	23.574 7		1.495 3	3.32
20	25.24	423.74	24.129 5		1.110 5	2.4547
21	25.35			24.691 5	0.658 5	1.452 0
22	25.65			25.260 1	0.389 9	0.854 1
23	25.39			25.836 6	0.553 4	1.192 9
24	26.91			26.420 0	0.490 0	1.044 6

由以上分析可知，隧道围岩收敛变形量测，得到一个围岩—时间数据序列，它提供了表征围岩稳定性的动态信息。围岩变形状态及发展趋势遵循能量系统发展变化的规律，但因影响因素太多而无法用精确的数学模型来描述。灰色系统模型是重信息动态模型，可根据系统的发展不断补充最新信息对模型进行修正，从而可对隧道变形状态不断地进行跟踪预测分析，以随时掌握隧道稳定情况。利用GM(1,1)模型处理收敛资料，只需较少的实测数据就可建模，灰色理论的GM(1,1)模型并不因素据多而精度高，且预测精度较高。从取得原始资料到建立GM(1,1)模型，计算工作量大，但是利用现有计算程序和微机则是很方便的。用灰色理论来分析处理围岩收敛变形资料，用以预测围岩的收敛变形以致可能失稳的时间，在工程中是很有实用意义的。

三、道拱顶下沉时序的遗传算法神经网络预测模型

隧道拱顶下沉值的变化趋势是确定隧道二次衬砌时间的关键因素之一，准确预测隧道拱顶下沉时序，对确定隧道适当的二次衬砌时间、确保隧道的施工安全等具有十分重要的意义。隧道在开挖后，围岩应力重新分布，隧道拱顶将不断变形，这一过程是复杂的非线性动态系统，利用传统的方法和技术很难揭示其内在规律。近十几年发展起来的神经网络理论，具有自组织、自适应、容错性等特点，适用于处理信息十分复杂、背景知识不清楚、推理规则不明确的问题。因此，利用神经网络强大的非线性映射能力，对高度复杂和高度非线性的隧道拱顶下沉时序进行直接建模，具有很强的客观性和适应性。

然而，传统神经网络算法大多数是基于梯度下降法，因此，不可避免地会出现局部极值问题。同时，由于梯度下降算法收敛速度较慢，这样就会导致网络的训练时间过长；而且，梯度下降算法具有初值相关性，如果初值选取不当，将会大大降低收敛速度，甚至引起发散和振荡，出现不收敛的情况。遗传算法具有全局收敛性和初值无关性，并具有较快的收敛速度，而且，遗传算法不要求其目标函数连续、可微，因此，本文将遗传算法和神经网络相结合，尝试采用遗传算法来调整神经网络的连接权重和阈值，以期

获得较快的收敛速度和较高的预测精度。

1. 基于遗传算法的 BP 神经网络

神经网络有多种类型，本文采用 BP 神经网络建立预测模型。BP 神经网络一般由一层输入层、一层或多层隐含推理层、一层输出层组成（图 4-2-25）。其中输入层的单元数由输入参数的个数决定，中间推理层的选择一般用 $2m+1$ 原理来确定，m 为输入层单元数。如果隐含推理层单元个数太少，将导致网络不收敛；个数太多将使训练过度，浪费资源。

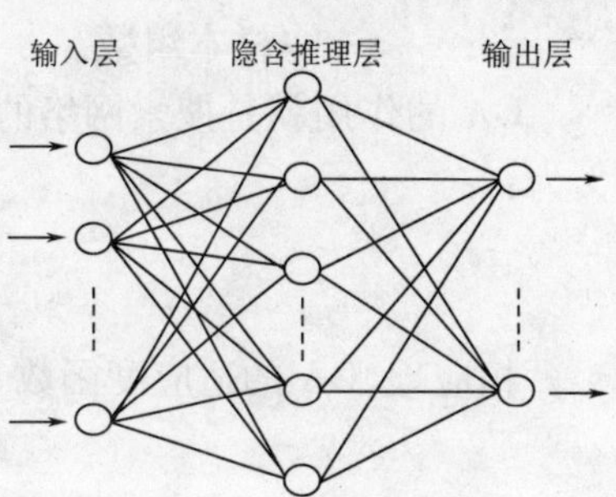

图 4-2-25　BP 神经网络模型

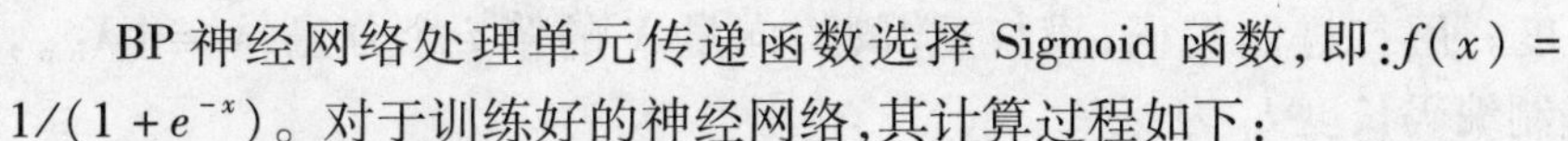

BP 神经网络处理单元传递函数选择 Sigmoid 函数，即：$f(x)=1/(1+e^{-x})$。对于训练好的神经网络，其计算过程如下：

（1）通过输入层输入参数；

（2）通过下式计算隐含推理层各单元的输出：

$$\begin{cases} A_j=\sum_{i=1}^{m} W_{ij}X_i-\theta_j \\ B_j=f(A_j) \end{cases} \quad (j=1,2,\cdots,n) \tag{4-2-59}$$

式中：m——输入层单元数；

n——隐含推理层单元数；

i——输入层任一单元；

j——隐含推理层任一单元；

X_i——输入层中第 i 个单元的输出量；

W_{ij}——输入层第 i 个单元连接到隐含推理层第 j 个单元的连接权重；

θ_j——隐含推理层第 j 个单元的阈值；

B_j——隐含推理层第 j 个单元的输出值。

（3）通过下式计算输出层单元的输出：

$$\begin{cases} C_k=\sum_{j=1}^{n} V_{jk}B_j-a_k \\ D_k=f(C_k)\ (k=1,2,\cdots,l) \end{cases} \tag{4-2-60}$$

式中：l——输出层单元数；

k——输出层任一单元；

V_{jk}——隐含推理层第 j 个单元连接到输出层第 k 个单元的连接权重；

a_k——输出层第 k 个单元的阈值；

D_k——输出层第 k 个单元的输出值。

至此得到了需要预测的数据，不同的输入参数将得到不同的预测值。但是神经网络在进行预测之前必须进行训练学习，以调整各单元的连接权重和阈值。用遗传算法进行训练学习的步骤如下：

（1）确定 GA 算子及其相关运算参数：种群规模为 P，选择概率为 P_s，交叉概率为 P_c，变异概率为 P_m。

（2）将神经网络中各单元间的连接权重和阈值用向量 X 表示，称 X 为网络的权重. 阈值向量：

$$X=\{x_1,x_2,\cdots,x_N\}^{\mathrm{T}}=\{W_{11},\cdots,W_{ij},\cdots,W_{mn},V_{11},\cdots,V_{jk},\cdots,V_{nl},\theta_1,\theta_2\cdots,\theta_n,a_1,a_2,\cdots,a_l\}^{\mathrm{T}} \tag{4-2-61}$$

设 M 为连接总数，$M=mn+jk$；K 为阈值总数，$K=n+l$；那么向量维数为：

$$N=M+K \tag{4-2-62}$$

定义网络误差为：

$$E(x)=\frac{1}{2}\sum_{s=1}^{s}\sum_{i=1}^{l}(D_i^{s^s}-D_i^{s})^2 \tag{4-2-63}$$

式中：$D_i^{s^s}$，$D_i^{s^s}$——第 s 组样本下第 i 个单元的期望输出值和实际输出值；

s——样本组数。

GA 的作用就是搜索网络的权值 x,使得神经网络总误差函数 $E(x)$ 最小,也即 GA 的目标函数定义为:

$$\min E(x)=\min\left[\frac{1}{2}\sum_{s=1}^{s}\sum_{i=1}^{l}(D_i^{s^s}-D_i^s)^2\right] \tag{4-2-64}$$

相应地,GA 的适应度函数 $F(x)$ 可定义为:

$$F(x)=C-E(x) \tag{4-2-65}$$

式中:C 为一常数,且满足 $C>|E_{\max}(x)|$,$E_{\max}(x)$ 为网络的最大输出误差。

(3) 确定编码方式和编码长度。用二进制编码,设权重. 阈值向量 X 的第 i 个分量,$x_i\in[X_{i\min},X_{i\max}]$,编码精度为 ε,则 x_i 的二进制编码长度 L_i 为:

$$L_i=\mathrm{Int}\left[\log_2\left(\frac{X_{i\max}-X_{i\min}}{\varepsilon}+1\right)\right]+1 \tag{4-2-66}$$

式中:Int[ ]为取整函数。

(4) 在 GA 空间随机产生初始种群,按下式译码至网络权重阈值向量:

$$x_i^P=X_{i\min}+(X_{i\max}-X_{i\min})\sum_{j=1}^{L_i}g_{ij}^p2^{j-1}/(2^{L_i}-1)$$
$$(p\in[1,P],i\in[1,N]) \tag{4-2-67}$$

式中:P 为选定的种群规模,N 为权重. 阈值向量 X 的维数,x_i^p 为种群中第 p 个个体所对应的权值、阈值向量 x^p 的第 i 个分量,g_{ij}^p为 GA 搜索空间的第 P 个个体的第 i 个染色体上的第 j 个基因。

(5) 将译码后的 P 组连接权值分别代入神经网络,运行网络,计算每组权值下的网络的总误差 $E_p(x^p)(p\in[1,P])$ 及其适应度 $F_p(x^p)(p\in[1,P])$。

(6) 执行收敛准则,对结果进行评价,本文采用的收敛准则为:

$$\min E_p<\varepsilon^* \tag{4-2-68}$$

式中:ε^* 为网络的容许总输出误差。如果满足收敛准则,与适应度最大值 $F_{p\max}$ 相对应的一组解即为所求问题的解,计算结束;否则,转至下步。

(7) 在 GA 空间,进行 GA 操作,即选择、交叉和变异,生成下一代种群。

(8) 采用式(4-2-66)中的方法译码至问题空间转至第(5)步。

2. 隧道拱顶下沉时序的遗传算法神经网络模型

在隧道施工过程中,隧道围岩应力重新分布,拱顶随着时间的推移逐渐下沉。因此,隧道拱顶下沉是时间的函数,不同时间测得的拱顶下沉量构成一时间序列。可以假设隧道拱顶下沉的时间函数为:

$$F=f(a_1,a_2,\cdots,a_n,t) \tag{4-2-69}$$

式中,$a_1,a_2,\cdots,a_n$ 为影响隧道拱顶下沉规律的参数,n 为影响因素的个数,t 为时间。

如果找到函数 f,那么就可以直接用该函数对隧道拱顶下沉变化发展进行预测。然而,这个函数十分复杂,或者根本就不存在显式表达式。因此,通常的办法是,对实测数据进行回归,得到拱顶下沉变化的趋势曲线,然后用这一曲线来对隧道拱顶下沉的发展进行预测。这种办法,误差大,使用很不方便。考虑到神经网络能够以任意精度逼近任意非线性系统的优良性质,神经网络应该是模拟隧道拱顶变化函数的有效工具。

隧道拱顶下沉的影响因素有很多,主要有埋深、上覆岩层容重、岩层岩性、地质构造应力、初期支护形式等。但是很多影响因素难以准确测量,不能直接输入到神经网络模型。考虑到隧道实测拱顶下沉值中包含了所有的影响因素,因此,为了模型使用方便,本文只将容易获得准确值的埋深(H)和隧道拱顶下沉前 5d 的实测数据 $I_i(i=1,2,\cdots,5)$ 作为模型的输入。那么,模型输入层共有 6 个单元;隐含推理层的单元数为 13 个;输出层单元数共 13 个,用来输出第 6~30d 的隧道拱顶下沉值 $O_j(j=6,8,\cdots,30)$。

3. 嘉华隧道拱顶下沉预测

隧道拱顶下沉时序的遗传算法神经网络预测模型,在嘉华隧道进行了工程实用。通过采用神经网络模型对隧道拱顶下沉值进行预测,较好地预报了可能出现的各种险情,有效地指导了施工,确保了隧道施工的安全,加快了施工进度,节约了工程投资。

本文选择了嘉华隧道 LK0 + 73、LK0 + 350、LK0 + 967、RK0 + 205、RK0 + 385、RK0 + 930、RK0 + 200 等 7 个断面实测数据来进行学习训练(表 4-2-22)。学习训练后预测模型收敛,至此建立了稳定的神经网络预测模型,用建好的预测模型对隧道拱顶下沉时序进行预测,取得了很好的预测效果。图 4-2-26 是 LK0 + 380 和 LK0 + 660 断面的神经网络模型预测值曲线与实测曲线的比较,由图可见模型预测值和实测值吻合较好,预测结果准确可靠。

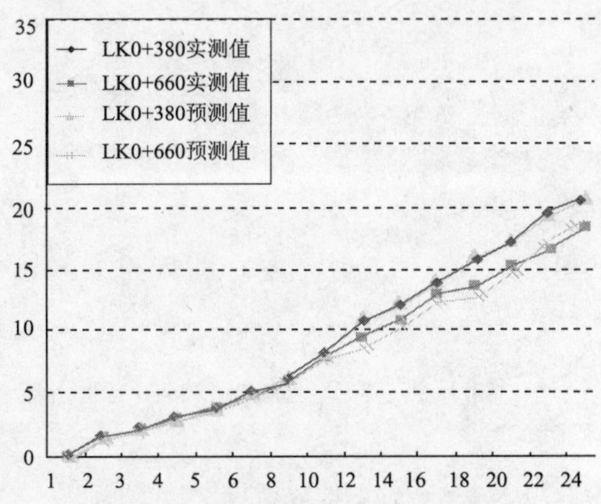

图 4-2-26 预测值曲线与实测值曲线图

利用神经网络可以无限逼近任意非线性系统的优良性质,建立了隧道拱顶下沉时序的遗传算法神经网络预测模型,用实测数据进行学习训练后,模型能够准确地对隧道拱顶下沉时序做出预测,指导隧道的施工,防止事故和险情的发生,确保隧道施工安全,节约工程投资。预测数据与实测数据的比较可以看到,采用遗传算法神经网络对隧道围岩拱顶下沉的变化发展进行预测是可行的,该方法使用简单,结果可靠。

嘉华隧道拱顶下沉时序预测模型训练样本 表 4-2-22

监测断面	LK0 + 73	LK0 + 350	LK0 + 967	RK0 + 205	RK0 + 385	RK0 + 930	RK0 + 200
测点埋深	30	92	89	85	96	92	60
I1	0	0	0	0	0	0	0
I2	1.6	1.2	1.2	1.4	0.9	1.1	1
I3	2.5	1.9	2.3	2.2	1.8	2.1	1.8
I4	4.1	2.7	3.4	2.9	2.5	3.1	2.5
I5	6.1	3.9	4.6	3.6	3.6	4.2	3.7
O6	8.5	5.5	6.2	5.2	5.3	5.9	5.4
O8	10.9	7.6	7.8	6.4	7.2	7.4	7.2
O10	12.6	9.1	9.1	8.3	8.8	8.9	9.1
O12	14.1	10.4	11.3	9.7	9.3	9.8	10.8
O14	15.4	11.7	12.1	10.7	9.7	10.6	12.6
O16	16.7	12.9	12.8	11.4	10.1	11.3	14.3
O18	17.5	13.5	13.4	11.8	10.6	12.4	15.9
O20	18.1	14.2	13.9	12.3	11.2	12.8	16.1
O22	18.5	14.5	14.2	12.5	13.5	13.5	16.8
O24	18.9	14.6	14.7	13.7	14.2	14.2	17.4
O26	19.2	14.7	15.1	14.8	14.7	15.1	17.9
O28	19.4	14.8	15.3	15.4	15.1	15.4	18.0
O30	19.5	14.8	15.7	17.1	15.2	15.5	18.1

第五篇

科研及试验篇

第一章　超大跨径预应力混凝土连续刚构桥设计与施工技术研究

第一节　立项背景和意义

一、国内外现状、水平和发展趋势，经济建设的要求

随着高强预应力钢材、高强混凝土、大吨位张拉锚固体系的应用与发展，设计手段的计算机化，施工水平的提高，我国大跨度连续刚构桥取得了迅速发展，先后修建了洛溪大桥（主跨180m）、黄石长江公路大桥（主跨245m）、虎门大桥辅航道桥（主跨270m）、南昆铁路清水河大桥（单线，主跨128m）等大跨度连续刚构桥。在重庆嘉华大桥设计中，采用138m + 252m + 138m的预应力混凝土连续刚构桥，主墩高近60m，为箱形单薄臂截面。柔性桥墩形式在大跨径预应力混凝土连续刚构桥中是较少的，对大跨径预应力混凝土连续刚构桥形式做了进一步的探索。

大跨径连续刚构桥梁的建设对管理、设计、施工各方面等提出了更高的要求，同时一些已竣工通车运营的类似桥梁较多均出现了腹板裂缝、桥面顶板横向裂缝以及主梁过度下挠等诸多病害，对结构的正常使用和耐久性产生危害，这些问题日益引起人们的重视。

由于大跨径连续刚构桥梁与同等跨径的桥梁相比具有良好的经济性，设计与施工技术简便成熟，因此，将在我国桥梁建设中发挥广泛的作用。本课题结合以往的设计经验，探讨大跨度连续刚构桥的弊病、应用和发展。

二、研究特色和创新

目前许多大跨径连续刚构桥梁存在的一些裂缝与过度下挠等诸多病害尚未完全克服，同时，重庆嘉华大桥与嘉陵江上已有连续刚构桥梁没有雷同感，桥墩采用箱形单薄臂截面，在部分结点的处理上有所改进。为在设计计算、安装施工中有一个可靠的实践，有必要进一步对此进行深入完善的研究工作。

本项目将采用理论计算分析、实验研究和工程现场追踪、实测相互配合、相互验证的原则下进行，力求在该桥梁结构的研究问题上做到科学、系统、创新，即利用可信的理论及试验依据，深入分析大跨径连续刚构桥的受力特性和病害机理，形成全面可行的设计施工指导条文。

第二节　国内外预应力混凝土连续刚构的现状

桥梁中最简单的形式是简支梁，但它的跨越能力不大，就其结构性质而言，最大弯矩截面发生在跨中，最小弯矩截面发生在支点，要抵抗梁的自重弯矩就要加大截面，要加大截面就势必引起自重的增加，如此恶性循环下去，以致造成截面材料的绝大部分都用来抵偿因其自身的重量而引起的内力，从而跨径受到限制。这就告诉我们，要想增大跨度，必须合理地选择结构，使得最大弯矩截面发生处，结构梁高的增加所产生的自重弯矩是最小的。在简支梁中最大弯矩发生在跨中，梁高增加后，自重弯矩增加很大，而悬臂梁的最大弯矩发生在根部，根部梁高增加引起的自重弯矩增加值较小，这便是大跨径预应力混凝土桥梁结构形式采用T形刚构桥的原因之一。

但事情还远远不止于此，仅有较好的结构形式还不能完全解决大跨径的问题，因为支点负弯矩过大带来了桥面裂缝，从而影响结构寿命，同时如何解决施工上满堂支架的困难也是极其重要的一个方面。预应力混凝土结构的发展，解决了第一个问题。随后20世纪50年代中期，在西欧出现了预应力混凝土桥的悬臂施工法，顺利地解决了第二个问题，从此大跨径预应力T型刚构桥发展起来了。

预应力T形刚构桥的发展一般认为可分作两个阶段，即早期的（包括50年代初至60年代中期）与现代的（包括60年代末至70年代末）。早期的有代表性的桥梁是前联邦德国的科布伦茨、莫塞尔桥，英国的麦德威桥和前联邦德国的本道夫桥等。现代的有代表性的桥梁是日本的浜名大桥、浦户大桥等。

20世纪50年代初期建造的预应力T形刚构桥，从结构形式看，其中大多数是多跨的且在跨中都设有铰。到了60年代末期、预应力T形刚构桥在结构形式方面的变化，除了主孔仍旧采用过去的方法在跨中设铰或设吊梁外，边孔大多布置成连续的或部分连续的形式，主孔成为单跨的T形刚构。

我国自20世纪60年代开始用悬臂浇筑法施工T形刚构式桥，最大跨径124m（广西柳州市柳江大桥）。到20世纪90年代，用悬臂浇筑法大量施工了主跨大于200m的T形刚构式的连续刚构桥，最大跨径270m（广东虎门大桥）。

采用悬臂浇筑法施工的桥梁，其主梁一般多为箱形截面。箱形截面抗扭刚度较大、底板较宽、力学性能较好，而且其弹性与动力稳定性均超过其他任何截面。当采用悬臂浇筑法施工时，一般要求对称施工，如发生施工不对称时可采取增设临时支墩的办法予以调正。

悬臂浇筑的梁段通常分成每3～4m一段，每一梁段均在挂篮上浇筑，待新浇梁段混凝土达到要求的强度后张拉预应力与上一段联为一体。挂篮支承在已浇筑和张拉的梁段上，每套挂篮由两片或多片纵梁组成，可沿顺桥向移动。

为确保挂篮的施工稳定性，通常是在挂篮后端压重或将挂篮临时锚固在前面已张拉梁段上。在挂篮设计方面，有的采用重型挂篮，如法国的瓦赛尔桥，挂篮重约110t；也有采用轻型挂篮的，轻型挂篮是目前悬臂施工中应用最普遍的一种，轻型挂篮重一般约为最重梁段的一半左右。

在国外挂篮设计中，有的正在研究用模板代替挂篮的方法，即视模板为挂篮的一部分，目的是用以减轻挂篮的自重。在国内挂篮设计中多采用轻型挂篮，箱梁内模已开始采用滑模施工，这就大大节约了模板并确保了混凝土的浇筑质量。

随着高速交通的迅速发展，要求行车平顺舒适，多伸缩缝的T形刚构不能很好满足要求。悬臂施工时，梁墩可临时固结，合龙后梁墩处改设支座，转换体系而成连续梁。连续梁除两端外其他无伸缩缝，有利于行车，但需梁墩临时固结和转换体系；同时需设大吨位盆式支座，费用高，养护工作量大。于是连续刚构应运而生，近年来得到较快的发展。其结构特点是梁体连续、墩梁固结，既保持了连续梁无伸缩缝、行车平顺的优点，又保持了T形刚构不设支座、不需转换体系的优点，方便施工，且有很大的顺桥向抗弯刚度和横向抗扭刚度，能满足特大跨径桥梁的受力要求。国内外一些大跨径的连续刚构桥，详见表5-1-1。

在预应力连续刚构桥建设技术不断发展的今天，设计与施工人员亦要牢记失败的沉痛教训。1996年7月26日在距菲律宾以东2 500km的岛国——帕劳共和国发生了一起桥梁倒坍事故，当时在桥上通行的车辆掉入大海中，造成2人死亡，4人受伤。该桥为Koror-Babelthuap桥，主桥跨径240.8m，桥宽9m，为中间设铰的预应力连续刚构桥，1978年由前联邦德国一家建筑公司施工完成。在建成不久，跨中挠度不断增大，到1990年挠度达1.2m。该桥在施工时就埋有隐患。使用了未经冲洗的海砂（氯离子含量对钢材腐蚀性最大），水泥质量不好，再加上施工中技术人员不断更换。在事故发生前，由瑞士一家预应力建筑公司用体外预应力束对该桥进行了加固处理，但这并没有阻止该桥倒塌的命运。从这个实例告诉人们，大跨径桥梁一定要精心设计、精心施工，在发现存在质量问题以后，在没有找到真正的

原因之前不要盲目加固,否则会助长盲目乐观,而真正的隐患还未消除。

国内外大跨径的连续刚构桥　表5-1-1

序号	桥名	国家	建成年	跨径(m)	边跨/中跨	截面
1	门道(Gateway)桥	澳大利亚	1985	145 + 260 + 145	0.558	单室箱
2	Schottwien 桥	奥地利	1989	250		
3	Doutor 河桥	葡萄牙	1990	250		
4	Skye 桥	英国	1995	250		
5	黄石长江大桥	中国	1995	162.5 + 3 × 245 + 162.5	0.663	单室箱
6	虎门大桥辅航道桥	中国	1997	150 + 270 + 150	0.556	单室箱
7	江津长江大桥	中国	1997	140 + 240 + 140	0.583	双室箱
8	重庆高家花园大桥	中国	1997	140 + 240 + 140	0.583	
9	重庆黄花园大桥	中国	1999	137 + 3 × 250 + 137	0.548	单室箱
10	贵州六广河大桥	中国	2000	145.1 + 240 + 145.1	0.604	单室箱
11	泸州长江二桥	中国	2001	145 + 252 + 54.8		双室箱
12	云南元江大桥	中国	2003	58 + 182 + 265 + 194 + 70		双室箱
13	重庆嘉华大桥	中国	2007	138 + 252 + 138	0.548	单室箱
14	重庆鱼洞大桥	中国	在建	145 + 2 × 260 + 145	0.558	双室箱

注:本表中不包含轻质混凝土桥及钢—混凝土组合梁桥,这类桥梁的跨径可进一步增加,如挪威的 Stolma 桥(轻质混凝土桥、主跨301m),重庆长江大桥复线桥(钢—混凝土组合梁桥、主跨330m)。

应该说我国的大跨径连续刚构桥的设计及施工已达到国际一流水平。但同时也要看到,国内一些已竣工通车运营的类似桥梁较多均出现了腹板裂缝、桥面顶板横向裂缝以及主梁过度下挠等诸多病害,影响了桥梁正常运营,更影响桥梁的使用年限。个别桥梁还进行了加固处理。这些问题日益引起人们的重视。

预应力混凝土刚构桥的快速发展,特别是从20世纪60年代在我国发展以来的40年中,可以看出预应力刚构桥的跨径从几十米发展到270m,这是预应力技术不断创新的丰硕成果。大跨度预应力刚构桥的发展首先与当代世界各国经济发展有关,如高速公路的快速发展,河流通航要求的提高,从而对桥梁的使用荷载、跨度和使用性能等提出更高的要求。而工程材料的改进、预应力技术的发展与普及、设计方法与施工技术的不断发展等促进了刚构桥的发展。归纳起来有以下几个原因。

(1) 建筑材料的发展与改进;

(2) 施工方法的改进;

(3) 结构体系的发展;

(4) 横截面设计的改进;

(5) 设计理论和计算方面的改进。

第三节　研究内容

(1) 连续刚构桥梁总体布置与构造尺寸;

(2) 连续刚构结构平面与空间、总体与局部计算与分析;

(3) 连续刚构桥梁产生病害及裂缝的原因;

(4) 连续刚构桥梁预应力体系;

(5) 连续刚构桥梁挂篮及混凝土工艺设计与施工;

(6) 连续刚构桥结构减轻重量的方法与材料工艺的设计施工技术;

(7) 连续刚构桥梁预拱度的设置及其设计计算分析;

(8) 连续刚构桥梁施工控制技术;

(9) 加载试验研究;

(10) 健康监控系统。

第四节　主要研究成果

一、连续刚构桥梁产生病害及裂缝的原因分析与对策研究

针对预应力混凝土连续刚构桥的特点,以及目前国内较多的大跨度预应力混凝土连续刚构桥和连续梁桥存在一些有待改善优化的问题。为努力克服国内同类桥存在的结构裂缝及梁体结构下挠问题,在设计理论、技术措施、施工方法上采用多种对策进行有效控制。

(1) 精细化的结构计算分析,有关设计参数的确定等。

(2) 采用高性能混凝土,同时采用了混凝土的耐久性设计,对各类参数提出了科学系统的要求。主要提出混凝土原材料选用(水泥品种与等级,掺和料种类,集料品种与质量要求等)、混凝土配合比的主要参数(最大水胶比、最大水泥用量、最小胶凝材料用量等)要求,同时根据需要提出混凝土的碱含量等具体指标。使混凝土具有良好的抗侵入性、体积稳定性和抗裂性。施工时采用混凝土自动喷淋养护系统,确保混凝土的高品质性能。

(3) 根据大跨径连续刚构的受力特点,进行全方位的构造优化,完善结构性能。

① 柔性墩的优化

主桥桥墩采用全国同类桥梁中罕见的薄壁箱形单墩,同时,桥墩两侧设分水尖(防撞及导流构造)与桥墩相结合成整体。既在造型上有所创新,同时提高了桥墩的防撞等级。

② 主梁构造的优化

主要包括梁高、截面尺寸、0 号块、边跨现浇段、边跨合龙段及中跨合龙段。

③ 预应力筋布置的优化,尤其是腹板斜筋的布置及竖向预应力筋的可靠性分析。

在连续刚构桥设计中布置预应力弯束是十分有利的。特别是在紧靠 0 号块的几段内,直束布置引起的预应力盲区的存在对箱梁腹板受力十分不利。而弯束可以使预应力在全截面内较均匀分布,弯束的竖向分力减少了剪力值,施工挂篮后吊点产生的竖向力可由弯束的垂直分力来承担。在连续刚构桥的正负弯矩同时存在区段内,预应力弯束的存在较能适应。同时由于弯束的使用,可以减少每根直束的张拉力,减小锚固区开裂的可能性。

④ 为应对可能出现的不可预见的下挠等现象,箱梁内预留体外预应力系统。

⑤ 进行严格的建设管理、严密的施工监控,通过参数敏感分析技术、合理的预拱度设置、关键参数的识别修正、合龙前对顶等措施,确保成桥线形和内力状态符合设计要求。全桥合龙精度平均为 4mm(上游 6mm、下游 2mm),达到国内领先、国际一流的水平。

⑥ 优化挂篮工艺,对挂篮的传力系统、锚固系统、行走系统作了多项改进,使施工临时荷载对永久性结构的影响降到最低。

正桥于 2004 年 12 月开工,2007 年 6 月建成通车,至今未发现结构裂缝。

二、成桥预拱度设置

(一) 成桥预拱度分析计算

预拱度计算应分析各参数对结构内力和变形影响,主要包括梁自身静载、预应力钢绞线的有效预应力、管道摩擦系数和偏差系数、材料的弹性模量 E、混凝土的收缩与徐变变形的性能等。

1. 单项分析比较(表 5-1-2,表 5-1-3)

选 用 参 数 表　　表 5-1-2

工况号	1	2	3	4	5	6
截面模量	0.95	0.95	0.95	0.95	0.95	0.95
自重系数	1.04	1.06	1.04	1.04	1.04	1.04
预应力系数	1	1	1	1	1.02	1
徐变系数	1.25	1.25	1.5	1.25	1.25	1.25
收缩系数	1.25	1.25	1.5	1.25	1.25	1.25
弹模系数	1.2	1.2	1.2	1.2	1.2	1.3
μ	0.17	0.17	0.17	0.2	0.17	0.17
k	0.001 5	0.001 5	0.001 5	0.002	0.001 5	0.001 5

根据上表6种情况选用相关参数进行分析比较。

主要位移结果表(mm)　　表 5-1-3

工况号	1	2	3	4	5	6
成桥后中跨最大挠度	-115	-120	-139	-122	-109	-109
成桥后边跨最大上拱	28	27	34	27	29	27

2. 位移包络分析比较(表 5-1-4,表 5-1-5)

选 用 参 数 表　　表 5-1-4

工况号	1:中间状态	2:最大位移状态	3:最小位移状态
截面模量	1.0	0.95	1.05
自重系数	1.04	1.06	1.02
预应力系数	1.0	0.98	1.02
徐变系数	1.25	1.5	1.0
收缩系数	1.25	1.5	1.0
弹模系数	1.2	1.0	1.3
μ	0.17	0.2	0.13
k	0.001 5	0.002	0.001

根据单项分析的结果,将各种参数组合成3种状态进行计算。

主要位移结果表(mm)　　表 5-1-5

工况号	1	2	3
成桥后中跨最大挠度	-115	-183	-73
成桥后边跨最大上拱	28	33	23

(二) 成桥预拱度设置

主跨跨中存在下挠已相当普遍,某些桥下挠最大超过30m。因此,设置预拱度有必要增大,在对成桥线形景观影响不大时,宁大勿小。有的桥梁跨径140~150m,预拱度已接近1/1 000,成桥后要经受30年徐变,根据新规范计算,中跨跨中下挠92mm,边跨跨中上拱25mm,墩顶下降11mm。

根据目前国内同类工程的实际情况,上述徐变位移偏小。当然本工程由于受到新规范抗裂要求的影响,墩顶预留压应力较以往工程增加较多,这对减小徐变位移有一定作用。

嘉华大桥主跨252m,预拱度设置可小于1/1 000。252/900=0.28m,因此300mm左右的预拱度是可接受的,同时对成桥线形景观影响不大。

根据成桥后徐变曲线的形状,采用如下方式设置预拱度:

中跨跨中上拱300mm,边跨跨中下拱20mm,墩顶上拱15mm,且边跨至墩边以及墩顶至跨中按分段三次曲线变化(图5-1-1~图5-1-4)。具体方程描述如下:

$$y=\begin{cases}-10+\dfrac{10}{69^2}(x+69)^2+\dfrac{15}{138}(138+x)+\dfrac{x}{138^2}(138+x)^2\cdots\cdots & x\in[-138,0)\\ 300-\dfrac{285}{125^2}(x-125)^2-\dfrac{2.5x}{125^2}(x-125)^2\cdots\cdots & x\in[0,125)\end{cases}$$

其中 x 单位为 m，y 单位为 mm。

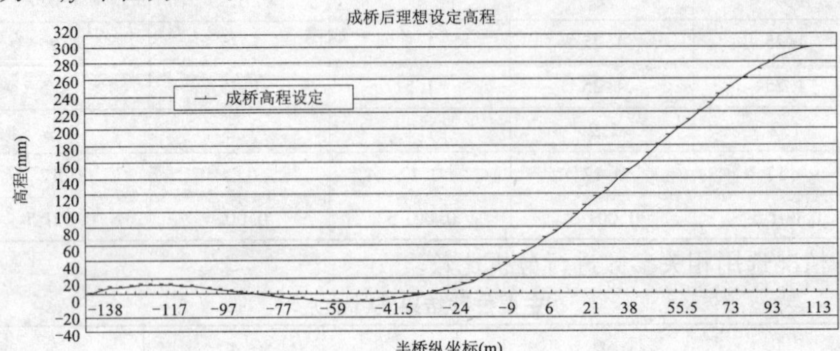

图 5-1-1

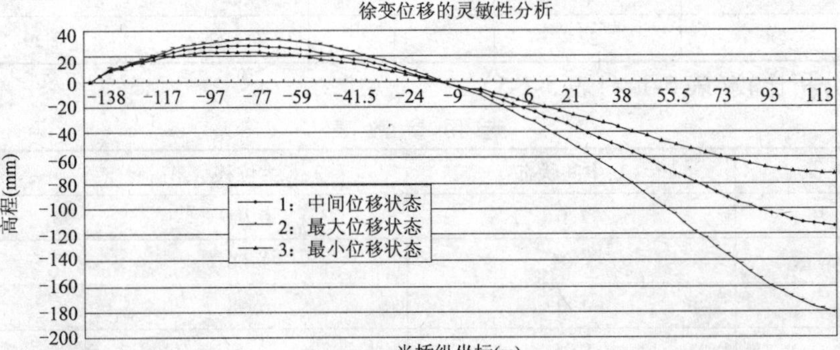

图 5-1-2

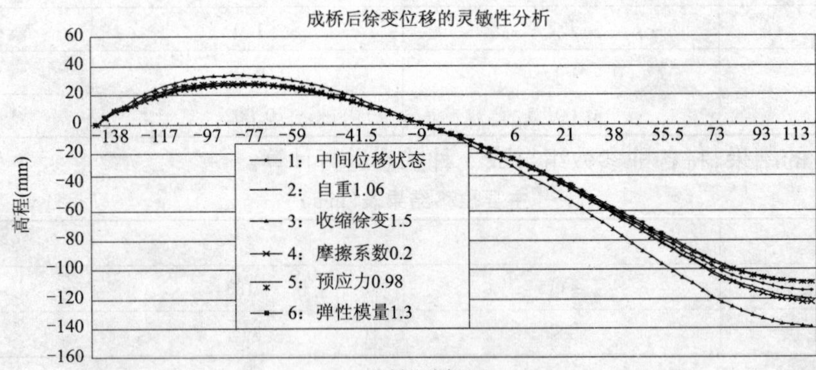

图 5-1-3

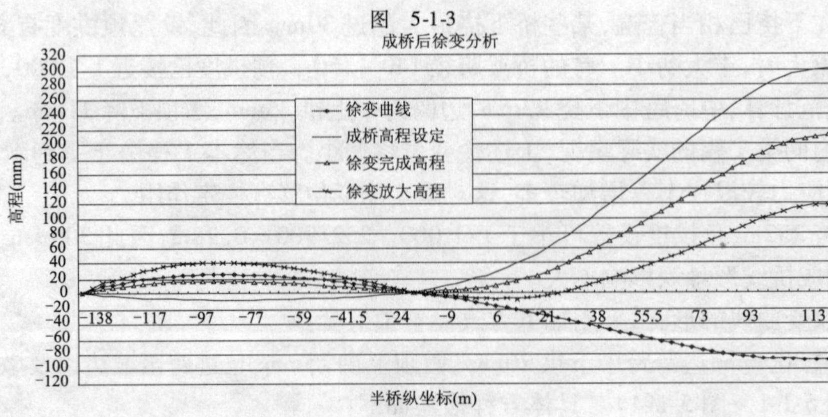

图 5-1-4

第二章　城市大跨度隧道修建关键技术研究及示范工程

第一节　立项背景

本科研项目为大跨径、小净间距城市隧道设计与施工研究技术。目前三车道公路隧道已建成不少，并积累了丰富的经验，然而对单洞四车道、五车道特大断面隧道的修建在国内外并不多见。在重庆嘉华大桥工程嘉华隧道设计中，由于本隧道的出口段受黄沙溪立交布置的制约，出口段采用特大断面，小净间距隧道。需对此类隧道的设计、施工做进一步的探索。

本课题结合嘉华隧道的设计、施工对特大断面、小净间距城市隧道的结构支护参数和施工开挖方案进行研究探讨，并用有限元数值模拟和相似材料模拟试验等方法，对支护结构的强度及围岩的稳定性进行模拟分析，确保隧道设计技术上可行，施工可行，隧道安全、造价合理，并为城市大跨度隧道的修建积累经验，建立典型示范工程。

第二节　研究意义

世界上所有国家的经济发展都离不开交通这一重要基础设施，而交通在社会经济建设过程中担任着不可忽视的任务。交通的发展，尤其是在多山或城市地区，必然伴随着大量隧道的出现。由于经济、交通和隧道技术的发展，隧道的定义范围也出现相应扩大，社会对隧道的需要已不仅存在于铁道、公路、航运之中，而且近年城市高速发展，为满足其交通要求，对各种城市道路隧道的建设也越来越多，跨度也越来越大。

西部城市大规模的基础建设活动进行得如火如荼，西部正是我国高原多山地带。由于隧道在缩短线路长度、穿越不良地质地段、提高道路的可靠性和安全性及在运营阶段比路堑因滑坡、落石等病害维修费用少等方面的优点及国防意义上的隐蔽性，因此在未来的几十年内必将设计及修建大量的铁路、公路隧道。特别是长大和特长高速公路或高等级公路隧道必将大量出现西部城市间，而且随着交通量的增加跨度也会相应地增大。

随着经济的高速发展，我国城市化水平正在快速提高，城市工程建设随之飞速发展。但是，在城市工程建设发展的同时，出现了一些我们不得不面对的新的问题，主要是城市范围快速扩大，耕地损失严重。据有关资料，1986—1996 年间，全国 31 个特大城市城区实际占地规模扩大 20.12%，有的城市占地成倍增长。另据预测，至 2010 年，我国城市总数将从 1996 年的 640 座增加到 1 000 多座，其结果将是占用了大量耕地。土地问题是我国可持续发展的关键，城市人口急剧增长与地域规模的限制已成为城市发展的突出矛盾，城市发展非走节约土地的集约化发展模式不可。

城市人口密度大，形成了所谓的“城市综合症”，首先表现在城市交通阻塞，行车速度缓慢。例如北京市干道的平均车速比 10 年前降低 50% 以上，且正以年递减 2km/h 的速度持续下降。其次是，由于城市基础设施落后于城市面积的扩展和城市人口的增长，造成城市环境的恶化。当前我国城市环境形势日趋严重，大气污染日趋加剧，酸雨面积超过国土面积的 40%，重庆等城市尤为严重。城市污水 80% 未经处理排入江河；城市地下水受到污染；垃圾围城现象普遍；噪声污染普遍超标；建筑空间拥挤；城市绿地减少；生态恶化。

城市总体抗灾抗毁能力偏低。在城市总体规划中，除防洪、防空外，目前尚缺少综合防灾的内容，城市基础设施的防灾措施处于空白。为了克服这方面的弊端，解决城市人口、环境、资源三大危机，医治"城市综合症"，实施城市可持续发展，世界发达国家都在把地下空间作为新的国土资源，开发利用城市地下空间，成为越来越受到重视的城市建设指导方针和发展方向。城市功能空间能转入和宜转入地下的领域是很广阔的，包括商业、交通、部分市政设施、文化娱乐休闲、部分工业生产、仓储、防灾避难和救灾空间等。充分利用地下空间是城市立体化开发的最重要组成部分。它可以达到扩大空间容量，提高开发集约度，消除步车混杂，使交通更加顺畅、商业更加繁荣、地面绿地增加、环境优美宽敞、购物与休闲娱乐相互交融的多功能效果，与向城市上空发展的模式相比，是一种更为合理的发展模式。向地下要土地、要空间已成为城市建设发展的必然趋势，显示了无比的优越性。

城市地下工程多数埋深较浅，由于地面建筑、交通设施密集，地下管线多，开挖造成的影响大，且地质条件复杂，多以土体为主，常有膨胀土、沙层、高地下水位，尤其是沿海沿江城市，淤土、软土的开挖难度更大。因此，城市地下工程存在许多需要解决的特殊问题：在浅埋、特别是超浅埋的条件下，地下工程需要穿越建筑物和线路、街道，地面保护成为施工技术中的首要问题；在诸如流沙层、膨胀土、高压缩性软土淤土、风化破碎岩石、高浓度瓦斯地层、大涌水、硫化氢、岩溶、高应力、地下管线、地面大车流量、大型载重车多、建筑物密集等复杂恶劣环境下的开挖技术以及大断面隧道开挖支护技术是地下洞室工程施工中的难题；随着工程埋深的减小，开挖对地面的影响越来越大，在超浅埋条件下，开挖影响的控制与开挖方式、施工工艺、支护方法等众多因素有关，是地下工程施工中最为复杂的问题。因此，这就有必要研究地下洞室的施工支护方法来确保围岩施工运行中的稳定性，研究地下洞室施工开挖对地表沉降的影响来保证邻近建筑设施的安全性。

目前，国内外在进行中等跨度及以下的隧道和其他地下洞室工程的建设中，设计计算理论和施工方法工艺都已经比较成熟。近年来，随着材料、工艺、设备机具的不断进步和对岩石力学机理的深入认识与不断提高，以及现实生活的迫切需求，修建大跨度地下结构逐渐增多，尤其是在为了减小交通压力的山岭大城市当中。由于大跨度公路隧道的断面积和跨度较大，且在其形式上具有鲜明的特点，因此引发的相关工程问题——支护形式、支护参数、施工方法、围岩稳定等，使得大跨度隧道设计没有一个较为明确、实用的规范作指导，我国自20世纪90年代起已相继建成一些大跨度隧道，但是必须清晰地认识到，同发达国家相比较，我国在大跨度隧道设计、施工及其关键技术、围岩稳定性等诸多方面研究还不够，还存在着较大的差距。

小净距隧道也是近几年来出现的一种新的结构形式，采用小净距隧道方案，不仅能很好地满足特殊地质及地形条件、线桥隧衔接方式、总体路线线形的特殊要求，而且有利于公路整体线形规划和线形优化，能较好地解决连拱隧道存在的缺点，取得良好的技术经济效果，具有显著的经济、社会、环境效益。但小净距隧道设计、施工中较多关键技术未能解决，诸如对中夹岩柱的长期安全性评估、合理施工方法、监控基准、间距影响等，所以有必要对小净距隧道进行研究。

当隧道修建大跨度、小净距条件同时出现时，则将给隧道修建者及设计者带来更大的困难，因此对小净距大跨度城市隧道进行理论研究迫在眉睫。我国对大跨度小净距隧道研究理论还不够成熟，为了能够利用理论知识指导实际工程建设，所以本研究提出对大跨度小净距城市隧道进行选址优化、稳定性、信息化施工等一系列研究。

第三节　国内外研究现状

随着交通需求的急剧增加，国内外修建的大跨度（净宽大于15m）隧道的数量越来越多。目前，在公路隧道建设方面走在世界前列的国家有：北欧的瑞典、挪威、奥地利和邻国韩国、日本。在20世纪

80年代后期，韩国进行了大规模的以首尔为中心的四车道高速公路改扩建为八车道高速公路，于是不可避免地出现了四车道高速公路大跨度隧道，其中最早完工的是1992年开始建设的清溪隧道，左右线平均长度为500m，挖掘断面积186.42m²，净宽为17.94m，拱高为9.785m，采用三心圆扁平拱式断面。日本早期修建的第二东名公路三车道隧道，断面积113~170m²。近期为适应140km/h高速度的要求设计的名神高速公路三车道公路隧道，其断面面积达170~230m²。日本横滨市帷子河隧道开挖断面积达225m²，是日本泥土隧道中断面最大的。再如美国贝克山单孔隧道，断面积高达467m²。

我国也在两车道建设过程中积累了一些经验，并利用这些经验去指导建设三车道隧道，但是我国的大跨度隧道建设经验与技术相对要落后于上述几个国家。从20世纪60年代开始修建断面面积超过100m²的大断面铁路隧道以来，其中断面面积在200m²以上的已经出现多座。80年代以后随着隧道技术的发展，以及公路标准和运量的增大，大跨度公路隧道的数目急剧增多，如重庆的铁山坪三车道隧道，最大开挖断面120m²；大梅沙三车道隧道，洞口段开挖断面达大于170m²；贵州省凯里市的大阁山隧道，市政道路四车道隧道，长496m，最大开挖宽度为21.04m，最大开挖高度为11.45m；杭州市的三车道高速公路黄鹤山隧道，最大开挖宽度为16.368m，最大开挖高度为11.64m。铁路隧道方面，目前跨度较大的是位于云南省大关县的内昆线三线铁路车站隧道——曾家坪一号隧道，长2 563m，其中有269m为三线隧道，最大开挖宽度为20.68m，最大开挖高度为13.83m。

对大跨度隧道的试验以及数值模拟研究方面，在20世纪80年代，同济大学曾经用平面应力模型研究了大跨度矮墙洞室的开挖方法对洞室稳定性的影响；1995年，西南交通大学王明年、何川等人作了三车道隧道模型试验研究及有限元分析；1998年，西南交通大学王明年通过大比例尺模型试验和有限元方法对三车道公路隧道在不同构造应力作用下的力学行为进行了深入研究，研究表明构造应力对三车道公路隧道的承载能力、破坏形态、位移规律都有很大影响。但我国在四车道公路隧道围岩稳定性分析和施工开挖方法、支护衬砌工艺研究上尚处于起步阶段。

小净距隧道方面，在日本及欧美等隧道修建技术比较发达的国家，从20世纪70年代开始就有了相关研究，日本铁道技术学会于70年代初发表了《关于平行隧道研究的报告》，T.川等结合田真新镇干线公路上的尾山大理隧道对小净距隧道设计、开挖方式进行了系统研究；HiroshiKURIYAMA等人结合福岗市地铁3号线对岩柱加固方法、监控量测进行了研究，并进行了三维数值模拟分析；Solim. E(1993)利用平面应变和三维有限元对小净距隧道进行了开挖模拟。在小净距隧道施工问题上的研究，日本走在了前列。

在我国，小净距隧道尚为新型隧道结构形式。铁路隧道采用这种结构形式较早，已建成的小净距铁路隧道如内昆线青山隧道、湘黔铁路娄底至怀化段复线新坪渠隧道、新坪口隧道、宝成复线须家河隧道等。

在公路隧道方面，近年来这种结构形式相继被采用。表5-2-1为部分小净距隧道概况。

部分小净距公路隧道 表5-2-1

隧道名称	净 距(m)	隧 址	围岩类别
招宝山隧道	3.50	宁波	Ⅲ、Ⅳ类围岩
董家山隧道	3.75	都汶高速	Ⅱ~Ⅳ类围岩
金期山隧道	5.08	京福高速	Ⅲ、Ⅳ类围岩
里洋隧道	5.86	京福国道	Ⅱ、Ⅲ类围岩
丰泽街隧道	6.44	泉州市	Ⅳ类围岩

这些工程隧道的建成，为我国公路小净距隧道的设计和施工积累了初步的经验。对这些项目的科研、设计与施工技术方面也展开了一些研究工作，研究内容集中在爆破振动控制、量测以及对开挖的数值模拟等方面，取得了一些初步成果。

信息化施工方面："信息化方法"起源于20世纪40年代晚期，随着当时"现代"土力学理论的进展，发展了一种集成预测、监控、评价和修正的设计方法。20 世纪 60 年代起，奥地利学者和工程师总结出了以尽可能不要恶化围岩中的应力分布为前提，在施工过程中密切量测围岩变形和应力等，通过调整支护措施来控制变形，从而达到最大限度地发挥围岩本身自承能力的新奥法隧道施工技术。新奥法成功的三大支柱是“喷射混凝土、锚杆和现场量测”，其核心为现场量测及其准确的信息解释和及时反馈。由于新奥法施工过程中最容易而且最直接的量测结果是位移及洞周收敛，主要控制的是隧道的变形，因而，人们开始研究用位移量测资料来确定合理的支护结构形式及其设置时间的收敛限制法理论。因此，新奥法在其本质上也是一种信息化方法。

自 20 世纪 70 年代起，随着计算机技术的大力发展，涌现出了很多学者对岩土计算理论尤其是岩土工程反演理论的研究并取得了很多成果。国外如日本的樱井提出的位移—应变反馈确定初始地应力与地层弹性参数值的有限单元法，结合工程实践提出了确定围岩极限张应变值的原理和方法，以及评估隧道稳定性的方法和标准；大冢正幸在提出的位移预报法中涉及了初始地应力的反演确定，对圆形洞室的黏弹性问题提出了解析解法；美国学者古德曼（R. E. Goodman）在 20 世纪 70 年代出版的岩石力学专著中已提到可依据位移量反算初始地应力；意大利学者（G. Gioda）提出了可同时确定初始地应力和地层特性参数的优化反演分析理论。国内长科院发表的方法是根据圆形洞室的洞周位移进行平面应变问题初始地应力反分析计算的复变函数法；西安空军工程学院发表的是引入数理统计原理的二维弹塑性问题位移反分析计算的边界单元法；能源部成勘院发表的方法是可考虑松动圈影响的弹塑性问题双介质位移反分析数值计算法。这些研究不仅促进了岩土力学的发展，也有力地激起隧道信息化设计施工划时代的变化。

在此基础上，近年来由于量测技术、电子技术、数据处理技术的快速进步发展起来了信息化设计和信息化施工方法。20 世纪 90 年代，“信息化方法”获得了广泛地应用，其原理也大大地被扩展。“信息化方法”作为一种设计、施工方法已经被许多规范认同，如欧洲规范（Eurocode）等。诸多学者也更加重视甚至大力倡导信息化方法，如 1999 年 Terzaghi 教授的同事 RalphPeck 和 AlanPowderham 博士在《施工反思》（RethinkingConstruction）书中写到，“信息化方法具有天生的解决复杂问题的能力，虽然事实上已经取得了很多成功的范例，人们在项目开始仍极少考虑信息化途径”，他们呼吁将信息化方法提到项目各方的议事日程表。国际土力学及岩土工程学会副主席 Brandl 博士也大力倡导信息化方法，称之为“解决目前理论与实际日益脱节”的有效办法。国际隧协 1992—1995 年执行主席 Eisenstein 教授在《城市隧道的挑战与进展》书中认为，“信息化方法特别适于隧道工程”。

目前，欧洲及日本等国家和地区已纷纷开始研制和开发的隧道工程动态设计系统是建立在现代信息技术及信息化设计施工思想基础上的，其中有的已开始产业化应用。过去我们在隧道施工中，基本上也是按照“信息化设计施工”的思想进行设计和施工的，但因获取信息手段发展的迟缓、信息传输系统的不完善以及隧道施工环境和管理体制的限制等原因，并未实现真正意义上的“信息化”。但最近一段时间，由于信息技术、通信技术以及各种获取信息手段和方法的迅速发展，特别是设计施工体制的改革以及适应未来“设计施工总承包（Design - Build Contract）”体制的实施要求，给真正实现“信息化设计施工”创造了良好的条件和基础。

第四节　研 究 内 容

一、城市大跨度隧道优化设计研究

（1）城市大跨度隧道选址优化研究

（2）大跨度隧道与环境的相互协调研究

（3）大跨度隧道优化设计研究

二、大跨度隧道建设围岩稳定性及可靠性研究

(1) 大跨度隧道开挖方法对围岩稳定性的影响研究:对隧道毛洞开挖几种设计施工方法进行了数值模拟研究,探讨应力场随开挖步骤的变化关系,分析各种开挖方法初次支护的力学状态,最后通过综合评价得出切实可行而又稳妥的实施方案。

(2) 大跨度隧道中隔墙稳定性及可靠性研究:分析隧道中隔墙在不同隧道间距情况下的岩体应力应变场变化规律、破坏情况,选取合适有效的可靠性指标评价中隔墙不同部位稳定的可靠度,运用该指标评价示范工程设计的安全性。

(3) 隧道与拟建匝道相互影响关系研究:分析匝道开挖对既有线结构安全的影响,提出相应的开挖方法及支护措施。

(4) 大跨度隧道开挖对城市地表高层建筑的影响及防护措施研究:分析城市隧道建设对上层地表建筑物的影响,就上层建筑物的影响提出相应的有效保护措施与相关建议。

三、城市大跨度隧道信息化施工技术研究

研究内容应包括:城市大跨度隧道采用信息化施工技术的意义,通过隧道监控量测评价围岩稳定性,通过施工爆破地振波监测对爆破影响区域内的地面建筑物的安全状况进行评价。

第三章　城市大型立交关键技术研究

第一节　研究目标和主要内容

一、研 究 目 标

针对立交桥梁设计与施工经常出现的问题提出相应的对策措施，为提高立交桥梁的设计与施工水平积累丰富的经验。

二、主要研究内容

（1）弯梁桥合理结构形式与支座合理布置研究。

（2）宽梁桥内力横向分配计算及预应力钢束配置研究。

（3）高墩施工及运营稳定性分析与研究。

（4）异型混凝土箱梁桥合理计算模式的研究。

（5）箱梁混凝土施工阶段温缩裂缝及防开裂措施研究。

（6）连续长弯束摩阻损失试验及有效预应力测试与控制研究。

（7）城市立交桥工业化短线预制结构设计理论与技术研究。

三、技术关键、特色

（1）弯梁桥合理结构形式。

（2）弯梁桥梁体结构与墩台的共同作用及数值计算模拟技术。

（3）城市立交桥工业化短线预制结构设计及控制技术。

（4）弯梁桥预应力精确计算分析方法。

第二节　经济技术指标

一、主要技术指标

研究形成城市立交桥设计成套技术（合理结构形式、支承方式、偏载系数计算、空间预应力钢束布置及预应力建立等），提出宽箱梁桥（三车道）偏载系数取值范围，供同类桥梁设计参考。

二、主要经济指标

（1）研究成果应用后可节省示范工程土建投资5%左右。

（2）研究成果应用后可节省常规立交桥养护维修费用80%。

（3）研究形成城市立交桥工业化短线预制结构设计技术应用后可节省工期30%。

三、项目示范基地

项目实施以华村立交为示范基地。

以下简要介绍“异型混凝土箱梁桥合理计算模式的研究”和“连续长弯束摩阻损失试验及有效预应力测试与控制研究”2 个子课题的部分成果。

第三节 异型混凝土箱梁桥合理计算模式的研究

互通式立交中,在匝道端部要进行变速、分流、合流等复杂的驾驶操作,为了保持车流顺利而迅速地通过交叉口,往往要修建几何形状不规则的异形桥梁。由于异形箱梁结构复杂,结构空间效应显著,具有弯梁桥弯扭耦合的特征,分叉桥上车行路线各异,活载作用的相互影响会造成端部各支座横向受力不均,甚至出现超载和脱空现象。这种结构的分析不能用一般的传统方法来解决,因此在设计过程中有必要对这种结构进行细化分析和研究。

当前对这种结构的分析主要采用梁格法,该方法便于理解和使用,可以得到箱梁结构的总体性能,能直接输出各主梁的内力,便于利用规范进行强度验算,整体精度能满足设计要求,对设计人员来说非常方便。

梁格分析的方法也有多种,如 C. P. Heins 提出了将主梁微分方程化为差分方程,而在有横隔梁的结点上,将横梁的作用以附加外力的形式作用于主梁,叠加进差分方程等。戴公连、李德建以空间剪力柔性梁格法为基础,建立空间箱梁柔性梁格单元等常用的单元模式,开发了桥梁结构空间分析设计程序。

一般来讲,等效梁格的计算精度与划分的网格有关,网格划分越密,计算精度越高,但计算的前处理和后处理的工作量相应加大,同时梁格法不能考虑剪力滞以及扭转产生的截面翘曲。

随着计算机硬件设施和软件技术的迅速发展,能广泛应用于各种复杂结构的有限元法越来越成为科研技术人员分析此类复杂结构的有效手段,J. E. Gibson 和 M. H. Mitwally 在 1976 年提出了用板壳理论(Chosed Multi - shell Theory)分析箱型梁及其剪力滞效应。他们认为各种截面形状的箱梁(包括矩形、梯形、圆壳形等)都可以看作是板单元和筒壳单元的组合体,因而可以分别利用板的理论和筒壳理论加以处理。理论上讲,它可以分析任何复杂形状的结构,钢筋混凝土桥梁通常做成空间箱形结构,当板壳单元相当细密时,可以分析桥梁结构的各种受力行为,如弯曲变形、扭转变形和局部变形,且具有计算精度高的特点,目前已成为分析桥梁上部结构最通用的一种方法。对于混凝土箱梁桥,用板壳单元模拟顶、底板误差不大,而横梁尺寸一般比顶、底板大得多,用板壳单元法模拟其受力,误差较大。另外,对于有预应力的混凝土箱梁,空间线形的预应力钢束也不便于准确模拟,因此为了更精确地分析异形箱梁的空间力学特征,三维仿真分析十分必要。

一、空间梁格法

剪力柔性梁格法最早由 Sawko 提出,其基本原理是:用一个等效网格来模拟上部结构,即假定把上部结构中每一网格内的抗弯和抗扭刚度集中到最邻近的等效网格内;纵向刚度集中到纵向构件内,横向刚度集中到横向构件内,当结构原型和等效网格承受相同荷载时,它们的挠曲变形相等,并且在任一网格内的弯矩、剪力和扭矩等于它们所代表的那一部分结构的内力。对于剪力柔性梁格法,Harmbly 曾提出了一系列折算刚度的方法,而这个方法被许多文献资料认为是十分有效的。本文梁格法分析中的截面特性计算如下:

(1) 腹板纵向切开,用以模拟纵向抗弯刚度,抗弯惯性矩仍以原截面主轴计算。

(2) 梁抗扭刚度的计算按整体箱形断面自由扭转刚度平摊到各纵梁上。

(3) 由箱梁顶板、底板模拟的虚拟模型刚度为:

$$i_1 = \frac{h^2 \cdot t_1 \cdot t_2}{t_1 + t_2} \tag{5-3-1}$$

单位抗弯刚度：

单位抗扭刚度：

$$i_2 = \frac{2h^2 \cdot t_1 \cdot t_2}{t_1 + t_2} \tag{5-3-2}$$

单位剪切面积：

$$A_s = \frac{t_1^3 \cdot t_2^3}{l^2} \cdot \frac{t_w^3 \cdot l}{t_w^3 \cdot l + (t_1^3 + t_2^3) \cdot h} \cdot \frac{E}{G} \tag{5-3-3}$$

式中：t_1、t_2 为箱梁顶、底板厚度；h 为顶、底板中心距；l 为腹板间距；t_w 为腹板宽度。

（4）横隔板计入自身刚度于虚拟横梁中。

二、空间有限元实体分析

利用大型通用有限元程序（如 ansys、nastran、algor 等），采用三维实体单元可以真实地模拟异形箱梁结构，在预应力混凝土结构分析中，利用体单元来模拟混凝土，利用只受拉单元来模拟钢束，钢束和混凝土单元之间通过节点连接，共同受力。

与梁格法分析不同的是，实体模型能够比较真实地反映结构的实际情况，能够考虑结构的整体受力效应，得到的结果更为精确，而且实体模型在建模时已经考虑了细部结构，可以直接进行细部受力状态分析，保证分析结构的准确性。

实体分析的一般步骤是：

（1）根据结构实际尺寸建立实体模型；

（2）根据钢束空间线形切割实体模型，形成钢束线形；

（3）选择实体单元类型、输入材料性能；

（4）输入荷载，定义边界条件；

（5）结构的离散（划分网格）；

（6）求解并整理输出结果。

三、华村立交岔口异形箱梁的精细化分析

（一）华村立交岔口异形结构概况

华村立交桥梁转弯半径小（其最小半径为 30.0m）、坡度大（最大坡度为 5.9%）、同时道路线形复杂，由此产生大量的异形结构（异形结构面积占整个桥梁面积的 40% 多）。为了确保设计的安全合理，探究此类结构的共同特征，选取其中具有代表性的 D 线匝道 2d ~ 4d 联进行空间实体分析，此连为一分

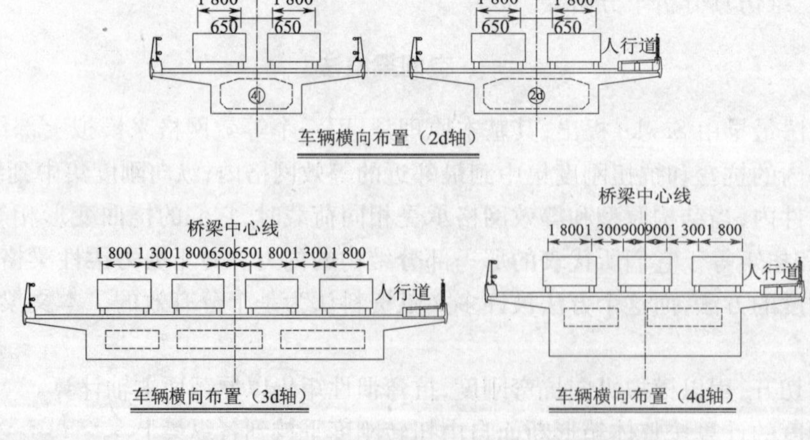

图 5-3-1　岔口异形结构典型横断面（尺寸单位：mm）

叉两跨连续异形梁,桥长 29.712m + 29.711m,异形梁分叉前为单箱多室截面,分叉后为单箱单室截面,箱梁高为 1.7m,翼缘悬臂长 2.5m,混凝土采用 C50,设计荷载城—A 级,其横断面、平面布置分别如图 5-3-1 和图5-3-2所示。

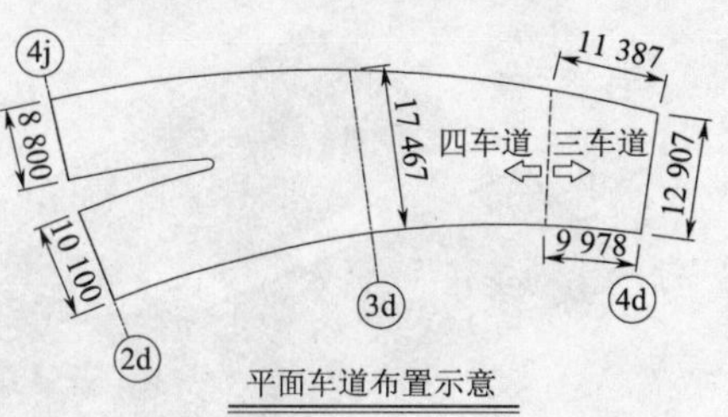

图 5-3-2 岔口异形结构平面图(尺寸单位:mm)

(二) 结构的三维仿真分析

本次分析采用 ansys10.0 分析。

1. 实体模型的建立

结构设计时根据道路控制线形的中线以及结构自身的特征选择了两条参考线,分别位于两个岔口的中间,其线形由多段圆弧组成,相应的结构形状和预应力钢束控制点均参考这两条线定位。结构本身的复杂性不利于在通用有限元分析软件中直接建模,因此在分析计算的前处理阶段采用了一系列的有效措施。

充分利用已完成的施工平面构造图,在 AUTOCAD 中利用拓展、布尔运算等一系列的实体操作生成实体模型。

预应力钢束的空间曲线形状,决定钢束不能采取一般切割体生成线的方法,本次分析采用了"独立建模耦合法"来处理,该法的基本思想是实体和力筋独立建几何模型,分别划分单元,然后采用耦合方程将力筋单元和实体单元联系起来,这种方法是基于有限元模型的处理。其基本步骤如下:

(1) 建立实体几何模型(不考虑力筋);

(2) 建立力筋线的几何模型(不考虑体的存在);

(3) 将几何模型按一定的要求划分单元(体、线各自独立的);

(4) 选择所有力筋线;

(5) 选择与上述力筋相关的节点(nsll 命令),并定义选择集;

(6) 将上述力筋节点存入数组;

(7) 选择所有节点,并去掉(5)中的节点集(除力筋节点外的所有节点);

(8) 按力筋节点数组搜寻所有最近的实体节点号,并存入数组中;

(9) 耦合力筋节点与最近的节点,一一耦合(cp 命令)(不能使用 cpintf 命令,这样可能耦合其他节点,且容易不耦合);

(10) 选择所有,并施加边界条件和荷载,求解。

这种方法建模特别简单,耦合处理也比较简单(APDL 操作),缺点是当实体单元划分不够密时,力筋节点位置可能有些走动,但误差在可接受范围之内。这种方法是解决力筋线形复杂且力筋数量很多时的较佳方法。

网格划分是所有实体模型中关键的一步也是难于控制的一步,异形结构的不规则性,预应力钢束空间曲线的复杂性决定网格划分十分困难,若选择自由分网模式不是一般的计算机能够实现的,为此需要预先进行人为干涉。为了减小计算机的工作量,将异形结构分成几个组合体,其中由规则部分和不规则部分构成,规则部分采用"映射"或"扫掠"分网,不规则部分采用自用形式分网,分网完成后采用耦合不同体的相邻节点组合成一个完整的受力结构体。

根据上述处理方法,最后华村立交 D 线匝道岔口的空间实体模型如图 5-3-3 ~ 图 5-3-5。

图 5-3-3 包含预应力空间线形的空间实体模型

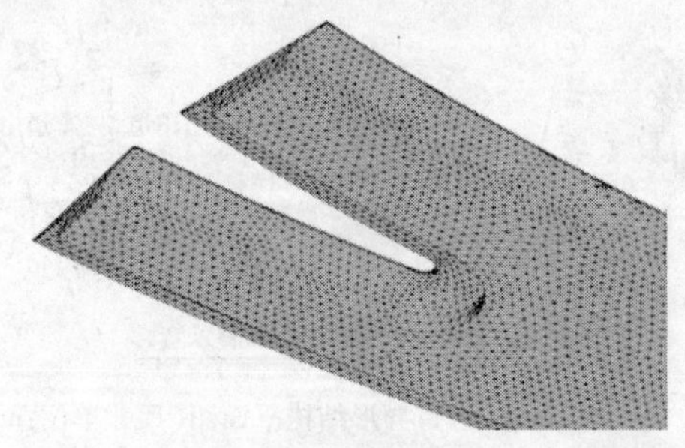
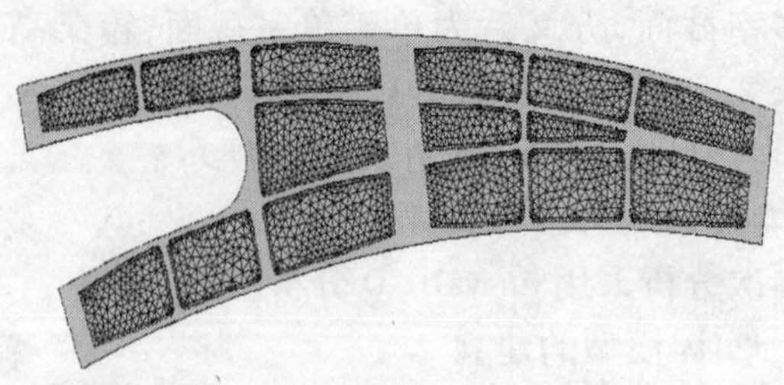

图 5-3-4　分网后的有限元局部实体模型

2. 分析工况

为了便于和荷载试验实测值对比，本次分析按照城市—A 级荷载考虑了两种荷载工况。

工况一：2d～3d 梁体跨中附近最大正弯矩 M_{max} 加载工况；

工况二：3d 支点附近最大负弯矩 M_{min} 加载工况。

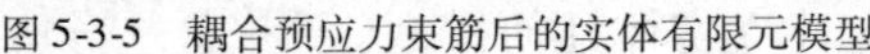

图 5-3-5　耦合预应力束筋后的实体有限元模型

3. 分析结果

通过以上计算分析，空间实体分析与荷载试验及梁单元法结果如表 5-3-1～表 5-3-4。

2d～3d 梁体跨中截面底缘正应力（工况一）　　表 5-3-1

分析方法	试验值均值	实体模型分析值	梁格模型分析值	单梁模型分析值
结果(MPa)	1.31	1.57～1.96	1.76～1.92	2.43

2d～3d、3d～4d 跨中截面底缘挠度（工况一）　　表 5-3-2

分析方法	试验值均值	实体模型分析值	梁格模型分析值	单梁模型分析值
2d～3d(mm)	－2.75	－3.89～－3.38	－3.81～－3.53	－4.38
3d～4d(mm)	0.86	1.16～1.23	1.15～1.25	1.70

3d 附近梁体截面底缘正应力（工况二）　　表 5-3-3

分析方法	试验值均值	实体模型分析值	梁格模型分析值	单梁模型分析值
结果(MPa)	－0.80	－1.08～－0.40	－1.11～－0.53	－0.89

2d～3d、3d～4d 跨中截面底缘挠度（工况二）　　表 5-3-4

分析方法	试验值均值	实体模型分析值	梁格模型分析值	单梁模型分析值
2d～3d(mm)	－0.83	－1.23～－0.93	－1.17～－0.93	－1.00
3d～4d(mm)	－2.08	－3.26～－2.42	－3.01～－2.73	－2.49

空间实体分析结果曲线组图，如图 5-3-6～图 5-3-11。

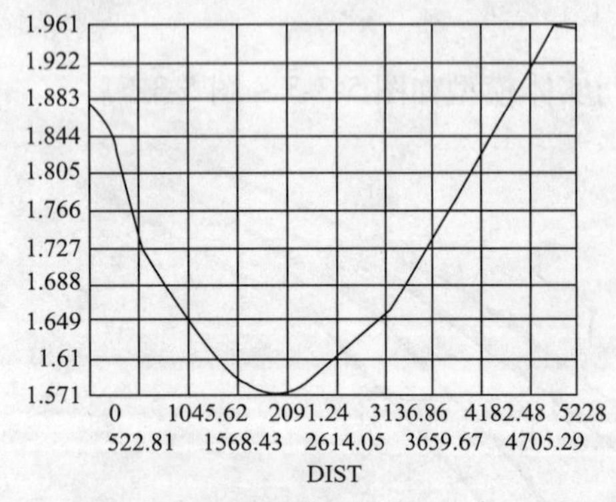

图 5-3-6　2d～3d 梁体跨中截面底缘正应力变化曲线（工况一）

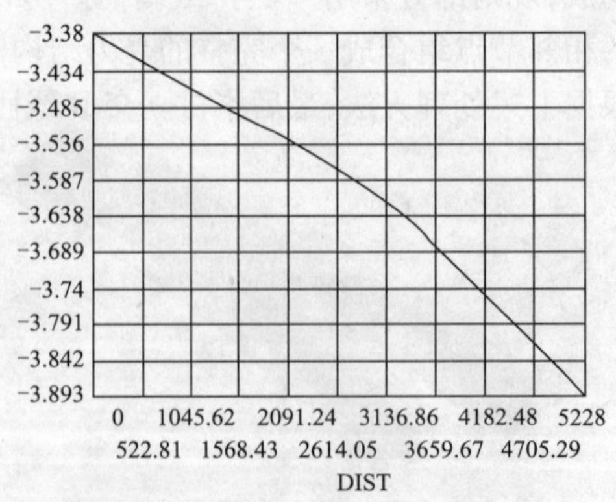

图 5-3-7　2d～3d 梁体跨中截面底缘挠度变化曲线（工况一）

通过以上空间实体分析与荷载试验结果及设计计算结果对比，以及空间实体分析的结果曲线组图，可得出如下结论：

（1）空间实体分析的应力、位移值与荷载试验值最接近并略为偏大，说明实体分析最精确，设计合理且结构处于安全运营状态。

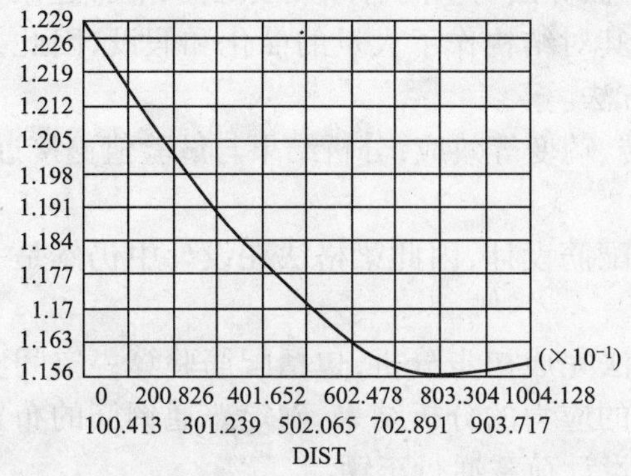

图5-3-8　3d～4d梁体跨中截面底缘挠度变化曲线（工况一）

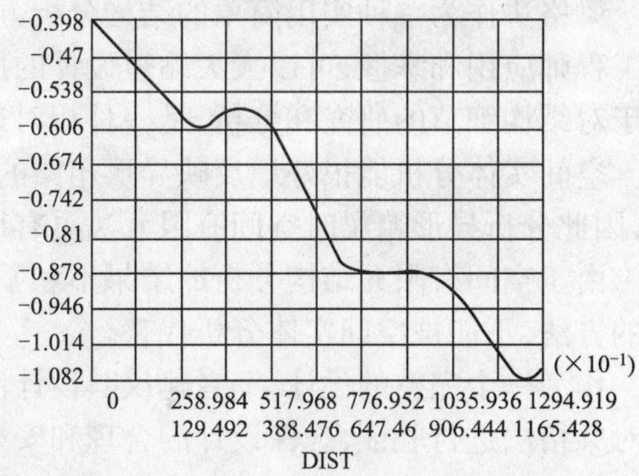

图5-3-9　3d附近梁体截面底缘正应力变化曲线（工况二）

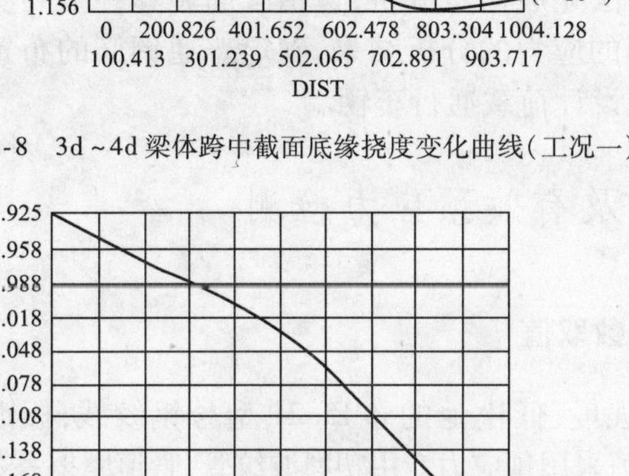

图5-3-10　2d～3d梁体跨中截面底缘挠度变化曲线（工况二）

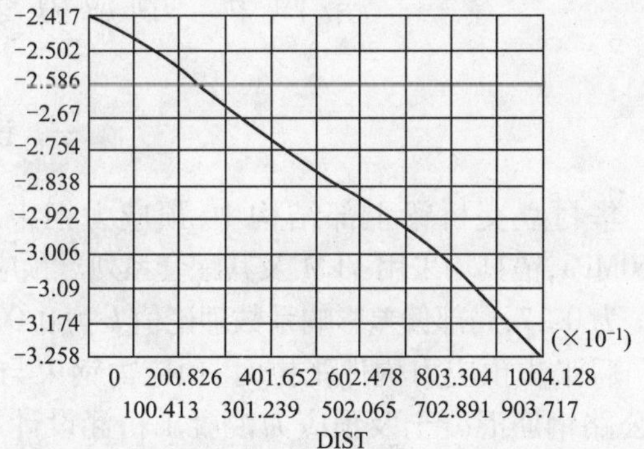

图5-3-11　3d～4d梁体跨中截面底缘挠度变化曲线（工况二）

（2）偏载效应明显，图5-3-6、图5-3-8表明：荷载对称布置（工况一）和偏载布置（工况二）下异形结构均存在偏载效应，工况一两边腹板底部应力相差4%左右，工况二两边腹板底部应力相差2.7倍左右，挠度曲线图（图5-3-6、图5-3-8、图5-3-10、图5-3-10）同样反映了这一效应。

（3）箱梁剪力滞效应明显，图5-3-6对应的两个峰值为腹板底部应力，最大值较底板中部偏大25%，图5-3-9对应的四个峰值为四个腹板底部应力，由于腹板间距较小，剪力滞效应没有图5-3-6明显，但仍然存在。

（4）梁格法分析结果与实体分析结果非常接近（见表5-3-1～表5-3-4），表明梁格法能较好地反映结构的总体性能，能够反映偏载效应，分析结果比较准确。

（5）梁格法不能反映箱梁结构的剪力滞效应，只能通过有效宽度解决，但异形结构的有效宽度本身就是一个不明确的问题，并且在内力突变区域（如支点附近）还必须加密梁格才能保证分析结果的准确性，因此梁格分析带有较强的经验性；另外梁格法不能反映结构的局部效应，因此为了合理地配置局部钢筋，异形结构的局部区域仍然要采用空间体单元分析。

（6）单梁法本质上不能体现异形结构的力学特征，如表5-3-1～表5-3-4，与前面的分析对比正负偏差都太大，因此采用单梁法设计会造成配筋的浪费同时也使得结构不安全，异形结构设计中单梁法不宜采用。

四、关于立交岔口异形结构分析的总结

对于异形箱梁结构的设计，梁格法计算结果与空间有限元法计算结果接近，较荷载试验值也偏大，

因此是一种较好的设计方法；梁格法用于异形结构的设计，对岔口等较复杂的位置无法得出可靠的结果，因此不适用于复杂结构的局部分析。

梁格法能满足一般的设计要求，但不能精确考虑箱形梁中的剪力滞、扭转、畸变等效应，需要做以上分析必须借助于传统的解析方法或者空间有限元法。

梁格法作为一种实用简单的结构分析方法，其介于平面算法与空间有限元法之间，非常适用于一般的工程师应用和掌握，可以大大缩短设计的周期；但由于其对结构作了大量的简化和假设，因此并不适用于对结构细节的研究和分析，是一种相对近似的计算方法。

空间实体分析能很好地反映异形箱梁的剪力滞、扭转、畸变等效应，分析结果与试验值更接近、更准确，因此分析异形箱梁时空间有限元法更有用。

由于空间有限元结构分析的结果不利于直接拿来作配筋设计，因此梁格法在设计中仍然是一种有效的方法，不能被空间实体分析代替。

作为一个完整的设计，笔者建议其设计流程为：梁格法完成初步分析，包括配筋验算→空间实体分析对梁格法进行验证，确保设计的合理和安全，提取局部的应力的分析结果，确定普通钢筋的布置形式→成桥荷载试验，验证结构的安全性，确定是否按照既定设计荷载通行车辆。

第四节　预应力摩阻试验及有效预应力检测

一、设计理论参数取值

华村立交桥梁上部结构中，预应力钢束均采用高强度、低松弛的 $\phi^s 15.24$ 型号钢绞线，标准强度 1 860MPa，锚具均采用 VLM 及其配套系列。预应力钢束管道采用预应力专用塑料波纹管，管道摩擦系数理论值 μ 为 0.17，局部偏差影响系数理论值 k 为 0.001 5。预应力钢束张拉均采用张拉力和伸长量双项控制。

后张法预应力构件张拉时，预应力钢束与管道壁之间的摩擦引起预应力损失的理论值按下式计算[《公路钢筋混凝土及预应力混凝土桥涵设计规范》(JTG D62—2004)]：

$$\sigma_{l1} = \sigma_{con}\left[1 - e^{-(\mu\theta + kx)}\right]$$

式中：σ_{con}——预应力钢束锚下张拉控制应力(MPa)；

μ——预应力钢束与管道壁的摩擦系数；

θ——从张拉端至计算截面曲线管道部分切线的夹角(rad)；

k——管道每米局部偏差对摩擦的影响系数；

x——从张拉端至计算截面的管道长度(m)。

二、预应力摩阻试验与有效预应力检测方法

1. 摩阻损失检测

摩阻损失测试方法：对试验段钢绞线预张拉 10% 后，进行单端张拉，单边逐级张拉到最大控制值，按等级张拉，一般分级为 50%、80%、100%，然后卸载，反复进行 3 次。测试两边测力中孔传感器读数差值，即为摩阻损失。

2. 有效预应力检测

检测方法：在安装主张拉边工作锚夹片后，在被动边先进行预张拉并锁定，然后从主张拉边张拉，千斤顶读数达到张拉控制力后，主张拉边千斤顶卸载并用工作锚锚固，立即读取两端传感器力值。将主张拉边传感器工作锚锚固前后的差值作为钢绞线锚口损失。同时用贴应变片的方法测试钢绞线分段摩阻力。由于贴应变片法测试结果可靠性较差，因此应变片法所得数据只作为传感器测试结果的补充和参考。

三、实　例

以华村立交 F 匝道 0F ~ 3F 联预应力混凝土箱梁为例，检测单位对该联桥的 N1b 号钢绞线进行了

摩阻损失和有效预应力的检测。N1b 钢绞线型号 $\phi^{s}15.24$-12，理论设计长度 77.635m，张拉控制应力 1 395MPa，张拉控制力 2 343.60kN，采用两端张拉，钢束张拉采用张拉力和伸长量双控。理论伸长量左右两端分别为 244.0mm、245.0mm，总伸长量为 489.0mm。测力传感器结果如表 5-3-5 所示，应变片测试 N1b 号钢索应力结果如表 5-3-6 所示。

表 5-3-5

序　号	主张端传感器力值(kN)	被动端传感器力值(kN)	摩阻力		钢绞线总伸长值(mm)
			差值(kN)	比值(%)	
1	2 26 7	1 723	544	24.0	528
2	2 274	1 767	507	22.3	502
3	2 273	1 771	502	22.0	455

表 5-3-6

测试部位	测点编号	加载等级及应力(MPa)			
		10%	50%	80%	100%
张拉端	1	135.71	603.23	978.16	1 209.23
	2	111.23	621.23	896.32	1 112.54
	3	127.34	652.08	900.24	1 328.56
	4	125.23	586.45	923.54	1 025.45
	5	115.53	648.32	956.34	1 321.34
	6	131.67	563.45	876.39	1 229.12
	7	115.98	594.35	993.25	1 298.43
	8	55.33	623.26	764.32	1 165.09
中间端	1	101.23	567.23	856.34	980.67
	2	100.42	557.34	900.43	1 167.45
	3	103.45	587.23	891.34	1 023.25
	4	109.23	532.13	785.54	962.13
	5	95.43	560.34	823.41	921.43
	6	96.36	556.27	809.78	976.03
	7	94.90	523.98	834.56	1 096.25
	8	103.79	591.23	841.34	983.25
锚固端	1	95.76	478.12	734.71	934.21
	2	86.23	445.69	683.78	1 090.54
	3	85.79	501.12	723.12	854.96
	4	98.12	478.12	698.23	943.13
	5	89.34	453.46	664.09	840.75
	6	100.27	471.34	764.97	886.23
	7	103.32	443.72	743.32	790.56
	8	84.35	421.56	712.32	819.43

经计算，管道摩擦引起预应力损失率理论值为 28.6%。实测值为：传感器测试结果是损失 24.0%，应变片测试结果是损失 26.0%。表明管道摩擦系数理论值 μ 及局部偏差影响系数理论值 k 取值较实际值偏大。根据试验结果反算管道摩擦系数 μ 为 0.164 5，局部偏差影响系数理论值 k 为 0.001 2。

张拉端锚口的有效应力实测结果是1 085MPa，即锚口损失 19.7%。N1b 钢绞线的伸长量比较结果如表 5-3-7。

表 5-3-7

钢绞线编号	理论总伸长值（mm）	实测总伸长值（mm）
N1b	489.0	495.0

总的来说，F 匝道 0F～3F 联中 N1b 号钢绞线的测试结果基本上与理论设计值相符，预应力钢绞线的张拉力及伸长量控制合理。

第四章　重庆嘉华大桥主桥箱梁高性能混凝土应用研究

第一节　概　　述

重庆嘉华大桥是主城横跨嘉陵江的一座大跨度T形连续刚构桥，双向八车道，分上、下游两幅。桥梁上部结构为三向预应力结构，主跨252m，主桥跨径：138m+252m+138m。大桥位处主城南北纵向四条主干道居中的一条，在主城快速交通干道中处于十分重要的地位。

大桥设计使用年限100年，梁部混凝土为C55高性能混凝土。设计对大桥箱梁混凝土的主要技术要求如下：

设计强度等级：C55高性能混凝土；

结构设计使用寿命：100年；

混凝土收缩率（实验室28d）$\leqslant 2\times10^{-4}$；

应模拟现场环境条件的梁段现场浇筑工艺试验。

设计对混凝土原材料的主要技术要求为：

水泥品种宜采用低碱硅酸盐水泥，水泥中C3A含量不宜超过8%，细度（比表面积）不超过$350m^2/kg$，混凝土总含碱量$\leqslant 1.8kg/m^3$，或使用非碱活性集料。

掺合料必须品质优良、来源稳定、统一牌号。

外加剂必须符合现行国家标准规定，并应通过混凝土配合比试验确定，以保证混凝土具有良好的抗离析性能。

集料应质地均匀坚固，粒径和级配良好。粗集料（母岩）抗压强度应大于混凝设计强度的2倍，压碎指标<7%，含泥量<0.5%，针片状颗粒含量<5%，细集料含泥量<1%，应采用粗砂或中粗砂。

第二节　主要研究内容

为满足设计要求，为混凝土生产与施工质量控制提供技术基础，实现建设方提出的建设优质精品工程的目标，由业主资助、参建各方与高校联合开展重庆嘉华大桥主桥箱梁高性能混凝土应用研究项目。项目经重庆市建委批准立项并实施。

主要研究内容包括：

原材料基本性能测试分析及优选；

外加剂与水泥适应性研究；

C55高性能混凝土基础配合比优化；

大体积混凝土温升控制技术；

混凝土收缩及防裂措施研究；

混凝土物理力学性能、长期性能和相关耐久性研究。

第三节　原材料的优选及性能

1．水泥

经过初步分析后选择了重庆腾辉地维水泥有限公司生产的 P. O52.5 级普通硅酸盐水泥和利万步森产 P. O42.5R 普通硅酸盐水泥，两种水泥试验结果见表 5-4-1。

水泥的基本性能　　表 5-4-1

水泥	总碱量（%）	SO_3（%）	标准稠度（%）	细度（%）	安定性（沸煮法）	抗折强度（MPa）		抗压强度（MPa）	
						3d	28d	3d	28d
地维水泥 P. O52.5	0.58	2.5	27.9	0.1	合格	6.4	9.1	32.3	59.6
利森水泥 P. O42.5	0.65		27.5	1.2	合格	6.5	8.0	24.9	50.2

以上检测结果表明，两种水泥的性能均能满足现行标准（GB 175—1999）对相应等级水泥规定的技术要求。地维 P. O52.5 级普通硅酸盐水泥碱含量相对较低，更有利于制备高性能混凝土，作为混凝土配合比试验的首选品牌。

2．矿物掺和料

从技术和经济性综合考虑，选定重庆环亚建材有限公司 S95 级矿渣粉作掺和料。经检测，产品各项性能满足《用于水泥和混凝土中粒化高炉矿渣粉》（GB/T 18046—2000）规定的技术要求（结果见表 5-4-2），可以用于生产 C55 高性能混凝土。

矿渣粉的主要性能　　表 5-4-2

项　目	密度（g/cm^3）	比表面积（m^2/kg）	流动度比（%）	SO_3（%）	活性指数（%）	
					7d	28d
检验结果	2.91	425	96	2.25	81	101

3．膨胀剂

为补偿混凝土收缩、降低混凝土结构发生开裂的可能性、选用广西云燕特种建材有限公司生产的抗裂防水膨胀剂（GNA－P 型）。经检测，产品性能指标满足现行标准（JC 476—2001）规定的技术要求。

4．粗集料

本试验经过大量调研初选，最后选择了巴南天堂和歌乐山两处的石灰石碎石作为粗集料。经检测其各项性能指标较相近，其含泥量、针片状颗粒含量、压碎指标和母岩抗压强度均满足拟定控制目标，无潜在碱活性，但巴南天堂碎石母岩抗压强度更高，达 134MPa，更符合设计要求。

5．细集料

选择了四川简阳天然中砂为细集料。根据检测结果，该集料无潜在碱活性，细度模数为 2.7，颗粒级配良好，含泥量仅为 0.9%，符合拟定控制目标，是配制高性能混凝土较为理想的细集料。

6.外加剂

高效外加剂是生产高强高性能混凝土不可缺少的重要组成部分，其质量的优劣不仅影响混凝土的工作性能和强度，还对混凝土的收缩、徐变等长期性能和耐久性有重要影响。为此，优选了重庆江北特种建材有限公司产的三圣 AJ 型缓凝高效减水剂，四川华西外加剂厂生产的 FTS－600 型缓凝高效减水剂和成都柯帅外加剂公司生产的 KS－JS60 聚羧酸高效减水剂等，重庆市工程建设领域应用量大、有规模生产能力、应用业绩较好的外加剂。检测结果表明，三种高效减水剂性能均满足现行标准《泵送剂》（JC 473）或（GB 8076）规定的技术要求。比较而言，聚羧酸减水剂则具有碱含量和氯离子含量低、减水

率高等性能优势,但价格相对偏高(前两种外加剂的作用效率随掺量及水胶比的变化更稳定)。但考虑到墩身混凝土已采用三圣 AJ 型缓凝高效减水剂故继续选用它。

第四节　C55 高性能混凝土配合比优化

1. 混凝土配合比设计

(1) 目标

配制物理力学性能和耐久性满足设计要求、工作性能满足施工要求的高性能混凝土。主要内容包括:混凝土拌和物具有良好的工作性能,入模坍落度为 160 ~ 180mm,标准条件下初凝时间 30h 以上,入模后的初凝时间不小于 16h,混凝土 28d 收缩率控制在 2×10^{-4}以下,混凝土的强度等级达到 C55 且具有良好的长期性能和耐久性。

(2) 拟解决的关键技术问题

针对嘉华大桥连续箱梁设计及施工特点,确定以下问题为配合比设计控制的关键技术问题:①水化热问题:墩顶 0 号块分水尖处截面尺寸达 2.5m × 7m,属典型大体积混凝土,如何降低水化热和控制温度梯度分布成为保证施工质量的关键技术之一;②混凝土拌和物的工作性能问题:箱梁混凝土施工跨两个夏季和冬季,在最热和最冷的季节施工,混凝土需从南北两岸泵送入模,泵送的水平折算距离最长达到 300m 以上,需采取有效措施保证拌和物坍落度经时损失小、不离析、不泌水,入模温度及混凝土结构内外温差符合设计和规范要求;③混凝土体积稳定性问题:体积稳定性好是高性能混凝土的基本要求之一,采用选定的原材料,通过配合比优化设计,确定合理胶凝材料总量、胶集比、水胶比等配制参数,降低混凝土收缩,是本研究的重要内容;④耐久性问题:如何根据国内外有关高性能混凝土的研究和应用成果,采取有效技术措施,提高混凝土耐久性,确保大桥 100 年使用寿命也是本课题的研究重点之一;⑤表面防裂问题:大桥箱梁结构复杂、钢筋密集、保湿养护困难,混凝土泵送距离长、冬夏及早晚温差大、江面风速大,这些因素对混凝土结构防裂极为不利,通过综合技术措施尽可能避免混凝土出现有害裂缝是本研究的关键问题之一。

(3) 混凝土配制的技术途径

根据相关标准、规范及国内外有关高性能混凝土研究与应用成果,综合考虑设计、施工对该工程混凝土的技术要求,确定采用优质普通硅酸盐水泥 + 高活性矿物掺和料 + 膨胀剂 + 优质集料 + 高效减水剂的配制途径。

(4) 主要技术措施

为配制出符合设计和施工要求的 C55 高性能混凝土,主要采取以下措施。

① 控制水胶比:水胶比是配制高性能混凝土的重要控制参数。考虑到本工程要求的混凝土强度、施工性能及降低收缩、徐变的要求,确定水胶比控制在 0.4 以内。

② 控制胶结材料总用量:在保证混凝土具有足够配制强度的提前下,为降低混凝土的水化热和收缩变形,将胶结材料总量控制在 350 ~ 500kg/m^3 之间。

③ 使用缓凝型高效减水剂:保证混凝土拌和物具有良好工作性、延缓混凝土水化热释放速率。

④ 掺加矿渣微粉:达到减少单方混凝土的水泥用量、降低混凝土水化热、改善混凝土拌和物工作性,并通过二次水化改善水泥石结构组成及密实程度。

⑤ 掺加膨胀剂:补偿混凝土收缩,提高混凝土抗裂性。

2. C55 高性能混凝土配合比优化试验

(1) 实验室配合比初试

采用前述优选的原材料,在试验室进行配合比初试,共作 4 批 30 组,综合比较各组配合比混凝土的工作性能、凝结时间和强度后,初步选出符合规范和设计要求的四组基本配合比,编号分别为 J5 号、J6 号、J8 号和 J9 号。

(2) C55 混凝土配合比优化及验证试验

① 为验证并进一步优化实验室初试确定的基本配合比，分别在试验室和重庆四方搅拌站进行了第二次配合比试验，主要调整了以下条件：

a. 另外选择了减水率高、工程应用效果较好的高效外加剂，分别是四川华西外加剂厂产的 SP－500 型泵送剂、重庆江北特种建材厂产的 AJ 型氨基磺酸盐泵送剂。

b. 试验主要原材料确定如下：水泥为重庆腾辉地维水泥厂产的 P. O52.5 级水泥，用量控制在 $300 \sim 370kg/m^3$，胶凝材料总量控制在 $500kg/m^3$ 以内，膨胀剂为广西云燕产 GNA 膨胀剂，矿渣粉仍为重庆环亚产 S95 级产品，砂为简阳中砂，碎石为巴南天堂产。

② 以初步配合比为基础，以确定的原材料作了进一步配合比试验，重点考察了混凝土抗裂性和养护方式对混凝土收缩的影响。混凝土配合比及收缩测试结果分别如表 5-4-3 和表 5-4-4。抗裂性试验表明，本研究条件下，混凝土具有较高抗裂性。

混凝土试验配合比　　表 5-4-3

编号	水胶比	单方材料用量(kg/m^3)						
		水泥	矿渣粉	GNA	中砂	碎石	水	外加剂%
S1	0.34	327	105	25	770	1 063	155	2.3
S2	0.32	327	105	25	770	1 063	145	2.5
S3	0.32	352	105	—	770	1 063	145	2.5

注：①S1 采用三圣 AJ 型缓凝高效减水剂；S_2、S_3 采用柯帅 KS 聚羧酸高效减水剂；

②S_3 不掺 GNA 膨胀剂，与 S_2 作平行对比试件；

③试验地点：重庆大学建材检测中心实验室，温度 29℃，相对湿度 85%。

养护方式对混凝土收缩的影响　　表 5-4-4

项目 / 龄期(d)	自由收缩值($\times10^{-6}$)							
	S_1(掺 GNA)				S_2(掺 GNA)		S_3(不掺 GNA)	
	标准养护	喷养护液	泡水养成	喷淋养成	标准养护	喷淋养成	标准养护	喷淋养成
1	70	60	-40	-40	60	-210	40	-10
3	120	120	-50	-40	150	-360	130	-90
5	170	160	-50	-50	210	-430	190	-110
7	200	170	-50	-60	250	-460	230	-100
14	280	230	-70	-60	300	-530	300	-100
28	360	280	-70	-60	390	-540	370	-110
45	390	370	-70	170	420	-40	390	200
60	400	360	-70	250	440	-10	410	250

注：表中"－"指膨胀，"＋"指收缩，表中省略未标识。

①标准养护指试件置于温度 20℃ ±2℃，湿度 60 ±5% 的恒温恒湿标准养护室中测试干缩。

②喷养护液指试件表面喷涂养护液后置于标准养护室中测试。

③泡水养护方式指试件置于水槽中养护。

④喷淋养护方式指干缩测试过程中，试件前 28d 采用自来水喷淋，28d 时停止喷淋，移入干缩恒温恒湿室内继续测试后期干缩变形。

③ C55 混凝土配合比确定

根据设计要求和前期配合比试验结果，综合技术性、经济性和就地取材的原则，确定嘉华大桥箱梁

C55 混凝土施工配合比及原材料如表 5-4-5。

主桥箱梁 C55 混凝土配合比　　表 5-4-5

材料	水泥	矿渣粉	GNA	中砂	碎石	水	外加剂(%)
用量(kg/m^3)	327	105	25	770	1 063	155	2.5

第五节　C55 混凝土力学性能和长期性能

1. 混凝土物理力学性能

为进一步检验所确定配合比的适用性，客观反应嘉华大桥箱梁 C55 高性能混凝土的综合技术性能，按项目计划，检测了施工现场混凝土拌和物性能、物理力学性能、长期性能、耐久性能以及微观性能等。为确保混凝土抽样检测结果的真实性和准确性，根据工程施工进度安排，采取多次抽样的方式，分别从两家混凝土供应单位重庆四方或永固混凝土搅拌站进行随机抽样。试样制作、养护按 GB/T 50080、GB/T 50081 的相关规定进行。抽样检验基本情况如表 5-4-6 和表 5-4-7。抗裂性验证试验参照《混凝土结构耐久性设计与施工指南》进行，结果与配合比试验结果吻合。

混凝土拌和物性能　　表 5-4-6

拌和物性能	初始值(mm)		1h(mm)		2h(mm)	
	坍落度	扩展度	坍落度	扩展度	坍落度	扩展度
	225	570×580	210	520×500	200	440×450
评价	拌和物流动性大、黏聚性较好、无泌水、离析现象					
凝结时间(标准条件)	初凝时间(min)			终凝时间(min)		
	17:30			20:00		

混凝土物理力学性能　　表 5-4-7

龄期(d) \ 项目	抗压强度(MPa)	抗折强度(MPa)	轴压强度(MPa)	劈拉强度(MPa)	弹性模量($\times 10^4$MPa)
3	42.5	—	—	—	—
7	52.7	7.5	46.7	3.77	3.83
14	61.8	—	—	—	—
28	68.6	8.6	67.1	6.73	4.45
60	75.7	8.0	79.0	8.97	4.83
90	84.7	9.6	78.4	73.6	4.74
120	82.0	—	—	—	—
180	80.3	8.4	80.2	6.46	4.76
240		—	—	—	—
365		—	—	—	—
限制膨胀率	14d($\times 10^{-4}$)		28d($\times 10^{-4}$)		
	1.3		-0.74		

注：混凝土系永固搅拌站生产。

检测结果满足设计和施工要求，肯定了前期所确定配合比的正确性和实用性。

2. 混凝土的长期性能

(1) 混凝土的收缩性能

模拟现场养护条件测试了现场抽检混凝土的收缩，混凝土360d龄期实测收缩值仅2.2×10^{-4}。说明嘉华大桥箱梁C55混凝土的收缩与同类桥梁高性能混凝土相比较低，体积稳定性良好。

(2) 混凝土的徐变性能

徐变是混凝土在荷载的长期作用下产生的变形。徐变主要影响混凝土结构的挠度和预应力损失。按照《普通混凝土长期性能和耐久性试验方法》(GB J82—1985)，分别测了7d、28d和90d龄期加载的混凝土之徐变性能。测试结果表明：混凝土徐变值、徐变度和徐变系数随龄期的延长而有所增加，但增长速度逐渐降低。当加载龄期由7d延长到28d时，混凝土徐变呈明显降低趋势，并且28d和90d龄期加载的混凝土徐变值较为接近。较好的徐变数据说明，施工中应坚持不过早进行结构预应力张拉，将张拉龄期控制在适当水平是必要的，有利于保证结构的长期性能。

3. 混凝土的相关耐久性能

(1) 混凝土的抗渗透性能

本次研究测试了混凝土的抗渗性能，按《普通混凝土长期性能和耐久性能试验》(GBJ 82—1985)进行。抗氯离子渗透性参照ASTMC1202—97的有关规定进行，测试结果表明嘉华大桥箱梁C55混凝土具有高的抗渗性(混凝土在2.1MPa水压下持压8h，渗透高度仅1.2m，抗渗等级达P20级)和抗氯离子渗透能力。说明混凝土内部结构密实，具有良好的抵抗有害物质渗透侵入的能力。

(2) 混凝土的抗碳化性能

标准试验条件下混凝土28d碳化深度几乎为0，基本未碳化。说明该混凝土结构致密，具有良好的抗碳化能力。

(3) 混凝土的碱度

高的碱度环境能保护钢筋免遭锈蚀。本次测试了标准养护条件下28d、90d和180d龄期混凝土的pH值，分别为12.59、12.61和12.57。表明混凝土具有足够高的碱度，且碱度环境较为稳定，随龄期增长变化幅度较小，护筋性良好。

第六节　C55高性能混凝土在嘉华大桥箱梁的应用情况

按照课题组优选的箱梁C55高性能混凝土配合比及制定的《箱梁C55高性能混凝土质量控制规程》，嘉华大桥箱梁混凝土施工取得了良好效果。混凝土生产质量控制稳定，拌和物输送顺畅，易于振捣密实，凝结时间适当。经精心施工、有效保湿养护，混凝土温升及温差控制在预期范围，实物结构外观质量良好，内部结构致密，未发现有害裂缝，达到优质结构工程要求(混凝土生产控制及现场抽样的强度检验结果统计见表5-4-8)。

(1) 研制的施工工艺参数满足现场施工的需要。混凝土的工作性能满足施工要求，混凝土拌和物的和易性良好，保水性和黏聚性好、不离析，达到易于浇筑、易于振捣密实。使结构混凝土达到内部密实，外表平整牢固，很少有蜂窝麻面。为了满足不同季节不同温度现场施工控制初凝时间，研绘了初凝时间与温度、环境的关系曲线；为了施工现场控制坍落度，研绘了坍落度与时间、温度的关系曲线；此举有利于加强对商品混凝土的检查控制，保证了混凝土施工质量。

(2) 根据设计要求现场制作留盘试件。对照混凝土配合比及性能试验数据，控制现场施工。如根据现场留盘试件的抗压强度、弹性模量和龄期，确定悬浇节段的预应力张拉时间，根据留盘试件的收缩率反控混凝土的施工质量、根据合龙段早强混凝土配合比3d强度控制合龙段的张拉等。

(3) 严格执行喷淋养护制度。施工方在悬浇节段施工中专门制作了养护架，以便对节段各悬空面的混凝土实施14d不间段的喷淋养护。由于喷淋养护及时、到位，避免了箱梁混凝土有害裂缝的

产生。

嘉华大桥箱梁混凝土现场抽样抗压强度评定统计表　　表 5-4-8

部位		标号	组数	平均值	标准值	最小值	系数		评定结果	生产单位	备注
							K_1	K_2			
2号墩	1～5 号节段	C55	35	62.8	2.74	58.7	1.6	0.85	合格	永固	混凝土强度评定方法按GBJ 107—1987第4.1.3条数理统统法评定
	6～12 节段	C55	42	65.3	1.33	59	1.6	0.85			
	13～20 节段	C55	48	65.5	1.88	59.2	1.6	0.85			
	21～33 节段	C55	90	67.1	2.99	60.0	1.6	0.85			
3号墩	1～5 号节段	C55	34	63.4	2.55	59.9	1.6	0.85	合格	四方	
	6～12 节段	C55	42	65.1	2.52	60.4	1.6	0.85			
	13～20 节段	C55	48	65.2	1.64	61.4	1.6	0.85			
	21～33 节段	C55	87	66.8	2.77	62.8	1.6	0.85			

第五章　OGFC 排水路面研究

第一节　概　　述

开级配磨耗层(OGFC)是一种具有相互连通空隙的开级配沥青混合料,其空隙率高达 18% ~25%。由于其相比普通密级配沥青混合料具有较高的孔隙率,其在路面行驶安全、环保等方面都具有其他混合料无法比拟的特点和优点。

(1) 减少水雾和眩光。因为在排水降噪防滑沥青混合料路面几乎没有残留水,它可以消除水雾。雨天在排水降噪防滑沥青混合料路面上开车,驾驶员感到安全。排水降噪防滑沥青混合料的另一个好处是减少在潮湿状态下车前灯的眩光,特别是夜间行驶时,效果更明显。很显然,这有利于改善能见度,缓解驾驶疲劳。

(2) 提高潮湿路面的防滑性。美国、加拿大和欧洲的研究表明,与密级配(HMA)和(PCC)路面相比,排水降噪防滑沥青混合料具有优良的潮湿防滑性,雨天交通事故大大减少。宾夕法尼亚州运输部在4 条排水降噪防滑沥青混合料和密级配 HMA 试验路上获得了防滑性和速度梯度的数据,速度梯度定义为速度改变值与相应防滑性降低值的比。速度梯度低是理想的,因为它能够保证在高速如 90 ~110km/h时有较高的防滑能力。路易斯安那州运输部也比较了 HMA 和排水降噪防滑沥青混合料的防滑系数和速度梯度,发现排水降噪防滑沥青混合料的速度梯度比 HMA 的要低,从而具有较高的防滑系数。

(3) 防水漂。由于雨水透过排水降噪防滑沥青混合料层,在路表无连续的水膜,故排水降噪防滑沥青混合料可防水漂。即使长时间下雨,可能使排水降噪防滑沥青混合料饱和,但由于车辆与轮胎间水压通过排水降噪防滑沥青混合料的多孔结构消失了,仍然不会发生水漂。

(4) 改善路面标志的可见度。排水降噪防滑沥青混合料面层的标志线,可见度高,尤其是潮湿天气,这有利于车辆的安全行驶。

(5) 降低噪声。为评价排水降噪防滑沥青混合料降低噪声的能力,在美国和欧洲进行了许多研究。据欧洲报道:与密级配热拌沥青混合(HMA)路面相比,噪声降低 3dB(A);与水泥混凝土(PCC)路面相比,降低 7dB。用于城郊公路附近的隔音墙通常能降低 3dB 左右的噪声。当噪声改变 3dB 时,大多数人都能注意到显著的差异。铺筑排水降噪防滑沥青混合料也许是一种代替防音墙、减缓交通噪声的合理方案。防音墙每 0.305m^2 造价 15 ~20 美金,能减少噪声 3 ~5dB,这相当于减少一半交通量或者将防音墙到公路的距离加大一倍。防音墙或土护坡虽可用来减少噪声,但它们四周防噪的效果并不相同。

OGFC 因其具有优异的防滑、降噪等安全环保功能而在欧洲及日本等国得到广泛应用。我国近些年在不断总结国外 OGFC 先进铺筑技术基础上,努力开发出适合我国国情的 OGFC 路面材料与结构。国外现行排水降噪防滑沥青混合料设计方法无法满足我国高气候、交通条件等对高等级公路车辙、水损等耐久性的要求。近些年来,我国虽然在 OGFC 材料与结构开发方面做了很多工作,并进行一些试验段工程的应用,但总体效果不太理想。为此,研究开发出适合我国国情的排水性路面 OGFC 的材料与结构设计方法,制备出具有良好行车性能耐久性能的安全环保排水降噪路面是摆在广大材料与道路科研工

作者面前一道迫在眉睫的任务，具有广泛而深远的社会意义。

目前，我国对排水降噪防滑沥青混合料的设计、施工的研究较少，公路部门仍没有制订详细的排水降噪防滑沥青混合料的相关设计和施工规范，少数高等级公路的试验路均采用国外的设计和施工方法，部分工程甚至采用国外进口材料进行施工，但效果均差强人意。近年来，在 OGFC 材料开发过程中，在借鉴国外已有成功经验的基础上，结合我国实际情况开展了大量试验研究，并铺筑了试验段工程，逐步形成具有我国特色的适合我国国情的 OGFC 混合料及其相应的施工技术。

本项目依托工程重庆嘉华大桥及其引桥和引线工程（面层均采用 OGFC13）。工程地处我国西部，道路崎岖、陡峭，雨天车辆行驶容易打滑，安全隐患大，OGFC 在这些地区有着广泛的应用前景。随着本工程顺利实施，将为丰富和发展我国 OGFC 路面工程积累经验，对推动该种路面结构在西部乃至全国的发展起到十分重要的作用。

第二节 时 间 安 排

本项目实施周期为半年，具体为 2007 年 3 月 ~2008 年 9 月。具体时间安排如表 5-5-1 所示：

本项目年度工作安排 表 5-5-1

起 止 时 间	工 作 安 排
2007 年 3 月 ~2007 年 4 月	原材料调研、性能测试以及高黏度改性沥青的开发
2007 年 4 月 ~2007 年 5 月	OGFC 沥青混合料的级配设计：包括矿料级配设计、沥青种类及最佳沥青用确定、纤维品种及掺量确定以及混合料性能检验等
2007 年 5 月 ~2008 年 6 月	OGFC 沥青混合料施工工艺研究；嘉华大桥 OGFC 面层施工技术指南的制定；OGFC 试验段的实施
2008 年 7 月 ~2008 年 8 月	项目鉴定、验收

第三节 主要研究内容

本项目主要研究内容分为以下几个方面：

一、排水性路面沥青混合料 OGFC 专用（高黏度）改性沥青的开发

（1）利用 SBS、增黏剂、抗氧化剂等制备出高黏度、耐老化性好并具有优良高低性能的高黏度改性沥青，确定改性剂的最佳配伍形式及改性工艺。

（2）利用橡胶粉研制（高黏度）改性沥青的研究。

（3）将自制沥青与 SK 成品高黏度沥青、日本 TPS 改性沥青等进行对比分析，确定自制高黏度改性沥青技术指标。见表 5-5-2。

高黏度改性沥青技术考核指标 表 5-5-2

技 术 项 目	预 期 指 标	技 术 项 目	预 期 指 标
针入度(25℃),0.1mm,不小于	40	溶解度(三氯乙烯),%,不小于	99
软化点(R&B),℃,不小于	80	相对密度(25/25℃)	实测值
延度(15℃,5cm/min),cm,不小于	50	黏韧性(25℃),N·m,不小于	20
动力黏度(60℃),Pa·s,不小于	20 000	韧性(25℃),N·m,不小于	15
闪点,℃,不小于	260	—	—
薄膜加热试验(TFOT)			
质量损失,%,不小于	0.6	残留针入度比,%,不小于	65

二、原材料性能检测与优选

(1) 测定矿料粗集料力学指标(压碎值、洛杉矶磨耗损失率、磨光值等)以及与沥青黏附性、针片状含量等,优选 OGFC 用粗集料。

(2) 测定细集料、矿粉的技术指标,优选 OGFC 用粗集料。

三、OGFC 沥青混凝土性能研究

(1) 研究不同矿料级配对 OGFC－13 孔隙率的影响规律,根据关键筛孔 2.36mm 的通过率,确定最佳矿料级配。

(2) 通过肯塔堡飞散试验和谢伦堡析漏试验确定最佳沥青用量,并研究沥青用量对混合料马歇尔稳定度、孔隙率、浸水飞散、浸水残留稳定度、车辙动稳定度的影响率。

(3) 研究基质沥青、改性沥青、高黏度改性沥青等对 OGFC 混合料路用性能(抗水损害、耐老化性能、车辙动稳定度、低温弯曲)影响规律,确定适宜于 OGFC－13 胶结料及其技术指标。

(4) 研究纤维种类及掺量对 OGFC－13 抗水损害、抗剥落、耐老化性能及高低温性能的影响规律,确定纤维种类及掺量。

(5) 研究沥青及纤维不同组配方式对 OGFC 性能影响规律(抗水损害、耐老化性能、车辙动稳定度、低温弯曲等),确定 OGFC 最优材料配比。制备出的 OGFC－13 沥青混合料考核技术指标如表 5-5-3 所示:

OGFC－13 沥青混合料考核技术指标 表 5-5-3

技术项目	预期指标	技术项目	预期指标
空隙率,%	18～25	析漏损失率,%,不大于	0.3
马歇尔稳定度,kN,不小于	5	透水率,cm/sec,不小于	1.0×10^{-2}
流值,mm	2～4	现场透水系数,ml/min,不小于	3 600
浸水残留稳定度比,%,不小于	75	车辙动稳定度(60℃, 0.7MPa),次/mm,不小于	3 000
TSR,%,不小于	80	低温弯曲应变,不小于	1.0×10^{-3}
肯塔堡飞散损失率,%,不大于	20		

四、排水性能路面组合结构研究

(1) 研究界面特性(碎石撒布及其用量、界面黏结剂种类及用量等)对铺装组合层界面黏结力的影响规律,确定最佳界面处理方式。

(2) 研究不同铺装组合结构(OGFC＋浇筑式沥青混凝土下面层、OGFC＋AC 密级配混合料等)界面黏结性能,确定界面黏结材料及界面结合力控制指标。

(3) 根据不同使用部位(桥面、路面及隧道路面)排水要求,设计相应路缘排水结构形式。

五、OGFC－13 沥青混合料施工工艺研究

(1) 研究不同温度条件下,高黏度改性沥青的黏度,确定适宜施工黏度条件下所对应的温度(包括矿料加热温度、沥青加热温度、拌和出料温度)。

(2) 通过试验段确定碾压施工工艺(即碾压机械组配、碾压温度控制)。

(3) 制定 OGFC 混合料摊铺施工工艺。

(4) 进行工程跟踪调查,确定影响 OGFC 混合料功能持久性的因素。

第四节　主要技术特点

本项目在重庆地区首次针对重庆地区雨多、山路多、坡陡等环境地理因素,系统开展排水性路面

OGFC13 材料、结构及施工工艺的研究。通过合理选材、优化铺装结构方案，制备出高耐久性排水性路面 OGFC13，并应用于路面、桥面及隧道路面等特殊铺装工程，显著改善该地区车辆行车安全性和舒适性，延长使用寿命。项目的技术特点与创新点主要体现在以下几个方面：

（1）通过采用多种改性剂复合使用，制备出适宜于 OGFC 用（高黏度）改性沥青。改性剂及其与基质沥青配伍性、（高黏度）改性沥青的制备工艺等是本项目的技术关键。

（2）采用自制高黏度改性沥青并复合使用纤维稳定剂制备出优良耐久性的 OGFC 排水性沥青混合料 OGFC13。

（3）由于 OGFC 排水量较大，相比其他类型混合料，主要依靠其大孔隙排水，要求铺装下卧层具有良好的密实不透水性能。本项目在国内首次将“下层浇筑式沥青混凝土＋上层排水性路面 OGFC”的铺装结构应用桥面铺装工程中，提出相应的施工工艺及防排水体系设计方法。

参考文献

[1] 屈殿攻,巩涛,张霄鹏.OGFC 排水性沥青混凝土路面施工技术[J].公路,2004.01.

[2] 交通部西部交通建设科技项目.山区公路沥青面层排水技术的研究专项研究报告[R].南京:东南大学交通学院,2004.6.

[3] J. C. Nicholls. Asphalt Surfacings[M]. E & FNSPON, London and NewYork, 1998.

[4] 中华人民共和国行业标准.公路沥青路面施工技术规范(JTJ F40—2004)[S].北京:人民交通出版社,2004.11.

[5] 日本道路协会.排水性铺装技术指针(案)[S].东京:丸善株式会社,1996.

[6] 吕伟民,王佐民.排水性沥青路面的空隙特征[J].上海公路,1998.

[7] 李国强,邓学钧.路面透水表层临界空隙率研究[J].中国公路学报,1996.

[8] 严军,叶奋,黄彭等.排水沥青混合料透水性能的评价研究[J].公路交通科技,2002.

[9] 冷真.排水性沥青混合料级配组成设计及性能研究[D].南京:东南大学交通学院,2003.

[10] 交通部西部交通建设科技项目.山区公路沥青面层排水技术的研究专题研究报告集(下)[R].南京:东南大学交通学院,2004.

[11] 徐皓.排水性沥青混合料性能及设计方法研究[D].南京:东南大学交通学院,2005.

[12] 徐希娟.改性沥青在排水性沥青路面中的应用.2004 改性沥青应用技术论坛,交通部专家委员会主办,2004.

[13] PrithviS. Kandhal, RajibB. Mallick. Open-Graded Friction Course: State of the Practice. [J]. TRB, Washington: December 1998, ISSN0097 - 8515.

[14] 大有建设株式会社中央研究所.使用 TPS 摊铺的多孔质排水性沥青路面.

[15] Smith, R. w., Rice, J. M. andSpelman, S. R.. Design of Open-graded Asphalt Friction Course[J]. FHWAReportNo. FHWA - RD - 74 - 2, Washington, D. C., January1974.

[16] 王牧,刘长军,刘明.多孔排水性沥青混合料性能的研究[J].公路,1997.

[17] 沈金安.改性沥青与 SMA 路面[M].北京:人民交通出版社,1999.

[18] 沈金安.沥青及沥青混合料路用性能[M].北京:人民交通出版社,2001.

[19] 沥青混凝土路面抗车辙性能试验研究总报告[R].南京:东南大学交通学院,2005.

[20] 沙庆林.高速公路沥青路面早期破坏现象及预防[M].北京:人民交通出版社,2001.

[21] 王佐民,吕伟民,等.低噪声沥青路面的声学特征[J].中国市政工程,第 4 期,1997.

[22] 欧洲国家采用透水性沥青材料铺路经验[J].林正清,译.德刊译文《公路与高速公路》,1993.

[23] 张玉芬,王波.低噪声路面材料构造吸声性能试验研究[J].西安公路交通大学学报,1996(3).

[24] 汤林新,刘治军.高等级公路路面耐久性[M].北京:人民交通出版社,1997.

[25] M. O. Hamzah, M. Msamat, K. HJoon. Modification of Aggregate Grading for Porous Asphalt[J]. 3nd Eurasphalt & Eurobitume Congress, Vienna, 2004.

[26] P. Bjoubert, L. Gounder. Asphalt Trial Sections in the Touch Down Zone on Johanneburg International AirportRunway[J]. 3nd Eurasphalt & Eurobitume Congress, Vienna, 2004.

[27] Volker Schafer. Experiments with Porous Asphalt of a New Generation on the Motorway A2 in Northern Germany[J]. 3nd Eurasphalt & Eurobitume Congress, Vienna, 2004.

[28] C. BNielsen. Development of Durable Porous Asphalt Mixes from Laboratory Experiments[J]. 3nd Eurasphalt & Eurobitume Congress, Vienna, 2004.

[29] Michel Ballie. Porous Asphalt[J]. 3nd Eurasphalt & Eurobitume Congress, Vienna, 2004.
[30] 中西弘光,池善玉译. 排水性沥青路面铺装功能持续性的研究[J]. 广西交通科技, 2002.
[31] 中华人民共和国行业标准. 公路工程集料试验规程(JTJ 058—2000)[S]. 北京:人民交通出版社, 2001.
[32] 张登良. 沥青路面工程手册[M]. 北京:人民交通出版社, 2003.
[33] 沙庆林. 空隙率对沥青混凝土的重大影响[J]. 国外公路, 2001.
[34] 倪富健,徐皓,冷真,刘清泉. 沥青性质对排水性沥青混合料性能的影响[J]. 交通运输工程学报, 2003.
[35] 刘作霖,徐兴玉,等. 预应力T型刚构式桥. 北京:人民交通出版社.
[36] 交通部第一公路工程总公司主编. 公路施工手册·桥梁(下册). 北京:人民交通出版社.
[37] 邬晓光,等. 刚架桥[M]. 北京:人民交通出版社, 2001.
[38] 胡明田,等. 主桥上部结构设计[J]. 公路, 1988(12).
[39] 澳大利亚门道大桥的设计与施工,余月如,交钰,编译.
[40] 郑樟龙. 梅列大桥. 全国第三次城市桥梁学术会议论文集[C].
[41] 王勇,蒋劲松. 连续刚构桥设计构思的探讨规划与设计
[42] 王林,等. 各国规范关于混凝土箱梁桥温度应力计算的分析和比较. 公路, 2004.
[43] 刘四田. 桥梁结构的预应力盲区及相关布束规则探讨. 中外公路, 2004(1).
[44] 陈开利. 大跨度铁路PC连续梁设计中的几个问题. 桥梁建设, 1994(1).
[45] 李江山. 预应力连续箱梁设计图注意的问题. 公路, 2002(2).
[46] 王学斌,黄和宾. 海沧大桥西航道桥设计与施工. 公路, 1999(2).
[47] 马庭林,等. 南昆铁路清水河大桥连续刚构桥设计与施工. 预应力技术, 2004(4).
[48] 包立新,等. 对连续刚构桥底板开裂问题的探讨. 公路, 2004.08.
[49] 崩行成,等. 箱形截面梁合龙段顶板横向预应力分析. 中南公路工程, 2001(06).
[50] 王新定,范茂林. 某大桥开裂原因及处理. 公路, 2002(01).
[51] 黎增丰,等. 潭州大桥箱梁底板开裂事故处理. 中南公路工程, 1997.12.
[52] 万科峰,王用中,陈厚河. 主桥结构设计. 公路, 1993(3).
[53] 董礼,等. 主桥上部结构施工及质量控制. 公路, 1993(3).
[54] 闫利,罗永传. GL-ZL230型挂篮的设计及其在镇海湾大桥的应用. 公路, 2004(7).
[55] 雷波,欧阳效男,刘士杰. 轻型挂篮构思与主桁设计. 公路, 1995(7).
[56] 程翔云. 悬臂施工中的预拱度设置. 公路, 1995(7).
[57] 徐岳. 预应力混凝土连续梁设计. 北京:人民交通出版社, 2000.
[58] 刘效尧,赵立成. 公路桥涵设计手册—桥梁下册. 北京:人民交通出版社, 2000.
[59] 张继尧,王昌将,等. 悬臂浇筑预应力混凝土连续梁桥. 北京:人民交通出版社, 2004.
[60] 马保林. 高墩大跨连续刚构桥. 北京:人民交通出版社, 2001.
[61] 雷俊卿. 桥梁悬臂施工与设计. 北京:人民交通出版社, 2000.
[62] 牛和恩. 虎门大桥工程. 北京:人民交通出版社, 1999.
[63] 中国工程院土木水利与建筑工程学部. 混凝土结构耐久性设计与施工指南. 修订版. 北京:中国建筑工业出版社, 2005.
[64] 陈毫雄,殷杰. 隧道工程[M]. 北京:中国铁道出版社. 1995.
[65] A. Haack Political and social aspects of present and future tunneling[J]. Tunnels and Underground Structures, Zhao, Shirlaw & Krishnan(eds.), Balkema; 3-14.
[66] Tuneyoshi Hunasaki Mechanizing and construction result of world largest diameter tunnel for Trans-Tokyo Bay Highway[A] Proceeding of the world tunnel congress 99 ~ Challenges for the 21st Century[C]. Nor-

way:AA Balkema:1999,543-554

[67] 崔泰喜.4 车道宽幅隧道的设计与施工.第五回.韩道路协力会议.大韩民国建设交通部道路局.2000.

[68] 谭光宗.市区浅埋大跨度公路隧道施工技术[J].西部探矿工程,2002(5).

[69] 高军.曾家坪一号隧道大跨度开挖方法研究.现代隧道技术,2002(2).

[70] 王明年,何川,翁汉民,等.三车道隧道模拟实验研究及有限元分析[J].公路,1995(9):19-28.

[71] 王明年,关宝树,何川.三车道公路隧道在不同构造应力作用下的力学行为研究[J].岩土工程学报,1998,20(1):51-55.

[72] 王景春,殷杰.相临隧道中心距的研究.石家庄铁道学院学报,1995,8(2).

[73] (日)T.川 M.大啄 &M.小林.最小净距的大型双线公路隧道的观测施工水电技术信息.1996:146-154.

[74] HiroshiKURIYAMA,TokujiKOGA,TakayaOGATA. the design and construction of pillar reinforcementa thorizontal twintunnels. Proceeding of Tunnel Engineering. JSCE. 2000,Vol(10):125-130.

[75] 刘洪伟,李建华.交叉口段相临隧道施工方法及稳定性分析[C]11 土木工程学会隧道与地下工程分会第 11 届年会论文集.成都:[出版者不详],2000.

[76] 刘洪伟."2+1"近距车站隧道施工技术.岩土工程界:第4(9)卷.第 9 期.

[77] 中华人民共和国交通部公路隧道设计规范(JTG D70—2004)[S]北京:人民交通出版社,2004.

[78] 中华人民共和国行业标准.公路隧道施工技术规范(JTJ 042—94)[S].北京:人民交通出版社,2006.

[79] C. PHeinz .结构杆件的弯曲与扭转[M].常岭等,译校.北京:人民交通出版社,1981.

[80] 戴公连,李德健.桥梁结构空间分析设计方法与应用[M].北京:人民交通出版社,2001.

[81] EdmundC. Hambly,Bridge Deck Behaviour[M],London,Chapmanan HallLtd,1976.

[82] 中华人民共和国行业标准.公路工程沥青及沥青混合料试验规程(JTJ 052—2000)[S].北京:人民交通出版社,2000.08.

[83] 中华人民共和国行业标准.公路工程集料试验规程(JTJ 058—2000)[S].北京:人民交通出版社,2001.01.

[84] 张登良.沥青路面工程手册[M].北京:人民交通出版社,2003.04.

[85] 中华人民共和国交通部.公路桥涵设计通用规范(JTG D60—2004)[S].北京:人民交通出版社,2004.

[86] 中华人民共和国建设部.城市桥梁设计荷载规范(CJJ 77—98)[S].北京:中国建筑工业出版社,1998.

[87] 中华人民共和国交通部.公路钢筋混凝土及预应力混凝土桥涵设计规范(JTG D62—2004)[S].北京:人民交通出版社,2004.

[88] 中华人民共和国建设部.城市人行人桥与人行地道技术规范(CJJ 69—95)[S].北京:中国建筑工业出版社,1995.

[89] 原国家冶金工业部.锚杆喷射混凝土支护技术规范(GB 50330—2002)北京,中国计划出版社,2002.

[90] 中华人民共和国建设部.建筑地基基础设计规范(GB 50007—2002).北京,中国建筑工业出版社,2002.

[91] 中冶集团建筑研究总院.岩土锚杆(索)技术规程(CECS22:2005)北京,中国计划出版社,2005.

[92] 中华人民共和国建设部.建筑结构可靠度设计统一标准(GB 50068—2001).北京:中国建筑工业出版社,2001.

[93] 中华人民共和国建设部.混凝土结构设计规范(GB 50010—2002).北京:中国建筑工业出版社,

2002.
[94] 重庆市建设委员会. 建筑边坡工程技术规范(GB 50330—2002). 北京:中国建筑工业出版社, 2002.
[95] 江苏省交通科学研究院. 沥青路面渗水系数调查研究[R]. 2004.
[96] 交通部西部交通建设科技项目. 山区公路沥青面层排水技术的研究专项研究报告[R]. 南京:东南大学交通学院,2004.
[97] J. C. Nicholls. Asphalt Surfacings[M]. E & FNSPON, London and NewYork, 1998.
[98] 日本道路协会. 排水性铺装技术指针(案)[S]. 东京:丸善株式会社,1996.
[99] 严军,叶奋,黄彭等. 排水沥青混合料透水性能的评价研究[J]. 公路交通科技,2002. 12.
[100] 徐皓. 排水性沥青混合料性能及设计方法研究[D]. 南京:东南大学交通学院,2005. 08.
[101] PrithviS. Kandhal, RajibB. Mallick. OPEN – GRADEDFRICTIONCOURSE: STATEOFTHEPRACTICE. [J]. TRB, Washington: December1998.
[102] 郑晓光,吕伟民,黄鉴麟. 应用消石灰提高沥青路面的耐久性[J]. 上海公路,2003.
[103] 王旭东,戴为民. 水泥、消石灰在沥青混合料中的应用[J]. 公路交通科技,2001.
[104] 江苏省交通科学研究院. 聚酯纤维提高沥青混凝土路面性能应用研究[R]. 2004.
[105] 沥青混凝土路面抗车辙性能试验研究总报告[R]. 南京:东南大学交通学院,2005.
[106] 沙庆林. 高速公路沥青路面早期破坏现象及预防[M]. 北京:人民交通出版社,2001.
[107] 张玉芬. 高等级公路交通噪声及其控制设施研究报告[R]. 西安:西安公路交通大学,1993.
[108] 严家伋. 道路建筑材料[M]. 北京:人民交通出版社,1996.
[109] Volker Schafer. CoMPact Asphalt And Twin-layer Porous Asphalt Laid By The CoMPat Module Paver [J]. 3nd Eurasphalt & Eurobitume Congress, Vienna, 2004.
[110] P. Renken. Noise Reducing Asphalt Pavements (Porous Asphalt)-Optimal Composition, Prediction Of Materiall Propertyes And Experiment With Long-term Performance[J]. 3nd Eurasphalt & Eurobitume Congress, Vienna, 2004.
[111] 混凝土结构耐久性设计与施工指南. 北京:中国建筑工业出版社,2004.
[112] 项海帆. 高等桥梁结构理论[M]. 北京:人民交通出版社,2001.
[113] 范立础. 桥梁工程[M]. 北京:人民交通出版社,2004.
[114] Clough. 结构动力学. 北京:高等教育出版社,2006.
[115] 徐君兰. 钢桥. 北京:人民交通出版社,1990.
[116] 李国豪. 桥梁结构稳定与振动. 北京:人民铁道出版社,1982.
[117] 邵容光. 混凝土弯梁桥. 北京:人民交通出版社,1996. 05.
[118] 孙广华. 曲线梁桥计算. 北京:人民交通出版社,1997. 11.
[119] 黄剑源,张罗溪. 考虑翘曲作用的曲线格子梁理论与应用——青岛曲线斜支承格子梁桥的分析. 土木工程学报,1987;20(3).
[120] 夏金. 梁格模拟法在弯桥分析中的应用. 东南大学运输工程研究所,1989.
[121] 廖文. 城市立交隧道小净距分岔部位施工技术. 现代隧道技术,2006,43(4):44-49.
[122] 白廷辉. 盾构超近距离穿越地铁运营隧道的保护技术. 地下空间,1999,19(4):311-318.
[123] 杨春晖. 某交叉重叠隧道建造技术的研究与应用. 重庆建筑,114-117
[124] 熊江陵,汤勇洛. 北京城市铁路双连拱隧道防排水综合施工技术. 现代隧道技术,2003,40(5):48-53.
[125] 雷位冰,王胜祖. 西部探矿工程. 新旧线立体交叉隧道施工技术,2001(3).
[126] 吴明生,杨转运. 小净距隧道中央岩柱的力学特性分析. 内蒙古公路与运输,2005(2):11-14.
[127] 胡元芳. 小线间距城市双线隧道围岩稳定性分析. 岩石力学与工程学报,2002,21(9):1335-1338.

[128] 朱永全,刘勇,宋玉香.隧道工程结构可靠度计算方法分析.石家庄铁道学院学报,1997,10(4):41-47.
[129] 刘艳青,钟世航,卢汝绥,马荣田.小净距并行隧道力学状态的试验研究.岩石力学与工程学报,2000,19(5):590-594.
[130] 刁小华.分析影响隧道围岩稳定性因素.西部探矿工程,2003,84(5):59-60
[131] 李云鹏,王芝银,等.不同围岩类别小间距隧道施工过程模拟研究.岩土力学,2006,27(1):11-17.
[132] 徐军,郑颖人.隧道围岩弹塑性随机有限元分析及可靠度计算.岩土力学,2003,24(1):70-74.
[133] 麦家儿.广州地铁3号线支线与主线交叉重叠段的设计与施工.城市轨道交通研究,2005(5):63-67.
[134] 郝哲,等.对大跨度隧道开挖中若干问题的思考.公路,2005(4):199-204.
[135] 严卫.昆仑山隧道防排水设计与施工.隧道建设,2006,26(5):37-40.
[136] 岩土锚固的现状与发展.土木工程学报.北京:中国建筑工业出版社,2001.
[137] 李聚金,蒋楚生.预应力锚索技术在滑坡中的应用.路基工程,1997(5).
[138] 张文乐,等.岩土锚固理论研究之现状.岩土力学,2002(5).
[139] 程良奎,等.岩土加固实用技术.北京:地震出版社,1994.
[140] 梁炯鋆.锚固与注浆技术手册.北京:中国电力出版社,1999.
[141] 林宗元.岩土工程治理手册.沈阳:辽宁科学技术出版社,1993.
[142] 周德培,李安洪.软岩高边坡喷锚挡护的试验研究.岩土力学,1997(4).
[143] 李光海,等.新型支挡结构设计与工程实例.北京:人民交通出版社,2004.01.
[144] 李晓红.隧道新奥法其量测技术[M].北京:科学技术出版社,2002.
[145] 夏才初.地下工程测试理论与监测技术[M].上海:同济大学出版社,1999.
[146] 中华人民共和国建设部.锚杆喷射混凝土支护技术规范(GB 50086—2001)[S].北京:中国计划出版社,2001.
[147] 闫长斌,徐国元.基于突变理论深埋硬岩隧道的失稳分析[J].工程地质学报,2006,14(4):508-510.
[148] 郑颖人,刘兴华.近代非线性科学与岩石力学问题[J].岩土工程学报,1996,18(1):98-100.
[149] 郝哲,王晓初,罗敖.韩家岭隧道监测数据的时序分析方法[J].地下空间,2004,24(4):483-488.
[150] 代高飞,应松,夏才初.高速公路隧道新奥法施工监控量测[J].重庆大学学报,2004,27(2):132-135.
[151] 中华人民共和国行业标准.爆破安全规程(GB 6722—03)[S].北京:中国标准出版社,2004.
[152] 中华人民共和国行业标准.铁路隧道技术规范(TB 10003—2001,J 117—2001).北京:中国铁道出版社,2001.
[153] 中华人民共和国交通部.公路隧道施工技术规范(JTJ 042—94).北京:人民交通出版社,1995.
[154] 中华人民共和国交通部.公路隧道设计规范(JTG 70—2004).北京:人民交通出版社,2004.
[155] 黄成光.公路隧道施工[M].北京:人民交通出版社,2001.
[156] 刘学增,朱宝华,翟德元.深部隧道失稳的尖点突变模型[J].山东科技大学学报,2000,19(1):38-40.
[157] 刘军,秦四清,张倬元.缓倾角层状岩体失稳的尖点突变失稳模型研究[J].岩土工程学报,2001,23(1):42-44.
[158] 彭长胜,杨有海.用人工神经网络评价边坡稳定性[J].兰州铁道学院学报,2003,4(22):98-100.
[159] 宋颖华.高速公路隧道监控系统的方案设计[J].东北公路,2000,23(3):80-83.

[160] 罗兵,黄万杰,杨帅.基于BP神经网络的库存动态预测及其应用[J].重庆大学学报,2005,28(2):137-140.

[161] 黄晓明.道路与桥梁概论[M].北京:人民交通出版社,2007.

[162] 王钧利.桥梁施工技术与质量控制[M].北京:中国水利水电出版社,2006.

[163] 刘山洪.简明预应力混凝土桥梁施工手册[M].北京:人民交通出版社,2006.

[164] 中国公路桥梁和结构工程分会2006年全国桥梁学术会议论文集.北京:人民交通出版社,2006.

[165] 中国公路桥梁和结构工程分会2005年全国桥梁学术会议论文集.北京:人民交通出版社,2005.

[166] 路桥工程专业指导委员会.桥梁工程检测技术[M].北京:人民交通出版社,2007.

[167] 顾安邦.桥梁施工监测与控制[M].北京:机械工业出版社,2005.

[168] 宋少民.土木工程材料[M].湖北:武汉理工大学出版社,2007

[169] 江正荣.简明施工工程师手册.北京:机械工业出版社,2005.

[170] 中华人民共和国行业标准公路桥涵施工技术规范(JTJ 041—2000)[S].北京:人民交通出版社,2002.

[171] 中华人民共和国国家标准.混凝土结构工程施工质量验收规范(GB 50204—2002).北京:中国建筑工业出版社,2002.

[172] 中华人民共和国国家标准.钢筋混凝土用热轧光圆钢筋(GB 13013—1991).[S]北京:中国标准出版社,1991.

[173] 中华人民共和国国家标准.钢筋混凝土用热轧带肋钢筋(GB 1499—1998).[S]北京:中国标准出版社,1998.

[174] 中华人民共和国行业标准.钢筋机械连接通用技术规程(JGJ 107—2003).[S]

[175] 中华人民共和国国家标准.钢结构设计规范(GB 17—88)[S].北京:中国计划出版社,1988.

[176] 中华人民共和国国家标准.钢结构工程施工及验收规范(GB 50205—95)[S].北京:中国建筑工业出版社,1995.

[177] 中华人民共和国国家标准.冷弯薄壁型钢结构技术规范(GB 50018—2002)[S].北京:中国计划出版社,2002.

[178] 中华人民共和国交通部.公路工程质量检验评定标准(JTG F80/1—2004)[S]北京:人民交通出版社,2004.

[179] 中华人民共和国行业标准.市政桥梁工程检验评定标准(CJJ 2—90)[S].北京:中国建筑工业出版社,1991.08.

[180] 郭延辉,郭京育.聚羧酸系高性能减水剂及其应用技术(第一版).北京:机械工业出版社,2005.

[181] 吴中伟,廉慧珍.高性能混凝土[M].北京:中国铁道出版社,2005.05.

[182] 中华人民共和国行业标准.混凝土碱含量限值标准(CECS 53—93)[S].北京:中国建筑工业出版社,1993.

[183] 中华人民共和国行业标准.《普通混凝土配合比设计规程》(JGJ 55—2000)[S].北京:中国建筑工业出版社,2000.